Das Liegenschaftsrecht

des

Bürgerlichen Gesetzbuchs

und die

Reichs-Grundbuchordnung

mit Erläuterungen

von

Willenbücher,
Geh. Justizrat, Oberlandesgerichtsrat a. D.

Ausgabe für Preußen.

Berlin 1904.
Verlag von H. W. Müller.
W. Potsdamerstr. 121 K.

Vorwort.

Infolge der wohlwollenden Aufnahme, deren sich das auf der Grundlage der beiden preußischen Gesetze vom 5. Mai 1872 bearbeitete „preußische Grundbuchrecht" des Verfassers in der Praxis zu erfreuen hatte, ist auf Wunsch des Verlegers auch von dem Reichsgrundbuchrecht eine gleichartige Ausgabe veranstaltet. Sie soll, wie die Ausgabe des „preußischen Grundbuchrechts", zur Benutzung am Termins- und Arbeitstische bestimmt, zwischen den großen Kommentaren und den Textausgaben mit Anmerkungen die Mitte halten, dennoch aber der Praxis alles Material bieten, dessen sie bedarf, ohne in die Notwendigkeit versetzt zu sein, andere Bücher zur Hand zu nehmen, und in einer Form, welche die bequeme Verwertung des Gebotenen tunlichst erleichtert.

Entsprechend der Ausgabe des „preußischen Grundbuchrechts", das in den beiden Gesetzen vom 5. Mai 1872 das gesamte Grundbuchrecht, das materielle und das formelle, zusammenfaßte, sind auch in der vorliegenden Ausgabe diese beiden Seiten des Reichsgrundbuchrechts, die Vorschriften des Bürgerlichen Gesetzbuchs über das Liegenschaftsrecht und die Reichsgrundbuchordnung erläutert und zur Erläuterung außer den Materialien der erläuterten Gesetze und den auf diese Gesetze sich beziehenden, bis in die neueste Zeit reichenden wesentlichen Ergebnissen der Rechtswissenschaft und der Praxis auch die für das bisherige Recht ergangenen höchstrichterlichen Entscheidungen soweit sie für das neue Recht ihre Bedeutung nicht verloren haben, verwertet.

Die Möglichkeit schneller Orientierung über einzelne Bestimmungen darf in einem praktischen Handbuche dem Praktiker nicht verschränkt werden. Deshalb ist an der im „preußischen Grundbuchrecht" beobachteten Methode, die einzelnen Paragraphen zu erläutern, auch hier festgehalten und die Darstellung hier wie dort bemüht gewesen, gemeinverständlich, in übersichtlicher Ordnung des reichen Stoffes Vollständigkeit mit Kürze und Klarheit zu verbinden, neben der Menge der Einzelheiten die leitenden Grundsätze des neuen Rechtes scharf hervorzuheben.

Von den landesrechtlichen Ausführungsbestimmungen zur Reichsgrundbuchordnung konnten nur die für den größten Bundesstaat, Preußen, geltenden Berücksichtigung finden. Von der Aufnahme der außerpreußischen Ausführungsbestimmungen mußte abgesehen werden, wenn das Buch nicht einen Umfang annehmen sollte, der seine praktische Brauchbarkeit geradezu aufheben würde. Eine Übersicht dieser Ausführungsbestimmungen ist Seite 385 aufgestellt. Die preußischen Ausführungsbestimmungen sind aus der „Ausgabe für das Reich" ausgeschieden und mit wesentlichen, die Vorschriften des reichsrechtlichen Liegenschaftsrechts ergänzenden Vorschriften des preußischen Landesrechts in eine besondere, durch Beifügung eines Anhangs zu der Ausgabe für das Reich veranstalteten „Ausgabe für Preußen" übernommen. Diejenigen Paragraphen des Bürgerlichen Gesetzbuchs, die in der Ausgabe für Preußen eine Ergänzung erhalten haben, sind durch Beifügung eines Sterns kenntlich gemacht.

Berlin, Weihnachten 1903.

Der Verfasser.

Inhaltsübersicht.

I.

Die Vorschriften des Bürgerlichen Gesetzbuchs (Buch III) über das Liegenschaftsrecht.

			Seite
2. Abschnitt.	Allgemeine Vorschriften über Rechte an Grundstücken . .	§§ 873— 902	3
3. Abschnitt.	Eigentum.		
1. Titel.	Inhalt des Eigentums	„ 903— 924	48
2. Titel.	Erwerb und Verlust des Eigentums an Grundstücken . .	„ 925 — 928	57
(3. Titel.	Erwerb und Verlust des Eigentums an beweglichen Sachen	„ 929— 984)	76
(4. Titel.	Ansprüche aus dem Eigentume	„ 985—1007)	76
5. Titel.	Miteigentum	„ 1008—1011	76
4. Abschnitt.	Erbbaurecht	„ 1012—1017	79
5. Abschnitt.	Dienstbarkeiten.		
1. Titel.	Grunddienstbarkeiten	„ 1018—1029	83
2. Titel.	Nießbrauch.		
	I. Nießbrauch an Sachen	„ 1030—1067	97
	II. Nießbrauch an Rechten	„ 1068—1084	117
	III. Nießbrauch an einem Vermögen	„ 1085—1089	125
3. Titel.	Beschränkte persönliche Dienstbarkeiten	„ 1090—1093	128
6. Abschnitt.	Vorkaufsrecht	„ 1094—1104	131
7. Abschnitt.	Reallasten	„ 1105—1112	140
8. Abschnitt.	Hypothek. Grundschuld. Rentenschuld.		
1. Titel.	Hypothek	„ 1113—1190	145
2. Titel.	Grundschuld. Rentenschuld.		
	I. Grundschuld	„ 1191—1198	257
	II. Rentenschuld	„ 1199—1203	262
9. Abschnitt.	Pfandrecht an beweglichen Sachen und an Rechten.		
1. Titel.	Pfandrecht an beweglichen Sachen	„ 1204—1272	266
2. Titel.	Pfandrecht an Rechten	„ 1273—1296	272

II.

Die Reichs-Grundbuchordnung v. 24. März 1897.

1. Abschnitt.	Allgemeine Vorschriften.	§§ 1— 12	289
2. Abschnitt.	Eintragungen in das Grundbuch	„ 13— 55	302

Seite

3. Abschnitt. Hypotheken-, Grundschuld-, Rentenschuldbrief . . . . . . §§ 56— 70 358
4. Abschnitt. Beschwerde . . . . „ 71— 81 368
5. Abschnitt. Schlußbestimmungen . . . . „ 82—102 377

Übersicht der in den deutschen Bundesstaaten, einschließlich Elsaß-Lothringen, erlassenen **Ausführungsbestimmungen** zur Grundbuchordnung 385

Anhang für Preußen.

I. Ergänzende Bestimmungen zu den nachbezeichneten §§ des **BGB.**: §§ **873** (S. 388), **874**, **880**, **883** (S. 389), **892**, **925** (S. 390), **928**, **1012** (S. 394), **1028—1030**, **1094** (S. 395), **1105** (S. 396), **1108**, **1113** (S. 403), **1115** (S. 405), **1119**, **1120** (S. 406), **1128**, **1136**, **1147** (S. 409), **1177**, **1184**, **1186**, **1190**, **1191** (S. 410), **1195** (S. 411).
II. Ausführungsgesetz zur Grundbuchordnung v. 26. September 1899 411
III. Verordnung, betr. das Grundbuchwesen, v. 13. Nov. 1899 448
IV. Allgem. Verfügung v. 18. Nov. 1899 zur Ausführung der Art. 4, 14 u. 36 der Verordnung, betr. das Grundbuchwesen, v. 13. Nov. 1899 457
V. Allgem. Verfügung v. 20. Nov. 1899 zur Ausführung der GBO. 458
VI. Allgem. Verfügung v. 22. Jan. 1900, betr. die Eintragung der Anerbengutseigenschaft bei Anerbengütern im Sinne des Gesetzes v. 2. Juli 1898 496
VII. Geschäftsordnung für die Gerichtsschreibereien der Amtsgerichte v. 26. Nov. 1899 (Auszug) 497

Sachregister 499

Abkürzungen.

ADWO. = Allgemeine Deutsche Wechselordnung.
AG. = Ausführungsgesetz.
ALR. = Allgemeines Landrecht für die preußischen Staaten.
Art. = Artikel des Einführungsgesetzes zum Bürgerlichen Gesetzbuch.
Bayer. Oberst. LG. = Oberstes Landesgericht für Bayern.
BGB. = Bürgerliches Gesetzbuch.
EEG. = Gesetz über den Eigentumserwerb und die dingliche Belastung der Grundstücke v. 5. Mai 1872. (Preußen.)
EG. = Einführungsgesetz.
GBA. = Grundbuchamt.
GBO. = Grundbuchordnung v. 24. März 1897 in der Fassung der Bekanntm. v. 20. Mai 1898.
GVG. = Gerichtsverfassungsgesetz in der Fassung v. 20. Mai 1898.
HGB. = Handelsgesetzbuch v. 10. Mai 1897.
JMV. = Verfügung des preuß. Justizministers.
KG. = Erkenntnis des Kammergerichts (s. auch nachstehend unter „KG.“).
KO. = Konkursordnung in der Fassung v. 20. Mai 1898.
LG. = Landgericht.
OLG. = Oberlandesgericht.
PFG. = Preuß. Gesetz über die freiwillige Gerichtsbarkeit v. 21. September 1899 (GS. S. 249).
Pr. EEG. = Preuß. Gesetz über den Eigentumserwerb und die dingliche Belastung der Grundstücke v. 5. Mai 1872.
Pr. GBO. = Preuß. Grundbuchordnung v. 5. Mai 1872.
RFG. = Reichsgesetz über die Angelegenheiten der freiwilligen Gerichtsbarkeit v. 17. Mai 1898 (RGBl. S. 771).
RG. = Urteil des Reichsgerichts (s. auch nachstehend unter „RG.“).
StGB. = Strafgesetzbuch für das Deutsche Reich.
ZPO. = Zivilprozeßordnung in der Fassung v. 20. Mai 1898.
ZwVG. = Ges. über die Zwangsversteigerung und die Zwangsverwaltung v. 24. März 1897 in der Fassung der Bekanntm. v. 20. Mai 1898.

Achilles-Strecker = Die Grundbuchordnung ꝛc. mit Kommentar und systematischer Übersicht über das materielle Grundbuchrecht von A. Achilles und O. Strecker, Berlin 1901.
Biermann = Das Sachenrecht des BGB. erläutert von Joh. Biermann. 2. Aufl., Berlin 1903.
Boehm = Das materielle und formelle Reichsgrundbuchrecht v. J. Boehm, Hannover 1898.
Bolze = Die Praxis des Reichsgerichts in Zivilsachen. Von A. Bolze. 25 Bde. (bis 1901).
Cosack = Lehrbuch des deutschen bürgerlichen Rechts von K. Cosack. 3. Aufl., Jena 1900.
Dernburg = Das bürgerliche Recht des Deutschen Reichs und Preußens von H. Dernburg. Dritter Band. Das Sachenrecht. 2. Aufl., Halle 1901.
DJZ. = Deutsche Juristenzeitung von Laband, Stenglein u. Staub.
„D. Recht“ = Das Recht (Zeitschrift); siehe nachstehend unter „Recht“.
Dsch. = Denkschrift zur Reichstagsvorlage.
Endemann = Einführung in das Studium des BGB. Lehrbuch des bürgerl. Rechts von F. Endemann. 3. u. 4. Aufl. Zweiter Band, erster Teil. Sachenrecht, Berlin 1898.
Fischer = Bürgerliches Gesetzbuch. Handausgabe mit Anmerkungen, in Verbindung mit Ebert und Schneider herausg. von Otto Fischer und Wilhelm Henle. 5. Aufl. München 1902.

Foerster, R. = Handbuch des formellen Grundbuchrechts von Reinhart Foerster, Berlin 1901.
Fuchs = Grundbuchrecht. Kommentar. Band I von Eugen Fuchs, Band II von Eugen Fuchs und H. Arnheim, Berlin 1900 ff.
Gruch. = Beiträge zur Erläuterung des deutschen Rechts, begründet von Gruchot, fortgesetzt von Rassow, Küntzel und Eccius.
Habicht = Die Einwirkung des BGB. auf zuvor entstandene Rechtsverhältnisse von H. Habicht. 3. Aufl., Jena 1901.
JMBl. = (Preuß.) Justizministerialblatt.
Johow = Jahrbuch für endgültige Entscheidungen der preußischen Appellationsgerichte von Johow.
JW. = Juristische Wochenschrift.
KB. = Bericht der Reichstagskommission, zitiert nach den „Materialien" von Mugdan (bei dem BGB., wo nichts anderes gesagt ist, Bd. III), bei dem preuß. AG. z. GBO. nach der Heymannschen Ausgabe des Gesetzes.
KG. = Jahrbuch f. Entscheidungen des Kammergerichts in Sachen der freiwilligen Gerichtsbarkeit 2c. Von Johow u. Ring.
Kober = Kommentar zum BGB. herausg. von v. Staudinger. III. Band. Sachenrecht von K. Kober, München 1898—1902.
Koellner = Der Übergang des preuß. Praktikers in das deutsche Grundbuchrecht von Koellner. 3. Aufl., Berlin 1900.
Kretzschmar = Einführung in das Grundbuchrecht von F. Kretzschmar. 2 Bde., Leipzig 1902, 1903.
Kuhlenbeck = Das BGB., erläutert von L. Kuhlenbeck, Berlin 1898.
Lehmann = Das BGB. von Enneccerus und Lehmann. II. Band von H. O. Lehmann. 2. Aufl., Marburg 1901.
M. = Motive, zitiert nach den „Materialien" von Mugdan (bei dem BGB., wo nichts anderes gesagt ist, Bd. III), bei dem preuß. AG. z. GBO. nach der Heymannschen Ausgabe des Gesetzes.
Maenner = Das Recht der Grundstücke von C. Maenner, München 1899.
Matthiaß = Lehrbuch des bürgerlichen Rechts von B. Matthiaß. 3. Aufl., Berlin 1900.
Neumann = Handausgabe des BGB. von Hugo Neumann. 2. Aufl., Berlin 1900.
Oberneck = Das Reichsgrundbuchrecht von H. Oberneck. 2. Aufl., Berlin 1900.
OTr. = Entscheidungen des preuß. Obertribunals. 83 Bde.
P. = Protokolle der zweiten Kommission, zitiert bei dem BGB. nach den „Materialien" von Mugdan (wo nichts anderes gesagt ist, Bd. III), bei der GBO. nach der Heymannschen Ausgabe des Gesetzes.
Planck = BGB. erläutert von G. Planck in Verbindung mit Achilles, André, Greiff, Ritgen, Strecker und Unzner. III. Band (Sachenrecht) 1. u. 2. Aufl., Berlin 1899—1902.
Predari = Die Grundbuchordnung von C. Predari. 1. u. 2. Teil, Berlin 1900.
Recht = „Das Recht"; Rundschau für den dtschn. Juristenstand, v. Hs. Th. Soergel.
Rehb. = Das BGB. mit Erläuterungen von H. Rehbein, Bd. I u. Bd. II, Berlin 1899 u. 1903.
RG. = Erkenntnis des Reichsgerichts aus den „Entscheidungen" (in Zivilsachen) von den Mitgliedern des Gerichtshofs.
RJA. = Entscheidungen in Angelegenheiten der freiwilligen Gerichtsbarkeit und des Grundbuchrechts, zusammengestellt im Reichs-Justizamt, Berlin 1900 ff.
ROLG. = Die Rechtsprechung der Oberlandesgerichte auf dem Gebiete des Zivilrechts, von Mugdan und Falkmann, Leipzig 1900 ff.
Seuff. = Seufferts Archiv f. Entscheidungen der obersten Gerichte.
Soergel = Die Rechtsprechung 1900/01, 1902 z. BGB., GBO. 2c. bearbeitet von Hs. Th. Soergel.
Strecker = Die allgemeinen Vorschriften des BGB. über Rechte an Grundstücken von O. Strecker, Berlin 1898.
Strieth. = Archiv für Rechtsfälle (des Obertribunals) von Striethorst. 100 Bde. (bis 1880).
Turn.-Först. = Das Liegenschaftsrecht von W. Turnau und K. Förster. I. Band (Sachenrecht des BGB.) 2. Aufl., Paderborn 1902. II. Band (GBO.) 2. Aufl., ebenda 1903.
Zentralbl. = Zentralblatt für freiwillige Gerichtsbarkeit und Notariat, herausgeg. von Lobe, Leipzig 1900 ff.
Z. f. DZP. = Zeitschrift für deutschen Zivilprozeß u. das Verfahren in Angelegenheiten der freiw. Gerichtsbarkeit, begründet von Busch, herausg. von Schultzenstein u. Vierhaus.

(Bei den sonstigen Literaturangaben sind neben den Verfassernamen auch die Titel der Werke vermerkt.)

I.

Die Vorschriften des Bürgerlichen Gesetzbuchs

über das

Liegenschaftsrecht.

Allgemeine Vorschriften über Rechte an Grundstücken.

*§ 873.

Zur Übertragung des Eigentums an einem Grundstücke, zur Belastung eines Grundstücks mit einem Rechte sowie zur Übertragung oder Belastung eines solchen Rechtes ist die Einigung des Berechtigten und des anderen Teiles über den Eintritt der Rechtsänderung und die Eintragung der Rechtsänderung in das Grundbuch erforderlich, soweit nicht das Gesetz ein anderes vorschreibt.

Vor der Eintragung sind die Beteiligten an die Einigung nur gebunden, wenn die Erklärungen gerichtlich oder notariell beurkundet oder vor dem Grundbuchamt abgegeben oder bei diesem eingereicht sind oder wenn der Berechtigte dem anderen Teile eine den Vorschriften der Grundbuchordnung entsprechende Eintragungsbewilligung ausgehändigt hat.

„D. Recht" 1900 S. 478; 1901 S. 15, 41, 303, 489, 579; 1902 S. 200; 1903 S. 53, 57.

I. Erwerb der Rechte an Grundstücken durch Rechtsgeschäft. Zur Begründung der Liegenschaftsrechte erfordert das BGB. der Regel nach zweierlei: die Einigung der Beteiligten über den Eintritt der Rechtsänderung und die Eintragung in das Grundbuch. Beide Erfordernisse müssen zusammentreffen. Die Regel gilt für alle Liegenschaftsrechte, d. h. für die Rechte an Grundstücken und die Rechte an solchen Rechten. Sie gilt aber („Einigung") nur für die auf Rechtsgeschäft beruhenden Rechtsänderungen (M. 159), nur für den Rechtserwerb (die Begründung, Überlassung und Belastung), nicht auch für die Aufhebung der Liegenschaftsrechte (§§ 875, 876), nur für Verfügungen, die getroffen werden, nachdem das Grundbuch als angelegt anzusehen ist (Art. 189, 186) und nur soweit nicht das Gesetz ein anderes vorschreibt (A. VII), oder soweit nicht zugunsten der Landesgesetzgebung Vorbehalte gemacht sind. Art. 187. Einigung über die Eintragung wird nicht gefordert. KG. RJA. 3 S. 144; ROLG. 5 S. 420.

II. Einigung. 1. Beteiligte der Einigung sind der Berechtigte und der andere Teil. Berechtigter ist derjenige, der zur Begründung des dinglichen Rechtes berechtigt ist, der Passivbeteiligte, „dessen Recht von der Eintragung betroffen wird" (GBO. § 19, KG. 23 S. A 115), also der Eigentümer, der das Grundstück veräußert oder mit einer Hypothek belastet, der Hypothekengläubiger, der die Hypothek abtritt oder verpfändet. Der I. Entw. § 828 Abs. 1 verlangte die Einigung des einge-

*) Einen Stern tragen diejenigen §§, die in der Ausgabe für Preußen (siehe Schluß des Vorworts) durch den zu ihr veranstalteten Anhang eine besondere Ergänzung erhalten haben.

tragenen Berechtigten. Das BGB. hat das Wort „eingetragenen“ gestrichen und erklärt zur Gültigkeit des dinglichen Vertrages nur erforderlich, daß er vom wirklich Berechtigten abgeschlossen ist. P. 3387. Der Erbe des Grundeigentümers kann also schon vor seiner Eintragung als Eigentümer über das Nachlaßgrundstück rechtswirksam verfügen; seine Auflassungserklärung braucht nach seiner Eintragung nicht wiederholt zu werden. Predari S. 111. Verfügungen des Nichtberechtigten sind wirksam, wenn sie mit Einwilligung des Berechtigten erfolgen. § 185 Abs. 1. Anderenfalls sind sie unwirksam, können aber gemäß § 185 Abs. 2 durch Konvaleszenz wirksam werden.

2. Inhalt. Eine Vorschrift über den Wortlaut der Einigung ist nicht aufgestellt. Es genügt, daß aus den Erklärungen der Beteiligten der auf den Eintritt der Rechtsänderung gerichtete Wille hervorgeht. Die Einigung kann auch unter einer Bedingung oder einer Zeitbestimmung erfolgen; eine Ausnahme macht die Auflassung. § 925 Abs. 2.

3. An eine Form ist die Einigung nur gebunden in den Fällen der §§ 925, 1015, 1017 Abs. 2, Art. 63, 68. Im übrigen ist eine Form nicht vorgeschrieben, es ist also auch mündliche und stillschweigende Einigung zulässig. Die Eintragung darf aber nur bewirkt werden auf Grund der in den Formen des § 29 GBO. erklärten Eintragungsbewilligung des Passivbeteiligten. GBO. § 19.

4. Die Einigung ist ein abstrakter Vertrag. **a**, Sie ist Vertrag, denn sie enthält die übereinstimmende auf eine Rechtsänderung gerichtete Willenserklärung. P. 3391. KG. RJA. 2 S. 86. Die Vorschriften im Allgemeinen Teile des BGB. über den Vertragsschluß (§§ 145 ff.) finden nach ihrem Inhalt und ihrer Stellung im System auch im Sachenrecht Anwendung, soweit nicht ihre Unanwendbarkeit sich aus den Vorschriften des Sachenrechts ergibt. Dies gilt insbesondere auch von dem § 185. RG. 54 S. 366. AM. Eccius in Gruch. 47 S. 51.

b, Die Einigung ist ein abstrakter Vertrag, d. h. sie bewirkt die Rechtsänderung ohne Rücksicht auf den dem Eintritt der Rechtsänderung zu Grunde liegenden Rechtstitel, dem Kausalgeschäft. P. 3408. RG. 52 S. 114. „Ist beispielsweise zwischen dem Eigentümer eines Grundstücks und einem anderen die Einigung über die Übertragung des Eigentums, die Auflassung (§ 925), gültig zustande gekommen und ist sie in das Grundbuch eingetragen, so erwirbt der andere das Eigentum, auch wenn der Kaufvertrag, auf Grund dessen der bisherige Eigentümer sich zur Auflassungserklärung für verpflichtet hielt, nichtig oder anfechtbar war. Der Veräußerer hat in diesem Falle lediglich einen persönlichen Anspruch gegen den Erwerber auf Rückgängigmachung des Eigentumsübergangs nach den Vorschriften über die Herausgabe einer ungerechtfertigten Bereicherung (§§ 812—822).“ Dsch. 174. Er kann die Rückübertragung des Grundstücks verlangen, aber nur mit der persönlichen Klage (Kondiktion), nicht mit der Vindikation. Bis zur Vollziehung der Rückübertragung gilt der Erwerber als der rechtmäßige Eigentümer und, wenn er seinerseits während dieser Zeit auf Grund seines Eigentums dritten Personen Rechte überträgt, so sind diese zu Recht bestehend. P. 3388. Der Rückerwerb kann nur durch Rückauflassung erfolgen. Gerät der Erwerber in Konkurs, so kann der Verkäufer nicht einen Anspruch auf Aussonderung des Grundstücks (KO. § 43), sondern nur eine in Geld umgewandelte Konkursforderung geltend machen. Leidet das Kausalgeschäft an einem Formmangel und wird dieser geheilt, so ist die Kondiktion ausgeschlossen. So im Falle des § 313.

Wenn der dem Kausalgeschäft zu Grunde liegende Willensmangel — Betrug, Drohung, Zwang, Irrtum 2c. — fortdauert und die Einigung mit ergreift, so ist auch diese unwirksam. Eine Fortdauer des Willensmangels wird stets dann anzunehmen sein, wenn das Kausalgeschäft und die Einigung in einem einheitlichen Rechtsgeschäft miteinander verbunden werden. Ist in derselben Verhandlung das Veräußerungsgeschäft und die Auflassung erklärt, so zieht die etwaige Nichtigkeit des Veräußerungsgeschäfts auch die Nichtigkeit der Auflassung nach sich.

Ist die Einigung nichtig, so ist die Rechtsänderung nicht eingetreten. Der Veräußerer bleibt Eigentümer. Ist die nichtige Rechtsänderung eingetragen, so kann derjenige, dessen Recht durch die Eintragung beeinträchtigt ist, die Berichtigung des Grundbuchs fordern. § 894. Der Rückauflassung bedarf es nicht. Dem dritten redlichen Erwerber gegenüber kann infolge des öffentlichen Glaubens des Grundbuchs die Nichtigkeit nicht geltend gemacht werden. §§ 892, 893. Nichtig ist die Einigung auch dann, wenn sie nur zum Schein vorgenommen ist. P. 3414. Ist die Einigung anfechtbar, so tritt, wenn sie angefochten wird, derselbe Erfolg ein, wie im Falle der Nichtigkeit. § 142.

c, Die Einigung ist Erfüllungsgeschäft, das nicht verpflichtet, sondern leistet. Deshalb ist die Klage auf Vollziehung der Einigung, auch wenn sie bindend geworden ist, ausgeschlossen. Biermann S. 48 A. 3. Küntzel in Gruch. 42 S. 98. Eccius daselbst 44 S. 764. Neumann S. 433. Planck S. 76 A. 6. Predari S. 110. Bedarf der Begünstigte, um auf Grund der bindend gewordenen Einigung die Eintragung zu erlangen, der Nachholung der zur Eintragung erforderlichen Förmlichkeiten — der Eintragungsbewilligung (GBO. § 28), der Beglaubigung der Unterschriften (GBO. § 29), der Beschaffung von Legitimationsurkunden — so kann er seine auf diese Nachholung abzielende Klage nur auf das Kausalgeschäft stützen. AM. Endemann II S. 81. Fuchs S. 64. Oberneck S. 183. Danach soll die Klage auf Erfüllung der Einigung insoweit zulässig sein, als die Erfüllung in der Beseitigung von Hindernissen besteht, die lediglich in Ordnungsvorschriften (GBO. §§ 19, 28ff., 40, 96) ihren Grund haben.

III. Eintragung. 5. Ihre Bedeutung erschöpft sich nicht darin, daß sie nur — wie im Falle des § 12 des preuß. EEG. — dem dinglichen Rechte Wirksamkeit gegen Dritte verleiht, sondern es entsteht ohne Eintragung ein dingliches Recht überhaupt nicht, auch nicht unter den Beteiligten. Sie hat keine formale Rechtskraft, sondern ist nur ein Erfordernis der dinglichen Rechtsänderung. Fehlt dieser ein sonstiges Erfordernis, so ist die Eintragung wirkungslos und der Verletzte hat gegen denjenigen, zu dessen Gunsten sie erfolgt ist, einen dinglichen, also im Konkurse sich voll betätigenden Anspruch auf Berichtigung des Grundbuchs. Allerdings kann dieser Anspruch gegen einen Dritten, der im Vertrauen auf die Richtigkeit des Buches das Grundstück oder ein Recht an dem Grundstück erworben hat, nicht geltend gemacht werden. M. 138.

6. Die formellen Voraussetzungen der Eintragung regelt die GBO. Danach bedarf es zur Eintragung nicht der Vorlegung des dinglichen Vertrages, sondern nur der Erklärung des leidenden Teiles. Formelles Konsensprinzip: GBO. § 19. Ausnahmen gelten in den Fällen der Auflassung eines Grundstücks sowie der Begründung und Übertragung eines Erbbaurechts. §§ 925, 1015, 1017. Art. 143. Hier darf die Eintragung nur erfolgen auf Grund der nachgewiesenen Einigung. GBO. § 20. Abgesehen von diesen Ausnahmefällen hat das GBA. sich auf die Prüfung darüber, ob der Gläubiger den in der Eintragungsbewilligung liegenden Vertragsantrag angenommen hat, nicht einzulassen. M. 186 f. Es kann mithin das Recht eingetragen sein, ohne daß es von dem Eingetragenen erworben ist.

Zur Eintragung genügt, wenn der die Eintragung Bewilligende zu der Zeit, in der die Eintragung erfolgen soll, als Berechtigter eingetragen ist; er braucht nicht schon zur Zeit der Abgabe der Eintragungsbewilligung eingetragen zu sein. GBO. § 40. Hat zB. der Käufer eines Grundstücks vor der Auflassung die Eintragung des Restkaufgeldes für den Verkäufer bewilligt, so braucht er (abweichend vom preuß. R.) die Eintragungsbewilligung bei der Auflassung nicht zu wiederholen. KG. 23 S. A 136. Bayr. Oberst. LG., Soergel 1902 S. 122.

IV. Bindung. 7. Bindend für die Beteiligten wird der dingliche Vertrag nicht schon mit dem Abschlusse. Es tritt vielmehr bis zur vollzogenen Eintragung ein Schwebezustand ein, während dessen einem jeden der Beteiligten das Recht zum

Rücktritt vom Vertrage zusteht. Unwiderruflich wird der dingliche Vertrag mit der Eintragung, vorher nur in einem der folgenden Fälle.

a, Wenn die Erklärungen gerichtlich oder notariell beurkundet sind. Die Landesgesetze können bestimmen, daß für die Beurkundung nur die Gerichte oder nur die Notare zuständig sind. Art. 141. Unberührt bleiben die landesgesetzlichen Vorschriften, die in Ansehung der in dem Gebiete des Bundesstaats liegenden Grundstücke bestimmen, daß für die Beurkundung auch andere Behörden und Beamte zuständig sind. Art. 142. Gerichtliche oder notarielle Beglaubigung genügt nicht.

b, Wenn die Erklärungen vor dem GBA. abgegeben sind. Gemeint ist mit Rücksicht auf § 29 GBO. die Abgabe der Erklärungen zu Protokoll. Biermann S. 47 A. 2d. Eccius in Gruch. 44 S. 765. Männer S. 44 A. 21. Predari S. 113. Turn.-Förft. I S. 94 A. 2. AM. Achilles-Strecker S. 144. Oberneck S. 180. Fuchs S. 62 A. 25. Planck S. 74 A. 4b.

c, Wenn die Erklärungen von beiden Beteiligten oder mit ihrem Willen bei dem GBA. eingereicht sind. In Betracht kommen nur die zum Zwecke der Eintragung eingereichten, also eintragungsfähigen, d. h. öffentlich beglaubigten Erklärungen. RG. 50 S. 83. Predari S. 115. Biermann S. 47 A. 2e. Boehm S. 22. Kretzschmar I S. 168, II S. 193. Strecker S. 30. Turn.-Förft. I S. 94 A. c. AM. Fuchs S. 63. Planck S. 74 A. 4c. Oberneck S. 180. Cosack S. 27.

d, Wenn der Berechtigte dem anderen Teile eine den Vorschriften der GBO. (§§ 28, 29) entsprechende Eintragungsbewilligung ausgehändigt, d. h. körperlich übergeben hat; constitutum possessorium genügt nicht.

Die Bindung ist im Falle d eine einseitige, in den übrigen Fällen kann sie sowohl eine beiderseitige als eine einseitige sein. Die Bedeutung der Gebundenheit ist die, daß die in den Formen der Bestimmungen zu a—d abgegebenen Erklärungen nicht zurückgenommen werden können. Eccius in Gruch. 47 S. 54 Nr. 5.

Der obligatorische Vertrag, welcher die Verpflichtung zu einer dinglichen Rechtsänderung enthält, behält seine Wirksamkeit, auch wenn der zu seiner Ausführung bestimmte dingliche Vertrag zu einer Gebundenheit der Beteiligten noch nicht geführt hat (RG. 48 S. 133), kann also auch die Grundlage für eine einstweilige Verfügung zur Eintragung einer Vormerkung bilden. OLG. Dresden, Soergel 1900/1 S. 93.

8. Für die Bindung nach § 873 Abs. 2 ist da kein Raum, wo die Wirkung des Vertrags von der Beobachtung gewisser Formen abhängt. So in den Fällen der §§ 925, 1015, 1017 Abs. 2. ROLG. 2 S. 50.

V. Der Zeitpunkt des Eintritts der Rechtsänderung ist der, in dem Einigung und Eintragung zusammentreffen. Der Regel nach wird die Einigung der Eintragung vorangehen. Dann tritt die Rechtsänderung ein mit der Eintragung. Es kann aber auch die Einigung der Eintragung folgen. § 879 Abs. 2. Dann wird die Rechtsänderung durch Einigung vollendet. Hat zB. der Eigentümer eine Hypothek eintragen lassen und dann erst sich mit dem als Gläubiger Eingetragenen über das Zustandekommen des Kreditgeschäfts geeinigt, so erwirbt der Eingetragene die Hypothek in dem Zeitpunkte der Einigung. Gelingt die nachträgliche Einigung nicht, so erwirbt der Eingetragene die Hypothek überhaupt nicht. In diesem Falle kann der Eigentümer von ihm gemäß § 894 die Berichtigung des Grundbuchs verlangen. Dies auch dann, wenn die Eintragung ohne Wissen und Willen des Eingetragenen bewirkt ist, denn „in dem Festhalten der Eintragung liegt der Eingriff in das Recht des anderen". Dernburg § 44 Nr. 3, S. 124f. Die im Eingange aufgestellte Regel gilt auch für die Auflassung eines Grundstücks und für die Bestellung oder Übertragung eines Erbbaurechts. Allerdings schreibt § 20 GBO. vor, daß in den bezeichneten Fällen die Eintragung nur erfolgen darf, wenn die erforderliche Einigung des Berechtigten und des anderen Teiles erklärt ist. Diese Bestimmung enthält aber nur eine Ordnungsvorschrift. Ist versehentlich die Übertragung des Eigentums ohne Auflassung eingetragen, so bedarf es, wenn die Auflassung nachgeholt wird, nicht der

Wiederholung der Eintragung. Predari S. 121. Biermann S. 125 A. 1f. AM. Dernburg § 44 Nr. 4b S. 125.

VI. Einen Ersatz der Einigung gewährt § 894 ZPO., lautend: „Ist der Schuldner zur Abgabe einer Willenserklärung verurteilt, so gilt die Erklärung als abgegeben, sobald das Urteil die Rechtskraft erlangt hat. Ist die Willenserklärung von einer Gegenleistung abhängig gemacht, so tritt diese Wirkung ein, sobald nach den Bestimmungen der §§ 726, 730 eine vollstreckbare Ausfertigung des rechtskräftigen Urteils erteilt ist." Das rechtskräftige Urteil in Verbindung mit der Zustimmung des anderen Teils ersetzt die Einigung nach Inhalt und Form. RG. 31 S. 360. Müssen die Erklärungen von beiden Teilen bei gleichzeitiger Anwesenheit vor dem GBA. abgegeben werden (wie bei der Auflassung, §§ 925, 1017), so macht die Urteilsausfertigung die Mitwirkung der verurteilten Partei bei der Einigung entbehrlich. Es genügt, wenn der andere Teil unter Vorlegung des Urteils die zur Einigung noch erforderliche Erklärung persönlich vor dem GBA. zu Protokoll gibt. M. 197. Ist dagegen die Einigung vor dem GBA. nicht nötig, wie zur Eintragung einer Hypothek, zur Begründung eines Löschungsantrags, so braucht auch die Partei, welche die Verurteilung der anderen erwirkt hat, ihre Erklärung nicht vor der Behörde abzugeben; sie kann auch schriftlich die Eintragung nachsuchen. M. 197. P. 3418.

Ist die Willenserklärung von einer Gegenleistung (Vorleistung oder Leistung Zug um Zug) abhängig gemacht, so genügt zum Ersatze der Erklärung des Schuldners nicht das rechtskräftige Urteil, es bedarf vielmehr der Vorlegung einer vollstreckbaren Ausfertigung des Urteils. Diese darf dem Gläubiger nur nach Führung des Beweises, daß der Schuldner befriedigt oder im Verzuge der Annahme ist und nur auf Anordnung des Vorsitzenden erteilt werden. ZPO. §§ 726, 730.

Nur das rechtskräftige Urteil (ZPO. § 704) ist als Ersatz der Willenserklärung zugelassen. Den sonstigen Vollstreckungstiteln (ZPO. § 794) ist diese Wirkung nicht beigelegt. Ist der Schuldner durch ein vorläufig vollstreckbares Urteil zur Abgabe einer Willenserklärung verurteilt, auf Grund deren eine Eintragung in das Grundbuch erfolgen soll, so gilt die Eintragung einer Vormerkung oder eines Widerspruchs als bewilligt. ZPO. § 895.

Ist jemand zur Abgabe einer Erklärung, die nur unter der Voraussetzung der Anlegung des Grundbuchs zur Eintragung führen kann (zB. zur Erklärung der Auflassung), in einem Zeitpunkt verurteilt, wo das Grundbuch noch nicht als angelegt anzusehen war, so kann die Eintragung verlangt werden, sobald das Grundbuch als angelegt anzusehen ist. RG. JW. 1900 S. 607.

VII. Abweichungen vom Einigungs- und Eintragungsprinzip. Wie oben bemerkt (S. 3 A. I), gilt § 873 nur für die auf Rechtsgeschäft beruhenden Rechtsänderungen. Doch auch für diese ist von den aufgestellten Grundsätzen mehrfach abgewichen.

1. Einigung wird nicht erfordert zur Aufhebung von Liegenschaftsrechten (§§ 875, 876), zur Aufgabe und Aneignung des Grundeigentums (§ 928), zur Bestellung einer Hypothek für die Forderung aus einer Schuldverschreibung auf den Inhaber (§ 1188), zur Bestellung einer Inhabergrundschuld (§§ 1192, 1195), zur Bestellung einer Eigentümergrundschuld (§ 1196), zur Eintragung von Verfügungsbeschränkungen.

2. Eintragung wird nicht erfordert zur Abtretung der Briefhypothek und Briefgrundschuld, sowie zu deren Belastung mit einem Nießbrauch oder Pfandrecht (§§ 1154 Abs. 1, 1192, 1069, 1274), zur Übertragung einer Inhabergrundschuld (§ 1195), zur Übertragung von Forderungen auf Rückstände von Zinsen und Nebenleistungen (§§ 1159, 1192, 1200), zur Verfügung eines Miterben über seinen Anteil an dem Nachlasse (§§ 2033, 2040), zur Übertragung des Eigentums an buchungsfreien Grundstücken. Art. 127.

3. Weder Einigung noch Eintragung wird erfordert zum Anfall des Vermögens eines aufgelösten Vereins an die in der Satzung bestimmten Personen (§§ 45, 88), zum Rechtserwerb infolge Eintritts einer auflösenden Bedingung oder eines Endtermins (§§ 158 ff., 161, 163), zur Begründung der Eigentümerhypothek in den Fällen der §§ 1143, 1164, 1168, zum Übergang von Rechten auf den Erben (§§ 1922, 1942, 2096, 2100), zum Rechtsübergang infolge der ehelichen Gütergemeinschaft (§§ 1438, 1519), zur Begründung der Überbau- und Notwegrente (§§ 912—914, 917 Abs. 2), zur Entstehung des Nießbrauchs und der Sicherungshypothek durch Surrogation (§§ 1075 Abs. 1, 1287 Satz 2), zur Pfändung und Überweisung einer gepfändeten Hypothek oder Grundschuld an Zahlungs Statt, wenn nicht die Erteilung eines Briefes ausgeschlossen ist (ZPO. §§ 830, 837, 857 Abs. 6), zum Übergang des Eigentums an einem Grundstück im Wege der Zwangsversteigerung (ZwVG. § 90).

VIII. Nur die Einigung, den sog. dinglichen Vertrag, nicht aber den obligatorischen Vorvertrag zum dinglichen Vertrage trifft § 873. Insbesondere bedarf der obligatorische Vertrag, zB. der Vertrag auf Bestellung einer Hypothek, um bindend zu sein, nicht der in § 873 Abs. 2 vorgeschriebenen Formen. So die feste Praxis des Reichsgerichts. RG. 48 S. 135, 50 S. 82; Gruch. 46 S. 901. Auf demselben Standpunkt stehen die Kommentare. Vgl. auch JW. 1901 S. 382, 701, 747, 791, 792; 1902 S. 194. Gegen die herrschende Ansicht: Wolff in Gruch. 47 S. 26. Hierzu: K. Förster („D. Recht" 1903 S. 53) und Molitor („D. Recht" 1903 S. 57).

IX. Vorbehaltene Landesgesetze: Art. 59, 62, 64, 67, 109, 112, 113, 114, 118, 126—128, 142. (Preußen: Anlage.)

*§ 874.

Bei der Eintragung eines Rechtes, mit dem ein Grundstück belastet wird, kann zur näheren Bezeichnung des Inhalts des Rechtes auf die Eintragungsbewilligung Bezug genommen werden, soweit nicht das Gesetz ein anderes vorschreibt.

1. Die Vorschrift bezieht sich nur auf Rechte, mit denen ein Grundstück belastet wird, und auf Änderungen des Inhalts jener Rechte (§ 877), nicht aber — gegen Fuchs S. 74 und Biermann S. 50 — auf die Belastung eines Rechtes am Grundstück (Predari S. 120; Turn.-Först. I S. 118 A. 3), auch nicht auf das Eigentum. Sie gestattet die Bezugnahme nur zur näheren Bezeichnung des Inhalts, nicht auch zur Ergänzung wesentlicher Momente des Rechtes. Fehlen in der Eintragung diese, fehlt insbesondere die Angabe des Berechtigten oder des Rechtes selbst, seiner Art (Vorkaufsrecht, Erbbaurecht 2c.) und seinem Umfange (Geldbetrag) nach, so ist die Eintragung unwirksam. Die in Bezug genommene Eintragungsbewilligung gilt als Bestandteil des Eintragungsvermerks.

2. Urkunden, die der Eintragungsbewilligung zur näheren Bezeichnung des einzutragenden Rechtes beigefügt werden, bilden einen Bestandteil der Eintragungsbewilligung; die Bezugnahme auf die letztere erstreckt sich auch auf den Inhalt der beigefügten Urkunde. Turn.-Först. I S. 119 A. 4. Die in Bezug genommenen Urkunden müssen den §§ 28, 29 GBO. entsprechen. Bei Eintragungen auf Ersuchen von Behörden (GBO. § 39) ist die Bezugnahme auf das Ersuchen für statthaft zu erachten, da es die Eintragungsbewilligung ersetzt. Wird gemäß § 894 Abs. 1 ZPO. auf Grund eines Urteils eingetragen, so ist die Bezugnahme auf das Urteil zulässig. Ausgeschlossen ist die Bezugnahme auf die Eintragungsbewilligung in den Fällen der §§ 879 Abs. 3, 881 Abs. 2, 882. Besonders geregelt ist der Fall des § 800 ZPO. (KG. 23 S. A 232), die Hypothek, die Grundschuld, die Rentenschuld (§ 1115) und die Eintragung der Vormerkungen. § 885 Abs. 2. Eine Erweiterung bestimmt GBO. § 50.

3. Vorbehaltene Landesgesetze: Art. 68, 96. (Preußen: Anlage.)

§ 875.

Zur Aufhebung eines Rechtes an einem Grundstück ist, soweit nicht das Gesetz ein anderes vorschreibt, die Erklärung des Berechtigten, daß er das Recht aufgebe, und die Löschung des Rechtes im Grundbuch erforderlich. Die Erklärung ist dem Grundbuchamt oder demjenigen gegenüber abzugeben, zu dessen Gunsten sie erfolgt.

Vor der Löschung ist der Berechtigte an seine Erklärung nur gebunden, wenn er sie dem Grnndbuchamte gegenüber abgegeben oder demjenigen, zu dessen Gunsten sie erfolgt, eine den Vorschriften der Grundbuchordnung entsprechende Löschungsbewilligung ausgehändigt hat.

---

1. Die Vorschrift bezieht sich nur auf die Aufhebung eines Rechtes durch Rechtsgeschäft (Dsch. 175) und betrifft nur die Rechte an Grundstücken, also das Erbbaurecht (§§ 1012 ff.), die Grunddienstbarkeit (§§ 1018 ff.), den Nießbrauch an einem Grundstücke (§ 1062), die beschränkte persönliche Dienstbarkeit (§§ 1090 ff.), das Vorkaufsrecht (§§ 1094 ff.), die Reallast (§§ 1105 ff.), nicht auch die Rechte an Grundstücksrechten; die rechtsgeschäftliche Aufhebung solcher Rechte, also des Nießbrauchs und des Pfandrechts an Grundstücksrechten ist geregelt durch die §§ 1072, 1064, 1273, 1255. Sonderbestimmungen bestehen für das Eigentum an Grundstücken (§ 928) und für die Hypothek, die Grund- und Rentenschuld. §§ 1165, 1168, 1169, 1175, 1176, 1178, 1183.

2. Die Aufgebungserklärung (Verzichtserklärung) des Berechtigten bedarf zur Rechtswirksamkeit nicht der Annahme des Begünstigten. M. 200. Sie entspricht der zum Erwerben des Rechtes erforderlichen Einigung, ist also wie diese abstrakter Natur und wird durch Mängel, welche lediglich dem dem Verzichte zu Grunde liegenden Kausalgeschäfte anhaften, nicht beeinflußt. Ihre Rechtswirksamkeit ist an eine bestimmte Form nicht gebunden. Aber bindend und unwiderruflich wird die Verzichtserklärung vor der Löschung erst dann, wenn der Berechtigte entweder dem Begünstigten eine formgerechte (GBO. § 29) Löschungsbewilligung ausgehändigt oder dem GBA. gegenüber eine Verzichtserklärung abgegeben hat. Dies kann geschehen sowohl durch protokollarische Erklärung vor dem GBA. als auch durch Einreichung der Erklärung bei dem GBA. Im letzteren Falle muß die Erklärung in einer Form abgegeben werden, daß daraufhin die Löschung erfolgen kann, sie muß also dem § 29 GBO. entsprechen. Biermann S. 51 A. 1. Männer S. 45 A. 30. Predari S. 127. AM. Fuchs S. 76 A. 4. Oberneck S. 188. Ein Klagerecht gewährt die bindend gewordene Erklärung nicht. Biermann und Predari a. a. O. Sie wirkt auch bis zur Löschung nicht gegen Dritte, und enthält insbesondere keine dem § 892 unterliegende Verfügungsbeschränkung des Gläubigers. Der Gläubiger kann also nach unwiderruflich gewordenem Verzichte vor erfolgter Löschung sein Recht wirksam an einen anderen abtreten, auch wenn dieser von dem Verzichte Kenntnis hatte. Biermann S. 51 A. 1 a. Turn.-Först. I S. 122 A. 4. Planck S. 80 A. 6. AM. Fuchs S. 77 A. 5. Will der Eigentümer die Hypothek, auf welche der Gläubiger verzichtet hat, löschen lassen, so kann er das nur, nachdem er sie durch Eintragung des Verzichts als Eigentümergrundschuld erworben hat. KG. 23 S. 158.

Der Verzicht kann auch bedingt oder betagt sein. Er kann sowohl vor wie nach der Löschung erklärt werden; im letzteren Falle ist er sofort bindend. Die allgemeinen Vorschriften des § 182 Abs. 1 und des § 183 finden auf die Verzichtserklärung keine Anwendung. Die rechtskräftige Verurteilung des Verpflichteten zur Verzichtserklärung steht der Abgabe der Erklärung gleich. ZPO. § 894. Das rechtskräftige Urteil, welches den Hypothekengläubiger zur Übergabe einer löschungsfähigen Quittung an den Schuldner verurteilt, ersetzt die löschungsfähige Quittung. RG. JW. 1901 S. 307, KG. RJA. 3 S. 35.

3. Löschung. Form: GBO. § 47. Ist die Löschung erfolgt ohne Aufgebungserklärung oder auf Grund einer unwirksamen (nichtigen oder anfechtbaren, §§ 117 ff., 142 ff.) Aufgebungserklärung, so bleibt das Recht trotz der Löschung bestehen und muß auf Antrag des Berechtigten, solange sein Anspruch nicht verjährt ist (§ 901), wieder eingetragen werden. § 894. Hat das GBA. unter Verletzung gesetzlicher Vorschriften die Löschung vorgenommen, so ist von Amts wegen ein Widerspruch einzutragen. GBO. § 54. Die Löschung einer Hypothek kann nicht Gegenstand einer einstweiligen Verfügung sein, auch nicht gegen Sicherheitsleistung, da sie über die Entscheidung der Sache hinauswirken würde. RG. Zentralbl. 3 S. 802.

4. Übergangsbestimmung: Art. 189 Abs. 3.

5. Vorbehaltene Landesgesetze: Art. 120 Abs. 1. (Preußen: Anlage zu § 1120.)

§ 876.

Ist ein Recht an einem Grundstücke mit dem Rechte eines Dritten belastet, so ist zur Aufhebung des belasteten Rechtes die Zustimmung des Dritten erforderlich. Steht das aufzuhebende Recht dem jeweiligen Eigentümer eines anderen Grundstücks zu, so ist, wenn dieses Grundstück mit dem Rechte eines Dritten belastet ist, die Zustimmung des Dritten erforderlich, es sei denn, daß dessen Recht durch die Aufhebung nicht berührt wird. Die Zustimmung ist dem Grundbuchamt oder demjenigen gegenüber zu erklären, zu dessen Gunsten sie erfolgt; sie ist unwiderruflich.

---

1. Es betrifft Satz 1 die unmittelbare Belastung (Beispiel: die Aufhebung einer verpfändeten Hypothek), Satz 2 die mittelbare Belastung (Beispiel: die Aufhebung einer Grunddienstbarkeit, die einem mit Hypotheken belasteten Grundstück zusteht). In beiden Fällen gehört zur Aufhebung des Rechtes außer den in § 875 aufgestellten Erfordernissen noch die Zustimmung derjenigen, zu deren Gunsten die aufzuhebenden Rechte belastet sind, also zur Aufhebung einer verpfändeten Hypothek die Zustimmung des Pfandgläubigers, zur Aufhebung der einem mit Hypotheken belasteten Grundstück zustehenden Grunddienstbarkeit die Zustimmung der Hypothekengläubiger dieses Grundstücks und zwar — gegen Dernburg § 44 III 3 S. 127 — aller Hypothekengläubiger, nicht bloß der älteren, denn die Grunddienstbarkeit gilt als Bestandteil des Grundstücks (§ 96), haftet mithin allen Hypothekengläubigern, gleichviel ob sie älter oder jünger sind als die Grunddienstbarkeit. §§ 1113, 1118. M. 652. Fuchs S. 79 A. 2a. Turn.-Först. I S. 126 A. 5. Ist das Recht, welches das aufzuhebende Recht belastet, seinerseits wieder belastet, ist z. B. der Nießbrauch an einer Reallast gepfändet, so ist die Zustimmung nur unter Hinzutritt der Zustimmung des weiter Berechtigten wirksam. M. 464. Fehlt die Zustimmung des Dritten, so hat die Verzichtserklärung des Berechtigten keine Wirkung, auch nicht die der Aufhebung des Rechtes unter Vorbehalt der darauf ruhenden Belastung. Ob die Zustimmungserklärung des Dritten vor oder nach der Verzichtserklärung des Berechtigten abgegeben wird, ist unerheblich. Die Bindung der einen Erklärung ist von der Bindung der anderen Erklärung unabhängig. Auch wenn versehentlich vor der Zustimmungserklärung das Recht gelöscht sein sollte, würde die Zustimmungserklärung noch wirksam nachgeholt werden können. Bis zu dieser Nachholung ist die Löschung unwirksam und besteht nach § 894 der Anspruch auf Berichtigung des Grundbuchs durch Wiedereintragung des gelöschten Rechtes. Die Zustimmung ist dem GBA. oder demjenigen gegenüber

zu erklären, zu dessen Gunsten sie erfolgt. Sie unterliegt keiner Form, ist sofort unwiderruflich und wird durch eine später eintretende Beschränkung des Dritten in der Verfügung nicht unwirksam. Ein Anspruch erwächst aus ihr nicht. Biermann S. 52 A. 1. Predari S. 130. Als Begünstigte im Sinne des § 876 kommen in Betracht der Eigentümer, der Berechtigte, ein nachstehender Berechtigter und derjenige, der ein Interesse an der Aufhebung des Rechtes hat.

2. Zur Löschung eines dem jeweiligen Eigentümer eines Grundstücks zustehenden Rechtes bedarf es der Zustimmung der Realgläubiger dieses Grundstücks nur dann, wenn das Recht auf dem Blatte des herrschenden Grundstücks vermerkt ist. GBO. § 21. Das Recht selbst bleibt der Löschung ungeachtet bis zur Zustimmung der Realgläubiger bestehen. Die durch die Löschung Benachteiligten können gemäß § 894 die Berichtigung des Grundbuchs und gemäß § 899 die Eintragung eines Widerspruchs erwirken. Nur dann ist die Zustimmung des Dritten entbehrlich, wenn die Aufhebung das Recht des Dritten als solches unberührt läßt. Das wird regelmäßig zutreffen bei der Aufhebung eines dem Grundstück zustehenden Vorkaufsrechts gegenüber dem Nießbraucher des Grundstücks. Dsch. 176. M. 464.

3. Übergangsbestimmung: Art. 189 Abs. 3.

§ 877.

Die Vorschriften der §§ 873, 874, 876 finden auch auf Änderungen des Inhalts eines Rechtes an einem Grundstück Anwendung.

„D. Recht" 1901 S. 121.

---

1. Die Bestimmung bezieht sich nur auf begrenzte Rechte an einem Grundstück, nicht auf das Eigentum, nicht auf Rechte an einem Rechte am Grundstück, auch nicht (Fuchs S. 82 A. 5) auf Änderungen der Ausübung des Rechtes.

2. Eine Änderung des Inhalts eines Rechtes an einem Grundstücke liegt nicht nur dann vor, wenn an die Stelle einer Art der Grundstücksbelastung eine ganz andere Art der Belastung, zB. an die Stelle einer Hypothek eine Grundschuld gesetzt wird, sondern auch schon dann, wenn innerhalb derselben Art der Belastung eine Veränderung in der Berechtigung stattfindet, wenn zB. unter Aufhebung der Ausschließung des Briefes eine Briefhypothek begründet, also eine Änderung der Verkehrsform hergestellt werden soll. KG. 21 S. A 119. AM. Kretzschmar I S. 157.

3. Besondere Regelungen enthalten die §§ 880, 1071 Abs. 2, 1109 Abs. 2 1116, 1119, 1132 Abs. 2, 1151, 1180, 1186, 1198, 1203, 1276 Abs. 2.

§ 878.

Eine von dem Berechtigten in Gemäßheit der §§ 873, 875, 877 abgegebene Erklärung wird nicht dadurch unwirksam, daß der Berechtigte in der Verfügung beschränkt wird, nachdem die Erklärung für ihn bindend geworden und der Antrag auf Eintragung bei dem Grundbuchamte gestellt worden ist.

---

1. Zweck der Vorschrift ist, die Beteiligten gegen die aus der Verzögerung der Eintragung sich ergebenden Gefahren zu schützen. Haben die Beteiligten zur Herbeiführung der Rechtsänderung alles getan, was zu tun ihnen oblag, so soll eine demnächst bei dem zur Verfügung Berechtigten eintretende Verfügungsbeschränkung unschädlich sein, den Eintritt der Rechtsänderung nicht hindern. Beispiel: die Konkurseröffnung. Wird nach dem Eingange des Antrags auf Eintragung einer Hypothek

vor Vollziehung der Eintragung über das Vermögen des Grundeigentümers Konkurs eröffnet, so konnte auf Grund des § 12 der KO. ä. F eine Hypothek mit Wirkung gegen die Masse nicht mehr eingetragen werden. RG. 14 S. 291, 26 S. 395, 28 S. 283. Dieser Rechtszustand ist nunmehr geändert. In § 15 der KO. n. F. wird ausdrücklich auf den § 878 BGB. hingewiesen. Danach hindert ein nach Eingang des Eintragungsantrags ausbrechender Konkurs weder die Eintragung noch deren Wirksamkeit, gleichviel ob es sich um Übertragung des Eigentums oder um ein sonstiges Liegenschaftsrecht handelt, vorausgesetzt, daß die Eintragung nicht einseitig vom Passivbeteiligten bewilligt und beantragt ist, denn in solchem Falle liegt nicht eine Einigung vor, an die der Berechtigte gebunden sein könnte. Biermann S. 54 A. 1. Der auf die §§ 29 ff. KO. gestützten Anfechtung steht die Vorschrift des § 878 nicht entgegen. RG. 51 S. 284.

Die nachteilige Wirkung einer Verfügungsbeschränkung, die vor Einreichung des Eintragungsantrags bei dem GBA., wenn auch nach Aushändigung der Eintragungsbewilligung an den Begünstigten eintritt, wird durch den § 878 nicht beseitigt. Beispielsweise ist eine Löschungsbewilligung, die der Berechtigte vor der Konkurseröffnung erteilt hat, unwirksam, wenn auf Grund der Bewilligung die Löschung des eingetragenen Rechtes erst nach der Konkurseröffnung beantragt wird. KG. RJA. 3 S. 46; ROLG. 4 S. 196.

2. Der Antrag muß ein begründeter sein. Wird er zurückgewiesen oder von dem Antragsteller zurückgenommen, so findet § 878 keine Anwendung. Hat das GBA. dem Antragsteller zur Hebung eines der beantragten Eintragung entgegenstehenden Hindernisses eine Frist bestimmt, so ist, wenn hierauf die Eintragung des Konkursvermerks oder eines allgemeinen Veräußerungsverbots beantragt wird, zugunsten des früher gestellten Antrags von Amts wegen eine Vormerkung einzutragen. Diese Vormerkung sichert das Recht auch gegen den Konkursverwalter. KO. § 24. Wird nicht bis zum Ablaufe der Frist die Hebung des Hindernisses nachgewiesen, so ist der Antrag zurückzuweisen und die Vormerkung von Amts wegen zu löschen. GBO. § 18. Die vom GBA. angeordnete Eintragung einer Grundstücksauflassung kann nicht durch später an das GBA. gelangte prozeßrichterliche Verfügungen aufgehalten werden. OLG. Dresden, Soergel 1900/1 S. 97.

3. Unter Verfügungsbeschränkung ist nicht bloß die teilweise, sondern auch die gänzliche Entziehung des Verfügungsrechts zu verstehen. M. 193. In Betracht kommen insbesondere die Veräußerungsverbote der §§ 135, 136, der §§ 106, 113 KO., des § 938 Abs 2 ZPO., die Versteigerungsbeschlagnahme der §§ 20—23 ZwVG. und die Beschlagnahme der §§ 325, 326, 332, 334 StPO. Nicht unter den § 878 fallen Tod und Geschäftsunfähigkeit. Diese üben nach § 130 Abs. 2 auf den dinglichen Vertrag und auf die einseitige Erklärung (§ 875) gar keinen Einfluß, auch wenn sie eintreten vor Stellung des Eintragungsantrags oder bevor die Erklärung für den Erklärenden bindend geworden ist. Ebendasselbe muß für die Beschränkung in der Geschäftsfähigkeit gelten. Biermann S. 54 A. 2.

4. Anwendungen des § 878 enthalten die §§ 880 Abs. 2, 1109 Abs. 2, 1116 Abs. 2, 1132 Abs. 2, 1154 Abs. 3, 1168 Abs. 2, 1180 Abs. 1, 1196 Abs. 2, 1260 Abs. 1. Auf die Vormerkung (§§ 883 ff.) findet (abgesehen von den Fällen der §§ 18 Abs. 2, 76 GBO.) § 878 keine Anwendung, da durch die Vormerkung nicht ein dingliches Recht begründet, geändert oder aufgehoben, sondern nur der Anspruch auf Einräumung, Änderung oder Aufhebung eines dinglichen Rechtes gesichert wird. Biermann S. 54 A. 4. Planck S. 98 A. 2. Turn.-Först. I S. 130 A. 6. AM. Fuchs S. 129 A. 2 c, 133 A. 8. Auf die unwiderruflichen Zustimmungserklärungen anderer Personen (§§ 876, 880 Abs. 2, 3, 1183; GBO. § 27) zu den von den Beteiligten in Gemäßheit der §§ 873, 875, 877 abgegebenen Erklärungen ist § 878 nicht anwendbar. RG. 52 S. 411.

§ 879.

Das Rangverhältnis unter mehreren Rechten, mit denen ein Grundstück belastet ist, bestimmt sich, wenn die Rechte in derselben Abteilung des Grundbuchs eingetragen sind, nach der Reihenfolge der Eintragungen. Sind die Rechte in verschiedenen Abteilungen eingetragen, so hat das unter Angabe eines früheren Tages eingetragene Recht den Vorrang; Rechte, die unter Angabe desselben Tages eingetragen sind, haben gleichen Rang.

Die Eintragung ist für das Rangverhältnis auch dann maßgebend, wenn die nach § 873 zum Erwerbe des Rechtes erforderliche Einigung erst nach der Eintragung zustande gekommen ist.

Eine abweichende Bestimmung des Rangverhältnisses bedarf der Eintragung in das Grundbuch.

„D. Recht" 1901 S. 488; 1902 S. 88.

---

1. Die Rangordnung der auf demselben Grundstück eingetragenen Rechte bestimmt sich, sofern die Beteiligten nicht etwas anderes vereinbart haben (Abs. 3), wenn die Rechte in derselben Abteilung eingetragen sind, nach der Reihenfolge der Eintragungen, d. h. nach dem räumlichen Anschluß der einen Eintragung an die andere, so daß ohne Rücksicht auf die Nummernfolge und das Datum der Eintragung die räumlich vorstehende Post den Vorrang hat vor der räumlich nachstehenden. Dies gilt auch dann, wenn eine Post versehentlich undatiert geblieben ist. Ebenso dann, wenn mehrere Rechte unter derselben Nummer mit demselben Datum eingetragen sind. AM. Dernburg § 216 Nr. 3 S. 606. Die Regel bezieht sich nur auf die in derselben Abteilung eingetragenen Rechte, also (in Preußen) bei Eintragungen in Abt. III nur auf die in der Hauptspalte „Hypotheken, Grundschulden, Rentenschulden" erfolgten Entragungen. Wenn (abgesehen von den Fällen des § 1119) Erweiterungen und Veränderungen der Hypothek nicht an der zunächst freien Stelle der Hauptspalte, sondern unzulässigerweise neben der erweiterten Hypothek in der Spalte „Veränderungen" vorgenommen sind, so kann eine derartige Eintragung die Rangordnung der Hypothek nicht verschieben. Die Erweiterungen und Veränderungen haben vielmehr dem Range nach die Stelle, die sie bei ordnungsmäßiger Eintragung erhalten haben würden, es ist also das Datum der Eintragung maßgebend. RG. JW. 1899 S. 120. Turn.-Först. I S. 136 A. II 1a. Handelt es sich um Rechte, die in verschiedenen Abteilungen eingetragen sind, so entscheidet die Priorität des gemäß § 45 GBO. eingetragenen Datums. Es hat also das früher datierte Recht den Vorrang. Sind die Rechte verschiedener Abteilungen mit gleichem Datum eingetragen, so haben sie gleichen Rang. Die gleiche Datierung der Eintragung von Rechten derselben Abteilung beeinflußt die Rangordnung überhaupt nicht. Eine nicht datierte Eintragung hat den Rang, den ihr die Reihenfolge in ihrer Abteilung anweist, geht also allen räumlich nachfolgenden Eintragungen in ihrer Abteilung vor. Danach bestimmt sich auch ihr Rang im Verhältnis zu den Rechten einer anderen Abteilung. Hat die nicht datierte Eintragung in ihrer Abteilung die letzte Stelle, so kann sie auch Rechten der anderen Abteilung nicht vorgehen. Planck S. 85. Biermann S. 55 A. 1.

Für das Rangverhältnis von Rechten an Grundstücksrechten wird das Datum der Eintragung als entscheidend anzunehmen sein. AM. Fuchs S. 91 A. 8b (Zeitpunkt der Entstehung) und Biermann S. 56 A. 6 (räumliche Folge).

2. Die Reihenfolge der Eintragungen hinsichtlich der Rangordnung mehrerer Eintragungen ist auch dann entscheidend, wenn die Willenseinigung der Parteien über ein voreingetragenes Recht erst nach der Eintragung der hinterstehenden Post erfolgt. Die Rangordnung eines Rechtes wird also durch die Eintragung auch

dann gewahrt, wenn das Recht erst später entsteht. Daß diese Bestimmung auch dann Anwendung findet, wenn ein Recht als ein bedingtes oder befristetes eingetragen ist, ist im Hinblick auf § 161 Abs. 1 als selbstverständlich angenommen. P. 3462. Die Eintragung eines Widerspruchs sichert dem dadurch geschützten Rechte für den Fall der Feststellung den Vorrang vor den inzwischen entstandenen Rechten. §§ 899, 902. ZwVG. § 48. Die Wirkung der Vormerkung regelt § 883 Abs. 3. Sonderbestimmungen enthalten die §§ 1131, 1119. Die Rangordnung, in welcher im Zwangsversteigerungs- und im Zwangsverwaltungsverfahren die Ansprüche befriedigt werden, regeln die §§ 10 ff., 155 ZwVG. Bezüglich der Meliorationsdarlehen sind die landesgesetzlichen Vorschriften aufrecht erhalten. Art. 118. (Preußen: AG. z. BGB. Art. 21.)

Eine nichtige Eintragung, also eine solche, deren Inhalt wesentliche Vorschriften verletzt, ist unwirksam, gewährt sonach auch kein Vorrecht vor nacheingetragenen Rechten. Wird die Nichtigkeit erst nach der Eintragung anderer Rechte gehoben, so behalten diese ihre alte Rangordnung. § 141. Dies muß im Grundbuche in der Weise erkennbar gemacht werden, daß entweder die nichtige Eintragung gelöscht und das betreffende Recht hinter den nacheingetragenen Rechten neu eingetragen oder die nichtig gewesene Eintragung bestehen gelassen und im Grundbuch vermerkt wird, daß das Recht den nacheingetragenen Rechten im Range nachsteht. Fuchs S. 88.

3. Die gesetzliche Rangordnung (§ 879 Abs. 1, 2) kann von den Beteiligten geändert werden und zwar sowohl bei Bestellung mehrerer Rechte als auch (§ 880) nachträglich. Zur Gültigkeit der Änderung bedarf es der Einigung des Eigentümers mit den Erwerbern der Rechte (§ 873 Abs. 1) und der Eintragung der abweichenden Bestimmung des Rangverhältnisses im Grundbuch. § 879 Abs. 3. Zur Eintragung ist die Bewilligung des zurückgesetzten Berechtigten ausreichend. GBO. §§ 13, 15 ff., 29, 30, 46. Eine Unrichtigkeit des Grundbuchs wird dadurch, daß statt der vereinbarten Rangordnung eine andere eingetragen ist, nicht herbeigeführt, denn das Rangverhältnis entsteht erst durch die Eintragung. Biermann S. 55 A. 2. AM. Planck S. 85 A. 4a.

4. Haben die Beteiligten eine Rangordnung nicht bestimmt, so sind zur Wahrung der gesetzlichen Rangordnung die Eintragungsgesuche nach der Ordnung des § 46 GBO. in der Reihenfolge, die der Zeitfolge des Eingangs der Anträge entspricht (GBO. § 13) zu erledigen, so daß ein Recht, dessen Eintragung früher beantragt ist, als die eines anderen, den Vorrang vor diesem erlangt, während Rechte, deren Eintragung gleichzeitig beantragt ist, gleichen Rang erhalten. Für die Frage, welche materiellrechtlichen Folgen es für die Beteiligten hat, wenn das GBA. die ihm nach § 46 Abs. 1, 2 GBO. vorgeschriebene Reihenfolge bei der Vornahme der Eintragungen außer acht gelassen hat, kommt in Betracht, daß die Anmeldung eines Rechtes beim GBA. ein dem Präsentatum der Eintragung entsprechendes Realrecht nicht gewährt. Der Erwerb des früher Eingetragenen steht daher mit der wirklichen Rechtslage selbst dann in Einklang, wenn ein anderer auf Grund eines früher präsentierten Antrages hätte früher eingetragen werden müssen. Danach kann wohl im Falle einer ordnungswidrigen Abweichung von der richtigen Reihenfolge der Eintragungen gemäß § 12 GBO. der Staat von dem Beschädigten auf Ersatz des Schadens in Anspruch genommen werden. Der Antrag auf Berichtigung des Grundbuchs (§ 894) ist aber nicht gerechtfertigt, da der Inhalt des Grundbuchs mit der wirklichen Rechtslage nicht in Widerspruch steht. Ein persönlicher Anspruch auf Einräumung der Priorität ist nicht ausgeschlossen; er kann auf ungerechtfertigte Bereicherung oder auf eine unerlaubte Handlung des durch das vorschriftswidrige Verfahren Begünstigten gestützt werden. Ungerechtfertigte Bereicherung des Begünstigten würde vorliegen, wenn er eine bestimmte Stelle im Grundbuch zugesichert erhalten, aber infolge des Verfahrens des GBA. eine bessere Stelle als die zugesicherte erlangt hat. Die Kenntnis des eingetragenen Berechtigten von einem früheren Eintragungsantrage ist keine unerlaubte Handlung und steht seinem Rechtserwerbe nicht entgegen, weil er nur solche Tatsachen,

die aus dem Grundbuche, nicht aber solche, die nur aus dem Präsentationsregister sich ergeben, gegen sich gelten lassen muß. M. 225—227. P. 3457—3462. Fuchs S. 89. Oberneck S. 197. Planck S. 85. Turn.-Först. I S. 138 A. 5. Hierdurch sind die Grundsätze der früheren preußischen Praxis (Strieth. 37 S. 217, 62 S. 31; RG. 4 S. 324) geändert, wonach angenommen wurde, daß in der Eintragung eines der Zeitfolge der Anträge nicht entsprechenden Vorrechts ohne weiteres eine ungerechtfertigte Bereicherung liege und daß der Gläubiger der Post, deren Eintragung später beantragt war, ohne weiteres ersatzpflichtig sei, sofern er sie nicht erst nach der Eintragung, als Dritter, in gutem Glauben und gegen Entgelt erworben habe.

5. Für nicht eingetragene Rechte gilt die Regel, daß sie den eingetragenen Rechten nachstehen, unter sich aber nach der Zeit ihrer Entstehung rangieren. Diese Regel ist aber vielfach durchbrochen. So durch die §§ 892, 914, 917 und durch die §§ 10—12 ZwVG.

6. Übergangsbestimmungen in Art. 184, 189. Die älteren Rechte an Grundstücken behalten auch nach Anlegung des Grundbuchs ihren bisherigen Rang. Der § 879 findet auf sie nur Anwendung, wenn die Landesgesetze es anordnen.

*§ 880.

Das Rangverhältnis kann nachträglich geändert werden.

Zu der Rangänderung ist die Einigung des zurücktretenden und des vortretenden Berechtigten und die Eintragung der Änderung in das Grundbuch erforderlich; die Vorschriften des § 873 Abs. 2 und des § 878 finden Anwendung. Soll eine Hypothek, eine Grundschuld oder eine Rentenschuld zurücktreten, so ist außerdem die Zustimmung des Eigentümers erforderlich. Die Zustimmung ist dem Grundbuchamt oder einem der Beteiligten gegenüber zu erklären; sie ist unwiderruflich.

Ist das zurücktretende Recht mit dem Rechte eines Dritten belastet, so finden die Vorschriften des § 876 entsprechende Anwendung.

Der dem vortretenden Rechte eingeräumte Rang geht nicht dadurch verloren, daß das zurücktretende Recht durch Rechtsgeschäft aufgehoben wird.

Rechte, die den Rang zwischen dem zurücktretenden und dem vortretenden Rechte haben, werden durch die Rangänderung nicht berührt.

---

1. Gegenstand der Vorrangseinräumung sind nicht nur Hypotheken und Grundschulden, sondern alle begrenzten Rechte, insbesondere auch persönliche Dienstbarkeiten und Reallasten. M. 229. Die Rechte müssen bereits eingetragen sein oder es muß doch das zurücktretende Recht eingetragen sein und das vortretende gleichzeitig mit dem Vermerke des Vorrangs eingetragen werden. KG. 21 S. A 306. Beide Rechte können mit gleichem Range eingetragen sein. KG. 20 S. A 184. Auch bei Vormerkungen zur Sicherung des Anspruchs auf Einräumung eines dinglichen Rechts, zB. einer Hypothek, ist die Änderung des Ranges zulässig. KG. RJA. 2 S. 145.

2. Erfordernisse. a, Die Einigung des zurücktretenden und des vortretenden Berechtigten. Wenn die Rechte, deren Rang umgestaltet werden soll, demselben Berechtigten zustehen, so schließt die Erklärung der Vorrechtseinräumung die Zustimmung zu der Vorrechtseinräumung in sich. KG. RJA. 2 S. 50. Der in allgemeiner Gütergemeinschaft lebende Ehemann ist befugt, der Rangänderung einer Hypothek, mit welcher ein zum Gesamtgute gehörendes Grundstück belastet ist, unabhängig von der Einwilligung der Frau zuzustimmen (§ 1445). KG. RJA. 2 S. 99. Für

die Bindung und Wirksamkeit der Einigung gelten die §§ 873 Abs. 2, 878. Das der Einigung zu Grunde liegende obligatorische Rechtsgeschäft bedarf keiner Form, sofern nicht ein Rechtsgeschäft vorliegt, zu dessen Wirksamkeit eine besondere Form erfordert wird, zB. eine Schenkung, ein Schuldversprechen (§§ 518, 780). RG. 48 S. 133. Zur Sicherung des persönlichen Anspruchs auf Änderung des Ranges kann eine Vormerkung eingetragen werden. § 883.

b, Eintragung der Rangänderung im Grundbuch. Bei der Beratung ist davon ausgegangen, daß die Rangänderung nicht nur bei dem zurücktretenden, sondern auch bei dem vortretenden Rechte werde eingetragen werden. P. 3479. Maßgebend sind die Anordnungen der Landesjustizverwaltung GBO. § 1 Abs. 2. Wo diese nichts bestimmen, empfiehlt sich die Eintragung bei beiden Rechten. Fuchs S. 93 f. Endemann § 13 Nr. 2. Biermann S. 58 A. 1. Turn.-Först. I S. 144 A. 5. AM. Planck S. 89, der nur die Eintragung bei dem zurücktretenden Rechte für wesentlich erachtet (Preußen: Eintragung bei beiden Rechten. Formular Abt. II Nr. 1, Abt. III Nr. 4). Ist das Vorrecht unter einer Bedingung eingeräumt, so muß auch die Bedingung eingetragen werden. OLG. Dresden, ROLG. 5 S. 425.

c, Ist das zurücktretende Recht mit dem Rechte eines Dritten belastet, so bedarf es auch der Zustimmung des Dritten gemäß § 876.

d, Soll eine Hypothek, eine Grundschuld oder eine Rentenschuld zurücktreten, so ist die Zustimmung des Eigentümers des Grundstücks erforderlich, da, falls das Recht des Gläubigers erlischt, regelmäßig der Eigentümer das Recht erwirbt. §§ 1143, 1163, 1164, 1168, 1170 ff., 1192, 1120.

Die Zustimmung ist zu erklären gegenüber dem GBA. oder einem der Beteiligten, also entweder dem Vortretenden oder Zurücktretenden. Der Zustimmung bedarf es auch dann, wenn das zurücktretende Recht und das vortretende Recht demselben Berechtigten zustehen, nicht aber zur Änderung des Rangverhältnisses von Teilhypotheken. §§ 1151, 1192, auch nicht zur Richtigstellung des Ranges. OLG. Karlsruhe. „D. Recht" 1903 S. 237. Die Zustimmung ist unwiderruflich (§ 880 Abs. 2) und wirksam, auch wenn sie formlos erklärt wird. Die Eintragung der Rangänderung kann jedoch nur erfolgen, wenn die Zustimmungserklärung in der Form des § 29 GBO. vorgelegt wird. Ohne Eintragung aber kann eine dingliche Rangänderung überhaupt nicht entstehen; die Vorrechtseinräumung hat dann nur obligatorische Natur und kann gegen den Sondernachfolger des Gläubigers der nachtretenden Post auch dann nicht geltend gemacht werden, wenn er davon bei dem Erwerbe Kenntnis gehabt hat. Turn.-Först. I S. 147 A. 8. Die Zustimmung des vom Eigentümer verschiedenen persönlichen Schuldners ist mit Rücksicht auf § 1165 nicht erforderlich.

Zur Eintragung der Rangänderung auf Grund eines eine voreingetragene Hypothek betreffenden Anfechtungsurteils ist die Zustimmung des Eigentümers nicht erforderlich. OLG. Dresden, ROLG. 6 S. 255.

e, Zwischenberechtigte werden von der Rangänderung nicht betroffen. Es ist daher von ihrer Mitwirkung bei der Rangänderung abgesehen.

f, Formelle Voraussetzung der Eintragung. Es genügt die einseitige Bewilligung des Zurücktretenden (KG. 21 S. A 306), gegebenenfalls (oben zu c und d) in Verbindung mit der Zustimmung des Dritten und des Eigentümers. Das Einverständnis des vortretenden Berechtigten braucht dem GBA. nicht nachgewiesen zu werden. GBO. § 19. LG. Allenstein, Soergel 1900/1 S. 97. Von der Bewilligung des Zurücktretenden ist abzusehen bei Eintragungen auf Grund des Ersuchens einer zuständigen Behörde, zB. auf Grund des Ersuchens des Vollstreckungsgerichts gemäß §§ 128, 130 ZwVG., GBO. § 39. (Preußen: Anlage.)

g, Der Eintragungsvermerk muß dem Umfang der Abweichung des Rangverhältnisses von dem gesetzlichen Rangverhältnisse des § 879 Abs. 1 im vollen Umfange erkennen lassen; eine Bezugnahme auf die Eintragungsbewilligung genügt nicht.

3. Wirkung. a, Wenn im Zwangsversteigerungsverfahren das Kaufgeld zur Befriedigung des vortretenden und des zurücktretenden Rechtes nicht ausreicht, hat der zurücktretende Gläubiger zu gestatten, daß der auf seine Forderung entfallende Betrag zur Befriedigung des vortretenden Gläubigers wegen seiner Forderung an Kapital und — wenn etwas anderes nicht vereinbart ist — auch an Zinsen und Kosten verwendet wird. Hat der Zurücktretende einen Teilbetrag seiner Forderung von der Vorrechtseinräumung ausgeschlossen, so wird dieser Teilbetrag und derjenige Betrag, auf den sich die Vorrechtseinräumung bezieht, nach Verhältnis beider Teile befriedigt, sofern nicht eine abweichende Vereinbarung getroffen und eingetragen ist. Erfolgt die Befriedigung des vortretenden Gläubigers einer Gesamthypothek aus einem der belasteten Grundstücke, so werden auch die übrigen Grundstücke frei (§ 1181), soweit nicht der Eigentümer des Grundstücks, aus dem der Gläubiger befriedigt wird, von dem Eigentümer eines der anderen Grundstücke Ersatz verlangen kann. § 1182.

Bei gleichzeitiger Einräumung des Vorrangs mit einer Post für mehrere Posten stehen diese beim Mangel anderweiter Rangänderung zu gleichem Recht an Stelle der zurücktretenden Post und werden in Höhe dieser Post bei der Zwangsversteigerung anteilsmäßig aus den Kaufgeldern befriedigt. Anders verhält es sich, wenn zunächst einer Post der Vorrang eingeräumt ist und dann erst für die zweite der Vorrang eingetragen werden soll. In diesem Falle vermag die letztere die ihr eingeräumte Stelle erst nach der ersteren geltend zu machen. KG. 20 S. A 181.

b, Der dem vortretenden Rechte eingeräumte Rang geht nicht verloren, wenn das zurücktretende Recht durch Rechtsgeschäft aufgehoben wird. Der Vorrang bleibt bestehen trotz der Löschung des Rechtes, die Zwischenberechtigten rücken nicht vor. Dagegen macht eine nicht auf Rechtsgeschäft beruhende Aufhebung des zurücktretenden Rechtes die Einräumung des Vorranges gegenstandslos; das ist zB. der Fall, wenn der Vorrang vor einem Nießbrauch eingeräumt wird und der Nießbrauch durch den Tod des Nießbrauchers beendigt wird. Dsch. 179.

Als dingliche Rechtsänderung unterliegt die Rangabtretung der Vorschrift über den Schutz des öffentlichen Glaubens des Grundbuchs. Das vortretende Recht muß dem redlichen Erwerber gegenüber als zu Recht bestehend gelten, auch wenn es von vornherein ungültig sein sollte. Ebenso kommt, wenn das zurücktretende Recht nicht besteht, dem vortretenden der Schutz des öffentlichen Glaubens des Grundbuchs zu statten. P. 3478.

c, Zwischenrechte werden durch die Rangänderung nicht berührt, also auch nicht in ihrer Stellung verbessert. Wenn das vortretende Recht später wegfällt oder überhaupt nicht bestand, so rücken die Zwischenrechte nicht vor, vielmehr äußert das zurücktretende Recht an der nunmehr freien Stelle den zwischenstehenden Rechten gegenüber dieselbe Wirksamkeit, wie wenn die Rangänderung nicht stattgefunden hätte. P. 3474. Soll die Wirkung der Rangabtretung auch auf die Zwischenberechtigten erstreckt werden, so bedarf es dazu eines besonderen Vertrages mit den Zwischenberechtigten. P. 3475.

d, Für die Feststellung des geringsten Gebots ist § 45 ZwVG. maßgebend. Danach muß die Rangänderung, wenn sie im Grundbuch eingetragen ist, auch dann berücksichtigt werden, wenn das zurücktretende Recht gelöscht ist, solange nur bei dem vortretenden Rechte die Rangänderung eingetragen ist. Aufzunehmen in das geringste Gebot ist das vorgetretene, nicht das zurückgetretene Recht.

4. Übergangsbestimmung: Art. 189 Abs. 1 Satz 2.

§ 881.

Der Eigentümer kann sich bei der Belastung des Grundstücks mit einem Rechte die Befugnis vorbehalten, ein anderes, dem Umfange nach bestimmtes Recht mit dem Range vor jenem Rechte eintragen zu lassen.

Der Vorbehalt bedarf der Eintragung in das Grundbuch; die Eintragung muß bei dem Rechte erfolgen, das zurücktreten soll.

Wird das Grundstück veräußert, so geht die vorbehaltene Befugnis auf den Erwerber über.

Ist das Grundstück vor der Eintragung des Rechtes, dem der Vorrang beigelegt ist, mit einem Rechte ohne einen entsprechenden Vorbehalt belastet worden, so hat der Vorrang insoweit keine Wirkung, als das mit dem Vorbehalt eingetragene Recht infolge der inzwischen eingetretenen Belastung eine über den Vorbehalt hinausgehende Beeinträchtigung erleiden würde.

„D. Recht" 1900 S. 298.

---

1. Der Rangvorbehalt ist bei allen begrenzten Rechten zugelassen. M. 234 f. Das Recht, dem der Vorrang zustehen soll, muß dem Umfange nach bestimmt sein. Dsch. 179. Der Vorbehalt muß „bei der Belastung", d. h. gleichzeitig mit der Bestellung des zurücktretenden Rechtes erfolgen. KG. 21 S. A 306. AM. Fuchs S. 101 A. 3. Er darf nicht allein, ohne das damit verbundene Recht eingetragen werden. Turn.-Först. I S. 150 A. 1.

2. Zur dinglichen Wirksamkeit des Vorbehalts ist die Eintragung bei dem Rechte, welches zurücktreten soll, erforderlich; die Bezugnahme auf die Eintragungsbewilligung ist nicht genügend. Dsch. 179. Zur Eintragung genügt die formgerechte (GBO. § 29) Bewilligung des Eigentümers. Wird demnächst das Recht, welches den Vorrang erhalten soll, eingetragen, so muß bei ihm der Vorrang mit eingetragen werden. § 879 Abs. 3. Ist die Eintragung bei dem zurücktretenden Recht unterblieben, so begründet die Vereinbarung des Eigentümers mit dem zunächst eingetragenen Berechtigten, daß dieser verpflichtet sein soll, einem später einzuräumenden Rechte den Vorrang einzuräumen, nur Rechte und Verbindlichkeiten unter den Vertragschließenden.

3. Die vorbehaltene Befugnis geht, wenn sie eingetragen ist, im Falle der Veräußerung des Grundstücks auf den Erwerber über. Bei der Veräußerung im Wege der Zwangsversteigerung (P. 3485) steht und fällt der Vorbehalt, je nachdem die zurücktretende Post bestehen bleibt oder erlischt. ZwVG. § 52 Abs. 1 Satz 2, § 91 Abs. 1. Die vorbehaltene Befugnis steht nur dem Eigentümer zu. Das Recht daraus kann nicht gepfändet und einem Gläubiger für seine Zwangshypothek überwiesen werden. Fuchs I S. 103 A. 8b. Turn.-Först. I S. 151 A. 3.

4. Für die Aufhebung der Belastung gilt § 877. Die Eintragung erfolgt auf Grund der dem § 29 GBO. entsprechenden Bewilligung des Eigentümers. Biermann S. 60 A. 1. AM. (Eintragung nicht erforderlich): Fuchs S. 102 A. 7.

5. Im Falle des Abs. 4 geht das vor der Eintragung des vorbehaltenen Rechtes eingetragene Recht nach § 879 dem vorbehaltenen Recht, dieses aber nach § 881 dem zuerst eingetragenen Rechte vor. Das letztere darf aber keine schlechtere Stellung erhalten, als wenn die Zwischenposten nicht eingetragen wären. Biermann S. 61 A. 2. Beispiel. Es sind der Reihe nach eingetragen: 1. 5000 Mk. für A mit dem Vorbehalte des Vorranges für eine später einzutragende Hypothek von 10 000 Mk. 2. 5000 Mk. (Zwangshypothek) für B ohne Vorbehalt. 3. Die vorbehaltenen 10 000 Mk. Bei der Zwangsversteigerung des Grundstücks sind auf die drei Hypotheken 15 000 Mk. zu verteilen. Auf jede Hypothek fallen 5000 Mk., denn A hat nur eingewilligt hinter 10 000 Mk. zurückzutreten, also mit 15 000 Mk. abzuschließen.

§ 882.

Wird ein Grundstück mit einem Rechte belastet, für welches nach den für die Zwangsversteigerung geltenden Vorschriften dem Berechtigten im Falle des

Erlöschens durch den Zuschlag der Wert aus dem Erlöse zu ersetzen ist, so kann der Höchstbetrag des Ersatzes bestimmt werden. Die Bestimmung bedarf der Eintragung in das Grundbuch.

1. Die Vorschrift steht in Verbindung mit dem sog. Surrogationsprinzip des § 92 ZwVG. „Erlischt durch den Zuschlag ein Recht, das nicht auf Zahlung eines Kapitals gerichtet ist, so tritt an die Stelle des Rechtes der Anspruch auf Ersatz des Wertes aus dem Versteigerungserlöse." Die in Betracht kommenden Rechte sind: das Erbbaurecht (§ 1012), die Dienstbarkeiten (§§ 1018, 1030, 1090) und die Reallasten (§ 1105). Das Vorkaufsrecht ist nach § 512 ausgeschlossen, wenn der Verkauf im Wege der Zwangsvollstreckung erfolgt. Die Vorschrift bezieht sich aber nur auf das für einen Fall bestimmte Vorkaufsrecht. Ist das Vorkaufsrecht gemäß § 1097 „für mehrere oder für alle Verkaufsfälle bestellt", so wird es durch die Zwangsversteigerung für künftige Fälle nicht betroffen und erlischt nur nach den allgemeinen Vorschriften des § 52 ZwVG. Ein solches Vorkaufsrecht ist also von den Bestimmungen des § 92 ZwVG. und des § 882 BGB. nicht ausgenommen. Biermann S. 61. Planck S. 94. Turn.-Förft. I S. 153 A. 2.

2. Die Bestimmung des Höchstbetrages kann sowohl bei wie nach der Belastung des Grundstücks mit dem bezeichneten Rechte getroffen werden. Legitimiert zur Bestimmung sind der Eigentümer und der Berechtigte. Die Zustimmung der Nacheingetragenen ist nicht erforderlich, da sie durch die Bestimmung („Höchstbetrag", nicht „Ablösungssumme") nicht betroffen werden. Fuchs I S. 105. Turn.-Förft. I S. 153 A. 1. Biermann S. 61. Ist der Höchstbetrag eingetragen, so darf er bei der Festsetzung des Ersatzes im Versteigerungsverfahren nicht überschritten werden.

*§ 883.

Zur Sicherung des Anspruchs auf Einräumung oder Aufhebung eines Rechtes an einem Grundstück oder an einem das Grundstück belastenden Rechte oder auf Änderung des Inhalts oder des Ranges eines solchen Rechtes kann eine Vormerkung in das Grundbuch eingetragen werden. Die Eintragung einer Vormerkung ist auch zur Sicherung eines künftigen oder eines bedingten Anspruchs zulässig.

Eine Verfügung, die nach der Eintragung der Vormerkung über das Grundstück oder das Recht getroffen wird, ist insoweit unwirksam, als sie den Anspruch vereiteln oder beeinträchtigen würde. Dies gilt auch, wenn die Verfügung im Wege der Zwangsvollstreckung oder der Arrestvollziehung oder durch den Konkursverwalter erfolgt.

Der Rang des Rechtes, auf dessen Einräumung der Anspruch gerichtet ist, bestimmt sich nach der Eintragung der Vormerkung.

Joh. Biermann, Widerspruch und Vormerkung nach deutschem Grundbuchrecht. Jena 1891. „D. Recht" 1902 S. 506. Z. f. DZP. 30 S. 472 (Literaturnachweis); 28 S. 369, 370; 30 S. 195, 196.

I. Abs. 1. 1. Begriff. Als vorläufige Eintragungen in das Grundbuch, durch welche die endgültige Eintragung für den Fall der Erfüllung ihrer Voraussetzungen sichergestellt wird, läßt das BGB. zu die Vormerkung und den Widerspruch. Die Vormerkung (§§ 883—888) bezweckt, persönlichen Ansprüchen auf Einräumung oder Aufhebung eines dinglichen Rechtes, wiewohl sie nur obligatorischer Natur sind,

Sicherung mit dinglicher Wirksamkeit gegen Dritte zu gewähren. KG. 21 S A 289. Der Widerspruch (§§ 894—899) dient zum Schutze bestehender dinglicher Rechte, die nicht oder nicht richtig eingetragen sind.

2. Vormerkungsfähig sind die Rechte an einem Grundstücke, d. h. das Eigentum und die Belastungen (Erbbaurecht, Dienstbarkeiten, Vorkaufsrecht [vgl. A. 4] Reallasten, Hypothek, Grund- und Rentenschuld) sowie die Rechte an einem das Grundstück belastenden Rechte, d. h. Nießbrauch und Pfandrecht an einer Reallast, einer Hypothek oder einer Grundschuld. Vorgemerkt können also z. B. werden der Anspruch auf Auflassung, auf Einräumung einer Reallast, einer Dienstbarkeit, auf Bestellung oder auf Änderung der Zahlungsmodalitäten einer Hypothek, einer Grundschuld, einer Rentenschuld, auf Löschung der genannten dinglichen Rechte, insbesondere der Löschung einer Hypothek im Falle des § 1179. Auch die Verpflichtung des Eigentümers, eine Hypothek, falls sie ihm zufällt, dem Gläubiger für eine andere Forderung zu bestellen, kann vorgemerkt werden. KG. 25 S. A 166; ROLG. 6 S. 150. Statthaft ist ferner eine Vormerkung zur Sicherung des persönlichen Anspruchs auf Einräumung eines dinglichen Rechtes an einen Dritten, zB. des Anspruchs des anfechtenden Gläubigers auf Rückgewähr an den Schuldner (§ 7 Anfecht.Ges.). OLG. Köln, ROLG. 5 S. 422. Ein rechtsgeschäftliches Veräußerungsverbot kann zwar nicht als Verfügungsbeschränkung (§ 137), wohl aber als Vormerkung eingetragen werden. KG. ROLG. 6 S. 122.

3. Zweck der Vormerkung ist die Sicherung des Anspruchs auf endgültige Eintragung. Es können also nur eintragsfähige Rechte vorgemerkt werden (A. 1). Darauf, ob die Eintragung zur Rechtsänderung notwendig oder nur wahlweise neben einem anderen Modus der Rechtsänderung gestattet ist, wie zB. bei der Abtretung der Briefhypothek (§ 1154), kommt nichts an. Rechte aber, die nicht eingetragen werden dürfen, wie zB. persönliche Forderungsrechte, durch Rechtsgeschäft begründete Verfügungsbeschränkungen können auch nicht vorgemerkt werden. KG. 20 S. A 91; 21 S. A 91. RJA. 1 S. 25. OLG. Jena „D. Recht" 1902 S. 263. Das Recht auf die Überbau- und die Notwegrente wird nicht eingetragen, kann also auch nicht vorgemerkt werden. Wohl aber ist zum Verzicht auf das Recht sowie zur Feststellung der Höhe der Rente durch Vertrag die Eintragung erforderlich (§ 914 Abs. 2), hierfür also auch der Schutz durch Vormerkung zulässig. Antichrese, Miete und Pacht sind keine Rechte am Grundstücke, mithin nicht vormerkungsfähig.

4. Auch zur Sicherung eines künftigen (§ 163) oder eines — aufschiebend oder auflösend, § 158 — bedingten Anspruchs kann eine Vormerkung eingetragen werden. Eine Auflassung, die unter einer Bedingung oder einer Zeitbestimmung erfolgt, ist unwirksam. § 925 Abs. 2. Es kann aber der bedingte oder betagte Anspruch auf Auflassung oder Rückauflassung durch Eintragung einer Vormerkung sicher gestellt werden, durch welche das Recht des Käufers auf Auflassung, das Recht des Verkäufers auf Rückauflassung erhalten wird. Das Wiederkaufsrecht entbehrt der Dinglichkeit und damit der Eintragungsfähigkeit (§§ 497 ff.), begründet aber den betagten und bedingten Anspruch auf Eigentumsübertragung, und dieser Anspruch kann durch Vormerkung gesichert werden. Fuchs S. 109. Predari S. 197. Mit dem persönlichen Vorkaufsrecht (§§ 504 ff.) verhält es sich ebenso. Gegen die herrschende Ansicht, wonach der Anspruch auf Einräumung des Vorkaufsrechtes der Sicherung durch Vormerkung unterliegt (Fuchs u. Predari a. a. O.): Kretzschmar I S. 204.

5. Nur wo ein Titel zur Eintragung oder Löschung vorliegt, ist die Vormerkung zulässig. Dies ergibt § 883 Satz 1. Einen solchen Titel gewähren vollstreckbare Urkunden, die lediglich auf Zahlung von Geldsummen gehen, nicht (M. 770. KG. RJA. 2 S. 93), es kann also auch aus ihnen eine Vormerkung zur Erhaltung des Rechtes auf Eintragung einer Sicherungshypothek nicht eingetragen werden. Turn.-Först. I S. 160 A. 3.

II. Abs. 2. Wirkung. 6. Die Vormerkung ist kein dingliches Recht. Sie dient nur dazu, einen persönlichen Anspruch für den Fall seines Bestehens in dinglicher Weise zu sichern. RG. JW. 1902 (Beil.) S. 249. KG. 21 S. A 289. Die Natur des gesicherten Anspruchs wird durch die Vormerkung nicht geändert, der Anspruch bleibt vielmehr ein persönlicher. Im einzelnen gelten folgende Grundsätze.

7. Eine Verfügung, die nach der Eintragung der Vormerkung über das Grundstück oder das Recht getroffen wird, ist insoweit unwirksam, als sie den Anspruch vereiteln oder beeinträchtigen würde. Darauf, ob die nachteilige Verfügung von dem Verpflichteten oder dessen Rechtsnachfolgern, ob sie im Wege der Zwangsvollstreckung oder der Arrestvollziehung oder ob sie im Falle der Eröffnung des Konkurses über das Vermögen des Verpflichteten durch den Konkursverwalter erfolgt, kommt nichts an. Man wird auch — mit Fuchs S. 111 — annehmen müssen, daß der kraft Gesetzes eintretende Erwerb eines Rechtes am Grundstück der Unwirksamkeit unterliegt. Hat zB. die Grundeigentümerin nach Eintragung einer Auflassungsvormerkung für A sich mit B verheiratet, so darf das Recht des A durch das gesetzliche Nutznießungsrecht des B nicht beeinträchtigt werden.

Die Geltendmachung der Unwirksamkeit regelt § 888 Abs. 1.

8. Nur der Vorgemerkte kann die Rechte aus der Vormerkung (A. 3) geltend machen (Biermann S. 64 A. 3. AM. Fuchs S. 112 A. 7) und nur dann, wenn der bezeichnete Anspruch wirklich besteht. Es ist Sache des Berechtigten, das vorgemerkte Recht nachzuweisen. Dem Verpflichteten werden die ihm gegen den Anspruch selbst zustehenden Einwendungen durch die Vormerkung nicht entzogen. Ist zB. ein Kaufvertrag über ein Grundstück ohne Beobachtung der Form des § 313 abgeschlossen, so kann der Verkäufer die Nichtigkeit des Vertrages auch dann geltend machen, wenn eine Vormerkung zur Erhaltung des Rechtes auf Auflassung eingetragen ist. Ebensowenig wird ihm durch die Eintragung der Vormerkung die Einrede entzogen, daß vereinbartermaßen die Auflassung erst nach Zahlung des Kaufpreises erfolgen solle. Das GBA. hat nur zu prüfen, ob der Anspruch vorgemerkt werden kann, nicht dagegen, ob er auch materiell berechtigt ist. LG. Gleiwitz, Soergel 1900/1 S. 98.

9. An der Verfügung über das Recht wird der durch die Vormerkung Betroffene nicht gehindert. Ist eine Auflassungsvormerkung für A eingetragen, so kann der Grundeigentümer nichtsdestoweniger das Grundstück dem B auflassen. Die Wirksamkeit dieser Verfügung ist aber von der Feststellung des vorgemerkten Anspruchs abhängig. Sie bleibt wirksam, wenn der vorgemerkte Anspruch als unbegründet dargetan wird, verliert jedoch die Wirksamkeit, sobald dieser Anspruch liquid gestellt ist. Das GBA. ist nicht berechtigt, die beantragte Eintragung der mit der Vormerkung in Widerspruch tretenden Verfügungen abzulehnen. Es hat die Eintragung zu bewirken. Sache der Beteiligten ist es, den Kollisionsfall im Rechtswege zum Austrage zu bringen. RG. 4 S. 268; Bolze 8 Nr. 57. Auch dann ist dem GBA. eine Schranke nicht gesetzt, wenn ein Recht, dessen Abtretung oder Belastung durch die Vormerkung gesichert ist, gelöscht werden soll. Nur muß in solchem Falle die Vormerkung ungelöscht bleiben. Die Folgen der Löschung lassen sich dadurch beseitigen, daß das gelöschte Recht mit seinem früheren Range neu eingetragen wird. Diejenigen, welche durch die Löschung einen Vorteil erlangt haben, sind verpflichtet der Wiedereintragung zuzustimmen. Biermann, Widerspruch rc. S. 208. Planck S. 103 A. I 1c. Turn.-Först. I S. 166 A. *l*. Der Erlaß eines sofort wirksamen Veräußerungs- und Belastungsverbots gegen den Schuldner ist nicht ausgeschlossen. Hierzu bedarf es aber der Erwirkung einer dies Verbot ausdrücklich aussprechenden, den Voraussetzungen der §§ 920, 936 ZPO. genügenden einstweiligen Verfügung. Turn.-Först. I S. 167 A. *l*.

10. Hat das vorgemerkte Recht auf Auflassung zum wirklichen Eigentumserwerb geführt, so wirkt die Vormerkung auflösend auf alle nachher entstandenen Rechte, insbesondere auch auf Belastungen. RG. 7 S. 177, 15 S. 269, 27 S. 237. Hat also der Grundeigentümer nach Eintragung einer Auflassungsvormerkung für A das Grundstück dem B aufgelassen oder dem C eine Hypothek bestellt, so ist mit dem

Erwerbe des Grundstücks seitens des A sowohl die eine wie die andere Verfügung unwirksam. Fuchs S. 111.

11. Das vorgemerkte Recht auf Auflassung erstreckt sich auch auf das Zubehör des Grundstücks. Wo es notwendig erscheint, kann der Gläubiger neben der Vormerkung eine einstweilige Verfügung hinsichtlich des Zubehörs erwirken. P. 4788. Notwendig ist eine einstweilige Verfügung, um weitere Veräußerungen des Zubehörs von dem ersten Erwerber an einen gutgläubiger Erwerber (§ 933) zu verhindern. Turn.-Förft. I S. 167 A. m.

12. Die Vormerkung des Rechtes auf Auflassung sichert zwar dieses Recht, sofern es besteht, schafft aber nicht das Recht auf Auflassung. Das Eigentum erlangt der Vorgemerkte erst durch seine Eintragung als Eigentümer. Die Eigentumsklagen stehen also dem Vorgemerkten nicht zu, weder die vindicatio noch die negatoria. §§ 985, 1004. Eine Zurückwirkung des Eigentums auf den Zeitpunkt der Eintragung der Vormerkung in dem Sinne, daß die in der Zwischenzeit von einem anderen geübten Eigentumsrechte als dem Auflassungsberechtigten zukommend anzusehen seien, ist vom BGB. nicht zugelassen. Man wird daher mit Turn.-Förft. I S. 167 A. m annehmen müssen, daß der vorgemerkte Auflassungsberechtigte nach Erlangung des Eigentums von dem, der nach Eintragung der Vormerkung von dem zur Auflassung Verpflichteten Eigentum und Besitz des Grundstücks erhalten hat, nicht Vergütung für seine Benutzung des Grundstücks beanspruchen kann.

13. Ebensowenig wie die Auflassungsvormerkung bedingtes Eigentum ist, ist die Vormerkung zur Sicherung des Anspruchs auf Einräumung einer Hypothek eine bedingte Hypothek. Die Hypothek entsteht erst, wenn sie als solche eingetragen (§ 873), d. h. wenn die Vormerkung in eine Hypothek umgeschrieben ist. Bis zur Umschreibung hat der Vorgemerkte nur die persönliche Klage auf Einräumung der Hypothek, nicht aber die mit dem Hypothekenrechte verbundenen Befugnisse, also nicht die dingliche Klage auf Befriedigung aus dem Grundstücke, nicht das Recht der Abtretung des vorgemerkten Rechtes als eines Hypothekenrechtes, nicht die Gefährdungsklage aus §§ 1133—1135. Auch kann das vorgemerkte Recht nicht Gegenstand der Eigentümerhypothek sein. RG. 25 S. A 170. Biermann, Widerspruch rc. S. 196. Turn.-Förft. I S. 164 A. g. Diese Auffassung ist aber keine unbestrittene. Dernburg gestattet die hypothekarische Klage aus der Vormerkung einer Hypothek, wenn die Voraussetzungen einer endgültigen Eintragung nachgewiesen werden können (§ 237 Nr. 3, S. 659) und hält die vorgemerkte Post auch geeignet für die Eigentümerhypothek. § 220 Nr. 1 S. 616. Ebenso Boehm S. 44 B, C und Fuchs, letzterer mit der Abweichung, daß er die Hypothekenvormerkung nicht als Gegenstand der Eigentümerhypothek erachtet. S. 115 A. 9. Gesetzlich gleichgestellt ist die Hypothekenvormerkung dem Hypothekenrecht in den Fällen der §§ 439 Abs. 2, 1971, 2016 und in § 193 KO.

14. Im Zwangsversteigerungsverfahren werden die vorgemerkten Rechte sowohl bei Feststellung des geringsten Gebots als auch im Teilungsplan wie eingetragene (bedingte) Rechte berücksichtigt. ZwVG. §§ 48, 9 Nr. 1.

15. Durch die Vormerkung auf Auflassung wird die Versteigerung des Grundstücks im Wege der Zwangsvollstreckung nicht gehindert. Denn „ein der Versteigerung entgegenstehendes Recht“ (ZwVG. § 37 Nr. 5) hat nur derjenige, der behauptet Eigentümer zu sein, nicht auch derjenige, dem — wie dem Vormerkungsberechtigten — nur der Anspruch auf Übertragung des Eigentums zusteht. Dernburg § 51 Nr. 4 b, S. 151. Fuchs S. 116. Planck S. 96. Biermann, Widerspruch rc. S. 198. Auch die Einleitung der Zwangsverwaltung muß der als Eigentümer Vorgemerkte sich gefallen lassen.

16. Ist über das Vermögen des von der Vormerkung Betroffenen Konkurs eröffnet, so bindet die Vormerkung auch den Konkursverwalter. Der Gläubiger, für den eine Auflassungs- oder Hypothekenvormerkung eingetragen ist, kann vom Kon-

kursverwalter die Erteilung der Auflassung, die Umschreibung der Hypothek verlangen. KO. § 24. Er hat das Absonderungsrecht des § 47 KO. Das Rücktrittsrecht, welches dem KVerwalter nach § 17 KO. zusteht, ist ausgeschlossen. Planck S. 95. Turn.=Först. I S. 165 A. i. Fuchs S. 118, 201 A. 1. Ein Aussonderungsrecht kann der Vorgemerkte nicht geltend machen, da er nur einen obligatorischen Anspruch auf Übertragung des Gegenstandes hat. Biermann S. 65 A. 3c. AM. Fuchs S. 118 A. 13. Ein gegen den Gemeinschuldner bestehendes Veräußerungsverbot der in den §§ 135, 136 BGB. bezeichneten Art ist den Konkursgläubigern gegenüber unwirksam. KO. § 13.

Der Verkäufer hat eine Vormerkung zur Sicherung des Anspruchs auf Bestellung einer Hypothek, einer Grundschuld oder einer Rentenschuld zu beseitigen, auch wenn der Käufer die Belastung gekannt hat. § 439.

17. Der öffentliche Glaube des Grundbuchs erstreckt sich nach § 892 auf den vorgemerkten Anspruch nicht, gleichviel ob die Vormerkung vom Berechtigten bewilligt oder durch einstweilige Verfügung angeordnet ist. § 885. KG. 21 S. A 289. Biermann, Widerspruch ꝛc. S. 188. Planck S. 95 A. 2. Turn.=Först. I S. 163 A. d. Predari S. 162, 207. Auch § 893 findet auf Vormerkungen keine Anwendung, da er nur für eingetragene Rechte gilt. Biermann, Widerspruch ꝛc. S. 192. Für einen Widerspruch, der nur dem Zwecke dient, die mit dem öffentlichen Glauben des Grundbuchs verknüpften Gefahren zu beseitigen, ist gegenüber der Vormerkung kein Anlaß und kein Raum. Es kann mithin gegen eine eingetragene Vormerkung ein Widerspruch nicht eingetragen werden. KG. 21 S. A 226. Biermann, Widerspruch ꝛc. S. 82. Fuchs S. 186 A. 2. Planck S. 117. AM. Turn.=Först. I S. 164 A. f.

18. Die Abtretung, Verpfändung und Pfändung des durch Vormerkung gesicherten Anspruchs ist zulässig und eintragungsfähig. Turn.=Först. I S. 168 A. 6. Vgl. § 885 A. 5.

III. Abs. 3. **19.** Die Vorschrift bezieht sich nur auf diejenigen Vormerkungen, welche zur Sicherung des Anspruchs auf Einräumung eines Rechtes an dem Grundstück oder an einem Grundstücksrecht bestimmt sind. Die Vormerkung sichert den Rang des vorgemerkten Rechtes, verpflichtet also die später eingetragenen Berechtigten, der Eintragung des Rechtes mit dem Range der Vormerkung zuzustimmen. Kretzschmar I S. 199. Die Eintragung der Vormerkung ist auch dann maßgebend, wenn die Eintragung wegen eines künftigen oder bedingten Anspruchs erfolgt ist. Das Rangverhältnis unter mehreren eingetragenen Vormerkungen regelt sich nach § 879. Rangänderung ist zulässig; es gilt dann § 880 (KG. RJA. 2 S. 145) mit der Maßgabe, daß die Zustimmung des Eigentümers entbehrlich ist.

20. Übergangsbestimmung. Vormerkungen, die zu der Zeit eingetragen sind, in der das Grundbuch als angelegt anzusehen ist, bleiben mit dem sich aus den bisherigen Gesetzen ergebenden Inhalte bestehen. Biermann S. 66 A. 4. Kann ein vor dem 1. Januar 1900 gesicherter Anspruch auf Eintragung eines Rechtes in das Grundbuch nicht mehr durchgeführt werden, weil das BGB. das einzutragende Recht nicht mehr als eintragungsfähig anerkennt (zB. ein antichretisches Pfandrecht), so ist die Vormerkung gegenstandslos und der dadurch Betroffene zur Löschungsbewilligung verpflichtet. RG. 48 Nr. 61. (Preußen: Anlage).

21. Vorbehaltene Landesgesetze: Preußen: Anlage.

§ 884.

Soweit der Anspruch durch die Vormerkung gesichert ist, kann sich der Erbe des Verpflichteten nicht auf die Beschränkung seiner Haftung berufen.

---

1. Die Vorschrift bezieht sich auf den Fall, wenn eine Vormerkung auf einem Nachlaßgrundstück oder auf einem zum Nachlaß gehörigen Rechte ruht

und der Vormerkungsberechtigte die Liquidestellung des durch die Vormerkung gesicherten Anspruchs gegen den Erben des aus dem Schuldverhältnis Verpflichteten geltend macht. Die Verbindlichkeit des Erben geht dann dahin, an Stelle des Verpflichteten die zur Liquidestellung des Anspruchs erforderliche Erklärung abzugeben (§ 1967), also zB. die Umschreibung der Auflassungsvormerkung in den Eigentumsvermerk, die Umschreibung der Hypothekenvormerkung in eine Hypothek zu bewilligen. Es handelt sich sonach stets um eine Leistung aus dem Nachlaß. Eine Leistung aus dem eigenen Vermögen wird von dem Erben überhaupt nicht begehrt. Daher ist für die Berufung des Erben auf seine beschränkte Haftung (Einrede des Inventarrechts §§ 1975 ff.), kein Raum.

2. Die Inventarseinrede ist aber nur soweit ausgeschlossen, als die Vormerkung ein Recht gibt. Die Prot. geben folgendes Beispiel. „Wenn A sein Grundstück an B verkauft und nach Abschluß des Kaufvertrages eine Hypothek eintragen läßt, so wirkt die nach der Eintragung der Hypothek eingetragene (dem Käufer zur Erhaltung des Rechtes auf Auflassung bewilligte) Vormerkung nicht gegenüber der Hypothek, sie deckt also den durch sie gesicherten Anspruch nicht vollständig gegen die Folgen der Unzulänglichkeit des Vermögens des Schuldners; der Anspruch aus dem Kaufvertrage geht auch auf Befreiung von der Hypothek, für diesen Anspruch gibt aber die Vormerkung keinen Schutz, gegen ihn besteht also die Einrede des Inventarrechts." P. 7958.

§ 885.

Die Eintragung einer Vormerkung erfolgt auf Grund einer einstweiligen Verfügung oder auf Grund der Bewilligung desjenigen, dessen Grundstück oder dessen Recht von der Vormerkung betroffen wird. Zur Erlassung der einstweiligen Verfügung ist nicht erforderlich, daß eine Gefährdung des zu sichernden Anspruchs glaubhaft gemacht wird.

Bei der Eintragung kann zur näheren Bezeichnung des zu sichernden Anspruchs auf die einstweilige Verfügung oder die Eintragungsbewilligung Bezug genommen werden.

---

1. Von Amts wegen ist eine Vormerkung einzutragen in den Fällen des § 18 Abs. 2 und des § 76 der GBO. In allen übrigen Fällen ist die Eintragung einer Vormerkung nur gestattet auf Grund der Bewilligung des passiv Beteiligten oder auf Grund einer einstweiligen Verfügung. Die Bewilligung des passiv Beteiligten, d. i. desjenigen, dessen Grundstück oder dessen Recht von der Vormerkung betroffen wird, bedarf zur Eintragung der Form des § 29 GBO. Die Einigung der Beteiligten (§ 873) ist (gegen M. 244) für nicht erforderlich erachtet, da die Vormerkung nicht als ein selbständiges Recht an einem Grundstück angesehen wird, sondern nur zur Sicherung des Anspruchs auf die Einräumung oder die Änderung eines Rechtes dient. Deshalb versagt auch die Anwendung des § 878 bei der Vormerkung. Planck S. 98 A. 2. Turn.-Förstl I S. 174 A. II 1. Biermann, Widerspruch rc. S. 147, 109, 185. AM. Fuchs S. 127 A. I 1, 129 A. 2 c.

Soll eine Vormerkung wegen des Anspruchs gegen einen Bevormundeten eingetragen werden, so muß der Bewilligung des Vormundes gemäß § 1821 die Genehmigung des Vormundschaftsgerichts hinzutreten. Beim gesetzlichen Güterrecht kann der Mann nicht ohne Zustimmung der Frau, die Frau nicht ohne Einwilligung des Mannes eine Vormerkung in bezug auf das eingebrachte Gut bewilligen. §§ 1375, 1395. Im Wege der Zwangsvollstreckung kann eine Vormerkung auf eingebrachtes Gut nur eingetragen werden, wenn die Frau zur Bewilligung, der Mann zur Duldung der Eintragung verurteilt ist. ZPO. §§ 936, 928, 739. Bei gütergemeinschaftlicher Ehe ist zur Eintragung der Vormerkung zur Sicherung des Anspruchs auf Übertragung oder Belastung eines zum Gesamtgute gehörigen Grundstücks außer der Bewilligung des Mannes die Einwilligung der Frau erforderlich (§ 1445); der letzteren bedarf es nicht, wenn der zu sichernde Anspruch die Übertragung, Rangänderung oder Löschung einer zum Gesamtgute gehörigen Hypothek oder eines anderen Rechtes am Grundstücke betrifft. KG. 22 S. A 141. RJA. 2 S. 99, 89. Turn.-Först. I S. 175.

Die Bewilligungserklärung kann ersetzt werden durch ein rechtskräftiges Urteil nach § 894 ZPO., KG. 20 S. A 77. Ist durch ein vorläufig vollstreckbares Urteil der Verpflichtete zur Bewilligung einer Definitiveintragung, zB. zur Auflassung, zur Bestellung einer Hypothek verurteilt, so gilt die Eintragung einer Vormerkung als bewilligt. § 895 ZPO.

2. Die einstweilige Verfügung als Grundlage für die Eintragung einer Vormerkung unterliegt den Bestimmungen der §§ 935 ff. ZPO.

a, Zuständig für die Erlassung ist das Gericht der Hauptsache (ZPO. § 937) oder das Amtsgericht, in dessen Bezirke das Grundstück belegen ist, auch wenn der Fall für dringlich nicht erachtet wird ZPO. § 942 Abs. 2. Das Gericht der Hauptsache bestimmt sich nach § 943 ZPO. Die Rechtshängigkeit der Hauptsache ist nicht erforderlich. RG. 4 S. 400. Die Zuständigkeit des Berufungsgerichtes dauert bis zur Zustellung des Berufungsurteils. RG. 39 S. 398. Gruch. 41 S. 1170. Als Hauptsache kann nur diejenige Klage angesehen werden, die auf vorläufige oder endgültige Einräumung eines dinglichen Rechtes, also auf Bewilligung der Eintragung einer Vormerkung oder einer Definitiveintragung gerichtet ist. Fuchs S. 131 A. 5. Oberneck S. 249. Turn.-Först. I S. 176 A. 3.

b, Der zu sichernde Anspruch ist gemäß § 294 ZPO. glaubhaft zu machen. Das Gericht kann die Glaubhaftmachung durch eine Sicherheitsleistung ersetzen lassen. ZPO. §§ 936, 920, 921 Abs. 2. Die Glaubhaftmachung einer Gefährdung des zu sichernden Anspruchs ist nicht erforderlich; diese Gefährdung ist mit der Grundbucheinrichtung von selbst gegeben. M. 244.

Die Abwendung oder Aufhebung der Vormerkung durch Sicherheitsleistung des Schuldners kann bei entsprechender Anwendung (ZPO. § 936), der bezüglichen für das Arrestverfahren gegebenen Vorschriften (ZPO. §§ 923, 927, 934, 939) nur gestattet werden, wenn der Anspruch des Gläubigers eine aus dem Grundstück zu leistende Geldzahlung betrifft, nicht aber, wenn es sich um eine Individualleistung, zB. eine Auflassung handelt. Planck S. 98 A. 1.

c, Die Eintragung der Vormerkung erfolgt auf Antrag eines Beteiligten, d. h. des Betroffenen oder des Begünstigten. GBO. § 13 Abs. 2. Hat die Eintragung auf Grund einer einstweiligen Verfügung zu erfolgen, so ist auch das Gericht befugt, das GBA. um die Eintragung zu ersuchen. ZPO. § 941. Gegen die das Ersuchen des Prozeßgerichts zurückweisende Verfügung des GBA. finden die in Grundbuchsachen zulässigen Rechtsmittel (GBO. §§ 71 ff.) statt; zu deren Einlegung ist außer dem Prozeßgericht auch der Gläubiger selbst legitimiert. KG. RJA. 2 S. 41.

Die allgemeinen Voraussetzungen jeder Eintragung müssen auch bei der Eintragung der Vormerkung vorliegen. Die Eintragung darf also nur erfolgen, wenn d rjenige, dessen Recht durch sie betroffen wird, als der Berechtigte eingetragen ist (GBO. § 40) (sofern nicht ein Ausnahmefall der §§ 40 Abs. 2, 41 GBO. vorliegt) und wenn den Vorschriften über die in §§ 42 ff. GBO. angeordnete Vorlegung der Hypotheken-, Grund- und Rentenschuldbriefe und Urkunden genügt ist. Dem Eintragungsantrage eines Beteiligten muß die einstweilige Verfügung in Ausfertigung, die Bewilligung des Schuldners in der den Ordnungsvorschriften der §§ 28, 29 GBO. entsprechenden Form beigefügt werden. Der Antrag des Schuldners, wenn durch ihn die zu der Eintragung erforderliche Erklärung ersetzt werden soll, bedarf der Beglaubigung. GBO. § 30. Daß das Grundstück, auf welches sich die Vormerkung bezieht, bereits katastermäßig bezeichnet ist, ist nicht erforderlich. RG. Gruch. 34 S. 1083. KG. RJA. 1 S. 158. Biermann, Widerspruch ꝛc. S. 138. AM. Predari S. 72 A. 2.

d, Die Eintragung auf Grund der einstweiligen Verfügung ist als Vollziehung der einstweiligen Verfügung unstatthaft, wenn seit dem Tage, an dem die einstweilige Verfügung verkündet oder dem Antragsteller zugestellt ist, zwei Wochen verstrichen sind. Die Eintragung ist vor der Zustellung der einstweiligen Verfügung an den Schuldner zulässig, aber ohne Wirkung, wenn die Zustellung nicht innerhalb einer Woche nach der Eintragung und vor Ablauf der zweiwöchigen Eintragungsfrist erfolgt. ZPO. §§ 936, 929.

Die Zustellung der einstweiligen Verfügung an den Schuldner enthält schon den Anfang der Vollziehung; die weitere Ausführung unterliegt dann nicht der zweiwöchigen Vollziehungsfrist. RG. 21 S. 416. Nach Ablauf der Frist darf die Vormerkung nicht mehr eingetragen werden und nicht nur die trotzdem eingetragene Vormerkung, sondern auch die dadurch gesicherte, später vollzogene endgültige Eintragung ist rechtsunwirksam. RG. 26 S. 395. AM. Biermann, Widerspruch ꝛc. S. 106.

3. Bei der Eintragung kann zur näheren Bezeichnung des zu sichernden Anspruchs auf die einstweilige Verfügung oder die Eintragungsbewilligung oder, wenn die Eintragung auf Grund eines rechtskräftigen oder vorläufig vollstreckbaren Urteils erfolgen soll, auf das Urteil Bezug genommen werden. Daß die Bezugnahme auch über den in § 874 allgemein bestimmten Umfang hinaus zulässig sein solle, ist nicht gesagt. Wenn also ein bestimmter Inhalt bei der endgültigen Eintragung eingetragen werden muß, wie bei der Hypothek (§ 1115 Abs. 1), muß er auch bei der Eintragung der Vormerkung eingetragen werden. Oberneck S. 250 Nr. 3. Planck S. 462. AM. Fuchs S. 134 A. 9b. Biermann S. 69 A. 4.

4. Art und Ort der Eintragung bestimmt sich nach den Anordnungen der Landesjustizverwaltung. GBO. § 1 Abs. 2. (Preußen: Allg. Verf. v. 20. Nov. 1899 § 14.)

5. Der durch die Vormerkung gesicherte Anspruch mit dem Rechte aus der Vormerkung kann abgetreten und es kann die Abtretung in das Grundbuch eingetragen werden. KG. 16 S. 141. Turn.-Först. I S. 168 A. 6. Mit der Abtretung des durch die Vormerkung gesicherten Anspruchs gehen auch die durch die Vormerkung begründeten Rechte auf den Erwerber des Anspruchs über. Dies gilt auch im Falle der kraft Gesetzes erfolgten Übertragung. § 412. Wird der Anspruch ohne die Vormerkung übertragen, so erlischt diese. Übertragung der Vormerkung ohne den Anspruch ist ausgeschlossen. Biermann, Widerspruch ꝛc. S. 143.

6. Die endgültige Eintragung mit dem Range der Vormerkung erfolgt auf die Bewilligung desjenigen, gegen den die Vormerkung gerichtet war. Ist das Grundstück oder das Recht inzwischen veräußert, so muß die Zustimmung des neuen Eigentümers hinzutreten. § 888. Im Falle des Konkurses des Eigentümers wird dessen Eintragungsbewilligung durch die des Konkursverwalters ersetzt. KO. § 24. An Stelle der freiwilligen Bewilligung genügt die rechtskräftige Verurteilung zur Erklärung der Bewilligung. ZPO. § 894.

7. Erlöschen der Vormerkung. Erlischt der Anspruch, so erlischt auch die zu seiner Sicherung eingetragene Vormerkung. Die Löschung dient nur zur Berichtigung des Grundbuchs, muß aber nach § 894 auf Verlangen des Passivbeteiligten vom Vorgemerkten bewilligt werden. Soll die Vormerkung allein, ohne den Anspruch erlöschen, so ist ihre Löschung erforderlich. Die Löschung geschieht auf Grund der freiwillig erklärten oder durch Urteil gemäß § 894 ZPO. ersetzten Bewilligung des vorgemerkten Berechtigten. GBO. § 19. KG. 20 S. A 77. Der Antrag auf Löschung kann sowohl vom Verpflichteten als vom Berechtigten gestellt werden. GBO. § 13 Abs. 2. Dem Prozeßgericht ist die Befugnis zur Stellung des Löschungsantrags nicht beigelegt. Die Zustimmung des Grundeigentümers zur Löschung ist nicht erforderlich.

Für die auf Grund einer einstweiligen Verfügung oder eines vorläufig vollstreckbaren Urteils eingetragenen Vormerkungen gilt die Vorschrift, daß außer dem Antrage zu ihrer Löschung die Vorlegung einer die einstweilige Verfügung aufhebenden vollstreckbaren Entscheidung oder einer das vorläufig vollstreckbare Urteil aufhebenden endgültigen Entscheidung genügt. GBO. § 25. Löschung der von Amts wegen eingetragenen Vormerkungen (oben A. 1): GBO. §§ 18, 76. Beseitigung der Vormerkung wegen der den Anspruch ausschließenden Einreden: § 886. Aufgebot der Vormerkung: § 887.

§ 886.

Steht demjenigen, dessen Grundstück oder dessen Recht von der Vormerkung betroffen wird, eine Einrede zu, durch welche die Geltendmachung des durch die Vormerkung gesicherten Anspruchs dauernd ausgeschlossen wird, so kann er von dem Gläubiger die Beseitigung der Vormerkung verlangen.

---

1. Die Vorschrift umfaßt, obwohl sie nur die den Anspruch zerstörenden Einreden in Bezug nimmt, auch die Einwendungen, nach denen der Anspruch nicht entstanden oder erloschen ist. Fällt der Anspruch, so ist auch die zur Sicherung des Anspruchs dienende Vormerkung wirkungslos, und es ist gleichviel, ob der vorgemerkte Anspruch infolge einer Einrede, zB. der Verjährungseinrede, nicht geltend gemacht werden kann, oder ob er durch Zahlung oder aus einem anderen Grunde erloschen ist. M. I S. 359.

2. Der Anspruch geht auf Beseitigung der Vormerkung. Die Verpflichtung des Gläubigers ist also nicht wie im Falle der Berichtigung des Grundbuchs darauf beschränkt, seine „Zustimmung zu der Berichtigung" zu erteilen (§ 894), sondern er muß die Vormerkung löschen lassen, also die Löschung bewilligen und beantragen. Der Anspruch ist ein dinglicher, da die wirkungslose Vormerkung weitere Verfügungen über das von ihr betroffene Grundstück oder Recht erschwert. Er kann daher im Konkurse des bisherigen Gläubigers gegen den Konkursverwalter (KO. § 6 Abs. 2) und gegen den Sonderrechtsnachfolger des vorgemerkten Rechtes geltend gemacht werden. Auf den öffentlichen Glauben des Grundbuchs kann sich der Sonderrechtsnachfolger nicht berufen, denn der öffentliche Glaube besteht nur für endgültige Eintragungen. § 892. Der Sonderrechtsnachfolger des von der Vormerkung betroffenen Grundstücks oder Rechtes kann die Beseitigung verlangen, wenn die Geltendmachung des Anspruchs seinem Rechtsvorgänger oder ihm selbst gegenüber ausgeschlossen ist. Fuchs S. 136 A. 3. Planck S. 99 A. 3.

3. Löschung: GBO. §§ 13, 18 Abs. 2, 19, 21, 22 Abs. 1, 25, 29, 30, 39, 40, 41.

§ 887.

Ist der Gläubiger, dessen Anspruch durch die Vormerkung gesichert ist, unbekannt, so kann er im Wege des Aufgebotsverfahrens mit seinem Rechte ausgeschlossen werden, wenn die im § 1170 für die Ausschließung eines Hypothekengläubigers bestimmten Voraussetzungen vorliegen. Mit der Erlassung des Ausschlußurteils erlischt die Wirkung der Vormerkung.

---

1. Voraussetzungen des Aufgebots: § 1170 A. 1.

2. Für das Aufgebotsverfahren sind die Bestimmungen der §§ 988, 1024 und die Vorschriften der ZPO. §§ 946 ff. maßgebend.

3. Mit der Erlassung des Ausschlußurteils erlischt die Wirkung der Vor-

merkung auch ohne Löschung. Diese kann aber auf Grund des Ausschlußurteils ohne Bewilligung des vorgemerkten Gläubigers von dem von der Vormerkung Betroffenen nach § 22 GBO. betrieben werden. Der durch die Vormerkung gesichert gewesene Anspruch wird durch das Ausschlußurteil nicht berührt. Das Urteil steht also der Erwirkung einer neuen Vormerkung nicht entgegen.

§ 888.

Soweit der Erwerb eines eingetragenen Rechtes oder eines Rechtes an einem solchen Rechte gegenüber demjenigen, zu dessen Gunsten die Vormerkung besteht, unwirksam ist, kann dieser von dem Erwerber die Zustimmung zu der Eintragung oder der Löschung verlangen, die zur Verwirklichung des durch die Vormerkung gesicherten Anspruchs erforderlich ist.

Das gleiche gilt, wenn der Anspruch durch ein Veräußerungsverbot gesichert ist.

---

1. Abs. 1. Beispiele. Auf dem Grundstück des A ist für B eine Vormerkung zur Sicherung des Anspruchs auf Eigentumsübertragung eingetragen.

a, Läßt A auf dies Grundstück für C eine Hypothek eintragen, so kann B zur Verwirklichung des durch die Vormerkung gesicherten Anspruchs die Auflassung und die Löschung der Hypothek verlangen. Zur Erteilung der Auflassung bedarf es nur der Erklärung des A. Zur Löschung der Hypothek ist die Zustimmung des C erforderlich. Sowohl den Anspruch gegen den Schuldner A als den Anspruch gegen den Dritten C kann B durch Klage geltend machen.

b, Hat A das Grundstück dem C aufgelassen, so kann B — nötigenfalls durch Klage — vom Schuldner A die Auflassung, vom Dritten C die Zustimmung zur Auflassung verlangen.

Der Umstand, daß die Verbindlichkeit des Dritten lediglich auf der Verbindlichkeit des Schuldners ruht, läßt es gerechtfertigt erscheinen, dem Dritten das Recht einzuräumen, die dem Schuldner zustehenden Einreden geltend zu machen. P. 4798. RG. 53 S. 28. Biermann, Widerspruch ꝛc. S. 212. Fuchs S. 119 A. 14. Planck S. 102 A. 2. Predari S. 204. AM. Turn.-Först. I S. 189. Es ist also auch die Inanspruchnahme des Dritten (gegen Planck S. 102 A. 2a; Fuchs S. 119; Turn.-Först. I S. 189; Predari S. 203 und OLG. Dresden, ROLG. 4 S. 237) nicht erst dann zuzulassen, wenn der persönlich Verpflichtete seine Einwilligung erteilt hat oder zu ihr rechtskräftig verurteilt ist, es steht vielmehr in der Wahl des vorgemerkten Berechtigten, ob er zuerst den persönlich Verpflichteten auf Erteilung der Bewilligung der Eintragung oder zuerst den Dritten auf Erteilung seiner Zustimmung in Anspruch nehmen will. RG. 53 S. 28. Biermann, Widerspruch ꝛc. S. 211 A. 4, 212.

Die Geltendmachung des Anspruches gegen den Schuldner (aus dem durch die Vormerkung gesicherten Anspruch) und gegen den Dritten (aus der Vormerkung) in demselben Prozesse ist unzulässig, da eine Streitgenossenschaft (ZPO. §§ 59, 62) nicht vorliegt. Der Verbindung beider Prozesse durch das Gericht (ZPO. §§ 147) steht nichts entgegen. Biermann, Widerspruch ꝛc. S. 215. Die §§ 266, 325 ZPO. finden nur bei der Klage gegen den Dritten, nicht aber bei der Klage gegen den Schuldner Anwendung, da diese Klage nicht ein Grundstücksrecht, sondern den persönlichen Anspruch auf Bestellung eines Grundstücksrechts zum Gegenstande hat. Biermann, Widerspruch ꝛc. S. 216. Turn.-Först. I S. 190 A. 2. Predari S. 204. AM. Dernburg § 51 A. 10 S. 152. Fuchs S. 119 A. 15.

Das Recht des Dritten, die dem Schuldner obliegende Leistung an Stelle des Schuldners zu erfüllen, kann nach § 267 nicht bezweifelt werden. Ist in dem A. 1b bezeichneten Falle C bereit, das Grundstück dem B aufzulassen, so darf weder B die Entgegennahme der Auflassung, noch das GBA. die Eintragung auf Grund dieser Auflassung ablehnen. Biermann, Widerspruch rc. S. 218.

Dem Berechtigten (B) steht es frei, den Schuldner (A) auf Verschaffung der dem Dritten (C) obliegenden Zustimmung in Anspruch zu nehmen. P. 4786. Allerdings wird aus einem diese Verpflichtung des Schuldners feststellenden Urteile nur ein Anspruch auf Schadensersatz geltend gemacht werden können. Biermann, Widerspruch rc. S. 215.

2. Abs. 2. Hat der Käufer eines Grundstücks gemäß § 935 ZPO. eine einstweilige Verfügung erwirkt, durch die dem Verkäufer die anderweite Veräußerung des Grundstücks untersagt ist, so ist dies Veräußerungsverbot gegen den Erwerber wirksam, sofern es aus dem Grundbuch ersichtlich oder ihm bekannt war. §§ 135, 136. Der Käufer bedarf in solchem Falle gemäß des nach Abs. 2 zur Anwendung kommenden Abs. 1 des § 888 zum Erwerbe des Eigentums der Bewilligung des Verkäufers und der Zustimmung des Dritterwerbers. Der § 13 KO. wird durch diese Bestimmung nicht berührt.

§ 889.

Ein Recht an einem fremden Grundstück erlischt nicht dadurch, daß der Eigentümer des Grundstücks das Recht oder der Berechtigte das Eigentum an dem Grundstück erwirbt.

„D. Recht“ 1901 S. 512.

---

1. Die Vorschrift gilt für alle Rechte an einem fremden Grundstück, auch für diejenigen, welche der Eintragung nicht bedürfen. In Betracht kommt besonders die Eigentümerhypothek. Eine Ausnahme bestimmt § 1178.

2. Keine Anwendung findet der § 889 auf persönliche Ansprüche, die durch Vormerkung gesichert sind (Biermann, Widerspruch rc. S. 180; Turn.-Förft. I S. 193 A. 5; AM. Fuchs S. 140 A. 2), auch nicht auf die Rechte an Grundstücksrechten (den Nießbrauch und das Pfandrecht an Hypotheken, Grund- oder Rentenschulden). Bei diesen Rechten sowie bei den Rechten an beweglichen Sachen hat regelmäßig ihr Zusammentreffen mit dem Eigentum ihr Erlöschen zur Folge.

§ 890.

Mehrere Grundstücke können dadurch zu einem Grundstücke vereinigt werden, daß der Eigentümer sie als ein Grundstück in das Grundbuch eintragen läßt.

Ein Grundstück kann dadurch zum Bestandteil eines anderen Grundstücks gemacht werden, daß der Eigentümer es diesem im Grundbuche zuschreiben läßt.

---

1. Mehrere selbständige Grundstücke desselben Eigentümers können zu einem einheitlichen Grundstücke verbunden werden, auch wenn sie nicht im Bezirke desselben GBA. liegen. Die Verbindung geschieht durch Vereinigung (Abs. 1) oder durch Zuschreibung (P. 4379: „Hinzuschlagung“) (Abs. 2). Vereinigung liegt vor, wenn die mehreren Grundstücke als ein einheitliches Grundstück gebucht werden. Der Fall der Zuschreibung ist gegeben, wenn ein Grundstück (das Nebengrundstück) einem anderen Grundstück (dem Hauptgrundstück) als nicht wesentlicher Bestandteil (§ 93) zugeschrieben wird. Die Zuschreibung muß aber zum Gesamtgrundstück, nicht nur zu einem Bestandteil des Gesamtgrundstücks erfolgen. KG. RJA. 2 S. 407. In beiden Fällen der Verbindung ergreifen die nach ihrer Vornahme begründeten Belastungen alle verbundenen Grundstücksteile einheitlich; eine nach der Verbindung

eingetragene Hypothek ist nicht eine auf den einzelnen Grundstücken haftende Gesamthypothek (§ 1132), sondern eine auf dem durch die Verbindung entstandenen Grundstück haftende Einzelhypothek. Fuchs S. 432 A. 2. Turn.-Först. I S. 195 A. 3a. Die zurzeit der Verbindung etwa bestehende verschiedene Belastung der einzelnen Grundstücke dauert fort. Im Falle der Zuschreibung erstrecken sich die an dem Hauptgrundstück bestehenden Hypotheken-, Grund- und Rentenschulden auf das zugeschriebene Nebengrundstück, werden aber nicht zu Gesamthypotheken, da das belastete Grundstück ein einheitliches ist. Biermann S. 327. Die Rechte, mit denen das Nebengrundstück zurzeit der Zuschreibung bereits belastet ist, gehen den im Hauptgrundstück bestehenden Hypotheken im Range vor. § 1131.

Die Zuschreibung eines Grundstücks zu einem Fideikommißgut begründet nicht ohne weiteres die Fideikommißeigenschaft des zugeschriebenen Grundstücks. KG. ROLG. 5 S. 314. (Preußen: AG. z. GBO. § 16).

Die Rechte der Realgläubiger dürfen durch die Verbindung keine Beeinträchtigung erleiden. Es kann deshalb den zurzeit der Verbindung vorhandenen Realgläubigern nicht versagt werden, zum Zwecke ihrer Befriedigung nur das ihnen verhaftete eine der ursprünglich selbständigen Grundstücke zur Zwangsversteigerung oder Zwangsverwaltung zu bringen. Jäckel, ZwVG. § 16 A. 3a. Biermann S. 327. Fuchs S. 144. Predari S. 64 A. 1.

2. Verfahren im Falle der Verbindung von Grundstücken: GBO. § 5.

3. Die dem Eigentümer kraft seines Eigentums zustehende Befugnis zur Teilung des Grundstücks ist im BGB. nicht beschränkt. Verfahren: GBO. §§ 4, 86. Auf die Belastungen übt die Teilung keinen Einfluß. Sie erstrecken sich vermöge der Dinglichkeit auch auf das Teilstück. Besonderheiten gelten nur für Grunddienstbarkeiten, beschränkte persönliche Dienstbarkeiten, §§ 1026, 1090 Abs. 2, und Reallasten, § 1108 Abs. 2. Eingetragene Rechte sind, wenn ein Grundstücksteil auf ein anderes Blatt übertragen wird, auf dieses mit zu übertragen, soweit nicht eine Entpfändung des Grundstücks stattfindet oder die Unschädlichkeit festgestellt wird. Unterbleibt die Übertragung des Rechtes, so gilt es in Ansehung des Grundstücksteiles als gelöscht. GBO. § 47. Einen Rechtsbehelf gegen die zu Unrecht unterlassene Übertragung gewähren die §§ 894, 899. Vgl. § 1120 A. 2.

4. Übergangsbestimmungen. Der § 1131 (oben A. 1) findet Anwendung auf alle seit dem 1. Januar 1900 erfolgten Vereinigungen und Zuschreibungen, ohne Rücksicht auf den Zeitpunkt, in dem die Hypotheken auf das Hauptgut eingetragen sind. Die älteren Vereinigungen und Zuschreibungen sind nach dem zurzeit ihrer Vornahme geltenden Landesgesetz zu beurteilen.

5. Vorbehaltene Landesgesetze. Aufrecht erhalten sind die landesgesetzlichen Vorschriften, welche die Veräußerung oder die Teilung eines Grundstücks beschränken, oder nach denen im Falle der Veräußerung eines Teiles eines Grundstücks dieser Teil von den Belastungen des Grundstücks befreit wird, wenn von der zuständigen Behörde festgestellt wird, daß die Rechtsänderung für die Berechtigten unschädlich ist. Art. 119 Nr. 1, 2, Art. 120 Abs. 1. (Preußen, Unschädlichkeitsatteste: Anlage II zu § 1120). Unberührt geblieben sind ferner diejenigen landesgesetzlichen Vorschriften, welche die Vereinigung oder die Hinzuschlagung untersagen oder beschränken. Art. 119 Nr. 3. (In Preußen bestehen solche Vorschriften nicht.) Endlich sind unberührt geblieben die landesgesetzlichen Vorschriften über die Bahneinheiten. Art. 112. (Preußen: Anlage I zu § 1120.)

§ 891.

Ist im Grundbuche für jemand ein Recht eingetragen, so wird vermutet, daß ihm das Recht zustehe.

Ist im Grundbuch ein eingetragenes Recht gelöscht, so wird vermutet, daß das Recht nicht bestehe.

„D. Recht" 1900 S. 317; 1901 S. 336; 1903 S. 38.

---

1. Die Vermutung gilt für Rechte am Grundstück und für Rechte an solchem Recht. Ihre praktische Bedeutung liegt in der Regelung der Beweislast in Streitfällen. Die durch das Grundbuch festgestellte Erwerbung oder Aufhebung eines eingetragenen Rechtes gilt für und gegen denjenigen, der von einer solchen Feststellung betroffen wird, als bewiesen, sofern nicht dessen Beweis durch Gegenbeweis entkräftet wird. M. 155. Der eingetragene Eigentümer ist kraft der Eintragung, ohne daß es des Nachweises des Eigentums bedarf, befugt, die Klagerechte des Eigentümers auszuüben und verpflichtet, sich auf die gegen ihn als Eigentümer gerichteten Klagen einzulassen. Bei Klagen, die aus einem das Grundstück belastenden Recht erhoben werden, ist derjenige aktiv und passiv legitimiert, der als der Berechtigte eingetragen ist. Ob die Klage auf dinglichem oder persönlichem Rechte beruht, gilt gleich. Der Inhalt des Grundbuchs ist so lange maßgebend, als er nicht im Wege des Beschwerde- oder Berichtigungsverfahrens geändert ist. Es darf also eine Eintragung nicht deshalb abgelehnt werden, weil der bei ihr vorausgesetzte Stand des Grundbuchs auf formell unhaltbarer Grundlage beruht. KG. 20 S. A 181.

2. Keine Anwendung findet § 891: a, bei der Vormerkung und der Verfügungsbeschränkung, da sie nicht zu den eingetragenen Rechten gehören. Bezüglich ihrer soll nach P. 3376 § 418 ZPO. gelten.

b, Soweit Eintragungen sich widersprechen. Dies trifft zu, wenn ein Widerspruch gegen die Eintragung eingetragen ist. Dernburg § 48 Nr. 8 S. 142. Fuchs S. 148 A. 4. AM. Biermann S. 77 A. 2b. Sind für dasselbe Grundstück — versehentlich — mehrere Grundbuchblätter angelegt und ist auf jedem Blatte ein anderer als Eigentümer eingetragen, so heben sich die mehreren Eigentumsübertragungen in ihren Wirkungen gegenseitig auf und keine der Parteien kann sich zum Nachweise ihres Eigentums auf den Inhalt des Grundbuchs berufen. RG. 39 S. 241; JW. 1900 S. 573. Biermann S. 77 A. 2c. Dernburg § 48 Nr. 8 S. 142.

c, Briefhypotheken und Grundschulden erwirbt der Gläubiger erst, wenn der Eigentümer ihm den Brief übergibt. § 1117. Mit Rücksicht hierauf ist die Annahme vertreten, daß § 891 auf Briefhypotheken und Grundschulden keine Anwendung findet. Dernburg § 48 Nr. 5 S. 141. Fuchs S. 149 A. 5c. Der Wortlaut des § 891 rechtfertigt diese Annahme nicht, nötigt vielmehr dazu, die allgemein aufgestellte Regel auch für die Briefhypothek und Grundschuld gelten zu lassen. Der Eigentümer wird ausreichend dadurch geschützt, daß er der Geltendmachung der Hypothek widersprechen kann, wenn der Gläubiger den Brief nicht vorlegt. KG. 22 S. A 310. Biermann S. 76 A. 2a. Oberneck S. 206 Nr. 3. Turn.-Först. I S. 197.

3. Übergangsbestimmung. Der § 891 gilt auch für diejenigen Rechte, die zu der Zeit bestehen, in der das Grundbuch als angelegt anzusehen ist. RG. 49 S. 6. Die Beschränkung dieses Satzes auf den Fall, wenn das Gesetz, unter dessen Herrschaft die Eintragung vorgenommen ist, eine dem § 891 entsprechende Vermutung eintreten ließ, wie zB. das Preuß. EEG. v. 1872 (so: Dernburg § 48 Nr. 6 S. 141; Turn.-Först. I S. 199 A. 6) erscheint nicht gerechtfertigt. Biermann S. 76 A. 1. Fuchs S. 150 A. 8. Oberneck S. 208 Nr. 5. Habicht S. 476 A. 1.

*§ 892.

Zugunsten desjenigen, welcher ein Recht an einem Grundstück oder ein Recht an einem solchen Rechte durch Rechtsgeschäft erwirbt, gilt der Inhalt des

Grundbuchs als richtig, es sei denn, daß ein Widerspruch gegen die Richtigkeit eingetragen oder die Unrichtigkeit dem Erwerber bekannt ist. Ist der Berechtigte in der Verfügung über ein im Grundbuch eingetragenes Recht zugunsten einer bestimmten Person beschränkt, so ist die Beschränkung dem Erwerber gegenüber nur wirksam, wenn sie aus dem Grundbuch ersichtlich oder dem Erwerber bekannt ist.

Ist zu dem Erwerbe des Rechtes die Eintragung erforderlich, so ist für die Kenntnis des Erwerbers die Zeit der Stellung des Antrags auf Eintragung oder, wenn die nach § 873 erforderliche Einigung erst später zu stande kommt, die Zeit der Einigung maßgebend.

D. „Recht“ 1901 S. 14, 336; 1902 S. 474, 506.

I. Öffentlicher Glaube des Grundbuchs. Ein der wirklichen Rechtslage widersprechender Inhalt des Grundbuchs gilt zugunsten desjenigen, der dem Glauben des Buchs gefolgt ist, als richtig. Dsch. 183. Der öffentliche Glaube erstreckt sich nur auf den Inhalt des Grundbuchs des belasteten Grundstücks und nur auf Rechte an dem Grundstücke, auf Rechte an einem solchen Rechte und auf Verfügungsbeschränkungen zugunsten bestimmter Personen (§ 894), nicht also auf eingetragene Widersprüche und Vormerkungen, da diese keine Rechte am Grundstück sind. Formell nichtige Einträge gehören nicht zum Inhalt des Grundbuchs. Biermann S. 79.

II. Rechtsgeschäftlicher Erwerb. 1. Geschützt wird nur der rechtsgeschäftliche Erwerb, diesem Erwerbe gleich steht der Erwerb nach § 894 ZPO. P. 3436. Die übrigen Erwerbsarten fallen nicht unter den Schutz des § 892, insbesondere nicht der kraft Gesetzes sich vollziehende Erwerb im Wege der elterlichen und ehemännlichen Nutznießung, die Gütergemeinschaft, der Erwerb durch Enteignung und Gemeinheitsteilung, der gesetzliche Übergang der Hypothek nach §§ 1143, 1163, 1164, 1173, 1174.

2. Ausgeschlossen von dem öffentlichen Glauben des Grundbuchs ist auch der Erwerb im Wege der Zwangsvollstreckung oder der Arrestvollziehung. Hier greift die allgemeine Regel Platz, daß der Gläubiger seine Befriedigung aus dem Vermögen des Schuldners, nicht aus dem Vermögen eines anderen zu suchen habe. P. 3436 ff. RG. JW. 1902 (Beil.) S. 272. Wird eine Zwangs- oder Arresthypothek auf einem Grundstück eingetragen, so ist der Gläubiger gegen die Einrede, daß das Grundstück nicht dem als Eigentümer eingetragenen Schuldner, sondern einem anderen gehöre, nicht geschützt. Wird sodann die Zwangshypothek von einem Gläubiger des ursprünglichen Gläubigers im Wege der Zwangsvollstreckung gepfändet und ihm zur Einziehung oder an Zahlungs Statt überwiesen (ZPO. §§ 830, 837), so kann dem neuen Gläubiger gegenüber sowohl das mangelnde Eigentum des als Eigentümer eingetragenen Schuldners, als das mangelnde Gläubigerrecht des ursprünglichen Gläubigers geltend gemacht werden. Wird aber die Zwangshypothek durch Rechtsgeschäft (Zession) auf einen anderen übertragen, so steht dem Erwerber der Schutz des § 892 im vollen Umfange zu. P. 3439.

3. Ob der Rechtserwerb von dem eingetragenen Berechtigten oder dessen Erben hergeleitet wird, macht keinen Unterschied. Nur beschränkt sich im Falle einer Verfügung des Erben der öffentliche Glaube des Grundbuches darauf, daß das Recht, das den Gegenstand oder die Grundlage der Verfügung bildete, dem Erblasser zugestanden hat. M. 211.

4. Ob der rechtsgeschäftliche Erwerb ein entgeltlicher oder ein unentgeltlicher ist, hat auf den Schutz des § 892 keinen Einfluß. Hierin ist das BGB. von dem preuß. EEG. und anderen Landesgesetzen abgewichen. Aus Billigkeitsgründen

hat das BGB. in § 816 dem durch Anwendung des § 892 Geschädigten einen Bereicherungsanspruch gegeben, der, wenn die Verfügung unentgeltlich erfolgt, auch gegen den Erwerber stattfindet. Vgl. A. V.

5. Der Rechtsschutz, den der öffentliche Glaube des Grundbuchs gewährt, kann nur dem zu statten kommen, der diesem Glauben gefolgt ist. Der Erwerber braucht aber die Erwerbung in gutem Glauben nicht zu beweisen, es muß vielmehr von demjenigen, der bei einem dinglichen Erwerbsgeschäfte das Grundbuch für sich hat, angenommen werden, daß er im Glauben an die Richtigkeit des Buches auf das Geschäft sich eingelassen hat, da das Grundbuch öffentlich ist und von jedem Beteiligten eingesehen werden kann und muß. M. 212, 213.

6. Die Täuschung, die der Grundsatz des öffentlichen Glaubens verhindern soll, muß in dem Buche selbst, nicht in anderen Umständen ihren Grund haben. Wer zB. die Erwerbung eines eingetragenen Rechtes von einer Person herleitet, die fälschlich unter dem Namen des Berechtigten verfügt hat, kann zum Schutze dieser Verfügung nicht auf das Grundbuch sich stützen. M. 213.

III. Wirkungen des öffentlichen Glaubens. 7. Der Inhalt des Buches, wie er zur Zeit der Erwerbung des Rechtes sich darstellt, gilt zugunsten des gutgläubigen Erwerbers als richtig. Wenn jemand ein für ihn eingetragenes, in Wirklichkeit einem anderen gehörendes Recht einem Dritten überträgt, so erwirbt der Dritte das Recht, wie wenn das Recht dem Eingetragenen selbst gehörte. Wer als Eigentümer eines Grundstücks eingetragen ist, kann dieses wirksam an einen anderen veräußern, auch wenn er nicht der Eigentümer ist. Läßt jemand sich eine Hypothek abtreten, so ist er nicht bloß sicher, daß sein Rechtsurheber der Hypothekengläubiger ist, sondern er erwirbt auch die Hypothek in dem eingetragenen Betrage und Range. Im Falle der Rangänderung eingetragener Posten durch Vorrangseinräumung gilt der der zurücktretenden Post nach der Eintragung zukommende Rang als feststehend.

Der gutgläubige Erwerber überträgt seinen Erwerb, wie er sich auf Grund seines guten Glaubens gestaltet hat, auf jeden Rechtsnachfolger; der neue Erwerber ist also ebenso gesichert, wie sein Rechtsurheber, auch wenn er den Mangel zurzeit seines Erwerbes gekannt hat. P. 3450, 3451. KG. ROLG. 2 S. 266. Planck S. 26, 113. Vgl. A. 12 c. Wenn aber der Bösgläubige von dem Gutgläubigen zurückerwirbt, so wirkt sein früherer böser Glaube. Turn.-Först. I S. 220 A. 4.

8. Die Bedeutung des Katasters für das Grundbuch ist streitig. Es fragt sich, ob nach Zurückführung des Grundbuchs auf das Kataster die aus diesem übernommenen Angaben an dem öffentlichen Glauben des Grundbuchs, § 892, teilnehmen? Nach § 4 der preuß. GBO. sollen die Grund- und Gebäudesteuerbücher zur Ermittlung der eingetragenen Grundstücke, ihrer Lage und Größe dienen. Auf Grund dieser Bestimmung hat das Reichsgericht die Auffassung vertreten, daß das Steuerbuch als Bestandteil des Grundbuchs unter dem Schutze des öffentlichen Glaubens stehe und daß beim Erwerbe sowohl des Eigentums wie dinglicher Rechte der Katasterbestand des Grundstücks maßgebend sei, das Recht also sich auf alle Bestandteile der im Grundbuch verzeichneten oder darin in Bezug genommenen Katasterparzellen erstrecke. RG. 28 S. 312; 29 S. 201. Gruch. 34 S. 314; 37 S. 1099. JW. 1889 S. 442; 1892 S. 107, 189; 1896 S. 30; 1899 S. 678; 1900 S. 283, 284. Diese Praxis des bisherigen preuß. Rechtes kann nach dem BGB., das eine dem § 4 der preuß. GBO. entsprechende Bestimmung nicht kennt, nicht aufrecht erhalten werden. Dies erhellet aus den §§ 891, 892, 894, deren Wortlaut ergibt, daß nur Rechte und Verfügungsbeschränkungen, nicht auch tatsächliche Angaben durch den öffentlichen Glauben des Grundbuchs gedeckt werden. Auch die Materialien lassen erkennen, daß die Ausschließung der Angaben des Katasters von dem öffentlichen Glauben des Grundbuchs beabsichtigt ist. In den Mot. z. Entw. I GBO. S. 35 heißt es: „Die Bezeichnung des Grundstücks ist auch eine Angabe des Grundbuchs, deren Richtigkeit nach Maß-

gabe der §§ 892, 893 BGB. zugunsten eines gutgläubigen Erwerbers garantiert wird. Da indessen das Grundbuch das Grundstück durch Angabe der Nummer des Flurbuchs bezeichnet, so wird nur garantiert, daß das an der Hand des Flurbuchs zu ermittelnde Grundstück dem im Grundbuch angegebenen Rechtsverhältnisse unterliegt. Die ferneren Nachrichten, welche das vielleicht weiter auf eine Kartierung sich stützende Flurbuch über die Lage und Größe des Grundstücks gibt, stehen nicht unter der gleichen Garantie, wie der Grundbuchinhalt, sondern nur unter derjenigen Garantie, welche das vorausgegangene amtliche Ermittlungsverfahren ihnen gibt und welche von der Genauigkeit und Zuverlässigkeit der Ergebnisse dieses Verfahrens abhängt." Die Dsch. z. GBO. S. 151 sagt: „Von selbst versteht es sich, daß die in dem amtlichen Verzeichnis, § 2 Abs. 2 GBO., enthaltenen Angaben über die Lage und Größe eines Grundstückes, auch wenn das Grundbuch sie wiedergibt oder auf sie Bezug nimmt, von dem öffentlichen Glauben des Grundbuches nicht gedeckt werden; diese Angaben sind lediglich tatsächlicher Natur, der § 892 des BGB. will aber dem Erwerber nur die Sicherheit geben, daß der Inhalt des Grundbuches in Ansehung der dinglichen Rechtsverhältnisse mit der wirklichen Rechtslage in Einklang steht." Ein in der 2. Kommission gestellter Antrag, die Vermutung des § 891 auf alle Eintragungen auszudehnen, ist mit der Begründung abgelehnt, daß tatsächliche Auskünfte, insbesondere über die Lage und Größe eines Grundstücks, zu deren Aufnahme das Grundbuch nicht bestimmt sei, dem Schutze des § 892 zu entziehen seien. P. (BGB.) III 3431 ff.

Hiernach ist anzunehmen, daß nach BGB. die aus dem Kataster in das Grundbuch übernommenen Angaben über die Größe und Lage des Grundstücks an dem öffentlichen Glauben des Grundbuchs nicht teilnehmen, daß diese Angaben zwar gemäß § 418 ZPO. vollen Beweis begründen, daß aber dieser Beweis auch dem gutgläubigen Erwerber eines Rechtes an dem Grundstück durch Gegenbeweis entkräftet werden kann. Dernburg § 47 Nr. 2 S. 134. Boehm S. 60, 91. Planck S. 108. Turn.-Först. I S. 207, 627. Neumann, Allgemeine Vermessungsnachrichten XII S. 11—17 Predari S. 29, 34. Leske S. 386. KG. ROLG. 5 S. 1. RG. in Gruch. 46 S. 1155, in JW. 1901 S. 42, 341. Dagegen wollen die Praxis des bisherigen preuß. Rechtes auch für das BGB. aufrecht erhalten. Fuchs S. 155. Oberneck S. 219 und in Gruch. 43 S. 171. Wolff in Gruch. 45 S. 765. Biermann S. 79. Die Parzellenverwechselung scheidet aus dem Streite aus. Wenn Parzellen, die im Grundbuch als Bestandteile des einen Grundstücks eingetragen sind, tatsächlich zu einem anderen Grundstück gehören, so betrifft der Inhalt des Grundbuchs die Frage, „welche Teile der Erdoberfläche in den Bereich der Herrschaft der im Grundbuch eingetragenen dinglichen Rechte, insbesondere des Eigentumsrechts fallen; mithin betrifft er die dinglichen Rechtsverhältnisse des im Grundbuche verzeichneten Grundstücks. Es hat daher dieser Inhalt gemäß § 892 zugunsten des gutgläubigen Erwerbers als richtig zu gelten." KG. 25 S. 111; ROLG. 5 S. 1, 6 S. 12. Predari S. 35. Planck S. 108. Fuchs S. 155. Vgl. GBO. § 22 A. 2. Ermittlung streitiger Grenzen: Z. f. DZP. 29 S. 171.

9. Der Inhalt des Grundbuchs gilt auch als vollständig. M. 119. Der Satz bedeutet, daß nicht eingetragene Verfügungsbeschränkungen und nicht eingetragene Rechte, zu deren Entstehung die Eintragung erforderlich ist, als nicht bestehend, und Rechte, die durch Löschung aufgehoben werden, wenn sie gelöscht sind, als erloschen gelten. Er hat aber, wie P. 3433 ausgeführt ist, nicht den Sinn, daß Rechte, welche der Eintragung fähig, aber nicht bedürftig sind, zugunsten des auf das Grundbuch vertrauenden Erwerbers als nicht bestehend angesehen werden, wenn ihre Eintragung unterblieben ist. Turn.-Först. I S. 209 A. III, 224 A. VIII. AM. Biermann S. 82 A. 4. Fuchs S. 157 A. 6 B a. Planck S. 113 A. 2.

10. Von Verfügungsbeschränkungen unterliegen dem § 892 diejenigen, die nur zum Schutze des Interesses bestimmten Personen dienen. Hierher gehören:

a, Die Konkurseröffnung. Die Eintragung des gemäß § 106 KO. erlassenen

Veräußerungsverbots und der Eröffnung des Konkursverfahrens regelt § 113 KO. „Mit der Eröffnung des Verfahrens verliert der Gemeinschuldner die Befugnis, sein zur Konkursmasse gehöriges Vermögen zu verwalten und über dasselbe zu verfügen." KO. § 6 Abs. 1. Diese Verfügungsbeschränkung ist aber nur eine relative, sie bezweckt lediglich den Schutz der KGläubiger. Ein Dritter, zu dessen Gunsten der Gemeinschuldner über ein zur Masse gehörendes Grundstück oder eingetragenes Recht verfügt, kann für seine Erwerbung den Schutz des öffentlichen Glaubens des Grundbuchs in Anspruch nehmen. Deshalb darf das GBA. eine Eintragung auf Grund der Bewilligung des Gemeinschuldners jedenfalls dann nicht ablehnen, wenn durch die Verfügung des Gemeinschuldners die Existenz des eingetragenen Rechtes den Konkursgläubigern gegenüber nicht gefährdet wird, diesen vielmehr die Möglichkeit gewahrt bleibt, das Recht zur Masse zurückzuverlangen. KG. 22 S. A 129; 23 S. A 242. RJA. 2 S. 139. AM. Biermann S. 81 A. 3. Kretzschmar II S. 213.

b, Die Rechtshängigkeit bei Klagen über ein Grundstücksrecht, ZPO. §§ 265, 266. Die durch sie begründete Verfügungsbeschränkung entbehrt nach § 325 Abs. 2 ZPO. der Wirksamkeit, wenn die Rechtshängigkeit dem Sondernachfolger bei der Erwerbung nicht bekannt gewesen ist. Die Zulassung der Eintragung der Rechtshängigkeit auf den bloßen Antrag des Klägers ist abgelehnt. M. 217, 218. Es wird daher Sache des Klägers sein, durch einstweilige Verfügung (ZPO. § 935) die Eintragung eines Veräußerungsverbots herbeizuführen. Achilles-Strecker S. 128 Nr. 7. Fuchs S. 166 A. 15. AM. Biermann S. 80 A. 3. Kretzschmar II S. 216 hält die Eintragung der Rechtshängigkeit überhaupt für unzulässig.

c, Die auf der Qualität des Eigentums beruhenden Verfügungsbeschränkungen, also die Beschränkungen auf Grund der Lehens-, Fideikommiß-, Stammguts-, Rentengutseigenschaft, der Bahneinheit. Art. 59, 61, 62, 112.

d, Die Verfügungsbeschränkungen, die sich ergeben aus der Ernennung eines Testamentsvollstreckers (§ 2211) und der Einsetzung eines Nacherben. § 2113. KG. Soergel 1900/1 S. 101.

e, Das Veräußerungsverbot aus der Beschlagnahme, welche die Anordnung der Zwangsversteigerung oder der Zwangsverwaltung eines Grundstücks in sich schließt. ZwVG. §§ 19 Abs. 1, 20 Abs. 1, 22 Abs. 1, §§ 23, 24, 146.

f, Gerichtliche Verfügungsbeschränkungen. Hierher sind alle Anordnungen zu rechnen, durch welche das Gericht die Verfügung über ein eingetragenes Recht dem Berechtigten zum Schutze des Interesses eines anderen untersagt, insbesondere die Beschlagnahme gegen einen Angeschuldigten nach StGB. § 93, StPO. §§ 325, 326, 332, 335, 480 und MilStGO. v. 1. Dez. 1898 §§ 360—362. Eintragung der Beschlagnahme ist zu deren Rechtswirksamkeit nicht erforderlich. Die von dem Angeschuldigten getroffene Verfügung unter Lebenden ist auch dann ungültig, wenn der Erwerber von der Beschlagnahme keine Kenntnis hatte. Wenn aber der Erwerber über das Recht weiter verfügt, so ist die Verfügung nach §§ 892, 893 wirksam, sofern nicht etwa der neue Erwerber Kenntnis von der Unrichtigkeit des Grundbuchs gehabt hat. Es wird daher die Beschlagnahme für eintragungsfähig zu erachten sein. Löwe, StPO. § 334 A. 1. Kretzschmar II S. 209. Ferner gehören hierher die Veräußerungsverbote, die im Wege der einstweiligen Verfügung nach § 938 ZPO. erlassen werden können. Veräußerungsverboten der Gerichte stehen die von einer anderen Behörde innerhalb ihrer Zuständigkeit erlassenen Veräußerungsverbote gleich. § 136. Die Beschränkungen des Verfügungsrechts der Ehefrau in Ansehung des eingebrachten Gutes werden von § 892 nicht betroffen, da sie in das Grundbuch nicht eingetragen werden. Ein Dritter, d. h. derjenige, der unmittelbar von der Ehefrau erwirbt, muß die Verfügungsbeschränkungen der Ehefrau auch dann gegen sich gelten lassen, wenn er nicht gewußt hat, daß die Frau eine Ehefrau ist. § 1404.

g, Der § 892 bezieht sich nur auf gesetzliche und richterliche Beschränkungen, will aber nicht Beschränkungen im Sinne des § 137 Wirkung gegen Dritte verschaffen. Bayr. Oberst. LG. Soergel 1902 S. 125 KG. 21 S. A 133.

11. Nicht betroffen von § 892 werden **a,** Die Fälle, in denen der Berechtigte über das für ihn eingetragene Recht nicht verfügen kann, weil er geschäftsunfähig oder in der Geschäftsfähigkeit beschränkt ist.

b, Die im öffentlichen Interesse verhängten Verfügungsbeschränkungen. Hierher gehören die landesgesetzlichen Verbote der Teilung und Zusammenschlagung gewisser Grundstücke (Art. 119), die Beschlagnahmen nach § 93 StGB., §§ 332 ff., 480 StPO. (M. 216) und die sog. Legalservituten (Art. 111, 65), insbesondere die Verfügungsbeschränkungen aus dem Rayongesetz v. 21. Dez. 1871.

IV. Versagung des Schutzes. **12.** Die Berufung auf den öffentlichen Glauben des Grundbuchs ist ausgeschlossen:

a, soweit zurzeit der Vollziehung des Rechtserwerbs ein Widerspruch (§ 899) eingetragen ist. In der Verfügung über das Grundstück wird der Schuldner durch die Eintragung eines Widerspruchs nicht beschränkt Bayr. Oberst. LG. „D. Recht" 1903 S. 210;

b, wenn dem Erwerber die Unrichtigkeit des Buchinhalts bekannt ist. Diese Kenntnis kann vorliegen, ohne daß der Erwerber die Tatsache kennt, aus der die Unrichtigkeit des Buchinhalts sich ergibt. So zB. wenn dem Erwerber die Unrichtigkeit des Grundbuchs von einer glaubwürdigen Person mitgeteilt wird. P. 3451. Zu Nachforschungen über die Richtigkeit des Grundbuchinhalts ist der Erwerber nicht verpflichtet. Deshalb schließt nur die wirkliche Kenntnis der Unrichtigkeit, nicht auch die verschuldete Unkenntnis den Schutz aus. Dsch. 184. Ist der Erwerber des Grundstücks in alle passiven Beziehungen des Veräußerers eingetreten und deshalb verpflichtet, das Eigentum des nicht eingetragenen wahren Berechtigten in gleicher Weise wie der Veräußerer anzuerkennen, so nützt ihm die Berufung auf den Glauben des Grundbuchs nichts. KG. 22 S. A 143. Daher kann sich der Erbe auf den öffentlichen Glauben des Grundbuchs für seinen Erwerb nur aus der Person des Erblassers berufen, während der auf rechtsgeschäftlicher Leistung seitens des Beschwerten beruhende Erwerb des Vermächtnisnehmers (§ 2174) durch § 892 geschützt ist. Turn.-Först. I S. 205.

c, Kenntnis der Anfechtbarkeit eines Rechtsgeschäfts wird, wenn die Anfechtung erfolgt, als Kenntnis von der Nichtigkeit des Rechtsgeschäfts angesehen. § 142 Abs. 2.

d, Der maßgebende Zeitpunkt für die Kenntnis der Unrichtigkeit ist, wenn zu dem Erwerbe des Rechtes die Eintragung erforderlich ist, die Zeit der Stellung des Antrags auf Eintragung. Eine später eintretende Kenntnis ist unschädlich. Dsch. 184. War zurzeit der Stellung des Antrags der dingliche Vertrag (§ 873) noch nicht geschlossen, hat zB. der Eigentümer für den Gläubiger ohne dessen Wissen eine Hypothek eintragen lassen, so ist die spätere Zeit der Einigung maßgebend. Vollzieht sich der Rechtserwerb ohne Eintragung (§§ 1075, 1154 Abs. 1, 2, 1287, so entscheidet die Zeit des Erwerbes des Rechtes.

e, Im Falle des Erwerbes durch Stellvertreter entscheidet die Kenntnis des Vertreters, § 166 Abs. 1. Wenn aber im Falle der freiwilligen Stellvertretung (Vollmacht) der Vertreter nach bestimmten Weisungen des Vollmachtgebers gehandelt hat, so kann dieser in Ansehung solcher Umstände, die er selbst kannte, sich nicht auf die Unkenntnis des Vertreters berufen, § 166 Abs. 2. Bei Kollektivvertretung genügt die Kenntnis eines der Vertreter. RG. 9 S. 143. JW. 93 S. 429.

Der § 185 wird durch den § 892 nicht berührt. RG. 54 S. 366.

V. Schutz des wirklich Berechtigten. Mit dem Schutze desjenigen, der dem Glauben des Grundbuchs gefolgt ist, ist notwendig ein Rechtsverlust für den nicht eingetragenen wirklichen Berechtigten verbunden. Dsch. 185. Hat der Nichtberechtigte vorsätzlich oder fahrlässig den Verlust des Berechtigten veranlaßt, so ist er diesem gemäß §§ 823 ff. zum Schadensersatz verpflichtet. M. 224. Den Anspruch des Berechtigten aus einer ungerechtfertigten Bereicherung regelt § 816. Entscheidend für die Frage der Bereicherung ist der Zeitpunkt der Vornahme der ungerechtfertigten Verfügung. P. 3444.

VI. Ausnahmen von § 892 enthalten: §§ 1028 Abs. 2, 1140, 1158, 1159 Abs. 2.

VII. Übergangsbestimmungen. a, Eine rückwirkende Anwendung des § 892 auf einen vor dem 1. Januar 1900 vollzogenen Erwerb ist ausgeschlossen. Insbesondere sind Einreden aus dem persönlichen Schuldverhältnisse gegen die Klage aus einer vor diesem Zeitpunkt eingetragenen und abgetretenen Hypothek nach dem früheren Rechte zu beurteilen. RG. 47 S. 229.

b, Diejenigen landesgesetzlichen oder autonomischen Vorschriften, welche mit den Grundsätzen des BGB. über den Schutz gutgläubiger Dritten nicht im Einklang stehen, haben ihre Geltung verloren. Art. 57—59, 61. M. I 160.

c, Eine nach dem bisherigen Rechte wirksam gewordene Verfügungsbeschränkung verliert mit dem Inkrafttreten des BGB. nicht schon deshalb ihre Kraft, weil sie nach dem BGB. nicht zulässig sein würde. Doch kommen bei einem unter der Herrschaft des BGB. stattfindenden Erwerbe des von der Verfügungsbeschränkung betroffenen Gegenstandes seitens eines Dritten, die Vorschriften zur Anwendung, welche das BGB. zugunsten derjenigen aufstellt, die Rechte von einem Nichtberechtigten ableiten. Art. 168. M. I 250. Habicht S. 130 ff. KG. 21 S. A 136. (Preußen: Anlage.)

VIII. Vorbehaltene Landesgesetze: Art. 114. (Preußen: Anlage.)

§ 893.

Die Vorschriften des § 892 finden entsprechende Anwendung, wenn an denjenigen, für welchen ein Recht im Grundbuch eingetragen ist, auf Grund dieses Rechtes eine Leistung bewirkt oder wenn zwischen ihm und einem anderen in Ansehung dieses Rechtes ein nicht unter die Vorschriften des § 892 fallendes Rechtsgeschäft vorgenommen wird, das eine Verfügung über das Recht enthält.

„D. Recht" 1901 S. 14.

---

1. Leistung. Wer in gutem Glauben an den im Grundbuch eingetragenen Berechtigten auf Grund dieses Rechtes eine Leistung bewirkt, wird dadurch auch dem wahren Berechtigten gegenüber befreit. So zB. der Eigentümer, der auf Grund einer Reallast, einer Hypothek, einer Grundschuld oder einer Rentenschuld Zinsen oder Renten an den im Grundbuche fälschlich als Gläubiger Eingetragenen gezahlt hat. Auf Kapitalzahlungen bei Briefhypotheken und -grundschulden bezieht sich die Vorschrift nicht, da hier der Gläubiger sich durch Vorlegung des Hypotheken- oder Grundschuldbriefs legitimieren muß. §§ 1144, 1145. P. 3453.

2. Rechtsgeschäft. Verfügungen über das eingetragene Recht, die nicht den Erwerb des Rechtes bezwecken, werden, wenn sie mit dem als Berechtigten Eingetragenen vorgenommen sind, dem wahren Berechtigten gegenüber als gültig behandelt, sofern der Verfügende bei Vornahme der Verfügung die durch das Grundbuch verdeckte Sachlage nicht gekannt hat. Verfügungen dieser Art sind die Änderungen des Inhalts eines Rechtes an einem Grundstück (§ 877), die Rangänderung (§ 880), der bewilligte Widerspruch (§ 899), die Beschränkung der Ausübung einer Grunddienstbarkeit (§ 1023), die Änderung der Zahlungszeit oder des Zahlungsorts bei der Hypothek (§ 1119 Abs. 2), die Setzung einer anderen Forderung an die Stelle der Forderung, für welche die Hypothek besteht (§ 1180), die Umwandlung einer Hypothek, Grundschuld oder Rentenschuld (§§ 1186, 1198, 1203), die Kündigung (die aber bei

Hypotheken, Grund- und Rentenschulden besonders geregelt ist, §§ 1141, 1148, 1155, 1156, 1158ff., 1192, 1193, 1202), der einseitige Verzicht auf ein Recht an einem Grundstücke oder auf ein Recht an einem solchen Rechte, sofern er dem Geschützten gegenüber erklärt ist. Wird die Verzichterklärung dem GBA. gegenüber abgegeben (§ 875 Abs. 1), so findet § 893 nur dann Anwendung, wenn das GBA. als Vertreter des Geschützten anzusehen ist (P. 3453), eine Auffassung, die der Regel nach zutreffen wird, da bei dem Verzichtenden, wenn er nicht eine andere Absicht zu erkennen gibt, die Absicht der Begünstigung des Eigentümers unterstellt werden muß. Planck S. 115. AM. Biermann S. 84.

Miet- und Pachtrechte sind nach dem BGB. keine „Rechte an der Sache". Deshalb kann der Mieter oder Pächter, der das Grundstück von dem eingetragenen Nichteigentümer gemietet oder gepachtet und übergeben erhalten hat, gegenüber dem die Räumung des Grundstücks verlangenden wahren Eigentümer sich auf den Schutz des öffentlichen Glaubens des Grundbuchs nicht berufen. Fuchs S. 172. AM. Cosack S. 36.

Der Fall des rechtskräftigen Urteils, welchen § 407 Abs. 2 den Fällen des Rechtsgeschäftes an die Seite stellt, scheidet hier aus. Das Urteil wirkt nur für und wider die Parteien und deren Rechtsnachfolger. Hat jemand gegen denjenigen, der als der Berechtigte im Grundbuche eingetragen ist, ohne daß ihm das Recht zusteht, ein Urteil erstritten, so entbehrt dies der Wirksamkeit gegen den Berechtigten. M. 223. Biermann S. 84 A. 7.

§ 894.

Steht der Inhalt des Grundbuchs in Ansehung eines Rechtes an dem Grundstück, eines Rechtes an einem solchen Rechte oder einer Verfügungsbeschränkung der im § 892 Abs. 1 bezeichneten Art mit der wirklichen Rechtslage nicht im Einklange, so kann derjenige, dessen Recht nicht oder nicht richtig eingetragen oder durch die Eintragung einer nicht bestehenden Belastung oder Beschränkung beeinträchtigt ist, die Zustimmung zu der Berichtigung des Grundbuchs von demjenigen verlangen, dessen Recht durch die Berichtigung betroffen wird.

Kurt Schilde, Die Unrichtigkeit des Grundbuchs, Leipzig 1899. „D. Recht" 1901 S. 513. Z. f. DZP. 30 S. 475 (Literaturnachweis); 26 S. 481, 486; 28 S. 503; 30 S. 189.

---

1. Voraussetzungen des Berichtigungsanspruchs. Er ist gegeben, wenn der Inhalt des Grundbuchs der materiellen Rechtslage widerspricht, also einen dinglichen Anspruch verletzt. Ein solcher Widerspruch liegt nicht nur im Falle der Nichtigkeit oder Ungültigkeit der Eintragungsbewilligung, sondern auch dann vor, wenn der fehlerlos bewilligten Eintragung ein materieller Rechtsgrund (causa) nicht zugrunde liegt. RG. 51 S. 417, 53 S. 283; JW. 1892 (Beil.) S. 255. Der Berichtigungsanspruch kann daher auch auf das Nichtbestehen der eingetragenen Last oder des eingetragenen Rechtes selbst gegründet werden, also geltend machen, daß das eingetragene Recht nicht entstanden oder wieder erloschen, ein bestehendes Recht überhaupt nicht oder mit einem nicht richtigen Inhalte, Range oder Umfange eingetragen oder trotz seines Bestehens gelöscht ist. Auch dann findet § 894 Anwendung, wenn bei der Eintragung von Miteigentümern gegen § 48 GBO. verstoßen ist, weil alsdann nicht erkannt werden kann, was für die auf einen Miteigentumsanteil eingetragene Hypothek haftet. RG. „D. Recht" 1903 S. 210. Zentralbl. 3 S. 796. Verfügungsbeschränkungen (Lehens- oder Fideikommißeigenschaft, Einsetzung eines Nacherben — §§ 2112—2115 —, Bedingung, Zeitbestimmung 2c.) können eine Unrichtigkeit des Grundbuchs zur Folge haben, sowohl dadurch, daß sie widerrechtlich eingetragen, als dadurch, daß rechtmäßig eingetragene Beschränkungen aufgehoben oder zu Unrecht gelöscht sind. M. 236. Eingetragene Widersprüche und Vormerkungen unterliegen dem Berichtigungsanspruch, wenn sie unbegründet sind. Dernburg § 49 A. 8 S. 144. (Beispiele: RG. 48 S. 61, 53 S. 412). Zur Wiedereintragung unrechtmäßig gelöschter Vormerkungen und Widersprüche kann der Berichtigungsanspruch nicht dienen, da Vormerkung und Widerspruch sich nicht als Rechte am Grundstück darstellen. Biermann S. 88 A. 1. AM. Fuchs S. 175 A. 3 d. Oberneck S. 234. Schilde S. 54.

Ist das Grundbuch durch eine unter Verletzung gesetzlicher Vorschriften vorgenommene Eintragung unrichtig geworden oder erweist sich eine Eintragung nach ihrem Inhalt als unzulässig, so findet § 54 GBO. Anwendung.

Auf Grund bloß persönlichen Anspruchs kann keine Grundbuchberichtigung verlangt werden. Voraussetzung des Berichtigungsanspruchs ist vielmehr, daß durch den Inhalt des Grundbuchs ein dinglicher Anspruch verletzt wurde. RG. „D. Recht" 1903 S. 237.

Berichtigung tatsächlicher Angaben (über Lage und Größe des Grundstücks): GBO. § 22 A. 2.

Unzulässig ist, im Wege der Grundbuchberichtigung statt der als Eigentümer eingetragenen offenen Handelsgesellschaft die Gesellschafter zu vermerken, selbst wenn die Gesellschaft durch den Tod eines Gesellschafters aufgelöst ist, da trotz der Auflösung die Firma fortbesteht. HGB. §§ 108, 156, 162, 163. KG. ROLG. 6 S. 260.

2. Aktivlegitimation. Zur Geltendmachung des Berichtigungsanspruchs ist derjenige befugt, dessen Recht an einem Grundstück oder an einem Grundstücksrecht a, nicht oder nicht richtig eingetragen oder b, durch die Eintragung einer nicht bestehenden Belastung oder Beschränkung beeinträchtigt ist. Die unter Verletzung der §§ 17, 46 GBO. vorgenommene Eintragung gewährt einen Berichtigungsanspruch nicht, da für den Rang einer eingetragenen Post die Reihenfolge der Eintragungen maßgebend ist und die Anmeldung eines Rechtes beim GBA. ein dem Präsentatum der Anmeldung entsprechendes Realrecht nicht gewährt. RG. 53 S. 285. Die Beeinträchtigung (Fall b) erstreckt sich auch auf den Dritten, für den ein Recht eingetragen ist, das dem belasteten oder beschränkten Rechte im Range gleich- oder nachsteht; es hat also auch dieser Dritte den Berichtigungsanspruch. Der dem Gemeinschuldner als Grundeigentümer zustehende Berichtigungsanspruch ist vom Konkursverwalter auszuüben. OLG. Dresden, Soergel 1902 S. 128. Die Abtretung des Berichtigungsanspruchs ist gleich der Abtretung anderer dinglicher Klagerechte zulässig und wirksam. RG. Soergel 1902 S. 127. Insbesondere ist nach der Annahme des Reichsgerichts der Anspruch des wahren Eigentümers auf Berichtigung des Grundbuchs durch Eintragung seines Eigentums zessibel; dem steht auch der Umstand nicht entgegen, daß der Zessionar des Berichtigungsanspruchs, insofern er auf Grund des letzteren in Verbindung mit der ihm erteilten Zession sich selbst als Eigentümer eintragen lassen darf, materiell das Eigentum an dem Grundstück ohne Auflassung erwirbt. RG. 46 S. 225. Gruch. 45 S. 942. AM. Kretzschmar I S. 160. Nur der dinglich berechtigte Interessent kann Berichtigung des Grundbuchs verlangen, ein nicht dinglich Berechtigter nur dann, wenn er dazu von dem dinglich Berechtigten ermächtigt ist. RG. 53 S. 375, 408. Der Eigentümer ist zum Geltendmachen der Berichtigung durch Klage auf Löschung der auf seinem Grundstück eingetragenen ungültigen Hypothek auch dann berechtigt, wenn er sie beim Kaufe des Grundstücks nicht übernommen hat. RG. Zentralbl. 3 S. 124.

3. Passiv legitimiert ist jeder, dessen Zustimmung zu der Berichtigung erforderlich ist, also außer demjenigen, zu dessen Gunsten die unrichtige Eintragung besteht, auch der Dritte, der nach § 876 und GBO. § 22 Abs. 2 zur Berichtigung des Grundbuchs mitzuwirken hat. Im Falle des Konkurses über das Vermögen des Verpflichteten ist die Bewilligung nach § 6 KO. von dem KVerwalter zu erteilen. P. 3486

Die Verpflichtung des Passivbeteiligten, der Berichtigung des Grundbuchs zuzustimmen, besteht auch dann, wenn der Berechtigte ohne diese Zustimmung die Berichtigung des Grundbuchs durch den Nachweis seiner Unrichtigkeit erwirken könnte, da die Beschaffung dieses Nachweises von ihm nicht verlangt werden kann. Planck S. 118 A. IV. Fuchs S. 177 A. 6. Predari S. 181.

Gegen den Sondernachfolger des Verpflichteten, der das Recht unter dem Schutze des öffentlichen Glaubens des Grundbuchs erworben hat (§ 892), ist der Berichtigungsanspruch ausgeschlossen, da ihm gegenüber der Inhalt des Grundbuchs mit der wirklichen Rechtslage im Einklange steht.

4. Der Inhalt des Anspruchs geht auf Erteilung der formgerecht (GBO. § 29) zu erklärenden Zustimmung zu der zur Berichtigung des Grundbuchs erforderlichen Eintragung oder Löschung. KG. 22 S. A 143. Die Zustimmungserklärung wird ersetzt durch ein dem Verpflichteten zu deren Abgabe verurteilendes rechtskräftiges Urteil. ZPO. § 894. Zur Berichtigung des Eigentumsvermerks genügt ein Urteil dahin, daß der Verpflichtete die Eintragung des Berechtigten als Eigentümer zu bewilligen hat, da diese Bewilligung auch die zur Auflassung erforderliche Erklärung des Veräußerers enthält. Turn.-Först. I S. 237 A. 6 Dagegen kann die Verurteilung des zur Auflassung an den Kläger verpflichteten Beklagten dahin, seine Zustimmung zur Eintragung des Klägers als Eigentümer zu erteilen, die Auflassung nicht ersetzen, das GBA. muß vielmehr die Auflassung verlangen. KG. RJA. 2 S. 48. Auf Grund eines vorläufig vollstreckbaren Urteils gilt nur die Eintragung eines Widerspruchs als bewilligt. ZPO. § 895.

Die Klage ist die dingliche. Ausschließlich zuständig ist das Gericht der belegenen Sache (ZPO § 24). Turn.-Först. I S. 247 A. 19.

5. Einreden. Unstreitig zulässig ist die Einrede, daß der Kläger auf die Geltendmachung des Berichtigungsanspruchs vertragsmäßig verzichtet habe. Streitig ist, ob die Einrede aus dem persönlichen Rechte zur Sache zulässig ist, ob beispielsweise dem Kläger, der die Löschung einer Eintragung verlangt, entgegengesetzt werden kann, daß er obligatorisch zur Aufrechterhaltung der Eintragung verpflichtet sei. Die Erwägung, daß der Kläger durch das bezeichnete Verlangen gegen Treue und Glauben handeln würde, und daß die Übernahme der obligatorischen Verpflichtung zur Aufrechterhaltung der Eintragung als Verzicht auf die Geltendmachung des Berichtigungsanspruchs aufzufassen ist, führt zur Bejahung der Frage. Oberneck S. 237. Schilde S. 66. Biermann S. 89. AM. Fuchs S. 178.

Streitig ist ferner, ob gegen den Kläger, der seinen Berichtigungsanspruch auf das bloße Buchrecht stützt, die Einrede des mangelnden materiellen Rechtes erhoben werden kann. Die Einrede wird nicht zu versagen sein, da der Kläger nicht berechtigt ist, die Beseitigung der Beeinträchtigung eines Rechtes zu verlangen, das nicht ihm, sondern einem anderen zusteht. Biermann S. 88 A. 2. Fuchs S. 176. AM. Oberneck S. 234. Schilde S. 57.

6. Berichtigungsverfahren: GBO. §§ 14, 18, 54, 71 Abs. 2, 22—24, 27 Abs. 2. Entbehrlichkeit der Zustimmung des Passivbeteiligten: GBO. § 22 Abs. 1. Berichtigung von Amts wegen: GBO. § 54 Abs. 1. Kosten des Berichtigungsverfahrens: § 897.

7. Übergangsbestimmung. Die §§ 894 ff. gelten auch für die nach älterem Recht bewirkten Eintragungen. RG. 48 S. 48.

§ 895.

Kann die Berichtigung des Grundbuchs erst erfolgen, nachdem das Recht des nach § 894 Verpflichteten eingetragen worden ist, so hat dieser auf Verlangen sein Recht eintragen zu lassen.

Nicht erforderlich ist die vorherige Eintragung des Berichtigungspflichtigen in den Fällen der §§ 40 Abs. 2, 41 GBO. Die Klage aus § 895 ist in diesen Fällen überflüssig, wird aber dem Berichtigungsberechtigten nicht versagt werden können, da diesem die Wahl unter den verschiedenen, an sich zulässigen Rechtsbehelfen freistehen muß. Allerdings kann der bezeichnete Umstand auf die Kosten des Rechtsstreits Einfluß üben. Oberneck S. 233. Fuchs S. 180 A. 3. Vgl. GBO. § 14.

§ 896.

Ist zur Berichtigung des Grundbuchs die Vorlegung eines Hypotheken-, Grundschuld- oder Rentenschuldbriefs erforderlich, so kann derjenige, zu dessen Gunsten die Berichtigung erfolgen soll, von dem Besitzer des Briefes verlangen, daß der Brief dem Grundbuchamte vorgelegt wird.

---

1. Bei einer Hypothek, Grundschuld oder Rentenschuld, über die ein Brief erteilt ist, soll eine Eintragung nur erfolgen, wenn der Brief vorgelegt wird. GBO. § 42 Abs. 1 Satz 1, § 43. Es ist also auch zur Eintragung der Berichtigung, von der eine Brief-, Hypotheken- oder Grundschuld betroffen wird, die Vorlegung des Briefes erforderlich. Deshalb ist in § 896 jedem Berichtigungsberechtigten (RG. JW. 1901 S. 31) die Befugnis beigelegt, jeden Besitzer des Briefes, den unmittelbaren wie den mittelbaren (§ 868), ohne Rücksicht darauf, ob er zugleich derjenige ist, welcher der Berichtigung zustimmen muß (RG. 47 S. 161), auf Herausgabe des Briefes an das GBA. (GBO. §§ 62, 69) im Klagewege in Anspruch zu nehmen.

Der Anspruch auf Herausgabe des Briefes kann durch Einreden aus einem zwischen dem Besitzer und dem anderen Teile bestehenden obligatorischen Rechtsverhältnisse abgewendet werden. Insbesondere kann der Besitzer, wenn er den Gläubiger befriedigt und deswegen Ersatz von dem Eigentümer des Grundstücks zu fordern hat, zum Schutze dieser Forderung das Recht der Zurückbehaltung des Briefes gegen den Anspruch auf dessen Herausgabe an das GBA. geltend machen. M. 746.

Die Zwangsvollstreckung erfolgt nach ZPO. § 883. Fuchs S. 184 A. 6. Biermann S. 91.

2. Entsprechende Anwendung findet § 896 in den Fällen des § 44 GBO. Fuchs S. 182 A. 3. Turn.-Först. I S. 250 A. 2. Predari S. 184 A. 6. Eine analoge Anwendung des § 896 auf Vormerkungen zur Erhaltung des Rechtes auf Löschung von Hypotheken ist ausgeschlossen. OLG. Jena, ROLG. 3 S. 98. Besondere Bestimmungen enthalten die §§ 1144, 1167.

3. Die Behandlung der Briefe beim GBA. regeln die §§ 62, 69 GBO. Die Fälle, in denen ausnahmsweise die Vorlegung des Briefes nicht erforderlich ist, regeln § 42 Abs. 2 und § 43 Satz 2 GBO.

§ 897.

Die Kosten der Berichtigung des Grundbuchs und der dazu erforderlichen Erklärungen hat derjenige zu tragen, welcher die Berichtigung verlangt, sofern nicht aus einem zwischen ihm und dem Verpflichteten bestehenden Rechtsverhältnisse sich ein anderes ergibt.

---

1. Die Vorschrift gilt nur für die Kostenpflicht der Beteiligten unter einander; die Kostenrechte der Staatskasse werden dadurch nicht berührt. Sie bezieht sich nur auf die Kosten der Eintragungsbewilligung, der Beschaffung der zur Eintragung ander-

weit noch erforderlichen Urkunden, zB. der Erbscheine (§§ 29 ff. GBO.) und der neuen Eintragung selbst. Über die Kosten der etwa geführten Prozesse ist nach §§ 91 ff. ZPO. zu entscheiden. Die Verpflichtung, die Kosten zu tragen, schließt die Verpflichtung, die Kosten vorzuschießen, in sich; Auslagen für den Berechtigten braucht der Verpflichtete nicht zu machen. Planck S. 120 A. 2.

2. Der § 897 findet aber nur dann Anwendung, wenn nicht etwas anderes von den Beteiligten vereinbart ist oder sich sonst aus dem zwischen ihnen bestehenden Rechtsverhältnisse ergibt. Eine besondere Regelung des Kostenpunktes enthalten die §§ 369, 403, 435, 449, 919 Abs. 3. Auch Verschuldung des Verpflichteten kann dessen Verbindlichkeit zur Kostentragung nach sich ziehen, zB. dann, wenn er die bereits ausgefertigten Urkunden vorsätzlich oder fahrlässig vernichtet hat. Für den Fall, daß der Nacherbe die Eintragung des Vorerben verlangt (GBO. § 52), ist eine besondere Kostenbestimmung nicht getroffen; es muß also — gegen Dernburg § 49 Nr. 6, S. 145 — bei der Regel des § 897 bleiben. Fuchs S. 183 A. 3. Turn.-Förſt. I S. 251 A. 1.

§ 898.

Die in den §§ 894—896 bestimmten Ansprüche unterliegen nicht der Verjährung.

„D. Recht" 1900 S. 487; 1901 S. 160.

Der Wortlaut gestattet die Auffassung, daß der Berichtigungsanspruch auch dann noch geltend gemacht werden kann, wenn der aus dem Hauptrechte entspringende Anspruch bereits verjährt ist. Daß diese Auffassung der Absicht des Gesetzgebers nicht entspricht, ergibt die Entstehungsgeschichte des Gesetzes. Die 2. Kommission hatte die betreffende Bestimmung (§ 843 Abs. 3) dahin gefaßt: „Der Berichtigungsanspruch unterliegt nicht der Verjährung; er kann jedoch nicht mehr geltend gemacht werden, wenn der Anspruch auf Herstellung des der wirklichen Rechtslage entsprechenden Zustandes verjährt ist". Zur Begründung ist angegeben: „Sachlich werde man sich von dem Gesichtspunkte leiten lassen müssen, daß der formelle Anspruch von dem materiellen Anspruch abhängig zu machen sei . . . .; solange der Hauptanspruch nicht verjährt sei, dürfe auch der Berichtigungsanspruch nicht erloschen sein und wenn der Hauptanspruch verjährt sei, müsse auch der Berichtigungsanspruch ausgeschlossen werden". P. 3496, 3497. An dieser Auffassung hat die 2. Kommission festgehalten. Allerdings ist bei der Schlußredaktion der letzte Halbsatz des § 843 Abs. 3 gestrichen, aber nur deshalb, weil angenommen wurde, daß der Inhalt dieses Halbsatzes durch die Vorschriften der jetzigen §§ 901, 902 gedeckt sei. P. 6041. Im P. 3492 heißt es: „Bei verständiger Auslegung des Gesetzes werde man es als selbstverständlich betrachten, daß der Berichtigungsanspruch nicht mehr geltend gemacht werden könne, wenn der Hauptanspruch verjährt sei". Hierdurch ist der Sinn des § 898 dahin festgestellt, daß dadurch nur die selbständige, vom materiellen Hauptanspruch unabhängige Verjährung, nicht aber die Verjährung schlechthin ausgeschlossen werden soll. Endemann S. 246 Nr. 5, 257 Nr. 12. Neumann S. 461. Planck S. 121. Turn.-Förſt. I S. 252 A. 2. Predari S. 185 A. 8. AM. Boehm S. 72. Fuchs S. 183. Biermann S. 92. Ergänzt wird § 898 durch die §§ 900, 901.

§ 899.

In den Fällen des § 894 kann ein Widerspruch gegen die Richtigkeit des Grundbuchs eingetragen werden.

Die Eintragung erfolgt auf Grund einer einstweiligen Verfügung oder auf Grund einer Bewilligung desjenigen, dessen Recht durch die Berichtigung

des Grundbuchs betroffen wird. Zur Erlassung der einstweiligen Verfügung ist nicht erforderlich, daß eine Gefährdung des Rechtes des Widersprechenden glaubhaft gemacht wird.

Joh. Biermann, Widerspruch und Vormerkung nach deutschem Grundbuchrecht, Jena 1901. Zentralbl. 3 S. 557.

---

1. Der Widerspruch ist wie die Vormerkung (§ 883) eine vorläufige Eintragung. Wie die Vormerkung die Sicherung persönlicher Ansprüche auf Einräumung oder Aufhebung eines dinglichen Rechtes bezweckt, dient der Widerspruch zum Schutze bestehender dinglicher Rechte gegen die Gefahren, denen sie durch den öffentlichen Glauben des Grundbuchs so lange ausgesetzt sind, als der Inhalt des Buches der wirklichen Rechtslage nicht entspricht. Dsch. 180. Voraussetzung des Widerspruchs ist der Berichtigungsanspruch aus § 894. Gegenstand des Widerspruchs können also nur sein bereits bestehende dingliche Rechte. Beispiele: Der Widerspruch des Eigentümers A gegen die auf Grund einer bloßen Scheinauflassung erfolgte Eintragung des Eigentums des B., der Widerspruch des Hypothekengläubigers zur Erhaltung seines Rechtes auf Wiedereintragung seiner ohne Rechtsgrund gelöschten Hypothek. Steht nicht eine Berichtigung des Grundbuchs in Frage, soll zB. nur die unbefugte Verfügung des richtig eingetragenen Gläubigers über einen Grundschuldbrief durch Abtretung der Grundschuld an einen gutgläubigen Dritten verhindert werden, so kann die Sicherung gegen den eingetragenen Gläubiger nicht durch Vormerkung oder Widerspruch, sondern nur unter der Voraussetzung des Vorliegens der Erfordernisse eines Arrestes oder einer einstweiligen Verfügung durch einen Vermerk auf dem Grundschuldbrief erfolgen. RG. JW. 1901 S. 130. Ein Widerspruch, der versehentlich zur Erhaltung des persönlichen Anspruchs auf Eintragung eines Rechtes an einem Grundstück eingetragen ist, kann nur die Wirkung einer Vormerkung haben, falls deren Voraussetzungen vorliegen. Mit Turn.-Först. I S. 252 wird anzunehmen sein, daß nur eine falsche Bezeichnung vorliegt, die der Berichtigung des Grundbuchs durch Ersetzung durch die richtige Bezeichnung zugänglich ist. AM. (Nichtigkeit der falschen Eintragung): Biermann, Widerspruch 2c. S. 154.

Die Eintragung eines Widerspruchs gegen eine Vormerkung oder einen Widerspruch ist unzulässig. Dies die herrschende Ansicht. KG. 20 S. A 217; 21 S. A 147, 286. Fuchs S. 186 A. 2. Predari S. 180. AM. Biermann S. 93 A. 1, Widerspruch 2c. S. 83.

2. Eintragung. Die Fälle, in denen ein Widerspruch von Amts wegen oder auf Anordnung des Beschwerdegerichts einzutragen ist, sind geregelt in den §§ 18, 23, 24, 54, 71, 76 GBO. Im übrigen sind die Voraussetzungen der Eintragung des Widerspruchs dieselben, wie sie in § 885 für die Eintragung der Vormerkung bestimmt sind. Erforderlich ist also einstweilige Verfügung oder einseitige, in der Form des § 29 GBO. dem Berechtigten oder dem GBA. gegenüber abzugebende Bewilligung des passiv Beteiligten. Wegen der Erläuterung wird auf die Erläuterungen zu § 885 Bezug genommen. Hervorzuheben ist folgendes. Das vorläufig vollstreckbare Urteil, durch das der Beklagte zur Abgabe der für die Berichtigung erforderlichen Zustimmung verurteilt ist, gilt als Bewilligung der Eintragung eines Widerspruchs. ZPO. § 895. Die Eintragung des Widerspruchs, der sich auf eine verbriefte Hypothek, Grundschuld oder Rentenschuld bezieht, kann nur erfolgen, wenn der Brief dem GBA. vorgelegt wird. §§ 42 Abs. 1, 43, 62 GBO. Von der Vorlegung darf aber in den Ausnahmefällen der §§ 18 Abs. 2, 42 Abs. 1 Satz 1, 43 Satz 1, 54, 62, 76 Abs. 1 abgesehen werden. Der einseitige Antrag des Berechtigten genügt im Falle des § 1139, er muß auch (mit Biermann S. 94 A. 2) für genügend erachtet werden, wenn die Voraussetzungen des § 22 GBO. vorliegen, da der Widerspruch nur etwas Geringeres ist als die Berichtigung. Bei der Eintragung kann zur näheren Bezeichnung des Rechtes, zu dessen Schutze der

Widerspruch eingetragen wird, auf die einstweilige Verfügung oder die Eintragungsbewilligung Bezug genommen werden. Predari S. 186 A. 3. Planck S. 122 A. 3. Biermann S. 94. Fuchs S. 189. AM. Turn.-Först. I S. 255 A. 12 und KG. 23 S. A 133. Einstweilige Verfügung des Prozeßgerichts an das GBA., eine Eintragung zu unterlassen, ist unzulässig. OLG. Dresden, Soergel 1900/1 S. 104.

Art und Ort der Eintragung bestimmt sich nach den Anordnungen der Landesjustizverwaltung. GBO. § 1 Abs. 2. (Preußen: JMV. v. 20. Nov. 1899 § 14.) Ein Widerspruch gegen die Richtigkeit des Grundbuchs, der aus dem Hypothekenbrief hervorgeht, steht einem im Grundbuch eingetragenen Widerspruch gleich. § 1140.

3. Wirkung. Durch die Eintragung des Widerspruchs wird das gefährdete Recht inhaltlich nicht verändert; es wird lediglich erhalten, wenn es besteht und wie es besteht. Nur der Annahme wird widersprochen, daß das Grundbuch die wirkliche Rechtslage bekunde. M. 239. Wer nach Eintragung des Widerspruchs ein Recht an einem Grundstück oder ein Recht an einem solchen Rechte erwirbt, welches das durch den Widerspruch gesicherte Recht vereiteln oder beeinträchtigen würde, wird für seinen Erwerb nicht durch den öffentlichen Glauben des Grundbuchs geschützt, weil nach § 892 Abs. 1 Satz 1 der Inhalt des Grundbuchs, soweit der Widerspruch reicht, nicht als richtig gilt. Turn.-Först. I S. 255 A. 13. Darauf, ob der Erwerber die Eintragung des Widerspruchs gekannt hat, kommt nichts an. Predari S. 187 A. 6 a. Eine gegen den Widerspruch verstoßende Veräußerung oder Belastung ist aber nicht (wie P. 3507 angenommen wird) nichtig. Wie die Vormerkung wirkt auch der Widerspruch nur relativ zugunsten desjenigen, dessen Recht geschützt werden soll, also nur zugunsten des Widersprechenden und seiner Rechtsnachfolger. Dernburg § 51 S. 152. Fuchs S. 186 A. 3. Schilde S. 80. Oberneck S. 265. Turn.-Först. I S. 254 A. 8. Predari S. 187 A. 6 a. Die Eintragung auf Grund einer gegen den Widerspruch verstoßenden Veräußerung oder Belastung kann sonach nicht abgelehnt werden. Die Wirkung einer solchen Eintragung ist von dem Bestehen oder Nichtbestehen des durch den Widerspruch geschützten Rechtes abhängig. Wird das Bestehen dieses Rechtes festgestellt, so kann der Beeinträchtigte die Löschung der beeinträchtigenden unwirksamen Eintragung gemäß § 22 GBO. oder durch Klage aus § 894 BGB. herbeiführen. Wird das Nichtbestehen des Rechtes festgestellt, so ist der Widerspruch wirkungslos.

Der Anspruch aus dem durch Widerspruch gesicherten Recht unterliegt nicht der Verjährung; die bereits begonnene Verjährung wird durch den Widerspruch unterbrochen. §§ 900, 902. Im Zwangsversteigerungsverfahren ist das durch Eintragung eines Widerspruchs gesicherte Recht wie ein eingetragenes zu berücksichtigen. ZwVG. § 48. Dagegen versagt die Anwendbarkeit des § 28 ZwVG. Wegen eines eingetragenen Widerspruchs darf das Vollstreckungsgericht das Verfahren nicht aufheben oder einstellen, denn aus der Eintragung des Widerspruchs folgt nicht, daß das durch den Widerspruch geschützte Recht dem Widersprechenden wirklich zusteht. Fuchs S. 156 A. 3. Predari S. 188 A. c. Turn.-Först. I S. 254 A. 7. AM. Oberneck S. 265. Der Rang des durch Widerspruch geschützten Rechtes bestimmt sich nach der Zeit der Entstehung des Rechtes. Konkurs beeinträchtigt die Wirkung des Widerspruchs nicht, da der Konkursverwalter bestehendes Recht anzuerkennen hat. KO. § 43.

4. Die Löschung des Widerspruchs erfolgt in den Fällen der §§ 18 Abs. 2, 54 Abs. 1, 76 Abs. 2 GBO. von Amts wegen, im übrigen auf Bewilligung des Widersprechenden oder wenn die einstweilige Verfügung oder das vorläufige Urteil, auf Grund dessen der Widerspruch eingetragen ist, durch eine vollstreckbare Entscheidung aufgehoben ist, auf Vorlegung dieser Entscheidung. GBO. § 25. Mit der Löschung wird der Widerspruch wirkungslos und kann gegen den Erwerber eines Rechtes selbst dann nicht geltend gemacht werden, wenn die Löschung zu Unrecht erfolgt und dies dem Erwerber bekannt gewesen ist. Nur die Kenntnis von dem Rechte des Widersprechenden steht dem Erwerber entgegen. Turn.-Först I S. 256 A 14. AM. Fuchs

S. 189 A. 7. Mit der Erlassung des den Geschützten mit seinem behaupteten Rechte ausschließenden Urteils (§§ 1104, 1112, 1170, 927) erlischt die Wirkung des Widerspruchs. § 887. Predari S. 188 A. 7.

§ 900.

Wer als Eigentümer eines Grundstücks im Grundbuch eingetragen ist, ohne daß er das Eigentum erlangt hat, erwirbt das Eigentum, wenn die Eintragung dreißig Jahre bestanden und er während dieser Zeit das Grundstück im Eigenbesitze gehabt hat. Die dreißigjährige Frist wird in derselben Weise berechnet wie die Frist für die Ersitzung einer beweglichen Sache. Der Lauf der Frist ist gehemmt, solange ein Widerspruch gegen die Richtigkeit der Eintragung im Grundbuch eingetragen ist.

Diese Vorschriften finden entsprechende Anwendung, wenn für jemand ein ihm nicht zustehendes anderes Recht im Grundbuch eingetragen ist, das zum Besitze des Grundstücks berechtigt oder dessen Ausübung nach den für den Besitz geltenden Vorschriften geschützt ist. Für den Rang des Rechtes ist die Eintragung maßgebend.

---

1. Gegenstand der Tabularersitzung (Buchersitzung) können nur sein: das Eigentum, das Erbbaurecht (§§ 1012 ff.), die Rechte mit Grundstücksnatur (Art. 63, 68), der Nießbrauch (§ 1036 Abs. 1), das Wohnungsrecht (§ 1093), die Grunddienstbarkeiten (§ 1029) und die beschränkten persönlichen Dienstbarkeiten. § 1090 Abs. 2. Die sonstigen dinglichen Rechte sind von der Tabularersitzung ausgeschlossen, insbesondere das Vorkaufsrecht, die Reallasten, die Hypothek, die Grund- und die Rentenschuld. P. 4370, 4372, 4373, 4764.

2. Die Erfordernisse der Ersitzung sind Eintragung im Grundbuch und Besitz während 30 Jahren. Guter Glaube wird — abweichend von § 937 Abs. 2 — nicht erfordert, ebensowenig ein Erwerbstitel. Der Besitz muß, wenn er zur Ersitzung des Eigentums führen soll, Eigenbesitz (§ 872) sein. Mittelbarer Eigenbesitz (§ 868) genügt. Nießbraucher und Wohnungsberechtigter sind ersitzungsberechtigt, wenn sie 30 Jahre das Grundstück besessen haben. Bei den übrigen Dienstbarkeiten wird der Besitz ersetzt durch die Ausübung (Quasibesitz). Der Quasibesitz gilt aber nur für die Dauer von einem Jahr. § 1029. Das Erfordernis der Ersitzung liegt also nur vor, wenn die Dienstbarkeit während der 30jährigen Frist mindestens einmal jährlich ausgeübt ist. Die Frist wird in derselben Weise berechnet, wie für die Ersitzung einer beweglichen Sache. Abs. 1 Satz 2. Die Grundsätze der §§ 938—944 sind deshalb auch hier entsprechend anzuwenden. Die entsprechende Anwendung des § 938 „Hat jemand eine Sache am Anfang und am Ende eines Zeitraums im Eigenbesitze gehabt, so wird vermutet, daß sein Eigenbesitz auch in der Zwischenzeit bestanden habe," auf den Quasibesitz führt zu der Annahme, daß der Ersitzende nur die am Anfang und am Ende der 30jährigen Frist erfolgte Ausübung der Dienstbarkeit nachzuweisen hat und daß es Sache des Gegners ist, die dem Ersitzenden zur Seite stehende Vermutung durch den Nachweis, daß die Dienstbarkeit während eines Jahres nicht ausgeübt und dadurch der Besitz unterbrochen sei zu widerlegen. Planck S. 125 A. 4. Männer S. 63 Nr. 7. Turn.-Först. I S. 261 A. 3. AM. Fuchs S. 191 A. III. Biermann S. 96 A. 2. Oberneck S. 244 Nr. 3. Kohler im Arch. f. ziv. Praxis 87 S. 291.

Im Falle der Rechtsnachfolge kommt die Zeit, in welcher der Rechtsvorgänger eingetragen war und zugleich besessen hat, dem Rechtsnachfolger zu statten, auch wenn ihm bekannt war, daß dem Rechtsvorgänger das Eigentum nicht zustehe. § 943. Dasselbe gilt zugunsten des Erbschaftsbesitzers (§ 944), auch wenn er nicht eingetragen war, sofern nur der Erblasser eingetragen blieb. Biermann S. 96 A. 2. Fuchs S. 191 A. 2. Turn.-Först. I S. 261 A. 2.

Der Fristenlauf wird gehemmt **a**, solange die Verjährung des Eigentumsanspruchs gehemmt ist (§§ 202—204) oder ihrer Vollendung die §§ 206, 207 entgegenstehen (§ 939); **b**, solange ein Widerspruch gegen die Richtigkeit der Eintragung eingetragen ist, auch wenn er sich als unbegründet erweist. § 900 Abs. 1.

Die Ersitzung wird unterbrochen durch Verlust des Besitzes (§ 940) und durch gerichtliche Geltendmachung des Eigentumsanspruchs gemäß § 941.

3. Die vollendete Ersitzung bewirkt die Entstehung des Rechtes in dem Umfange, in dem Eintragung und Besitz zusammenfallen. Für den Rang der in A. 1 b, c bezeichneten Rechte ist die Eintragung maßgebend. § 900 Abs. 2.

4. Übergangsbestimmungen. Bis das Grundbuch als angelegt anzusehen ist, erfolgt die Ersitzung des Eigentums und der in § 900 Abs. 2 bezeichneten Rechte nach den bisherigen Gesetzen. Die Ersitzung derjenigen Rechte, die von der Tabularersitzung des § 900 ausgeschlossen sind (A. 1), kann nach dem Inkrafttreten des BGB. nicht vollendet werden. Art. 189 Abs. 1. Auf eine zu der Zeit, zu welcher das Grundbuch als angelegt anzusehen ist, noch nicht vollendete, nach § 900 BGB. zulässige Ersitzung finden die Vorschriften des BGB. dann Anwendung, wenn der Besitzer als der Berechtigte im Grundbuch eingetragen ist (Art. 189 Abs. 2); die Anrechnung der bereits abgelaufenen Ersitzungsfrist regelt Art. 169 Abs. 2.

§ 901.

Ist ein Recht an einem fremden Grundstück im Grundbuche mit Unrecht gelöscht, so erlischt es, wenn der Anspruch des Berechtigten gegen den Eigentümer verjährt ist. Das gleiche gilt, wenn ein kraft Gesetzes entstandenes Recht an einem fremden Grundstücke nicht in das Grundbuch eingetragen worden ist.

---

1. Satz 1. Ist ein begrenztes dingliches Recht im Grundbuche mit Unrecht gelöscht, so erlischt es nicht, besteht vielmehr fort trotz der Löschung. Durch die mit Unrecht erfolgte Löschung ist das Grundbuch unrichtig geworden. Der Berechtigte hat gegen den Eigentümer den Anspruch auf Anerkennung der Fortdauer des gelöschten Rechtes und auf Herstellung des entsprechenden Zustandes im Grundbuch durch Wiedereintragung des gelöschten Rechtes. Ist dieser Anspruch verjährt (§§ 194 ff., 902), so ist das gelöschte Recht erloschen. Damit ist der bisher unrichtig gewesene Buchinhalt richtig geworden, mithin für die Geltendmachung des nach § 898 der Verjährung nicht unterliegenden Berichtigungsanspruchs kein Raum.

2. Satz 2. Zu den bezeichneten Rechten gehören der Nießbrauch aus § 1075 und die Sicherungshypothek aus § 1287 und ZPO. § 848. Beide Rechte entstehen kraft Gesetzes, ohne Eintragung. Die Eintragung ist aber zulässig. Unterbleibt sie, so zieht die Verjährung der Forderung das Erlöschen des dinglichen Rechtes nach sich. Keine Geltung hat Satz 2 für die Überbau- und Notwegrente, da sie nicht in das Grundbuch eingetragen werden. §§ 914, 917. Auch nicht für Rechte, die nicht eintragungsfähig sind, wie die öffentlichen Abgaben und Lasten.

3. Besondere Bestimmungen sind gegeben für die Grunddienstbarkeit und die persönliche beschränkte Dienstbarkeit. §§ 1028, 1090 Abs. 2. Das Eigentum erlischt nur gemäß §§ 900 927.

§ 902.

Die Ansprüche aus eingetragenen Rechten unterliegen nicht der Verjährung. Dies gilt nicht für Ansprüche, die auf Rückstände wiederkehrender Leistungen oder auf Schadensersatz gerichtet sind.

Ein Recht, wegen dessen ein Widerspruch gegen die Richtigkeit des Grundbuchs eingetragen ist, steht einem eingetragenen Rechte gleich.

---

1. Ansprüche aus eingetragenen Rechten können sein Ansprüche aus dem Eigentum, aus Rechten an einem fremden Grundstück und aus Rechten an solchen Rechten. Auf den Rechtsgrund der Eintragung kommt nichts an. Zur Versagung der Verjährung genügt die Eintragung des Rechtes. Der Berechtigte braucht nicht eingetragen zu sein, vielmehr kann auch der nicht eingetragene Rechtsnachfolger eines eingetragenen Berechtigten sich auf den Ausschluß der Verjährung berufen, so insbesondere der Erbe (M. 254, P. 3518) und der Zessionar einer verbrieften Hypothek oder Grundschuld. § 1155. Bei der Hypothek sind die Ansprüche aus der Forderung, für die sie bestellt ist, und die Ansprüche aus dem dinglichen Rechte auseinander zu halten. Der persönliche Anspruch verjährt nach § 194. Die Verjährung hindert aber den Berechtigten nicht, seine Befriedigung aus dem Grundstück zu suchen (§ 223), und dieser dingliche Anspruch ist nach § 902 unverjährbar. Die Verjährung des persönlichen Anspruchs gibt mithin, abweichend von §§ 1169, 1254, dem Eigentümer nicht das Recht zu verlangen, daß der Gläubiger auf die Hypothek verzichte. Dagegen versagt § 223, wenn der Anspruch durch Vormerkung gesichert ist. Hier kann nach § 886 die Beseitigung der Vormerkung verlangt werden, sobald der Anspruch verjährt ist. Dsch. 182.

2. Ansprüche auf Rückstände wiederkehrender Leistungen, gleichviel ob diese von einem Hauptrechte abhängen (Hypothekenzinsen) oder nicht (Renten, Reallasten), sowie auf Schadensersatz, insbesondere auf Ersatz von Früchten (M. 253) sind von der Unverjährbarkeit ausgeschlossen. Es verjähren Zinsen in 4 Jahren (§ 197), Ansprüche auf Schadensersatz (nach § 852) in 3 bezw. 30 Jahren. Die Einrede der Verjährung steht den bezeichneten Ansprüchen auch dann entgegen, wenn ihre Befriedigung aus dem Grundstück gesucht wird. § 223 Abs. 3. M. 252, 253.

3. Den eingetragenen Rechten stehen bezüglich des Ausschlusses der Verjährung gleich die nicht eingetragenen Rechte, zu deren Schutze ein Widerspruch eingetragen ist. Erfolgt die Eintragung des Widerspruchs nach Beginn der Verjährung, so wird diese durch die Eintragung unterbrochen, es kann mithin nach Löschung des Widerspruchs nur eine neue Verjährung des Anspruchs beginnen. Fuchs S. 196 A. 5. Planck S. 126 A. 2. Turn.-Först. I S. 266 A. 3. Dagegen sind die durch eine Vormerkung gesicherten Ansprüche der Verjährung nicht entzogen. Maßgebend für die Verjährungsfrist ist die Natur des vorgemerkten Anspruchs. Unverjährbarkeit tritt ein mit der endgültigen Eintragung.

4. Verjährungsfrist. „Die regelmäßige Verjährungsfrist beträgt 30 Jahre." § 195. Längere Verjährungsfristen kennt das BGB. nicht. Kürzere Verjährungsfristen sind für zahlreiche Ansprüche bestimmt. §§ 196, 197, 477, 490, 558, 606, 638, 786, 801, 852, 1057, 1226 u. a.

5. Wirkung. Der Ablauf der Verjährung bewirkt nicht das Erlöschen des Anspruchs, sondern gewährt nur eine ausschließende Einrede gegen den Anspruch auf die Leistung. § 222 Abs 1. Das zur Befriedigung eines verjährten Anspruchs Geleistete kann nicht zurückgefordert werden. § 222 Abs. 2. Auf die Einrede kann verzichtet werden Von Amts wegen darf sie der Richter nicht berücksichtigen. Hierdurch unterscheidet sich die Verjährung von dem Erlöschen von Rechten durch

Ablauf einer Ausschlußfrist. §§ 121, 124, 801, 861—864, 927, 1123, 1170, 1171, 1188, 1289.

Der § 160 I. Entw. enthielt die Bestimmung: „Hängen wiederkehrende Leistungen von einem Hauptrecht nicht ab, so beginnt die Verjährung des Anspruchs im ganzen mit dem Zeitpunkte, in welchem die Verjährung des Anspruchs auf eine Leistung begonnen hat". Die Bestimmung ist in 2. Lesung unter der Erwägung gestrichen, daß die Unterstellung eines Gesamtanspruchs künstlich im Wege der Fiktion geschaffen sei. P. I 423. Die Frage, ob bei selbständigen wiederkehrenden Leistungen ein Gesamtanspruch besteht, oder ob so viele Ansprüche vorhanden sind, als wiederkehrende Leistungen entrichtet werden müssen, kann nur konkret entschieden werden. Rehbein I S. 333.

6. Übergangsbestimmungen. Art. 169, 181 Abs. 1, 195. Eine noch laufende Verjährung kann sich nicht mehr vollenden, ist sie aber schon vollendet, so bleibt die einmal gegen den Anspruch begründete Einrede bestehen. Habicht S. 148. OLG. Dresden, ROLG. 5 S. 423.

3. Abschnitt. Eigentum.

1. Titel. Inhalt des Eigentums.

§ 903.

Der Eigentümer einer Sache kann, soweit nicht das Gesetz oder Rechte Dritter entgegenstehen, mit der Sache nach Belieben verfahren und andere von jeder Einwirkung ausschließen.

---

1. Gegenstand des Eigentums sind nach BGB. nur Sachen, d. h. körperliche Gegenstände. § 90. Die Annahme eines dem Sacheigentum analogen Eigentums an Rechten ist abgelehnt, da bei dem Eigentume am Rechte nur das als Gegenstand bezeichnete Recht selbst gemeint sein könnte, für dessen Inhalt aber die betreffenden besonderen Rechtsnormen maßgebend bleiben. M. 257.

2. Das Eigentum, als das Recht der unumschränkten und ausschließlichen Herrschaft über eine Sache, umfaßt die Gesamtheit aller, nicht eine Summe einzelner Befugnisse, deshalb kann wohl das Eigentum an einer Sache mehreren nach Bruchteilen zustehen (Miteigentum § 1008), es läßt sich aber nicht so teilen, daß dem einen und dem anderen eine Reihe bestimmter im Eigentume liegender Befugnisse zugewiesen werden und dem beiderseitigen Rechte der Charakter des Eigentums beigemessen wird. Ein geteiltes Eigentum (Ober- und Untereigentum, dominium directum, d. utile) ist dem BGB. unbekannt. Es bleiben aber unberührt die landesgesetzlichen Vorschriften über Familienfideikommisse und Lehen, mit Einschluß der allodifizierten Lehen, sowie über Stammgüter, über Rentengüter und über das Erbpachtrecht. Art. 59, 62, 63. Soweit hier landesgesetzlich ein geteiltes Eigentum anerkannt wird, ist es aufrecht erhalten. Stockwerkseigentum: § 1008.

3. Die Freiheit des Eigentums ist nur soweit beschränkt, als „Gesetz oder Rechte Dritter" entgegenstehen. Gesetz ist jede Rechtsnorm. Art. 2. Das Wegfallen einer Beschränkung hat die Konsolidation zugunsten des Eigentümers zur Folge. P. 3525. Die nach § 903 dem Eigentümer zustehenden Befugnisse bilden die Regel. Beschränkungen stellen die Ausnahme dar. Wer ein beschränkendes Recht für sich geltend macht, hat dies zu beweisen. Gesetzliche Eigentumsbeschränkungen: §§ 909—924.

Beschränkende Rechte Dritter: die Belastungen Abschn. 4—8. Einen Einfluß auf die Bestimmungen des öffentlichen Rechtes hat § 903 nicht. Bayr. Oberst. LG., Soergel 1902 S. 129.

4. Übergangsbestimmungen. Für die Frage nach dem Eigentumserwerbe ist das zurzeit des Erwerbes maßgebend gewesene Recht entscheidend. RG. 47 S. 115 JW. 1900 S. 763, 777, 889 ff., 1901 S. 31. Bezüglich der Ansprüche aus dem bestehenden Eigentum ist zu unterscheiden zwischen solchen, die als dingliche aus dem gesetzlichen Inhalte des Eigentums fließen, wie der Anspruch auf Herausgabe der Sache (§ 985) und auf Beseitigung von Beeinträchtigungen (§ 1004), und solchen, welche aus einem durch Verhalten des Besitzers begründeten persönlichen Schuldverhältnisse herrühren, wie die Verpflichtung zum Schadensersatze, der Anspruch auf Ersatz von Aufwendungen, aus ungerechtfertigter Bereicherung (§§ 989 ff.). Die ersteren sind gemäß Art. 181, auch wenn sie vor dem 1. Januar 1900 begründet waren, seit diesem Zeitpunkt nach dem BGB. zu beurteilen. Für die Ansprüche der letzteren Art, die einem vor dem 1. Januar 1900 entstandenen Schuldverhältnisse entstammen, bleiben die bisherigen Gesetze maßgebend. Art. 170. RG. 46 S. 145. Behauptet der Kl., daß das Grundeigentum nach altem Rechte auf ihn übergegangen sei, so hat er seinen Antrag gegen den eingetragenen Eigentümer nicht auf eine nochmalige Eigentumsübertragung, also nicht auf Auflassung, sondern auf Bewilligung der Berichtigung des Grundbuchs zu richten. RG. Soergel 1900/1 S. 95.

§ 904.

Der Eigentümer einer Sache ist nicht berechtigt, die Einwirkung eines anderen auf die Sache zu verbieten, wenn die Einwirkung zur Abwendung einer gegenwärtigen Gefahr notwendig, und der drohende Schaden gegenüber dem aus der Einwirkung dem Eigentümer entstehenden Schaden unverhältnismäßig groß ist. Der Eigentümer kann Ersatz des ihm entstehenden Schadens verlangen.

§ 905.

Das Recht des Eigentümers eines Grundstücks erstreckt sich auf den Raum über der Oberfläche und auf den Erdkörper unter der Oberfläche. Der Eigentümer kann jedoch Einwirkungen nicht verbieten, die in solcher Höhe oder Tiefe vorgenommen werden, daß er an der Ausschließung kein Interesse hat.

§ 906.

Der Eigentümer eines Grundstücks kann die Zuführung von Gasen, Dämpfen, Gerüchen, Rauch, Ruß, Wärme, Geräusch, Erschütterungen und ähnliche von einem anderen Grundstück ausgehende Einwirkungen insoweit nicht verbieten, als die Einwirkung die Benutzung seines Grundstücks nicht oder nur unwesentlich beeinträchtigt oder durch eine Benutzung des anderen Grundstücks herbeigeführt wird, die nach den örtlichen Verhältnissen bei Grundstücken dieser Lage gewöhnlich ist. Die Zuführung durch eine besondere Leitung ist unzulässig.

§ 907.

Der Eigentümer eines Grundstücks kann verlangen, daß auf den Nachbargrundstücken nicht Anlagen hergestellt oder gehalten werden, von denen mit Sicherheit vorauszusehen ist, daß ihr Bestand oder ihre Benutzung eine unzulässige Einwirkung auf sein Grundstück zur Folge hat. Genügt eine Anlage den landesgesetzlichen Vorschriften, die einen bestimmten Abstand von der Grenze oder sonstige Schutzmaßregeln vorschreiben, so kann die Beseitigung der Anlage erst verlangt werden, wenn die unzulässige Einwirkung tatsächlich hervortritt.

Bäume und Sträucher gehören nicht zu den Anlagen im Sinne dieser Vorschriften.

§ 908.

Droht einem Grundstücke die Gefahr, daß es durch den Einsturz eines Gebäudes oder eines anderen Werkes, das mit einem Nachbargrundstücke verbunden ist, oder durch die Ablösung von Teilen des Gebäudes oder des Werkes beschädigt wird, so kann der Eigentümer von demjenigen, welcher nach dem § 836 Abs. 1 oder den §§ 837, 838 für den eintretenden Schaden verantwortlich sein würde, verlangen, daß er die zur Abwendung der Gefahr erforderliche Vorkehrung trifft.

§ 909.

Ein Grundstück darf nicht in der Weise vertieft werden, daß der Boden des Nachbargrundstücks die erforderliche Stütze verliert, es sei denn, daß für eine genügende anderweitige Befestigung gesorgt ist.

§ 910.

Der Eigentümer eines Grundstücks kann Wurzeln eines Baumes oder eines Strauches, die von einem Nachbargrundstück eingedrungen sind, abschneiden und behalten. Das gleiche gilt von herüberragenden Zweigen, wenn der Eigentümer dem Besitzer des Nachbargrundstücks eine angemessene Frist zur Beseitigung bestimmt hat und die Beseitigung nicht innerhalb der Frist erfolgt.

Dem Eigentümer steht dieses Recht nicht zu, wenn die Wurzeln oder die Zweige die Benutzung des Grundstücks nicht beeinträchtigen.

§ 911.

Früchte, die von einem Baume oder einem Strauche auf ein Nachbargrundstück hinüberfallen, gelten als Früchte dieses Grundstücks. Diese Vorschrift findet keine Anwendung, wenn das Nachbargrundstück dem öffentlichen Gebrauche dient.

§ 912.

Hat der Eigentümer eines Grundstücks bei der Errichtung eines Gebäudes über die Grenze gebaut, ohne daß ihm Vorsatz oder grobe Fahrlässigkeit zur Last fällt, so hat der Nachbar den Überbau zu dulden, es sei denn, daß er vor oder sofort nach der Grenzüberschreitung Widerspruch erhoben hat.

Der Nachbar ist durch eine Geldrente zu entschädigen. Für die Höhe der Rente ist die Zeit der Grenzüberschreitung maßgebend.

§ 913.

Die Rente für den Überbau ist dem jeweiligen Eigentümer des Nachbargrundstücks von dem jeweiligen Eigentümer des anderen Grundstücks zu entrichten.

Die Rente ist jährlich im voraus zu entrichten.

§ 914.

Das Recht auf die Rente geht allen Rechten an dem belasteten Grundstück, auch den älteren, vor. Es erlischt mit der Beseitigung des Überbaues.

Das Recht wird nicht in das Grundbuch eingetragen. Zum Verzicht auf das Recht sowie zur Feststellung der Höhe der Rente durch Vertrag ist die Eintragung erforderlich.

Im übrigen finden die Vorschriften Anwendung, die für eine zugunsten des jeweiligen Eigentümers eines Grundstücks bestehende Reallast gelten.

§ 915.

Der Rentenberechtigte kann jederzeit verlangen, daß der Rentenpflichtige ihm gegen Übertragung des Eigentums an dem überbauten Teile des Grundstücks den Wert ersetzt, den dieser Teil zur Zeit der Grenzüberschreitung gehabt hat. Macht er von dieser Befugnis Gebrauch, so bestimmen sich die Rechte und Verpflichtungen beider Teile nach den Vorschriften über den Kauf.

Für die Zeit bis zur Übertragung des Eigentums ist die Rente fortzuentrichten.

§ 916.

Wird durch den Überbau ein Erbbaurecht oder eine Dienstbarkeit an dem Nachbargrundstücke beeinträchtigt, so finden zugunsten des Berechtigten die Vorschriften der §§ 912—914 entsprechende Anwendung.

§ 917.

Fehlt einem Grundstücke die zur ordnungsmäßigen Benutzung notwendige Verbindung mit einem öffentlichen Wege, so kann der Eigentümer von den Nachbarn verlangen, daß sie bis zur Hebung des Mangels die Benutzung ihrer Grundstücke zur Herstellung der erforderlichen Verbindung dulden. Die Richtung des Notwegs und der Umfang des Benutzungsrechts werden erforderlichenfalls durch Urteil bestimmt.

Die Nachbarn, über deren Grundstücke der Notweg führt, sind durch eine Geldrente zu entschädigen. Die Vorschriften des § 912 Abs. 2 Satz 2 und der §§ 913, 914, 916 finden entsprechende Anwendung.

§ 918.

Die Verpflichtung zur Duldung des Notwegs tritt nicht ein, wenn die bisherige Verbindung des Grundstücks mit dem öffentlichen Wege durch eine willkürliche Handlung des Eigentümers aufgehoben wird.

Wird infolge der Veräußerung eines Teiles des Grundstücks der veräußerte oder der zurückbehaltene Teil von der Verbindung mit dem öffentlichen Wege abgeschnitten, so hat der Eigentümer desjenigen Teiles, über welchen die Verbindung bisher stattgefunden hat, den Notweg zu dulden. Der Veräußerung eines Teiles steht die Veräußerung eines von mehreren demselben Eigentümer gehörenden Grundstücken gleich.

§ 919.

Der Eigentümer eines Grundstücks kann von dem Eigentümer eines Nachbargrundstücks verlangen, daß dieser zur Errichtung fester Grenzzeichen und, wenn ein Grenzzeichen verrückt oder unkenntlich geworden ist, zur Wiederherstellung mitwirkt.

Die Art der Abmarkung und das Verfahren bestimmen sich nach den Landesgesetzen; enthalten diese keine Vorschriften, so entscheidet die Ortsüblichkeit.

Die Kosten der Abmarkung sind von den Beteiligten zu gleichen Teilen zu tragen, sofern nicht aus einem zwischen ihnen bestehenden Rechtsverhältnisse sich ein anderes ergibt.

§ 920.

Läßt sich im Falle einer Grenzverwirrung die richtige Grenze nicht ermitteln, so ist für die Abgrenzung der Besitzstand maßgebend. Kann der Besitzstand nicht festgestellt werden, so ist jedem der Grundstücke ein gleich großes Stück der streitigen Fläche zuzuteilen.

Soweit eine diesen Vorschriften entsprechende Bestimmung der Grenze zu einem Ergebnisse führt, das mit den ermittelten Umständen, insbesondere mit der feststehenden Größe der Grundstücke, nicht übereinstimmt, ist die Grenze so zu ziehen, wie es unter Berücksichtigung dieser Umstände der Billigkeit entspricht.

§ 921.

Werden zwei Grundstücke durch einen Zwischenraum, Rain, Winkel, einen Graben, eine Mauer, Hecke, Planke oder eine andere Einrichtung, die zum Vorteile beider Grundstücke dient, von einander geschieden, so wird vermutet, daß die Eigentümer der Grundstücke zur Benutzung der Einrichtung gemeinschaftlich berechtigt seien, sofern nicht äußere Merkmale darauf hinweisen, daß die Einrichtung einem der Nachbarn allein gehört.

§ 922.

Sind die Nachbarn zur Benutzung einer der im § 921 bezeichneten Einrichtungen gemeinschaftlich berechtigt, so kann jeder sie zu dem Zwecke, der sich aus ihrer Beschaffenheit ergibt, insoweit benutzen, als nicht die Mitbenutzung des anderen beeinträchtigt wird. Die Unterhaltungskosten sind von den Nachbarn zu gleichen Teilen zu tragen. Solange einer der Nachbarn an dem Fortbestande der Einrichtung ein Interesse hat, darf sie nicht ohne seine Zustimmung beseitigt oder geändert werden. Im übrigen bestimmt sich das Rechtsverhältnis zwischen den Nachbarn nach den Vorschriften über die Gemeinschaft.

§ 923.

Steht auf der Grenze ein Baum, so gebühren die Früchte und, wenn der Baum gefällt wird, auch der Baum den Nachbarn zu gleichen Teilen.

Jeder der Nachbarn kann die Beseitigung des Baumes verlangen. Die Kosten der Beseitigung fallen den Nachbarn zu gleichen Teilen zur Last. Der Nachbar, der die Beseitigung verlangt, hat jedoch die Kosten allein zu tragen, wenn der andere auf sein Recht an dem Baume verzichtet; er erwirbt in diesem Falle mit der Trennung das Alleineigentum. Der Anspruch auf die Beseitigung

ist ausgeschlossen, wenn der Baum als Grenzzeichen dient und den Umständen nach nicht durch ein anderes zweckmäßiges Grenzzeichen ersetzt werden kann.

Diese Vorschriften gelten auch für einen auf der Grenze stehenden Strauch.

§ 924.

Die Ansprüche, die sich aus den §§ 907—909, 915, dem § 917 Abs. 1, dem § 918 Abs. 2, den §§ 919, 920 und dem § 923 Abs. 2 ergeben, unterliegen nicht der Verjährung.

I. Gesetzliche Eigentumsbeschränkungen (Legalservituten) sind diejenigen, welche die tatsächliche Verfügung über das Grundstück im Interesse des privaten Rechtslebens, insbesondere zur Regelung des Verhältnisses von Nachbar zu Nachbar einschränken. Bei ihnen sind die in dem Eigentum liegenden Befugnisse unmittelbar durch das Gesetz begrenzt. M. 258. Gesetz ist jede Rechtsnorm, auch eine Polizeiverordnung. Art. 2. Das BGB. behandelt in den §§ 904—923 nur solche Beschränkungen, die einem allgemeinen Bedürfnis entsprechen. Daneben sind landesrechtliche Bestimmungen in weitem Umfange aufrecht erhalten. Art. 64—69, 110, 113, 114, 119, 122, 123, 124. Daß auch die öffentlich-rechtlichen Eigentumsbeschränkungen sich nach Landesrecht bestimmen ist in Art. 109, 111 noch besonders bemerklich gemacht.

Die Eintragung der gesetzlichen Eigentumsbeschränkungen ist ausgeschlossen. Sie binden ohne weiteres jeden Erwerber des Grundstücks, sind aber nicht absoluter Natur, sondern unterliegen der vertragsmäßigen Änderung. Der Eigentümer kann an seinem Grundstücke dingliche Rechte — Grunddienstbarkeiten oder beschränkte persönliche Dienstbarkeiten — bestellen, welche die zu seinem Vorteile gegebenen Rechte mindern oder aufheben. M. 260.

Von Interesse für das GBA. sind die Bestimmungen der §§ 912—924, betreffend den Überbau und den Notweg.

II. Überbau. Wird bei Errichtung eines Gebäudes über die Grenze gebaut, so könnte in Ermangelung besonderer Vorschriften der geschädigte Nachbar die Beseitigung des über die Grenze reichenden Gebäudeteiles verlangen Zur Vermeidung unnötiger Härten ist aber dem Nachbar unter bestimmten Voraussetzungen die Pflicht auferlegt, den Überbau auf seinem Grundstück zu dulden.

1. Diese Voraussetzungen sind die folgenden:

a, Eigentum des Bauenden. Dem vom Eigentümer des Grundstücks errichteten Gebäude gleich steht das Gebäude, das von einem Erbbauberechtigten oder von einem nach Art. 63 Berechtigten errichtet ist. § 1017. Auf die von einem anderen Besitzer des Grundstücks, zB. von einem Nießbraucher oder Pächter errichteten Gebäude erstreckt sich die Vorschrift nicht. AM. Dernburg § 83 II 1 b, S. 236.

b, Errichtung eines Gebäudes. Bloße Reparatur genügt nicht. OLG. Marienwerder, ROLG. 4 S. 65. Planck S. 145 A. 1 a. AM. Turn.-Först. I S. 312 A. 2. Ebensowenig die Herstellung eines sonstigen Bauwerks, zB. einer Mauer. Durch Alter oder Baufehler veranlaßte Ausbauchungen von Mauern fallen unter § 905 Satz 1 oder unter § 908. Turn.-Först. I S. 312 A. 2.

c, Überschreitung der örtlich bestimmten Grenze. Ob die Grenze auf dem Boden oder im Luftraume (Erker, Balkon) überschritten wird, ist unerheblich. Ebenso der Umfang der Überschreitung. Der Fall eines Überbaues ist also auch dann gegeben, wenn bei einem Baue die Grenze derart überschritten wird, daß ein Nachbargrundstück von unbedeutendem Flächeninhalt durch Teile des Gebäudes ganz überdeckt wird. RG. 52 S. 15. Dagegen kann von einem Überbau nicht gesprochen werden, wenn bloß auf dem Grundstücke des Nachbarn gebaut ist. Die Aufführung eines Baues, wodurch eine Grunddienstbarkeit des Nachbars verletzt wird, ist als Überbau nicht zu behandeln. RG. 48 S. 262.

d, Abwesenheit von Vorsatz oder grober Fahrlässigkeit. Es ist zweifelhaft, ob sich Vorsatz und grobe Fahrlässigkeit nicht lediglich auf Verletzung der Grenze richtet. So OLG. Braunschweig, Soergel 1900/1 S. 107. Das RG. (RG. 52 S. 15) hat angenommen, daß Vorsatz und grobe Fahrlässigkeit auch dann zu verneinen sind, wenn der Bauende zu der Annahme berechtigt war, daß er über die Grenze bauen dürfe. Die Beweislast trifft den Bauenden. RG. 47 S. 114. Fällt diesem Vorsatz oder grobe Fahrlässigkeit zur Last, so hat der Nachbar die Rechte der §§ 903, 1004, auch wenn er dem Baue nicht widersprochen hat. RG. JW. 1902 (Beil.) S. 258.

2. Widerspruch. Sind die Voraussetzungen zu 1 gegeben, so besteht die Duldungspflicht doch nicht, wenn vor oder sofort nach der Grenzüberschreitung Widerspruch erhoben ist. Auf den Zeitpunkt der Kenntnis von der Grenzüberschreitung kommt nichts an. Eine Pflicht des Bauenden, sein Vorhaben dem Nachbar anzuzeigen, besteht nicht. Der Widerspruch kann formlos erhoben werden. Legitimiert zum Widerspruch ist der Eigentümer, jeder Miteigentümer (§ 1011) und ein nach § 916 Berechtigter. Zu erklären ist der Widerspruch dem Überbauenden oder dessen zur Empfangnahme ermächtigten Vertreter; als solcher wird regelmäßig der Leiter des Baues anzusehen sein. Planck S. 145 A. 1 d. Zu beweisen ist die rechtzeitige Erhebung des Widerspruchs von dem, der die Beseitigung des Überbaues verlangt. Unterlassen des Widerspruchs infolge Betrugs oder Zwanges seitens des Bauenden gibt dem Widerspruchsberechtigten ein Anfechtungsrecht. RG. 38 S. 286 (Preuß. R.). AM. Planck S. 146 A. 1. Biermann S. 110. Durch den bloßen Irrtum des Widerspruchsberechtigten wird ein Anfechtungsrecht nicht begründet. Turn.-Först. I S. 313. Dernburg § 83 II e S. 236 erachtet jeden dinglich Berechtigten als zur Erhebung des Widerspruchs legitimiert.

3. Duldungspflicht des Nachbarn. Der Bauende behält das Eigentum des Überbaues (§ 95), der Nachbar behält das Eigentum der überbauten Fläche, muß aber das Gebäude in dem hergestellten Zustande dulden. Dadurch entsteht für den Gebäudeeigentümer kraft Gesetzes ein grunddienstbarkeitartiges dingliches Recht an dem Nachbargrundstück. Die Duldungspflicht liegt jedem ob, der nach dem Inhalte seines dinglichen Rechtes — Eigentum, Erbbaurecht, Dienstbarkeit — dem Gebäudeeigentümer die überbaute Fläche entziehen könnte. Sie dauert so lange als der Überbau steht und geht als gesetzliche Eigentumsbeschränkung auf jeden Rechtsnachfolger des ursprünglichen Duldungspflichtigen über, wird also auch durch die Zwangsversteigerung dieses Grundstücks nicht berührt. Sie ist weder eintragungsbedürftig noch eintragungsfähig. Ein Verzicht des Gebäudeeigentümers auf die Duldungspflicht des Nachbarn ist nicht ausgeschlossen, muß aber, um dingliche Wirksamkeit zu erlangen, in das Grundbuch des duldungspflichtigen Grundstücks eingetragen werden.

4. Die Entschädigung des Nachbarn erfolgt durch eine Geldrente.

a, Entschädigungsberechtigt sind die Duldungspflichtigen, also der Eigentümer des Nachbargrundstücks, gegebenenfalls auch ein Erbbau- oder Dienstbarkeitsberechtigter, ein jeder nach Maßgabe der ihm widerfahrenen Beeinträchtigung. Weitere Realberechtigte, insbesondere die Pfandberechtigten kommen nicht in Betracht. Sie halten sich an die Rente des Eigentümers, werden aber in Ansehung der Feststellung des Entschädigungsbetrages weder durch die von anderer Seite abgeschlossenen Rechtsgeschäfte, noch durch die unter anderen Personen ergehenden Urteile gebunden. M. 286.

b, Die Höhe der Rente ist zu bestimmen auf den angemessenen, d. h. auf den der Höhe des dem Nachbarn erwachsenen Schadens entsprechenden Betrag. Die Bestimmung erfolgt erforderlichenfalls durch das Gutachten Sachverständiger. Als maßgebender Zeitpunkt ist, um fortgesetzte nachbarliche Streitigkeiten über den jeweiligen Wert der überbauten Fläche abzuschneiden, ein für allemal die Zeit der Grenzüberschreitung festgesetzt. § 912. P. 3559.

c, Rentenpflichtig ist der jeweilige Eigentümer des Gebäudegrundstücks. Das Recht auf die angemessene Rente ist danach eine der Reallast ähnliche Belastung dieses Grundstücks. Es entsteht kraft Gesetzes mit der Eigentumsbeschränkung und ist weder eintragungsbedürftig noch eintragungsfähig. Auch der gutgläubige Erwerber des belasteten Grundstücks hat die Rente zu entrichten. Das Recht auf die fällige Rente geht allen Rechten an dem belasteten Grundstück, auch den älteren, vor (§ 914; ZwVG. § 10 Nr. 4) und bleibt bei der Zwangsversteigerung auch dann bestehen, wenn es bei der Feststellung des geringsten Gebots nicht berücksichtigt ist. ZwVG. § 52 Abs. 2. Der Vorrang steht aber der Rente nur insoweit zu, als ihre Höhe den gesetzlichen Vorschriften entspricht. Dsch. 191. Ist die Höhe der Rente mit dinglicher Wirkung vertragsmäßig festgestellt und eingetragen (vgl. unten A. 4d), so bestimmt sich ihr Rang nach §§ 879 ff.

d, Den Beteiligten steht es frei, mit obligatorischer Wirkung untereinander über die Höhe oder über den Erlaß der Rente Vereinbarungen zu treffen. Soll die Vereinbarung dingliche Wirkung haben, also gegen Eigentumsnachfolger, Hypothekengläubiger rc. gelten, so bedarf es der Zustimmung aller an den beteiligten Grundstücken dinglich Berechtigten (§§ 875—877) und der Eintragung im Grundbuche des rentenpflichtigen Grundstücks. P. 8547. Die Eintragung im Grundbuche des berechtigten Grundstücks ist nach § 8 GBO. gestattet, übt aber auf die dingliche Wirksamkeit keinen Einfluß. Fehlt es an der Zustimmung der Berechtigten oder an der Eintragung, so bleibt es bei der angemessenen Rente und deren gesetzlicher Wirkung. Ist die vertragsmäßig festgesetzte Rente niedriger als die gesetzliche (angemessene), so darf das GBA. nur eintragen, wenn die Zustimmung der an dem Grundstück, dessen Eigentümer das Recht auf die Rente zusteht, Berechtigten beigebracht ist, da ihnen nach §§ 1126, 1107 die Rente an Stelle der überbauten Fläche haftet.

e, Das Rentenrecht selbst verjährt nicht, auch wenn es nicht eingetragen ist. M. 286. Der Anspruch auf Rückstände verjährt in 4 Jahren. § 197.

f, Der Verzicht auf die Rente bedarf der Eintragung im Grundbuche des rentenpflichtigen Grundstücks. Biermann S. 112. Kretzschmar II S. 39. AM. Fuchs S. 205. Die Eintragung im Grundbuche des rentenberechtigten Grundstücks ist nach § 8 GBO. gestattet, übt aber auf die dingliche Wirksamkeit des Verzichts keinen Einfluß. (Preußen: JMV. v. 20. Nov. 1899 § 11 Nr. 4).

g, Die Rente ist jährlich im voraus zu entrichten. § 913. Eine vertragsmäßige anderweite Festsetzung der Zahlungstermine bedarf nicht der Eintragung. Das Recht auf die Rente beginnt mit dem Überbau und erlischt kraft Gesetzes, also ohne Löschung des etwa durch Vertrag festgestellten Betrages mit der Beseitigung des Überbaus (§ 914), d. h. mit dem Zeitpunkt, in dem die überbaute Fläche dem Eigentümer wieder zur Verfügung steht.

Nichtzahlung der Rente berechtigt den Rentenberechtigten zur Einklagung der Rückstände gemäß §§ 913, 914 Abs. 3, 1105 Abs. 2, 1108 Abs. 1, begründet aber nicht die Klage auf Herausgabe der überbauten Fläche. Turn.-Först. I S. 313 A. IV.

Die landesgesetzlichen Vorschriften über Ablösung und Umwandlung von Reallasten (Art. 113—115) finden auf die Rente keine Anwendung. Art. 117.

h, Im übrigen finden die für eine subjektive dingliche Reallast geltenden Vorschriften (§§ 1107, 1108 Abs. 1, 1110) Anwendung. § 914 Abs. 3. M. 592. Nicht anwendbar sind die §§ 1108 Abs. 2, 1109. Bei einer Teilung des Baugrundstücks haftet für die Rente nur der Eigentümer des Überbaues, da ihm allein der Überbau zugute kommt. Biermann S. 113. Kretzschmar II S. 40. AM. Planck S. 147 A. 3. Danach sollen gemäß § 1108 Abs. 2 die Eigentümer der einzelnen Teile als Gesamtschuldner haften. Bei einer Teilung des Nachbargrundstücks ist nur der Eigentümer des überbauten Grundstücksteils rentenberechtigt. Biermann u. Planck a. a. O. Turn.-Först. I S. 313 A. IV.

5. Überlassung des Baugrundes. Der Rentenberechtigte kann den Rentenpflichtigen zwingen, das Eigentum des überbauten Teiles des Grundstücks gegen Ersatz des Wertes, den dieser Teil zur Zeit der Grenzüberschreitung gehabt hat, zu erwerben. Macht er von dieser Befugnis Gebrauch, was formlos, nötigenfalls auch durch Klage geschehen kann, so bestimmen sich die Rechte und Verpflichtungen beider Teile nach den Vorschriften über den Kauf. § 915. Der Rentenberechtige hat dem anderen Teil den überbauten Grundstücksteil lastenfrei zu verschaffen. § 434. M. 287. (Unschädlichkeitsattest: Art. 120 Abs. 1.) Der Anspruch auf Leistung des Wertbetrages unterliegt nicht der Verjährung. §§ 924, 915. Die Übertragung erfolgt durch Auflassung und Eintragung. Bis dahin ist die gesetzliche Rente fortzuentrichten. § 915. M. 287. Sie wird auf das Übernahmekapital nicht angerechnet, doch können neben der Rente nicht noch Zinsen von dem Übernahmekapital gefordert werden. Turn.-Först. I S. 317.

6. Entsprechende Anwendung finden die §§ 912—916 in dem Fall, wenn ein Eigentümer den Abstand nicht hält, den er nach der ihm obliegenden Verpflichtung mit seinem Bau von der Grenze des Nachbars zu wahren hat. M. 378. OLG. Hamburg, Soergel 1900/1 S. 108. Dagegen ist die Zulässigkeit der analogen Ausdehnung der §§ 912—916 auf den Fall verneint, wenn der Eigentümer eines Grundstückes, von dem eine Teilfläche mit einer das Überbauen verbietenden Grunddienstbarkeit belastet ist, über die Grenze des unbelasteten Teiles auf den belasteten Teil hinüberbaut. RG. 47 S. 356, 48 S. 262.

7. Übergangsbestimmungen. Die Bestimmungen der §§ 912 ff. vom Überbau finden Anwendung, auch wenn der Überbau schon vor dem 1. Januar 1900 errichtet ist (Art. 181), sofern nicht etwa ein rechtskräftiges Urteil entgegensteht. Kretzschmar II S. 42. AM. Habicht S. 379. Danach soll Art. 181 auch gegenüber einem rechtskräftigen Urteile gelten. Nach Dernburg § 83 Nr. 4 S. 238 sind die Vorschriften über den Überbau nur auf solche Bauten anzuwenden, die nach dem 1. Jan. 1900 begonnen sind.

III. Notweg. 8. Voraussetzung für den Eintritt der Duldungspflicht ist das Vorliegen einer Zugangsnot. Diese besteht, wenn einem bebauten oder unbebauten Grundstück die zur ordnungsmäßigen Benutzung notwendige Verbindung mit einem öffentlichen Wege fehlt. § 917. Dadurch, daß das Grundstück bisher nicht ordnungsmäßig benutzt ist, wird der Anspruch auf den Notweg nicht ausgeschlossen. Entscheidend ist, daß die ordnungsmäßige Benutzung des Grundstücks die Verbindung erfordert. „Es muß objektiv und nach vernünftigem Ermessen erwogen werden, ob die geplante Benutzung den wirtschaftlichen Bedürfnissen entspricht. Nicht jede spekulative Änderung in der Benutzung genügt, um den Anspruch auf Einräumung eines Notweges zu begründen, sondern es muß das Grundstück seiner Natur nach zu einer der Änderung entsprechenden Benutzungsart bestimmt sein." P. 3591.

Fehlen muß die Verbindung mit einem öffentlichen Wege. Ob der Weg ein öffentlicher ist, bestimmt sich nach dem Landesrecht. Unberührt bleiben die landesgesetzlichen Vorschriften, welche das Recht des Notweges zum Zwecke der Verbindung eines Grundstücks mit einer Wasserstraße oder einer Eisenbahn gewähren. Art. 123.

Ob der Eigentümer den Notstand verschuldet hat oder nicht, ist unerheblich. Doch tritt die Verpflichtung zur Duldung des Notweges dann nicht ein, wenn die bisherige Verbindung des Grundstücks mit dem öffentlichen Wege durch eine willkürliche Handlung des Eigentümers, zB. dadurch, daß er eine den Zugang vermittelnde Brücke abgebrochen hat, aufgehoben wird. § 918. P. 3592. Beweispflichtig hierfür ist der Nachbar; der Eigentümer braucht nicht zu beweisen, daß die Notlage ohne sein Verschulden eingetreten sei. Dsch. 192. Das Erfordernis eines Notweges liegt nicht vor, wenn die Benutzung eines anderen bereits vorhandenen Weges mit einem geringen Mehraufwand von Bewirtschaftungskosten verbunden ist, OLG. Dresden, Soergel 1900/1 S. 108. Hat der Eigentümer des eingeschlossenen Grundstücks ein diesem benachbartes

Grundstück erworben, über das er auf einem öffentlichen Weg gelangen kann, so ist eine räumliche Verbindung mit dem öffentlichen Wege hergestellt, die dem Verlangen nach einem Wege über fremde Grundstücke entgegensteht. OLG. Karlsruhe, ROLG. 2 S. 506.

9. Duldungspflicht der Nachbarn. Liegen die Voraussetzungen zu 8 vor, so sind sämtliche Nachbarn, unmittelbare und mittelbare, deren Grundstücke das Grundstück von der Verbindung mit dem öffentlichen Wege trennen, verpflichtet, die Benutzung der Grundstücke zur Herstellung der erforderlichen Verbindung zu dulden. Eine Einschränkung tritt ein in den in § 918 Abs. 2 bezeichneten Fällen. In diesen sind nicht alle, sondern nur bestimmte Nachbarn zur Duldung des Notweges verpflichtet.

Die in der Duldungspflicht liegende Eigentumsbeschränkung tritt ein kraft Gesetzes, sobald ihre Voraussetzungen gegeben sind und der Eigentümer den Notweg verlangt. Ein die Duldungspflicht aussprechendes Urteil hat daher nur deklaratorische nicht konstitutive Kraft. M. 292. Eintragung im Grundbuche ist weder erforderlich, noch zulässig. Seinen Inhalt erhält das Recht auf die Gewährung des Notweges in Ermangelung einer Einigung der Beteiligten dadurch, daß die Richtung des Weges und der Umfang des Benutzungsrechts durch Urteil bestimmt werden. § 917.

10. Berechtigt zur Geltendmachung des mit dem herrschenden Grundstück verbundenen subjektiv dinglichen Rechtes auf die Gewährung des Notweges ist, in analoger Weise wie bei den Grunddienstbarkeiten, der Eigentümer, der Erbbauberechtigte und ein nach Art. 63 Berechtigter. M. 292. Ein einzelner Miteigentümer ist zur Klage auf Einräumung des Notweges nicht legitimiert. RG. Gruch. 30 S. 443. Erhebt der Nachbar die Negatorienklage (§ 1004), so kann die Eigentumsbeschränkung auch als Einrede geltend gemacht werden. Der Anspruch auf Duldung des Notweges ist unverjährbar. § 924. Die Klage ist zu richten gegen die Eigentümer der Nachbargrundstücke, gegebenenfalls gegen sämtliche Miteigentümer. Der Zuziehung der an den Grundstücken dinglich Berechtigten bedarf es nicht, da sie das Wegerecht als ein notwendiges dulden müssen. Dernburg § 84 Nr. 4 S. 240.

11. Bezüglich der Entschädigung der Nachbarn durch eine Geldrente finden die für den Überbau geltenden Vorschriften (oben II 4) entsprechende Anwendung. § 917 Abs. 2. Maßgebend für die Bestimmung der Höhe ist der Zeitpunkt, in dem der Wegebedürftige den Notweg in Anspruch nimmt. Die einmal getroffene Festsetzung der Rente gilt aber nur so lange, als die ursprüngliche Richtung des Weges und der ursprüngliche Umfang der Wegebenutzung fortdauern. P. 3598. Die Befugnis, den käuflichen Erwerb des für den Zugang erforderlichen Grundstücksteils vom Rentenpflichtigen zu verlangen, ist dem Rentenberechtigten nicht beigelegt. Er ist auch nicht berechtigt, der Ausübung des Rechtes aus dem Grunde zu widersprechen, weil der Pflichtige mit Zahlung der Rente im Rückstande sei. M. 292.

12. Übergangsbestimmungen. Nach dem Preuß. ALR. I, 22 § 9 kann eine richterliche Servitut unter Umständen auch zu erheblichen Verbesserungen begehrt werden. Diese Bestimmung fällt fort. Ist eine solche Servitut vor dem 1. Januar 1900 durch Urteil auferlegt, und ist dieses Urteil vor oder nach dem 1. Januar 1900 rechtskräftig geworden, so bleibt sie in Kraft. Art. 184. Wenn aber am 1. Januar 1900 noch der Prozeß darüber in 1. oder 2. Instanz schwebt, so ist mit dem BGB. die Möglichkeit zur Bestellung der Servitut für den Richter fortgefallen. Habicht S. 380.

2. Titel. Erwerb und Verlust des Eigentums an Grundstücken.

*§ 925.

Die zur Übertragung des Eigentums an einem Grundstücke nach § 873 erforderliche Einigung des Veräußerers und des Erwerbers (Auflassung) muß bei gleichzeitiger Anwesenheit beider Teile vor dem Grundbuchamt erklärt werden.

Eine Auflassung, die unter einer Bedingung oder einer Zeitbestimmung erfolgt, ist unwirksam.

„D. Recht" 1900 S. 389, 434, 478, 489, 534; 1901 S. 15; 1903 S. 54, 57, 91. Z. f. DZP. 29 S. 327 (Literaturnachweis); 25 S. 49, 508; 27 S. 275, 357; 29 S. 167, 171, 182, 198, 199; 30 S. 56, 288, 489, 189, 192. Zentralbl. 2 S. 77, 90, 93; 3 S. 572, 578, 583.

I. Die §§ 873, 925 regeln die rechtsgeschäftliche Übertragung des Grundeigentums und erfordern hierfür Auflassung und Eintragung. Den Gegensatz bilden und den bezeichneten Erfordernissen nicht unterworfen sind diejenigen Erwerbsarten, bei denen das Eigentum kraft des Gesetzes ohne Vermittlung durch eine Willenserklärung des bisherigen Eigentümers auf den Erwerber übergeht. M. 305.

1. Gesetzliche Erwerbungsarten, bei denen Auflassung und Eintragung nicht erforderlich ist, sind die folgenden.

a, Die ursprünglichen Eigentumserwerbsarten, Buchersitzung (§ 900; Art. 189), der Erwerb auf Grund einer Ausschließung (§ 927), die Aneignung (§ 928; Art. 129, 190).

b, Der Erwerb im Wege des Erbganges. Erbe und Nacherbe erwerben die Nachlaßgrundstücke von Rechts wegen, der Erbe mit dem Erbfalle (§§ 1922, 1942, 2032 Abs. 1), der Nacherbe mit dem Eintritte der Nacherbfolge. § 2139. Ein Miterbe kann vor der Auseinandersetzung zwar über seinen Anteil an dem Nachlasse, nicht aber über seinen Anteil an den einzelnen Nachlaßgegenständen verfügen. § 2033. KG. ROLG. 5 S. 426. Miterben besitzen ein Nachlaßgrundstück als Eigentümer zur gesamten Hand. §§ 2033, 2040. Wird das Grundstück bei der Erbteilung einem Miterben überlassen, so liegt ein Wechsel in der Person des Eigentümers vor, es bedarf also zur Eintragung des Miterben als Alleineigentümer der Auflassung. Ebenso bei Zerlegung des mehreren Erben zustehenden Gesamteigentums an einem Grundstück in Bruchteile für die einzelnen Erben. KG. ROLG. 4 S. 435, 6 S. 114. Anders der Fall, wenn einem Miterben bei der Auseinandersetzung die Anteile der übrigen Miterben an dem Nachlasse übertragen sind. § 2033. Eine solche Verfügung hat dingliche Wirkung. Der Miterbe erwirbt den gesamten Nachlaß, wie ein Universalerbe, die Nachlaßgrundstücke ohne Auflassung. KG. RJA. 3 S. 262. Die Anordnung des Erblassers, daß einer der Miterben das Nachlaßgrundstück zu einem bestimmten Preise zum Eigentum erhalten solle, hat keine dingliche Wirkung. KG. 22 S. 301, 24 S. A 106. Auch der Testamentsvollstrecker ist nicht befugt, die Umschreibung der Nachlaßgrundstücke auf einzelne Miterben ohne Auflassung zu beantragen. KG. ROLG. 2 S. 42. Das Vermächtnis begründet nur einen obligatorischen Anspruch auf Übertragung des vermachten Gegenstandes. § 2174.

Der Vermächtnisnehmer bedarf also zum Erwerbe des Eigentums eines vermachten Grundstücks der Auflassung und Eintragung. (Preußen: Anlage). Dasselbe gilt für den Erwerb des Erbschaftskäufers. § 2374. M. II 353. Für den Erwerb der Familienfideikommisse, Lehen, Stammgüter und Anerbengüter ist das Landesrecht maßgebend. Art. 59, 64. (Preußen: AG. z. GBO. Art. 17, 18, 20).

c, Der Erwerb durch allgemeine Gütergemeinschaft, fortgesetzte Gütergemeinschaft und während der Errungenschaftsgemeinschaft. Die Grundstücke, die ein Ehegatte bei Eingehung einer gütergemeinschaftlichen Ehe besitzt oder während der Ehe erwirbt, werden gemeinschaftliches Eigentum (Gesamtgut). § 1438. Ebenso die Grundstücke, die ein Ehegatte während der Errungenschaftsgemeinschaft erwirbt. § 1519. Die Eintragung ist zum Erwerbe des anderen Ehegatten nicht notwendig. Sie ist aber zulässig und zu empfehlen, weil nach § 892 der nicht eingetragene Ehegatte Gefahr läuft, daß der eingetragene Ehegatte über das Grundstück zugunsten eines gutgläubigen Dritten durch Veräußerung oder Belastung mit Hypotheken rc. verfügt. Jeder Ehegatte kann von dem anderen die Mitwirkung zur Berichtigung des Grundbuchs verlangen. §§ 1438 Abs. 3, 1519 Abs. 2. Auf den Erwerb bei fortgesetzter

Gütergemeinschaft zwischen dem überlebenden Ehegatten und den gemeinschaftlichen Abkömmlingen findet § 1438 Abs. 2, 3 entsprechende Anwendung. § 1485 Abs. 3. Wird die Gütergemeinschaft aufgehoben (§§ 1468 ff.), so ist zur Übertragung eines bisher zum Gesamtgut gehörigen Grundstücks auf einen Ehegatten Auflassung und Eintragung erforderlich. GBO. § 99. RG. 20 S. 256. Wenn bei der fortgesetzten Gütergemeinschaft ein anteilsberechtigter Abkömmling stirbt oder auf seinen Anteil am Gesamtgute verzichtet, so wächst sein Anteil den übrigen anteilsberechtigten Abkömmlingen oder dem überlebenden Ehegatten an. §§ 1490, 1491. Auflassung ist nicht erforderlich.

d, Bei der Zwangsversteigerung vollzieht sich der Eigentumsübergang mit der Verkündung des Zuschlages. ZwVG. §§ 89, 90. Der Zuschlag begründet jedenfalls dann ursprünglichen Eigentumserwerb, wenn der Subhastat nicht wahrer Eigentümer des versteigerten Grundstücks war. RG. JW. 1900 S. 452. Der Ersteher erwirbt das Eigentum, auch wenn er vor oder bei dem Zuschlage Kenntnis davon hatte, daß der Subhastat nicht Eigentümer war. RG. a. a. O. S. 283. Grundstücke, die ein besonderes Blatt haben und im Subhastationspatent nicht aufgeführt sind, gehen auf den Ersteher nicht über. RG. a. a. O. S. 327, 573.

e, Nach dem Ges. v. 25. Mai 1873 (RGBl. S. 113) vollzieht sich — mit einigen Ausnahmen — der Übergang des Eigentums der zum dienstlichen Gebrauch einer Reichsverwaltung bestimmten Grundstücke kraft Gesetzes mit dem Zeitpunkte, in dem die Grundstücke aus der Verwaltung der einzelnen Bundesstaaten in die Verwaltung des Reiches übergehen. (Preußen: Anlage.)

2. Auflassung und Eintragung ist erforderlich, wenn durch Rechtsgeschäft eine Veränderung in der Person oder in dem Anteilsverhältnis der Eigentümer eintritt. Turn.-Först. I S. 360. Hierher gehören: **a**, Die Fälle der freiwilligen Veräußerung (durch Kauf-, Tauschvertrag u. dgl.), auch dann, wenn der Eigentümer zur Übereignung verpflichtet ist. Letzteres trifft zB. zu bei der Grenzüberschreitung durch einen Bau (§ 915) und bei der Lösung einer Grenzverwirrung. § 920.

b, Das Einbringen eines Grundstücks in eine Vereinigung mit juristischer Persönlichkeit, zB. in einen rechtsfähigen Verein (§§ 21—23), in eine Aktiengesellschaft (HGB. § 210), in eine Kommanditgesellschaft auf Aktien (HGB. § 320), in eine Gesellschaft mit beschränkter Haftung (RGes. v. 20. April 1892, 20. Mai 1898 § 13), auch wenn die Vereinigung nur aus den bisherigen Grundeigentümern besteht. KG. 7 S. 169. Dasselbe gilt von Stiftungen, wenn der Stifter dem Stiftungsvermögen ein Grundstück zuwendet. § 82. Auch bei der Auseinandersetzung nach Auflösung der Vereinigung und Erlöschen der Stiftung ist zur Übereignung des Grundstücks regelmäßig Auflassung und Eintragung notwendig, selbst dann, wenn das Grundstück den bisherigen Mitgliedern oder einem von ihnen übereignet wird. Eine Ausnahme findet statt, wenn das Vermögen des aufgelösten Vereins oder der erloschenen Stiftung an den Fiskus fällt. Dann gilt der Fiskus nach §§ 46, 88 als gesetzlicher Erbe nach den Vorschriften über den Anfall erbloser Verlassenschaften. Das Vereins- und Stiftungsvermögen geht also aktiv und passiv ohne besonderen Übertragungsakt auf den Fiskus über. Fällt aber das Vermögen nicht an den Fiskus, ist vielmehr ein Anfallsberechtigter vorhanden, so muß nach § 47 eine Liquidation stattfinden und es ist nach § 49 Pflicht der Liquidatoren, das reine Vermögen an den Anfallsberechtigten auszuantworten; es bedarf also zum Erwerbe des Grundstücks der Auflassung und Eintragung. KG. 25 S. A 129. Rehbein I S. 56. Fuchs S. 208 f. Eine andere Ausnahme gilt, wenn eine Kommanditgesellschaft auf Aktien gemäß § 332 Abs. 1 HGB. in eine Aktiengesellschaft umgewandelt wird. Dann bleiben die Grundstücke der Gesellschaft, es bedarf keiner Auflassung. HGB. § 333 Abs. 3.

c, Die Übertragung eines Bruchteils des Eigentums (§ 741) bedarf der Auflassung auch dann, wenn die Bruchteile mehrerer Miteigentümer geändert werden sollen. Auflassungsbeteiligte sind in diesem Falle als Veräußerer der, dessen Bruchteil vermindert, als Erwerber der, dessen Bruchteil erhöht werden soll. Planck S. 164 Anm. 3. Auch bei Umwandlung des Miteigentums nach Bruchteilen in Eigentum zu realen Teilen ist Auflassung erforderlich. Turn.-Först. I S. 364 A. 3.

d, Bezüglich der Gemeinschaften zur gesamten Hand — der Gesellschaft des bürgerlichen Rechtes (§§ 705 ff.), der offenen Handelsgesellschaft und der Kommanditgesellschaft (HGB. §§ 105 Abs. 2, 161 Abs. 2) — gelten folgende Grundsätze.

aa, Wird ein Grundstück vom Alleineigentümer als Gesellschafter in die Gesellschaft eingebracht, so ist wegen der Umwandlung des Eigentums in Ansehung des ganzen Grundstücks Auflassung und Eintragung erforderlich. Ebenso dann, wenn bei der Auseinandersetzung das Grundstück dem Einbringenden zurückübertragen oder einem bisherigen Teilhaber übereignet wird. KG., RJA. 3 S. 97, OLG. Hamburg, RJA. S. 146, Bayr. Oberst. LG. „D. Recht" 1903 S. 212.

bb, Scheidet ein Gesellschafter aus der Gesellschaft aus, so wächst sein Anteil am Gesellschaftsvermögen den übrigen Gesellschaftern zu. § 738. Es bedarf also keiner Auflassung an diejenigen, welchen der Anteil des Ausscheidenden zufällt. Dies gilt insbesondere für das Ausscheiden einzelner Gesellschafter aus der offenen Handelsgesellschaft. RG. 30 S. 150. Gruch. 38 S. 1061. Anwaltskammer Breslau 1898 S. 9. Soll der Ausscheidende durch ein Grundstück abgefunden werden, so ist Auflassung notwendig. RG. JW. 1899 S. 609, 1900 S. 542. Eine Gesellschaft, die nur aus zwei Personen besteht, hört mit dem Ausscheiden eines Gesellschafters auf. Soll einem von ihnen ein Gesellschaftsgrundstück übertragen werden, so verwandelt sich das Eigentum zur gesamten Hand in Alleineigentum, es bedarf also der Auflassung. OLG. Hamburg, RJA. 2 S. 146. AM. RG. JW. 1898 S. 609. Wenn bei einer aus zwei Personen bestehenden Gesellschaft der eine kraft gerichtlicher oder gesetzlicher Ermächtigung das Geschäft ohne Liquidation mit Aktiven und Passiven übernimmt (HGB. § 142), so ist, da ein Wechsel sowohl des Subjekts als des Objekts des Eigentums eintritt, Auflassung erforderlich. Turn.-Först. I S. 364. AM. Fuchs S. 210 A. IIb. Staub, HGB. § 142 A. 2. Wenn zwei Personen Inhaber zweier offener Handelsgesellschaften sind und ein Grundstück aus der einen auf die andere Gesellschaft übertragen wird, so findet kein Eigentumswechsel statt, es bedarf also nicht der Auflassung. RG. JW. 1899 S. 320.

cc, In betreff der Umwandlung von Miteigentum in Gesamteigentum hat das RG. für die offene Handelsgesellschaft angenommen, daß, wenn die bisherigen Miteigentümer des Grundstücks ihr Quoteneigentum in Gesamteigentum umwandeln, ein Eigentumswechsel nicht vorliege, Auflassung also nicht erforderlich sei. RG. 25 S. 252, 30 S. 150. Gruch. 38 S. 1063, 43 S. 202. JW. 98 S. 609. Ebenso Boehm S. 94. Dernburg § 88c IV S. 255. Richtiger erscheint es in dem unterstellten Falle, Auflassung zu erfordern, da jeder Miteigentümer seinen gesonderten Anteil aufgibt und nur den unausgeschiedenen Anteil eines Gesamthänders zurückempfängt. So KG. 17 S. 44. Achilles-Strecker S. 40. Fuchs S. 212. Oberneck S. 39. Planck S. 164 A. 3. Turn.-Först. I S. 363. Gierke, Vereine ohne Rechtsfähigkeit S. 23.

dd, Vereine ohne Rechtsfähigkeit. § 54. Das Vereinsvermögen ist ein Sondervermögen, das den jeweiligen Mitgliedern zur gesamten Hand zusteht. Zum Erwerbe von Grundeigentum bedarf es der Auflassung und Eintragung. Die Eintragung hat zu erfolgen auf den Namen sämtlicher einzelner Mitglieder, mit dem Vermerk, daß das Grundstück den benannten Personen als Mitgliedern eines nicht rechtsfähigen Vereins zusteht. GBO. § 48. Auflassung und Eintragung sind auch dann erforderlich, wenn das Grundstück, aus dem Sondereigentum eines Mitgliedes in das zur gesamten Hand gemeinschaftliche Eigentum aller übergehen soll. Ebenso zum Übergange aus dem Miteigentum sämtlicher einzelner in das Gesellschaftseigentum. Scheidet ein Mitglied aus, so wächst sein Anteil den übrigen Mitgliedern zu. § 738. Treten neue Mitglieder ein, so wächst von Rechts wegen ein Anteil den bisherigen Mitgliedern ab und geht auf das neue Mitglied über. Einer Übertragung des Anteils bedarf es — gegen Planck zu § 54 S. 104 — weder in dem einen noch in dem anderen Falle. Zur Berichtigung des Grundbuchs genügt der Nachweis des Ausscheidens eines alten oder Eintritts eines neuen Mitgliedes. Bis zur Berichtigung des Grundbuchs hat der unrichtige Bucheintrag die durch den öffentlichen Glauben des Grundbuchs bedingten Wirkungen. Gierke, Vereine ohne Rechtsfähigkeit S. 21—30.

e, Hat gemäß § 311 durch Vertrag sich der eine Teil verpflichtet, sein gegenwärtiges Vermögen zu übertragen, so bedarf es zur Übertragung der Grundstücke der Auflassung und Eintragung bezüglich eines jeden Grundstücks.

f, Wer ein bestehendes Handelsgeschäft erwirbt (HGB. § 22), erlangt das Eigentum der zum Geschäftsvermögen gehörigen Grundstücke nicht ohne weiteres durch den Vertrag, sondern nur durch Auflassung und Eintragung, auch wenn er (HGB. § 25) das Geschäft unter der bisherigen Firma fortführt. OLG. Hamburg, Soergel 1900/1 S. 93. KG. 24 S. A 109.

g, Wird das Vermögen einer Aktiengesellschaft im ganzen veräußert (HGB. § 303) oder als Ganzes an eine andere Aktiengesellschaft oder an eine Kommanditgesellschaft auf Aktien gegen Gewährung von Aktien der übernehmenden Gesellschaft übertragen (HGB. § 305), so ist zur Übertragung der zum Vermögen gehörigen Grundstücke Auflassung und Eintragung notwendig, es sei denn, daß vereinbart ist, es solle eine Liquidation des Vermögens der aufgelösten Gesellschaft nicht stattfinden. Im letzteren Falle (HGB. § 306), sowie dann, wenn das Vermögen einer Aktiengesellschaft als Ganzes von dem Reiche, einem Bundesstaat oder einem inländischen Kommunalverband unter Ausschließung der Liquidation übernommen wird, gilt mit der Eintragung des Beschlusses der Übergang des Vermögens als erfolgt, ohne daß es der Auflassung der Grundstücke bedarf. HGB. § 304.

h, Bei Umwandlung einer Versicherungsgesellschaft auf Gegenseitigkeit (Ges. v. 12. Mai 1901, RGBl. S. 139) in eine Aktiengesellschaft bedarf es zur Umschreibung des Grundstücks der Auflassung. KG. ROLG. 6 S. 114.

i, Grundstücke, die einem öffentlichen Zwecke gewidmet sind, unterstehen im allgemeinen den Grundsätzen des Privatrechts, nur solche Normen sind darauf unanwendbar, welche die Benutzung des Grundstücks zu dem öffentlichen Zwecke hindern oder aufheben würden. Soll also ein Begräbnisplatz, der auf einem im Eigentum eines Privaten stehenden Grundstücke von einer Kirchengesellschaft angelegt ist, in deren Eigentum übergehen, so bedarf es der Auflassung und Eintragung des Erwerbers als Eigentümer.

Bezüglich der öffentlichen Wege hat das OLG. Dresden folgende Grundsätze aufgestellt. **a**, Die Herstellung eines öffentlichen Weges an einem Grundstück läßt das Eigentum an dem Grundstück unberührt. Der Übergang des Eigentums auf den zur Unterhaltung des Weges Verpflichteten hat zur Voraussetzung, daß das Eigentum auf diese Person durch Auflassung oder mittels Enteignung übertragen wird. **b**, Ebensowenig hat die Eigenschaft eines Grundstücks als eines öffentlichen Weges sein Ausscheiden aus dem Rechtsverkehr zur Folge, vielmehr bringt diese Eigenschaft nur eine tatsächliche Beschränkung des Eigentums mit sich, kraft deren der Eigentümer, sowie diejenigen, denen ein Recht am Grundstück zusteht, die Benutzung des Grundstücks als öffentlichen Weg dulden müssen. Ein Wegegrundstück kann also gültig weiter veräußert, sowie mit Rechten, insbesondere Grundpfandrechten belastet werden. An der tatsächlichen Beschränkung, welcher das Grundstück kraft des öffentlichen Rechtes unterliegt, wird aber weder durch eine rechtsgeschäftliche Weiterveräußerung oder Belastung noch durch eine Zwangsversteigerung etwas geändert. Auch der Ersteher des Grundstücks muß die auf dem öffentlichen Rechte beruhende Beschränkung dulden, gleichviel ob sie sich aus dem Grundbuch ergibt oder nicht. Ein wirklicher Wert kann sonach dem Eigentum und dem begrenzten Rechte an einem solchen Grundstück erst für den Fall zukommen, daß der öffentliche Weg eingezogen wird und damit die tatsächliche Beschränkung wegfällt. Zentralbl. 3 S. 166.

3. Ausgeschlossen ist der Erwerb des Grundeigentums a, durch konstitutives Teilungsurteil. Ein solches fand in Übereinstimmung mit dem Römischen Rechte statt nach dem Code civil (Art. 815 ff., 826, 831 ff., 1872). Das BGB. kennt ein Teilungsurteil nicht. Dsch. 133 f.; b, durch richterlichen Ausspruch im Falle der cautio damni infecti. Das BGB. hat dieses Institut nicht aufgenommen. M. II 815 ff.; c, durch Ersitzung. Diese ist nur zugelassen in den Fällen des § 900 (Buchersitzung).

4. Der Landesgesetzgebung ist überlassen die Regelung des Eigentumsüberganges in den Fällen der Enteignung (Art. 109) und des Erwerbes nach Agrarrecht (Art. 113), nach Bergrecht (Art. 67, 68) und nach Wasserrecht (Art. 65). Die bezüglich der Enteignung bestehenden Reichsgesetze sind in Kraft geblieben. Art. 32. Es kommen in Betracht das Rayonges. v. 21. Dez. 1871 (RGBl. S. 459) und das Ges. über Kriegsleistungen v. 13. Juni 1873 (RGBl. S. 129). Eine Zusammenstellung der Bundesgesetze über den Erwerb an Anlandungen, entstehenden Inseln und verlassenen Flußbetten: M. 301—304, 49—53. Unberührt bleiben die landesgesetzlichen Vorschriften über die Übertragung des Eigentums an einem Grundstücke, das im Grundbuche nicht eingetragen ist und nach den Vorschriften der GBO. auch nach der Übertragung nicht eingetragen zu werden braucht. Art. 127. (Preußen: AG. z. BGB. Art. 27.)

II. Die Auflassung ist die für die Übertragung des Grundeigentums vorgeschriebene besondere Form der nach § 873 erforderlichen Einigung des Veräußerers und des Erwerbers. Die Einigung kann nur in dieser Form erfolgen (RG. 54 S. 378), wird also nicht schon in dem in § 873 Abs. 2 bezeichneten Zeitpunkt, sondern erst dann wirksam und für die Parteien bindend, wenn die Auflassung formgerecht erklärt ist. Der nur obligatorische Rechtsbeziehungen schaffende Kaufvertrag stellt eine Einigung im Sinne des § 873 nicht dar. KG. ROLG. 2 S. 50.

5. Die Auflassung muß vor dem zuständigen GBA., d. h. vor dem mit der Führung des Grundbuchs über das betreffende Grundstück beauftragten Beamten oder vor der gemäß Art. 143, 218 in einem Bundesstaate zur Auflassung zuständigen anderen Behörde erklärt werden. Die vor einem örtlich unzuständigen GBA. erklärte Auflassung ist nichtig. § 125. Fuchs S. 214 A. 6. Turn.-Först. I S. 357; 365 A. 1. AM. Oberneck S. 272. Daß die Auflassung im Amtslokal des GBA. erfolgen müsse, ist nicht vorgeschrieben. Die Bestimmung darüber, ob die Auflassung außerhalb des Amtslokals zuzulassen ist, steht den obersten Justizverwaltungsstellen der einzelnen Bundesstaaten zu. Ist für den Bezirk das Grundbuch noch nicht als angelegt anzusehen oder das Grundstück durch besondere Anordnung von der Anlegung ausgenommen (Art. 186), so kann das Eigentum durch Auflassung nicht übertragen werden. Art 189 Abs. 1.

6. Die Erklärung muß bei gleichzeitiger Anwesenheit beider Teile mündlich abgegeben werden. Der Antrag des Erwerbers, auf Grund der vorausgegangenen Bewilligung des Berechtigten einzutragen, genügt nicht. OLG. Colmar, Soergel 1900/1 S. 109. a, Erklärung durch Vertreter (Bevollmächtigte) ist gestattet. Der Vertreter darf nicht handlungsunfähig sein (§§ 104, 105 Abs. 2), braucht aber nicht verpflichtungsfähig, geschäftsfähig zu sein (§ 165), es können also auch Minderjährige, Verschwender und die im § 114 sonst noch bezeichneten Personen zu Vertretern bestellt werden. Rehbein I S. 256 A. 4 a. Die Vollmacht bedarf der Form des § 29 GBO., KG. 22 S. A 296; RJA. 2 S. 189. Turn.-Först. I S. 384. Inhaltlich muß die Vollmacht zur Veräußerung von Grundstücken oder zur Auflassung ermächtigen.

Das Konvaleszenzprinzip (§ 185) gilt auch im Grundbuchverkehr. RG. 54, S. 366. Der vom Nichteigentümer in derselben Verhandlung mit dem Erwerber vor der zuständigen Behörde ausgesprochene Wille der Eigentumsübertragung an einem Grundstücke wirkt als Auflassung, wenn eine die Erklärung des Auflassenden genehmigende Erklärung des eingetragenen wahren Eigentümers abgegeben ist. KG. 23

S. 136. Die Gleichzeitigkeit der Erklärung eines nicht berechtigten Vertreters des Grundeigentümers und eines anderen als Erwerbers darüber, daß sie über den Übergang des Eigentums an den Erwerber einig seien, begründet bei beigebrachter Genehmigung des Vertretenen die Eintragung des Erwerbers als Eigentümers im Grundbuch. KG. 22 S. A 146. Gegen beide Rechtssprüche: Eccius in Gruch. 47 S. 46.

Vertretung beider Teile durch dieselbe Person ist gestattet, wenn nach dem Inhalte der Vollmacht der Vertreter hierzu ermächtigt ist (KG. 21 S. A 292) oder wenn durch öffentliche Urkunden (GBO. §§ 29, 30) nachgewiesen wird, daß die Auflassung ausschließlich die Erfüllung eines Rechtsgeschäfts darstellt. § 181.

b, Die gleichzeitige Anwesenheit beider Teile ist dann nicht erforderlich, wenn eine Partei zur Abgabe der von ihrer Seite zur Auflassung erforderlichen Erklärung rechtskräftig verurteilt ist. P. 3638 f. Das Urteil ersetzt die Auflassungserklärung des Beklagten nach Inhalt und Form. RG. 31 S. 360. Es ist Sache des Klägers, vor dem GBA., unter Vorlegung des Urteils, seinerseits die zur Auflassung erforderliche Erklärung abzugeben. Erst mit dem Zeitpunkt dieser Erklärung ist die Auflassung erfolgt. Ist die Auflassungserklärung, zu deren Abgabe eine Partei verurteilt ist, von einer Gegenleistung abhängig gemacht, so gilt die Erklärung des Verurteilten erst in dem Zeitpunkt als abgegeben, wenn eine vollstreckbare Ausfertigung des rechtskräftigen Urteils erteilt ist. ZPO. § 894 S. 2. Ist der Schuldner alternativ zur Abgabe einer Auflassungserklärung oder zu einer Leistung verurteilt, so kommt bei der Zwangsvollstreckung nicht § 894, sondern § 887 ZPO. zur Anwendung; der Gläubiger hat also die dort vorgesehene Ermächtigung zu erwirken. RG. 53 S. 80. Ist jemand zur Abgabe der Auflassungserklärung in einer Zeit verurteilt, in der das Grundbuch noch nicht als angelegt anzusehen war, so kann auf Grund solchen Urteils die Eintragung verlangt werden, sobald das Grundbuch als angelegt anzusehen ist. RG. JW. 1900 S. 607.

Die Verurteilung, in die Berichtigung des Grundbuchs durch Eintragung des Klägers als Eigentümers zu willigen, steht der Verurteilung zur Auflassung nicht gleich. KG. 21 S. A 302.

7. Für den Inhalt der Auflassungserklärung ist eine bestimmte Formel nicht vorgeschrieben. Erforderlich, aber auch genügend ist, daß beide Teile ausdrücklich ihren übereinstimmenden Willen erklären, daß die Rechtsänderung eintreten soll. Die Bewilligung oder der Antrag, daß die Rechtsänderung in das Grundbuch eingetragen werde, bringt diesen Willen unzweideutig zum Ausdruck. Es genügt daher, wenn der Eigentümer die Eintragung des neuen Erwerbers bewilligt und dieser sie beantragt. RG. 54 S. 378. Der Gebrauch des Wortes „Einigung" (GBO. § 20) ist nicht notwendig. Turn.-Först. II S. 115. Auf die Reihenfolge der Erklärungen, ob die des Veräußerers oder die des Erwerbers vorangeht, kommt nichts an.

Eine Vereinbarung, wonach der Verkäufer einer Grundstücksparzelle das Eigentum an dem auf der Parzelle stehenden Hausteile zurückbehält, ist unzulässig; das GBA. darf in solchem Falle die Auflassung nicht entgegennehmen. Dies folgt daraus, daß Gebäude wesentliche Bestandteile des Grundstücks sind (§§ 93, 94), also — abgesehen von den Fällen des § 95 — nicht zum Gegenstande selbständigen Eigentums gemacht werden können. KG. 25 S. A 139.

Die Entgegennahme der Auflassung eines Nachlaßgrundstücks kann vom GBA. nach Pfändung des Anteils eines Miterben abgelehnt werden, sofern die Eigentumseintragung ohne gleichzeitige Eintragung der Verfügungsbeschränkung verlangt wird. KG. 25 S. A 117.

Erwirbt jemand ein Grundstück für eine bestehende Gemeinschaft, so muß die Auflassungserklärung des Veräußerers an die Gemeinschaft oder die Annahmeerklärung des Erwerbers für die Gemeinschaft erfolgen. Ohne diese Erklärung kann weder für die Gemeinschaft noch für den Erwerber die Eintragung erfolgen. OLG. Colmar, Soergel 1900/1 S. 94, 111.

Die Auflassung an eine Mehrzahl Erwerber ohne Angabe der Anteile eines jeden einzelnen ist gültig, sobald die Erwerber sich, wenn auch ohne Bewilligung des Auflassenden, über ihre Anteile geeinigt haben. OLG. Dresden, Soergel 1900/1 S. 94. Einer weiteren Auflassung zwischen den Erwerbern als Miteigentümern und den Einzeleigentümern bedarf es nicht. LG. Metz, Soergel 1900/1 S. 111. Für die nachträgliche Eintragung der den einzelnen Miteigentümern zustehenden Bruchteile hat eine in der Form des § 29 GBO. abgegebene übereinstimmende Erklärung sämtlicher Miteigentümer, daß sie zu diesen Bruchteilen das Grundstück erworben haben, als zulässige Grundlage mit der Maßgabe zu gelten, daß sie einer Prüfung der Richtigkeit nach der jeweiligen Sachlage unterliegt. KG. 25 S. A 134, ROLG. 6 S. 114.

Irrtum in der Bezeichnung des aufgelassenen Grundstücks: A. 21.

Das GBA. hat über die Auflassungserklärungen ein Protokoll aufzunehmen, das den Erfordernissen der §§ 167—182 RFG. entsprechen muß. (Preußen: Anlage.) Erst dann, wenn das Protokoll vorgelesen und durch Unterzeichnung genehmigt ist, gelten die vor dem GBA. abgegebenen Auflassungserklärungen rechtlich als vorhanden. Eccius in Gruch. 47 S. 710.

8. Eine Auflassung, die unter einer aufschiebenden oder auflösenden Bedingung oder unter Bestimmung eines Anfangs- oder Endtermins erfolgt, ist unwirksam. Die Eintragung auf Grund einer solchen Auflassung ist unzulässig. Ist sie versehentlich erfolgt, so wird das Eigentum nicht übertragen und es kann nach § 894 die Berichtigung des Grundbuchs verlangt werden. Ebenso liegt die Sache, wenn die Auflassung zwar unbedingt und unbetagt erklärt, aber von den Parteien als eine bedingte oder betagte vereinbart ist. In diesem Falle ist der als Eigentümer eingetragene Erwerber zwar dem Veräußerer gegenüber zur Willigung in die Berichtigung des Grundbuchs verpflichtet, dagegen Dritten gegenüber zu allen Verfügungen über das Grundstück berechtigt. Planck S. 166 A. 4. Turn.-Förft. I. S. 359 A. II. Übrigens kann der Zweck der bedingten oder betagten Auflassung durch Eintragung einer Vormerkung zur Sicherung eines bedingten oder betagten Anspruchs auf Übertragung oder Rückübertragung des Eigentums erreicht werden. P. 3652 f. Die in einem vor Abschluß der Ehe geschlossenen Ehevertrage erklärte Auflassung zugunsten der künftigen Eheleute ist unwirksam, weil sie bedingt und befristet ist. OLG. Colmar, ROLG. 5 S. 251, LG. Metz, Soergel 1900/1 S. 112. Einer Auflassung mit Vorbehalt der Nutznießung für den Veräußerer steht § 925 Abs. 2 nicht entgegen (LG. Colmar, Soergel 1900/1 S. 112), ebensowenig dem nach § 16 Abs. 2 GBO. zulässigen Vorbehalt, daß der Eintrag des Eigentumswechsels nur gleichzeitig mit demjenigen, der vom Erwerber im voraus eingeräumten Hypotheken erfolgen soll. LG. Dresden, Soergel 1900/1 S. 112. Auf Rechtsbedingungen findet § 925 Abs. 2 keine Anwendung; die Auflassung unter Vorbehalt der vormundschaftsgerichtlichen Genehmigung der eigenen Eintragung des Auflassenden ist daher gültig. KG. RJA. 2 S. 86. Die Wirksamkeit des der Auflassung zugrunde liegenden Rechtsgeschäfts wird durch Beifügung einer Bedingung oder Zeitbestimmung nicht berührt.

9. Vorbehaltene Landesgesetze (zu II). Art. 143. „Unberührt bleiben die landesgesetzlichen Vorschriften, welche in Ansehung der in dem Gebiete des Bundesstaates liegenden Grundstücke bestimmen, daß die Einigung der Parteien in den Fällen der §§ 925, 1015 BGB. außer vor dem GBA. auch vor Gericht, vor einem Notar, vor einer anderen Behörde oder vor einem anderen Beamten erklärt werden kann.

Unberührt bleiben die landesgesetzlichen Vorschriften, nach welchen es bei der Auflassung eines Grundstücks der gleichzeitigen Anwesenheit beider Teile nicht bedarf, wenn das Grundstück durch ein Gericht oder einen Notar versteigert worden ist und die Auflassung noch in dem Versteigerungstermine stattfindet." (Preußen: Anlage.)

III. Eintragung. **10.** Sie darf nur erfolgen, wenn die erforderliche Einigung des Berechtigten und des anderen Teiles erklärt ist. GBO. § 20. Steht die Einigung fest, so hat das GBA. die Eintragung zu bewirken, auch wenn eine besondere Eintragungsbewilligung nicht vorliegt. KG. RJA. 3 S. 143. Die Auflassung soll der Eintragung vorangehen, hat sie aber erst nachträglich stattgefunden, so ist die Übereignung erfolgt. Biermann S. 125 A. f. Mit dem früheren Grundsatze des preuß. Rechtes, wonach Auflassung und Eintragung unmittelbar aufeinander folgen sollen, ist gebrochen. Die Entgegennahme der Auflassung steht der nachträglichen Ablehnung der Eintragung nicht entgegen. Kommen vor der Auflassung liegende Umstände erst nachher zur Kenntnis des GBA., so ist von der Eintragung abzustehen, wenn diese Umstände bei früherer Kenntnis die Entgegennahme der Auflassung verhindert hätten. KG. 25 S. A 117.

11. Daß der Veräußerer als Eigentümer im Grundbuche eingetragen ist, wird zur Gültigkeit der Auflassung nicht erfordert. Die Eintragung aber soll nur erfolgen, wenn der Veräußerer als Eigentümer eingetragen ist (GBO. § 40 Abs. 1), es sei denn, daß der Veräußerer Erbe des eingetragenen Eigentümers ist oder der Erblasser oder der Nachlaßpfleger (§§ 1960, 1961) durch einen vollstreckbaren Titel zur Auflassung rechtskräftig verurteilt ist. GBO. § 41 Abs. 1.

12. Steht der Eintragung aus einer rechtswirksamen Auflassung ein formelles Hindernis entgegen, so kann das GBA. den Antrag auf Eintragung ohne weiteres zurückweisen. Geschieht dies, so bleibt der Auflassende (A) Eigentümer und kann trotz der rechtswirksam gebliebenen ersten Auflassung (an B) das Grundstück einem anderen (dem C) auflassen. Erlangt C die Eintragung, so wird er Eigentümer. B kann seine Rechte aus der ihm erteilten Auflassung dadurch sichern, daß er vor der Eintragung des C die Eintragung einer Vormerkung auf Übertragung des Eigentums erwirkt. Wird alsdann das der Eintragung des B entgegenstehende Hindernis gehoben (§§ 883 Abs. 2, 888 Abs. 1), so muß C dem B weichen. Eine Verfügungsbeschränkung des Veräußerers begründet die Auflassung nicht; die Annahme, daß die Auflassung gegen einen dritten Erwerber, der sie kenne, wirksam sei (Fuchs S. 225 A. 14 e), erscheint nicht gerechtfertigt. Kretzschmar II S. 135.

Der Regel nach wird das GBA., wenn der beantragten Eintragung ein Hindernis entgegensteht, den Antrag nicht zurückweisen, sondern gemäß § 18 GBO. dem Antragsteller eine Frist zur Hebung des Hindernisses bestimmen. Wird nach der Auflassung des A an B im Laufe der dem A oder B bestimmten Frist auf Grund einer neuen Auflassung an C die Eintragung des C beantragt, so ist zunächst zugunsten des B von Amts wegen eine Vormerkung einzutragen. OLG. Dresden, ROLG. 6 S. 261. Die Vormerkung wird von Amts wegen gelöscht, wenn der Antrag auf Eintragung des B zurückgewiesen wird. Die Zurückweisung muß aber erfolgen, wenn die bestimmte Frist fruchtlos abgelaufen ist.

IV. Gegenstand der Auflassung ist das Grundstück, ein realer Teil und ein ideeller Anteil eines Grundstücks. Der aufzulassende ideelle Anteil soll in Bruchteilen angegeben werden. GBO. § 48. Ist der Bruchteil nicht im Grundbuch eingetragen, so kann das GBA. die Auflassung und Eintragung ablehnen, sofern nicht der dem einzelnen zustehende Bruchteil unter Zustimmung und in Gemeinschaft mit den übrigen Mitberechtigten formgerecht (GBO. § 29) festgestellt wird. Die widerlegbare Vermutung für die Gleichheit der Anteile kann diese Feststellung nicht ersetzen. RG. „D. Recht" 1903 S. 212. A. M. Fuchs S. 207 d.

Die für Grundstücke gegebenen Vorschriften finden auch auf das Erbbaurecht (§ 1017, GBO. § 20) und die grundstücksgleichen Gerechtigkeiten Anwendung. (Preußen: Anlage.)

Zulässig ist die Auflassung nur dann, wenn das Grundbuch als angelegt anzusehen ist. Bis zu diesem Zeitpunkt erfolgt Erwerb und Verlust des Eigentums nach den bisherigen Gesetzen. Ist das Grundbuch für einen Bezirk als angelegt anzusehen, so ist die Anlegung auch für solche zu dem Bezirke gehörende Grundstücke, die noch kein Blatt im Grundbuch haben, als erfolgt anzusehen, soweit nicht bestimmte Grundstücke durch besondere Anordnung ausgenommen sind. Art. 189 Abs. 1 Satz 1, Art. 186 Abs. 2. GBO. § 91.

Eine Auflassungserklärung, die sich nicht bloß auf das in ihr grundbuchmäßig bezeichnete Grundstück bezieht, sondern außerdem auch noch einen Teil des auf einem fremden Grundbuchblatte verzeichneten Grundstücksbestandes umfaßt, kann rücksichtlich dieses überschießenden Teiles zwar nicht Eigentum übertragen, da es an dem dazu erforderlichen Hinzutritte der Eintragung fehlt, wohl aber unter dem rechtlichen Gesichtspunkt einer Zession des dinglichen Klagerechts Wirksamkeit äußern. Als Gegenstand der Zession ist der Anspruch anzusehen, der dem Auflassenden als dem wahren Eigentümer des auf dem fremden Blatte befindlichen Grundstücksbestandes gegen den zu Unrecht eingetragenen formellen Bucheigentümer zusteht. RG. 46 S. 225.

Wenn wahres Eigentum und formelles Bucheigentum verschiedenen Personen zustehen und der wahre Eigentümer sein Eigentum weiter übertragen will, so ist nicht erforderlich, daß er zunächst den ihm gegen den grundbuchmäßigen Eigentümer zustehenden Berichtigungsanspruch selbst verfolgt, wenn er damit durchgedrungen ist, die Umschreibung des Grundstücks im Wege der Berichtigung auf seinen Namen erwirkt und dann das Grundstück aufläßt; er kann vielmehr durch Zession des Berichtigungsanspruchs dem Erwerber die Möglichkeit verschaffen, im Berichtigungsverfahren die Umschreibung des Grundstücks auf den Namen des Erwerbers herbeizuführen. RG. Gruch. 45 S. 946.

13. Bezüglich der buchungsfreien Grundstücke (GBO. § 90 Abs. 1) bestimmt Art. 127: „Unberührt bleiben die landesgesetzlichen Vorschriften über die Übertragung des Eigentums an einem Grundstücke, das im Grundbuche nicht eingetragen ist und nach den Vorschriften der Grundbuchordnung auch nach der Übertragung nicht eingetragen zu werden braucht." (Preußen: Anlage.)

V. Das Grundgeschäft. **14.** Die Auflassung ist wie die Einigung des § 873 Abs. 1 ein abstrakter Vertrag und von dem zugrunde liegenden Veräußerungsvertrage unabhängig. Deshalb hängt die Rechtswirksamkeit der Auflassung auch nicht davon ab, daß dieser Vertrag dem GBA. vorgelegt wird. Allerdings kann durch Landesgesetz bestimmt werden, daß das GBA. die Erklärung der Auflassung nur entgegen nehmen soll, wenn die nach § 313 BGB. erforderliche Urkunde vorgelegt wird. GBO. § 98. Diese Vorschrift ist aber nur eine Ordnungsvorschrift („soll"). Durch ihre Nichtbeobachtung wird die Rechtswirksamkeit der Auflassung nicht beeinträchtigt.

Für den Vertrag, durch den sich jemand verpflichtet, das Eigentum an einem Grundstücke zu übertragen, ist der Grundsatz der Formfreiheit aufgegeben. Der § 313 bestimmt: „Ein Vertrag, durch den sich der eine Teil verpflichtet, das Eigentum an einem Grundstücke zu übertragen, bedarf der gerichtlichen oder notariellen Beurkundung. Ein ohne Beobachtung dieser Form geschlossener Vertrag wird seinem ganzen Inhalte nach gültig, wenn die Auflassung und die Eintragung in das Grundbuch erfolgen."

a, Dem Formzwang des § 313 unterliegen alle obligatorischen Verträge über Übertragung des Eigentums an Grundstücken, ohne Rücksicht auf den Rechtsgrund der Übertragung (Kauf, Tausch, Schenkung 2c.) und gleichviel, ob es sich um einen endgültig abgeschlossenen Grundstückskaufvertrag oder um einen die Verpflichtung zur Eingehung des beabsichtigten Grundstückskaufvertrages bezweckenden Vorvertrages handelt. RG. 53 S. 236. Auch ein Erbauseinandersetzungsvertrag, in dem einem der Miterben das alleinige Eigentum an einem Nachlaßgrundstück übertragen wird, unterliegt der Formvorschrift des § 313. KG. ROLG. 5 S. 355. Die Formvorschrift erstreckt sich auf alle Vereinbarungen, aus welchen sich nach dem Willen der Beteiligten der obligatorische Veräußerungsvertrag zusammensetzen soll. RG. 52 S. 1. Auch die Zusicherung einer Eigenschaft der verkauften Sache ist nur gültig, wenn sie in den formgerechten Kaufvertrag aufgenommen ist. Eccius in Gruch. 43 S. 309. Dieselben Grundsätze finden auf nachträgliche Änderungen des Veräußerungsvertrages mindestens so lange Anwendung, als die Beteiligten erst in obligatorischen Rechtsbeziehungen stehen, also die Auflassung und Eintragung noch nicht erfolgt ist. RG. 51 S. 179. JW. 1902 Beil. S. 247. OLG. Königsberg, ROLG. 6 S. 40. Zur Befreiung des Verkäufers von der Vertretung eines Mangels im Rechte des verkauften Grundstücks genügt die — gleichviel auf welche Weise erlangte — Kenntnis des Käufers von dem Mangel (§ 439 Abs. 1), es ist nicht erforderlich, daß sich der Mangel aus dem gemäß § 313 beurkundeten Kaufvertrag ergibt. RG. 52 S. 273. Keine Anwendung findet § 313 bei einem Vergleiche, kraft dessen einem Kontrahenten Eintragungen im Grundbuche zu seiner Sicherung bewilligt werden. RG. Gruch. 46 S. 901. JW. 1902 Beil. S. 233. Ebensowenig bei der Abtretung des durch einen Grundstückskaufvertrag begründeten Anspruchs auf Auflassung. RG. 53 S. 268. Auch nicht bei dem auf den Erwerb von Grundeigentum gerichteten Auftrag. RG. 54 S. 75. RG. 50 S. 166 steht nicht entgegen; in dem dort entschiedenen Falle handelt es sich um eine vom Eigentümer erteilte Parzellierungsvollmacht, die sich als zweiseitiger Vertrag darstellte.

Der § 313 bezieht sich auf alle Verträge, die unter der Herrschaft des BGB. über Grundstücke im Geltungsbereich des BGB. abgeschlossen werden, ohne Rücksicht darauf, ob das Grundbuch angelegt ist, als angelegt zu gelten hat oder noch nicht angelegt ist; Art. 189 steht nicht entgegen. OLG. Frankfurt a. M., ROLG. 6 S. 40. Rehbein II S. 161 A. 14. Die vor dem 1. Januar 1900 geschlossenen perfekten Verträge fallen nicht unter den § 313. Ein vor diesem Zeitpunkt nicht perfekt gewordener Vertrag wird durch eine demnächst abgegebene schriftliche Anerkennung, die nach altem Rechte genügt haben würde, nicht gültig. Soergel 1902 S. 48.

Der § 313 gilt auch für das Erbbaurecht (§ 1017), sowie für die Begründung des Wiederkaufs- und Vorkaufsrechts an Grundstücken, nicht aber für die Erklärung, durch welche das Wiederkaufs- oder Vorkaufsrecht geltend gemacht wird. §§ 497, 505.

b, Ein der vorgeschriebenen Form entbehrender Vertrag ist nichtig. § 125. Es kann aus ihm weder auf Erfüllung noch auf Errichtung eines formgerechten Vertrages, noch auf die Mitwirkung zur Auflassung (M. II 191, RG. 52 S. 1, JW. 1902 Beil. S. 247) geklagt werden. Ebensowenig genügt er zur Glaubhaftmachung des Anspruchs auf Auflassung zum Zwecke der Eintragung einer Vormerkung im Wege der einstweiligen Verfügung. §§ 883, 885. ZPO. §§ 920, 936. Formlose Abreden sind nichtig. Jede Partei kann von ihnen jederzeit einseitig wieder abgehen. Ist dies geschehen bevor die Auflassung stattgefunden hat (A. 17), so versagt die Heilkraft der letzteren; die Abrede bleibt nichtig. RG. 54 S. 109. Die einem formlosen Vorvertrage hinzugefügte Verabredung einer Vertragsstrafe ist nichtig. RG. 53 S. 257. Die Aufhebung des Vertrages ist an keine Form gebunden. JW. 1902 S. 535.

15. Vorbehalte für die Landesgesetze enthalten die Art. 141, 142.

Nach Art. 141 können die Landesgesetze bestimmen, daß für die Beurkundung von Rechtsgeschäften, die nach den Vorschriften des BGB. gerichtlicher oder notarieller Beurkundung bedürfen, entweder nur die Gerichte oder nur die Notare zuständig sind.

Art. 142 lautet: „Unberührt bleiben die landesgesetzlichen Vorschriften, welche in Ansehung der in dem Gebiete des Bundesstaates liegenden Grundstücke bestimmen, daß für die Beurkundung des im § 313 des BGB. bezeichneten Vertrages, sowie für die nach § 873 Abs. 2 des BGB. zur Bindung der Beteiligten erforderliche Beurkundung der Erklärungen außer den Gerichten und Notaren auch andere Behörden und Beamte zuständig sind.“ (Preußen: Anlage.)

16. Ist der Veräußerungsvertrag formgerecht abgeschlossen, so kann jeder Teil auf Erfüllung klagen, insbesondere auf Erklärung der Auflassung. §§ 433, 445. Der Einwand des Beklagten, daß der Kläger seinen Verpflichtungen noch nicht genügt habe, kann nicht zur Abweisung der Klage, sondern nur dahin führen, den Beklagten zu verurteilen, Zug um Zug zu erfüllen. §§ 440, 320, 322. Das Klagerecht auf Erfüllung ist auch dann gegeben, wenn der zur Veräußerung Verpflichtete nicht als Eigentümer des Grundstücks eingetragen oder überhaupt nicht der Eigentümer ist. Führt in diesem Falle der Verpflichtete den Nachweis, daß ihm der Erwerb des Eigentums unmöglich sei, so kommen die Grundsätze über Unmöglichkeit der Erfüllung (§§ 323—325) zur Anwendung. RG. 31 S. 184, 32 S. 131. JW. 97 S. 118, 120. Gruch. 24 S. 240, 30 S. 912, 35 S. 930, 41 S. 863. Die Folgen des Verzuges regeln die §§ 326, 433, 445, 454. Ist die Zeit der Auflassung im Veräußerungsvertrage nicht bestimmt, so hat derjenige Teil, der den anderen mit der Auflassung in Verzug setzen will, ihn aufzufordern, in einem bestimmten Termine sich zur Auflassung im GBA. einzufinden. Sache des Aufgeforderten ist es, entweder der Aufforderung zu entsprechen oder einen anderen Auflassungstermin vorzuschlagen. Verhält aber der Aufgeforderte sich rein passiv, so befindet er sich im Verzuge. ObTr. 76 S. 288. RG. JW. 83 S. 244, 98 S. 89. Bolze 6 Nr. 192.

17. Der ohne Beobachtung der vorgeschriebenen Form geschlossene Vertrag wird gültig durch — materiell unanfechtbare — Auflassung und Eintragung.

a, Die Gültigkeit erstreckt sich auf den ganzen Inhalt des Vertrages. Durch diese Bestimmung sollen insbesondere die Streitigkeiten über die Gültigkeit von Nebenabreden abgeschnitten werden. M. II 191. Der heilenden Kraft unterliegen daher alle von den Parteien, gleichviel in welcher Form, getroffenen Vereinbarungen, in betreff deren zur Zeit der Auflassung noch Willensübereinstimmung besteht. RG. 54 S. 109. Die Zusicherung von Eigenschaften der Kaufsache ist Bestandteil des Kaufvertrages und daher nur bei Erfüllung der Form gültig. Als Eigenschaft kann der Ertrag eines Grundstücks auch insoweit zugesichert werden, als er in der Vergangenheit liegt. Die Zusicherung setzt aber Einfluß auf die Höhe des Kaufpreises voraus. Die Berufung auf mangelnde Form verstößt nicht gegen Treu und Glauben. RG. 52 S. 1. „D. Recht" 1903 S. 152. Wird ein Grundstück aufgelassen, bevor ihm durch Zuschreibung eines vom obligatorischen Vertrage mitbetroffenen Stückes die vertragsmäßige Größe verschafft ist, so wird durch die Auflassung der obligatorische Vertrag auch hinsichtlich dieses Stückes gültig und es kann auf Grund dessen die Auflassung auch dieses Stückes verlangt werden. OLG. Naumburg, Zentralbl. 3 S. 810. Mündliche Abreden, die vor oder bei dem schriftlichen Vertrage getroffen, aber darin nicht aufgenommen sind, werden als durch den schriftlichen Vertrag beseitigt zu gelten haben; soll eine andere Auslegung Platz greifen, so ist nachzuweisen, daß die Nichtaufnahme auf Versehen beruht. RG. 52 S. 23; JW. 99 S. 681, 1901 S. 93, 1902 Beil. S. 246. Vereinbarungen, die in der Zeit zwischen Auflassung und Eintragung oder nach der Auflassung und Eintragung getroffen sind, werden von der heilenden Kraft nicht umfaßt.

b, Die heilende Kraft kann nur eintreten, wo Auflassung und formloser Vertrag sich decken. Heilung tritt nur ein durch Auflassung gerade des Grundstücks, über das der der Form ermangelnde Kaufvertrag geschlossen ist, nicht durch Auflassung anderer mitveräußerter Grundstücke oder Auflassung einer anderen, gegen die zu veräußernde, nochmals einzutauschende Parzelle. OLG. Stettin, Zentralbl. 2 S. 298. Ist durch einen einheitlichen Kaufvertrag eine Gesamtfläche für einen ungetrennten Kaufpreis verkauft, so wird das formlos geschlossene Kaufgeschäft nicht dadurch geheilt, daß nur einzelne Grundstücke aus dieser Gesamtfläche aufgelassen werden, vielmehr bleibt der ganze Vertrag nichtig, auch soweit er sich auf die aufgelassenen einzelnen Grundstücke bezieht. OTr. 82 S. 177. Rehbein, Entsch. II S. 28. AM. OLG. Posen, ROLG. 6 S. 43; danach wird der Vertrag gültig bezüglich der aufgelassenen Grundstücke. Ein formloser Tauschvertrag über Grundstücke wird nicht dadurch gültig, daß nur die eine Partei ihr Grundstück aufläßt und die andere Partei als Eigentümer eingetragen wird. Turn.-Först. I S. 357 A. 7. AM. Dernburg § 90 Nr. 8 S. 261. Rehbein II S. 163.

c, Identität der Kontrahenten der Auflassung und des Veräußerungsvertrages ist keine Voraussetzung der Heilung des Formmangels. Wird ein Grundstück von dem Käufer weiter verkauft und mit Einwilligung der Beteiligten von dem Verkäufer unmittelbar dem letzten Käufer aufgelassen, so werden die Formmängel aller Zwischenverträge geheilt. RG. 16 S. 267, 31 S. 230.

d, Heilende Wirkung ist der Auflassung und Eintragung nur in betreff des Formmangels, nicht hinsichtlich sonstiger die Gültigkeit des obligatorischen Vertrags beeinflussende Mängel beigelegt (Dsch. S. 73), insbesondere also nicht hinsichtlich der fehlenden Vollmacht, der fehlenden Zustimmung des Ehemanns (§ 1395), der fehlenden Genehmigung des Vormundschaftsgerichts. §§ 1643, 1821. Die Genehmigung der Auflassung enthält zugleich die Genehmigung des vorausgegangenen obligatorischen Vertrages. RG. JW. 82 S. 7.

e, Die Heilung tritt ein mit der Auflassung und Eintragung („wird gültig"), d. h. der Vertrag wirkt rückwärts von dem Augenblicke an, in welchem er bei formgerechtem Abschluß wirksam geworden wäre. Der Gewährleistungsanspruch des Käufers verjährt bei Grundstücken in einem Jahre von der Übergabe an. § 477 Abs. 1 Satz 1. Ist die Übergabe auf Grund formlosen Vertrages vor der Eintragung erfolgt und die Eintragung erst nach Ablauf eines Jahres nachgeholt, so verzichtet der Käufer mit Annahme der Auflassung und Eintragung auf die Ansprüche aus der Gewährleistung, muß auch die abgelaufene Verjährung gegen sich gelten lassen. Rehbein, II S. 163 A. 15. AM. Turn.-Först. I S. 343 und (für § 10 preuß. EEG.) RG. Gruch. 29 S. 388.

f, Ob rücksichtlich der Heilung des Formmangels die durch rechtskräftiges Urteil ersetzte Auflassung der freiwilligen Auflassung gleichsteht, ist streitig. Das RG. hat für § 10 des preuß. EEG. die Frage bejaht. Gruch. 33 S. 484. Der ausgesprochene Rechtssatz wird auch für das BGB. als richtig anzuerkennen sein, da Sinn und Grund des § 313 Abs. 2 kein anderer ist als der des § 10 EEG. Rehbein II S. 161. In RG. 54 S. 109 ist die Frage unentschieden geblieben.

VI. Veräußerer und Erwerber. In Betracht kommen folgende Punkte.

18. Geschäftsfähigkeit. Die Willenserklärung eines Geschäftsunfähigen (§ 104) ist nichtig (§ 105).

Die Aufnahme der Auflassungserklärung eines Geschäftsunfähigen muß also abgelehnt werden. Personen, die in der Geschäftsfähigkeit beschränkt sind (§§ 106, 114), bedürfen zum Erwerbe von Grundstücken nach § 107 der Einwilligung, d. h. der vorherigen Zustimmung (§ 183) ihres gesetzlichen Vertreters und des Vormundschaftsgerichts. §§ 1643, 1821 Nr. 1, 4, 1896, 1897. Aus der unterlassenen Einholung oder Vorlegung der vorgeschriebenen Einwilligung darf aber kein Grund entnommen werden, die Aufnahme der Auflassungserklärung zu versagen, es genügt vielmehr, wenn zur Zeit der Eintragung des Eigentumsübergangs die nachträgliche Zustimmung (Genehmigung, § 184) beigebracht wird, da die nachträgliche Zustimmung auf den Zeitpunkt der Auflassung zurückwirkt. § 184. OLG. Stuttgart, RJA. 3 S. 263. Die Zustimmung bedarf nicht der für das Rechtsgeschäft bestimmten Form, unterliegt aber der Ordnungsvorschrift des § 29 GBO. Erforderlich ist die Zustimmung zur Auflassung. Turn.-Först. I S. 367. Zum Erwerbe von Grundstücken für das gütergemeinschaftliche Vermögen und zur Bewilligung einer Hypothek für den gestundeten Erwerbspreis bedarf der Mann der Genehmigung der Frau nicht. KG. RJA. 2 S. 89. AM. Bayr. Oberst. LG. ROLG. 2 S. 358, 361 und OLG. Karlsruhe, ROLG. 6 S. 161. Literatur über die Frage: Zentralbl. 2 S. 848 Nr. 676. § 878 findet auf die Auflassung Anwendung. Biermann S. 127 A. 3. (Preußen: Anlage.)

19. Veräußerungsfähigkeit Die landesgesetzlichen Vorschriften, welche die Veräußerung eines Grundstücks beschränken, bleiben unberührt. Art. 55, 119 Nr. 1. Aufrecht erhalten sind hiernach diejenigen Vorschriften, welche die Veräußerungen gewisser physischer oder juristischer Personen von der Genehmigung einer Aufsichtsbehörde abhängig machen. Hierher gehören der Reichsfiskus hinsichtlich der zum dienstlichen Gebrauche einer Reichsverwaltung bestimmten Grundstücke, der Staatsfiskus, die Stadtgemeinden, die Landgemeinden, die Kreise, die Kirchengemeinden und kirchlichen Gesellschaften, Synagogengemeinden, Schulen, milde Stiftungen, Freimaurerlogen, Zünfte, Innungen, Deichverbände, öffentliche Wassergenossenschaften u. dgl. Verfügungsbeschränkungen können auch auf einer letztwilligen Verfügung oder auf prozessualer Anordnung beruhen. So die Beschränkung des Vorerben durch das Recht des Nacherben (§§ 2113, 2136, 2137; GBO. § 52), die Beschränkung des Erben durch den Testamentsvollstrecker (§ 2211, GBO. § 53), die Beschränkung des Lehens- und Fideikommißbesitzers durch die Lehens- oder Fideikommißnachfolger. Art. 59, 61. GBO. § 83. Diese Beschränkungen unterliegen der Berücksichtigung bei der Entgegennahme der Auflassungserklärung und der Eintragung nur dann, wenn sie eingetragen sind. Die Eintragung des Konkursvermerks steht weder der Entgegennahme der Auflassung noch der Eintragung des Eigentumsüberganges entgegen, da die vom Gemeinschuldner nach Eröffnung des Konkursverfahrens vorgenommenen Rechtshandlungen nur dem Konkursgläubiger gegenüber unwirksam sind. KO. § 7 Abs. 2. Vgl. § 892 A. 10.

20. Erwerbsfähigkeit. Aufrecht erhalten sind — mit gewissen Einschränkungen — die landesgesetzlichen Erwerbsbeschränkungen für die tote Hand (Art. 86), für die Religiosen (Art. 87) und für Ausländer (Art. 88). (Preußen: Anlage.)

Alle übrigen Erwerbsverbote, soweit sie auf privatrechtlichen Vorschriften der Landesgesetze beruhen, sind durch das BGB. aufgehoben. Art. 55. Die auf öffentlichem Rechte, insbesondere auf disziplinarrechtlichen Bestimmungen beruhenden Eigentumsbeschränkungen für Beamte sind bestehen geblieben. (Preußen: Anlage.)

Die landesgesetzlichen Vorschriften, welche den Erwerb von Grundstücken durch Ausländer von staatlicher Genehmigung abhängig machen, bleiben unberührt. Art. 88.

Versicherungsaktiengesellschaften und Versicherungsvereine bedürfen zum Erwerbe von Grundstücken, soweit es sich nicht um den Erwerb von ihnen beliehener Grundstücke im Zwangsversteigerungsverfahren handelt, der Genehmigung der Aufsichtsbehörde. Ges. über die privaten Versicherungsunternehmungen v. 12. Mai 1901 (RGBl. S. 139) § 54.

VII. Wirkungen der Auflassung. Zur Übertragung des Eigentums genügt die Auflassung nicht, es muß vielmehr zu der Auflassung noch die Eintragung in das Grundbuch kommen. § 873.

21. Für den Umfang der Eigentumsübertragung ist der übereinstimmende Wille der Beteiligten maßgebend. RG. 46 S. 227. Gruch. 44 S. 993. Der durch den Parteiwillen nicht gedeckte Teil der Auflassungserklärung ist nichtig, beläßt also dem bisherigen Eigentümer sein Eigentum (RG. JW. 1900 S. 327), auch dann, wenn zwar dieser den Teil veräußern, die andere Partei aber ihn nicht erwerben wollte. A. a. O. S. 403, 561. Tatsächliche Angaben des Grundbuchs über die Größe des Grundstücks werden durch den öffentlichen Glauben des Grundbuchs nicht gedeckt. § 892 A. 8. Dem Dritten gegenüber, der eine als Bestandteil eingetragene Parzelle als sein Eigentum in Anspruch nimmt, kann der Erwerber sich nicht auf den Inhalt des Grundbuchs berufen, vielmehr ist der Streit nach materiellem Recht zu entscheiden. Turn.-Först. I S. 388 A. 4. Irrtümer in der Bezeichnung, Verwechselungen abverkaufter Parzellen, können die Auflassungsbeteiligten mit Erfolg geltend machen. Sind die Irrtümer bereits in das Grundbuch übergegangen, so bedarf es nur der Berichtigung der Angaben des Grundbuchs, nicht der Rückauflassung. KG. 22 S. A 143.

Übergang des Zubehörs: § 926.

22. Der Besitz geht nicht ohne weiteres mit der Auflassung und Eintragung auf den Erwerber über. Es ist Sache des Erwerbers, sich den Besitz zu verschaffen, nötigenfalls durch die Vindikation (§§ 891, 985) oder durch die Vertragsklage. § 433.

23. Den Übergang der Gefahr regelt beim Kauf § 446. Danach geht die Gefahr von der Übergabe oder von der Eintragung des Käufers als Eigentümer auf den Käufer über, je nachdem die Übergabe oder die Eintragung früher erfolgt ist. Entsprechende Anwendung dieser Vorschrift auf andere gegenseitige Verträge ist zulässig. Turn.-Förster. I S. 388 A. 5. In erster Reihe sind für den Übergang der Gefahr die Vereinbarungen der Parteien maßgebend. Im Falle der schuldhaften Verzögerung der Übergabe oder der Herbeiführung der Eintragung findet § 287 Anwendung. Im Falle der Zwangsversteigerung geht die Gefahr mit dem Zuschlage auf den Ersteher über. ZwVG. §§ 56, 90.

24. Auflassung und Eintragung machen das ohne Beobachtung der vorgeschriebenen Form abgeschlossene obligatorische Grundgeschäft gültig. § 313. Hierüber oben A. 17.

25. Die Auflassung allein, ihre Rechtsgültigkeit vorausgesetzt, bewirkt die dingliche Bindung des Willens der Beteiligten. RG. 54 S. 378. Der einseitige Rücktritt eines Beteiligten kann die Eintragung nicht hindern. Den Protest des Veräußerers darf das GBA., dem der Eintragungsantrag des Erwerbers vorliegt, auch dann nicht beachten, wenn der Protest auf eine aus dem Inhalte der Auflassungserklärungen nicht hervorgehende Unwirksamkeit der Auflassung (zB. wegen Willensmängel) gestützt wird. Der Widersprechende ist in solchem Falle auf den Rechtsweg zu verweisen. Turn.-Förster. I S. 387 A. 1. Der Anspruch auf Nachholung von Ordnungsvorschriften, deren Nichtbeobachtung der Eintragung entgegensteht, kann nur auf das Kausalgeschäft, nicht aber auf die Auflassung gegründet werden, da diese, wie die Einigung überhaupt (RG. 54 S. 378), nur Erfüllungsgeschäft ist. Biermann S. 126 A. 2. Vgl. § 873 A. 4c. Auf die Wirksamkeit der Auflassung ist es ohne Einfluß, wenn eine Partei oder beide Parteien zwischen der Auflassung und der Eintragung sterben oder geschäftsunfähig werden. §§ 130, 153. Durch eine nachträgliche Verfügungsbeschränkung des Veräußerers wird die Auflassungserklärung nur in dem Falle nicht unwirksam, wenn die Verfügungsbeschränkung eintritt, nachdem der Antrag auf Eintragung bei dem GBA. gestellt ist. § 878. KO. § 15.

Durch vorbehaltlose Entgegennahme der Auflassung verliert der Käufer seinen Anspruch auf Wandelung, Minderung und Schadensersatz wegen derjenigen Mängel des Grundstücks, die ihm bei der Auflassung bekannt waren. § 464. RG. Gruch. 24 S. 955. Preuß. JMBl. 1880 S. 134. Dasselbe gilt, wenn der Verkäufer einen bestimmten Flächengehalt des Grundstücks zugesichert hat und der Käufer bei der Auflassung weiß, daß das Grundstück einen geringeren Flächengehalt hat. § 468. M. II, 234.

26. In der Zeit zwischen Auflassung und Eintragung ist der Veräußerer zu Verfügungen über das Grundstück nicht mehr befugt, sofern die Auflassungserklärung den Eintragungsantrag des Erwerbers enthält und dem GBA. eingereicht ist, auch der Eintragung ein Hindernis nicht entgegensteht. Denn nach § 17 GBO. muß zunächst der Eintragungsantrag aus der Auflassung erledigt werden und nach der Eintragung des neuen Eigentümers sind Eintragungen gegen den bisherigen Eigentümer unzulässig. Eine Verletzung des § 17 GBO. rechtfertigt aber nicht einen Berichtigungsanspruch. § 894 A. 2. Es ist also die versehentlich in der Zeit zwischen Auflassung und Eintragung der Auflassung erfolgte Eintragung einer (Sicherungs-) Hypothek auch dem Erwerber des Grundstücks gegenüber wirksam und gestattet ihm nur die Schadenklage aus § 12 GBO. OLG. Dresden, „D. Recht" 1903 S. 80. Ist die Auflassung gemäß Art. 143 vor einer anderen Behörde erfolgt und das Auflassungsprotokoll an das GBA. noch nicht abgegeben, so liegt kein Grund vor, die vom Veräußerer gestellten anderweiten Eintragungsanträge abzulehnen. Turn.-Förster. I S. 386 A. 1, 387 A. 3. Wegen des Falles, wenn der Eintragung aus der Auflassung ein Hindernis entgegensteht, s. oben A. 12. Der Erwerber ist vor seiner Eintragung als

Eigentümer zu Verfügungen über das Grundstück nicht befugt. Mit seiner Eintragung werden seine Verfügungen wirksam, aber nur ex nunc. § 185 Abs. 2. Ist der Anspruch aus der Auflassung abgetreten, so kann aus der dem Zedenten erteilten Auflassung der Zessionar als Eigentümer nicht eingetragen werden, es bedarf vielmehr der besonderen Auflassung an ihn. Turn.-Först. I S. 388 A. 3. AM. Fuchs S. 66 A. 28, 207 A. 2.

VIII. Die Kosten der Auflassung und der Eintragung hat im Falle eines Verkaufs des Grundstücks der Käufer zu tragen. § 449. Dies wird in der Regel auch bei anderen Veräußerungsgeschäften anzunehmen sein. Dernburg § 90 Nr. 7, S. 261. Turn.-Först. I S. 389 VII. AM. Fuchs S. 228. Entgegenstehende Vereinbarungen sind vorbehalten. M. II 328. Die Kosten der Löschung von Eintragungen, die vom Käufer nicht übernommen sind, hat der Verkäufer zu tragen. §§ 434, 435. Die Kosten des Beschlusses, durch welchen der Zuschlag erteilt wird, fallen dem Ersteher zur Last. ZwVG. § 58.

§ 926.

Sind der Veräußerer und der Erwerber darüber einig, daß sich die Veräußerung auf das Zubehör des Grundstücks erstrecken soll, so erlangt der Erwerber mit dem Eigentum an dem Grundstück auch das Eigentum an den zur Zeit des Erwerbes vorhandenen Zubehörstücken, soweit sie dem Veräußerer gehören. Im Zweifel ist anzunehmen, daß sich die Veräußerung auf das Zubehör erstrecken soll.

Erlangt der Erwerber auf Grund der Veräußerung den Besitz von Zubehörstücken, die dem Veräußerer nicht gehören oder mit Rechten Dritter belastet sind, so finden die Vorschriften der §§ 932—936 Anwendung; für den guten Glauben des Erwerbers ist die Zeit der Erlangung des Besitzes maßgebend.

---

1. Zubehörstücke (§§ 97, 98), die dem Veräußerer gehören, gehen mit dem Eigentum an dem Grundstück, also mit der Auflassung und Eintragung, ohne Übergabe, auf den Erwerber über, vorausgesetzt, daß nach dem übereinstimmenden Willen des Veräußerers und des Erwerbers sich die Veräußerung auf das Zubehör erstrecken soll. Dieser Übertragungswille wird aber vermutet. Es ist also im Streitfalle nicht vom Erwerber des Grundstücks das Erstrecken des Übertragungswillens auf das Zubehör, sondern von demjenigen, der den Eigentumsübergang bezüglich einzelner Zubehörstücke leugnet, der Ausschluß des Übertragungswillens auf diese Zubehörstücke nachzuweisen. P. 3646. Darauf, ob die Zubehörstücke sich im Besitze des Veräußerers oder eines Dritten befinden, kommt nichts an, sofern nur nicht durch die dauernde Trennung des Zubehörstücks von der Hauptsache die Zubehöreigenschaft aufgehoben wird. § 97 Abs. 2.

Pfändungen, Verpfändungen und Veräußerungen des Zubehörs, die in der Zeit zwischen der Auflassung und der Eintragung vorgenommen werden, muß der Auflassungsempfänger gegen sich gelten lassen. Der § 878 gilt aber auch hier.

Rechte Dritter (Pfandrecht, Nießbrauch), mit denen die Zubehörstücke belastet sind, gehen auf den Erwerber mit über, erlöschen aber zu seinen Gunsten, wenn er den Besitz der Zubehörstücke erlangt und zu dieser Zeit in Ansehung des Rechtes in gutem Glauben ist. § 936.

2. Zubehörstücke, die dem Veräußerer nicht gehören, gehen erst dann in das Eigentum des Erwerbers über, wenn er ihren Besitz „auf Grund der Veräußerung", d. h. von dem Veräußerer oder durch dessen Vermittlung erlangt hat (§§ 929, 854 Abs. 2, 931, 932 Satz 2, 934, 870, 871) und zur Zeit der Besitznahme in

gutem Glauben gewesen ist. Dieser fehlt, wenn ihm bekannt oder infolge grober Fahrlässigkeit unbekannt war, daß die Sache nicht dem Veräußerer gehört. § 932 Abs. 2. Beweispflichtig ist der Gegner. Dem Erwerber gestohlener, verloren gegangener oder sonst abhanden gekommener Sachen steht der Schutz der §§ 932—934 nicht zur Seite. § 935.

3. Erwerb des Zubehörs in der Zwangsversteigerung: ZwVG. §§ 55, 65, 90. Haftung des Zubehörs für Hypotheken: §§ 1120—1122.

§ 927.

Der Eigentümer eines Grundstücks kann, wenn das Grundstück seit dreißig Jahren im Eigenbesitz eines anderen ist, im Wege des Aufgebotsverfahrens mit seinem Rechte ausgeschlossen werden. Die Besitzzeit wird in gleicher Weise berechnet wie die Frist für die Ersitzung einer beweglichen Sache. Ist der Eigentümer im Grundbuch eingetragen, so ist das Aufgebotsverfahren nur zulässig, wenn er gestorben oder verschollen ist und eine Eintragung in das Grundbuch, die der Zustimmung des Eigentümers bedurfte, seit dreißig Jahren nicht erfolgt ist.

Derjenige, welcher das Ausschlußurteil erwirkt hat, erlangt das Eigentum dadurch, daß er sich als Eigentümer in das Grundbuch eintragen läßt.

Ist vor der Erlassung des Ausschlußurteils ein Dritter als Eigentümer oder wegen des Eigentums eines Dritten ein Widerspruch gegen die Richtigkeit des Grundbuchs eingetragen worden, so wirkt das Urteil nicht gegen den Dritten.

---

1. Abs. 1. Voraussetzungen für die Ausschließung des Eigentümers im Wege des Aufgebotsverfahrens sind:

a, Wenn der Eigentümer nicht eingetragen ist: dreißigjähriger ununterbrochener (auch mittelbarer) Eigenbesitz (§ 872) eines anderen. Die Frist wird nach den §§ 938—944 berechnet. Der vor dem 1. Januar 1900 liegende Zeitraum wird mit eingerechnet. Habicht S. 425. Fuchs S. 232 A. 3. Oberneck S. 336. AM. Cosack S. 115.

b, Wenn der Eigentümer, d. h. der wahre Eigentümer (Biermann S. 130 A. 1, Fuchs S. 233 A. 4; AM. Planck S. 171 A. 3), im Grundbuch eingetragen ist, so müssen noch zwei Erfordernisse hinzu kommen:

aa, Tod oder Verschollenheit des Eigentümers. Verschollen ist der, von dessen Leben seit solcher Zeit die Kunde fehlt, daß sein Leben oder Tod unsicher ist. Rehbein I S. 8. Daß der Tod schon vor dreißig Jahren eingetreten ist oder daß die Verschollenheit schon dreißig Jahre andauere, wird nicht erfordert.

bb, Es muß seit dreißig Jahren keine Eintragung in das Grundbuch erfolgt sein, die (nach GBO. §§ 19, 20, 22 Abs. 2, 27) der Zustimmung desjenigen bedurfte, der zur Zeit dieser Eintragung Eigentümer war. Planck S. 131 A. 3.

Die zur Begründung des Aufgebotsantrages erforderlichen Tatsachen hat der Antragsteller vor der Einleitung des Verfahrens glaubhaft zu machen. ZPO. §§ 980, 294. Titel und guter Glaube des Eigenbesitzers werden nicht verlangt.

2. Abs. 2. Die Eintragung erfolgt auf den durch Vorlegung der Urteilsausfertigung zu begründenden privatschriftlichen Antrag desjenigen, der das Urteil erwirkt hat. GBO. § 13. Ein Rechtsmittel findet gegen das Urteil nicht statt. ZPO. § 957. Das GBA. ist zur Nachprüfung des Ausschlußurteils nicht befugt.

3. Abs. 3. Das Ausschlußurteil wirkt gegen jeden Eigentümer, nicht aber gegen denjenigen, dessen Recht im Urteile vorbehalten ist, auch nicht gegen den Dritten, der vor dem Erlasse des Ausschlußurteils a, als Eigentümer eingetragen ist oder b, wegen seines Eigentums die Eintragung eines Widerspruchs erlangt hat. Im Falle a ist die Eintragung des aus dem Ausschlußurteil Berechtigten unzulässig, im Falle b steht dieser Eintragung nichts entgegen, doch kann der durch den Widerspruch Geschützte, wenn sein Eigentum festgestellt wird, gegen den aus dem Ausschlußurteil Eingetragenen die Berichtigung des Grundbuchs erwirken. M. 331. Ist nach Erlassung des Ausschlußurteils ein Dritter als Eigentümer eingetragen, so kann hierdurch das Recht des Ausschließungsberechtigten nicht beeinträchtigt werden. Dem letzteren wird in entsprechender Anwendung des § 894 das Recht einzuräumen sein, von dem als Eigentümer Eingetragenen die Berichtigung des Grundbuchs zu verlangen. Doch steht dem als Eigentümer Eingetragenen der Schutz des § 892 zur Seite. Planck S. 172 A. 7. Die bloße Erhebung der Eigentumsklage entzieht dem Ausschlußurteile die Wirkung nicht. M. 331. Die Befugnis, zur Sicherung seines durch das Ausschlußurteil erlangten Rechtes eine Vormerkung oder einen Widerspruch eintragen zu lassen, steht dem Eigenbesitzer nicht zu. Biermann S. 131 A. 3. Rechte Dritter, die auf dem Grundstücke ruhen, werden durch das Ausschlußurteil nicht betroffen.

4. Der § 927 findet auch auf den Anteil eines Miteigentümers Anwendung. M. 442. Die Frage, ob der durch das Ausschlußurteil herrenlos gewordene Anteil den Miteigentümern anwächst oder der Aneignung durch den Ausschließungsberechtigten unterliegt, ist von der 2. Kommission der Wissenschaft und Praxis überlassen, von der Mehrheit der Kommission aber in dem letzteren Sinne beantwortet. P. 3840. Dieser Auffassung wird — mit Planck S. 173 A. 9 — beizutreten sein, da das Fehlen einer Sondervorschrift die entsprechende Anwendung der Vorschriften über das Eigentum an dem Grundstück im ganzen nahe legt.

5. Aufgebotsverfahren: ZPO. §§ 946—959, 977—981, 1024.

6. Auf Grundstücke, für welche das Liegenschaftsrecht noch nicht gilt, findet § 927 keine Anwendung. Art. 189 Abs. 1. Im übrigen gilt er sofort. Turn.-Först. I S. 394 A. VI. Ein Eigenbesitzer, der die nach früherem Rechte erforderlichen Bedingungen eines Aufgebots des Grundstücks nicht erfüllen kann, ist berechtigt, nach dem 1. Januar 1900 das Aufgebot nach § 927 zu beantragen. RG. Gruch. 44 S. 862.

*§ 928.

Das Eigentum an einem Grundstücke kann dadurch aufgegeben werden, daß der Eigentümer den Verzicht dem Grundbuchamte gegenüber erklärt und der Verzicht in das Grundbuch eingetragen wird.

Das Recht zur Aneignung des aufgegebenen Grundstücks steht dem Fiskus des Bundesstaats zu, in dessen Gebiete das Grundstück liegt. Der Fiskus erwirbt das Eigentum dadurch, daß er sich als Eigentümer in das Grundbuch eintragen läßt.

---

1. Das Aufgeben des Grundeigentums erfordert einseitigen Verzicht und Eintragung. Der Verzicht muß vom verfügungsberechtigten, also vom eingetragenen Eigentümer (GBO. § 40) dem GBA. gegenüber erklärt werden. Er ist formfrei gültig; die Form des § 29 GBO. ist nur Voraussetzung der Eintragung. Unwiderruflich ist der Verzicht schon vor der Eintragung. §§ 130, 875 Abs. 2. P. 3667, 3668. KB. 9. Biermann S. 132 A. 1. Fuchs S. 237 A. 2d. Planck S. 174 A. 3. AM. Boehm S. 106. Goldmann-Lilienthal S. 285 Nr. 5. Entsprechende Anwendung des § 925 Abs. 2 erscheint zulässig (Kretzschmar II S. 123, AM. Fuchs S. 237 A. 2c); es wird also dem bedingten oder betagten Verzicht auf das Eigentum die Wirksamkeit

zu versagen, der Antrag auf seine Eintragung zurückzuweisen sein. Die Eintragung des Verzichts in das Grundbuch soll nach § 13 GBO. nur auf Antrag erfolgen; ein solcher kann — gegen Planck S. 174 A. 2b — nicht schon in der Erklärung des Verzichts gefunden werden. Turn.=Först. I S. 395 A. 2. Aufgeben des Besitzes ist zum Aufgeben des Grundeigentums weder erforderlich noch ausreichend. M. 325.

2. Aneignung des Grundstücks. Ist der Verzicht erklärt und eingetragen, so wird das Grundstück herrenlos. Das Recht zur Aneignung steht aber nicht dem primus occupans, sondern dem Fiskus des Bundesstaats zu, in dessen Gebiete das Grundstück liegt. Doch sind durch Art. 129 die landesgesetzlichen Vorschriften, nach welchen das Recht zur Aneignung an Stelle des Fiskus einer bestimmten anderen Person zusteht, unberührt geblieben. (Preußen: Anlage.) Die Aneignung vollzieht sich nicht kraft Gesetzes, sondern die Vollendung der Erwerbung des aufgegebenen Eigentums ist von der Eintragung in das Grundbuch abhängig gemacht. „Das GBA. hat, wenn der zur Erwerbung Berechtigte seine Eintragung als Eigentümer beantragt, diese Eintragung zu bewirken. Der Antrag ist nicht bloß die formelle Voraussetzung für die Tätigkeit der Behörde (GBO. § 13), sondern zugleich das einseitige Rechtsgeschäft, durch welches der Berechtigte unter Hinzutritt der Eintragung das Eigentum erwirbt." M. 326.

Für den Erwerb des Zubehörs ist § 959 maßgebend. P. 3654.

Art. 190: „Das nach § 928 Abs. 2 BGB. dem Fiskus zustehende Aneignungsrecht erstreckt sich auf alle Grundstücke, die zu der Zeit herrenlos sind, zu welcher das Grundbuch als angelegt anzusehen ist. Die Vorschrift des Art. 129 findet entsprechende Anwendung".

Der § 928 kann nur bei gebuchten Grundstücken Anwendung finden. Stellt sich bei Anlegung der Grundbücher heraus, daß ein Grundstück herrenlos ist, also nicht eingetragen werden kann, so kann der Fiskus mit dem Zeitpunkt, in dem das Grundbuch als angelegt anzusehen ist (Art. 186), seine Eintragung als Eigentümer bei Anlegung des Grundbuchs beantragen. Das Erfordernis des Verzichts fällt in diesem Falle fort. P. 8550f. Ist das Grundbuch angelegt und hierbei ein nicht herrenloses Grundstück übersehen, so bedarf es der Erklärung und Eintragung des Verzichts; es muß also die Eintragung des Grundstücks nachgeholt werden. KB. 10. Solange das Grundbuch noch nicht als angelegt anzusehen ist, finden in betreff der Aufgabe des Grundeigentums die bisherigen Gesetze Anwendung. Art. 189.

Ein Zwang zur Aneignung des derelinquierten Grundstücks besteht weder für den Fiskus noch für die sonstigen Aneignungsberechtigten. Sie sind auch nicht behindert, das ihnen zustehende Aneignungsrecht anderen abzutreten.

3. Schutz der Interessen Dritter. Bestehende Rechte an dem Grundstücke werden durch die Aufgebung des Grundeigentums nicht berührt. Für die Dauer der Herrenlosigkeit des Grundstücks gewähren die §§ 58, 787 ZPO. dem Berechtigten Schutz. Danach ist dem Berechtigten, wenn er sein Recht im Wege der Klage oder der Zwangsvollstreckung geltend machen will, für das eine und für das andere Verfahren, auf seinen Antrag vom Vorsitzenden des Prozeßgerichts oder vom Vollstreckungsgericht ein Vertreter zu bestellen, dem bis zur Eintragung eines neuen Eigentümers die Wahrnehmung der sich aus dem Eigentum ergebenden Rechte und Verpflichtungen obliegt. Die Kosten der Vertretung hat der Antragsteller zu tragen. Persönlichen Gläubigern stehen die Rechtsbehelfe der §§ 58, 787 ZPO. nicht zu. Ihre Ansprüche werden durch die Aufgabe des Grundeigentums an sich nicht berührt, verwandeln sich aber in Ansprüche auf Schadensersatz. Ist der persönliche Anspruch durch Vormerkung gesichert, so werden die §§ 58, 787 ZPO. entsprechende Anwendung finden. Planck S. 175 A. 7, 8.

4. Die Vorschriften des § 928 gelten nur für das Grundeigentum. Auch für den Miteigentümer eines Grundstücks, der das Eigentum an dem ihm zustehenden

Bruchteil aufgibt. P. 3841. Vgl. § 927 A. 4. Sie finden aber keine Anwendung auf das Erbbaurecht und andere selbständige Gerechtigkeiten. Verzicht auf diese hat die Folge, daß das Eigentum von ihnen frei wird.

3. Titel. Erwerb und Verlust des Eigentums an beweglichen Sachen.

Die hier behandelten §§ 929—984 betreffen lediglich das Fahrnisrecht.

4. Titel. Ansprüche aus dem Eigentume.

Die Vorschriften dieses Titels (§§ 985—1007) beziehen sich sowohl auf das Fahrnis- wie auf das Liegenschaftsrecht.

Soweit die Vorschriften der §§ 929—1007 Besonderheiten für das Liegenschaftsrecht enthalten oder für das Liegenschaftsrecht von Interesse sind, sind sie bei den betreffenden Bestimmungen behandelt.

Hervorzuheben ist noch, daß nach dem Rechte des BGB. außer der ordentlichen Eigentumsklage aus § 985 und der negatorischen Klage aus § 1004 auch die Eigentumsfeststellungsklage besteht, die in § 256 ZPO. ihre gesetzliche Grundlage hat. RG. JW. 1902 S. 68.

5. Titel. Miteigentum.

§ 1008.

Steht das Eigentum an einer Sache mehreren nach Bruchteilen zu, so gelten die Vorschriften der §§ 1009—1011.

W. v. Seeler, Das Miteigentum nach dem BGB., Halle 1899.

---

1. Miteigentum im Sinne dieses Titels ist nur das dem römischen Rechte entsprechende Miteigentum zu ideellen Teilen (pro partibus indivisis): das Eigentum mehrerer nach Bruchteilen. Daneben kennt das BGB. eine Gemeinschaft nach deutschrechtlicher Art: die Gemeinschaft zur gesamten Hand, das Gesamteigentum. Während bei dem Miteigentum jedem Miteigentümer die freie Verfügung über seinen Anteil gebührt, ist bei dem Gesamteigentum, da das Gesamtgut als ein selbständiges Zweckvermögen der Gesamtheit zusteht, den einzelnen Teilhabern die Verfügung über ihren Anteil sowohl an dem gemeinschaftlichen Vermögen, als an den einzelnen dazu gehörigen Gegenständen versagt. Fälle der Gemeinschaft zur gesamten Hand sind die durch Vertrag begründete Gesellschaft (§§ 705 ff.), die allgemeine Gütergemeinschaft unter Ehegatten (§§ 1438 ff.), die fortgesetzte Gütergemeinschaft zwischen dem überlebenden Ehegatten und den gemeinschaftlichen Abkömmlingen (§§ 1483 ff.), die Errungenschaftsgemeinschaft (§§ 1519 ff.), die Fahrnisgemeinschaft unter Ehegatten (§ 1549), die Erbengemeinschaft (§§ 2032 ff. RG. 21 S. A 110). Die Vorschriften über die Gesellschaft (§§ 705 ff.) gelten auch für die offene Handelsgesellschaft und die Kommanditgesellschaft. HGB. §§ 105 Abs. 2, 161 Abs. 2.

Ein Miteigentum, bei welchem die im Eigentumsrecht enthaltenen Befugnisse unter die Miteigentümer geteilt sind (Ober- und Untereigentum), ist dem BGB. fremd.

Ergänzend neben den §§ 1009—1011 finden die Vorschriften über „Gemeinschaft" (§§ 741—758) auf das Miteigentum Anwendung.

Wird ein Recht für mehrere gemeinschaftlich eingetragen, so soll die Eintragung in der Weise erfolgen, daß entweder die Anteile der Berechtigten in Bruchteilen angegeben werden oder das für die Gemeinschaft maßgebende Rechtsverhältnis bezeichnet wird. GBO. § 48. KG. 21 S. A 110.

2. Das Recht des einzelnen Miteigentümers ist Eigentum, nicht etwa das Quotenrecht als ein das Eigentum belastendes Recht. Auf die Miteigentumsquote finden deshalb alle Vorschriften über Eigentum Anwendung. M. 438. Insbesondere kann der Miteigentümer seinen Bruchteil veräußern (§ 747 Satz 1), das Eigentum daran gemäß § 928 aufgeben, ihn mit einer Hypothek (§ 1114), einer Grund- oder Rentenschuld (§ 1192) belasten. Der Bruchteil unterliegt der Zwangsvollstreckung nach den Grundsätzen der Zwangsvollstreckung in das unbewegliche Vermögen; zulässig ist also sowohl die Eintragung von Sicherungshypotheken (ZPO. § 866) als die Zwangsversteigerung und Zwangsverwaltung. ZPO. § 864 Abs. 2. Der Vertrag, durch den sich der Miteigentümer verpflichtet, das Eigentum an seinem Bruchteil zu übertragen, bedarf der Form des § 313. Die Übertragung des Eigentums bedarf der Auflassung und Eintragung. § 925. Dies gilt auch dann, wenn die Miteigentümer Realteilung vornehmen. KG. Preuß. JMBl. 1894 S. 29. Ein gesetzliches Vorkaufsrecht der Miteigentümer ist ausgeschlossen (M. 437); der Begründung eines Vorkaufsrechts durch Vertrag (§§ 504—514, 1095) steht nichts entgegen. Verwaltung und Benutzung: § 1010. Geltendmachung gegen Dritte: § 1011.

Über das ganze Grundstück kann nur von allen Teilhabern gemeinschaftlich verfügt werden. § 747. M. 436. KG. RJA. 1 S. 29. Die Veräußerung oder Belastung durch den einzelnen Miteigentümer ist gänzlich unwirksam, auch bezüglich des Bruchteils des Verfügenden. Strieth. 35 S. 226, 96 S. 252.

3. Übergangsbestimmungen: Art. 173, 181 Abs. 2, 182. Vgl. § 1014 A. 2.

§ 1009.

Die gemeinschaftliche Sache kann auch zugunsten eines Miteigentümers belastet werden.

Die Belastung eines gemeinschaftlichen Grundstücks zugunsten des jeweiligen Eigentümers eines anderen Grundstücks sowie die Belastung eines anderen Grundstücks zugunsten der jeweiligen Eigentümer des gemeinschaftlichen Grundstücks wird nicht dadurch ausgeschlossen, daß das andere Grundstück einem Miteigentümer des gemeinschaftlichen Grundstücks gehört.

„D. Recht" 1901 S. 512.

Sind A und B Miteigentümer des Gutes G, so kann das ganze Gut G zugunsten des A belastet werden. Ist außerdem A Alleineigentümer des Gutes H, so kann sowohl das Gut G zugunsten des jeweiligen Eigentümers des Gutes H, als das Gut H zugunsten des jeweiligen Eigentümers des Gutes G belastet werden. Es wird sich — gegen M. 439 — nicht bezweifeln lassen, daß in den unterstellten Fällen der Miteigentümer als gleichzeitig Berechtigter und Verpflichteter mit sich selbst kontrahiert. Ausnahme von § 181. Turn.-Först. I S. 416. Biermann S. 216. Jedenfalls enthält die Vorschrift, welche allgemein jede Belastung des eigenen Bruchteils, auch die Belastung mit einer Hypothek (bayr. Oberst. LG., Soergel 1902 S. 141), zuläßt, eine Erweiterung des § 1196, wonach nur eine Grundschuld für den Eigentümer bestellt werden kann. Fuchs S. 256 A. 1.

§ 1010.

Haben die Miteigentümer eines Grundstücks die Verwaltung und Benutzung geregelt oder das Recht, die Aufhebung der Gemeinschaft zu verlangen, für

immer oder auf Zeit ausgeschlossen oder eine Kündigungsfrist bestimmt, so wirkt die getroffene Bestimmung gegen den Sondernachfolger eines Miteigentümers nur, wenn sie als Belastung des Anteils im Grundbuch eingetragen ist.

Die in den §§ 755, 756 bestimmten Ansprüche können gegen den Sondernachfolger eines Miteigentümers nur geltend gemacht werden, wenn sie im Grundbuch eingetragen sind.

„D. Recht“ 1902 S. 225.

---

1. Abs. 1. Die Wirksamkeit der bezeichneten Vereinbarungen Dritten gegenüber ist schlechthin von der Eintragung abhängig gemacht. Ist die Eintragung unterblieben, so sind die Vereinbarungen auch gegen denjenigen unwirksam, der sie beim Erwerbe gekannt hat. P. 3836. (Bewegliche Sachen: § 751 Satz 1.) Trotz der Eintragung wirken die Vereinbarungen nicht gegen den Gläubiger, der die Pfändung des Anteils eines Teilhabers auf Grund eines endgültig vollstreckbaren Urteils erwirkt hat (§ 751 Satz 2), und nicht gegen die Konkursmasse. KO. § 16 Abs. 2. Auch den Gesamt- oder Sondernachfolgern gegenüber wirken die Vereinbarungen, der Eintragung ungeachtet, nur mit den Beschränkungen der §§ 749 Abs. 2, 3, 750.

Entsprechende Anwendung findet Abs. 1, wenn ein Erblasser durch letztwillige Verfügung die Auseinandersetzung in Ansehung eines Nachlaßgrundstücks oder eines anderen Nachlaßgegenstandes ausgeschlossen oder von der Einhaltung einer Kündigungsfrist abhängig gemacht hat. § 2044 Abs. 1.

2. Abs. 2. Die §§ 755, 756 betreffen die Ausgleichungsansprüche eines Miteigentümers gegen die übrigen Miteigentümer auf Berichtigung einer Gesamtschuld aus der gemeinschaftlichen Sache und gegen einen anderen Miteigentümer auf Berichtigung einer Forderung, die sich auf die Gemeinschaft gründet, aus dem auf den Schuldner entfallenden Teil der Sache. Die Wirksamkeit beider Ausgleichungsansprüche gegen den Sondernachfolger ist von der Eintragung abhängig gemacht. Die Eintragung erfolgt in Form einer Vormerkung. P. 3839. Biermann S. 217 A. 2. Boehm S. 111. Turn.-Först. I S. 418 A. 5. AM. R. Foerster S. 170 Nr. 5, Achilles-Strecker S. 20, Planck S. 289. Danach sollen die Ausgleichungsansprüche als besondere Belastung des Anteils des schuldigen Miteigentümers eingetragen werden. (Preußen: JMV. v. 20. Nov. 1899 § 11 Nr. 1.)

§ 1011.

Jeder Miteigentümer kann die Ansprüche aus dem Eigentume Dritten gegenüber in Ansehung der ganzen Sache geltend machen, den Anspruch auf Herausgabe jedoch nur in Gemäßheit des § 432.

Den anderen Miteigentümern gegenüber hat der Miteigentümer nur Ansprüche aus seinem Bruchteil. Dritten gegenüber kann er seine Ansprüche aus dem Eigentum, insbesondere die Ansprüche aus den §§ 1004, 1005, in Ansehung der ganzen Sache geltend machen. Nur bezüglich des Anspruchs auf Herausgabe (§ 985) ist er insofern beschränkt, als er gemäß § 432 nur Herausgabe an alle Miteigentümer fordern kann. RG. 20 S. 312, 35 S. 290. Die Vorschrift bezieht sich nicht nur auf den Hauptanspruch, sondern auch auf den Nebenanspruch (Nutzungen, Schadensersatz). Sind also mit der Sache auch deren Früchte herauszugeben, so kann der Miteigentümer die Hinterlegung aller Früchte verlangen. Biermann S. 218 A. 2. AM. (Anwendbarkeit des § 420): Planck S. 290 A. 2.

4. Abschnitt. Erbbaurecht.

*§ 1012.

Ein Grundstück kann in der Weise belastet werden, daß demjenigen, zu dessen Gunsten die Belastung erfolgt, das veräußerliche und vererbliche Recht zusteht, auf oder unter der Oberfläche des Grundstücks ein Bauwerk zu haben (Erbbaurecht).

Zentralbl. 3 S. 433.

---

1. Gegenstand des Erbbaurechts kann nur sein ein Grundstück. Die Beschränkung des Erbbaurechts auf einen (ideellen) Bruchteil des Grundstücks ist unmöglich. M. 470. P. 3844. Die tatsächliche Belastung des Grundstücks kann sich auf einen realen Teil des Grundstücks beschränken. § 1013. Die rechtliche Haftung für das Erbbaurecht erstreckt sich auf das ganze Grundstück. Ist also das Grundstück frei vom Erbbaurecht versteigert, so hat der Erbbauberechtigte Anspruch auf den Erlös des ganzen Grundstücks. Soll nur ein realer Grundstücksteil mit einem Erbbaurecht belastet werden, so ist er von dem Grundstücke abzuschreiben und als selbständiges Grundstück einzutragen. GBO. § 6. Die Begründung des Erbbaurechts an einem Gebäudeteile, z. B. an einem einzelnen Gelasse oder Stockwerke ist ausgeschlossen. § 1014.

2. Die Konstruktion des Erbbaurechts als Miteigentum oder als geteiltes Eigentum ist abgelehnt. Nach dem BGB. ist das Erbbaurecht Nutzungsrecht an einem fremden Grundstück (KG. ROLG. 4 S. 60: Grundstücksbelastung), wird aber auch selbst als Grundstück behandelt (§ 1017). M. 467. Inhalt des Erbbaurechts ist das Recht, auf oder unter der Oberfläche des Grundstücks ein Bauwerk zu haben. Der Ausdruck „Bauwerk" ist gewählt, um auch Monumente, Brücken, Viadukte u. dgl. zu begreifen. M. 470. Genügend erscheint jede mechanische Verbindung (Biermann S. 219); es werden also auch Brücken, Röhren, Schienen- und Telegraphenleitungen zu den „Bauwerken" zu rechnen sein. Dagegen ist ein Erbbaurecht, das die Befugnis zum Haben von Pflanzungen auf fremdem Grund und Boden gibt (sog. Pflanzungssuperfizies), vom BGB. nicht zugelassen. M. 470. An Pflanzungen ist nur die Begründung von Pachtrechten oder Dienstbarkeiten möglich. Erstreckt sich jedoch das Erbbaurecht gemäß § 1014 auf die Benutzung eines nicht bebauten, aber der Benutzung des Bauwerks dienenden Teil des Grundstücks, so kann es sich auch auf die auf jenem Teile angelegten Pflanzungen beziehen. Fuchs S. 265 A. 7. Oberneck S. 364.

Darauf, ob das Bauwerk zur Zeit der Begründung des Erbbaurechts schon besteht oder von dem Berechtigten erst errichtet werden soll, kommt nichts an. M. 470. Ist das Bauwerk vom Berechtigten errichtet, so bleibt es sein Eigentum (§ 95 Abs. 1 Satz 2), ist es vom Grundeigentümer errichtet, so bleibt es wesentlicher Bestandteil des Grundstücks. § 93. Doch steht der Übertragung des Eigentums auf den Erbbauberechtigten nichts entgegen. Planck S. 294. Wird ein Schatz in dem Bauwerk gefunden, so gebührt der Eigentümeranteil (§ 984) dem Erbbauberechtigten, wenn ihm das Bauwerk gehört. Wird der Schatz in dem Grundstück gefunden, so kommt der Eigentümeranteil dem Grundeigentümer zu.

3. Veräußerlichkeit und Vererblichkeit gehören zum Wesen des Erbbaurechtes. M. 471. Es findet also § 137 Anwendung. Allerdings steht es den Beteiligten frei, bei Begründung des Rechtes auf Baugrundnutzung die Veräußerlichkeit und Vererblichkeit auch Dritten gegenüber auszuschließen. Dann liegt aber kein

Erbbaurecht, sondern eine Dienstbarkeit (§§ 1018 ff.) vor; die §§ 1015, 1017 finden in solchem Falle keine Anwendung; die Anlegung eines besonderen Grundbuchblattes ist ausgeschlossen.

Die Zulässigkeit der Beifügung von auflösenden Bedingungen und Endterminen wird durch das Erfordernis der Veräußerlichkeit und Vererblichkeit nicht berührt. M. 471. Man wird aber diesen Vorbehalt auf solche Bedingungen und Endtermine beschränken müssen, welche die rechtliche Natur des Erbbaurechts nicht in Frage stellen. Ein Erbbaurecht, das unter der auflösenden Bedingung des Todes oder der Veräußerung bestellt ist, würde der wesentlichen Erfordernisse und deshalb der Eigenschaft des Erbbaurechts entbehren und könnte nur als Dienstbarkeit angesehen werden. Fuchs S. 264 f. Turn.-Först. I S. 438 A. 5. Biermann S. 219.

4. Eine zeitliche Begrenzung ist für das Erbbaurecht nicht bestimmt, weder eine Maximalgrenze, noch eine Minimalgrenze. M. 467.

5. Erbbauberechtigt kann nur sein eine natürliche oder juristische Person. Der Begründung eines Erbbaurechts für mehrere Personen nach Bruchteilen oder so, daß es ihnen zur gesamten Hand gemeinschaftlich gehört, steht nichts entgegen. Planck S. 295 A. 2. Eine Vorschrift, daß das Erbbaurecht als ein subjektiv dingliches, mit dem Eigentum eines anderen Grundstücks verbundenes Recht begründet werden könne, ist nicht gegeben. Liegt die Voraussetzung des § 1019 vor, so kann der Zweck, der mit einem solchen Rechte verfolgt wird, durch die Bestellung einer Grunddienstbarkeit entsprechenden Inhalts erreicht werden. Auch kann nach § 890 ein bestehendes Erbbaurecht mit einem dem Erbbauberechtigten gehörigen Grundstück vereinigt oder ihm als Bestandteil zugeschrieben werden. M. 468. Turn.-Först. I S. 438 A. 6. Oberneck S. 365. Planck S. 293 A. 6. Biermann S. 219. Für sich selbst kann der Grundeigentümer ein Erbbaurecht nicht bestellen. Ist es aber bestellt, so erlischt es nicht durch Vereinigung mit dem Grundeigentum. §§ 889, 1009, 1196. Diese Vereinigung ist jedoch, abweichend vom subjektiv dinglichen Recht, nicht unlöslich.

6. Die Bestellung eines Erbbaurechts am Grundstücke des Bestellers fällt nicht unter den Begriff der Veräußerung, sondern unter den der Belastung. Daher finden die Vorschriften, nach welchen zur Veräußerung von Grundstücken 2c. die Genehmigung einer Aufsichtsbehörde erforderlich ist, auf die Bestellung eines Erbbaurechts keine Anwendung. KG. 21 S. A 127. ROLG. 4 S. 66.

7. Lasten und Abgaben treffen, soweit sie auf dem Bauwerk beruhen (Gebäudesteuer), den Erbbauberechtigten, im übrigen den Grundeigentümer. Eine abweichende Vereinbarung ist statthaft. Eine Zinspflicht ist für das Erbbaurecht nicht wesentlich. M. 468. Ein gesetzliches Vorkaufsrecht des Eigentümers des belasteten Grundstücks besteht nicht (M. 468); ein rechtsgeschäftliches kann mit dinglicher Wirkung begründet werden. §§ 1094, 1017. Ein besonderes Legalschuldverhältnis zwischen dem Eigentümer und dem Berechtigten, wie bei Nießbrauch und Faustpfandrecht, ist bei dem Erbbaurecht nicht vorgesehen. M. 469. Die Belastung des Erbbaurechts mit einer Reallast ist gestattet. §§ 1017, 1105 M. 468. Konservierungspflichten, wie solche dem Pfandgläubiger und dem Nießbraucher obliegen, sind bei dem Erbbaurechte nicht bestimmt. M. 469. An und für sich ist die Unterhaltung des Bauwerks Sache des Erbbauberechtigten. Biermann S. 220 A. 4.

8. Übergangsbestimmung. Die bestehenden superfiziarischen Rechte bleiben auch nach dem Inkrafttreten des BGB. mit ihrem bisherigen Inhalte und Range bestehen. Doch finden auf sie die Vorschriften des § 1017 Anwendung. Art. 184, 181.

9. Vorbehaltene Landesgesetze. Auf Grund der Vorbehalte der Art. 63, 67 Abs. 1, 68, 196 sind landesgesetzlich gewisse Rechte mit Grundstücksnatur zugelassen und unter Zugrundelegung der Bestimmungen des BGB. über das Erbbaurecht geregelt. Auch das Recht des Erbbegräbnisses unterliegt den Landesgesetzen. Art. 133. (Preußen: Anlage.)

§ 1013.

Das Erbbaurecht kann auf die Benutzung eines für das Bauwerk nicht erforderlichen Teiles des Grundstücks erstreckt werden, wenn sie für die Benutzung des Bauwerkes Vorteil bietet.

Das Erbbaurecht ist nicht notwendig auf den als Baugrund dienenden Teil des belasteten Grundstücks beschränkt, sondern kann auch auf unbebaute Teile des Grundstücks ausgedehnt werden, wenn sie für die Benutzung des Bauwerks Vorteile bieten, zB. als Hof oder Garten. Die Ausdehnung bedarf der rechtsgeschäftlichen Begründung durch Einigung (§ 1015) und Eintragung; kraft Gesetzes tritt sie nicht ein. Biermann S. 221. Fuchs S. 266 A. 2. AM. (nur Vereinbarung): Turn.-Först. I S. 442.

§ 1014.

Die Beschränkung des Erbbaurechts auf einen Teil eines Gebäudes, insbesondere ein Stockwerk, ist unzulässig.

1. „Ein bloßer Teil eines Gebäudes ist dann nicht vorhanden, wenn die Baulichkeit selbständig, ohne Zuhilfenahme anderer Gebäudeteile benutzbar ist." Biermann S. 221. Es wird also die Frage, ob eine Baulichkeit, zB. ein Anbau, ein Keller oder ein Schuppen, Teil eines Gebäudes oder selbständiges Gebäude ist, nach den Umständen des Falles zu beantworten sein.

2. Sondereigentum an einzelnen Gebäudeteilen, insbesondere Stockwerken, darf nach dem 1. Januar 1900 nur in der im Art. 131 zugelassenen Form des Miteigentums begründet werden. Das bestehende Stockwerkseigentum bleibt bestehen; das Rechtsverhältnis der Beteiligten untereinander bestimmt sich nach den bisherigen Gesetzen. Art. 182. Das Wesen des Stockwerkseigentums besteht darin, daß die einzelnen Stockwerke eines Gebäudes als verschiedene selbständige physische Rechtsobjekte im Alleineigentum verschiedener Personen stehen, während die Bodenfläche das gemeinschaftliche Eigentum der einzelnen Stockwerkseigentümer ist. Die Teilbarkeit der Gebäude in vertikaler Richtung bleibt bestehen, es können also auch vertikal geschiedene Teile eines Gebäudes im Sondereigentum verschiedener Personen stehen. Fuchs S. 254, 260. Turn.-Först. I S. 19.

§ 1015.

Die zur Bestellung des Erbbaurechts nach § 873 erforderliche Einigung des Eigentümers und des Erwerbers muß bei gleichzeitiger Anwesenheit beider Teile vor dem Grundbuchamt erklärt werden.

1. Die Begründung des Erbbaurechts erfordert Auflassung und Eintragung in das Grundbuch. Der § 1015 entspricht dem § 925 Abs. 1. Dagegen ist § 925 Abs. 2 in § 1015 nicht wiederholt. Daraus folgt, daß das Erbbaurecht auch bedingt oder betagt bestellt werden, aber auch wenn es so bestellt ist, doch nur unbedingt und unbetagt übertragen werden kann. Boehm S. 115. Turn.-Först. I S. 438 A. 5. Planck S. 299 A. 3. AM. Fuchs S. 268. Endemann II § 59 Nr. 5. Die für die Begründung des Erbbaurechts vorgeschriebenen Formen müssen auch für Änderungen seines Inhalts gelten. Planck S. 299 A. 4. Fuchs S. 269 A. 4.

2. Der Begründungsvertrag (Form: § 1017 A. 1) hat den Inhalt der eingeräumten Benutzungsbefugnis vorzuschreiben. Welche Anforderungen an die Spezialisierung zu stellen sind, hängt von der Lage des Falles ab. Es ist Sache des

die Auflassungserklärungen entgegennehmenden GBA., zu prüfen, ob das eingeräumte Benutzungsrecht unter den gesetzlichen Begriff des Erbbaurechts fällt und ob die Vertragsbestimmungen der erforderlichen Bestimmtheit nicht entbehren. M. 471.

3. Eintragung. (GBO. § 20.) Wesentlich für die Entstehung des Erbbaurechts ist die Eintragung auf dem Blatte des belasteten Grundstücks. § 873. Soll nur ein Teil des Grundstücks mit einem Erbbaurecht belastet werden, so ist er von dem Grundstück abzuschreiben und als selbständiges Grundstück einzutragen. GBO. § 6. Bei der Eintragung des Erbbaurechts kann zur näheren Bezeichnung des Rechtes auf die Eintragungsbewilligung Bezug genommen werden. § 874. Beschränkungen des Rechtes (bedingte oder befristete Bestellung) müssen aus der Eintragung selbst hervorgehen. Der vereinbarte Höchstbetrag des Ersatzes, welcher in der Zwangsversteigerung dem Berechtigten im Falle des Erlöschens des Erbbaurechts durch den Zuschlag aus dem Erlöse zu leisten ist, kann mit eingetragen werden. § 882. Ist die Eintragung auf dem Blatte des belasteten Grundstücks erfolgt, so kann unter den Voraussetzungen des § 7 GBO. für das Erbbaurecht ein besonderes Grundbuchblatt angelegt werden. Dieses ist dann für das Erbbaurecht als das Grundbuch im Sinne des BGB. anzusehen. GBO. § 3 Satz 2. M. z. GBO. 153. Rechtsänderungen — Übertragungen und Belastungen — die bei dem Erbbaurecht eintreten sollen, müssen daher auf dem angelegten besonderen Blatte gebucht werden. Dagegen ist für den Bestand des Erbbaurechts das Blatt des belasteten Grundstücks maßgebend, mithin zur Aufhebung des Erbbaurechts die Löschung auf dem Blatte dieses Grundstücks erforderlich. Dies im Einklang mit P. 3849 die gemeine Meinung. Biermann S. 223 A. 2. Kretzschmar II S. 237. Strecker S. 48, 72. Oberneck S. 371. Turn.-Först. I S. 426. AM. Fuchs S. 371.

4. Entsprechende Anwendung findet § 1015 auf das in Art. 68 bezeichnete Recht.

§ 1016.

Das Erbbaurecht erlischt nicht dadurch, daß das Bauwerk untergeht.

Wird das untergegangene Bauwerk wieder hergestellt, so unterliegt es dem Erbbaurecht ohne weiteres. Daß der Erbbauberechtigte, selbst wenn ihm das Eigentum an der Anlage nicht zusteht, zu deren Wiedererrichtung auch nach ihrem gänzlichen Untergange befugt ist, folgt aus § 1012, wonach dem Erbbauberechtigten nicht nur das Recht zusteht, ein bestehendes Bauwerk zu benutzen, sondern das Recht, es zu haben. „Selbstverständlich erscheint, daß bei Zerfall des dem Eigentümer des Grundstücks gehörigen Gebäudes das mobilisierte Material dem fortbestehenden dinglichen Rechte des Superfiziars nicht entzogen wird.“ M. 473. Diese Bemerkung besagt nur, daß die dingliche Haftung, welche sich auf das ganze Grundstück, einschließlich des dem Grundeigentümer gehörigen Bauwerks erstreckt, sich an den mobilisierten Materialien des Bauwerks fortsetzt, der Erbbauberechtigte also, wenn er den Wiederaufbau ausführt, hierzu die Materialien benutzen kann. Sie besagt aber nicht — wie Dernburg § 162 A. 8 S. 465 annimmt — daß der Erbbauberechtigte Eigentümer jener Materialien wird. Eigentümer des Materials bleibt der Eigentümer des Bauwerks, also der Grundeigentümer, wenn das Erbbaurecht an einem bereits bestehenden Bauwerk bestellt ist; der Erbbauberechtigte, wenn das Erbbaurecht an einem unbebauten Grundstück bestellt und das Bauwerk erst von ihm errichtet ist. Biermann S. 222. Fuchs S. 272 A. 3. Turn.-Först. I S. 444 A. 1.

Übrigens ist die Vorschrift des § 1016 keine zwingende; die Beteiligten können auch das Gegenteil vereinbaren.

§ 1017.

Für das Erbbaurecht gelten die sich auf Grundstücke beziehenden Vorschriften.

Die für den Erwerb des Eigentums und die Ansprüche aus dem Eigentume geltenden Vorschriften finden auf das Erbbaurecht entsprechende Anwendung.

---

1. Abs. 1. Es gelten die Vorschriften über Grundstücke. Ein Unterschied, ob die Vorschriften im BGB., in den Nebengesetzen (der GBO., dem ZwVG., der ZPO.) oder in den im EG. z. BGB. u. z. ZwVG. aufrecht erhaltenen Landesgesetzen ergangen sind, ist nicht gemacht. Turn.-Först. I S. 444. Biermann S. 223 A. 1. Die Geltung reicht aber nur soweit, als die Natur des Erbbaurechts nicht entgegensteht. Ausgeschlossen von der Anwendung sind zB. die §§ 98 Nr. 2, 927, 928. Die §§ 94 Abs. 1, 95 sind für anwendbar zu erachten. Fuchs S. 275. Biermann S. 222 A. 1. Mit dem Erbbaurecht können Rechte als Bestandteil verbunden sein (§ 96), zB. Grunddienstbarkeiten, Vorkaufsrechte, Reallasten, das Recht auf eine Überbau- oder Notwegsrente (§§ 916, 917). Das Erbbaurecht kann zum Bestandteil eines anderen Grundstücks gemacht (§ 890) auch wie ein Grundstück mit Grunddienstbarkeiten, persönlichen Dienstbarkeiten, Nießbrauch, Reallasten, Vorkaufsrechten, Hypotheken, Grund- und Rentenschulden belastet werden. Der § 313 findet sowohl auf die Übertragung als auch (gegen Männer S. 193 A. 2) auf die Bestellung eines Erbbaurechts Anwendung. Fuchs S. 269 A. 5. Biermann S. 222 A. 1. Turn.-Först. I S. 445 A. 1. Kretzschmar II S. 235. Die Vorschriften über das Miteigentum an Grundstücken (§§ 1009 Abs. 2, 1010) sind auch auf mehrere Erbbaumitberechtigte entsprechend anzuwenden. Auch § 946 ist anwendbar. Wird eine bewegliche Sache mit dem Teile des dienenden Grundstücks verbunden, der vom Erbbaurecht ergriffen ist, so erstreckt sich das Erbbaurecht auch auf diese Sache. Die in § 836 für den Eigenbesitzer des Grundstücks bestimmte Verantwortlichkeit trifft nach § 837 den Erbbauberechtigten. Das aufgegebene Erbbaurecht fällt dem Eigentümer des belasteten Grundstücks zu. Die Zwangsvollstreckung in ein Erbbaurecht erfolgt nach den Vorschriften des ZwVG. ZPO. §§ 864, 870.

2. Abs. 2. Es gelten für den Erwerb des Eigentums die §§ 900, 925, 926, für die Ansprüche aus dem Eigentum die §§ 985 ff., 1004. Keine Anwendung auf das Erbbaurecht finden die §§ 927, 928, da sie die Endigung des Eigentums von Grundstücken betreffen. Biermann S. 223 A. 2. Fuchs S. 275 A. 5 d. Planck S. 299. Predari S. 79 A. 2. AM. Männer S. 194 Nr. 4. Kretzschmar II S. 235. Oberneck S. 369 Nr. 4. Die Aufhebung des Erbbaurechts erfolgt nach den Bestimmungen der §§ 275, 276, 278, 875, 876, 878. Für die beim Inkrafttreten des BGB. bestehenden nicht eingetragenen superfiziarischen Rechte bleiben die bisherigen Aufhebungsgründe bestehen. Dernburg § 162 A. 9 S. 465. Fuchs S. 273 A. 4.

5. Abschnitt. Dienstbarkeiten.

1. Titel. Grunddienstbarkeiten.

§ 1018.

Ein Grundstück kann zugunsten des jeweiligen Eigentümers eines anderen Grundstücks in der Weise belastet werden, daß dieser das Grundstück in einzelnen Beziehungen benutzen darf oder daß auf dem Grundstücke gewisse Handlungen

nicht vorgenommen werden dürfen oder daß die Ausübung eines Rechtes ausgeschlossen ist, das sich aus dem Eigentum an dem belasteten Grundstücke dem anderen Grundstücke gegenüber ergibt (Grunddienstbarkeit).

„D. Recht" 1900 S. 224; 1901 S. 511.

I. Inhalt und Arten. 1. Das BGB. unterscheidet drei Arten von Grunddienstbarkeiten: **a**, Der Berechtigte darf das belastete Grundstück in einzelnen Beziehungen benutzen. (Beispiel: Wegegerechtigkeit.) **b**, Auf dem belasteten Grundstück dürfen gewisse Handlungen nicht vorgenommen werden. (Beispiel: Verbot der Bebauung.) „Handlungen" im Sinne dieser Vorschrift sind nur solche, die kraft des Eigentums am belasteten Grundstück an sich erlaubt sind. KG. RDLG. 1 S. 380, 5 S. 155, 316. AM. Planck S. 304. **c**, Es ist die Ausübung eines Rechtes ausgeschlossen, das sich aus dem Eigentum an dem belasteten Grundstücke den anderen Grundstücken gegenüber ergibt. (Beispiel: Ausschließung der dem Eigentümer nach §§ 904—923 zustehenden Nachbarrechte, insbesondere die Belastung, daß die Herstellung einer für das Grundstück schädlichen gewerblichen Anlage auf dem Nachbargrundstück zu dulden ist.) RG. 40 S. 1006; JW. 92 S. 153, 96 S. 214. KG. 23 S. 226. Die Begründung einer Grunddienstbarkeit mit einem anderen als dem unter a, b, c bezeichneten Inhalt ist unzulässig. (Beispiele: KG. 21 S. A 301; 22 S. A 152; 24 S. A 241; RDLG. 3 S. 96; 4 S. 305; 5 S. 316; 6 S. 119; RJA. 3 S. 148.) Daß an Flüssen, öffentlichen und nicht öffentlichen, trotz der Eigentumslosigkeit der fließenden Welle, ein begrenztes dingliches Recht, insbesondere eine Grunddienstbarkeit (Fischereirecht) bestellt werden kann, ist anerkannten Rechtes. RG. 53 S. 98.

Eine Unterscheidung zwischen Feld- und Hausservituten (servitutes rusticae et urbanae), zwischen servitutes continuae und discontinuae und servitutes apparentes und non apparentes hat das BGB. nicht aufgestellt. M. 480.

2. Unberührt bleiben die landesgesetzlichen Vorschriften, welche die Belastung eines Grundstücks mit gewissen Grunddienstbarkeiten untersagen oder beschränken oder den Inhalt und das Maß von Grunddienstbarkeiten näher bestimmen. Art. 115. Die betreffenden Bestimmungen des BGB. gelten also nur innerhalb der von den Landesgesetzen festgestellten Grenzen. Mehrere Materien sind gänzlich der landesgesetzlichen Regelung unterworfen. Hierher gehören die Beförderung der Bewässerung und Entwässerung der Grundstücke (Art. 65), das Deich- und Sielrecht (Art. 66), die Regalien (Art. 73), die Waldgenossenschaften (Art. 83), die Zusammenlegung von Grundstücken, die Gemeinheitsteilung, die Ablösung, Umwandlung, Einschränkung von Dienstbarkeiten (Art. 113), die bestehenden Realgemeinden (Art. 164).

II. Gegenstand der Belastung mit einer Grunddienstbarkeit können nur sein Grundstücke, Erbbaurechte und die Berechtigungen, welche ein eigenes Blatt im Grundbuche erhalten. M. S. 480. Die Belastung des Bruchteils mit einer Grunddienstbarkeit ist ausgeschlossen. P. 3900. Soll ein realer Teil mit einer Grunddienstbarkeit belastet werden, so kann die Ausschreibung der Parzelle unterbleiben, wenn hiervon Verwirrung nicht zu besorgen ist. GBO. § 6. Durch die tatsächliche Beschränkung der Ausübung auf einen Teil des Grundstücks wird die rechtliche Haftung des ganzen Grundstücks nicht berührt. Wird also das Grundstück auf Antrag eines bevorzugten Berechtigten frei von der Grunddienstbarkeit versteigert, so verwandelt diese sich in ein Recht auf den Erlös des ganzen Grundstücks. ZwVG. § 92. Fuchs S. 286 A. 2. Planck S. 301 A. 1. Die Bestellung von Grunddienstbarkeiten an öffentlichen Grundstücken, zB. an öffentlichen Straßen, ist zulässig, aber nur soweit, als dadurch der öffentliche Zweck, dem die Grundstücke dienen, nicht beeinträchtigt wird. RG. JW. 95 S. 362, 97 S. 48. Eine Gemeindemarkung kann mit einer — durch Eintragung zu bestellenden, Anm. IV 3 — Grunddienstbarkeit deshalb nicht belastet werden, weil es ein Grundbuchblatt für die ganze Gemarkung nicht gibt. P. 4155 f.

Streitig ist die Frage, ob der Eigentümer zweier Grundstücke das eine mit einer Grunddienstbarkeit zugunsten des anderen belasten oder ob der Eigentümer eines Grundstücks einen Teil dieses Grundstücks zugunsten des anderen Teils für den Fall der Veräußerung des einen oder des anderen Teils mit einer Grunddienstbarkeit belasten kann. Die Frage ist zu verneinen, denn die Bestellung der Dienstbarkeit erfordert einen dinglichen Vertrag zwischen den Eigentümern der beiden Beteiligten Grundstücke (vgl. A. IV), einen solchen Vertrag kann aber der Eigentümer beider Grundstücke mit sich selbst nicht abschließen. M. 480. RG. 47 S. 202, JW. 1901 S. 101. KG. RJA. 1 S. 167. Fuchs S. 286 A. 3d. Turn.-Först. I S. 450 A. 3. Planck S. 302 A. 4. Biermann S. 226 A. 1c. AM. Predari S. 82 A. 4. Vgl. GBO. § 19 A. 3. Eine Besonderheit gilt nach § 1009 bei der Belastung eines gemeinschaftlichen Grundstücks zugunsten eines einem der Miteigentümer gehörenden Grundstücks. Ist eine Grundgerechtigkeit bestellt, so wird ihre Fortdauer dadurch, daß hinterher das herrschende und das dienende Grundstück unter demselben Eigentümer vereinigt werden, nicht gehindert. § 889. Die Grunddienstbarkeit ruht nur während der Dauer der Vereinigung.

III. Berechtigter kann nur sein der jeweilige Eigentümer eines Grundstücks und der Eigner eines Erbbaurechts oder einer sonstigen grundstücksgleichen Berechtigung. § 1017. Art. 63, 68. §§ 7, 84 GBO. Die Grunddienstbarkeit gilt als Bestandteil des herrschenden Grundstücks (§ 96), kann ohne das Grundstück weder veräußert noch belastet werden und geht auf jeden neuen Eigentümer des Grundstücks ohne weiteres über. Die Bestellung einer Grundgerechtigkeit zugunsten des Bruchteils eines Grundstücks ist unzulässig. P. 3901. Der Bestellung derselben Grundgerechtigkeit zugunsten mehrerer Grundstücke steht nichts entgegen. Dagegen können zugunsten der Gemeindefeldmark als solcher oder zugunsten juristischer Personen Dienstbarkeiten nur als beschränkte persönliche Dienstbarkeiten (§§ 1090 ff.) bestellt werden.

Die Ausübung der Grundgerechtigkeit ist nicht auf den Eigentümer des herrschenden Grundstücks beschränkt. (Vgl. § 1019 A. 3.)

IV. Entstehungsgründe. **3.** Nach dem Inkrafttreten des BGB. können Grunddienstbarkeiten an den Grundstücken, die dem Eintragungszwange unterliegen (vgl. A. 4), nur begründet werden durch dinglichen Vertrag und Eintragung im Grundbuche des belasteten Grundstücks. § 873. P. 3865 ff.

a, Legitimiert zum Abschluß des dinglichen Vertrages sind die Eigentümer des dienenden und des herrschenden Grundstücks. Stehen die Grundstücke im Miteigentum, so ist die Übereinstimmung aller Miteigentümer erforderlich. M. 479. Die Verfügung eines einzelnen Miteigentümers wird wirksam, wenn sie die übrigen genehmigen. § 185 Die Befugnis des Erbbauberechtigten zur Bestellung von Grunddienstbarkeiten folgt aus § 1017. Der Nießbraucher eines Grundstücks kann eine Grunddienstbarkeit weder begründen noch erwerben. M. 479.

b, Der Vertrag durch den die Verpflichtung zur Bestellung einer Grunddienstbarkeit übernommen wird, ist an keine Form gebunden und kann auch stillschweigend geschlossen werden. Beispiel: RG. 49 S. 236. Der Umfang der Eigentumsbeschränkung und des beschränkenden Rechtes wird im einzelnen durch den Parteiwillen bestimmt. M. 479. Vorschriften, denen ein absoluter Charakter beiwohnt (§§ 1019, 1023), sind der Änderung durch Privatwillkür entzogen. M. 476.

„Die Verknüpfung einer Gegenleistungspflicht mit der Servitut, so daß diese Verbindlichkeit auf alle Rechtsnachfolger des ursprünglich Berechtigten übergeht, ist durch das Wesen des Dienstbarkeitsrechtes als eines dinglichen Rechtes ausgeschlossen. Nur im Wege der Bedingung kann eine ähnliche Verknüpfung erreicht werden. ... Übernimmt der Berechtigte gegen Einräumung der Servitut eine Reallast auf sein Grundstück, so fallen Reallast und Dienstbarkeit auseinander." M. 481.

c, Der Eintragungszwang (A. IV, 3) ist ausnahmslos festgehalten, auch für diejenigen Grunddienstbarkeiten, die sich durch dauernde, das dienende Grundstück belastende Anlagen bekunden. P. 3853, 3880 ff. Die Eintragung erfolgt nach den allgemeinen Grundsätzen, setzt also die Bewilligung des Eigentümers voraus. Zur näheren Bezeichnung des Inhalts kann auf die Eintragungsbewilligung Bezug genommen werden. § 874. P. 3878. GBO. § 50. Die Eintragung kann unter Angabe des Höchstbetrages des Ersatzes für den Fall des Erlöschens des Rechtes durch den Zuschlag geschehen. § 882. Auf Antrag des jeweiligen Berechtigten der Grunddienstbarkeit oder eines Dritten, dessen Zustimmung zur Aufhebung des Rechtes nach § 876 Satz 2 BGB. erforderlich ist, muß die Grunddienstbarkeit auch auf dem Blatte des herrschenden Grundstücks als Bestandteil dieses Grundstücks eingetragen werden. GBO. § 8. Die Eintragung obligatorischer Ansprüche, die nicht auf die Einräumung einer vom BGB. anerkannten Grunddienstbarkeit gerichtet sind, ist unzulässig. KG. 21 S. A 310. Der Verzicht auf ein gesetzliches Vorkaufsrecht, das dem jeweiligen Eigentümer eines Grundstücks zusteht, fällt nicht unter § 1018 und kann weder als Grunddienstbarkeit noch als sonstige Belastung auf dem Blatte des Grundstücks des Berechtigten eingetragen werden. KG. 25 S. A 142.

4. Die Begründung und die Aufhebung von Dienstbarkeiten an einem Grundstück, das im Grundbuch nicht eingetragen ist und nach § 90 GBO. nicht eingetragen zu werden braucht, erfolgt nach den landesgesetzlichen Vorschriften. Art. 128. In diesem Falle ist also auch Ersitzung der Grundgerechtigkeit möglich. Im übrigen ist nach dem Inkrafttreten des BGB. der Erwerb der Grundgerechtigkeiten durch Ersitzung ausgeschlossen und nur Buchersitzung nach § 900 Abs. 2 zugelassen. Planck S. 302 A. 4. P. 3890 ff.

5. Grunddienstbarkeiten, die zu der Zeit, in welcher das Grundstück als angelegt gilt, bestehen, bedürfen zur Erhaltung der Wirksamkeit gegenüber dem öffentlichen Glauben des Grundbuchs (§ 892) nicht der Eintragung. Die Eintragung hat jedoch zu erfolgen, wenn sie von dem Berechtigten oder von dem Eigentümer des belasteten Grundstücks verlangt wird. Außer dem Antrage bedarf es der Bewilligung des Eigentümers des belasteten Grundstücks oder dessen rechtskräftiger Verurteilung zu dieser Bewilligung. GBO. § 19. Die Kosten sind von demjenigen zu tragen und vorzuschießen, der die Eintragung verlangt. Art. 187 Abs. 1. Mit diesem Verlangen wird das Grundbuch unrichtig und die Eintragung eines Widerspruchs zulässig; die Eintragung einer Vormerkung zur Sicherung einer älteren Grunddienstbarkeit ist ausgeschlossen, da es sich nicht um Einräumung einer Dienstbarkeit handelt. OLG. Kiel, Zentralbl. 2 S. 902. Durch Landesgesetz kann bestimmt werden, daß die bestehenden Grundgerechtigkeiten oder einzelne Arten zur Erhaltung der Wirksamkeit gegenüber dem öffentlichen Glauben des Grundbuchs eingetragen werden müssen. Diese Bestimmung kann auf einzelne Grundbuchbezirke beschränkt werden. Art. 187 Abs. 2. Auch in diesem Falle erfolgt der Erwerb der Grunddienstbarkeit noch so lange nach den bisherigen Gesetzen, bis das Grundbuch als angelegt anzusehen ist. Die Aufhebung der Grundgerechtigkeit erfolgt auch nach dieser Zeit nach den bisherigen Gesetzen, bis die Grundgerechtigkeit in das Grundbuch eingetragen ist. Art. 189 Abs. 1, 3.

6. Auf die rechtsgeschäftliche Aufhebung der Grunddienstbarkeit finden die §§ 875, 876, 878 Anwendung. Erlöschen durch Verjährung: §§ 901, 1028.

V. Übergangsbestimmungen. Grunddienstbarkeiten, die zur Zeit des Inkrafttretens des BGB. bereits bestellt sind, bleiben mit dem sich aus den bisherigen Gesetzen ergebenden Inhalt und Range bestehen, doch gelten für sie vom Inkrafttreten des BGB. an die §§ 1020—1028. Art. 184. — Ist mit einer vor dem 1. Januar 1900 bestellten Dienstbarkeit eine Wegeunterhaltungspflicht verbunden, so bleibt die gesamte Last nach dem 1. Januar 1900 auch ohne Eintragung gegen Dritte wirksam. OLG Stettin, ROLG. 4 S. 293.

VI. Vorbehaltene Landesgesetze: Art. 113, 115 (oben A. I 2), 128.

§ 1019.

Eine Grunddienstbarkeit kann nur in einer Belastung bestehen, die für die Benutzung des Grundstücks des Berechtigten Vorteil bietet. Über das sich hieraus ergebende Maß hinaus kann der Inhalt der Dienstbarkeit nicht erstreckt werden.

---

1. Träger der Berechtigung ist der jeweilige Eigentümer des berechtigten Grundstücks. RG. JW. 1900 S. 677. Der Ausdruck „Vorteil" umfaßt auch die „Annehmlichkeit" M. 481. Der Vorteil braucht nicht dem Grundstück unmittelbar gewährt zu werden, wie es zB. geschieht, wenn das Recht zur Anlage eines Erkers im Luftraum des Nachbargrundstücks eingeräumt wird. Es genügt, wenn das Bedürfnis nach der Grunddienstbarkeit in der Beschaffenheit des herrschenden Grundstücks eine objektive Grundlage findet, wenn auch nur deshalb, weil ein gewisser Gewerbebetrieb auf dem herrschenden Grundstück eingerichtet ist oder eingerichtet werden soll. M. 481. RG. JW. 1898 S. 314, 1900 S. 676. Der Vorteil muß durch das belastete Grundstück selbst gewährt werden. Die Art der Benutzung, welche durch die Servitut gefördert werden soll, ist nicht begrenzt.

2. Welche Personen außer dem Eigentümer des herrschenden Grundstücks zur Ausübung der Grunddienstbarkeit berechtigt sind, ist nach der Art der Grunddienstbarkeit zu bestimmen. Beispielsweise wird eine Wegegerechtigkeit, wenn sie einem Landgute zusteht, auch von den Landarbeitern, wenn sie für ein Mühlengrundstück bestellt ist, auch von den Mahlgästen ausgeübt werden können. Biermann S. 228. A. 3. Fuchs S. 286 Anm. 3e.

3. Die Grunddienstbarkeit ist beschränkt auf das Bedürfnis der herrschenden Grundstücke. Über dies Maß hinaus kann der Inhalt der Dienstbarkeit auch durch den Willen der Beteiligten nicht erstreckt werden. Insoweit der Inhalt der Grunddienstbarkeit die gesetzliche Grenze überschreitet, ist nicht nur die Ausübung abgeschnitten, sondern der rechtliche Bestand verneint, so daß nach § 894 die Berichtigung des Grundbuchs verlangt werden kann. M. 482. P. 3899. Subjektiv dingliche Rechte an Grundstücken, die über das Bedürfnis des herrschenden Grundstücks hinausgehen, in denen zB. diesem die Befugnis verliehen wird, nicht nur zum eigenen Bedarf, sondern auch zum Verkauf Holz zu schlagen oder Fische zu fangen u. dgl., können als Grunddienstbarkeit nicht bestellt werden. RG. 1 S. 329, 8 S. 212; JW. 86 S. 308, 91 S. 364, 93 S. 45; Gruch. 31 S. 75, 32 S. 944, 33 S. 988. Derjenige, dem das Durchfahrtrecht für ein bestimmtes Grundstück zusteht, kann das Recht nicht für die Vermittlung des Wagenverkehrs eines anderen ihm gehörigen Grundstücks in Anspruch nehmen. RG. 1 S. 329. Wird das berechtigte Grundstück durch den Zuerwerb von Parzellen vergrößert, so ist die Ausübung der Grundgerechtigkeit für diese Parzellen ausgeschlossen (RG. JW. 1900 S. 677), es sei denn, daß durch den Zutritt der Parzellen die Sachlage nicht wesentlich verändert wird. Strieth. 69 S. 167.

Ergeben die Angaben der Parteien, daß das nach § 1019 innezuhaltende Maß überschritten ist, so hat der Grundbuchrichter die Eintragung der Grunddienstbarkeit abzulehnen. M. 471. Die Prüfung der Richtigkeit der Parteiangaben steht ihm nicht zu.

4. Tritt eine Erweiterung der Bedürfnisse des herrschenden Grundstücks ein, so ist zu prüfen, was die Parteien bei Bestellung der Servitut gewollt haben. Wenn der natürliche Betrieb, wie er zur Zeit der Begründung der Servitut auf dem herrschenden Grundstück bestanden hat, eine Erweiterung der Bedürfnisse bedingt, wird es regelmäßig im Sinne des Begründungsaktes liegen, daß die Benutzung des dienenden Grundstücks auch zur Befriedigung dieser erweiterten Bedürfnisse stattfindet. Bezüglich derjenigen Änderungen der Benutzungsart, die nach dem auf dem herrschenden

Grundstück vorhandenen Betriebe nicht vorauszusehen waren, muß das Umgekehrte gelten. P. 3900. Wenn zB. jemand ein mit Schlagholz bestandenes Grundstück, für welches ihm eine Wegegerechtigkeit zusteht, in Ackerland verwandelt, so wird dadurch nicht eine veränderte Nutzungsart, sondern nur eine andere landwirtschaftliche Benutzung, Kulturart, bezweckt. Es muß also die Benutzung des Weges auch zu dem gesteigerten Verkehr geduldet werden. Würde aber der Eigentümer des herrschenden Grundstücks dieses zu anderen als landwirtschaftlichen Zwecken, zB. zu Fabrikanlagen oder als Lagerplatz oder als Steinbruch verwenden, so darf der Weg nicht zu diesen neuen Zwecken benutzt werden. Pr. ObTr. 68 S. 231. RG. JW. 95 S. 154, 210; 98 S. 624; 1900 S. 627. Gruch. 39 S. 982. Bayr. Oberst. LG. Seuff. 52 S. 138.

5. Das römische Recht stellte für die Servitut das Erfordernis der causa perpetua auf seiten des dienenden Grundstücks auf und verstand darunter die Fähigkeit des dienenden Grundstücks, vermöge seiner inneren Beschaffenheit das Bedürfnis des herrschenden Grundstücks dauernd zu befriedigen. M. 481. Dernburg § 164 II, 1 S. 469. Das BGB. hat in Übereinstimmung mit dem preußischen und dem gemeinen Rechte (RG. 30 S. 205; JW. 98 S. 314) von diesem Erfordernisse abgesehen. Nur die dauernde tatsächliche Unmöglichkeit der Ausübung, zB. der vollständige Abbau des für das herrschende Grundstück auszubeutenden Tonlagers, erledigt die Servitut. Eine vorübergehende Hinderung bleibt für den Bestand der Servitut ohne Einfluß. M. 482.

6. Auch das vom römischen Recht aufgestellte Erfordernis der nachbarlichen Lage des herrschenden und des dienenden Grundstücks (praedia vicina esse debent) ist im BGB. fallen gelassen. Allerdings wird die Nachbarschaft die Regel bilden. Notwendig ist sie nicht. Nur dann würde die Servitut inhaltlos sein, „wenn die Entfernung der beiden Grundstücke die Möglichkeit eines Vorteils oder einer Annehmlichkeit für das herrschende Grundstück ausschlösse". M. 482.

7. Übergangsbestimmungen. Art. 184. Der § 1019 ist nicht auf bestehende Dienstbarkeiten für anwendbar erklärt. Dagegen enthält § 1019 zwingendes Recht für alle Grunddienstbarkeiten, die nach dem Inkrafttreten des BGB. begründet werden, auch dann, wenn wegen unterbliebener Anlegung des Grundbuchs die Begründung nach bisherigem Rechte erfolgt. Art. 189 Abs. 1 Satz 3.

§ 1020.

Bei der Ausübung einer Grunddienstbarkeit hat der Berechtigte das Interesse des Eigentümers des belasteten Grundstücks tunlichst zu schonen. Hält er zur Ausübung der Dienstbarkeit auf dem belasteten Grundstück eine Anlage, so hat er sie in ordnungsmäßigem Zustande zu erhalten, soweit das Interesse des Eigentümers es erfordert.

---

1. Satz 1 beschränkt die Befugnisse des Servitutberechtigten im Sinne des civiliter uti des röm. R. Die Art der Ausübung der Grunddienstbarkeit soll so eingerichtet werden, daß sie den Eigentümer des dienenden Grundstücks möglichst wenig belästigt, so viel schont, als es ohne Benachteiligung des Berechtigten möglich ist. In gleicher Weise, wie auf das Interesse des Eigentümers, hat der Servitutberechtigte auch auf die Interessen solcher Personen Rücksicht zu nehmen, welche von dem Eigentümer Rechte ableiten. M. 483. Unerhebliche Erschwerungen der Ausübung muß der Berechtigte sich gefallen lassen. P. 3903. Beispiele aus der Praxis enthalten Strieth. 46 S. 243, 51 S. 131, 80 S. 60. Rehbein, Entsch. 3 S. 1035 f. RG. JW. 1900 S. 563, 1902 (Beil.) S. 249; Gruch. 45 S. 1019.

2. Satz 2 enthält eine Erweiterung des ersten Satzes für den besonderen Fall, daß die Ausübung der Grunddienstbarkeit durch das Halten einer Anlage auf dem belasteten Grundstück, zB. einer Röhrenleitung, vermittelt wird, gleichviel, ob sie dem Dienstbarkeitsberechtigten gehört oder nicht. „Das Recht des Dienstbarkeitsberechtigten wird durch die Auferlegung einer Legalobligation begrenzt. Hält der Berechtigte Anlagen in nicht ordnungsmäßigem Zustande, so verletzt er das Eigentum des Dienstbarkeitsverpflichteten. Nicht nur derjenige Berechtigte, welcher die Anlage hat verfallen lassen, sondern auch jeder Einzelnachfolger haftet dem negatorischen Anspruch auf Aufhebung des das Eigentum beeinträchtigenden Zustandes. Der Anspruch auf Schadensersatz wird, wie überhaupt im Falle der negatorischen Klage, durch Darlegung einer schuldvollen Verletzung der Legalobligation besonders zu begründen sein." M. 483. Auch die Unterhaltungspflicht ist vom Berechtigten unter tunlichster Schonung des Interesses des Eigentümers des belasteten Grundstücks zu üben. Das Betreten des belasteten Grundstücks zum Zwecke der Instandhaltung der Anlage kann dem Berechtigten nicht versagt werden. Das „Halten" einer Anlage durch den Berechtigten liegt nur vor, wenn ihm ein Recht auf den Bestand und die Erhaltung der Anlage zusteht. Planck S. 308 A. 3a. Eintragungsfähig ist die Verpflichtung aus Satz 2 nicht. Ausnahmen von Satz 2: §§ 1021, 1022.

3. Der § 1020 gilt auch für die zur Zeit des Inkrafttretens des BGB. bestehenden Grunddienstbarkeiten. Art. 184 Satz 2. RG. Gruch. 44 S. 1111, 45 S. 1020.

§ 1021.

Gehört zur Ausübung einer Grunddienstbarkeit eine Anlage auf dem belasteten Grundstücke, so kann bestimmt werden, daß der Eigentümer dieses Grundstücks die Anlage zu unterhalten hat, soweit das Interesse des Berechtigten es erfordert. Steht dem Eigentümer das Recht zur Mitbenutzung der Anlage zu, so kann bestimmt werden, daß der Berechtigte die Anlage zu unterhalten hat, soweit es für das Benutzungsrecht des Eigentümers erforderlich ist.

Auf eine solche Unterhaltungspflicht finden die Vorschriften über die Reallasten entsprechende Anwendung.

„D. Recht" 1902 S. 574.

---

1. Abs. 1. Wird die Anlage nur vom Berechtigten benutzt, dann trifft die gesetzliche Unterhaltungspflicht den Berechtigten. § 1020 Satz 2. Es kann aber unter den Parteien vereinbart werden, daß der Eigentümer des dienenden Grundstückes zur Unterhaltung der Anlage insoweit verpflichtet sein solle, als das Interesse des Berechtigten es erfordert. Die gesetzliche Unterhaltungspflicht, welche dann eintritt, wenn die Anlage von dem Berechtigten und dem Eigentümer des belasteten Grundstücks gemeinsam benutzt wird, ist im BGB. nicht geregelt. Man wird annehmen können, daß eine gegenseitige Beitragspflicht nicht besteht (M. 484), daß es vielmehr jedem der beiden Beteiligten überlassen bleibt, die Anlage insoweit zu unterhalten, als sein Interesse es erfordert. Planck S. 309 A. 2. AM. Biermann S. 230. Fuchs S. 293. Turn.-Förſt. I S. 456 A. 1, welche annehmen, daß gemäß § 748 die Unterhaltungspflicht beiden Teilen nach Verhältnis ihrer Interessen obliegt. Es kann aber vereinbart werden, daß ein Teil die Unterhaltungspflicht haben soll.

Eine Einschränkung dahin, daß die Vereinbarungen nur im Bestellungsvertrage getroffen werden dürfen, ist im Gesetz nicht enthalten. Es müssen also auch die nachträglich getroffenen Vereinbarungen für rechtswirksam erachtet werden. Turn.-Förſt. I S. 456 A. 1. Vgl. aber Endemann § 102 S. 398.

2. Abs. 2. Auf die rechtsgeschäftlich begründete Unterhaltungspflicht finden die Vorschriften über die Reallasten entsprechende Anwendung u. z. in beiden Fällen des § 1021 Abs. 1. M. 484. P. 3907. Für die Begründung selbst sind die Vorschriften über die Begründung der Dienstbarkeiten maßgebend. Es bedarf also außer der Einigung der Beteiligten, wenn die getroffene Bestimmung Wirksamkeit gegen Dritte haben soll, der Eintragung im Grundbuche. §§ 873, 874, 887. Biermann S. 230. Oberneck S. 390. Turn.-Först. I S. 457 A. 2. Planck S. 309 A. 3. Kretzschmar II S. 279. AM. Fuchs S. 293 A. 3. Die Eintragung hat zu erfolgen auf dem Blatte des belasteten Grundstücks des Verpflichteten. Verpflichteter ist aber im Falle des § 1021 Abs. 1 Satz 2 der Dienstbarkeitsberechtigte.

Entsprechende Anwendung auf die Unterhaltungspflicht finden die §§ 1105, 1107 und 1108. Im Falle des § 1108 Abs. 1, wonach der Eigentümer des mit der Unterhaltungspflicht belasteten Grundstücks für die während der Dauer seines Eigentums fällig werdenden Leistungen auch persönlich haftet, wird als Zeitpunkt der Fälligkeit der des Eintritts der Reparaturbedürftigkeit anzunehmen sein. Biermann S. 230. Planck S. 311 A. 4. AM. Fuchs S. 294.

3. Die in den Art. 113—115 bezeichneten landesgesetzlichen Vorschriften über Einschränkung und Ablösung der Reallasten finden auf die in den §§ 1021, 1022 bestimmten Unterhaltungspflichten keine Anwendung. Art. 116.

4. Von dem Inkrafttreten des BGB. an gelten für die bereits bestehenden Grunddienstbarkeiten die §§ 1020—1028. Art. 184. Es sind also frühere Vereinbarungen, welche die Unterhaltungspflicht in einer nach den §§ 1021, 1022 unzulässigen Weise regeln, unwirksam. Turn.-Först. I S. 457 A. 4.

5. Eine besondere, dem gemeinen und dem preuß. Rechte entsprechende Vorschrift, wonach der Eigentümer des belasteten Grundstücks sich durch Dereliktion der Anlage von seiner Verpflichtung zur Unterhaltung befreien könne, ist nicht getroffen. Der Eigentümer kann den nämlichen Erfolg dadurch herbeiführen, daß er den mit der Anlage verbundenen Teil seines Grundstücks auf ein besonderes Grundbuchblatt übertragen und demnächst auf dem abgegrenzten Grundstücke seine Dereliktionserklärung eintragen läßt. P. 3907. Vgl. JW. 93 S. 394.

§ 1022.

Besteht die Grunddienstbarkeit in dem Rechte, auf einer baulichen Anlage des belasteten Grundstücks eine bauliche Anlage zu halten, so hat, wenn nicht ein anderes bestimmt ist, der Eigentümer des belasteten Grundstücks seine Anlage zu unterhalten, soweit das Interesse des Berechtigten es erfordert. Die Vorschrift des § 1021 Abs. 2 gilt auch für diese Unterhaltungspflicht.

„D. Recht" 1902 S. 574.

Nach röm. Recht bestand die Möglichkeit, das dienende Grundstück mit der Pflicht zur Unterhaltung der Dienstbarkeitsanlage zu belasten, nur bei der servitus oneris ferendi, bei welcher der Eigentümer der tragenden Mauer diese instand zu halten hatte. Durch § 1022 wird die römische Vorschrift auf alle durch menschliche Tätigkeit hergestellten baulichen Anlagen ausgedehnt. Die Bestimmung ist aber nur eine dispositive. M. 484. Vereinbarungen, durch welche die nicht eintragungsfähige gesetzliche Unterhaltungspflicht des § 1022 geändert wird, können nur durch Eintragung dingliche Wirkung erhalten. Planck S. 311. Die Vorschriften über die Reallasten finden auch auf diese Unterhaltungspflicht entsprechende Anwendung. S. auch Art. 116, 184.

§ 1023.

Beschränkt sich die jeweilige Ausübung einer Grunddienstbarkeit auf einen Teil des belasteten Grundstücks, so kann der Eigentümer die Verlegung der Ausübung auf eine andere, für den Berechtigten ebenso geeignete Stelle verlangen, wenn die Ausübung an der bisherigen Stelle für ihn besonders beschwerlich ist; die Kosten der Verlegung hat er zu tragen und vorzuschießen. Dies gilt auch dann, wenn der Teil des Grundstücks, auf den sich die Ausübung beschränkt, durch Rechtsgeschäft bestimmt ist.

Das Recht auf die Verlegung kann nicht durch Rechtsgeschäft ausgeschlossen oder beschränkt werden.

---

1. Ob die besondere Beschwerlichkeit infolge einer Veränderung der Umstände eingetreten ist oder schon von Anfang an vorgelegen hat, ist gleichgültig. M. 485. Liegen die in Abs. 1 bezeichneten Voraussetzungen vor (Wegegerechtigkeit), so ist der Eigentümer auch befugt, wenn die Wahl des Ortes der Ausübung dem Berechtigten bisher freigestanden hat, den Berechtigten auf einen bestimmten Ort zu verweisen, sofern nicht die Ausübung an jeder beliebigen Stelle zum wesentlichen Inhalte der Grunddienstbarkeit erhoben ist. P. 3909. Die Verlegung kann nur innerhalb des belasteten Grundstücks verlangt werden, nicht auf ein anderes Grundstück, auch wenn es für den Berechtigten ebenso geeignet ist. M. 486. P. 3912. RG. 50 S. 32. JW. 1902 S. 71. Die Verlegung ist Änderung des Inhalts der Dienstbarkeit (§ 877), bedarf also der Eintragung. Biermann S. 231. Planck S. 313 A. 4. Predari S. 132. AM. (Unzulässigkeit der Eintragung): Fuchs S. 295 A. 2 b und (Entbehrlichkeit der Eintragung): Dernburg § 166 I 2 c. Turn.-Först. I S. 459 A. 1. Kretzschmar II S. 277 erachtet eine Eintragung nur dann für erforderlich, wenn auch die bisherige Stelle der Ausübung eingetragen war.

Durch rechtsgeschäftliche Bestimmung der Ausübungsstelle wird der Anspruch auf Verlegung nicht ausgeschlossen. Er ist unverzichtbar, unterliegt nicht der Verjährung (§ 902) und wird durch einmalige oder mehrmalige Ausübung nicht erschöpft. Fuchs S. 295 A. 1. Planck S. 314 A. 5.

Die Kosten der Verlegung hat kraft Gesetzes derjenige Eigentümer des dienenden Grundstücks zu tragen, der die Verlegung verlangt hat. Der Berechtigte kann Vorschuß der zur Verlegung erforderlichen Kosten beanspruchen und bis zur Leistung des Vorschusses die Verlegung verweigern. Planck S. 315 A. 7. Ist das herrschende Grundstück mit Rechten Dritter belastet, so bedarf es zur Verlegung der Zustimmung der Dritten. §§ 876, 877. Dernburg § 44 IV S. 128.

2. Der Anspruch des Eigentümers des dienenden Grundstücks geht auf die dingliche Rechtsänderung, welche durch Vertrag oder — auf die aus § 1004 zu erhebende Klage — durch das die Vertragserklärung ersetzende Urteil herbeizuführen ist. M. 486. Der Klageantrag hat die Art der Verlegung zu bezeichnen.

3. Dem Dienstbarkeitsberechtigten steht ein Recht auf Verlegung nicht zu.

4. Entsprechende Anwendung des § 1023 auf die Art der Ausübung der Grunddienstbarkeit ist ausgeschlossen. § 1020. Biermann S. 232 A. 2.

5. Übergangsvorschrift: Art. 184. Danach gilt § 1023 auch für die zur Zeit des Inkrafttretens des BGB. bestehenden Grunddienstbarkeiten. Rechtsgeschäftliche Ausschließungen und Beschränkungen des Verlegungsrechts sind also mit dem 1. Januar 1900 unwirksam geworden.

6. Vorbehaltene Landesgesetze: Art. 113, 115 (Preußen: ALR. I 22 §§ 235, 236. GemTO. v. 7. Juni 1821 §§ 166 ff.)

§ 1024.

Trifft eine Grunddienstbarkeit mit einer anderen Grunddienstbarkeit oder einem sonstigen Nutzungsrecht an dem Grundstücke dergestalt zusammen, daß die Rechte nebeneinander nicht oder nicht vollständig ausgeübt werden können, und haben die Rechte gleichen Rang, so kann jeder Berechtigte eine den Interessen aller Berechtigten nach billigem Ermessen entsprechende Regelung der Ausübung verlangen.

---

1. Zu den Nutzungsrechten im Sinne des § 1024 gehören auch solche Rechte, die nicht zu den Dienstbarkeiten gezählt werden, insbesondere Erbbaurechte. M. 486. Dem Nutzungsrechte des Eigentümers geht die Grunddienstbarkeit nicht unter allen Umständen vor, vielmehr kann bei Grunddienstbarkeiten unbestimmten Umfangs, zB. bei der Mithut, auch ein Zusammentreffen zwischen der Grundgerechtigkeit und dem Eigentum vorkommen. P. 2923. Voraussetzung der Anwendung des § 1024 ist ein Zusammentreffen mehrerer Rechte von gleichem Range. Bei verschiedenem Range geht das vorstehende Nutzungsrecht dem nachstehenden vor. Der Anspruch der Beteiligten auf entsprechende Regelung der Ausübung — durch Festsetzung einer gewissen Reihenfolge, durch Beschränkung auf ein gewisses Maß oder auf eine bestimmte Zeit — ist im Prozeßverfahren geltend zu machen. Ein konstitutives Einschreiten des Richters ist ausgeschlossen, M. 487; die gerichtliche Entscheidung über den Anspruch begründet kein neues Recht, sondern stellt nur den dem Rechte entsprechenden Zustand fest. Der Anspruch auf Regelung der Ausübung ist unverjährbar (P. 3924) und bedarf, da es sich um Änderung des Inhalts des Rechtes handelt, zur dinglichen Wirkung der Eintragung. Planck S. 316 A. 3. Biermann S. 232. Predari S. 132. AM. Fuchs S. 296 A. 1, 2. Turn.-Förſt. I S. 460 A. 2.

2. Entsprechende Bestimmungen enthalten § 1060 für den Nießbrauch, § 1090 Abs. 2 für beschränkte persönliche Dienstbarkeiten. Die Lösung der Kollision zwischen Gebrauchs- oder Nutzungsrechten und Hypotheken oder Reallasten ist den Vorschriften über die Zwangsvollstreckung in das unbewegliche Vermögen überlassen. M. 487. Vgl. ZwVG. §§ 10 ff., 44 ff., 52, 91. EG. z. ZwVG. § 9.

3. Der § 1024 gilt auch für die am 1. Januar 1900 bestehenden Grunddienstbarkeiten. Art. 184 Satz 2.

§ 1025.

Wird das Grundstück des Berechtigten geteilt, so besteht die Grunddienstbarkeit für die einzelnen Teile fort; die Ausübung ist jedoch im Zweifel nur in der Weise zulässig, daß sie für den Eigentümer des belasteten Grundstücks nicht beschwerlicher wird. Gereicht die Dienstbarkeit nur einem der Teile zum Vorteile, so erlischt sie für die übrigen Teile.

---

1. Satz 1. Die Grunddienstbarkeit ist unteilbar. Wird das herrschende Grundstück durch Naturalteilung in mehrere Teile zerlegt, so besteht die Grunddienstbarkeit für alle einzelnen Teile fort, gleichviel, ob mit der Teilung eine Eigentumsveränderung verbunden ist oder nicht. Bringt die Naturalteilung eine Steigerung des Gesamtbedürfnisses hervor, so kommt es darauf an, ob nach dem Begründungsvertrage die Servitut nur zur Befriedigung des beschränkten, nach den zur Zeit der Bestellung vorliegenden Umständen sich ergebenden Bedürfnisses dienen oder ob das jeweilige Bedürfnis maßgebend sein soll. Im Zweifel soll das erstere vermutet, also angenommen werden, daß die Ausübung der Servitut nur in der Weise zulässig ist, daß sie für

den Eigentümer des belasteten Grundstücks nicht beschwerlicher wird. M. 488. P. 3916. Wird sie beschwerlicher, so kann jeder Berechtigte eine dem § 1024 entsprechende Regelung der Ausübung verlangen.

2. Satz 2. Wenn die Servitut zum Vorteil nur eines bestimmten Teiles des herrschenden Grundstücks, zB. des Wohngebäudes dient, so verbleibt sie bei der Teilung des Grundstücks diesem Teile und erlischt für die übrigen Teile ohne weiteres. Der Löschung bedarf es nicht. Doch hat der Eigentümer derjenigen Teile, für welche die Dienstbarkeit erloschen ist, auf Grund des § 892 Abs. 1 Satz 1 den Anspruch auf Berichtigung des Grundbuchs. § 894.

3. Die dem Eigentümer des belasteten Grundstücks obliegende Pflicht zur Unterhaltung einer Anlage (§§ 1021 Abs. 1 Satz 1, 1022) kann im Falle des Satzes 1 von jedem Teileigentümer, im Falle des Satzes 2 nur von dem Alleinberechtigten geltend gemacht werden. Biermann S. 233.

4. Der § 1025 gilt auch für die am 1. Januar 1900 bestehenden Grunddienstbarkeiten. Art. 184.

§ 1026.

Wird das belastete Grundstück geteilt, so werden, wenn die Ausübung der Grunddienstbarkeit auf einen bestimmten Teil des belasteten Grundstücks beschränkt ist, die Teile, welche außerhalb des Bereichs der Ausübung liegen, von der Dienstbarkeit frei.

---

1. Wird das dienende Grundstück in Natur geteilt, so besteht die Grunddienstbarkeit an allen einzelnen Teilen fort. Dies folgt aus dem Wesen der Grunddienstbarkeit, die das Grundstück als ganzes belastet. P. 3914. Ist aber die Ausübung der Grunddienstbarkeit auf einen bestimmten Teil des belasteten Grundstücks beschränkt, wie zB. bei der servitus oneris ferendi (§ 1022) oder bei der Wegegerechtigkeit mit einem bestimmten Wegezuge, dann werden die Teile, welche außerhalb des Bereichs der Ausübung liegen, von der Dienstbarkeit frei. Daß der Berechtigte infolge der Verkleinerung des dienenden Grundstücks bei Umwandlung seines Servitutenanspruchs in einen Anspruch auf einen Teil des Erlöses aus dem Grundstücke im Falle der Zwangsversteigerung (ZwVG. § 92) Abbruch erleiden kann, ist bedeutungslos. M. 488. P. 3914. Das Erlöschen auf den frei gewordenen Teilen erfolgt ohne weiteres, unabhängig von der Löschung im Grundbuch. Dem Eigentümer des belasteten Grundstücks steht aber der Anspruch auf Berichtigung zu. § 894. Zur Abschreibung der freigewordenen Teile des Grundstücks ist die Zustimmung des Dienstbarkeitsberechtigten nicht erforderlich. KG. 24 S. A 118.

2. Hat der Eigentümer des belasteten Grundstücks eine Anlage zu unterhalten (§§ 1021 Abs. 1 Satz 1, 1022), so ist im Falle des § 1026 diese Unterhaltungspflicht auf den Eigentümer desjenigen Teiles beschränkt, auf welchen die Ausübung der Grunddienstbarkeit beschränkt ist. Biermann S. 234. Planck S. 319 A. 2.

3. Der § 1026 gilt auch für die am 1. Januar 1900 bestehenden Grunddienstbarkeiten. Art. 184.

§ 1027.

Wird eine Grunddienstbarkeit beeinträchtigt, so stehen dem Berechtigten die im § 1004 bestimmten Rechte zu.

---

1. Die Rechtsschutzklage des § 1027 entspricht der negatorischen Klage des § 1004. Voraussetzung der Klage ist tatsächliche Störung der Ausübung der Grund-

dienstbarkeit. a, Klageberechtigt ist der Eigentümer des herrschenden Grundstücks, gleichviel, ob er als Eigentümer eingetragen ist oder nicht und ob er das Grundstück besitzt oder nicht besitzt. Von Miteigentümern ist jeder selbständig klageberechtigt. § 744 Abs. 2. Steht nach Teilung des berechtigten Grundstücks die Dienstbarkeit den Parzelleneigentümern zu, so ist ein jeder von ihnen zur Erhebung der Klage legitimiert. Strieth. 25 S. 277. Klageberechtigt sind ferner der Erbbauberechtigte (§ 1017 Abs. 2), der Nießbraucher (§ 1065), der Grundstückspfandgläubiger. Auch der redliche Eigenbesitzer und der Pächter können klageberechtigt sein, wenn durch Nichtanerkennung der Grunddienstbarkeit ihr Recht auf die Früchte des herrschenden Grundstücks (§§ 955, 956) gefährdet wird. Dernburg § 174 II S. 496. AM. (nur Eigentümer): Biermann S. 234. b, Passiv legitimiert ist der Störer. Als solcher erscheint nicht notwendig derjenige, der die Störung vorgenommen hat, sondern derjenige, „durch dessen Willen sie aufrecht erhalten wird". M. 425. Behauptet der Beklagte, daß er die Störung in Ausübung des Rechtes eines Dritten vorgenommen habe, so findet § 76 ZPO. entsprechende Anwendung. § 77 ZPO. M. 428. c, Die Klage geht auf Beseitigung der Störung, auf Wiederherstellung des früheren Zustandes durch Beseitigung der verletzenden Anlagen und auf Schutz gegen künftige Störungen. M. 426. RG. JW. 1900 S. 438. Der Beseitigungspflicht hat der Beklagte, auf seine eigenen Kosten zu genügen, auch wenn die verletzende Anlage nicht von ihm, sondern von seinem Rechtsvorgänger errichtet und beim Erwerbe des belasteten Grundstücks ihm die Grunddienstbarkeit unbekannt gewesen ist. M. 426. Auf Schadensersatz geht die Klage nur, wenn der Störende sich einer unerlaubten Handlung (§§ 823 ff.) schuldig gemacht hat. Die unerlaubten Handlungen des Rechtsvorgängers hat der Sonderrechtsnachfolger nicht zu vertreten. M. 427 ff. Dernburg § 174 III S. 497.

2. Der Anspruch ist ausgeschlossen, wenn der Servitutberechtigte zur Duldung der Beeinträchtigung verpflichtet ist, gleichviel, ob die Verpflichtung auf einem dinglichen oder einem persönlichen Rechte des Beklagten beruht. Steht dem Verpflichteten gegen den Servitutberechtigten ein fälliger Anspruch auf Leistung eines Entgelts für die Ausübung der Dienstbarkeit zu, so kann er der Klage die Einrede aus § 273 entgegensetzen. Dernburg § 174 III S. 497.

3. Den Besitzschutz der Grunddienstbarkeiten regelt § 1029. Daneben steht dem Berechtigten auch die Feststellungsklage des § 256 ZPO. zu. Sie ist gegeben, wenn der Kläger ein rechtliches, nicht bloß tatsächliches Interesse an der alsbaldigen Feststellung der Berechtigung hat. Unrichtige Eintragung der Grunddienstbarkeit im Grundbuch gibt dem Berechtigten den Anspruch auf Berichtigung. § 894.

4. Der § 1027 gilt auch für die zur Zeit des Inkrafttretens des BGB. bestehenden Grunddienstbarkeiten. Art. 184.

*§ 1028.

Ist auf dem belasteten Grundstück eine Anlage, durch welche die Grunddienstbarkeit beeinträchtigt wird, errichtet worden, so unterliegt der Anspruch des Berechtigten auf Beseitigung der Beeinträchtigung der Verjährung, auch wenn die Dienstbarkeit im Grundbuch eingetragen ist. Mit der Verjährung des Anspruchs erlischt die Dienstbarkeit, soweit der Bestand der Anlage mit ihr in Widerspruch steht.

Die Vorschriften des § 892 finden keine Anwendung.

I. Verjährung der Grunddienstbarkeit. 1. Die Vorschrift enthält eine Abweichung a, von § 902 Satz 1, wonach die Ansprüche aus eingetragenen Rechten nicht der Verjährung unterliegen, b, von § 875, wonach zur Aufhebung eines Rechtes an einem Grundstück die Löschung des Rechtes im Grundbuche erforderlich ist. c, Zur Beseitigung etwaiger Zweifel ist zum Ausdruck gebracht, daß die Grundsätze über den öffentlichen Glauben des Grundbuchs und über den gutgläubigen Erwerb (§ 892) im Falle des § 1028 keine Anwendung finden.

Voraussetzung des § 1028 ist eine auf dem belasteten Grundstück errichtete neue selbständige Anlage, durch welche die Grunddienstbarkeit beeinträchtigt wird. Beispiel: Sperrung des Weges bei der Wegegerechtigkeit durch Gräben, Wälle, Zäune u. dgl. Ob die Anlage von dem Eigentümer des belasteten Grundstücks oder von einem anderen errichtet und ob sie sichtbar ist oder nicht, ist unerheblich. Auch darauf kommt nichts an, ob die Anlage gutgläubig errichtet ist. Hat die Anlage 30 Jahre lang bestanden (§ 195) und hat keine Unterbrechung oder Hemmung der Anspruchsverjährung stattgefunden, so ist der Anspruch auf Beseitigung der Anlage verjährt. Mit Eintritt der Verjährung erlischt die Dienstbarkeit, auch wenn sie eingetragen ist, ohne Löschung, insoweit, als sie mit der Anlage in Widerspruch steht, mithin ganz, wenn sie durch die Anlage ganz unmöglich gemacht wird. Die Berufung auf den öffentlichen Glauben des Grundbuchs ist ausgeschlossen. Auch der Erwerber des herrschenden Grundstücks, der sich auf die Eintragung der Dienstbarkeit verlassen hat, kann die erloschene Dienstbarkeit nicht geltend machen. Das Recht des Eigentümers des belasteten Grundstücks, zum Zwecke der Berichtigung des Grundstücks die Löschung der erloschenen Grunddienstbarkeit zu verlangen (§ 894), wird durch § 1028 nicht ausgeschlossen.

Der § 1028 findet auch auf die zur Zeit des Inkrafttretens des BGB. bestehenden Grunddienstbarkeiten Anwendung. Art. 184. Vgl. A. 7.

2. Buchversitzung. Ist die Grunddienstbarkeit im Grundbuch mit Unrecht gelöscht, so erlischt sie, wenn der auf Herstellung eines der Dienstbarkeit entsprechenden Zustandes gerichtete Anspruch des Servitutberechtigten gegen den Eigentümer verjährt ist. § 901. Durch bloße Nichtausübung (non usus und usucapio libertatis) erlischt die Grunddienstbarkeit nicht. M. 477.

II. Sonstige Gründe des Erlöschens der Grunddienstbarkeit. 3. Rechtsgeschäftliche Aufhebung der eingetragenen Grunddienstbarkeiten. Maßgebend sind die allgemeinen Vorschriften der §§ 875, 876, 878. Erforderlich ist also a, die Erklärung des Berechtigten, daß er die Grundgerechtigkeit aufgebe. b, Die Zustimmung des Dritten, mit dessen Rechte das herrschende Grundstück belastet ist (zB. des Nießbrauchers, des Hypothekengläubigers), es sei denn, daß dieses Recht durch die Aufhebung der Grunddienstbarkeit nicht berührt wird. Sowohl die eine wie die andere Erklärung ist dem GBA. oder demjenigen gegenüber abzugeben, zu dessen Gunsten sie erfolgt. Vgl. GBO. § 21. c, Die Löschung der Grundgerechtigkeiten im Grundbuche. Bloßer Verzicht des Berechtigten, ohne Löschung, genügt nicht zur Aufhebung der Grunddienstbarkeit. Ist aber der Verzicht, wenn auch formlos, vom Berechtigten dem Eigentümer des belasteten Grundstücks erklärt und von diesem angenommen, so erlangt der letztere eine Einrede gegen die konfessorische Klage. § 986. Dem Erwerber des herrschenden Grundstücks kann der von dem Rechtsvorgänger erklärte Verzicht nicht entgegengesetzt werden, es sei denn, daß der Erwerb unter den Umständen des § 826 erfolgt ist. Dernburg § 171 II 3 S. 490. Dem bloßen Schweigen des Inhabers einer Grunddienstbarkeit zu der Herstellung eines seinem Rechte zuwiderlaufenden Zustandes durch den Eigentümer des dienenden Grundstücks ist nicht ohne weiteres die Bedeutung eines Verzichtes auf das Recht beizulegen. RG. 48 S. 262.

4. Eintritt des Endtermins oder der auflösenden Bedingung. Das Erlöschen tritt ohne weiteres ein. Die Löschung dient nur zur Berichtigung des Grundbuchs.

5. Dauernde Unmöglichkeit der Ausübung. So Untergang eines der beteiligten Grundstücke (RG. 27 S. 164), Erschöpfung des den Gegenstand der Grunddienstbarkeit bildenden Tonlagers.

6. Zwangsversteigerung des belasteten Grundstücks. (ZwVG. §§ 91, 92, 52).

7. Die Aufhebung von Grunddienstbarkeiten des alten Rechtes und von Grunddienstbarkeiten an buchungsfreien Grundstücken erfolgt nach den bisherigen Gesetzen, bis das Recht in das Grundbuch eingetragen ist. Art. 189 Abs. 3, 128. Unberührt bleiben auch die landesgesetzlichen Vorschriften über die Ablösung, Umwandlung oder Einschränkung von Dienstbarkeiten. Art. 115. (Preußen: Anlage.)

Dadurch, daß der Eigentümer des belasteten Grundstücks das Grundstück des Berechtigten oder der Berechtigte das Eigentum an dem belasteten Grundstück erwirbt (Konfusion), erlischt die Grunddienstbarkeit nicht. (§ 889.)

*§ 1029.

Wird der Besitzer eines Grundstücks in der Ausübung einer für den Eigentümer im Grundbuch eingetragenen Grunddienstbarkeit gestört, so finden die für den Besitzschutz geltenden Vorschriften entsprechende Anwendung, soweit die Dienstbarkeit innerhalb eines Jahres vor der Störung, sei es auch nur einmal, ausgeübt worden ist.

---

1. Voraussetzungen des Schutzes. Das BGB. hat den Rechtsbesitz nicht anerkannt (M. 477), aber aus praktischen Gründen den Grunddienstbarkeiten Besitzschutz verliehen (M. 489 ff., P. 3917 ff.) unter den folgenden Voraussetzungen:

a, Die Grunddienstbarkeit muß in dem Grundbuche eingetragen sein. Dies gilt auch für die sog. apparenten Servituten. P. 3919 f. Sollte die Servitut zu Ungebühr gelöscht sein, so ist der possessorische Schutz ausgeschlossen, mag auch die fortdauernde Ausübung noch so deutlich, insbesondere in der Forthaltung von Anlagen hervortreten. M. 491.

b, Derjenige, welcher possessorischen Schutz verlangt, muß Besitzer des herrschenden Grundstücks sein. Zwischen unmittelbarem und mittelbarem Besitz (§§ 868, 870, 871) ist nicht unterschieden, es sind also auch Pächter, Mieter und Nießbraucher nach Maßgabe des § 869 zu schützen. Mitbesitzer §§ 743 ff.

c. Die Servitut muß innerhalb eines Jahres vor der verletzenden Handlung, gegen welche Schutz gesucht wird, sei es vom Besitzer des herrschenden Grundstücks, sei es von dritten Personen (Mieter, Pächter des herrschenden Grundstücks) (Planck S. 323 A. 3), wenn auch nur einmal, ausgeübt sein. Dies bezieht sich auch auf die sog. „unständigen", d. h. diejenigen Grunddienstbarkeiten, welche nicht in jedem Jahre ausgeübt werden können. P. 3920. „Möglich bleibt, daß in gewissen Fällen der possessorische Schutz um deswillen versagt, weil nach dem besonderen Inhalte der Servitut deren Ausübung in längeren Zwischenräumen als einem Jahre erfolgt." M. 491. Besteht die Grundgerechtigkeit darin, daß auf dem belasteten Grundstück eine gewisse Handlung nicht vorgenommen werden darf, so wird in der bloßen Nichtvornahme der Handlung die Ausübung der Grundgerechtigkeit zu finden sein. Biermann S. 235 A. 1 b. Planck S. 322 A. 3 b. Turn.-Först. I S. 464 A. 1 c.

d, Die Ausübungshandlung muß mit dem Willen, eine Dienstbarkeit auszuüben, geschehen sein. An dem Willen fehlt es, wenn das fremde Grundstück nur vergünstigungsweise benutzt wird oder wenn die Benutzung lediglich deshalb geschieht, weil das Grundstück als öffentliches von jedermann benutzt werden kann. OLG. Stuttgart, ROLG. 6 S. 255.

e, Der Besitzer des herrschenden Grundstücks muß in der Ausübung der Servitut gehindert oder gestört sein. M. 492.

2. Inhalt des Schutzes. Der Besitzer des berechtigten Grundstücks hat für die Grunddienstbarkeit denselben Besitzschutz wie ein Sachbesitzer, also das Gewalt-

anwendungsrecht des § 859 und die Besitzklagen der §§ 861 ff. Sein Gewaltanwendungsrecht geht dem gleichen Rechte des Sachinhabers vor und beseitigt es im Verhältnisse zwischen diesen Personen. M. 492. Die Besitzklage muß innerhalb eines Jahres nach Verübung der verbotenen Eigenmacht angestellt werden, widrigenfalls der Anspruch erlischt. § 864 Abs. 1. Der Besitzesschutz wird gegen jeden Störer und insoweit gewährt, als die Dienstbarkeit innerhalb eines Jahres vor der Störung ausgeübt ist. Es wird aber regelmäßig in der Ausübung eines Teiles die Ausübung der ganzen Dienstbarkeit zu finden sein. Biermann S. 236 A. 2.

3. Übergangsbestimmungen: Art. 191. Für die am 1. Januar 1900 bestehenden Grundgerechtigkeiten bestimmt sich der Besitzschutz, solange das Grundbuch für das belastete Grundstück nicht als angelegt anzusehen ist, nach bisherigem Rechte, von diesem Zeitpunkte ab nach Art. 191 Abs. 2. Grunddienstbarkeiten, deren Ausübung in längeren Zwischenräumen als einem Jahre erfolgt, sind von der Anwendung des Art. 191 Abs. 2 ausgeschlossen. Sie genießen nicht den Besitzschutz. P. 3920. Macht der Berechtigte von der Befugnis, die Grunddienstbarkeit eintragen zu lassen (Art. 187 Abs. 1 Satz 2), Gebrauch, so erwirkt er den vollen Schutz des § 1029. P. 3920. (Preußen: Anlage.)

2. Titel. Nießbrauch.

I. Nießbrauch an Sachen.

*§ 1030.

Eine Sache kann in der Weise belastet werden, daß derjenige, zu dessen Gunsten die Belastung erfolgt, berechtigt ist, die Nutzungen der Sache zu ziehen (Nießbrauch).

Der Nießbrauch kann durch den Ausschluß einzelner Nutzungen beschränkt werden.

---

1. Begriff. Der Nießbrauch ist ein dingliches Recht, bei dessen Begründung der Wille des Bestellers darauf gerichtet sein muß, das Recht auf die Gesamtheit der Sachnutzungen, nicht nur einzelne Bezugsrechte zuzuwenden. Hierdurch unterscheidet sich der Nießbrauch von den beschränkten persönlichen Dienstbarkeiten der §§ 1090 ff. Mit der ausschließenden Natur des Nießbrauchs ist es indessen wohl vereinbar, daß in dem Begründungsvertrage das Recht des Nießbrauchers in einzelnen Punkten beschränkt wird; auch der beschränkte Nießbrauch bleibt immer noch Nießbrauch. M. 493. Nicht aber ist es ein Nießbrauch, wenn nur einzelne Nutzungen — zB. nur die Mieterträge eines Grundstücks — eingeräumt werden. OLG. Celle, ROLG. 6 S. 121.

Nießbrauch im Sinne der Vorschriften des zweiten Titels ist aber nur das durch Rechtsgeschäft begründete Nutzungsrecht. Das gesetzliche Nutzungsrecht des Ehemanns am Vermögen der Frau und der Eltern am Vermögen des Kindes ist vom BGB. als „Nutznießung" bezeichnet und besonders geregelt. §§ 1363 ff., 1525, 1550, 1649 ff., 1684 ff.

2. Gegenstand des Nießbrauchs können sein Sachen jeder Art (§ 90), also auch Grundstücke und grundstücksgleiche Berechtigungen. Auch an einem Bruchteil einer Sache kann ein Nießbrauch bestehen. Es kann sowohl der Miteigentümer an seinem Anteil und an dem Bruchteil seines Anteils, als der Alleineigentümer an einem Bruchteil seiner Sache einen Nießbrauch begründen. Der Nießbrauch an einem Bruchteile ist als Sachnießbrauch anzusehen. P. 4058. Soll ein realer Grundstücksteil mit einem Nießbrauch belastet werden, so kann die Abschreibung von dem Grundstück unterbleiben, wenn hiervon Verwirrung nicht zu besorgen ist. GBO. § 6.

Nießbrauch an verbrauchbaren Sachen: § 1067, an Rechten: §§ 1068 ff., an einem Vermögen: §§ 1085 ff.

Dadurch, daß der Nießbrauch nicht bloß an Grundstücken bestellt werden kann, unterscheidet er sich von den Grunddienstbarkeiten und den beschränkten persönlichen Dienstbarkeiten. §§ 1018, 1090.

3. Nießbraucher. Im Gegensatz zu den Grunddienstbarkeiten, die nur subjektiv dinglich bestellt werden können (§ 1018), ist der Nießbrauch subjektiv persönlich. Mehrere Personen können gemeinsam oder zu ideellen Teilen, zB. ein jeder zur Hälfte, Nießbraucher sein. Nicht aber kann der Eigentümer für sich selbst einen Nießbrauch an seiner Sache bestellen.

4. Nutzungsrecht. Der Nießbraucher kann unter Ausschluß des Eigentümers alle Nutzungen ziehen, soweit sie nicht besonders ausgeschlossen sind. Die Beschränkung auf Nutzungen, die unter Erhaltung der Substanz gewonnen werden können (salva rerum substantia), ist nicht aufgestellt (vgl. § 1039). Das Recht der Verfügung über die Substanz verbleibt dem Eigentümer. Die Nutzungen umfassen die Früchte und die Gebrauchsvorteile. § 100. Früchte einer Sache sind die organischen Erzeugnisse der Sache, die bestimmungsmäßige Ausbeute der Sache, nutzbare Boden- und sonstige Bestandteile (natürliche Früchte), wie Erde, Torf, Mergel, Ton, Kohlen, Marmor, Erz, Gesteine und die Erträge, welche eine Sache vermöge eines Rechtsverhältnisses gewährt (zivile Früchte). § 99. Die natürlichen Früchte erwirbt der Nießbraucher nicht schon mit ihrer Entstehung, sondern erst mit ihrer Trennung. § 954. (Vgl. wegen des Nießbrauchs an Grundstücken §§ 1039 ff.). Der Nießbrauch an einem Grundstück erstreckt sich auch auf die Vermögensrechte, die mit dem Eigentum an dem Grundstück verbunden sind. P. 4064. Er erstreckt sich aber nicht auf ein anderes Grundstück, das später mit dem Nießbrauchgrundstück nach § 890 verbunden wird; der § 1131 bezieht sich nicht auf den Nießbrauch. Fuchs S. 304 A. 2. Planck S. 328 A. 5. AM. Dernburg § 186 Nr. 2 S. 518. Für die Frage, ob der Nießbraucher die Ausübung der mit dem Grundstück verbundenen Ehrenrechte, zB. des Patronats, zusteht, ist das öffentliche Recht der einzelnen Bundesstaaten maßgebend. (Preußen: ALR. I, 21 § 45).

5. Begründung des Nießbrauchs. a, Die Verpflichtung zur Bestellung eines Nießbrauchs kann durch Vertrag oder durch letztwillige Verfügung begründet werden. Der Vertrag bedarf der gerichtlichen oder notariellen Beurkundung, wenn die Verpflichtung dahin geht, sein gegenwärtiges Vermögen oder einen Bruchteil seines gegenwärtigen Vermögens mit einem Nießbrauche zu belasten (§ 311) oder wenn die Bestellung des Nießbrauchs schenkungsweise versprochen wird. § 518 Im übrigen ist der Vertrag formfrei. Die letztwillige Verfügung (Vermächtnis des Nießbrauchs) verschafft dem Bedachten nicht, wie nach römischem Rechte, unmittelbar den Nießbrauch, sondern nur einen Anspruch auf Bestellung des Nießbrauchs. § 2174.

b, Die rechtsgeschäftliche Bestellung des Nießbrauchs erfolgt nach den allgemeinen Bestimmungen der §§ 873—902. Erforderlich ist also dinglicher Vertrag und beim Nießbrauch an Grundstücken oder grundstücksgleichen Gerechtigkeiten Eintragung im Grundbuch. Der dingliche Vertrag ist formfrei. Bei der Eintragung des Nießbrauchs an einem Grundstücke kann auf die Eintragungsbewilligung Bezug genommen werden. GBO. § 50. Auch bei nachträglichen Änderungen im Inhalte des eingetragenen Nießbrauchs waltet Eintragungszwang ob. So zB. wenn nachträglich einzelne Nutzungen ausgeschlossen oder bisher ausgeschlossene Nutzungen hinzugefügt werden.

Der Nießbrauch ist nicht übertragbar, nicht veräußerlich, nicht vererblich, nicht belastbar. Die Ausübung eines Nießbrauchs kann einem anderen überlassen, auch im Wege der Zwangsvollstreckung gepfändet werden. § 1059. ZPO. § 857. Diese Überlassung gibt aber kein dingliches Recht am Grundstücke, ist also von der Eintragung ausgeschlossen.

Die Löschung des Nießbrauchs im Grundbuche erfolgt nach den allgemeinen Vorschriften. Vgl. § 1061. GBO. § 23.

Grundstücksnatur hat der Liegenschaftsnießbrauch nicht. Seine Belastung mit einer Hypothek ist also ausgeschlossen. Fuchs S. 303 A. 3a.

Abweichend vom Nießbrauch ist die sog. Nutznießung (oben A. 1) weder eintragungsbedürftig noch eintragungsfähig. Turn.-Först. I S. 466 A. 2. Auch die Eintragung des Ausschlusses der Nutznießung ist unzulässig. KG. RJA. 3 S. 161.

Erwerb des Nießbrauchs durch Ersitzung ist nur bei beweglichen Sachen möglich. § 1033. An unbeweglichen Sachen ist nur Buchersitzung nach § 900 zulässig. P. 4062.

6. Übergangsvorschriften enthalten die Art. 184, 189. Unberührt bleiben die landesgesetzlichen Vorschriften über das Pfründenrecht. (Preußen: Anlage).

§ 1031.

Mit dem Nießbrauch an einem Grundstück erlangt der Nießbraucher den Nießbrauch an dem Zubehöre nach den für den Erwerb des Eigentums geltenden Vorschriften des § 926.

Zubehörstücke, die dem Besteller gehören, gehen, ohne daß es der Übergabe bedarf, mit dem Nießbrauch an dem Grundstück auf den Nießbraucher über, vorausgesetzt, daß nach dem übereinstimmenden Willen des Bestellers und des Nießbrauchers der Nießbrauch sich auf das Zubehör erstrecken soll. Dieser Wille wird aber vermutet. § 926 Abs. 1 Satz 2. An Zubehörstücken, die dem Besteller nicht gehören, erlangt der Berechtigte den Nießbrauch nach den Bestimmungen der §§ 932—936. § 926. Sind die Sachen mit dem Rechte eines Dritten belastet, so geht der Nießbrauch dem Rechte des Dritten nach Maßgabe des § 936 vor. § 1032 Satz 2.

§ 1032.

Zur Bestellung des Nießbrauchs an einer beweglichen Sache ist erforderlich, daß der Eigentümer die Sache dem Erwerber übergibt und beide darüber einig sind, daß diesem der Nießbrauch zustehen soll. Die Vorschriften des § 929 Satz 2 und der §§ 930—936 finden entsprechende Anwendung; in den Fällen des § 936 tritt nur die Wirkung ein, daß der Nießbrauch dem Rechte des Dritten vorgeht.

Fahrnisrecht. Es gelten die Grundsätze von der Übertragung des Eigentums. §§ 929—936. Erforderlich zur Begründung des Nießbrauchs an beweglichen Sachen ist also außer der Einigung über die Bestellung die Besitzübergabe. Übergabe kurzer Hand: § 929, constitutum possessorium: § 930, Klageabtretung: § 931, Vollstreckung eines Urteils auf Bestellung des Nießbrauchs an einer beweglichen Sache: ZPO. § 897.

§ 1033.

Der Nießbrauch an einer beweglichen Sache kann durch Ersitzung erworben werden. Die für den Erwerb des Eigentums durch Ersitzung geltenden Vorschriften finden entsprechende Anwendung.

Fahrnisrecht. Zur entsprechenden Anwendung gelangen die §§ 937 ff. Ist am 1. Januar 1900 die Ersitzung des Nießbrauchs an einer beweglichen Sache noch nicht vollendet, so finden die Vorschriften des Art. 169 entsprechende Anwendung. Art. 185. An Grundstücken ist nur die Buchersitzung nach § 900 zulässig. P. 4062.

§ 1034.

Der Nießbraucher kann den Zustand der Sache auf seine Kosten durch Sachverständige feststellen lassen. Das gleiche Recht steht dem Eigentümer zu.

---

1. „Der Eigentümer hat bei Beendigung des Nießbrauchs zu beweisen, in welchem Zustande der Nießbraucher die Sache empfangen hat. § 1055. Hieraus können für beide Teile Übelstände entstehen ... Deshalb müssen beide Teile das Recht haben, die Feststellung des Zustandes der Sache ... herbeizuführen ..." M. 507. Die Feststellung kann zu jeder Zeit, nicht bloß bei dem Beginn des Nießbrauches verlangt werden. Für die Ernennung, Beeidigung und Vernehmung der Sachverständigen ist das Amtsgericht zuständig, in dessen Bezirke sich die Sache befindet. Durch eine ausdrückliche Vereinbarung der Beteiligten kann die Zuständigkeit eines anderen Amtsgerichts begründet werden. Eine Anfechtung der Verfügung, durch welche dem Antrage stattgegeben wird, ist ausgeschlossen. Bei dem Verfahren ist der Gegner, soweit tunlich, zu hören. RFG. § 164. Die Kosten trägt der Antragsteller.

2. Übergangsvorschrift. Landesgesetzlich werden dem Eigentümer günstige Vermutungen über den Zustand der Nießbrauchsache bei Beginn des Nießbrauchs aufgestellt. So im preuß. ALR. I, 21, §§ 48, 119 ff. Diese Rechtsvermutungen betreffen doch wohl den Umfang der Rechte und Pflichten des Nießbrauchers und damit den Inhalt des Nießbrauchs. Sie werden also nach Art. 184 für den zur Zeit des Inkrafttretens des BGB. bestehenden Nießbrauch Anwendung finden. Dernburg § 189, 3 S. 529. AM. Turn.-Först. I S. 468. Das BGB. kennt Rechtsvermutungen der bezeichneten Art nicht.

§ 1035.

Bei dem Nießbrauch an einem Inbegriffe von Sachen sind der Nießbraucher und der Eigentümer einander verpflichtet, zur Aufnahme eines Verzeichnisses der Sachen mitzuwirken. Das Verzeichnis ist mit der Angabe des Tages der Aufnahme zu versehen und von beiden Teilen zu unterzeichnen; jeder Teil kann verlangen, daß die Unterzeichnung öffentlich beglaubigt wird. Jeder Teil kann auch verlangen, daß das Verzeichnis durch die zuständige Behörde oder durch einen zuständigen Beamten oder Notar aufgenommen wird. Die Kosten hat derjenige zu tragen und vorzuschießen, welcher die Aufnahme oder die Beglaubigung verlangt.

---

1. Sachinbegriff. Das BGB. setzt (§ 92 Abs. 2) den Begriff als einen des gewöhnlichen Lebens voraus und in diesem ist er „die Zusammenfassung mehrerer selbständiger Sachen unter einer Kollektivbezeichnung (Lager, Gallerie, Bibliothek, Inventar 2c.), unter der der Verkehr eine unbestimmte, aber bestimmbare Anzahl von selbständigen Sachen versteht." Rehbein I S. 80. Für die Bestellung des Nießbrauchs an einem Vermögen gilt der Grundsatz, daß der Nießbrauch nur soweit besteht, als er an den einzelnen Sachen erlangt ist. § 1085. Derselbe Grundsatz ist auch für die Bestellung des Nießbrauchs an einem Sachinbegriff anzunehmen. P. 6070.

2. Das „Verzeichnis" des § 1035 hat nur die Bedeutung einer Beweisurkunde, nicht die eines Anerkennungsvertrages. Es steht also den Beteiligten frei später etwaige Irrtümer nachzuweisen. P. 4077 f.

3. Das vertragsmäßige Recht des Bestellers wird durch das Recht des Eigentümers nicht beseitigt. Der Eigentümer hat aber ein Interesse an der Erlangung des Verzeichnisses, da er, wenn der Erwerber des Nießbrauchs bei der Bestellung in gutem Glauben gewesen ist, den Nießbrauch dulden muß. P. 6070.

4. Verfahren: § 1034 A. 1. Öff. Beglaubigung: § 129. RFG. §§ 167, 191. Die zuständige Behörde bestimmt das Landesrecht.

§ 1036.

Der Nießbraucher ist zum Besitze der Sache berechtigt.

Er hat bei der Ausübung des Nutzungsrechts die bisherige wirtschaftliche Bestimmung der Sache aufrechtzuerhalten und nach den Regeln einer ordnungsmäßigen Wirtschaft zu verfahren.

---

1. Abs. 1. Der Nießbraucher ist befugt, sein Recht auf die Nutzungen selbst zu verwirklichen, indem er die tatsächliche Gewalt über die Sache ausübt. Deshalb darf er die Einräumung des Besitzes beanspruchen. Sein Besitz ist ein unmittelbarer, der mittelbare Besitz bleibt dem Eigentümer. Im Falle des § 1052 kann der Eigentümer verlangen, daß die Ausübung des Nießbrauchs einem vom Gericht zu bestellenden Verwalter übertragen wird. In diesem Falle hat der Nießbraucher ebenso wie der Eigentümer nur mittelbaren Besitz. Inwieweit eine der Sequestration ähnliche rechtsgeschäftliche Beschränkung des Besitzrechtes des Nießbrauchers zulässig ist, lassen die Motive dahingestellt bleiben. M. 497. Mit Dernburg (§ 187,1 S. 520) ist anzunehmen, daß der Zulässigkeit einer solchen, auf Vereinbarung zwischen dem Eigentümer und dem Nießbraucher beruhenden Beschränkung ein gesetzliches Hindernis nicht entgegensteht. Ist der Nießbrauch durch constitutum possessorium (§ 930) oder durch Abtretung des Anspruchs auf Herausgabe (§ 931) bestellt, so muß sich der Nießbraucher mit dem mittelbaren Besitz begnügen. Biermann S. 240 A. 1. Das Recht zum Besitze steht dem Nießbraucher nicht nur gegen den Besteller, sondern auch gegen jeden Dritten zu, der nicht ein stärkeres Recht zum Besitze hat. § 1065. Biermann a. a. O. Fuchs S. 306.

Erlischt der Nießbrauch, so steht dem Eigentümer nicht nur der gewöhnliche Eigentumsanspruch, sondern auch der besondere obligatorische Anspruch gegen den Nießbraucher auf Rückgabe der Sache zu. P. 6071.

2. Abs. 2. Bei der Bewirtschaftung des Nießbrauchgrundstücks ist der Nießbraucher an die bisherige vom Eigentümer getroffene wirtschaftliche Bestimmung des Grundstücks gebunden. Er darf also das Grundstück nicht einem anderen wirtschaftlichen Zwecke widmen (Biermann S. 240 A. 3a), zB. ein zum Betriebe der Landwirtschaft benutztes Grundstück nicht in ein Fabrikgrundstück, ein Wohnhaus nicht in einen Speicher umwandeln. Strieth. 89 S. 272. Innerhalb dieser Grenzen hat der Nießbraucher nach den Regeln einer ordnungsmäßigen Wirtschaft zu verfahren und für den wirtschaftlichen Bestand der Sache Sorge zu tragen. M. 504. In dieser Beziehung wird eine Rücksichtnahme auf das bisherige Verfahren des Eigentümers nicht gefordert. M. 505. Vgl. § 1037.

Die rechtliche Verfügung über die Sache (durch Veräußerung, Verpfändung, Belastung mit Rechten) verbleibt dem Eigentümer. Vgl. § 1048.

§ 1037.

Der Nießbraucher ist nicht berechtigt, die Sache umzugestalten oder wesentlich zu verändern.

Der Nießbraucher eines Grundstücks darf neue Anlagen zur Gewinnung von Steinen, Kies, Sand, Lehm, Ton, Mergel, Torf und sonstigen Bodenbestandteilen errichten, sofern nicht die wirtschaftliche Bestimmung des Grundstücks dadurch wesentlich verändert wird.

1. Abs. 1. Die Übertretung des hier ausgesprochenen Verbots verpflichtet zur Wiederherstellung des früheren Zustandes der Sache. Diese Verpflichtung kann auch während der Dauer des Nießbrauches geltend gemacht werden, ohne daß darauf etwas ankommt, ob durch die Veränderung ein Schaden gestiftet ist. M. 508.

2. Abs. 2. Neue Anlagen sind solche, die bisher nicht bestanden haben; es ist also nicht notwendig, daß derartige Anlagen bereits vorhanden waren. Biermann S. 241 A. 2. Die Herstellung neuer Anlagen zum Zwecke der Gewinnung von Bodenbestandteilen ist dem Nießbraucher gestattet. Die Grenze dieser Befugnis bestimmt das BGB. nach dem Interesse des Eigentümers, die Sache im wesentlichen unverändert zurückzuerhalten. M. 503. Es darf also zB. ein landwirtschaftlich genutztes Grundstück zu einem Teile in einen Steinbruch umgewandelt werden, aber nur insofern dadurch die landwirtschaftliche Benutzung nicht wesentlich beeinträchtigt wird. Turn.-Först. I S. 471 A. 2.

§ 1038.

Ist ein Wald Gegenstand des Nießbrauchs, so kann sowohl der Eigentümer als der Nießbraucher verlangen, daß das Maß der Nutzung und die Art der wirtschaftlichen Behandlung durch einen Wirtschaftsplan festgestellt werden. Tritt eine erhebliche Änderung der Umstände ein, so kann jeder Teil eine entsprechende Änderung des Wirtschaftsplans verlangen. Die Kosten hat jeder Teil zur Hälfte zu tragen.

Das gleiche gilt, wenn ein Bergwerk oder eine andere auf Gewinnung von Bodenbestandteilen gerichtete Anlage Gegenstand des Nießbrauchs ist.

Beobachtung der in § 1035 angegebenen Formen ist nicht notwendig. Bei der allgemeinen Klausel des Abs. 2 ist besonders gedacht an Schiefer-, Sandstein-, Granitbrüche, Abbau von Porzellanerde, Lehm usw. P. 8569.

§ 1039.

Der Nießbraucher erwirbt das Eigentum auch an solchen Früchten, die er den Regeln einer ordnungsmäßigen Wirtschaft zuwider oder die er deshalb im Übermaße zieht, weil dies infolge eines besonderen Ereignisses notwendig geworden ist. Er ist jedoch, unbeschadet seiner Verantwortlichkeit für ein Verschulden, verpflichtet, den Wert der Früchte dem Eigentümer bei der Beendigung des Nießbrauchs zu ersetzen und für die Erfüllung dieser Verpflichtung Sicherheit zu leisten. Sowohl der Eigentümer als der Nießbraucher kann verlangen, daß der zu ersetzende Betrag zur Wiederherstellung der Sache insoweit verwendet wird, als es einer ordnungsmäßigen Wirtschaft entspricht.

Wird die Verwendung zur Wiederherstellung der Sache nicht verlangt, so fällt die Ersatzpflicht weg, soweit durch den ordnungswidrigen oder den übermäßigen Fruchtbezug die dem Nießbraucher gebührenden Nutzungen beeinträchtigt werden.

1. Der Nießbraucher wird Eigentümer der von der Nießbrauchsache getrennten Früchte. § 954. „Der **Fruchtbegriff** bezieht sich auch auf solche Trennstücke, deren Trennung den Regeln einer guten Wirtschaft nicht entspricht. . . . Ob die Trennung durch eine Handlung des Nießbrauchers, durch einen Zufall oder durch die . . . Handlung eines Dritten geschehen ist, bleibt gleichgültig. Eine dem wirtschaftlichen Zwecke der Sache nicht entsprechende Trennung liegt auch dann vor, wenn die Trennung selbst zwar wirtschaftlich nicht zu beanstanden, aber die Notwendigkeit der Trennung durch einen Zufall, zB. durch verheerenden Raupenfraß in einem Walde, herbeigeführt ist und ohne diesen Zufall die Trennung unwirtschaftlich gewesen sein würde." M. 500 f.

2. Der Nießbraucher wird aber für die im Übermaße getrennten Früchte dem **Eigentümer obligatorisch haftbar.**

a, Er haftet für Schadensersatz im Falle eines Verschuldens.

b, Er hat bei Beendigung des Nießbrauchs den Wert der Früchte zur Zeit der Trennung zu erstatten und dieserhalb sofort gemäß §§ 232 ff. Sicherheit zu leisten.

c, Er ist verpflichtet, wenn der Eigentümer es verlangt, schon während der Dauer des Nießbrauchs Ersatz zu leisten, aber nur zur Wiederherstellung der Sache und nur insoweit, als die Verwendung zur Wiederherstellung einer ordnungsmäßigen Wirtschaft entspricht. Der überschießende Betrag ist erst bei Beendigung des Nießbrauchs zu zahlen, wie im Falle b ohne Zinsen.

d, Der Nießbraucher ist aber berechtigt, auch seinerseits während der Dauer des Nießbrauchs zu verlangen, daß der von ihm zu ersetzende Betrag zur Wiederherstellung der Sache insoweit verwendet wird, als es einer ordnungsmäßigen Wirtschaft entspricht. Die Ausführung der Verwendung liegt dem Eigentümer und dem Nießbraucher gemeinschaftlich ob.

Eine Verzinsung des zu ersetzenden Betrages während der Dauer des Nießbrauchs ist nicht vorgeschrieben. In den Fällen zu c und d geht allerdings dem Nießbraucher der Zinsgenuß an dem Wertbetrage für die Dauer seines Nießbrauchs verloren. Doch wird ihn die durch die Wiederherstellung der Sache herbeigeführte Erhöhung des Nutzungswertes des Grundstückes in der Regel für den entgangenen Zinsgenuß entschädigen. P. 4067.

e, Wenn der Eigentümer die Wiederherstellung der Sache nicht beansprucht, so wird der Nießbraucher von der Zahlungspflicht insoweit befreit, als die ihm gebührenden Nutzungen durch den ordnungswidrigen oder übermäßigen Fruchtbezug beeinträchtigt werden. Diese Bestimmung muß ihrer allgemeinen Fassung nach nicht nur in dem in den Motiven allein hervorgehobenen Fall, daß die übermäßige Trennung von Früchten durch ein besonderes Ereignis herbeigeführt oder infolge eines solchen notwendig geworden ist (M. 501 f.), sondern auch im Falle unwirtschaftlicher Trennung der Früchte Anwendung finden. Turn.-Först. I S. 473 A. 3.

§ 1040.

Das Recht des Nießbrauchers erstreckt sich nicht auf den Anteil des Eigentümers an einem Schatze, der in der Sache gefunden wird.

Dem Nießbraucher gebührt weder der dem Eigentümer nach § 984 zufallende Anteil noch der Nießbrauch an diesem Anteil. M. 504. P. 4070.

§ 1041.

Der Nießbraucher hat für die Erhaltung der Sache in ihrem wirtschaftlichen Bestande zu sorgen. Ausbesserungen und Erneuerungen liegen ihm nur insoweit ob, als sie zu der gewöhnlichen Unterhaltung der Sache gehören.

1. Die Erhaltungspflicht des Nießbrauchers geht auf die Erhaltung des wirtschaftlichen Bestandes, nicht aber auf die Erhaltung des körperlichen Zustandes der Sache, welcher bei dem Beginne des Nießbrauchs bestand. Ebensowenig ist der Nießbraucher verpflichtet, für die Erhaltung des Kapitalwertes der Sache Sorge zu tragen und den ihm zufallenden Reingewinn so zu beschränken, daß zunächst der Abbruch am Kapitalwerte ergänzt wird. M. 504.

2. Die vom Nießbraucher zu tragenden gewöhnlichen Reparaturen (Gegensatz: § 1042, Hauptreparaturen) sind die im Laufe der Dinge regelmäßig, in kürzeren Perioden wiederkehrenden Ausbesserungen und Wiederherstellungen. „Die Herbeiführung des Bedürfnisses durch einen Zufall schließt die Reparaturpflicht des Nießbrauchers nicht aus, sobald solche Zufälle in Frage stehen, denen man sich im Laufe der Dinge von Zeit zu Zeit zu versehen hat. Es ist deshalb auch möglich, daß bei Beschädigungen der Sache durch dritte Personen die stärkere Verpflichtung des § 1041 und nicht die schwächere Verpflichtung des § 1042 eintritt." M. 511.

3. Die deliktmäßige Haftung des Nießbrauchers zur Wiederherstellung der von ihm beschädigten Sache (§ 276) wird durch § 1041 nicht berührt. M. 511.

§ 1042.

Wird die Sache zerstört oder beschädigt oder wird eine außergewöhnliche Ausbesserung oder Erneuerung der Sache oder eine Vorkehrung zum Schutze der Sache gegen eine nicht vorhergesehene Gefahr erforderlich, so hat der Nießbraucher dem Eigentümer unverzüglich Anzeige zu machen. Das gleiche gilt, wenn sich ein Dritter ein Recht an der Sache anmaßt.

Die unverzüglich (§ 121 Abs. 1) zu machende Anzeige ist an keine Form gebunden. Schuldhaftes Unterlassen der Anzeige verpflichtet den Nießbraucher zum Schadensersatz. Hat ein Dritter die Sache zerstört oder beschädigt, so bleiben bezüglich des gegen ihn begründeten Schadensersatzanspruchs die Rechtspositionen des Eigentümers und des Nießbrauchers von einander getrennt. M. 509. Es hat also regelmäßig der Eigentümer den Wert der Sache nach Abzug des Wertes des Nießbrauchs, der Nießbraucher den Wert des Nießbrauchs zu beanspruchen. Planck S. 342 A. 5.

§ 1043.

Nimmt der Nießbraucher eines Grundstücks eine erforderlich gewordene außergewöhnliche Ausbesserung oder Erneuerung selbst vor, so darf er zu diesem Zwecke innerhalb der Grenzen einer ordnungsmäßigen Wirtschaft auch Bestandteile des Grundstücks verwenden, die nicht zu den ihm gebührenden Früchten gehören.

Eine Verpflichtung zu außergewöhnlichen Ausbesserungen oder Erneuerungen liegt weder dem Nießbraucher noch dem Eigentümer ob. P. 4096. Beide sind aber zur Vornahme berechtigt. Zu diesem Zwecke ist der Nießbraucher des Grundstücks, ohne daß er der Zustimmung des Eigentümers bedarf, befugt, auch Bestandteile des Grundstücks zu verwenden, die nicht zu den ihm gebührenden (§ 1039) Früchten gehören. Doch steht ihm dies Verwendungsrecht nur innerhalb der vom Eigentümer selbst einzuhaltenden Grenzen einer ordnungsmäßigen Wirtschaft zu. Einen Anspruch des Eigentümers auf Ersatz des Wertes der verwendeten Bestandteile begründet die Verwendung nicht (M. 511); ebensowenig einen Anspruch des Nießbrauchers auf Ersatz für die eingebüßten Nutzungen der verwendeten Bestandteile. Planck S. 343 A. 3. Wegen der dem Nießbraucher auf Grund der von ihm selbst vorgenommenen Ausbesserung oder Erneuerung gegen den Eigentümer zustehenden Ersatzansprüche ist § 1049 maßgebend.

§ 1044.

Nimmt der Nießbraucher eine erforderlich gewordene Ausbesserung oder Erneuerung der Sache nicht selbst vor, so hat er dem Eigentümer die Vornahme und, wenn ein Grundstück Gegenstand des Nießbrauchs ist, die Verwendung der im § 1043 bezeichneten Bestandteile des Grundstücks zu gestatten.

Lehnt der Nießbraucher eine Ausbesserung oder Erneuerung ab, so kann solche der Eigentümer vornehmen. Aber nur wenn der Nießbraucher, der nicht ohne weiteres im Besitze gestört werden darf, es gestattet. Ist die Gestattung erteilt oder auf Klage des Eigentümers durch Urteil ersetzt (ZPO. § 994), so kann der Eigentümer ferner verlangen, daß der Nießbraucher ihm auch die Verwendung der im § 1043 bezeichneten Bestandteile des Grundstücks gestatte. Sind die vom Eigentümer vorgenommenen Ausbesserungen oder Erneuerungen solche, die als gewöhnliche nach § 1041 dem Nießbraucher oblagen, so hat letzterer die erforderlichen Kosten dem Eigentümer zu erstatten. Für die außergewöhnliche Ausbesserung 2c. (§ 1042) kann der Eigentümer vom Nießbraucher nur Ersatz der Mehrkosten beanspruchen, die durch Ablehnen der Gestattung entstanden sind. Planck S. 344 A. 3.

§ 1045.

Der Nießbraucher hat die Sache für die Dauer des Nießbrauchs gegen Brandschaden und sonstige Unfälle auf seine Kosten unter Versicherung zu bringen, wenn die Versicherung einer ordnungsmäßigen Wirtschaft entspricht. Die Versicherung ist so zu nehmen, daß die Forderung gegen den Versicherer dem Eigentümer zusteht.

Ist die Sache bereits versichert, so fallen die für die Versicherung zu leistenden Zahlungen dem Nießbraucher für die Dauer des Nießbrauchs zur Last, soweit er zur Versicherung verpflichtet sein würde.

---

1. Die Versicherungspflicht besteht ohne weiteres, unabhängig vom Verlangen des Eigentümers, aber nur soweit die Versicherung bei ordnungsmäßiger Wirtschaft geboten erscheint. Der Versicherungsvertrag ist zu schließen als Vertrag zugunsten des Eigentümers; d. h. als Vertrag zugunsten eines Dritten. Biermann S. 246. Zu versichern ist der volle Wert der Sache, ohne Abzug des Nießbrauchs. P. 4081 f. Die Zahlung hat der Nießbraucher aus eigenen Mitteln zu leisten. Im Falle des Abs. 2 besteht die Zahlungsverbindlichkeit des Nießbrauchers nur dem Eigentümer, nicht dem Versicherer gegenüber. Die vom Nießbraucher über die Dauer seines Nießbrauchs hinaus gezahlten Beträge sind ihm vom Eigentümer zu erstatten. § 103.

2. Ob auch ungetrennte Feldfrüchte (gegen Hagelschlag) zu versichern sind, ist streitig. Für die Annahme der Versicherungspflicht spricht, daß die Früchte, solange sie mit dem Boden zusammenhängen, als wesentliche Bestandteile des Grundstücks Eigentum des Eigentümers sind und daß dieser für den Fall, daß der Nießbrauch vor der Trennung der Früchte endet, Interesse daran hat, daß sie versichert sind. Gierke in Ihering Jahrb. 40 S. 358. Biermann S. 246 A. 1. Kretzschmar I S. 301. AM. Planck S. 345 A. 2. Turn.-Förster. I S. 475 A. 1, 480 A. 2.

§ 1046.

An der Forderung gegen den Versicherer steht dem Nießbraucher der Nießbrauch nach den Vorschriften zu, die für den Nießbrauch an einer auf Zinsen ausstehenden Forderung gelten.

Tritt ein unter die Versicherung fallender Schaden ein, so kann sowohl der Eigentümer als der Nießbraucher verlangen, daß die Versicherungssumme zur Wiederherstellung der Sache oder zur Beschaffung eines Ersatzes insoweit verwendet wird, als es einer ordnungsmäßigen Wirtschaft entspricht. Der Eigentümer kann die Verwendung selbst besorgen oder dem Nießbraucher überlassen.

Nur die Forderung aus einer nach Maßgabe des § 1045 genommenen Versicherung ist Gegenstand des Nießbrauchs. Der Nießbrauch beginnt nicht erst mit dem Eintritt des die Zahlungspflicht des Versicherers begründenden Unfalls (Entw. I § 1002; P. 4082), sondern in dem Zeitpunkt, in welchem die Versicherung und der Nießbrauch an der versicherten Sache zusammentreffen. Die anzuwendenden Vorschriften sind die der §§ 1070—1072, 1076—1079. Sache des Nießbrauchers ist es, die ihm danach zustehenden Rechte gegen den Versicherer zu wahren, da (abweichend von § 1128) eine Bestimmung dahin, daß der Versicherer das Grundbuch einzusehen und dem Nießbraucher Anzeige zu machen hat, hier nicht getroffen ist. Turn.-Förſt. I S. 476 A. 1. AM. Gierke in Jhering Jahrb. 40 S. 407. Sollte eine Wiederherstellung nicht ausführbar sein, so bleibt es bei dem Forderungsnießbrauche. M. 515. Der Eigentümer hat zur Wiederherstellung die Zustimmung des Nießbrauchers einzuholen oder dessen Verurteilung zur Zustimmung zu erwirken. Ob die Wiederherstellung verlangt werden kann, ist nach der Lage der Sache zu beurteilen. Erscheint nach dieser die Wiederherstellung geboten und ausführbar, so steht das etwa entgegengesetzte Interesse des Eigentümers dem des Nießbrauchers nach. Planck S. 448 A. 4. Kretzschmar II S. 300.

Eine vom Eigentümer zum Ersatz beschaffte Sache wird dem Nießbrauch unterworfen, sobald sie dem Nießbraucher übergeben und von ihm angenommen ist. Planck S. 348 A. 5.

§ 1047.

Der Nießbraucher ist dem Eigentümer gegenüber verpflichtet, für die Dauer des Nießbrauchs die auf der Sache ruhenden öffentlichen Lasten mit Ausschluß der außerordentlichen Lasten, die als auf den Stammwert der Sache gelegt anzusehen sind, sowie diejenigen privatrechtlichen Lasten zu tragen, welche schon zur Zeit der Bestellung des Nießbrauchs auf der Sache ruhten, insbesondere die Zinsen der Hypothekenforderungen und Grundschulden sowie die auf Grund einer Rentenschuld zu entrichtenden Leistungen.

---

1. Die Vorschriften beziehen sich nur auf das Verhältnis zwischen Nießbraucher und Eigentümer, nicht auf das Verhältnis des Nießbrauchers zu dritten Personen, insbesondere verleihen sie nicht dem Lastenberechtigten einen unmittelbaren Anspruch gegen den Nießbraucher. Sie betreffen nur „die auf der Sache ruhenden", also die — eingetragenen oder nicht eingetragenen — dinglichen Lasten der Sache, nicht die persönlichen Lasten — zB. die persönlichen Steuern — des Eigentümers. Sie gelten endlich nur für die Dauer des Nießbrauchs (§ 103; M. 515) und sind nur dispositive; die Beteiligten können das Verhältnis auch anders regeln.

2. Öffentliche Lasten hat der Nießbraucher im vollen Umfange zu tragen, gleichviel ob sie schon bei der Begründung des Nießbrauchs auf der Sache ruhten oder erst später auf die Sache gelegt sind. Ausgenommen sind nur die außerordentlichen Lasten, die als auf den Stammwert der Sache gelegt anzusehen sind. M. 516. Unberührt bleiben die landesgesetzlichen Vorschriften über die Kirchenbaulast und die Schulbaulast. Art. 132.

3. Von privatrechtlichen Lasten (Zinsen, Renten, Reallasten) hat der Nießbraucher nur die zu tragen, die zur Zeit der Bestellung des Nießbrauchs auf der Sache ruhten. M. 516. Die Zinsen der Eigentümerhypothek oder Grundschuld sind vom Nießbraucher zu entrichten. P. 4083. Planck S. 351. Turn.-Förſt. I S. 479 A. 3. Biermann S. 426. Eine Zinserhöhung aus § 1119, die erst nach der Bestellung des Nießbrauchs eingetreten ist, hat der Nießbraucher nicht zu tragen. Biermann S. 248. Fuchs S. 309. Oberneck S. 414. Planck S. 350. AM. Dernburg § 188, 5 b S. 525. Wird eine unverzinsliche Höchstbetragshypothek (§ 1190) nach Bestellung des Nießbrauchs in eine verzinsliche umgeschrieben, so hat der Nießbraucher die Zinsen nicht zu zahlen. Biermann S. 248. Fuchs S. 309. Turn.-Förſt. I S. 478 A. 3. AM. Dernburg § 188, 5 b S. 525. Bei Gesamthypotheken erscheint vertragsmäßige Festsetzung unvermeidlich. M. 517. Ist sie unterblieben, so hat der Nießbraucher den Zinsenanteil zu zahlen, welchen der den Nießbrauch bestellende Eigentümer den Eigentümern der mithaftenden Grundstücke gegenüber zu zahlen verpflichtet ist. Turn.-Förſt. I S. 479. Dernburg § 188, 3 b S. 525. AM. Fuchs S. 309 und Oberneck S. 414. Danach ist zu unterscheiden, ob die Gesamtpost im Interesse der Bewirtschaftung des Nießbrauchsgrundstücks aufgenommen ist oder nicht; im ersteren Falle soll sie der Nießbraucher ganz, im letzteren Falle anteilsweise tragen. Nach Planck S. 350 soll das Wertverhältnis der Grundstücke maßgebend sein. Nach Biermann S. 248 hat der Nießbraucher die Zinsen ganz zu zahlen. Zinsen von Vormerkungen hat der Nießbraucher nicht zu zahlen, da diese Zinsen von der persönlichen Schuld zu entrichten sind. Biermann S. 248. Für Zinsen, die auf Grund des Verzuges des Eigentümers zu zahlen sind, haftet der Nießbraucher nicht, gleichviel, ob der Verzug bereits bei Bestellung des Nießbrauchs eingetreten war oder erst nachher eintritt. Biermann S. 248.

Für die Berichtigung gekündigter Kapitalposten zu sorgen, ist der Nießbraucher nicht verpflichtet. M. 518. Er hat also auch Amortisationszuschläge nicht zu leisten.

§ 1048.

Ist ein Grundstück samt Inventar Gegenstand des Nießbrauchs, so kann der Nießbraucher über die einzelnen Stücke des Inventars innerhalb der Grenzen einer ordnungsmäßigen Wirtschaft verfügen. Er hat für den gewöhnlichen Abgang sowie für die nach den Regeln einer ordnungsmäßigen Wirtschaft ausscheidenden Stücke Ersatz zu beschaffen; die von ihm angeschafften Stücke werden mit der Einverleibung in das Inventar Eigentum desjenigen, welchem das Inventar gehört.

Übernimmt der Nießbraucher das Inventar zum Schätzungswerte mit der Verpflichtung, es bei der Beendigung des Nießbrauchs zum Schätzungswerte zurückzugewähren, so finden die Vorschriften der §§ 588, 589 entsprechende Anwendung.

I. Abs. 1. 1. Eigentümer der Inventarstücke wird der Nießbraucher nicht. M. 512. Sie sind also dem Zugriffe seiner Gläubiger entzogen. Er kann aber über die einzelnen Inventarstücke verfügen, sie verbrauchen, auch veräußern. Die Einschränkung des Verfügungsrechts auf die „Grenzen einer ordnungsmäßigen Wirtschaft" ist nur obligatorischer Natur und hat die Bedeutung, daß bei Überschreitung dieser Grenzen der Nießbraucher sich schadensersatzpflichtig macht. Eigentum wird aber trotzdem erworben. Biermann S. 249 A. 1. Fuchs S. 310. Turn.-Förſt. I S. 480 A. 1. AM. Dernburg § 188, 6a S. 526. Danach ist die Verfügung nur gültig, wenn sie innerhalb der Grenzen einer ordnungsmäßigen Wirtschaft liegt. Planck S. 352 und Kretzschmar II S. 297 nehmen an, daß die Verfügung zugunsten des Dritten Wirksamkeit erlangt, wenn sie innerhalb der Grenzen einer ordnungsmäßigen Wirtschaft liegen kann, sofern sie nicht jene Grenze überschreitet und dies dem Dritten bekannt war oder bekannt sein mußte.

2. Inventar ist der Inbegriff der zur Benutzung des Grundstücks dienenden beweglichen Sachen. §§ 98, 1035 Nr. 1. M. 512. Durch die Einverleibung in das Inventar, d. h. mit der Stellung in den Dienst des Grundstücks gehen die vom Nießbraucher angeschafften Ersatzstücke ohne weiteres in das Eigentum des Inventareigentümers über. Eine Ausdehnung des § 1048 auf die Fälle, in denen ein Inbegriff beweglicher Sachen, der nicht Inventar eines Grundstücks ist, den Gegenstand des Nießbrauchs bildet, ist statthaft, falls nicht von den Beteiligten ein uneigentlicher Nießbrauch und die Übertragung des Eigentums auf den Nießbraucher beabsichtigt ist. M. 513. Planck S. 353 A. 5.

II. Abs. 2. In dem hier vorgesehenen Falle werden die Bestimmungen des Abs. 1 in folgenden Punkten geändert. Der Nießbraucher trägt die Gefahr des zufälligen Unterganges und einer zufälligen Verschlechterung. § 588. Er hat das bei der Beendigung des Nießbrauchs vorhandene Inventar dem Eigentümer zurückzugewähren. Dieser kann die Übernahme derjenigen von dem Nießbraucher angeschafften Inventarstücke ablehnen, die nach den Regeln einer ordnungsmäßigen Wirtschaft für das Grundstück überflüssig oder zu wertvoll sind. Mit der Ablehnung geht das Eigentum an den abgelehnten Stücken kraft Gesetzes auf den Nießbraucher über. Ist der Gesamtschätzungswert der übernommenen Stücke höher oder niedriger als der Gesamtschätzungswert der zurückzugewährenden Stücke, so hat im ersteren Falle der Nießbraucher dem Eigentümer, im letzteren Falle der Eigentümer dem Nießbraucher den Mehrbetrag zu ersetzen. § 589. Die in der Zwischenzeit eingetretene Änderung in den Preisen für die Inventarienstücke hat bei Feststellung der Differenz außer Betracht zu bleiben. M. II 437.

§ 1049.

Macht der Nießbraucher Verwendungen auf die Sache, zu denen er nicht verpflichtet ist, so bestimmt sich die Ersatzpflicht des Eigentümers nach den Vorschriften über die Geschäftsführung ohne Auftrag.

Der Nießbraucher ist berechtigt, eine Einrichtung mit der er die Sache versehen hat, wegzunehmen.

I. Abs. 1. Die maßgebenden Vorschriften enthalten die §§ 677—686. Der Nießbraucher kann Ersatz verlangen für Verwendungen, die dem Interesse und dem wirklichen oder dem mutmaßlichen Willen des Eigentümers entsprechen, sowie für solche Verwendungen, durch die eine öffentliche Pflicht oder eine gesetzliche Unterhaltungspflicht des Eigentümers erfüllt wird. Liegen diese Voraussetzungen nicht vor, so haftet der Eigentümer nur nach den Vorschriften über die Herausgabe einer ungerechtfertigten Bereicherung. § 684. Die Verwendung auf die Sache kommt jedem Eigentümer zugute. Deshalb erscheint der Verwendungsanspruch nicht nur gegen denjenigen der zur Zeit der Verwendung Eigentümer war, sondern auch gegen den späteren Eigentümer begründet. Biermann S. 250 A. 1. AM. Planck S. 354 A. 2. Die Verzinsung des aufgewendeten Geldes kann der Nießbraucher für die Dauer des Nießbrauches nicht verlangen. § 256. KB. 15. Der Nießbraucher kann wegen seiner Ansprüche gegen den Eigentümer die Nießbrauchssache auch nach Beendigung des Nießbrauchs zurückbehalten. § 273. Macht er von dieser Befugnis Gebrauch, so steht ihm das Absonderungsrecht nach § 49 Nr. 3 Konk.O. zu. P. 4094, 7010, 8317.

II. Abs. 2. Die Wegnahme der Einrichtung regelt sich nach § 258. Sie ist gegen jeden Eigentümer, auch gegen denjenigen, der erst nach der Einrichtung Eigentümer geworden ist, zulässig, immer aber nur dann, wenn die Einrichtung nicht zu der gewöhnlichen Erhaltung gehört, die nach § 1041 dem Nießbraucher obliegt. P. II, 8317.

§ 1050.

Veränderungen oder Verschlechterungen der Sache, welche durch die ordnungsmäßige Ausübung des Nießbrauchs herbeigeführt werden, hat der Nießbraucher nicht zu vertreten.

Der Begriff der ordnungsmäßigen Ausübung des Nießbrauchs ergeben die §§ 1036 Abs. 2, 1037, 1041. Die Haftung wegen Verschuldens regelt § 276.

§ 1051.

Wird durch das Verhalten des Nießbrauchers die Besorgnis einer erheblichen Verletzung der Rechte des Eigentümers begründet, so kann der Eigentümer Sicherheitsleistung verlangen.

Die allgemeine Kautionspflicht des röm. Rechts ist verneint. „Es bleibt aber Bedürfnis, eine solche ausnahmsweise, nämlich für den Fall der durch ein vorsätzliches oder fahrlässiges Verhalten des Nießbrauchers hervorgerufenen besonderen Gefährdung des Eigentümers zu bestimmen." M. 519. Ein Verschulden des Nießbrauchers wird den Hauptfall der Kautionspflicht bilden; als notwendige Voraussetzung der Kautionspflicht ist es nicht aufgestellt. Dernburg § 188, 7, S. 527. Oberneck S. 415. Planck S. 356 A. 1. AM. Turn.-Först. I S. 482 A. 1. Ob die Pflichtverletzung des Nießbrauchers die Erfüllung oder die Rückgabe der Sache gefährdet, ist von gleicher Bedeutung. M. 519. Sicherheitsleistung: §§ 232—240. Steht das Eigentum der Nießbrauchsache mehreren nach Bruchteilen zu, so findet § 1011 entsprechende Anwendung. Es kann also jeder Miteigentümer den Anspruch aus § 1051 geltend machen. Planck S. 356 A. 2.

§ 1052.

Ist der Nießbraucher zur Sicherheitsleistung rechtskräftig verurteilt, so kann der Eigentümer statt der Sicherheitsleistung verlangen, daß die Ausübung des Nießbrauchs für Rechnung des Nießbrauchers einem von dem Gerichte zu bestellenden Verwalter übertragen wird. Die Anordnung der Verwaltung ist nur zulässig, wenn dem Nießbraucher auf Antrag des Eigentümers von dem Gericht eine Frist zur Sicherheitsleistung bestimmt worden und die Frist verstrichen ist; sie ist unzulässig, wenn die Sicherheit vor dem Ablaufe der Frist geleistet wird.

Der Verwalter steht unter der Aufsicht des Gerichts wie ein für die Zwangsverwaltung eines Grundstücks bestellter Verwalter. Verwalter kann auch der Eigentümer sein.

Die Verwaltung ist aufzuheben, wenn die Sicherheit nachträglich geleistet wird.

Das zuständige Gericht für die Bestimmung der Frist und die Anordnung der Verwaltung ist das Prozeßgericht I. Instanz (ZPO. §§ 887, 938 Abs. 2). Planck S. 357 A. 2. AM. (Vollstreckungsgericht) Biermann S. 252 A. 1. Auf Antrag des Eigentümers ist die Frist im Urteil zu bestimmen. ZPO. § 255 Abs. 2. Die Bestellung und Beaufsichtigung des Verwalters erfolgt durch das Vollstreckungsgericht. ZwVG. §§ 1, 146, 150. Für die Stellung des Verwalters sind die Vorschriften der §§ 150 ff. ZwVG. maßgebend. Auch der Eigentümer selbst kann zum Verwalter bestellt werden. Geführt wird die Verwaltung zwar auf Rechnung, aber nicht auch auf Gefahr des Nießbrauchers. M. 519. Ein etwaiger Überschuß gebührt dem Nießbraucher. Wird die Sicherheit nachträglich geleistet, so ist die Verwaltung auf Antrag des Nießbrauchers durch das Prozeßgericht aufzuheben. Planck S. 358 A. 5. AM. (Vollstreckungsgericht) Biermann S. 252. Die Beendigung des Nießbrauchs beendigt die Verwaltung ohne weiteres. Der rechtliche Bestand des Nießbrauchs wird durch die Bestellung eines Verwalters nicht berührt. Diese Bestellung ist sonach weder eintragungsbedürftig noch eintragungsfähig. Fuchs S. 312.

§ 1053.

Macht der Nießbraucher einen Gebrauch von der Sache, zu dem er nicht befugt ist, und setzt er den Gebrauch ungeachtet einer Abmahnung des Eigentümers fort, so kann der Eigentümer auf Unterlassung klagen.

Die Zwangsvollstreckung erfolgt nach § 890 ZPO.

§ 1054.

Verletzt der Nießbraucher die Rechte des Eigentümers in erheblichem Maße und setzt er das verletzende Verhalten ungeachtet einer Abmahnung des Eigentümers fort, so kann der Eigentümer die Anordnung einer Verwaltung nach § 1052 verlangen.

Es muß eine tatsächliche Verletzung stattgefunden haben; die bloße Besorgnis einer Verletzung (§ 1051) genügt nicht. Wegen der Anordnung der Verwaltung sowie der Bestellung und Beaufsichtigung des Verwalters gilt dasselbe wie im Falle des § 1052. Der Abs. 3 des § 1052 findet keine Anwendung. M. 519.

§ 1055.

Der Nießbraucher ist verpflichtet, die Sache nach der Beendigung des Nießbrauchs dem Eigentümer zurückzugeben.

Bei dem Nießbrauch an einem landwirtschaftlichen Grundstücke finden die Vorschriften der §§ 591, 592, bei dem Nießbrauch an einem Landgute finden die Vorschriften der §§ 591—593 entsprechende Anwendung.

I. Abs. 1. Der Nießbraucher hat die Sache in dem Zustande zurückzugeben, in dem sie sich bei der Begründung seines Rechtes befand, soweit nicht eine Veränderung oder Verschlechterung infolge der ordnungsmäßigen Ausübung seines Rechtes oder durch einen von ihm nicht zu vertretenden Umstand entstanden ist. M. 520. Der Anspruch auf Rückgabe steht demjenigen zu, der zur Zeit der Beendigung des Nießbrauchs Eigentümer der Sache ist und ist gegen den gewesenen Nießbraucher oder dessen Erben geltend zu machen. Kann der Verpflichtete die Sache nicht zurückgeben, so kommen die §§ 275 ff. zur Anwendung. Der Anspruch aus dem Eigentum wird durch den Anspruch aus § 1055 nicht berührt.

II. Abs. 2. Bezüglich des Zustandes, in dem landwirtschaftliche Grundstücke und Landgüter zurückzugeben sind, kommen die Vorschriften für die Rückgewähr nach Beendigung der Pacht (§§ 591—593) zur Anwendung. Der Begriff der landwirtschaftlichen Grundstücke und der Landgüter ist im BGB. nicht bestimmt. Einen Anhalt für die Klarstellung des Begriffs gibt das preuß. Anerbenrechtsges. für Westfalen v. 2. Juli 1898 § 2 (GS. S. 139). Dort wird als Landgut bezeichnet jede ihrem Hauptzwecke nach zum Betriebe der Land- oder Forstwirtschaft bestimmte und zur selbständigen Nahrungsstelle geeignete Besitzung, die mit einem, wenn auch räumlich von ihr getrennten Wohnhause versehen ist. Im Gegensatze hierzu ist unter einem landwirtschaftlichen Grundstück eine einzelne dem Landbau gewidmete Landfläche zu verstehen. Auf den Nießbrauch eines Waldes findet § 1055 keine Anwendung. P. 4086.

Die Fruchtverteilung bei Beendigung des Nießbrauchs regeln die §§ 101—103. Pacht- und Mietgelder: § 1056.

Neben der Pflicht zur Rückgewähr hat der Nießbraucher auch die Verbindlichkeit, die Löschung des Nießbrauchrechts im Grundbuche zu bewilligen. Vgl. § 1061.

Für die Ansprüche des Eigentümers gegen den nur vermeintlichen Nießbraucher sind die §§ 985 ff. maßgebend.

§ 1056.

Hat der Nießbraucher ein Grundstück über die Dauer des Nießbrauchs hinaus vermietet oder verpachtet, so finden nach der Beendigung des Nießbrauchs die für den Fall der Veräußerung geltenden Vorschriften der §§ 571, 572, des § 573 Satz 1 und der §§ 574—576, 579 entsprechende Anwendung.

Der Eigentümer ist berechtigt, das Miet- oder Pachtverhältnis unter Einhaltung der gesetzlichen Kündigungsfrist zu kündigen. Verzichtet der Nießbraucher auf den Nießbrauch, so ist die Kündigung erst von der Zeit an zulässig, zu welcher der Nießbrauch ohne den Verzicht erlöschen würde.

Der Mieter oder der Pächter ist berechtigt, den Eigentümer unter Bestimmung einer angemessenen Frist zur Erklärung darüber aufzufordern, ob er von dem Kündigungsrechte Gebrauch mache. Die Kündigung kann nur bis zum Ablaufe der Frist erfolgen.

---

1. Die für den Fall der freiwilligen Veräußerung eines vermieteten oder verpachteten Grundstückes auf der Grundlage der Regel „Kauf bricht nicht Miete" gegebenen Vorschriften finden auch im Falle der Beendigung des Nießbrauches an einem vom Nießbraucher vermieteten oder verpachteten Grundstücke Anwendung. Abweichungen liegen in der Unanwendbarkeit der in Abs. 1 nicht in Bezug genommenen §§ 873 Satz 2, 577, 578 und in den in Abs. 2, 3 getroffenen Bestimmungen.

Ist der Miet- oder Pachtvertrag durch Übergabe des Grundstücks in Vollzug gesetzt (M. 522), so tritt der Eigentümer an Stelle des Vermieters oder Verpächters in dessen Rechte und Verpflichtungen ein. § 571. Für die Dauer der gesetzlichen Kündigungsfrist muß der Eigentümer den Miet- oder Pachtvertrag aushalten. P. 4091. Er kann aber das Miet- und Pachtverhältnis unter Einhaltung der gesetzlichen Kündigungsfrist (§ 565, 595) kündigen. Dies Kündigungsrecht steht ihm auch dann zu, wenn er nicht zu dem ersten zulässigen Kündigungstermine gekündigt hat. Mieter und Pächter haben ein Kündigungsrecht nicht, sind aber befugt, dem Eigentümer eine angemessene Frist zur Erklärung darüber zu setzen, ob er von dem Kündigungsrechte Gebrauch mache. Gibt der Eigentümer in der gestellten Frist eine Erklärung nicht ab, so erlischt sein Kündigungsrecht; es gilt dann das vom Nießbraucher begründete Miet- und Pachtverhältnis für die volle zwischen ihm und dem Mieter oder Pächter vereinbarte Zeitdauer. Erlischt der Nießbrauch durch Verzicht des Nießbrauchers, so muß der Eigentümer bis zu dem Zeitpunkte, in welchem ohne den Verzicht der Nießbrauch beendigt worden sein würde, in das Miet- oder Pachtverhältnis eintreten, unbeschadet eines ihm nach dem Miet- oder Pachtvertrage zustehenden Rechtes, das Verhältnis schon vorher zu kündigen. P. 4092 ff.

Für die Verteilung des Miet- oder Pachtzinses zwischen Nießbraucher und Eigentümer ist § 101 Nr. 2 maßgebend.

2. Wenn durch Ausübung des dem Eigentümer zustehenden Kündigungsrechts dem Mieter oder Pächter der vertragsmäßige Gebrauch des Grundstücks entzogen wird, so hat ihn der Nießbraucher nach §§ 541, 537, 538, 539 Satz 1, 540 zu entschädigen, sofern nicht der Nießbraucher als solcher vermietet oder verpachtet oder der Mieter oder Pächter bei dem Abschlusse des Vertrages gewußt hat, daß der Vermieter oder Verpächter nur Nießbraucher sei. Turn.-Först. I S. 486 A. 4. Dernburg § 189, 5e S. 531. Fuchs S. 313 A. 2. Planck S. 364 A. 4.

§ 1057.

Die Ersatzansprüche des Eigentümers wegen Veränderungen oder Verschlechterungen der Sache sowie die Ansprüche des Nießbrauchers auf Ersatz von Verwendungen oder auf Gestattung der Wegnahme einer Einrichtung verjähren in sechs Monaten. Die Vorschriften des § 558 Abs. 2, 3 finden entsprechende Anwendung.

Die Verjährung beginnt für die Ersatzansprüche des Eigentümers mit dem Zeitpunkt, in welchem er die Sache zurückerhält, für die Ersatzansprüche des Nießbrauchers mit der Beendigung des Nießbrauchs. Mit der Verjährung des Anspruchs des Eigentümers auf Rückgabe der Sache verjähren auch seine Ersatzansprüche. §§ 558 Abs. 2, 3, 224. Die Eintragung des Nießbrauchs steht der Verjährung der (obligatorischen) Ansprüche (§§ 1049, 1050) nicht entgegen. Fuchs S. 196 A. 4, 313. Planck S. 365 A. 4. Für die mit der Entstehung des Anspruchs beginnende ordentliche dreißigjährige Verjährung (§§ 195, 196) ist neben der besonderen Verjährung des § 1057 kein Raum. Planck S. 365 A. 3. Turn.-Först. I S. 486.

§ 1058.

Im Verhältnisse zwischen dem Nießbraucher und dem Eigentümer gilt zugunsten des Nießbrauchers der Besteller als Eigentümer, es sei denn, daß der Nießbraucher weiß, daß der Besteller nicht Eigentümer ist.

---

1 Ein Auseinanderfallen des Eigentümers und des Bestellers des Nießbrauchs ist in zwei Fällen möglich: **a**, wenn der Nießbrauch von einem Nichteigentümer bestellt und auf Grund des guten Glaubens erworben ist und **b**, wenn der Eigentümer, der den Nießbrauch bestellt hat, das Eigentum an einen Dritten überträgt. Verpflichtet aus dem Nießbrauche ist der Nießbraucher dem Eigentümer, nicht dem Besteller. P. 6051. Der § 1158 stellt aber für das Verhältnis zwischen dem Nießbraucher und dem Eigentümer zugunsten des gutgläubigen Nießbrauchers die Fiktion auf, daß der Besteller als Eigentümer gilt. Gutgläubig ist der Nießbraucher dann, wenn er bei der Vornahme der Rechtshandlung nicht weiß, daß der Besteller nicht Eigentümer ist. Unkenntnis, auch wenn sie verschuldet ist, steht dem Wissen nicht gleich. Nachträgliche Erlangung der Kenntnis ist unerheblich. Den Beweis dafür, daß der Nießbraucher gewußt habe, daß der Besteller nicht Eigentümer ist, hat der Eigentümer zu führen. Die in § 891 zugunsten des eingetragenen Eigentümers aufgestellte Vermutung kommt gegenüber der Fiktion des § 1058 nicht in Betracht. Fuchs S. 314. Planck S. 367 A. 3. Infolge der Fiktion genügt der Nießbraucher seinen Verbindlichkeiten mit befreiender Wirkung gegenüber dem Eigentümer, wenn er sie gegenüber dem Besteller erfüllt. Dies gilt sowohl von den Leistungen, die der Nießbraucher auf Grund des durch den Nießbrauch begründeten gesetzlichen Schuldverhältnisses an den Besteller macht, als von anderen Rechtsgeschäften, die in bezug auf das Schuldverhältnis zwischen dem Nießbraucher und dem Besteller vorgenommen werden. Der Nießbraucher kann die Rechte, die ihm gegen den Eigentümer zustehen, gegen den Besteller geltend machen, insbesondere auch den Ersatz von Verwendungen, für den ihm nach § 1049 der Eigentümer, nicht der Besteller haftet. Fuchs S. 313. Biermann S. 256. AM. Planck S. 366 A. 1c. Turn.-Först. I S. 488 A. 2. Urteile, die in den zwischen dem Nießbraucher und dem Besteller über Ansprüche aus dem bezeichneten Schuldverhältnis geführten Prozessen zugunsten des Nießbrauchers ergangen sind, muß der Eigentümer dann gegen sich gelten lassen, wenn der Nießbraucher bei dem Eintritte der Rechtshängigkeit nicht gewußt hat, daß der Besteller nicht Eigentümer sei. Planck S. 366 A. 1d. Die Auseinandersetzung zwischen dem Eigentümer und dem Besteller, an den vom Nießbraucher mit befreiender Wirkung dem Eigentümer gegenüber geleistet ist, hat nach den Vorschriften über die Herausgabe einer ungerechtfertigten Bereicherung (§§ 812 ff.) zu erfolgen.

2. Zugunsten des Bestellers gilt die Fiktion des § 1058 nicht. Will der Besteller die Rechte des Eigentümers für sich geltend machen, so hat er sein Eigentum zu beweisen. Ist er als Eigentümer im Grundbuch eingetragen, so steht ihm die Vermutung des Eigentümers zur Seite. § 891.

§ 1059.

Der Nießbrauch ist nicht übertragbar. Die Ausübung des Nießbrauchs kann einem anderen überlassen werden.

---

1. Die Überlassung der Ausübung des Nießbrauchs an einen anderen kann der Nießbraucher ohne Erlaubnis des Eigentümers entgeltlich oder unentgeltlich, insbesondere auch durch Vermietung oder Verpachtung vornehmen. Die Wirkung der Überlassung ist nur eine obligatorische, nicht eine dingliche. P. 8608. Der Ausübungsberechtigte hat nur einen persönlichen Anspruch gegen den Nießbraucher, nicht ein dingliches Recht gegen den Eigentümer. Er hat, wenn er sich im Besitze befindet, die Besitzklagen und erwirbt das Eigentum der Früchte gemäß § 956 Abs. 2 mit der Trennung. P. 4101. Er kann das Recht aus der Überlassung des Nießbrauchs übertragen (§ 399) und vererben. Seine Befugnisse sind aber von dem Rechte des Nießbrauchers abhängig. Sie erlöschen mit dem Nießbrauche, also auch dann, wenn der Nießbraucher auf den Nießbrauch verzichtet. Hat der Ausübungsberechtigte sein Recht durch Miete oder Pacht erworben, so kommt ihm bei Endigung des Nießbrauchs der § 1056 zustatten.

2. Aus der Nichtübertragbarkeit des Nießbrauchs folgt die Unzulässigkeit der Belastung des Nießbrauchs mit einem Nießbrauch oder mit einem Pfandrecht. §§ 1069 Abs. 2, 1274 Abs. 2. Die Veräußerung des Nießbrauchs im Wege der Zwangsvollstreckung ist ausgeschlossen. ZPO. § 857 Abs. 5. Zulässig dagegen ist die Pfändung des Nießbrauchs nach § 857 Abs. 3, 4 ZPO. ROLG. 1 S. 18.

Wird hierbei eine Verwaltung des Nießbrauchs angeordnet, so ist der vor der Beschlagnahme abgeschlossene Miet- oder Pachtvertrag auch dem Verwalter gegenüber wirksam. ZwVG. § 152 Abs. 2. Ist die Pfändung vorschriftsmäßig bewirkt, so kann sie dadurch, daß der Nießbraucher das Grundstück nach Zustellung des Pfändungsbeschlusses einem nicht bösgläubigen Dritten zur Ausübung des Nießbrauchs überläßt, ihre Wirksamkeit nicht verlieren. Kretzschmar II S. 258.

3. Die Befugnisse des Eigentümers gegen den Nießbraucher bleiben unverändert. Ein die Rechte des Eigentümers verletzendes Verhalten des Ausübenden berechtigt den Eigentümer gegen den Nießbraucher selbst gemäß §§ 1051, 1053, 1054 vorzugehen, denn der Nießbraucher, der die verletzende Behandlung der Sache nicht verhindert, verletzt selbst die Rechte des Eigentümers. P. 4103. Gegen den Ausübungsberechtigten hat der Eigentümer eine Klage aus dem Nießbrauch nicht, wohl aber den negatorischen Anspruch aus § 1004 und die Eigentumsklage auf Herausgabe der Sache nach Beendigung des Nießbrauchs.

4. Die Eintragung der Ausübungsüberlassung ist ausgeschlossen, da die Überlassung ein obligatorisches Geschäft darstellt. Die versehentlich erfolgte Eintragung ist von Amts wegen zu löschen. GBO. § 54 Abs. 1 Satz 2.

5. Übergangsbestimmung. Für die Übertragbarkeit der am 1. Januar 1900 bestehenden Nießbrauchsrechte ist das alte Recht maßgebend. Art. 184, 189.

§ 1060.

Trifft ein Nießbrauch mit einem anderen Nießbrauch oder mit einem sonstigen Nutzungsrecht an der Sache dergestalt zusammen, daß die Rechte nebeneinander nicht oder nicht vollständig ausgeübt werden können, und haben die Rechte gleichen Rang, so findet die Vorschrift des § 1024 Anwendung.

Vgl. § 1024 A. 1. Auf die vor 1. Januar 1900 bestehenden Nießbrauchsrechte findet § 1060 keine Anwendung. Art. 184. Fuchs S. 316. AM. Oberneck S. 425 Nr. 2c.

§ 1061.

Der Nießbrauch erlischt mit dem Tode des Nießbrauchers. Steht der Nießbrauch einer juristischen Person zu, so erlischt er mit dieser.

---

1. Der Nießbrauch ist unvererblich. Die Mitberufung der Erben des Berechtigten zum Nießbrauch ist unzulässig; ein solches Recht kann nur als ein obligatorisches begründet werden, eintragungsfähig ist es nicht. M. 530. Mit dem Tode des Nießbrauchers erlischt der Nießbrauch, auch wenn der Tod vor dem Zeitpunkt, bis zu dem der Nießbrauch bestellt war, eintritt. Die Todeserklärung steht dem Tode gleich. §§ 13 ff. Der Nießbrauch, der einer juristischen Person zusteht, erlischt mit dieser. Dasselbe muß für Gesellschaften gelten, die nicht juristische Personen sind, aber ein selbständiges Gesellschaftsvermögen haben, Verbindlichkeiten eingehen, vor Gericht klagen und verklagt werden können, zB. die offene Handelsgesellschaft. HGB. § 124. Dernburg § 185 Nr. 2 S. 516. Fuchs S. 316 A. 2. Der für eine Gesellschaft dieser Art bestellte Nießbrauch erlischt erst mit der Beendigung der Gesellschaft. Dernburg a. a. O. Erlöschen eines rechtsfähigen Vereins: §§ 41—43, 73, 74. Erlöschen einer Stiftung: § 88. Erlöschen der juristischen Personen: §§ 49 Abs. 2, 88. HGB. § 156. RG. 28 S. 132. Durch die Eröffnung des Konkurses über eine offene Handelsgesellschaft erlischt der ihr an einem Grundstücke bestellte Nießbrauch nicht. RG. 16 S. 1. Streitig

ist, ob, wenn Liquidation erfolgt, der Nießbrauch mit dem Erlöschen der juristischen Person oder mit Rücksicht auf § 49 Abs. 2 erst mit der Beendigung der Liquidation erlischt. Die Entscheidung hängt davon ab, ob der Zweck der Liquidation das Fortbestehen des Nießbrauchs erfordert. Die Frage wird bejaht von Dernburg § 185 Nr. 2 S. 516 und Biermann S. 258 A. b sowie für Handelsgesellschaften vom RG. 16 S. 1, dagegen — wohl richtig — verneint von Planck S. 370 A. 3, da „eine solche Ausdehnung der Dauer des Nießbrauchs der regelmäßigen Absicht bei der Bestellung des Nießbrauchs nicht entsprechen dürfte". Für eine Gesellschaft (§§ 705 ff.) und für einen nicht rechtsfähigen Verein (§ 54) kann ein Nießbrauch nicht bestellt werden; zulässig ist nur die Bestellung für die Gesellschaften oder Mitglieder. Planck a. a. O.

2. Ein Nutzungspfandrecht (Antichrese) kann als dingliches Recht an einem Grundstücke nicht mehr bestellt werden. Ist für einen Hypothekengläubiger ein Nutzungspfandrecht unter der Bezeichnung als Nießbrauch bestellt, so kann dieser Nießbrauch nicht in das Grundbuch eingetragen werden, wenn er in einer Weise gestaltet ist, die seinem rechtlichen Charakter widerstreitet. Dies trifft insbesondere zu, wenn vereinbart ist, daß der Nießbrauch ohne Rücksicht auf die Lebensdauer des Gläubigers bis zur Tilgung seiner Forderung dauern soll. KG. 25 S. A 290.

3. Das Erlöschen tritt ein kraft Gesetzes. Löschung ist nicht erforderlich, kann aber von dem Eigentümer zum Zwecke der Berichtigung des Grundbuchs verlangt werden. § 894. Das Verfahren regeln die §§ 22, 23 GBO.

4. Anderweite Aufhebungsgründe sind der Untergang — nicht auch die Umgestaltung — der Sache, der Eintritt einer auflösenden Bedingung oder eines Endtermins und die Verjährung nach § 901. Rechtsgeschäftliche Aufhebung des Nießbrauchs an einem Grundstück: § 1062.

5. Übergangsbestimmung. Für die am 1. Januar 1900 bestehenden Nießbrauchsrechte bleibt das bisherige Recht maßgebend. Art. 184. War danach der Nießbrauch vererblich — wie nach röm. Rechte und nach § 178 ALR. I, 21 — so bleibt er vererblich, war er beschränkt, so bleibt er beschränkt. Beschränkungen unterlag der für eine juristische Person bestellte Nießbrauch, der nach röm. Rechte nur auf 100 Jahre, nach preuß. Rechte (als usus fructus legatus) nur auf 50 Jahre Geltung hatte. ALR. I, 12 § 423.

§ 1062.

Wird der Nießbrauch an einem Grundstücke durch Rechtsgeschäft aufgehoben, so erstreckt sich die Aufhebung im Zweifel auf den Nießbrauch an dem Zubehöre.

Die rechtsgeschäftliche Aufhebung des Nießbrauchs an einem Grundstücke erfolgt gemäß §§ 875—878, erfordert also Verzicht und Eintragung. Der § 876 kann nur zur Anwendung kommen, wenn der Nießbrauch gepfändet ist. Ist diesen Erfordernissen genügt, so ist „im Zweifel" auch der Nießbrauch an den beweglichen Zubehörstücken aufgehoben, ohne daß es auf die Erklärung nach § 1064 oder auf die Rückübertragung des Besitzes ankommt. P. 4106. Übergangsvorschriften: Art. 189.

§ 1063.

Der Nießbrauch an einer beweglichen Sache erlischt, wenn er mit dem Eigentum in derselben Person zusammentrifft.

Der Nießbrauch gilt als nicht erloschen, soweit der Eigentümer ein rechtliches Interesse an dem Fortbestehen des Nießbrauchs hat.

Die Vorschrift gilt nach § 1072 auch für die Beendigung des Nießbrauchs an dem Rechte an einem Grundstücke, zB. für den Nießbrauch an einer Hypothekenforderung. Der Fall des Abs. 2 liegt zB. dann vor, wenn an der Nießbrauchsache noch ein im Range nachstehendes Pfandrecht besteht. Für die am 1. Januar 1900 bestehenden Nießbrauchsrechte gilt altes Recht. Art. 184.

§ 1064.

Zur Aufhebung des Nießbrauchs an einer beweglichen Sache durch Rechtsgeschäft genügt die Erklärung des Nießbrauchers gegenüber dem Eigentümer oder dem Besteller, daß er den Nießbrauch aufgebe.

Rückgabe der Sache ist nicht erforderlich. Entsprechende Anwendung des § 1062 erscheint nicht ausgeschlossen. Turn.-Förft. I S. 490. Planck S. 371. Übergangsvorschriften: Art. 189.

§ 1065.

Wird das Recht des Nießbrauchers beeinträchtigt, so finden auf die Ansprüche des Nießbrauchers die für die Ansprüche aus dem Eigentume geltenden Vorschriften entsprechende Anwendung.

Die maßgebenden Vorschriften enthalten die §§ 985 ff., 1004, 1005. Der Nießbraucher hat die Rechtsvermutung aus § 1006 und die Klage aus früherem Besitz. § 1007. Ein Anspruch auf Schadensersatz steht dem Nießbraucher nur insoweit zu, als der Schaden durch schuldvolles Verhalten des Besitzers herbeigeführt ist. Die Annahme, daß der Nießbraucher an der dem Eigentümer als Schadensersatz zu zahlenden Geldsumme den Nießbrauch nach § 1067 erlange (Fuchs S. 318 A. 1), findet im Gesetz keine Stütze. Planck S. 372 A. 1 a. Nießbrauch Mehrerer: § 1011. Verjährung: §§ 902, 901. Auf die am 1. Januar 1900 bestehenden Nießbrauchsrechte findet § 1065 keine Anwendung. Art. 184. Fuchs S. 318 A. 2. AM. Oberneck S. 425 A. 2 a.

§ 1066.

Besteht ein Nießbrauch an dem Anteil eines Miteigentümers, so übt der Nießbraucher die Rechte aus, die sich aus der Gemeinschaft der Miteigentümer in Ansehung der Verwaltung der Sache und der Art ihrer Benutzung ergeben.

Die Aufhebung der Gemeinschaft kann nur von dem Miteigentümer und dem Nießbraucher gemeinschaftlich verlangt werden.

Wird die Gemeinschaft aufgehoben, so gebührt dem Nießbraucher der Nießbrauch an den Gegenständen, welche an die Stelle des Anteils treten.

---

1. Die Vorschrift betrifft nur den Fall in dem ein Miteigentümer an seinem Anteil einen Nießbrauch bestellt. Die dem Miteigentümer zustehenden Rechte der Verwaltung und Benutzung werden von dem Nießbraucher kraft seines dinglichen Rechtes ausgeübt. Die Kosten und Lasten der Verwaltung verbleiben den Miteigentümern gegenüber demjenigen Eigentümer, an dessen Anteil der Nießbrauch besteht. Ob dieser Erstattung von dem Nießbraucher verlangen kann, bestimmt sich nach dem unter ihnen bestehenden Schuldverhältnisse. M. 498.

2. Das Recht, die Aufhebung der Gemeinschaft zu verlangen (§§ 749 ff., 1010), kann nur vom Eigentümer der belasteten Quote und dem Nießbraucher und nur gegen beide (P. 4062) gemeinschaftlich ausgeübt werden. Erfolgt die Aufhebung der Gemeinschaft, so gebührt dem Nießbraucher der Nießbrauch an dem an die Stelle des weggefallenen Gegenstandes tretenden Surrogate. Er hat also ein Recht auf die Bestellung dieses Nießbrauchs. Biermann S. 261. Dernburg § 187, 5 S. 523. Planck S. 373 A. 1 c. Turn.-Först. I S. 491. AM. Fuchs S. 319 A. 4. Danach geht der Nießbrauch an dem surrogierten Gegenstande kraft Gesetzes auf den Nießbraucher über.

3. Wenn ein Alleineigentümer einem anderen den Nießbrauch an einer Quote seines Alleineigentums bestellt hat, ist das Rechtsverhältnis des Nießbrauchers zu dem Eigentümer in Ansehung der Nutzungsgemeinschaft so zu beurteilen, wie wenn dem Eigentümer der Nießbrauch an den übrigen Quoten zustände. P. 4062 f.

4. Das Gemeinschaftsverhältnis in dem Falle, wenn die Sache mehreren Personen gemeinschaftlich zum Nießbrauch bestellt ist, regeln die §§ 741 ff.

§ 1067.

Sind verbrauchbare Sachen Gegenstand des Nießbrauchs, so wird der Nießbraucher Eigentümer der Sachen; nach der Beendigung des Nießbrauchs hat er dem Besteller den Wert zu ersetzen, den die Sachen zur Zeit der Bestellung hatten. Sowohl der Besteller als der Nießbraucher kann den Wert auf seine Kosten durch Sachverständige feststellen lassen.

Der Besteller kann Sicherheitsleistung verlangen, wenn der Anspruch auf Ersatz des Wertes gefährdet ist.

Die Vorschrift behandelt den sog. uneigentlichen Nießbrauch. Sie bezieht sich nur auf bewegliche Sachen, kommt also für das Liegenschaftsrecht nicht in Betracht.

II. Nießbrauch an Rechten.

§ 1068.

Gegenstand des Nießbrauchs kann auch ein Recht sein.

Auf den Nießbrauch an Rechten finden die Vorschriften über den Nießbrauch an Sachen entsprechende Anwendung, soweit sich nicht aus den §§ 1069—1084 ein anderes ergibt.

---

1. Gegenstand des Nießbrauchs können alle Vermögensrechte sein, die mittelbar oder unmittelbar Nutzungen zu gewähren imstande sind. Nur die nicht übertragbaren Rechte sind ausgenommen. § 1069 Abs. 2. Der Erwerber des Nießbrauchs wird unmittelbar Mitberechtigter in Ansehung des dem Nießbrauch unterworfenen Rechtes. Er erhält nicht etwa bloß obligatorische Rechte gegenüber dem Berechtigten, sondern absolute Rechte, auch dritten Personen gegenüber. M. 539. P. 4109 f.

Ob und inwieweit die Vorschriften über den Sachnießbrauch Anwendung finden, ist in jedem Falle mit Rücksicht auf die Natur des Rechtes zu prüfen. Es erscheinen anwendbar die §§ 1030, 1039, 1045, 1046, 1047, 1049, 1051—1054, 1055 Abs. 1, dagegen von der Anwendbarkeit ausgeschlossen die §§ 1031, 1032, 1033, 1037 Abs. 2, 1038, 1043, 1048, 1055 Abs. 2, 1066, 1067. Besondere Bestimmungen sind gegeben für den Nießbrauch an einer Leibrente, einem Auszuge oder einem ähnlichen Rechte (§ 1073), an unverzinslichen Forderungen (§§ 1074, 1075), an Forderungen, die auf Zinsen ausstehen (§§ 1076—1079), an einer Grund- oder Rentenschuld (§ 1080) und an Inhaber- oder Ordrepapieren (§§ 1081—1084).

2. Übergangsbestimmung. Auf den am 1. Januar 1900 bestehenden Nießbrauch an Rechten findet das bisherige Recht Anwendung. Art. 184.

§ 1069.

Die Bestellung des Nießbrauchs an einem Rechte erfolgt nach den für die Übertragung des Rechtes geltenden Vorschriften.

An einem Rechte, das nicht übertragbar ist, kann ein Nießbrauch nicht bestellt werden.

---

1. Begründet wird der Nießbrauch an einem Rechte an Grundstücken, einem Erbbaurecht und einem grundstücksgleichen Recht nach §§ 873 ff., an einer Hypothek oder Grundschuld nach §§ 1153—1155, 1192, 1199.

2. Nicht übertragbar sind persönliche Forderungen in den Fällen der §§ 399, 400, 717, 719, beschränkte persönliche Dienstbarkeiten ausnahmslos (§ 1092), das Vorkaufsrecht regelmäßig (§§ 1098, 514, 1103). Die Grunddienstbarkeit kann von dem Grundstück nicht getrennt, ein Nießbrauch an ihr also nur zugleich mit dem Nießbrauch an dem herrschenden Grundstück bestellt werden. Der Nießbrauch ist nicht übertragbar, nur die Ausübung des Nießbrauchs kann einem anderen überlassen werden. § 1059. Es kann also der Nießbraucher sich (obligatorisch) zum Überlassen der Ausübung des Nießbrauchs an einen anderen verpflichten, es kann aber — gegen Dernburg § 192 Nr. 2 S. 536 — nicht ein Nießbrauch am Nießbrauch bestellt werden. P. 4111. Fuchs S. 322 A. 3a. Planck S. 380 A. 2. Turn.-Först. I S. 494 A. 2. Biermann S. 264 A. 2.

§ 1070.

Ist ein Recht, kraft dessen eine Leistung gefordert werden kann, Gegenstand des Nießbrauchs, so finden auf das Rechtsverhältnis zwischen dem Nießbraucher und dem Verpflichteten die Vorschriften entsprechende Anwendung, welche im Falle der Übertragung des Rechtes für das Rechtsverhältnis zwischen dem Erwerber und dem Verpflichteten gelten.

Wird die Ausübung des Nießbrauchs nach § 1052 einem Verwalter übertragen, so ist die Übertragung dem Verpflichteten gegenüber erst wirksam, wenn er von der getroffenen Anordnung Kenntnis erlangt oder wenn ihm eine Mitteilung von der Anordnung zugestellt wird. Das gleiche gilt von der Aufhebung der Verwaltung.

---

1. Als Rechte der in Abs. 1 bezeichneten Art kommen für das Liegenschaftsrecht in Betracht Hypothekenforderungen, Grundschulden, Rentenschulden und Reallasten, nicht aber — gegen Biermann S. 264 A. 1 — der Anspruch des Eigentümers auf Herausgabe der Sache, denn dieser Anspruch unterliegt (§ 1065) den Vorschriften über den Nießbrauch an Sachen (Fuchs S. 323 Anm. 2), auch nicht — gegen Fuchs a. a. O. — das Vorkaufrecht, da auf Grund dieses Rechtes eine Leistung nicht gefordert werden kann. Planck S. 380 A. 1. Turn.-Först. I S. 495 A. 1.

Die Vorschrift spricht den Satz aus, daß der Leistungsverpflichtete dem Nießbraucher gegenüber dieselbe Stellung hat wie gegenüber dem Zessionar (M. 541), daß er also alle Rechtsbehelfe, die ihm gegen den Zessionar zustehen, auch gegen den Nießbraucher geltend machen kann. Das Verfügungsrecht des Nießbrauchers deckt sich aber nicht mit dem Verfügungsrecht des Zessionars. Der Zessionar behält das Verfügungsrecht über das Recht selbst. Das aus dem Anspruch auf die Nutzungen abgeleitete Recht des Nießbrauchers wird geregelt durch die §§ 1074 ff.

2. Ist nach § 1052 die Verwaltung angeordnet, so geht die Ausübung des Nießbrauchs auf den Verwalter über. Abs. 2 stellt den Zeitpunkt fest, in dem dieser Übergang eintritt, bis zu welchem also der Verpflichtete an den Nießbraucher selbst leisten kann, ohne der Gefahr ausgesetzt zu sein, daß die von ihm gemachte Leistung ungültig ist. P. 6819. Wie die Anordnung ist auch die Aufhebung der Verwaltung gegenüber dem Schuldner erst wirksam, wenn er von ihr Kenntnis erhalten hat oder die Anordnung der Aufhebung ihm zugestellt ist.

§ 1071.

Ein dem Nießbrauch unterliegendes Recht kann durch Rechtsgeschäft nur mit Zustimmung des Nießbrauchers aufgehoben werden. Die Zustimmung ist demjenigen gegenüber zu erklären, zu dessen Gunsten sie erfolgt; sie ist unwiderruflich. Die Vorschrift des § 876 Satz 3 bleibt unberührt.

Das gleiche gilt im Falle einer Änderung des Rechtes, sofern sie den Nießbrauch beeinträchtigt.

---

1. Nur Rechtsgeschäfte des Berechtigten kommen in Frage. In die Befugnis des Schuldners der dem Nießbrauch unterliegenden Forderung gegen diese seine eigene Forderung aufzurechnen (§ 406), kann der Nießbraucher nicht eingreifen. Planck S. 382 A. 1. Fehlt die Zustimmung (Einwilligung oder Genehmigung, §§ 183, 184) des Nießbrauchers, so ist die Aufhebung oder die in Abs. 2 bezeichnete Änderung des Rechtes nicht nur relativ, dem Nießbraucher gegenüber, sondern absolut unwirksam. M. 541. P. 4113 f. Beim Nießbrauch an Rechten an einem Grundstück kommen die §§ 876, 877 zur Anwendung; die Zustimmung kann also auch dem GBA. gegenüber erklärt werden. Sie ist — abweichend von § 183 — unwiderruflich und an keine Form gebunden. Soll die Eintragung der Aufhebung oder Änderung eines mit einem Nießbrauche belasteten Rechtes erfolgen, so findet § 29 GBO. Anwendung.

2. Nicht berührt durch § 1071 wird § 1070. Eine Leistung, die der Schuldner einer dem Nießbrauch unterliegenden Forderung an den Gläubiger bewirkt, sowie jedes Rechtsgeschäft, das zwischen dem Schuldner und dem Gläubiger in Ansehung der Forderung vorgenommen wird, muß der Nießbraucher gegen sich gelten lassen, es sei denn, daß der Schuldner den Nießbrauch bei der Leistung oder der Vornahme des Rechtsgeschäfts gekannt hat. § 407. Die Worte des § 407 „gegen sich gelten lassen" sind wohl — mit Planck S. 382 A. 3 — dahin zu verstehen, daß die Leistung oder das Rechtsgeschäft gegen den Nießbraucher ebenso wirkt, wie wenn die Leistung oder das Rechtsgeschäft vor der Begründung des Nießbrauchs erfolgt wäre. Ebenso Biermann S. 264 A. 1. AM. Fuchs S. 324. Danach hat der Schuldner in den bezeichneten Fällen nur einen obligatorischen Anspruch gegen den Nießbraucher auf Zustimmung des Nießbrauchers. Eine besondere Vorschrift für den Nießbrauch an einer Hypothek oder Grundschuld enthält § 1156.

§ 1072.

Die Beendigung des Nießbrauchs tritt nach den Vorschriften der §§ 1063, 1064 auch dann ein, wenn das dem Nießbrauch unterliegende Recht nicht ein Recht an einer beweglichen Sache ist.

1. Konfusion. a, Nießbraucher und Gläubiger treffen zusammen. Der Nießbrauch wird beendigt, soweit nicht der Berechtigte ein rechtliches Interesse am Fortbestande des Nießbrauchs hat. Wenn z. B. der Gläubiger einer Grundschuld an dieser einen Nießbrauch bestellt hat, so erlischt der Nießbrauch, wenn der Gläubiger stirbt und von dem Nießbraucher beerbt wird. Hat aber der Gläubiger die mit dem Nießbrauche belastete Grundschuld einem anderen verpfändet, so erlischt der Nießbrauch nicht dadurch, daß der Nießbraucher das Eigentum der Forderung erwirbt, weil durch das Erlöschen des Nießbrauchs der Pfandgläubiger zum Nachteil des Gläubiger gewordenen Nießbrauchers ein Pfandrecht an der nießbrauchfreien Sache erwerben würde. P. 4106.

b, Nießbraucher und Schuldner treffen zusammen. Der Schuldner ist während der Dauer des Nießbrauchs von der Verpflichtung zur Leistung an den Gläubiger befreit.

c, Gläubiger und Schuldner treffen zusammen. Das Recht des Nießbrauchers bleibt unverändert. P. 4125.

2. Verzicht. Zur rechtsgeschäftlichen Aufhebung des Nießbrauchs an Rechten genügt in allen Fällen die formfreie Erklärung des Nießbrauchers gegenüber dem Eigentümer oder dem Besteller, daß er den Nießbrauch aufgebe. § 1064. Vor dem Erfordernisse der Löschung bei der Aufhebung des Nießbrauchs an einem eingetragenen Rechte ist (Ausnahme von § 875) abgesehen, mag die Aufhebung durch Konfusion oder durch Verzicht herbeigeführt sein. Doch kann Löschung zum Zweck der Berichtigung des Grundbuchs (§ 894; GBO. § 27 Abs. 3) verlangt werden. M. 541 f. P. 4114 f.

§ 1073.

Dem Nießbraucher einer Leibrente, eines Auszugs oder eines ähnlichen Rechtes gebühren die einzelnen Leistungen, die auf Grund des Rechtes gefordert werden können.

---

1. Das Gesetz unterstellt, daß es sich in den bezeichneten Fällen wirtschaftlich nicht um eine Mehrheit von bedingten Forderungsrechten, sondern um ein einheitliches Recht handelt. Daraus, daß dieses Gegenstand des Nießbrauchs ist, folgt, daß dem Nießbraucher nicht etwa nur der Nießbrauch an den Gegenständen der einzelnen Leistungen zusteht, sondern daß ihm die einzelnen wiederkehrenden Leistungen selbst als Nutzungen des Rechtes (§ 99) gebühren. M. 543. P. 4116. Zu den „ähnlichen Rechten" werden gerechnet Rechte dinglichen Charakters, zB. das Recht auf Realleistungen. M. 544. Ob bei einer in den Zinsenbetrag eingeschlossenen Amortisationsquote die einzelnen Leistungen als Nutzungen bezeichnet werden können, ist nach den Besonderheiten des einzelnen Falles zu entscheiden. M. 544. Soweit die Zahlungen zur Tilgung des Kapitals geleistet werden, gebührt die Amortisationsquote dem Nießbraucher nicht. Planck S. 384.

2. Der § 1073 bezieht sich nur auf den Inhalt des Nießbrauchs an den bezeichneten Rechten, wenn der Nießbrauch in zulässiger Weise bestellt ist, enthält aber (AM. Dernburg § 192 Nr. 2, S. 536) nicht eine Einschränkung des § 1069 Abs. 2. Die Frage, inwieweit ein Nießbrauch an diesen Rechten bestellt werden kann, wird durch den § 1073 überhaupt nicht berührt. Für diese Frage kommen vielmehr die §§ 1069 Abs. 2, 1092, 1093, 1105, 1111 in Betracht. Soweit nach Landesgesetz die Leibrente, der Auszug 2c. nicht übertragbar sind (Art. 96; Preuß. AG. z. BGB. Art. 15), ist auch die Bestellung eines Nießbrauchs unzulässig. Fuchs S. 326 Einl. Turn.-Först. I S. 498 A. 3.

§ 1074.

Der Nießbraucher einer Forderung ist zur Einziehung der Forderung und, wenn die Fälligkeit von einer Kündigung des Gläubigers abhängt, zur Kündigung berechtigt. Er hat für die ordnungsmäßige Einziehung zu sorgen. Zu anderen Verfügungen über die Forderung ist er nicht berechtigt.

---

1. Zur Einziehung der unverzinslichen Forderung (verzinsliche F.: §§ 1076—1079), ist der Nießbraucher berechtigt und verpflichtet. Die Einziehung bezieht sich sowohl auf die Prüfung, ob Schritte gegen den Schuldner erforderlich sind, als auf die Art und Weise des Vorgehens gegen den Schuldner. M. 545. Insbesondere kann die Einziehung auch durch Klage und im Falle des Konkurses des Schuldners durch Anmeldung zur Konkursmasse herbeigeführt werden. Versäumung der Einziehung macht den Nießbraucher schadensersatzpflichtig. Das Einziehungsrecht des Nießbrauchers ist ein selbständiges und ausschließliches. Die Pflicht, den Gläubiger von der Einziehung zu benachrichtigen, ist (abweichend von § 1285) dem Nießbraucher nicht auferlegt. Der Gläubiger kann nur Leistung an den Nießbraucher verlangen. P. 4124. Der Schuldner kann mit befreiender Wirkung nur an den Nießbraucher, nicht an den Gläubiger leisten, doch kommt ihm hierbei § 407 Abs. 1 zugute.

2. Das Recht zur Kündigung steht allein dem Nießbraucher zu. Auch die passive Befugnis, Kündigung zu erhalten, geht auf den Nießbraucher über. M. 545.

3. Andere Verfügungen über die Forderung sind dem Nießbraucher versagt. So die Abtretung und der Erlaß. Auch die Aufrechnung; der Schuldner kann nur mit einer Forderung gegen den Gläubiger, nicht mit einer Forderung gegen den Nießbraucher aufrechnen. M. 545. Kretzschmar II S. 319. AM. Dernburg § 193 II 1, S. 539. Biermann S. 267 A. 1. Ob im Falle einer Alternativobligation das dem Gläubiger zustehende Wahlrecht von dem Nießbraucher auszuüben ist, ist streitig. Die Frage ist in den Motiven bejaht (M. 545), in der 2. Komm. verneint. P. 4118. Es wird auf den Willen der Parteien in dem einzelnen Falle ankommen. Im Zweifel ist davon auszugehen, daß die Ausübung des Wahlrechts zur Vorbereitung der Einziehung dient und daher zu den Befugnissen des Nießbrauchers gehört. Biermann S. 267 A. 1. Turn.-Förſt. I S. 499 A. 1. Dernburg § 193 II 1, S. 539. AM. Fuchs S. 327 A. 1. Dementsprechend sind auch die §§ 263, 264 dahin anzuwenden, daß sich die darin bestimmten Rechte und Pflichten des Gläubigers in Rechte und Pflichten des Nießbrauchers umwandeln. Planck S. 385.

§ 1075.

Mit der Leistung des Schuldners an den Nießbraucher erwirbt der Gläubiger den geleisteten Gegenstand und der Nießbraucher den Nießbrauch an dem Gegenstande.

Werden verbrauchbare Sachen geleistet, so erwirbt der Nießbraucher das Eigentum; die Vorschriften des § 1067 finden entsprechende Anwendung.

Die Vorschrift bestimmt die Wirkung der gemäß § 1074 vom Nießbraucher bewirkten Einziehung der Nießbrauchsforderung. Geht die Forderung auf Übertragung des Eigentums oder auf Begründung eines anderen Rechtes an einem Grundstücke (zB. einer Hypothek), so ist der Nießbraucher ermächtigt, das Recht für den Eigner zu erwerben und die zum Erwerbe erforderlichen Erklärungen (Auflassung, Bestellung der Hypothek) im Namen des Eigners abzugeben. Der Nießbraucher muß sich als solcher nach GBO. § 29 legitimieren. Soweit diese Legitimation nicht möglich ist, muß der

Eigner selbst die zum Rechtserwerbe erforderlichen Erklärungen abgeben; nötigenfalls hat der Nießbraucher gegen ihn auf Abgabe der Erklärungen zu klagen. P. 4122. Mit dem Übergange des Rechtes (des Eigentums, der Hypothek) auf den Eigner erwirbt der Nießbraucher den Nießbrauch. Der Erwerb des Nießbrauchs vollzieht sich ohne Eintragung kraft Gesetzes. Eintragung erfolgt nur als Berichtigung des Grundbuchs. P. 4344 f. Biermann S. 268 A. 1. Fuchs S. 327 A. 2. Leske S. 475. Oberneck S. 420. Planck S. 386 A. 2. Turn.-Först. I S. 499 A. 1. AM. Dernburg § 193, 2b S. 540. Endemann II § 105.

§ 1076.

Ist eine auf Zinsen ausstehende Forderung Gegenstand des Nießbrauchs, so gelten die Vorschriften der §§ 1077—1079.

---

1. Gegenstand der Vorschrift sind alle Forderungen, „die ein dauerndes fruchttragendes Vermögensstück bilden und nicht etwa bloß ein Mittel zur Erlangung der weiter nutzbar zu machenden Leistung abgeben sollen". M. 550. Der Begriff der Zinsen ist nach § 246 nicht auf Geldzinsen beschränkt. M. II 15. Tatsächlich werden nur Geldforderungen in Betracht kommen. Möglich bleibt, daß die Forderung nicht lediglich auf Geld geht, sondern auch in anderen vertretbaren Sachen, zB. in Wertpapieren rückzahlbar ist. Ein Ausstehen auf Zinsen ist nicht nur bei vereinbarten Zinsen, sondern auch dann anzunehmen, wenn die Zinsverbindlichkeit auf Gesetz beruht, zB. in den Fällen der §§ 452, 641 Abs. 2. M. 550. Biermann S. 269. Dernburg § 193 B 1, S. 540. AM. Planck S. 388. Dagegen ist eine Forderung, bei der Verzugszinsen geschuldet werden, nicht eine auf Zinsen ausstehende, wenngleich die Zinsen dem Nießbraucher der Forderung zukommen. Das Erfordernis der Kündbarkeit ist für die Anwendung der §§ 1076—1079 nicht aufgestellt. M. 550 f.

2. Die §§ 1076—1079 enthalten nur dispositives Recht. Es bleibt also möglich, „daß der Nießbraucher nach Vereinbarung der Parteien an der Forderung weitere Rechte, insbesondere quasiusufruktuarische Rechte erhält oder daß der Nießbraucher an der Hauptforderung überall keine Rechte erhalten und nur zum Zinsgenusse berechtigt sein soll". M. 551. Derartige Vereinbarungen sind von demjenigen zu beweisen, der sich auf sie beruft.

3. Zinsansprüche fallen dem Nießbraucher pro rata temporis an. §§ 99 Abs. 3, 101 Nr. 2. Die Frage, ob auch Amortisationsquoten dem Nießbraucher gebühren, ist nach der festzustellenden Absicht der Parteien unter Berücksichtigung des § 1073 im einzelnen Falle zu entscheiden. In der 2. Kommission waren über den Nießbrauch an amortisierbaren Forderungen besondere Anträge gestellt. Sie wurden aber mangels eines praktischen Bedürfnisses abgelehnt. P. 4132 f. Bei Rückzahlung über pari kommt das Agio dem Nießbraucher nicht zu. M. 551.

§ 1077.

Der Schuldner kann das Kapital nur an den Nießbraucher und den Gläubiger gemeinschaftlich zahlen. Jeder von beiden kann verlangen, daß an sie gemeinschaftlich gezahlt wird; jeder kann statt der Zahlung die Hinterlegung für beide fordern.

Der Nießbraucher und der Gläubiger können nur gemeinschaftlich kündigen. Die Kündigung des Schuldners ist nur wirksam, wenn sie dem Nießbraucher und dem Gläubiger erklärt wird.

1. Die **Klage** kann sowohl vom Gläubiger als vom Nießbraucher allein angestellt werden, der Klageantrag ist aber auf gemeinschaftliche Zahlung oder Hinterlegung an beide oder für beide zu richten. Auch das Recht der Mahnung kann — gegen Planck S. 390 A. 3 — nur von beiden gemeinschaftlich ausgeübt werden (M. 552, 554); es ist aber keinem Teile die Befugnis beigelegt, den anderen Teil zur Mitwirkung bei der Mahnung zu zwingen. Turn.-Först. I S. 502 A. a. Erfolgt die Kündigung des Schuldners zunächst an den einen, dann an den anderen Teil, so wird sie erst wirksam, wenn sie an den letzten erfolgt. Planck S. 390 A. 2. AM. Biermann S. 270 A. 2. Danach kann nur eine gleichzeitige Kündigung als eine gemeinschaftliche gelten. Hinterlegung: §§ 372 ff.

2. Die Vorschrift bezieht sich nur auf das **Kapital**. Die Zinsen stehen dem Nießbraucher allein zu. Vgl. § 1076 A. 3. Die Aufhebung oder Änderung der Forderung regelt § 1071.

§ 1078.

Ist die Forderung fällig, so sind der Nießbraucher und der Gläubiger einander verpflichtet, zur Einziehung mitzuwirken. Hängt die Fälligkeit von einer Kündigung ab, so kann jeder Teil die Mitwirkung des anderen zur Kündigung verlangen, wenn die Einziehung der Forderung wegen Gefährdung ihrer Sicherheit nach den Regeln einer ordnungsmäßigen Vermögensverwaltung geboten ist.

Mitwirkung zur Einziehung ist Mitwirkung bei der Annahme der Zahlung. Die Zwangsvollstreckung wird in solchem Falle nach § 888 ZPO. zu erfolgen haben. „Außer in dem Mangel an Sicherheit (ist) nicht auch in anderen Umständen, zB. in persönlicher Nachlässigkeit des Schuldners oder Niedrigkeit des Zinsfußes, ein genügender Grund zu finden, um die Mitwirkung des anderen Teiles in Anspruch zu nehmen." M. 554.

§ 1079.

Der Nießbraucher und der Gläubiger sind einander verpflichtet, dazu mitzuwirken, daß das eingezogene Kapital nach den für die Anlegung von Mündelgeld geltenden Vorschriften verzinslich angelegt und gleichzeitig dem Nießbraucher der Nießbrauch bestellt wird. Die Art der Anlegung bestimmt der Nießbraucher.

Das eingezogene Kapital unterliegt nicht dem § 1075 Abs. 2, ist vielmehr in eine neue verzinsliche Forderung umzuwandeln. An dieser neuen Forderung ist der Nießbrauch dem Nießbraucher nach §§ 1069, 1081 rechtsgeschäftlich zu bestellen. — Anlegung von Mündelgeld: §§ 1807, 1808.

§ 1080.

Die Vorschriften über den Nießbrauch an einer Forderung gelten auch für den Nießbrauch an einer Grundschuld und an einer Rentenschuld.

Dem Nießbraucher gebühren beim Nießbrauch an einer Grundschuld die Zinsen, beim Nießbrauch an einer Rentenschuld die Renten. § 1073. Ist die Grundschuld unverzinslich, so sind die §§ 1074, 1075 maßgebend. Der Nießbrauch an einer Hypothek ist Nießbrauch an einer Forderung. Der Nießbrauch an einer Eigentümerhypothek ist

Nießbrauch an einer Forderung oder an einer Grundschuld. Leistungen aus Reallasten gebühren dem Nießbraucher. §§ 1073, 1107.

§ 1081.

Ist ein Inhaberpapier oder ein Orderpapier, das mit Blankoindossament versehen ist, Gegenstand des Nießbrauchs, so steht der Besitz des Papiers und des zu dem Papiere gehörenden Erneuerungsscheins dem Nießbraucher und dem Eigentümer gemeinschaftlich zu. Der Besitz der zu dem Papiere gehörenden Zins-, Renten- oder Gewinnanteilscheine steht dem Nießbraucher zu.

Zur Bestellung des Nießbrauchs genügt an Stelle der Übergabe des Papiers die Einräumung des Mitbesitzes.

1. Inhaberpapiere sind die Schuldverschreibungen auf den Inhaber (§§ 793—806) und die Inhaberpapiere, die über Gesellschaftsanteile ausgestellt sind, insbesondere Aktien auf Inhaber (HGB. §§ 179, 183), nicht aber die Legitimationspapiere des § 808. Der Nießbrauch an den in diesen verbrieften Forderungen, zB. an der Forderung aus einem Sparkassenbuch ist nach den allgemeinen Vorschriften über den Nießbrauch an Forderungsrechten zu beurteilen. M. 556.

2. Forderungsnießbrauch. Der Nießbrauch an Inhaberpapieren ist Nießbrauch an einem Rechte. Die Bestellung des Nießbrauchs erfolgt daher nach § 1069, also durch Übergabe des Papiers und des Erneuerungsscheins. §§ 793, 805. Doch genügt an Stelle der Übergabe des Papiers die Einräumung des Mitbesitzes. Dies gilt ausnahmslos, auch dann, wenn für die Forderung eine Sicherungshypothek bestellt ist. In diesem Falle ist die Eintragung des Nießbrauchs gestattet, dient aber nur zur Berichtigung des Grundbuchs. Vgl. §§ 1187 Satz 3, 1185. Fuchs S. 329 A. 2. Planck S. 393 A. 3. Für die Eintragung selbst ist § 44 GBO. maßgebend. Zinsen, Renten und Gewinnanteile gebühren dem Nießbraucher pro rata temporis (§ 101 Nr. 2); der Besitz an dem Zins-, Renten- oder Gewinnanteilsscheine steht ihm allein zu. M. 558.

§ 1082.

Das Papier ist nebst dem Erneuerungsschein auf Verlangen des Nießbrauchers oder des Eigentümers bei einer Hinterlegungsstelle mit der Bestimmung zu hinterlegen, daß die Herausgabe nur von dem Nießbraucher und dem Eigentümer gemeinschaftlich verlangt werden kann. Der Nießbraucher kann auch Hinterlegung bei der Reichsbank verlangen.

Die Vorschrift betrifft den Fall der Ermangelung eines Einverständnisses über die Art der Ausübung des gemeinschaftlichen Besitzes. Dem Eigentümer ist das Recht, die Hinterlegung bei der Reichsbank zu verlangen, versagt. M. 557; P. 4137. Die Kosten der Hinterlegung haben beide Teile je zur Hälfte zu tragen. Dies wird auch dann gelten, wenn der Nießbraucher Hinterlegung bei der Reichsbank verlangt. Planck S. 394. AM. Dernburg § 194 Nr. 2, S. 543. Nach Kretzschmar II S. 326 sind die Kosten der Hinterlegung vom Nießbraucher zu tragen.

§ 1083.

Der Nießbraucher und der Eigentümer des Papiers sind einander verpflichtet, zur Einziehung des fälligen Kapitals, zur Beschaffung neuer Zins-,

Renten- oder Gewinnanteilscheine sowie zu sonstigen Maßnahmen mitzuwirken, die zur ordnungsmäßigen Vermögensverwaltung erforderlich sind.

Im Falle der Einlösung des Papiers finden die Vorschriften des § 1079 Anwendung. Eine bei der Einlösung gezahlte Prämie gilt als Teil des Kapitals.

---

1. Zu den bezeichneten „Maßnahmen" gehört die Einzahlung des auf die Aktie eingeforderten Betrages nicht. Zu dieser Einzahlung ist der Aktionär nach § 218 HGB. nur der Gesellschaft, nicht aber dem Nießbraucher gegenüber verpflichtet. Das infolge der Nichtzahlung nach § 219 HGB. drohende Erlöschen des Nießbrauchs an der Aktie kann der Nießbraucher dadurch abwenden, daß er selbst die Einzahlung leistet. Alsdann bestimmt sich die Ersatzpflicht des Eigentümers nach den Vorschriften über die Geschäftsführung ohne Auftrag. §§ 1049, 677 ff. Dernburg § 194, 5, S. 544.

2. Für die Frage, inwieweit das Stimmrecht durch den Nießbraucher oder den Eigentümer auszuüben sei, ist das Gesellschaftsstatut maßgebend. M. 556. Wenn dieses nichts bestimmt, wird das vom Besitz der Aktie abhängige Stimmrecht dem Nießbraucher und dem Eigentümer der Aktie gemeinschaftlich zustehen. Planck S. 393 A. 2. Biermann S. 272.

3. Das Recht der Realisierung des Inhaberpapiers mittels Verkaufes räumt das BGB. dem Nießbraucher nicht ein. Wird das Papier eingelöst, so ist das Kapital nach § 1079 anzulegen. Eine etwa gezahlte Prämie ist gleichfalls anzulegen, da sie als eine Kapitalzahlung anzusehen ist. Wo die Prämie, wie zB. bei Konvertierungsprämien, in Wirklichkeit eine Form der Zinsvergütung ist, fällt sie dem Nießbraucher zu. M. 557. P. 4138. AM. Kretzschmar II S. 329.

§ 1084.

Gehört ein Inhaberpapier oder ein Orderpapier, das mit Blankoindossament versehen ist, nach § 92 zu den verbrauchbaren Sachen, so bewendet es bei den Vorschriften des § 1067.

Inhaberpapiere der bezeichneten Art sind diejenigen, die nicht zu festen Anlagen sondern zum Ausgeben bestimmt sind, zB. Banknoten. M. 556.

III. Nießbrauch an einem Vermögen.

§ 1085.

Der Nießbrauch an dem Vermögen einer Person kann nur in der Weise bestellt werden, daß der Nießbraucher den Nießbrauch an den einzelnen zu dem Vermögen gehörenden Gegenständen erlangt. Soweit der Nießbrauch bestellt ist, gelten die Vorschriften der §§ 1086—1088.

---

1. Ein Vertrag, durch den sich der eine Teil verpflichtet, sein künftiges Vermögen oder einen Bruchteil seines künftigen Vermögens mit einem Nießbrauche zu belasten, ist nichtig. § 310. Ein Vertrag, durch den sich der eine Teil verpflichtet, sein gegenwärtiges Vermögen oder einen Bruchteil seines gegenwärtigen Vermögens mit einem Nießbrauche zu belasten, bedarf der gerichtlichen oder notariellen Beurkundung. § 311. Ein dieser Form entsprechender Vertrag umfaßt alle Bestandteile des Vermögens, ohne daß es der Angabe der einzelnen Gegenstände bedarf, wirkt aber nur obligatorisch; er verpflichtet zur Bestellung des Nießbrauchs. Der Nießbrauch selbst

muß an den einzelnen Bestandteilen des Vermögens nach den maßgebenden Vorschriften besonders begründet werden. M. 559f. Es bedarf also bei Grundstücken der Einigung und Eintragung im Grundbuche, bei Hypothekenforderungen der Vermerkung im Grundbuche oder bei Briefhypotheken der schriftlichen Erklärung und Übergabe des Hypothekenbriefes, bei Inhaberpapieren der Übergabe des Papiers. §§ 873, 1032, 1069, 1081. Auf Surrogate erstreckt sich der Nießbrauch nur insoweit, als die Voraussetzungen der gesetzlichen Surrogation (§§ 1046, 1066, 1067) vorhanden sind.

2. „Vermögen" bedeutet das ganze Vermögen einer Person, nicht Sondervermögen wie Erwerbsgeschäft ꝛc. Der Nießbrauch an solchem ist gesetzlich nicht geregelt M. 559. Es wird, wenn die Auslegung des Parteiwillens versagt, § 1655 entsprechende Anwendung finden. Dernburg § 196 IV S. 547.

3. Für diejenigen einzelnen Bestandteile des Vermögens, an denen die Bestellung des Nießbrauchs erfolgt ist, gelten neben den über den Nießbrauch an Gegenständen der betreffenden Art bestehenden Vorschriften die Sonderbestimmungen der §§ 1086—1088.

§ 1086.

Die Gläubiger des Bestellers können, soweit ihre Forderungen vor der Bestellung entstanden sind, ohne Rücksicht auf den Nießbrauch Befriedigung aus den dem Nießbrauch unterliegenden Gegenständen verlangen. Hat der Nießbraucher das Eigentum an verbrauchbaren Sachen erlangt, so tritt an die Stelle der Sachen der Anspruch des Bestellers auf Ersatz des Wertes; der Nießbraucher ist den Gläubigern gegenüber zum sofortigen Ersatze verpflichtet.

---

1. Der Nießbraucher haftet den älteren Gläubigern des Bestellers mit den dem Nießbrauch unterliegenden Gegenständen unmittelbar. Der entscheidende Zeitpunkt für diese Haftung ist der des Entstehens, nicht der der Fälligkeit der Forderung. Die Gläubiger können ohne Rücksicht auf den Nießbrauch die Zwangsvollstreckung in diese Gegenstände verlangen. Die Zwangsvollstreckung ist zulässig, wenn der Besteller zu der Leistung und der Nießbraucher zur Duldung der Zwangsvollstreckung verurteilt ist. ZPO. § 737. Das Urteil gegen den Nießbraucher wird dadurch ersetzt, daß er in einer vollstreckbaren Urkunde die Zwangsvollstreckung bewilligt. ZPO. § 794 Abs. 1 Nr. 5, Abs. 2. Ist die Bestellung des Nießbrauchs nach der rechtskräftigen Feststellung einer Schuld des Bestellers erfolgt, so bedarf es eines besonderen vollstreckbaren Titels gegen den Nießbraucher überhaupt nicht, es kann vielmehr eine in Ansehung der dem Nießbrauch unterliegenden Gegenstände vollstreckbare Ausfertigung gegen den Nießbraucher nach Maßgabe der §§ 727, 730—732 ZPO. erteilt werden. ZPO. § 738. Der Zwangsvollstreckung in eigenes Vermögen kann der Nießbraucher mit den Rechtsbehelfen der §§ 766, 771 ZPO. entgegentreten.

2. Ist der Besteller nicht der Eigentümer der Gegenstände, aus denen die Gläubiger des Bestellers Befriedigung verlangen, so kann der Eigentümer gemäß § 771 ZPO. gegen die Zwangsvollstreckung Widerspruch erheben. Der Nießbraucher ist verpflichtet, dem Eigentümer von der Zwangsvollstreckung Anzeige zu machen. § 1042.

3. Persönliche Haftung des Nießbrauchers: § 1088.

§ 1087.

Der Besteller kann, wenn eine vor der Bestellung entstandene Forderung fällig ist, von dem Nießbraucher Rückgabe der zur Befriedigung des Gläubigers erforderlichen Gegenstände verlangen. Die Auswahl steht ihm zu; er kann jedoch nur die vorzugweise geeigneten Gegenstände auswählen. Soweit die zurückgegebenen Gegenstände ausreichen, ist der Besteller dem Nießbraucher gegenüber zur Befriedigung des Gläubigers verpflichtet.

Der Nießbraucher kann die Verbindlichkeit durch Leistung des geschuldeten Gegenstandes erfüllen. Gehört der geschuldete Gegenstand nicht zu dem Vermögen, das dem Nießbrauch unterliegt, so ist der Nießbraucher berechtigt, zum Zwecke der Befriedigung des Gläubigers einen zu dem Vermögen gehörenden Gegenstand zu veräußern, wenn die Befriedigung durch den Besteller nicht ohne Gefahr abgewartet werden kann. Er hat einen vorzugsweise geeigneten Gegenstand auszuwählen. Soweit er zum Ersatze des Wertes verbrauchbarer Sachen verpflichtet ist, darf er eine Veräußerung nicht vornehmen.

---

1. Abs. 1. Zur Tilgung der vor der Bestellung des Nießbrauchs entstandenen Schulden bleibt der Besteller dem Nießbraucher gegenüber berechtigt und verpflichtet. Er ist berechtigt, von den zu dem Vermögen gehörenden Gegenständen so viel zurückzubehalten als zur Berichtigung der fälligen Schulden nötig ist. Entw. I § 1040. P. 4148. Ist die Zurückhaltung unterblieben oder sind die Schulden erst später fällig geworden, so hat der Nießbraucher dem Besteller die zur Berichtigung der Schulden erforderlichen Gegenstände unter Befreiung von dem an ihnen bestehenden Nießbrauch (§§ 875, 1064, 1072) zurückzugeben. Die Wahl der Gegenstände steht in beiden Fällen dem Besteller zu. Er hat jedoch die zur Berichtigung der Schulden vorzugsweise geeigneten Gegenstände auszuwählen. Soweit die zurückgegebenen Gegenstände ausreichen, hat der Besteller dem Nießbraucher gegenüber die Pflicht, den Gläubiger zu befriedigen. Zur Befriedigung sind die zurückgegebenen Gegenstände zu verwenden (Entw. I § 1040 Abs. 3); das Recht, Gegenstände, deren Taxwert den Schuldenbetrag deckt, unter Berichtigung der Schulden aus anderweiten Mitteln nießbrauchsfrei zu behalten, steht dem Besteller nicht zu. M. 563. Die zur Befriedigung nicht erforderlichen Gegenstände sind dem Nießbraucher unter Neubestellung des Nießbrauchs zurückzugeben. Planck S. 402 A. 5.

2. Abs. 2 ermächtigt den Nießbraucher zum Zwecke der Bereinigung des Vermögens selbständig vorzugehen. Er kann solche Verbindlichkeiten des Bestellers, die auf Leistung eines dem Nießbrauch unterliegenden Gegenstandes, zB. auf Herausgabe einer Sache gerichtet sind, durch die Leistung des Gegenstandes erfüllen. Gehört der geschuldete Gegenstand nicht zu dem dem Nießbrauch unterliegenden Vermögen, handelt es sich zB. um Zahlung eines Geldbetrages, so ist der Nießbraucher berechtigt, zum Zwecke der Befriedigung eines Gläubiges des Bestellers einen dem Nießbrauch unterliegenden Gegenstand zu veräußern, wenn die Befriedigung durch den Besteller nicht ohne Gefahr abgewartet werden kann. Dem Nießbraucher kann in einem solchen Falle nicht zugemutet werden, es darauf ankommen zu lassen, daß der Gläubiger aus einem beliebigen Gegenstande seine Befriedigung sucht. Der Nießbraucher ist gehalten, einen vorzugsweise geeigneten Gegenstand auszuwählen. Soweit er zum Ersatze des Wertes verbrauchbarer Sachen verpflichtet ist (§ 1067), steht ihm das Veräußerungsrecht nicht zu, er hat vielmehr durch den sofort zu leistenden Ersatz (§ 1086) den Gläubiger zu befriedigen.

§ 1088.

Die Gläubiger des Bestellers, deren Forderungen schon zur Zeit der Bestellung verzinslich waren, können die Zinsen für die Dauer des Nießbrauchs auch von dem Nießbraucher verlangen. Das gleiche gilt von anderen wiederkehrenden Leistungen, die bei ordnungsmäßiger Verwaltung aus den Einkünften

des Vermögens bestritten werden, wenn die Forderung vor der Bestellung des Nießbrauchs entstanden ist.

Die Haftung des Nießbrauchers kann nicht durch Vereinbarung zwischen ihm und dem Besteller ausgeschlossen oder beschränkt werden.

Der Nießbraucher ist dem Besteller gegenüber zur Befriedigung der Gläubiger wegen der im Abs. 1 bezeichneten Ansprüche verpflichtet. Die Rückgabe von Gegenständen zum Zwecke der Befriedigung kann der Besteller nur verlangen, wenn der Nießbraucher mit der Erfüllung dieser Verbindlichkeit in Verzug kommt.

---

1. Eine persönliche Haftung des Nießbrauchers für die Schulden des Bestellers findet den Gläubigern gegenüber, abgesehen von einer Schuldübernahme (§§ 414 ff.), nur statt im Falle des § 1088. Die Haftung ist beschränkt auf Zinsen und wiederkehrende Leistungen (zB. Renten, Leibrenten, Altenteilsleistungen), besteht nur, wenn die Verzinslichkeit rc. bereits vor der Bestellung des Nießbrauchs begründet war und tritt nur neben die unverändert fortdauernde Haftung des Bestellers. Nießbraucher und Besteller haften als Gesamtschuldner. Die Zinsen (auch gesetzliche und Verzugszinsen) hat der Nießbraucher ohne Rücksicht darauf zu tragen, ob die Nutzungen des Vermögens den Zinsenbetrag decken. Dagegen wird ihm das Tragen der anderen Leistungen nach Abs. 1 Satz 2 nur soweit obliegen, als die Nutzungen zu deren Bestreitung hinreichen. Daß sie nicht hinreichen, hat der Nießbraucher zu beweisen. Planck S. 405, 406 A. 5. Die Leistungspflicht des Nießbrauchers ist beschränkt auf die Dauer des Nießbrauchs. § 103. Ihr Beginn wird von dem Zeitpunkte zu berechnen sein, in dem mit der Bestellung des Nießbrauchs begonnen, der Nießbrauch also an einzelnen, wenn auch noch nicht an allen zum Vermögen gehörenden Gegenständen bestellt ist. Planck S. 398 A. 4. Der Nießbraucher ist nur insoweit persönlich verhaftet, als auch der Besteller persönlich verhaftet ist. Für dingliche Belastungen des Vermögens (zB. für Hypothekenzinsen) gilt § 1047. P. 4150.

2. Der Nießbraucher ist auch dem Besteller zur Befriedigung der bezeichneten Ansprüche verpflichtet. Nimmt der Besteller die Befriedigung vor, so kann er vom Nießbraucher Ersatz verlangen. Dagegen steht ihm der Anspruch auf Rückgabe von zum Vermögen gehörenden Gegenständen zum Zwecke der Befriedigung dieser Ansprüche nur dann zu, wenn der Nießbraucher ihretwegen dem Besteller gegenüber in Verzug kommt. Eine die Haftung des Nießbrauchers oder des Bestellers ausschließende oder beschränkende Vereinbarung zwischen diesen ist den Gläubigern gegenüber wirkungslos.

3. Wird die Verzinslichkeit rc. erst nach der Bestellung des Nießbrauchs begründet, so ist der Nießbraucher für die Zinsen rc. auch dem Besteller gegenüber nicht verhaftet.

§ 1089.

Die Vorschriften der §§ 1085—1088 finden auf den Nießbrauch an einer Erbschaft entsprechende Anwendung.

In Betracht kommt sowohl der durch Vermächtnis zugewendete (M. 565), als der vom Erben selbst begründete Nießbrauch an einer Erbschaft.

3. Titel. Beschränkte persönliche Dienstbarkeiten.

§ 1090.

Ein Grundstück kann in der Weise belastet werden, daß derjenige, zu dessen Gunsten die Belastung erfolgt, berechtigt ist, das Grundstück in einzelnen Be-

ziehungen zu benutzen, oder daß ihm eine sonstige Befugnis zusteht, die den Inhalt einer Grunddienstbarkeit bilden kann (beschränkte persönliche Dienstbarkeit).

Die Vorschriften der §§ 1020—1024, 1026—1029, 1061 finden entsprechende Anwendung.

1. Begriff. Während der Nießbrauch das Recht auf alle Nutzungen der Sache verleiht, soweit nicht rechtsgeschäftlich eine Ausnahme gemacht ist, liegt die Besonderheit der beschränkten persönlichen Dienstbarkeiten in der rechtsgeschäftlichen Spezialisierung des Rechtsinhalts. Nur Grundstücke und grundstücksgleiche Berechtigungen (§ 1017; Art. 63, 68, 196) können mit solchen Rechten belastet werden. M. 566. P. 4152. Ihr Inhalt kann derselbe sein, wie der Inhalt der Grunddienstbarkeit. Der Unterschied liegt darin, daß die Grunddienstbarkeit nur zugunsten eines Grundstücks, die beschränkte persönliche Dienstbarkeit nur zugunsten einer (physischen oder juristischen) Person bestellt werden kann. Für eine juristische Person kann die Dienstbarkeit auch in der Art begründet werden, daß sie dem Interesse ihrer Mitglieder dient. Es kann zB. zugunsten einer Gemeinde eine Dienstbarkeit des Inhalts begründet werden, daß die Benutzung eines Weges, einer Wasserstraße, eines Parkes den Gemeindegliedern oder dem Publikum zusteht. In solchen Fällen kann das Recht nur von der Gemeinde als solcher klageweise geltend gemacht werden; das über eine solche Dienstbarkeit in einem Rechtsstreite zwischen dem Eigentümer des belasteten Grundstückes und der Gemeinde ergangene Urteil wirkt für und gegen die einzelnen Gemeindemitglieder. P. 4154. RG. 44 S. 145. Seuffert 41 Nr. 173, 55 Nr. 63. Im einzelnen wird der Inhalt durch den Parteiwillen bestimmt. Besonders geregelt ist das Wohnungsrecht. § 1093.

2. Die Begründung und Aufhebung erfolgt nach den allgemeinen Vorschriften, also die Begründung durch Einigung der Parteien und Eintragung im Grundbuch (§ 873), die rechtsgeschäftliche Aufhebung durch Erklärung des Berechtigten. § 875. Die Beifügung einer Zeitbestimmung oder Bedingung ist gestattet. Die äußerste zulässige Grenze ist der Tod des Berechtigten. §§ 1090, 1061. Doch steht nichts entgegen, die beschränkte persönliche Dienstbarkeit unter der Bedingung des Todes des Erblassers für die künftigen Erben zu begründen. (Dernburg § 197 A. 2 S. 550), d. h. es kann neben der für den A bestellten Dienstbarkeit für dessen Erben eine mit dem Tode des A in Kraft tretende Dienstbarkeit des gleichen Inhalts bestellt werden. Kretzschmar II S. 337. Übertragbarkeit und Überlassung der Ausübung: § 1092.

3. Übergangsbestimmungen. a, Unberührt bleiben die landesgesetzlichen Vorschriften, welche die Belastung eines Grundstücks mit gewissen beschränkten persönlichen Dienstbarkeiten untersagen oder beschränken oder welche den Inhalt und das Maß solcher Rechte näher bestimmen. Art. 115. Diese Vorschriften können auch nach dem 1. Januar 1900 durch Landesgesetz geändert werden. Art. 218.

b, Die bisherigen Gesetze über den Schutz im Besitze einer beschränkten persönlichen Dienstbarkeit finden auch nach dem 1. Januar 1900 Anwendung, bis das Grundbuch für das belastete Grundstück als angelegt anzusehen ist. Art. 191. Nach diesem Zeitpunkte ist es Sache des Berechtigten, durch Erwirken der Eintragung seines Rechtes sich den Besitzschutz der §§ 1090, 1029 zu sichern. Unterbleibt die Eintragung, so fällt jeder Besitzschutz fort.

c, Art. 187 gilt nur für Grunddienstbarkeiten. Beschränkte persönliche Dienstbarkeiten bedürfen stets der Eintragung. Vgl. auch Art. 96, 113, 114, 128, 133, 164.

§ 1091.

Der Umfang einer beschränkten persönlichen Dienstbarkeit bestimmt sich im Zweifel nach dem persönlichen Bedürfnisse des Berechtigten.

Die Vorschrift ist nicht wie die des § 1019 eine zwingende, sondern enthält nur eine Auslegungsregel; sie gilt also nur, wenn nichts Besonderes vereinbart ist. „Der Ausdruck „persönliches Bedürfnis" ist in dem weiteren Sinne aufzufassen, daß sowohl das Bedürfnis der Haushaltung als das Bedürfnis des Geschäftsbetriebes des Berechtigten in Betracht kommen". M. 567.

§ 1092.

Eine beschränkte persönliche Dienstbarkeit ist nicht übertragbar. Die Ausübung der Dienstbarkeit kann einem anderen nur überlassen werden, wenn die Überlassung gestattet ist.

Die beschränkte persönliche Dienstbarkeit ist ein höchst persönliches Recht. Sie erlischt mit dem Tode des Berechtigten, wenn sie einer juristischen Person zusteht, mit dieser. § 1061. Die Vererblichkeit ist ausgeschlossen. Ebenso die Übertragbarkeit. Diese Vorschriften sind zwingender Natur. M. 568. Die Überlassung der Ausübung an einen anderen ist nur zulässig, wenn sie vom Besteller gestattet ist. Die Befugnis des Berechtigten, die Überlassung der Ausübung zu gestatten, bedarf nach § 877 der Eintragung. Biermann S. 281. Planck S. 411 A. 1. AM. Fuchs S. 237. Dagegen ist die Gestattung selbst, da sie nur obligatorisch wirkt, nicht eintragungsfähig. Turn.-Först. I S. 510. Insoweit die Ausübung einem anderen überlassen werden kann, ist das Recht der Pfändung unterworfen. ZPO. § 857 Abs. 3. Ein Pfandrecht kann an dem Rechte nicht bestellt werden. § 1274 Abs. 2. Zur Konkursmasse des Berechtigten gehört das Recht nicht. M. 568.

§ 1093.

Als beschränkte persönliche Dienstbarkeit kann auch das Recht bestellt werden, ein Gebäude oder einen Teil eines Gebäudes unter Ausschluß des Eigentümers als Wohnung zu benutzen. Auf dieses Recht finden die für den Nießbrauch geltenden Vorschriften der §§ 1031, 1034, 1036, des § 1037 Abs. 1 und der §§ 1041, 1042, 1044, 1049, 1050, 1057, 1062 entsprechende Anwendung.

Der Berechtigte ist befugt, seine Familie sowie die zur standesmäßigen Bedienung und zur Pflege erforderlichen Personen in die Wohnung aufzunehmen.

Ist das Recht auf einen Teil des Gebäudes beschränkt, so kann der Berechtigte die zum gemeinschaftlichen Gebrauche der Bewohner bestimmten Anlagen und Einrichtungen mitbenutzen.

---

1. Voraussetzung des sog. Wohnungsrechts (habitatio, droit d'habitation) ist der von den Beteiligten vereinbarte Ausschluß des Eigentümers. Ist der Ausschluß unterblieben, steht also dem Berechtigten nur ein Mitbenutzungsrecht (Einsitz, Beisitz, Herberge) zu, so finden nur die allgemeinen Vorschriften der §§ 1090—1092, nicht aber die besonderen Bestimmungen des § 1093 Anwendung. M. 570. Ein Wohnungsrecht, das nicht den für beschränkte persönliche Dienste bestimmten Inhalt (§ 1090) hat, das zB. nach den Vorschriften über Miete (§§ 535 ff.) geregelt ist, kann nicht als dingliches Recht begründet werden. KG. 24 S. A 121; ROLG. 4 S. 481. Biermann S. 282.

2. Die Bestimmung des Inhalts des eingeräumten Wohnungsrechts ist innerhalb der gesetzlichen Schranken des § 1090 dem Parteiwillen überlassen. Die in § 1093 als anwendbar erklärten Nießbrauchsvorschriften sind nur dispositive. Da-

neben finden die für die beschr. pers. Dienstbarkeiten allgemein gegebenen Vorschriften (§§ 1090—1092) und die darin (§ 1090 Abs. 2) in Bezug genommenen Vorschriften über Grunddienstbarkeiten Anwendung. Anwendbar sind auch die §§ 1055 Abs. 1, 1060, 1061. Dagegen sind mit Rücksicht auf die rechtliche Natur und den Inhalt des Wohnungsrechts von der Anwendbarkeit ausgeschlossen die §§ 1032, 1033, 1035, 1037 Abs. 2, 1038, 1039, 1043, 1045—1048, 1051—1054, 1055 Abs. 2, 1056, 1058, 1059, 1064—1067. (Für die Anwendbarkeit des § 1058: Biermann S. 282 A. 2.)

Dadurch, daß dem Berechtigten die Befugnis eingeräumt wird, die Wohnung auch noch zu anderen Zwecken, zB. als Geschäftslokal, zu benutzen, wird die Begründung eines Wohnungsrechts nicht ausgeschlossen, wenn nur das Benutzen als Wohnung die Hauptsache ist. Fuchs S. 339 A. 4. Planck S. 413 A. 3.

3. Besondere dispositive Bestimmungen enthalten die Abs. 2 und 3.

a, Abs. 2 gestattet dem Berechtigten die Aufnahme seiner Familie sowie der zur Bedienung und Pflege der sämtlichen Familienglieder erforderlichen Personen.

Der Ausdruck „Familie" bezieht sich auch auf eine später erst begründete Familie, sowie auf später hinzutretende Familienglieder und gestattet die Aufnahme „soweit nach der Auffassung des gewöhnlichen Lebens das Zusammenleben und Zusammenwohnen des Berechtigten mit den Gliedern seiner Familie als das Normale erscheint". M. 571. Unbedenklich gestattet ist dem Berechtigten die Aufnahme von Besuch (M. 571), nicht aber das Vermieten der Wohnung. Turn.-Först. I S. 511 A. 4a. AM. Fuchs S. 339 A. 5.

b, Abs. 3 gewährt dem Berechtigten, wenn sein Recht auf einen Teil des Gebäudes beschränkt ist, die Befugnis zur Mitbenutzung der zum gemeinschaftlichen Gebrauche der Bewohner bestimmten Anlagen und Einrichtungen, zB. der Waschküche. Dies muß im Zweifel auch von den nach Begründung des Wohnungsrechts errichteten Anlagen gelten. Dernburg § 198, 2b, S. 552.

4. Wegen des auf Grund eines Leibgedingsvertrages bestellten Wohnungsrechts s. § 1105. Während das Wohnungsrecht des § 1093 zu seiner Begründung der Eintragung bedarf, ist das Mietrecht (§§ 535 ff.) von der Eintragung ausgeschlossen, kann auch durch die bloße Vereinbarung, es im Grundbuche eintragen zu lassen, zu einem eintragungsfähigen dinglichen Rechte nicht werden. RG. 54 S. 233.

6. Abschnitt. Vorkaufsrecht.

*§ 1094.

Ein Grundstück kann in der Weise belastet werden, daß derjenige, zu dessen Gunsten die Belastung erfolgt, dem Eigentümer gegenüber zum Vorkaufe berechtigt ist.

Das Vorkaufsrecht kann auch zugunsten des jeweiligen Eigentümers eines anderen Grundstücks bestellt werden.

W. Immerwahr, Das dingliche Vorkaufsrecht des BGB. in Jherings Jahrb. 40 S. 279.

1. Das BGB. scheidet das persönliche und das dingliche Vorkaufsrecht. Das erstere ist in den §§ 504—514, das letztere ist in den §§ 1094—1104 geregelt. Das persönliche Vorkaufsrecht kann an allen Gegenständen bestellt werden, wirkt aber, auch wenn es sich auf Grundstücke bezieht, nur obligatorisch zwischen den Vertragsparteien und deren Erben. Das dingliche Vorkaufsrecht ist als Belastung

eines Grundstücks ausgestaltet (M. 452) und bringt den Berechtigten in unmittelbare Rechtsbeziehungen zu jedem Dritten, der in das Recht eingreift. Das Nähere ergeben die §§ 1097, 1098. Gegenstand einer Vormerkung (§ 883 Abs. 1) kann nur dasjenige obligatorische Vorkaufsrecht sein, bei welchem die Parteien die Verpflichtung, das Recht als dingliches zu bestellen, besonders begründet haben. Boehm S. 138. Männer S. 258. Turn.-Först. I S. 512 AM. Fuchs S. 342 A. I a. Planck S. 414 A. 1.

2. Gegenstand des dingl. Vorkaufsrechts kann nur sein ein Grundstück oder eine grundstücksgleiche Berechtigung. § 1017. Art. 63, 68, 196. Soll ein realer Teil eines Grundstücks mit einem Vorkaufsrechte belastet werden, so ist er von dem Grundstück abzuschreiben und als selbständiges Grundstück einzutragen. GBO. § 6 Satz 1. Belastung des Bruchteils eines Grundstücks: § 1095. Ein dingliches Vorkaufsrecht an beweglichen Sachen ist nur insoweit zulässig, als sie Zubehör des zu belastenden Grundstücks sind. P. 4817. Vgl. § 1096.

3. Berechtigter. Das dingliche Vorkaufsrecht kann sowohl zugunsten einer — natürlichen oder juristischen — Person wie zugunsten des jeweiligen Eigentümers eines anderen Grundstücks bestellt werden, also subjektiv persönlich und subjektiv dinglich sein. Im Falle der Teilung des Grundstücks des Berechtigten findet § 513 entsprechende Anwendung. Umwandlung des subjektiv persönlichen Vorkaufsrechts in ein dingliches und des letzteren in das erstere ist ausgeschlossen. § 1103. Ausübung des Vorkaufsrechts durch mehrere: § 1098. Vorrang unter mehreren eingetragenen Vorkaufsrechten: § 879.

4. Entstehung. Ein dingliches Vorkaufsrecht kann nur durch Rechtsgeschäft begründet werden. Buchersitzung ist ausgeschlossen, da das Vorkaufsrecht nicht zum Besitze des Grundstücks berechtigt. § 900. Ein gesetzliches Vorkaufsrecht gewährt das BGB. nur einem Miterben an dem Anteile eines anderen, nicht an den einzelnen Nachlaßgegenständen. §§ 2034—2037. Zur rechtsgeschäftlichen Begründung gehört Einigung und Eintragung. § 873. Dies gilt auch beim legierten Vorkaufsrecht, denn durch das Vermächtnis wird nicht das Vorkaufsrecht selbst, sondern nur die Verpflichtung des Erben zur Bestellung des Vorkaufsrecht begründet. §§ 2147 ff. Streitig ist, ob der obligatorische Vertrag, durch den der Grundeigentümer sich verpflichtet, ein dingliches Vorkaufsrecht zu bestellen, den Formvorschriften des § 313 unterworfen ist. Die Frage wird zu bejahen sein, da der bezeichnete Vertrag die Verbindlichkeit des Grundeigentümers zum Gegenstande hat, unter gewissen Voraussetzungen das Eigentum an einem Grundstücke zu übertragen. P. II 1797. Biermann S. 283 A. 2 u. „Widerspruch" S. 133. Fuchs S. 347 A. I a. Planck S. 415 A. 4. OLG. Jena, ROLG. 1 S. 293. AM. Männer S. 261 A. 4. Oberneck S. 429. Kretzschmar II S. 351. Für die Form des dinglichen Vertrages gilt § 873 Abs. 2. Bedingungen und Zeitbestimmungen sind auch beim dinglichen Vertrage zulässig. Bei der Eintragung des Vorkaufsrechtes in das Grundbuch kann zur näheren Bezeichnung der Voraussetzungen, unter welchen es ausgeübt werden kann, auf die Eintragungsbewilligung Bezug genommen werden. P. 4818 f. (Preußen: JMV. v. 20. Nov. 1899 § 11 Nr. 1). Der § 50 GBO. findet keine Anwendung. Das subjektiv dingliche Vorkaufsrecht ist auf Antrag auch im Grundbuche des herrschenden Grundstücks einzutragen (GBO. § 8); zur Wirksamkeit des Vorkaufsrechts ist diese Eintragung nicht erforderlich.

5. Zur Aufhebung des dingl. Vorkaufsrechtes gehört der Verzicht des Berechtigten und die Löschung des Rechtes. §§ 875, 876. GBO. § 21. Die Verwirkung durch Nichtausübung regelt § 510 Abs. 2. Vgl. § 1097. Dadurch, daß der Vorkaufsberechtigte das Eigentum an dem belasteten Grundstück erwirbt, erlischt das Vorkaufsrecht nur dann, wenn es nur für den einen Verkaufsfall bestellt war §§ 889, 1097. Erlöschen durch Verjährung ist nur gemäß § 901 möglich. Erlöschen durch Ausschließung: § 1104. Änderung des Inhalts: § 877.

6. Ein dingliches Wiederkaufsrecht erkennt das BGB. nicht an.

M. 451 f. Auch die 2. Kommission hat die reichsrechtliche Zulassung dieses Instituts abgelehnt. Hierbei ist erwogen: „Übrigens gestatte schon der Entw. II selbst eine dingliche Sicherung des dem obligatorisch Wiederkaufberechtigten zustehenden Anspruchs durch Eintragung einer Vormerkung". P. 4826. Auf Grund dieser Bemerkung ist angenommen, daß die aus dem Vorbehalte eines Wiederkaufsrechtes (§§ 497—503) sich ergebenden Ansprüche durch Vormerkung (§§ 883 ff.) dinglich gesichert werden können. So: Dernburg § 62, 4 S. 184. Biermann S. 284 A. 6. Fuchs S. 344 A. 6. Leske S. 485 VII. Männer S. 260 A. 7. Oberneck S. 434. Planck S. 415 A. 6. Mit Recht wird gegen diese Annahme von Turn.-Först. I S. 514 A. 6 ausgeführt, daß die Vormerkung nur zur Sicherung und Vorberatung der endgültigen Eintragung bestimmt ist, daß nur solche Rechte vorgemerkt werden können, die der endgültigen Eintragung fähig sind, und daß daher der Eigentümer, da ihm, wie unstreitig, die Bewilligung der endgültigen Eintragung des Wiederkaufsrechts versagt ist, auch die Eintragung einer Vormerkung zur Sicherung des Wiederkaufsrechts nicht bewilligen kann. Dieser Ausführung wird beizutreten und anzunehmen sein, daß nicht das Wiederkaufsrecht selbst, sondern nur der durch Ausübung dieses Rechtes entstehende Anspruch durch Eintragung einer Vormerkung verdinglicht werden kann. Boehm S. 138. Kretzschmar II S. 371.

Landesrechtliche Wiederkaufsrechte, die solchen Rechtsinstituten angehören, deren Regelung der Landesgesetzgebung vorbehalten ist (Art. 59, 62, 63, 67, 77), sind aufrecht erhalten, können auch neu eingeführt werden. Art. 3. Preußen: Anlage.

7. Übergangsvorschriften. Vorkaufsrechte, mit denen ein Grundstück am 1. Januar 1900 belastet ist, bleiben mit dem aus den bisherigen Gesetzen sich ergebenden Inhalt und Range bestehen. Art. 184. Art. 115 findet auf das Vorkaufsrecht keine Anwendung. P. 4800 f. Gesetzliche Vorkaufsrechte, die auf dem Eigentum, dem Miteigentum oder der Gemeinschaft beruhen, sind mit dem 1. Januar 1900 aufgehoben. Art. 181, 173.

§ 1095.

Ein Bruchteil eines Grundstücks kann mit dem Vorkaufsrechte nur belastet werden, wenn er in dem Anteil eines Miteigentümers besteht.

Ein Vorkaufsrecht kann in der Weise bestellt werden, daß das ganze Grundstück belastet wird, die Ausübung des Vorkaufsrechts aber auf einen Teil beschränkt ist OLG. Dresden, KG. 22 S. D. 25. Biermann S. 284.

§ 1096.

Das Vorkaufsrecht kann auf das Zubehör erstreckt werden, das mit dem Grundstücke verkauft wird. Im Zweifel ist anzunehmen, daß sich das Vorkaufsrecht auf dieses Zubehör erstrecken soll.

Die Vorschrift bezieht sich auf alles Zubehör (§§ 97, 98), das mit dem Grundstück verkauft wird. Zubehörstücke also, die ohne das Grundstück verkauft werden, unterliegen nicht dem Vorkaufsrecht. Dagegen kann der Vorkaufsberechtigte verlangen, daß ihm der Vorkaufsverpflichtete das Eigentum aller mit verkauften Zubehörstücke verschaffe, gleichviel ob sie im Eigentum des Vorkaufspflichtigen gestanden haben oder nicht. §§ 932—936. Darauf, ob auch der Dritte das Eigentum erworben haben würde oder ob er es bereits erworben hat, kommt nichts an. Biermann S. 285.

§ 1097.

Das Vorkaufsrecht beschränkt sich auf den Fall des Verkaufs durch den Eigentümer, welchem das Grundstück zur Zeit der Bestellung gehört, oder durch dessen Erben; es kann jedoch auch für mehrere oder für alle Verkaufsfälle bestellt werden.

1. Ist von den Beteiligten nicht etwas anderes vereinbart, so kann das Vorkaufsrecht nur einmal ausgeübt werden u. z. nur im Falle des ersten Verkaufs durch den in § 1097 bezeichneten Eigentümer und, falls dieser nicht verkauft hat, durch dessen Erben. Ist das Grundstück ohne Verkauf auf einen Sondernachfolger übergegangen (§ 1098), oder hat der Berechtigte das Vorkaufsrecht nicht im ersten Verkaufsfalle ausgeübt, so ist das Vorkaufsrecht erloschen, kann also auch dann nicht geltend gemacht werden, wenn das Grundstück von dem bestellenden Eigentümer zurück erworben wird und nunmehr von neuem verkauft wird. Nach § 511 erstreckt sich das Vorkaufsrecht im Zweifel nicht auf einen Verkauf, der mit Rücksicht auf ein künftiges Erbrecht an einen gesetzlichen Erben erfolgt. Die Vorschrift beruht auf der Erwägung, daß die Überlassung der mit dem Vorkaufsrecht behafteten Sache an einen gesetzlichen Erben „nicht als Kauf, sondern als eine antizipierte Erbfolge aufzufassen sei". P. II 1807, 8574. Daraus dürfte zu folgern sein, daß das auf einen Verkaufsfall beschränkte Vorkaufsrecht im Falle des § 511 nicht untergeht, sondern nur ruht und ausgeübt werden kann, sobald der Erbe verkauft. Biermann S. 285 A. 1. Fuchs S. 350 A. 2. AM. Oberneck S. 430, 5. Planck S. 420. Männer S. 259 Anm. 5.

Wenn der Verpflichtete nach dem Verkaufe in Konkurs verfällt und der Konkursverwalter gemäß § 17 KO. sich dahin entscheidet, weder den Verkauf noch den Vorkauf erfüllen zu wollen, so kann in Frage kommen, ob dieser Verkaufsfall als nicht vorgekommen zu gelten hat, ob also das nur für einen Fall bestehende Vorkaufsrecht noch fortdauert, mithin bei einem freihändigen Verkaufe des Konkursverwalters wirkt und bei der Zwangsversteigerung dem Berechtigten die Stellung eines Realinteressenten erhält. Das BGB. hat diese Frage nicht entschieden. M. 455. Sie wird zu bejahen sein, da der tatsächlich vereitelte Verkaufsfall als ein „Fall des Verkaufs" nicht gelten kann. Fuchs S. 350 A. 2. Planck S. 418 A. 1.

2. Durch Vereinbarung der Beteiligten kann das Vorkaufsrecht für mehrere oder für alle Verkaufsfälle bestellt werden. Ist dies geschehen, so geht die Vorkaufspflicht auf jeden neuen Eigentümer des Grundstücks, nicht bloß auf den Erben über, wenn in dem betreffenden Veräußerungsfalle von dem Vorkaufsrechte nicht Gebrauch gemacht wird. M. 452. Die vereinbarte Ausdehnung des Vorkaufsrechtes ist in das Grundbuch einzutragen. Die Bezugnahme auf die Eintragungsbewilligung genügt. § 874. Kretzschmar II S. 354. Ohne Eintragung kann die Ausdehnung des Vorkaufsrechts auch dem wissenden Dritten nicht entgegengesetzt werden, da sie ohne Eintragung gar nicht besteht. Biermann S. 285 A. 2. AM. Fuchs S. 350 A. 2b.

§ 1098.

Das Rechtsverhältnis zwischen dem Berechtigten und dem Verpflichteten bestimmt sich nach den Vorschriften der §§ 504—514. Das Vorkaufsrecht kann auch dann ausgeübt werden, wenn das Grundstück von dem Konkursverwalter aus freier Hand verkauft wird.

Dritten gegenüber hat das Vorkaufsrecht die Wirkung einer Vormerkung zur Sicherung des durch die Ausübung des Rechtes entstehenden Anspruchs auf Übertragung des Eigentums.

I. Abs. 1 regelt das Rechtsverhältnis zwischen dem Berechtigten und dem verpflichteten Verkäufer. Maßgebend sind die für das obligatorische Vorkaufsrecht gegebenen Bestimmungen der §§ 504—514, lautend:

§ 504. Wer in Ansehung eines Gegenstandes zum Vorkaufe berechtigt ist, kann das Vorkaufsrecht ausüben, sobald der Verpflichtete mit einem Dritten einen Kaufvertrag über den Gegenstand geschlossen hat.

§ 505. Die Ausübung des Vorkaufsrechts erfolgt durch Erklärung gegenüber dem Verpflichteten. Die Erklärung bedarf nicht der für den Kaufvertrag bestimmten Form.

Mit der Ausübung des Vorkaufsrechts kommt der Kauf zwischen dem Berechtigten und dem Verpflichteten unter den Bestimmungen zustande, welche der Verpflichtete mit dem Dritten vereinbart hat.

§ 506. Eine Vereinbarung des Verpflichteten mit dem Dritten, durch welche der Kauf von der Nichtausübung des Vorkaufsrechts abhängig gemacht oder dem Verpflichteten für den Fall der Ausübung des Vorkaufsrechts der Rücktritt vorbehalten wird, ist dem Vorkaufsberechtigten gegenüber unwirksam.

§ 507. Hat sich der Dritte in dem Vertrage zu einer Nebenleistung verpflichtet, die der Vorkaufsberechtigte zu bewirken außerstande ist, so hat der Vorkaufsberechtigte statt der Nebenleistung ihren Wert zu entrichten. Läßt sich die Nebenleistung nicht in Geld schätzen, so ist die Ausübung des Vorkaufsrechts ausgeschlossen; die Vereinbarung der Nebenleistung kommt jedoch nicht in Betracht, wenn der Vertrag mit dem Dritten auch ohne sie geschlossen sein würde.

§ 508. Hat der Dritte den Gegenstand, auf den sich das Vorkaufsrecht bezieht, mit anderen Gegenständen zu einem Gesamtpreise gekauft, so hat der Vorkaufsberechtigte einen verhältnismäßigen Teil des Gesamtpreises zu entrichten. Der Verpflichtete kann verlangen, daß der Vorkauf auf alle Sachen erstreckt wird, die nicht ohne Nachteil für ihn getrennt werden können.

§ 509. Ist dem Dritten in dem Vertrage der Kaufpreis gestundet worden, so kann der Vorkaufsberechtigte die Stundung nur in Anspruch nehmen, wenn er für den gestundeten Betrag Sicherheit leistet.

Ist ein Grundstück Gegenstand des Vorkaufs, so bedarf es der Sicherheitsleistung insoweit nicht, als für den gestundeten Kaufpreis die Bestellung einer Hypothek an dem Grundstücke vereinbart oder in Anrechnung auf den Kaufpreis eine Schuld, für die eine Hypothek an dem Grundstücke besteht, übernommen worden ist.

§ 510. Der Verpflichtete hat dem Vorkaufsberechtigten den Inhalt des mit dem Dritten geschlossenen Vertrags unverzüglich mitzuteilen. Die Mitteilung des Verpflichteten wird durch die Mitteilung des Dritten ersetzt.

Das Vorkaufsrecht kann bei Grundstücken nur bis zum Ablaufe von zwei Monaten, bei anderen Gegenständen nur bis zum Ablauf einer Woche nach dem Empfange der Mitteilung ausgeübt werden. Ist für die Ausübung eine Frist bestimmt, so tritt diese an die Stelle der gesetzlichen Frist.

§ 511. Das Vorkaufsrecht erstreckt sich im Zweifel nicht auf einen Verkauf, der mit Rücksicht auf ein künftiges Erbrecht an einen gesetzlichen Erben erfolgt.

§ 512. Das Vorkaufsrecht ist ausgeschlossen, wenn der Verkauf im Wege der Zwangsvollstreckung oder durch den Konkursverwalter erfolgt.

§ 513. Steht das Vorkaufsrecht mehreren gemeinschaftlich zu, so kann es nur im ganzen ausgeübt werden. Ist es für einen der Berechtigten erloschen oder übt einer von ihnen sein Recht nicht aus, so sind die übrigen berechtigt, das Vorkaufsrecht im ganzen auszuüben.

§ 514. Das Vorkaufsrecht ist nicht übertragbar und geht nicht auf die Erben des Berechtigten über, sofern nicht ein anderes bestimmt ist. Ist das Recht auf eine bestimmte Zeit beschränkt, so ist es im Zweifel vererblich.

Im einzelnen ist folgendes hervorzuheben.

1. Für das obligatorische Vorkaufsrecht sind die Vorschriften der §§ 504—514 nur dispositive. Bei dem dinglichen Vorkaufsrechte dagegen haben sie eine absolute Natur. Erweiterungen des Vorkaufsrechtes über den aus den §§ 504—514 sich ergebenden Umfang hinaus sind unwirksam. Dies folgt aus dem Satze, daß im Gebiete des Sachenrechtes die Vertragsfreiheit ausgeschlossen ist. Entw. I § 959. M. 460. P. 4823.

2. (§ 504.) Nur wenn das Grundstück oder ein Teil des Grundstücks (M. II 346) verkauft wird, kann das Vorkaufsrecht ausgeübt werden. Es findet also nicht auch dann statt, wenn der Verpflichtete durch einen anderen, nicht als Kaufvertrag anzusehenden Vertrag, zB. durch Tausch, durch Überlassung für geleistete Dienste oder zum Zwecke der Auseinandersetzung einer Gemeinschaft (Strieth. 23 S. 260; RG. JW. 95 S. 525) das Grundstück veräußert hat. Ein simulierter Kaufvertrag ist kein Verkauf, aus dem das Vorkaufsrecht mit Erfolg geltend gemacht werden kann. OTr. 54 S. 183. Verkauf im Wege der Zwangsvollstreckung: § 512 A. 10.

3. (§ 505.) Mit der zustimmenden formfreien Erklärung des Berechtigten an den Verpflichteten kommt der Kauf zwischen diesem und dem Verpflichteten unter den zwischen dem letzteren und dem Dritten vereinbarten Bestimmungen zustande, ohne daß es des Abschlusses eines neuen Kaufvertrages bedarf. M. II 346. Vorausbestimmung des Vorkaufspreises ist unzulässig. M. 453. OLG. Dresden, ROLG. 4 S. 69.

4. (§ 506.) Sonstige vereinbarte Bedingungen und der Vorbehalt des Rücktritts aus anderen Gründen gelten auch gegenüber dem Vorkaufsberechtigten. M. II 346.

5. (§ 507.) Für den zu entrichtenden Schätzungswert ist entscheidend der Geldwert, welchen die Leistungen zur Erfüllungszeit haben. Die Verpflichtung zu dieser Geldleistung tritt auch in bezug auf die Erfüllung Zug um Zug ganz an die Stelle der Leistung. M. II 349.

6. (§ 508.) Mengekauf. Der Berechtigte kann sein Recht nur in bezug auf den Gegenstand ausüben, auf den sich das Vorkaufsrecht bezieht, hat aber auch nur den verhältnismäßigen Teil des Gesamtpreises zu entrichten. Der Verpflichtete hat nicht das Recht, den Eintritt des Berechtigten in den Gesamtkauf zu verlangen, er darf vielmehr die Ausdehnung des Vorkaufes nur auf diejenigen Sachen, d. h. körperliche Gegenstände (§ 90) fordern, die nicht ohne Nachteil für ihn getrennt werden können. M. II 349. P. II 1808.

7. (§ 509.) Satz 1 enthält eine zum Schutze des Vorkaufsverpflichteten gebotene Ausnahme von § 505 Abs. 2. Satz 2 bezweckt dem Berechtigten die Sicherheitsleistung zu erleichtern. P. II 1811. Im Falle der Schuldübernahme ist der Vorkaufsverpflichtete nicht befugt, die Auflassung an den Berechtigten bis zur Zahlung des Kaufpreises oder bis zur Sicherheitsleistung zu verweigern. Planck S. 420.

8. (§ 510.) Die formfreie Anzeige muß den Inhalt des Vertrages getreu und vollständig angeben; der Beifügung einer Abschrift des Vertrages bedarf es nicht. Die Ausübung des Vorkaufsrechts kann schon vor der Anzeige erfolgen. M. II 348. Wird die Erklärung innerhalb der Frist nicht abgegeben, so ist das Recht verloren. Ist die Mitteilung unterblieben, so kann das eingetragene Vorkaufsrecht nicht verjähren. § 902.

9. (§ 511.) Vgl. § 1097 A. 1.

10. (§ 512.) **a**, Beim Verkauf im Wege der Zwangsvollstreckung ist das Vorkaufsrecht ausgeschlossen. Ob es durch den Zuschlag erlischt, ist nach §§ 91, 52 ZwVG. zu entscheiden. Die Zwangsversteigerung teilungshalber (§ 753. ZwVG. §§ 175—184) ist nicht als Zwangsvollstreckung anzusehen. RG. 23 S. 357, 36 S. 358; JW. 97 S. 77. Bei ihr kann also das Vorkaufsrecht ausgeübt werden. M. II 350. Für die Frage, ob die gesetzlichen Vorkaufsrechte im Falle der Zwangsvollstreckung ausgeübt werden können, sind die in Betracht kommenden Landesgesetze maßgebend.

b, Abweichend von § 512 kann das durch Rechtsgeschäft begründete dingliche Vorkaufsrecht ausgeübt werden, wenn das Grundstück von dem Konkursverwalter verkauft wird, aber nur beim Verkauf aus freier Hand, nicht also bei der vom Konkursverwalter nach §§ 172 ff. ZwVG. beantragten Zwangsversteigerung. § 1098 Abs. 1. Ist über das Vermögen des Verpflichteten Konkurs eröffnet, so muß der Konkursverwalter den Kaufvertrag dann erfüllen, wenn zur Zeit der Konkurseröffnung das Vorkaufsrecht durch Erklärung gegenüber dem Verpflichteten bereits ausgeübt war. KO. § 24. Biermann S. 287 A. 3.

11. (§ 513.) Ob das Vorkaufsrecht von vornherein für mehrere bestellt oder ob es durch Erbfolge oder Teilung des berechtigten Grundstücks auf mehrere übergegangen ist, macht keinen Unterschied. OTr. 79 S. 166.

12. (§ 514.) Zu unterscheiden von dem Vorkaufsrechte ist das durch die Ausübung des Vorkaufsrechtes entstandene Recht. Dieses Recht unterliegt sowohl der Übertragung als der Vererbung. M. II 351. Durch die Verweisung auf § 514 wird klargestellt, daß auch für das dingliche Vorkaufsrecht die Bestimmung, es solle vererblich und veräußerlich sein, gestattet ist. Turn.-Först. I S. 521 A. 9. Fuchs S. 356 A. 3. Planck S. 421. AM. Immerwahr S. 290. Ist das Vorkaufsrecht nicht übertragbar, so ist es auch der Belastung und der Pfändung entzogen. ZPO. §§ 851, 857. Das subjektiv dingliche Vorkaufsrecht folgt dem Schicksale des berechtigten Grundstücks und geht mit diesem auf jeden neuen Erwerber über. (Umwandlung: § 1103.)

II. Abs. 2 regelt das Rechtsverhältnis des Berechtigten zu Dritten d. h. zu denjenigen, die von dem Verpflichteten das Grundstück oder ein Recht an dem Grundstück erworben haben. Ihnen gegenüber hat das Vorkaufsrecht die Wirkung einer Vormerkung zur Sicherung des Anspruchs des Berechtigten auf Übertragung des Eigentums. Die Wirkung der Vormerkung besteht darin, daß eine Verfügung, die nach der Eintragung der Vormerkung über das Grundstück getroffen wird, insoweit unwirksam ist, als sie den Anspruch vereiteln oder beeinträchtigen würde. §§ 883 Abs. 2, 888. Der Vorkaufsberechtigte kann also von dem Vorkaufsverpflichteten die Auflassung des Grundstücks und von dem Dritten die Zustimmung zur Eintragung des Eigentumsüberganges sowie die Herausgabe des Grundstücks verlangen. Beide Klagen können miteinander verbunden werden. Der Dritte kann sich aller Einwendungen bedienen, welche dem Vorkaufspflichtigen zustehen würden. Entw. I § 955. P. 4819. Diejenigen Dritten, die nach der Eintragung des Vorkaufsrechts, aber vor dem Eintritte des Vorkaufsfalls ein begrenztes Recht an dem Grundstücke erlangt haben (Hypothekengläubiger), werden von der Ausübung des Vorkaufsrechts nicht betroffen. Diese Lasten werden bei dem Kaufpreise berücksichtigt, der Vorkaufsberechtigte wird also durch sie nicht beeinträchtigt und kann ihre Löschung nicht verlangen. Planck S. 421 A. 3b. Kretzschmar II S. 365. AM. Biermann S. 286 A. 2. Fuchs S. 353 A. 4b. Immerwahr S. 327. Anders die Lasten, die nach dem Eintritte des Vorkaufsfalls auf das Grundstück gelegt werden. Diese beeinträchtigen das Recht des Vorkaufsberechtigten, sind daher ihm gegenüber unwirksam.

§ 1099.

Gelangt das Grundstück in das Eigentum eines Dritten, so kann dieser in gleicher Weise wie der Verpflichtete dem Berechtigten den Inhalt des Kaufvertrags mit der im § 510 Abs. 2 bestimmten Wirkung mitteilen.

Der Verpflichtete hat den neuen Eigentümer zu benachrichtigen, sobald die Ausübung des Vorkaufsrechts erfolgt oder ausgeschlossen ist.

Die Vorschrift bezieht sich auf jeden Dritten, in dessen Eigentum das Grundstück unter Nichtbeachtung des Vorkaufsrechts (durch Auflassung und Eintragung) übergegangen ist. Dem dritten Erwerber ist das Recht beigelegt, durch Mitteilung des Inhalts des zwischen dem Vorkaufsverpflichteten und seinem Käufer geschlossenen Kaufvertrags an den Berechtigten gegen diesen die Erlöschungsfrist des § 510 Abs. 2 in Lauf zu setzen. P. 4820. Will der Berechtigte das Vorkaufsrecht ausüben, so hat er dies dem Verpflichteten, nicht dem Dritten zu erklären. § 505 Abs. 1. Der Verpflichtete hat den neuen Eigentümer sowohl von der Ausübung als von dem Erlöschen des Vorkaufsrechts unverzüglich (§ 121) Nachricht zu geben, widrigenfalls er schadensersatzpflichtig wird. Der „neue Eigentümer" ist aber nur derjenige, dem der Vorkaufsverpflichtete das Eigentum übertragen hat, da er nur diesem, nicht auch einem späteren Eigentümer gegenüber verpflichtet ist. Biermann S. 288. Turn.-Först. I S. 522. AM. (auch ein späterer Erwerber des Grundstücks): Planck S. 423 A. 4.

§ 1100.

Der neue Eigentümer kann, wenn er der Käufer oder ein Rechtsnachfolger des Käufers ist, die Zustimmung zur Eintragung des Berechtigten als Eigentümer und die Herausgabe des Grundstücks verweigern, bis ihm der zwischen dem Verpflichteten und dem Käufer vereinbarte Kaufpreis, soweit er berichtigt ist, erstattet wird. Erlangt der Berechtigte die Eintragung als Eigentümer, so kann der bisherige Eigentümer von ihm die Erstattung des berichtigten Kaufpreises gegen Herausgabe des Grundstücks fordern.

§ 1101.

Soweit der Berechtigte nach § 1100 dem Käufer oder dessen Rechtsnachfolger den Kaufpreis zu erstatten hat, wird er von der Verpflichtung zur Zahlung des aus dem Vorkaufe geschuldeten Kaufpreises frei.

§ 1102.

Verliert der Käufer oder sein Rechtsnachfolger infolge der Geltendmachung des Vorkaufsrechts das Eigentum, so wird der Käufer, soweit der von ihm geschuldete Kaufpreis noch nicht berichtigt ist, von seiner Verpflichtung frei; den berichtigten Kaufpreis kann er nicht zurückfordern.

---

1. Voraussetzung der **§§ 1100—1102** ist, daß der Dritte unter Nichtbeachtung des Vorkaufsrechts das Eigentum des belasteten Grundstücks erworben hat. Ist er nicht Eigentümer geworden, so stehen ihm wegen des berichtigten Kaufpreises nur Ansprüche gegen seinen Verkäufer zu.

2. § 1100 regelt die Erstattungspflicht des Vorkaufsberechtigten gegenüber dem neuen Eigentümer. Zu erstatten ist der zwischen dem Verpflichteten und dem ersten Käufer vereinbarte Kaufpreis, soweit er von dem neuen Eigentümer berichtigt ist. Bis zur Erstattung dieses Betrages kann der neue Eigentümer im Wege der Einrede die Zustimmung zur Eintragung des Vorkaufsberechtigten als Eigentümer und die Herausgabe des Grundstücks an ihn verweigern. Hat der Vorkaufsberechtigte die Eintragung als Eigentümer bereits erlangt, so kann der bisherige Eigentümer, wenn er sich im Besitze des Grundstücks befindet, auch klageweise die Erstattung des berichtigten Kaufpreises von dem Vorkaufsberechtigten verlangen, aber nur Zug um Zug gegen Herausgabe des Grundstücks. Hat der Berechtigte sowohl die Eintragung

als Eigentümer als den Besitz des Grundstücks erlangt, so muß er dem Dritten den Kaufpreis unbedingt erstatten. Die Pflicht zur Erstattung der Kosten des von dem Verpflichteten mit dem Dritten geschlossenen Kaufvertrages und der Auflassung an den Dritten ist dem Berechtigten nicht auferlegt.

3. Wegen des Ersatzes von Verwendungen fehlt es an einer besonderen Vorschrift. In M. 458 (P. 4814) wird auf die Anwendung der Vorschriften über den Eigentumsanspruch (§§ 1001—1003) verwiesen. Biermann (S. 289 A. 2 a) und Turn.-Förſt. (I S. 522) wollen dem Dritten nur beim Vorliegen besonderer Voraussetzungen einen Anspruch geben. Nach Planck S. 424 A. 4 findet § 292 Anwendung. Richtiger scheint es — mit Fuchs S. 355 A. 2, — die §§ 1001—1003 ohne weiteres anzuwenden, da die Herausgabepflicht des Dritten erst dann in Frage kommt, wenn der Berechtigte auf Grund der Auflassung des Vorkaufspflichtigen und der Zustimmung des Dritten das Eigentum erlangt hat.

4. § 1101 betrifft das Verhältnis zwischen Berechtigtem und Verpflichtetem. Der Verpflichtete muß sich den Betrag, den der Berechtigte nach § 1100 dem neuen Eigentümer zu erstatten hat, auf den vom Berechtigten aus dem Vorkauf zu zahlenden Kaufpreis anrechnen lassen.

5. § 1102 bezieht sich auf das Verhältnis zwischen neuem Eigentümer und Verpflichtetem.

§ 1103.

Ein zugunsten des jeweiligen Eigentümers eines Grundstücks bestehendes Vorkaufsrecht kann nicht von dem Eigentum an diesem Grundstücke getrennt werden.

Ein zugunsten einer bestimmten Person bestehendes Vorkaufsrecht kann nicht mit dem Eigentum an einem Grundstücke verbunden werden.

---

1. Die Umwandlung des subjektiv dinglichen Vorkaufsrechts in ein subjektiv persönliches und dieses in jenes ist unzulässig. Eine Rechtsänderung ist nur in der Weise möglich, daß das bisherige Recht aufgehoben und das abgeänderte Vorkaufsrecht mit dem Range hinter den Zwischeneintragungen neu begründet wird.

2. Übertragbarkeit und Vererblichkeit: § 514, abgedruckt bei § 1098.

§ 1104.

Ist der Berechtigte unbekannt, so kann er im Wege des Aufgebotsverfahrens mit seinem Rechte ausgeschlossen werden, wenn die im § 1170 für die Ausschließung eines Hypothekengläubigers bestimmten Voraussetzungen vorliegen. Mit der Erlassung des Ausschlußurteils erlischt das Vorkaufsrecht.

Auf ein Vorkaufsrecht, das zugunsten des jeweiligen Eigentümers eines Grundstücks besteht, finden diese Vorschriften keine Anwendung.

Vgl. § 1170

7. Abschnitt. Reallasten.

*§ 1105.

Ein Grundstück kann in der Weise belastet werden, daß an denjenigen, zu dessen Gunsten die Belastung erfolgt, wiederkehrende Leistungen aus dem Grundstücke zu entrichten sind (Reallast).

Die Reallast kann auch zugunsten des jeweiligen Eigentümers eines anderen Grundstücks bestellt werden.

---

1. Begriff. Nach dem BGB. sind die Reallasten eine selbständige Gattung der Grundstücksbelastungen. M. 573. P. 4755. **a**, Die Reallast enthält eine von einer persönlichen Forderung unabhängige Belastung des Grundstücks, mit dessen Eigentum die Leistungspflicht verbunden ist.

b, Belastet können werden Grundstücke und die ihnen gleichstehenden selbständigen Berechtigungen. § 1017. Art. 63, 67, 68, 196. Belastung eines Bruchteils: § 1106, eines realen Teiles: GBO. §§ 6, 96.

c, Gegenstand der Reallast müssen sein wiederkehrende Leistungen aus dem Grundstücke. Die Leistungen können bestehen in einem Geben — von Geld oder Naturalien — oder in einem Tun — zB. in Dienstleistungen. RG. 4 S. 131. KG. ROLG. 2 S. 413. Auch eine Verbindung dieser Leistungsarten ist zulässig. KG. RJA. 2 S. 195. Die Frage, ob die Leistungen auch in einem Unterlassen bestehen können, wird in Übereinstimmung mit § 1052 Entw. I zu verneinen sein. Allerdings ist dieser § von der 2. Kommission gestrichen (P. 4762), aber doch wohl nur, weil man den Inhalt als selbstverständlich gehalten hat, da Dulden und Nichttun das Merkmal der Dienstbarkeiten (§§ 1018 ff.) bilden. Dernburg § 199 Nr. V S. 556. Biermann S. 291. Männer S. 270. Turn.-Först. I S. 531 A. 3. Vgl. M. 585. AM. Planck S. 429 A. 2 b. Die Leistungen müssen sich von Zeit zu Zeit wiederholen. Ob sie regelmäßig oder — wie zB. die Kirchenbaulast — unregelmäßig wiederkehren, ist für den Begriff der Reallast gleichgültig. M. 582. Einmalige Handlungen können nicht Gegenstand der Reallast sein. KG. 20 S. A 91. Ewige Dauer ist kein Merkmal der Reallast. Man denke an den auf die Lebensdauer des Berechtigten bestellten Altenteil. Eine Geldrente kann auf eine bestimmte Reihe von Jahren auch dann bestellt werden, wenn die Rente der Verzinsung und Tilgung eines dem Grundeigentümer gegebenen Kapitals dient. KG. 21 S. A 214.

d. Die Reallast kann sowohl zugunsten einer bestimmten physischen oder juristischen Person als auch zugunsten des jeweiligen Eigentümers eines anderen Grundstücks bestellt werden. §§ 1109, 1110, 1126. Im letzteren Falle gilt sie als Bestandteil des Grundstücks des Berechtigten. § 96. Der Eigentümer kann zwar eine an seinem eigenen Grundstücke bereits bestehende Reallast für sich erwerben (§ 889), nicht aber für sich selbst eine Reallast bestellen.

2. Begründung der Reallasten. Private Reallasten werden begründet durch Einigung der Beteiligten und Eintragung ins Grundbuch des belasteten Grundstücks. §§ 873, 874, 878. GBO. § 50. Ist die Reallast als subjektiv dingliches Recht bestellt, so ist sie auf Antrag des Eigentümers des berechtigten Grundstücks oder eines Realinteressenten (§ 876) auf dem Blatte dieses Grundstücks zu vermerken. GBO. § 8. Bei der Fassung des Eintragungsvermerks kann auf die Eintragungsbewilligung Bezug genommen werden. GBO. § 50. Eintragung auf einen bestimmten Geldbetrag ist nicht vorgeschrieben. KG. RJA. 2 S. 191 verlangt — mit Rücksicht auf die Spezialität der grundbuchmäßigen Belastung mit Recht — daß der Inhalt der Reallast mindestens

in der Eintragungsbewilligung soweit individualisiert wird, daß die Höchstbelastung in einen Geldbetrag umgewandelt werden kann. Hiergegen Planck S. 430 A. 3 und Biermann S. 292. Eine Entstehung der Reallast durch Ersitzung ist dem BGB. unbekannt. Gesetzliche Reallasten und besonderen Bestimmungen unterworfen sind die Renten für Überbau und Notweg (§§ 912 Abs. 2, 914 Abs. 3, 917 Abs. 2), sowie die Unterhaltungspflicht aus §§ 1021, 1022.

3 Beendigung der Reallasten. Sie gehen unter:

a, durch rechtsgeschäftliche Aufhebung. Diese untersteht dem § 875, erfordert also außer dem Verzichte des Berechtigten auch die Löschung im Grundbuche. Dernburg § 201 IV S. 561. Fuchs S. 361 A. 5. Oberneck S. 444 Nr. 3. Turn.-Först. I S. 529 A. 5. Biermann S. 292.

b, die subjektiv persönliche Reallast durch Ausschlußurteil (§§ 1112, 1104, 1170) und, soweit sie als unvererblich bestellt ist, mit dem Tode des Berechtigten. GBO. § 23.

c, durch Eintritt der auflösenden Bedingung oder des Endtermins. GBO § 24.

d, durch Zuschlag in der Zwangsversteigerung, wenn sie im geringsten Gebote nicht berücksichtigt sind. Ist aber eine Reallast als Leibgedinge, Leibzucht, Altenteil oder Auszug eingetragen, so bleibt sie nach Landesgesetz von der Zwangsversteigerung unberührt, auch wenn sie bei der Feststellung des geringsten Gebotes nicht berücksichtigt ist. Doch ist das Erlöschen eines solchen Rechtes auf Verlangen eines Beteiligten als Versteigerungsbedingung zu bestimmen, wenn durch das Fortbestehen ein dem Rechte vorgehendes oder gleichstehendes Recht des Beteiligten beeinträchtigt werden würde. EG. z. ZwVG. § 9. Ob dies der Fall ist, muß durch doppeltes Aufgebot — mit und ohne Last — festgestellt werden. ZwVG. § 59 Abs. 2.

e, Durch Ablösung nach Maßgabe der landesgesetzlichen Ablösungsgesetze. Art. 113.

f, Durch Buchversitzung nach § 901.

Durch Konfusion endigen eingetragene, auf privatrechtlichen Titeln beruhende Reallasten nicht mehr. § 889.

4. Die Übertragung und die Belastung eines Reallastrechts unterliegen den allgemeinen Bestimmungen der §§ 873 ff. Die einzelnen Leistungen werden behandelt wie die Zinsen einer Hypothekenforderung. § 1107. Auf die Zwangsvollstreckung in eine Reallast finden die Vorschriften über die Zwangsvollstreckung in eine Forderung, für die eine Hypothek besteht (ZPO. §§ 830, 837, 857 Abs. 3—5), entsprechende Anwendung. ZPO. § 857 Abs. 6. Ob eine Reallast überhaupt der Pfändung unterliegt, ist nach §§ 1110, 1111 Abs. 2 und ZPO. §§ 851 Abs. 1, 857 Abs. 1 zu entscheiden.

5. Durch Vorbehalte für die Landesgesetzgebung ist die Anwendung der Vorschriften des BGB. über Reallasten erheblich eingeschränkt.

a, Die öffentlichen Lasten (Grundsteuern, Kirchen- und Schulbaulasten, Deichlasten, Straßenanliegerbeiträge ꝛc. § 436; Art. 132; ZwVG. §§ 10 Nr. 3, 156 Abs. 1; EG. z. ZwVG. § 4) sind den Bestimmungen des BGB. überhaupt nicht unterworfen. Darüber, was unter öffentlichen Lasten zu verstehen sei, entscheidet die Landesgesetzgebung. M. z. § 10 Nr. 3 ZwVG. (Preußen: AG. z. GBO. Art. 11. AG. z. ZwVG. Art. 1—3. Ablös.Ges. v. 2. März 1850 § 6 Abs. 2).

b, Unberührt bleiben die landesgesetzlichen Vorschriften **aa**, über die Ablösung, Umwandlung oder Einschränkung von Reallasten, sowie diejenigen, welche die Belastung eines Grundstücks mit Reallasten untersagen oder beschränken oder das Maß solcher Rechte bestimmen, endlich diejenigen, nach welchen die dem Staate oder einer öffentlichen Anstalt infolge der Ordnung der gutsherrlich bäuerlichen Verhältnisse oder der Ablösung von Dienstbarkeiten, Reallasten oder der Oberlehnsherrlichkeit zustehenden Ablösungsrenten und sonstigen Reallasten zu ihrer Begründung und zur Wirksamkeit gegenüber dem öffentlichen Glauben des Grundbuchs nicht der Eintragung bedürfen. Art. 113, 114, 115. (Preußen: Anlage). **bb**, über Rentengüter. (Preußen: Anlage.)

cc, über einen mit der Überlassung eines Grundstücks in Verbindung stehenden Leibgedings-, Leibzuchts-, Altenteils- oder Auszugsvertrag, soweit sie das sich aus dem Vertrag sich ergebende Schuldverhältnis für den Fall regeln, daß nicht besondere Vereinbarungen getroffen werden. Art. 96. (Preußen: Anlage.)

c, Die zur Zeit des Inkrafttretens des BGB. bestehenden Reallasten bleiben mit dem sich aus den bisherigen Gesetzen ergebenden Inhalt und Range bestehen. Art. 184. Die unter der Herrschaft des alten Rechtes begründete Verpflichtung zur Sicherstellung einer Reallast besteht auch unter der Herrschaft des neuen Rechtes fort. RG. JW. 1901 S. 293.

§ 1106.

Ein Bruchteil eines Grundstücks kann mit einer Reallast nur belastet werden, wenn er in dem Anteil eines Miteigentümers besteht.

Die Vorschrift steht in Einklang mit den §§ 1095, 1114. Ein realer Grundstücksteil kann mit einer Reallast belastet werden und zwar auch ohne Abschreibung vom Grundstück, wenn hiervon Verwirrung nicht zu besorgen ist. GBO. §§ 6, 96.

§ 1107.

Auf die einzelnen Leistungen finden die für die Zinsen einer Hypothekenforderung geltenden Vorschriften entsprechende Anwendung.

---

1. Die einzelnen Leistungen sind den Hypothekenzinsen gleichgestellt. M. 584, 593. Der Anspruch auf rückständige Leistungen verjährt also nach §§ 197, 902 Abs. 1 Satz 2 in 4 Jahren. Die Anwendung dieser Bestimmung auf nicht regelmäßig wiederkehrende Leistungen erscheint nach dem Wortlaut des § 1107 — gegen Turn.-Först. I S. 533 A. 2, Planck S. 432 A. 1 und Kretzschmar II S. 377 — nicht bedenklich. Biermann S. 293. Fuchs S. 366 A. 2a. Oberneck S. 441.

2. Von rückständigen Leistungen sind Verzugszinsen nicht zu entrichten. § 289.

3. Die Abtretung von Leistungen, die nicht später als in dem Kalendervierteljahr, in welchem der Eigentümer von der Übertragung Kenntnis erlangt oder in dem folgenden Vierteljahr fällig werden, bestimmt sich nach § 873. Der Schutz des öffentlichen Glaubens des Grundbuchs ist aber dem neuen Gläubiger versagt. § 1158.

4. Die Übertragung rückständiger Leistungen erfolgt durch formfreien Abtretungsvertrag. § 398. Der öffentliche Glaube des Grundbuchs steht dem Erwerber rückständiger Leistungen nicht zur Seite. § 1159.

5. Der Anspruch auf rückständige Leistungen erlischt gemäß § 1178, wenn er sich mit dem Eigentum in einer Person vereinigt und durch Verzicht. Das Hauptrecht selbst geht durch Vereinigung nicht unter. § 889.

6. Anwendung finden die §§ 1120—1131, 1132 Abs. 1, 1134, 1135, 1147, 1148—1150, 1178 Abs. 2, 1181, nicht die §§ 1132 Abs. 2, 1133, 1136, 1137, 1138.

7. Der § 1107 findet auch dann Anwendung, wenn in den einzelnen Leistungen zugleich Amortisationszuschläge enthalten sind. KG. ROLG. 2 S. 495.

*§ 1108.

Der Eigentümer haftet für die während der Dauer seines Eigentums fällig werdenden Leistungen auch persönlich, soweit nicht ein anderes bestimmt ist.

Wird das Grundstück geteilt, so haften die Eigentümer der einzelnen Teile als Gesamtschuldner.

---

1. Für die Reallast als Ganzes haftet dem Berechtigten nur das Grundstück. § 1105. Für die einzelnen Leistungen, die laufenden sowohl wie die rückständigen, haftet das Grundstück gleichfalls. § 1107. Daneben aber ist der Eigentümer für die während der Dauer seines Eigentums fällig werdenden einzelnen Leistungen auch persönlich, d. h. mit seinem sonstigen Vermögen verhaftet. Diese persönliche Haftung des Eigentümers besteht, auch wenn er selbst die Reallast nicht bestellt hat und wird dadurch, daß er aufhört, Eigentümer zu sein, nicht beseitigt. M. 588. Außer dem persönlich haftenden Eigentümer haftet dem Berechtigten auch der gegenwärtige Eigentümer, dieser aber nur dinglich, d. h. nur mit dem Grundstücke. Die persönliche Haftung des Eigentümers kann durch Vereinbarung der Beteiligten, d. h. des Reallastberechtigten und des Eigentümers sowohl bei Begründung der Reallast wie nachher ausgeschlossen und eingeschränkt werden. Die Vereinbarung bedarf keiner Form und keiner Eintragung, da sie sich nur auf das persönliche Rechtsverhältnis bezieht. Fuchs S. 367 A. 3. Biermann S. 294. AM. Oberneck S. 441 Nr. 2. Planck S. 435 A. 3.

2. Wird das belastete Grundstück geteilt, so haften die Teileigentümer für die während der Dauer ihres Eigentums fällig werdenden Leistungen als Gesamtschuldner. Die dingliche Haftung des Grundstücks bleibt unverändert, es haften also alle Teile des Grundstücks, auch die abgetrennten, für die ganze Leistung. Die Reallast ist auf die Blätter der Teilgrundstücke voll zu übertragen. Unberührt bleiben aber die landesgesetzlichen Vorschriften, nach denen im Falle der Veräußerung eines Teiles des belasteten Grundstücks dieser Teil von der Belastung befreit wird, wenn von der zuständigen Behörde festgestellt wird, daß die Rechtsänderung für den Berechtigten unschädlich ist. Ebenso die Vorschriften, nach welchen im Falle der Teilung des Grundstücks die Reallast auf die einzelnen Teile verteilt wird. Art. 120, 121. (Preußen: Anlage.)

3. Über die persönliche Haftung der Miteigentümer herrscht Streit. Aus § 1108 Abs. 2 ist gefolgert, daß sie ohne weiteres als Gesamtschuldner haften. So in Übereinstimmung mit OTr. 72 S. 125: Dernburg § 202 A. 4 S. 562. Fuchs S. 367 A 4. Planck S. 435 A. 5. Richtiger erscheint es, die allgemeinen Grundsätze der §§ 420, 427, 748, 755 auch hier anzuwenden. Danach haften die Miteigentümer als Gesamtschuldner, wenn sie sich durch Vertrag gemeinschaftlich verpflichtet haben. Andernfalls haftet, wenn es sich um teilbare Leistungen handelt, jeder Miteigentümer dem Berechtigten gegenüber im Zweifel nach Kopfanteilen, den anderen Miteigentümern gegenüber nur nach Verhältnis seines Miteigentumsanteils. Ist die Leistung unteilbar, so tritt eine persönliche Haftung des einzelnen Miteigentümers für die ganze Leistung auf. § 431. M. 588. Biermann S. 294. Turn.-Först. I S. 534 A. 2.

§ 1109.

Wird das Grundstück des Berechtigten geteilt, so besteht die Reallast für die einzelnen Teile fort. Ist die Leistung teilbar, so bestimmen sich die Anteile der Eigentümer nach dem Verhältnisse der Größe der Teile; ist sie nicht teilbar, so finden die Vorschriften des § 432 Anwendung. Die Ausübung des Rechtes ist im Zweifel nur in der Weise zulässig, daß sie für den Eigentümer des belasteten Grundstücks nicht beschwerlicher wird.

Der Berechtigte kann bestimmen, daß das Recht nur mit einem der Teile

verbunden sein soll. Die Bestimmung hat dem Grundbuchamte gegenüber zu erfolgen und bedarf der Eintragung in das Grundbuch; die Vorschriften der §§ 876, 878 finden entsprechende Anwendung. Veräußert der Berechtigte einen Teil des Grundstücks, ohne eine solche Bestimmung zu treffen, so bleibt das Recht mit dem Teile verbunden, den er behält.

Gereicht die Reallast nur einem der Teile zum Vorteile, so bleibt sie mit diesem Teile allein verbunden.

---

1. Wird im Falle der subjektiv dinglichen Reallast das berechtigte Grundstück geteilt, so gilt als Grundsatz, daß die Reallast als Ganzes für die einzelnen Teile fortbesteht. Dieser Grundsatz unterliegt aber folgenden Einschränkungen.

a, Der Eigentümer des berechtigten Grundstücks kann bestimmen, daß das Recht nur mit einem der Teile verbunden sein soll. Die Bestimmung hat dem GBA. gegenüber zu erfolgen und bedarf der Eintragung in das Grundbuch des belasteten Grundstücks. Ist die Reallast auch auf dem Blatte des berechtigten Grundstücks vermerkt, so ist dieser Vermerk von Amts wegen zu berichtigen. GBO. § 8. Die §§ 876, 878 und GBO. § 21 finden Anwendung. Der Zustimmung der Realberechtigten bedarf es nicht, wenn landesgesetzliche Vorschriften sie für entbehrlich erklären. Art. 120 Abs. 2 Nr. 2.

b, Veräußert der Berechtigte einen Teil des Grundstücks ohne eine solche Bestimmung zu treffen, so bleibt die Reallast mit dem Teile verbunden, den er behält. Sie ist also bei der Abschreibung des veräußerten Teiles nicht mit zu übertragen.

c, Gereicht die Reallast nur einem Teile des berechtigten Grundstücks zum Vorteile, so bleibt sie mit diesem Teile allein verbunden. So zB. in dem Falle, wenn der Verpflichtete die Reinigung und Erhaltung eines nur einer Parzelle des Grundstücks zum Nutzen gereichenden Grabens zu beschaffen hat. M. 591. Einer Zustimmung der an dem Grundstück berechtigten Dritten (§ 876) bedarf es in den Fällen zu b und c nicht, da es sich um eine kraft Gesetzes eintretende Änderung handelt. Fuchs S. 369. Planck S. 437 A. 5. Turn.-Först. I S. 535 A. 2. Biermann S. 295 A. 2.

2. Die einzelnen Leistungen kommen zu den jeweiligen Eigentümern derjenigen Grundstücksteile, denen nach den Grundsätzen zu 1 die Reallast verblieben ist. Sind mehrere Berechtigte vorhanden, so kommt es darauf an, ob die Leistungen teilbar sind oder nicht. Im ersten Falle bestimmen sich die Teilrechte nach dem Verhältnisse der Größe der Teilgrundstücke. Im anderen Falle gilt § 432, es kann also der Eigentümer des belasteten Grundstücks nur an alle Berechtigten gemeinschaftlich leisten und jeder Berechtigte nur die Leistung an alle oder die Hinterlegung für alle Berechtigten verlangen.

Die Ausübung der Berechtigung darf im Zweifel (Auslegungsregel) für den Eigentümer des belasteten Grundstücks nicht beschwerlicher werden als vorher.

§ 1110.

Eine zugunsten des jeweiligen Eigentümers eines Grundstücks bestehende Reallast kann nicht von dem Eigentum an diesem Grundstücke getrennt werden.

---

1. Die Reallast kann nur mit dem berechtigten Grundstücke zusammen belastet werden und geht, wenn dieses veräußert wird, zugleich mit dem Eigentum auf den Erwerber des Grundstücks über. M. 590. Die Beschlagnahme des Grundstücks umfaßt ohne weiteres auch die mit ihm verbundene Berechtigung. ZPO. § 865 Abs. 1.

ZwVG. § 20 Abs. 2. Durch den Zuschlag erwirbt der Ersteher zugleich die Berechtigung. ZwVG. § 90 Abs. 2.

2. Der § 1110 wird — gegen M. 589 — nach Art. 184 auch auf die vor dem 1. Januar 1900 begründeten Reallasten Anwendung finden, da die Übertragbarkeit nicht zum „Inhalt der Reallast" gehört. Turn.-Först. I S. 537 A. 1. Biermann S. 295.

§ 1111.

Eine zugunsten einer bestimmten Person bestehende Reallast kann nicht mit dem Eigentum an einem Grundstücke verbunden werden.

Ist der Anspruch auf die einzelne Leistung nicht übertragbar, so kann das Recht nicht veräußert oder belastet werden.

---

1. Die Umwandlung der subjektiv persönlichen Reallast in eine subjektiv dingliche kann nur durch Aufhebung der einen und Neubegründung der anderen Last herbeigeführt werden.

2. Ob die einzelnen Ansprüche übertragbar sind, bestimmt sich nach den Vorschriften des Rechts der Schuldverhältnisse. §§ 399, 400. Sind sie übertragbar, so ist auch die Reallast als Ganzes übertragbar. Wenn die Reallast zu verschiedenen Leistungen verpflichtet und der Anspruch auf einzelne Leistungen nicht übertragbar ist (wie zB. beim Altenteil), so steht dies der Übertragung der Reallast als Ganzes nicht entgegen, vielmehr ist die Übertragbarkeit nur insoweit ausgeschlossen, als die Nichtübertragbarkeit der einzelnen Ansprüche reicht. Dies war in § 1059 Entw. I ausdrücklich ausgesprochen. Von der 2. Kommission ist dieser § sachlich gebilligt. P. 4769. Ebenso Fuchs S. 370. Planck S. 438. Biermann S. 296. AM. Turn.-Först. I S. 537 A. 1.

3. Die Übertragung und Belastung der Reallast erfolgt nach den §§ 873, 874, 878. Einzelne Leistungen: § 1107. Zwangsvollstreckung: ZPO. § 857 Abs. 6.

4. Über die Vererblichkeit der subjektiv persönlichen Reallast ist eine besondere Vorschrift nicht gegeben. Es wird deshalb Unvererblichkeit nur dann angenommen werden können, wenn sie besonders vereinbart ist oder sich aus dem Inhalt des Vertrages ergibt. Fuchs S. 371 A. 5. Planck S. 438 A. 5. Kretzschmar II S. 383. AM. (Unvererblichkeit) Endemann. § 109 A. 11 S. 424.

§ 1112.

Ist der Berechtigte unbekannt, so finden auf die Ausschließung seines Rechtes die Vorschriften des § 1104 entsprechende Anwendung.

Vgl. §§ 1170, 1104.

8. Abschnitt. Hypothek. Grundschuld. Rentenschuld.

1. Titel. Hypothek.

* Vorbemerkungen.

1. Als Rechtsformen für die Belastung eines Grundstücks mit einer Kapitalschuld stellt das BGB. zur Verfügung: die Hypothek, die Grundschuld und die Rentenschuld. Sie stimmen ihrem Inhalt nach darin überein, daß an den

Berechtigten eine bestimmte Geldsumme aus dem Grundstücke zu zahlen ist. Während jedoch bei der Hypothek und der Grundschuld der Berechtigte eine einmalige Kapitalzahlung verlangen kann, hat er bei der Rentenschuld nur auf eine in regelmäßig wiederkehrenden Terminen zahlbare Geldrente Anspruch. Dsch. 211 f.

2. Die Hypothek. Sie hat nach röm. Recht akzessorische Natur, d. h. sie steht und fällt mit der durch sie gesicherten persönlichen Forderung. Das BGB. hat diese Auffassung nur bei der sog. Sicherungshypothek aufrecht erhalten. Davon unten A. 4. Die gewöhnliche Hypothek (Verkehrsh., schlichte H.) hat in der Hand des ersten Gläubigers das Bestehen einer diesem zustehenden Forderung zur Voraussetzung. Entsteht die Forderung nicht, so ist das Grundstück, mit welchem die Hypothek bestellt ist, zwar gleichwohl belastet, das dingliche Recht steht aber — und zwar gemäß § 1177 als Grundschuld — dem Eigentümer zu. RG. JW. 1902 (Beil.) S. 223. KG. 21 S. A 139, 22 S. A 308, 23 S. A 238. In der Hand eines redlichen Dritterwerbers ist aber die Wirksamkeit der Hypothek von einer persönlichen Forderung unabhängig. Sie wirkt in solchem Falle selbständig, auch wenn die bei ihrer Begründung unterstellte Forderung nicht entstanden oder erloschen ist. Das Bestehen der Forderung wird zugunsten des redlichen Erwerbers fingiert. Ihm können daher nur solche Einwendungen aus dem persönlichen Schuldverhältnis entgegengesetzt werden, die aus dem Grundbuch oder dem Hypothekenbrief hervorgehen oder ihm beim Erwerbe bekannt gewesen sind. §§ 1138, 1140, 1156.

3. Die Grundschuld ist die Rechtsform für den reinen Realkredit. Dsch. 213. Sie unterscheidet sich von der Hypothek darin, daß diese eine Forderung voraussetzt, jene nicht. „Die Beteiligten können freilich miteinander verabreden, daß eine Forderung durch die Grundschuld gesichert werden soll. Aber eine solche Abrede kommt nur als Motiv, nicht als Erfordernis der Begründung des Rechtes in Betracht." M. 779. „Das Recht des Grundschuldgläubigers wird, auch wenn die Grundschuld zur Sicherung einer Forderung bestellt war, in keiner Weise dadurch berührt, daß die Forderung nicht zur Entstehung gelangt ist oder erlischt." Dsch. 211. Daraus folgt: **a**, Die Hypothek hat zum Erwerbe durch den Gläubiger das Bestehen einer Forderung zur Voraussetzung, die Grundschuld nicht. **b**, Wenn die Forderung nicht zur Entstehung gelangt oder erlischt, so steht die Hypothek dem Eigentümer zu (§ 1163 Abs. 1), die Grundschuld dem Gläubiger. **c**, Während dem Hypothekengläubiger infolge der Verbindung der Hypothek mit einer persönlichen Forderung das gesamte Vermögen des Schuldners haftet, kann der Grundschuldgläubiger sich lediglich an das verhaftete Grundstück halten. **d**, Der Eigentümer kann gegen sich selbst eine Forderung nicht begründen, er kann also für sich wohl eine Grundschuld, nicht aber eine Hypothek bestellen. Nur der Grundschuldbrief, nicht auch der Hypothekenbrief kann auf den Inhaber ausgestellt werden. § 1195. Liegt der Fall zu b vor, ist zB. das Darlehn, für welches die Grundschuld bewilligt war, nicht gegeben, so kann der Eigentümer einen Anspruch aus der ungerechtfertigten Bereicherung (§§ 812 ff.) dahin geltend machen, daß der Gläubiger auf die Grundschuld verzichtet oder sie dem Eigentümer überträgt. Dsch. 212. Dieser Anspruch ist aber nur ein obligatorischer. Erheben kann ihn — durch Klage oder Widerklage — allein der Eigentümer, der die Grundschuld bestellt oder übertragen hat, gleichviel, ob das Grundstück inzwischen von ihm veräußert ist oder nicht, nicht aber der Erwerber des Grundstücks. RG. JW. 1901 S. 464. Passiv geht der Anspruch nur gegen den Vertragsgenossen jenes Eigentümers, gegen den dritten Erwerber der Grundschuld, auch wenn ihm zur Zeit des Erwerbes das Sachverhältnis bekannt war, nur dann, wenn er aus einem besonderen Rechtsgrunde, zB. aus ungerechtfertigter Bereicherung (§ 822) oder aus einer unerlaubten Handlung, dem Eigentümer haftet oder wenn zur Zeit des Erwerbes eine Vormerkung zur Sicherung des Anspruchs eingetragen war. Gegen die Klage aus der Grundschuld kann der Eigen-

tümer den Anspruch auf Aufhebung oder Übertragung der Grundschuld im Wege der Einrede geltend machen, gemäß § 1157 auch dem Sondernachfolger gegenüber, wenn dieser nicht durch den öffentl. Glauben des Grundbuchs geschützt ist. Zur Erhaltung des Einrederechts gegen jeden Erwerber kann ein Widerspruch eingetragen werden. Biermann S. 421 A. 1. Wird die persönliche Forderung eingeklagt, so steht dem Eigentümer zum Schutze gegen die Gefahr einer doppelten Anspruchserhebung die Einrede zu, daß der Anspruch nur gegen Zurückgewährung der Grundschuld geltend gemacht werden könne. Planck S. 637 A. 5. Fuchs S. 483 A. 6c.

4. Die Sicherungshypothek ist entsprechend der Hypothek des röm. Rechtes rein akzessorisch. §§ 1184—1190. Sie entsteht der Eintragung ungeachtet nur, wenn und soweit die eingetragene Forderung begründet ist, und erlischt mit dem Wegfall der Forderung. Das Recht des Gläubigers bestimmt sich nur nach der Forderung. Auch der gutgläubige Erwerber kann sich zum Beweise der Forderung nicht auf die Eintragung berufen und muß sich alle Einwendungen aus dem Schuldverhältnisse entgegensetzen lassen. Ist die eingetragene Forderung nicht entstanden oder erloschen, so steht die Sicherungshypothek ebenso wie die Verkehrshypothek als Grundschuld dem Eigentümer zu. § 1163. Vgl. im übrigen § 1184.

5. Brief- und Buchhypothek. Bei der Sicherungshypothek ist die Bildung eines Briefes unzulässig. § 1185. Die gewöhnliche Hypothek kann ebenso wie die Grundschuld und die Rentenschuld mit und ohne Brief begründet werden. Die Briefhypothek 2c. bildet den Regelfall. Ein Brief ist immer zu erteilen, wenn nicht die Erteilung besonders ausgeschlossen ist. §§ 1116, 1191, 1199. „Die Briefhypothek und die Buchhypothek dienen dem mit Personalkredit verbundenen Grundkredite. Jede von ihnen hat ihre besonderen Vorzüge und Nachteile." (Dsch. 212, 213.) a, Der Gläubiger erwirbt die Buchhypothek sofort mit der Eintragung (§ 873), die Briefhypothek dagegen erst mit der Übergabe des Briefes. §§ 1117, 1163 Abs. 2. b, Die Vermutung für das Bestehen der Forderung, für die die Hypothek bestellt ist, tritt bei der Buchhypothek mit der Eintragung, bei der Briefhypothek erst mit der Aushändigung des Briefes an den Gläubiger ein. §§ 1138, 891. c, Zur Abtretung ist bei der Buchhypothek die Eintragung der Abtretung erforderlich, während bei der Briefhypothek nur die Abtretungserklärung und die Übergabe des Briefes erforderlich ist. §§ 1154 Abs. 3, 873, 1136—1138. d, Der Geltendmachung der Briefhypothek kann widersprochen werden, wenn der Gläubiger nicht den Brief vorlegt. § 1160. Zur Begründung der Klage aus der Buchhypothek genügt der Nachweis, daß der Kläger als Gläubiger im Grundbuch eingetragen oder daß die Hypothek auf ihn außerhalb des Grundbuchs übertragen ist. §§ 891, 1138. e, Bei einer Briefhypothek sollen der Regel nach (Ausnahmen: GBO. § 54 Abs. 2; ZwVG. §§ 131, 145, 158) Eintragungen nur erfolgen, wenn der Brief vorgelegt wird (GBO. § 42 Abs. 1), auch sind die bei der Hypothek erfolgten Eintragungen auf dem Hypothekenbriefe zu vermerken. GBO. § 62. f, Die Briefhypothek bietet dem Besteller stärkeren Schutz gegen die Gefahr, daß der Gläubiger die Hypothek vor Zahlung oder nach Rückzahlung des Gegenwertes an einen durch den öffentl. Glauben des Grundbuchs gesicherten Dritten abtritt und dem Besteller auf diese Weise die bezüglichen Einwendungen abschneidet. Nur bei der Briefhypothek ist eine Übertragung Zug um Zug gegen Zahlung des Gegenwerts möglich (§§ 1117, 1138, 1144, 1145, 1154). Die Buchhypothek dagegen erspart dem Gläubiger die Aufbewahrung der Urkunde und die mit deren Verluste verbundenen Unzuträglichkeiten. § 1162. Auch gewährt sie ihm die Sicherheit, daß er von der Einleitung einer Zwangsversteigerung oder Zwangsverwaltung Nachricht erhält. ZwVG. § 41 § 9 Nr. 1. Dsch. 213.

6. Eine Unterart der Grundschuld ist die Rentenschuld. §§ 1199—1203. Sie liegt vor, wenn eine Grundschuld in der Weise bestellt wird, daß in regelmäßig wiederkehrenden Terminen eine bestimmte Geldsumme (Rente) aus dem Grundstücke

zu zahlen ist. Bei der Bestellung muß der Betrag bestimmt und eingetragen werden, durch dessen Zahlung die Rentenschuld abgelöst werden kann. Das Recht zur Ablösung (Kündigung) steht regelmäßig nur dem Eigentümer zu.

7. Rechtsnatur. Ob nach BGB. die Hypothek und die Grundschuld als Realobligation oder als Pfandrecht aufgefaßt werden muß, ist streitig. In 2. Lesung ist auf die Frage, in welcher Weise die Hypothek rechtlich zu konstruieren sei, nicht eingegangen. P. 4350. Der § 1147, welcher dem Eigentümer nur die Pflicht auferlegt, zur Befriedigung des Gläubigers die Zwangsvollstreckung in das Grundstück zu dulden, deutet auf den Charakter des Pfandrechts. Überwiegende Gründe sprechen aber für die Annahme einer Realobligation. Insbesondere spricht hierfür außer der Legaldefinition des § 1113, der die Hypothek als ein Recht auf Zahlung aus dem Grundstück bezeichnet, daß sowohl dem Eigentümer wie dem Gläubiger das Recht zur Kündigung der Hypothek zusteht (§§ 1141, 1156), daß die Wirksamkeit der dem Eigentümer gegenüber erfolgten Mahnung und der Verzug des Eigentümers besonders behandelt ist (§§ 1160 Abs. 2, 1146) und daß im Falle der Befriedigung des Hypotheken- oder Grundschuldgläubigers dieselben Wirkungen eintreten, wie im Falle der Zahlung einer Schuld. So: Fuchs S. 373, 445. v. Baehr, krit. Vierteljahrsschrift 1888 S. 518. v. Meibom, Arch. f. zivil. Praxis 1889 S. 338. Cosack II § 221. AM. Dernburg § 222 Nr. 4, S. 625. Planck S. 448. Die praktische Bedeutung der Streitfrage liegt in der Formulierung des Klageantrags. Dieser ist bei Annahme der Realobligation dahin zu richten, den Beklagten als Eigentümer des Grundstücks zur Zahlung von rc. zu verurteilen oder den Beklagten zu verurteilen an den Kläger .. M. aus dem Grundstück zu zahlen, während bei Annahme der Pfandrechtsnatur nur die Verurteilung des Beklagten zur Duldung der Befriedigung des Klägers aus dem Grundstück verlangt werden kann. In jedem Falle ist daran festzuhalten, daß, wenn der Eigentümer auf die Klage zur Duldung der Zwangsvollstreckung in das Grundstück diese Pflicht sofort anerkennt, dies nicht dahin führen kann, gemäß § 93 ZPO., dem Kläger die Kosten des Rechtsstreits aufzulegen. Das bloße Nichtbestreiten dieser Pflicht nützt dem Kläger nichts. Er bedarf, um die Zwangsvollstreckung in das Grundstück herbeiführen zu können, eines vollstreckbaren Titels. Solchen kann er sich nur durch Klage verschaffen. Zur Erhebung der Klage hat aber der Eigentümer durch sein lediglich passives Verhalten Veranlassung gegeben. Es wäre seine Sache gewesen, durch Zahlung oder Ausstellung einer vollstreckbaren Urkunde die Notwendigkeit der Klageerhebung auszuschließen. Biermann S. 348 A. 4. Fuchs S. 391 A. 6 a. Turn.-Först. I S. 572. Predari S. 226 A. 26. OLG. Celle, Seuffert, Arch. 57 S. 118. OLG. Dresden, ROLG. 2 S. 295. AM. Planck S. 521. OLG. Marienwerder, ROLG. 1 S. 259. Für die Prozeßkosten haftet der Eigentümer persönlich. OLG. Celle, Seuff. Arch. 57 Nr. 69. AM. (nur mit dem Grundstück) Biermann S. 349 A. 4. Vgl. S. 192 A. 3.

8. Übergangsbestimmungen. Bis zu dem Zeitpunkt, in welchem das Grundbuch für einen Bezirk als angelegt anzusehen ist (Art. 186), gelten bezüglich der Begründung, Übertragung, Belastung, Aufhebung, Inhalts- und Rangänderung der Hypotheken, Grundschulden und Rentenschulden die bisherigen Gesetze; ein nach den Vorschriften des BGB. unzulässiges Recht kann nach dem 1. Januar 1900 nicht mehr begründet werden. Art. 189. Von der Zeit ab, zu welcher das Grundbuch als angelegt anzusehen ist, gelten für die an einem Grundstücke bestehenden Pfandrechte und Grundschulden die Vorschriften des BGB. nach Maßgabe der Art. 188, 192—195 und der darin aufrecht erhaltenen landesgesetzlichen Bestimmungen. (Preußen: Anlage.) Nach Art. 192 gilt ein zu der Zeit, zu welcher das Grundbuch als angelegt anzusehen ist, bestehendes Grundstückspfandrecht von dieser Zeit an als eine Hypothek des BGB. Ob aber in diesem Zeitpunkt eine Hypothek überhaupt oder für den derzeitigen Inhaber entstanden war, bestimmt sich nach dem bisherigen Recht. Demgemäß ist auch die Zulässigkeit von Einreden gegen den Zessionar einer Hypothek

nach bisherigem Recht zu beurteilen, wenn die Hypothek vor dem 1. Januar 1900 abgetreten wurde. RG. 47 S. 229. Biermann S. 299 A. 3.

9. Vorbehaltene Landesgesetze. In Betracht kommen außer den allgemeinen Vorbehalten der Art. 58—60, 62, 64—67 die Vorbehalte für landesgesetzliche Vorschriften über gesetzliche Hypothekentitel des Fiskus rc. (Art. 91), über die Belastung einer Bahneinheit (Art. 112), über die Zusammenlegung von Grundstücken und die Gemeinheitsteilung (Art. 113), über Untersagung der Belastung eines Grundstücks über eine bestimmte Wertgrenze und mit unkündbaren Hypotheken rc. (Art. 117), über den Vorrang der Meliorationsdarlehen (Art. 118), über Unschädlichkeitszeugnisse (Art. 120), über die landschaftlichen oder ritterschaftlichen Kreditanstalten (Art. 167).

10. Besondere reichsgesetzliche Bestimmungen über Hypotheken und Grundschulden enthalten die ZPO. (§§ 800, 830, 837, 857 Abs. 6, 866—868, 870, 897), das Hypothekenbankgesetz v. 13. Juli 1899 (RGBl. S. 375) und das Reichsgesetz, betr. die gemeinsamen Rechte der Besitzer von Schuldverschreibungen v. 4. Dez. 1899 (RGBl. S. 691).

*§ 1113.

Ein Grundstück kann in der Weise belastet werden, daß an denjenigen, zu dessen Gunsten die Belastung erfolgt, eine bestimmte Geldsumme zur Befriedigung wegen einer ihm zustehenden Forderung aus dem Grundstücke zu zahlen ist (Hypothek).

Die Hypothek kann auch für eine künftige oder eine bedingte Forderung bestellt werden.

„D. Recht" 1901 S. 194.

---

1. Gegenstand der Hypothek sind Grundstücke und die selbständigen Berechtigungen, die ein Blatt im Grundbuch erhalten können. § 1017. Art. 63, 68, 196. Grundstücksteile können nur dann Gegenstand der Hypothek sein, wenn sie von dem Grundstück abgeschrieben und als selbständige Grundstücke eingetragen werden. GBO. § 6. Belastung des Bruchteils eines Grundstücks: § 1114. (Preußen: Anlage.)

2. Die Begründung der Hypothek erfordert nach der Regel des § 873 die Einigung des Eigentümers mit dem Gläubiger und die Eintragung. M. 633. Der Eigentümer kann auch für eine fremde Schuld Hypothek bestellen.

a, Die Einigung ist ebenso wie der Vertrag, durch den sich jemand zur Bestellung einer Hypothek verpflichtet, bestimmten Formvorschriften nicht unterworfen. Sie kann vor oder nach der Eintragung, auch stillschweigend dadurch erfolgen, daß vor der Eintragung die Eintragungsbewilligung, nach der Eintragung die Benachrichtigung davon oder der Hypothekenbrief von dem Eigentümer dem Gläubiger ausgehändigt und von diesem angenommen wird. Der Mangel der Einigung zieht die Nichtigkeit der eingetragenen Hypothek nach sich. Zugunsten des Eigentümers kann eine Hypothek nicht bestellt werden, weil dieser mit sich selbst den dinglichen Vertrag nicht abschließen kann. (Grundschuld: § 1196.) Für die Inhaberhypothek (§ 1188) genügt die Erklärung des Eigentümers gegenüber dem GBA., daß er die Hypothek oder Grundschuld bestelle. Die Einigung wird ersetzt durch rechtskräftiges Urteil, das den Eigentümer zur Bestellung einer Hypothek verurteilt. ZPO. § 894. Der Einigung bedarf es nicht bei der Eintragung von Sicherungshypotheken im Wege der Zwangsvollstreckung (ZPO. §§ 864 ff.), zur Vollziehung von Arresten (ZPO. § 932), für die Forderung gegen den Ersteher (ZwVG. § 130) und auf Ersuchen der zuständigen Behörde. Art. 91. GBO. § 39.

b, Zur Eintragung genügt die Eintragungsbewilligung und der Antrag des Eigentümers. GBO. § 19. KG. RJA. 1 S. 22. Der Regel nach soll die Eintragung nur erfolgen, wenn der Eigentümer im Grundbuch eingetragen ist. GBO. § 40. Ausnahmen: GBO. § 41. Ersetzt wird die Bewilligung durch ein den Eigentümer zur Bewilligung der Eintragung verurteilendes rechtskräftiges Urteil (ZPO. § 894), während auf Grund eines nur vorläufig vollstreckbaren Urteils nur eine Vormerkung oder ein Widerspruch eingetragen werden darf. ZPO. § 895.

Abgesehen ist vom Eintragungsprinzip im Falle des § 1287 Satz 2.

3. Die Hypothek ist nach dem BGB. stets eine Substanzhypothek. Nur aus dem Grundstück kann der Gläubiger Befriedigung verlangen. Der Antrag, den Eigentümer für die Zinsen persönlich haftbar zu machen, ist abgelehnt. P. 4432.

a, Die sog. Revenüenhypothek, d. h. die Hypothek, bei welcher der Gläubiger seine Befriedigung nur aus den Früchten und Nutzungen, also nur im Wege der Zwangsverwaltung suchen kann, ist dem BGB. unbekannt. Die am 1. Januar 1900 bestehenden Revenüenhypotheken sind bestehen geblieben. Art. 192 Abs. 2. Bei den in Art. 58, 59 bezeichneten landesherrlichen 2c. Grundstücken, sowie bei Familienfideikommissen und Lehen, mit Einschluß der allodifizierten Lehen und bei Stammgütern sind nicht nur die bestehenden Revenüenhypotheken aufrecht erhalten, sondern es ist auch die Begründung neuer Revenüenhypotheken gestattet. Art. 60.

b, Die Antichrese, d. h. das mit der Befugnis zum Fruchtbezuge verbundene Besitzpfand, ist vom BGB. bei Grundstücken als dinglicher Vertrag abgelehnt. M. 629. KG. RJA. 3 S. 216. Es sind also fortan nur obligatorische Rechte dieser Art zulässig. Das am 1. Januar 1900 bestehende antichretische Pfandrecht ist mit dem bisherigen Inhalt und Rang bestehen geblieben (Art. 184), kann auch in Zukunft durch Landesgesetz geändert werden (Art. 218); die daneben bestellte Hypothek verwandelt sich in eine Hypothek des BGB. (Art. 192). RG. 47 S. 56. Gruch. 45 S. 1046. Dagegen darf nach dem 1. Januar 1900 ein antichretisches Pfandrecht nicht mehr ins Grundbuch eingetragen werden, auch dann nicht, wenn es vorher vorgemerkt war, da die Vormerkung wegen der Unzulässigkeit der Eintragung ihre Wirkung eingebüßt hat. RG. 48 S. 61.

4. Die Zulässigkeit bedingter und betagter Hypotheken folgt aus den §§ 158 ff. M. 640. Ihre Wirkung ist die, daß das dingliche Recht erst mit dem Eintritt der aufschiebenden Bedingung oder des festgesetzten Anfangstermins beginnt und ohne weiteres mit dem Eintritt der auflösenden Bedingung oder dem Eintritt des Endtermins endigt. Die Löschung dient im letzteren Falle nur zur Berichtigung des Grundbuchs. § 894. GBO. § 22. Zur Erhaltung der Wirksamkeit gegenüber dem öffentlichen Glauben des Grundbuchs muß die Bedingung oder Zeitbestimmung mit eingetragen werden. M. 640. Durch eine (unbedingte) Hypothek für eine bedingte Forderung (A. 5) entsteht das dingliche Recht sofort und zwar wenn die Forderung entsteht als Hypothek, andrenfalls als Eigentümergrundschuld.

5. Die Forderung, zu deren Sicherung die Hypothek dienen soll, kann sowohl eine bestehende, als eine zukünftige, auch eine verjährte sein. § 222 Abs. 2. Dagegen kann eine Hypothek nicht bestellt werden für eine nicht realisierbare Forderung, zB. für eine Forderung, die beiderseits unkündbar sein und nach dem Tode des Gläubigers dem Schuldner zufallen soll. KG. ROLG. 2 S. 9. Ist die Hypothek für eine künftige Forderung bestellt, so erlangt der eingetragene Gläubiger ein materielles Hypothekenrecht erst mit der Entstehung der Forderung. Bis dahin steht das dingliche Recht dem Eigentümer zu. § 1163. RG. 51 S. 43. Wegen derselben Forderung desselben Gläubigers kann dasselbe Grundstück nur einmal hypothekarisch belastet werden. OLG. Kolmar, Zentralbl. 3 S. 811.

6. Den materiellen Inhalt der Eintragung regelt § 1115.

7. Bezüglich der Grundschuld wird § 1113 ersetzt durch § 1191.

§ 1114.

Ein Bruchteil eines Grundstücks kann mit einer Hypothek nur belastet werden, wenn er in dem Anteil eines Miteigentümers besteht.

---

1. Die Belastung eines Bruchteils des Grundstücks des Alleineigentümers ist unzulässig. M. 639. Wenn der Grundstücksanteil eines Miteigentümers den übrigen Miteigentümern im Zwangsversteigerungsverfahren zugeschlagen ist und damit die übrigen Miteigentümer Alleineigentümer des Grundstücks geworden sind, so ist die Belastung des versteigerten Bruchteils des Grundstücks mit einer zur Sicherheit für den Kaufgelderrest einzutragenden Hypothek unzulässig, die Eintragung hat vielmehr auf jedem Anteile ganz, also auf dem ganzen Grundstück stattzufinden. KG. 26 S. A 157; RJA. 3 S. 92, 255. Auch die Belastung des Bruchteils des Anteils eines Miteigentümers ist unstatthaft. M. 639. Hat ein Miteigentümer nacheinander mehrere Eigentumsanteile erworben, so kann für die spätere Belastungsfähigkeit nur sein Gesamtanteil in Frage kommen. Bayr. Oberst. LG. ROLG. 4 S. 482; RJA. 3 S. 104. Fuchs S. 393 A. 5. Planck S. 455 A. 1 c. Turn.-Först. I S. 597 A. 2 b. Die Eintragung einer Hypothek auf den Anteil eines Miteigentümers kann nach § 48 GBO. erst erfolgen, wenn die Größe des Anteils aus dem Grundbuch hervorgeht. KG. 20 S. A 304, ROLG. 4 S. 327.

2. Auf den Anteil eines Miterben kann nach § 2033 vor der Erbauseinandersetzung eine Hypothek weder von dem Miterben bestellt noch im Wege der Zwangsvollstreckung oder Arrestvollziehung eingetragen werden. KG. 20 S. A 85. Durch Pfändung des Anteils des Schuldners kann der Gläubiger sich eine Hypothek nicht verschaffen, denn der Pfändung unterliegt nur der Anteil am Gesamtvermögen, nicht der Anteil an den einzelnen zu diesem Vermögen gehörigen Gegenständen. Achilles-Strecker S. 286. Die vor dem 1. Januar 1900 auf dem ungewissen Grundstücksanteile eines Miterben eingetragene Hypothek hat sich in eine Hypothek des neuen Rechtes verwandelt. Doch ist die Erweiterung einer solchen Hypothek durch Eintragung einer bisher nicht bestandenen Zinspflicht unzulässig KG. 20 S. A 314. Auch die Belastung eines Anteils an einem Grundstück, das zu einem anderen Gesamthandsvermögen (Gesellschaftsvermögen §§ 718, 719, Gesamtgut der ehelichen oder fortgesetzten Gütergemeinschaft §§ 1142, 1147) gehört, ist unzulässig. Hat aber das GBA. eine solche unzulässige Eintragung bewirkt, so erscheint nach § 185 Abs. 2 Konvaleszens nicht ausgeschlossen. Biermann S. 301 A. 2. AM. KG 24 S. A 127. Der einzelne Gemeinschafter kann dem Gesamtgute wie ein Dritter gegenüber treten; es kann also auch für ihn gleichwie für einen Dritten an dem zum Gesamtgute gehörigen Grundstück eine Hypothek bestellt werden. KG. 26 S. A 130. Auf den Anteil eines Gesellschafters an dem zum Vermögen einer offenen Handelsgesellschaft gehörigen Grundstück kann eine Hypothek nicht eingetragen werden. KG. 24 S. A 126. Wohl aber ist es zulässig für den einzelnen Gesellschafter an einem zum Gesellschaftsvermögen gehörigen Grundstücke eine Hypothek zu bestellen. KG. 26 S. A 135.

3. Die Zwangsvollstreckung in den mit einer Hypothek belasteten Bruchteil eines Grundstücks ist auch dann zulässig, wenn zur Zeit der Zwangsvollstreckung ein Miteigentum nicht mehr besteht. ZPO. § 864 Abs. 2.

4. Den Fall der Belastung eines realen Grundstücksteils regelt § 6 GBO.

5. Die Vormerkung gilt nicht als Belastung mit einem Rechte. KG. RJA. 1 S. 158. Der § 1114 hindert daher nicht eine Vormerkung zur Sicherung des Anspruchs auf Einräumung einer Hypothek auf einen Bruchteil einzutragen, der nicht in dem Anteil eines Miteigentümers besteht. Soll eine solche Vormerkung auf den Bruchteil eines Nachlaßgrundstücks eingetragen werden, so ist nach § 885 die Bewilligung nicht nur des verpflichteten Miterben, sondern aller Erben erforderlich. Erwirbt der

verpflichtete Miterbe keinen Anteil an dem Nachlaßgrundstück, so ist die Vormerkung wirkungslos. Planck S. 456 A. 4.

6. Der § 1114 findet auch auf die Grundschuld Anwendung. § 1192. Dem § 1114 entsprechende Bestimmungen enthalten für das Vorkaufsrecht § 1095, für Reallasten § 1106, für Zwangs- und Arresthypotheken ZPO. § 864 Abs. 2.

*§ 1115.

Bei der Eintragung der Hypothek müssen der Gläubiger, der Geldbetrag der Forderung und, wenn die Forderung verzinslich ist, der Zinssatz, wenn andere Nebenleistungen zu entrichten sind, ihr Geldbetrag im Grundbuch angegeben werden; im übrigen kann zur Bezeichnung der Forderung auf die Eintragungsbewilligung Bezug genommen werden.

Bei der Eintragung der Hypothek für ein Darlehen einer Kreditanstalt, deren Satzung von der zuständigen Behörde öffentlich bekannt gemacht worden ist, genügt zur Bezeichnung der außer den Zinsen satzungsgemäß zu entrichtenden Nebenleistungen die Bezugnahme auf die Satzung.

„D. Recht" 1900 S. 275.

---

1. Gläubiger kann jede rechtsfähige Person sein, die natürliche (§ 1) und die juristische. §§ 21 ff. Er muß so bestimmt bezeichnet werden, daß seine Feststellung möglich ist. M. 641. Die Eintragung des Namens ist nicht notwendig. Zulässig ist insbesondere die Eintragung für „die künftigen Abkömmlinge einer bestimmten Person", für „die unbekannten Erben eines Nachlasses, vertreten durch den Pfleger", für „die NN.sche Nachlaßmasse vertreten durch ꝛc.". KG. 2 S. 125, 3 S. 113, 4 S. 184, 5 S. 158, 6 S. 98, 25 S. A 151; RJA. 2 S. 241, 3 S. 136. Handelsgesellschaften sowie Erwerbs- und Wirtschaftsgenossenschaften können unter ihrer Firma, Einzelkaufleute dagegen nur unter ihren bürgerlichen Namen als Gläubiger eingetragen werden. KG. 4 S. 133, 9 S. 4, 26 S. A 135; RJA. 3 S. 196. Biermann S. 303 A. 2. Oberneck S. 491. Turn.-Förſt. I S. 599 A. 1 a. Planck S. 458. Staub, HGB. S. 107. AM. (bezüglich des Einzelkaufmanns) OLG. Colmar, ROLG. 5 S. 254 und Fuchs S. 395. Die zum Vermögen eines nicht rechtsfähigen Vereins (§ 54) gehörigen Rechte sind nicht auf den Namen des Vereins, sondern auf die Namen sämtlicher einzelnen Mitglieder einzutragen und zwar gemäß § 48 GBO. mit dem Vermerk, daß das Recht den benannten Personen als Mitgliedern eines nicht rechtsfähigen Vereins zusteht. Gierke S. 22. Die Konkursmasse ist keine juristische Person, kann also nicht als Hypothekengläubigerin eingetragen werden. Als Gläubiger einzutragen ist der Gemeinschuldner mit dem Zusatze, daß über sein Vermögen der Konkurs eröffnet ist. Joh. 8 S. 245. KG. 2 S. 313. AM. Dernburg, Hyp.R. S. 96. Bei den zu einem Familienfideikommiß gehörenden Hypotheken ist nicht dieses, sondern der jedesmalige Fideik.-Besitzer als Gläubiger einzutragen, jedoch unter Hervorhebung der aus der Fideik.-Eigenschaft sich ergebenden Beschränkungen seines Verfügungsrechtes. KG. 14 S. 152. Eintragung mehrerer Gläubiger: GBO. § 48. Unrichtige Bezeichnung des Gläubigers ist auf die Rechtsbeständigkeit der Hypothek ohne Einfluß. RG. JW. 98 S. 272. Kann die Persönlichkeit des Gläubigers aus der Eintragung nicht festgestellt werden, so ist die Eintragung nichtig. Planck S. 458 A. 2 a. Zur Prüfung der Existenz der als Gläubiger einzutragenden Person ist das GBA. nicht berufen. Achilles-Strecker S. 189. Ist als Gläubiger eine nicht physische Person in einer Weise bezeichnet, die zweifelhaft läßt, ob diese Person rechtsfähig ist (Personenverein), so kann das GBA. die Darlegung der betreffenden Rechtsverhältnisse verlangen. KG. 24 S. A 86. Biermann S. 303 A. 2. Die Eintragung Nichtrechtsfähiger, insbesondere Verstorbener ist abzulehnen. KG. 24 S. A 83, 86, ROLG. 5 S. 8. Biermann S. 303 A. 2.

2. Die Forderung ist bei der Eintragung einer Hypothek bestimmt zu bezeichnen. In der Eintragungsbewilligung muß also das Schuldverhältnis, welches die Voraussetzung der Hypothek bilden soll, genau angegeben werden. KG. 21 S. A 139. Auch ein abstraktes Schuldversprechen ist eine geeignete Grundlage einer Hypothek. Insbesondere kann für die Forderung aus einem Schuldanerkenntnis (KG. 22 S. A 307) und aus einem Schuldversprechen (KG. RJA. 3 S. 135) Hypothek bestellt werden. KG. ROLG. 5 S. 189. Ist die Forderung bei der Eintragung unrichtig bezeichnet, so schadet das nicht. Wird aber die von vornherein richtige Bezeichnung dadurch unrichtig, daß nachträglich die Haftung für eine andere Forderung verabredet wird, so wirkt die Abrede nur bei Eintragung. OLG. Königsberg, ROLG. 6 S. 124.

3. Geldbetrag. Die Worte „der Geldbetrag der Forderung" bringen zum Ausdruck, daß die gesicherte Forderung eine Geldforderung sein muß. Achilles-Strecker S. 64. Planck S. 453 A. 5. Turn.-Först. I S. 593 A. 6. AM. Fuchs S. 390 A. 5, 396 A. 4. Für eine Forderung, die alternativ auf Geld oder einen anderen Gegenstand, zB. auf Leistung von Hypotheken geht, kann eine Hypothek nicht bestellt werden. KG. 25 S. A 150. Nach der Ordnungsvorschrift des § 28 GBO. ist der Geldbetrag in Reichswährung, also in Mark und Pfennigen anzugeben. Danach sind Eintragungen in einer anderen, als der Reichswährung abzulehnen, aber, wenn versehentlich erfolgt, nicht unwirksam (M. 642), sondern bei der Liquidation in die gesetzliche Währung umzurechnen. Oberneck S. 490. Eintragungen ohne Angabe einer bestimmten Summe sind rechtsunwirksam und nach § 54 Abs. 1 GBO. als unzulässig von Amts wegen zu löschen.

Die Eintragung von Pfandbriefen ist zulässig, soweit sie von den am 1. Januar 1900 bestehenden landschaftlichen oder ritterschaftlichen Kreditanstalten ausgegeben werden. Art. 167. (Preußen: AG. z. GBO. Art. 21.) Die Befugnis der Hypothekenbanken, bei Gewährung hypothekarischer Darlehen ihre Pfandbriefe zum Nennwert als Valuta zu geben, regelt § 14 des Hypothekenbankges. v. 13. Juli 1899 (RGBl. S. 375).

4. Zinssatz. Für rechtsgeschäftliche (vorbedungene) Zinsen haftet das Grundstück nur, wenn die Verzinslichkeit der Forderung und der die Höhe der Zinsen bestimmende Zinssatz eingetragen ist. M. 642. Bis zum Zinssatz von 6 v. H. für das Jahr kann die Verzinsung ohne Einschränkung vereinbart werden. Ist ein höherer Zinssatz vereinbart, so kann der Schuldner nach dem Ablaufe von sechs Monaten das Kapital unter Einhaltung einer Kündigungsfrist von sechs Monaten kündigen. § 247. Der Vermerk der Zinslosigkeit ist überflüssig. Ist in der Eintragungsbewilligung die Forderung als verzinslich bezeichnet, aber ein Zinssatz nicht angegeben, so kann sie überhaupt nicht eingetragen werden. KG. ROLG. 1 S. 456. Ist nur eingetragen, die Forderung sei verzinslich, so gilt sie als unverzinslich. Die bedingte Erhöhung des Zinssatzes für den Fall des Verzuges ist zulässig und eintragungsfähig. KG. 20 S. A 198; RJA. 1 S. 79; ROLG. 1 S. 209. Es genügt in solchem Falle die Eintragung des Höchstbetrages für den Zinssatz („Zinsen bis zu 6 v. H.") unter Verweisung auf die Eintragungsbewilligung. OLG. Karlsruhe, RJA. 3 S. 52; ROLG. 4 S. 81. Für gesetzliche Zinsen haftet das Grundstück ohne Eintragung. § 1118.

5. Nebenleistungen sind die Forderungen, welche zwar neben dem Kapitale zu entrichten, aber nicht selbständige Kapitalforderungen sind. Es gehören dahin Vertragsstrafen für unpünktliche Zinszahlungen (AM. LG. Gnesen, Soergel 1900/1 S. 128), Zuschläge bei vorzeitiger Rückzahlung des Kapitals (KG. RJA. 3 S. 52), Zinseszinsen (§ 248 Abs. 2), die nicht unter § 1118 fallenden (Eintragungs-)Kosten. Bei Nebenleistungen ist stets ihr Geldbetrag gemäß § 28 Satz 2 GBO. im Grundbuch anzugeben. Läßt sich der Geldbetrag noch nicht bestimmen, so ist nur die Eintragung einer Sicherungshypothek unter Angabe des Höchstbetrags möglich. P. 4368. Amortisationsbeiträge (Annuitäten) sind keine Nebenleistungen, da sie nicht neben dem Kapital, sondern auf das Kapital geleistet werden. Vgl § 1178 A. 1. Sie brauchen also auch auf Antrag

nicht eingetragen zu werden. So in Übereinstimmung mit KG. u. Bayr. Oberst. LG.: RG. 54 S. 88.

6. Bezugnahme. Wegen der übrigen die Forderung bestimmenden Momente kann auf die Eintragungsbewilligung Bezug genommen werden. KG. 21 S. A 142 verlangt, daß das GBA. bei der Bezugnahme auf die Eintragungsbewilligung sich auch dieses Ausdrucks bedient. Wesentlich erscheint der Gebrauch dieses Ausdrucks nicht, vielmehr wird dem § 1115 auch dann genügt werden, wenn statt auf die Eintragungsbewilligung auf die sie enthaltende Urkunde Bezug genommen wird. Planck S. 460. Der Bezugnahme unterliegen insbesondere:

a, Der Grund der Forderung. Die Bewilligung muß erkennen lassen, daß eine Hypothek (nicht eine Grundschuld) eingetragen werden soll. KG. 21 S. A 139. Es genügt aber, daß die Post als Darlehen, als rückständiges Kaufgeld (M. 643), als Forderung aus verschiedenen Geschäften (Joh. 7 S. 222), als Schuldanerkenntnis (ROLG. 2 S. 359; KG. 22 S. A 307), als Schuldversprechen (KG. RJA. 3 S. 135) oder auch schlechthin als Hypothek, als Forderung eingetragen wird. Unzureichende oder unrichtige Angabe des Schuldgrundes macht zwar die Hypothek nicht unwirksam (RG. 42 S. 315, 45 S. 176), nötigt aber den Gläubiger zu dem Nachweise, daß die Hypothek sich auf die von ihm geltend gemachte Forderung bezieht.

b, Der Anfangstag der Verzinsung (KG. ROLG. 4 S. 383; OLG. Colmar, ROLG. 4 S. 198) und die Termine, an welchen die Zinsen zu entrichten sind. Haben die Beteiligten hierüber nichts vereinbart, so finden die gesetzlichen Bestimmungen, zB. § 608 Anwendung. Gegen den gutgläubigen Dritten können von den gesetzlichen Bestimmungen abweichende Vereinbarungen nur geltend gemacht werden, wenn sie inhaltlich oder durch Bezugnahme auf die Eintragungsbewilligung eingetragen sind.

c, Die Bedingungen der Rückzahlung. Sind in der Eintragungsbewilligung Vereinbarungen über die Zeit, den Ort und die Art der Zahlung des Kapitals nicht enthalten, so kommen die gesetzlichen Vorschriften über die Zahlung zur Anwendung. Der Zahlungsort wird also bestimmt bei Hypotheken durch die §§ 269, 270, bei Grundschulden und Rentenschulden durch die §§ 1194, 1199, 1200. Für die Zahlungszeit kommt in Betracht der Zeitpunkt der Fälligkeit (§§ 187—193), insbesondere der Kündigung der Post Ist bezüglich der Kündigung eine Vereinbarung nicht getroffen, so bestimmt sich die Fälligkeit der Hypothek nach der Fälligkeit der Forderung, die der Hypothek zugrunde liegt. Beispielsweise ist also neben der allgemeinen Bestimmung des § 271 für die Rückerstattung eines Darlehens § 609 maßgebend. Die Befugnis der Beteiligten zu Vereinbarungen über die Kündigungsfrist unterliegt aber gewissen Beschränkungen. Die Berechtigung des Schuldners, ein zu mehr als 6% verzinsliches Darlehen nach dem Ablaufe von sechs Monaten unter Einhaltung einer Kündigungsfrist von sechs Monaten zu kündigen, kann nicht durch Vertrag ausgeschlossen oder beschränkt werden. § 247. Art. 39. Nach § 1202 Abs. 2 kann bei Rentenschulden das Kündigungsrecht des Eigentümers nicht für länger als dreißig Jahre ausgeschlossen werden. Für Hypotheken und Grundschulden ist eine solche Beschränkung im BGB. nicht aufgestellt. Es schreibt aber Art. 117 Abs. 2 vor: „Unberührt bleiben die landesgesetzlichen Vorschriften, welche die Belastung eines Grundstücks mit einer unkündbaren Hypothek oder Grundschuld untersagen oder die Ausschließung des Kündigungsrechts des Eigentümers bei Hypothekenforderungen und Grundschulden zeitlich beschränken und bei Rentenschulden nur für eine kürzere als die im § 1202 Abs. 2 des BGB. bestimmte Zeit zulassen". (Preußen: Anlage.) Beschränkungen der Hypothekenbanken bei Feststellung der Kündigungs- und Rückzahlungsbedingungen enthalten die §§ 17—21 und § 49 Satz 2 des Ges. v. 13. Juli 1899 (RGBl. S. 375). Die Eintragung einer unzulässigen Beschränkung des Kündigungsrechtes des Eigentümers ist ausgeschlossen. KG. ROLG. 4 S. 315. Im übrigen ist die Änderung der gesetzlichen Vorschriften über die Zahlung zulässig. Zulässig ist insbesondere die Eintragung, daß das Kapital unter gewissen Voraussetzungen sofort fällig sein soll. ROLG. 3 S. 232. Wegen der sog. Goldklausel s. GBO. § 28 A. 2.

Der Umfang der Bezugnahme steht, unabhängig vom Antrag der Beteiligten, im Ermessen des GBA. RG. 50 S. 151; JW. 1902 S. 124.

Ausgeschlossen ist die Bezugnahme in den Fällen der §§ 1116, 1184 Abs. 2, 1189, 1192, 1195, sowie bei Eintragung der sog. Unterwerfungsklausel aus § 800 Abs. 1 ZPO. KG. RJA. 3 S. 94, 131; ROLG. 4 S. 483. Die Eintragung dieser Klausel ist nicht von dem Nachweise der Einigung zwischen dem Eigentümer und dem Gläubiger abhängig, sondern erfolgt nach GBO. § 19. Bayr. Oberst. LG. „D. Recht" 1903 S. 156. Die Bezugnahme auf die Eintragungsbewilligung „zur näheren Bezeichnung des Inhalts des Rechtes," im Gegensatz zur Bezeichnung der Forderung (§ 1115), regelt § 874. Für alle Fälle der Bezugnahme gelten die §§ 9, 11 GBO., wonach die Urkunden, auf die eine Eintragung Bezug nimmt, von dem GBA. in Urschrift oder in beglaubigter Abschrift aufzubewahren sind und das Recht auf Einsicht des Grundbuchs und auf Abschriften sich auf diese Urkunden erstreckt. OLG. Colmar, Soergel 1900/1 S. 128.

7. Kreditanstalt. Die Vorschrift des Abs. 2 enthält eine Ausnahme von der Regel des Abs. 1. Sie betrifft nur Nebenleistungen (Zinsen für rückständig gebliebene Hypothekenzinsen, KG. 20 S. 199, 3 S. 167, Vertragsstrafen für unpünktliche Zinszahlung), deren Entstehung und Betrag von vornherein nicht feststeht, für die also in Ermangelung einer Vorschrift neben der bestellten Hypothek noch eine besondere Sicherungshypothek eingetragen werden müßte. P. 4368. Sie bezieht sich nur auf Darlehen, nur auf die bezeichneten Kreditanstalten, aber auf alle, nicht nur auf landschaftliche oder ritterschaftliche Pfandbriefinstitute und nur auf Nebenleistungen, außer den Zinsen, nicht auf den Zinssatz selbst. Notwendig ist die Bezugnahme auf die öffentlich bekannt gemachte Satzung, vorausgesetzt, daß in ihr die Nebenleistungen ihrem ganzen Umfange nach aufgeführt sind. KG. ROLG. 4 S. 72. Es genügt aber die Bekanntmachung desjenigen Teils der Satzung, welcher die einzutragenden Nebenleistungen betrifft. KG. RJA. 1 S. 205. Vorgeschrieben ist die Bezugnahme auf die Satzung; die Bezugnahme auf die Eintragungsbewilligung reicht also nicht aus. KG. 21 S. A 143. Achilles-Strecker S. 408. Planck S. 460. Turn.-Först. I S. 605. AM. P. 4369. Fuchs S. 398 A. 8b. Das Zuschußdarlehen, zur Ausgleichung der Differenz zwischen dem Unterparikurs und dem Nennwerte der für die Darlehen ausgegebenen Pfandbriefe ist keine Nebenleistung, sondern selbständige Kapitalforderung. RG. 20 S. 224. KG. 16 S. 136; ROLG. 5 S. 155. LG. Stendal, Soergel 1900/1 S. 126. Fuchs S. 398 A. 8. Planck S. 460. Die Verpflichtung, das Kapital in Pfandbriefen zurückzuzahlen, ist eine Nebenleistung, deren Höhe sich bei der Eintragung nicht bemessen läßt, braucht also nicht — wie früher, RG. 20 S. 220, 38 S. 228 — als Sicherungshypothek eingetragen zu werden, vielmehr genügt die Bezugnahme auf die Satzung. Turn.-Först. II S. 287 A. 3a. AM. Achilles-Strecker S. 409 A. 1. Fuchs S. 398.

8. Der § 1115 gilt für alle Hypothekenarten, auch für Vormerkungen zur Sicherung des Anspruchs auf Einräumung einer Hypothek. ROLG. 3 S. 3. Bei der Grundschuld findet er mit der Maßgabe Anwendung, daß bei der Eintragung der Grundschuld das etwaige Bestehen einer persönlichen Forderung neben der Grundschuld unberücksichtigt bleiben muß. §§ 1191, 1192.

§ 1116.

Über die Hypothek wird ein Hypothekenbrief erteilt.

Die Erteilung des Briefes kann ausgeschlossen werden. Die Ausschließung kann auch nachträglich erfolgen. Zu der Ausschließung ist die Einigung des

Gläubigers und des Eigentümers sowie die Eintragung in das Grundbuch erforderlich; die Vorschriften des § 873 Abs. 2 und der §§ 876, 878 finden entsprechende Anwendung.

Die Ausschließung der Erteilung des Briefes kann aufgehoben werden; die Aufhebung erfolgt in gleicher Weise wie die Ausschließung.

---

1. Die Briefhypothek ist als die normale Art der Hypothek hingestellt in der Weise, daß, wenn die Parteien keine andere Erklärung abgeben, eine Briefhypothek als gewollt angesehen werden soll. Hat der Eigentümer eine Hypothek schlechthin bewilligt oder ist er schlechthin zur Eintragung einer Hypothek verurteilt, so ist nur die Eintragung einer Briefhypothek zulässig. KG. 21 S. A 171. Es kann aber die Erteilung des Briefes von vornherein ausgeschlossen, auch nachträglich die Briefhypothek in eine Buchhypothek, die Buchhypothek in eine Briefhypothek umgewandelt werden. Zur Ausschließung sowohl wie zur Umwandlung ist die Einigung des Gläubigers und des Eigentümers sowie die Eintragung in das Grundbuch erforderlich, zur Umwandlung außerdem noch die Zustimmung des Dritten, dem ein Recht an der Hypothek zusteht. § 876. Die Einigung bedarf keiner Form, wird aber erst unter den Voraussetzungen des § 873 Abs. 2 bindend. Zur nachträglichen Ausschließung des Briefes sowie zur nachträglichen Aufhebung der Ausschließung ist die Einigung des Gläubigers mit dem derzeitigen Eigentümer erforderlich; eine Vereinbarung zwischen dem Besteller der Hypothek und dem Gläubiger, daß dem letzteren das Recht zustehen solle, jederzeit die Aufhebung oder Ausschließung des Briefes zu verlangen, hat keine dingliche Wirkung und ist nicht eintragungsfähig. KG. 21 S. A 117, RJA. 2 S. 36. ROLG. 2 S. 322. Der Eintragung einer Vormerkung zur Sicherung des Anspruches auf Umwandlung einer Buchhypothek in eine Briefhypothek steht nichts entgegen. Zur Eintragung genügt, wenn die Ausschließung des Briefes von vornherein vereinbart ist, die Bewilligung des Eigentümers, da dem Gläubiger vor der Eintragung ein Recht, das durch die Eintragung betroffen werden könnte, nicht zusteht. GBO. § 19. Dagegen kann die Eintragung der nachträglichen Ausschließung oder die Umwandlung einer Briefhypothek in eine Buchhypothek (oder umgekehrt) nur mit Bewilligung des Gläubigers und des Eigentümers erfolgen. KG. 20 S. A 97. Wird eine Hypothek, für welche die Erteilung des Briefes ausgeschlossen ist, bezüglich der Zinsen erweitert, so ist die Eintragung, daß der Brief für die bestellte neue Zinsenhypothek ausgeschlossen sei, unzulässig. OLG. Dresden, Soergel 1900/1 S. 129.

2. Das Eigentum an dem Hypothekenbrief ist derartig mit dem Hypothekenrecht verbunden, daß es von diesem nicht losgelöst und selbständig übertragen werden kann. Eigentümer des Briefes kann also nur der jeweilige Gläubiger sein. RG. Zentralbl. 3 S. 789.

3. Der Hypothekenbrief ist die Beweisurkunde über die eingetragene Post und von materiellrechtlicher Bedeutung insofern, als sich an ihn die Entstehung und die Geltendmachung des Gläubigerrechts knüpft. Er ist aber nicht Träger des verbrieften Rechtes. Öffentlicher Glaube ist ihm nicht beigelegt. Beim Widerspruch zwischen Grundbuch und Brief entscheidet das Grundbuch. M. 615 f. P. 4610 f.

Die Buchhypothek, die als solche richtig eingetragen ist, bleibt Buchhypothek, auch wenn versehentlich ein Hypothekenbrief gebildet ist. Der Gläubiger erwirbt die Hypothek durch Einigung und Eintragung. Dem Hypothekenbrief kommen die Wirkungen des über eine Briefhypothek gebildeten Briefes auch dann nicht zu, wenn die Hypothek in gutem Glauben erworben ist. Ist die Ausschließung des Briefes versehentlich eingetragen, so gilt die Hypothek — unbeschadet der Vorschriften der §§ 892, 893 — als Briefhypothek. Der Eintragungsvermerk ist nach §§ 894, 899, GBO. § 54 zu berichtigen. Der nachträglich gebildete Brief ist nach § 60 GBO. dem Eigentümer auszuhändigen. Fuchs S. 401. Planck S. 463.

4. Bei der Sicherungshypothek ist die Erteilung des Hypothekenbriefs kraft Gesetzes ausgeschlossen. § 1185. Wird die Briefhypothek in eine Sicherungshypothek umgewandelt, so liegt darin ohne weiteres die nachträgliche Ausschließung der Erteilung des Briefes.

5. Herstellung des Hypothekenbriefs: GBO. §§ 56 ff. Kraftloserklärung: §§ 1162, 1170 Abs. 2, 1171 Abs. 2. ZPO. §§ 1003, 1005 Abs. 2.

6. Unterschiede zwischen Brief- und Buchhypothek: Seite 147.

7. Der § 1116 findet auch auf die Grundschuld entsprechende Anwendung.

§ 1117.

Der Gläubiger erwirbt, sofern nicht die Erteilung des Hypothekenbriefs ausgeschlossen ist, die Hypothek erst, wenn ihm der Brief von dem Eigentümer des Grundstücks übergeben wird. Auf die Übergabe finden die Vorschriften des § 929 Satz 2 und der §§ 930, 931 Anwendung.

Die Übergabe des Briefes kann durch die Vereinbarung ersetzt werden, daß der Gläubiger berechtigt sein soll, sich den Brief von dem Grundbuchamt aushändigen zu lassen.

Ist der Gläubiger im Besitze des Briefes, so wird vermutet, daß die Übergabe erfolgt sei.

---

1. Der Gläubiger erwirbt die Briefhypothek erst, wenn ihm der Brief von dem Eigentümer des Grundstücks übergeben wird. Vgl. § 1163 A. 6. Die Übergabe kann eine körperliche sein, aber auch nach § 929 Satz 2 durch traditio brevi manu, nach § 930 durch constitutum possessorium und nach § 931 dadurch bewirkt werden, daß der Eigentümer seinen Anspruch auf Herausgabe des im Besitze eines Dritten befindlichen Briefes dem Gläubiger abtritt. In der Zwangsvollstreckungsinstanz gilt die Wegnahme des Briefes durch den Gerichtsvollzieher zum Zwecke der Ablieferung an den Gläubiger als Übergabe. ZPO. §§ 830 Abs. 1, 897 Abs. 2. GBO. § 60. Der Schuldner kann das GBA. anweisen, den Brief unmittelbar dem Gläubiger auszuhändigen. Diese Anweisung bedarf der Form des § 29 Satz 1 GBO. Der Erwerb der Hypothek tritt erst mit der Aushändigung des Briefes ein. KG. 25 S. A 154.

2. Die Übergabe des Briefes kann ersetzt werden durch die in Abs. 2 bezeichnete Vereinbarung. Ist eine solche getroffen, so tritt der Erwerb der Hypothek schon vor der Aushändigung des Briefes ein und zwar mit Eintragung der Hypothek. Für das Verhältnis der Beteiligten selbst ist die Rechtswirksamkeit der Vereinbarung von einer Form unabhängig. Soll aber die Vereinbarung zur unmittelbaren Aushändigung des Briefes seitens des GBA. führen, so muß sie diesem in urkundlicher Form nach § 29 Satz 1 GBO. nachgewiesen werden. KG. 25 S. A 153. Ist dies nicht geschehen und hat infolgedessen das GBA. den Brief dem Eigentümer ausgehändigt, so wird dadurch das mit der Vereinbarung erworbene Eigentum des Gläubigers an dem Brief nicht berührt. Biermann S. 309 A. 1a. AM. Turn.-Först. I S. 615. Es ist Sache des Gläubigers, sein Recht auf Ausantwortung des Briefes gegen den Eigentümer geltend zu machen; vom GBA. kann er ohne weiteres die Herausgabe nicht fordern. KG. 21 S. A 171.

3. Durch den ohne gemäß Abs. 1 erfolgte oder gemäß Abs. 2 ersetzte Übergabe erlangten Besitz des Briefes erwirbt der Gläubiger die Briefhypothek nicht. Der Besitz begründet aber zugunsten des Gläubigers die Vermutung, daß die Übergabe erfolgt sei. Abs. 3. Es ist Sache des Eigentümers, diese Vermutung zu widerlegen. ZPO. § 292.

4. Bis zur Übergabe des Briefes an den Gläubiger steht die Briefhypothek dem Eigentümer zu. § 1163 Abs. 2. Ihm ist auch der Brief auszuhändigen. GBO. § 60. Wird über sein Vermögen Konkurs eröffnet, so fällt die Hypothek in die Konkursmasse. Der Gläubiger hat, auch wenn von ihm die Valuta gezahlt ist, weder einen Aussonderungsanspruch bezüglich des Briefes, noch ein Absonderungsrecht für seine Forderung, sofern nicht zur Sicherung seines Anspruchs auf Bestellung der Hypothek eine Vormerkung eingetragen ist. Der Gläubiger kann ohne Vorlegung des Briefes über die Hypothek beim GBA. nicht verfügen. GBO. § 42. Der Eigentümer ist also in der Lage, durch Zurückbehaltung des Briefes bis zum Empfange des Gegenwerts das Verfügungsrecht des Gläubigers hinauszuschieben. Zugunsten des Dritten, dem der Gläubiger, nachdem er den Brief ohne Übergabe erlangt, die Hypothek abgetreten hat, muß der Gläubiger als zur Abtretung legitimiert gelten, sofern nicht der Dritte beim Erwerbe gewußt hat, daß der Brief ohne Übergabe in den Besitz des Gläubigers gekommen ist. §§ 892, 1138. Turn.-Först. I S. 614 A. 2. Wegen des Eintretens der Vermutung nach § 891 s. dort A. 2c.

5. Die Buchhypothek erwirbt der Gläubiger mit der Einigung und Eintragung. § 873. Wird die Buchhypothek in eine Briefhypothek umgewandelt, so verbleibt sie dem Gläubiger. Ihm steht auch das Eigentum an dem zu erteilenden Briefe zu. § 952. Deshalb ist der Brief dem Gläubiger auszuhändigen, sofern nicht von ihm oder von dem Eigentümer in der Form des § 29 Satz 1 GBO. eine abweichende Bestimmung getroffen ist. GBO. § 60.

6. Sowohl die Buch- wie die Briefhypothek erwirbt der Gläubiger nur dann, wenn die Forderung zur Entstehung gelangt ist. Andernfalls steht die Hypothek dem Eigentümer zu. § 1163 Abs. 1.

7. Der § 1117 findet entsprechende Anwendung auf die Grundschuld. § 1192.

§ 1118.

Kraft der Hypothek haftet das Grundstück auch für die gesetzlichen Zinsen der Forderung sowie für die Kosten der Kündigung und der die Befriedigung aus dem Grundstücke bezweckenden Rechtsverfolgung.

„D. Recht" 1901 S. 171; 1902 S. 232, 388, 459.

---

1. Eintragung der bezeichneten Zinsen und Kosten ist weder erforderlich (M. 647) noch zulässig. KG. 20 S. A 203. Gesetzliche Zinsen sind, abgesehen von denjenigen Zinsen, die der Käufer nach § 452 zu entrichten hat, **a**, die nach § 291 infolge Rechtshängigkeit zu zahlenden Prozeßzinsen. Diese sind keine Verzugszinsen, können daher von dem Eigentümer nur dann gefordert werden, wenn er zugleich der persönliche Schuldner ist, oder wenn ihm gegenüber die sonstigen Voraussetzungen des Verzuges vorliegen. § 1146. Fuchs S. 466 A. 2. Planck S. 518 A. 3; **b**, die Verzugszinsen nach §§ 288, 1146. Sie betragen vier v. H., in den Fällen des § 352 HGB. fünf v. H. Kann der Gläubiger aus einem anderen Rechtsgrunde (Vertrag) höhere Zinsen verlangen, so sind diese fortzuentrichten. § 288. Durch Einleitung der Zwangsversteigerung oder Zwangsverwaltung wird der Lauf der Zinsen nicht gehemmt. Alle Zinsen, die rechtsgeschäftlichen sowohl wie die gesetzlichen, unterliegen der vierjährigen Verjährung. §§ 197, 222. Auf andere durch den Verzug entstehende Schadensersatzansprüche als Zinsen (§§ 286, 288 Abs. 2, 289) erstreckt sich die gesetzliche Haftung des Grundstücks nicht. Ebensowenig auf rechtsgeschäftliche Zinsen und die außer den Zinsen ausbedungenen Nebenleistungen. Für die einen sowohl wie für die anderen kann nur durch Eintragung ihres Geldbetrages Sicherheit bestellt werden. § 1115 Abs. 1

2. Die Haftung des Grundstücks für **Kosten** ist beschränkt auf

a, die Kosten der **Kündigung**, d. h. derjenigen Kündigung, die für die Hypothek wirksam, die also von dem Gläubiger dem Eigentümer oder von dem Eigentümer dem Gläubiger erklärt ist. § 1141 Abs. 1. Hierzu gehören die Zustellungskosten des Gerichtsvollziehers und die Kosten für die Bestellung eines Vertreters gemäß § 1141 Abs. 2. Auf die Kosten der dem persönlichen Schuldner, welcher nicht Eigentümer des Grundstücks ist, erklärten Kündigung bezieht sich § 1118 nicht;

b, Die Kosten der die **Befriedigung aus dem Grundstücke** bezweckenden Rechtsverfolgung. Hierzu gehören:

aa, Die **Kosten der Einklagung**, d. h. die vom Gegner zu erstattenden gerichtlichen und außergerichtlichen Kosten der dinglichen Klage, einschließlich der Klage aus § 1133 und des Mahnverfahrens (ZPO. § 688 Abs. 1), nicht aber die Kosten der persönlichen Klage gegen den Schuldner und derjenigen Klage, die nicht auf Befriedigung wegen einer bereits eingetragenen Hypothek, sondern auf die Bewilligung zur Eintragung einer Hypothek abzielen. Oberneck S. 523. Turn.-Först. I S. 618 A. 3.

bb, Die **Kosten der Beitreibung**, d. h. diejenigen Kosten, die nach der Ausklagung der Hypothek zu deren Einziehung im Zwangsvollstreckungsverfahren aufgewendet werden, gleichviel, ob die Zwangsvollstreckung zur Befriedigung des Gläubigers führt oder nicht. Hierzu gehören die Kosten der Anordnung des Verfahrens und des Beitritts eines Gläubigers (ZwVG. §§ 105, 155, 10 Abs. 2), auch wenn die Zwangsversteigerung mangels eines entsprechenden Gebotes resultatlos verläuft (Biermann S. 312 A. 3), auch die Gebühren eines Prozeßbevollmächtigten des Gläubigers für das Zwangsvollstreckungsverfahren. Die Erhebungsgebühren eines den Gläubiger vertretenden Rechtsanwalts gehören nach der Praxis des Reichsgerichts zu diesen Kosten dann, wenn sie im einzelnen Falle nach freiem richterlichen Ermessen für die Zwangsvollstreckung im Sinne des § 91 ZPO. notwendig waren, also regelmäßig dann nicht, wenn das Landesgesetz (wie in Preußen durch Art. 11 AG. z. ZwVG.) als Art der Auszahlung an einem im Verteilungstermin nicht erschienenen Berechtigten die Übersendung des Geldes durch die Post bestimmt. Doch sind in solchem Falle dem Gläubiger die durch die Übersendung mit der Post entstehenden Kosten zu ersetzen. RG. 22 S. 322. Die Kosten der Berichtigung des Grundbuchs auf Grund eines vollstreckbaren Titels (GBO. § 14) gehören zu den Beitreibungskosten. Oberneck S. 525.

Da die Kosten aus dem Grundbuch nicht ersichtlich sind, müssen sie angemeldet werden. ZwVG. § 45. Sie können, wenn die Anmeldung bis zur Feststellung des geringsten Gebots versäumt ist, zwar noch im Verteilungsverfahren nachgefordert werden, stehen dann aber den übrigen Rechten nach. ZwVG. § 37 Nr. 4, §§ 66, 110.

Die Kosten für einen zurückgenommenen Antrag auf Zwangsversteigerung gehören nicht zu den Kosten der Beitreibung. OTr. 52 S. 423. Ebensowenig die Kosten für den Anspruch eines die Zwangsverwaltung betreibenden Gläubigers auf Ersatz seiner in § 10 Nr. 1 ZwVG. bezeichneten Ausgaben. Soll das Grundstück für diese Kosten haften, so muß deren Geldbetrag oder eine Sicherungshypothek eingetragen werden. KG. 20 S. A 203.

3. Für die **Kosten der Eintragung** haftet das Grundstück nur bei der Zwangs- und Arresthypothek. ZPO. §§ 867, 932. Eintragung in diesen Fällen ist weder erforderlich noch zulässig. OLG. Karlsruhe, RJA. 2 S. 246.

4. **Übergangsbestimmungen.** Der § 1118 gilt auch für die am 1. Januar 1900 bereits vorhandenen Hypotheken und Grundschulden. Art. 192, 195. Wo nach Landesgesetz die Haftung des Grundstücks für nicht eingetragene gesetzliche Zinsen ausgeschlossen war (wie in Preußen: ALR. I, 20 § 482, EEG. v. 5. Mai 1872 § 30), ist die Haftung des Grundstücks auf diese Zinsen ausgedehnt Umgekehrt ist die Haftung des Grundstücks für die nicht eingetragenen Kosten der Eintragung da ausgeschlossen,

wo nach Landesgesetz (wie in Preußen: EEG. v. 5. Mai 1872 § 30) das Grundstück für diese Kosten verhaftet war. Turn.-Förſt. I S. 620 A. 5.

5. Bei entsprechender Anwendung des § 1118 auf die Grundschuld sind die Worte „Hypothek“ und „Forderung“ zu ersetzen durch „Grundschuld“ und „Kapital“. § 1192.

*§ 1119.

Ist die Forderung unverzinslich oder ist der Zinssatz niedriger als fünf vom Hundert, so kann die Hypothek ohne Zustimmung der im Range gleich- oder nachstehenden Berechtigten dahin erweitert werden, daß das Grundstück für Zinsen bis zu fünf vom Hundert haftet.

Zu einer Änderung der Zahlungszeit und des Zahlungsorts ist die Zustimmung dieser Berechtigten gleichfalls nicht erforderlich.

---

1. Es handelt sich um Änderungen des Inhalts der Hypothek, es finden also nach § 877 die §§ 873, 874, 876, 878 Anwendung. Zur Eintragung genügt nach § 19 GBO. im Falle des Abs. 1 die Bewilligung des Eigentümers, im Falle des Abs. 2 die Bewilligung des Eigentümers und des Gläubigers. (Preußen: Anhang.) Soll nachträglich ein Zinsſatz über 5 v. H. mit dem Range des Kapitals eingetragen werden, so muß der Bewilligung die Zustimmung der gleich- oder nachstehend eingetragenen Gläubiger hinzutreten. §§ 877, 873, 876. Von dieser Zustimmung kann dann abgesehen werden, wenn die Erhöhung des Zinssatzes in der Weise an die Stelle der Verpflichtung zur Entrichtung anderer Leistungen tritt, daß die bisherige Belastung des Grundstücks nicht erweitert wird. KG. 24 S. 131; RJA. 3 S. 131; ROLG. 4 S. 483. Die Bestimmung darüber, an welcher Stelle im Grundbuch die Eintragung zu erfolgen hat, ist dem Landesrecht überlassen. (Preußen: JMV. v. 20. November 1899 § 12 Abs. 2). Wenn nichts anderes bestimmt ist, empfiehlt es sich, die Zinsverbindlichkeit oder Zinserhöhung, auch wenn sie 5 v. H. überschreitet, nicht als selbständige Hypothek unter einer neuen Nummer einzutragen, sondern bei der Hauptpost zu vermerken. KG. 26 S. A 142; RJA. 3 S. 248. Haben die Zinsen den Rang des Kapitals, so bedarf es eines Vermerkes hierüber nicht, wohl aber muß eine etwaige Rangverschiedenheit erkennbar gemacht werden, zB. „der Zinsfuß ist vom ꝛc. (Datum) ab auf 7 v. H. erhöht. Das sechste und siebente Prozent hat den Rang hinter den Posten Nr. ꝛc. Eingetragen am ꝛc.“ Die Änderung ist auf den Hypothekenbriefen zu vermerken. GBO. § 62. Der Bildung eines besonderen Hypothekenbriefes über die Zinspost bedarf es auch dann nicht, wenn sie an letzter Stelle unter einer neuen Nummer eingetragen wird.

Kapitalisierte Zinsrückstände können nur als neue selbständige Hypotheken eingetragen werden. KG. 12 S. 117. Auch auf diese findet § 1119 Anwendung, da die Nichtigkeit der Vereinbarung, daß fällige Zinsen wieder Zinsen tragen sollen, nach § 248 nur dann eintritt, wenn die Vereinbarung im voraus getroffen ist. Turn.-Förſt. I S. 622 A. 4.

2. Zur Herabsetzung der Zinsen ist die der Formvorschrift des § 29 GBO. entsprechende Erklärung des Gläubigers und die Löschung im Grundbuch erforderlich. BGB. § 875. Zur Löschung bedarf es der in der Form des § 29 GBO. zu erteilenden Zustimmung des Eigentümers. § 1183. GBO. § 27. Die Löschung ist auf dem Hypothekenbriefe zu vermerken. GBO. § 62. Der ermäßigte Zinssatz kann gemäß § 1119 wieder erweitert werden.

Wird eine Hypothek zu einem geringeren Zinssatze als dem eingetragenen abgetreten, und hat der abtretende Gläubiger sich das Recht auf den Bezug der nicht abgetretenen Zinsen vorbehalten, so liegt nicht (wie Turn.-Förſt. I S. 622 A. 5 ausführen), der Vorbehalt eines Nießbrauchs an der abgetretenen Kapitalsforderung, sondern die Abtretung eines Teilanspruchs vor. Biermann S. 314 A. 5. Planck S. 543 A. 2. Zur Löschung der Zinsdifferenz ist die Zustimmung des Eigentümers erforderlich. § 1183. GBO. § 27 Abs. 1.

3. Höchstbetragshypotheken (§ 1190) fallen nicht unter den § 1119, da bei ihnen die Zinsen in den Höchstbetrag eingerechnet werden. Sind aber die Höchstbetragshypotheken in gewöhnliche Hypotheken umgewandelt, so kann die Verzinsung des festgestellten Betrages nach § 1119 herbeigeführt werden. KG. RJA. 3 S. 154.

4. Abs. 2 beruht auf der Erwägung, daß durch die bezeichneten Änderungen die Rangstellung der gleich- oder nachstehenden Berechtigten nicht berührt wird. P. 6062. Insoweit findet § 876 keine Anwendung. Im übrigen sind die §§ 877, 873, 874, 876 auch hier maßgebend.

5. Übergangsbestimmungen. Der § 1119 findet auch auf die vor dem 1. Januar 1900 eingetragenen Hypotheken Anwendung, gleichviel wann und unter der Herrschaft welches Gesetzes die Eintragung erfolgt ist. Art. 192 ff. Kommt den älteren Zinserhöhungen nach den Gesetzen, auf Grund deren sie eingetragen sind, ein verschiedener Rang zu, so wird diese Rangverschiedenheit durch § 1119 nicht berührt. Fuchs S. 407 A. 7. AM. Turn.-Först. I S. 621 A. 2. Planck S. 470 A. 6.

6. Bei entsprechender Anwendung des § 1118 auf die Grundschuld sind die Worte „Hypothek" und „Forderung" zu ersetzen durch „Grundschuld" und „Kapital". § 1192.

*§ 1120.

Die Hypothek erstreckt sich auf die von dem Grundstücke getrennten Erzeugnisse und sonstigen Bestandteile, soweit sie nicht mit der Trennung nach den §§ 954—957 in das Eigentum eines anderen als des Eigentümers oder des Eigenbesitzers des Grundstücks gelangt sind, sowie auf das Zubehör des Grundstücks mit Ausnahme der Zubehörstücke, welche nicht in das Eigentum des Eigentümers des Grundstücks gelangt sind.

---

1. Haftung des Grundstücks. Dem Hypothekenrecht unterworfen ist das Grundstück selbst, also der Grund und Boden mit allen ungetrennten wesentlichen und unwesentlichen Bestandteilen. Grundstück ist ein bestimmbarer und bestimmter, räumlich abgegrenzter Abschnitt der Erdoberfläche (M. 48, 54); es gehören also auch Flüsse zu den Grundstücken. RG. 53 S. 98. Zu den wesentlichen Bestandteilen eines Grundstücks gehören alle Sachen — Gebäude (A. 3), bewegliche Sachen und Pflanzen —, die mit dem Grund und Boden fest und zu dauerndem Zwecke verbunden sind. § 94. Sachen, die wenn auch fest, doch nur zu einem vorübergehenden Zwecke mit dem Grund und Boden verbunden sind, zB. Ausstellungsgebäude, provisorische Unterkunftshäuser, Tribünen, Schaubuden (RG. 13 S. 209, Zirkus) gehören nicht zu den Bestandteilen eines Grundstücks. § 95 Satz 2. Ebensowenig Gebäude oder andere Werke, die in Ausübung eines Rechtes an einem fremden Grundstück von dem Berechtigten mit dem Grundstücke verbunden sind. § 95 Satz 2. Beispielsweise sind und bleiben Gebäude und andere Anlagen, die der Pächter, Mieter, Nießbraucher auf dem gepachteten, gemieteten Grund und Boden nicht für diese Sache selbst, sondern für seine eigenen Zwecke aufführt (§§ 547, 1049 Abs. 2), sein Eigentum und dem Pfandrechte des Verpächters rc., nicht aber dem Hypothekenrechte unterworfen, werden auch von der Veräußerung des Grundstücks nicht mitergriffen. §§ 892, 926. ZwVG. § 90. Beweispflichtig für das Vorliegen eines Ausnahmefalles des § 95 Abs. 1 ist derjenige, der Rechte daraus herleitet. Rehbein I S. 84. Zu den nicht wesentlichen Bestandteilen eines Grundstücks gehören dessen einzelne Flächenabschnitte sowie die

mit dem Eigentum am Grundstück verbundenen, d. h. dem Eigentümer des Grundstücks als solchem zustehenden Rechte, die Grunddienstbarkeiten (§§ 1018 ff.), die subjektiv dinglichen Reallasten, Nutzungsrechte und Vorkaufsrechte (§§ 1094 Abs. 2, 1105 Abs. 2). § 96. Die Haftung dieser Rechte ist nicht davon abhängig, daß sie dem Grundstück zugeschrieben sind. Es kommt nur darauf an, daß die Verbindung besteht. Das ist bei Grunddienstbarkeiten und Reallasten der Fall, sobald die Eintragung bei dem belasteten Grundstücke zugunsten des jeweiligen Eigentümers des anderen Grundstückes erfolgt ist. M. 652.

Ob die Bestandteile vor oder nach der Bestellung der Hypothek entstanden sind oder die Eigenschaft als Bestandteile erlangt haben, ist unerheblich.

Das Recht des Eigentümers an dem in seinem Grundstück entdeckten Schatze gehört nicht zu den subjektiv dinglichen Rechten des § 96; die Eintragung einer bei der Veräußerung eines Grundstücks getroffenen Abrede, durch welche sich der Veräußerer die auf den Schatz bezüglichen Eigentumsrechte vorbehalten hat, ist unzulässig. KG. Zentralbl. 3 S. 353.

2. Die Haftung erstreckt sich auf das Grundstück in dem zur Zeit der Eintragung der Hypothek vorhandenen Umfange. Bezüglich der Anlandungen, entstehenden Inseln und verlassenen Flußbetten sind die landesgesetzlichen Vorschriften aufrecht erhalten. Art. 65. Wenn diese nichts bestimmen, so ist anzunehmen, daß Zuwächse des Grundstücks, die sich ohne menschliches Zutun vollziehen, ohne weiteres von den Hypotheken mit ergriffen werden, daß dagegen die Haftung nicht eintritt, wenn der Erwerb eine besondere Besitzergreifung seitens des Eigentümers des Stammgrundstücks erfordert. Fuchs S. 409 A. 3. Biermann S. 315.

Durch die spätere Abschreibung eines Flächenabschnitts vom Grundstück wird in der Haftung für die Hypothek nichts geändert. Dem Gläubiger haften fortan zwei Grundstücke, das Stammgrundstück und das Trennstück. Die Hypothek muß aber auf das Grundbuchblatt, auf welches das Trennstück übertragen wird, mitübertragen werden, wenn nicht entweder der Gläubiger sein dingliches Recht in bezug auf das Trennstück aufgegeben hat oder auf Grund eines Unschädlichkeitsattestes die Abschreibung des Trennstücks frei von der Hypothek erfolgen muß. Unterbleibt die Übertragung der Hypothek, so kann allerdings der Gläubiger ohne seinen Willen des dinglichen Rechtes am Trennstücke verlustig gehen, aber nicht durch die Tatsache der Trennung, sondern dadurch, daß über das Trennstück zugunsten eines mit dem Bestehen der Hypothek nicht bekannten Dritten verfügt wird. (§ 892. GBO. §§ 47 Abs. 2, 49 Abs. 1.) M. 654.

Die landesgesetzlichen Vorschriften über das Unschädlichkeitszeugnis sind aufrecht erhalten. Art. 120 Abs. 1. (Preußen: Anlage.)

Vereinigung und Zuschreibung von Grundstücken: § 890 A. 1, 3.

3. Gebäude, wenn sie zu den wesentlichen Bestandteilen des Grundstücks gehören (vgl. A. 1), haften für die Hypothek, gleichviel ob sie vor oder nach deren Eintragung errichtet sind. Ein Vertrag, der Gebäude, die wesentliche Bestandteile sind, von der Haftung ausnimmt, ist nichtig. Biermann S. 315. Turn.-Först. I S. 630 A. 3. Gebäude, die mit dem Grund und Boden fest verbunden sind, können nicht zum Gegenstand selbständigen Eigentums gemacht werden, sei es durch Übertragung des Hauses ohne das Grundstück, sei es durch Zurückbehaltung des Eigentums am Hause bei der Veräußerung des Grund und Bodens. KG. ROLG. 6 S. 211.

Zu den Gebäuden gehören als wesentliche Bestandteile die Baumaterialien, d. h. alle zur Herstellung des Gebäudes verwendeten und zur dauernden Bildung des Gebäudes als eines in sich vollendeten wirtschaftlichen Ganzen bestimmten Sachen. M. 44. Dazu gehören regelmäßig Türen und Fenster mit ihren Beschlägen und Riegeln, wenn sie dem Lieferanten abgenommen und eingehängt sind. RG. JW. 97 S. 100, 483. Ferner die zur Herstellung eines Fabrikgebäudes eingefügten Maschinen.

RG. Zentralbl. 2 S. 820. Ob die Verwendung der Sachen bei oder nach der Errichtung des Gebäudes stattgefunden hat, ist unerheblich. RG. 9 S. 171, 26 S. 347. Durch die Einfügung von Sachen (zB. von Jalousien, OLG. Dresden, ROLG. 6 S. 215) in ein Gebäude wird das besondere Eigentum, das an den Sachen bestand, aufgehoben. Das Eigentum an dem Grundstück erstreckt sich wie auf das mit diesem verbundene Gebäude auch auf die fremden Materialien, die zur Herstellung des Gebäudes verwendet sind. Der Eigentumsvorbehalt ändert nichts hieran. RG. 26 S. 346; JW. 97 S. 10, 99 S. 679. Ebensowenig die spätere Aufhebung der Verbindung der Sache mit dem Gebäude. M. 44.

Die Mobiliarexekution in die zu den wesentlichen Bestandteilen des Grundstücks gehörigen Gebäude und ihre Bestandteile ist unzulässig. Dem Hypothekengläubiger steht dagegen die Beschwerde aus § 766 ZPO. (RG. 34 S. 378) und die Widerspruchsklage aus § 771 ZPO. (JW. 93 S. 350) zu.

Den Fall, wo ein Gebäude Bestandteil mehrerer besonderer Grundstücke geworden ist, behandelt RG. 15 S. 249. Dazu Turn.-Först. I S. 629.

4. Erzeugnisse des Grundstücks, solange sie mit dem Boden zusammenhängen, sind wesentliche Bestandteile des Grundstücks (§ 94), haften also dem Hypothekengläubiger ohne weiteres (§ 1120), auch wenn das Recht auf ihren Bezug einem Dritten zusteht. Nutzungsberechtigte erwerben die Erzeugnisse erst mit der Trennung. §§ 955 ff. Pflanzungen, die nur zu einem vorübergehenden Zwecke mit dem Boden verbunden sind, gehören nicht zu den Bestandteilen des Grundstücks. § 95 Satz 1. Zu den Erzeugnissen gehören die Früchte, die natürlichen und die Rechtsfrüchte.

a, Natürliche Früchte einer Sache (§ 99 Abs. 1) sind alle organischen Erzeugnisse der Sache, gleichviel ob sie mit oder ohne Arbeit entstehen, also die Bäume im Walde und außerhalb des Waldes, die geerntete und abgefallene Erd- und Baumfrucht, Tierjunge, Viehdünger, die Wolle (RG. 22 S. 272), die Milch, nicht aber Fell und Fleisch des Viehes, da diese nicht organische Erzeugnisse sind, sondern durch den Verbrauch der Sache entstehen. Mineralien und Fossilien, die aus dem Grundstück gewonnen werden, können (als Substanzverminderungen) als Früchte (Nutzungen) nicht behandelt werden, wenn das Grundstück nicht dem Zwecke dieser Gewinnung zu dienen bestimmt war. Diese Bestimmung des Grundstücks muß, sofern sie nicht durch dessen natürliche Beschaffenheit bedingt wird, auf einer Verfügung des Eigentümers beruhen. KG. ROLG. 6 S. 217.

Ungetrennte Früchte können nach Maßgabe des § 810 Abs. 1 ZPO. gepfändet werden. Der Hypothekengläubiger kann aber der Pfändung nach § 771 ZPO. widersprechen, sofern sie nicht für einen im Falle der Zwangsvollstreckung in das Grundstück vorgehenden Anspruch erfolgt ist. ZPO. § 810. RG. 34 S. 378.

b, Rechtsfrüchte (bürgerliche Früchte, § 99 Abs. 3) sind die Erträge, die eine Sache oder ein Recht vermöge eines Rechtsverhältnisses gewährt. Hierunter fallen der Pacht- und Mietzins, Zinsen des ausgeliehenen Kapitals (§ 1074), Pfandbriefzinsen, Renten, Dividenden, das Recht des an einer Straße Nutzungsberechtigten auf den Straßendünger (Strieth. 47 S. 20), der Jagdertrag als Ertrag des Jagdrechts. Die in § 1073 bezeichneten Leistungen sind bürgerliche Früchte des dem Nießbrauch unterworfenen Rechtes. Keine Rechtsfrüchte sind die Amortisationszinsen, soweit sie zur Tilgung des Kapitals dienen. Planck I S. 138. Auch die Einnahme eines Gewerbebetriebes, insbesondere eines Restaurants, einer Gastwirtschaft sind keine Rechtsfrüchte des Lokales, in dem der Gewerbebetrieb stattfindet, da der Anspruch auf diese Einnahmen nicht aus dem Rechtsverhältnis unmittelbar erwächst. OTr. 31 S. 414. Rehbein, I S. 92, 93.

5. Die hypothekarische Haftung setzt sich fort an den vom Grundstück getrennten Erzeugnissen und sonstigen Bestandteilen, soweit sie nicht gemäß §§ 954—957 mit der bloßen Tatsache der Trennung in das Eigentum eines

anderen als des Eigentümers oder des Eigenbesitzers des Grundstücks gelangt sind. Es muß aber das Rechtsverhältnis, auf Grund dessen der Eigentumserwerb für den Dritten erfolgt, vor der Bestellung der Hypothek begründet sein. So schließt zB. ein älterer Nießbrauch das Recht des Gläubigers, sich an die Früchte des Grundstücks zu halten, aus. Dagegen greift dieses Recht einem jüngeren Nießbrauch gegenüber durch. P. 4381. „Für den Nießbrauch versteht es sich von selbst, daß eine Hypothek, die dem Rechte im Range vorgeht, sich auf die betreffenden Erzeugnisse und sonstigen Bodenbestandteile ungeachtet der erfolgten Trennung erstreckt." Dsch. z. ZwVG. S. 40. Fuchs S. 412. Biermann S. 315 A. 2. AM. Planck S. 473. Eine Ausnahme macht die Pacht. Die dem Pächter gehörenden Früchte sind unbedingt von der Haftung ausgeschlossen, auch wenn die Pacht nach der Bestellung der Hypothek begründet ist. Das Recht des Pächters auf den Fruchtgenuß wird von der Beschlagnahme nicht berührt; an die Stelle der Früchte tritt für den Gläubiger das Recht auf Befriedigung aus dem Pachtzinse. Ob der Pächter sich im Besitze des Grundstücks befindet oder nicht, macht keinen Unterschied. §§ 1123 ff. ZwVG. §§ 21 Abs. 3, 146, 148.

Wie die Erzeugnisse bleiben auch die sonstigen Bestandteile des Grundstücks nach der Trennung von dem Grundstück für die Hypothek verhaftet, zB. die Materialien eines abgebrochenen Gebäudes. M. 656.

Eine Trennung liegt nur vor im Falle der Lösung vom Grund und Boden oder vom Gebäude. Anbringung von Zeichen, zB. Anschlag der Bäume mit dem Forsthammer genügt nicht. Turn.-Först. I S. 631 A. II.

6. Die Hypothek erstreckt sich auch auf das Zubehör des Grundstücks (§§ 97, 98), gleichviel ob es bereits zur Zeit der Begründung der Hypothek vorhanden war oder erst nachträglich angeschafft ist (M. 657, Biermann S. 316 A. 3, Fuchs S. 413; Planck S. 474 A. 3, Turn.-Först. I S. 632), jedoch mit Ausnahme der Zubehörstücke, die nicht in das Eigentum des Grundeigentümers gelangt sind. Daß sie nicht in das Eigentum gelangt sind, hat derjenige zu beweisen, der es behauptet. OLG. Colmar, „D. Recht" 1903 S. 181. Eigentumsvorbehalte schließen also den Eintritt in die hypothekarische Haftung aus. (Anders bei wesentlichen Bestandteilen. RG. 44 S. 288.) Zubehör, das zur Zeit der Begründung der Hypothek nicht mehr Eigentum des Grundeigentümers ist, haftet für die Hypothek nicht, ebensowenig früheres Zubehör, das zur Zeit der Begründung der Hypothek die Eigenschaft als Zubehör verloren hatte. Biermann S. 316 A. 3. Was der Konkursverwalter in das Grundstück des Gemeinschuldners einsät, einpflanzt, einbaut, wird von selbst den bestehenden Hypothekenrechten mit unterworfen. Ebenso verhält es sich mit den vom Konkursverwalter erworbenen Zubehörstücken, da diese Bestandteile des im Konkurs befangenen Vermögens des Gemeinschuldners werden. RG. 53 S. 350. Die Zwangsversteigerung erstreckt sich auf Zubehörstücke, die sich im Besitze des Schuldners oder eines neu eingetretenen Eigentümers befinden, auch dann, wenn sie einem Dritten gehören, es sei denn, daß dieser sein Recht nach Maßgabe des § 37 Nr. 5 ZwVG. geltend gemacht hat. § 55 Abs. 2 ZwVG. Ist dies nicht der Fall, so erwirbt der Ersteher Eigentum auch dann, wenn er das Eigentum des Dritten gekannt hat.

Die Pfändung der für die Hypothek verhafteten Zubehörstücke ist ausgeschlossen und kann von jedem Hypothekengläubiger, auch wenn sie von einem älteren Hypothekengläubiger erwirkt ist, durch Beschwerde aus § 766 ZPO. (RG. 34 S. 378) und Klage aus § 771 ZPO. angefochten werden. ZPO. § 865 Abs. 2. KG. ROLG. 6 S. 213.

Sachen, die erst durch das BGB. Zubehöreigenschaft erlangt haben, treten zwar mit dem Inkrafttreten des neuen Rechtes in die Haftung für die Hypothek ein, aber nur in dem Rechtszustande, in dem sie sich zur Zeit des Inkrafttretens des neuen Rechtes befinden, also zB. behaftet mit einem Pfandrechte, das durch eine zulässige Pfändung erworben ist. RG. 46 S. 174.

Die unter dem früheren Recht eingetragene Hypothek ist von dem Tage an, mit dem das Grundbuch als angelegt gilt, als eine Buchhypothek im Sinne des BGB. anzusehen. Art. 192. Deshalb ist für die Frage, welches Zubehör für die Hypothek haftet und welche Befugnisse an dem verhafteten Zubehör dem Hypothekengläubiger zustehen, das neue Recht maßgebend. RG. 50 S. 68.

Begriff des Zubehörs: §§ 97, 98. Danach können nur bewegliche Sachen Zubehör sein.

7. Der § 1120 gilt auch für die Grundschuld.

8. Über die Bahneinheit sind die landesgesetzlichen Vorschriften aufrecht erhalten. Art. 112. (Preußen: Anlage.)

§ 1121.

Erzeugnisse und sonstige Bestandteile des Grundstücks sowie Zubehörstücke werden von der Haftung frei, wenn sie veräußert und von dem Grundstück entfernt werden, bevor sie zugunsten des Gläubigers in Beschlag genommen worden sind.

Erfolgt die Veräußerung vor der Entfernung, so kann sich der Erwerber dem Gläubiger gegenüber nicht darauf berufen, daß er in Ansehung der Hypothek in gutem Glauben gewesen sei. Entfernt der Erwerber die Sache von dem Grundstücke, so ist eine vor der Entfernung erfolgte Beschlagnahme ihm gegenüber nur wirksam, wenn er bei der Entfernung in Ansehung der Beschlagnahme nicht in gutem Glauben ist.

„D. Recht" 1902 S. 610.

I. Abs. 1. Die nach § 1120 bestehende hypothekarische Haftung der Erzeugnisse, sonstigen Bestandteile und Zubehörstücke des Grundstücks erlischt, wenn die bezeichneten Sachen vor der Beschlagnahme veräußert und — gleichviel zu welchem Zwecke, Planck S. 475 A. 3 — von dem Grundstück entfernt sind. Veräußerung ohne Entfernung oder Entfernung ohne Veräußerung genügt zum Erlöschen der Haftung nicht. (Ausnahme: § 1122.) Darauf aber, ob zuerst die Veräußerung und dann die Entfernung oder ob zuerst die Entfernung und dann die Veräußerung erfolgt, kommt nichts an.

1. Veräußerung ist Übertragung des Eigentums (§§ 929 ff., 932, 1136), nicht auch Verpfändung oder Bestellung eines Nießbrauchs (RG. Gruch. 31 S. 432; AM. Boehm S. 169 A. II), auch nicht Pfändung im Wege des Zwangsvollstreckungsverfahrens. OTr. 80 S. 46. RG. Bolze 3 S. 132. Entfernung vom Grundstück ist räumliche Trennung vom Grundstück. Eine solche wird durch Vereinbarung eines Rechtsverhältnisses, vermöge dessen der Erwerber mittelbarer Besitzer wird, nicht hergestellt. Ob die Veräußerung und Entfernung vom Grundeigentümer selbst oder auf Antrag persönlicher Gläubiger des Eigentümers im Wege der Zwangsvollstreckung oder nach Eröffnung des Konkurses vom Konkursverwalter vorgenommen wird, ist unerheblich. RG. 19 S. 321, 25 S. 18.

2. Dem Hypothekengläubiger steht es frei, dem Erlöschen der Haftung durch Beschlagnahme vorzubeugen. Die Beschlagnahme kann erfolgen im Wege der einstweiligen Verfügung (Planck S. 472 A. 3c; AM. OLG. Dresden, Seuffert 56 Nr. 127, ROLG. 3 S. 130) und im Wege der Zwangsvollstreckung, im letzten Falle

a, durch Pfändung nach den Vorschriften der ZPO. über die Zwangsvollstreckung in bewegliche Sachen. Planck S. 471 A. 3. Turn.-Först. I S. 646 A. IV. AM. Fuchs S. 417, 422. Zubehörstücke (§§ 97, 98) sind der Pfändung entzogen. § 1120 A. 6;

b, durch den Beschluß, durch welchen die Zwangsversteigerung angeordnet wird. ZwVG. § 20. Diese Beschlagnahme umfaßt aber von den landwirtschaftlichen Erzeugnissen des Grundstücks nur die noch mit dem Boden verbundenen, die bereits vom Boden getrennten aber nur soweit sie Zubehör des Grundstücks sind. ZwVG. § 21 Abs. 1. Auch soweit sich die Beschlagnahme erstreckt, kann der Schuldner über einzelne Stücke innerhalb der Grenzen einer ordnungsmäßigen Wirtschaft auch dem Gläubiger gegenüber wirksam verfügen. ZwVG. § 23 Abs. 1;

c, durch den Beschluß, durch welchen die Zwangsverwaltung angeordnet wird. ZwVG. § 146. Diese Beschlagnahme, welche auch dadurch wirksam wird, daß der Verwalter den Besitz des Grundstücks erlangt (ZwVG. § 151), umfaßt die sämtlichen landwirtschaftlichen Erzeugnisse, auch die getrennten, die nicht Zubehör sind, die Forderungen aus Versicherung, die Miet- und Pachtzinsforderungen, die Ansprüche auf wiederkehrende Leistungen und entzieht dem Schuldner die Befugnis zur Verfügung über einzelne Stücke. Das Verfügungsrecht geht auf den Verwalter über. Die von diesem vorgenommenen Veräußerungen müssen die Hypothekengläubiger gegen sich gelten lassen.

Die Beschlagnahme in den Fällen zu b und c erfolgt nur zugunsten des betreibenden sowie des beigetretenen Gläubigers. Sobald die Beschlagnahme durch Anordnung der Zwangsversteigerung oder der Zwangsverwaltung erfolgt ist, ist die Pfändung nach den Vorschriften über die Pfändung beweglicher Sachen ausgeschlossen. ZPO. § 865 Abs. 2. Es kann also der die Zwangsversteigerung oder Zwangsverwaltung betreibende Gläubiger der Pfändung nach Maßgabe der §§ 766, 771 ZPO. entgegentreten.

II. Abs. 2. **3.** Satz 1. Die bloße Veräußerung ohne Entfernung ändert an der Verhaftung für die Hypotheken nichts, auch dann nicht, wenn der Erwerber der veräußerten Sachen zur Zeit der Veräußerung die Hypotheken nicht gekannt hat. Bis zur Entfernung der Sachen kann der Hypothekengläubiger sein Recht auch gegen den gutgläubigen Erwerber durch Beschlagnahme aufrecht erhalten.

4. Satz 2. Dagegen tritt, wenn die Veräußerung der Entfernung vorausgegangen ist, trotz der vor der Entfernung erfolgten Beschlagnahme der Sachen eine Befreiung von der hypothekarischen Haftung dann ein, wenn der Erwerber bei der Entfernung, mag sie von ihm selbst oder von dem Eigentümer erfolgt sein (Fuchs S. 418 A. 7b; Turn.-Förft. I S. 644 A. II), in gutem Glauben in Ansehung der Beschlagnahme gewesen ist. Der gute Glaube wird vermutet. Es ist Sache des Hypothekengläubigers, dem Erwerber den Mangel des guten Glaubens nachzuweisen. Der gute Glaube ist dann nicht vorhanden, wenn der Erwerber die Beschlagnahme oder den Zwangsversteigerungs- oder Zwangsverwaltungsantrag gekannt hat. Eine durch grobe Fahrlässigkeit verschuldete Unkenntnis steht der Kenntnis gleich. Die im Grundbuche eingetragene Beschlagnahme gilt auch in Ansehung der mithaftenden beweglichen Sachen als bekannt. OLG. Kiel, ROLG. 3 S. 341.

Darauf, ob die Beschlagnahme bereits zur Zeit der Veräußerung bestand, oder ob sie in der Zeit zwischen Veräußerung und Entfernung erfolgt ist, kommt nichts an. Wird dem Erwerber Mangel an gutem Glauben nachgewiesen, so hat er auf Verlangen des Hypothekengläubigers die Sachen auf das Grundstück zurückzuschaffen. Biermann S. 318 A. 3.

Erfolgt die Veräußerung nach der Entfernung, und ist zur Zeit der Veräußerung der Erwerber in Ansehung der Hypothek in gutem Glauben, so wird die Sache von der Haftung frei, wenn zu dieser Zeit die Beschlagnahme noch nicht erfolgt oder der Erwerber in Ansehung ihrer in gutem Glauben ist. Wenn aber der Erwerber zur Zeit der Veräußerung in Ansehung der Beschlagnahme nicht in gutem Glauben ist, so bleibt die Haftung bestehen. § 135 Abs. 2. Biermann S. 318 A. 3. Fuchs S. 418 A. 7c. Planck S. 476 A. 4c.

Wenn der in Vermögensverfall geratene und von Zwangsvollstreckung bedrohte Eigentümer in der Absicht, die Hypothekengläubiger zu schädigen, ein sog. kaltes Abbrennen vornimmt, d. h. Gebäude abbricht und die Materialien veräußert oder Inventarienstücke veräußert, so haften die Erwerber solcher vom Grundstücke fortgeschafften Sachen, sofern sie beim Erwerbe von der Sachlage und der Absicht des Eigentümers unterrichtet waren, den Hypothekengläubigern auf Schadensersatz. RG. 42 S. 170, 44 S. 186.

5. Der 1121 gilt auch bei der Grundschuld.

§ 1122.

Sind die Erzeugnisse oder Bestandteile innerhalb der Grenzen einer ordnungsmäßigen Wirtschaft von dem Grundstücke getrennt worden, so erlischt ihre Haftung auch ohne Veräußerung, wenn sie vor der Beschlagnahme von dem Grundstück entfernt werden, es sei denn, daß die Entfernung zu einem vorübergehenden Zwecke erfolgt.

Zubehörstücke werden ohne Veräußerung von der Haftung frei, wenn die Zubehöreigenschaft innerhalb der Grenzen einer ordnungsmäßigen Wirtschaft vor der Beschlagnahme aufgehoben wird.

---

1. Abs. 1. Ausnahme von § 1121. Nur die Trennung nicht auch die dauernde Entfernung vom Grundstück braucht innerhalb der Grenzen einer ordnungsmäßigen Wirtschaft zu liegen.

Eine Entfernung liegt auch dann vor, wenn die Sachen auf ein anderes demselben Eigentümer gehöriges Grundstück geschafft werden, selbst wenn dieses für die Hypothek mitverhaftet ist. Planck S. 478 A. 2. Die Entfernung auf Grund einer Verpfändung oder Pfändung wird regelmäßig nur als eine vorübergehende anzusehen sein. Fuchs S. 416 A. 5. AM. Planck S. 477 A. 2 (bezüglich der Verpfändung) und Biermann S. 319 (bezüglich der Pfändung). Sache des Hypothekengläubigers ist es nachzuweisen, daß die Entfernung nur zu einem vorübergehenden Zwecke erfolgt ist. Bezüglich des Vorliegens der übrigen Erfordernisse ist der Eigentümer beweispflichtig.

2. Abs. 2 gilt nur, wenn ein Zubehörstück nicht veräußert wird. Im Falle der Veräußerung bleibt es bei der Regel des § 1121. OLG. Königsberg, „D. Recht" 1903 S. 210. Die Aufhebung der Zubehöreigenschaft tritt nach Maßgabe des § 97 Abs. 1, also insbesondere dann ein, wenn die Sache dauernd zu anderen Zwecken, als zu dem wirtschaftlichen Zweck des Grundstücks benutzt wird.

3. Diejenigen Sachen, deren hypothekarische Haftung nach §§ 1121, 1122 erloschen ist, kann der Hypothekengläubiger überhaupt nicht mehr zum Gegenstande der Zwangsvollstreckung machen.

4. Die Vorschrift des § 1122 gilt auch bei der Grundschuld.

§ 1123.

Ist das Grundstück vermietet oder verpachtet, so erstreckt sich die Hypothek auf die Miet- oder Pachtzinsforderung.

Soweit die Forderung fällig ist, wird sie mit dem Ablauf eines Jahres nach dem Eintritte der Fälligkeit von der Haftung frei, wenn nicht vorher die Beschlagnahme zugunsten des Hypothekengläubigers erfolgt. Ist der Miet- oder Pachtzins im voraus zu entrichten, so erstreckt sich die Befreiung nicht auf den

Miet- oder Pachtzins für eine spätere Zeit als das zur Zeit der Beschlagnahme laufende und das folgende Kalendervierteljahr.

---

1. Die Haftung erstreckt sich auf alle Zinsbeträge, die für die Zeit nach der Bestellung der Hypothek zu entrichten sind. Der Zins, welcher für die der Bestellung der Hypothek voraufgehende Zeit geschuldet wird, ist von der Haftung frei Auf den Zeitpunkt der Fälligkeit kommt nichts an. Auch nicht darauf, ob der Zins in Geld oder in anderen Leistungen besteht und ob das Grundstück von dem Eigentümer, dem Eigenbesitzer oder einem dem Hypothekengläubiger im Range nachstehenden Nießbraucher vermietet oder verpachtet ist. Planck S. 479 A. 2. Biermann S. 320.

2. Die Haftung erlischt aber, wenn seit der Fälligkeit der Forderung ein Jahr verstrichen und bis dahin die Beschlagnahme nicht erfolgt ist. (Berechnung des Jahres: §§ 187, 188.) Die Beschlagnahme kann erfolgen durch Pfändung im Wege der Zwangsvollstreckung in das bewegliche Vermögen (RG. JW. 95 S. 78) und durch Anordnung der Zwangsverwaltung. ZwVG. § 148. Dagegen umfaßt die Beschlagnahme durch Anordnung der Zwangsversteigerung die Miet- und Pachtforderungen nicht. ZwVG. § 21 Abs. 2. Der mehr als einjährige Rückstand an Miet- und Pachtzins scheidet aus der hypothekarischen Haftung aus, wird also von der Grundstücksbeschlagnahme nicht betroffen (ZwVG. § 148), kann vielmehr trotz der Beschlagnahme vom Mieter oder Pächter an den Eigentümer mit befreiender Wirkung gezahlt werden. Auch die Pfändung des Rückstandes ist dem Hypothekengläubiger versagt, da er sich nur an die ihm hypothekarisch haftenden Gegenstände halten darf. Der Pfändung des Rückstandes durch den persönlichen Gläubiger steht nichts entgegen. Eine Ausnahme von der Befreiung tritt nach § 1123 Abs. 2 Satz 2 in dem Falle ein, wenn der Miet- oder Pachtzins für längere Zeit im voraus zu entrichten ist. Die Forderungen für eine spätere Zeit als das zur Zeit der Beschlagnahme laufende und das folgende Kalendervierteljahr sollen den Hypothekengläubigern unter allen Umständen haften. P. 4400. Beispiel. Die Mietperiode läuft für die drei Jahre 1904, 1905, 1906. Der Mietzins soll für die ganze Zeit im voraus entrichtet werden. Ist die Beschlagnahme erfolgt am 1. März 1904, so wird nur der Mietzins für die Zeit bis zum 1. Juli 1904 frei.

3. Die Einziehung der Miet- und Pachtzinsforderung, auf welche sich die Beschlagnahme erstreckt, ist Sache des Verwalters (ZwVG. § 152) oder des Hypothekengläubigers, dem die Forderung überwiesen ist. Aus der Haftung der Miet- und Pachtzinsforderung folgt aber nicht, daß der Hypothekengläubiger bei der Einziehung der Forderung auch das gesetzliche Pfandrecht des Vermieters und Verpächters (§§ 559—563, 585) ausüben kann. Turn.-Först. I S. 650 A. 6. AM. Planck S. 479 A. 4. Biermann S. 320 A. 2.

4. Ist das hypothekarische Recht auf die Mieten des belasteten Grundstücks gefährdet, so kann der Hypothekengläubiger gemäß § 935 ZPO. eine einstweilige Verfügung zur Sicherung seines dinglichen Rechtes erwirken. Eine Gefährdung liegt auch dann vor, wenn über das Vermögen des Eigentümers des belasteten Grundstücks der Konkurs eröffnet ist, da der Konkursverwalter in gewissen Fällen die Mieten einziehen und zur Masse abführen kann. RG. 52 S. 138.

5. Der § 1123 gilt auch bei der Grundschuld.

§ 1124.

Wird der Miet- oder Pachtzins eingezogen, bevor er zugunsten des Hypothekengläubigers in Beschlag genommen worden ist, oder wird vor der Beschlagnahme in anderer Weise über ihn verfügt, so ist die Verfügung dem Hypotheken-

gläubiger gegenüber wirksam. Besteht die Verfügung in der Übertragung der Forderung auf einen Dritten, so erlischt die Haftung der Forderung; erlangt ein Dritter ein Recht an der Forderung, so geht es der Hypothek im Range vor.

Die Verfügung ist dem Hypothekengläubiger gegenüber unwirksam, soweit sie sich auf den Miet- oder Pachtzins für eine spätere Zeit als das zur Zeit der Beschlagnahme laufende und das folgende Kalendervierteljahr bezieht.

Der Übertragung der Forderung auf einen Dritten steht es gleich, wenn das Grundstück ohne die Forderung veräußert wird.

---

1. Über die dem dinglichen Rechte des Hypothekengläubigers unterliegenden Miet- und Pachtzinsforderungen kann der Vermieter oder Verpächter ohne Zustimmung des Hypothekengläubigers so lange frei verfügen, bis sie zugunsten des letzteren mit Beschlag belegt sind. Beschlagnahme: § 1123 A. 2. Wirksam wird die Beschlagnahme gegenüber dem Mieter oder Pächter mit dem Zeitpunkt, in welchem sie ihm bekannt oder das Zahlungsverbot ihm zugestellt wird. ZwVG. §§ 22, 146. Alle rechtsgeschäftlichen Verfügungen, die vor der Beschlagnahme über den Zins getroffen werden, sind dem Hypothekengläubiger gegenüber wirksam. So insbesondere Einziehung, Übertragung, Erlaß der Forderung, Tilgung der Forderung durch Hingabe an Zahlungs Statt, durch Hinterlegung oder Aufrechnung (§ 1125), Einräumung eines Nießbrauchs am Grundstück (KG. ROLG. 4 S. 328), Veräußerung des Grundstücks ohne die Forderung. Den rechtsgeschäftlichen Verfügungen gleich stehen die Verfügungen im Wege der Zwangsvollstreckung. OLG. Dresden, ROLG. 4 S. 229. So zB. die Pfändung (Bendix in JW. 1902 S. 58), die Überweisung an Zahlungs Statt. Rechte Dritter, die vor der Beschlagnahme an der Forderung begründet sind, lassen die Haftung für die Hypothek unberührt, gehen aber der Hypothek im Range vor.

2. Vorausverfügungen über den in Abs. 2 bezeichneten Zeitraum hinaus sind dem Hypothekengläubiger gegenüber unwirksam. Hat der Vermieter den Mietzins für die beiden Jahre 1904 und 1905 im voraus abgetreten und erwirkt der Hypothekengläubiger die Beschlagnahme am 1 Juni 1904, so ist ihm gegenüber die Abtretung nur wirksam für die Zeit bis zum 1. Oktober 1904. Soweit die Unwirksamkeit reicht, kann der Hypothekengläubiger von dem Schuldner nochmalige Zahlung des Zinses fordern. Ein Anspruch gegen den Dritten, zB. den Zessionar, der vor der Beschlagnahme den Zins für die spätere Zeit im voraus eingezogen hat, steht ihm nicht zu, da der Dritte weder eine ungerechtfertigte Bereicherung (§§ 812 ff.) erfahren, noch eine unerlaubte Handlung begangen hat. Planck S. 481 A. 2. Biermann S. 322 A. 2. AM. Fuchs S. 421 A. 4a. Ist die Zwangsverwaltung des Grundstücks eingeleitet, so hat der Verwalter den zu Unrecht vorausgezahlten Zins zur Masse einzuziehen. ZwVG. § 152. Turn.-Först. I S. 652.

3. Der § 1124 gilt auch bei der Grundschuld.

§ 1125.

Soweit die Einziehung des Miet- oder Pachtzinses dem Hypothekengläubiger gegenüber unwirksam ist, kann der Mieter oder der Pächter nicht eine ihm gegen den Vermieter oder den Verpächter zustehende Forderung gegen den Hypothekengläubiger aufrechnen.

---

1. Die Aufrechnung ist nur insoweit versagt, als die Einziehung des Miet- oder Pachtzinses dem Hypothekengläubiger gegenüber unwirksam ist; sie ist aber nicht versagt insoweit, als die Einziehung dem Hypothekengläubiger gegenüber wirksam ist. In dem zu

§ 1124 gegebenen Beispiel ist also dem Mieter die Aufrechnung nur versagt gegenüber der Mietforderung für die Zeit vom 1. Oktober 1904 ab. Der Geltendmachung des Zurückbehaltungsrechts wegen Verwendungen auf die Sache steht § 1125 nicht entgegen. Biermann S. 322.

2. Die Vorschrift des § 1125 gilt auch bei der Grundschuld.

§ 1126.

Ist mit dem Eigentum an dem Grundstück ein Recht auf wiederkehrende Leistungen verbunden, so erstreckt sich die Hypothek auf die Ansprüche auf diese Leistungen. Die Vorschriften des § 1123 Abs. 2 Satz 1, des § 1124 Abs. 1, 3 und des § 1125 finden entsprechende Anwendung. Eine vor der Beschlagnahme erfolgte Verfügung über den Anspruch auf eine Leistung, die erst drei Monate nach der Beschlagnahme fällig wird, ist dem Hypothekengläubiger gegenüber unwirksam.

---

1. Rechte, die mit dem Eigentum an einem Grundstück verbunden sind, zB. Reallasten, gelten als Bestandteile des Grundstücks (§ 96), unterliegen also der hypothekarischen Haftung. Die einzelnen Leistungen sind die Früchte des Rechtes. § 99 Abs. 2. Deshalb sollen sie für die Hypothek ebenso haften, wie die Miet- und Pachtzinsen. (M. 659). Die für die letzteren gegebenen Vorschriften (§§ 1123—1125) finden auch auf die bezeichneten wiederkehrenden Leistungen Anwendung, aber mit folgenden Abweichungen:

a, Nicht für anwendbar erklärt ist der § 1123 Abs. 2 Satz 2. Der fällige Anspruch wird also immer, auch wenn die Leistung im voraus zu entrichten ist, mit dem Ablauf eines Jahres nach Eintritt der Fälligkeit von der Haftung frei, wenn nicht vorher eine Beschlagnahme zugunsten des Hypothekengläubigers erfolgt ist.

b, Auch dem § 1124 Abs. 2 ist die Anwendbarkeit versagt. An seine Stelle ist die Bestimmung getreten, daß den Hypothekengläubigern gegenüber eine vor der Beschlagnahme erfolgte Verfügung über den Anspruch auf eine Leistung, die erst drei Monate nach der Beschlagnahme fällig wird, unwirksam ist.

2. Die Beschlagnahme kann erfolgen durch einstw. Verfügung, Pfändung und Anordnung der Zwangsverwaltung (ZwVG. § 148), nicht aber durch Anordnung der Zwangsversteigerung. ZwVG. § 21 Abs. 2.

3. Der § 1126 gilt auch bei der Grundschuld.

§ 1127.

Sind Gegenstände, die der Hypothek unterliegen, für den Eigentümer oder den Eigenbesitzer des Grundstücks unter Versicherung gebracht, so erstreckt sich die Hypothek auf die Forderung gegen den Versicherer.

Die Haftung der Forderung gegen den Versicherer erlischt, wenn der versicherte Gegenstand wiederhergestellt oder Ersatz für ihn beschafft ist.

---

1. Verpflichtet zur Versicherung ist der Eigentümer dem Hypothekengläubiger gegenüber nach Reichsrecht nicht. Die Haftung der Forderung aus der Versicherung tritt nur ein, wenn eine Versicherung besteht. Die Forderung muß zustehen dem Eigentümer oder dem Eigenbesitzer des Grundstücks. Ob die Versicherung von diesen Personen selbst oder von einem Dritten für sie genommen ist, begründet keinen Unter-

schied. P. 8572. Die Haftung tritt also zB. auch dann ein, wenn gemäß § 1045 der Nießbraucher die Sache versichert hat. Sie umfaßt den Anspruch aus der Versicherung aller Gegenstände, die der Hypothek unterliegen. Diese Gegenstände sind die in den §§ 1120—1126 aufgeführten und die Gebäude (§ 1128), soweit sie wesentliche Bestandteile des Grundstücks (§ 94), d. h. soweit sie nicht nur zu einem vorübergehenden Zwecke oder in Ausübung eines Rechtes an einem fremden Grundstücke mit dem Grund und Boden verbunden sind. § 95. Der hypothekarischen Haftung unterliegt auch der Anspruch aus der Versicherung getrennter Früchte, die zur Zeit des Eintritts des Schadens zwar veräußert, aber vom Grundstück noch nicht entfernt sind (§ 1121), nicht aber der Anspruch aus der Versicherung derjenigen Erzeugnisse, Bestandteile und Zubehörstücke, deren Haftung nach § 1122 erloschen ist. Auf die Art der Gefahr, gegen die die Versicherung genommen wird (Feuersgefahr, Wassergefahr, Hagelschlag, Viehsterben) kommt nichts an. Auch für die nach Eintritt des Schadens begründeten Hypotheken haftet der Versicherungsanspruch und die hinterlegte Versicherungssumme. Turn.-Förft. I S. 657 A. VI. Dasselbe gilt von der Vormerkung (§ 883), sofern der Gläubiger den vorgemerkten Anspruch zur Feststellung bringt. RG. 24 S. 275.

Das Verfügungsrecht des Versicherten über die Forderung gegen den Versicherer regeln die §§ 1128, 1129.

2. Erlöschen der Haftung. Die wiederhergestellten und die wiederbeschafften Gegenstände treten an die Stelle der beschädigten oder zerstörten, unterliegen mithin dem hypothekarischen Rechte ebenso wie diese. Die Forderung aus der Versicherung, als Surrogat des versicherten Gegenstandes, wird kraft Gesetzes von der Haftung frei. M. 665. Eine etwa vorher ausgebrachte Beschlagnahme der Versicherungsforderung zugunsten des Hypothekengläubigers verliert ihre Wirkung. Ist der Ersatz kein vollständiger, so bleibt insoweit die Haftung der Versicherungsforderung bestehen. Streitigkeiten sind im Prozeßwege zum Austrage zu bringen. Beweispflichtig für das Vorliegen eines vollständigen Ersatzes ist der Versicherer. Turn.-Förft. I S. 658 A. 4.

3. Übergangsbestimmungen. Die Haftung der Forderung aus der Versicherung (§§ 1127—1130) erstreckt sich auf alle, auch auf die vor dem 1. Januar 1900 eingetragenen Hypotheken, auch da, wo früher die Haftung nicht begründet war, wie nach gemeinem Rechte. Art. 192, 193, 195. Habicht S. 490. Eine Ausdehnung der Haftungspflicht auf andere Schadensersatzforderungen, zB. wegen Beschädigung der Früchte beim Manöver, Tötung von Vieh nach dem Reichsseuchengesetz ist unzulässig.

4. Vorbehaltene Landesgesetze. Die Vorschriften der Landesgesetze über das öffentliche Versicherungswesen sind vom BGB. unberührt geblieben (Art. 75, 110), insbesondere also auch, soweit sie Bestimmungen in betreff der Hypothekengläubiger enthalten. Dernburg § 230 Nr. 6, S. 640.

5. Der § 1127 gilt auch für die Grundschuld.

*§ 1128.

Ist ein Gebäude versichert, so kann der Versicherer die Versicherungssumme mit Wirkung gegen den Hypothekengläubiger an den Versicherten erst zahlen, wenn er oder der Versicherte den Eintritt des Schadens dem Hypothekengläubiger angezeigt hat und seit dem Empfange der Anzeige ein Monat verstrichen ist. Der Hypothekengläubiger kann bis zum Ablaufe der Frist dem Versicherer gegenüber der Zahlung widersprechen. Die Anzeige darf unterbleiben, wenn sie untunlich ist; in diesem Falle wird der Monat von dem Zeitpunkt an berechnet, in welchem die Versicherungssumme fällig wird.

Im übrigen finden die für eine verpfändete Forderung geltenden Vorschriften Anwendung; der Versicherer kann sich jedoch nicht darauf berufen, daß er eine aus dem Grundbuch ersichtliche Hypothek nicht gekannt habe.

---

1. Die Vorschrift bezieht sich nur auf die Gebäudeversicherung; ihre Ausdehnung auf die Versicherung eines Waldes ist abgelehnt. P. 4413. Die Gebäudeversicherung umfaßt nicht bloß die Feuerversicherung, sondern auch die Versicherung gegen Explosionsgefahr u. dgl., nicht aber die Glas- oder Spiegelscheibenversicherung. M. 667. Die Versicherungsforderung haftet dem Hypothekengläubiger kraft Gesetzes, ohne daß es einer Beschlagnahme bedarf. Turn.-Först. I S. 657. Untunlich ist die Anzeige an den Hypothekengläubiger zB. dann, wenn der Aufenthalt des Gläubigers weder aus dem Grundbuche zu ersehen noch anderweit bekannt ist. Zur Anstellung von Nachforschungen nach der Person oder dem Aufenthalt des Gläubigers ist der Versicherer nicht verpflichtet. P. 4411. Eine Form für die Anzeige und den Widerspruch ist nicht vorgeschrieben.

2. Die unterlassene Erhebung des Widerspruchs innerhalb der einmonatigen Frist hat lediglich die Wirkung, daß der Versicherer mit Wirkung gegen den Hypothekengläubiger an den Versicherten zahlen kann. Die Haftung der Versicherungsforderung dauert fort bis zur Zahlung der Versicherungssumme. Verfügungen über die Forderung, insbesondere Pfändungen, sind nur unbeschadet des Rechtes des Hypothekengläubigers wirksam; einer Beschlagnahme der Forderung zugunsten der Hypothekengläubiger bedarf es nicht. Biermann S. 325 A. 1. Planck S. 485 A. 3a. Fuchs S. 427. Turn.-Först. I S. 657 A. VI.

3. Die nach Abs. 2 anzuwendenden Vorschriften enthalten die §§ 1276, 1280—1290. § 1288 Abs. 1 ist von der Anwendung nicht ausgeschlossen und wird danach der Hypothekengläubiger und der Versicherte bis zur Wiederherstellung des Gebäudes die mündelsichere Anlegung der Versicherungssumme fordern können. Planck S. 486. Biermann S. 325 A. 1. AM. Fuchs S. 427. Turn.-Först. I S. 658 A. 3.

4. Die Frage, ob der Widerspruch eines Hypothekengläubigers die Pfandrechte aller Hypothekengläubiger wahrt, ist — mit Schneider, Arch. f. ziv. Praxis 90 S. 440 und Turn.-Först. I S. 658 A. 4 — zu verneinen. AM. Biermann S. 325 A. 1.

5. Die §§ 1128, 1130 sind nur dann anwendbar, wenn zur Zeit des Schadens das Grundbuch für den betreffenden Ort bereits angelegt war. OLG. Dresden, „D. Recht" 1903 S. 237.

6. Entsprechende Anwendung finden die §§ 1128, 1129 auf die Haftung der Enteignungsentschädigung für die Hypothek und die andern Realrechte. Es regeln Art. 52—54 die Fälle der reichsrechtlichen Enteignung (Rayonges. v. 21. Dez. 1871 §§ 34 ff., RGBl. S. 459. GewO. § 51), Art. 67 Abs. 2, Art. 109 Satz 2 die Fälle der landesrechtlichen Enteignung. (Preußen: Anlage.)

7. Vorbehaltene Landesgesetze: Art. 120 Abs. 2 (Art. 75, 110).

§ 1129.

Ist ein anderer Gegenstand als ein Gebäude versichert, so bestimmt sich die Haftung der Forderung gegen den Versicherer nach den Vorschriften des § 1123 Abs. 2 Satz 1 und des § 1124 Abs. 1, 3.

Die Haftung der Versicherungsforderung erlischt mit dem Ablaufe eines Jahres nach ihrer Fälligkeit, wenn nicht vorher die Beschlagnahme zugunsten des Hypothekengläubigers erfolgt ist. § 1123 Abs. 2 Satz 1. Eine Verfügung über die Versicherungssumme vor der Beschlagnahme, insbesondere die Einziehung, ist dem Hypothekengläubiger gegenüber wirksam. § 1124 Abs. 1, 3. Beschlagnahme: § 1121 A. 2.

§ 1130.

Ist der Versicherer nach den Versicherungsbestimmungen nur verpflichtet, die Versicherungssumme zur Wiederherstellung des versicherten Gegenstandes zu zahlen, so ist eine diesen Bestimmungen entsprechende Zahlung an den Versicherten dem Hypothekengläubiger gegenüber wirksam.

„D. Recht" 1902 S. 459.

---

1. Darauf, ob die Versicherungsbestimmungen auf dem Versicherungsvertrage oder auf dem Statute der Versicherungsanstalt oder auf Landesgesetz beruhen, kommt nichts an. P. 4402. Eine Verpflichtung, von der bevorstehenden Zahlung die Hypothekengläubiger zu benachrichtigen, ist dem Versicherer nicht auferlegt. M. 666. Die nach Maßgabe der Versicherungsbedingungen zur Wiederherstellung geleistete Zahlung ist auch dann dem Hypothekengläubiger gegenüber wirksam, wenn das Geleistete tatsächlich nicht dem Zwecke gemäß verwendet wird. P. 4402. Ob eine Zahlung an den Zessionar des Versicherten befreiend wirkt, hängt von den Versicherungsbestimmungen ab (Fuchs S. 428 A. 7c; Planck S. 488 A. 2); im Zweifel ist einer solchen Zahlung die befreiende Wirkung zu versagen. Turn.-Först. I S. 46 A. 5.

2. Die Pfändung der Forderung würde mit Rücksicht auf die bestimmte Verwendung, an welche die Forderung gebunden ist, nur in dem Fall zulässig sein, wenn die Wiederherstellung bereits ohne Verwendung der Wiederherstellungsgelder erfolgt sein sollte. Wird die Forderung zum Zwecke der Zwangsverwaltung in Beschlag genommen, so ist die Versicherungssumme an den Verwalter zu zahlen, da nur dieser, nicht aber der Eigentümer, die Wiederherstellung bewirken kann. ZwVG. § 148 Abs. 2. Erfolgt die Beschlagnahme zum Zwecke der Zwangsversteigerung, so ist die Versicherungssumme an das Vollstreckungsgericht zu zahlen und von diesem dem Ersteher zum Zwecke der Wiederherstellung zuzuschlagen. Die Zahlung an den Eigentümer ist ausgeschlossen, da dieser durch den Zuschlag an den Ersteher das Grundstück verliert, die Wiederherstellung durch ihn also nicht möglich ist. Biermann S. 326. Fuchs S. 428 A. 7d. Turn.-Först. I S. 47 A. 6. AM. Planck S. 488 A. 3, der annimmt, daß durch eine Beschlagnahme der Forderung zugunsten der Hypothekengläubiger die Zahlung des Versicherers an den Versicherten nicht verhindert wird.

3. Der Anspruch auf nochmalige Zahlung einer den Versicherungsbedingungen nicht entsprechenden Zahlung ist dem Hypothekengläubiger versagt, da die nochmalige Zahlung nur an den Versicherten geleistet werden könnte und dessen freier Verfügung unterliegen würde. Biermann S. 327.

§ 1131.

Wird ein Grundstück nach § 890 Abs. 2 einem anderen Grundstück im Grundbuche zugeschrieben, so erstrecken sich die an diesem Grundstücke bestehenden Hypotheken auf das zugeschriebene Grundstück. Rechte, mit denen das zugeschriebene Grundstück belastet ist, gehen diesen Hypotheken im Range vor.

Vgl. die Anm. zu § 890. Der § 1131 gilt auch für die Grundschuld. § 1192.

§ 1132.

Besteht für die Forderung eine Hypothek an mehreren Grundstücken (Gesamthypothek), so haftet jedes Grundstück für die ganze Forderung. Der Gläubiger kann die Befriedigung nach seinem Belieben aus jedem der Grundstücke ganz oder zu einem Teile suchen.

Der Gläubiger ist berechtigt, den Betrag der Forderung auf die einzelnen Grundstücke in der Weise zu verteilen, daß jedes Grundstück nur für den zugeteilten Betrag haftet. Auf die Verteilung finden die Vorschriften der §§ 875, 876, 878 entsprechende Anwendung.

Walther Lang, die Gesamthypothek (Arch. f. zivil. Praxis 89 S. 250—340). „D. Recht“ 1902 S. 175, 497.

---

1. Eine Gesamthypothek liegt vor, wenn dieselbe Forderung auf mehreren selbständigen Grundstücken desselben Eigentümers oder verschiedener Eigentümer eingetragen ist. Sie entsteht in der Weise, daß der Eigentümer entweder mehrere Grundstücke — gleichzeitig oder nacheinander — für dieselbe Forderung verpfändet oder zwar die Hypothek nur auf ein Grundstück eintragen läßt, demnächst aber das Grundstück teilt, ein Vorgang, welcher die Übertragung der auf dem Stammgrundstücke haftenden Hypotheken auf die abgezweigten Grundstücke zur Gesamthaft zur Folge hat. S. 4537. Dadurch, daß das verpfändete eine Grundstück im Miteigentum mehrerer verschiedener Personen steht, wird eine Gesamthypothek nicht begründet. Ist aber die Verpfändung nicht des Grundstücks selbst, sondern der einzelnen Miteigentumsanteile erfolgt, so liegen die Rechtsverhältnisse ebenso als ob die Hypothek auf so vielen Grundstücken haftet, als Miteigentumsanteile bestehen. Turn.-Först. I S. 666 A. 5. Planck S. 490. Lang S. 253. Biermann S. 328 A. 1. AM. Fuchs S. 433 A. 1.

Materielle Bestimmungen über die Gesamthypothek enthalten die §§ 1143, 1172—1176, 1181, 1182.

2. Das Verhältnis der Gesamthypothek ist dahin aufzufassen, daß die Summe, mit welcher die mehreren Grundstücke belastet sind, nur einmal verlangt werden kann und daß die Belastung jedes einzelnen Grundstücks unter der auflösenden Bedingung erfolgt, daß sie erlischt, wenn der Gläubiger seine Befriedigung aus einem anderen der mitverhafteten Grundstücke erlangt. Auch die Gesamthypothek verfolgt nur den Zweck, dem Gläubiger wegen einer Geldforderung Befriedigung zu sichern. Ist die Befriedigung erfolgt, so ist die Hypothek ihrem Wesen nach erschöpft. § 1181. P. 4535.

Jedes einzelne Grundstück haftet für die ganze Forderung. Der Gesamtgläubiger ist berechtigt, seine Befriedigung nach freier Wahl aus jedem der Grundstücke ganz oder zu einem Teil zu suchen. Weder die Nachhypothekare noch der Eigentümer desjenigen Grundstücks, auf welches die Wahl des Gläubigers gefallen ist, sind berechtigt ihn anzuhalten, aus jedem der von der Hypothek ergriffenen Grundstücke einen verhältnismäßigen Teil der Forderung beizutreiben. M. 685.

Auch in dem Falle, wenn mehrere für die Hypothek haftende Grundstücke in demselben Verfahren versteigert werden, hat der Gläubiger die Wahl, aus welcher der einzelnen Kaufgeldermassen und in welcher Höhe er aus jeder befriedigt werden will. Wenn aber der Gläubiger von seinem Wahlrecht keinen Gebrauch macht, so ist bei jedem einzelnen Grundstücke nur ein nach dem Verhältnisse der Erlöse zu bestimmender Betrag in den Teilungsplan aufzunehmen. Doch gilt dies nur, wenn das Meistgebot berichtigt wird. Kommt es wegen Nichtberichtigung zur Übertragung der Forderung gegen den Ersteher (ZwVG. § 118), so ist von Amts wegen die Gesamthypothek bei jedem Grundstück anzusetzen. ZwVG. § 122.

Erfolgt die gemeinsame Versteigerung mehrerer mit einer Gesamthypothek belasteter Grundstücke auf Betreiben eines nachstehenden Gläubigers, so ist bei Feststellung des geringsten Gebotes (ZwVG. § 44) auf Antrag des betreibenden Gläubigers, des Eigentümers oder eines gleich- oder nachstehenden Beteiligten die Gesamthypothek bei jedem einzelnen Grundstück nur in dem Teilbetrage anzusetzen, der dem Verhältnisse des Wertes des Grundstücks zu dem Werte der sämtlichen Grundstücke entspricht. Der Gesamtgläubiger kann aber verlangen, daß zugleich eine Versteigerung versucht wird, bei der auf jedem Grundstück nur die seinem Anspruch vorgehenden Rechte das geringste Gebot bilden, daß er selbst also aus dem Bargebote befriedigt werde. Er hat zu bestimmen, welches Ausgebot für die Erteilung des Zuschlags maßgebend sein soll. Erklärt er sich nach erfolgtem Ausgebote der Aufforderung des Gerichts ungeachtet nicht darüber, welches Ausgebot für die Erteilung des Zuschlages maßgebend sein soll, so verbleibt es bei der Feststellung des geringsten Gebots unter Verteilung der Gesamthypothek auf die einzelnen Grundstücke. ZwVG § 64.

3. Umwandlung in Einzelhypotheken. Die Gesamthypothek enthält eine einheitliche Belastung. Sie kann daher auf allen Grundstücken nur in derselben Form, also nur als Buch-, als Brief-, als Verkehrs-, als Sicherungshypothek und nur als Hypothek oder als Grundschuld, nicht aber auf dem einen Grundstück so, auf dem anderen anders eigetragen werden. KG. 22 S. A 164. Planck S. 492 A. 4. Turn.-Förft. I S. 663 A. 2. Die Kapitalbeträge oder die Zinssätze können verschieden sein. Auch ist es statthaft, daß der Gläubiger nur an dem einen Grundstücke einem nachstehenden Rechte den Vorrang einräumt (§ 880 Abs. 2), ebenso, daß ihm nur an dem einen Grundstücke eine Zinserhöhung bis zu 5 v. H. (§ 1119) bewilligt wird KG. 21 S. A 168. Biermann S. 329. Die Summe, mit der die mehreren Grundstücke belastet sind, kann nur einmal gefordert werden. Der Gläubiger darf also nicht das dingliche Recht an dem einen Grundstück abtreten, an einem anderen zurückbehalten oder das dingliche Recht an den einzelnen Grundstücken verschiedenen Erwerbern übertragen. Eine derartige Verteilung würde nichtig sein. Dagegen steht es dem Gläubiger frei, eine Gesamthypothek in eine Einzelhypothek dadurch umzuwandeln, daß er nur das dingliche Recht an einem Grundstück behält und auf das Recht an den anderen Grundstücken verzichtet (§ 1175 Abs. 1 Satz 2), oder daß er den Geldbetrag, für den die Grundstücke zusammen haften, auf die einzelnen Grundstücke in der Weise verteilt, daß jedes Grundstück nur für den zugeteilten Betrag haftet. Die Verteilung kann auch — gegen Lang S. 297 — so bewirkt werden, daß ein Grundstück für einen bestimmten Betrag allein haftet, während für den Restbetrag die übrigen Grundstücke gesamt verhaftet bleiben. Turn.-Förft. I S. 667 A. 7. Den Maßstab der Verteilung kann der Gläubiger frei wählen; er ist nicht, wie im Falle des § 1172 Abs. 2, an das Verhältnis des Wertes des einzelnen Grundstücks zu dem Werte der sämtlichen Grundstücke gebunden. Zur Vollziehung der Verteilung gehört die Abgabe der Verteilungserklärung des Gläubigers und deren Eintragung im Grundbuche. Ist die Gesamthypothek mit dem Rechte eines Dritten belastet, so ist dessen Zustimmung erforderlich. § 876. Der Vermerk der Mitbelastung ist von Amts wegen zu löschen. GBO. § 49 Abs. 2. Die Zustimmung des Eigentümers ist zur Verteilung nicht notwendig. Ob es dieser Zustimmung bedarf, wenn die nicht zugeteilten Beträge gelöscht werden sollen, ist streitig. Nach der Ordnungsvorschrift des § 27 Abs. 1 GBO. wird die Frage zu bejahen sein. KG. ROLG. 3 S. 225. KG. 24 S. A 135. RJA. 2 S. 240. Achilles-Strecker S. 222. Biermann S. 330 A. 4. Planck S. 492 A. 3b. AM. (mit Rücksicht darauf, daß die zu löschenden Beträge nach § 1175 Abs. 1 kein Gegenstand der Eigentümerhypothek sein können): Fuchs S. 434 A. 3. Turn.-Förft. I S. 666 A. 7. v. Jacubezky in Gruch. 46 S. 65. Handelt es sich um eine Briefhypothek, so ist der Brief über die Gesamthypothek zu vernichten und für jedes Grundstück ein neuer Brief zu erteilen. GBO. § 64.

4. Unzulässig ist die Bestellung einer Gesamthypothek im Wege der Zwangsvollstreckung oder zur Vollziehung des Arrestes. Hier ist der Betrag der Forderung auf die einzelnen Grundstücke zu verteilen; die Größe der Teile bestimmt der Gläubiger. ZPO. §§ 867, 932. Sind mehrere Grundeigentümer als Gesamtschuldner verurteilt, so steht der Eintragung einer Gesamthypothek nichts im Wege. KG. 21 S. A 326. Eine Vormerkung wegen des Anspruchs auf Bestellung einer Gesamthypothek kann auf allen Grundstücken eingetragen werden. Turn.-Först. I S. 663 A. 1. Vgl. die A. zu § 1184.

5. Das Verfahren bei dem Grundbuchamt regeln die §§ 49, 59, 63, 64, 68 GBO.

6. Bei entsprechender Anwendung des § 1132 Abs. 2 auf die Grundschuld ist das Wort „Forderung" zu ersetzen durch „Grundschuld".

§ 1133.

Ist infolge einer Verschlechterung des Grundstücks die Sicherheit der Hypothek gefährdet, so kann der Gläubiger dem Eigentümer eine angemessene Frist zur Beseitigung der Gefährdung bestimmen. Nach dem Ablaufe der Frist ist der Gläubiger berechtigt, sofort Befriedigung aus dem Grundstücke zu suchen, wenn nicht die Gefährdung durch Verbesserung des Grundstücks oder durch anderweitige Hypothekenbestellung beseitigt worden ist. Ist die Forderung unverzinslich und noch nicht fällig, so gebührt dem Gläubiger nur die Summe, welche mit Hinzurechnung der gesetzlichen Zinsen für die Zeit von der Zahlung bis zur Fälligkeit dem Betrage der Forderung gleichkommt.

---

1. Voraussetzungen des Schutzes. a, Verschlechterung. In Betracht kommt nur die Verschlechterung des Grundstücks oder seiner Bestandteile einschließlich des Zubehörs (§ 1135), nicht auch die Verschlechterung der übrigen in den §§ 1120—1130 genannten Gegenstände, auf die sich die Hypothek erstreckt. Turn.-Först. I S. 669. Darauf, ob die Verschlechterung durch den Eigentümer oder einen Dritten (Pächter, Mieter, Nießbraucher) oder ob sie durch Zufall (Brand, Überschwemmung, Windbruch) herbeigeführt ist, kommt nichts an. Die Nichterneuerung von Versicherungsverträgen ist nicht dem § 1133, sondern dem § 1134 zu unterstellen. RG. JW. 1902 (Beil.) S. 277. AM. OLG. Königsberg, ROLG. 4 S. 485. Die Wertminderung, die ein Gebäude im Laufe der Zeit durch Alter, trotz ordnungsmäßiger Reparatur erleidet, wird ebenfalls als Verschlechterung des Grundstücks anzusehen sein (Fuchs S. 439 A. 2, Planck S. 494, Biermann S. 331 A. 1; AM. Turn.-Först. I S. 668 A. 2), nicht aber das Sinken der Grundstückspreise infolge einer Veränderung der Konjunkturen. P. 4419. Die Verschlechterung muß bereits eingetreten oder es muß mit ihrer Ausführung mindestens der Anfang gemacht sein. (Drohende Verschlechterung: § 1134.) Sie muß auch erst nach Begründung der Hypothek eingetreten sein; wer ein devastiertes Grundstück beleiht, muß mit der Sicherheit, die das Grundstück in dem vorhandenen Zustande bietet, zufrieden sein. Hat der Gläubiger die getroffenen Maßregeln genehmigt, so kann er sich auf den Schutz des § 1133 nicht berufen (exceptio doli.)

b, Gefährdung der Sicherheit. Die Verschlechterung des Grundstücks muß die Sicherheit der Hypothek, d. h. deren Befriedigung im Falle der Zwangsversteigerung gefährden. Die Gefährdung braucht nicht gerade das Kapital zu treffen, es genügt auch die Gefährdung der Zinsen, der Nebenleistungen und der Kosten; eine Verschlechterung aber, die sich objektiv als eine ganz geringfügige erweist, kommt nicht in

Betracht. M. 672. Der Gläubiger hat nachzuweisen, nicht nur, daß eine Verschlechterung des Grundstücks eingetreten ist, sondern auch, daß das Grundstück in dem verschlechterten Zustande ihm nicht mehr hinreichende Sicherheit bietet. RG. JW. 97 S. 319; Gruch. 42 S. 1043. Als wesentlicher Faktor für die nach freiem Ermessen zu treffende Entscheidung darüber, ob eine die Sicherheit der Hypothek in Frage stellende Verschlechterung vorliegt, kommt das Verhältnis des Werts des Grundstücks zu dem Range und Betrage der Hypotheken in Betracht. Dernburg, preuß. Privatr. 1 § 340 Nr. 1.

Die Rechte aus den §§ 1133 u. 1134 stehen auch dem Gläubiger einer Sicherungshypothek (§§ 1184, 1190; ZPO. §§ 866, 932) zu, nicht aber dem Vorgemerkten. Dieser kann im Falle einer Gefährdung nur Anordnung von Sicherungsmaßregeln durch einstweilige Verfügung beantragen. Turn.-Först. I S. 673 A. 4. Biermann S. 322 A. 5. AM. Fuchs S. 115, 439.

c, Nichtfälligkeit der Forderung. Ist die Forderung bereits fällig, so ist dem Gläubiger durch die gewöhnliche Hypothekenklage (§ 1147) ein ausreichender Rechtsschutz gewährt. M. 672.

2. Inhalt des Schutzes. a, Der Gläubiger hat dem Eigentümer (§ 1148) eine angemessene Frist zur Beseitigung der Gefährdung zu bestimmen. Dem Prozeßgericht ist die Bestimmung der Frist nicht übertragen. Kommt es zum Streit über die Angemessenheit der gesetzten Frist, so ist darüber nach deren Ablauf in dem dann etwa nötig werdenden Prozesse zur Verwirklichung der Hypothek zu verhandeln und zu entscheiden. M. 673.

b, Während des Laufes der Frist ist der Eigentümer berechtigt, die Sicherheit des Gläubigers dadurch wieder herzustellen, daß er das verschlechterte Grundstück verbessert oder durch anderweitige Hypothekenbestellung, sei es durch Verschaffung eines höheren Ranges auf dem verpfändeten, sei es durch neue Verpfändung eines anderen Grundstücks Sicherheit leistet. Eine andere als hypothekarische, insbesondere eine durch Verpfändung beweglicher Sachen oder Forderungen zu leistende Sicherheit anzunehmen, kann der Gläubiger nicht genötigt werden. Es braucht aber die frühere Sicherheit nicht vollständig, sondern nur insoweit wieder hergestellt oder ergänzt zu werden, als zur Beseitigung der Gefährdung erforderlich ist. M. 673.

c, Nach fruchtlosem Ablauf der Frist ist der Gläubiger befugt, sofort Befriedigung aus dem Grundstück im Wege der Zwangsvollstreckung (§ 1147) zu suchen und zu diesem Zwecke die Hypothekenklage anzustellen. Bis zur Beendigung der Zwangsvollstreckung kann die Beseitigung der Gefährdung nachgeholt werden. Planck S. 495 A. 3 b. Biermann S. 332 A. 3. AM. Turn.-Först. I S. 670.

d, Bei unverzinslichen Forderungen muß der Gläubiger, wenn er wegen der Gefährdung seiner Sicherheit Befriedigung aus dem Grundstücke verlangt, sich den Zwischenzins (Interusurium) kürzen lassen. Die Berechnung erfolgt nach der Hoffmannschen Formel. M. 674. Die gesetzlichen Zinsen sind vier v. H. für das Jahr. § 246. Also Formel: (100 + 4 % Zinsen für die Zeit von der Zahlung bis zur Fälligkeit) : 100 = Kapital : X.

3. Im Falle einer Verschlechterung des von einer Hypothekenbank beliehenen Grundstücks oder seiner Zubehörstücke, der ein unwirtschaftliches Verfahren des Besitzers nicht zugrunde liegt, finden zugunsten der Hypothekenbank die Vorschriften der §§ 1133, 1135 BGB. über das Recht des Gläubigers auf sofortige Befriedigung aus dem Grundstücke nur in Ansehung des Betrags Anwendung, für welchen in dem verminderten Werte des Grundstücks nicht mehr die nach dem Gesetz oder nach der Satzung erforderliche Deckung vorhanden ist. Über diesen Betrag hinaus darf sich die Bank für den Fall einer Verminderung des Wertes des Grundstücks das Recht, die vorzeitige Rückzahlung der Hypothek zu verlangen, nicht ausbedingen. Hypothekenbankgs. v. 13. Juli 1899 § 17 Abs. 1 (RGBl. S. 375).

4. Die §§ 1133—1135 gelten auch für die am 1. Januar 1900 bereits vor-

handenen Hypotheken und Grundschulden. Art. 192. RG. 50 S. 72. Für die Rentenschuld enthält § 1201 Abs. 2 eine besondere Bestimmung.

§ 1134.

Wirkt der Eigentümer oder ein Dritter auf das Grundstück in solcher Weise ein, daß eine die Sicherheit der Hypothek gefährdende Verschlechterung des Grundstücks zu besorgen ist, so kann der Gläubiger auf Unterlassung klagen.

Geht die Einwirkung von dem Eigentümer aus, so hat das Gericht auf Antrag des Gläubigers die zur Abwendung der Gefährdung erforderlichen Maßregeln anzuordnen. Das gleiche gilt, wenn die Verschlechterung deshalb zu besorgen ist, weil der Eigentümer die erforderlichen Vorkehrungen gegen Einwirkungen Dritter oder gegen andere Beschädigungen unterläßt.

---

1. Fall der drohenden Verschlechterung. (Gegensatz: § 1133.) Der Hypothekengläubiger kann kraft seines dinglichen Rechtes gegen den Eigentümer und gegen jeden Dritten auf Unterlassung von Einwirkungen klagen, durch welche die Sicherheit seines Rechtes gefährdet wird, vorausgesetzt, daß diese Einwirkung eine positive ist. P. 4416. Ein solcher Fall liegt zB. dann vor, wenn der Eigentümer den auf dem Grundstücke stehenden Wald einem anderen zum Abholzen überlassen hat oder wenn das Gutsinventar verkauft, aber noch nicht entfernt ist. M. 670. Der Tatbestand der Verschlechterung ist nach rein objektiven Gesichtspunkten zu beurteilen. OLG. Königsberg, ROLG. 5 S. 321. Zwangsvollstreckung: ZPO. § 890.

Hat der Eigentümer die Einwirkung selbst veranlaßt oder die erforderlichen Vorkehrungen gegen Einwirkungen Dritter oder gegen andere Beschädigungen unterlassen, so steht dem Hypothekengläubiger neben der dinglichen Klage auf Unterlassung das Recht zu, im Wege der Klage oder der einstweiligen Verfügung die gerichtliche Anordnung der zur Abwendung der Gefährdung erforderlichen Maßregeln zu verlangen. Fälle dieser Art sind zB. die ungenügende Feldbestellung, die Verschlechterung oder Minderung des Zubehörs, die Nichterneuerung von Versicherungsverträgen. RG. JW. 1902 (Beil.) S. 277.

Welche Maßregeln zur Abwendung der Gefährdung geeignet sind, ist nach den Umständen des Falles zu beurteilen. In Betracht können kommen: Anordnung einer zu stellenden Kaution, Erlaß eines Veräußerungsverbots, Beschlagnahme der Früchte, Sequestration des Pfandgrundstücks. M. 670, P. 4416. OTr. Gruch. 24 S. 116.

2. Wenn nach eingetretener Gefährdung eine weitere Gefährdung der Sicherheit der Hypothek zu besorgen ist, so kann der Gläubiger die Rechte sowohl des § 1133 als des § 1134 geltend machen. P. 4417.

3. Darauf, ob die Forderung, für welche die Hypothek bestellt worden, bereits fällig ist oder nicht, kommt für die Anwendbarkeit des § 1134 nichts an. M. 670.

4. Die landesgesetzlichen Vorschriften, welche die landschaftlichen oder ritterschaftlichen Kreditanstalten betreffen, bleiben in Kraft. Art. 167. (Preußen: Ges. v. 3. August 1897 betr. die Zwangsvollstreckung aus Forderungen landschaftlicher Kreditanstalten, GS. S. 388, § 7.)

5. Der § 1134 gilt auch für die Grundschuld.

§ 1135.

Einer Verschlechterung des Grundstücks im Sinne der §§ 1133, 1134 steht es gleich, wenn Zubehörstücke, auf die sich die Hypothek erstreckt, verschlechtert

oder den Regeln einer ordnungsmäßigen Wirtschaft zuwider von dem Grundstück entfernt werden.

1. Die Vorschrift bezieht sich auf die für die Hypothek verhafteten Zubehörstücke. § 1120. Das Recht des Hypothekengläubigers, der Entfernung von Zubehörstücken entgegenzutreten, ist nicht schon dann gegeben, wenn die Entfernung wider die Regeln ordnungsmäßiger Wirtschaft verstoßen würde; es muß vielmehr noch das weitere Erfordernis hinzutreten, daß durch die Entfernung die Sicherheit der Hypothek gefährdet wird. RG. 50 S. 68. Liegt der Fall des § 1135 vor, so kann der Gläubiger, ohne daß es einer Beschlagnahme bedarf, Rechte nicht nur aus § 1134 (so Fuchs S. 441 A. 6), sondern auch aus § 1133 geltend machen. RG. JW. 1902 S. 122. Biermann S. 334. Planck S. 497 A. 3. Die Verfügung über Früchte, welche nicht die Eigenschaft des Zubehörs haben, sowie über Pacht- und Mietzinsforderungen sind als Verschlechterungen des Grundstücks nicht aufgefaßt; dem Interesse des Gläubigers wird durch die §§ 1120—1125 genügend Rechnung getragen. M. 674.

2. Der § 1135 gilt auch für die Grundschuld.

*§ 1136.

Eine Vereinbarung, durch die sich der Eigentümer dem Gläubiger gegenüber verpflichtet, das Grundstück nicht zu veräußern oder nicht weiter zu belasten, ist nichtig.

1. Wirkung. Auch die obligatorische Wirkung unter den Vertragschließenden ist der Vereinbarung versagt (M. 682), die Vereinbarung kann also auch keine Entschädigungsansprüche begründen. § 344. Anträge auf Eintragung, die gegen § 1136 verstoßen, hat das GBA. zurückzuweisen, gleichviel, ob die Vereinbarung bei der Bestellung der Hypothek oder nachträglich, ob sie vor oder nach Fälligkeit der Forderung getroffen ist. Durch die versehentlich erfolgte Eintragung wird die Wirkungslosigkeit der Vereinbarung nicht beseitigt.

2. Nur das Verbot der Veräußerung und der weiteren Belastung wird von der Nichtigkeit betroffen. Dies Verbot bezieht sich nicht nur auf Hypotheken, Grund- und Rentenschulden, sondern auf Lasten aller Art (Reallasten), liegt auch dann vor, wenn die Bedingung gestellt ist, daß der Schuldner ohne Genehmigung des Gläubigers keine weitere Schulden eintragen lassen dürfe. Dagegen fällt nicht unter das Verbot die als Rückzahlungsbedingung aufzufassende Vereinbarung, daß im Falle der Veräußerung oder weiteren Belastung des Grundstücks der Gläubiger zur sofortigen Zurückforderung des Kapitals befugt sein solle. KG. 9 S. 80. Auch die vom Eigentümer bei der Hypothekenbestellung dem Gläubiger gegenüber übernommene Verpflichtung, die durch Zahlung ihm selbst erworbene Hypothek löschen zu lassen, wird von der Nichtigkeitsvorschrift des § 1136 nicht betroffen. § 1179. KG. 12 S. 347.

3. Nur die Vereinbarung zwischen dem Eigentümer und dem Gläubiger unterliegt dem § 1136, nicht auch die Vereinbarung zwischen dem Eigentümer und Dritten. Zugunsten Dritter ist die Vereinbarung zulässig. Wenn zB. in einem Gutsüberlassungsvertrage zwischen dem Vater und dem Ehemanne seiner Tochter verabredet wird, daß der Ehemann das ihm übereignete Grundstück ohne Zustimmung des übereignenden Vaters oder seiner Ehefrau weder veräußern noch mit Schulden belasten dürfe, so verstößt das nicht gegen § 1136. OTr. 54 S. 11. Strieth. 58 S. 275. Wird dem veräußernden Vater zugleich eine Hypothek bestellt, so ist er allerdings auch Gläubiger. Es kann aber hierdurch die Zulässigkeit und Wirksamkeit der bezeichneten Abrede nicht in Frage gestellt werden, da anzunehmen ist, daß nach der Absicht der

Beteiligten die Verfügungsbeschränkung des Schwiegersohns nicht zugunsten des Gläubigers, sondern zugunsten des Veräußerers vereinbart ist. So Neumann I § 1136 A. 2 u. Turn.-Förſt I S. 675 A. 3. AM. Boehm S. 187 A. II u. Biermann S. 334.

Soweit die Vereinbarung zulässig ist, wirkt sie doch nur obligatorisch unter den Vertragschließenden. Die Eintragung im Grundbuch ist unzulässig und, wenn erfolgt, wirkungslos. § 137 Satz 1. Biermann S. 334.

4. Die Nichtigkeit des Vertrages zwischen dem Gläubiger und dem Eigentümer, durch welchen ersterem das Recht der Veräußerung zum Zwecke seiner Befriedigung entzogen wird (preuß. EEG. § 45), folgt ohne weiteres aus dem in § 1113 aufgestellten Begriffe der Hypothek.

5. Der § 1136 gilt auch für die Grundschuld.

6. Übergangsbestimmungen: Art. 192, 195. Der § 1136 findet auch auf ältere Hypotheken Anwendung. Unzulässige Vermerke sind im Wege der Grundbuchberichtigung (§ 894) auf Antrag des Eigentümers (GBO. § 22), auch von Amts wegen zu löschen. GBO. § 54 Abs. 1 Satz 2. Veräußerungs- und Belastungsverbote, die zugunsten der Realberechtigten begründet sind, bleiben bestehen. (Preußen: Anlage.)

§ 1137.

Der Eigentümer kann gegen die Hypothek die dem persönlichen Schuldner gegen die Forderung sowie die nach § 770 einem Bürgen zustehenden Einreden geltend machen. Stirbt der persönliche Schuldner, so kann sich der Eigentümer nicht darauf berufen, daß der Erbe für die Schuld nur beschränkt haftet.

Ist der Eigentümer nicht der persönliche Schuldner, so verliert er eine Einrede nicht dadurch, daß dieser auf sie verzichtet.

---

1. Die Vorschrift bezieht sich auf den Eigentümer, der nicht zugleich der persönliche Schuldner ist, der also die Hypothek für die Schuld eines Dritten bestellt oder das Grundstück nach dessen Belastung mit der Hypothek ohne Übernahme der Schuld, für welche die Hypothek besteht, erworben hat. Sie erwähnt nur die Einrede im technischen Sinne, d. h. diejenigen Einreden, welche geltend machen, daß die Erfüllung des an sich begründeten und noch bestehenden Anspruchs verweigert werden dürfe. Des Erwähnens der sog. Einwendungen, die sich gegen das Entstehen oder das Fortbestehen der Forderung richten, bedurfte es nicht, da diese Einwendungen dem Eigentümer aus eigenem Rechte zustehen. Denn das Nichtbestehen der Forderung, mag sie nicht entstanden oder erloschen sein, hat nur die Folge, daß die Hypothek nicht dem eingetragenen Gläubiger, sondern dem Eigentümer, dem persönlichen Schuldner oder dem Dritten, der den Gläubiger befriedigt hat, zusteht. §§ 1163, 1164, 1150. Der beklagte Eigentümer kann sich also in solchem Falle auf die mangelnde Aktivlegitimation des klagenden Gläubigers berufen.

2. An Einreden gegen die Klage aus der Hypothek stehen dem Eigentümer zu:

A. Die Einreden, die dem persönlichen Schuldner gegen die Forderung zustehen. Ausgeschlossen sind nur:

a, Die Einrede der Verjährung der persönlichen Forderung, aber nur wegen des Kapitals, nicht auch wegen der Zinsen oder anderer wiederkehrender Leistungen. § 223. Gegen die persönliche Klage kann die Einrede der Verjährung auch wegen des Kapitals geltend gemacht werden.

b, Die Inventareinrede. Wenn nach dem Tode des Schuldners der persönliche Anspruch gegen den Erben erhoben wird, so kann dieser, sofern er das Inventarrecht nicht verloren hat, wegen Unzulänglichkeit des Nachlasses die Befriedigung des

Gläubigers verweigern. §§ 1993 ff. Diese Einrede ist aber gegen den dinglichen Anspruch ausgeschlossen, da die Hypothek gerade den Zweck hat, dem Gläubiger eine von dem Vermögensstande des Schuldners unabhängige Sicherstellung zu gewähren. M. 701.

c, Die Einrede, daß über das Vermögen des persönlichen Schuldners Konkurs eröffnet (KO. § 47) oder, daß in diesem Konkurse ein Zwangsvergleich abgeschlossen ist. KO. § 193.

B. Die Einreden des Bürgen aus § 770, auch wenn der Eigentümer nicht Bürge ist. Danach darf der Eigentümer die Befriedigung des Gläubigers so lange verweigern, als dem persönlichen Schuldner das Recht zusteht, das seiner Verbindlichkeit zugrunde liegende Rechtsgeschäft (wegen Irrtums, arglistiger Täuschung oder Drohung, §§ 119, 123) anzufechten, oder der Gläubiger sich durch Aufrechnung gegen eine fällige Forderung des persönlichen Schuldners befriedigen kann. P. 4442. Es ist nicht etwa das dem Schuldner gegenüber dem Gläubiger zustehende Anfechtungs- und Aufrechnungsrecht auf den Eigentümer übertragen, sondern nur dem Eigentümer die Befugnis verliehen, durch verzögerliche Einrede bis zum Erlöschen des Anfechtungs- und Aufrechnungsrechts durch den Schuldner bzw. den Gläubiger die Befriedigung des Gläubigers aus dem Grundstück zu verweigern. Aber nur der Schuldner bzw. der Gläubiger selbst haben darüber zu befinden, ob sie von dem Anfechtungs- und Aufrechnungsrecht Gebrauch machen wollen. Dsch. S. 137. Verzichtet der Schuldner auf die Anfechtung oder Aufrechnung, so geht die Befugnis des Eigentümers zur Ablehnung der Zahlung verloren. §§ 768, 770. Biermann S. 336 A. 3. Boehm S. 192. Fuchs S. 447 A. 3b. Planck S. 501 A. 5. Turn.-Först. I S. 684 A. 2. Kretzschmar S. 288. Mittelstein S. 201 A. 1.

Streitig ist, ob der Eigentümer seine Einrede dann verliert, wenn der Gläubiger mit Zustimmung des Schuldners dessen Forderung entgegen der gesetzlichen Berechnungsart (§§ 396, 366, 367) nicht auf die durch Hypothek gesicherte, sondern auf eine andere ihm gegen den Schuldner zustehende Forderung aufrechnet. Die Frage wird mit Turn.-Först. I S. 681 A. 2 zu verneinen sein, da nach § 770 Abs. 2 der Gläubiger sich wegen seiner Hypothekenforderung durch Aufrechnung nur dann befriedigen kann, wenn ihm ein Recht zur Aufrechnung zusteht, dies Recht steht ihm aber nur zu bezüglich seiner Hypothekenforderung. AM. Fuchs S. 447 und die dort Zitierten.

Gegenüber dem Sondernachfolger des aufrechnungsberechtigten Gläubigers hat der Eigentümer die Einrede aus § 770 Abs. 2. Die Einrede der Vorausklage gegen den persönlichen Schuldner (exceptio excussionis personalis) steht dem Eigentümer nur zu, wenn er die Hypothek als Bürge oder nur unter der Bedingung, daß der Anspruch daraus erst nach erfolglos versuchter Durchführung des persönlichen Anspruchs geltend gemacht werden dürfe, bestellt hat. § 771. M. 700.

3. Der Eigentümer verliert eine Einrede nicht dadurch, daß der persönliche Schuldner auf sie verzichtet. Abs. 2. Der Verzicht des Schuldners auf die Bürgschaftseinreden aus § 770 fällt unter diese Vorschrift nicht. Vgl. A. 2B.

4. Die für einen früheren Eigentümer gegen den Gläubiger aus einem zwischen diesen beiden bestehenden obligatorischen Rechtsverhältnisse begründeten Einreden stehen dem Eigentümer, wenn er nicht Gesamtrechtsnachfolger (Erbe) ist, nicht zu. Er kann daher von diesen Einreden nur Gebrauch machen, wenn der frühere Eigentümer sie ihm abgetreten hat. M. 700. Einreden des Eigentümers gegen einen Rechtsvorgänger des Gläubigers: § 1157.

5. Die Einreden des Eigentümers aus eigenem Rechte sind in § 1137 nicht erwähnt. Sie verstehen sich von selbst.

6. Einreden gegen das dingliche Recht der Hypothek: § 1157. Einfluß des öffentlichen Glaubens des Grundbuchs auf die zulässigen Einreden: §§ 1138, 1157.

7. Von der Anwendung auf die Grundschuld ist § 1137 ausgeschlossen.

§ 1138.

Die Vorschriften der §§ 891—899 gelten für die Hypothek auch in Ansehung der Forderung und der dem Eigentümer nach § 1137 zustehenden Einreden.

---

1. Schutz der Forderung. Der § 1138 dehnt den Glauben des Grundbuchs (§§ 892—899) mit Einschluß der in § 891 bestimmten Rechtsvermutung in Ansehung des Anspruches aus der Hypothek auf die Forderung aus, für welche die Hypothek bestellt ist. M. 694. Es wird vermutet, daß dem als Gläubiger Eingetragenen die Forderung, sowie sie eingetragen ist, zusteht. § 891. Bei der Geltendmachung des Anspruches aus der Hypothek hat nicht der Kläger das Bestehen der eingetragenen Forderung zu beweisen, es ist vielmehr Sache des Beklagten, darzutun, daß die Forderung, für welche die Hypothek bestellt ist, nicht besteht. M. 695. Zugunsten desjenigen, der die Hypothek oder ein Recht an ihr durch Rechtsgeschäft (§ 892) erwirbt, gilt der Inhalt des Grundbuchs als richtig, d. h. die Forderung, für welche die Hypothek besteht, so wie sie eingetragen ist, als bestehend und frei von Einreden. § 892. Dasselbe gilt, wenn an den als Gläubiger Eingetragenen eine Leistung bewirkt oder wenn zwischen ihm und einem anderen ein eine Verfügung über die Forderung enthaltendes Rechtsgeschäft vorgenommen wird. § 893. Die Berufung auf den öffentlichen Glauben des Grundbuchs ist aber ausgeschlossen, wenn und solange ein Widerspruch gegen die Richtigkeit des Grundbuchs eingetragen ist oder wenn die Unrichtigkeit des Grundbuchs dem Erwerber der Hypothek bekannt war. § 892. (Vgl. wegen der Briefhypothek auch § 1140). Die Abtretung einer Forderung kann durch Vereinbarung mit dem Schuldner ausgeschlossen werden. § 399. Die Vereinbarung bedarf nach § 1138 behufs ihrer Wirksamkeit in Ansehung der für sie bestehenden Hypothek der Eintragung. Steht der Forderung eine aus dem Grundbuche nicht ersichtliche Einrede entgegen, so hat der Eigentümer zum Zwecke der Berichtigung des Grundbuchs einen Anspruch gegen den Gläubiger darauf, daß dieser die Eintragung der Einrede bewillige und, wenn es sich um die Eintragung zu einer Briefhypothek handelt, den Brief dem GBA. vorlege. Zur Wahrung der Einrede kann der Eigentümer gemäß § 899 die Eintragung eines Widerspruchs im Wege der einstw. Verfügung erwirken. Dsch. 219. P. 4438. Auch der Hypothekengläubiger kann vom Eigentümer die Berichtigung des Grundbuchs verlangen, wenn die Forderung unrichtig oder eine nicht zu Recht bestehende Einrede eingetragen ist. Auch dieser Anspruch kann durch einen Widerspruch gesichert werden. Planck S. 504 A. 6.

2. Die Vermutung aus § 1138 kann aber durch den Beweis des Gegenteils entkräftet werden. ZPO. § 293. Steht eine eingetragene Darlehnsforderung in Frage und beweist der Eigentümer, daß der Gläubiger die Valuta des Darlehns im Zeitpunkte der Eintragung nicht gezahlt hatte, so ist die für das Bestehen der Forderung aufgestellte Vermutung entkräftet und dem Gläubiger liegt der Beweis ob, daß die Forderung in anderer Weise oder nachträglich durch Valutazahlung begründet worden ist. RG. 49 S. 6.

Substituiert der Hypothekengläubiger bei der Geltendmachung der Hypothek ein anderes persönliches Schuldverhältnis, als für welches die Hypothek eingetragen ist, so übernimmt er damit auch den Nachweis, daß das andere Schuldverhältnis besteht und daß zu seiner Sicherung die Hypothek bestellt ist. RG. 49 S. 302.

3. Die Vorschriften der §§ 891—899 gelten aber nur für die Hypothek, nicht auch gegenüber dem Anspruche aus dem persönlichen Schuldverhältnisse. Für diesen Anspruch kommt das Grundbuch und sein öffentlicher Glaube überhaupt nicht in Betracht. M. 694. RG. 49 S. 363. Der Gläubiger, der die persönliche Schuldklage erhebt, hat stets die Beweislast für das Entstehen der Forderung. RG. 49 S. 6. Ist die Forderung aus der persönlichen Schuldverbindlichkeit erloschen, so bleibt sie

erloschen. Der gutgläubige Erwerber einer Hypothek, der eine erloschene Forderung zugrunde liegt, kann zwar den Anspruch aus der Hypothek, nicht aber den Anspruch aus der persönlichen Schuldverbindlichkeit geltend machen. Wird in solchem Falle die dingliche Klage mit der persönlichen verbunden, so kann nur die erstere Erfolg haben.

4. Auf Einreden, die dem Eigentümer nicht aus dem persönlichen Schuldverhältnisse, sondern aus dem dinglichen Rechte zustehen, findet § 1157 Anwendung. Für Sicherungshypotheken gilt § 1138 überhaupt nicht, ebensowenig für Grund- und Rentenschulden. §§ 1185 Abs. 2, 1192 Abs. 1. Einreden aus dem persönlichen Schuldverhältnisse gegen die Klage aus einer vor dem 1. Januar 1900 erworbenen Hypothek sind nach früherem Recht zu beurteilen. RG. 47 S. 229. KG. ROLG. 3 S. 137.

§ 1139.

Ist bei der Bestellung einer Hypothek für ein Darlehen die Erteilung des Hypothekenbriefs ausgeschlossen worden, so genügt zur Eintragung eines Widerspruchs, der sich darauf gründet, daß die Hingabe des Darlehens unterblieben sei, der von dem Eigentümer an das Grundbuchamt gerichtete Antrag, sofern er vor dem Ablauf eines Monats nach der Eintragung der Hypothek gestellt wird. Wird der Widerspruch innerhalb des Monats eingetragen, so hat die Eintragung die gleiche Wirkung, wie wenn der Widerspruch zugleich mit der Hypothek eingetragen worden wäre.

Z. f. DZP. 28 S. 370.

---

1. Widerspruch bei der Darlehnshypothek. Wird eine Buchhypothek für ein Darlehen bestellt, so ist, da der Darleiher regelmäßig erst nach der Eintragung der Hypothek das Darlehen zahlt, der Eigentümer der Gefahr ausgesetzt, durch eine vor der Zahlung erfolgte Abtretung der Hypothekenforderung die Einrede des nicht gezahlten Gegenwerts dem gutgläubigen Erwerber gegenüber zu verlieren. Gegen diese Gefahr schützt § 1139. Abweichend von § 899 genügt hier zur Eintragung des Widerspruchs ein einseitiger, vor dem Ablauf eines Monats nach der Eintragung der Hypothek an das GBA. gerichteter Antrag des Eigentümers. Wird der Widerspruch noch innerhalb des Monats eingetragen, so wirkt er ex tunc, d. h. ebenso als wenn er zugleich mit der Hypothek eingetragen worden wäre, steht also auch demjenigen entgegen, der die Hypothek vor der Eintragung des Widerspruchs erworben hat. M. 703. Dsch. 220. Erfolgt die Eintragung erst nach Ablauf des Monats, so wirkt der Widerspruch nur ex nunc, d. h. er entbehrt der rückwirkenden Kraft, wirkt also nicht gegen den vor ihr eingetragenen Erwerber der Hypothek. P. 4449. Wird der Antrag erst nach Ablauf des Monats gestellt, so kommt § 1139 nicht zur Anwendung, der Widerspruch kann vielmehr nur nach der Regel des § 899, also auf Grund einer einstweiligen Verfügung oder einer Bewilligung des Gläubigers eingetragen werden. Dasselbe gilt, wenn sich der Widerspruch auf eine andere Einrede, als die der unterbliebenen Hingabe des Darlehns, zB. auf die Einrede der nicht gezahlten Valuta für die Abtretung einer Buchhypothek gründet. Bei der Briefhypothek ist dem Eigentümer die Berufung auf § 1139 versagt, weil er nach § 1117 in der Lage ist, dem Gläubiger die Hypothek nur Zug um Zug gegen die Zahlung des Darlehns zu verschaffen. Dsch. 220. Auch auf die Sicherungshypothek, die Grund- und Rentenschuld findet § 1139 keine Anwendung. §§ 1185 Abs. 2, 1192 Abs. 1.

2. Der Antrag auf Eintragung eines Widerspruchs aus § 1139 bedarf der Beglaubigung nach §§ 29, 30 GBO., da er zugleich die Grundlage der Eintragung bildet. Fuchs S. 453 A. 4. Oberneck S. 678. Turn.-Först. I S. 692 A. 3. AM. Neu-

mann S. 594 A. 3a zu § 1139. Achilles-Strecker S. 236. Planck S. 505 A. 3. Biermann S. 338 A. 1. Koellner S. 187. Legitimiert zur Stellung des Antrags ist nach § 13 GBO. nur der Eigentümer, nicht der persönliche Schuldner.

3. Beweislast. „Die Eintragung sichert nur den Gebrauch der Einrede, überhebt aber nicht des Beweises derselben." M. 704. Die Beweislast der nicht gezahlten Valuta trifft trotz der Eintragung des Widerspruchs den Eigentümer, da dem Gläubiger die Eintragung in Verbindung mit dem Darlehnsempfangsbekenntnis des Eigentümers zur Seite steht. Weder in der Klage aus der Darlehnshypothek noch bei Verfolgung des Anspruchs auf Berichtigung des Grundbuchs durch Löschung des Widerspruchs hat der klagende Gläubiger die Zahlung der Valuta zu beweisen, es ist vielmehr Sache des beklagten Eigentümers, die Nichtzahlung darzutun. Turn.-Förſt. I S. 691. Planck S. 505 A. 4b. Biermann S. 338. AM. Fuchs S. 453 A. 3.

4. Auf die Sicherungshypothek und die Grundschuld findet § 1139 keine Anwendung. §§ 1185 Abs. 2, 1192.

§ 1140.

Soweit die Unrichtigkeit des Grundbuchs aus dem Hypothekenbrief oder einem Vermerk auf dem Briefe hervorgeht, ist die Berufung auf die Vorschriften der §§ 892, 893 ausgeschlossen. Ein Widerspruch gegen die Richtigkeit des Grundbuchs, der aus dem Briefe oder einem Vermerk auf dem Briefe hervorgeht, steht einem im Grundbuch eingetragenen Widerspruche gleich.

1. Der Hypothekenbrief hat nicht den öffentlichen Glauben des Grundbuchs. Wenn also Buch und Brief inhaltlich sich nicht decken, so entscheidet das Buch. M. 756. P. 4611. Nur dann ist dem Gläubiger die Berufung auf den öffentlichen Glauben des Grundbuchs versagt, wenn aus dem Briefe die Unrichtigkeit des Grundbuchs oder ein Widerspruch gegen seine Richtigkeit hervorgeht. So zB. wenn eine Teilzahlung gemäß § 1145 vom Gläubiger auf dem Briefe vermerkt, die Berichtigung des Grundbuchs aber unterblieben ist, denn alsdann steht gegen den Inhalt des Grundbuchs die Hypothek dem Gläubiger nicht mehr zum vollen, sondern nur zu dem noch nicht gezahlten Betrage zu, während der gezahlte Betrag dem Eigentümer gebührt. Daß der Vermerk auf dem Briefe beglaubigt sein müsse, damit er die Berufung auf die §§ 892, 893 ausschließe, ist in § 1140 nicht gefordert; Privatvermerke genügen. Die Unterschrift des Gläubigers ist kein wesentliches Erfordernis für die Wirksamkeit der Vermerke. Auch das GBA. hat die Vermerke zu beachten, also wegen eines quittierten Betrages nicht den Gläubiger, sondern den Eigentümer als legitimiert anzusehen. Fuchs S. 455 A. 3. Turn.-Förſt. I S. 694 A. 6. Planck S. 506.

2. Der aus dem Briefe hervorgehende Widerspruch ist in jeder Beziehung dem im Grundbuch eingetragenen Widerspruch gleichgestellt, steht also dem Erwerber der Hypothek auch dann entgegen, wenn die Hypothek kraft Gesetzes, unabhängig vom Besitze des Briefes auf ihn übergeht. Der Erwerber wird daher, um sicher zu gehen, sich durch Einsicht des Briefes über den Zustand der Hypothek unterrichten müssen. Zur Vorlegung des Briefes ist der Gläubiger verpflichtet. §§ 1150, 1144, 1145. Wird dieser Verpflichtung nicht genügt, so kann der Berechtigte den zu entrichtenden Betrag hinterlegen. §§ 373, 268 Abs. 2.

3. Zur Beseitigung der Privatvermerke wird regelmäßig die in beglaubigter Form erklärte Zustimmung desjenigen erforderlich sein, zu dessen Gunsten sie gereichen; bloßes Durchstreichen genügt nicht. Kretzschmar S. 270.

4. Das GBA. hat Buch und Brief in Übereinstimmung zu halten. Eintragungen, die bei der Hypothek erfolgen, sind von dem GBA. auf dem Briefe zu

vermerken. GBO. § 62. Bei Erneuerung des Hypothekenbriefes sind auch die Vermerke aus §§ 1140, 1145, 1157 auf den neuen Brief zu übertragen. GBO. § 68.

5. Der § 1140 gilt auch für die Grundschuld.

§ 1141.

Hängt die Fälligkeit der Forderung von einer Kündigung ab, so ist die Kündigung für die Hypothek nur wirksam, wenn sie von dem Gläubiger dem Eigentümer oder von dem Eigentümer dem Gläubiger erklärt wird. Zugunsten des Gläubigers gilt derjenige, welcher im Grundbuch als Eigentümer eingetragen ist, als der Eigentümer.

Hat der Eigentümer keinen Wohnsitz im Inland oder liegen die Voraussetzungen des § 132 Abs. 2 vor, so hat auf Antrag des Gläubigers das Amtsgericht, in dessen Bezirke das Grundstück liegt, dem Eigentümer einen Vertreter zu bestellen, dem gegenüber die Kündigung des Gläubigers erfolgen kann.

---

1. Fälligkeit und Kündigung. Die Hypothek wird gemäß § 1113 mit der Forderung fällig, zu deren Sicherheit sie bestellt ist. Die Fälligkeit der Forderung richtet sich nach der Eintragungsbewilligung. Ist sie in dieser nicht festgesetzt, so ist die Frage, ob es einer Kündigung bedarf und mit welcher Frist nach den das Schuldverhältnis (Darlehn, Kaufschuld 2c.) bestimmenden Normen (§§ 271, 609, 614, 771, 772) zu beantworten. M. 688. Ist infolge nicht pünktlicher Zinszahlung die bedungene Unkündbarkeit fortgefallen, so geht der Gläubiger des Kündigungsrechts nicht durch vorbehaltlose Annahme der Zinsen verlustig. RG. JW. 1903 (Beil.) S. 23.

Je nachdem der Gläubiger die Forderung mit der persönlichen Klage geltend machen will oder Befriedigung aus dem Grundstück beansprucht, hat er die Kündigung an den persönlichen Schuldner oder an den Eigentümer zu richten. Die Kündigung der Forderung, die von dem Gläubiger an den persönlichen Schuldner oder von dem persönlichen Schuldner an den Gläubiger gerichtet wird, ist für die Hypothek nur wirksam, wenn der persönliche Schuldner auch der Eigentümer ist. Anderenfalls ist die Kündigung an den Eigentümer und von dem Eigentümer erforderlich und genügend, nicht dagegen die des vom Eigentümer verschiedenen persönlichen Schuldners, auch nicht von dem Zeitpunkt an, in welchem sie dem Eigentümer von dem Gläubiger oder dem Schuldner angezeigt ist. P. 4428. Wegen des Befriedigungsrechts des Eigentümers s. § 1142.

Zur Erleichterung der Rechtsverfolgung ist der Gläubiger für berechtigt erklärt, die Kündigung mit Wirkung gegen den wahren Eigentümer an denjenigen zu richten, der als Eigentümer eingetragen ist. Dies gilt auch dann, wenn der Gläubiger das Nichteigentum kennt, oder wenn ein Widerspruch gegen das Eigentum des als Eigentümer Eingetragenen eingetragen ist. P. 4429. Der Gläubiger ist aber auch berechtigt, dem wahren Eigentümer zu kündigen und die Kündigung des bloßen Bucheigentümers zurückzuweisen. Biermann S. 340.

2. Einen Vertreter für den Eigentümer hat das Amtsgericht der belegenen Sache auf Antrag des Gläubigers für seine Kündigung dann zu bestellen, wenn der Eigentümer keinen Wohnsitz (§§ 7—11) im Inlande, d. h. im deutschen Reiche hat, ferner wenn sich der Gläubiger über die Person des Eigentümers in einer nicht auf Fahrlässigkeit beruhenden Unkenntnis befindet, endlich wenn der Aufenthaltsort des Eigentümers unbekannt ist. § 132 Abs. 2. Das Verfahren folgt den Vorschriften des RFG. Anträge und Erklärungen können zu Protokoll des Gerichtsschreibers des zuständigen oder eines anderen Amtsgerichts erfolgen, auch schriftlich

eingereicht werden. § 11. Das Gericht hat von Amts wegen die zur Feststellung der Tatsachen erforderlichen Ermittlungen zu veranstalten und die geeignet erscheinenden Beweise aufzunehmen. § 12. Die Bestellung erfolgt durch gerichtliche Verfügung, welche mit der Bekanntmachung an den bestellten Vertreter wirksam wird. § 16. Die Bestellung eines Vertreters für den Gläubiger ist nicht zulässig.

3. Die Kündigung kann formlos geschehen. Wird sie im Urkundenprozesse zur Begründung des Anspruchs geltend gemacht, so muß sie durch Urkunden bewiesen werden. ZPO. § 592. Der Beweis wird zweckmäßig geführt durch Vorlegung der vom Gerichtsvollzieher aufgenommenen Zustellungsurkunde. BGB. § 132 Abs. 1. Die Kündigung kann auch mit der Hypothekenklage in der Weise verbunden werden, daß Befriedigung mit Ablauf der Kündigungsfrist verlangt wird. ZPO. § 257.

Den Nachweis des Gläubigerrechts bei der Kündigung regelt § 1160 Abs. 2.

4. Mehrere Gläubiger, die nicht Gesamtgläubiger sind, können nur gemeinschaftlich kündigen und kann ihnen nur gemeinschaftlich gekündigt werden. § 432. Bei der Gesamthypothek kann die Kündigung von jedem und gegen jeden Eigentümer geschehen, wirkt aber nur gegen den Eigentümer, der sie erklärt hat oder dem sie erklärt ist. § 425.

5. Die Wirkungen einer stattgehabten Kündigung bestehen gegen die Rechtsnachfolger sowohl des Gläubigers wie des Eigentümers fort, auch wenn die Kündigung ihnen nicht bekannt geworden ist. OTr. 39 S. 138. M. 689. Vgl. § 1156 Satz 2. Für das Zwangsversteigerungsverfahren gilt § 54 ZwVG.

6. Bei der Sicherungshypothek findet § 1141 keine Anwendung. § 1185 Abs. 2. Ihre Fälligkeit kann nur dadurch herbeigeführt werden, daß der Gläubiger dem persönlichen Schuldner oder dieser jenem kündigt. Kündigung der Grundschuld: § 1193, der Rentenschuld: § 1202.

7. Übergangsbestimmungen: Art. 192. Der § 1141 findet auch auf die älteren Hypotheken Anwendung.

8. Vorbehaltene Landesgesetze: Art. 117 Abs. 2.

§ 1142.

Der Eigentümer ist berechtigt, den Gläubiger zu befriedigen, wenn die Forderung ihm gegenüber fällig geworden oder wenn der persönliche Schuldner zur Leistung berechtigt ist.

Die Befriedigung kann auch durch Hinterlegung oder durch Aufrechnung erfolgen.

---

1. Die Vorschrift bezieht sich nur auf das dem Eigentümer zustehende Befriedigungsrecht. Über die Frage, ob dem Eigentümer eine Befriedigungspflicht obliegt, s. S. 148 A. 7. Das Befriedigungsrecht ist dem Eigentümer nicht nur dann gegeben, wenn die Forderung ihm gegenüber fällig geworden ist (§ 1141), sondern auch dann, wenn der persönliche Schuldner zur Leistung berechtigt ist. Der Gläubiger kann, abweichend von § 267 Abs. 2, die Befriedigung durch den Eigentümer nicht ablehnen, auch wenn der Schuldner widerspricht. Hinterlegung ist nur zulässig unter den Voraussetzungen des § 372. Sie ersetzt die Befriedigung nur dann, wenn die Rücknahme des hinterlegten Betrages ausgeschlossen ist. § 378. Aufrechnen kann der Eigentümer nur mit Forderungen, die ihm selbst gegen den Gläubiger zustehen. Forderungen des persönlichen Schuldners berechtigen den Eigentümer nicht zur Aufrechnung, sondern geben ihm gemäß §§ 1137, 770 Abs. 2 nur eine aufschiebende Einrede. Dem Gläubiger steht die Befugnis zur Aufrechnung des Anspruchs aus der Hypothek gegen eine Geldforderung des Eigentümers, der nicht persönlicher Schuldner ist, nicht zu.

Von der Aufnahme einer ausdrücklichen Vorschrift hierüber ist abgesehen, da die Unzulässigkeit der Aufrechnung sich schon daraus ergibt, daß die Leistungen ihrem Gegenstande nach nicht gleichartig sind. P. 6063.

Wirkungen der Befriedigung: §§ 1143, 1153, 1177 Abs. 2.

2. Der § 1142 gilt auch für die Grundschuld mit der Maßgabe, daß der Abs. 1 dahin gefaßt wird: „Der Eigentümer ist berechtigt, den Gläubiger zu befriedigen, wenn die Grundschuld fällig geworden ist".

§ 1143.

Ist der Eigentümer nicht der persönliche Schuldner, so geht, soweit er den Gläubiger befriedigt, die Forderung auf ihn über. Die für einen Bürgen geltenden Vorschriften des § 774 Abs. 1 finden entsprechende Anwendung.

Besteht für die Forderung eine Gesamthypothek, so gelten für diese die Vorschriften des § 1173.

---

1. Die Vorschrift bezieht sich nur auf den befriedigenden Eigentümer, also auf denjenigen, der im Zeitpunkte der Befriedigung des Gläubigers Eigentümer des mit der Hypothek belasteten Grundstücks ist. Die Befriedigung durch denjenigen, der das Eigentum noch nicht erworben hat, zB. durch den Käufer vor der Auflassung oder der es wieder verloren hat, schließt die Anwendbarkeit des § 1143 aus. In solchem Falle erwirbt der zeitige Eigentümer die Hypothek. § 1163 Abs. 1 Satz 2. Erfolgt die Befriedigung durch den persönlichen Schuldner, der nicht Eigentümer ist, so erlischt die Forderung und die Hypothek geht soweit, als der Schuldner vom Eigentümer Ersatz verlangen kann, auf den Schuldner, im übrigen auf den Eigentümer über. §§ 1164, 1163 Abs. 1 Satz 2. Ob der befriedigende Eigentümer als solcher im Grundbuch eingetragen ist oder nicht (Erbe), macht für die Anwendbarkeit des § 1143 keinen Unterschied.

2. Die Vorschrift findet nur Anwendung auf den Eigentümer, der nicht der persönliche Schuldner ist, der also die Hypothek für eine fremde Schuld bestellt oder beim Erwerbe des Grundstücks die von seinem Rechtsvorgänger bestellte Hypothek nicht oder ohne Genehmigung des Gläubigers übernommen hat. Ist der befriedigende Eigentümer zugleich persönlicher Schuldner, so finden die §§ 1163 A 1 Satz 2, 1177, 362 Anwendung. Die Forderung erlischt, die Hypothek geht auf den Eigentümer über, verwandelt sich aber in eine Grundschuld. Befriedigung durch einen Gesamtschuldner: § 426 Abs. 2, durch einen Ablösungsberechtigten: § 1150.

Wenn ein Nichtgläubiger unter dem Schutze der Vorschriften über den öff. Glauben des Grundbuchs (§ 893) befriedigt wird, so treten dieselben Wirkungen ein, als wenn der Gläubiger befriedigt wäre. Biermann S. 342 A. 1. Fuchs S. 461 A. 3e.

3. Wird der Gläubiger im Wege der Zwangsvollstreckung aus dem Grundstücke befriedigt, so erlischt die Hypothek. § 1181. Ob auch die Forderung erlischt oder auf den Eigentümer übergeht, ist streitig. In 2. Lesung ist als sachlich richtig anerkannt, daß der Eigentümer im Falle des § 1181 gemäß § 1143 die Forderung gegen den persönlichen Schuldner erwerbe. P. 8597. An diesem Satze wird, obwohl er in das Gesetz nicht aufgenommen ist, mit Rücksicht auf die entsprechenden Vorschriften der §§ 774, 1225, 1247 festzuhalten sein. Fuchs S. 460 A. 2. Neumann § 1143 A. 6, § 1181 A. III, 1. Planck S. 511 A. 2c. Turn.-Först. I S. 700 A. 2. Biermann S. 400 A. 3. AM. Mittelstein S. 214 A. 1. Wenn der Gläubiger durch Vertrag dem Schuldner die Schuld erläßt oder anerkennt, daß das

Schuldverhältnis nicht besteht, so erlischt das Schuldverhältnis (§ 397); der Eigentümer erwirbt alsdann nur die Hypothek. § 1163 Abs. 1 Satz 2.

4. Hypothek des Eigentümers. a, Auf den befriedigenden Eigentümer (A. 1, 2) geht im Zeitpunkte der Befriedigung kraft Gesetzes mit der Forderung auch die Hypothek über. § 1153. Das Verfügungsrecht des befriedigten Gläubigers erlischt. Will aber der Eigentümer dagegen geschützt sein, daß der bisherige Gläubiger über die Forderung, soweit sie ihm nicht mehr zusteht, zugunsten eines redlichen Dritten wirksam verfügt, so muß er die Buchhypothek auf seinen Namen umschreiben lassen und bei der Briefhypothek die Aushändigung des Hypothekenbriefs und der sonstigen Urkunden, die zur Berichtigung des Grundbuchs erforderlich sind, erwirken. §§ 1144, 1145, 1155.

b, Klagt der Eigentümer die durch Befriedigung des Gläubigers erworbene persönliche Forderung gegen den Schuldner ein, so hat er nur die Befriedigung des Gläubigers, nicht auch nachzuweisen, daß er einen Ersatzanspruch gegen den Schuldner hat. Der persönliche Schuldner kann aber außer den Einwendungen, die nach den für die Abtretung gegebenen Vorschriften (§§ 412, 404, 406—408) zulässig sind, alle Einwendungen aus dem zwischen ihm und dem Eigentümer bestehenden Rechtsverhältnisse geltend machen. § 774 Abs. 1. Es regelt sich also die Stellung zwischen dem Eigentümer und dem persönlichen Schuldner lediglich nach dem zwischen ihnen bestehenden Rechtsverhältnis. Der Schuldner kann daher die persönliche Klage des Eigentümers durch den Nachweis abwehren, daß dieser ihm gegenüber zur Tragung der Schuld verpflichtet sei. P. 4498.

c, Die Hypothek wird als solche, nicht als Grundschuld erworben. Solange aber die Vereinigung des Eigentums und des Gläubigerrechts besteht, bestimmen sich die Rechte des Eigentümers aus der Hypothek nach den für die Eigentümergrundschuld geltenden Vorschriften des § 1197. § 1177 Abs. 2. Vgl. A. 7.

d, „Der Übergang kann nicht zum Nachteile des Gläubigers geltend gemacht werden." § 774 Abs. 1 Satz 2. Die Forderung geht auf den Eigentümer nur über, soweit er den Gläubiger befriedigt. Bei teilweiser Befriedigung hat der Gläubiger für seine Restforderung das Vorrecht vor dem auf den Eigentümer übergegangenen Forderungsteil.

e, Hat der Eigentümer die Hypothekenforderung erworben, so wird sein Gläubigerrecht durch Veräußerung des Grundstücks nicht berührt. Auch nach der Veräußerung kann er die Hypothek umschreiben lassen oder anderweit über sie verfügen.

5. Eine Einschränkung erleidet der Übergang der Hypothek durch § 1178.

6. Ob die Hypothek eine gewöhnliche oder eine Sicherungshypothek oder eine Höchstbetragshypothek (§ 1190) ist, begründet für die Anwendung des § 1143 keinen Unterschied. § 1185 Abs. 2. Für die Hypothekenvormerkung gilt § 1143 nicht. Biermann S. 343 A. 5. AM. Turn.-Först. I S. 703.

7. Abgesehen von der Befugnis, gegen den Schuldner mit der persönlichen Klage die Forderung einzuklagen (A. 4 c), kann der Eigentümer die Rechte eines Hypothekengläubigers erst geltend machen, wenn er die Forderung oder das Grundstück auf einen anderen übertragen hat. Solange die Vereinigung besteht, bestimmen sich seine Rechte nach den für eine Grundschuld des Eigentümers geltenden Vorschriften. § 1177 Abs. 2. Er kann nicht die Zwangsvollstreckung zum Zwecke seiner Befriedigung betreiben; Zinsen gebühren ihm nur für die Dauer einer auf Antrag eines anderen angeordneten Zwangsverwaltung, da ihm nur für diese Zeit die Einkünfte des Grundstücks entzogen sind. § 1197. M. 734.

8. Für die Gesamthypothek (§ 1132) gelten nach § 1143 Abs. 2 die Vorschriften des § 1173. Erfolgt in solchem Falle die Befriedigung des Gläubigers nur wegen eines Teilbetrages der Hypothek, so findet § 1176 Anwendung.

9. Für Grund- und Rentenschulden versagt § 1143, da diese eine Forderung nicht voraussetzen. Es waltet aber Einverständnis darüber ob, daß der Eigentümer durch Zahlung des Grundschuldkapitals oder des Ablösungskapitals die Grund- und Rentenschuld erwirbt. Eine neben der Grundschuld etwa bestehende persönliche Forderung kann nur durch besondere Abtretung auf den Eigentümer übertragen werden. Biermann S. 343 A. 5. Boehm S. 205. Turn.-Först. I S. 703 A. 5.

§ 1144.

Der Eigentümer kann gegen Befriedigung des Gläubigers die Aushändigung des Hypothekenbriefs und der sonstigen Urkunden verlangen, die zur Berichtigung des Grundbuchs oder zur Löschung der Hypothek erforderlich sind.

---

1. Die Befugnis aus den §§ 1144, 1145 steht dem Eigentümer auch dann zu, wenn er zugleich der persönliche Schuldner ist, selbst in den Fällen, wenn nur der persönliche Anspruch gegen ihn geltend gemacht ist oder wenn für seine Schuld von einem anderen Hypothek bestellt war und er erst später das Grundstück erworben hat. M. 731.

2. Als Urkunden, deren Aushändigung der Eigentümer verlangen kann, kommen in Betracht Quittung, Löschungsbewilligung, Umschreibungsbewilligung, Anerkenntnis des kraft Gesetzes erfolgten Überganges und, falls der Gläubiger nicht im Grundbuche eingetragen ist, diejenigen Urkunden, auf Grund deren der Eigentümer die Eintragung des Gläubigers erlangen kann. Soll auf Grund der Quittung die Umschreibung erfolgen, so muß aus der Quittung hervorgehen, wer den Gläubiger befriedigt hat, auch ob der befriedigende Eigentümer der persönliche Schuldner war oder nicht, da im ersteren Falle die Hypothek sich in eine Grundschuld verwandelt. OLG. Braunschweig, ROLG. 2 S. 320. RG. 26 S. A 149. (AM. KG. 20 S. A 283.) Planck S. 514 A. 3 b. Biermann S. 344 A. 2 a. Zur Löschung genügt es, wenn die Quittung nur den Namen des Zahlenden angibt. Die Verpflichtung zur Ausstellung einer Abtretungsurkunde ist dem Gläubiger nicht auferlegt. Einer Vereinbarung zwischen dem Gläubiger und dem Eigentümer, nach welcher der erstere sich verpflichtet, die Hypothek an einen vom Eigentümer zu benennenden Dritten abzutreten, steht nichts entgegen. Auch wird mit Rücksicht auf § 1157 Satz 2 diese Vereinbarung für eintragungsfähig zu erachten sein. Planck S. 515 A. 4. Biermann S. 345 A. 2 c. Oberneck in Gruch. 47 S. 321. AM. KG. 20 S. A 308. Turn.-Först. I S. 750. Sind die auszuhändigenden Urkunden nicht im Besitze des Gläubigers, so ist es dessen Sache, sie sich zu verschaffen. Die Aushändigung muß erfolgen Zug um Zug bei der Befriedigung. Geschieht dies nicht, so kommt der Gläubiger in Annahmeverzug. § 298. Dem Eigentümer steht an dem dem Gläubiger zur Befriedigung angebotenen Betrag, bis die ihm gebührende Leistung bewirkt ist, ein Zurückbehaltungsrecht zu. § 273 Abs. 1. Hat der Eigentümer bereits geleistet, sei es durch Zahlung, sei es durch Hinterlegung (§ 372, 378), so kann er auf Aushändigung des Briefes klagen. Ist der Brief abhanden gekommen, so muß er im Wege des Aufgebotsverfahrens für kraftlos erklärt werden. § 1162. Der Erwerb der Hypothek durch den Eigentümer ist von der Aushändigung des Briefes unabhängig. Im Fall der teilweisen Befriedigung des Gläubigers fällt dessen Verpflichtung zur Aushändigung des Briefes fort. § 1145.

3. Kosten: §§ 369, 897. Der § 403 findet keine Anwendung. RG. 48 S. 56. Die Kosten einer löschungsfähigen Quittung hat der Eigentümer zu tragen (§ 368). OLG. Hamburg, ROLG. 6 S. 271.

4. Die §§ 1144, 1145 gelten auch für die Grundschuld und finden entsprechende Anwendung in den Fällen der §§ 1150, 1167 sowie im Falle der §§ 31 Abs. 2, 40, 52 des Hypothekenbankgesetzes v. 13. Juli 1899 (RGBl. S. 375).

§ 1145.

Befriedigt der Eigentümer den Gläubiger nur teilweise, so kann er die Aushändigung des Hypothekenbriefs nicht verlangen. Der Gläubiger ist verpflichtet, die teilweise Befriedigung auf dem Briefe zu vermerken und den Brief zum Zwecke der Berichtigung des Grundbuchs oder der Löschung dem Grundbuchamt oder zum Zwecke der Herstellung eines Teilhypothekenbriefs für den Eigentümer der zuständigen Behörde oder einem zuständigen Notare vorzulegen.

Die Vorschrift des Abs. 1 Satz 2 gilt für Zinsen und andere Nebenleistungen nur, wenn sie später als in dem Kalendervierteljahr, in welchem der Gläubiger befriedigt wird, oder dem folgenden Vierteljahre fällig werden. Auf Kosten, für die das Grundstück nach § 1118 haftet, findet die Vorschrift keine Anwendung.

„D. Recht" 1902 S. 194.

---

1. Im Falle der teilweisen Befriedigung kann der Eigentümer (§ 1144 A. 1) Zug um Zug mit der Befriedigung (§ 1144 A. 2) zwar Aushändigung der übrigen zur Berichtigung des Grundbuchs oder zur Löschung des Teilbetrages der Hypothek erforderlichen Urkunden, nicht aber die Aushändigung des Hypothekenbriefes verlangen. Bezüglich des letzteren kann er nur den Vermerk der Teilbefriedigung und Vorlegung des Briefes an das GBA. oder einen Notar beanspruchen. Für den Vermerk der Teilbefriedigung genügt zur Ausschließung der Berufung auf die §§ 892, 893 (§ 1140) eine Privatquittung. Soll eine Eintragung im Grundbuche erfolgen, so muß der Vermerk gemäß § 29 GBO. beglaubigt sein. Der Vorbehalt des Vorrechts für den dem Gläubiger verbleibenden Überrest ist mit Rücksicht auf § 1176 entbehrlich. Herstellung des Teilhypothekenbriefs: GBO. § 61.

2. Ein Verzicht des Eigentümers auf das Recht, die Hypothek bei teilweiser Befriedigung teilweise löschen zu lassen, ist unwirksam. Satzungsmäßige Vorschriften, welche für die am 1. Januar 1900 bestehenden landschaftlichen Kreditanstalten die Löschung bis zur völligen Tilgung des von ihnen dargeliehenen Kapitals verbieten, sind wirksam und eintragungsfähig. Art. 167. KG. 20 S. A 206.

3. Nebenleistungen. Befriedigt der Eigentümer den Gläubiger wegen Kosten (§ 1118) oder wegen Zinsen und anderer Nebenleistungen, die nicht später als in dem auf die Befriedigung folgenden Kalendervierteljahr fällig werden, so kann er weder die Aushändigung des Briefes und der sonstigen zur Berichtigung des Grundbuchs oder zur Löschung erforderlichen Urkunden, noch einen Vermerk auf dem Briefe, noch Vorlegung des Briefes bei dem GBA. noch Herstellung eines Teilhypothekenbriefes verlangen. Diese Befriedigungen werden im Grundbuch überhaupt nicht vermerkt, und der Vermerk der Teilbefriedigung auf dem Briefe ist deshalb entbehrlich, weil im Falle der Abtretung der Hypothekenforderung der Eigentümer auch dem gutgläubigen Erwerber gegenüber sich auf die Teilbefriedigung berufen kann. §§ 1158, 1159. Die Zahlung von Zinsen und Nebenleistungen, die später als in dem auf seine Befriedigung folgenden Vierteljahr fällig werden, hat der Gläubiger auf dem Hypothekenbriefe zu vermerken.

§ 1146.

Liegen dem Eigentümer gegenüber die Voraussetzungen vor, unter denen ein Schuldner in Verzug kommt, so gebühren dem Gläubiger Verzugszinsen aus dem Grundstücke.

1. Die Voraussetzungen des Verzuges regeln die §§ 284, 285. Liegen diese Voraussetzungen dem Eigentümer gegenüber vor, so ist er verpflichtet, dem Gläubiger Verzugszinsen zu zahlen, aber nur „aus dem Grundstücke". Stehen dem Gläubiger aus diesem Verzuge noch weitere Schadensersatzansprüche zu, so haftet für sie das Grundstück überhaupt nicht, vielmehr können solche Ansprüche gegen den Eigentümer nur mit der persönlichen Klage geltend gemacht werden. M. 790. Fuchs S. 466 A. 3. Planck S. 518 A. 3. Turn.-Först. I S. 707 A. 2. Wegen der Haftung des Eigentümers für Prozeßzinsen (§ 291) s. § 1118 A. 1. Befindet sich außer dem Eigentümer auch der mit ihm nicht identische persönliche Schuldner im Verzuge, so können Verzugszinsen nur einmal gefordert werden.

2. Verzugszinsen können nicht neben Vertragszinsen, sondern nur statt geringerer Vertragszinsen gefordert werden. Sie betragen 4 v. H. und können vom 1. Januar 1900 ab nur in dieser Höhe gefordert werden, auch wenn der Verzug vorher eingetreten ist. RG. 46 S. 82; JW. 1900 S. 269. Von Zinsen sind Verzugszinsen nicht zu entrichten. § 289.

3. Der § 1146 gilt auch für Sicherungshypotheken und Grundschulden, bei Rentenschulden aber nur für die Ablösungssumme. §§ 1200, 289.

*§ 1147.

Die Befriedigung des Gläubigers aus dem Grundstück und den Gegenständen, auf die sich die Hypothek erstreckt, erfolgt im Wege der Zwangsvollstreckung.

„D. Recht" 1901 S. 171.

I. Die dingliche Klage 1. Aktivlegitimation. a, Ist der Kläger als Hypothekengläubiger im Grundbuch eingetragen, so genügt zur Begründung der Klagelegitimation der Hinweis auf die Eintragung. Auch das Bestehen der persönlichen Forderung braucht der Kläger nicht zu beweisen, da ihm die Vermutung aus §§ 891, 1138 zur Seite steht; es ist Sache des Beklagten, im Wege der Einrede das Nichtbestehen der persönlichen Forderung nachzuweisen. Die Vermutung gilt aber nur für die dingliche Klage. Klagt der Gläubiger mit der persönlichen Klage, so hat er die Forderung im Bestreitungsfalle stets zu beweisen. Bei der Sicherungshypothek kann der Gläubiger sich zum Beweise der Forderung nicht auf die Eintragung berufen, muß vielmehr zur Führung seiner Aktivlegitimation die Forderung, zu deren Sicherung die Hypothek bestimmt ist, nachweisen. § 1184.

Bei der Briefhypothek bedarf es zur Begründung der Klage der Vorlegung des Briefes nicht. Der Beklagte kann aber, wenn der Gläubiger nicht den Brief vorlegt, der Geltendmachung der Hypothek widersprechen. § 1160. Hat der Eigentümer den Brief noch nicht ausgehändigt, so kann der Gläubiger auf Übergabe klagen, diese Klage auch mit der Klage aus der Hypothek verbinden. Hat sich der Eigentümer widerrechtlich in den Besitz des Briefes gesetzt, nachdem dieser dem Gläubiger übergeben war, so kann der Gläubiger ohne weiteres die Klage auf Zahlung erheben. RG. 37 S. 316.

b, Ist der Kläger als Hypothekengläubiger im Grundbuche nicht eingetragen, so hat er bei der Briefhypothek seine Klagelegitimation gemäß § 1155 nachzuweisen, wenn die Klage nicht nur auf Rückstände von Zinsen oder anderen Nebenleistungen oder auf Erstattung von Kosten gerichtet ist. §§ 1160, 1159. Bei der Buchhypothek kann eine auf Rechtsgeschäft beruhende Sonderrechtsnachfolge nur durch Eintragung im Grundbuche eintreten. §§ 1154 Abs. 3, 873. Beruht der Erwerb auf Erbfolge oder allgemeiner Gütergemeinschaft, oder liegt ein Eintritt kraft Gesetzes vor (§§ 268, 426, 774, 1143), so bedarf es der Vorlegung der den Eigentumsübergang beweisenden Urkunden. Das Erbieten zur Quittungsleistung (§ 368) ist zur Begründung der Klage nicht erforderlich. RG. Gruch. 38 S. 990.

2. Passiv legitimiert ist der Eigentümer des Grundstücks; wenn die Hypothek nur auf dem Anteile eines Miteigentümers haftet, der Miteigentümer. RG. 20 S. 270, JW. 97 S. 593. Mehrere Miteigentümer sind als Gesamtschuldner in Anspruch zu nehmen. RG. JW. 1902 S. 198. Ist der Eigentümer im Grundbuche eingetragen, so genügt der Hinweis auf die Eintragung (§ 1148); ist er nicht eingetragen (Erbe), so hat Kläger das Eigentum nachzuweisen. Der Nachweis wird durch § 1148 erleichtert. Ist der Eigentümer im Konkurs, so geht die Klage gegen den Konkursverwalter. KO. § 6 Abs. 2. RG. JW. 1901 S. 183.

3. Klageantrag und Urteilstenor müssen erkennbar machen, daß es sich um einen dinglichen Anspruch handelt. Wegen der Formulierung und der Entscheidung des Kostenpunkts vgl. S. 148 A. 7. In 2. Lesung ist anerkannt, daß die Fassung des § 1147 die Beibehaltung der in großen Rechtsgebieten üblichen Formulierung des Antrags der hypothekarischen Klage des Tenors des auf diese ergehenden Urteils gestattet. P. 4424. Wenn das Urteil den dinglichen Anspruch feststellt, so ist die Zwangsvollstreckung in das Grundstück auch dann zulässig, wenn nach Zustellung der Klage ein Wechsel in der Person des Eigentümers eintritt. § 135 ZwVG. §§ 17, 20, 23. Auf Grund des persönlichen Schuldtitels kann der Gläubiger die Zwangsvollstreckung des Grundstücks nur dann beantragen, wenn bis zur Einleitung der Zwangsvollstreckung ein Wechsel im Eigentum des Grundstücks nicht stattfindet. ZPO. § 866.

4. Ausschließlich zuständig für die dingliche Klage ist das Gericht, in dessen Bezirke das Grundstück belegen ist. ZPO. § 24. In dem dinglichen Gerichtsstande kann mit der Klage aus der Hypothek auch die Schuldklage erhoben werden, wenn die verbundenen Klagen gegen denselben Beklagten gerichtet sind und dieselbe Prozeßart zulässig ist. ZPO. §§ 25, 260. Das Gericht kann aber anordnen, daß die in einer Klage verbundenen Ansprüche in getrennten Prozessen verhandelt werden. ZPO. § 145.

Der dingliche Anspruch kann auch im Urkundenprozesse und im Mahnverfahren geltend gemacht werden. ZPO. §§ 592, 688.

Ist der beklagte Eigentümer auch der persönliche Schuldner, so wird durch die Erhebung der dinglichen Klage auch die Verjährung der persönlichen Forderung unterbrochen. § 209. RG. Gruch. 34 S. 939.

5. Einreden gegen die dingliche Klage: § 1137.

II. Die Zwangsvollstreckung zum Zwecke der Befriedigung des Gläubigers aus dem Grundstück erfolgt durch Zwangsversteigerung und durch Zwangsverwaltung. ZPO. § 866.

6. Gegenstand der Zwangsvollstreckung in das unbewegliche Vermögen sind außer den Grundstücken die Berechtigungen, für welche die sich auf Grundstücke beziehenden Vorschriften gelten. ZPO. § 864 Abs. 1. Haftet die Hypothek nur auf dem Bruchteil eines Grundstücks, so ist die Zwangsvollstreckung nur in diesem Bruchteil zulässig. Der Gläubiger darf nur die ganze ihm verpfändete Sache zum Gegenstande seiner Befriedigung machen; die Befugnis, sich an einzelne Teile der Pfandsache zu halten, steht ihm nicht zu. Jäckel, ZwVG. S. 484.

7. Diejenigen Gegenstände, auf welche sich nach §§ 1120—1130 die Hypothek erstreckt, unterliegen, soweit sie Zubehör sind, nur der Immobiliarvollstreckung. Ihre Pfändung ist ausgeschlossen. Der verbotswidrig erfolgten Pfändung können die Hypothekengläubiger gemäß § 766 ZPO. widersprechen. Abgesehen von den Zubehörstücken sind die bezeichneten Gegenstände auch der Mobiliarvollstreckung unterworfen. Letztere kann auch zugunsten der Hypothekengläubiger erfolgen und haben diese die freie Wahl, ob sie sich an das Grundstück selbst oder an die mitbelasteten Gegenstände halten wollen Die Unterwerfung unter die Mobiliarvollstreckung dauert

aber nur so lange, als die Gegenstände noch nicht gemäß §§ 22, 148, 151 ZwVG. im Wege der Immobiliarvollstreckung in Beschlag genommen sind. ZPO. § 865.

8. Voraussetzungen der Zwangsvollstreckung: ZPO. §§ 704—752, 794—801. ZwVG. §§ 15—18, 146, 147.

9. Der vertragsmäßige Ausschluß des dem Gläubiger zustehenden Rechtes auf Zwangsvollstreckung würde wirkungslos sein. Auch die Vereinbarung, daß der Gläubiger nur durch Zwangsverwaltung, nicht auch durch Zwangsversteigerung Befriedigung zu suchen befugt sein solle, ist unzulässig, weil sie zur Schaffung einer — nach BGB. unstatthaften — Revenüenhypothek führen würde. Fuchs S. 388 A. 1 b. Planck S. 522. Biermann S. 298 A. 2.

10. Der § 1147 gilt auch für die Grundschuld. Ausgeschlossen ist seine Anwendbarkeit bei den Eigentümerhypotheken und Eigentümergrundschulden. §§ 1177, 1197.

11. Vorbehaltene Landesgesetze. a, Nach Art. VIII EG. z. dem Ges. betr. Änderungen der ZPO. v. 17. Mai 1898 (RGBl. S. 332) bleiben die landesgesetzlichen Vorschriften über die Vollstreckbarkeit von Hypothekenurkunden in Ansehung der Hypotheken in Kraft, welche schon zu der Zeit bestehen, zu welcher das Grundbuch als angelegt anzusehen ist.

b, Unberührt bleiben die landesgesetzlichen Vorschriften, nach welchen gewisse Forderungen, die im öffentlichen Rechte sich gründen oder einer der Landesgesetzgebung vorbehaltenen Materie angehören, durch Zwangsversteigerung nicht beigetrieben werden können. (Preußen: Anlage.)

§ 1148.

Bei der Verfolgung des Rechtes aus der Hypothek gilt zugunsten des Gläubigers derjenige, welcher im Grundbuch als Eigentümer eingetragen ist, als der Eigentümer. Das Recht des nicht eingetragenen Eigentümers, die ihm gegen die Hypothek zustehenden Einwendungen geltend zu machen, bleibt unberührt.

---

1. Die Passivlegitimation des als Eigentümer Eingetragenen ist dem Hypothekengläubiger gegenüber immer begründet, gleichviel wann und aus welchem Rechtsgrunde seine Eintragung stattgefunden hat, ob er der wahre Eigentümer ist oder nicht, ob dem Gläubiger das Nichteigentum bekannt oder unbekannt ist und ob das Hypothekenrecht gegen ihn im Wege der gerichtlichen Zwangsvollstreckung (§ 1147) oder außergerichtlich verfolgt wird, auch dann, wenn ein Widerspruch gegen das Eigentum im Grundbuch eingetragen ist.

2. Dem gegen den Eingetragenen ergangenen Urteil ist nicht Rechtskraft gegen den wahren Eigentümer beigelegt. Ihm bleibt die Geltendmachung aller Einwendungen und Einreden, die ihm gegen die Hypothek zustehen, gewahrt. Er kann aber nicht den Gläubiger durch Berufung auf § 750 ZPO. zwingen, gegen ihn von neuem Klage auf Duldung der Zwangsvollstreckung zu erheben, hat vielmehr seine Einwendungen und Einreden mit der Klage aus § 767 ZPO. oder durch Nebenintervention (ZPO. §§ 66 ff.) geltend zu machen. P. 4429, 4430.

3. Die Vorschrift gilt nur zugunsten des Gläubigers; diesem steht es also auch frei, die Klage gegen den wahren Eigentümer zu richten. Bei Geltendmachung des persönlichen Anspruchs versagt § 1148, doch besteht für den Kläger die Vermutung des § 891.

4. Der § 1148 gilt auch für die Grundschuld.

§ 1149.

Der Eigentümer kann, solange nicht die Forderung ihm gegenüber fällig geworden ist, dem Gläubiger nicht das Recht einräumen, zum Zwecke der Befriedigung die Übertragung des Eigentums an dem Grundstücke zu verlangen oder die Veräußerung des Grundstücks auf andere Weise als im Wege der Zwangsvollstreckung zu bewirken.

---

1. Die Vereinbarungen der Verwirkung (lex commissoria) und des Privatverkaufs, wenn sie getroffen werden, bevor die Forderung dem Eigentümer (nicht bloß dem persönlichen Schuldner) gegenüber fällig geworden ist, sind nichtig (M. 680), entbehren also nicht nur der dinglichen, sondern auch der obligatorischen Wirkung, können daher auch kein zulässiger Gegenstand einer Vormerkung sein. Der § 1149 bezieht sich aber nicht auf den Fall, wenn der Veräußerer sich den Rückfall des Eigentums unter der Bedingung, daß der Erwerber das durch Hypothek zu sichernde Kaufgeld nicht pünktlich zahlen würde, vorbehalten hat. M. 681. Ein formgerecht (§ 313) geschlossener Vertrag dieses Inhalts verpflichtet den Erwerber unter der angegebenen Voraussetzung, das Grundstück an den Veräußerer zurückaufzulassen. Biermann S. 351 A. 3. Auch der Gültigkeit einer Verabredung, durch welche der Eigentümer dem Gläubiger das Recht einräumt, das Grundstück für einen bestimmten Preis noch vor der Fälligkeit der Forderung zu erwerben, steht § 1149 nicht entgegen. Turn.-Först. I S. 713 A. 1. Biermann S. 351 A. 3. Fuchs S. 472 A. 3. Planck S. 525 A. 2. Ungültig dagegen ist eine Vereinbarung, der zufolge ein Hypothekengläubiger für den Fall, daß er nicht rechtzeitig befriedigt wird, berechtigt sein soll, das belastete Grundstück zum Zwecke seiner Befriedigung als Bevollmächtigter des Eigentümers im Wege der freiwilligen Versteigerung zu veräußeru. Bayr. Oberst. LG., KG. 25 S. A 335. RJA. 3 S. 194.

2. Nach Fälligkeit der Forderung können beide Vereinbarungen getroffen werden. M. 681. Sie bedürfen aber zur Gültigkeit der gerichtlichen oder notariellen Beurkundung. § 313. RG. 50 S. 163. Liegt diese vor, so kann bei Vereinbarung der lex commissoria der Gläubiger vom Eigentümer die Auflassung des Grundstücks fordern. Die Ausführung der Vereinbarung des Privatverkaufs erfolgt in der Weise, daß der Eigentümer dem Erwerber auf Grund des zwischen diesem und dem Gläubiger geschlossenen Veräußerungsvertrags die Auflassung erteilt (AM. Fuchs S. 473 A. 4a), wozu ihn der Gläubiger anhalten kann. ZPO. § 894. Die Zuziehung des persönlichen Schuldners zur Veräußerung ist nicht erforderlich. Entsprechende Anwendung des § 1166 erscheint zulässig. Turn.-Först. I S. 714 A. 2. AM. Fuchs S. 534 A. 1. Der Eigentümer kann auch dem Gläubiger zur Auflassung an den Dritten Vollmacht erteilen. § 671. Zur Legitimation des Gläubigers dem GBA. gegenüber bedarf die Vollmacht der Form des § 29 GBO.

Dingliche Wirkung hat keiner der in § 1149 bezeichneten Verträge. Doch kann zur Erfüllung der (zulässigen) Vereinbarung der lex commissoria eine Vormerkung eingetragen werden. § 883.

3. Der § 1149 gilt auch für die Grundschuld.

§ 1150.

Verlangt der Gläubiger Befriedigung aus dem Grundstücke, so finden die Vorschriften der §§ 268, 1144, 1145 entsprechende Anwendung.

---

1. Der § 268 regelt das sog. Ablösungsrecht (jus offerendi). Die in § 1150 angeordnete entsprechende Anwendung dieser Bestimmung auf den Fall, daß

der Gläubiger Befriedigung aus dem Grundstück verlangt, führt zu folgenden Grundsätzen.

2. Der Verpflichtete. Das Ablösungsrecht findet statt **a**, gegen den legitimierten Hypothekengläubiger, der die Befriedigung aus dem Grundstück verlangt. Erhebung der Klage oder Betreiben der Zwangsversteigerung des Grundstücks ist nicht erforderlich, auch nicht Fälligkeit der Forderung. Es genügt, daß der Gläubiger gerichtlich oder außergerichtlich, zB. durch Kündigung oder Mahnung, mit dem Verlangen der Befriedigung aus dem Grundstücke oder aus den nach §§ 1120—1130 mithaftenden Gegenständen hervortritt. P. 4435; **b**, gegen den die Zwangsversteigerung des Grundstücks betreibenden persönlichen Gläubiger. P. 4436.

3. Der Berechtigte. Das Ablösungsrecht steht einem jeden zu, der durch die Zwangsvollstreckung der Gefahr ausgesetzt ist, sein Recht an dem Grundstücke oder den — auch nur mittelbaren — Besitz des Grundstückes oder der mithaftenden Gegenstände zu verlieren. M. 692. In Betracht kommen also außer den nachstehenden Hypothekengläubigern auch die vorgehenden Berechtigten, da deren Ansprüche wegen älterer Rückstände dem Anspruche des betreibenden Gläubigers nachstehen (ZwVG. § 10 Nr. 8), ferner Mieter und Pächter (P. 4435) wegen des nach § 57 ZwVG. dem Ersteher zustehenden gesetzlichen Kündigungsrechts. Vom Widerspruche des Schuldners ist das Befriedigungsrecht unabhängig. Bürge: § 774. Der betreibende Personalgläubiger hat kein Recht am Grundstück, also auch kein Ablösungsrecht gegen einen anderen betreibenden Gläubiger. Jäckel, ZwVG. § 23 A. 9.

Eine Bestimmung über die Frage zu geben, wem unter mehreren Ablösungsberechtigten der Vorzug gebührt, ist nicht für erforderlich erachtet. M. 692. Mit Biermann S. 352 A. 1 b und Oberneck S. 577 wird anzunehmen sein, daß die Zeitfolge entscheidet, und daß als maßgebender Zeitpunkt derjenige in Betracht kommt, in dem die Erklärung des Ablösungsberechtigten gegenüber dem Gläubiger abgegeben ist. Nach Fuchs S. 477 A. 6 d ist als maßgebender Zeitpunkt der der Einigung zwischen dem Gläubiger und dem Ablösenden anzusehen. Nach Planck S. 526 A. 2 schließt derjenige Ablösungsberechtigte, der zuerst den Gläubiger befriedigt, die übrigen aus. Jäckel (ZwVG. § 75 A. 2) nimmt an, daß der Vorzug demjenigen gebührt, der nach der Rangstellung seines Rechtes die übrigen ausschließt, daß aber derjenige, der nur Gefahr läuft, den Besitz zu verlieren, in letzter Reihe steht.

4. Wirkung. Mit der Befriedigung, die nicht nur durch Zahlung, sondern auch durch Aufrechnung einer dem Leistenden gegen den Gläubiger zustehenden Forderung (§§ 387—396) oder durch Hinterlegung (§§ 372—386) herbeigeführt werden kann, geht die Forderung des befriedigten Gläubigers und mit ihr die dafür bestehende Hypothek kraft Gesetzes auf den Befriedigenden über, ohne daß die Abtretung oder Überweisung oder die Eintragung erforderlich ist. P. 4437. Eine Gesamthypothek geht, abweichend von § 1173, unter Forthaftung aller mithaftenden Grundstücke über, vorausgesetzt, daß der Gläubiger Befriedigung aus dem Grundstücke verlangt hat, an welchem der Befriedigende ein Recht oder den Besitz hat. Biermann S. 352 A. 2. Turn.-Först. I S. 718 A. 10. Wird nur ein Teil der Forderung abgelöst, so bleibt dem Gläubiger für die Restforderung der Vorrang vorbehalten. M. 693. P. 4437.

Zum Schutze dem gutgläubigen Erwerber gegenüber (§ 892) hat der Befriedigende bei der Buchhypothek den Übergang eintragen zu lassen, während bei der Briefhypothek die Aushändigung des Briefes oder eines Teilhypothekenbriefs genügt. §§ 1144, 1145. Der Befriedigte ist verpflichtet, dem Befriedigenden die zur Berichtigung des Grundbuchs erforderlichen Urkunden zu verschaffen. § 894.

Zahlt nach dem Beginne der Zwangsversteigerung der Schuldner oder ein Dritter, der nach §§ 1142, 1150, 268 berechtigt ist, den Gläubiger zu befriedigen, den zur

Befriedigung und zur Deckung der Kosten erforderlichen Betrag an das Gericht, so wird das Verfahren einstweilen eingestellt. ZwVG. § 75.

5. Der § 1150 findet auch auf die Grundschuld Anwendung.

§ 1151.

Wird die Forderung geteilt, so ist zur Änderung des Rangverhältnisses der Teilhypotheken unter einander die Zustimmung des Eigentümers nicht erforderlich.

---

1. Teilhypotheken haben, wenn nichts anderes bestimmt ist, gleichen Rang. Erfordernisse einer Rangänderung ergeben sich aus § 880. Von dieser Vorschrift ist in § 1151 eine Ausnahme dahin gemacht, daß die Änderung des Rangverhältnisses der Teilhypotheken untereinander von der Zustimmung des Eigentümers unabhängig ist. Diese Bestimmung gilt nicht nur bei der ersten, sondern auch bei jeder späteren Rangänderung. Fuchs S. 479 A. 4. Sie findet insbesondere Anwendung im Falle der Teilabtretung, gleichviel ob dem abgetretenen Teile der Vorrang vor dem Überrest eingeräumt wird oder umgekehrt. Im Falle des Übergangs kraft Gesetzes erhält der dem bisherigen Gläubiger verbleibende Teil den Vorrang vor dem anderen Teile; so zB. in den Fällen der §§ 268, 426, 774, 1143, 1150, 1164, 1174, 1176.

2. Wenn im Wege der Zwangsvollstreckung eine Forderung nicht zu ihrem ganzen Betrage gepfändet und überwiesen wird, so ist dem Gläubiger auf dessen Antrag für den ihm zukommenden Teil das Vorzugsrecht vor dem Überrest zu überweisen. Die Eintragung des Vorzugsrechts darf aber nur dann erfolgen, wenn es im Überweisungsbeschluß hervorgehoben ist, da über die Art der Überweisung allein der Prozeßrichter zu entscheiden hat. Turn.-Först. I S. 563, 718 A. 2.

3. Wird eine Forderung ungeteilt an mehrere Personen abgetreten, so findet nicht § 1151, sondern § 420 Anwendung. Es ist also im Zweifel jeder Gläubiger zu einem gleichen Anteile mit gleichem Range berechtigt.

4. Teilung des Zinssatzes: § 1119.

5. Der § 1151 findet auch auf die Grundschuld Anwendung.

§ 1152.

Im Falle einer Teilung der Forderung kann, sofern nicht die Erteilung des Hypothekenbriefs ausgeschlossen ist, für jeden Teil ein Teilhypothekenbrief hergestellt werden; die Zustimmung des Eigentümers des Grundstücks ist nicht erforderlich. Der Teilhypothekenbrief tritt für den Teil, auf den er sich bezieht, an die Stelle des bisherigen Briefes.

„D. Recht" 1901 S. 193.

---

1. Die Vorschrift findet überall Anwendung, wo die Hypothekenforderung in Teile zerfällt, sei es, daß von vornherein mehrere Gläubiger vorhanden sind oder daß eine Teilung der Forderung durch Erbgang oder durch rechtsgeschäftliche Verfügung eintritt. M. 761. Notwendig ist die Bildung eines Teilbriefs nicht. Es hängt von den Beteiligten ab, ob ein Teilbrief gebildet werden soll oder nicht, doch muß, wenn die Bildung unterbleibt, dem Erwerber der Teilhypothek der Mitbesitz an dem Hypothekenbriefe eingeräumt werden. § 1154. KG. 21 S. A 330; RJA. 2 S. 83. Eine Teilung ohne bestimmte Teile ist überhaupt nicht buchungsfähig; die Herstellung eines Teilbriefs in solchem Falle ist unausführbar. KG. RJA. 3 S. 107.

2. Zu dem Antrage auf Herstellung des Teilbriefs ist jeder Teilhypothekengläubiger legitimiert; die Einigung zwischen dem Stammgläubiger und dem Teilgläubiger ist — gegen Fuchs S. 479 A. 2, 4, 6 — nicht erforderlich. Biermann S. 354 A. 1. Planck S. 528 A. 2.

3. Herstellung des Teilbriefs: GBO. § 61. Die Eintragung der Herstellung im Grundbuche unterbleibt.

4. Aus der Selbständigkeit des Teilbriefs folgt, daß alle den Hypothekenbrief betreffenden Bestimmungen auch für den Teilbrief gelten. Es bedarf also, wenn der gebildete Teilbrief nachträglich wieder ausgeschlossen werden soll, hierzu nach § 1116 Abs. 2 nur der Einigung des Eigentümers mit dem Teilgläubiger, nicht auch der Zustimmung der Inhaber der anderen Teilbriefe. M. 762. Biermann S. 354 A. 1. Turn.-Först. I S. 719 A. 3. Planck S. 528 A. 2. AM. (nur „Einigung der beteiligten Gläubiger") Fuchs S. 480 A. 7.

5. Wird eine Buchhypothek geteilt und nur über eine Teilpost ein Hypothekenbrief gebildet, so ist dieser Brief nicht ein Teilbrief, sondern ein gewöhnlicher Hypothekenbrief. Zu seiner Erteilung bedarf es der Zustimmung des Eigentümers. Die Herstellung erfolgt nach §§ 58 ff. GBO. Biermann S. 354 A. 3. Planck S. 528 A. 5.

§ 1153.

Mit der Übertragung der Forderung geht die Hypothek auf den neuen Gläubiger über.

Die Forderung kann nicht ohne die Hypothek, die Hypothek kann nicht ohne die Forderung übertragen werden.

„D. Recht" 1901 S. 194.

---

1. Wird die Forderung übertragen, so geht damit ohne weiteres auch die Hypothek auf den neuen Gläubiger über. Es bedarf nicht der besonderen Mitübertragung der Hypothek. Wird aber diese Mitübertragung ausdrücklich ausgeschlossen und ist die Ausschließung nicht etwa als ein Verzicht auf die Hypothek (§ 1168) aufzufassen, so ist der ganze Übertragungsakt unwirksam. M. 707. Die Abtretung des Anspruchs auf Herausgabe des Hypothekenbriefs (§ 931) ist besonders zu erklären; die Erklärung braucht aber keine ausdrückliche zu sein. RG. 54 S. 111.

2. Übertragung der Hypothek ohne Mitübertragung der Forderung ist unwirksam. Allerdings war in 2. Lesung beantragt, zu bestimmen, daß mit der Übertragung der Hypothek auch die durch die Hypothek gesicherte Forderung auf den neuen Gläubiger übergehe. Der Antrag ist aber auf den dagegen geltend gemachten Widerspruch vor der Abstimmung zurückgezogen. P. 4449 f.

3. Die Übertragung der Forderung kann erfolgen durch Abtretung (§ 398), durch Überweisung im Wege der Zwangsvollstreckung (ZPO. §§ 829 ff.) und kraft Gesetzes (§ 412). Der § 1153 gilt für alle Übertragungsarten (M. 707), aber nur so lange, als die Hypothek und die Forderung zusammen bestehen. Ist die Forderung erloschen, so verwandelt sich die Hypothek in eine Grundschuld und deren selbständiger Übertragung steht § 1153 nicht entgegen. Ist die Hypothek durch Verzicht des Gläubigers oder durch Rechtsgeschäft aufgehoben (§§ 1168, 1183), so kann der Gläubiger die zurückbehaltene Forderung allein übertragen. Im Falle des § 1180 kann die Hypothek ohne die von ihr gelöste Forderung auf einen neuen Gläubiger zur Sicherung der ihm zustehenden Forderung übertragen werden. Planck S. 529 A. 3 b.

4. Eine Ausnahme von § 1153 besteht für die Sicherungshypothek. § 1190 Abs. 4.

5. Auf die Grundschuld findet § 1153 keine Anwendung, weil die Grundschuld nicht eine Forderung voraussetzt. § 1192. Ist die Grundschuld zur Sicherung einer Forderung bestellt, so ist das Bestehen der Forderung auf das Recht aus der Grundschuld ohne Einfluß. Es kann daher sowohl die Forderung ohne die Grundschuld, als die Grundschuld ohne die Forderung abgetreten werden. Die Verpflichtung des Schuldners, nur einmal zu zahlen, wird dadurch, daß Grundschuld und Forderung in verschiedene Hände übergehen, nicht berührt. Fuchs S. 482 A. 6. War dem Gläubiger beim Erwerbe der Grundschuld bekannt, daß sie zur Sicherung einer Forderung bestellt ist, so kann der Eigentümer die Zahlung aus dem Grundstück so lange verweigern, bis ihn der Grundschuldgläubiger auch von der persönlichen Schuld (zB. durch Quittung des persönlichen Gläubigers) befreit hat. Biermann S. 355 A. 2. AM. (Abweisung des Grundschuldgläubigers wegen mangelnder Sachlegitimation) Skonietzki in Gruch. 44 S. 284.

§ 1154.

Zur Abtretung der Forderung ist Erteilung der Abtretungserklärung in schriftlicher Form und Übergabe des Hypothekenbriefs erforderlich; die Vorschriften des § 1117 finden Anwendung. Der bisherige Gläubiger hat auf Verlangen des neuen Gläubigers die Abtretungserklärung auf seine Kosten öffentlich beglaubigen zu lassen.

Die schriftliche Form der Abtretungserklärung kann dadurch ersetzt werden, daß die Abtretung in das Grundbuch eingetragen wird.

Ist die Erteilung des Hypothekenbriefs ausgeschlossen, so finden auf die Abtretung der Forderung die Vorschriften der §§ 873, 878 entsprechende Anwendung.

I. Die Abtretung der Forderung bei Briefhypotheken erfordert die Übergabe des Briefes und außerdem entweder Erteilung (d. h. Ausstellung und Aushändigung, Biermann S. 356 A. 1 b) der schriftlichen Abtretungserklärung oder Eintragung in das Grundbuch.

1. Nur die Abtretungserklärung bedarf der schriftlichen Form. Die Annahme seitens des Erwerbers ist an eine bestimmte Form nicht gebunden, kann vielmehr auch durch konkludente Handlungen, zB. durch Annahme der Abtretungsurkunde und des Hypothekenbriefs erklärt werden. Die Abtretungserklärung muß den Namen des neuen Gläubigers enthalten; eine Blankoabtretung ist unzulässig. M. 783. P. 4595 ff.

2. Beglaubigung. Zur Gültigkeit der Abtretungserklärung genügt die privatschriftliche Form. §§ 126, 125. Auf Verlangen des neuen Gläubigers oder dessen Rechtsnachfolgers ist aber der bisherige Gläubiger verpflichtet, die Abtretungserklärung öffentlich beglaubigen zu lassen. Die Form der Beglaubigung ergibt sich aus § 129. Die Kosten hat, wenn nichts anderes vereinbart ist, abweichend von § 403, der bisherige Gläubiger zu tragen. Die beglaubigte Abtretungserklärung ist von Bedeutung mit Rücksicht auf die §§ 1155, 1160 und legitimiert den neuen Gläubiger zu dem Antrage auf Eintragung der Übertragung und Belastung der Hypothek. GBO. §§ 26, 19. RG. 54 S. 146.

3. Eintragung. Der Mangel der Abtretungserklärung soll nicht mehr gerügt werden dürfen, wenn auf Grund des formlosen Geschäfts die darin vereinbarte Rechtsänderung eingetragen ist. RG. 54 S. 146. Zur Eintragung genügt die beglaubigte Eintragungsbewilligung. Es ist dann die erfolgte Umschreibung auf dem nach § 42 GBO. zur Eintragung vorzulegenden Hypothekenbriefe vom GBA. zu vermerken. Der neue

Gläubiger erhält also auf und mit dem Briefe zugleich eine öffentliche Urkunde über die erfolgte Abtretung. P. 4586.

4. Auf die Übergabe des Hypothekenbriefs finden die Vorschriften des § 1117 Anwendung. Ist der Brief abhanden gekommen oder vernichtet, so muß im Wege des Aufgebotsverfahrens die Kraftloserklärung des alten und demnächst die Erteilung eines neuen Briefes erwirkt werden. § 1162. Teilabtretungen: § 1152 A. 1.

5. Der Erwerb der abgetretenen Forderung tritt ein in dem Zeitpunkte, in welchem die Beurkundung der Abtretung und die Übergabe des Briefes zusammentreffen. Bis dahin verbleibt die Forderung dem bisherigen Gläubiger, auch wenn nur die Beurkundung der Abtretung oder nur die Übergabe des Briefes erfolgt ist. Der Zeitpunkt des Erwerbes der Forderung ist für den guten Glauben des Erwerbers maßgebend. Eine später erlangte Kenntnis von der Unrichtigkeit des Grundbuchs steht der Berufung auf den guten Glauben nicht entgegen. P. 4604.

6. Die Umschreibung der Briefhypothek im Grundbuche ist zur Gültigkeit der Abtretung nicht erforderlich, aber gestattet, weil sie den Gläubiger als solchen legitimiert (§§ 891, 892, 1160, GBO. §§ 19, 40), ihm die Mitteilungen des GBA. von etwaigen Eigentumswechseln sowie von der Einleitung der Zwangsversteigerung und Zwangsverwaltung sichert (GBO. § 35; ZwVG. §§ 41, 9 Nr. 1), insbesondere aber die Gefahr ausschließt, daß der bisherige Gläubiger die Zinsen weiter erhebt (§§ 1158, 1159) oder, wenn er den Besitz des Briefes erlangt hat, über die Hypothek zugunsten eines Dritten verfügt. §§ 891 ff. Die Eintragung erfolgt auf Grund der Vorlegung der in der Form des § 29 GBO. abgegebenen Eintragungsbewilligung oder Abtretungserklärung des bisherigen Gläubigers (GBO. § 26), sowie des Hypothekenbriefs. Wenn mehrere Abtretungen stattgefunden haben, muß der Gläubiger sein Recht nach § 1155 nachweisen. GBO. § 40 Abs. 2.

II. Die Abtretung der Forderung bei Buchhypotheken erfordert die Einigung des bisherigen und des neuen Gläubigers und die Eintragung im Grundbuche.

7. Die Einigung bedarf keiner Form, bindet aber die Beteiligten nur unter den Voraussetzungen des § 873 Abs. 2. Ist sie bindend geworden und der Antrag auf Eintragung beim GBA. gestellt, so ist eine demnächst den bisherigen Gläubiger treffende Verfügungsbeschränkung für den Übergang der Forderung und der Hypothek ohne Einfluß. § 878.

8. Die Eintragung gehört zur Gültigkeit der Abtretung. RG. 54 S. 365. Zur Umschreibung im Grundbuche bedarf es der formgerechten Abtretungserklärung oder Eintragungsbewilligung des bisherigen Gläubigers. GBO. §§ 19, 26. Die Zustimmung des Eigentümers und derjenigen, denen ein Recht an der Forderung zusteht, ist nicht erforderlich. Legitimiert zum Antrage auf Umschreibung ist sowohl der Zedent als der Zessionar. Für die Gesamthypothek fragt es sich, ob die Forderung im Falle der Übertragung schon durch die Eintragung bei einem Grundstück oder erst durch die Eintragung bei allen Grundstücken auf den neuen Gläubiger übergeht. Die Frage ist M. S. 709 unentschieden gelassen. In 2. Lesung war beantragt, folgende Vorschrift aufzunehmen: „Bei der Übertragung oder Belastung einer Gesamthypothek genügt die Eintragung auf dem Grundbuchblatte eines der belasteten Grundstücke." Der Antrag wurde abgelehnt unter der Erwägung, es müsse die Übertragung oder Belastung einer Gesamthypothek, um wirksam zu sein, auf dem Grundbuchblatte eines jeden der verhafteten Grundstücke eingetragen werden. Solange die Eintragung nicht auf allen in Betracht kommenden Grundbuchblättern geschehen sei, trete die Übertragung oder Belastung auch hinsichtlich derjenigen Grundstücke, bei denen die Eintragung bereits erfolgt sei, nicht in Kraft. P. 4564 f. Dieser Auffassung wird mit Rücksicht auf den Charakter der Hypothek als eines einheitlichen Forderungsrechts beizutreten sein. Fuchs S. 487 A. 10 b. Planck S. 493 A. 4. Turn.-Förft. I S. 723 A. 4. AM. Boehm S. 219.

III. Sind die in § 1154 aufgestellten Erfordernisse der Abtretung der Forderung nicht beobachtet, so ist, abweichend von § 398, wonach zur Abtretung einer rein persönlichen Forderung ein formloser Vertrag genügt, der Übergang nicht nur der Hypothek, sondern auch der persönlichen Forderung ausgeschlossen. Den Anspruch auf Nachholung der Förmlichkeiten des § 1154 kann der neue Gläubiger gegen den bisherigen Gläubiger nur aus dem dem formlosen Abtretungsvertrage zugrunde liegenden obligatorischen Rechtsgeschäfte geltend machen. Fuchs S. 484 A. 1a, 486 A. 7. Planck S. 533 A. 4.

IV. Die Abtretung der Hypothek kann bei deren Begründung ausgeschlossen werden. Diese Vereinbarung ist auf Antrag einzutragen. § 399. Rehbein I S. 177 A. 3.

V. Ausnahmen. Sicherungshypotheken für Forderungen aus Schuldverschreibungen auf den Inhaber, aus einem Wechsel oder aus einem anderen Papiere, das durch Indossament übertragen werden kann, werden nach den für die Inhaber- und Orderpapieren geltenden Grundsätzen übertragen § 1187 Satz 3. Eine Forderung für die nur eine Höchstbetragshypothek besteht, kann auch nach den Vorschriften des Obligationenrechts übertragen werden, doch ist dann der Übergang der Hypothek ausgeschlossen. § 1190 Abs. 4. Die Abtretung von Forderungen auf Rückstände von Zinsen oder anderen Nebenleistungen und auf Erstattung von Kosten erfolgt durch formlosen Vertrag. § 1159. Auf den Übergang kraft Gesetzes findet § 1154 keine Anwendung. Dieser Übergang vollzieht sich in allen Fällen ohne Einigung und Eintragung. Die Pfändung und Überweisung von Hypothekenforderungen werden geregelt durch die §§ 830, 837, 857 Abs. 6 ZPO. Die Zustellung des Beschlusses auf Pfändung einer Buchhypothek ist nur dem Drittschuldner gegenüber wirksam; für das Verhältnis der Pfandgläubiger ist allein die Eintragung in das Grundbuch maßgebend. OLG. Posen, ROLG. 6 S. 135. Verpfändung: § 1274.

VI. Der § 1154 betrifft nur die Abtretung selbst, nicht den Vertrag über die Abtretung. RG. 54 S. 146. Er findet auch auf die Grundschuld Anwendung. Ausnahme: § 1195.

§ 1155.

Ergibt sich das Gläubigerrecht des Besitzers des Hypothekenbriefs aus einer zusammenhängenden, auf einen eingetragenen Gläubiger zurückführenden Reihe von öffentlich beglaubigten Abtretungserklärungen, so finden die Vorschriften der §§ 891—899 in gleicher Weise Anwendung, wie wenn der Besitzer des Briefes als Gläubiger im Grundbuch eingetragen wäre. Einer öffentlich beglaubigten Abtretungserklärung steht gleich ein gerichtlicher Überweisungsbeschluß und das öffentlich beglaubigte Anerkenntnis einer kraft Gesetzes erfolgten Übertragung der Forderung.

Schweitzer, Das Gläubigerrecht nach § 1155 BGB., in Gruch. 45 S. 558. Dronke, Die Anwendbarkeit des § 1155 BGB., in Lobe's Zentralbl. 1901 S. 955. „D. Recht" 1903 S. 7.

I. Voraussetzungen. 1. Eigenbesitz an dem Hypothekenbriefe. § 872. Der Besitz kann auch ein mittelbarer sein; es genügt eine jede der in § 1117 bezeichneten Arten der Übergabe. Der Nachweis, daß der Brief regelmäßig bei der Abtretung von einem Vormanne auf den anderen übergeben worden sei, ist nicht erforderlich. P. 4605. Ist der Gläubiger im Besitze des Briefes, so wird vermutet, daß die Übergabe erfolgt sei. § 1117 Abs. 3.

2. Eine zusammenhängende Reihe von Übertragungsurkunden, die auf den eingetragenen Gläubiger zurückführen und das Recht des Briefinhabers

als Gläubiger ergeben. „Eine Reihe." Es muß also mehr als eine Übertragung vorliegen. Der Fall, wenn der Briefinhaber unmittelbar vom eingetragenen Gläubiger sein Recht ableitet, wird vom § 1155 nicht betroffen. Zur Legitimation dieses Erwerbers genügt die Vorlegung des Briefes und die Abtretungserklärung des bisherigen Gläubigers. M. 752. Übertragungsarten:

a, Die Abtretungserklärung Sie muß, wenngleich zu ihrer Gültigkeit schriftliche Form genügt (§ 1154), zur Anwendung des § 1155 öffentlich beglaubigt sein. § 129. Durch die Verurteilung zur Abtretung wird die Abtretung ersetzt. ZPO. § 894.

b, Ein gerichtlicher Überweisungsbeschluß. In Betracht kommt nur der, welcher eine Überweisung an Zahlungs Statt enthält. ZPO. § 835. Die Überweisung zur Einziehung kann der Abtretungserklärung nicht gleichstehen, weil bei ihr die Forderung dem Schuldner verbleibt. Fuchs S. 495 A. 3b. Planck S. 536. Turn.-Förft. I S. 728 A. 3. Biermann S. 359 A. 1b. Den Schutz des öffentlichen Glaubens des Grundbuchs gewährt der Überweisungsbeschluß dem Gläubiger nicht, da ein Erwerb im Wege der Zwangsvollstreckung vorliegt. § 892. Wohl aber steht dieser Schutz demjenigen zu, der die Hypothek vom Pfändungspfandgläubiger durch Rechtsgeschäft gutgläubig erwirbt. Dernburg § 233 Nr. 3 S. 649. Fuchs S. 495. Planck S. 536.

c, Das Anerkenntnis einer kraft Gesetzes erfolgten Übertragung der Forderung.

aa, Übertragung kraft Gesetzes. Einigkeit herrscht darüber, daß hierher auch die Fälle gehören, wenn die Hypothek ohne die Forderung kraft Gesetzes von dem bisherigen Gläubiger auf den Eigentümer, den persönlichen Schuldner oder einen Dritten übergegangen ist (§§ 1163 Abs. 1 Satz 2, 1177 Abs. 1) oder von vornherein nicht dem eingetragenen Gläubiger, sondern dem Eigentümer zusteht. § 1163 Abs. 1 Satz 1, Abs. 2. Meinungsverschiedenheit besteht jedoch darüber, ob § 1155 auch auf den Fall des Verzichts auf die Hypothek seitens des Gläubigers Anwendung findet. Die Frage wird mit Turn.-Förft I S. 729 A. 5 und Planck S. 537 zu bejahen sein, da der Verzicht mit dessen Eintragung gültig ist (§ 1168 Abs. 2), der Eigentümer also von diesem Zeitpunkte ab Gläubiger geworden sein kann, ohne daß er als solcher eingetragen ist. AM. Boehm S. 225 A. 2. Biermann S. 359 A. 1c. Fuchs S. 496 A. 3.

bb, Anerkenntnis. Gemeint ist wohl nur ein Anerkenntnis der Tatsachen, aus denen sich die kraft Gesetzes erfolgte Übertragung der Forderung ergibt. Es genügt also die (öffentlich beglaubigte) Quittung oder Löschungsbewilligung des vom Eigentümer befriedigten Gläubigers, es bedarf nicht noch daneben des (auf ein rechtliches Urteil des Gläubigers hinauslaufenden, RG. 48 S. 48) Anerkenntnisses des bisherigen Gläubigers, daß die Forderung nicht mehr ihm, sondern dem Eigentümer zustehe. Achilles-Strecker S. 271. Turn.-Förft. I S. 728 A. 4. AM. Biermann S. 359 A. 1. Boehm S. 226. Fuchs S. 459 A. 3c. Planck S. 537. Das Anerkenntnis steht der Abtretungserklärung gleich. Daraus folgt, daß, da zur Anwendung des § 1155 die Abtretungserklärung des bisherigen Gläubigers erforderlich und genügend ist, dasselbe auch vom Anerkenntnis angenommen werden muß. Hat der persönliche Schuldner den Hypothekengläubiger befriedigt, so ist zur Anwendung des § 1155 Satz 2 außer dem Anerkenntnisse des Gläubigers nicht noch ein öffentlich beglaubigtes Anerkenntnis des ersatzpflichtigen Eigentümers erforderlich. Biermaun S. 359. Planck S. 538 A. 2b.

Andere Urkunden, als die zu a, b und c bezeichneten sind, wenngleich an sich durch sie die Übertragung der Hypothek von dem einen auf den anderen Gläubiger hinsichtlich sonstiger Rechtsverhältnisse dargetan werden könnte, nicht geeignet, den in § 1155 erforderten Legitimationsnachweis zu erbringen. KG. 25 S. A 161; ROLG. 5 S. 389. Die Frage ist aber umstritten. Insbesondere ist streitig, ob der Zusammenhang der in § 1155 erforderten Legitimationsurkunden aufgehoben wird, wenn ein durch Erbgang außerhalb des Grundbuchs bewirkter Übergang des Gläubigerrechts dazwischen getreten ist. Das Kammergericht hat die Frage bejaht. KG. 20 S. A 300, 21 S. A 283. AM. Schweitzer in Gruch. 45 S. 567, 576. Th. Wolff in „D. Recht“ 1903 S. 7.

II. Wirkung. 3. Der § 1155 bezieht sich nur auf das subjektive Gläubigerrecht, nicht auf den objektiven Bestand der Hypothek. Fuchs S. 496 A. 6. Der redliche Erwerber einer Hypothek, der seinen Erwerb vom nicht eingetragenen oder nicht nach § 1155 legitimierten Gläubiger herleitet, darf sich zwar darauf verlassen, daß die Forderung und die Hypothek, sowie sie eingetragen sind, bestehen und daß Einreden, die nicht eingetragen sind, nicht bestehen, denn die Richtigkeit des objektiven Bestandes der eingetragenen Post wird dem Erwerber schon durch § 892 gewährleistet. Er darf aber nicht darauf vertrauen, daß seinem Rechtsvorgänger auch wirklich das Gläubigerrecht zustand, muß sich vielmehr die Einrede gefallen lassen, daß sein Rechtsvorgänger zur Verfügung über die Hypothek nicht berechtigt gewesen sei. Insbesondere ist gegen ihn (gegen P. 8613) der Einwand der Zahlung zulässig, da die Zahlung nicht das Gläubigerrecht aufhebt, sondern auf einen anderen — den Eigentümer, den persönlichen Schuldner oder einen Dritten — überträgt. Turn.-Först. I S. 730 A. 7. Der § 1155 erweitert den Schutz des öffentlichen Glaubens, indem er hinsichtlich der §§ 891—899 den gemäß § 1155 legitimierten Besitzer des Briefes dem eingetragenen Gläubiger gleichstellt. Es hat also auch seine privatschriftliche Abtretungserklärung den Übergang der Hypothek auf den Zessionar zur Folge. Die nachträgliche Beglaubigung der Abtretungserklärung ist nicht zum Schutze des Zessionars selbst, wohl aber zum Schutze des Rechtsnachfolgers des über die Hypothek weiter verfügenden Zessionars erforderlich. Planck S. 535 A. 1, 539 A. 3.

Der nach § 1115 legitimierte Gläubiger wird als eingetragen fingiert. Er gilt also zugunsten desjenigen, welcher die Briefhypothek von ihm durch Rechtsgeschäft erwirbt, als Berechtigter, sofern nicht ein Widerspruch gegen seine Berechtigung im Grundbuche oder auf dem Briefe eingetragen oder seine Nichtberechtigung dem Erwerber bekannt ist. Letzteres trifft zB. dann zu, wenn der Erwerber weiß, daß der Brief nicht durch Übergabe (§ 1117) in den Besitz des Briefbesitzers gekommen ist oder daß der Briefbesitzer von einem Geschäftsunfähigen erworben hat. Maßgebend für die Kenntnis des Erwerbers ist der Zeitpunkt, in dem die schriftliche Abtretungserklärung erteilt und der Brief übergeben ist. Eine nach Vollendung des Erwerbes erlangte Kenntnis des Erwerbers von dem mangelnden Rechte seines Rechtsvorfahrs kann die Rechtswirksamkeit des Erwerbes nicht in Frage stellen. Es ist also die Streitfrage, ob der Zessionar, welcher die Hypothek durch privatschriftliche Zession und Übergabe des Briefes erworben hat, sich auf seinen zu dieser Zeit bestehenden guten Glauben auch dann berufen kann, wenn er hinterher, von Nachholung der öffentlichen Beglaubigung der Zession einen Mangel im Rechte seines unmittelbaren Rechtsvorfahrs erfährt, mit Planck S. 539 A. 3, Biermann S. 360 A. 2 und Turn.-Först. I S. 727 A. 3 zu bejahen, da die Beglaubigung der Zession nicht zum Erwerbe der Hypothek durch den Zessionar, sondern nur zur Legitimation des Zessionars, falls dieser über die Hypothek weiter verfügt, erforderlich ist. AM. Fuchs S. 497 f. Dernburg § 233 Nr. 3 b S. 649. Wenn ein dem Gläubiger gegenüber vorzunehmendes Rechtsgeschäft, zB. eine Kündigung, von dem Eigentümer gegen den durch § 1155 legitimierten Briefbesitzer vorgenommen oder an diesen eine Zahlung geleistet ist, welche der Gläubiger zu fordern hatte und hinterher sich ergibt, daß der Briefbesitzer nicht der Gläubiger war, so gilt das Geschäft und die Zahlung zugunsten des Eigentümers auch gegen den (wahren) Gläubiger, falls nicht das Nichtrecht des Briefbesitzers aus dem Grundbuche ersichtlich oder dem Leistenden oder Gegenkontrahenten bekannt war. § 893. M. 754. Durch die Verweisung auf die §§ 894—899 ist der nach diesen Vorschriften gegen den aus unrichtiger Eintragung Berechtigten begründete Berichtigungsanspruch auch gegen den Briefbesitzer gegeben.

Einen Fall der Anwendung des § 1155 im formellen Grundbuchrecht enthält § 40 Abs. 2 GBO.

4. Zur Beurteilung des Falles, welche Bedeutung es hat, wenn einer einzelnen Abtretungserklärung die öffentliche Beglaubigung fehlt, wird man mit Planck S. 538 den Grundgedanken des § 1155 dahin festzulegen haben, daß „soweit ein Erwerber sich auf das subjektive Recht seiner Vormänner verlassen konnte, dasselbe Recht auch jedem späteren Erwerber zusteht". Planck gibt a. a. O. folgendes Beispiel: Die Hypothek ist von dem eingetragenen Gläubiger A an B, von B an C, von C an D, von D an E abgetreten. Die Urkunde über die Abtretung des C an D ist unbeglaubigt, die übrigen Abtretungsurkunden sind beglaubigt. Will nun F von E erwerben, so ist er zwar den Einwendungen gegen das subjektive Recht des D ausgesetzt, nicht aber den Einwendungen gegen das subjektive Recht der Vormänner A, B, C.

5. Der § 1155 gilt auch für die Grundschuld.

§ 1156.

Die für die Übertragung der Forderung geltenden Vorschriften der §§ 406 bis 408 finden auf das Rechtsverhältnis zwischen dem Eigentümer und dem neuen Gläubiger in Ansehung der Hypothek keine Anwendung. Der neue Gläubiger muß jedoch eine dem bisherigen Gläubiger gegenüber erfolgte Kündigung des Eigentümers gegen sich gelten lassen, es sei denn, daß die Übertragung zur Zeit der Kündigung dem Eigentümer bekannt oder im Grundbuch eingetragen ist.

---

1. Nach den §§ 406—408 wird der Schuldner durch die darin bezeichneten nach der Übertragung eingetretenen Vorgänge, obschon diese an sich nur sein Verhältnis zu dem bisherigen Gläubiger betreffen, von der Schuld befreit, wenn ihm die Übertragung dabei nicht bekannt gewesen ist. Die in solcher Weise erfolgende Aufhebung der Forderung kann aber nach § 1156 dem Gläubiger dann nicht entgegengesetzt werden, wenn er nur sein dingliches Recht geltend macht. M. 711. Für diesen Fall gelten hiernach folgende Grundsätze. **a**, Zur Aufrechnung mit einer Gegenforderung gegen den früheren Gläubiger ist der Eigentümer nach der Übertragung der Hypothekenforderung nicht mehr befugt. § 406. **b**, Der neue Gläubiger braucht eine Leistung, die der Eigentümer nach der Übertragung an den bisherigen Gläubiger bewirkt, sowie ein Rechtsgeschäft, das nach der Übertragung zwischen dem Eigentümer und dem bisherigen Gläubiger vorgenommen ist, gegen sich nicht gelten zu lassen, auch wenn der Eigentümer bei der Leistung oder der Vornahme des Rechtsgeschäfts keine Kenntnis von der Übertragung hatte. § 407 Abs. 1. **c**, Ein rechtskräftiges Urteil, das in einem nach der Übertragung zwischen dem Schuldner und dem bisherigen Gläubiger anhängig gewordenen Rechtsstreit über den dinglichen Anspruch ergangen ist, braucht der neue Gläubiger nicht gegen sich gelten zu lassen. § 407 Abs. 2. **d**, Der § 408, betreffend den Fall, daß die abgetretene Forderung von dem bisherigen Gläubiger nochmals an einen Dritten abgetreten wird, ist für den dinglichen Anspruch ersetzt durch die §§ 893, 1138, 1155.

2. Eine besondere Vorschrift macht § 1156 Satz 2 für die Kündigung. Die Vorschrift gilt auch bei der Buchhypothek, hat aber bei dieser nur Bedeutung in den Fällen der Übertragung kraft Gesetzes, da im übrigen die Übertragung der Eintragung in das Grundbuch bedarf. Fuchs S. 502 A. 6. Planck S. 541 A. 3b. Eine Kündigung, die der bisherige Gläubiger nach der Übertragung dem Eigentümer erklärt, ist für den neuen Gläubiger ohne Wirkung, falls nicht dem Eigentümer der § 893 zur Seite steht.

3. Der § 1156 bezieht sich nur auf das Rechtsverhältnis zwischen dem Eigentümer und dem neuen Gläubiger und auch auf dieses Rechtsverhältnis nur

in Ansehung des dinglichen Anspruchs; wird der persönliche Anspruch gegen den Schuldner erhoben, so bleibt es bei den §§ 406—408. M. 713. Er gilt für „die Übertragung der Forderung" schlechthin, also nicht bloß für die Abtretung, sondern auch für die gerichtliche Überweisung (ZPO. § 836) und die Übertragung kraft Gesetzes. § 413. Der gewährte Schutz bezieht sich aber nur auf das Kapital; bezüglich der Zinsen und Kosten gelten die §§ 1158, 1159. Der § 1156 findet auch bei der Grundschuld, nicht aber bei der Sicherungshypothek Anwendung. § 1185 Abs. 2.

4. Der durch § 893 dem Eigentümer gewährte Schutz des öffentlichen Glaubens des Grundbuchs wird durch die Nichtanwendung der §§ 406—408 nicht beschränkt. Biermann S. 362 A. 1.

§ 1157.

Eine Einrede, die dem Eigentümer auf Grund eines zwischen ihm und dem bisherigen Gläubiger bestehenden Rechtsverhältnisses gegen die Hypothek zusteht, kann auch dem neuen Gläubiger entgegengesetzt werden. Die Vorschriften der §§ 892, 894—899, 1140 gelten auch für diese Einrede.

---

1. Während die §§ 1137, 1138 von Einreden gegen die Forderung handeln, bezieht sich der § 1157 auf Einreden des Eigentümers gegen die Hypothek. Unter die Vorschrift fallen diejenigen Rechte des Eigentümers, nach denen er befugt ist, die Zahlung aus dem Grundstück dauernd oder zurzeit abzulehnen. Wenn eine Einrede aus solchem Rechte, zB. die Einrede, daß der Gläubiger sich dem Eigentümer gegenüber verpflichtet habe, die Hypothek löschen zu lassen oder zu stunden, dem Eigentümer gegen den bisherigen Gläubiger zusteht, so kann er sie auch dem neuen Gläubiger, der die Hypothek durch Rechtsgeschäft erworben hat, entgegensetzen, aber nur dann, wenn die Einrede dem Erwerber bekannt oder im Grundbuche eingetragen (§ 892) oder auf dem Hypothekenbriefe vermerkt (§ 1140) oder durch Eintragung eines Widerspruchs oder einer Vormerkung (§§ 899, 883) gesichert war. RG. JW. 1901 S. 181. Zur Sicherung des durch solche Einrede begründeten Berichtigungsanspruchs (§§ 894—898) kann der Eigentümer einen Widerspruch (§ 899) und unter den Voraussetzungen des § 883 eine Vormerkung eintragen lassen und zwar sowohl gegen den ursprünglich verpflichteten als gegen den neuen Gläubiger. Planck S. 543 A. 3. Biermann S. 364 A. 1. AM. (gegen den ursprünglichen Gläubiger nur Vormerkung) Fuchs S. 505 A. 4b.

2. Gegen den neuen Gläubiger, der die Hypothek kraft Gesetzes oder im Wege der Zwangsvollstreckung erworben hat, sind die Einreden des Eigentümers unbeschränkt zulässig. P. 3437. Ebenso die Einreden aus der Person des neuen Gläubigers. Biermann S. 364 A. 3.

3. § 1157 gilt auch f. Sicherungshypotheken u. f. Grundschulden.

§ 1158.

Soweit die Forderung auf Zinsen oder andere Nebenleistungen gerichtet ist, die nicht später als in dem Kalendervierteljahr, in welchem der Eigentümer von der Übertragung Kenntnis erlangt, oder dem folgenden Vierteljahre fällig werden, finden auf das Rechtsverhältnis zwischen dem Eigentümer und dem neuen Gläubiger die Vorschriften der §§ 406—408 Anwendung; der Gläubiger kann sich gegenüber den Einwendungen, welche dem Eigentümer nach den §§ 404, 406—408, 1157 zustehen, nicht auf die Vorschriften des § 892 berufen.

1. Der Eigentümer kann mit Sicherheit gegen Nachforderungen die übertragenen Zinsen und Nebenleistungen, auch wenn sie erst nach der Übertragung fällig werden, dem bisherigen Gläubiger so lange fortzahlen, bis ihm die Übertragung angezeigt oder in irgend einer Weise sonst bekannt geworden ist. P. 6066. Eine Beschränkung gilt für Vorauszahlungen. Eine solche kann der Eigentümer an den bisherigen Gläubiger mit Sicherheit nur für das nächste halbe Jahr leisten. Denn wenn er nach der Zahlung von der Übertragung Kenntnis erhält, so ist die Zahlung dem neuen Gläubiger gegenüber nur wirksam für die Zinsen und Nebenleistungen, welche für das zur Zeit der erlangten Kenntnis laufende und das nächste Kalendervierteljahr geschuldet werden. OLG. Braunschweig, ROLG. 4 S. 73. Auf die Zahlung für diesen Zeitraum finden die §§ 406—408 Anwendung. Der neue Gläubiger muß sich mithin alle Einwendungen entgegensetzen lassen, die gegen den bisherigen Gläubiger zur Zeit der Übertragung der Forderung begründet waren (§§ 1137, 1157), er muß auch die in den §§ 406—408 bezeichneten, nach der Übertragung der Forderung eingetretenen Ereignisse, insbesondere die von dem Eigentümer an den bisherigen Gläubiger geleistete Zahlung gegen sich gelten lassen. Bezüglich der Zinsen, die später als in dem auf die Kenntnis des Eigentümers folgenden Kalendervierteljahre fällig werden, können dem neuen Gläubiger nur diejenigen Einwendungen aus der Person des früheren Gläubigers entgegengesetzt werden, die zur Zeit des Erwerbes ihm bekannt oder im Grundbuch eingetragen oder auf dem Briefe vermerkt waren. §§ 892, 1138, 1156, 1157. Darauf, ob die Zinsenforderung allein oder mit der Hauptforderung übertragen ist, kommt nichts an. Zu den Zinsen gehören auch die Verzugszinsen. Fuchs S. 507 A. 4. AM. Boehm S. 230 A. II.

Die Kenntnis des Eigentümers hat der Gläubiger zu beweisen. Fuchs S. 507 A. 6d. Biermann S. 365.

2. Die Rechtswirksamkeit der Abtretung von Zinsen für einen bestimmten Zeitraum nach der Abtretung bestimmt sich nach § 1154. Der Antrag, für die Zession künftig fällig werdender Zinsen erleichterte Formen zu schaffen, ist abgelehnt. P. 6066f. Es bedarf also bei Briefhypotheken der schriftlichen Abtretungserklärung sowie der Übergabe des Briefes oder des zu bildenden Teilbriefs, bei Buchhypotheken der Eintragung der Abtretung in das Grundbuch.

3. Der § 1158 findet auch auf Grundschulden Anwendung.

§ 1159.

Soweit die Forderung auf Rückstände von Zinsen oder anderen Nebenleistungen gerichtet ist, bestimmt sich die Übertragung sowie das Rechtsverhältnis zwischen dem Eigentümer und dem neuen Gläubiger nach den für die Übertragung von Forderungen geltenden allgemeinen Vorschriften. Das gleiche gilt für den Anspruch auf Erstattung von Kosten, für die das Grundstück nach § 1118 haftet.

Die Vorschriften des § 892 finden auf die im Abs. 1 bezeichneten Ansprüche keine Anwendung.

---

1. Das Zinsrecht, welches die bei der Übertragung laufenden und die künftigen Zinsen umfaßt, teilt das rechtliche Schicksal der Hauptforderung, geht also, wenn die Forderung übertragen wird, auf den neuen Gläubiger ohne weiteres mit über. Rückstände von Zinsen oder anderen Nebenleistungen, d. h. Zinsen und Nebenleistungen, die bereits fällig waren, als die Forderung übertragen wurde, bilden dagegen für den Gläubiger einen von der Hauptforderung unabhängigen Gegenstand

der Verfügung, müssen also besonders übertragen werden, wenn sie mit der Hauptforderung auf den neuen Gläubiger übergehen sollen. Das Grundbuch gibt über die einzelnen Raten, in welchen die Zinsen zu entrichten sind, keine Auskunft. Deshalb kann die Übertragung der Forderung wegen rückständiger Zinsen (einschließlich der rückständigen Verzugszinsen, P. 8825) nur nach den für die Übertragung der Forderungen geltenden Vorschriften des Rechtes der Schuldverhältnisse bewirkt werden. M. 713. Es ist also weder Eintragung noch schriftliche Zession noch Aushändigung des Hypothekenbriefs erforderlich, sondern ein formloser Vertrag (§ 398) genügend. P. 6065. Die Hypothek für Rückstände von Zinsen und für Kosten ist kein Gegenstand der Eigentümerhypothek. § 1178.

2. Die in Ansehung der Übertragung für die Zinsen getroffenen Bestimmungen sind auch auf die Kosten anzuwenden, auf welche die Hypothek nach § 1118 sich erstreckt, da über diese Kosten das Grundbuch ebensowenig geführt wird, wie über die Zinsen. Die Beteiligten können freilich eine besondere Hypothek für die Kostenforderung bestellen. Allein dann ist der Fall des § 1159 überhaupt nicht gegeben. M. 714.

3. Wird von dem Erwerber der Hypothekenforderung wegen der in § 1159 Abs. 1 bezeichneten Forderungen die dingliche Klage erhoben, so versagt die Berufung auf den öffentlichen Glauben des Grundbuchs (§ 892). Der Schuldner kann dem neuen Gläubiger die Einwendungen, die zur Zeit der Abtretung der Forderung gegen den bisherigen Gläubiger begründet waren (§ 404), sowie die aus späteren Vorgängen nach §§ 406—408 sich ergebenden Einwendungen und die Einrede der Verjährung (§ 197) entgegensetzen.

4. Die Vorschriften des § 1159 finden auch auf Grundschulden Anwendung.

§ 1160.

Der Geltendmachung der Hypothek kann, sofern nicht die Erteilung des Hypothekenbriefs ausgeschlossen ist, widersprochen werden, wenn der Gläubiger nicht den Brief vorlegt; ist der Gläubiger nicht im Grundbuch eingetragen, so sind auch die im § 1155 bezeichneten Urkunden vorzulegen.

Eine dem Eigentümer gegenüber erfolgte Kündigung oder Mahnung ist unwirksam, wenn der Gläubiger die nach Abs. 1 erforderlichen Urkunden nicht vorlegt und der Eigentümer die Kündigung oder die Mahnung aus diesem Grunde unverzüglich zurückweist.

Diese Vorschriften gelten nicht für die im § 1159 bezeichneten Ansprüche.

---

1. Zur Begründung der Klage aus der Briefhypothek ist, vom Urkundenprozesse abgesehen, die Vorlegung des Briefes und der die Rechtsnachfolge beweisenden Urkunden nicht erforderlich. Der Beklagte kann aber sowohl in I. wie in II. Instanz bis zum Schlusse derjenigen mündlichen Verhandlung, auf die das Urteil ergeht (ZPO. § 278), im Wege der Einrede der Geltendmachung der Hypothek widersprechen, wenn der Kläger den Brief und die bezeichneten Urkunden nicht vorlegt. Welche Folge eintritt, wenn auf den Widerspruch des Beklagten der Kläger die Vorlegung unterläßt, ist streitig. In 2. Lesung wurde angenommen, daß in dem unterstellten Falle nicht auf Abweisung der Klage zu erkennen, sondern zur Leistung Zug um Zug gegen Vorlegung des Briefes (§§ 322, 273, 274) zu verurteilen sei. P. 4619. Indessen hat diese Auffassung der Kommission in dem Gesetze keinen Ausdruck gefunden. Der Wortlaut des § 1160 und die Erwägung, daß der Beklagte ein rechtliches Interesse hat, vor seiner Verurteilung den Brief und die Urkunden einzusehen, weil insbesondere der Brief nach § 1140 für seine Verteidigung im Prozesse wesentlich sein kann (Fuchs

S. 511 A. 1cc), führen zu der Annahme, daß die Einrede der mangelnden Briefvorlegung unter allen Umständen zur Abweisung der Klage führt, auch wenn der Kläger als Gläubiger eingetragen ist und wenn er sein Gläubigerrecht dargetan und nachgewiesen hat, daß er sich im Besitze des Briefes befindet. Turn.-Först. I S. 739 A. 3. Biermann S. 367 A. 1c. Dernburg § 237 Nr. 1 S. 658. Kretzschmar I S. 275. Leske S. 545. Oberneck S. 657. Planck S. 548.

2. Kündigung und Mahnung (§ 284) bedürfen zur Rechtswirksamkeit der Vorlegung des Briefes und der Übertragungsurkunden nicht. Der Eigentümer kann aber die ohne Vorlegung der Urkunden erklärte Kündigung und Mahnung unwirksam machen, dadurch, daß er sie zurückweist. Die Zurückweisung muß jedoch unverzüglich, d. h. ohne schuldhaftes Zögern (§ 121) erfolgen. Eine verspätete Zurückweisung ist auf die Rechtswirksamkeit der Kündigung oder Mahnung ohne Einfluß. Was von der Kündigung und Mahnung gilt, gilt auch für die sonstigen Fälle der außergerichtlichen Geltendmachung der Hypothek, zB. für die Aufrechnung, die Fristsetzung aus § 1133. Fuchs S. 513 A. 6b. Planck S. 547 A. 2, 548.

3. Vorlegung. Der Brief ist stets im Original vorzulegen. Ist er abhanden gekommen oder vernichtet, so hat der Gläubiger das rechtskräftige Ausschlußurteil vorzulegen (§ 1162); die Aushändigung des neuen Briefes kann der Eigentümer erst gegen Befriedigung des Gläubigers verlangen. § 1144. Zur Vorlegung der Legitimationsurkunden genügen beglaubigte Abschriften. Die Vorlegung hat zu erfolgen im Falle des Abs. 1 in der mündlichen Verhandlung, im Falle des Abs. 2 bei, also am Orte der Kündigung oder Mahnung, in beiden Fällen an den Eigentümer selbst, seinen gesetzlichen Vertreter oder Bevollmächtigten. Sie kann vorgenommen werden vom Gläubiger persönlich, von seinem durch eine öffentlich beglaubigte Urkunde legitimierten Bevollmächtigten, wenn Eigentümer und Gläubiger an verschiedenen Orten wohnen, auch durch den Gerichtsvollzieher am Wohnorte des Eigentümers. Hat der Gläubiger den Eigentümer nicht angetroffen, so genügt es, daß er ihm davon Mitteilung macht und anzeigt, wo der Brief zu seiner Einsicht bereit liegt. Habicht in JW. 1901 S. 770.

4. Zur Geltendmachung des Anspruchs auf Rückstände von Zinsen oder anderen Nebenleistungen oder auf Kosten, für die das Grundstück nach § 1118 haftet, bedarf es der Vorlegung des Briefes und der Übertragungsurkunden nicht. M. 760f.

5. Im Urkundenprozesse gehört die Vorlegung der Urkunden zur Begründung der Klage (ZPO. § 593 Abs. 2); der § 1160 findet keine Anwendung.

6. Eine zwingende Rechtsnorm enthält § 1160 Abs. 1 und 2 nicht; eine abweichende rechtsgeschäftliche Regelung (Verzicht auf das Widerspruchsrecht) ist zulässig und eintragungsfähig. Dies ist für die Fälle des Abs. 2 in KG. 20 S. A 107 (übereinstimmend: Oberneck S. 662; Turn.-Först. I S. 741 A. 8) angenommen, muß aber aber auch für die Fälle des Abs. 1 gelten. Fuchs S. 514 A. 10. Planck S. 549 A. 6. Biermann S. 369 A. 5. AM. die bei Soergel 1900/1 angeführten Entscheidungen.

7 Der § 1160 gilt auch für die Briefgrundschuld.

§ 1161.

Ist der Eigentümer der persönliche Schuldner, so finden die Vorschriften des § 1160 auch auf die Geltendmachung der Forderung Anwendung.

1. Die Vorschrift findet Anwendung, wenn zur Zeit der Geltendmachung der persönlichen Forderung der Schuldner auch der Eigentümer ist. Ist der Schuldner nicht der Eigentümer, so versagt § 1161, es sind vielmehr die Grundsätze des Rechtes der Schuldverhältnisse, insbesondere §§ 371, 410, 810 maßgebend. Der Anspruch

auf Aushändigung des Hypothekenbriefes und der in § 1155 bezeichneten Übertragungsurkunden steht dem persönlichen Schuldner, der den Gläubiger befriedigt, dann zu, wenn er einen Ersatzanspruch gegen den Eigentümer hat und infolgedessen durch Befriedigung des Gläubigers nach § 1164 die Hypothek erwirbt. § 1167.

2. Auf die Grundschuld findet § 1161 keine Anwendung.

§ 1162.

Ist der Hypothekenbrief abhanden gekommen oder vernichtet, so kann er im Wege des Aufgebotsverfahrens für kraftlos erklärt werden.

1. Nur die Zulässigkeit des Aufgebots ist im BGB. ausgesprochen. Nach § 136 ZwVG. kann der Brief im Wege des Aufgebotsverfahrens auch dann für kraftlos erklärt werden, wenn das Recht bereits gelöscht ist, sofern der Nachweis des Berechtigten von der Beibringung des Briefes abhängt.

2. Das Verfahren regelt sich nach den Vorschriften der §§ 1003—1024, 946—959 ZPO. In § 1024 ZPO. ist jedoch zugunsten der Landesgesetzgebung der Vorbehalt gemacht, daß diese die Art der Veröffentlichung des Aufgebots, des Ausschlußurteils und des in § 1017 Abs. 3 bezeichneten Urteils, sowie die Aufgebotsfrist anders bestimmen kann, als in den §§ 1009, 1014, 1015 und 1017 ZPO. vorgeschrieben ist. Ein noch vorhandener, aber beschädigter Brief kann ohne Aufgebotsverfahren erneuert werden. GBO. § 67. Die mit dem Briefe etwa verbundene Schuldurkunde wird von dem Aufgebotsverfahren nicht betroffen. Für sie gilt § 371 Satz 2. Das Aufgebot der Hypothek zum Zwecke der Ausschließung eines unbekannten Gläubigers regeln die §§ 1170, 1171 und ZPO. §§ 982—987. Mit der Ausschließung des Gläubigers wird der Brief kraftlos, ohne daß es eines besonderen Aufgebots bedarf.

3. Auf den durch Beifügung des Ausschlußurteils zu begründenden formfreien Antrag des Berechtigten ist ein neuer Brief zu erteilen. GBO. § 67. Die Herstellung des neuen Briefes regelt § 68 GBO. Die Erteilung des Briefes ist im Grundbuche zu vermerken. Im Falle der Übertragung oder Belastung der Hypothek ist die Vorlegung des neuen Briefes erforderlich. P. 4460. Andere Eintragungen: GBO. § 42 Abs. 2. Geltendmachung der Hypothek: ZPO. § 1018 Abs. 1.

4. Der neue Brief tritt an die Stelle des alten. Kommt dieser wieder zum Vorschein, so kann er doch die Erwerbung oder Belastung der Hypothek unter keinen Umständen mehr vermitteln (M. 763), auch dann nicht, wenn die Erteilung des neuen Briefes nicht gebucht ist, auch nicht gegenüber dem mit der Kraftloserklärung unbekannten Dritten. Fuchs S. 518 A. 7. Biermann S. 370. Boehm S. 235 A. III Planck S. 551. Anders liegt die Sache, wenn das Ausschlußurteil angefochten und infolge der Anfechtung aufgehoben wird. ZPO. §§ 957, 958. In solchem Falle wird der neue Brief kraftlos. Der Inhaber des neuen Briefes hat nach Maßgabe der §§ 894, 896 die Urkunde zurückzugeben und die zur Berichtigung des Grundbuches erforderliche Erklärung abzugeben. M. 763. Wegen der auf Grund des aufgehobenen Urteils bewirkten Leistungen des Verpflichteten s. § 1018 Abs. 2 ZPO.

5. Der § 1162 gilt auch für den Grundschuldbrief. Ist dieser auf den Inhaber ausgestellt, so findet § 1195 Anwendung.

§ 1163.

Ist die Forderung, für welche die Hypothek bestellt ist, nicht zur Entstehung gelangt, so steht die Hypothek dem Eigentümer zu. Erlischt die Forderung, so erwirbt der Eigentümer die Hypothek.

Eine Hypothek, für welche die Erteilung des Hypothekenbriefs nicht ausgeschlossen ist, steht bis zur Übergabe des Briefes an den Gläubiger dem Eigentümer zu.

Oberneck in Gruch. 47 S. 306 ff. „D. Recht" 1901 S. 194, 513; 1902 S. 32.

I. Die Eigentümerhypothek. 1. Ihre juristische Konstruktion ist der Wissenschaft und Praxis überlassen. M. 205. P. 4477. Eine feste Auffassung hat sich noch nicht herausgebildet. Zwei Ansichten stehen sich gegenüber. Nach der herrschenden ist die Eigentümerhypothek eine wirkliche Hypothek, ein Pfandrecht an der eigenen Sache; der Eigentümer sukzediert in die Hypothek, tritt in die Reihe der Realberechtigten ein, ist zugleich Eigentümer und Pfandgläubiger. Dsch. 214 f. M. 203 f. Dernburg § 218 S. 613 f. Achilles-Strecker S. 270. Fuchs S. 520 f. Planck S. 587 A. 4a. Die andere, nach diesseitiger Auffassung den Vorzug verdienende Ansicht geht von folgenden Grundsätzen aus. Die Hypothek belastet das ganze Grundstück insofern, als der Hypothekengläubiger das Grundstück zur Zwangsversteigerung bringen und damit das Eigentum des bisherigen Eigentümers beseitigen kann. Gegenstand der Befriedigung des Hypothekengläubigers ist der in dem Grundstück enthaltene Wert, aber nicht der ganze Wert, sondern der dem Betrage und der Rangstellung der Hypothek entsprechende Wertteil. Auf diesen Wertteil ist das Recht des Hypothekengläubigers beschränkt; die nachstehende Hypothek rückt nicht etwa im Falle der Tilgung einer vorgehenden Hypothek von Rechts wegen in die frei gewordene bessere Rangstelle auf, dem Gläubiger bleibt vielmehr nur die dem Range seiner Hypothek entsprechende bisherige Sicherheit. Durch die Bestellung der Hypothek überträgt der Eigentümer das von vornherein ihm allein zustehende Verwertungsrecht am Grundstück innerhalb der bezeichneten Grenzen zu dem Zwecke, der Befriedigung einer Forderung zu dienen (§ 1113), dem Hypothekengläubiger. Mit dem Wegfall dieses Zweckes hört das dem Hypothekengläubiger eingeräumte Verwertungsrecht auf und fällt an den Gläubiger zurück. „Daher ist die Eigentümerhypothek in Wirklichkeit überhaupt keine Hypothek, sondern nur die Befugnis des Eigentümers, vermöge des formalen Fortbestandes der Hypothek über den zugunsten eines anderen (des Hypothekengläubigers) ausgeschiedenen und kraft Gesetzes ihm wieder anheimgefallenen Wertteil seines Grundstücks zu verfügen." Oberneck S. 456. Gruch. 47 S. 309. Turn.-Först. I S. 748 A. 5.

Auf diesem Standpunkt stehen auch die Protokolle der 2. Kommission: „Was der Eigentümer bei der Zwangsvollstreckung aus seinem Grundstück als Inhaber der Eigentümerhypothek erhält, empfängt er nicht als Gläubiger, sondern als Eigentümer, erhält er nicht als Befriedigung, weil ihm nicht etwas geleistet wird, was bisher außerhalb seines Vermögens war, sondern weil lediglich ein Bestandteil seines Vermögens in Geld umgesetzt ist." OLG. Jena, ROLG. 3 S. 198 f.

Der praktische Unterschied zwischen beiden Auffassungen tritt insbesondere hervor bei der Pfändung der Eigentümerhypothek (unten A. 9) sowie bei der Frage, ob der Eigentümerhypothekar, der über die Post weiter verfügen will, der Zwischeneintragung auf seinen Namen bedarf oder ob es genügt, wenn der Eigentümer als solcher eingetragen ist. Vgl. GBO. § 40 A. 2.

2. Das Institut der Offenhaltung der Stelle ist abgelehnt, weil es den Eigentümer ungünstiger stellt, als die Eigentümerhypothek, wenn es ihm nicht gelungen ist, eine neue Hypothek aufzunehmen, da diese Befugnis mit der Veräußerung des Grundstücks für den Eigentümer verloren geht. M. 204.

3. Gegenstand der Eigentümerhypothek können sein die Hypothek und zwar jede Art der Hypothek, die Grundschuld und die Rentenschuld. Ausgeschlossen sind nur die Gesamthypothek (§§ 1172—1175) und die Rückstände von Zinsen und Nebenleistungen sowie Kosten, die dem Gläubiger zu erstatten sind. § 1178. Der vorgemerkte Anspruch ist lediglich ein obligatorisches Recht; die vorgemerkte Hypothek kann

also nicht Gegenstand der Eigentümerhypothek sein. KG. ROLG. 5 S. 390. RJA. 3 S. 158.

Der sachenrechtliche Verzicht auf die Eigentümerhypothek ist ausgeschlossen. KG. 20 S. A 206. Vorschriften, welche den Inhaber der Eigentümerhypothek hindern, über deren Löschung im voraus Verpflichtungen einzugehen, bestehen nicht. RG. JW. 1902 (Beil.) S. 248. Die durch den Eigentümer obligatorisch übernommene Verpflichtung zur Löschung der Hypothek kann durch Vormerkung mit Wirkung gegen Dritte sichergestellt werden. § 1179. Oberneck in Gruch. 47 S. 325, 336.

Je nachdem der befriedigende Eigentümer zugleich persönlicher Schuldner der Hypothekenforderung ist oder nicht, pflegt man „die Hypothek des Eigentümers" und „die Eigentümerhypothek" zu unterscheiden.

Die einzelnen Fälle der Eigentümerhypothek (Hypothek des Eigentümers) sind behandelt in den §§ 1163—1171. Dazu tritt der Fall des § 868 ZPO. (Erwerb der Zwangshypothek durch den Eigentümer).

II. Die Fälle des § 1163. 1. Nichtentstehung der Forderung. a, Auf welchem Grunde die Nichtentstehung beruht, ist unerheblich. Der Fall der Nichtentstehung liegt u. a. vor, wenn die Forderung — zB. wegen Geschäftsunfähigkeit des Gläubigers oder Schuldners (§ 105) oder wegen Wuchers (§ 138) — nichtig oder — zB. wegen Irrtums oder Betruges (§§ 119 ff.) angefochten, wenn die aufschiebende Bedingung ausgefallen, die auflösende Bedingung oder ein Endtermin eingetreten, das vorbehaltene Rücktrittsrecht ausgeübt (§§ 346 ff.), die versprochene Darlehnsvaluta nicht gezahlt ist (§ 607). Die für eine nicht bestehende Forderung bestellte Hypothek steht kraft Gesetzes dem Eigentümer zu und zwar als Grundschuld. § 1177 Abs. 1. Die Vereinigung mit dem Eigentum tritt ein, wenn endgültig feststeht, daß die Forderung nicht zur Entstehung gelangt ist. KG. 26 S. A 163. Die Hypothek wird aber ohne weiteres zur Hypothek des als Gläubiger Eingetragenen, sobald die Forderung nachträglich entsteht. Dies gilt auch bei der Bestellung einer Hypothek für eine künftige Forderung. RG. 51 S. 43. (Vgl. § 1113 A. 5.)

b, Streitig ist der Fall, wenn die Hypothek wegen mangelnder dinglicher Einigung unwirksam ist. Nach der vorherrschenden Auffassung entsteht in diesem Falle eine Eigentümerhypothek nicht, vielmehr rücken die nachstehenden Hypotheken vor. Biermann S. 372 A. 6. Cosack, Sachenrecht S. 218. Hachenburg, Vorträge S. 251. Mittelstein, Hypothekenrecht S. 102. Neumann, BGB. A. 1 zu § 1163. Planck S. 553. Turn.-Först. I S. 744 A. 1, 880 A. 3. Diese Auffassung ist folgerichtig, wenn man in der Eigentümerhypothek eine wirkliche Hypothek findet, denn eine Hypothek, die gar nicht zur Entstehung gelangt ist, kann auch dem Eigentümer nicht zustehen. Zu einer anderen Auffassung muß man aber dann gelangen, wenn man nach der hier vertretenen Annahme (oben A. 1) die Eigentümerhypothek als Ausfluß des Eigentumsrechts ansieht, denn durch die Eintragung, ihre formelle Ordnungsmäßigkeit vorausgesetzt, ist der betreffende Wertteil des Grundstücks zu einer besonderen, aber dem Eigentümer verbleibenden Vermögensmasse gemacht. Oberneck in Gruch. 47 S. 327. Schilde, Unrichtigkeit des Grundbuchs S. 31. Jedenfalls empfiehlt es sich aus Billigkeit, in dem unterstellten Falle ein Entstehen der Eigentümerhypothek nach Analogie anzunehmen. Dernburg § 221 Nr. 2 S. 619. Anders liegt die Sache, wenn die Eintragung selbst formell unwirksam ist, wenn zB. gegen § 1115, wonach der Gläubiger, der Geldbetrag der Forderung, ein etwaiger Zinssatz und der Geldbetrag von Nebenleistungen eingetragen werden muß, verstoßen oder eine Höchstbetragshypothek ohne Angabe des Höchstbetrages eingetragen oder der Anteil eines Miterben vor geteilter Erbschaft mit einer Hypothek belastet ist. In solchem Falle ist die Eintragung nichtig, das Ausscheiden eines Wertteils für den Eigentümer überhaupt nicht erfolgt, die nacheingetragenen Gläubiger rücken nicht vor, sondern behalten ihren Rang, da eine voreingetragene Hypothek gar nicht vorhanden ist. Oberneck in Gruch. 47 S. 310, 327.

5. Erlöschen der Forderung. a, Die Befriedigung des Gläubigers zieht nicht immer das Erlöschen der Forderung nach sich. Den Erfolg des Erlöschens der Forderung hat nur die Befriedigung durch den Eigentümer, wenn er auch der persönliche Schuldner ist, durch den Schuldner, wenn er keinen Ersatz verlangen kann, und durch den Dritten, wenn er nicht Bürge, ausgleichungsberechtigter Gesamtschuldner, Mitbürge oder Ablösungsberechtigter (§§ 426 Abs. 2, 774, 1150) ist. In diesen Fällen der Befriedigung erwirbt der Eigentümer die Hypothek, gleichviel ob die Befriedigung durch ihn selbst, durch den Schuldner oder durch den Dritten bewirkt ist. In den anderen Fällen der Befriedigung des Gläubigers geht die Forderung auf den Befriedigenden über. So im Falle der Befriedigung durch den Eigentümer, wenn er nicht der persönliche Schuldner ist (§ 1143) und durch den Dritten, wenn er zur Befriedigung des Gläubigers berechtigt oder verpflichtet ist (§§ 426 Abs. 2, 774, 1150). Den Fall der Befriedigung durch den persönlichen Schuldner, der Ersatz verlangen kann, regelt § 1164.

Darauf, ob die Befriedigung des Gläubigers durch Zahlung (§ 362) oder in anderer Weise, zB. durch Angabe an Zahlungs Statt (§ 364), durch Hinterlegung (§§ 372, 378) oder durch Aufrechnung (§ 387) bewirkt wird, kommt nichts an. § 1142 Abs. 2.

b, Ein Erlöschen der Forderung wird ferner herbeigeführt durch Erlaß der Forderung (§ 397), durch Eintritt einer auflösenden Bedingung oder eines Endtermins (§§ 158 Abs. 2, 163), durch Vereinigung von Forderung und Schuld in derselben Person (§§ 398, 414 ff., 419, 1173, 1922). Wird der Gläubiger durch Zwangsvollstreckung in das bewegliche Vermögen befriedigt, so erlischt die Forderung und die Hypothek geht auf den Eigentümer über. Erfolgt aber die Befriedigung des Gläubigers aus dem Grundstücke, so erlischt die Hypothek. § 1181. Wenn der Gläubiger, der das Grundstück erstanden hat, im Verteilungstermine erklärt, daß er den auf seine Hypothek entfallenden Betrag des Erlöses mit einem gleich hohen Betrag des von ihm zu zahlenden Kaufgeldes verrechne, so liegt der Fall des Abs. 1 Satz 2 vor, da die Hypothek für den nunmehrigen Eigentümer bestehen bleibt (ZwVG. § 91 Abs. 2), die Forderung aber erloschen ist. KG. ROLG. 3 S. 233. Steht eine Hypothek Miterben zu und ist einer der Miterben persönlicher und dinglicher Schuldner der Hypothek, so bleibt die Hypothek bis zur Teilung des Nachlasses bestehen und entsteht bis zu diesem Zeitpunkt keine Eigentümerhypothek. KG. Soergel 1900/1 S. 139. Biermann S. 371 A. 1. Ein Ausschlußurteil, das nach geschehener Hinterlegung erlassen wird, hat die Wirkung einer Befriedigung des Gläubigers (§ 1171 Abs. 2), dagegen kommt dem in den Fällen des § 1170 erlassenen Ausschlußurteil die Wirkung des Erlöschens der Forderung nicht zu. Die Verjährung berechtigt den Verpflichteten die Leistung zu verweigern (§ 222); ein Erlöschungsgrund ist sie nicht.

6. Übergabe des Briefes an den Gläubiger. Der Gläubiger erwirbt die Briefhypothek erst, wenn ihm der Brief von dem Eigentümer übergeben wird. § 1117. Sind auf der Eigentümerseite mehrere Personen vorhanden (§§ 1114, 1132), so muß der Brief dem Gläubiger von den sämtlichen Miteigentümern übergeben werden. RG. 52 S. 360. Bis zur Übergabe steht die Briefhypothek dem Eigentümer zu. Er kann also bis zur Zahlung der Darlehnsvaluta die Verfügung des Gläubigers über die Hypothek ausschließen.

7. Erwerber der Hypothek ist derjenige, der im Falle des § 1163 Abs. 1 Satz 1, Abs. 2 zur Zeit der Eintragung (RG. 51 S. 117, 48), im Falle des § 1163 Abs. 1 Satz 2 zur Zeit des Erlöschens der Forderung eingetragener oder nicht eingetragener Eigentümer des Grundstücks ist. Das einmal erworbene Gläubigerrecht geht durch die spätere Veräußerung des Grundstücks nicht verloren. RG. 5 S. 307. Gruch. 27 S. 469, 38 S. 1088. KG. 1 S. 131, 15 S 145. Der Erwerb vollzieht sich kraft Gesetzes. Mitwirkung des Gläubigers ist nur zur Berichtigung des Grundbuchs erforderlich. Zur Berichtigung ist die bloße Vorlegung des Briefes seitens des

Eigentümers nicht genügend. KG. 22 S. A 309. Es bedarf dazu der formgerechten (GBO. § 29) Erklärung des als Gläubiger Eingetragenen in den Fällen des Abs. 1. Daß die Forderung nicht zur Entstehung gelangt oder erloschen sei, im Falle des Abs. 2 daß er den Brief nicht erhalten habe und deshalb die Hypothek dem Eigentümer zustehe. Zur Abgabe der erforderlichen Erklärungen ist der als Gläubiger Eingetragene verpflichtet. An dieser Verpflichtung wird er dadurch, daß die Hypothek zugunsten eines Dritten gepfändet und diesem überwiesen ist, nicht gehindert. Denn durch die Zustimmung zur Berichtigung wird erst für die Pfändung der Eigentümerhypothek die notwendige Grundlage geschaffen. RG. 52 S. 257. Ist der Erwerb der Hypothek durch Befriedigung des Gläubigers eingetreten, so genügt zur Berichtigung dessen formgerechte Quittung. GBO. § 22. Vgl. § 1144 A. 2. Die Bewilligung zur Umschreibung der Hypothek auf den Eigentümer kann vom Gläubiger nicht verlangt werden. RG. 48 S. 48.

Zur Eintragung von Verfügungen (Abtretung, Löschung) des Eigentümers über eine von ihm erworbene Brief- oder Buchhypothek ist seine vorherige Eintragung nicht erforderlich. (Vgl. A. 1.) KG. 21 S. A 159. RJA. 1 S. 125, 2 S. 198.

8. Nach § 1177 erwirbt der Eigentümer die Hypothek als Grundschuld. Er kann aber die ihm als Grundschuld angefallene Hypothek wieder in eine Hypothek umwandeln, dadurch daß er ihr eine Forderung unterlegt (§ 1198) oder gemäß § 1180 an die Stelle der nicht zur Entstehung gelangten Forderung eine andere setzt. Solange der Eigentümer der Gläubiger ist, kann er das Gläubigerrecht nur mit den Beschränkungen des § 1197 ausüben. Den Teilerwerb regelt § 1176.

9. Die Pfändung der Eigentümerhypothek erfolgt, wenn man nach der hier vertretenen Auffassung die Eigentümerhypothek als den Inhalt des frei gewordenen Eigentumsanteils ansieht, nach § 857 Abs. 2 ZPO., also lediglich durch Zustellung des Pfändungsbeschlusses an den Eigentümer. So OLG. Jena und Celle, ROLG. 3 S. 199, 4 S. 75. Reincke, ZPO. § 857 A. II. Wird mit der vorherrschenden Auffassung die Eigentümerhypothek als wirkliche Hypothek angesehen, so vollzieht sich die Pfändung nach §§ 829, 830 ZPO. Erforderlich ist also der Pfändungsbeschluß (§ 829) und die Übergabe des Hypothekenbriefs an den Gläubiger. Der Übergabe steht die zwangsweise Wegnahme (§ 897) des Hypothekenbriefs durch den Gerichtsvollzieher gleich. Bei der Buchhypothek muß statt der Übergabe des Briefes die Pfändung ins Grundbuch eingetragen werden; dies geschieht auf Grund des Pfändungsbeschlusses. So OLG. Colmar, ROLG. 6 S. 134. Die Umschreibung oder Eintragung bei der Pfändung erfordert nicht die vorgehende Eintragung des Eigentümers als Eigentümerhypothekars (KG. 22 S. A 171. OLG. Jena, KG. 23 S. D 28), kann aber nur erfolgen, wenn der Pfändungsgläubiger den Nachweis, daß die Eigentümerhypothek entstanden ist, formgerecht (GBO. § 29) erbracht hat. KG. 22 S. A 171, 24 S. A 132. Biermann S. 373 A. 7.

10. Bei der Sicherungshypothek ist die Erteilung des Hypothekenbriefs ausgeschlossen (§ 1185), es findet also bei ihr nur Abs. 1 Anwendung. Höchstbetragshypothek: § 1190.

11. Für die Grundschuld ist Abs. 1 Satz 1 des § 1163 unanwendbar. Satz 2 kann etwa dahin gefaßt werden: „Soweit der Eigentümer den Gläubiger befriedigt, geht die Grundschuld auf ihn über." Abs. 2 gilt auch für die Grundschuld. § 1192.

12. Übergangsbestimmungen. Ob § 1163 sich auch auf nicht valutierte Hypotheken bezieht, die vor dem Inkrafttreten des Liegenschaftsrechts eingetragen sind, ist bestritten. Das Reichsgericht hat in fester Praxis (RG. 48 S. 48, 50 S. 80; JW. 1901 S. 239, 1902 S. 194; Gruch. 47 S. 112) — in Übereinstimmung mit Turn.-Först. I S. 751 A. III; gegen KG. 20 S. A 311, 316, Habicht S. 474 und Dernburg § 211, S. 593 — die Frage auf Grund des Art. 192 (und des Art. 33 § 1 Preuß. AG. z. BGB.) bejaht. Eine Hypothek, die unter der Herrschaft des bisherigen Rechtes (Preuß. EEG. §§ 63 ff.) noch nicht zur Verfügung des Eigentümers gekommen

ist, steht demjenigen zu, welcher in dem Zeitpunkte der Anlegung des Grundbuchs Eigentümer des Pfandgrundstücks war oder ist. RG. Gruch. 47 S. 114. Eigentümerhypotheken, die zu der Zeit bestanden, zu welcher das Grundbuch als angelegt anzusehen ist, sind in Eigentümerhypotheken des BGB. umgewandelt. Art. 192, 195. Ob auf den Eigentümer auch die Forderung übergegangen ist, bemißt sich nach dem bisherigen Rechte. (Preußisches Recht: RG. 21 S. A 150.)

§ 1164.

Befriedigt der persönliche Schuldner den Gläubiger, so geht die Hypothek insoweit auf ihn über, als er von dem Eigentümer oder einem Rechtsvorgänger des Eigentümers Ersatz verlangen kann. Ist dem Schuldner nur teilweise Ersatz zu leisten, so kann der Eigentümer die Hypothek, soweit sie auf ihn übergegangen ist, nicht zum Nachteile der Hypothek des Schuldners geltend machen.

Der Befriedigung des Gläubigers steht es gleich, wenn sich Forderung und Schuld in einer Person vereinigen.

---

1. Der in Satz 1 unterstellte Fall ist insbesondere (RG. 53 S. 382) dann gegeben, wenn bei der Veräußerung eines Grundstücks, das mit einer Hypothek für eine Schuld des Veräußerers belastet ist, die Übernahme der Schuld durch den Erwerber vereinbart war, die persönliche Haftung des Veräußerers jedoch fortbesteht, weil die Schuldübernahme nicht zustande gekommen ist. § 416. Ist hier der persönliche Schuldner genötigt, den Gläubiger zu befriedigen, so erlangt er mit der Befriedigung einen persönlichen Ersatzanspruch gegen den Eigentümer, der ihm gegenüber zur Befriedigung des Gläubigers verpflichtet war, und in Höhe dieses Ersatzanspruchs geht die Hypothek auf ihn über. Dsch. 221. Den Ersatzanspruch hat der Schuldner zu beweisen. Wird der Beweis nicht geführt, so erwirbt nach der Regel des § 1163 Abs. 1 der Eigentümer die Hypothek.

2. Der ersatzberechtigte Schuldner erwirbt die Hypothek so wie sie bisher bestanden hat. P. 4749. Aber nur die Hypothek. Diese wandelt sich in eine Grundschuld um, denn die Forderung des Gläubigers ist getilgt (§ 362) und eine Bestimmung dahin, daß ihm eine Hypothek für seinen Ersatzanspruch gewährt werde, ist nicht ergangen. Turn.-Först. I S. 753 A. 2. Kretzschmar I S. 329, 381. AM. (Eintreten der Ersatzforderung des Schuldners an die Stelle der bisherigen Forderung) Dsch. 222. Biermann S. 375 A. 2. Boehm S. 245 A. D. Männer S. 314. Oberneck S. 574. Planck S. 558. Fuchs S. 531 A. 6 nimmt an, daß die bisherige Forderung auf den Schuldner übergeht. Der Schutz des § 892 steht dem Schuldner nicht zur Seite, da ein Erwerb kraft Gesetzes vorliegt. Turn.-Först. I S. 754 A. 8. Planck S. 558. Biermann S. 375 A. 2.

3. Ist dem Schuldner nur für einen Teil des von ihm gezahlten Betrages vom Eigentümer Ersatz zu leisten, so geht die Hypothek für diesen Teil auf ihn, für den übrigen Teil nach § 1163 Abs. 1 Satz 2 auf den Eigentümer über. Der Teil des Schuldners hat vor dem des Eigentümers den Vorrang. Ist der Gläubiger nur mit einem Teilbetrage befriedigt, so hat der ihm verbleibende Teil den Vorrang vor dem dem Eigentümer oder dem persönlichen Schuldner zufallenden Teil. § 1176.

4. Zur Umschreibung der Hypothek auf den Schuldner ist sowohl die Befriedigung des Gläubigers als auch der Ersatzanspruch des Schuldners durch öffentlich beglaubigte Urkunden (GBO. § 29) nachzuweisen. Den Hypothekenbrief und die übrigen Urkunden hat der Gläubiger, wenn er vollständig befriedigt ist, dem Schuldner auszuhändigen, wenn er nur teilweise befriedigt ist, dem GBA. vorzulegen. § 1167.

5. Der § 1164 findet auch bei Sicherungshypotheken, nicht aber bei Grund- und Rentenschulden Anwendung, da es bei ihm an einem persönlichen Schuldner fehlt. Bei der 2. Lesung wurde allerdings geltend gemacht, daß § 1164 entsprechend anzuwenden sei, wenn neben der Grundschuld eine persönliche Schuld bestehe. Diese Ansicht stieß aber auf Widerspruch. P. 4748 f. Gesamthypothek: § 1174.

6. Auch auf ältere Hypotheken ist § 1164 anwendbar. RG. 53 S. 378

§ 1165.

Verzichtet der Gläubiger auf die Hypothek oder hebt er sie nach § 1183 auf oder räumt er einem anderen Rechte den Vorrang ein, so wird der persönliche Schuldner insoweit frei, als er ohne diese Verfügung nach § 1164 aus der Hypothek hätte Ersatz erlangen können.

---

1. Soweit der persönliche Schuldner ohne die Verfügung des Gläubigers Ersatz aus der Hypothek hätte erlangen können, erlischt die gegen ihn bestehende Forderung ohne weiteres. Turn.-Först. I S. 755. Biermann S. 376. Planck S. 559 A. 3. AM. (nur Einrede) Fuchs S. 533 A. 4 a. Sache des persönlichen Schuldners ist es nachzuweisen, daß und in welchem Betrage er aus der Hypothek würde Ersatz erlangen können, wenn sie unverändert bestände. Die Möglichkeit, aus dem sonstigen Vermögen des Eigentümers Ersatz zu erlangen, schließt die Anwendung des § 1165 nicht aus. Zurückforderung einer etwa geleisteten Zahlung ist dem Schuldner nur nach Maßgabe des § 814 gestattet.

2. Die auch auf ältere Hypotheken anwendbare (RG. 53 S. 378), mit der für die Bürgschaft geltenden Bestimmung des § 776 übereinstimmende Vorschrift des § 1165 gilt auch bei der Gesamthypothek. § 1174. P. 4563. Sie versagt aber bei der Grundschuld.

§ 1166.

Ist der persönliche Schuldner berechtigt, von dem Eigentümer Ersatz zu verlangen, falls er den Gläubiger befriedigt, so kann er, wenn der Gläubiger die Zwangsversteigerung des Grundstücks betreibt, ohne ihn unverzüglich zu benachrichtigen, die Befriedigung des Gläubigers wegen eines Ausfalls bei der Zwangsversteigerung insoweit verweigern, als er infolge der Unterlassung der Benachrichtigung einen Schaden erleidet. Die Benachrichtigung darf unterbleiben, wenn sie untunlich ist.

---

1. Die Vorschrift betrifft den Fall, in dem der Gläubiger bei der von ihm betriebenen Zwangsversteigerung des Grundstücks einen Ausfall erleidet und sodann wegen dieses Ausfalls den persönlichen Schuldner in Anspruch nimmt. Die Billigkeit erfordert es hier, daß der Gläubiger, sobald ihm der die Zwangsversteigerung anordnende Beschluß zugestellt oder verkündet ist, den Schuldner unverzüglich (§ 121 Abs. 1) benachrichtigt, um ihm Gelegenheit zu geben, durch eigenes Mitbieten oder Herbeischaffung anderer Bieter den Ausfall der Hypothek zu verhindern. Dsch. 222. Die Benachrichtigungspflicht ist in allen Fällen zu üben, gleichviel ob der Gläubiger den Ersatzanspruch des persönlichen Schuldners gekannt hat oder nicht. Sie ist aber beschränkt auf den die Zwangsversteigerung betreibenden Gläubiger. RG. JW. 1902 (Beil.) S. 222. Die Verpflichtung zur Benachrichtigung gilt nur soweit, als die letztere tunlich, also die Person und der Aufenthalt des Schuldners dem Gläubiger

bekannt ist. Es genügt die Mitteilung des Gerichtsbeschlusses, durch den die Einleitung der Zwangsvollstreckung angeordnet wird. Der Benachrichtigung von dem später bestimmten Versteigerungstermin bedarf es nicht. Turn.-Först. I S. 756 A. 2. AM. Fuchs S. 534 A. 2c. Schuldhafte Unterlassung der rechtzeitigen Benachrichtigung zieht einen Rechtsnachteil für den Gläubiger nach sich. Der Rechtsnachteil besteht in demjenigen Schaden, der durch das schuldhafte Unterlassen der Benachrichtigung entstanden ist. Es ist Sache des Schuldners, den ihm erwachsenen Rechtsnachteil im Wege der Einrede geltend zu machen und durch den Nachweis zu begründen, daß der unter dem Werte erteilte Zuschlag des Grundstücks im Falle der rechtzeitigen Benachrichtigung des Schuldners vermieden worden wäre. Einen Schaden erleiden kann der persönliche Schuldner nur dann, wenn ihm ein Ersatzanspruch gegen den Eigentümer oder einen Rechtsvorgänger des Eigentümers (Planck S. 561 A. 4b) zusteht. Die Kenntnis des Schuldners von der Zwangsversteigerung schließt die Ersatzpflicht aus, da sie den ursächlichen Zusammenhang zwischen der Unterlassung des Gläubigers und dem Schaden des Schuldners aufhebt. P. 4509 ff.

2. Die Anwendung des § 1166 auf die Grundschuld ist ausgeschlossen.

§ 1167.

Erwirbt der persönliche Schuldner, falls er den Gläubiger befriedigt, die Hypothek oder hat er im Falle der Befriedigung ein sonstiges rechtliches Interesse an der Berichtigung des Grundbuchs, so stehen ihm die in den §§ 1144, 1145 bestimmten Rechte zu.

---

1. Der persönliche Schuldner, der den Gläubiger befriedigt, erwirbt die Hypothek in den Fällen der §§ 1164, 1174. Er hat ein sonstiges rechtliches Interesse an der Berichtigung des Grundbuchs zB. dann, wenn er sich dem Eigentümer gegenüber zur Befreiung des Grundstücks verpflichtet hat. M. 731. In dem einen wie in dem anderen Falle stehen ihm die Rechte der §§ 1144, 1145 zu, die Rechte des § 1144 bei vollständiger, die Rechte des § 1145 bei teilweiser Befriedigung des Gläubigers. Die Anwendung des § 1144 im Falle der vollständigen Befriedigung des Gläubigers ist auch dann nicht ausgeschlossen, wenn der Schuldner nur zu einem Teile ersatzberechtigt ist. Biermann S. 377. Turn.-Först. I S. 759 A. 3. Hat der den Gläubiger befriedigende Schuldner die Hypothek nicht erworben und hat er an der Grundbuchberichtigung kein sonstiges rechtliches Interesse, so stehen ihm nur die Rechte aus §§ 368, 371, 410 zu. Ein Dritter, der den Gläubiger befriedigt, erwirbt die Forderung und die Hypothek und damit die Rechte der §§ 1144, 1145 nur dann, wenn er nach § 268 berechtigt ist, den Gläubiger zu befriedigen, andernfalls kann er vom Gläubiger nur Quittung fordern. § 368.

2. Auf die Grundschuld ist § 1167 nicht anwendbar.

§ 1168.

Verzichtet der Gläubiger auf die Hypothek, so erwirbt sie der Eigentümer.

Der Verzicht ist dem Grundbuchamt oder dem Eigentümer gegenüber zu erklären und bedarf der Eintragung in das Grundbuch. Die Vorschriften des § 875 Abs. 2 und der §§ 876, 878 finden entsprechende Anwendung.

Verzichtet der Gläubiger für einen Teil der Forderung auf die Hypothek, so stehen dem Eigentümer die im § 1145 bestimmten Rechte zu.

1. Verzicht. Es genügt die einseitige Erklärung des Gläubigers und die Eintragung in das Grundbuch. Die Zustimmung des Eigentümers ist nicht erforderlich, da seine Rechtslage durch den Verzicht nicht verschlechtert, sondern verbessert wird. P. 4484. Verzichtserklärung: Form Abs. 2, bindende Kraft: § 875 Abs. 2, Zustimmung Dritter: § 876, Verfügungsbeschränkung des Verzichtenden: § 878. Die Eintragung erfolgt auf Antrag des Gläubigers oder des Eigentümers. Notwendig ist die Eintragung ausnahmslos, auch bei Briefhypotheken. Rechtswirksam wird der Verzicht in dem Zeitpunkt, in welchem Verzichtserklärung und Eintragung zusammentreffen. Darauf, ob die Verzichtserklärung der Eintragung vorausgeht oder folgt, kommt nichts an. Planck S. 564 A. 2. Auf welchem Rechtsgrunde der Verzicht beruht, ob er entgeltlich oder unentgeltlich erfolgt, ist unerheblich. Die persönliche Forderung des Gläubigers wird durch den Verzicht auf die Hypothek nicht berührt. KG. RJA. 3 S. 35.

2. Wirkung. Im Zeitpunkt der Rechtswirksamkeit des Verzichts geht die Hypothek kraft Gesetzes, ohne daß es der Umschreibung oder bei der Briefhypothek der Übergabe des Briefes bedarf, auf denjenigen über, der in dieser Zeit (wahrer) Eigentümer des belasteten Grundstücks ist. Hat der Gläubiger nur für einen Teil der Forderung auf die Hypothek verzichtet, so erwirbt der Eigentümer nur den Teil. Die dem Gläubiger verbleibende Teilhypothek hat das Vorrecht. § 1176. Im Falle des Teilverzichts stehen dem Eigentümer die Rechte aus § 1145 zu. Für den Fall des Vollverzichts brauchen dem Eigentümer die Rechte aus § 1144 nicht besonders beigelegt zu werden. Sie stehen ihm ohne weiteres zu, da er als Gläubiger der Hypothek Eigentümer des Briefes ist und als solcher die Herausgabe vom Besitzer und die Aushändigung vom GBA., dem der Brief zur Eintragung des Verzichts vorgelegt sein muß (GBO. §§ 42, 62), beanspruchen kann. Turn.-Först. I S. 760 A. 4. AM. Fuchs S. 539, Biermann S. 378 A. 2 u. 5, Planck S. 564 A. 3. Danach kann der Eigentümer nur Vorlegung des Briefes an das GBA. zum Zwecke der Buchberichtigung verlangen. Die Frage, ob der Verzicht des als Gläubiger eingetragenen Nichtgläubigers unter dem Schutze des öffentlichen Glaubens des Grundbuchs steht, wird von Fuchs S. 539 A. 4 verneint. Hingegen zutreffend Biermann S. 379 A. 3, daß wenn der Verzicht dem Eigentümer gegenüber erklärt ist, § 893 Anwendung findet.

3. Die Schuldübernahme, wenn sie eine Forderung betrifft, für die eine Hypothek besteht, hat dieselbe Wirkung, wie der Verzicht auf die Hypothek, es geht also kraft Gesetzes die Hypothek auf den Grundeigentümer über, sofern er nicht in die Schuldübernahme willigt, in welchem Falle die Hypothek dem Gläubiger bleibt. § 418.

4. Der § 1168 gilt auch für Sicherungshypotheken und für Grundschulden. Verzicht auf die Hypothek für Rückstände von Zinsen, Nebenleistungen und Kosten: § 1178; Verzicht bei Gesamthypotheken: § 1175; Recht des Eigentümers auf den Verzicht des Gläubigers: § 1169. Verzicht auf die Forderung: § 1163 Abs. 1 Satz 2.

§ 1169.

Steht dem Eigentümer eine Einrede zu, durch welche die Geltendmachung der Hypothek dauernd ausgeschlossen wird, so kann er verlangen, daß der Gläubiger auf die Hypothek verzichtet.

---

1. Gegenstand der Vorschrift sind peremtorische Einreden und zwar nicht nur die Einreden aus der persönlichen Forderung, sondern auch die lediglich das dingliche Recht betreffenden Einreden. P. 4481. Fuchs S. 540 A. 7. Planck S. 565 A. 2. Beispiele solcher Einreden sind die Einrede des Fehlens der dinglichen Einigung, des Eintritts der auflösenden, des Ausfalls der aufschiebenden Bedingung, des Eintritts

des Endtermins, der rechtskräftigen Abweisung der Hypothekenklage. Ausgeschlossen von der Anwendbarkeit des § 1169 sind die peremtorischen Einreden der Verjährung und der beschränkten Erbenhaftung, da deren Geltendmachung gegenüber dem dinglichen Anspruche des Hypothekengläubigers versagt ist. §§ 223, 1137 Abs. 1 Satz 2.

2. Das Vorliegen einer Einrede der zu 1 bezeichneten Art hat — gegen Entw. I § 1093 — nicht zur Folge, daß der Eigentümer mit der Erklärung, daß er die Einrede geltend mache, ohne weiteres die Hypothek als Eigentümerhypothek erwirbt, gibt vielmehr dem Eigentümer nur das Recht, von dem Gläubiger den Verzicht auf die Hypothek zu verlangen. P. 4481. Erworben wird die Eigentümerhypothek gemäß § 1168 Abs. 2 erst mit der Verzichtserklärung des Gläubigers und der Eintragung des Verzichts in das Grundbuch. Auf Abgabe der Verzichtserklärung kann der Eigentümer klagen. Die Klage ist die Eigentumsfreiheitsklage nach § 1004 (Turn.-Först. I S. 761 A. 3) und geht auch gegen den Dritten, dem ein Recht an der Hypothek zusteht und der deshalb dem Verzichte zustimmen muß. Daß der Anspruch als dinglicher sich auch gegen die Konkursmasse richtet, ist in 2. Lesung ausdrücklich anerkannt. P. 4482. Mit der Rechtskraft des die Verpflichtung des Schuldners zur Erklärung des Verzichts aussprechenden Urteils gilt der Verzicht als erklärt. ZPO. § 894. Durch Erwirken der Eintragung eines Widerspruchs kann der Eigentümer sich vorläufig schützen. Turn.-Först. I S. 761 A. 4.

3. Der § 1169 findet auch bei der Grundschuld Anwendung.

§ 1170.

Ist der Gläubiger unbekannt, so kann er im Wege des Aufgebotsverfahrens mit seinem Rechte ausgeschlossen werden, wenn seit der letzten sich auf die Hypothek beziehenden Eintragung in das Grundbuch zehn Jahre verstrichen sind und das Recht des Gläubigers nicht innerhalb dieser Frist von dem Eigentümer in einer nach § 208 zur Unterbrechung der Verjährung geeigneten Weise anerkannt worden ist. Besteht für die Forderung eine nach dem Kalender bestimmte Zahlungszeit, so beginnt die Frist nicht vor dem Ablaufe des Zahlungstags.

Mit der Erlassung des Ausschlußurteils erwirbt der Eigentümer die Hypothek. Der dem Gläubiger erteilte Hypothekenbrief wird kraftlos.

---

1. Voraussetzungen des Aufgebots. a, Unbekanntheit des Gläubigers. Als unbekannt gilt auch der Gläubiger, der sein Verfügungsrecht nicht nachzuweisen vermag. M. 739. Unbekanntheit des Aufenthalts genügt nicht, da sie der Erhebung der Klage des Eigentümers gegen den Gläubiger auf Zustimmung zur Berichtigung des Grundbuchs (§ 894) nicht entgegensteht. ZPO. § 203 Planck S. 566 A. 2. AM. LG. Lissa, Soergel 1900/1 S. 137. b, Ablauf von 10 Jahren seit der letzten sich auf die Hypothek beziehenden Eintragung in das Grundbuch. Ob die Eintragung auf Antrag oder von Amts wegen erfolgt ist und ob sie die ganze Hypothek oder nur einen Teil der Hypothek betrifft, ist einerlei. Biermann S. 380 A. 1. AM. LG. Lissa, Soergel 1900/1 S. 137. Danach sollen nicht in Betracht kommen Vermerke von Amts wegen. Die Frist (Berechnung § 188 Abs. 2, 3) beginnt nicht vor dem Ablauf des Zahlungstages, wenn für die Forderung eine nach dem Kalender bestimmte Zahlungszeit besteht; sie muß vor der Einleitung des Verfahrens abgelaufen sein. c, Unterbliebene Anerkennung des Rechtes des Gläubigers innerhalb dieser Frist. Als Anerkennung kommt nur diejenige in Betracht, die nach § 208 zur Unterbrechung der Verjährung geeignet ist.

Die Voraussetzungen zu a und c sind vom Antragsteller glaubhaft zu machen Die Glaubhaftmachung zu a hat nach § 294 ZPO. zu erfolgen, etwa durch Beibringung von behördlichen Zeugnissen oder Bescheinigungen von Angehörigen oder Bekannten des Gläubigers über dessen Unbekanntsein. Zur Glaubhaftmachung der Voraussetzungen zu c genügt die Versicherung des Antragstellers an Eides Statt, unbeschadet der Befugnis des Gerichts, anderweite Ermittlungen vorzunehmen. ZPO. § 986 Abs. 3.

Die Behauptung, daß die Forderung erloschen sei, ist zur Zulassung des Aufgebotsverfahrens nicht erforderlich. P. 4523.

2. Das Verfahren regeln die §§ 946—959, 982—987 ZPO. Einen Vorbehalt für die Landesgesetze enthält § 1024 ZPO. Vgl. Daude, Aufgebotsverfahren 3. Aufl. S. 208 ff. (Preußen: §§ 7, 8 AG. z. ZPO. v. 22. Sept. 1899. Art. 33 § 3 Nr. 3 AG. z. BGB.).

3. Wirkung des Ausschlußurteils. Das Ausschlußurteil wird sofort mit der Verkündung rechtskräftig. ZPO. §§ 957 Abs. 1, 705. Seine Anfechtung kann nur im Wege der Klage erfolgen. ZPO. §§ 957, 958. Es richtet sich nur gegen den unbekannten Hypothekengläubiger, läßt aber die Forderung sowohl wie die Hypothek unberührt. Die Forderung verbleibt unverändert dem bisherigen Gläubiger, die Hypothek geht kraft Gesetzes auf denjenigen über, der zur Zeit der Verkündung des Ausschlußurteils Eigentümer des belasteten Grundstücks ist. Der Eigentümer kann über die Hypothek frei verfügen, er kann insbesondere sie löschen, auch auf sich selbst oder auf einen anderen umschreiben lassen. M. 738. Der dem Gläubiger erteilte Hypothekenbrief wird auch dem gutgläubigen Dritten gegenüber kraftlos. Zur Löschung und zur nachträglichen Ausschließung der Erteilung des Briefes (§ 1116 Abs. 2) genügt die Vorlegung des Ausschlußurteils. Zur Verfügung über die Hypothek als Briefhypothek ist dem Eigentümer auf Vorlegung des Ausschlußurteils ein neuer Brief zu erteilen. GBO. § 67. Die Herstellung des neuen Briefes regelt GBO. § 68.

Sind im Ausschlußurteil angemeldete Rechte vorbehalten (ZPO. § 953), so ist es Sache der Betreffenden, die ihnen vorhaltenen Rechte gegen den Eigentümer im Wege der Klage geltend zu machen. Der Übergang der Hypothek auf den Eigentümer vollzieht sich auch in diesem Falle mit der Erlassung des Ausschlußurteils. Planck S. 568 A. 6 d. Turn.-Först. I S. 764 A. 3. AM. Fuchs S. 544 A. 4. Biermann S. 381 A. 3.

Wird das Ausschlußurteil auf Grund einer Anfechtungsklage (ZPO. § 957 Abs. 2) aufgehoben, so lebt das Recht des Gläubigers auf; der alte Brief wird wieder wirksam, der etwa erteilte neue Brief verliert seine Kraft.

4. Die Frage, ob sich Dritte, die nach Erlassung des Ausschlußurteils ohne Kenntnis des Urteils von dem noch eingetragenen Gläubiger die Hypothek erwerben, dem Eigentümer gegenüber auf den öffentlichen Glauben des Grundbuchs berufen können, ist zu verneinen, da der Erwerb der Hypothek durch den Eigentümer der Eintragung fähig, aber nicht bedürftig ist, der öffentliche Glaube gegenüber derartigen Rechten nicht wirkt. Vgl. § 892 A. 9. Fuchs S. 544 A. 6. AM. Biermann S. 381 A. 3. Planck S. 568 A. 6 b.

5. Die Vorschriften finden auch Anwendung auf Sicherungshypotheken, Grund- und Rentenschulden, auf die Ausschließung des unbekannten durch eine Vormerkung gesicherten Gläubigers (§ 887), eines unbekannten dinglichen Vorkaufsberechtigten (§ 1104), eines unbekannten Reallastberechtigten (§ 1112). Sonderbestimmungen gelten für die Gesamthypothek (§ 1175 Abs. 2), sowie für Hypotheken für Forderungen aus einer Schuldverschreibung auf den Inhaber (§ 1188 Abs. 2) und für Grundschulden, bei denen der Grundschuldbrief auf den Inhaber ausgestellt ist (§ 1195).

§ 1171.

Der unbekannte Gläubiger kann im Wege des Aufgebotsverfahrens mit seinem Rechte auch dann ausgeschlossen werden, wenn der Eigentümer zur Be-

friedigung des Gläubigers oder zur Kündigung berechtigt ist und den Betrag der Forderung für den Gläubiger unter Verzicht auf das Recht zur Rücknahme hinterlegt. Die Hinterlegung von Zinsen ist nur erforderlich, wenn der Zinssatz im Grundbuch eingetragen ist; Zinsen für eine frühere Zeit als das vierte Kalenderjahr vor der Erlassung des Ausschlußurteils sind nicht zu hinterlegen.

Mit der Erlassung des Ausschlußurteils gilt der Gläubiger als befriedigt, sofern nicht nach den Vorschriften über die Hinterlegung die Befriedigung schon vorher eingetreten ist. Der dem Gläubiger erteilte Hypothekenbrief wird kraftlos.

Das Recht des Gläubigers auf den hinterlegten Betrag erlischt mit dem Ablaufe von dreißig Jahren nach der Erlassung des Ausschlußurteils, wenn nicht der Gläubiger sich vorher bei der Hinterlegungsstelle meldet; der Hinterleger ist zur Rücknahme berechtigt, auch wenn er auf das Recht zur Rücknahme verzichtet hat.

„D. Recht" 1901 S. 373.

---

1. Voraussetzungen des Aufgebots. **a**, Unbekanntheit des Gläubigers. Sie ist vor der Einleitung des Verfahrens vom Eigentümer glaubhaft zu machen. ZPO. §§ 294, 985. Unbekanntheit des Aufenthalts rechtfertigt das Aufgebotsverfahren nicht, der Eigentümer kann in solchem Falle gemäß § 132 Abs. 2 kündigen und nach Eintritt der Fälligkeit gemäß §§ 372 ff. hinterlegen. § 1142 Abs. 2. **b**, Berechtigung des Eigentümers zur Befriedigung des Gläubigers (§ 1142) oder zur Kündigung. § 1141. Die Berechtigung hat der Eigentümer nachzuweisen. Der Nachweis wird regelmäßig durch das Grundbuch oder die Eintragungsbewilligung geführt werden (M. 740); ein anderweiter Nachweis durch öffentlich beglaubigte Urkunden erscheint nicht ausgeschlossen. Boehm S. 253 A. II B. Fuchs S. 547. Der § 1171 hat eine noch bestehende Forderung zur Voraussetzung, während § 1170 den Fall betrifft, wenn die Forderung, für welche die Hypothek besteht, getilgt ist. Auf die Zeit, welche seit der letzten Eintragung verstrichen ist, kommt hier nichts an. **c**, Hinterlegung des Betrages der Forderung für den Gläubiger unter Verzicht auf das Recht zur Rücknahme. Zinsen sind nur zu hinterlegen, wenn sie im Grundbuche eingetragen sind, nur für vier Kalenderjahre vor der Erlassung des Ausschlußurteils und nur insoweit als nicht die Tilgung durch öffentlich beglaubigte Urkunden dargetan wird. Dernburg § 240 Nr. 3 S. 665; die älteren Zinsen sind verjährt (§§ 197, 201). Zur Einleitung des Verfahrens genügt das Erbieten zur Hinterlegung. Das Ausschlußurteil darf aber erst dann erlassen werden, wenn die Hinterlegung erfolgt ist. ZPO. § 987. Gesetzliche Zinsen (§ 1118) und Kosten brauchen nicht hinterlegt zu werden.

2. Verfahren: § 1170 A. 2.

3. Wirkung des Ausschlußurteils. Mit der Erlassung des Ausschlußurteils gilt der Gläubiger als befriedigt, sofern nicht nach § 378 die Befriedigung schon mit der Hinterlegung (§§ 374, 375) eingetreten ist. Die Hypothek geht kraft Gesetzes auf denjenigen über, der im Zeitpunkte der Befriedigung der Eigentümer des belasteten Grundstücks war und zwar mit der Forderung, wenn er nicht der persönliche Schuldner ist (§ 1143 Abs. 1), ohne die Forderung, also als Grundschuld, wenn er der persönliche Schuldner ist (§§ 1163 Abs. 1 Satz 2, 362). Der Hypothekenbrief wird kraftlos. Hat der frühere Eigentümer hinterlegt, so findet § 1163 Abs. 1 Satz 2 Anwendung. Ist der vom Eigentümer verschiedene persönliche Schuldner der Hinterleger, so gilt § 1164. Planck S. 571 A. 6 c.

Der Gläubiger kann seine Befriedigung statt aus dem Grundstücke nur noch aus dem hinterlegten Betrage verlangen. Auch sein Recht auf diesen erlischt, wenn er sich nicht vor dem Ablaufe von 30 Jahren nach der Erlassung des Ausschlußurteils bei der Hinterlegungsstelle meldet. ZPO. § 987 Abs. 2. Meldet sich der Gläubiger nicht innerhalb dieser Frist, so ist der Hinterleger zur Rücknahme berechtigt, auch wenn er auf das Recht zur Rücknahme verzichtet hat. § 1171 Abs. 3. Treffen die Landesgesetze über die Hinterlegung nähere Bestimmungen, so muß dem Hinterleger die Rücknahme des hinterlegten Betrages mindestens während eines Jahres von dem Zeitpunkt an gestattet werden, mit welchem das Recht des Gläubigers auf den hinterlegten Betrag erlischt. Art. 145. (Preußen: AG. z. BGB. Art. 84 Nr. XI § 58a, XII Nr. 4 Abs. 2 Nr. 2.)

4. Das Ausschlußurteil kann durch die Anfechtungsklage (ZPO. § 957) aufgehoben werden. Durch diese Aufhebung wird aber die infolge der Hinterlegung eingetretene Befriedigung des Gläubigers nicht berührt. Planck S. 571 A. 7.

5. Die Vorschriften gelten auch für Sicherungshypotheken, für Grund- und Rentenschulden, auch für die Fälle der §§ 1188 Abs. 2, 1195. Gesamthypotheken: §§ 1172, 1173.

§ 1172.

Eine Gesamthypothek steht in den Fällen des § 1163 den Eigentümern der belasteten Grundstücke gemeinschaftlich zu.

Jeder Eigentümer kann, sofern nicht ein anderes vereinbart ist, verlangen, daß die Hypothek an seinem Grundstück auf den Teilbetrag, der dem Verhältnisse des Wertes seines Grundstücks zu dem Werte der sämtlichen Grundstücke entspricht, nach § 1132 Abs. 2 beschränkt und in dieser Beschränkung ihm zugeteilt wird. Der Wert wird unter Abzug der Belastungen berechnet, die der Gesamthypothek im Range vorgehen.

Walther Lang, Die Gesamthypothek im Arch. f. ziv. Prax. 89 S. 292.

---

1. Die Gemeinschaft der Eigentümer in den unterstellten Fällen ist Gemeinschaft zur gesamten Hand. Biermann S. 384 A. 1. (Streitig. Literatur: Fuchs S. 552.) Kein Eigentümer kann ohne Zustimmung der übrigen seinen Anteil veräußern oder belasten. AM. Planck S. 572 A. 3b. Er darf auch nicht die Hypothek auf seinem Grundstücke löschen lassen. Zu allen Verfügungen über die Gesamthypothek im ganzen ist die Mitwirkung aller Eigentümer erforderlich. Gehören die sämtlichen verhafteten Grundstücke demselben Eigentümer, so steht die Gesamthypothek ihm allein zu.

2. Die Auseinandersetzung der mehreren Eigentümer erfolgt nach der unter ihnen getroffenen Vereinbarung. § 1132 Abs. 2. Die Eigentümer können die Gesamthypothek durch Verteilung ihres Betrages auf die einzelnen Grundstücke in Einzelhypotheken umwandeln. Die Bestimmung der Teilbeträge unterliegt ihrem Belieben. Die Eigentümer können auch die Gesamthypothek einem einzigen Grundstück als Einzelhypothek zuteilen und an den übrigen Grundstücken löschen lassen. Die Gesamthypothek darf aber weder erweitert noch vervielfältigt werden. Es darf also die Summe der Beträge der Einzelhypotheken den Betrag der Gesamthypothek nicht übersteigen. Die Eigentümer sind auch nicht berechtigt, die Gesamthypothek im vollen Betrage als Einzelhypothek auf jedem Grundstücke stehen zu lassen, auch dann nicht, wenn die Grundstücke mit einem gleich- oder nachstehenden Rechte eines Dritten nicht belastet sind. P. 4544. Biermann S. 385. Boehm S. 254. Fuchs S. 553 A. 5. Planck S. 573 A. 4. Turn.-Först. I S. 769 A. 2.

3. In Ermangelung einer Vereinbarung kann jeder Eigentümer die gesetzliche Auseinandersetzung nach § 1172 Abs. 2 fordern, er kann also verlangen, daß ihm an Stelle der Gesamthypothek auf seinem Grundstück eine Einzelhypothek in dem

Betrage zugeteilt wird, der dem Verhältnis des Wertes seines Grundstücks zu dem Werte der sämtlichen Grundstücke entspricht. Beispiel: § 1174 A. 1. Der Wert wird unter Abzug der Belastungen berechnet, die der Gesamthypothek im Range vorgehen. Derartige Belastungen sind die den Wert des Grundstücks vermindernden (in Abt. II des Grundbuchs) eingetragenen Rechte, die vorgehenden Hypotheken, Grund- und Rentenschulden, einschließlich der Eigentümer-, der Sicherungs- und der Gesamthypotheken, welche letztere bei jedem Grundstück mit dem vollen Betrage angesetzt werden, die Vormerkungen (AM. Männer S. 343 A. 10), die außerhalb des Grundbuchs bestehenden Belastungen, nicht aber bloße Rangvorbehalte (§ 881). Bei der 2. Kommission herrschte Einverständnis darüber, daß für die Wertberechnung der Zeitpunkt der Entstehung der Hypothek als Gesamthypothek entscheidend sei. P. 4545. An dieser Auffassung halten fest Fuchs S. 554 A. 7 und Planck S. 573 A. 4 b. Richtiger erscheint es im Einklang mit ZwVG. § 122, den Wert zur Zeit der Verteilung als maßgebend zu erachten. So: Hachenburg Vortr. S. 337. Biermann S. 385. Boehm S. 256 A. III. Oberneck S. 633. Turn.-Förft. I S. 770 A. 4. Die Zerlegung in Einzelhypotheken braucht nicht für alle Grundstücke zu erfolgen, jeder Eigentümer kann für sich die Auseinandersetzung verlangen, dann bleibt die Hypothek auf den übrigen Grundstücken Gesamthypothek, jedoch vermindert um denjenigen Betrag, der dem Ausscheidenden als Einzelhypothek zugewiesen ist. Fuchs S. 554 A. 7. Planck S. 574 A. 4 e.

4. Auf die Verteilung finden die §§ 875, 876, 878 Anwendung. § 1132 Abs. 2. Notwendig ist also Erklärung sämtlicher Eigentümer, denen die Gesamthypothek zusteht, gegenüber dem GBA. und Eintragung in das Grundbuch. Ist die Gesamthypothek mit dem Rechte eines Dritten belastet, so ist dessen Zustimmung erforderlich. Eine Vereinbarung, durch welche die gesetzliche Verteilung des § 1172 Abs. 2 (oben A. 3) geändert wird, bedarf zur Wirkung gegen die Rechtsnachfolger der Eigentümer der Eintragung einer Vormerkung nach § 1179. Den nachstehenden Berechtigten gegenüber ist die Vereinbarung auch ohne Eintragung wirksam, da diese stets damit rechnen müssen, daß die Gesamthypothek ihnen zum vollen Betrage vorausgeht. Turn.-Förft. I S. 769. Planck S. 574. Biermann S. 385.

5. Im Grundbuch erfolgt die Darstellung der Auseinandersetzung in der Weise, daß bei dem einzelnen Grundstück der auf die übrigen Grundstücke entfallende Betrag und der Vermerk der Gesamthaft gelöscht wird. P. 4545. Der über die Gesamthypothek erteilte Brief wird unbrauchbar gemacht und für jedes Grundstück ein neuer Brief erteilt. GBO. §§ 59, 64, 69. Erfolgt die Auseinandersetzung nur bei einem Grundstück, so kann der über die Gesamthypothek erteilte Brief nach Vermerk der erfolgten Löschungen für die in der Gemeinschaft gebliebenen Grundstücke beibehalten werden.

6. Zur entsprechenden Anwendung auf die Grundschuld hat die Redaktionskommission den Abs. 1 des § 1172 dahin gefaßt: „Eine Gesamtgrundschuld steht in den Fällen, in welchen die Grundschuld kraft Gesetzes von dem Eigentümer erworben wird, den Eigentümern der belasteten Grundstücke gemeinschaftlich zu." Abs. 2 gilt nach entsprechender Änderung auch für die Grundschuld.

§ 1173.

Befriedigt der Eigentümer eines der mit einer Gesamthypothek belasteten Grundstücke den Gläubiger, so erwirbt er die Hypothek an seinem Grundstücke; die Hypothek an den übrigen Grundstücken erlischt. Der Befriedigung des Gläubigers durch den Eigentümer steht es gleich, wenn das Gläubigerrecht auf

den Eigentümer übertragen wird oder wenn sich Forderung und Schuld in der Person des Eigentümers vereinigen.

Kann der Eigentümer, der den Gläubiger befriedigt, von dem Eigentümer eines der anderen Grundstücke oder einem Rechtsvorgänger dieses Eigentümers Ersatz verlangen, so geht in Höhe des Ersatzanspruchs auch die Hypothek an dem Grundstücke dieses Eigentümers auf ihn über; sie bleibt mit der Hypothek an seinem eigenen Grundstücke Gesamthypothek.

---

1. Die Vorschrift regelt den Fall, wenn die Grundstücke, an denen die Gesamthypothek besteht, zur Zeit der Befriedigung des Gläubigers verschiedenen Eigentümern gehören, von denen nur einer oder einzelne den Gläubiger befriedigen. Gehören alle Grundstücke demselben Eigentümer, so erwirbt dieser, wenn er den Gläubiger befriedigt, die Gesamthypothek, wenn er nicht der persönliche Schuldner ist, mit der Forderung (§ 1143), anderenfalls ohne die Forderung. § 1163 Abs. 1 Satz 2. Wird die Befriedigung von den Eigentümern aller Grundstücke bewirkt, so findet § 1172 Abs. 1 Anwendung.

2. Es muß freiwillige Befriedigung des Gläubigers vorliegen. Auf die Art der Befriedigung (Zahlung, Aufrechnung §§ 387 ff., Hinterlegung §§ 372 ff., 1172) kommt nichts an. Erfolgt die Befriedigung im Wege der Zwangsvollstreckung, so finden die §§ 1181, 1182 Anwendung. Durch den Erlaß der Forderung wird die Haftung der Grundstücke nicht berührt. Der Eigentümer, dem die persönliche Schuld erlassen ist, haftet fortan mit seinem Grundstück für eine fremde Schuld. „Will der Eigentümer ihm auch diese erlassen, so muß er die in § 1168 Abs. 2 vorgeschriebene Form des Verzichts wahren. Die rechtskräftige Abweisung der Forderungsklage gegenüber einem der persönlichen Schuldner berechtigt diesen nur auf Grund des § 1169 den Verzicht auf die Hypothek zu fordern." Planck S. 582 A. 3. Ebenso Turn.-Först. I S. 772 A. 2. Biermann S. 387 A. 1. AM. (Anwendbarkeit des § 1175 Abs. 2 Satz 2) Boehm S. 262. Fuchs S. 556 A. 2.

3. Der Befriedigung gleich gestellt ist: **a**, Die Übertragung des Gläubigerrechts auf den Eigentümer. Gedacht ist (im Gegensatz zur „Vereinigung") an die Fälle der Abtretung oder Überweisung (ZPO. § 835). Es soll verhütet werden, daß der zahlende Eigentümer die Vorschrift des § 1173 dadurch umgeht, daß er sich die Forderung und die Gesamthypothek vom Gläubiger abtreten läßt. P. 4562. **b**, Die Vereinigung von Forderung und Schuld in der Person des Eigentümers (nicht auch des Gläubigers). Es findet also § 1173 Anwendung, wenn der Eigentümer eines der mithaftenden Grundstücke, gleichviel ob er der persönliche Schuldner ist oder nicht, den Gläubiger der Gesamthypothek beerbt. Beerbt aber der Gläubiger einen der Eigentümer der verhafteten Grundstücke, der nicht sein Schuldner ist, so wird hierdurch die Forderung mit der Hypothek nicht berührt. Fuchs S. 556 A. 4. Turn.-Först. I S. 775 A. 8. AM. Planck S. 576 A. 2.

4. Wirkungen. **a**, Ist der befriedigende Eigentümer nicht ersatzberechtigt, so erwirbt er, soweit die Befriedigung und die Belastung seines Grundstücks mit der Gesamthypothek sich decken, die Gesamthypothek an seinem Grundstück als Einzelhypothek, wenn er nicht der persönliche Schuldner ist mit der Forderung, anderenfalls ohne die Forderung. Die Hypothek an den übrigen Grundstücken erlischt. Vgl. A. 6.

b, Kann der befriedigende Eigentümer von dem Eigentümer eines der anderen Grundstücke oder einem Rechtsvorgänger dieses Eigentümers Ersatz verlangen, so geht in Höhe des Ersatzanspruchs auch die Hypothek an dem Grundstück dieses Eigentümers auf ihn über, bleibt aber mit der Hypothek an dem eigenen Grundstück zur Gesamthaft verbunden. Wenn der zur Befriedigung des Gläubigers verwendete Betrag den Ersatzanspruch übersteigt, so erwirbt der befriedigende Eigentümer in Höhe des Ersatzanspruchs eine Gesamthypothek, in Höhe des überschießenden Betrages eine Einzelhypothek an seinem eigenen Grundstück, während die Hypothek an den anderen Grundstücken erlischt.

Ist der befriedigende Eigentümer der persönliche Schuldner, so verwandelt sich die von ihm erworbene Hypothek in eine Grundschuld. § 1177 Abs. 1. Ist er nicht der persönliche Schuldner, so erwirbt er die Hypothek sowohl an seinem Grundstück als auch an den Grundstücken der Ersatzpflichtigen mit der Forderung des Gläubigers der Gesamthypothek. Turn.-Först. I S. 774. Eine Hypothek für die Ersatzforderung besteht nicht. Fuchs S. 558 A. 9. Deshalb kann der Annahme, daß die vom Eigentümer erworbene Forderung nur für die Hypothek am eigenen Grundstück die ursprüngliche, für die Hypothek an den anderen Grundstücken aber die Ersatzforderung sei (so: Biermann S. 388 A. 2 b), nicht beigetreten werden. Ebensowenig der Annahme (Planck S. 578), daß als die durch die Gesamthypothek gesicherte Forderung der Ersatzanspruch zu betrachten sei.

5. Der Ersatzanspruch ist Voraussetzung des § 1173 Abs. 2. Für die Frage aber, ob ein Ersatzanspruch vorliegt, ist das zwischen dem befriedigenden Eigentümer und den übrigen Eigentümern bestehende rechtsgeschäftliche Verhältnis maßgebend, sofern nicht — wie in den Fällen der §§ 426, 774, 2166, 2167, 2168 — der Ersatzanspruch kraft Gesetzes besteht. Die Höhe der Ersatzansprüche kann von den Eigentümern der belasteten Grundstücke von vornherein vereinbart und durch Eintragung in das Grundbuch auch gegen die Rechtsnachfolger der Eigentümer wirksam gemacht werden. Turn.-Först. I S. 775 A. 7, 777 A. 11.

Geltend machen kann der befriedigende Eigentümer nur denjenigen Ersatzanspruch, der ihm selbst zusteht oder der ihm von einem Rechtsvorgänger übertragen ist. Darauf aber, ob die Ersatzpflicht gegen den Eigentümer des anderen Grundstücks selbst oder gegen einen Rechtsvorgänger dieses Eigentümers begründet ist, kommt für die Anwendbarkeit des § 1173 Abs. 2 nichts an.

6. Das Erlöschen der Hypothek an den befreiten Grundstücken tritt ein kraft Gesetzes. Die nacheingetragenen Berechtigten rücken ohne weiteres vor. Die Löschung dient nur zur Berichtigung des Grundbuchs. Zur Löschung erforderlich ist — abgesehen von der Zustimmung des Eigentümers des befreiten Grundstücks, GBO. § 27 — der Nachweis der Befriedigung des Gläubigers durch den Eigentümer eines der anderen mithaftenden Grundstücke und die — mindestens als Verzicht wirkende — Erklärung dieses Eigentümers, daß ihm ein Ersatzanspruch nicht zusteht. KG. RJA. 3 S. 96. Biermann S. 387. AM. Fuchs S. 559 A. 15. Danach ist die Erklärung des befriedigten Eigentümers zum Nachweise, daß ein Ersatzanspruch nicht besteht, nicht genügend. Steht dem befriedigenden Eigentümer ein Ersatzanspruch gegen einen der mitverhafteten Eigentümer zu, so genügt zur Grundbuchberichtigung der Nachweis der Befriedigung nicht, es muß auch der Ersatzanspruch selbst formgerecht (GBO. § 29) dem GBA. nachgewiesen werden. KG. RJA. 3 S. 96. Turn.-Först. I S. 773 A. 4. Oberneck S. 168, 229.

7. Daß der § 1165 auch zugunsten des ersatzberechtigten Eigentümers entsprechende Anwendung findet, ist in der 2. Kommission als selbstverständlich angenommen. P. 4563 f. Der ersatzberechtigte Eigentümer erlangt also eine Einrede gegen den hypothekarischen Anspruch, wenn der Gläubiger auf die Hypothek an den ersatzpflichtigen Grundstücken verzichtet oder in anderer Weise den Ersatzanspruch beeinträchtigt. Biermann S. 388 A. 2 c. Boehm S. 261 E. Oberneck S. 631. Turn.-Först. I S. 776 A. 9. Planck S. 578 A. c. AM. Männer S. 345 A. 24.

8. Keine Anwendung findet § 1173, wenn ein Miteigentümer des Grundstücks den Gläubiger einer das gesamte Grundstück belastenden Hypothek befriedigt, denn in solchem Falle liegt keine Gesamthypothek vor. § 1132. Anders, wenn nicht das Grundstück, sondern die Miteigentumsanteile verpfändet sind. Dann ist das

Rechtsverhältnis dasselbe, als wenn die Hypothek an ebensovielen Grundstücken besteht, als Miteigentumsanteile vorhanden sind. Turn.=Förft. I S. 665 A. 5. Biermann S. 389 A. 5. AM. Fuchs S 557 A. 6 c. Planck S. 579 A. 7.

9. Der § 1173 gilt auch bei der Grundschuld. Doch können bei dieser die Schlußworte des Abs. 1 „oder wenn sich Forderung und Schuld in der Person des Eigentümers vereinigen" nicht in Betracht kommen. Biermann S. 422 A. 1. Planck S. 637 A. 4 d. AM. Turn.=Förft. I S. 874 A. 2, die sie durch folgende Worte ersetzen wollen: „oder wenn sich das Recht aus der Grundschuld und das Eigentum am Grundstück in einer Person vereinigen." Im Falle des Abs. 2 kann der ersatzberechtigte Eigentümer nur eine Grundschuld erwerben. Turn.=Förft. I S. 774 A. 5. AM. Biermann S. 388 A. d und Planck S. 637 A. d. Danach erwirbt der ersatzberechtigte Eigentümer in Höhe der Ersatzforderung eine Hypothek. Vgl. A. 4.

10. Übergangsbestimmung. Auf die älteren Hypotheken findet § 1173 nur dann Anwendung, wenn die Befriedigung des Gläubigers oder der dieser gleichgestellte Umstand erst nach dem Inkrafttreten des Reichsrechts eingetreten ist. KG. ROLG. 1 S. 425.

§ 1174.

Befriedigt der persönliche Schuldner den Gläubiger, dem eine Gesamthypothek zusteht, oder vereinigen sich bei einer Gesamthypothek Forderung und Schuld in einer Person, so geht, wenn der Schuldner nur von dem Eigentümer eines der Grundstücke oder von einem Rechtsvorgänger des Eigentümers Ersatz verlangen kann, die Hypothek an diesem Grundstück auf ihn über; die Hypothek an den übrigen Grundstücken erlischt.

Ist dem Schuldner nur teilweise Ersatz zu leisten und geht deshalb die Hypothek nur zu einem Teilbetrag auf ihn über, so hat sich der Eigentümer diesen Betrag auf den ihm nach § 1172 gebührenden Teil des übrigbleibenden Betrags der Gesamthypothek anrechnen zu lassen.

---

1. Beispiel. Für den Gläubiger G steht auf den Grundstücken A und B eine Gesamthypothek von 6000 Mk. eingetragen. Der persönliche Schuldner S befriedigt den G in voller Höhe.

a, Hat S keinen Ersatzanspruch, dann erwerben die Eigentümer von A und B die Gesamthypothek gemeinschaftlich. § 1172 Abs. 1. Die Teilung erfolgt nach § 1172 Abs. 2. Hat das Grundstück A einen Wert von 40 000 Mk., das Grundstück B einen Wert von 20 000 Mk., so erhalten, wenn die Gesamthypothek auf beiden Grundstücken in erster Stelle steht, A 4000 Mk., B 2000 Mk. Ist nur auf dem Grundstück A eine Hypothek voreingetragen und zwar in Höhe von 10 000 Mk., so verteilt sich die Gesamthypothek zuerst den Eigentümern von A und B nach dem Verhältnis von 30 000 zu 20 000, es erhalten also der Eigentümer von A 3600 Mk., der Eigentümer von B 2400 Mk.

b, S hat einen Ersatzanspruch gegen die beiden Eigentümer von A und B in Höhe von 2000 Mk. Dann erwirbt er in Höhe von 2000 Mk. die Gesamthypothek. § 1164 Abs. 1. Der Rest von 4000 Mk. fällt den beiden Eigentümern gemeinschaftlich zu. § 1172.

c, S kann wegen des vollen Betrages von 6000 Mk. Ersatz verlangen, aber nur von dem Eigentümer von A. Dann geht die Hypothek von A auf ihn über, die Hypothek von B erlischt kraft Gesetzes ohne Löschung.

d, S kann nur von dem Eigentümer von A Ersatz verlangen und nur in Höhe von 1000 Mk. Dann geht die Hypothek an A in Höhe von 1000 Mk. auf S über, während sie an B in Höhe von 1000 Mk. erlischt und in Höhe von 5000 Mk. den Eigentümern von A und B gemeinschaftlich zusteht. Sind beide Grundstücke gleichwertig und sonst unbelastet, so erhält bei der Verteilung A 1500 (2500—1000) Mk., B. den Rest.

2. Die Anwendung des § 1174 auf Grundschulden ist ausgeschlossen.

§ 1175.

Verzichtet der Gläubiger auf die Gesamthypothek, so fällt sie den Eigentümern der belasteten Grundstücke gemeinschaftlich zu; die Vorschriften des § 1172 Abs. 2 finden Anwendung. Verzichtet der Gläubiger auf die Hypothek an einem der Grundstücke, so erlischt die Hypothek an diesem.

Das gleiche gilt, wenn der Gläubiger nach § 1170 mit seinem Rechte ausgeschlossen wird.

„D. Recht" 1902 S. 175.

---

1. Das Erlöschen der Hypothek im Falle des Abs. 1 Satz 2 tritt ein kraft Gesetzes, ohne daß es der Löschung bedarf. Dieser Satz gilt auch dann, wenn der Gläubiger der Einzelhypothek einen Teil des verhafteten Grundstücks entpfändet. Der Verzicht kommt nur in Betracht, wenn er dem § 1168 Abs. 2 entspricht, also in das Grundbuch eingetragen ist. Die Umschreibung der Hypothek auf die Eigentümer (Satz 1) und die Löschung der Hypotheken, auf die verzichtet ist (Satz 2), dienen nur zur Berichtigung des Grundbuchs. Zur Löschung ist die Zustimmung der betreffenden Eigentümer erforderlich. GBO. § 27. KG. 24 S. A 135. ROLG. 4 S. 317. Auf den nicht frei werdenden Grundstücken ist der Vermerk der Mitbelastung von Amts wegen zu löschen. GBO. § 49 Abs. 2.

2. Die Schuldübernahme einer Forderung, für welche eine Gesamthypothek bestellt ist, steht dem Verzichte des Gläubigers auf die Gesamthypothek gleich. § 418 Abs. 1.

3. Was vom Verzicht des Gläubigers auf die Gesamthypothek gilt, gilt auch im Falle der Ausschließung des Gläubigers nach § 1170. Je nachdem der Gläubiger auf Antrag aller Eigentümer oder nur eines Eigentümers ausgeschlossen wird, findet Satz 1 oder Satz 2 des § 1175 Abs. 1 Anwendung. Beim Aufgebotsverfahren nach § 1171 ist der Betrag der Hypothek zu hinterlegen, die Hinterlegung gilt als Befriedigung und die Folgen bestimmen sich nach §§ 1172, 1173.

4. Der § 1175 gilt auch für Gesamtgrundschulden.

§ 1176.

Liegen die Voraussetzungen der §§ 1163, 1164, 1168, 1172—1175 nur in Ansehung eines Teilbetrags der Hypothek vor, so kann die auf Grund dieser Vorschriften dem Eigentümer oder einem der Eigentümer oder dem persönlichen Schuldner zufallende Hypothek nicht zum Nachteile der dem Gläubiger verbleibenden Hypothek geltend gemacht werden.

„D. Recht" 1902 S. 33.

---

1. Die Vorschrift findet Anwendung in allen Fällen, in denen der Rechtsübergang der Hypothek auf den Eigentümer oder den persönlichen Schuldner sich kraft Gesetzes, ohne Willen des Gläubigers vollzieht. Der Übergang kann nicht zum

Nachteile des Gläubigers geltend gemacht werden, insbesondere steht dem Gläubiger wegen der Resthypothek der Vorrang zu. M. 730 f. KG. 21 S. A 155. Die Vereinbarung, daß im Falle von Teilzahlungen der Resthypothek des Gläubigers der Vorrang vor der auf den Eigentümer übergehenden Teilhypothek zustehen soll, ist nach § 1176 überflüssig und deshalb nicht mehr eintragungsfähig. KG. 21 S. A 165; ROLG. 2 S. 46. AM. Fuchs S. 567 A. 5. Dagegen ist, wenn beantragt wird, einen durch Zahlung des Eigentümers zur Eigentümergrundschuld gewordenen Teil einer Hypothek gleichzeitig mit der Resthypothek oder allein auf Dritte umzuschreiben, auch ohne einen besonders hierauf gerichteten Antrag der getilgte Teil mit dem Range nach dem ungetilgten umzuschreiben. KG. 25 S. A 303. Fuchs S. 465 A. 5 a. Planck S. 584 A. 3.

2. Geht die Hypothek kraft Gesetzes auf mehrere Personen zu bestimmten Anteilen über, so haben die Anteile gleichen Rang. Turn.-Först. I S. 782 A. 3. Planck S. 583 A. 2 b.

3. Erfolgt der Erwerb eines Teiles der Hypothek nicht kraft Gesetzes, sondern auf Grund der Abtretung seitens des Gläubigers, so haben die Teilhypotheken, falls über ihr Rangverhältnis nichts bestimmt ist, gleichen Rang, sofern nicht etwa die abgetretene Teilhypothek schon vorher kraft Gesetzes auf den Erwerber übergegangen war, in welchem Falle es bei der Anwendung des § 1176 bleibt. Turn.-Först. I S. 781 A. 3. Planck S. 583 A. 2 a.

4. Der § 1176 gilt nach Streichung der Worte „oder dem persönlichen Schuldner" und Ersetzung des Wortes „Hypothek" durch „Grundschuld" auch für Grundschulden.

*§ 1177.

Vereinigt sich die Hypothek mit dem Eigentum in einer Person, ohne daß dem Eigentümer auch die Forderung zusteht, so verwandelt sich die Hypothek in eine Grundschuld. In Ansehung der Verzinslichkeit, des Zinssatzes, der Zahlungszeit, der Kündigung und des Zahlungsorts bleiben die für die Forderung getroffenen Bestimmungen maßgebend.

Steht dem Eigentümer auch die Forderung zu, so bestimmen sich seine Rechte aus der Hypothek, solange die Vereinigung besteht, nach den für eine Grundschuld des Eigentümers geltenden Vorschriften.

„D. Recht" 1901 S. 191, 194, 203, 372.

---

1. Eine Vereinigung nach Abs. 1 liegt vor in den Fällen der §§ 1163, Abs. 1, 2 (RG. Seuff. 56 Nr. 250), 1168, 1170, 1172, 1175 Abs. 1 Satz 1, Abs. 2, ferner im Falle des § 1173, wenn der Eigentümer auch der persönliche Schuldner ist, und im Falle des § 868 ZPO. Abs. 1 findet auch dann Anwendung, wenn der Ersteher im Verteilungstermin erklärt, daß er den auf eine ihm zustehende, nach den Versteigerungsbedingungen erlöschende Hypothek entfallenden Betrag des Erlöses von dem zu zahlenden Versteigerungserlöse abrechne (ZwVG. § 91 Abs. 3), KG. 22 S. A 313; RJA. 2 S. 194; ROLG. 3 S. 233.

2. Die Verwandlung der Hypothek in eine Grundschuld tritt ein kraft Gesetzes. Eintragung erfolgt nur zur Berichtigung des Grundbuchs auf Antrag des Gläubigers oder des Eigentümers. Der Eigentümer kann die Grundschuld auf seinen Namen umschreiben, sie auch, ohne daß es dieser Umschreibung bedarf, löschen lassen und an einen anderen abtreten. KG. 20 S. A 190, 21 S. A 159. Die durch die Verwandlung bewirkte Trennung der Forderung von der Hypothek ist eine endgültige. Der Eigentümer behält das Recht auch nach Aufhebung der Vereinigung als Grund-

schuld. P. 4739. Nach § 1198 kann aber die Grundschuld durch Verbindung mit der früheren oder einer anderen Forderung wieder in eine Hypothek umgewandelt werden. Die Umwandlung ist im Grundbuch einzutragen und auf dem Briefe zu vermerken. Die Eintragung erfordert die Bewilligung des Eigentümers. Die Eintragungsbewilligung muß erkennen lassen, daß die Post nicht als Grundschuld, sondern als Hypothek bestehen solle (KG. 20 S. A 282; RJA. 1 S. 162; ROLG. 1 S. 416), braucht aber keine ausdrückliche zu sein, vielmehr kann (mit ROLG. 2 S. 412 und Planck S. 586) die Erklärung des Eigentümers, daß er die auf ihn übergegangene Post dem neuen Gläubiger zur Sicherung der diesem zustehenden näher bezeichneten Ansprüche abtrete, für ausreichend angesehen werden. Wird die in eine Grundschuld verwandelte Hypothek in eine Hypothek zurückverwandelt, bevor die Umwandlung in die Grundschuld eingetragen ist, so muß die Eintragungsbewilligung sowohl wie der Eintragungsvermerk die doppelte Umwandlung zum Ausdruck bringen. KG. ROLG. 1 S. 416. „Abgetreten an rc. unter Umwandlung der zunächst als Grundschuld auf den Eigentümer rc. übergegangenen Hypothek in eine Hypothek für eine Forderung aus einem Darlehen. Eingetragen am rc." Preuß. amtl. Formular G.S. Nr. 33. Materiellrechtlich ist zur Rückverwandlung der Eigentümergrundschuld in eine Hypothek außer der Eintragung gemäß § 877 noch die Einigung zwischen dem Eigentümer und dem Gläubiger der neuen Forderung notwendig. Planck S. 586. AM. ROLG. 2 S. 319. Turn.-Först. I S. 804 A. 2. Die Umwandlung einer Eigentümergrundschuld in eine Eigentümerhypothek ist unzulässig, da dieser Hypothek die Voraussetzung des Bestehens einer Forderung fehlen würde. Der Grundeigentümer kann durch einseitige Erklärung eine Eigentümergrundschuld in eine Hypothek umwandeln, aber nicht für sich selbst, sondern nur zugunsten eines Dritten behufs Sicherung einer diesem zustehenden Forderung, deren Bestehen anerkannt werden muß. KG. 25 S. A 299.

3. Wirkungen der Verwandlung der Hypothek in eine Grundschuld: a, In Ansehung der Verzinslichkeit, des Zinssatzes, der Zahlungszeit, der Kündigung und des Zahlungsorts bleiben die für die Forderung getroffenen Bestimmungen maßgebend. Die für die Grundschuld getroffenen Bestimmungen der §§ 1193, 1194 finden keine Anwendung, auch nicht nach Aufhebung der Vereinigung. M. 734. b, Zinsen gebühren dem Eigentümer, solange er der Gläubiger ist, nur wenn das Grundstück auf Antrag eines anderen zum Zwecke der Zwangsverwaltung in Beschlag genommen ist, und nur für die Dauer der Zwangsverwaltung. § 1197 Abs. 2. c, Der Eigentümer kann nicht die Zwangsvollstreckung zum Zwecke seiner Befriedigung betreiben. § 1197 Abs. 1. Dies Verbot erstreckt sich bei der Gesamthypothek nach § 1172 auf alle Eigentümer der belasteten Grundstücke und auf alle diese Grundstücke. Erwirbt aber im Falle des § 1173 Abs. 2 der den Gläubiger befriedigende Eigentümer in Höhe seines Ersatzanspruchs auch die Hypothek an den anderen Grundstücken, so kann er die Zwangsvollstreckung in diese betreiben. § 1132 Abs. 1. Wird die Zwangsversteigerung auf Antrag eines anderen als des Eigentümers betrieben, so behält die Eigentümerhypothek den nachstehenden Gläubigern gegenüber ihre Wirkung. ZwVG. §§ 45, 114.

4. Eine Vereinigung nach Abs. 2 ist gegeben in den Fällen der §§ 1143, 1171, 1173 (wenn der Eigentümer nicht der persönliche Schuldner ist). Während der Dauer der Vereinigung ist der rechtliche Zustand der Hypothek derselbe wie in den Fällen des Abs. 1, die Hypothek ist nach den für eine Grundschuld des Eigentümers geltenden Vorschriften (§ 1197) zu behandeln. Ihre Rechtsnatur aber wird nicht geändert. Die Verbindung zwischen der Forderung und der Hypothek ist aufrecht erhalten. Der Eigentümer kann die Forderung mit der Hypothek in unveränderter Gestalt auf einen Dritten weiter übertragen oder nach der Veräußerung des Grundstücks für sich zurückbehalten.

5. Zur Legitimation als Gläubiger der Post hat der Eigentümer das Vorhandensein der Voraussetzungen, von denen in jedem einzelnen Falle der Über-

gang der Hypothek auf ihn abhängt, durch öffentliche Urkunden nachzuweisen. Pfändung und Überweisung der Eigentümerhypothek: § 1163 A. 9. Die Eintragung der Pfändung erfordert stets den urkundlichen Nachweis der Entstehung der Eigentümerhypothek. KG. ROLG. 4 S. 320. Streitig ist, ob es des Nachweises bedarf, daß der Eigentümer als persönlicher oder als nicht persönlicher Schuldner den Gläubiger befriedigt hat. Es empfiehlt sich diesen Nachweis zu verlangen, damit klar gestellt wird, ob die Hypothek als solche oder als Grundschuld auf den Eigentümer übergegangen ist. OLG. Braunschweig, ROLG 2 S. 320. Biermann S. 344 A. 2a. Planck S. 514 A. 3b. Oberneck in Gruch 47 S. 317. AM. KG. 20 S. A 283. Danach ist das GBA. bis zum Beweise des Gegenteils zu der Annahme berechtigt, daß der Eigentümer als persönlicher Schuldner bezahlt habe.

6. Die Verpflichtung des Eigentümers, eine Hypothek, falls sie ihm zufällt, dem Gläubiger für eine andere Forderung zu bestellen, kann vorgemerkt werden. § 883. Dies gilt für beide Fälle des § 1177. Veräußert der Eigentümer das mit der Vormerkung behaftete Grundstück, so müssen sich im Falle des § 1177 die Gläubiger an ihn halten; doch können sie vom neuen Eigentümer gemäß § 888 Erteilung der grundbuchmäßigen Zustimmung verlangen. KG. Zentralbl. 3 S. 738.

7. Auf die Grundschuld findet § 1177 keine Anwendung.

8. Übergangsbestimmung f. Preußen: Anlage.

§ 1178.

Die Hypothek für Rückstände von Zinsen und anderen Nebenleistungen sowie für Kosten, die dem Gläubiger zu erstatten sind, erlischt, wenn sie sich mit dem Eigentum in einer Person vereinigt. Das Erlöschen tritt nicht ein, solange einem Dritten ein Recht an dem Anspruch auf eine solche Leistung zusteht.

Zum Verzicht auf die Hypothek für die im Abs. 1 bezeichneten Leistungen genügt die Erklärung des Gläubigers gegenüber dem Eigentümer. Solange einem Dritten ein Recht an dem Anspruch auf eine solche Leistung zusteht, ist die Zustimmung des Dritten erforderlich. Die Zustimmung ist demjenigen gegenüber zu erklären, zu dessen Gunsten sie erfolgt; sie ist unwiderruflich.

---

1. Gegenstand der Vorschrift sind: **a**, Zinsen und Nebenleistungen, die im Zeitpunkte der Vereinigung bereits fällig sind. Die Hypothek für Zinsen rc., welche erst nach der Vereinigung fällig werden, bleibt bestehen; doch gebühren dem Eigentümerhypothekar Zinsen, nur wenn das Grundstück auf Antrag eines anderen zum Zwecke der Zwangsverwaltung in Beschlag genommen ist und nur für die Dauer der Zwangsverwaltung. § 1197 Abs. 2. Die Vereinigung des Zinsrechts mit dem Eigentum hat das Erlöschen der Hypothek in betreff des Zinsrechts nicht zur Folge. Zwischen Vertrags- und Verzugszinsen ist nicht unterschieden. Amortisationsbeiträge (Annuitäten) sind Zahlungen auf den Hauptanspruch, also Kapitalsleistungen, keine Nebenleistungen im Sinne des § 1178, können also Gegenstand der Eigentümerhypothek werden. RG. 54 S. 88; Zentralbl. 3 S. 791. Bayr.Oberst. LG. „D. Recht" 1902 S. 508. KG. 24 S. A 246; RJA. 3 S. 137. OLG. Posen, ROLG. 6 S. 148. Eccius in Gruch. 44 S. 529, 45 S. 26, 453. Planck S. 459. Fuchs S. 572 A. 3. Turn.-Först. I S. 786 A. 2. Oberneck in Gruch. 47 S. 334. AM. KG. in ROLG. 4 S. 70. OLG. Colmar in Not. Ztschr. f. Elf.-Lothr. 1901 S. 57. Bezüglich der Amortisationsbeiträge der Landschaften und ritterlichen Kreditinstitute sind die Satzungen dieser Anstalten maßgebend. Nach diesen bilden regelmäßig die Amortisationsbeiträge ein Guthaben des Eigentümers, das als Bestandteil des bepfandbrieften Grundstücks auf den neuen Eigen-

tümer übergeht, so daß eine Eigentümerhypothek nicht vor Tilgung des ganzen Kapitals entstehen kann. KG. 20 S. A 206.

b, „Kosten, die dem Gläubiger zu erstatten sind." Der — von der Fassung der §§ 1145 Abs. 2, 1159 abweichende — Wortlaut stellt außer Zweifel, daß hierunter nicht nur die Kosten fallen, für die das Grundstück nach § 1118 haftet, sondern alle dem Gläubiger zu erstattenden Kosten, auch die der ersten Eintragung. Fuchs S. 572 A. 4. AM. Planck S. 589 A. 1b. Turn.-Först. I S. 787 A. 3. Biermann S. 394 A. 1. Auf Kosten, für welche eine besondere Hypothek bestellt ist, findet § 1178 keine Anwendung, sie werden mit dem Erlöschen der Forderung vom Eigentümer erworben. § 1163.

2. Erlöschen. Die zu 1 bezeichneten Rückstände und Kosten sind kein Gegenstand der Eigentümerhypothek. In dem Augenblick, in dem die Hypothek für die Rückstände und Kosten sich mit dem Eigentum in einer Person vereinigt, erlischt sie kraft Gesetzes, ohne Löschung. (Ausnahme von §§ 875, 889.) Der Satz ist zwingendes Recht. Wenn und solange einem Dritten ein Recht an dem Anspruch auf eine solche Leistung, zB. ein Nießbrauch oder Pfandrecht, zusteht, tritt das Erlöschen der Hypothek nicht ein. Die Hypothek bleibt bestehen, „nicht nur zuguusten des Dritten, sondern auch für den Eigentümer". Fuchs S. 572 A. 6. Erlischt das Recht des Dritten, so erlischt damit ohne weiteres auch die Hypothek.

3. Zum Verzicht nach Abs. 2 genügt die einseitige formlose Erklärung des Gläubigers gegenüber dem Eigentümer. Die Zustimmung des Eigentümers und Eintragung in das Grundbuch ist nicht erforderlich. Die Erklärung ist unwiderruflich, sobald sie dem Eigentümer gegenüber abgegeben ist oder ihm zugeht. § 130. Bezieht sich der Verzicht auf noch nicht fällige Zinsen, so ist die Form des § 1168 Abs. 2 erforderlich.

4. Der § 1178 findet auch bei Grundschulden Anwendung.

§ 1179.

Verpflichtet sich der Eigentümer einem anderen gegenüber, die Hypothek löschen zu lassen, wenn sie sich mit dem Eigentum in einer Person vereinigt, so kann zur Sicherung des Anspruchs auf Löschung eine Vormerkung in das Grundbuch eingetragen werden.

„D. Recht" 1901 S. 170. Zentralblatt 3 S. 781.

---

1. Ob die Löschungspflicht des Eigentümers auf (formfreien) Vertrag oder auf letztwilliger Verfügung beruht, ob sie sich auf die ganze Post oder nur auf einen Teil der Post bezieht, ob sie bei oder nach Bestellung der Hypothek, vor oder nach Eintritt der Vereinigung (Biermann S. 395) eingegangen, ob sie gegenüber einem gleich- oder nachstehenden Gläubiger oder dem eingetragenen Gläubiger selbst (RG. 52 S. 5. KG. ROLG. 6 S. 150) oder einem anderen Interessenten, zB. demjenigen, der ein nachstehendes Recht erst erwerben will (Oberst.LG. für Bayern, KG. 25 S. A 337; RJA. 3 S. 129; ROLG. 4 S. 490), begründet ist, ist einerlei. Ein Vertrag des Inhalts, daß der Eigentümer die Hypothek auch dann löschen lassen soll, wenn er sie nicht als Eigentümer, sondern in anderer Eigenschaft, zB. nach Veräußerung des Grundstücks gemäß § 1164 als persönlicher Schuldner erwirbt, ist statthaft, kann aber nach § 40 Abs. 1 GBO. nicht die Eintragung einer Vormerkung begründen. Oberst.LG. f. Bayern, RJA. 3 S. 129. Biermann S. 395. Die Verpflichtung, die Hypothek schlechthin, auch wenn ein anderer als der Eigentümer daraus berechtigt wird, zur Löschung zu bringen, kann keinenfalls eingetragen oder vorgemerkt werden. KG. 23 S. A 154. Der § 1179 bezieht sich auf alle Fälle der Vereinigung der Hypothek mit dem Eigentum (§§ 1163, 1168 Abs. 1, 1170 Abs. 2, 1171 Abs. 2, 1173, 1175—1177), insbe-

sondere auch auf § 1163 Abs. 1 Satz 1 (KG. 26 S. A 163), aber nur auf die Hypothek; seine Anwendung auf andere Rechte an einem Grundstück (abgesehen von der Grund- und der Rentenschuld) ist unzulässig. KG. RJLG. 6 S. 123.

2. Für die Eintragung der Vormerkung ist § 885 maßgebend. Erforderlich ist nur die Bewilligung des Eigentümers. Die Zustimmung des Gläubigers der von der Vormerkung betroffenen Hypothek ist nicht notwendig, da die Vormerkung in dessen Rechte nicht eingreift. KG. 26 S. A 161. Wohl aber bedarf es der Vorlegung des Briefes, da die Vormerkung auf ihm zu vermerken ist. KG. 21 S. A 175. Einzutragen ist die Vormerkung bei der Hypothek, auf deren Löschung sie sich bezieht. Die Eintragung der Vormerkung kann also nur bei oder nach Eintragung der Hypothek erfolgen; die Verpflichtung, eine künftig einzutragende Hypothek nach ihrem Übergang auf den Eigentümer löschen zu lassen, ist nicht eintragungsfähig. KG. 23 S. A 154.

3. Die Wirkung der Vormerkung beginnt mit der Eintragung. Der Eigentümer ist verpflichtet, die Hypothek, falls sie sich mit dem Eigentum in einer Person vereinigt, löschen zu lassen. Auf Herbeiführung der Löschung kann der Berechtigte klagen, auch von demjenigen, zu dessen Gunsten der Eigentümer in anderer Weise über die Hypothek verfügt hat, gemäß § 888 die Zustimmung zur Löschung verlangen. Berechtigter ist aber nur der Vorgemerkte; Zwischengläubigern steht das Recht, die Löschung zu verlangen, nicht zu. LG. Dresden und LG. Hamburg, Soergel 1900/1 S. 139. Verzichtet der Vorgemerkte auf das Recht zur Löschung (§§ 875, 876), so besteht die Hypothek als Eigentümerhypothek unverändert fort. Ist der Vorgemerkte ein im Range gleich- oder nachstehender Gläubiger, so kann er im Falle des § 1170 das Aufgebot beantragen, sofern er für seinen Anspruch einen vollstreckbaren Schuldtitel erlangt hat. ZPO. § 984 Abs. 2.

4. Der § 1179 gilt auch für die Grundschuld.

5. Vorbehalte für das Landesrecht: Art. 194 (Preußen: AG. z. BGB. Art. 33 § 3 Nr. 3) und Art. 167 (Preußen: Art. 21 AG. z. GBO.).

§ 1180.

An die Stelle der Forderung, für welche die Hypothek besteht, kann eine andere Forderung gesetzt werden. Zu der Änderung ist die Einigung des Gläubigers und des Eigentümers sowie die Eintragung in das Grundbuch erforderlich; die Vorschriften des § 873 Abs. 2 und der §§ 876, 878 finden entsprechende Anwendung.

Steht die Forderung, die an die Stelle der bisherigen Forderung treten soll, nicht dem bisherigen Hypothekengläubiger zu, so ist dessen Zustimmung erforderlich; die Zustimmung ist dem Grundbuchamt oder demjenigen gegenüber zu erklären, zu dessen Gunsten sie erfolgt. Die Vorschriften des § 875 Abs. 2 und des § 876 finden entsprechende Anwendung.

„D. Recht" 1901 S. 203.

---

1. Abs. 1 betrifft den Fall, wenn der Gläubiger derselbe bleibt. Erforderlich ist die Einigung des Gläubigers und des Eigentümers sowie die Eintragung in das Grundbuch. OLG. Königsberg, RJLG. 6 S. 124. Die bloße Vereinbarung, daß die Hypothek für eine andere als die eingetragene Forderung bestehen soll, hat nur obligatorische Wirkungen für die Vertragschließenden, begründet aber für beide die klagbare Verpflichtung, die zur Eintragung der Forderungsänderung erforderliche Erklärung in der Form des § 29 GBO. abzugeben. RG. JW. 1902 S. 194. Auf die Einigung finden die Vorschriften der §§ 873 ff. Anwendung, insbesondere § 873 Abs. 2

betreffend die Voraussetzungen, unter denen die Einigung bindend wird, § 876 betreffend die Zustimmung eines Dritten, dem ein Recht an der Hypothek zusteht, und § 878 betreffend die Wirkung der nachträglichen Verfügungsbeschränkung eines Beteiligten.

2. Abs. 2 regelt den Fall, wenn die Forderung des bisherigen Gläubigers durch die Forderung eines anderen Gläubigers ersetzt wird. Hier bedarf es neben der Einigung zwischen dem neuen Gläubiger und dem Eigentümer noch der Zustimmung des bisherigen Gläubigers zu dieser Einigung. Für die bindende Kraft der Zustimmung ist § 875 Abs. 2 maßgebend. Bezüglich der Zustimmung eines Drittberechtigten findet § 876 Anwendung. Einer Höchstbetragshypothek kann die Forderung eines anderen Gläubigers in dem Betrage untergelegt werden, um welchen die endgültige Forderung des ersten Gläubigers hinter dem Höchstbetrage zurückbleibt. KG. 22 S. A 160. Soll einer Gesamthypothek eine andere Forderung untergelegt werden, so ist die Einigung zwischen dem neuen Gläubiger und allen Eigentümern der belasteten Grundstücke erforderlich; mehrere untergelegte neue Forderungen dürfen den Gesamtbetrag der Gesamthypothek nicht überschreiten.

Die Eintragung in das Grundbuch ist auch im Falle des Abs. 2 notwendig. Zur Begründung des Eintragungsantrags genügt es, wenn dem GBA. die formgerechte Bewilligung des Eigentümers und des bisherigen Gläubigers vorgelegt werden. Die Eintragungsbewilligung des neuen Gläubigers, sowie der Nachweis der Einigung zwischen dem Eigentümer und dem neuen Gläubiger sind nicht erforderlich. LG. I Berlin; OLG. Colmar, Soergel 1900/1 S. 140.

Rechtsurheber des neuen Gläubigers ist der Eigentümer, nicht der bisherige Gläubiger. Die von diesem verlangte Zustimmung zu der Einigung des Eigentümers und des neuen Gläubigers ist nur als eine Art Verzicht auf die Hypothek aufzufassen. Fuchs S. 579 A. 9. Der Forderungswechsel ist daher nicht als Abtretung der Hypothek durch den bisherigen Gläubiger im Sinne des § 1154 anzusehen, wird vielmehr als Neubegründung der Hypothek durch den Eigentümer zu gelten haben, so daß darauf § 1117 und — bei der Buchhypothek — § 1139 Anwendung finden. Planck S. 595 A. 4 b. Turn.-Först. I S. 792. Biermann S. 398 A. 2 c will den Forderungswechsel als eine Übertragung der Eigentümergrundschuld unter deren Zurückverwandlung in eine Hypothek auffassen und darauf zwar § 1117, nicht aber § 1139 anwenden.

3. Voraussetzung des § 1180 ist eine gültige Hypothek. Eine nichtige Hypothek kann durch Unterlegen einer anderen Forderung die Nichtigkeit nicht verlieren. Die Befugnis, an die Stelle einer gelöschten Hypothek eine andere eintragen zu lassen, ist dem Eigentümer versagt. Turn.-Först. I S. 791 A. I. Handelt es sich nur um die Richtigstellung der unrichtigen Bezeichnung einer bestehenden Forderung, so bedarf es der Anwendung des § 1180 nicht; es kann die Berichtigung des Grundbuchs gemäß § 894 und GBO. § 22 verlangt werden. Planck S. 593 A. 2. Fuchs S. 578 A. 2.

4. Die Zustimmung der gleich- oder nachstehend berechtigten Gläubiger ist in keinem Falle erforderlich, da ihre Rechte von dem Wechsel der Forderung nicht betroffen werden. Auch von der Einwilligung des persönlichen Schuldners kann abgesehen werden, da er, wenngleich ihm die Möglichkeit genommen wird, sich im Falle der Befriedigung des Gläubigers durch ihn aus der Hypothek schadlos zu halten, durch § 1165 ausreichend geschützt wird. Hachenburg, Vorträge S. 95. Biermann S. 397 A. 1. Boehm S. 273 A. VI. Fuchs S. 579. Planck S. 594 A. 3 e.

5. Es können an die Stelle einer Forderung, sofern nur ihr Gesamtbetrag nicht überschritten wird, mehrere, sowohl für denselben wie für verschiedene Gläubiger, an die Stelle mehrerer Forderungen eine oder mehrere andere Forderungen

gesetzt werden. Dsch. 218. Auch steht nichts entgegen, an die Stelle nur eines Teiles der Forderung eine neue Forderung zu setzen.

6. Behandlung des Hypothekenbriefs: GBO. § 65.

7. Wirkung. Durch die Unterlegung einer anderen Forderung wird die für die alte Forderung bestellte Hypothek auf die andere Forderung übertragen. Die alte Forderung selbst verbleibt dem bisherigen Gläubiger unverändert. Der andere Gläubiger erwirbt die Hypothek nach den für den Erwerb einer neu bestellten Hypothek geltenden Grundsätzen des § 1163. Einreden gegen die Hypothek (§ 1157) können gegen ihn nur insoweit geltend gemacht werden, als sie ihm beim Erwerbe bekannt oder aus dem Grundbuch oder dem Briefe zu ersehen waren. Von den Einreden aus § 1137 können dem neuen Gläubiger nur diejenigen entgegengesetzt werden, die auf dem neuen Schuldverhältnisse beruhen. Planck S. 595. Fuchs S. 580 A. 11. Turn.-Först. I S. 792. Biermann S. 398 A. 2b.

8. Der § 1180 findet auch auf die Sicherungshypothek, nicht aber auf die Grundschuld Anwendung.

§ 1181.

Wird der Gläubiger aus dem Grundstücke befriedigt, so erlischt die Hypothek.

Erfolgt die Befriedigung des Gläubigers aus einem der mit einer Gesamthypothek belasteten Grundstücke, so werden auch die übrigen Grundstücke frei.

Der Befriedigung aus dem Grundstücke steht die Befriedigung aus den Gegenständen gleich, auf die sich die Hypothek erstreckt.

---

1. Die Vorschrift bezieht sich nur auf den Fall, wenn die Befriedigung des Gläubigers im Wege der Zwangsvollstreckung erfolgt. § 1147. Durch freiwillige Befriedigung des Gläubigers erwirbt der Eigentümer die Hypothek gemäß §§ 1163, 1177, auch wenn er zu dieser Befriedigung Gegenstände, auf die sich die Hypothek erstreckt, verwendet hat. RG. 47 S. 266. Biermann S. 399 A. 1. Auch dann liegt der Erwerb einer Eigentümerhypothek vor, wenn der Gläubiger gegen den Eigentümer, der zugleich der persönliche Schuldner ist, einen Schuldtitel nur wegen der persönlichen Forderung erwirkt hat und auf Grund dieses Schuldtitels aus den Gegenständen, auf die sich die Hypothek erstreckt, durch Mobiliarzwangsvollstreckung befriedigt ist, denn alsdann ist die Hypothek gar nicht geltend gemacht. Turn.-Först. I S. 795 A. 2. Planck S. 597 A. 2a. Biermann S. 400 A. 1. AM. Fuchs S. 583 A. 5. Danach soll auch in diesem Falle die Hypothek erlöschen.

2. Die Befriedigung des Gläubigers erfolgt bei der Zwangsverwaltung durch Zahlung aus dem Verwaltungsüberschusse (ZwVG. §§ 155—158), bei der Zwangsversteigerung durch Zahlung aus dem Versteigerungserlöse (§ 117 a. a. O.), durch Übertragung der Forderung gegen den Ersteher gemäß § 118 a. a. O. und durch die nach § 91 Abs. 2, 3 a. a. O. zwischen dem Gläubiger und dem Ersteher getroffenen Vereinbarung, wonach die zur Hebung gelangte und durch Zahlung aus dem Versteigerungserlöse zu befriedigende Hypothek bestehen bleiben soll.

3. Wirkung der Befriedigung. Die Hypothek erlischt an allen Grundstücken und mithaftenden Gegenständen. Fällt eine Hypothek aus, so erlischt sie nur auf dem versteigerten Grundstücke (ZwVG. § 91), nicht auch auf den mithaftenden nicht versteigerten Grundstücken und den Gegenständen, auf die sie sich erstreckt. Wird der Gläubiger nur teilweise befriedigt, so erlischt die Hypothek auf dem versteigerten Grundstücke ganz, auf den mithaftenden Grundstücken nur in Höhe dieses Teiles. Das Erlöschen tritt ein kraft Gesetzes. Die Löschung dient nur zur Berichtigung des Grundbuchs.

4. Über die Frage, welche Wirkung die nach § 1181 erfolgte Befriedigung des Gläubigers auf die persönliche Forderung hat, s. § 1143 A. 3.

5. Buchverfahren: § 1182 A. II.

6. Der § 1181 gilt auch für Sicherungshypotheken sowie für Grundschulden.

§ 1182.

Soweit im Falle einer Gesamthypothek der Eigentümer des Grundstücks, aus dem der Gläubiger befriedigt wird, von dem Eigentümer eines der anderen Grundstücke oder einem Rechtsvorgänger dieses Eigentümers Ersatz verlangen kann, geht die Hypothek an dem Grundstücke dieses Eigentümers auf ihn über. Die Hypothek kann jedoch, wenn der Gläubiger nur teilweise befriedigt wird, nicht zum Nachteile der dem Gläubiger verbleibenden Hypothek und, wenn das Grundstück mit einem im Range gleich- oder nachstehenden Rechte belastet ist, nicht zum Nachteile dieses Rechtes geltend gemacht werden.

I. 1. Die Vorschrift enthält eine Einschränkung der Regel des § 1181 Abs. 2. Beispiel: Auf den Grundstücken A und B ist für den Gläubiger G eine Gesamthypothek von 10000 M. eingetragen. Bei der Zwangsversteigerung von A wird G nur in Höhe von 8000 M. befriedigt. Dem Eigentümer von A steht für diesen ganzen Betrag ein Ersatzanspruch gegen den Eigentümer von B zu. Auf B haftet nach der Gesamthypothek des G eine Sonderhypothek von 4000 M. für H. Die Reihenfolge der Hypotheken auf B ist alsdann die: 1. 2000 M. Resthypothek des G, 2. 4000 M. Sonderhypothek des H, 3. 8000 M. Ersatzhypothek des A.

2. Gegenstand des Erwerbes des Ersatzberechtigten ist nach dem Wortlaute des § 1182 (im Einklang mit den §§ 1164, 1173, 1174) die zur Zeit der Befriedigung des Gläubigers an dem Grundstücke des Ersatzpflichtigen bestehende Hypothek. Sie bleibt solche, wenn der Ersatzberechtigte nicht der persönliche Schuldner ist (§ 1143), sie verwandelt sich in eine Grundschuld, wenn er der persönliche Schuldner ist. § 1177. Eine Grund- oder Rentenschuld geht als solche auf den Ersatzberechtigten über. Fuchs S. 585 A. c. Turn.-Först. I S. 799 A. 4. AM. Biermann S. 402 A. 3. Boehm S. 276. Planck S. 599 A. 3. Danach verwandelt sich die vom Ersatzberechtigten erworbene Hypothek oder Grundschuld in eine Sonderhypothek für seine Ersatzforderung.

3. Der § 1182 findet nur Anwendung im Falle der Verschiedenheit der Eigentümer der mit der Gesamthypothek belasteten Grundstücke. Gehören die Grundstücke demselben Eigentümer, so bleibt es bei der Vorschrift des § 1181 Abs. 2. Planck S. 599 A. 2b. Turn.-Först. I S. 794 A. II. AM. Fuchs S. 585 A. a. Danach erhält der ersatzberechtigte Eigentümer, wenn er auch Eigentümer des verpflichteten Grundstücks ist, die bisherige Gesamthypothek als Ersatzhypothek an seinem Grundstück.

4. Der § 1182 gilt auch für Sicherungshypotheken, sowie für Grund- und Rentenschulden.

II. Buchverfahren (§§ 1181, 1182). 5. Wird das Verfahren ohne Versteigerung aufgehoben, so ist der Versteigerungsvermerk nur auf Ersuchen des Vollstreckungsgerichts zu löschen. ZwVG. § 34. Auf Antrag eines Interessenten darf die Löschung nicht vorgenommen werden.

6. Ist das Grundstück versteigert, der Zuschlag rechtskräftig und der Teilungsplan ausgeführt oder der Versteigerungserlös gemäß §§ 143, 144 ZwVG. außergerichtlich verteilt, so hat das Vollstreckungsgericht das GBA. um Eintragung der durch den Zuschlag eingetretenen Rechtsveränderungen an dem Grundstücke zu ersuchen.

ZwVG § 130. Die Beifügung einer Ausfertigung des Zuschlagsbeschlusses und des Protokolls über den Verteilungstermin ist nicht vorgeschrieben. Für das GBA. ist lediglich das Ersuchen des V.Gerichts als solches maßgebend. KG. RJA. 2 S. 134. Beizulegen sind dem Ersuchen die Briefe über die Hypotheken, Grund- und Rentenschulden, soweit sie dem V.Gerichte vorgelegt sind. Ist ein Recht nur teilweise erloschen, so muß dies auf dem Briefe vermerkt sein; ist ein Recht ganz erloschen, so muß der Brief darüber unbrauchbar gemacht sein. ZwVG. § 127.

Dem vom V.Gericht nach § 130 ZwVG. zu stellenden Ersuchen entsprechend hat das GBA.:

a, Den Ersteher als Eigentümer einzutragen. Ersteher ist derjenige, dem der Zuschlag erteilt ist, also der Meistbietende oder der, dem dieser das Recht aus dem Meistgebote abgetreten oder für welchen dieser geboten hat. ZwVG. §§ 81, 87, 90;

b, den Versteigerungsvermerk sowie die durch den Zuschlag erloschenen Rechte zu löschen. ZwVG. §§ 91, 52, 59. Zur Löschung einer Hypothek, einer Grundschuld oder einer Rentenschuld ist die Vorlegung des etwa erteilten Briefes nicht erforderlich. ZwVG. § 131. Ist er aber vorgelegt, so hat das Gericht ihn unbrauchbar zu machen und wenn das Recht nur zum Teil erloschen ist, dies auf dem Briefe zu vermerken. ZwVG. § 127. Ausgeschlossen von der Löschung sind die Überbau- und Notwegrenten. (Preußen: AG. z. ZwVG. Art. 6);

c, die Eintragung der Sicherungshypotheken für die Forderung gegen den Ersteher oder den im Zuschlagsbeschlusse für zahlungspflichtig erklärten Dritten (ZwVG. §§ 61, 134) zu bewirken. In verschiedenen Fällen (ZwVG. §§ 118—121, 123—126, 50, 51, 60, 115 Abs. 4) wird der Teilungsplan dadurch ausgeführt, daß einem Berechtigten statt der Barzahlung aus dem Versteigerungserlöse ein Teil der Forderung gegen den Ersteher oder den Dritten auf Zahlung des Erlöses übertragen wird. Die Üb rtragung erfolgt nach Maßgabe des festgestellten Teilungsplanes durch Anordnung des Vollstreckungsgerichts. Für die übertragene Forderung ist eine Sicherungshypothek an dem Grundstück mit dem Range, in dem der betreffende Anspruch an dem Verfahren beteiligt war, einzutragen. Die Eintragung erfolgt für alle nicht bar gezahlten Ansprüche, also auch für die berechtigten Forderungen aus § 10 Nr. 1—3 ZwVG., auch bezüglich desjenigen Teiles der Forderung, der zur Deckung von Zinsen, Kosten und Nebenansprüchen aus bestehen bleibenden Rechten übereignet ist. War ein Recht nach dem Inhalte des Grundbuchs mit dem Rechte eines Dritten belastet, so ist dieses Recht als Recht an der Forderung miteinzutragen. Soweit die Forderung gegen den Ersteher unverteilt bleibt, wird eine Sicherungshypothek für denjenigen eingetragen, der zur Zeit des Zuschlages Eigentümer des Grundstücks war. ZwVG. § 128. Bei der Eintragung der Hypotheken soll, abweichend von § 1115, im Grundbuch ersichtlich gemacht werden, daß sie auf Grund eines Zwangsversteigerungsverfahrens erfolgt ist. ZwVG. § 130. Die Vorlegung des etwa erteilten Briefes über das Recht ist zur Eintragung des Vorranges einer Sicherungshypothek nicht erforderlich. ZwVG. § 131. Die Hypotheken unterliegen den allgemeinen Vorschriften der Sicherungshypotheken, es sind also darüber Hypothekenbriefe nicht zu erteilen;

d, die Rechte zu löschen, die bei der Feststellung des geringsten Gebots berücksichtigt, aber nicht zur Entstehung gelangt oder erloschen sind. ZwVG. § 130 Abs. 2.

Hat der Ersteher, bevor er als Eigentümer eingetragen ist, die Eintragung eines Rechtes an dem versteigerten Grundstücke bewilligt, so darf die Eintragung nicht erfolgen, bevor das Ersuchen des V.Gerichts um Eintragung der Folgen der Zwangsversteigerung erledigt ist. ZwVG. § 130 Abs. 3. Sie erfolgt überhaupt nicht auf Ersuchen des V.Gerichts.

7. Für die Gesamthypothek kommt in Betracht, daß das V.Gericht lediglich die für das versteigerte Grundstück herbeigeführten Rechtsänderungen zu berücksichtigen hat, nicht aber auch diejenigen Rechtsänderungen, die infolge der Zwangs-

vollstreckung gemäß §§ 1181, 1182 kraft Gesetzes bei den mithaftenden, nicht versteigerten Grundstücken eingetreten sind. Auch auf Antrag der Beteiligten hat sich das V.Gericht auf Verhandlungen hierüber nicht einzulassen. KG. 23 S. A 254. Insbesondere ist eine dem § 125 des preuß. ZwVG. v. 1883 entsprechende Bestimmung dahin, daß das V.Gericht um Löschung der erloschenen Hypothek auch bei dem mithaftenden nicht versteigerten Grundstücke zu ersuchen habe, in das ZwVG. nicht übergegangen, muß also als beseitigt gelten. KG. RJA. 3 S. 48. ROLG. 4 S. 376. Turn.-Först. I S. 801 A. II. AM. Dernburg III § 231 Nr. 8 S. 645. Hieraus ergeben sich für die an das Ersuchen des V.Gerichts gebundene Tätigkeit des GBA. folgende Besonderheiten. Das GBA. hat:

a, Die Gesamthypothek auf dem versteigerten Grundstücke zu löschen. Die Angabe des Grundes des Erlöschens unterbleibt, da er sich aus § 91 ZwVG. ergibt. Bei dem mithaftenden Grundstücke ist von Amts wegen nur zu vermerken, daß die Mithaftung des versteigerten Grundstücks erloschen ist. GBO. § 49 Abs. 2. Die gänzliche oder teilweise Löschung der Gesamthypothek auf dem mithaftenden Grundstücke kann nur erfolgen auf Antrag des Eigentümers dieses Grundstückes. Der Antrag ist zu begründen durch Beibringen einer Ausfertigung des Protokolls über den Verteilungstermin und einer beglaubigten Zustimmung des Eigentümers des versteigerten Grundstücks. Dieser Zustimmung bedarf es wegen des dem Eigentümer nach § 1182 möglicherweise zustehenden Ersatzanspruchs.

Die Umschreibung des Ersatzanspruchs auf den Eigentümer des versteigerten Grundstücks erfolgt auf dessen Antrag. Zu begründen ist der Antrag durch Vorlegung der Ausfertigung des Verteilungsprotokolls und öffentlicher Urkunden, welche die Ersatzpflicht des Eigentümers des nicht versteigerten Grundstücks nachweisen.

b, Ist der Gläubiger der Gesamthypothek durch Übertragung der Forderung gegen den Ersteher befriedigt, so ist nur auf dem versteigerten Grundstücke die Gesamthypothek zu löschen und eine Sicherungshypothek einzutragen, bei den nicht versteigerten Grundstücken aber nur zu vermerken, daß die Mithaft des versteigerten Grundstücks erloschen ist. GBO. § 49 Abs. 2.

c, Wenn eine Gesamthypothek bestehen bleibt, sei es infolge der Vereinbarung zwischen dem Berechtigten und dem Ersteher, sei es kraft Gesetzes oder auf Grund der Versteigerungsbedingungen (ZwVG. §§ 52, 59), so findet eine Eintragung überhaupt nicht statt. Allerdings erlischt in dem Falle, wenn das Stehenbleiben vereinbart ist, die Gesamthypothek auf dem nicht versteigerten Grundstück, soweit nicht dem Eigentümer des versteigerten Grundstücks ein Ersatzanspruch zusteht (ZwVG. § 91), es ist aber die Regelung des entsprechenden Rechtsverhältnisses dem Parteibetriebe überlassen.

d, Auf den über eine Gesamthypothek nach § 59 GBO. erteilten Hypothekenbrief findet § 127 ZwVG. entsprechende Anwendung. Die Bestimmung, wonach das Gericht den Brief über eine infolge der Versteigerung erloschene Hypothek unbrauchbar zu machen hat (§ 127 Satz 1), kann nur Platz greifen, wenn alle mithaftenden Grundstücke versteigert sind, oder wenn nach § 59 Abs. 2 GBO. für das versteigerte Grundstück ein besonderer Brief erteilt ist. Anderenfalls muß das Gericht wegen des dem Eigentümer des versteigerten Grundstücks möglicherweise gegen den Eigentümer des nicht versteigerten Grundstücks zustehenden Ersatzanspruchs (§ 1182) sich darauf beschränken, gemäß § 127 Satz 2 das Erlöschen der Hypothek an dem versteigerten Grundstück auf dem Briefe zu vermerken. Der Brief ist sodann demjenigen, der ihn eingereicht hat zurückzugeben. Turn.-Först. I S. 803 A. 6.

8. Bei der Zwangsverwaltung hat das Vollstreckungsgericht, so oft im Laufe des Verfahrens ein Berechtigter durch Zahlungen auf das Kapital einer Hypothek oder Grundschuld oder auf die Ablösungssumme einer Rentenschuld Befriedigung erlangt hat, das GBA. um die Löschung des Rechtes zu ersuchen. Dem Ersuchen ist eine Ausfertigung des Protokolls beizulegen. Die Vorlegung des über das Recht er-

teilten Briefes ist zur Löschung nicht erforderlich. Wird er beigefügt, so muß er unbrauchbar gemacht sein oder, wenn das Recht nur zum Teil erloschen ist, einen entsprechenden Vermerk enthalten. Der Brief ist sodann noch mit dem Löschungs- oder Teillöschungsvermerk zu versehen. ZwVG. §§ 158, 127.

9. Erfolgt die Befriedigung des Gläubigers nicht aus dem Grundstück selbst, sondern aus den Gegenständen, auf die sich die Hypothek erstreckt, so ist es Sache der Beteiligten, die Berichtigung des Grundbuchs gemäß §§ 894—899 herbeizuführen.

§ 1183.

Zur Aufhebung der Hypothek durch Rechtsgeschäft ist die Zustimmung des Eigentümers erforderlich. Die Zustimmung ist dem Grundbuchamt oder dem Gläubiger gegenüber zu erklären; sie ist unwiderruflich.

---

1. Zur rechtsgeschäftlichen Aufhebung der Hypothek gehört nach §§ 875, 876 die Aufhebungserklärung des Gläubigers, die Zustimmung des Dritten, welchem ein Recht (Pfandrecht, Nießbrauch) an der Hypothek zusteht, und die Löschung der Hypothek im Grundbuche. An diese allgemeinen Erfordernisse ist mit Rücksicht darauf, daß dem Eigentümer die Möglichkeit des Erwerbes der Hypothek als Eigentümerhypothek nicht entzogen werden darf, in § 1183 noch das besondere Erfordernis der Zustimmung des Eigentümers geknüpft. M. 719. Sowohl die Aufhebungserklärung des Gläubigers, als die Zustimmungserklärung des Eigentümers ist formlos gültig. Eine bestimmte Wortfassung ist nicht vorgeschrieben; die Vorschrift des § 133 findet auch auf diese Erklärungen Anwendung. RG. 52 S. 411. Die Löschungsbewilligung, auch wenn sie nicht mit Quittung verbunden ist, hat die Bedeutung der Aufhebung. KG. RJA. 3 S. 41. Aufhebungs- und Zustimmungserklärung müssen zusammentreffen und bedingen sich gegenseitig, aber nicht als Bestandteile eines dinglichen Vertrages, sondern als einseitige Rechtsgeschäfte. KG. ROLG. 6 S. 207. Ob die Zustimmungserklärung des Eigentümers der Aufhebungserklärung des Gläubigers nachfolgt oder vorausgeht, ist unerheblich. P. 4517. Steht die Hypothek dem Eigentümer selbst zu, so schließt dessen Aufhebungserklärung die Zustimmungserklärung in sich. Überträgt aber der Eigentümerhypothekengläubiger das Eigentum an dem Grundstück einem anderen, so bedarf es zur Aufhebung der Hypothek der Zustimmung des neuen Eigentümers, wie auch der letztere die Aufhebung der Hypothek nur herbeiführen kann, wenn die Aufhebungserklärung des früheren Eigentümers vorliegt. ROLG. 3 S. 224. Planck S. 600 A. 2a.

2. Die Zustimmungserklärung des Eigentümers ist eine unmittelbar auf die Beseitigung des Hypothekenrechts gerichtete Willenserklärung. KG. 22 S. A 141. Im Falle des Miteigentums haben daher alle Miteigentümer die Zustimmung zu erklären. KG. 20 S. A 209. Gehört das Grundstück gütergemeinschaftlichen Eheleuten, so genügt die Zustimmung des Ehemannes. ROLG. 1 S. 292, 3 S. 229. KG. 22 S. A 140. Der Vorerbe bedarf nach § 2113 zur Zustimmung der Genehmigung des Nacherben. Zur Aufhebung einer Gesamthypothek bedarf es der Zustimmung der Eigentümer aller verhafteten Grundstücke, während zur Verteilung einer Gesamthypothek auf die einzelnen Grundstücke die Zustimmung der Eigentümer überhaupt nicht erforderlich ist. § 1175. KG. RJA. 1 S. 120. An den Vorbehalt der Eintragung einer neuen Hypothek kann die Zustimmung nicht geknüpft werden; ihrer Erteilung unter einer aufschiebenden Bedingung oder unter einem Anfangstermin steht nichts entgegen. Fuchs S. 590 A. 10. Die Zustimmung ist unwiderruflich; der Konkursverwalter ist also an die vom Gemeinschuldner vor der Eröffnung des Konkurses erklärte Zustimmung gebunden. RG. JW. 1902 (Beil.) S. 280.

Durch die rechtskräftige Verurteilung zur Zustimmung wird die Zustimmung ersetzt. ZPO. § 894. Das Recht auf Eintragung einer Vormerkung zur dinglichen Sicherung des Anspruchs auf Zustimmung läßt sich aus § 883 nicht herleiten. Biermann S. 403 A. 1. AM. Fuchs S. 590 A. 6. Fehlt die Zustimmung des Eigentümers, so ist die Aufhebung der Hypothek nichtig, auch wenn irrtümlich die Löschung erfolgt ist. Im letzteren Falle kann der Gläubiger sowohl wie der Eigentümer gemäß § 894 die Wiedereintragung der Hypothek verlangen; das GBA. hat von Amts wegen einen Widerspruch einzutragen. Dagegen genügt die Löschung zur Aufhebung der Hypothek, wenn die (formfreie) Zustimmung des Eigentümers überhaupt, sei es auch nur stillschweigend, erklärt ist. Fuchs S. 589 A. 3.

3. Verzicht auf die Hypothek und Aufhebung der Hypothek unterscheiden sich dadurch, daß der Gläubiger bei ersterem beabsichtigt, dem Eigentümer die freie Verfügung über die Hypothek zu verschaffen, bei letzterer sie völlig zu beseitigen. KG. ROLG. 6 S. 208.

4. Verfügung ist jedes Rechtsgeschäft, durch das unmittelbar ein Recht übertragen, belastet, geändert oder aufgehoben wird. In der Bewilligung der Löschung einer Hypothek ist eine Verfügung über die Hypothek zu finden, wenn sie in der Weise erklärt ist, daß der Gläubiger an seine Erklärung gebunden ist (vgl. § 875 A. 2), denn in diesem Falle hat der Gläubiger sein Gläubigerrecht rechtsverbindlich aufgegeben. KG. 23 S. A 241. Zur Wirksamkeit der eine Verfügung darstellenden Löschungsbewilligung der Frau ist die Einwilligung des Mannes erforderlich. § 1398. Einwilligung ist die im voraus erklärte Zustimmung (§ 183); eine nachträgliche Zustimmung (Genehmigung) kann die Einwilligung nicht ersetzen (§ 184). RG. 50 S. 212. KG. 21 S. A 198. Es genügt aber, wenn die Einwilligung vorliegt zur Zeit der Einreichung der Löschungsbewilligung bei dem GBA. KG. ROLG. 6 S. 267. Daß ein Rechtsgeschäft die unmittelbar gewollte Rechtsänderung nicht für sich allein, sondern erst in Verbindung mit einem — nicht rechtsgeschäftlichen — Tatumstande herbeizuführen imstande ist, nimmt ihm den Charakter einer Verfügung nicht; es wird deshalb auch die Auflassung als Verfügung anzusehen sein, obwohl sie erst in Verbindung mit der Eintragung den Eigentumsübergang bewirkt. OLG. Jena, ROLG. 5 S. 418. AM. Eccius in DIZ. 1902 S. 95. Auch in der Zustimmung eines Beteiligten zu dem Veräußerungsgeschäft eines anderen liegt eine Verfügung im Sinne des BGB. Bayr. Oberst. LG., ROLG. 4 S. 414.

5. Die Löschung kann sowohl vom Eigentümer wie vom Gläubiger (KG. RIA. 3 S. 35) beantragt werden. GBO. § 13 Abs. 2. Der Antrag ist formfrei, wenn ihm die Löschungsbewilligung des Gläubigers und die Zustimmungserklärung des Eigentümers in beglaubigter Form beiliegen. Soll er, vom Gläubiger gestellt, die Löschungsbewilligung, vom Eigentümer gestellt, die Zustimmungserklärung ersetzen, so muß er öffentlich beglaubigt sein. GBO. §§ 29, 30. Der Eigentümer und die Erben des eingetragenen Eigentümers sind zur Stellung des Löschungsantrags legitimiert, auch wenn sie nicht eingetragen sind. KG 23 S. A 156. RIA. 3 S. 41.

6. Die Verpflichtung des Gläubigers zur Entpfändung eines Grundstücks oder Grundstücksteils enthält die obligatorische Verbindlichkeit bei der Aufhebung der Hypothek durch Erteilung der Löschungsbewilligung mitzuwirken. Der Anspruch aus dieser Verpflichtung kann durch eine Vormerkung gesichert werden. KG. 20 S. A 153.

7. Der § 1183 gilt auch bei der Sicherungshypothek und bei Grundschulden, findet aber nur Anwendung bei der Aufhebung der Hypothek durch Rechtsgeschäft, nicht beim Erlöschen der Hypothek kraft Gesetzes, auch nicht bei der Hypothekenvormerkung und bei den in § 1178 bezeichneten Ansprüchen, weil hier eine Eigentümerhypothek nicht entstehen kann. Zur Löschung der Hypothek ist die Zustimmung des Eigentümers in allen Fällen erforderlich. GBO. § 27 Abs. 1.

*§ 1184.

Eine Hypothek kann in der Weise bestellt werden, daß das Recht des Gläubigers aus der Hypothek sich nur nach der Forderung bestimmt und der Gläubiger sich zum Beweise der Forderung nicht auf die Eintragung berufen kann (Sicherungshypothek).

Die Hypothek muß im Grundbuch als Sicherungshypothek bezeichnet werden.

---

1. „Das charakteristische Merkmal der Sicherungshypothek liegt darin, daß der gute Glaube des Grundbuchs nicht für die Forderung gilt, für welche die Hypothek bestellt ist. Die Sicherungshypothek ist streng akzessorisch auch gegenüber dem gutgläubigen Erwerber. Praktisch äußert sich dies namentlich darin, daß der Schuldner (nach § 1185 Abs. 2) alle Einreden, welche ihm aus der Forderung zustehen, besonders auch die nach der Eintragung der Hypothek entstandenen, nicht nur gegenüber dem ursprünglichen Gläubiger, sondern auch gegenüber jedem späteren Erwerber der Hypothek geltend machen kann.“ P. 4650.

Die Rechtsvermutung des § 891 ist dem Gläubiger der Sicherungshypothek, der mit der dinglichen Klage die Forderung geltend macht, versagt. Er muß das Entstehen der Forderung beweisen. Ist die Forderung in der Eintragung bezeichnet, so genügt er seiner Beweispflicht, wenn er auf die Eintragung verweist, da diese nur auf Grund der Bewilligung des Eigentümers erfolgen kann; es ist dann Sache des Eigentümers, den Beweis für das Nichtbestehen der Forderung zu führen. Biermann S. 404 A. 1. Fuchs S. 595 A. 3. Oberneck S. 682 Nr. 5. Auf das Fortbestehen der Forderung erstreckt sich die Beweispflicht des Gläubigers nicht; das Vorbringen rechtshemmender und rechtsvernichtender Tatsachen ist Sache der Einrede. Fuchs S. 595 A. 3. Planck S. 604 A. 1a. Oberneck S. 682 A. 5. AM. Turn.-Först. I S. 810 A. II 1. Für den Übergang der Hypothek auf den eingetragenen Berechtigten spricht die Vermutung. Bestreitet der Beklagte das Gläubigerrecht des als Gläubiger Eingetragenen, so hat er die Unrichtigkeit dieser Eintragung nachzuweisen. Planck S. 604 A. 1a.

2. Begründung der Sicherungshypothek. Es ist regelmäßig (Ausnahme: A. 3), den Beteiligten die Wahl freigestellt, ob sie, auch wenn die Voraussetzungen der Verkehrshypothek vorliegen, eine solche oder eine Sicherungshypothek bestellen wollen. Für den Begründungsvertrag ist, abgesehen von den allgemeinen Erfordernissen der §§ 873, 874, 878, die Angabe der Forderung, deren Sicherstellung bezweckt wird, notwendig. Einer Spezialisierung der Forderung bedarf es nicht, es genügt eine allgemeine Bezeichnung. LG. Posen, Soergel 1900/1 S. 141. Die Absicht der Vertragschließenden, eine Sicherungshypothek zu schaffen, muß außer Zweifel gestellt sein; der Gebrauch des Wortes „Sicherungshypothek“ ist nicht erforderlich. M. 764. Fehlt die Einigung der Vertragsschließenden darüber, ob eine Sicherungshypothek oder eine Verkehrshypothek geschaffen werden soll, so ist eine Hypothek überhaupt nicht entstanden. Planck S. 605 A. 3. Auch dann ist die Entstehung einer Hypothek ausgeschlossen, wenn eine Sicherungshypothek zwar vereinbart, aber im Grundbuch als solche nicht bezeichnet ist, denn eine Verkehrshypothek ist nicht gewollt, zur Entstehung der Sicherungshypothek fehlt aber deren Bezeichnung im Grundbuch. Das Grundbuch ist mithin unrichtig. Der Gläubiger ist gemäß § 894 verpflichtet, die Berichtigung zu bewilligen. Erst in der Hand eines Dritten, welchem der Glaube des Grundbuches zur Seite steht, wird die Hypothek zu einer gewöhnlichen Hypothek. M. 765.

3. Nur als Sicherungshypothek können zur Entstehung gelangen die Inhaberhypothek (§ 1187), die Höchstbetragshypothek (§ 1190), die Hypothek zum Zwecke der Zwangsvollstreckung oder der Vollziehung eines Arrestes (ZPO. §§ 866,

867, 868, 932), die Hypotheken nach §§ 128, 134 ZwVG., die Hypothek für den Anspruch auf Sicherheitsleistung gegen den Vormund, Pfleger oder Beistand auf Ersuchen des Vormundschaftsgerichts (RFG. § 54, Z. f. DZP. 29 S. 275), die Hypothek für die auf Grund des Art. 91 nach Landesrecht einzutragenden Forderungen des Fiskus 2c. Nach § 648 kann der Unternehmer eines Bauwerks (und dessen Zessionar, OLG. Naumburg, ROLG. 6 S. 84) für seine Forderungen nur die Eintragung einer Sicherungshypothek beanspruchen. Die Befugnis des Eigentümers, für die Baugeldforderung eine Verkehrshypothek zu bestellen, wird hierdurch nicht ausgeschlossen. Das Recht, eine Bauhandwerkerhypothek durch Sicherheitsleistung zu beseitigen, ist dem Eigentümer versagt. KG. ROLG. 6 S. 85. Vgl. RG. JW. 1896 S. 33. In den Fällen der §§ 1187 und 1190 braucht die Hypothek im Grundbuche als Sicherungshypothek nicht bezeichnet zu werden. In den übrigen hier hervorgehobenen Fällen bleibt es bei der Regel des § 1184 Abs. 2.

4. Kraft Gesetzes entsteht eine Sicherungshypothek in den Fällen des § 1287 und des § 848 ZPO.

5. Übergangsvorschriften: Art. 192, 193.

6. Auf die Grundschuld findet § 1184 keine Anwendung.

7. Zu dem Sicherungshypotheken gehören und sind besonders zu behandeln die Zwangshypothek und die Arresthypothek.

A. Die Zwangshypothek. („D. Recht" 1900 S. 186, 261, 282, 318, 371; 1901 S. 404; 1902 S. 306, 440.) Ihre Regelung ist aus dem BGB. ausgeschieden und in die ZPO. verwiesen. Die maßgebenden Bestimmungen der ZPO. lauten:

§ 866. Die Zwangsvollstreckung in ein Grundstück erfolgt durch Eintragung einer Sicherungshypothek für die Forderung, durch Zwangsversteigerung und durch Zwangsverwaltung.

Der Gläubiger kann verlangen, daß eine dieser Maßregeln allein oder neben den übrigen ausgeführt werde.

Auf Grund eines Vollstreckungsbefehls findet die Eintragung einer Sicherungshypothek nicht statt. Auf Grund eines anderen Schuldtitels darf eine Sicherungshypothek nur für eine den Betrag von dreihundert Mark übersteigende Forderung eingetragen werden; die Vorschriften der §§ 4, 5 finden entsprechende Anwendung.

§ 867. Die Sicherungshypothek wird auf Antrag des Gläubigers in das Grundbuch eingetragen; die Eintragung ist auf dem vollstreckbaren Titel zu vermerken. Mit der Eintragung entsteht die Hypothek. Das Grundstück haftet auch für die dem Schuldner zur Last fallenden Kosten der Eintragung.

Sollen mehrere Grundstücke des Schuldners mit der Hypothek belastet werden, so ist der Betrag der Forderung auf die einzelnen Grundstücke zu verteilen. Die Größe der Teile bestimmt der Gläubiger.

§ 868. Wird durch eine vollstreckbare Entscheidung die zu vollstreckende Entscheidung oder ihre vorläufige Vollstreckbarkeit aufgehoben oder die Zwangsvollstreckung für unzulässig erklärt oder deren Einstellung angeordnet, so erwirbt der Eigentümer des Grundstücks die Hypothek.

Das gleiche gilt, wenn durch eine gerichtliche Entscheidung die einstweilige Einstellung der Vollstreckung und zugleich die Aufhebung der erfolgten Vollstreckungsmaßregeln angeordnet wird oder wenn die zur Abwendung der Vollstreckung nachgelassene Sicherheitsleistung oder Hinterlegung erfolgt.

§ 870 Abs. 1. Auf die Zwangsvollstreckung in eine Berechtigung, für welche die sich auf Grundstücke beziehenden Vorschriften gelten, finden die Vorschriften über die Zwangsvollstreckung in Grundstücke entsprechende Anwendung.

1. Es darf nur eine Sicherungshypothek eingetragen werden. Dies deshalb, um dem Schuldner das Recht zu wahren, seine Einrede gegen die beizutreibende Geldforderung nach §§ 1184, 1185 BGB. auch gegenüber dritten gutgläubigen Erwerbern der Forderung geltend zu machen. M. 624. Die Eintragung einer Vormerkung ist nur zulässig, wenn ein gesetzlicher Titel auf Einräumung einer Hypothek (§ 648) vorliegt. KG. RJA. 2 S. 93.

2. Vollstreckungstitel. a, Voraussetzung der Eintragung einer Zwangshypothek ist ein vollstreckbarer Schuldtitel und dessen Zustellung an den Schuldner. ZPO. §§ 704, 724, 750. Darauf, zu welcher Gattung der Schuldtitel gehört, kommt nichts an. Alle Schuldtitel, aus denen die gerichtliche Zwangsvollstreckung zulässig ist, reichsrechtliche und landesgesetzliche (ZPO. § 801), sind auch eine geeignete Voraussetzung der Zwangshypothek. M. 769. So Endurteile, welche rechtskräftig oder für vorläufig vollstreckbar erklärt sind (ZPO. § 704 Abs. 1. Ges. über die Konsulargerichtsbarkeit v. 10. Juli 1879 § 14, v. 7. April 1900 § 19, RGBl. S. 213). Die bisherige Unterscheidung, wonach bei vorläufig vollstreckbaren Urteilen nur eine Vormerkung eingetragen werden durfte, damit dem Schuldner die Einwendungen gegen die Forderung erhalten blieben (§ 658 ZPO. ält. F.), ist aufgehoben, weil dieser Schutz durch die Sicherungshypothek gewährt wird. Reichsrechtliche Vollstreckungstitel sind ferner die in § 794 ZPO. bezeichneten, die Feststellung in der Konkurstabelle und der rechtskräftig bestätigte Zwangsvergleich im Konkurse (KO. §§ 164, 208 Abs. 2, 194), die Entscheidungen des Strafrichters aus §§ 122 Abs. 3, 495 StPO., die Entscheidungen der Anwaltskammer nach §§ 58, 63, 94, 97 der RechtsanwO., die Entscheidung des Konkursgerichts in den Fällen der §§ 62, 106—115, 128, 129 des Genossenschaftsges. v. 1. Mai 1889 (RGBl. 1898 S. 810), die rechtskräftigen Kostenfestsetzungsbeschlüsse des Patentamts und des Reichsgerichts in Patentsachen (RG. 33 S. 423), die gerichtlichen Beschlüsse aus §§ 98, 99 Abs. 1, 158 Abs. 2 des RFG., die Fälle der §§ 132, 133 des ZwVG.

Nur einer Art von Schuldtiteln ist die Eigenschaft, Grundlage einer Zwangshypothek zu sein, versagt: dem im Mahnverfahren ergangenen Vollstreckungsbefehl (ZPO. § 699). Auf Grund eines solchen darf die Eintragung einer Sicherungshypothek überhaupt nicht stattfinden. ZPO. § 866 Abs. 3.

b, Die Forderung, für welche die Hypothek bestellt werden soll, muß gemäß §§ 1113 Abs. 1, 1185 eine bestimmte Geldforderung sein. M. 771. Der einzutragende Geldbetrag ist in Reichswährung anzugeben. GBO. § 28 Satz 2. Bei Forderungen, die nach dem Inhalte des Schuldtitels auf ausländische Währung gehen, wird das GBA., als das zuständige Zwangsvollstreckungsorgan, die Umrechnung in die deutsche Währung nach den zur Zeit der Eintragung geltenden Vorschriften (Bekanntm. v. 28. Juni 1898 § 3, RGBl. S. 915) vorzunehmen haben, sofern nicht der Schuldtitel auf eine bestimmte Gattung ausländischer Münzen lautet. Im letzteren Falle kommt § 884 ZPO. zur Anwendung. Turn.-Först. I S. 857 A. 3. Fuchs S. 629 A. 4. RJA. 2 S. 43. Ist der Schuldner zur Bewilligung der Eintragung einer Hypothek verurteilt, so liegt der Fall einer Zwangshypothek nicht vor. Deshalb ist die Eintragung einer Sicherungshypothek aus einem Urteile aus § 648 oder aus Art. 26, 29 ADWO. an die Schranken der §§ 866 Abs. 3, 867 Abs. 2 ZPO. nicht gebunden. RJA. 2 S. 41 KG. 21 S. A 96; ROLG. 1 S. 205. Auf Grund eines lediglich auf Sicherheitsbestellung durch Hinterlegung gerichteten vollstreckbaren Titels kann eine Zwangshypothek nicht eingetragen werden. KG. Soergel 1900/1 S. 506.

c, Die Eintragung ist nur gestattet, wenn das Kapital der beizutreibenden Geldforderung den Betrag von 300 M. übersteigt. Zinsen, Schäden und Kosten bleiben gemäß §§ 3, 4 ZPO. unberücksichtigt, wenn sie als Nebenforderungen, d. h. als rechtlich abhängig von einer gegen denselben Schuldner mit eingeklagten Hauptforderung (RG. 10 S. 345, 18 S. 373; JW. 89 S. 167, 98 S. 353; Gruch. 31 S. 1141) geltend gemacht werden. Zinsen, Kosten ꝛc. allein können nur dann eingetragen werden, wenn sie selbst den Betrag von 300 Mk. übersteigen. Werden neben einem Restkapital Zinsen vom ganzen Kapital geltend gemacht, so können als Nebenforderung nur die auf das Restkapital, nicht auch die auf das nicht geltend gemachte Kapital entfallenden Zinsen in Betracht kommen; diese letzteren Zinsen stellen eine selbständige Forderung dar, deren Betrag dem Betrag des Restkapitals hinzuzurechnen ist. v. Wilmowski-Levy, ZPO. § 4 Anm. 2. Turn.-Förft. I S. 843 A. 2. AM. RG. Gruch. 38 S. 1192. Aus § 5 ZPO. ergibt sich der Grundsatz, daß mehrere in demselben Schuldtitel demselben Gläubiger) KG. 21 S. A 121) zuerkannte Ansprüche zusammengerechnet werden. Die streitig gewesene Frage, ob die Eintragung einer Sicherungshypothek gemäß § 866 ZPO aus mehreren Schuldtiteln desselben Gläubigers gegen denselben Schuldner zulässig ist, von denen keiner den Betrag von 300 Mk. übersteigt, sofern nur die Gesamtsumme aller aus den Schuldtiteln sich ergebenden Forderungen mehr als 300 Mk. beträgt, wird nunmehr in fester Praxis verneint. RG. 48 S. 242. Ebenso bayr. Oberst. LG. (JW. 1900 S. 543) und KG. 25 S. A 176; ROLG. 5 S. 459. Vgl. JW. 1900 S. 384, 459. Bei der Zwangseintragung aus mehreren Kostenrechnungen ist eine Zusammenrechnung ihrer Beträge zur Erreichung des Mindestbetrages von 300 Mk. unzulässig. KG. Zentralbl. 3 S. 547. Der eintragungsfähige Mindestbetrag kann nicht durch Hinzurechnung des auf Grund des Urteils ergangenen Kostenfestsetzungsbeschlusses erreicht werden, da dieser ein selbständiger Schuldtitel ist. KG. 20 S. A 111. OLG. Stuttgart, RJA. 3 S. 245. Vgl. JW. 1900 S. 307. Auch die Zusammenrechnung mehrerer in verschiedenen Schuldtiteln zuerkannter Teile derselben Forderung erscheint unzulässig, wohl aber wird die Zusammenrechnung der Ansprüche aus dem Teilurteil und aus dem Schlußurteil zuzulassen sein, da beide Urteile, abgesehen vom Rechtsmittel, ein Ganzes bilden. Turn.-Först. I S. 844 A. 2. Die Eintragung einer weniger als 300 Mk. betragenden Nebenforderung (Kosten) einer bereits eingetragenen Hauptforderung ist vom Bayr. Oberst. LG. (ROLG. 1 S. 101) und vom KG. (ROLG. 3 S. 15) für zulässig erklärt. AM. KG. 20 S. A 113. Auch für die Zwangseintragung von Grundsteuerforderungen gilt § 866 Abs. 3 ZPO. KG. ROLG. 5 S. 458. Im Falle des § 848 Abs. 2 ZPO. entsteht die Hypothek kraft Gesetzes, der § 866 Abs. 3 findet also keine Anwendung. KG. ROLG. 1 S. 206.

Eintragungen einer Zwangshypothek für eine den Betrag von 300 Mk. nicht übersteigende Forderung sind unzulässig und gemäß § 54 Abs. 1 Satz 2 GBO. von Amts wegen zu löschen. OLG. Jena, RJA. 1 S. 16.

3. Voraussetzungen der Zwangshypothek. a, Die Zwangshypothek gelangt ohne und selbst gegen den Willen des Eigentümers zur Entstehung. Sie kann daher nur im Wege der Zwangsvollstreckung begründet werden. M. 769. Die allgemeinen Voraussetzungen für den Beginn der Zwangsvollstreckung (ZPO. §§ 704 ff., 724 ff., 795 ff.) müssen also auch bei der Eintragung einer Zwangshypothek vorliegen. Das GBA. hat das Vorhandensein dieser Voraussetzungen zu prüfen, insbesondere also festzustellen, ob ein die Zwangsvollstreckung gestattender Schuldtitel vorliegt, ob die erforderliche Vollstreckungsklausel ordnungsmäßig erteilt, ob die gehörige Zustellung an den Schuldner erfolgt (bayr. Oberst. LG. Soergel 1902 S. 445), ob der Eintritt der Bedingungen des Beginns der Zwangsvollstreckung (ZPO. § 751 Abs. 2, 752) erwiesen ist. Eingetragene Verfügungsbeschränkungen stehen der Eintragung der Zwangshypothek nicht entgegen, da sie das Grundbuch nicht sperren. Fuchs S. 635 A. 17.

b, Der Antrag auf Eintragung ist vom Gläubiger zu stellen; die Mitwirkung des Prozeß- oder Vollstreckungsgerichts ist ausgeschlossen, Dem Antrage sind die zu dessen Begründung erforderlichen Urkunden (Schuldtitel, Vollstreckungsklausel, Zustellungsurkunde) beizufügen, bei Forderungen aus einem Inhaberpapiere, einem Wechsel oder einem Orderpapiere, auch die zur Legitimation dienenden Papiere (Fuchs S. 632 A. IVa. AM. Turn.-Först. I S. 863 A. 8. Der Gläubiger kann den Antrag auch durch Bevollmächtigte stellen lassen. Der Antrag und die Vollmacht zur Stellung eines solchen bedürfen keiner Form. GBO. § 30. Der Prozeßbevollmächtigte ist auf Grund der Prozeßvollmacht zum Antrage legitimiert. ZPO. §§ 81, 82.

c, Die Eintragung soll nur erfolgen, wenn der im Vollstreckungstitel bezeichnete Schuldner im Grundbuche als Eigentümer eingetragen ist. GBO. § 40 Abs. 1. Ist er nicht eingetragen, so hat das GBA. den Antrag auf Eintragung der Zwangshypothek zurückzuweisen. Ist er nur als Miteigentümer eingetragen, so kann die Zwangshypothek nur auf seinen Anteil eingetragen werden. § 1114. ZPO. § 864 Abs. 2. Soll eine Zwangshypothek auf ein Grundstück eingetragen werden, das zur allgemeinen Gütergemeinschaft, Errungenschaftsgemeinschaft oder Fahrnisgemeinschaft gehört, so ist ein gegen den Ehemann ergangener Vollstreckungstitel erforderlich und genügend. ZPO. § 740. Es kann aber eine Zwangseintragung auf gütergemeinschaftlichen Grundstücken auf Grund eines gegen den Ehemann ergangenen Schuldtitels nur dann erfolgen, wenn die Gütergemeinschaft im Grundbuche vermerkt ist, also nicht auf den Grundstücken, als deren Eigentümer die Ehefrau allein eingetragen ist. KG. 19 S. 97. Auch aus einem gegen beide Eheleute als Gütergemeinschaftsgenossen gerichteten Urteil darf eine Eintragung nicht auf einem Grundstücke stattfinden, das auf den Namen eines der Eheleute ohne Kundbarmachung der Gütergemeinschaft eingetragen ist. KG. 16 S. 120. Zur Eintragung der Zwangshypothek auf ein Grundstück, das zum Gesamtgut im Fall der fortgesetzten Gütergemeinschaft gehört, ist ein gegen den überlebenden Ehegatten ergangener vollstreckbarer Titel ausreichend (ZPO. § 745 Abs. 1.

Ist der Schuldner Eigentümer des Grundstücks, als solcher aber nicht eingetragen, so kann der Gläubiger auf Grund des gegen den Schuldner vollstreckbaren Titels die Berichtigung des Grundbuchs durch Eintragung des Schuldners als Eigentümers beantragen. Bedarf er hierzu eines Erbscheins oder einer anderen Urkunde, die dem Schuldner auf Antrag von einer Behörde, einem Beamten oder einem Notar zu erteilen ist, so kann er die Erteilung an Stelle des Schuldners verlangen. ZPO. § 792. Verlangt er die Erteilung eines Erbscheins, so ist die nach § 2356 erforderliche Versicherung an Eides Statt von ihm selbst an Stelle des Schuldners abzugeben. M. zu § 700 a ZPO. Gegen die Ablehnung des Antrags kann der Gläubiger Beschwerde im Aufsichtswege einlegen. Handelt es sich darum, den Widerstand des Dritten, der als Berechtigter im Grundbuch eingetragen ist, zu beseitigen, so ist der Gläubiger in der Lage, gemäß § 256 ZPO. die Feststellungsklage gegen den Dritten dahin zu erheben, daß nicht dieser, sondern der Schuldner der Berechtigte sei; mit Hilfe des das Recht des Schuldners feststellenden Urteils kann dann die Berichtigung des Grundbuchs nach § 14 GBO. erwirkt werden. Außerdem kann der Gläubiger die Eintragung des Schuldners dadurch erreichen, daß er sich den Berichtigungsanspruch überweisen läßt, der dem Schuldner gegen den Dritten zusteht, welcher als Berechtigter im Grundbuch eingetragen ist. Dsch. z. GBO. S. 49.

Wenn dem Schuldner zwar nicht das Eigentum am Grundstück, wohl aber der Anspruch auf Übertragung des Eigentums zusteht, so kann der Gläubiger diesen Anspruch pfänden lassen und das Eigentum am Grundstück an Stelle des Schuldners für diesen erwerben. Die Auflassung hat dann an den vom Amtsgericht der belegenen Sache zu bestellenden Sequester als Vertreter des Schuldners zu erfolgen. Mit dem Übergange des Eigentums auf den Schuldner erlangt der Gläubiger die Zwangshypothek kraft Gesetzes. Zur grundbuchmäßigen Sicherung hat der Sequester die Eintragung zu bewilligen. ZPO. § 848. Verweigert der eingetragene Eigentümer die Erklärung der Auflassung, so muß der Gläubiger gegen ihn klagen. Die rechtskräftige Verurteilung zur Abgabe der Auflassungserklärung ersetzt die Auflassung. ZPO. § 894 Abs. 1. RG. JW. 92 S. 507.

Die Eintragung des Schuldners ist dann nicht erforderlich, wenn er Erbe des als Eigentümer Eingetragenen ist und der Antrag auf Eintragung der Zwangshypothek durch einen gegen den Erblasser oder den Nachlaßpfleger vollstreckbaren Titel begründet wird. Das gleiche gilt für die Eintragung der Zwangshypothek auf Grund eines gegen den Testamentsvollstrecker vollstreckbaren Titels, sofern der Titel gegen den Erben (gemäß §§ 2205 ff., 2213 und ZPO. §§ 325—327, 748, 749) wirksam ist. GBO. § 41. Die Befugnis, von der Beibringung einer gegen die Erben vollstreckbaren Ausfertigung abzusehen, ist dem GBA. nicht beigelegt. Turn.-Först. I S. 860 A. 2. Durch die Berufung auf die aufschiebenden Einreden aus §§ 2014, 2015 kann der Erbe die Eintragung der Zwangshypothek auf ein Nachlaßgrundstück nicht abwenden. Die bezeichneten Bestimmungen berechtigen den Erben nur, die Berichtigung einer Nachlaßschuld für eine gewisse Zeit zu verweigern, hemmen aber nicht die Einleitung der Zwangsvollstreckung in den Nachlaß. M. V, 7967. „Der Erbe kann auf Grund der ihm nach §§ 2014, 2015 BGB. zustehenden Einreden nur verlangen, daß die Zwangsvollstreckung für die Dauer der dort bestimmten Fristen auf solche Maßregeln beschränkt wird, die zur Vollziehung eines Arrestes zulässig sind." ZPO. § 782. „Die Vollziehung des Arrestes in ein Grundstück erfolgt durch Eintragung einer Sicherungshypthek." ZPO. § 932. Die Eintragung einer Zwangshypothek nach § 866 ZPO. ist also zulässig, unabhängig von den Voraussetzungen des Arrestes. Turn.-Först. I S. 860 A. 2.

Soll auf Grund eines Schuldtitels, der auf Verbindlichkeiten des Erben selbst lautet, eine Zwangshypothek auf ein Grundstück eingetragen werden, als dessen Eigentümer der Erblasser eingetragen ist, so bleibt es bei der Regel des § 40 GBO., die Eintragung der Zwangshypothek kann also nur erfolgen, wenn der Erbe als Eigentümer eingetragen wird. Für die Gläubiger eines einzelnen Miterben kann eine Zwangshypothek auf ein Nachlaßgrundstück weder eingetragen noch vorgemerkt werden. KG. RJA. 1 S. 29. Bayer. Oberst. LG. ROLG. 5 S. 426. Dem Gläubiger steht aber frei, den Anteil seines Schuldners pfänden, sich dessen Anspruch auf Auseinandersetzung (§§ 749 ff., 2042) überweisen zu lassen und wenn hierbei seinem Schuldner ein Grundstück zufällt, die Eintragung des Schuldners als Eigentümer und die Eintragung der Zwangshypothek zu erwirken. Turn.-Först. I S. 861 A. 2.

Lautet das vollstreckbare Urteil auf Verurteilung mehrerer Schuldner, ohne daß erkennbar gemacht ist, ob sie in solidum oder nach Kopfteilen haften, so kann die Eintragung einer Zwangshypothek nicht erfolgen. Turn.-Först. I S. 861 A. 3. AM. (Eintragung proratarischer Haftung): Fuchs S. 632 A. 10a.

4. Gegenstand der Zwangshypothek können sein Grundstücke. Den Grundstücken stehen gleich selbständige Berechtigungen, die ein Blatt im Grundbuch erhalten können. § 1017. Art. 63, 68, 196. (Preußen: AG. z. BGB. Art. 37 Nr. 1, XIII, Art. 38 § 5, Art. 40.) Bruchteile von Grundstücken können nur dann mit einer Zwangshypothek belastet werden, wenn der Bruchteil in dem Anteil eines Miteigentümers besteht oder wenn sich der Anspruch des Gläubigers auf ein Recht gründet, mit welchem der Bruchteil als solcher belastet ist. ZPO. § 864 Abs. 2. Dieser Fall liegt vor, wenn ein Miteigentum nicht mehr besteht, aber ein früherer Miteigentümer den Bruchteil besonders belastet hatte.

5. Hat der Schuldner mehrere Grundstücke, so konnte nach bisherigen landesrechtlichen Bestimmungen der Gläubiger verlangen, daß die Forderung auf sämtliche Grundstücke ungeteilt eingetragen wurde. Nach § 867 Abs. 2 ZPO. ist der Betrag der Forderung, wenn diese auf mehrere Grundstücke eingetragen werden soll, nach der Bestimmung des Gläubigers auf die einzelnen Grundstücke zu verteilen. In diesem Falle darf auf das einzelne Grundstück ein Betrag von weniger als 300 Mk. eingetragen werden, sofern nur die ganze Forderung den Betrag von 300 Mk. übersteigt. ZPO. § 866 Abs. 3 Satz 2. Der Gläubiger erlangt soviele selbständige Einzelhypotheken, als

Grundstücke belastet werden. OLG. Colmar, ROLG. 5 S. 332. Der Umstand, daß für eine Forderung bereits eine Vertragshypothek besteht, steht der Zulässigkeit einer Zwangshypothek für dieselbe Forderung nicht entgegen; der § 867 Abs. 2 ZPO. bezieht sich auf diesen Fall überhaupt nicht, sondern nur auf die Verteilung der Forderung, mit der eine Mehrheit von Grundstücken belastet werden soll. KG. RJA. 3 S. 208; ROLG. 6 S. 135. Bayer. Oberst. LG. ROLG. 5 S. 332. Turn.-Först. II S. 516. AM. Achilles-Strecker S. 99.

Für das Verfahren bei der Änderung einer auf mehreren Grundstücken eingetragenen Zwangshypothek sind die Vorschriften der GBO., insbesondere die §§ 27 ff. maßgebend. OLG. Dresden, Seuff. 57 S. 127. Will der Gläubiger die Zwangshypothek nachträglich noch auf andere Grundstücke erstrecken, so muß er auf einen entsprechenden Teil der Hypothek an den erstverhafteten Grundstücken verzichten. OLG. Dresden, ROLG. 3 S. 442. Kretzschmar I S. 246. Zur Löschung derjenigen Beträge, auf die verzichtet ist, ist die Zustimmung des Eigentümers erforderlich. OLG. Colmar, ROLG. 3 S. 101.

Geht der Vollstreckungstitel gegen mehrere Schuldner als Gesamtschuldner, so kann auf das Grundstück eines jeden von ihnen eine Gesamt-Zwangshypothek im vollen Betrage der Forderung eingetragen werden. KG. 21 S. A 114. Hat ein Gesamtschuldner mehrere Grundstücke, so ist auf jedes nur ein Teilbetrag einzutragen. KG. 21 S. A 326; RJA. 2 S. 87. Soll gegen gütergemeinschaftliche Eheleute eine Zwangshypothek sowohl auf dem gütergemeinschaftlichen Grundstück als auf den zum Sondergute eines jeden Ehegatten gehörenden Grundstücken eingetragen werden, so ist zu teilen. KG. 22 S. A 173; RJA. 2 S. 97.

6. Eintragung. Die Zwangshypothek muß im Grundbuch als Sicherungshypothek bezeichnet werden. § 1184 Abs. 2. Die Erteilung des Hypothekenbriefs ist ausgeschlossen. § 1185 Abs. 1. Der vollstreckbare Titel, zu dem die Vollstreckungsklausel und die Zustellungsurkunde gehört, ist zurückzugeben, nachdem auf ihm die Eintragung vermerkt ist. ZPO. § 867. Beglaubigte Abschriften der bezeichneten Urkunden müssen von dem GBA. aufbewahrt werden. GBO. § 9. Über die Frage, wer die Abschriften zu beglaubigen hat, s. GBO. § 9. Der Schuldner wird beim Eintragungsverfahren nicht zugezogen, doch ist ihm die Eintragung nach § 55 GBO. bekannt zu machen.

Das Verfahren der Eintragung unterliegt den Vorschriften der GBO. Insbesondere wird auch dem § 18 GBO. die Anwendung nicht zu versagen sein. Fuchs S. 632 A. 10b. AM. Turn.-Först. I S. 838 A. I d. Vgl. GBO. § 18 A. 6. Die zulässigen Rechtsmittel sind die der §§ 71 ff. GBO. RG. 48 S. 242. KG. RJA. 3 S. 100.

7. Wirkung. Die Zwangshypothek entsteht mit der Eintragung. ZPO. § 867. (Ausnahme: ZPO. § 848 Abs. 2. Oben A. 3c.) Die für die Sicherungshypothek überhaupt geltenden Regeln gelten auch für die Zwangshypothek. Der Gläubiger kann sich also auf den öffentlichen Glauben des Grundbuchs (§ 892) nicht berufen. Nach § 1118 haftet das Grundstück kraft der Hypothek auch für die gesetzlichen Zinsen der Forderung, sowie für die Kosten der Kündigung und der die Befriedigung aus dem Grundstücke bezweckenden Rechtsverfolgung. Darüber hinaus erstreckt sich die dingliche Haftung, entsprechend dem Grundsatze des § 788 ZPO. auch auf die Eintragungskosten (ZPO. § 867), einschließlich der Gebühren des prozeßbevollmächtigten Rechtsanwalts für die Stellung des Eintragungsvertrags. RG. JW. 98 S. 658. Diese Kosten bedürfen nicht der Festsetzung. Der Gläubiger kann aber die Festsetzung verlangen. RG. 30 S. 1168. OLG. Jena und Celle, Seuff. Arch. 48 S. 109, 51 S. 365. Geschieht dies, so hat das GBA. die Anwaltsgebühren nach Prüfung ihrer Notwendigkeit zusammen mit der Hauptforderung auf Grund des über die letztere vorgelegten vollstreckbaren Titels einzutragen. KG. 12 S. 91, 14 S. 145, 189. Im übrigen sind

die bezeichneten Zinsen und Kosten der Eintragung weder bedürftig noch fähig. KG. RJA. 2 S. 246.

8. Eigentümerhypothek. Wenn nach Eintragung der Zwangshypothek einer der in § 775 Nr. 1, 2, 3 ZPO. bezeichneten, nach § 776 ZPO. zur Aufhebung der erfolgten Vollstreckungsmaßregeln führenden Umstände eintritt, so fällt das Recht des Gläubigers aus der Zwangshypothek fort. Die Zwangshypothek wird aber nicht (wie nach § 11 des preuß. ZwVG. v. 11. Juli 1883) gelöscht, sondern wird, entsprechend dem Falle des § 1163, von dem Eigentümer des Grundstücks erworben und verwandelt sich nach § 1177 Abs. 1 in eine Grundschuld. ZPO. § 868. Werden jene Voraussetzungen in der Form des § 29 GBO. nachgewiesen, so ist auf Antrag des Eigentümers die Zwangshypothek auf seinen Namen umzuschreiben.

9. Übergangsbestimmung f. Preußen: Anlage.

B. Die Arresthypothek. („D. Recht" 1901 S. 124, 173, 174, 213.) Die Vollziehung des Arrestes in unbewegliches Vermögen bestimmte sich bisher nach den Landesgesetzen (§ 811 ZPO. ä. F.), ist aber jetzt selbständig geregelt durch § 932 ZPO. n. F., lautend: „Die Vollziehung des Arrestes in ein Grundstück oder in eine Berechtigung, für welche die sich auf Grundstücke beziehenden Vorschriften gelten, erfolgt durch Eintragung einer Sicherungshypothek für die Forderung; der nach § 923 festgestellte Geldbetrag ist als der Höchstbetrag zu bezeichnen, für welchen das Grundstück oder die Berechtigung haftet.

Im übrigen finden die Vorschriften der §§ 867, 868 Anwendung.

Der Antrag auf Eintragung der Hypothek gilt im Sinne des § 929 Abs. 2, 3 als Vollziehung des Arrestbefehls."

10. Anordnung des Arrestes. Zuständig ist sowohl das Gericht der Hauptsache als das Amtsgericht, in dessen Bezirke der mit Arrest zu belegende Gegenstand sich befindet. ZPO. § 919. Zulässig ist der dingliche Arrest nur zur Sicherung der Zwangsvollstreckung wegen einer Geldforderung oder wegen eines Anspruchs, der in eine Geldforderung übergehen kann (ZPO. § 916) und nur dann, wenn zu besorgen ist, daß ohne Verhängung des dinglichen Arrestes die Vollstreckung des Urteils vereitelt oder wesentlich erschwert werden würde. ZPO. § 917. Das Gericht kann die Anordnung des Arrestes von einer Sicherheitsleistung abhängig machen. ZPO. § 921. Dies wird regelmäßig dadurch geschehen, daß das Gericht einen entsprechenden Beschluß an den Gläubiger erläßt und bis nach dessen Erledigung die Anordnung des Arrestes aussetzt. Das Gericht kann aber auch sofort den Arrest unter der Bedingung der Sicherheitsleistung anordnen. In diesem Falle darf das GBA. die Eintragung der Arresthypothek dann nicht ablehnen, wenn ihm die Bestellung der Sicherheit gemäß § 29 GBO. nachgewiesen wird. ZPO. § 751 Abs. 2. RG. 12 S. 366; JW. 95 S. 539. OLG. Dresden, Seuff. 44 S. 152. In dem Arrestbefehl ist ein Geldbetrag festzustellen, durch dessen Hinterlegung die Vollziehung des Arrestes gehemmt und der Schuldner zu dem Antrag auf Aufhebung des vollzogenen Arrestes berechtigt wird. ZPO. § 923. Dieser Geldbetrag ist bei der Eintragung der Arresthypothek als der Höchstbetrag zu bezeichnen, für welchen das Grundstück haftet. ZPO. § 932 Abs. 1. Gegen den Arrestbefehl steht dem Schuldner, wenn der Arrest durch Endurteil angeordnet ist, das Rechtsmittel der Berufung oder Revision (ZPO. § 922), wenn er durch Beschluß angeordnet ist, der Widerspruch zu. ZPO. §§ 924, 925. Die Vollstreckbarkeit des Arrestbefehls wird aber durch Einlegung der bezeichneten Rechtsbehelfe nicht gehemmt. Der Vollstreckungsklausel bedürfen Arrestbefehle nur, wenn die Vollziehung für einen anderen als den im Befehle bezeichneten Gläubiger oder gegen einen anderen als den im Befehle bezeichneten Schuldner erfolgen soll. ZPO. § 929 Abs. 1.

11. Die Vollziehung des Arrestes in ein Grundstück erfolgt wie bei der Zwangshypothek durch Eintragung einer Sicherungshypothek für die Forderung. Der

Antrag auf Eintragung ist vom Gläubiger oder dessen Prozeßbevollmächtigten (ZPO. § 82) unmittelbar bei dem GBA. zu stellen und bedarf keiner Beglaubigung. GBO. § 30. Der Arrest- oder Vollstreckungsrichter ist zur Stellung des Eintragungsantrags nicht legitimiert. (Abweichend die einstweilige Verfügung. ZPO. § 941.) Die Vollziehung des Arrestbefehls ist unstatthaft, wenn seit dem Tage, an welchem der Befehl verkündet oder der Partei, auf deren Gesuch er erging, zugestellt ist, zwei Wochen verstrichen sind. Die Vollziehung ist vor der Zustellung des Arrestbefehls an den Schuldner zulässig. Sie ist jedoch ohne Wirkung, wenn die Zustellung nicht innerhalb einer Woche nach der Vollziehung und vor Ablauf der für diese bestimmten Frist von zwei Wochen erfolgt. ZPO. § 929 Abs. 2, 3.

Der Eintragungsantrag muß das Grundstück, auf dem die Eintragung erfolgen soll, bezeichnen. Der Arrestbefehl braucht die Bezeichnung des Grundstücks nicht zu enthalten, da aus dem allgemeinen Arrestbefehle die Eintragung auf jedes Grundstück des Schuldners zulässig ist. Dem Antrage ist Ausfertigung des Arrestbefehls beizufügen, da die Eintragung auf ihm zu vermerken ist. ZPO. §§ 867 Abs. 1, 932 Abs. 2. Des Nachweises der Zustellung des Arrestbefehls an den Schuldner bedarf es nicht, da die Vollziehung des Arrestes vor dieser Zustellung zulässig ist. Dagegen hat das GBA. zu prüfen, ob die zweiwöchige Vollziehungsfrist (ZPO. § 929 Abs. 2) noch nicht verstrichen ist. Zu diesem Zwecke hat der Gläubiger das Urteil, auf dem der Tag der Verkündung vom Gerichtsschreiber zu bemerken ist (ZPO. § 315 Abs. 3), oder wenn der Arrestbefehl durch Beschluß erlassen ist, die Urkunde über die an ihn von Amts wegen erfolgte Zustellung (ZPO. § 329 Abs. 3) vorzulegen. Vermag er dies nicht, führt er aber durch Vorlegung der Urkunde über die Zustellung an den Schuldner den Nachweis, daß die zweiwöchige Vollziehungsfrist noch nicht abgelaufen ist, so hat das GBA. dem Antrage stattzugeben. RG. Beil. z. RAnz. 1889 S. 55. Für die Wahrung der Fristen genügt — abweichend vom bisherigen Recht, RG. 26 S. 397 — der bloße Antrag auf Eintragung der Sicherungshypothek. ZPO. § 932 Abs. 3.

Die versehentlich auf Grund eines erst nach Ablauf der zweiwöchigen Vollziehungsfrist gestellten Antrages eingetragene Arresthypothek ist unwirksam. RG. 26 S. 395. Der Eigentümer kann nach §§ 894, 899 vom Gläubiger oder dessen Rechtsnachfolger die Berichtigung des Grundbuchs verlangen. Das GBA. hat nach § 54 Abs. 1 Satz 1 GBO. von Amts wegen einen Widerspruch einzutragen. Ist die zweiwöchige Vollziehungsfrist gewahrt, aber die rechtzeitige Zustellung des Arrestbefehls an den Schuldner unterblieben, so ist die Hypothek ebenfalls ohne Wirkung. ZPO. § 929 Abs. 3. Es ist alsdann Sache des Schuldners, die Aufhebung des vollzogenen Arrestes nach §§ 927, 934 ZPO. herbeizuführen. Mit der Aufhebung der Arrestvollziehung geht die Hypothek auf ihn oder, wenn er das Grundstück veräußert hat, auf den derzeitigen Eigentümer über. ZPO. §§ 868, 932 Abs. 2. BGB. § 1163.

Im übrigen müssen auf die Arrestvollziehung als antizipierte Zwangsvollstreckung dieselben Vorschriften gelten wie bei der endgültigen Zwangsvollstreckung. Ausdrücklich für anwendbar erklärt sind die §§ 867, 868 ZPO. ZPO. § 932 Abs. 2. Streitig ist, ob die Beschränkung des § 866 Abs. 3 Satz 2 ZPO., wonach eine Sicherungshypothek nur für eine den Betrag von 300 Mk. übersteigenden Forderung eingetragen werden darf, auch für die Arrestvollziehung gilt. Das Kammergericht hat die Frage bejaht, weil der § 866 Abs. 3 Satz 2 eine für alle hypothekarischen Zwangseintragungen verwendbare Vorschrift enthalte. KG. 20 S. A 115. Ebenso OLG. Dresden, ROLG. 3 S. 440. Dernburg § 245 Nr. II S. 679. Turn-Först. I S. 865 A. 1. Brogsitter, Appell u. Conrades im „Recht" 1900 S. 173 f., 213. Kretzschmar I S. 249. AM. Boehm im „Recht" 1900 S. 124. Endemann 2 S. 505. Rudorff-Schaefer, RZivilrecht Anm. zu § 866 ZPO. R. Foerster S. 264.

Die Wirkungen der Arresthypothek sind dieselben, wie die der Zwangshypothek.

§ 1185.

Bei der Sicherungshypothek ist die Erteilung des Hypothekenbriefs ausgeschlossen.

Die Vorschriften der §§ 1138, 1139, 1141, 1156 finden keine Anwendung.

---

1. Abs. 1 enthält unabänderliches Recht. Der etwa gebildete Hypothekenbrief entbehrt jeder Bedeutung. Die den Hypothekenbrief betreffenden oder voraussetzenden Vorschriften finden keine Anwendung. M. 765. Unanwendbar sind also die §§ 1116, 1117, 1140, 1145, 1152, 1155, 1160—1162, 1163 Abs. 2, 1168 Abs. 3 und die §§ 1144, 1150, 1154, 1157, 1167, 1170, 1171, soweit sie den Hypothekenbrief betreffen. Die Eintragung des Vermerkes über die Ausschließung der Erteilung des Briefes (§ 1116 Abs. 2 Satz 3) unterbleibt als überflüssig.

2. Abs. 2. **a, Zu § 1138.** Der Gläubiger, der mit der dinglichen Klage die Sicherungshypothek geltend macht, muß sich alle Einreden gegen die Forderung gefallen lassen, gleichviel ob sie im Grundbuche eingetragen sind oder nicht, ob sie dem Gläubiger beim Erwerbe bekannt oder unbekannt waren, ob sie vor oder nach Übertragung der Forderung entstanden sind. Nur die Einrede der Verjährung ist durch § 902 ausgeschlossen. Dagegen unterliegen die Einreden aus dem dinglichen Rechtsverhältnisse (§ 1157), zB. die Einrede, daß der eingetragene Eigentümer, von dem die Hypothek bestellt ist, nicht der wahre Eigentümer gewesen, die Einigung nichtig oder anfechtbar sei, bei der Sicherungshypothek denselben Beschränkungen wie bei der gewöhnlichen Hypothek. Die Vorteile des Grundbuches sind dem Eigentümer erhalten. P. 4653. Hiernach erscheint die Anwendung des § 893 nicht ausgeschlossen. Der Eigentümer ist für befugt zu erachten, den als Gläubiger Eingetragenen als den wahren Gläubiger anzusehen. Fuchs S. 595 A. 4. Planck S. 607. Turn.-Först. I S. 811 A. 1. AM. Biermann S. 406 A. 2a.

b, Zu § 1139. Der Eintragung eines Widerspruchs zur Erhaltung der Einrede der unterbliebenen Hingabe des Darlehens bedarf es nicht, weil der Eigentümer ohne weiteres jedem späteren Gläubiger gegenüber den Empfang des Darlehens bestreiten kann.

c, Zu § 1141. Die Sicherungshypothek ist von dem Schicksale der Forderung abhängig, kann also nur dadurch fällig gemacht werden, daß der Gläubiger dem Schuldner oder der Schuldner dem Gläubiger kündigt. Die Kündigung von dem Eigentümer oder an den Eigentümer ist wirkungslos. Auf Grund der von dem persönlichen Schuldner oder gegen ihn bewirkten Kündigung kann die dingliche Klage erhoben werden. Dem Eigentümer braucht nicht einmal Anzeige von der Kündigung gemacht zu sein. Wenn aber alsdann der Eigentümer den Anspruch sofort anerkennt, so hat nach § 93 ZPO. der Gläubiger die Kosten des Rechtsstreits zu tragen. P. 4660.

d, Zu § 1156. Die bei der Verkehrshypothek ausgeschlossenen §§ 406—408 kommen bei der Sicherungshypothek zur Anwendung. Der Erwerber der Sicherungshypothek muß also, auch wenn sein Erwerb im Grundbuche eingetragen ist, wenn er sich gegen die nach der Abtretung der Forderung entstehenden Einreden schützen will, dem Eigentümer und dem Schuldner von der Abtretung Anzeige machen. P. 4662.

3. Daß die Vorschriften über die Eigentümerhypothek und den Übergang der Hypothek auf den den Gläubiger befriedigenden Schuldner auf die Sicherungshypothek Anwendung finden, ist in 2. Lesung festgestellt. P. 4663. Es gelten also auch hier die §§ 1143, 1163 Abs. 1, 1164, 1165, 1168, 1169, 1172—1176. Vgl. auch ZPO. §§ 868, 932 Abs. 2 und ZwVG. §§ 128 Abs. 3, 130, 145.

4. Die Abtretung der Sicherungshypothek unterliegt denselben Erfordernissen wie die Abtretung der gewöhnlichen Hypothek, bedarf also der dinglichen Einigung und der Eintragung. §§ 1154 Abs. 3, 873.) Ausgenommen ist nur die

Sicherungshypothek des § 1187. Bei der Höchstbetragshypothek ist den Beteiligten eine abweichende Vereinbarung gestattet. § 1190 Abs. 4.

5. Auf die Grundschuld findet § 1185 keine Anwendung.

*§ 1186.

Eine Sicherungshypothek kann in eine gewöhnliche Hypothek, eine gewöhnliche Hypothek kann in eine Sicherungshypothek umgewandelt werden. Die Zustimmung der im Range gleich- oder nachstehenden Berechtigten ist nicht erforderlich.

I. Umwandlung. **1.** Die Sicherungshypothek — und zwar jede, auch die Zwangs- und die Höchstbetragshypothek (§ 1190), Turn.-Först. I S. 815 A. 2 — kann nicht nur in eine gewöhnliche (Buch- oder Brief-) Hypothek, sondern auch in eine Grund- oder Rentenschuld (§ 1198), die gewöhnliche (Buch- oder Brief-) Hypothek sowohl wie die Grund- und Rentenschuld (§§ 1168, 1203) kann in eine Sicherungshypothek umgewandelt werden. Beschränkung der Umwandlung auf einen Teil des Rechtes ist zulässig. Die Umwandlung einer Gesamthypothek muß sich auf alle Grundstücke erstrecken. KG. 22 S. A 164.

2. Die Umwandlung ist Änderung des Inhalts des Rechtes. § 877. Sie erfordert also nach §§ 873, 874, 876: Einigung zwischen Gläubiger und Eigentümer und zwar demjenigen, der zur Zeit der Umwandlung Eigentümer ist, die Zustimmung Dritter, denen ein Recht an der Hypothek (Pfandrecht, Nießbrauch) zusteht, und die Eintragung in das Grundbuch. Bei der Eigentümergrundschuld sind Eigentümer und Gläubiger ein und dieselbe Person. KG. „D. Recht" 1903 S. 150. OLG. Braunschweig, ROLG. 2 S. 319. Turn.-Först. I S. 882 A. 2. Biermann S. 425. Boehm S. 311 A. II. Oberneck S. 739. AM. Männer S. 299 A. 23. Planck S. 644 A. 2a. Wird bei der Umwandlung an die Stelle der Forderung, für welche die umgewandelte Hypothek bestellt war, eine andere Forderung gesetzt, so muß der Einigung zwischen dem (neuen) Gläubiger und dem Eigentümer die Zustimmung des bisherigen Gläubigers hinzutreten. § 1180. Einigung und Eintragung genügen auch dann, wenn bei der Umwandlung, falls die Forderung unverzinslich oder der Zinssatz niedriger als 5 v. H. ist, gemäß § 1119 die Zinsen auf 5 v. H. erweitert werden. Dies gilt auch für Höchstbetragshypotheken. § 1190. Die Zinsen können aber nur von dem Tage der Eintragung der Umwandlung an eingetragen werden. KG. 21 S. A 150. ROLG. 2 S. 154.

3. Nicht erforderlich ist die Zustimmung der im Range gleich- oder nachstehenden Berechtigten, da die Umwandlung in ihre Rechte nicht eingreift. Auch der Zustimmung des persönlichen Schuldners, wenn er zur Zeit der Eintragung der Umwandlung nicht auch der Eigentümer ist, bedarf es nicht, da seine Verbindlichkeit durch die Umwandlung nicht berührt wird. Dies gilt auch — gegen Hachenburg Vorträge S. 599 — von der Höchstbetragshypothek (§ 1190). Natürlich können dem persönlichen Schuldner durch die ohne seine Zustimmung vorgenommene Umwandlung seine Einwendungen gegen die persönliche Forderung nicht abgeschnitten werden. Turn.-Först. I S. 815 A. 2. Männer S. 280 A. 15. Oberneck S. 280 A. 15. Biermann S. 408 A. 2. Fuchs S. 601 A. 3. Planck S. 609 A. 2.

4. Bei der Umwandlung der Sicherungshypothek in eine Briefhypothek ist ein Brief nach §§ 56 ff. GBO. zu erteilen und dem Gläubiger auszuhändigen. GBO. § 60. Bei der Umwandlung einer Briefhypothek in eine Sicherungshypothek ist der Brief unbrauchbar zu machen und die mit dem Briefe verbundene Schuldurkunde abzutrennen und dem Gläubiger zurückzugeben. GBO. § 69. (Preußen: Anlage.)

II. Wirkungen. 5. Durch die Umwandlung in eine gewöhnliche Hypothek wird vom Zeitpunkte der Umwandlung ab die Sicherungshypothek von den ihr als solcher anhaftenden Beschränkungen (§§ 1184, 1185) frei und schlechthin den für die gewöhnliche Hypothek geltenden Vorschriften unterworfen. Umgekehrt zieht die Umwandlung der gewöhnlichen Hypothek in eine Sicherungshypothek für diese den Eintritt der Beschränkungen der §§ 1184, 1185 nach sich.

Auf die Grundschuld findet § 1186 keine Anwendung.

§ 1187.

Für die Forderung aus einer Schuldverschreibung auf den Inhaber, aus einem Wechsel oder aus einem anderen Papiere, das durch Indossament übertragen werden kann, kann nur eine Sicherungshypothek bestellt werden. Die Hypothek gilt als Sicherungshypothek, auch wenn sie im Grundbuche nicht als solche bezeichnet ist. Die Vorschrift des § 1154 Abs. 3 findet keine Anwendung.

---

1. Papiere im Sinne dieser Vorschrift sind die Inhaberpapiere und die Orderpapiere. Inhaberpapiere sind die in § 793 bezeichneten, nicht die Karten, Marken oder ähnlichen Urkunden des § 807, auch nicht die Legitimationspapiere des § 808. Orderpapiere sind außer den Wechseln die kaufmännischen Anweisungen und Verpflichtungsscheine des HGB. § 363.

2. Eine Hypothek für Forderungen aus den zu 1 bezeichneten Papieren kann nur als Sicherungshypothek bestellt werden. Sie gilt als Sicherungshypothek, auch wenn sie als solche nicht bestellt und im Grundbuche bezeichnet ist. Das Grundbuch muß aber erkennen lassen, daß die der Hypothek zugrunde liegende Forderung eine Forderung aus einem Inhaber- oder Orderpapiere ist. Hierzu genügt bei der Hypothek für die Forderung aus einem Inhaberpapiere, wenn als Berechtigter der jedesmalige Inhaber des Papieres eingetragen wird. Biermann S. 410 A. 2. Dagegen ist bei der Hypothek für die Forderung aus einem Orderpapiere „der erste Nehmer oder der durch Indossament legitimierte Inhaber des Papieres" als Gläubiger zu vermerken. OLG. Dresden, ROLG. 4 S. 191.

3. Die Abtretung der in § 1187 bezeichneten Forderungen und damit der Hypothek (§ 1153) erfolgt nach denselben Regeln, die für die Abtretung der Forderung aus den betreffenden Papieren überhaupt gelten, also bei Inhaberpapieren durch Übergabe des Papiers (§§ 929—931), bei Orderpapieren durch Indossament. ADWO. Art. 9 ff. HGB. §§ 222, 263. Eintragung ist nicht erforderlich, da § 1154 Abs. 3 keine Anwendung findet. Sie kann aber auch nicht als unzulässig angesehen werden, da sie dem neuen Gläubiger den Vorteil bietet, andere von grundbuchmäßigen Verfügungen über die Hypothek auszuschließen. Biermann S. 410 A. 3. AM. Fuchs S. 608 A. 7. Zur Eintragung bedarf es der Vorlegung des Papiers (GBO. § 44 Abs. 1) und öffentlicher Urkunden (GBO. § 29), die den neuen Gläubiger als solchen legitimieren.

4. Einwendungen und Einreden gegen die Forderung können dem Inhaber des Inhaberpapiers und dem legitimierten Besitzer des Orderpapiers nur insoweit entgegengesetzt werden, als sie die Gültigkeit der Erklärung des Ausstellers betreffen oder sich aus der Urkunde ergeben oder dem Aussteller unmittelbar gegen den derzeitigen Gläubiger zustehen. § 796. HGB. § 364 Abs. 2. Gegen den Inhaber einer Schuldverschreibung auf den Inhaber kann der Aussteller auch einwenden, daß der Inhaber zur Verfügung über die Urkunde nicht berechtigt sei. Der Aussteller wird aber auch durch die Leistung an einem nicht zur Verfügung berechtigten Inhaber befreit. § 793 Abs. 1. Nicht einwenden kann der Eigentümer, daß das Inhaber-

papier ohne Willen des Ausstellers in den Verkehr gelangt sei. § 794 Abs. 1. Einreden und Einwendungen gegen die Forderung aus der Person eines Rechtsurhebers können dem neuen Gläubiger auch dann nicht entgegengesetzt werden, wenn sie ihm bei Erwerb der Forderung bekannt waren, es sei denn, daß er die Forderung in arglistiger Weise, d. h. zu dem Zwecke erworben hat, um dem Eigentümer jene Einwendungen und Einreden abzuschneiden. M. II 700. Bei Einreden gegen die Hypothek findet § 1157 Anwendung. Ist eine solche Einrede, zB. die Einrede der Hypothekenstundung, für den Eigentümer dem bisherigen Gläubiger gegenüber begründet, so kann er sie auch dem neuen Gläubiger dann entgegensetzen, wenn sie diesem bekannt oder aus dem Grundbuch ersichtlich war. Biermann S. 410 A. 4. Fuchs S. 610 A. 16. Planck S. 613 A. 4. AM. Turn.-Förft. I S. 822 A. 4d u. Oberneck S. 702 A. 5. Danach soll § 1157 nur dann Anwendung finden, wenn die Einrede im Grundbuch eingetragen ist, weil dem neuen Gläubiger ein selbständiges Recht auf die Hypothek zusteht.

5. Die Vorschriften über die Eigentümerhypothek sind auch bei der Inhaber- und Orderhypothek nicht für ausgeschlossen zu erachten. Es kommt also auch bei ihnen § 1177 Abs. 2 zur Anwendung. Bei der Vereinigung von Gläubigerrecht und Schuld in einer Person kann die Forderung nicht erlöschen, weil das Papier Träger der Forderung ist. Turn.-Förft. I S. 823 A. 5. Biermann S. 411 A. 5.

6. Auf die Grundschuld findet § 1187 keine Anwendung.

§ 1188.

Zur Bestellung einer Hypothek für die Forderung aus einer Schuldverschreibung auf den Inhaber genügt die Erklärung des Eigentümers gegenüber dem Grundbuchamte, daß er die Hypothek bestelle, und die Eintragung in das Grundbuch; die Vorschrift des § 878 findet Anwendung.

Die Ausschließung des Gläubigers mit seinem Rechte nach § 1170 ist nur zulässig, wenn die im § 801 bezeichnete Vorlegungsfrist verstrichen ist. Ist innerhalb der Frist die Schuldverschreibung vorgelegt oder der Anspruch aus der Urkunde gerichtlich geltend gemacht worden, so kann die Ausschließung erst erfolgen, wenn die Verjährung eingetreten ist.

---

1. Einigung zwischen dem Eigentümer und dem Inhaber der Forderung ist zum Erwerbe der Hypothek nicht erforderlich. Der Vorlegung des Inhaberpapiers vor der Eintragung bedarf es nicht. Die Eintragung auf dem Papier unterbleibt. Als Gläubiger einzutragen ist der Inhaber der Schuldverschreibung als solcher, nicht aber mit seinem Namen. Die Eintragung einer Hypothek für Teilschuldverschreibungen auf den Inhaber regelt § 51 GBO.

2. „Im Inland ausgestellte Schuldverschreibungen auf den Inhaber, in denen die Zahlung einer bestimmten Geldsumme versprochen wird, dürfen nur mit staatlicher Genehmigung in den Verkehr gebracht werden. . . Eine ohne staatliche Genehmigung in den Verkehr gebrachte Schuldverschreibung ist nichtig.“ § 795 Abs. 1, 3. Es ist zweifelhaft geworden, ob das GBA. vor der Eintragung der Inhaberhypothek zu prüfen hat, ob die vorgeschriebene staatliche Genehmigung erfolgt ist. Die Frage wird zu bejahen sein, denn wenn auch in der Eintragung der Grundschuld noch nicht ein Inverkehrbringen der Schuldverschreibung liegt, so kann doch dem GBA. nicht zugemutet werden, eine Eintragung vorzunehmen, deren Wirksamkeit nicht gesichert ist. KG. 20 S. A 107. Biermann S. 412 A. 1a, 423 A. 2b. Turn.-Förft. I S. 877 A. 3a. AM. Fuchs S. 607 A. 6. Planck S. 615 A. 1c.

3. Auf Hypotheken für die Forderung aus Orderpapieren findet § 1188 keine Anwendung. Es bleibt bei der Regel des § 873, wonach zur Bestellung Einigung zwischen dem Eigentümer und dem Remittenten und Eintragung erforderlich ist. Zur Eintragung gehört und genügt die Bewilligung des Eigentümers. GBO. § 19. Die Eintragungsbewilligung muß für jeden Verpflichtungsschein den Geldbetrag und Zinssatz oder den Höchstbetrag, für den die Hypothek haften soll, angeben. LG. Metz, Soergel 1900/1 S. 141. Bezeichnung des Gläubigers: § 1187 A. 1.

4. Das Ausschlußurteil nach § 1170 darf bei der Inhaberhypothek erst erlassen werden, wenn 30 Jahre seit dem Eintritte der für die Leistung bestimmten Zeit abgelaufen sind, ohne daß die Schuldverschreibung dem Aussteller zur Einlösung vorgelegt ist. Dauer und Beginn dieser Frist können von dem Aussteller in der Urkunde anders bestimmt werden. Wird innerhalb der Frist die Schuldverschreibung vorgelegt oder der Anspruch aus der Urkunde geltend gemacht, so kann die Ausschließung erst erfolgen, nachdem noch zwei Jahre von dem Ende der Vorlegungsfrist abgelaufen sind. (§ 801). Verfahren: ZPO. § 986 Abs. 2, 3.

Für die Orderhypothek und für das Aufgebot nach § 1171 sind besondere Bestimmungen nicht ergangen.

5. Auf die Grundschuld findet § 1188 keine Anwendung.

§ 1189.

Bei einer Hypothek der im § 1187 bezeichneten Art kann für den jeweiligen Gläubiger ein Vertreter mit der Befugnis bestellt werden, mit Wirkung für und gegen jeden späteren Gläubiger bestimmte Verfügungen über die Hypothek zu treffen und den Gläubiger bei der Geltendmachung der Hypothek zu vertreten. Zur Bestellung des Vertreters ist die Eintragung in das Grundbuch erforderlich.

Ist der Eigentümer berechtigt, von dem Gläubiger eine Verfügung zu verlangen, zu welcher der Vertreter befugt ist, so kann er die Vornahme der Verfügung von dem Vertreter verlangen.

---

1. Treuhänder (trustee des englischen Rechtes). Die Bestellung eines Treuhänders, welche die bisherige Praxis nur in dem Falle für zulässig erachtete, wenn von einem Großindustriellen ein größeres Anleihen durch Ausgabe von Teilschuldverschreibungen aufgenommen wurde (RG. JW. 96 S. 20), ist durch § 1189 für alle Hypotheken der in § 1187 bezeichneten Art gesetzlich anerkannt. Der Treuhänder des § 1189 ist ein Vertreter des jeweiligen Gläubigers. Hinsichtlich seiner Person sind besondere Bestimmungen nicht ergangen. Es kann daher als Treuhänder jede Person bestellt werden, die nach §§ 164 ff. als Vertreter bestellt werden kann.

2. Die Bestellung eines Treuhänders ist nicht geboten, sondern nur gestattet. Erfolgt sie bei Bestellung der Hypothek, so genügt bei Schuldverschreibungen auf den Inhaber die einseitige Erklärung des Eigentümers. Bei indossabeln Papieren bedarf es der Einigung zwischen dem Eigentümer und dem Gläubiger. Eine Bestellung nach Eintragung der Hypothek enthält eine Änderung des Inhalts der Hypothek (§ 877), bedarf also stets der Einigung des Eigentümers mit sämtlichen zurzeit vorhandenen Gläubigern. In allen Fällen ist die Eintragung in das Grundbuch erforderlich. Die Eintragung erfolgt, wenn sie bei Begründung der Hypothek beantragt wird, auf Grund der Eintragungsbewilligung des Eigentümers, wenn sie nachträglich beantragt wird, auf Grund der Bewilligung des Eigentümers und des Gläubigers. Einzutragen ist außer der Bestellung und dem Namen des Vertreters auch der Umfang seiner Vertretungsmacht. In letzterer Beziehung genügt die Bezugnahme auf die Eintragungs-

bewilligung. § 874. Nach dem Gesetz betr. die gemeinsamen Rechte der Besitzer von Schuldverschreibungen v. 4. Dez. 1899 (RGBl. S. 691) kann zur Wahrnehmung der Rechte der Gläubiger ein gemeinsamer Vertreter für diese durch Mehrheitsbeschluß der Gläubigerversammlung bestellt werden. Ges. §§ 1, 6, 8—10, 14. Durch die Bestellung eines solchen Vertreters werden aber die Befugnisse und Verpflichtungen des Treuhänders aus § 1180 nicht berührt. Ges. § 16 Abs. 1.

3. Befugnisse des Treuhänders. a. Er kann mit Wirkung für und gegen jeden späteren Gläubiger „bestimmte Verfügungen" über die Hypothek treffen. Die Feststellung dieser Verfügungen ist Sache der Beteiligten. Zu anderen als den festgestellten bestimmten Verfügungen ist der Treuhänder nicht befugt. Insbesondere steht ihm die Befugnis zur Empfangnahme der Kündigung und von Zahlungen nur zu, wenn sie ihm verliehen ist. Es steht aber nichts entgegen, ihm die Befugnis zu allen Verfügungen zu erteilen.

b, Der Treuhänder ist befugt, den Gläubiger bei der Geltendmachung der Hypothek zu vertreten. Diese Befugnis ist kraft Gesetzes eine unbeschränkte, es bedarf also nicht ihrer Eintragung. Die Geltendmachung kann sowohl gerichtlich als außergerichtlich erfolgen. Zur außergerichtlichen Geltendmachung gehört die Mahnung, die Anmeldung im Zwangsvollstreckungsverfahren und die Kündigung. Biermann S. 414 A. 3b. Turn.-Förft. I S. 826. AM. Planck S. 620 A. 7b. Danach gehört die Kündigung zu den „Verfügungen" (oben A. 3a), steht also dem Treuhänder nur zu, wenn ihm die Befugnis dazu verliehen und dies eingetragen ist. Bei der Prozeßführung ist der Treuhänder als gesetzlicher Vertreter des Gläubigers im Sinne des § 53 ZPO. anzusehen. Im Falle seines Unterliegens können also die Prozeßkosten nicht ihm, sondern nur dem Gläubiger auferlegt werden. Biermann S. 415 A. 3c. Turn.-Förft. I S. 826. Planck S. 620 A. 7b. AM. Fuchs S. 616 A. 32. Die Passivlegitimation gegenüber einer Klage, in der das Nichtbestehen der Hypothek geltend gemacht wird, kommt dem Treuhänder nur dann zu, wenn er in der ihm beigelegten Verfügungsbefugnis zur Anerkennung des Nichtbestehens der Hypothek ermächtigt ist. Planck S. 620. Die Geltendmachung des persönlichen Anspruchs steht dem Treuhänder niemals zu, ist vielmehr Sache des Gläubigers selbst.

c, Der Treuhänder ist dem Eigentümer gegenüber verpflichtet, innerhalb des Rahmens seiner Vertretungsmacht diejenigen Verfügungen vorzunehmen, die der Eigentümer von dem Gläubiger verlangen kann. Diese Verpflichtung besteht nicht nur gegenüber dem ersten Besteller der Hypothek, sondern auch jedem späteren Erwerber des Grundstücks gegenüber. Insbesondere ist dem Erwerber von Trennstücken ein unmittelbarer Anspruch gegen den Treuhänder auf Löschung der Hypothek gewährt, wenn die Entlassung des Trennstücks aus der Pfandhaft nach dem Bestellungsvertrage gefordert werden kann. P. 4644.

d, Der § 16 Abs. 2 des Ges. betr. die gemeinsamen Rechte der Besitzer von Schuldverschreibungen v. 4. Dez. 1899 (RGBl. S. 691) räumt dem Treuhänder alle diejenigen Rechte ein, die nach § 3 und § 7 Abs. 3 a. a. O. einem von der Gläubigerversammlung bestellten Vertreter hinsichtlich der Berufung der Versammlung und der Ankündigung von Gegenständen zur Beschlußfassung zustehen. Nach § 3 a. a. O. wird die Gläubigerversammlung durch den Schuldner berufen. Sie ist auch zu berufen, wenn Gläubiger, deren Schuldverschreibungen zusammen den zwanzigsten Teil des Gesamtbetrages der im Umlaufe befindlichen Schuldverschreibungen erreichen, oder ein von der Gläubigerversammlung bestellter Vertreter die Berufung schriftlich verlangen. Nach § 7 Abs. 3 kann der Vertreter, wenn die Versammlung nicht durch ihn berufen ist, Gegenstände zur Beschlußfassung ankündigen.

4. Die Befugnis der Gläubiger, selbst zu handeln, auch ihrerseits über die Hypothek zu verfügen, sie geltend zu machen und das Grundstück zur Zwangsversteigerung zu bringen, wird durch die Treuhänderschaft nicht ausgeschlossen, sofern

nicht zwischen Gläubiger und Eigentümer Einschränkungen vereinbart sind. Wegen der auf Verfügung des Gläubigers zu bewirkenden Eintragungen s. GBO. § 44.

5. Die Abberufung des Treuhänders und die Änderung seiner Vertretungsbefugnis enthalten eine Änderung des Inhalts der Hypothek, erfordern also, sofern in der Bestellungsurkunde keine abweichenden Bestimmungen getroffen sind, die Einigung des Eigentümers und der sämtlichen Gläubiger, sowie die Eintragung ins Grundbuch. Kündigt der Treuhänder, so wird zum Erlöschen der Vertretungsmacht ebenfalls Eintragung im Grundbuche erforderlich sein. Biermann S. 415 A. 5.

Eine besondere Bestimmung trifft § 16 Abs. 3 des Ges. betr. die gemeinsamen Rechte der Besitzer von Schuldverschreibungen v. 4. Dez. 1899 (RGBl. S. 691). Danach kann das Gericht auf Antrag von Gläubigern, deren Schuldverschreibungen zusammen den fünften Teil des Gesamtbetrags der im Umlauf befindlichen Schuldverschreibungen erreichen, den nach § 1189 bestellten Treuhänder abberufen, wenn ein wichtiger Grund vorliegt, insbesondere wenn sich der Vertreter einer groben Verletzung seiner Pflichten gegenüber den Gläubigern schuldig macht oder wenn er zur Erfüllung seiner Obliegenheiten unfähig wird. Das Verfahren entspricht demjenigen, das für die freiw. Gerichtsb. in dem RGes. v. 17./20. Mai 1898 für ähnliche Fälle, insbesondere in den §§ 145, 146 für die gerichtliche Abberufung von Liquidatoren einer Handelsgesellschaft vorgesehen ist. M. z. § 16. Zuständig ist das Amtsgericht, in dessen Bezirke der Schuldner seinen Wohnsitz oder seine gewerbliche Niederlassung hat. §§ 4, 16 Abs. 3. Die Abberufung muß ins Grundbuch eingetragen werden. Der Eintragungsantrag ist von dem Eigentümer, dem neu gewählten Vertreter oder den Gläubigern, auf deren Antrag die Abberufung erfolgt ist, nicht auch — gegen Oberneck S. 713 — von dem früheren Vertreter zu stellen und durch Beifügung einer Ausfertigung der vollstreckbaren Entscheidung des Amtsgerichts zu begründen. Die Eintragung ist aber nicht Voraussetzung des Erlöschens der Vertretungsbefugnis, sondern dient nur zur Veröffentlichung. Oberneck S. 714. Planck S. 619 A. 6. Fuchs S. 614 A. 27. Die Bestellung eines neuen Vertreters kann nur durch die Gläubigerversammlung nach Maßgabe des Ges. v. 4. Dez. 1899 erfolgen. M. z. § 16. Für die Annahme, daß der neue Vertreter zu Verfügungen über die Hypothek nur befugt ist, wenn er als Vertreter in das Grundbuch eingetragen ist (so: Turn.-Först. I S. 829 A. 1), bietet das Gesetz keinen Anhalt. Fuchs S. 616 A. 33. „Was nach § 16 des Ges. v. 4. Dez. 1899 für den nach § 1189 BGB. eingesetzten Vertreter gilt, muß auch in Ansehung eines Vertreters Platz greifen, der vor dem Inkrafttreten des BGB. nach Maßgabe des Landesrechts bestellt ist." M. z. § 17.

6. Auf die Grundschuld findet § 1189 keine Anwendung.

*§ 1190.

Eine Hypothek kann in der Weise bestellt werden, daß nur der Höchstbetrag, bis zu dem das Grundstück haften soll, bestimmt, im übrigen die Feststellung der Forderung vorbehalten wird. Der Höchstbetrag muß in das Grundbuch eingetragen werden.

Ist die Forderung verzinslich, so werden die Zinsen in den Höchstbetrag eingerechnet.

Die Hypothek gilt als Sicherungshypothek, auch wenn sie im Grundbuche nicht als solche bezeichnet ist.

Die Forderung kann nach den für die Übertragung von Forderungen geltenden allgemeinen Vorschriften übertragen werden. Wird sie nach diesen Vorschriften übertragen, so ist der Übergang der Hypothek ausgeschlossen.

Zentralblatt 3 S. 753.

1. Höchstbetragshypothek (Maximal-, Ultimat-, Kautionshypothek). Ihr Merkmal besteht darin, daß sie eine Forderung über einen bestimmten Geldbetrag nicht voraussetzt, daß vielmehr nur der Höchstbetrag, bis zu dem das Grundstück haften soll, bestimmt, im übrigen die Feststellung der Forderung vorbehalten ist. KG. 23 S. A 239. Z. f. DZP. 28 S. 352. Sie kann nicht bloß für eine zukünftige, sondern auch für eine gegenwärtige Forderung bestellt werden. Ergibt sich der Vorbehalt der Feststellung des Betrages aus dem Eintragungsvermerke, so gilt die Hypothek als Höchstbetragshypothek (abgekürzt: HBHypothek), auch wenn sie im Grundbuche nicht als solche bezeichnet ist.

2. Zur Bestellung der HBHypothek, als einer Unterart der Sicherungshypothek, ist die dingliche Einigung und Eintragung gemäß §§ 873 ff., 1115 erforderlich. Die Einigung muß sich sowohl auf die Begründung einer HBHypothek als darauf erstrecken, welche Forderungen durch die Hypothek gesichert werden sollen. Einzutragen ist, dem Spezialitätsprinzip entsprechend, der Höchstbetrag, bis zu dem das Grundstück haften soll. Ist in der Eintragungsbewilligung die Angabe des Höchstbetrages nicht enthalten, so hat das GBA. die Eintragung der HBHypothek abzulehnen. Eine trotzdem erfolgte Eintragung ist ohne rechtliche Bedeutung und deshalb von Amts wegen zu löschen. GBO. § 54 Abs. 1. KG. ROLG. 3 S. 364. Turn.-Först. I S. 832 A. 4. Die Eintragung des Vermerks, daß sich der Eigentümer in Ansehung der Hypothek der sofortigen Zwangsvollstreckung unterworfen habe, ist unzulässig, da die Zwangsvollstreckung wegen eines zukünftigen dem Geldbetrage nach unbestimmten Anspruchs nicht stattfinden kann. KG. RJA. 2 S. 202.

3. Der Höchstbetrag umfaßt die gesamte Forderung, für die nach dem Begründungsvertrage die Haftung des Grundstücks in Aussicht genommen ist, also nicht nur das später festzustellende Kapital, sondern auch die etwa davon zu entrichtenden Zinsen, die rechtsgeschäftlichen sowohl wie die gesetzlichen (P. 4670), Rückstände von Zinsen unbeschränkt (KG. 21 S. A 160); es muß also, abweichend von § 1115, die Eintragung der Verzinslichkeit und des Zinssatzes sowie der etwa zu entrichtenden Nebenleistungen unterbleiben. Die Erhöhung des Zinssatzes auf 5 v. H. (§ 1119) vor Feststellung der Forderung ist ausgeschlossen. Wird aber die HBHypothek nach Feststellung des Betrages in eine gewöhnliche Hypothek umgewandelt, so hat sie die Stellung einer unverzinslichen Forderung, es können also, auch wenn der festgestellte Betrag den für die HBHypothek eingetragenen Höchstbetrag erreicht, noch außerdem Zinsen des Betrages bis zu 5 v. H. mit dem Range der umgewandelten Hypothek gemäß § 1119 eingetragen werden. P. 4669. Für die in § 1118 bezeichneten Kosten haftet das Grundstück über den Höchstbetrag hinaus. M. 768.

4. Eine HBHypothek kann für mehrere Gläubiger derart bestellt werden, daß die Hypothek, soweit sie nicht durch die Forderungen des ersten Gläubigers erschöpft ist, für die Forderung eines anderen Gläubigers haften soll. Diese Bestellung kann mit Zustimmung des eingetragenen ersten Gläubigers auch während des Bestehens der HBHypothek erfolgen. KG. RJA. 2 S. 187. Hiergegen Eccius in DJZ. 1902 S. 62. Gegen diesen wieder Turn.-Först. I S. 831 A. 2.

5. Die Bezeichnung der zu sichernden Forderung im Grundbuche erscheint entbehrlich, wenn die HBHypothek uneingeschränkt für alle Forderungen, die irgend wann oder aus irgend welchem Grunde dem Gläubiger gegen den Schuldner erwachsen möchten (KG. 23 S. A 239), haften soll. Auf diesen Fall paßt das in Anlage A der preuß. JMB. v. 20. Nov. 1889 gegebene Formular (Abt. III Nr. 5) „Sicherungshypothek zum Höchstbetrage von 500 Mk. für den ꝛc. in ꝛc. eingetragen am ꝛc." Ist der Kreis der zu sichernden Forderungen ein begrenzter (Forderungen aus laufender Geschäftsverbindung oder Kreditgewährung), so kann — gegen Achilles-Strecker S. 61 und Planck S. 622 A. 2 d — von der Eintragung der zu sichernden Forderung nicht abgesehen werden, da die Bestimmung des § 1115, welche die Eintragung der Forderung allgemein vorschreibt,

bezüglich der HBHypothek nicht geändert ist. Es genügt aber, daß das maßgebende Rechtsverhältnis durch Hinweis auf die Eintragungsbewilligung eingetragen wird. Ist dies unterblieben, so kann die Ergänzung des Vermerks verlangt werden. KG. 23 S. A 237. Turn.-Förſt. I S. 833 A. 6. Biermann S. 417 A. 1.

6. Geltendmachung. Die HBHypothek gilt als Sicherungshypothek. Daraus folgt a, daß der Gläubiger sich zum Beweise der Forderung nicht auf die Eintragung berufen kann (§ 1184 Abs. 1), sondern die zu sichernde Forderung ihrer Entstehung und ihrem Betrage nach beweisen muß; b, daß der mit der Klage aus der HBHypothek in Anspruch genommene Eigentümer die ihm gegen den Anspruch zustehenden Einreden, mit Ausnahme der Einrede der Verjährung (§ 223) auch gegen den gutgläubigen Zessionar geltend machen kann. §§ 1138, 1185 Abs. 2. Die Beweispflicht des Gläubigers bleibt auch dann bestehen, wenn der Eigentümer gegen ihn zum Zwecke der Berichtigung des Grundbuchs durch Bewilligung der Löschung oder der Umschreibung der Hypothek negatorisch die Klage auf Anerkennung, daß keine Forderungen entstanden seien, anstellt. RG. 18 S. 265, 38 S. 246; Bolze 6 Nr. 99, 100; Gruch. 30 S. 1024; JW. 97 S. 336. Erfolg haben kann die Klage des Eigentümers auf Berichtigung des Grundbuchs nur dann, wenn sie angestellt wird, nachdem der Geschäftsverkehr, auf den sich die HBHypothek bezieht, erledigt ist, da erst dann feststeht, daß keine der HBHypothek unterliegende Forderungen mehr entstehen können. Durch die Tilgung von Forderungen während der Dauer des Rechtsverhältnisses wird nicht etwa die Hypothek zu dem Betrage der getilgten Forderungen erledigt, sondern bleibt bis zum Höchstbetrage für die etwa später entstehenden Forderungen bestehen. RG. JW. 1902 S. 203. Zum Aufgeben der Hypothek gegen Zahlung oder Hinterlegung des Höchstbetrages ist der Gläubiger nicht verpflichtet. RG. JW. 1901 S. 311.

7. Durch die HBHypothek wird das Grundstück sogleich mit der Eintragung zum vollen Höchstbetrage unbedingt belastet, auch wenn die Forderung nicht besteht. Ungewiß ist nur, ob und zu welchem Betrage sie dem Gläubiger oder dem Eigentümer gebührt. RG. 49 S. 162. Die Veräußerung des Grundstücks entzieht dem Schuldner nicht die Befugnis, die HBHypothek durch neue Forderungen auszufüllen. Dies gilt auch bei der Zwangsversteigerung bis zur Verteilung des Kaufgeldes. OLG. Königsberg, ROLG. 4 S. 195. Den gleich- oder nachstehenden Berechtigten steht in keinem Falle ein Widerspruchsrecht zu, da sie die HBHypothek gegen sich gelten lassen müssen, gleichviel ob sie durch die Forderungen des Gläubigers erschöpft wird oder nicht; denn soweit solche Forderungen nicht zur Entstehung gelangt sind, steht die Hypothek dem Eigentümer zu. Vgl. A. 9. Von dem Erwerber des Grundstücks würde sie nur durch Befriedigung des Gläubigers erworben werden können. Turn.-Förſt. I S. 834 A. 8. Gehen die dem Gläubiger erwachsenen Forderungen in ihrer Gesamtheit über den eingetragenen Höchstbetrag hinaus oder ist der Versteigerungserlös zur Befriedigung aller Forderungen, die durch die HBHypothek gesichert werden sollen, unzureichend, so hat in Ermangelung entgegenstehender Abreden der Gläubiger zu bestimmen, auf welche Forderungen er den auf die HBHypothek fallenden Teil des Kaufgeldes verrechnen will. P. 4674. Dernburg, Hypothekenrecht S. 203 f. Turn.-Förſt. I S. 834 A. 8. AM. RG. JW. 85 S. 220.

Wird über das Vermögen des Eigentümers Konkurs eröffnet, so geht das Recht, neue der HBHypothek unterliegende Forderungen zu begründen, auf den KVerwalter über. KO. §§ 6, 7, 15.

8. Übertragung. Die HBHypothek gilt als Sicherungshypothek. § 1190 Abs. 3. Die Erteilung des Hypothekenbriefs ist ausgeschlossen. § 1185 Abs. 1. Die Übertragung der durch HBHypothek gesicherten Forderung erfolgt also durch Einigung und Eintragung. §§ 1154 Abs. 3, 873. Wird die Forderung nach dieser Vorschrift übertragen, so geht mit der Forderung auch die Hypothek auf den neuen Gläubiger über (§ 1153 Abs. 1),

bleibt aber HBHypothek, also abhängig von der Feststellung der Forderung. KG. ROLG. 4 S. 320; RJA. 3 S. 90. AM. Planck S. 624 A. 3 b. Daneben gilt noch die besondere Vorschrift, daß die Forderung auch nach Forderungsrecht, also gemäß §§ 398—402 durch Abtretung übertragen werden kann. Geschieht dies, so ist der Mitübergang der Hypothek auf den neuen Gläubiger ausgeschlossen. § 1190 Abs. 4. Diese besondere Vorschrift trifft nur den Fall, wenn eine einzelne Forderung aus dem durch die Hypothek gesicherten Verhältnisse während der Dauer dieses Verhältnisses abgetreten wird. Der neue Gläubiger erwirbt dann nur die abgetretene persönliche Forderung, die HBHypothek bleibt in ihrem vollen Höchstbetrage dem bisherigen Gläubiger für die durch die HBHypothek gesicherten erwachsenen und noch erwachsenden Forderungen verhaftet. Befriedigt der Eigentümer den neuen Gläubiger, so tilgt er eine Forderung, die durch Hypothek nicht gesichert ist, kann also auch die Hypothek nicht erwerben. § 1163 Abs. 1 Satz 2. Nach Feststellung der Forderung wird die HBHypothek zur gewöhnlichen Sicherungshypothek (RG. 49 S. 162), kann also gemäß § 1153 nur mit der Hypothek übertragen werden. Biermann S. 419 A. 4. AM. Turn.-Först. I S. 836. Danach soll Abs. 4 auch nach Feststellung der Forderung Anwendung finden, da die Ausschließung des Überganges der Hypothek als Verzicht des Gläubigers auf die Hypothek (§ 1168) gelte. Soll durch die HBHypothek nur das festgestellte Schlußguthaben sichergestellt werden, so ist die Übertragung einer einzelnen Forderung mit der Hypothek ausgeschlossen. M. 768.

Der § 837 Abs. 3 ZPO. bestimmt: „Bei einer Sicherungshypothek der in § 1190 des BGB. bezeichneten Art kann die Hauptforderung nach den allgemeinen Vorschriften gepfändet und überwiesen werden, wenn der Gläubiger die Überweisung der Forderung ohne die Hypothek an Zahlungs Statt beantragt." Pfändung und Überweisung erfolgen also nach §§ 829—835 ZPO. ohne Eintragung im Grundbuche.

9. Eigentümerhypothek. Die HBHypothek ist — abweichend von § 1163 Abs. 2 — nicht von vornherein Eigentümerhypothek. Sie kann es erst werden nach endgültiger Feststellung des Gesamtbetrages der Forderungen, für welche die Hypothek haftet und nur in Höhe des Betrages um den der eingetragene Höchstbetrag den Gesamtbetrag der Forderungen überschreitet. Denn der Vorbehalt der Feststellung der Forderung gehört zum gesetzlichen Begriff der HBHypothek, der eingetragene Gläubiger hat also ein Recht darauf, daß diese Feststellung nach Maßgabe des zugrunde liegenden Rechtsgeschäfts erfolgt. Daher kann eine HBHypothek von Gläubigern des Grundeigentümers als dessen Eigentümerhypothek nicht ohne weiteres in demjenigen Betrage gepfändet werden, dem zur Zeit der Pfändungen noch keine Forderungen des eingetragenen Gläubigers gegenüberstanden. RG. 51 S. 115. Nur das dem Eigentümer zustehende bedingte Recht auf die Eigentümerhypothek unterliegt der Pfändung nach § 857 ZPO. Die Wirkung dieser Pfändung beschränkt sich aber darauf, daß sie dem Eigentümer die Befugnis nimmt, über seine eventuelle Eigentümerhypothek selbständig unter Verletzung der Rechte des pfändenden Gläubigers zu verfügen. In der Berechtigung des Eigentümers, neue Forderungen aus dem Kreditverhältnisse zur Entstehung zu bringen und dadurch möglicherweise die eventuelle Eigentümerhypothek wertlos zu machen, wird durch die Pfändung nichts geändert. OLG. Jena, RJA. 2 S. 198. KG. RJA. 3 S. 107 u. OLG. Celle, ROLG. 4 S. 74 erachten die Pfändung einer Briefhypothek gegen den Eigentümer für nicht eintragungsfähig, wenn der Betrag der Eigentümerhypothek noch nicht feststeht. Wollen die Gläubiger des Eigentümers die Entstehung weiterer der Haftung durch die HBHypothek unterliegender Forderungen verhindern, so können sie das allenfalls auf dem Wege einer einstweiligen Verfügung oder eines Konkursantrags, nicht aber durch Pfändung der HBHypothek erreichen. RG. 51 S. 119.

10. Zur Sicherung des Anspruchs auf Einräumung einer HBHypothek kann eine Vormerkung eingetragen werden. Die Eintragung erfolgt auf Grund einer vom

Berechtigten erwirkten einstweiligen Verfügung oder der Bewilligung des Verpflichteten. RG. Gruch. 42 S. 729.

11. In der Zwangsversteigerung findet § 14 ZwVG. keine Anwendung, da die HBHypothek weder bedingt noch unbestimmt ist. Bei Feststellung des geringsten Gebotes (§§ 48, 50 Abs. 2 Nr. 1) ist der eingetragene Höchstbetrag zu berücksichtigen. Ist dies nicht geschehen, die HBHypothek aber zur Hebung gekommen, so ist der Höchstbetrag in den Verteilungsplan (§§ 119, 120 ZwVG.) einzustellen. Die Hypothek gebührt dem Gläubiger in Höhe des von ihm nachgewiesenen Betrages seiner Forderung, im übrigen dem Subhastaten. OLG. Dresden, ROLG. 4 S. 377. Fuchs S. 622 A. 14. Turn.-Först. I S. 839 A. 13. Lafrenz in Gruch. 46 S. 335.

12. Die Feststellung der Forderung ist Sache des Gläubigers und des persönlichen Schuldners. Soll aber die Feststellung für die Hypothek wirksam sein, so bedarf sie der Einigung des Gläubigers mit dem Eigentümer, der Eintragung im Grundbuche und der Zustimmung derjenigen, die ein Recht an der Hypothek haben, nicht auch der Zustimmung der im Range gleich- oder nachstehenden Berechtigten. §§ 877, 1186. Durch die Feststellung des Forderungsbetrages wird die HBHypothek zur gewöhnlichen Sicherungshypothek (RG. 49 S. 162) und ist als solche im Grundbuch zu vermerken. Bleibt der festgestellte Betrag unter dem eingetragenen Höchstbetrage, so steht in Höhe des Überschusses die Hypothek dem Eigentümer zu. Biermann S. 419 A. 5b.

13. Die Umwandlung der HBHypothek in eine gewöhnliche Hypothek kann nur erfolgen, wenn das Bestehen einer bestimmten Forderung nach Grund und Betrag seitens des Grundeigentümers, gleichviel ob er persönlicher Schuldner ist oder nicht, sei es durch seine rechtskräftige Verurteilung zur Anerkennung der Forderung, sei es durch freiwilliges Anerkenntnis dem Gläubiger gegenüber festgestellt ist. KG. 25 S. A 173; RJA. 3 S. 154. S. im übrigen § 1186.

14. Auf die Grundschuld findet § 1190 keine Anwendung. (HBHypothek des preußischen Rechtes: Anlage.)

2. Titel. Grundschuld. Rentenschuld.

I. Grundschuld.

*§ 1191.

Ein Grundstück kann in der Weise belastet werden, daß an denjenigen, zu dessen Gunsten die Belastung erfolgt, eine bestimmte Geldsumme aus dem Grundstücke zu zahlen ist (Grundschuld).

Die Belastung kann auch in der Weise erfolgen, daß Zinsen von der Geldsumme sowie andere Nebenleistungen aus dem Grundstücke zu entrichten sind.

P. Punschart, Der Grundschuldbegriff des deutschen Reichsrechtes, Graz 1900.

---

1. Begriff: S. 146 Nr. 3.

2. Entstehung. Die Grundschuld entsteht durch Einigung und Eintragung. § 873. Einigung fällt fort bei Bestellung der Eigentümergrundschuld. § 1196. Eine Bestimmung über die Ausgabe von Zinsquittungsscheinen (wie sie in § 30 des preuß. Eig.Ges. v. 1872 getroffen war), ist abgelehnt. M. 784. Doch werden bei Grundschuldbriefen auf den Inhaber Zinsscheine ausgegeben werden können. (Analogie des § 803. Dernburg § 246 Nr. 3 S. 682. AM. Biermann S. 421 A. 2). Eine persönliche Haftung des Eigentümers, für die während der Dauer seines Eigentums fällig

werdenden Zinsen besteht nicht; hierdurch unterscheidet sich die Grundschuld von der Reallast. § 1108. Der § 1137 des I. Entw. enthielt die Bestimmung: „Die Bestellung einer Grundschuld unter Beifügung einer Bedingung oder einer Zeitbestimmung ist unwirksam". Diese Bestimmung ist aber in 2. Lesung gestrichen. P. 4713.

Aus dem Grundsatz, daß für die Grundschuld das etwaige Vorhandensein einer persönlichen Forderung nicht in Betracht kommt, folgt, daß — abweichend von der Hypothek — bei der Eintragung der Grundschuld die Eintragung der Forderung ausgeschlossen ist und daß bei Erteilung eines Grundschuldbriefs die etwa vorhandene Schuldurkunde auch auf Antrag nicht angeheftet werden darf.

Die Grundschuld kann als Brief- oder Buchgrundschuld bestellt werden. Eine Sicherungsgrundschuld kennt das Gesetz nicht.

3. Auf die Zwangsvollstreckung in eine Grundschuld oder eine Rentenschuld finden die Vorschriften über die Zwangsvollstreckung in eine Forderung, für welche eine Hypothek besteht, entsprechende Anwendung. ZPO. § 857 Abs. 6. Die Vorschriften über den Nießbrauch und das Pfandrecht an einer Forderung gelten auch für den Nießbrauch an einer Grundschuld und an einer Rentenschuld. §§ 1080, 1291. Die Vorschriften des § 64 Abs. 1, 2 ZwVG. finden entsprechende Anwendung, wenn die Grundstücke mit einer und derselben Grundschuld oder Rentenschuld belastet sind. Abs. 3 a. a. O.

4. Übergangsbestimmung. Nach Art. 195 gilt die am 1. Januar 1900 bestehende Grundschuld von dieser Zeit an als Grundschuld des BGB. und die über sie erteilte Urkunde als Grundschuldbrief des BGB. Aus der Unterwerfung der bestehenden Grundschulden unter das neue Recht folgt, daß eine bestehende Grundschuld vom 1. Januar 1900 an nicht mehr mit einer Blankoabtretung versehen werden kann und daß derjenige, der eine Grundschuld vor dem 1. Januar 1900 durch Blankoabtretung erworben hat, diese nach dem genannten Tage nicht mehr mit seinem Namen ausfüllen darf, da dem BGB. beide Einrichtungen fremd sind. Habicht S. 480 A. 3. AM. Dernburg § 246 II S. 684. Fuchs S. 648 A. 5. Biermann S. 422 A. 1. Dem GBA muß der Nachweis der vor dem 1. Januar 1900 erfolgten Ausfüllung der Blankoabtretung durch öffentliche oder öffentlich beglaubigte Urkunden beigebracht werden. KG. Soergel 1900/1 S. 142. (Preußen: Anlage.)

§ 1192.

Auf die Grundschuld finden die Vorschriften über die Hypothek entsprechende Anwendung, soweit sich nicht daraus ein anderes ergibt, daß die Grundschuld nicht eine Forderung voraussetzt.

Für Zinsen der Grundschuld gelten die Vorschriften über die Zinsen einer Hypothekenforderung.

---

1. Abs. 1. Je nachdem es sich um eine Brief- oder um eine Buchgrundschuld handelt, sind die Vorschriften über die Brief- oder über die Buchhypothek anzuwenden. Ganz ausgeschlossen von der Anwendung auf die Grundschuld sind die §§ 416, 1115 Abs. 1 Halbs. 2, 1137—1139, 1143, 1153, 1161, 1163 Abs. 1 Satz 1, 1164—1166, 1174, 1177, 1180, 1184—1190, da sie auf der Voraussetzung einer persönlichen Forderung beruhen. Inwieweit die übrigen Vorschriften über die Hypothek auf die Grundschuld Anwendung finden, ist bei den betreffenden Bestimmungen (§§ 1113—1136, 1140—1142, 1144—1152, 1154—1160, 1162, 1163 Abs. 1 Satz 2, Abs. 2, 1168—1173, 1175, 1176, 1179, 1181—1183) erörtert.

2. Abs. 2. Für Zinsen der Grundschuld gelten, abgesehen von den allgemeinen Vorschriften über Zinsen (§§ 197, 201, 247, 248, 288 Abs. 2, 289) die §§ 1118, 1119,

1145 Abs. 2, 1146, 1158, 1159, 1177, 1178. Daneben kommen in Betracht die besonderen Vorschriften der §§ 1194, 1197 Abs. 2.

§ 1193.

Das Kapital der Grundschuld wird erst nach vorgängiger Kündigung fällig. Die Kündigung steht sowohl dem Eigentümer als dem Gläubiger zu. Die Kündigungsfrist beträgt sechs Monate.

Abweichende Bestimmungen sind zulässig.

§ 1194.

Die Zahlung des Kapitals sowie der Zinsen und anderen Nebenleistungen hat, soweit nicht ein anderes bestimmt ist, an dem Orte zu erfolgen, an dem das Grundbuchamt seinen Sitz hat.

1. Die Vorschriften über die Zeit und den Ort der Zahlung kommen nur insoweit zur Anwendung, als nicht die Beteiligten etwas anderes bestimmt haben. M. 789. Sollen diese Bestimmungen gegen Dritte Wirkung haben, so müssen sie im Grundbuch eingetragen sein, doch genügt die Bezugnahme auf die Eintragungsbewilligung. §§ 1115 Abs. 1, 1141 Abs. 2. P. 4714. Unter den Beteiligten selbst gelten diese Bestimmungen auch dann, wenn sie nur mündlich von ihnen vereinbart sind. Änderung: § 1119 Abs. 2. Verwandlung der Hypothek in eine Grundschuld: § 1177 Abs. 1.

2. Die Kündigung des Kapitals kann, wenn eine abweichende Bestimmung nicht getroffen ist, zu jeder Zeit erfolgen. „Bezüglich der Zinsen bedarf es keiner Vorschrift. In der Regel werden die Beteiligten in der Eintragungsbewilligung angeben, wann dieselben zu entrichten sind. Fehlt eine solche Angabe, so wird der gemäß § 1115 einzutragende Zinssatz, der regelmäßig für das Jahr und vom Hundert zu verstehen ist, auf jährliche Zahlungstermine schließen lassen." M. 789.

3. Als Zahlungsort ist der Sitz des GBA. deshalb gewählt, weil dort etwaige Anstände durch Einsicht des Grundbuchs leicht erledigt werden können und der Gläubiger stets Gelegenheit hat, die nach §§ 1145, 1192 erforderlichen Erklärungen abzugeben. M. 789. Daß die Zahlung vor dem GBA. selbst zu leisten sei, ist nicht vorgeschrieben. Der Eigentümer kann also auch in seiner Wohnung leisten, wenn diese am Sitze des GBA. liegt.

4. Die landesgesetzlichen Vorschriften, welche die Belastung eines Grundstücks mit einer unkündbaren Grundschuld untersagen oder die Ausschließung des Kündigungsrechts des Eigentümers zeitlich beschränken, bleiben unberührt Art. 117 Abs. 2. (Preußen: AG. z. BGB. Art. 89 Nr. 15, 22, 27, 29, 31, Art. 32 §§ 1, 2.)

*§ 1195.

Eine Grundschuld kann in der Weise bestellt werden, daß der Grundschuldbrief auf den Inhaber ausgestellt wird. Auf einen solchen Brief finden die Vorschriften über Schuldverschreibungen auf den Inhaber entsprechende Anwendung.

1. Die Bestellung der Inhabergrundschuld erfolgt durch Erklärung des Eigentümers gegenüber dem GBA. und Eintragung im Grundbuche. Als Gläubiger ist der Briefinhaber einzutragen. Die Ausschließung der Erteilung des

Grundschuldbriefs ist unzulässig. Die Statthaftigkeit der Bestellung eines Vertreters nach § 1189 erhellet aus § 43 GBO.

2. Der Grundschuldbrief auf den Inhaber darf nur mit staatlicher Genehmigung in den Verkehr gebracht werden. § 795. Vgl. hierzu § 1188 A. 2. Nach Dernburg § 246 Nr. 3b S. 681 findet § 795 auf den Inhabergrundschuldbrief keine Anwendung. (Preußen: Anlage.)

3. Zu dem Briefe können Zins- und Erneuerungsscheine ausgestellt werden. §§ 803—805. Die Ausstellung ist Sache des GBA.

4. Der Erwerb der Grundschuld bestimmt sich nach §§ 793, 794, nicht nach § 1117. Es bedarf also nicht der Übergabe des Briefes durch den Eigentümer. Der Eigentümer wird aus der Grundschuld auch dann verpflichtet, wenn der Brief ihm gestohlen worden oder verloren gegangen oder wenn er sonst ohne seinen Willen in den Verkehr gelangt ist. Auf die Wirksamkeit des Briefes ist es ohne Einfluß, wenn er ausgegeben wird, nachdem der Eigentümer gestorben oder geschäftsunfähig geworden ist.

5. Die Übertragung der Grundschuld erfolgt nach den Vorschriften für Inhaberpapiere, also durch Übergabe des Briefes, nicht nach §§ 1154, 1155. Für die Verpfändung gelten die Vorschriften über das Pfandrecht an beweglichen Sachen. §§ 1293, 1204—1206.

6. Die Zulässigkeit von Einwendungen gegen den Inhaber des Briefes regelt § 796. Die Anwendung des § 1157 ist ausgeschlossen. Biermann S. 424 A. 2. Fuchs S. 663 A. 9. Turn.-Först. I S. 878 A. 3d. Planck S. 640 A. 5.

7. Zahlung an den Inhaber des Briefes befreit den Eigentümer, auch wenn er weiß, daß dieser nicht der Gläubiger ist. Durch die gegen Zahlung erfolgende Aushändigung des Briefes erwirbt der Eigentümer das Eigentum am Briefe und damit die Grundschuld. § 797. Planck S. 641 A. 6. Zur Begründung seines Löschungsantrags genügt die Vorlegung des Briefes.

8. Es erfolgen die Erteilung eines neuen Briefes gegen Rückgabe des alten nach § 798 und GBO. §§ 67, 68, die Kraftloserklärung des Briefes nach § 799 und ZPO. § 1003 (Daude, Aufgebotsverfahren S. 150), die Ausschließung des unbekannten Gläubigers nach §§ 1170, 1171, 1188 Abs. 2, die Aufhebung der Grundschuld nach §§ 873, 1183 und GBO. §§ 69, 70. Zwangsvollstreckung: ZPO. §§ 808 ff.

9. Die Vorlegungsfrist der §§ 801, 802 gilt auch für Grundschuldbriefe auf den Inhaber. Mit dem Ablaufe der Vorlegungsfrist geht die Grundschuld auf den Eigentümer über. Die Verjährung des § 801 ist gemäß § 902 ausgeschlossen. Biermann S. 424 A. 2e. Turn.-Först. I S. 878 A. 3b. AM. Fuchs S. 662 A. 7.

10. Die Umschreibung der Grundschuld auf den Namen eines bestimmten Berechtigten ist zulässig § 806. Sie erfordert nach § 877 die Einigung des Eigentümers mit dem Inhaber des Briefes und die Eintragung in das Grundbuch. Die Änderung ist vom GBA. auf dem Briefe zu vermerken. GBO. § 62. Die Außerkurssetzung von Grundschuldbriefen auf den Inhaber findet nach dem 1. Januar 1900 nicht mehr statt. Eine vorher erfolgte Außerkurssetzung hat ihre Wirkung verloren. Art. 176.

11. Die Unterschrift unter den Grundschuldbrief auf den Inhaber kann gemäß § 793 Abs. 2 Satz 2 im Wege mechanischer Vervielfältigung hergestellt werden. Dsch. z. GBO. S. 67. Turn.-Först. I S. 878 A. 4. AM. Fuchs S. 660 A. 2.

12. Die Regel des § 42 GBO., wonach bei einer Hypothek rc., über die ein Brief erteilt ist, eine Eintragung nur erfolgen soll, wenn der Brief vorgelegt wird, gilt für die Inhabergrundschuld ohne die in § 42 Abs. 1 Satz 2 vorgesehene Ausnahme. Nur dann bedarf es der Vorlegung des Briefes nicht, wenn der Eintragungsantrag durch die Bewilligung eines nach § 1189 BGB. bestellten Vertreters oder durch eine gegen ihn erlassene gerichtliche Entscheidung begründet wird. GBO. § 43 Satz 2.

§ 1196.

Eine Grundschuld kann auch für den Eigentümer bestellt werden.

Zu der Bestellung ist die Erklärung des Eigentümers gegenüber dem Grundbuchamte, daß die Grundschuld für ihn in das Grundbuch eingetragen werden soll, und die Eintragung erforderlich; die Vorschrift des § 878 findet Anwendung.

1. Eigentümergrundschuld. Die Erklärung ihrer Bestellung ist formfrei gültig. Beglaubigung der Erklärung (GBO. § 29) begründet ihre Unwiderruflichkeit (§§ 875, 876) und ist Voraussetzung der Eintragung. Wirksam wird die Bestellung, wenn Erklärung und Eintragung, gleichviel in welcher Reihenfolge (Planck S. 643 A. 2 a), zusammentreffen. Über die Eigentümergrundschuld wird der Regel nach ein Brief erteilt. Zur Ausschließung der Erteilung des Briefes sowohl wie zur Aufhebung der Ausschließung (§ 1116 Abs. 2, 3) genügt die Erklärung des Eigentümers. Biermann S. 425. Planck S. 643 A. 2.

2. Eine Eigentümerhypothek kann nur durch Gesetz, nicht durch eine rechtsgeschäftliche Erklärung des Eigentümers entstehen. Auch die Umwandlung der Eigentümergrundschuld in eine Eigentümerhypothek durch bloße Erklärung des Eigentümers ist ausgeschlossen, da der Eigentümer eine Forderung nicht gegen sich selbst begründen kann. Allerdings kann der Eigentümer durch einseitige Erklärung eine Eigentümergrundschuld in eine Hypothek umwandeln, aber nicht für sich selbst, sondern nur zugunsten eines Dritten behufs Sicherung einer diesem zustehenden Forderung, deren Bestehen anerkannt werden muß. RG. 25 S. A 299.

§ 1197.

Ist der Eigentümer der Gläubiger, so kann er nicht die Zwangsvollstreckung zum Zwecke seiner Befriedigung betreiben.

Zinsen gebühren dem Eigentümer nur, wenn das Grundstück auf Antrag eines anderen zum Zwecke der Zwangsverwaltung in Beschlag genommen ist, und nur für die Dauer der Zwangsverwaltung.

Die Vorschrift bezieht sich auf alle Fälle der Eigentümergrundschuld. Sie bezeichnet nur die Befugnisse, die dem Eigentümer als Grundschuldgläubiger entzogen sind. Abgesehen von diesen Beschränkungen stehen dem Eigentümer alle Rechte eines Grundschuldgläubigers zu. M. 794. An Zinsen gebühren ihm nur diejenigen, die von der Zeit der Beschlagnahme an laufen und nur für die Dauer der Zwangsverwaltung. Im Falle der Zwangsversteigerung kann er Zinsen überhaupt nicht liquidieren. Hat er an seiner Grundschuld einen Nießbrauch bestellt, so stehen dem Nießbraucher Zinsen ebensowenig zu, wie dem Eigentümer selbst. Ist aber der Nießbrauch an einer Gläubigergrundschuld bestellt, so wird der Anspruch des Nießbrauchers auf die Zinsen dadurch, daß der Besteller des Nießbrauchs das Grundstück oder der Grundeigentümer die Grundschuld erwirbt, nicht berührt. Biermann S. 426. Wird die Vereinigung des Gläubigerrechts und des Eigentums in derselben Person aufgehoben, so fallen die Beschränkungen des § 1197 fort und leben die Gläubigerrechte voll auf.

§ 1198.

Eine Hypothek kann in eine Grundschuld, eine Grundschuld kann in eine Hypothek umgewandelt werden. Die Zustimmung der im Range gleich- oder nachstehenden Berechtigten ist nicht erforderlich.

1. Erfordernisse der Umwandlung: § 1186 A. 2, 3.

2. Die formlose Vereinbarung der Umwandlung einer Grundschuld in eine Hypothek begründet die obligatorische Verbindlichkeit der beiden vertragschließenden Teile, die Vereinbarung durch Abgabe der zur Eintragung der Umwandlung erforderlichen Erklärungen zu erfüllen; insbesondere ist der Eigentümer verpflichtet, die Haftung des Pfandgrundstücks für die der Grundschuld untergelegte Forderung gegen sich gelten zu lassen. RG. 50 S. 77. Turn.-Först. I S. 883 A. 7.

3. Verfahren beim GBA. a, Umwandlung der Briefhypothek in eine Briefgrundschuld: GBO. § 65 Abs. 1. Wird ein neuer Brief beantragt, so erfolgt seine Erteilung nach §§ 68, 69 GBO. b, Umwandlung einer Briefgrundschuld in eine Briefhypothek. Es genügt die Eintragung der Umwandlung auf dem Grundschuldbrief. Wird eine Schuldurkunde ausgestellt, so bedarf es der Erteilung eines neuen Briefes. Biermann S. 426. AM. (Verbindung mit dem alten Briefe) Turn.-Först. I S. 882. c, Umwandlung einer Briefgrundschuld in eine Buchhypothek oder einer Briefhypothek in eine Buchgrundschuld: § 1116 Abs. 2, 3. GBO. § 69. d, Umwandlung einer Buchhypothek in eine Briefgrundschuld oder einer Buchgrundschuld in eine Briefhypothek: § 1116 Abs. 2, 3. GBO. §§ 56—59, 70.

4. Wirkungen der Umwandlung. Das umgewandelte Recht besteht fortan (ex nunc) in der Form, in die umgewandelt ist. Die bestehenden rechtsgeschäftlichen Normen über Kündigung, Verzinslichkeit und Zinssatz bleiben unberührt, falls hierüber bei der Umwandlung neue Bestimmungen nicht getroffen sind. M. 795. Darüber, daß bei der Umwandlung die Erhöhung des Zinssatzes bis zu 5 v. H. vorgenommen werden könne, waltete in 2. Lesung Einverständnis ob. P. 4669. Zur Vereinbarung anderweiter abweichender Bedingungen ist, wenn sie eine Mehrbelastung des Grundstücks zur Folge haben, die Zustimmung der gleich- oder nachstehenden Berechtigten erforderlich. Sind Rückzahlungsbedingungen überhaupt nicht vereinbart, so sind für die Zeit und den Ort der Rückzahlung die für das umgewandelte Recht geltenden Vorschriften maßgebend. Planck S. 646 A. 3. Über das Fortbestehen der Forderung entscheidet die Bestimmung der Beteiligten. „Die Forderung erlischt nicht notwendig mit der Umwandlung, zB. dann nicht, wenn die Grundschuld nur dazu dienen soll, die Zahlung an den Gläubiger zu vermitteln.“ M. 796.

Ist das umgewandelte Recht nichtig, so ist die Umwandlung regelmäßig wirkungslos; doch kann unter Umständen in ihr eine Bestätigung im Sinne und mit den Wirkungen des § 141 enthalten sein. Ist die Umwandlung selbst nichtig, so bleibt das bisherige Recht bestehen. Fuchs S. 671 A. 8.

5. Umwandlung einer Sicherungshypothek: § 1186, einer Rentenschuld: § 1203.

II. Rentenschuld.

§ 1199.

Eine Grundschuld kann in der Weise bestellt werden, daß in regelmäßig wiederkehrenden Terminen ein bestimmte Geldsumme aus dem Grundstücke zu zahlen ist (Rentenschuld).

Bei der Bestellung der Rentenschuld muß der Betrag bestimmt werden, durch dessen Zahlung die Rentenschuld abgelöst werden kann. Die Ablösungssumme muß im Grundbuch angegeben werden.

---

1. Die Rentenschuld (S. 147 A. 6) ist eine Unterart der Grundschuld. Es finden daher auf sie die für die Grundschuld geltenden Vorschriften Anwendung, soweit sich nicht aus den besonderen Bestimmungen über die Rentenschuld ein anderes

ergibt. Von der Reallast, durch die gleichfalls einem Grundstück feste Geldrenten auferlegt werden können (§§ 1105 ff.), unterscheidet sich die Rentenschuld in folgenden Punkten. a, Bei der Reallast haftet der Eigentümer für die während der Dauer seines Eigentums fälligwerdenden Beträge auch persönlich, soweit nicht ein anderes bestimmt ist (§ 1108); bei der Rentenschuld haftet er nur mit dem Grundstücke. §§ 1199, 1191. b, Bei der Rentenschuld gelten die Vorschriften der Hypothek, soweit sich nichts anderes daraus ergibt, daß die Rentenschuld nicht eine Forderung voraussetzt (§§ 1199, 1192); die Reallast wird durch die besonderen Bestimmungen der §§ 1105—1112 geregelt. c, Bei Bestellung der Rentenschuld muß die Ablösungssumme bestimmt und im Grundbuche angegeben werden (§ 1199 Abs. 2); für die Reallast gilt dies nicht. d, Eine Rentenschuld kann in eine Grundschuld, eine Grundschuld kann in eine Rentenschuld umgewandelt werden (§ 1203), eine Umwandlung der Reallast gibt es nicht. e, Ablösung der Rentenschuld führt zur Sukzession des Eigentümers (§ 1200 Abs. 1); Ablösung der Reallast kann nur die Löschung begründen. f, Für die Rentenschuld ist, wenn dies nicht ausgeschlossen wird, ein Rentenschuldbrief zu erteilen (§§ 1116, 1192, 1195, 1199); die Bildung einer Urkunde über die Eintragung der Reallast ist ausgeschlossen. g, Gegenstand der Rentenschuld kann nur sein eine bestimmte Geldsumme (§ 1191 Abs. 1); Gegenstand der Reallast können auch andere vertretbare Sachen sein. § 1105. h, Bei der Rentenschuld ist die Rente in regelmäßig wiederkehrenden Terminen zu zahlen (§ 1199 Abs. 1); für die Reallast ist nur die Entrichtung wiederkehrender Leistungen vorgeschrieben. § 1105. Daß an jedem Termine die gleiche Geldsumme gezahlt wird, ist weder bei der Rentenschuld noch bei der Reallast erforderlich. i, Als Gläubiger der Rentenschuld kann nur eine bestimmte physische oder juristische Person angegeben werden (§ 1115); die Reallast kann auch zugunsten des jeweiligen Eigentümers eines anderen Grundstücks bestellt werden. § 1105 Abs. 2. k, Bei der Zwangsversteigerung des Grundstücks hat der Rentenschuldgläubiger ein Recht auf Zahlung der Ablösungssumme, der Reallastgläubiger ein Recht auf Zahlung einer Rente. ZwVG. § 92.

2. Bestellung. Wie die Grundschuld kann auch die Rentenschuld sowohl als Brief- wie als Buchrentenschuld, auch für den Inhaber des Briefes und für den Eigentümer bestellt werden. Die Bestellung erfordert Einigung des Eigentümers mit dem Gläubiger und Eintragung. § 873. Die Einigung muß umfassen den Betrag der Rente, die Zahlungstermine und die Bestimmung der Ablösungssumme. Eine Rentenschuld, bei welcher durch die Rente ganz oder zum Teil die Ablösungssumme getilgt werden soll, ist unzulässig und nicht eintragungsfähig, da durch sie im Widerspruch mit § 1201 Abs. 2 dem Gläubiger ein Recht auf die Ablösungssumme gewährt werden würde. KG. 20 S. A 212. Die verschiedene Bestimmung des Betrages der Ablösungssumme für den Fall der früheren oder späteren Ablösung ist ausgeschlossen. KG. 20 S. A 212. Turn.-Först. I S. 885 A. 4, 887 A. 2. AM. Kretzschmar I S. 431. Die gesetzliche Begrenzung der Höhe der Ablösungssumme ist abgelehnt. P. 4858. Die Ablösungssumme muß im Grundbuch eingetragen und auf dem Rentenschuldbrief vermerkt werden. GBO. § 70. Ist die Festsetzung der Ablösungssumme unterblieben, so ist eine Rentenschuld nicht vorhanden. Die Belastung kann aber als eine nach Landesrecht ablösbare (Art. 113, 115) Reallast, bei welcher der Eigentümer nicht persönlich haftet (§ 1108 Abs. 1) aufrecht erhalten werden. Biermann S. 428 A. 2. Turn.-Först. I S. 885 A. 4. AM. Planck S. 647 A. 3. Fuchs S. 677 A. 7.

3. Übergangsbestimmung. Bestehende Rentenschulden bleiben mit ihrem bisherigen Inhalt und Rang bestehen. Art. 184. Ihre Umwandlung in eine Rentenschuld des BGB. tritt nicht ohne weiteres ein, kann aber auf Grund des Art. 218 durch Landesgesetz angeordnet werden. Biermann S. 427 A. 2.

§ 1200.

Auf die einzelnen Leistungen finden die für Hypothekenzinsen, auf die Ablösungssumme finden die für ein Grundschuldkapital geltenden Vorschriften entsprechende Anwendung.

Die Zahlung der Ablösungssumme an den Gläubiger hat die gleiche Wirkung wie die Zahlung des Kapitals einer Grundschuld.

---

1. Abs. 1. Die anwendbaren Vorschriften enthalten die §§ 197, 201, 247, 248, 289, 902 Abs. 1 Satz 2, 1119, 1145 Abs. 2, 1158, 1159, 1160 Abs. 3, 1178, 1197.

2. Abs. 2. Durch die Zahlung der Ablösungssumme an den Gläubiger erwirbt der Eigentümer die Rentenschuld als solche, also einschließlich des Rechtes auf die Renten, nicht bloß eine Grundschuld in Höhe der Ablösungssumme. Turn.-Förſt. I S. 886 A. 2. Boehm S. 314 II. Oberneck S. 745. Planck S. 649. Fuchs S. 679 A. 12b. Biermann S. 428. Die entsprechende Anwendung der für ein Grundschuldkapital geltenden Vorschriften führt zu der Annahme, daß die Rentenschuld auch in den anderen Fällen, in denen sie dem Eigentümer zusteht (§§ 1163 Abs. 2, 1168), den gleichen Grundsätzen unterworfen ist. Überträgt der Eigentümer die ihm angefallene Rentenschuld ohne Umwandlung (§ 1203) weiter, so hat der neue Gläubiger das ursprüngliche Rentenschuldrecht.

Für die Übertragung der Rentenschuld gelten, je nachdem eine Buch- oder eine Briefschuld vorliegt, die §§ 1154, 1155. Ist der Rentenschuldbrief auf den Inhaber gestellt, so findet § 1195 Anwendung.

§ 1201.

Das Recht zur Ablösung steht dem Eigentümer zu.

Dem Gläubiger kann das Recht, die Ablösung zu verlangen, nicht eingeräumt werden. Im Falle des § 1133 Satz 2 ist der Gläubiger berechtigt, die Zahlung der Ablösungssumme aus dem Grundstücke zu verlangen.

---

1. Eine Kündigung von seiten des Gläubigers ist ausgeschlossen. Auch durch Vertrag kann ihm das Recht, die Ablösung der Rente zu verlangen, nicht eingeräumt werden. Ausbleiben der Zahlung der Rente berechtigt den Gläubiger zwar die Zwangsversteigerung des Grundstücks zum Zwecke seiner Befriedigung durch Zahlung der Ablösungssumme (ZwVG. §§ 92, 158) zu erwirken, gibt ihm aber kein Kündigungsrecht. P. 4854 f. Nur im Falle des § 1133 Satz 2 (Gefährdung der Rentenschuld, d. h. der Rente, nicht der Ablösungssumme [Boehm S. 315, Biermann S. 429, Turn.-Förſt. I S. 887 A. 3, Planck S. 650 A. 2, Fuchs S. 681 A. 1 a] durch Verschlechterung des Grundstücks) kann der Gläubiger die Zahlung der Ablösungssumme aus dem Grundstücke sofort verlangen. Vereinbarungen, durch die dem Gläubiger für andere Fälle das Kündigungsrecht eingeräumt wird, sind nichtig und ziehen gemäß § 139 die Nichtigkeit des ganzen Rechtsgeschäfts nach sich, wenn nicht anzunehmen ist, daß es auch ohne den nichtigen Teil vorgenommen sein würde. (Preußen: Enteignungsgesetz v. 11. Juni 1874 § 45.)

2. Dem Eigentümer ist das Recht zur Ablösung eingeräumt. Beschränkungen dieses Rechtes sind nur nach Maßgabe des § 1202 zulässig; die Ausschließung des Ablösungsrechts durch Vertrag ist nicht gestattet.

§ 1202.

Der Eigentümer kann das Ablösungsrecht erst nach vorgängiger Kündigung ausüben. Die Kündigungsfrist beträgt sechs Monate, wenn nicht ein anderes bestimmt ist.

Eine Beschränkung des Kündigungsrechts ist nur soweit zulässig, daß der Eigentümer nach dreißig Jahren unter Einhaltung der sechsmonatigen Frist kündigen kann.

Hat der Eigentümer gekündigt, so kann der Gläubiger nach dem Ablaufe der Kündigungsfrist die Zahlung der Ablösungssumme aus dem Grundstücke verlangen.

---

1. Ohne Kündigung kann der Eigentümer das Ablösungsrecht überhaupt nicht ausüben. Die Kündigungsfrist unterliegt der Vereinbarung der Parteien. Ist eine Vereinbarung nicht getroffen, so tritt die gesetzliche Kündigungsfrist von sechs Monaten ein. Zeitliche Ausschließung des Kündigungsrechts ist gestattet. Die Ausschließung darf aber den Zeitraum von 30 Jahren nicht überschreiten. Die Frist beginnt mit der Begründung der Rentenschuld. Nach Ablauf dieser Frist unter Hinzurechnung der gesetzlichen sechsmonatigen Kündigungsfrist, also nach $30^1/_2$ Jahr kann der Eigentümer unter allen Umständen das Ablösungsrecht ausüben; eine etwa vereinbarte längere Kündigungsfrist muß in solchem Falle unbeachtet bleiben.

Gegen den neuen Eigentümer des Grundstücks ist die Beschränkung des Kündigungsrechts nur dann wirksam, wenn sie aus dem Grundbuche ersichtlich ist oder dem neuen Eigentümer beim Erwerbe des Grundstücks bekannt war. § 892 Abs. 1 Satz 2.

2. Der Gläubiger kann nach Ablauf der Kündigungsfrist Zahlung der Ablösungssumme aus dem Grundstücke verlangen. Diese Befugnis wird ihm auch dann nicht zu versagen sein, wenn er eine vorzeitige Kündigung des Eigentümers widerspruchslos angenommen hat. Turn.-Först. I S. 888 A. 3.

3. Unberührt bleiben die landesgesetzlichen Vorschriften, welche die Ausschließung des Kündigungsrechts des Eigentümers bei Rentenschulden nur für eine kürzere Zeit als 30 Jahre zulassen. Art. 117 Abs. 2. (Preußen: AG. z. BGB. Art. 32.)

§ 1203.

Eine Rentenschuld kann in eine gewöhnliche Grundschuld, eine gewöhnliche Grundschuld kann in eine Rentenschuld umgewandelt werden. Die Zustimmung der im Range gleich- oder nachstehenden Berechtigten ist nicht erforderlich.

---

1. Voraussetzungen der Umwandlung: § 1186 A. 2, 3. Die Erhöhung der Rente zu einem Zins bis zu 5 v. H. des Grundschuldkapitals ist ohne weiteres zulässig. § 1119. Ebenso die Herabsetzung des Grundschuldkapitals unter den Betrag der Ablösungssumme. Soll aber das Grundschuldkapital höher sein als die Ablösungssumme, so ist die Zustimmung der im Range gleich- oder nachstehenden Berechtigten erforderlich (Turn.-Först. I S. 889 A. 1, Planck S. 651 A. 2, Fuchs S. 683 A. 2), es sei denn, daß die Zinsen niedriger sind, als die Rente und die Belastung des Grundstücks im ganzen die gleiche bleibt.

2. Eine Rentenschuld kann auch in eine Hypothek oder in eine Sicherungshypothek umgewandelt werden. §§ 1186, 1198.

9. Abschnitt. Pfandrecht an beweglichen Sachen und an Rechten.

1. Titel. Pfandrecht an beweglichen Sachen.

§ 1204. Eine bewegliche Sache kann zur Sicherung einer Forderung in der Weise belastet werden, daß der Gläubiger berechtigt ist, Befriedigung aus der Sache zu suchen (Pfandrecht).

Das Pfandrecht kann auch für eine künftige oder eine bedingte Forderung bestellt werden.

§ 1205. Zur Bestellung des Pfandrechts ist erforderlich, daß der Eigentümer die Sache dem Gläubiger übergibt und beide darüber einig sind, daß dem Gläubiger das Pfandrecht zustehen soll. Ist der Gläubiger im Besitze der Sache, so genügt die Einigung über die Entstehung des Pfandrechts.

Die Übergabe einer im mittelbaren Besitze des Eigentümers befindlichen Sache kann dadurch ersetzt werden, daß der Eigentümer den mittelbaren Besitz auf den Pfandgläubiger überträgt und die Verpfändung dem Besitzer anzeigt.

§ 1206. An Stelle der Übergabe der Sache genügt die Einräumung des Mitbesitzes, wenn sich die Sache unter dem Mitverschlusse des Gläubigers befindet oder, falls sie im Besitz eines Dritten ist, die Herausgabe nur an den Eigentümer und den Gläubiger gemeinschaftlich erfolgen kann.

§ 1207. Gehört die Sache nicht dem Verpfänder, so finden auf die Verpfändung die für den Erwerb des Eigentums geltenden Vorschriften der §§ 932, 934, 935 entsprechende Anwendung.

§ 1208. Ist die Sache mit dem Rechte eines Dritten belastet, so geht das Pfandrecht dem Rechte vor, es sei denn, daß der Pfandgläubiger zur Zeit des Erwerbes des Pfandrechts in Ansehung des Rechtes nicht in gutem Glauben ist. Die Vorschriften des § 932 Abs. 1 Satz 2, des § 935 und des § 936 Abs. 3 finden entsprechende Anwendung.

§ 1209. Für den Rang des Pfandrechts ist die Zeit der Bestellung auch dann maßgebend, wenn es für eine künftige oder eine bedingte Forderung bestellt ist.

§ 1210. Das Pfand haftet für die Forderung in deren jeweiligem Bestand, insbesondere auch für Zinsen und Vertragsstrafen. Ist der persönliche Schuldner nicht der Eigentümer des Pfandes, so wird durch ein Rechtsgeschäft, das der Schuldner nach der Verpfändung vornimmt, die Haftung nicht erweitert.

Das Pfand haftet für die Ansprüche des Pfandgläubigers auf Ersatz von Verwendungen, für die dem Pfandgläubiger zu ersetzenden Kosten der Kündigung und der Rechtsverfolgung sowie für die Kosten des Pfandverkaufs.

§ 1211. Der Verpfänder kann dem Pfandgläubiger gegenüber die dem persönlichen Schuldner gegen die Forderung sowie die nach § 770 einem Bürgen zustehenden Einreden geltend machen. Stirbt der persönliche Schuldner, so kann sich der Verpfänder nicht darauf berufen, daß der Erbe für die Schuld nur beschränkt haftet.

Ist der Verpfänder nicht der persönliche Schuldner, so verliert er eine Einrede nicht dadurch, daß dieser auf sie verzichtet.

§ 1212. Das Pfandrecht erstreckt sich auf die Erzeugnisse, die von dem Pfande getrennt werden.

§ 1213. Das Pfandrecht kann in der Weise bestellt werden, daß der Pfandgläubiger berechtigt ist, die Nutzungen des Pfandes zu ziehen.

Ist eine von Natur fruchttragende Sache dem Pfandgläubiger zum Alleinbesitz übergeben, so ist im Zweifel anzunehmen, daß der Pfandgläubiger zum Fruchtbezuge berechtigt sein soll.

§ 1214. Steht dem Pfandgläubiger das Recht zu, die Nutzungen zu ziehen, so ist er verpflichtet, für die Gewinnung der Nutzungen zu sorgen und Rechenschaft abzulegen.

Der Reinertrag der Nutzungen wird auf die geschuldete Leistung und, wenn Kosten und Zinsen zu entrichten sind, zunächst auf diese angerechnet.

Abweichende Bestimmungen sind zulässig.

§ 1215. Der Pfandgläubiger ist zur Verwahrung des Pfandes verpflichtet.

§ 1216. Macht der Pfandgläubiger Verwendungen auf das Pfand, so bestimmt sich die Ersatzpflicht des Verpfänders nach den Vorschriften über die Geschäftsführung ohne Auftrag. Der Pfandgläubiger ist berechtigt, eine Einrichtung, mit der er das Pfand versehen hat, wegzunehmen.

§ 1217. Verletzt der Pfandgläubiger die Rechte des Verpfänders in erheblichem Maße und setzt er das verletzende Verhalten ungeachtet einer Abmahnung des Verpfänders fort, so kann der Verpfänder verlangen, daß das Pfand auf Kosten des Pfandgläubigers hinterlegt oder, wenn es sich nicht zur Hinterlegung eignet, an einen gerichtlich zu bestellenden Verwahrer abgeliefert wird.

Statt der Hinterlegung oder der Ablieferung der Sache an einen Verwahrer kann der Verpfänder die Rückgabe des Pfandes gegen Befriedigung des Gläubigers verlangen. Ist die Forderung unverzinslich und noch nicht fällig, so gebührt dem Pfandgläubiger nur die Summe, welche mit Hinzurechnung der gesetzlichen Zinsen für die Zeit von der Zahlung bis zur Fälligkeit dem Betrage der Forderung gleichkommt.

§ 1218. Ist der Verderb des Pfandes oder eine wesentliche Minderung des Wertes zu besorgen, so kann der Verpfänder die Rückgabe des Pfandes gegen anderweitige Sicherheitsleistung verlangen; die Sicherheitsleistung durch Bürgen ist ausgeschlossen.

Der Pfandgläubiger hat dem Verpfänder von dem drohenden Verderb unverzüglich Anzeige zu machen, sofern nicht die Anzeige untunlich ist.

§ 1219. Wird durch den drohenden Verderb des Pfandes oder durch eine zu besorgende wesentliche Minderung des Wertes die Sicherheit des Pfandgläubigers gefährdet, so kann dieser das Pfand öffentlich versteigern lassen.

Der Erlös tritt an die Stelle des Pfandes. Auf Verlangen des Verpfänders ist der Erlös zu hinterlegen.

§ 1220. Die Versteigerung des Pfandes ist erst zulässig, nachdem sie dem Verpfänder angedroht worden ist; die Androhung darf unterbleiben, wenn das Pfand dem Verderb ausgesetzt und mit dem Aufschube der Versteigerung Gefahr verbunden ist. Im Falle der Wertminderung ist außer der Androhung erforderlich, daß der Pfandgläubiger dem Verpfänder zur Leistung anderweitiger Sicherheit eine angemessene Frist bestimmt hat und diese verstrichen ist.

Der Pfandgläubiger hat den Verpfänder von der Versteigerung unverzüglich zu benachrichtigen; im Falle der Unterlassung ist er zum Schadensersatze verpflichtet.

Die Androhung, die Fristbestimmung und die Benachrichtigung dürfen unterbleiben, wenn sie untunlich sind.

§ 1221. Hat das Pfand einen Börsen- oder Marktpreis, so kann der Pfandgläubiger den Verkauf aus freier Hand durch einen zu solchen Verkäufen öffentlich ermächtigten Handelsmäkler oder durch eine zur öffentlichen Versteigerung befugte Person zum laufenden Preise bewirken.

§ 1222. Besteht das Pfandrecht an mehreren Sachen, so haftet jede für die ganze Forderung.

§ 1223. Der Pfandgläubiger ist verpflichtet, das Pfand nach dem Erlöschen des Pfandrechts dem Verpfänder zurückzugeben.

Der Verpfänder kann die Rückgabe des Pfandes gegen Befriedigung des Pfandgläubigers verlangen, sobald der Schuldner zur Leistung berechtigt ist.

§ 1224. Die Befriedigung des Pfandgläubigers durch den Verpfänder kann auch durch Hinterlegung oder durch Aufrechnung erfolgen.

§ 1225. Ist der Verpfänder nicht der persönliche Schuldner, so geht, soweit er den Pfandgläubiger befriedigt, die Forderung auf ihn über. Die für einen Bürgen geltenden Vorschriften des § 774 finden entsprechende Anwendung.

§ 1226. Die Ersatzansprüche des Verpfänders wegen Veränderungen oder Verschlechterungen des Pfandes sowie die Ansprüche des Pfandgläubigers auf Ersatz von Verwendungen oder auf Gestattung der Wegnahme einer Einrichtung verjähren in sechs Monaten. Die Vorschriften des § 558 Abs. 2, 3 finden entsprechende Anwendung.

§ 1227. Wird das Recht des Pfandgläubigers beeinträchtigt, so finden auf die Ansprüche des Pfandgläubigers die für die Ansprüche aus dem Eigentume geltenden Vorschriften entsprechende Anwendung.

§ 1228. Die Befriedigung des Pfandgläubigers aus dem Pfande erfolgt durch Verkauf.

Der Pfandgläubiger ist zum Verkaufe berechtigt, sobald die Forderung ganz oder zum Teil fällig ist. Besteht der geschuldete Gegenstand nicht in Geld, so ist der Verkauf erst zulässig, wenn die Forderung in eine Geldforderung übergegangen ist.

§ 1229. Eine vor dem Eintritte der Verkaufsberechtigung getroffene Vereinbarung, nach welcher dem Pfandgläubiger, falls er nicht oder nicht rechtzeitig befriedigt wird, das Eigentum an der Sache zufallen oder übertragen werden soll, ist nichtig.

§ 1230. Unter mehreren Pfändern kann der Pfandgläubiger, soweit nicht ein anderes bestimmt ist, diejenigen auswählen, welche verkauft werden sollen. Er kann nur so viele Pfänder zum Verkauf bringen, als zu seiner Befriedigung erforderlich sind.

§ 1231. Ist der Pfandgläubiger nicht im Alleinbesitze des Pfandes, so kann er nach dem Eintritte der Verkaufsberechtigung die Herausgabe des Pfandes zum Zwecke des Verkaufs fordern. Auf Verlangen des Verpfänders hat an Stelle der Herausgabe die Ablieferung an einen gemeinschaftlichen Verwahrer zu erfolgen; der Verwahrer hat sich bei der Ablieferung zu verpflichten, das Pfand zum Verkaufe bereitzustellen.

§ 1232. Der Pfandgläubiger ist nicht verpflichtet, einem ihm im Range nachstehenden Pfandgläubiger das Pfand zum Zwecke des Verkaufs herauszugeben. Ist er nicht im Besitze des Pfandes, so kann er, sofern er nicht selbst den Verkauf betreibt, dem Verkaufe durch einen nachstehenden Pfandgläubiger nicht widersprechen.

§ 1233. Der Verkauf des Pfandes ist nach den Vorschriften der §§ 1234—1240 zu bewirken.

Hat der Pfandgläubiger für sein Recht zum Verkauf einen vollstreckbaren Titel gegen den Eigentümer erlangt, so kann er den Verkauf auch nach den für den Verkauf einer gepfändeten Sache geltenden Vorschriften bewirken lassen.

§ 1234. Der Pfandgläubiger hat dem Eigentümer den Verkauf vorher anzudrohen und dabei den Geldbetrag zu bezeichnen, wegen dessen der Verkauf stattfinden soll. Die Androhung kann erst nach dem Eintritte der Verkaufsberechtigung erfolgen; sie darf unterbleiben, wenn sie untunlich ist.

Der Verkauf darf nicht vor dem Ablauf eines Monats nach der Androhung erfolgen. Ist die Androhung untunlich, so wird der Monat von dem Eintritte der Verkaufsberechtigung an berechnet.

§ 1235. Der Verkauf des Pfandes ist im Wege öffentlicher Versteigerung zu bewirken.

Hat das Pfand einen Börsen- oder Marktpreis, so findet die Vorschrift des § 1221 Anwendung.

§ 1236. Die Versteigerung hat an dem Orte zu erfolgen, an dem das Pfand aufbewahrt wird. Ist von einer Versteigerung an dem Aufbewahrungsort ein angemessener Erfolg nicht zu erwarten, so ist das Pfand an einem geeigneten anderen Orte zu versteigern.

§ 1237. Zeit und Ort der Versteigerung sind unter allgemeiner Bezeichnung des Pfandes öffentlich bekannt zu machen. Der Eigentümer und Dritte, denen Rechte an dem Pfande zustehen, sind besonders zu benachrichtigen; die Benachrichtigung darf unterbleiben, wenn sie untunlich ist.

§ 1238. Das Pfand darf nur mit der Bestimmung verkauft werden, daß der Käufer den Kaufpreis sofort bar zu entrichten hat und seiner Rechte verlustig sein soll, wenn dies nicht geschieht.

Erfolgt der Verkauf ohne diese Bestimmung, so ist der Kaufpreis als von dem Pfandgläubiger empfangen anzusehen; die Rechte des Pfandgläubigers gegen den Ersteher bleiben unberührt. Unterbleibt die sofortige Entrichtung des Kaufpreises, so gilt das gleiche, wenn nicht vor dem Schlusse des Versteigerungstermins von dem Vorbehalte der Rechtsverwirkung Gebrauch gemacht wird.

§ 1239. Der Pfandgläubiger und der Eigentümer können bei der Versteigerung mitbieten. Erhält der Pfandgläubiger den Zuschlag, so ist der Kaufpreis als von ihm empfangen anzusehen.

Das Gebot des Eigentümers darf zurückgewiesen werden, wenn nicht der Betrag bar erlegt wird. Das gleiche gilt von dem Gebote des Schuldners, wenn das Pfand für eine fremde Schuld haftet.

§ **1240.** Gold- und Silbersachen dürfen nicht unter dem Gold- oder Silberwerte zugeschlagen werden.

Wird ein genügendes Gebot nicht abgegeben, so kann der Verkauf durch eine zur öffentlichen Versteigerung befugte Person aus freier Hand zu einem den Gold- oder Silberwert erreichenden Preise erfolgen.

§ **1241.** Der Pfandgläubiger hat den Eigentümer von dem Verkaufe des Pfandes und dem Ergebnis unverzüglich zu benachrichtigen, sofern nicht die Benachrichtigung untunlich ist.

§ **1242.** Durch die rechtmäßige Veräußerung des Pfandes erlangt der Erwerber die gleichen Rechte, wie wenn er die Sache von dem Eigentümer erworben hätte. Dies gilt auch dann, wenn dem Pfandgläubiger der Zuschlag erteilt wird.

Pfandrechte an der Sache erlöschen, auch wenn sie dem Erwerber bekannt waren. Das gleiche gilt von einem Nießbrauch, es sei denn, daß er allen Pfandrechten im Range vorgeht.

§ **1243.** Die Veräußerung des Pfandes ist nicht rechtmäßig, wenn gegen die Vorschriften des § 1228 Abs. 2, des § 1230 Satz 2, des § 1235, des § 1237 Satz 1 oder des § 1240 verstoßen wird.

Verletzt der Pfandgläubiger eine andere für den Verkauf geltende Vorschrift, so ist er zum Schadensersatze verpflichtet, wenn ihm ein Verschulden zur Last fällt.

§ **1244.** Wird eine Sache als Pfand veräußert, ohne daß dem Veräußerer ein Pfandrecht zusteht oder den Erfordernissen genügt wird, von denen die Rechtmäßigkeit der Veräußerung abhängt, so finden die Vorschriften der §§ 932—934, 936 entsprechende Anwendung, wenn die Veräußerung nach § 1233 Abs. 2 erfolgt ist oder die Vorschriften des § 1235 oder des § 1240 Abs. 2 beobachtet worden sind.

§ **1245.** Der Eigentümer und der Pfandgläubiger können eine von den Vorschriften der §§ 1234—1240 abweichende Art des Pfandverkaufs vereinbaren. Steht einem Dritten an dem Pfande ein Recht zu, das durch die Veräußerung erlischt, so ist die Zustimmung des Dritten erforderlich. Die Zustimmung ist demjenigen gegenüber zu erklären, zu dessen Gunsten sie erfolgt; sie ist unwiderruflich.

Auf die Beobachtung der Vorschriften des § 1235, des § 1237 Satz 1 und des § 1240 kann nicht vor dem Eintritte der Verkaufsberechtigung verzichtet werden.

§ **1246.** Entspricht eine von den Vorschriften der §§ 1235—1240 abweichende Art des Pfandverkaufs nach billigem Ermessen den Interessen der Beteiligten, so kann jeder von ihnen verlangen, daß der Verkauf in dieser Art erfolgt.

Kommt eine Einigung nicht zustande, so entscheidet das Gericht.

§ **1247.** Soweit der Erlös aus dem Pfande dem Pfandgläubiger zu seiner Befriedigung gebührt, gilt die Forderung als von dem Eigentümer berichtigt. Im übrigen tritt der Erlös an die Stelle des Pfandes.

§ **1248.** Bei dem Verkaufe des Pfandes gilt zugunsten des Pfandgläubigers der Verpfänder als der Eigentümer, es sei denn, daß der Pfandgläubiger weiß, daß der Verpfänder nicht der Eigentümer ist.

§ **1249.** Wer durch die Veräußerung des Pfandes ein Recht an dem Pfande verlieren würde, kann den Pfandgläubiger befriedigen, sobald der Schuldner zur Leistung berechtigt ist. Die Vorschriften des § 268 Abs. 2, 3 finden entsprechende Anwendung.

§ **1250.** Mit der Übertragung der Forderung geht das Pfandrecht auf den neuen Gläubiger über. Das Pfandrecht kann nicht ohne die Forderung übertragen werden.

Wird bei der Übertragung der Forderung der Übergang des Pfandrechts ausgeschlossen, so erlischt das Pfandrecht.

§ **1251.** Der neue Pfandgläubiger kann von dem bisherigen Pfandgläubiger die Herausgabe des Pfandes verlangen.

Mit der Erlangung des Besitzes tritt der neue Pfandgläubiger an Stelle des bisherigen Pfandgläubigers in die mit dem Pfandrechte verbundenen Verpflichtungen gegen den Verpfänder ein. Erfüllt er die Verpflichtungen nicht, so haftet für den von ihm zu ersetzenden Schaden der bisherige Pfandgläubiger wie ein Bürge, der auf die Einrede der Vorausklage verzichtet hat. Die Haftung des bisherigen Pfandgläubigers tritt nicht ein, wenn die Forderung kraft Gesetzes auf den neuen Pfandgläubiger übergeht oder ihm auf Grund einer gesetzlichen Verpflichtung abgetreten wird.

§ 1252. Das Pfandrecht erlischt mit der Forderung, für die es besteht.

§ 1253. Das Pfandrecht erlischt, wenn der Pfandgläubiger das Pfand dem Verpfänder oder dem Eigentümer zurückgibt. Der Vorbehalt der Fortdauer des Pfandrechts ist unwirksam.

Ist das Pfand im Besitze des Verpfänders oder des Eigentümers, so wird vermutet, daß das Pfand ihm von dem Pfandgläubiger zurückgegeben worden sei. Diese Vermutung gilt auch dann, wenn sich das Pfand im Besitz eines Dritten befindet, der den Besitz nach der Entstehung des Pfandrechts von dem Verpfänder oder dem Eigentümer erlangt hat.

§ 1254. Steht dem Pfandrecht eine Einrede entgegen, durch welche die Geltendmachung des Pfandrechts dauernd ausgeschlossen wird, so kann der Verpfänder die Rückgabe des Pfandes verlangen. Das gleiche Recht hat der Eigentümer.

§ 1255. Zur Aufhebung des Pfandrechts durch Rechtsgeschäft genügt die Erklärung des Pfandgläubigers gegenüber dem Verpfänder oder dem Eigentümer, daß er das Pfandrecht aufgebe.

Ist das Pfandrecht mit dem Rechte eines Dritten belastet, so ist die Zustimmung des Dritten erforderlich. Die Zustimmung ist demjenigen gegenüber zu erklären, zu dessen Gunsten sie erfolgt; sie ist unwiderruflich.

§ 1256. Das Pfandrecht erlischt, wenn es mit dem Eigentum in derselben Person zusammentrifft. Das Erlöschen tritt nicht ein, solange die Forderung für welche das Pfandrecht besteht, mit dem Rechte eines Dritten belastet ist.

Das Pfandrecht gilt als nicht erloschen, soweit der Eigentümer ein rechtliches Interesse an dem Fortbestehen des Pfandrechts hat.

§ 1257. Die Vorschriften über das durch Rechtsgeschäft bestellte Pfandrecht finden auf ein kraft Gesetzes entstandenes Pfandrecht entsprechende Anwendung.

§ 1258. Besteht ein Pfandrecht an dem Anteil eines Miteigentümers, so übt der Pfandgläubiger die Rechte aus, die sich aus der Gemeinschaft der Miteigentümer in Ansehung der Verwaltung der Sache und der Art ihrer Benutzung ergeben.

Die Aufhebung der Gemeinschaft kann vor dem Eintritte der Verkaufsberechtigung des Pfandgläubigers nur von dem Miteigentümer und dem Pfandgläubiger gemeinschaftlich verlangt werden. Nach dem Eintritte der Verkaufsberechtigung kann der Pfandgläubiger die Aufhebung der Gemeinschaft verlangen, ohne daß es der Zustimmung des Miteigentümers bedarf; er ist nicht an eine Vereinbarung gebunden, durch welche die Miteigentümer das Recht, die Aufhebung der Gemeinschaft zu verlangen, für immer oder auf Zeit ausgeschlossen oder eine Kündigungsfrist bestimmt haben.

Wird die Gemeinschaft aufgehoben, so gebührt dem Pfandgläubiger das Pfandrecht an den Gegenständen, welche an die Stelle des Anteils treten.

Das Recht des Pfandgläubigers zum Verkaufe des Anteils bleibt unberührt.

§ 1259. Für das Pfandrecht an einem im Schiffsregister eingetragenen Schiffe gelten die besonderen Vorschriften der §§ 1260—1271.

§ 1260. Zur Bestellung des Pfandrechts ist die Einigung des Eigentümers des Schiffes und des Gläubigers darüber, daß dem Gläubiger das Pfandrecht zustehen soll, und die Eintragung des Pfandrechts in das Schiffsregister erforderlich. Die Vorschriften des § 873 Abs. 2 und des § 878 finden entsprechende Anwendung.

In der Eintragung müssen der Gläubiger, der Geldbetrag der Forderung und, wenn die Forderung verzinslich ist, der Zinssatz angegeben werden. Zur näheren Bezeichnung der Forderung kann auf die Eintragungsbewilligung Bezug genommen werden.

§ 1261. Das Rangverhältnis der an dem Schiffe bestellten Pfandrechte bestimmt sich nach den Vorschriften der §§ 879—881 und des § 1151.

§ 1262. Solange das Pfandrecht im Schiffsregister eingetragen ist, behält es im Falle der Veräußerung oder Belastung des Schiffes seine Kraft, auch wenn der Erwerber in gutem Glauben ist.

Ist das Pfandrecht mit Unrecht gelöscht, so gelten im Falle der Veräußerung des Schiffes die Vorschriften des § 936 Abs. 1 Satz 1, Abs. 2 auch dann, wenn der Erwerber das Eigentum ohne Übergabe erlangt; die Vorschrift des § 936 Abs. 3 findet keine Anwendung. Wird ein Pfandrecht, welches dem mit Unrecht gelöschten Pfandrecht im Range nachsteht, auf einen Dritten übertragen, so findet die Vorschrift des § 1208 Satz 1 Anwendung.

§ **1263**. Steht der Inhalt des Schiffsregisters in Ansehung eines Pfandrechts mit der wirklichen Rechtslage nicht im Einklange, so kann die Berichtigung des Registers nach den für die Berichtigung des Grundbuchs geltenden Vorschriften der §§ 894, 895, 897, 898 verlangt werden.

Ist ein Pfandrecht mit Unrecht gelöscht worden, so kann ein Widerspruch gegen die Richtigkeit des Schiffsregisters nach § 899 Abs. 2 eingetragen werden. Solange der Widerspruch eingetragen ist, gilt im Falle der Veräußerung oder Belastung des Schiffes dem Erwerber gegenüber das gleiche, wie wenn das Pfandrecht eingetragen wäre.

§ **1264**. Die Haftung des Schiffes beschränkt sich auf den eingetragenen Betrag der Forderung und die Zinsen nach dem eingetragenen Zinssatze. Die Haftung für gesetzliche Zinsen und für Kosten bestimmt sich nach der für die Hypothek geltenden Vorschrift des § 1118.

Ist die Forderung unverzinslich oder ist der Zinssatz niedriger als fünf vom Hundert, so kann das Pfandrecht ohne Zustimmung der im Range gleich- oder nachstehenden Berechtigten dahin erweitert werden, daß das Schiff für Zinsen bis zu fünf vom Hundert haftet.

§ **1265**. Das Pfandrecht erstreckt sich auf das Zubehör des Schiffes mit Ausnahme der Zubehörstücke, die nicht in das Eigentum des Eigentümers des Schiffes gelangt sind.

Auf die Haftung der Zubehörstücke finden die für die Hypothek geltenden Vorschriften der §§ 1121, 1122 entsprechende Anwendung.

§ **1266**. Die Vorschriften der §§ 1205—1257 finden insoweit keine Anwendung, als sich daraus, daß der Pfandgläubiger nicht den Besitz des Schiffes erlangt, Abweichungen ergeben. In dem Falle des § 1254 tritt an die Stelle des Anspruchs auf Rückgabe des Pfandes das Recht, die Aufhebung des Pfandrechts zu verlangen.

§ **1267**. Der Verpfänder kann gegen Befriedigung des Pfandgläubigers die Aushändigung der zur Löschung des Pfandrechts erforderlichen Urkunden verlangen. Das gleiche Recht steht dem persönlichen Schuldner zu, wenn er ein rechtliches Interesse an der Berichtigung des Schiffsregisters hat.

§ **1268**. Der Pfandgläubiger kann seine Befriedigung aus dem Schiffe und dem Zubehöre nur auf Grund eines vollstreckbaren Titels nach den für die Zwangsvollstreckung geltenden Vorschriften suchen.

§ **1269**. Ist der Gläubiger unbekannt, so kann er im Wege des Aufgebotsverfahrens mit seinem Pfandrecht ausgeschlossen werden, wenn die im § 1170 oder die im § 1171 für die Ausschließung eines Hypothekengläubigers bestimmten Voraussetzungen vorliegen. Mit der Erlassung des Ausschlußurteils erlischt das Pfandrecht. Die Vorschrift des § 1171 Abs. 3 findet Anwendung.

§ **1270**. Auf das Pfandrecht für die Forderung aus einer Schuldverschreibung auf den Inhaber, aus einem Wechsel oder aus einem anderen Papiere, das durch Indossament übertragen werden kann, finden die Vorschriften des § 1189, auf das Pfandrecht für die Forderung aus einer Schuldverschreibung auf den Inhaber finden auch die Vorschriften des § 1188 entsprechende Anwendung.

§ **1271**. Das Pfandrecht kann in der Weise bestellt werden, daß nur der Höchstbetrag, bis zu dem das Schiff haften soll, bestimmt, im übrigen die Feststellung der Forderung vorbehalten wird. Der Höchstbetrag muß in das Schiffsregister eingetragen werden.

Ist die Forderung verzinslich, so werden die Zinsen in den Höchstbetrag eingerechnet.

§ **1272**. Die Vorschriften der §§ 1260—1271 gelten auch für das Pfandrecht an einer Schiffspart.

2. Titel. Pfandrecht an Rechten.

§ 1273.

Gegenstand des Pfandrechts kann auch ein Recht sein.

Auf das Pfandrecht an Rechten finden die Vorschriften über das Pfandrecht an beweglichen Sachen entsprechende Anwendung, soweit sich nicht aus den §§ 1274—1296 ein anderes ergibt. Die Anwendung der Vorschriften des § 1208 und des § 1213 Abs. 2 ist ausgeschlossen.

---

1. Verpfändbare Rechte sind die verhaftbaren und verwertbaren Privatrechte (zB. Forderungen, Grundschulden; Dernburg § 279 II 1, S. 776) mit Ausnahme der nicht übertragbaren Rechte (§ 1274 Abs. 2) und der grundstücksgleichen Rechte (§ 1017. Art. 63, 68, 196). Die letzteren können nur Gegenstand der Hypothek oder Grundschuld sein.

2. Anwendung finden: **a**, Auf das Pfandrecht an einem Inhaberpapier die Vorschriften über das Pfandrecht an beweglichen Sachen schlechthin. § 1293. **b**, Auf andere verpfändbare Rechte die §§ 1209—1211, 1213 Abs. 1, 1214, 1217 Abs. 1, 1222, 1226, 1228 Abs. 2, 1229, 1245 Abs. 2, 1246—1250, 1252, 1255—1258, die §§ 1217 Abs. 2, 1218, 1223 Abs. 2, 1224, 1225, 1254 mit der Abweichung, daß der Verpfänder die Aufhebung des Pfandrechts, nicht die Rückgabe des Pfandes verlangen kann. **c**, Wenn zur Verpfändung des Rechtes die Übergabe einer Sache erforderlich ist (§ 1274 Abs. 1 Satz 2) oder wenn sich das Pfandrecht auf eine Sache (Schuldschein, Brief, § 952) erstreckt, die §§ 1205, 1206, 1215, 1216 Satz 2, 1217 Abs. 2, 1218, 1223—1225, 1227, 1251, 1254. Biermann S. 490 A. 2. Fuchs S. 695. Planck S. 727 A. 2.

3. Ausgeschlossen ist die Anwendung der §§ 1207, 1208, 1212, 1213 Abs. 2, 1219—1221, 1228 Abs. 1, auch der §§ 1230—1244, da die Realisierung des Pfandrechts an Rechten in den §§ 1277, 1282 ff. besonders behandelt ist.

4. Der rechtlichen Konstruktion nach ist das Pfandrecht an Rechten als Recht an einem Rechte aufzufassen. Als solches hat es dingliche Natur. Das Recht des an einem Rechte Berechtigten ist nicht nur gegen den Inhaber des Rechtes, sondern auch gegen Dritte wirksam. Fuchs S. 34 Nr. 39. Turn.-Först. I S. 897 A. 1. Biermann S. 262 A. 1. Schwedler, Erlöschen der Schuldverhältnisse S. 136 ff.

5. Übergangsbestimmung: Art. 184.

§ 1274.

Die Bestellung des Pfandrechts an einem Rechte erfolgt nach den für die Übertragung des Rechtes geltenden Vorschriften. Ist zur Übertragung des Rechtes die Übergabe einer Sache erforderlich, so finden die Vorschriften der §§ 1205, 1206 Anwendung.

Soweit ein Recht nicht übertragbar ist, kann das Pfandrecht an dem Rechte nicht bestellt werden.

---

1. Abs. 1 Satz 1. Die Übertragung einer Forderung erfolgt in der Regel durch formfreien Vertrag. § 398. Die Vorschrift findet auf die Übertragung anderer Rechte entsprechende Anwendung, aber nur soweit nicht das Gesetz ein anderes vorschreibt

(§ 413), steht mithin der Geltung abweichender Bestimmungen des BGB. nicht entgegen. RG. JW. 1903 (Beil.) S. 19. Verpfändung einer Forderung: § 1280, der Buch- und Briefhypothek: § 1154, der Höchstbetragshypothek: § 1190, der Grund- und Rentenschuld: § 1291. Zur Verpfändung einer Briefhypothek genügt zwar die schriftliche Verpfändungserklärung nur Übergabe des Briefes (§ 1274), sie muß aber auf Antrag auch eingetragen werden. § 1154. Bei teilweiser Verpfändung ist auf dem Hypothekenbrief und, falls die Verpfändung eingetragen wird, auch im Grundbuch der verpfändete Teilbetrag anzugeben; die Ersetzung der Eintragung durch Bezugnahme auf die Verpfändung ist unzulässig. LG. Köln, Zentralbl. 3 S. 739.

2. Abs. 1 Satz 2. Constitutum possessorium ist ausgeschlossen. M. 855. Streitig ist, ob die Übergabe des Briefes durch die Vereinbarung nach § 1117 Abs. 2 ersetzt werden kann. Für die Bejahung treten ein Planck S. 729 A. 2a und Turn.-Förft. I S. 901 A. 1b. Richtiger erscheint es, mit Biermann S. 492 A. 2a und Oberneck S. 579 die bezeichnete Vereinbarung in dem unterstellten Falle, also bei Verpfändung einer Briefhypothek nur unter der Voraussetzung für anwendbar zu erachten, daß der Gläubiger zugleich die Verpfändung dem GBA. anzeigt, da die Vereinbarung sich als Übertragung des mittelbaren Besitzes an dem Briefe auf den Gläubiger darstellt, diese aber nach § 1205 Abs. 2 zur Verpfändung nur dann genügt, wenn zugleich der Pfandgläubiger die Verpfändung dem Besitzer anzeigt. Zur Anwendbarkeit des § 1206 Halbsatz 2 gehört, daß der Dritte unmittelbaren Alleinbesitz hat und außerdem verpflichtet ist, nur an Eigentümer und Gläubiger gemeinschaftlich herauszugeben. OLG. Stettin, ROLG. 5 S. 323.

3. Abs. 2. Nicht übertragbare Rechte: § 1069 A. 2. Abweichend von der entsprechenden Fassung des § 1069 Abs. 2 ist die Bestellung eines Pfandrechts nicht gänzlich, sondern nur insoweit ausgeschlossen, als die Rechte nicht übertragbar sind. Bei denjenigen Rechten, die, wie zB. der Nießbrauch (§ 1059) zwar nicht übertragen werden können, bei denen aber die Überlassung der Ausübung möglich ist, ist die Verpfändung des Rechtes selbst ausgeschlossen, wohl aber kann an dem durch die Überlassung der Ausübung begründeten Forderungsrechte ein Pfandrecht bestellt werden. P. 4316. Eintragungsfähig ist dies Pfandrecht ebensowenig wie das Forderungsrecht selbst. Achilles-Strecker S. 110. Pfändungspfandrecht: ZPO. § 857 Abs. 3, 4.

Der § 17 EG. z. KO., welcher der Landesgesetzgebung vorbehielt, den Inhabern der von Gemeinden rc. ausgestellten Pfandbriefen ein Pfandrecht zu gewähren, ist ersetzt durch § 43 RHypothekenbankges. v. 13. Juli 1899, wonach die Landesgesetzgebung den betreffenden Gläubigern nicht mehr ein Pfandrecht, sondern nur ein Vorrecht einräumen darf.

§ 1275.

Ist ein Recht, kraft dessen eine Leistung gefordert werden kann, Gegenstand des Pfandrechts, so finden auf das Rechtsverhältnis zwischen dem Pfandgläubiger und dem Verpflichteten die Vorschriften, welche im Falle der Übertragung des Rechtes für das Rechtsverhältnis zwischen dem Erwerber und dem Verpflichteten gelten, und im Falle einer nach § 1217 Abs. 1 getroffenen gerichtlichen Anordnung die Vorschrift des § 1070 Abs. 2 entsprechende Anwendung.

Die Vorschrift entspricht der für den Nießbrauch gegebenen Vorschrift des § 1070. Ist ein Leistungsrecht, zB. eine Hypothekenforderung verpfändet, so hat der Pfandgläubiger dem Eigentümer gegenüber die Stellung eines Zessionars, d. h. er kann sich gemäß § 892 auf den öffentlichen Glauben des Grundbuchs berufen. Fuchs S. 699

A. 1. Biermann S. 492 A. 2a. Wenn der Pfandgläubiger seine durch Verpfändung der Hypothek gesicherte Forderung überträgt, so geht mit der sich außerhalb des Grundbuchs vollziehenden Übertragung der Forderung auch das Pfandrecht auf den neuen Gläubiger über. § 401 Abs. 1. Die Eintragung einer solchen Übertragung ist zulässig (GBO. § 26 Abs. 2), hat aber nicht die Wirkung, daß der öffentliche Glaube des Grundbuchs sich auf das Bestehen der Forderung oder auf die Person des Forderungsberechtigten erstreckt. M. z. GBO. 43. Verletzt der Pfandgläubiger die Rechte des Verpfänders in erheblichem Maße, so finden die §§ 1217 Abs. 1, 1070 Abs. 2 entsprechende Anwendung.

Die Verpfändung von Forderungen, welche auf Leistungen gehen, wirkt gegen den Schuldner nicht nur, wenn er durch eine Anzeige des Gläubigers oder Pfandgläubigers, sondern wenn er auf irgend eine Weise Kenntnis von ihr erhalten hat. RG. JW. 1902 (Beil.) S. 253.

§ 1276.

Ein verpfändetes Recht kann durch Rechtsgeschäft nur mit Zustimmung des Pfandgläubigers aufgehoben werden. Die Zustimmung ist demjenigen gegenüber zu erklären, zu dessen Gunsten sie erfolgt; sie ist unwiderruflich. Die Vorschrift des § 876 Satz 3 bleibt unberührt.

Das gleiche gilt im Falle einer Änderung des Rechtes, sofern sie das Pfandrecht beeinträchtigt.

Die Vorschrift entspricht der für den Nießbrauch gegebenen Vorschrift des § 1071. S. dort. Vereinigen sich die dem Pfandrechte unterliegende Forderung und die Verbindlichkeit in derselben Person, so wirkt die Vereinigung nicht gegen den Pfandgläubiger. Dies ist in E. I § 1223 ausdrücklich bestimmt. Die Vorschrift wurde aber in 2. Lesung als selbstverständlich gestrichen. P. 4349.

§ 1277.

Der Pfandgläubiger kann seine Befriedigung aus dem Rechte nur auf Grund eines vollstreckbaren Titels nach den für die Zwangsvollstreckung geltenden Vorschriften suchen, sofern nicht ein anderes bestimmt ist. Die Vorschriften des § 1229 und des § 1245 Abs. 2 bleiben unberührt.

---

1. Befriedigung im Wege des Privatverkaufs (§§ 1228 ff.) ist ausgeschlossen. M. 858. Der vom Pfandgläubiger zu erwirkende vollstreckbare Titel muß gegen den Eigner des Rechtes (Gläubiger, Berechtigter) gerichtet sein und auf Duldung der Zwangsvollstreckung lauten. Die Befriedigung erfolgt dann bei Geldforderungen (Hypothekenforderung, Grundschuld, Reallast) durch Überweisung (ZPO. §§ 835, 837) oder anderweite Verwertung gemäß § 844, bei Ansprüchen, welche eine bewegliche körperliche Sache betreffen, nach ZPO. §§ 847, 849, bei Ansprüchen, welche eine unbewegliche Sache betreffen, nach ZPO. §§ 848, 849, bei anderen Vermögensrechten nach ZPO. § 887 Nr. 1—5. Biermann S. 493 A. 1. AM. Fuchs S. 701 A. 1. Danach ist der vollstreckbare Titel ein solcher, der die Vollstreckbarkeit der durch Pfand gesicherten Forderung feststellt. Fuchs a. a. O. und Planck S. 732 A. 1 nehmen an, daß eine Pfändung des Rechtes erforderlich sei. Diese erscheint aber zwecklos, da das Pfandrecht für den Gläubiger bereits besteht. Biermann a. a. O.

2. Die Beteiligten können durch formfreie Vereinbarung von der Regel des § 1277 abgehen und eine andere Art der Befriedigung des Pfandgläubigers bestimmen. Lex commissoria ist verboten. § 1229. Auf die Beobachtung der Vorschriften der §§ 1235, 1237 Satz 1, 1240 kann nicht vor dem Eintritte der Verkaufsberechtigung verzichtet werden. § 1245 Abs. 2. Der § 1246, betr. die Bestimmung der Verwertungsart durch das Gericht, findet keine Anwendung. Für das Pfandrecht an Forderungen, Grund- und Rentenschulden treten neben das Recht auf Zwangsvollstreckung die in den §§ 1282, 1291 dem Gläubiger beigelegten Befugnisse zur Einziehung.

§ 1278.

Ist ein Recht, zu dessen Verpfändung die Übergabe einer Sache erforderlich ist, Gegenstand des Pfandrechts, so finden auf das Erlöschen des Pfandrechts durch die Rückgabe der Sache die Vorschriften des § 1253 entsprechende Anwendung.

---

1. Anwendung findet die Vorschrift auf die Verpfändung einer Briefhypothek (§ 1154 Abs. 1) und die Verpfändung von Orderpapieren. § 1292. Durch die in § 1253 bezeichnete Rückgabe der Sache erlischt das Pfandrecht. Die Rückgabe hat zu erfolgen an den Verpfänder oder an den Inhaber des Rechtes. Übertragung des Mitbesitzes genügt. Ebenso die Rückgabe zum nur vorübergehenden Gebrauch. KG. ROLG. 2 S. 80. AM. Endemann S. 563 A. 16 Die Rückgabe ist Rechtsgeschäft, mithin Rückgabe durch einen geschäftsunfähigen oder beschränkt geschäftsfähigen Pfandgläubiger nichtig. Biermann S. 473 A. 1. Der Vorbehalt der Fortdauer des Pfandrechts ist unwirksam, kann aber für den Gläubiger einen persönlichen Anspruch auf Neubestellung des Pfandes begründen. Dernburg § 275 Nr. 3, S. 765.

2. Die Rechtsvermutungen des § 1253 Abs. 2 gelten nicht nur zugunsten des Besitzers der Sache, sondern zugunsten eines jeden. Sie können durch Gegenbeweis widerlegt werden (ZPO. § 292), reichen also bei Hypotheken zur Grundbuchberichtigung nicht aus (KG. ROLG. 2 S. 5), es ist vielmehr Sache des Hypothekengläubigers, wenn er die Löschung des Pfandrechts erwirken will, die dem § 1253 Abs. 1 entsprechende Rückgabe des Briefes durch öffentliche Urkunden (GBO. § 29) nachzuweisen. Fuchs S. 703 A. 3.

3. „Im übrigen enthält das BGB. besondere Bestimmungen über die rechtsgeschäftliche Aufhebung des Pfandrechts an Rechten nicht. Folglich kommen nach § 1273 Abs. 2 die Vorschriften des § 1255 zur entsprechenden Anwendung. Bei Pfandrechten an gebuchten Rechten wird mithin Löschung nicht erforderlich sein, so daß das Grundbuch infolge eines Verzichtes des Pfandgläubigers unrichtig werden kann." M. 859. Der Verpfänder kann alsdann vom Pfandgläubiger die Zustimmung zur Berichtigung des Grundbuchs verlangen. § 894.

§ 1279.

Für das Pfandrecht an einer Forderung gelten die besonderen Vorschriften der §§ 1280—1290.

Soweit die §§ 1280—1290 besondere Vorschriften nicht enthalten, kommen die §§ 1273—1278 und ergänzend neben diesen die Bestimmungen über das Pfandrecht an beweglichen Sachen zur Anwendung. Unberührt bleiben die reichs- und landesgesetzlichen Vorschriften, welche die Eintragung von Gläubigern des Reichs oder eines Bundesstaats in das Reichs- oder Staatsschuldbuch und die Übertragung oder Belastung einer Buchforderung regeln. Art. 32, 97. Reichsges. betr. das Reichsschuldbuch v. 31. Mai 1891 § 7 Abs. 3. Preuß. Ges. betr. das Staatsschuldbuch v. 20. Juli 1883 § 7 Abs. 3.

§ 1280.

Die Verpfändung einer Forderung, zu deren Übertragung der Abtretungsvertrag genügt, ist nur wirksam, wenn der Gläubiger sie dem Schuldner anzeigt.

1. Zur Verpfändung in den unterstellten Fällen (§ 398) gehört der Verpfändungsvertrag und die Anzeige von der Verpfändung an den Schuldner. Eine Form ist weder für den Verpfändungsvertrag noch für die Anzeige vorgeschrieben. Die Anzeige muß vom Gläubiger gemacht werden. Eine Anzeige des Pfandgläubigers ist ebenso wirkungslos wie die anderweit erlangte Kenntnis des Schuldners von der Verpfändung. „Die Frage, wann dem Erfordernisse der Anzeige genügt ist, ist nach den §§ 130—132 zu beurteilen. Erst mit der Erfüllung des Erfordernisses tritt die beabsichtigte Rechtswirkung ein. Eine vorhergehende dingliche Bindung, welche mit dem Vertragsschlusse eintritt, ist nicht vorgeschrieben und kann auch durch die Privatautonomie der Vertragschließenden nicht bestimmt werden." M. 856. Bis zur Anzeige steht der Schuldner in einem Rechtsverhältnis nur zum Gläubiger, wird also durch Leistung an diesen befreit, auch wenn ihm der Verpfändungsvertrag bekannt ist. Für die Anfechtung aus § 30 Nr. 1 KO. ist ebenfalls der Zeitpunkt der Anzeige maßgebend. RG. JW. 1902 S. 185. Die Übergabe der über die Forderung ausgestellten Urkunde (zB. des Sparkassenbuchs, OLG. Dresden, ROLG. 4 S. 337) ist zur Pfandbestellung nicht erforderlich, kann auch die Anzeige nicht ersetzen. M. 856. Verpfändung der Hypothekenforderungen: §§ 1154, 1159, 1190, 1274, der Forderungen aus Schuldverschreibungen auf den Inhaber: § 1293.

2. Zur Pfändung einer Forderung der in § 1280 bezeichneten Art hat der Gläubiger den Pfändungsbeschluß dem Drittschuldner zustellen zu lassen. ZPO. § 829 Abs. 2. Zur Pfändung einer Forderung, für die eine Hypothek besteht, ist die Zustellung des Pfändungsbeschlusses an den Drittschuldner nicht notwendig. ZPO. § 830 Abs. 1, 2. Erforderlich ist — außer dem Pfändungsbeschlusse — zur Pfändung einer Briefhypothek die Übergabe des Hypothekenbriefs an den Gläubiger, zur Pfändung einer Buchhypothek (einschl. der Sicherungshypothek § 1185) die Eintragung der Pfändung in das Grundbuch. OLG. Dresden, ROLG. 4 S. 182. OLG. Colmar u. OLG. Posen, ROLG. 6 S. 134, 135. (Vgl. § 1163 A. 9.) Überweisung: ZPO. § 837.

§ 1281.

Der Schuldner kann nur an den Pfandgläubiger und den Gläubiger gemeinschaftlich leisten. Jeder von beiden kann verlangen, daß an sie gemeinschaftlich geleistet wird; jeder kann statt der Leistung verlangen, daß die geschuldete Sache für beide hinterlegt oder, wenn sie sich nicht zur Hinterlegung eignet, an einen gerichtlich zu bestellenden Verwahrer abgeliefert wird.

1. Die dem § 1077 Abs. 1 entsprechende Vorschrift behandelt, wie § 1282 erkennen läßt, den Fall, wenn die Forderung des Pfandgläubigers noch nicht

fällig oder zwar fällig, aber noch nicht in eine Geldforderung übergegangen ist. § 1228. Dann besteht zwischen dem Gläubiger (Verpfänder) und dem Pfandgläubiger eine Gemeinschaft nach Art der in § 432 geregelten. Der Schuldner darf nur an den Verpfänder und den Pfandgläubiger gemeinsam leisten. Jeder von diesen ist zur Klage gegen den Schuldner legitimiert, kann aber den Klageantrag nur darauf richten, daß an beide gemeinschaftlich geleistet wird oder daß die geschuldete Sache für beide hinterlegt oder, wenn sie sich nicht zur Hinterlegung eignet, an einen gerichtlich zu bestellenden Verwahrer abgeliefert wird. RG. 52 S. 141. Für die Bestellung des Verwahrers ist das Amtsgericht zuständig, in dessen Bezirke sich die Sache befindet. Vor der Bestellung sind die Beteiligten, soweit tunlich, zu hören. RFG. § 165. Rechtswirkungen der Leistung: §§ 1287, 1288.

2. Die Vorschrift ist nur dispositiv; eine abweichende Vereinbarung ist gestattet. § 1284. Eine besondere Bestimmung für Forderungen aus indossabelen und Inhaberpapieren enthält § 1294.

§ 1282.

Sind die Voraussetzungen des § 1228 Abs. 2 eingetreten, so ist der Pfandgläubiger zur Einziehung der Forderung berechtigt und kann der Schuldner nur an ihn leisten. Die Einziehung einer Geldforderung steht dem Pfandgläubiger nur insoweit zu, als sie zu seiner Befriedigung erforderlich ist. Soweit er zur Einziehung berechtigt ist, kann er auch verlangen, daß ihm die Geldforderung an Zahlungs Statt abgetreten wird.

Zu anderen Verfügungen über die Forderung ist der Pfandgläubiger nicht berechtigt; das Recht, die Befriedigung aus der Forderung nach § 1277 zu suchen, bleibt unberührt.

---

1. Die Bestimmung bezieht sich auf den Fall, wenn die Forderung des Pfandgläubigers fällig und außerdem eine Geldforderung ist. Der Übergang einer Forderung, die ursprünglich nicht auf Geld ging, in eine Geldforderung vollzieht sich nach §§ 280, 283, 286, 325. Sind die Voraussetzungen des § 1282 gegeben, so kann der Pfandgläubiger allein die verpfändete Forderung einziehen, eine Geldforderung aber nur in Höhe des ihm zustehenden Anspruchs. § 1210. (Einziehungspflicht: § 1285 Abs. 2).

Der Pfandgläubiger kann auch verlangen, daß ihm die verpfändete Forderung an Zahlungs Statt abgetreten wird. Bildet die verpfändete Forderung eine Geldforderung, so steht ihm dieser Anspruch auf Abtretung nur soweit zu, als er zur Einziehung berechtigt ist. Mit der Abtretung gilt der Pfandgläubiger, soweit die verpfändete Forderung besteht, als befriedigt. ZPO. § 835 Abs. 2.

Andere Forderungen als Geldforderungen kann der Pfandgläubiger ganz einziehen, darf das Eingezogene aber nicht weiter verwerten, als zu seiner Befriedigung erforderlich ist. Der Anspruch aus einer Hypothek, einer Grundschuld oder einer Rentenschuld gilt als ein Anspruch, der die Zahlung einer Geldsumme zum Gegenstande hat. ZPO. §§ 592, 688 Abs. 1 Satz 2.

2. Zu anderen, als den in § 1282 bezeichneten Verfügungen über die Forderung ist der Pfandgläubiger nicht berechtigt. Abs. 2. Daraus ist zu schließen, daß unter „Einziehung", dem Sprachgebrauch entsprechend, nur die effektive Einziehung, nicht aber allgemein jede Verfügung des Pfandgläubigers, durch welche sein Anspruch getilgt wird (zB. Erlaß, Novation, Schenkung), verstanden werden kann. Planck S. 736.

Turn.=Förſt. I S. 907 A. 3. AM. Falkmann in Gruch. 44 S. 109. Dernburg § 280 Nr. 2 S. 780. Fuchs S. 706 A. 5. Aufrechnen kann der Schuldner dem Pfandgläubiger gegenüber nach § 837 wohl eine Gegenforderung, die ihm gegen den Gläubiger, nicht aber eine ſolche, die ihm gegen den Pfandgläubiger zuſteht, denn die Forderung iſt dem Gläubiger verblieben, nicht aber durch das Recht zur Einziehung auf den Pfandgläubiger übergegangen. Planck S. 736. Turn.=Förſt. I S. 907 A. 3. AM. Fuchs S. 706 A. 5. Biermann S. 497 A. 1 d. Der Schuldner kann nur an den Pfandgläubiger leiſten. Abſ. 1. Dem Gläubiger ſind alſo dem Schuldner gegenüber die Rechte aus § 1281 verſagt, es ſteht ihm nur die Befugnis zu, von dem Schuldner Leiſtung an den Pfandgläubiger zu verlangen. Planck S. 737 A. 4. Zur Löſchung einer verpfändeten Hypothek iſt die Zuſtimmung des Schuldners nicht erforderlich. KG. 23 S. A 147.

3. Neben den Berechtigungen des § 1282 läuft die Befugnis des Pfandgläubigers, ſeine Befriedigung nach § 1277, d. h. auf Grund eines vollſtreckbaren Titels nach den für die Zwangsvollſtreckung geltenden Vorſchriften zu ſuchen.

4. Die Vorſchriften des § 1282 ſind nur dispoſitive. § 1284.

§ 1283.

Hängt die Fälligkeit der verpfändeten Forderung von einer Kündigung ab, ſo bedarf der Gläubiger zur Kündigung der Zuſtimmung des Pfandgläubigers nur, wenn dieſer berechtigt iſt, die Nutzungen zu ziehen.

Die Kündigung des Schuldners iſt nur wirkſam, wenn ſie dem Pfandgläubiger und dem Gläubiger erklärt wird.

Sind die Vorausſetzungen des § 1228 Abſ. 2 eingetreten, ſo iſt auch der Pfandgläubiger zur Kündigung berechtigt; für die Kündigung des Schuldners genügt die Erklärung gegenüber dem Pfandgläubiger.

---

1. Im Falle des § 1281 iſt der Gläubiger allein zur Kündigung befugt. Der Zuſtimmung des Pfandgläubigers bedarf er nur dann, wenn dieſer nach § 1213 zur Ziehung der Nutzungen berechtigt iſt. Fehlt die Zuſtimmung, ſo iſt die Kündigung unwirkſam. Die Erzwingbarkeit der Zuſtimmung regelt § 1286. Eine beſtimmte Form iſt weder für die Kündigung noch für die Zuſtimmung vorgeſchrieben. Der Schuldner kann aber die Kündigung zurückweiſen, wenn ihm die Zuſtimmung nicht in ſchriftlicher Form vorgelegt wird. §§ 182 Abſ. 3, 111 Satz 2, 3. Eine Ausnahme enthält § 1294. Der Schuldner muß ſowohl dem Pfandgläubiger als dem Verpfänder kündigen. Erfolgt die Kündigung an beide nicht gleichzeitig, ſo wird ſie erſt dann wirkſam, wenn ſie dem letzten der beiden Beteiligten zugeht. §§ 130—132.

2. Im Falle des § 1282 iſt ſowohl der Pfandgläubiger als der Verpfänder, jeder ſelbſtändig zur Kündigung berechtigt. Der Schuldner iſt befugt, dem Pfandgläubiger allein zu kündigen; eine nur an den Gläubiger gerichtete Kündigung iſt unwirkſam. Turn.=Förſt. I S. 908 A. 2. Biermann S. 498 A. b.

3. Die Vorſchriften des § 1283 ſind nur dispoſitive. § 1284.

§ 1284.

Die Vorſchriften der §§ 1281—1283 finden keine Anwendung, ſoweit der Pfandgläubiger und der Gläubiger ein anderes vereinbaren.

Die gesetzlichen Rechte des Pfandgläubigers (§§ 1281—1283) können von den Beteiligten eingeschränkt und erweitert werden. Hierzu genügt die formfreie Vereinbarung zwischen dem Pfandgläubiger und dem Gläubiger. Die Zustimmung des Schuldners ist nicht erforderlich; soll aber die Vereinbarung ihm gegenüber gelten, so muß sie ihm bekannt sein. Vereinbarungen, die das Gesetz überhaupt nicht zuläßt, sind auch im Falle des § 1284 ausgeschlossen.

§ 1285.

Hat die Leistung an den Pfandgläubiger und den Gläubiger gemeinschaftlich zu erfolgen, so sind beide einander verpflichtet, zur Einziehung mitzuwirken, wenn die Forderung fällig ist.

Soweit der Pfandgläubiger berechtigt ist, die Forderung ohne Mitwirkung des Gläubigers einzuziehen, hat er für die ordnungsmäßige Einziehung zu sorgen. Von der Einziehung hat er den Gläubiger unverzüglich zu benachrichtigen, sofern nicht die Benachrichtigung untunlich ist.

---

1. Abs. 1 betrifft den Fall des § 1281. Gegen den die Mitwirkung zur Einziehung Weigernden kann der andere Teil nach § 1285 Abs. 1 klagend vorgehen, er kann aber auch nach seiner Wahl gemäß § 1281 Satz 2 vom Schuldner Hinterlegung oder Ablieferung an den Verwahrer verlangen. Wenn ein Teil durch schuldhafte Weigerung der Mitwirkung den anderen Teil zur Erwirkung der Hinterlegung oder Verwahrung nötigt, so wird er ihm gegenüber schadensersatzpflichtig, hat also zB. für den durch die niedrigen Hinterlegungszinsen entstandenen Verlust aufzukommen. Turn.-Först. I S. 909 A. 1.

2. Abs. 2 betrifft den Fall des § 1282. Die Verpflichtung zur Streitverkündung an den Gläubiger ist dem Pfandgläubiger nicht auferlegt. Planck S. 739 A. 2. „Die Fürsorge für die ordnungsmäßige Einziehung bezieht sich sowohl auf die Prüfung, ob Schritte gegen den Schuldner erforderlich sind, als auf die Art und Weise des Vorgehens gegen den Schuldner." M. 545. Von der Einziehung, d. h. von deren Beginn, also zB. von der Klageerhebung, nicht erst von deren Ergebnis hat der Pfandgläubiger dem Gläubiger Anzeige zu machen. Biermann S. 499 A. 2. Der Beweis dafür, daß die Benachrichtigung untunlich gewesen sei, liegt dem Pfandgläubiger ob. Schuldhafte Verabsäumung der nach Abs. 2 bestehenden Verbindlichkeiten verpflichtet den Pfandgläubiger dem Gläubiger gegenüber zum Schadensersatz.

§ 1286.

Hängt die Fälligkeit der verpfändeten Forderung von einer Kündigung ab, so kann der Pfandgläubiger, sofern nicht das Kündigungsrecht ihm zusteht, von dem Gläubiger die Kündigung verlangen, wenn die Einziehung der Forderung wegen Gefährdung ihrer Sicherheit nach den Regeln einer ordnungsmäßigen Vermögensverwaltung geboten ist. Unter der gleichen Voraussetzung kann der Gläubiger von dem Pfandgläubiger die Zustimmung zur Kündigung verlangen, sofern die Zustimmung erforderlich ist.

In Betracht kommt § 1283 Abs. 1. Beweispflichtig für die Gefährdung der Sicherheit ist der Pfandgläubiger, wenn er vom Gläubiger die Kündigung, der Gläubiger, wenn er vom Pfandgläubiger die Zustimmung zur Kündigung verlangt. Der Streit über die Berechtigung des Verlangens aus § 1286 ist im Rechtswege zum Austrage zu bringen. Die Zwangsvollstreckung erfolgt gegen den zur Kündigung verurteilten Gläubiger nach § 888 ZPO. Turn.=Först. I S. 910. Biermann S. 500 A. 1. AM. Planck S. 739. Danach gilt mit der Rechtskraft des verurteilenden Erkenntnisses die Kündigungserklärung als abgegeben. Die Zustimmungserklärung des Pfandgläubigers wird durch das rechtskräftige Urteil ersetzt. § 894 ZPO. In beiden Fällen steht es dem Kläger frei, dem Beklagten gemäß § 283, ZPO. § 255 eine Frist zu bestimmen. Unbegründete Ablehnung des Verlangens macht schadensersatzpflichtig.

§ 1287.

Leistet der Schuldner in Gemäßheit der §§ 1281, 1282, so erwirbt mit der Leistung der Gläubiger den geleisteten Gegenstand und der Pfandgläubiger ein Pfandrecht an dem Gegenstande. Besteht die Leistung in der Übertragung des Eigentums an einem Grundstücke, so erwirbt der Pfandgläubiger eine Sicherungshypothek.

---

1. Satz 1 spricht das Surrogationsprinzip aus. M. 864. Leistet der Schuldner in Gemäßheit der §§ 1281, 1282 den Schuldgegenstand, so erwirbt der Pfandgläubiger mit der Leistung kraft Gesetzes ein Pfandrecht an dem geleisteten Gegenstande. Der Bestellung des Pfandrechts bedarf es nicht. AM. Endemann S. 574. Auf Leistung von Handlungen, insbesondere von Diensten, findet § 1287 keine Anwendung. M. 864. Die Einziehung von Geldforderungen regelt § 1288.

2. Satz 2. Bildet ein Grundstück den Gegenstand der Forderung, so erwirbt mit der Auflassung an den Gläubiger und der Eintragung des Eigentumsüberganges für diesen der Pfandgläubiger in Höhe seiner Forderung ohne weiteres eine Sicherungshypothek an dem Grundstücke. Der Eintragung im Grundbuch bedarf es zum Erwerbe der Sicherungshypothek nicht. P. 3444. Ist aber die Eintragung nicht erfolgt, so gilt die Sicherungshypothek zugunsten desjenigen, der, ohne sie zu kennen, durch Rechtsgeschäft ein Recht an dem Grundstück oder ein Recht an einem solchen Rechte erwirbt, als nicht bestehend. § 892. Der Pfandgläubiger kann also von dem Eigentümer verlangen, daß er zum Zwecke der Berichtigung des Grundbuchs seine Zustimmung zur Eintragung der Sicherungshypothek erteilt. §§ 894 ff. Die Berichtigung kann auch ohne seine Zustimmung erfolgen. Bayr. Oberst. LG., Zentralbl. 3 S. 739. Ist ein Anspruch auf Übertragung des Eigentums an einem Grundstück im Wege der Zwangsvollstreckung gepfändet, so hat statt des Eigentümers der Sequester die Eintragung der Sicherungshypothek zu bewilligen, ZPO. § 848 Abs. 2 und zwar, wenn der Anspruch für mehrere Gläubiger gepfändet wird, im Falle gleichzeitiger Pfändung zu gleichen Rechten, im Falle der Anschlußpfändung in der Reihenfolge der bewirkten Pfändungen. P. 4348. Der § 1287 Satz 2 findet auch dann Anwendung, wenn eine selbständige Berechtigung, die ein Blatt im Grundbuch erhalten kann (§ 1017; Art. 63, 68, 196) den Gegenstand der Forderung bildet. Entsprechende Anwendbarkeit der Vorschrift wird — mit Biermann S. 501 A. 2 — auch in dem Falle anzunehmen sein, wenn die Leistung in der Bestellung eines anderen Rechtes an einem Grundstücke besteht. Bildet zB. die Bestellung einer Hypothek den Gegenstand der Forderung, so erwirbt mit der Eintragung der Hypothek für den Gläubiger der Pfandgläubiger ein Pfandrecht an der Hypothek.

§ 1288.

Wird eine Geldforderung in Gemäßheit des § 1281 eingezogen, so sind der Pfandgläubiger und der Gläubiger einander verpflichtet, dazu mitzuwirken, daß der eingezogene Betrag, soweit es ohne Beeinträchtigung des Interesses des Pfandgläubigers tunlich ist, nach den für die Anlegung von Mündelgeld geltenden Vorschriften verzinslich angelegt und gleichzeitig dem Pfandgläubiger das Pfandrecht bestellt wird. Die Art der Anlegung bestimmt der Gläubiger.

Erfolgt die Einziehung in Gemäßheit des § 1282, so gilt die Forderung des Pfandgläubigers, soweit ihm der eingezogene Betrag zu seiner Befriedigung gebührt, als von dem Gläubiger berichtigt.

---

1. Abs. 1. Fall des § 1281. Pfandgläubiger und Gläubiger sind einander obligatorisch verpflichtet, zu einer mündelsicheren verzinslichen Anlegung des Geldes mitzuwirken. Die Bestimmungen über die Anlegung von Mündelgeld enthalten die §§ 1807, 1808. (Preußen: AG. z. BGB. Art. 73—76.) Die Art der Anlegung bestimmt der Gläubiger. Wenn aber eine der an sich zulässigen Arten der Anlegung das Interesse des Pfandgläubigers beeinträchtigt, so kann der Pfandgläubiger seine Mitwirkung bei dieser Art der Anlegung ablehnen. Durch die Wiederanlegung verwandelt sich der eingezogene Geldbetrag wieder in eine Forderung. An dieser ist gleichzeitig mit der Wiederanlegung für den Pfandgläubiger vom Gläubiger ein Pfandrecht zu bestellen. Kraft Gesetzes entsteht das Pfandrecht an der neuen Forderung nicht. Auf die Erfüllung der in § 1288 Abs. 1 vorgesehenen Verpflichtungen kann geklagt werden. Die Zwangsvollstreckung erfolgt dann nach § 887 ZPO.

2. Abs. 2. Fall des § 1282. Der eingezogene Geldbetrag, soweit er dem Pfandgläubiger zu seiner Befriedigung gebührt, geht ohne weiteres in das Eigentum des Pfandgläubigers über. (Entsprechend: § 1247 Satz 1.) War der Gläubiger der verpfändeten Forderung der persönliche Schuldner des Pfandgläubigers, so erlischt die Pfandforderung. War er nicht der persönliche Schuldner, so geht die Forderung gegen den persönlichen Schuldner auf den Gläubiger der verpfändeten Forderung über. §§ 1225, 1273 Abs. 2. Hat der Pfandgläubiger (gegen § 1282 Abs. 1 Satz 2) einen höheren Betrag, als den ihm zu seiner Befriedigung gebührenden eingezogen, so hat er den Überschuß an den Gläubiger herauszugeben.

§ 1289.

Das Pfandrecht an einer Forderung erstreckt sich auf die Zinsen der Forderung. Die Vorschriften des § 1123 Abs. 2 und der §§ 1124, 1125 finden entsprechende Anwendung; an die Stelle der Beschlagnahme tritt die Anzeige des Pfandgläubigers an den Schuldner, daß er von dem Einziehungsrechte Gebrauch mache.

---

1. Zwischen gesetzlichen und vertragsmäßigen Zinsen ist nicht unterschieden. „Gesetzliche Zinsen sind als Entschädigung für entbehrte Nutzungen aufzufassen. Sonstige Erweiterungen der Forderung infolge eines Verschuldens (Vertragsstrafen nicht ausgenommen, Fuchs S. 708 A. 8 aa; AM. Planck S. 743 A. 4) werden als Akzessorien der Forderung mit dieser dem Pfandrechte unterliegen.“ M. 867.

2. Die Vorschriften über die Einziehung der Zinsen einer hypothekarisch gesicherten Forderung (§§ 1123 Abs. 2, 1124, 1125) finden entsprechende Anwendung.

An die Stelle der Beschlagnahme tritt aber die Anzeige des Pfandgläubigers an den Schuldner, daß er von dem Einziehungsrechte (aus § 1282 oder aus § 1281, Planck S. 743 A. 2, Turn.-Först. I S. 912) Gebrauch mache. Bis zum Empfang dieser Anzeige darf der Schuldner die fälligen Zinsen an den Gläubiger zahlen, der Gläubiger über die Zinsen verfügen, insbesondere auch durch Einziehung. Die Verfügungen des Gläubigers über die Zinsen sind unwirksam, insofern sie für einen längeren Zeitraum, als das zur Zeit der Anzeige laufende Kalendervierteljahr und das folgende Vierteljahr im voraus getroffen werden. Endlich erlischt die Haftung der Rückstände, wenn seit der Fälligkeit der Zinsen ein Jahr verstrichen und bis dahin die Anzeige des Pfandgläubigers nicht erfolgt ist. P. 4351.

Die allgemeinen Voraussetzungen zur Einziehung einer Forderung gelten auch für die Zinsenforderung. Der Pfandgläubiger darf also die Zinsen erst einziehen, wenn die Voraussetzungen des 1282 Abs. 1, 1228 Abs. 2 eingetreten sind.

§ 1290.

Bestehen mehrere Pfandrechte an einer Forderung, so ist zur Einziehung nur derjenige Pfandgläubiger berechtigt, dessen Pfandrecht den übrigen Pfandrechten vorgeht.

---

1. Für den Rang des Pfandrechts ist die Zeit der Bestellung maßgebend. § 1209. Zur Einziehung ist nur derjenige Pfandgläubiger berechtigt, dessen Pfandrecht am frühesten bestellt ist. Dem nachstehenden Gläubiger ist das Einziehungsrecht versagt. Streitig ist, ob er bei Geldforderungen (§ 1288) den Betrag einziehen kann, der nicht zur Befriedigung der bevorrechtigten Pfandgläubiger erforderlich ist. Für die Bejahung: Fuchs S. 708 A. 9 und Planck S. 744 A. 2. Richtiger wird wohl mit Biermann S. 503 A. 1 die Frage verneint, da mit der Möglichkeit gerechnet werden muß, daß mit der zunächst erfolgenden Befriedigung des nachstehenden Gläubigers die Mittel des Schuldners erschöpft sind, mithin der vorstehende Gläubiger, welcher demnächst seine Befriedigung verlangt, leer ausgehen würde. Dagegen kann ein nachstehender Pfandgläubiger einseitig nicht nur Leistung an den einziehungsberechtigten Pfandgläubiger fordern (so: Biermann S. 503 A. 1, Fuchs S. 708 A. 9, Planck S. 744 A. 2), sondern auf Leistung an alle Beteiligten oder auf Leistung durch Hinterlegung oder an einen Verwahrer klagen. So im Einklang mit M. 863: Turn.-Först. I S. 913. Mit derselben Einschränkung erscheint er auch zur Kündigung berechtigt. Zur Empfangnahme der Zahlung ist er nicht legitimiert. Die ihm gegenüber erklärte Kündigung des Schuldners ist unwirksam. Sind die verschiedenen Pfandrechte von gleichem Range, so ist jeder Pfandgläubiger „vorgehend" und einziehungsberechtigt. Geht die Forderung auf eine unteilbare Leistung, so findet § 432 Anwendung. Der Schuldner kann danach nur an alle Pfandgläubiger gemeinschaftlich leisten (M. 863) und jeder Pfandgläubiger kann nur die Leistung an alle oder die Hinterlegung der geschuldeten Sache oder ihre Ablieferung an einen gerichtlich zu bestellenden Verwahrer verlangen. Bei teilbaren Leistungen, insbesondere bei einer Geldforderung, kann jeder Pfandgläubiger den zu seiner Befriedigung erforderlichen Betrag und, wenn die Forderung zur Befriedigung aller Beträge nicht hinreicht, einen verhältnismäßig geringeren Betrag für sich einziehen. Planck S. 744 A. 3. Biermann S. 504 A. 2.

2. Abgesehen von der Einziehung gelten die auf den Pfandgläubiger überhaupt sich beziehenden Vorschriften (§§ 1273—1289) auch für den gleich- oder nachstehenden Pfandgläubiger.

3. Den Fall der Pfändung einer Forderung für mehrere Gläubiger regeln die §§ 804, 840, 853—856, 872—882 ZPO.

§ 1291.

Die Vorschriften über das Pfandrecht an einer Forderung gelten auch für das Pfandrecht an einer Grundschuld und an einer Rentenschuld.

In Betracht kommen die Vorschriften der §§ 1281—1290. Ihre Anwendung im Falle des § 1291 ist eine unmittelbare. P. 4353. Auf die Zwangsvollstreckung in eine Grund- oder Rentenschuld finden die Vorschriften über die Zwangsvollstreckung in eine Forderung, für die eine Hypothek besteht, entsprechende Anwendung. ZPO. § 857 Abs. 6.

§ 1292.

Zur Verpfändung eines Wechsels oder eines anderen Papiers, das durch Indossament übertragen werden kann, genügt die Einigung des Gläubigers und des Pfandgläubigers und die Übergabe des indossierten Papiers.

1. Zur Verpfändung eines Orderpapiers genügt die formlose Einigung des aus dem Papier Berechtigten und des Pfandgläubigers in Verbindung mit der Übergabe des indossierten Papiers. Anzeige an den Schuldner ist nicht notwendig. Auch nicht Eintragung in das Grundbuch. Constitutum possessorium genügt nicht, ebensowenig die Abtretung des gegen einen dritten Besitzer bestehenden Anspruchs auf Herausgabe. (Vgl. HGB. § 364 Abs. 3. ADWO. Art. 39). Das Indossament muß entweder auf den Pfandgläubiger oder in blanco ausgestellt sein.

2. Welche Wirkung die Verpfändung nach § 1292 hat, ist bestritten. In der 2. Kommission ist von einer Seite (übereinstimmend mit M. 868) die Ansicht aufgestellt, daß durch die Verpfändung ein Pfandrecht nicht begründet, vielmehr das Recht schlechthin übertragen werde und der Erwerber nur obligatorisch gebunden sei, das ihm übertragene Recht für fremde Rechnung dem Pfandrechtszwecke entsprechend auszuüben. Solange der Pfandgläubiger von dem ihm eingeräumten Rechte, als Eigentümer des Wechsels aufzutreten, keinen Gebrauch mache, sei der Indossant Eigentümer, könne also im Konkurse des Pfandgläubigers den noch nicht begebenen Wechsel als sein Eigentum herausverlangen. P. 4338. Übereinstimmend: Dernburg § 281 Nr. 1 S. 782. Endemann § 145 Nr. 2. Turn.-Först. I S. 914 A. 1a. Von anderer Seite wurde die Ansicht vertreten, daß die Verpfändung durch Indossament ein eigentliches Pfandrecht begründe. „Äußerlich sei zwar der Pfandgläubiger durch das Indossament zur Einziehung und Weiterbegebung des Wechsels legitimiert. Es verbleibe aber das Eigentum an dem Wechsel bei dem Verpfänder und für das Verhältnis zwischen dem Verpfänder und dem Pfandgläubiger sei der Pfandvertrag maßgebend." P. 4337. Die letzte Auffassung ist als die dem Gesetz entsprechende anzuerkennen. Hierfür spricht der Wortlaut des Gesetzes („Verpfändung") und die Erwägung, daß die lediglich auf Verpfändung des Papiers gerichtete Einigung nur ein Pfandrecht an dem Papier begründen, nicht aber das Eigentum an dem Papier dem Pfandgläubiger übertragen kann. Der letztere ist also auch nicht legitimiert, das Papier weiter zu indossieren. In der Form ist das Pfandindossament regelmäßig von dem Vollindossament nicht verschieden, verleiht mithin nach außen dem Pfandgläubiger die Legitimation des aus dem Papiere Vollberechtigten. Planck S. 745 A. 4. Fuchs S. 710 A. 1. Biermann S. 505 A. 2. Die Beifügung eines Vermerks, daß das Indossament nur zu Pfandzwecken erfolge, ist gestattet. Staub, HGB. S. 1191 A. 1.

3. Durch die Sonderbestimmung des § 1292 wird nicht ausgeschlossen, daß die bezeichneten Papiere auch nach den allgemeinen Vorschriften (§ 1274) ver-

pfändet werden können. Dies ist von der 2. Kom. dadurch anerkannt, daß die angegebenen Verpfändungsformen nicht wie in § 1225 I. Entw. für erforderlich, sondern nur für genügend erklärt wurden. P. 4339. Neben der Übertragung des Wechsels durch Indossament ist noch eine Abtretung des Rechtes aus dem Wechsel und dementsprechend eine Verpfändung dieses Rechtes möglich. Es bedarf alsdann wie zur Abtretung auch zur Verpfändung des (formfreien) Vertrages und der Übergabe des Papiers. Für die Übergabe gelten die §§ 1274 Abs. 1 Satz 2, 1205, 1206. Biermann S. 505 A. 3. Planck S. 746 A. 5.

4. Besondere Vorschriften über die Pflichten der Kaufleute in betreff der ihnen unverschlossen als Pfand übergebenen Wertpapiere enthalten die §§ 1, 2, 9—13 des Bankdepotges. v. 5. Juli 1896 (RGBl. S. 183, 194).

5. Die Pfändung wird dadurch bewirkt, daß der Gerichtsvollzieher die Papiere in Besitz nimmt. ZPO. § 831.

§ 1293.

Für das Pfandrecht an einem Inhaberpapiere gelten die Vorschriften über das Pfandrecht an beweglichen Sachen.

Inhaberpapiere: § 1081 A. 1. Das Pfandrecht an ihnen gilt als Sachpfand. Seine Bestellung regeln § 1205 und — gegen M. 868 und Turn.-Först. I S. 915 A. 2 — § 1206. Dernburg § 281 Nr. 1, S. 782. Fuchs S. 710 A. 2. Planck S. 747 A 2 a. Biermann S. 506. Der Schutz des gutgläubigen Pfandnehmers bestimmt sich nach §§ 1207, 1208, 935 Abs. 2 und HGB. §§ 366, 367. Rechtsverhältnis zwischen dem Verpfänder und dem Pfandgläubiger: §§ 1215—1226. Dingliche Ansprüche des Pfandgläubigers: § 1227. Pfandverwertung: §§ 1228, 1230—1232. Die für das Pfandrecht an Rechten geltenden §§ 1273—1290 finden keine Anwendung. Fuchs S. 710 A. 2. AM. Turn.-Först. I S. 915 A. 1b. Pfändung: ZPO. §§ 808, 821, 823.

§ 1294.

Ist ein Wechsel, ein anderes Papier, das durch Indossament übertragen werden kann, oder ein Inhaberpapier Gegenstand des Pfandrechts, so ist, auch wenn die Voraussetzungen des § 1228 Abs. 2 noch nicht eingetreten sind, der Pfandgläubiger zur Einziehung und, falls Kündigung erforderlich ist, zur Kündigung berechtigt und kann der Schuldner nur an ihn leisten.

„Die Vorschrift rechtfertigt sich aus dem Grunde, weil die Inhabung des Papieres zu der nach außen nicht beschränkbaren Ausübung des Gläubigerrechts berechtigt und dazu auch erforderlich ist." M. 869. Danach ist anzunehmen, daß die Vorschrift nur Anwendung findet, wenn der Pfandgläubiger den Alleinbesitz der Urkunde hat. Ist dies der Fall, so kann es keinen Unterschied machen, ob die Verpfändung des Orderpapiers nach § 1292 oder nach § 1274 erfolgt ist. Planck S. 748 A. 1. AM. Biermann S. 507. Danach soll nur die Verpfändung nach § 1292 in Betracht kommen. Das Einziehungsrecht ist einer Einschränkung nicht unterworfen. Bei Geldforderungen kann also der Pfandgläubiger die fällige Leistung ganz, nicht nur (wie im Falle des § 1282 Abs. 1 Satz 2) insoweit einziehen, als sie zu seiner Befriedigung erforderlich ist. Planck S. 748 A. 2 a. Biermann S. 507. Fuchs S. 710

A. 3. Das Einziehungsrecht schließt die Verpflichtung, für die ordnungsmäßige Einziehung zu sorgen und von der Einziehung den Verpfänder unverzüglich zu benachrichtigen, in sich. § 1285 Abs. 2. Es versteht sich von selbst, daß der Pfandgläubiger die ihm in § 1294 vor Eintritt seines Befriedigungsrechts eingeräumte Einziehungsbefugnis in demselben Umfange auch nach Eintritt seines Befriedigungsrechtes ausüben kann.

Der Schuldner kann nur an den Pfandgläubiger leisten und wird durch die Leistung auch in Höhe des Betrages befreit, der zur Befriedigung des Pfandgläubigers nicht erforderlich ist.

Das Kündigungsrecht steht nur dem Pfandgläubiger zu.

Dem Gläubiger ist die Einziehung, die Empfangnahme der Leistung und die Kündigung versagt, weil ihm die Legitimation durch die Urkunde fehlt. Turn.-Först. I S. 915. Biermann S. 507. AM. Planck S. 748 A. 2b; danach ist das Kündigungsrecht des Gläubigers nicht ausgeschlossen.

Abtretung der Geldforderung an Zahlungs Statt kann der Pfandgläubiger erst nach Eintritt der Voraussetzungen des § 1228 Abs. 2 und nur in Höhe des zu seiner Befriedigung erforderlichen Betrages verlangen. § 1282 Abs. 1 Satz 3.

Für die Kündigung des Schuldners genügt die Erklärung gegenüber dem Pfandgläubiger. § 1283 Abs. 3.

Das Recht, indossable Urkunden weiter zu indossieren, steht dem Pfandgläubiger nicht zu. Staub, HGB. S. 1202 A. 68.

Vereinbarungen zwischen Pfandgläubiger und Gläubiger über den Ausschluß der Vorschriften des § 1294 sind nicht versagt, haben aber nur obligatorische Wirkung.

§ 1295.

Hat ein verpfändetes Papier, das durch Indossament übertragen werden kann, einen Börsen- oder Marktpreis, so ist der Gläubiger nach dem Eintritte der Voraussetzungen des § 1228 Abs. 2 berechtigt, das Papier nach § 1221 verkaufen zu lassen.

Das für die bezeichneten verpfändeten indossablen Papiere (zB. Auslandswechsel) gegebene Verkaufsrecht steht dem Pfandgläubiger auch für Inhaberpapiere zu. §§ 1293, 1235 Abs. 2. Während aber für diese nach § 1293 der § 1234 (vorherige Androhung des Verkaufs) Anwendung findet, ist für die Fälle des § 1295 der § 1234 nicht in Bezug genommen, mithin nicht für anwendbar zu erachten. Turn.-Först. I S. 915 A. 3. Biermann S. 508. Fischer § 1295 A. 1. Kober S. 339. Lehmann S. 378 A. 4. AM. Fuchs S. 710 A. 4. Planck S. 749 A. 2.

§ 1296.

Das Pfandrecht an einem Wertpapier erstreckt sich auf die zu dem Papiere gehörenden Zins-, Renten- oder Gewinnanteilscheine nur dann, wenn sie dem Pfandgläubiger übergeben sind. Der Verpfänder kann, sofern nicht ein anderes bestimmt ist, die Herausgabe der Scheine verlangen, soweit sie vor dem Eintritte der Voraussetzungen des § 1228 Abs. 2 fällig werden.

---

1. Die für alle Wertpapiere gegebene Vorschrift enthält eine Abweichung von der des § 1289. Ein Pfandrecht an den Zinsscheinen ꝛc. erlangt der Pfand-

gläubiger nur dann, wenn sie ihm gemäß §§ 1205, 1206 übergeben sind. Einen Anspruch auf die Übergabe hat er nicht. Die vor dem Zeitpunkt des Eintritts der Voraussetzungen des § 1228 Abs. 2 fällig werdenden Scheine muß der Pfandgläubiger dem Verpfänder auf dessen Verlangen herausgeben. OLG. Posen, ROLG. 4 S. 371. Er darf also nur über die nach dem angegebenen Zeitpunkt fällig gewordenen Scheine durch Einziehung oder Verkauf verfügen. Der § 1294 findet sonach keine Anwendung. Die Pflicht zur Herausgabe besteht nur, wenn nicht eine abweichende Vereinbarung getroffen ist. Eine solche enthält zB. die Bestellung eines Nutzungspfandrechts nach § 1213 Abs. 1. Beweispflichtig für eine abweichende Vereinbarung ist der Verpfänder.

2. Der § 1296 kommt auch dann zur Anwendung, wenn mit einem auf den Inhaber ausgestellten Grundschuldbrief Zinsscheine ausgegeben sind. §§ 1195 Satz 2, 803—805. Turn.-Först. I S. 916 A. 4. Fuchs S. 710 A. 5.

II.

Die

Reichs-Grundbuchordnung

vom 24. März 1897.

In der Fassung der Bekanntm. v. 20. Mai 1898 (RGBl. 1898 S. 754).

---

1. Abschnitt. Allgemeine Vorschriften.

§ 1.

Die Grundbücher werden von den Grundbuchämtern geführt.

Die Einrichtung der Bücher bestimmt sich nach den Anordnungen der Landesjustizverwaltung, soweit sie nicht in diesem Gesetze geregelt ist.

---

1. Abs. 1. Die Bildung der Grundbuchämter sowie die nähere Regelung ihrer Zuständigkeit und der aus dem Mangel der Zuständigkeit sich ergebenden Folgen ist den Einzelstaaten überlassen. M. 150. Diesen steht es frei, die Funktionen des GBA. einem Einzelbeamten oder einem Kollegium, einem richterlichen oder einem Verwaltungsbeamten, insbesondere auch dem Magistrat einer Stadt oder einer Gemeindebehörde zu übertragen. Ob die den Einzelstaaten überlassenen Bestimmungen durch Gesetz oder im Wege der Verwaltung zu treffen sind, ist nach dem Staatsrechte der Einzelstaaten zu entscheiden. Achilles-Strecker S. 142. Fuchs II S. 11. Eine Verpflichtung der betreffenden Behörden, an Stelle oder neben der ihnen an sich zustehenden Bezeichnung die Bezeichnung „Grundbuchamt" zu führen, besteht nicht. M. z. BGB. 3 S. 22.

2. Abs. 2. Der Erlaß von Anordnungen über die äußere Einrichtung der Bücher ist der Landesjustizverwaltung soweit übertragen, als nicht die GBO. selbst das Verfahren regelt, was in den §§ 2—8, 85—90 geschehen ist. Diese Anordnungen können auch dahin gehen, daß gewisse tatsächliche Angaben, die nicht zum Inhalte des Grundbuchs im Sinne des BGB. gehören, insbesondere Angaben, die zur Bestimmung des Wertes der Grundstücke dienen (Erwerbspreis, Taxwert, Feuerversicherungssumme), in das Grundbuch aufzunehmen sind. Dsch. 150. Die Landesjustizverwaltung ist zu Verordnungen über die Verteilung der Grundstücke auf die einzelnen Bände des Grundbuchs auch in der Beziehung befugt, daß die Grundbuchblätter einzelner, insbesondere größerer oder wertvoller Grundstücke besonders für sich zu binden sind, daß mithin auch für ein einzelnes Grundstück ein besonderer Band der das Grundbuchblatt darstellenden Papierblätter gebildet werden kann. KB. 203.

(3. Preußen. Grundbuchämter: AG. z GBO. Art. 1. Zuständigkeit: a. a. O. Art. 1, 2, 22; PFG. Art. 130. Führung des Grundbuchs: Art. 4. Gerichtsschreiber: PFG. Art. 131. Verfahren bei Anlegung der Grundbuchblätter: V. v. 13. Nov. 1899 Art. 5 ff., 15 ff.; JMB. v. 18. Nov. 1899. Formular: JMB. v. 20. Nov. 1899 §§ 1 ff.)

§ 2.

Die Grundbücher sind für Bezirke einzurichten.

Die Bezeichnung der Grundstücke erfolgt in den Büchern nach einem amt-

lichen Verzeichnis, in welchem die Grundstücke unter Nummern oder Buchstaben aufgeführt sind. Die Einrichtung des Verzeichnisses wird durch landesherrliche Verordnung bestimmt.

Z. f. DZP. 26 S. 174 (Literaturnachweis).

I. Abs. 1. 1. Die Zuständigkeit des GBA. erstreckt sich auf alle in seinem Bezirke belegenen Grundstücke. Der Bezirk des GBA. kann in mehrere Grundbuchbezirke zerlegt werden. Geschieht dies, so muß das Grundbuch alle in seinem Bezirke belegenen Grundstücke enthalten. Die Abgrenzung der Grundbuchbezirke ist der Landesgesetzgebung überlassen. Ausnahmen von § 2 Abs. 1 enthalten die §§ 4, 5, 85.

2. Rechte, die ein Grundstück belasten und nach §§ 7, 84 ein Grundbuchblatt erhalten können, wie Erbbaurechte, Erbpachtrechte und Abbaurechte sind in demjenigen Grundbuche zu buchen, in dem das belastete Grundstück gebucht ist. Achilles-Strecker S. 150 A. 3. Fuchs II S. 44 A. 4. Predari S. 11, 80. Turn.-Först. II S. 23 A. 2.

II. Abs. 2. 3. Das Grundbuch muß den Gegenstand der aus ihm zu ersehenden Rechte, das Grundstück, deutlich erkennbar machen. Deshalb verlangt Abs. 2 die Bezeichnung des Grundstücks nach einem amtlichen Verzeichnisse. Derartige Verzeichnisse (Flurbücher, Lagerbücher, Fundbücher, Meßregister rc.) sind in den meisten Bundesstaaten bereits vorhanden. Um die Benutzung dieser älteren Feststellungen nicht zu beschränken, ist von Vorschriften über die Anlegung des Verzeichnisses abgesehen und nur bestimmt, daß das Verzeichnis ein amtliches, d. h. von der zuständigen Behörde geführtes sein müsse und die Grundstücke unter Nummern und Buchstaben aufzuführen habe. „Dabei ist es auch zulässig, die Grundstücke nach bestimmten Merkmalen in verschiedene Gruppen zu teilen und innerhalb jeder Gruppe die zugehörigen Grundstücke in gesonderter Nummern- und Buchstabenfolge aufzuführen." Dsch. 151. Im Falle der Teilung eines Grundstücks kann der abgezweigte Teil ein Grundbuchblatt erst dann erhalten, wenn er im Verzeichnis mit einer neuen Nummer oder mit einem neuen Buchstaben aufgeführt ist.

4. Über die Bedeutung des Katasters für das Grundbuch s. BGB. § 892 A. 8.

(5. Preußen: V. v. 13. Nov. 1899 Art. 2. JMV. v. 20. Nov. 1899 §§ 3, 5, 6, 22, 29, 30. AG. z. GBO. Art. 1, 22—28.)

§ 3.

Jedes Grundstück enthält im Grundbuch eine besondere Stelle (Grundbuchblatt). Das Grundbuchblatt ist für das Grundstück als das Grundbuch im Sinne des Bürgerlichen Gesetzbuchs anzusehen.

„D. Recht" 1902 S. 497. Z. f. DZP. 29 S. 172.

---

1. Gegenstand der Buchung sind: a, jedes Grundstück, sofern es gemäß § 2 mit einer besonderen Nummer oder mit einem besonderen Buchstaben in dem amtlichen Verzeichnis aufgeführt ist. Grundstück im Rechtssinne ist ein einzelnes selbständiges Flurstück oder eine zu einer rechtlichen Einheit verbundene Mehrheit von Flurstücken. Landseen und andere Gewässer gehören zu den Grundstücken. Inwiefern für sie ein Grundbuchblatt anzulegen ist, bestimmt sich nach Landesrecht. § 83. EG. z. BGB. Art. 65. Öffentliche Gewässer sind vom Buchungszwange befreit. § 90. Gebäude sind keine Grundstücke, sondern wesentliche Bestandteile eines Grundstücks oder bewegliche Sachen (BGB. § 94), können also ein Grundbuchblatt nicht erhalten. Ebensowenig ideelle Anteile an einem Grundstück. § 48. b, Das Erbbaurecht. BGB. § 1017. c, Das in Art. 63, 68 EG. z. BGB. aufrecht erhaltene Erbpacht-, Büdner-,

Häusler- und Abbaurecht. § 84, **d**, Diejenigen Gerechtigkeiten, welche das aufrecht erhaltene Landesrecht den Grundstücken gleichstellt (Bergbauberechtigungen, Realgewerbeberechtigungen, Zwangs- und Bannrechte, Mühlen-, Fischerei-, Fährgerechtigkeiten). EG. z. BGB. Art. 65, 67, 74. Nach Art. 196 EG. z. BGB. kann durch Landesgesetz bestimmt werden, daß auf ein an einem Grundstück zur Zeit des Inkrafttretens des BGB. bestehendes vererbliches und übertragbares Nutzungsrecht die sich auf Grundstücke beziehenden Vorschriften Anwendung finden. Ist von dieser Befugnis Gebrauch gemacht, so ist auch für die Anlegung des Grundbuchblatts das Landesgesetz maßgebend. § 83. Buchung subjektiv-dinglicher Rechte: § 8.

2. Die Anlegung des Grundbuchblatts erfolgt von Amts wegen. Ausnahmen gelten für gewisse buchungsfreie Grundstücke (§ 90) sowie für das Erbbaurecht (§ 7) und die in Art. 63, 68 EG. z. BGB. bezeichneten Rechte. § 84. Die Gestaltung des Blattes, insbesondere die Bildung besonderer Abteilungen für die verschiedenen Arten der Eintragungen bleibt den Anordnungen der Justizverwaltung vorbehalten. Dsch. 151.

3. Grundbuchblatt. Sämtliche Angaben über die Rechtsverhältnisse eines Grundstücks müssen an einer abgegrenzten Stelle („Grundbuchblatt") zu finden sein. Dsch. 151. Jedes Grundstück erhält ein besonderes Grundbuchblatt (Ausnahme: § 4) und ist nur einmal in das Grundbuch einzutragen. (Vgl. aber: §§ 87, 88.) Welche Folgen es hat, wenn aus Versehen ein Grundstück doppelt gebucht sein sollte, ist nach den Vorschriften des BGB. über den öffentlichen Glauben des Grundbuchs zu beurteilen. Dsch. 151. Soweit die Eintragungen auf den beiden Blättern einander widersprechen, kann keine Partei sich für die ihr günstige Eintragung auf den öffentlichen Glauben des Grundbuchs berufen. RG. 29 S. 198. Gruch. 33 S. 1069. Planck S. 109 A. 4. Das Verfahren zur Beseitigung eines solchen Mangels unterliegt der Regelung durch Landesrecht. Dsch. 151. Vgl. BGB. § 892 A. 2 b. Das Grundbuchblatt ist für das Grundstück als das Grundbuch im Sinne des BGB. anzusehen. Wo also das BGB. für den Eintritt einer Rechtsänderung die Eintragung in das Grundbuch fordert, ist nur diejenige Eintragung wirksam, die auf dem Blatte dieses Grundstücks erfolgt, nicht aber solche Eintragung die, wenn auch in demselben Grundbuche, auf dem Blatte eines anderen Grundstücks enthalten ist. Eine Verwechselung der Abteilung (II und III des preuß. R.) bei der Eintragung ist bedeutungslos. RG. 28 S. 237, 31 S. 311, 54 S. 248.

(**4.** Preußen: AG. z. BGB. Art. 40. AG. z. GBO. Art. 22—28. V. v. 13. Nov. 1899 Art. 1, 5. JMV. v. 20. Nov. 1899 §§ 15, 30.)

§ 4.

Über mehrere Grundstücke desselben Eigentümers, die im Bezirke desselben Grundbuchamts belegen sind, kann ein gemeinschaftliches Grundbuchblatt geführt werden, solange hiervon Verwirrung nicht zu besorgen ist.

„D. Recht" 1902 S. 497.

---

1. Personalfolien. Die Vorschrift enthält eine Ausnahme von dem Grundsatze des § 3, wonach jedes Grundstück ein besonderes Grundbuchblatt (Realfolium) erhält. Zulässig ist die Führung eines gemeinschaftlichen Grundbuchblatts nur da, wo das Landesrecht ein solches gestattet. Voraussetzungen der Führung sind nach Reichsrecht: **a**, daß die mehreren Grundstücke demselben Eigentümer oder denselben Mit- oder Gesamteigentümern gehören (Ausnahme: § 87), **b**, daß sie im Bezirke desselben GBA., wenn auch in verschiedenen Grundbuchbezirken (§ 2 Abs. 1) belegen sind (Ausnahme: § 86) und **c**, daß von der Buchung auf einem gemeinschaftlichen

Blatte Verwirrung nicht zu besorgen ist, daß insbesondere die Möglichkeit besteht, bei jeder Eintragung erkennbar zu machen, auf welche der mehreren Grundstücke sie sich bezieht. Dsch. 152. Eine Verwirrung kann zu besorgen sein, wenn die Anteile den Miteigentümern verschiedene oder wenn bei den einzelnen Grundstücken außer ihren besonderen Belastungen auch Mitbelastungen, die auf anderen Grundstücken haften, eingetragen sind. Das Landesrecht kann noch weitere Erfordernisse für die Führung eines gemeinschaftlichen Blattes vorschreiben. Die zusammengeschriebenen Grundstücke behalten ihre Selbständigkeit. Jedes von ihnen kann nach wie vor allein belastet werden. Im Falle ihrer gemeinsamen Belastung entsteht eine Gesamthypothek. Hierin liegt der Unterschied von der Vereinigung von Grundstücken nach § 5.

2. Die Entscheidung darüber, ob die an sich zulässige Führung eines gemeinschaftlichen Grundbuchblattes erfolgen soll, hat das GBA. von Amts wegen und lediglich nach Zweckmäßigkeitsgründen zu treffen. Der Antrag, die Führung von der Zustimmung des Eigentümers abhängig zu machen, ist abgelehnt. Ebenso der Antrag, durch Änderung der Worte „kann geführt werden" in „ist zu führen" die Führung obligatorisch zu machen. KB. 207.

3. Wiederaufhebung. „Durch seine Fassung („solange") bringt der § 4 zugleich zum Ausdruck, daß die gemeinschaftliche Buchung von Amts wegen wieder aufzuheben ist, sobald eine der Voraussetzungen ihrer Zulässigkeit später wegfällt, sobald also die Grundstücke verschiedene Eigentümer erhalten oder aus einem sonstigen Grunde von der Beibehaltung des gemeinschaftlichen Blattes Verwirrung zu besorgen ist." Dsch. 152. Die Wiederaufhebung des gemeinschaftlichen Blattes erfolgt, wie die Anlegung, von Amts wegen. Im Falle der Veräußerung eines einzelnen Grundstücks ist dieses mit allen darauf bezüglichen Eintragungen auf ein für den Erwerber auf ein neu anzulegendes oder auf ein für den Erwerber bereits angelegtes gemeinschaftliches Blatt zu übertragen.

(4. Preußen: V. v. 13. Nov. 1899 Art. 37. JMB. v. 20. Nov. 1899 § 18. Preuß. Gerichtskostengesetz § 58 Nr. 4.)

§ 5.

Ein Grundstück soll nur dann einem anderen Grundstück als Bestandteil zugeschrieben oder mit ihm vereinigt werden, wenn hiervon Verwirrung nicht zu besorgen ist.

---

1. Über die rechtliche Bedeutung der Zuschreibung und Vereinigung s. die Erläuterungen zu § 890 BGB. Für das Verfahren ist folgendes hervorzuheben.

2. Voraussetzungen der Eintragung. a, Die Grundstücke müssen demselben Eigentümer gehören. Das im Miteigentum stehende Grundstück ist auf ein besonderes Blatt für alle Miteigentümer einzutragen. Turn.-Först. II S. XXXII (zu S. 52). AM. KB. 208. Danach greift § 5 auch bei ideellen Anteilen an einem Grundstück Platz. Insbesondere ist es für zulässig erachtet, das Miteigentum an einem gemeinschaftlichen Hof oder einer Einfahrt, die sich zwischen zwei Nachbarhäusern befinde, auf das Grundbuchblatt eines jeden der beiden Grundstücke als Bestandteil einzutragen.

b, Die Erklärung des Eigentümers. Sie bedarf als rechtsgeschäftlicher Akt (Fuchs S. 158, Predari S. 64 A. 4 a, Turn.-Förft. II S. 52 A. 2 c) der in § 29 GBO. vorgeschriebenen Form. Eintragung von Amts wegen ist unzulässig. (Anders der Fall des § 4.)

c, Die beantragte Zuschreibung oder Vereinigung soll nur erfolgen, wenn von ihr Verwirrung nicht zu besorgen ist. Die Buchung ist hiernach insbesondere dann abzulehnen, „wenn sie wegen verschiedener Belastung der Grundstücke das Grundbuch unübersichtlich machen oder bei der Zwangsvollstreckung zu Verwicklungen führen würde. Ein unbedingtes Hindernis für die Zuschreibung oder die Vereinigung ist die Verschiedenheit der Belastung nicht (vgl. § 1131 Satz 2 BGB.)". Dsch. 152.

d, Das Erfordernis des § 4, wonach die mehreren Grundstücke im Bezirke desselben GBA. liegen müssen, ist in § 5 nicht aufgestellt. „Liegen die Grundstücke in den Bezirken verschiedener Grundbuchämter, so ist die Frage, welches Amt zuständig ist, nach der Landesgesetzgebung zu entscheiden." Dsch. 152. (Preußen: AG. z. GBO. Art. 2, 3.) Die Zuschreibung eines Grundstücks zu einem im Bezirke eines anderen GBA. belegenen Grundstücke kann weder davon abhängig gemacht werden, daß das Grundstück in den Gemeindebezirk des anderen GBA. eingemeindet, noch davon, daß vorher ein neues Blatt angelegt werde. KG. ROLG. 5 S. 188. Liegen die zu verbindenden Grundstücke in verschiedenen Bundesstaaten, so kann das zuständige GBA. nur durch Staatsvertrag bestimmt werden. Die Verbindung eines inländischen Grundstücks mit einem ausländischen, d. h. außerhalb des deutschen Reichs gelegenen Grundstück ist unzulässig, sofern nicht etwas anderes durch Staatsverträge, die ein Bundesstaat vor dem 1. Januar 1900 geschlossen hat (EG. z. BGB. Art. 56) oder durch Reichsstaatsverträge vereinbart ist. M. z. Entw. I S. 40. Predari S. 66. Achilles-Strecker S. 158. Reichsstaatsverträge des bezeichneten Inhalts bestehen zurzeit nicht.

e, Die Anwendbarkeit des § 5 tritt erst mit dem Zeitpunkte ein, in dem das Grundbuch in allen in Betracht kommenden Bezirken als angelegt gilt. § 82. EG. z. BGB. Art. 189; sie versagt gänzlich da, wo die Vereinigung oder Zuschreibung durch landesgesetzliche Vorschrift untersagt ist. EG. z. BGB. Art. 119 Nr. 3.

3. Für die Art der Zuschreibung ist das Landesrecht maßgebend. (Preußen: JMB. v. 20. Nov. 1899 §§ 8, 18.) Hat das GBA. unrichtig statt der beantragten Zuschreibung als Bestandteil ein gemeinschaftliches Blatt angelegt, so kann es im Wege der Beschwerde zur Eintragung als Bestandteil angehalten werden. KG. 23 S. A 223. Sind mehrere Grundstücke zu einem vereinigt, so können weitere Grundstücke nur dem ganzen Grundstück, nicht dessen einzelnen Bestandteilen zugeschrieben werden. KG. ROLG. 2 S. 407.

4. Die Wiederaufhebung der Verbindung darf nur auf Antrag des Eigentümers erfolgen. Bei der Wiederaufhebung ist das im Bezirke eines anderen GBA. gelegene Grundstück in das Grundbuch des örtlich zuständigen GBA. zurückzuübertragen. Ob das frühere Grundbuchblatt wieder zu eröffnen oder ein neues Blatt anzulegen ist, bestimmt sich nach Landesrecht. Achilles-Strecker S. 160 A. 6. (Preußen: JMB. v. 20. Nov. 1899 § 18 A. 4.) Auch darüber hat das Landesrecht zu bestimmen, ob, wenn von den vereinigten Grundstücken eines veräußert werden soll, das im Bezirke eines anderen GBA. liegt, der Eigentümer zunächst die Aufhebung der Vereinigung zu erwirken hat und die Auflassung von dem durch diese Aufhebung zuständig gewordenen GBA. entgegenzunehmen ist. Fuchs II S. 98 A. 7. AM. Turn.-Förſt. II S. 53 A. 7. Diese halten die vorangehende Aufhebung der Vereinigung für geboten.

§ 6.

Soll ein Grundstücksteil mit einem Rechte belastet werden, so ist er von dem Grundstück abzuschreiben und als selbständiges Grundstück einzutragen. Ist das Recht eine Dienstbarkeit oder eine Reallast, so kann die Abschreibung unterbleiben, wenn hiervon Verwirrung nicht zu besorgen ist.

Z. f. DZP. 28 S. 501; 30 S. 185, 194.

1. Nur reale Grundstücksteile sind Gegenstand der Vorschrift. Die Belastung von Miteigentumsanteilen regeln die §§ 1008—1011, 1095, 1106, 1114, 1192 BGB.

2. Als belastende Rechte können nur in Frage kommen das Erbbaurecht, die Dienstbarkeit, die Reallasten, die Hypothek, die Grund- und die Rentenschuld. Widersprüche, Verfügungsbeschränkungen und Vormerkungen fallen nicht unter § 6. Achilles-Strecker S. 161 A. 2b. Fuchs S. 103 A. 4. Turn.-Först. II S. 58 A. 4. So bezüglich der Vormerkung zur Sicherung des Anspruchs auf Auflassung eines Grundstücksteils KG. 20 S. A 77. AM. bezüglich der Vormerkung zur Sicherung des Anspruchs auf Einräumung einer Hypothek Predari S. 72.

3. Die Abschreibung des belasteten Grundstücksteils hat vor oder bei Eintragung der Belastung zu erfolgen und zwar von Amts wegen. Die Vorschrift ist aber nur instruktionell; Eintragung ohne Abschreibung ist ordnungswidrig, aber nicht unwirksam. Die Übertragung des abzuschreibenden Teils auf ein anderes Blatt ist nicht unbedingt erforderlich, es kann für ihn und den Rest des Grundstücks, wenn die Voraussetzungen des § 4 vorliegen, aus dem bisherigen Blatte ein gemeinschaftliches Blatt gebildet werden. Anders wenn von einem Grundstück ein Teil abgetrennt und veräußert wird; dann muß nach §§ 3, 4 der veräußerte oder der dem Veräußerer verbleibende Teil ein besonderes Grundbuchblatt erhalten. Dsch. 152. Andere Fälle der Abschreibung: §§ 90, 96.

4. Entsprechende Anwendung findet Satz 1 in den Fällen, wenn eine Hypothek auf einem Teile des belasteten Grundstücks gelöscht (KG. 21 S. A 112) oder die Einräumung eines Vorrechts für eine Hypothek unter Beschränkung auf einen Teil des Grundstücks eingetragen werden soll. KG. 15 S. 134.

5. Satz 2 ist als Ausnahme von der Regel des Satzes 1 auf die bezeichneten Fälle beschränkt, also nur anwendbar bei der rechtlichen Belastung eines Grundstücksteils mit einer Dienstbarkeit (Grunddienstbarkeit, Nießbrauch, beschränkte persönliche Dienstbarkeit) oder einer Reallast. Ist ein Erbbaurecht oder ein Vorkaufsrecht auf einen Grundstücksteil beschränkt, so bleibt es bei der Regel des Satzes 1, da die Sonderbelastung eines Grundstücksteils vorliegt. Turn.-Först. II S. 59 A. 8. AM. OLG. Dresden, RJA. 2 S. 104. Predari S. 73. Fuchs S. 347.

(6. Preußen: JMB. v. 20. Nov. 1899 §§ 8, 11 Abs. 2, 12 Abs. 2, 30.)

§ 7.

Ist auf dem Blatte eines Grundstücks ein Erbbaurecht eingetragen, so ist auf Antrag für dieses Recht ein besonderes Grundbuchblatt anzulegen. Die Anlegung erfolgt von Amts wegen, wenn das Recht veräußert oder belastet werden soll.

Die Anlegung wird auf dem Blatte des Grundstücks vermerkt.

---

1. Zur Bestellung eines Erbbaurechts ist die Eintragung auf dem Blatte des zu belastenden Grundstücks erforderlich. § 3. BGB. § 873. Ist das Erbbaurecht begründet, so gelten dafür die sich auf Grundstücke beziehenden Vorschriften. BGB. § 1017. Voraussetzung für die zur Veräußerung und Belastung notwendige Eintragung ist die Anlegung eines Grundbuchblattes. Deshalb schreibt § 7 vor, daß für ein Erbbaurecht, wenn es veräußert oder belastet werden soll, von Amts wegen ein besonderes Grundbuchblatt anzulegen ist. Die Übertragung des Rechtes kraft Gesetzes, zB. durch Erbschaft, ist nicht zu den Veräußerungen zu rechnen. R. Foerster S. 29. Turn.-Först. II S. 61 A. 4. In den Fällen der Eintragung einer inhaltlichen

Änderung des Rechtes, einer Vormerkung oder einer Verfügungsbeschränkung ist die Anlegung eines besonderen Grundbuchblattes nicht erforderlich. Abgesehen von den Fällen der Veräußerung und Belastung erfolgt die Anlegung eines Grundbuchblattes nur auf Antrag. Antragsberechtigt ist der Eigentümer des belasteten Grundstücks und der Erbbauberechtigte. Der Antrag ist an keine Form gebunden. § 30. Zuständig für die Anlegung des besonderen Blattes ist das GBA., von dem das Blatt des belasteten Grundstücks geführt wird. Der Führung eines gemeinschaftlichen Blattes über ein Erbbaurecht und ein Grundstück oder über mehrere Erbbaurechte steht nichts entgegen.

2. Ist das neue Blatt angelegt, so gilt es für das Erbbaurecht als Grundbuch im Sinne des BGB. Dsch. 153. Veräußerungen und Belastungen des Erbbaurechts sind also auf diesem Blatte einzutragen. Für das Entstehen und Bestehen des Erbbaurechts ist das Blatt des belasteten Grundstücks maßgebend. Im Falle der Aufhebung muß daher die Löschung auf diesem Blatte erfolgen; das über das Erbbaurecht geführte Blatt ist alsdann zu schließen. Vgl. BGB. § 1015 A. 3.

3. Entsprechende Anwendung findet § 7 auf die in Art. 63, 68 des EG. z. BGB. bezeichneten Rechte. § 84.

(4. Preußen: AG. z. GBO. Art. 27. Verfahren bei Anlegung des besonderen Blattes: JMB. v. 20. Nov. 1899 §§ 1—20, 22.)

§ 8.

Rechte, die dem jeweiligen Eigentümer eines Grundstücks zustehen, sind auf Antrag auch auf dem Blatte dieses Grundstücks zu vermerken. Antragsberechtigt ist der Eigentümer des Grundstücks sowie jeder, dessen Zustimmung nach § 876 Satz 2 des Bürgerlichen Gesetzbuchs zur Aufhebung des Rechtes erforderlich ist.

Der Vermerk ist von Amts wegen zu berichtigen, wenn das Recht geändert oder aufgehoben wird.

Z. f. DZP. 29 S. 172.

---

1. Gegenstand der Vorschrift sind die subjektiv dinglichen Rechte des BGB. (Grunddienstbarkeiten, Vorkaufsrechte, Reallasten. §§ 1018, 1094, 1105). Zur Bestellung dieser Rechte gehört die Eintragung auf dem Blatte des zu belastenden Grundstücks. BGB. § 873. Ist das Recht bestellt, so gilt es als Bestandteil des herrschenden Grundstücks (BGB. § 96), haftet also auch dem Dritten, mit dessen Rechte das herrschende Grundstück belastet ist und kann nur mit dessen Zustimmung aufgehoben oder geändert werden. BGB. §§ 876, 877. Um die Zugehörigkeit der Rechte zum herrschenden Grundstück erkennbar zu machen, sollen sie auf Antrag auf dem Blatte des herrschenden Grundstücks vermerkt werden. Der Vermerk kann eingetragen werden, bevor das Grundbuch als angelegt gilt (Bayr. Oberst. LG. „Das Recht" 1903 S 238), setzt aber voraus, daß das Recht auf dem belasteten Grundstück bereits eingetragen ist. KG. 25 S. A 142. Antragsberechtigt ist der Eigentümer des herrschenden Grundstücks und jeder Dritte, für den ein Recht auf diesem Grundstück eingetragen ist.

Der Vermerk dient wesentlich zur Sicherung der Dritten, da es deren Zustimmung zur Buchung der Aufhebung des Rechtes nur dann bedarf, wenn das Recht auf dem Blatte des berechtigten Grundstücks eingetragen ist. § 21. Dsch. 153. Der Antrag unterliegt nicht der Form des § 29. Zur Begründung genügt der Nachweis, daß die Gerechtigkeit auf dem dienenden Grundstück eingetragen ist. Die Bestimmung der Stelle, an der die Eintragung des Vermerks zu erfolgen hat, ist der Landesjustizverwaltung überlassen. Entsprechende Anwendung des § 7 Abs. 2 durch Verweisung auf den Vermerk des Rechtes bei dem berechtigten Grundstück auf dem Blatte des belasteten Grundstücks ist nicht vorgeschrieben, aber zweckmäßig. Predari S. 83 A. 6. Zentralbl. 2 S. 510.

2. Die Vormerkung zur Erhaltung des Anspruchs auf Aufhebung eines Rechtes kann nur auf dem Blatte des belasteten Grundstücks eingetragen werden. KG. 25 S. A 142.

3. An dem öff. Glauben des Grundbuchs nimmt der Vermerk nach § 8 nicht teil. Nach Abs. 2 sollen die Vermerke auf den Blättern des belasteten und des berechtigten Grundstücks in Übereinstimmung erhalten werden. Weichen sie aber voneinander ab, so ist lediglich der Vermerk auf dem Blatte des belasteten Grundstücks maßgebend. Dsch. 153. Fuchs II S. 125 A. 6. Predari S. 83 A. 6.

(4. Preußen: JMV. v. 20. Nov. 1899 § 9. Einen Fall, in dem eine Änderung des Rechtes eintritt, behandelt AG. z. GBO. Art. 12 Abs. 2 Nr. 2.)

§ 9.

Urkunden, auf die eine Eintragung sich gründet oder Bezug nimmt, sind von dem Grundbuchamt aufzubewahren. Die Herausgabe einer solchen Urkunde darf nur erfolgen, wenn statt der Urkunde eine beglaubigte Abschrift aufbewahrt wird.

Ist über das einer Eintragungsbewilligung zugrunde liegende Rechtsgeschäft eine Urkunde errichtet, so können die Beteiligten die Urkunde oder eine beglaubigte Abschrift dem Grundbuchamte zur Aufbewahrung übergeben.

---

1. Abs. 1. Urkunden, auf die eine Eintragung sich gründet, sind alle diejenigen, welche in der Form, in der sie dem GBA. zum Zwecke der Eintragung eingereicht werden, das Vorliegen der gesetzlichen Voraussetzungen für die Vornahme der Eintragung nachweisen. Dsch. 154. Es gehören hierher die Eintragungsbewilligungen, die Zustimmungserklärungen Dritter, Vollmachten, Legitimationen gesetzlicher Vertreter, letztwillige Verfügungen, Erbscheine und dergl. Daß auch Eintragungsanträge hierher zu rechnen sind, ist — gegen Predari S. 86 A. 2 C — wohl nicht zu bezweifeln. Achilles-Strecker S. 167 A. 2a. Allerdings wird die Herausgabe der Eintragungsanträge dann zu versagen sein, wenn das GBA. seine Verfügung auf die Urschrift des Antrags geschrieben hat. Urkunden, auf die eine Eintragung Bezug nimmt: BGB. §§ 874, 877, 885 Abs. 2, 899, 1115 Abs. 1. GBO. § 50. Zulässig ist die Bezugnahme nur dann, wenn die Urkunden in beglaubigter Form vorliegen. Die in Abs. 1 bezeichneten Urkunden haben als Unterlage und Ergänzung der Eintragung für das Grundbuch eine bleibende Bedeutung. Sie sind daher von dem GBA. aufzubewahren und dürfen nur unter Zurückbehaltung einer beglaubigten Abschrift herausgegeben werden. Die Zuständigkeit zur Beglaubigung bestimmt sich nach Landesrecht. (Preußen: PFG. Art. 35, bei AG. z. GBO. Art. 7.) Protokolle des GBA. sind Bestandteile der Akten dieser Behörde und deshalb von der Herausgabe ausgeschlossen. Eine besondere Bestimmung bezüglich der in Abs. 1 bezeichneten Urkunden enthält § 95.

2. Abs. 2 gewährt den Beteiligten die Befugnis, Urkunden, die über das einer Eintragungsbewilligung zugrunde liegende Rechtsgeschäft errichtet sind — den obligatorischen Vertrag — oder eine beglaubigte Abschrift dieser Urkunden dem GBA. zur Aufbewahrung zu übergeben. Hierher gehören insbesondere der Kaufvertrag, welcher

einer Auflassung zugrunde liegt (Dsch. 154) und die Urkunde über einen der Bestellung einer Grundschuld zugrunde liegenden Darlehnsvertrag. Die Beteiligten sind dadurch in der Lage, sich den Beweis des betr. Rechtsgeschäftes zu sichern. Von praktischer Bedeutung ist dies insbesondere für den Fall, daß wegen Unwirksamkeit des zugrunde liegenden Geschäfts die Rechtsänderung nach den Vorschriften über die Herausgabe einer ungerechtfertigten Bereicherung (BGB. §§ 812 ff.) rückgängig gemacht werden soll. Dsch. 154. Die Urkunden können sowohl in beglaubigter, als auch in privatschriftlicher Form übergeben werden. Dies gilt — sofern nicht auf Grund des § 98 durch Landesgesetz etwas anderes bestimmt ist — auch von den Urkunden, die über das der Auflassung zugrunde liegende Rechtsgeschäft übergeben werden, da diese Urkunden, falls sie der nach § 313 Satz 1 BGB. zu ihrer Gültigkeit erforderlichen gerichtlichen oder notariellen Form entbehren, nach Satz 2 a. a. O. gültig werden, wenn die Auflassung und die Eintragung in das Grundbuch erfolgen.

3. Voraussetzung der Anwendung des § 9 ist, daß die Eintragung wirklich stattgefunden hat. Auf Urkunden, die lediglich zu dem Zweck, die Bindung der Beteiligten herbeizuführen, dem GBA. eingereicht sind, bezieht sich § 9 überhaupt nicht. Vgl. hierüber BGB. § 873 A. IV.

4. Die Bestimmungen über die Art und den Ort der Aufbewahrung sind der Landesgesetzgebung überlassen. (Preußen: JMB. v. 20. Nov. 1899 § 35.)

§ 10.

Eine Eintragung in das Grundbuch ist nicht aus dem Grunde unwirksam, weil ein Grundbuchbeamter sie bewirkt hat, der von der Mitwirkung bei der Eintragung kraft Gesetzes oder infolge einer Ablehnung ausgeschlossen ist.

---

1. Die Ausschließung und Ablehnung der Grundbuchbeamten bestimmt sich nach Landesrecht. (Preußen: PFG. Art. 1. RFG. §§ 6, 7.) Die Wirksamkeit der Eintragung wird durch deren Vornahme von einem unfähigen Grundbuchbeamten nicht beeinträchtigt. Die Vorschrift bezieht sich nur auf Eintragungen. Für die Wirksamkeit oder Unwirksamkeit sonstiger Amtshandlungen der Grundbuchbeamten ist das Landesrecht maßgebend. Für die Beurkundung von Rechtsgeschäften in den Bundesstaaten, in denen die Gerichte Grundbuchämter sind, gelten die §§ 170—172 RFG.; ein Verstoß gegen diese Vorschriften zieht die Nichtigkeit der Beurkundung nach sich.

2. Streitig ist, ob die von einem unfähigen Grundbuchbeamten bewirkte Eintragung dann nichtig ist, wenn die Eintragungsbewilligung gleichfalls ein unfähiger Grundbuchbeamter beurkundet hat. Die Frage wird zu verneinen sein. Die ordnungswidrige Beurkundung der Eintragungsbewilligung kann keine größere Wirkung haben, als der gänzliche Mangel der Eintragungsbewilligung. Dieser Mangel steht aber der Wirksamkeit der Eintragung selbst nicht entgegen. Die Wirksamkeit der Eintragung ist lediglich davon abhängig, daß eine wirksame Einigung vorliegt. Diese ist aber regelmäßig (Ausnahme: § 20) formfrei gültig. Die §§ 19 und 29, welche für die Eintragung die Eintragungsbewilligung vorschreiben und deren Form bestimmen, enthalten nur Ordnungsvorschriften. Fuchs II S. 139. AM. Predari S. 91 A. 4.

3. Beschwerdeinstanz: § 81 Abs. 2.

§ 11.

Die Einsicht des Grundbuchs ist jedem gestattet, der ein berechtigtes Interesse darlegt. Das gleiche gilt von Urkunden, auf die im Grundbuche zur Er-

gänzung einer Eintragung Bezug genommen ist, sowie von den noch nicht erledigten Eintragungsanträgen.

Soweit die Einsicht des Grundbuchs, der im Abs. 1 bezeichneten Urkunden und der noch nicht erledigten Eintragungsanträge gestattet ist, kann eine Abschrift gefordert werden; die Abschrift ist auf Verlangen zu beglaubigen.

Z. f. DJP. 25 S. 248; 27 S. 318; 28 S. 368, 501; 30 S. 185, 186.

---

1. Berechtigtes Interesse. Der Antrag, die Einsicht des Grundbuchs jedem zu gestatten, ist mit Rücksicht auf die Gefahr, daß die Einsicht zur Befriedigung der Neugier oder zu unlauteren Zwecken mißbraucht werde, abgelehnt. Dagegen ist der Ausdruck des Entwurfs „rechtliches Interesse" ersetzt worden durch „berechtigtes Interesse", unter der Ausführung, es solle — ebenso wie in § 193 StGB., in § 824 BGB. und in § 76 ZwVG. — nicht verlangt werden, daß das Interesse sich auf ein bereits am Grundstück bestehendes dingliches Recht stütze, sondern es solle die Überzeugung des Richters genügen, daß der Antrag auf Einsicht des Grundbuchs auch in den Fällen, wo es sich um die Begründung eines Rechtes handelt, ein verständiges, durch die Sachlage gerechtfertigtes Interesse verfolge. Ein solches Interesse ist insbesondere anerkannt für den Eigentümer, für den Realberechtigten, für den Notar, wenn er die Einsicht des Grundbuchblatts zum Zwecke einer notariellen Beurkundung verlangt, für denjenigen, der über den Erwerb des Grundstücks oder eines Rechtes an dem Grundstück mit dem Berechtigten verhandelt und für denjenigen, der mit dem Eigentümer des Grundstücks einen Werkvertrag abschließen will, der nach § 648 BGB. den Anspruch auf Bestellung einer Sicherheitshypothek gewährt, also namentlich für die Bauhandwerker, die sich aus dem Grundbuche über die Kreditwürdigkeit des Bauunternehmers unterrichten wollen. M. 154. KB. 208. Auch das Bestehen von Personalforderungen und die Einräumung eines Personalkredits, insbesondere eine kaufmännische Geschäftsverbindung zwischen dem Antragsteller und dem Eigentümer des Grundstücks kann genügen, weil die bestehenden oder voraussichtlich entstehenden persönlichen Forderungen zum Erwerbe von Rechten an dem Grundstücke (Judikatshypotheken) führen können. KG. 20 S. A 173; RJA. 1 S. 180. Wird aber unter dem Vorwande eines berechtigten Interesses nur ein auf Neugier beruhendes, unbefugtes Eindringen in die Vermögensverhältnisse des Eigentümers bezweckt, so ist die Einsicht zu versagen. KG. 20 S. A 7; RJA. 1 S. 180. Auch für die Frage, in welchem Umfange die Einsicht gewährt werden soll, ist das berechtigte Interesse entscheidend. KG. 22 S. A 122.

Der Antrag ist durch Angabe der das Interesse darlegenden Tatsachen zu begründen. Darüber, ob aus diesen Tatsachen sich ein berechtigtes Interesse des Antragstellers entnehmen läßt und ob die gemachten Angaben mit Rücksicht auf die Person des Antragstellers ohne weiteres als glaubhaft anzusehen sind oder ob sie noch der besonderen Glaubhaftmachung (ZPO. § 294) bedürfen, hat das GBA. nach freiem Ermessen zu befinden. Dsch. 154. KG. 20 S. A 173.

2. Dem Grundbuch sind die Urkunden gleichgestellt, auf die im Grundbuch zur Ergänzung einer Eintragung Bezug genommen ist (§§ 9, 50 BGB. §§ 874, 877, 885 Abs. 2, 899, 1115 Abs. 1), sowie die noch nicht erledigten Eintragungsanträge, §§ 17, 45, 46. BGB. § 879. Die Einsicht jener Urkunden ist zur Ermittlung der Rechtsverhältnisse des Grundstücks unentbehrlich, die Einsicht der Anträge aber nach § 17 nicht minder wichtig, als die des Grundbuchs. Dsch. 154. Ein Recht auf Einsicht der beim GBA. aufbewahrten Urkunden, auf die eine Eintragung sich gründet oder die über das der Eintragungsbewilligung zugrunde liegende Rechtsgeschäft errichtet sind, ist in § 11 nicht gegeben.

3. Die für die Einsicht des Buches maßgebenden Grundsätze gelten auch hinsichtlich des Rechtes auf Erteilung von Abschriften. Die Notwendigkeit, ein berechtigtes Interesse darzulegen, gewährt auch hier Schutz gegen Mißbrauch. KB. S. 212. Ob eine Abschrift als beglaubigte oder als einfache zu erteilen ist, richtet sich nach dem gestellten Antrage. Das Recht auf Einsicht schließt das Recht, sich Notizen zu machen, in sich. Die Pflicht des GBA. zur Auskunftserteilung läßt sich auch Behörden gegenüber aus der Grundbuchgesetzgebung des Reiches nicht herleiten und kann folgeweise im Rechtsmittelzuge nach der GBO. nicht verfolgt werden. Dieser Grundsatz ist aber auf positive Mitteilungen über Eintragungen im Grundbuche zu beschränken und nicht auf Fälle auszudehnen, in welchen auf an sich berechtigte Anträge wegen Erteilung auszugsweiser Grundbuchabschriften das Nichtvorhandensein entsprechender Eintragungen festgestellt wird. KG. ROLG. 4 S. 325. KG. 21 S. A 273; RJA. 1 S. 210.

4. Bevollmächtigte haben sich durch eine Vollmacht des Berechtigten zu legitimieren. Zu der Vollmacht genügt privatschriftliche Form. Entscheidend für das Recht auf Einsicht des Grundbuchs ist das berechtigte Interesse des Vertretenen. Ein Grund für die Zurückweisung des Vertreters kann aus dessen Person nur dann entnommen werden, wenn der im Einzelfalle näher zu rechtfertigende Verdacht besteht, daß der Vertreter nicht das fremde berechtigte, sondern das eigene unberechtigte Interesse oder das Interesse Dritter wahrnehmen werde. KG. 22 S. 123. Der Notar hat bei dem Antrage auf Gestattung der Einsicht des Grundbuchs ein berechtigtes Interesse und zwar dasjenige seines Auftraggebers darzulegen. KG. Preuß. JMBl. 1901 S. 216. Prozeßagenten (ZPO. § 157 Abs. 4) werden regelmäßig als Bevollmächtigte zuzulassen sein. Ebenso Winkelkonsulenten. KG. 22 S. A 122.

5. Rechtsmittel. Gegen die Entscheidung des GBA., durch welche dieses die Einsicht oder die Erteilung einer Abschrift ablehnt, findet die Beschwerde statt. § 71. Die weitere Beschwerde ist beschränkt auf den Fall einer Gesetzesverletzung (§ 78), versagt also, wenn die Ablehnung aus dem tatsächlichen Grunde der mangelnden Darlegung eines berechtigten Interesses erfolgt ist und erscheint nur dann zulässig, wenn ein Rechtsirrtum zur Versagung der Einsicht oder Abschriftenerteilung geführt hat. KG. 20 S. A 7. RJA. 1 S. 4. Gegen die zu Unrecht erfolgte Gewährung der Einsicht ist nur Beschwerde im Aufsichtswege zulässig.

6. Unberührt bleiben die Vorschriften des öffentl. Rechtes, welche in den einzelnen Bundesstaaten die Befugnis von Behörden und Beamten zur Einsicht des Grundbuchs regeln. Eine Ergänzung findet § 11 in § 93, der die Landesjustizverwaltung ermächtigt, die Einsicht des Grundbuchs und die Erteilung von Abschriften in weiterem Umfange zu gestatten. Einsicht der Grundakten: § 94. (Preußen: JMV. v. 20. Nov. 1899 §§ 32, 33, 36. AG. z. GBO. Art. 7 Abs. 2.)

§ 12.

Verletzt ein Grundbuchbeamter vorsätzlich oder fahrlässig die ihm obliegende Amtspflicht, so trifft den Beteiligten gegenüber die im § 839 des Bürgerlichen Gesetzbuchs bestimmte Verantwortlichkeit an Stelle des Beamten den Staat oder die Körperschaft, in deren Dienste der Beamte steht. Das Recht des Staates oder der Körperschaft, von dem Beamten Ersatz zu verlangen, bleibt unberührt.

Z. f. DZP. 28 S. 368. Zentralbl. 2 S. 244.

BGB. § 839. Verletzt ein Beamter vorsätzlich oder fahrlässig die ihm einem Dritten gegenüber obliegende Amtspflicht, so hat er dem Dritten den daraus entstehenden Schaden zu ersetzen. Fällt dem Beamten nur Fahrlässigkeit zur Last, so kann er nur dann in Anspruch genommen werden, wenn der Verletzte nicht auf andere Weise Ersatz zu erlangen vermag.

Verletzt ein Beamter bei dem Urteil in einer Rechtssache seine Amtspflicht, so ist er für den daraus entstehenden Schaden nur dann verantwortlich, wenn die Pflichtverletzung mit einer im Wege des gerichtlichen Strafverfahrens zu verhängenden öffentlichen Strafe bedroht ist. Auf eine pflichtwidrige Verweigerung oder Verzögerung der Ausübung des Amtes findet diese Vorschrift keine Anwendung.

Die Ersatzpflicht tritt nicht ein, wenn der Verletzte vorsätzlich oder fahrlässig unterlassen hat, den Schaden durch Gebrauch eines Rechtsmittels abzuwenden.

---

1. Für Pflichtverletzungen der Grundbuchbeamten haftet den Beteiligten der Grundbuchbeamte überhaupt nicht, sondern nur der Staat oder die Körperschaft und zwar in der Art, daß wenn ein Grundbuchbeamter die ihm obliegende Amtspflicht vorsätzlich oder fahrlässig verletzt, die im § 839 BGB. bestimmte Verantwortlichkeit an Stelle des Beamten den Staat trifft. „Die Ersatzpflicht des Staates besteht also insoweit und insolange, als der Beamte selbst nach jener Vorschrift haften würde." Dsch. 155.

2. Ein Grundbuchbeamter, d. h. ein Beamter des GBA. muß seine Amtspflicht verletzt haben. Wer als Beamter des GBA. anzusehen ist, ergibt das Landesrecht. Auf Aufsichtsbeamte, die durch unterlassene rechtzeitige Bestellung eines Vertreters oder in anderer Weise ihre Amtspflicht verletzt haben, findet § 12 unstreitig keine Anwendung. Ob er sich auf die Mitglieder des Beschwerdegerichts bezieht, ist streitig. Für die Bejahung der Frage treten ein Dernburg § 35 A. 1 S. 101. Oberneck S. 99. Predari S. 97 A. 3. Richtiger erscheint es — mit Achilles-Strecker S. 176 A. 2a. Fuchs II S. 155 A. 4 und Turn.-Först. II S. 74 A. 2 — die Frage zu verneinen, da die Mitglieder der Beschwerdegerichte keine Grundbuchbeamten sind und für eine analoge Ausdehnung des § 12 auf sie kein Bedürfnis vorliegt. Für ihre Haftung sowie für die der Aufsichtsbeamten ist § 839 BGB. maßgebend.

3. Verletzung einer Amtspflicht kann sowohl durch Verzögerung oder Unterlassung (zu späte Erledigung oder Nichterledigung eines Eintragungsantrags), als durch Handlung (ungerechtfertigte Löschung) begangen werden. Die Worte des § 839 BGB. „einem Dritten gegenüber" sind in § 12 weggelassen. Damit soll klar gestellt werden, daß im Sinne des § 839 sämtliche Amtspflichten des Grundbuchbeamten Pflichten sind, die ihnen einem Dritten gegenüber obliegen. Dsch. 155. Es soll also jede Amtspflicht, durch deren Verletzung ein Dritter geschädigt ist, als dem Dritten gegenüber obliegend angesehen werden. Fuchs II S. 159 A. 6.

4. Es muß Vorsatz oder Fahrlässigkeit des Grundbuchbeamten vorliegen. Die „Fahrlässigkeit" des § 12 umfaßt „jedes Versehen". KB. 214. Es reicht also aus, wenn der Grundbuchbeamte die in der Ausübung des Amtes erforderliche Sorgfalt außer acht läßt. BGB. § 276 Abs. 1. Immer aber ist die Voraussetzung der Haftbarkeit ein Verschulden des Beamten Also keine Haftbarkeit, wenn der Grundbuchbeamte bei der Entscheidung über Rechtsfragen der von beachtenswerter Seite, insbesondere von den obersten Gerichtshöfen vertretenen Auffassung gefolgt ist. Beispiele aus der Praxis: OTr. 3 S. 253; Strieth. 76 S. 225. RG. 22 S. 235; 35 S. 214, 308; 42 S. 325; Bolze 1 Nr. 525, 526; 5 Nr. 329; 7 Nr. 273; 9 Nr. 190; 10 Nr. 272b; 11 Nr. 176; 13 Nr. 211, 217, 218; JW. 88 S. 36; Gruch. 25 S. 453; 30 S. 137; 32 S. 729; 33 S. 1113. Hat der Grundbuchbeamte im Zustande der Bewußtlosigkeit oder in einem die freie Willensbestimmung ausschließenden Zustande krankhafter Störung der Geistestätigkeit seine Amtspflicht verletzt, so liegt keine Fahrlässigkeit vor und der Staat ist für den Schaden nicht verantwortlich. Hat der Beamte sich durch geistige Getränke oder ähnliche Mittel in einen vorübergehenden Zustand dieser Art versetzt, so ist der Staat für Verletzungen der Amtspflicht in gleicher

Weise verantwortlich, wie wenn dem Beamten Fahrlässigkeit zur Last fiele; die Verantwortlichkeit tritt nicht ein, wenn der Beamte ohne Verschulden in den Zustand geraten ist.

Der die Haftung eines Beamten einschränkende Abs. 2 des § 839 ist — gegen Dernburg § 35 Nr. 3 S. 102 — auf Grundbuchbeamte nicht zu beziehen, findet vielmehr nur auf den Spruchrichter Anwendung. Turn.-Först. II S. 75 A. 2. Predari S. 98. Achilles-Strecker S. 177. Fuchs II S. 154 A. 2.

5. Im Falle des mitwirkenden Verschuldens des Beschädigten hängt die Verpflichtung des Staates zum Ersatze des entstandenen Schadens sowie der Umfang des zu leistenden Ersatzes von den Umständen, insbesondere davon ab, inwieweit der Schaden vorwiegend von dem einen oder dem anderen Teile verursacht ist. Dies gilt auch dann, wenn der Beschädigte unterlassen hat, den Schaden abzuwenden oder zu mindern. BGB. § 254. Hat aber der Beschädigte vorsätzlich oder fahrlässig unterlassen, den Schaden durch Gebrauch eines Rechtsmittels abzuwenden, so tritt eine Ersatzpflicht überhaupt nicht ein. BGB. § 839 Abs. 3. Eine Fahrlässigkeit kann darin gefunden werden, daß der Beschädigte die aus dem Hypothekenbriefe erkennbaren Fehler ungerügt läßt (Fuchs II S. 160 A. 8), daß er von dem Hinweise des GBA. auf die Zulässigkeit der Beschwerde keinen Gebrauch gemacht (Koellner S. 7), auch darin, daß er die Einholung des Rats eines Rechtsverständigen unterlassen hat. Predari S. 102 A. 5. In der Unterlassung der Einziehung von Erkundigungen auf dem GBA. hat das RG. (Gruch. 27 S. 895, 33 S. 1080) kein Verschulden des Beschädigten gesehen. Die Frage, ob der Schaden durch Gebrauch eines Rechtsmittels abzuwenden gewesen wäre, ist im Rechtswege zum Austrage zu bringen. Fuchs II S. 161 A. 9, 10.

6. Es muß aus der Verletzung der Amtspflicht ein Schaden entstanden sein. Wegen der Verpflichtung zum Schadensersatze gelten die §§ 249 ff. BGB. Danach ist der Zustand herzustellen, der bestehen würde, wenn der zum Ersatze verpflichtende Umstand nicht eingetreten wäre. § 249 Satz 1. Ist also eine Hypothek zu Unrecht gelöscht, so ist sie mit ihrem früheren Range wieder einzutragen, mithin der Staat zur Herbeiführung dieser Eintragung zu verurteilen. Turn.-Först. II S. 80 A. 10. Fuchs II S. 162 A. 13. AM. Predari S. 103 A. 8, der die Anwendbarkeit des § 249 Satz 1 leugnet. Soweit die Herstellung nicht möglich oder zur Entschädigung des Verletzten nicht genügend ist, hat der Staat den Verletzten in Geld zu entschädigen. Er kann den Verletzten in Geld entschädigen, wenn die Herstellung nur mit unverhältnismäßigen Aufwendungen möglich ist. § 251. Der zu ersetzende Schaden umfaßt auch den entzogenen Gewinn. § 252.

7. Bei vorsätzlicher Verletzung der Amtspflicht haftet der Staat als erster und alleiniger Ersatzpflichtiger. Fällt aber dem Beamten nur Fahrlässigkeit zur Last, so kann der Staat nur dann in Anspruch genommen werden, wenn der Verletzte nicht auf andere Weise, d. h. von einem anderen Verpflichteten Ersatz zu erlangen vermag. BGB. § 839 Abs. 1. Als „anderer Verpflichteter" kommt aber nicht der Grundbuchbeamte in Betracht, da dieser dem Verletzten überhaupt nicht haftet, sondern nur derjenige andere, der aus irgend einem Grunde dem Verletzten zum Schadensersatze verpflichtet ist. Zur Begründung der Klage aus der subsidiären Ersatzpflicht des Staates gehört die Behauptung, daß es für den Verletzten unmöglich ist, auf andere Weise Ersatz zu erlangen. Ob diese Unmöglichkeit vorliegt, hat der Richter nach freier Überzeugung zu entscheiden. RG. 4 S. 324, 32 S. 322, 325; JW. 96 S. 327.

8. Die Beteiligten, denen nach § 12 ein Ersatzanspruch gegen den Staat zusteht, sind alle diejenigen, die durch die Pflichtverletzungen der Grundbuchbeamten unmittelbar einen Vermögensschaden erleiden (Dsch. 155), d. h. diejenigen, deren Rechte und Pflichten durch die Verletzung der Amtspflicht unmittelbar betroffen werden (Fuchs II S. 160 A. 7), also im Falle unrichtiger Eintragung derjenige, dessen Recht von der Eintragung betroffen wird oder zu dessen Gunsten die Eintragung erfolgen

sollte, im Falle unrichtiger Ausstellung eines Hypothekenbriefs derjenige, der die Hypothek auf Grund des Briefes erwirbt. Kretzschmar I S. 34. Diejenigen, welche erst nach geschehener Pflichtverletzung ein Recht an dem Grundstück, an der Hypothek 2c. erworben haben, können der Regel nach als Beteiligte im Sinne des § 12 nicht gelten. Predari S. 102 A. 6.

9. Für die Geltendmachung des Ersatzanspruchs ist der Rechtsweg eröffnet. Der allgemeine Gerichtsstand des Fiskus wird durch den Sitz der Behörde bestimmt, welche berufen ist, den Fiskus in dem Rechtsstreite zu vertreten. ZPO. § 18. Der Landesgesetzgebung bleibt überlassen, die Ansprüche den Landgerichten ausschließlich zuzuweisen. GVG. § 70 Abs. 2. Einwendungen kann der Staat in demselben Umfange geltend machen, wie sie der Beamte geltend machen könnte, an dessen Stelle er haftet. Zur Aufrechnung darf der Staat bloß seine eigenen Gegenforderungen an den Verletzten, die Gegenforderungen des Beamten aber nur dann verwenden, wenn sie ihm abgetreten sind. Turn.-Förft. II S. 80 A. 9. Fuchs II S. 162 A. 12.

10. Verjährung. Der Anspruch gegen den Staat verjährt in 3 Jahren von dem Zeitpunkt an, in welchem der Verletzte von dem Schaden Kenntnis erlangt, ohne Rücksicht auf diese Kenntnis in 30 Jahren von der Begehung der Handlung oder Unterlassung an. BGB § 852. Ein Schaden besteht nicht erst, wenn die Befriedigung des Verletzten durch Ausfall bei der Zwangsversteigerung vereitelt, sondern auch dann, wenn diese Befriedigung beeinträchtigt, wenn z. B. eine Hypothek nicht mit dem ihr gebührenden, sondern mit einem weniger günstigen Range eingetragen wird. Turn.-Förft. II S. 80 A. 10. Ist der Staat infolge der Pflichtverletzungen der Grundbuchbeamten bereichert, z. B. durch Gebühren (Oberneck S. 106), so dauert seine Verpflichtung zur Herausgabe der Bereicherung 30 Jahre. BGB. § 195.

11. Regreß. Das Recht des Staates oder der Körperschaft, von dem Beamten Ersatz zu verlangen, wird durch § 12 nicht berührt. „Ob und inwieweit ein solches Recht besteht, bestimmt sich nach den für das Dienstverhältnis des Beamten maßgebenden Vorschriften" (Dsch. 156), also nach Landesgesetz. (Preußen: AG. z. GBO. Art. 8.)

12. Übergangsbestimmung. Für Ansprüche aus Amtspflichtverletzungen, die vor dem 1. Januar 1900 begangen sind, bleiben die bisherigen Gesetze maßgebend. EG. z. BGB. Art. 170. Dies gilt auch dann, wenn erst nach jenem Zeitpunkte der Schaden eingetreten oder das Versehen entdeckt ist oder die Klage angestrengt wird. Habicht S. 173 A. 1.

2. Abschnitt. Eintragungen in das Grundbuch.

Vorbemerkungen.

Z. f. DZP. 29 S. 311, 327; 30 S. 473f. (Literaturnachweise); 28 S. 157, 505; 29 S. 197; 30 S. 123, 188, 190, 192, 197.

---

1. „Die Vorschriften des zweiten Abschnitts beziehen sich auf solche Eintragungen über die Rechtsverhältnisse eines Grundstücks, die nach der Anlegung des Grundbuchs vorzunehmen sind." Dsch. 156. Das Verfahren, in welchem die Anlegung der Grundbücher erfolgt, wird für jeden Bundesstaat durch landesherrliche Verordnung bestimmt (EG. z. BGB. Art. 186); es finden also die Vorschriften dieses Abschnitts darauf keine Anwendung.

2. Innerhalb der zu 1 bezeichneten Grenzen gilt der Abschnitt für alle Eintragungen, soweit sie überhaupt zulässig, d. h. soweit sie gesetzlich vorgeschrieben oder gestattet sind. Der Grundsatz der Vertragsfreiheit, welcher das Obligationenrecht beherrscht, hat für das Sachenrecht keine Geltung. Eintragungsfähig sind die dinglichen Rechte an Grundstücken und an den Rechten an Grundstücken, die Verfügungsbeschränkungen des Eigentümers oder eines sonstigen Berechtigten (BGB. § 892), die Vormerkungen und die Widersprüche.

Die Zahl der dinglichen Rechte ist eine geschlossene. M. z. BGB. III, 3. Das BGB. erkennt als dingliche Rechte an Grundstücken nur an das Eigentum, das Erbbaurecht, die Dienstbarkeiten (die Grunddienstbarkeiten, den Nießbrauch und die beschränkten persönlichen Dienstbarkeiten), das Vorkaufsrecht, die Reallasten, die Hypothek, die Grundschuld und die Rentenschuld. Als Belastungen der Rechte an Grundstücken, die nicht den Grundstücken gleichgestellt sind (BGB. § 1017; EG. z. BGB. Art. 63, 68, 196), läßt das BGB. nur zu den Nießbrauch und das Pfandrecht.

Nicht als dingliche Rechte anerkannt und daher von der Eintragung ausgeschlossen sind der Besitz, das Verwaltungs- und Nutzungsrecht des Ehemanns an dem eingebrachten Gute der Ehefrau, das Verwaltungs- und Nutzungsrecht der Eltern an dem Vermögen der in ihrer Gewalt stehenden Kinder, die aus dem Nachbarrecht sich ergebenden Verpflichtungen und Beschränkungen, das Wiederkaufsrecht, das Miet- und das Pachtrecht. Durch die nach dem EG. z. BGB. unberührt gebliebenen landesgesetzlichen Vorschriften können landesrechtlich sowohl Rechte, denen nach dem BGB. nur obligatorische Wirkung zukommt, als dingliche zugelassen, als auch dingliche Rechte von der Eintragung ausgeschlossen werden. Art. 59, 62, 64, 65—67, 109, 113—116, 133. Achilles-Strecker S. 21.

Eintragungen, die nicht erforderlich sind und das Grundstück nur unnütz belasten, sollen vermieden werden; Rechtsverhältnisse, die nicht eintragungsbedürftig sind, sind auch nicht eintragungsfähig. KG. 20 S. A 203.

3. Die Eintragungen dienen entweder zur Vollendung der Erwerbung oder der Aufhebung eines Rechtes oder zur Veröffentlichung einer erfolgten Rechtsänderung oder einer Verfügungsbeschränkung. M. z. BGB. III, 240. Sie sind meist endgültige. Daneben kennt das Recht auch solche, die wie die Vormerkung und der Widerspruch eine künftige Eintragung oder Löschung nur vorbereiten. Löschungen sind diejenigen Eintragungen, die sich auf das Erlöschen eines eingetragenen Rechtes oder eines Rechtes an solchem Rechte beziehen.

4. Inhaltlich muß die Eintragung alles ergeben, was notwendig ist um erkennbar zu machen, inwieweit eine Rechtsänderung durch die Eintragung eintritt oder schon vorher eingetreten ist. Insbesondere muß der Eintragungsvermerk neben der Angabe des Rechtes auch die Bezeichnung des Berechtigten enthalten; fehlt es hieran, so ist die Eintragung unwirksam, das dingliche Recht also nicht entstanden. RG. JW. 1900 S. 572. In gewissem Umfange kann die Eintragung durch Bezugnahme auf die Eintragungsbewilligung ergänzt werden. BGB. §§ 874, 1115. Die Formulierung des Eintragungsvermerks ist Sache des GBA. Für den Inhalt des Eintragungsvermerks ist der Wille der Parteien maßgebend. Das GBA. ist nicht berechtigt, die Eintragung einzelner Punkte um deswillen abzulehnen, weil er sie nicht für eintragungsbedürftig erachtet, sofern nicht etwa der beantragte Vermerk etwas Ungesetzliches in sich schließt oder die Übersichtlichkeit des Grundbuchs gefährdet. KG. 23 S. A 143.

Bei jeder Eintragungsverfügung ist anzugeben, von wem die Kosten zu erfordern sind. Das Kosten- (und Stempel-)wesen bestimmt sich nach den Landesgesetzen. (Preußen: AG. z. GBO. Art. 30.) Die Anordnung der Eintragung hat nicht die Natur eines bindenden Beschlusses, sondern ist nur eine innere Angelegenheit des GBA., als einer verwaltenden, nicht einer rechtsprechenden Behörde (M. z. I. Entw. e. GBO. S. 49 f.), kann mithin bis zur Ausführung der Eintragung jederzeit geändert und zurückgenommen werden. Turn.-Först. II S. 83.

5. Etwaige Zweifel über die Zulässigkeit einer beantragten Eintragung hat das GBA. selbst zu lösen und darf die Entscheidung nicht wegen rechtlicher Be-

denken dem Prozeßgericht überlassen. KG. RDLG. 5 S. 190. Insbesondere muß das GBA. von Amts wegen aufklären, ob ausländisches Recht anzuwenden ist und was dieses bestimmt. OLG. Rostock, RDLG. 4 S. 76. Die vom GBA. vertretene Rechtsansicht ist aber für das Prozeßgericht nicht bindend. Z. f. DZP. 29 S. 470.

6. Die Rechtmäßigkeit der Eintragungsanträge hat das GBA. zu prüfen. Die Prüfungspflicht erstreckt sich aber nur darauf, ob die formalen Voraussetzungen der Eintragung (Identität, Geschäftsfähigkeit, Verfügungsbefugnis, Legitimation des Vertreters, Inhalt und Form der Verfügung) in Ordnung sind. Die Prüfung materieller Erfordernisse ist nur ausnahmsweise (§ 20; BGB. § 925) vorgeschrieben. Ist zu der in der Eintragungsbewilligung enthaltenen Verfügung die Genehmigung des Vormundschaftsgerichts erforderlich (BGB. §§ 1821—1823), so kann zwar diese Genehmigung formlos und auch stillschweigend erfolgen, dem GBA. muß sie aber durch eine öffentliche Urkunde (§ 29) nachgewiesen werden; anderenfalls ist der Antrag auf Eintragung zurückzuweisen. Achilles-Strecker S. 186, 239. R. Foerster S. 122. AM. Schlowka, Zentralbl. 2 S. 871. Entsprechendes muß für die Genehmigung anderer Aufsichtsorgane (Ehemann, Vormund, Pfleger, Gegenvormund, Beistand) gelten. Ob das Grundbuch mit dem materiellen Rechtsstande übereinstimmt, hat das GBA. nicht zu prüfen, also auch nicht, ob der Käufer eines Grundstücks verheiratet ist und in welchem Güterstande er lebt. Der Frau bleibt gegebenenfalls der Anspruch auf Berichtigung aus § 1438 Abs. 3 BGB. LG. Mainz, Zentralbl. 3 S. 131. Bei der Prüfung der Verfügungsbefugnis des Verfügenden ist das GBA. nicht an das Vorbringen der Beteiligten und an die von diesen vorgelegten Urkunden gebunden, sondern kann auch den Inhalt anderweit ihm in beglaubigter Form im Rahmen seiner dienstlichen Tätigkeit zugegangenen Materials berücksichtigen. Als ein derartiges Material hat die Praxis insbesondere anerkannt die Grundakten (KG. 20 S. A 282) und Pfändungsbeschlüsse, von denen der Grundbuchbeamte in seiner gleichzeitigen Eigenschaft als Prozeßrichter Kenntnis erlangt hat. Über ein durch Pfändung beschränktes Recht ist eine grundbuchmäßige Verfügung nur zulässig, sofern gleichzeitig die Eintragung der Verfügungsbeschränkung mit beantragt wird. KG. Zentralbl. 3 S. 300, 367. Bloße Möglichkeiten und Vermutungen kommen nicht in Betracht. KG. 25 S. A 117; RDLG. 6 S. 197.

§ 13.

Eine Eintragung soll, soweit nicht das Gesetz ein anderes vorschreibt, nur auf Antrag erfolgen. Der Zeitpunkt, in welchem ein Antrag bei dem Grundbuchamt eingeht, soll auf dem Antrage genau vermerkt werden.

Antragsberechtigt ist jeder, dessen Recht von der Eintragung betroffen wird oder zu dessen Gunsten die Eintragung erfolgen soll.

„D. Recht“ 1902 S. 15. Z. f. DZP. 30 S. 373 (Literaturnachweis); 25 S. 144, 150; 27 S. 318, 359; 28 S. 171, 502; 30 S. 186, 192.

I. Abs. 1 Satz 1. Antrag. 1. Formelle Voraussetzung jeder Eintragung ist ein Antrag. Ausnahmen von dieser durch Reichsgesetz aufgestellten Regel können landesgesetzlich nur auf den Vorbehaltsgebieten aufgestellt werden. M. z. I. Entw. S. 53 ff. Eintragungen von Amts wegen darf hiernach das GBA. nur da vornehmen, wo sie in der GBO. vorgeschrieben sind; vorgeschrieben sind sie aber in den §§ 7, 8 Abs. 2, 18 Abs. 2, 23, 24, 49, 52, 53, 54, 76, 89. Das Ersuchen einer Behörde ist dem Antrage gleichgestellt. § 39. Um einen Antrag auf Eintragung als vorliegend annehmen zu können, ist nicht erforderlich, daß gerade der Ausdruck „Antrag“ gebraucht ist, es genügt, wenn aus der Erklärung der auf Stellung eines bestimmten Antrags gerichtete Wille hervorgeht. LG. Bautzen, Soergel 1900/1 S. 554.

2. Inhaltlich muß sich der Antrag als prozessuale Handlung (§ 30) mit der Bewilligung, als der rechtsgeschäftlichen Grundlage der Eintragung (§§ 19, 29) decken. Der Antrag darf weder mehr noch anderes verlangen, als bewilligt ist. Auch nicht weniger. Hat der Grundeigentümer die Eintragung von 1000 Mk. bewilligt, so kann nicht ohne weiteres angenommen werden, daß er auch mit der Eintragung von nur 500 Mk. einverstanden ist und diese bewilligt haben würde. Ein Antrag, der von der Bewilligung abweicht, kann nur auf eine anderweite neue formgerechte Bewilligung gegründet werden. Die Bewilligung kann mit dem Antrage verbunden werden. Ist dies geschehen, hat zB. der Eigentümer die Eintragung einer Hypothek beantragt, ohne eine besondere Eintragungsbewilligung beizufügen, so ist zum Erwirken der Eintragung das Einreichen des die Bewilligung einschließenden Antrags hinreichend. KG. 1 S. 108. RG. 22 S. 235.

3. Widerspruch. Der Berechtigte, der dem anderen Teile eine formgerechte Eintragungsbewilligung ausgehändigt hat, ist an seine Erklärung gebunden. BGB. § 873 Abs. 2. Daraus folgt, daß wenn der andere Teil auf Grund dieser Bewilligung die Eintragung beantragt, das GBA. den vom Berechtigten erhobenen Widerspruch gegen die Eintragung nicht berücksichtigen darf. Es ist Sache des Berechtigten, beim Prozeßgericht im Wege der einstweiligen Verfügung die Eintragung einer Vormerkung oder eines Widerspruchs zum Schutze gegen die ihn gefährdende Eintragung zu erwirken. Turn.-Först. II S. 89 A. 7.

4. Eintragung ohne gehörigen Antrag ist ordnungswidrig, aber nicht ohne weiteres rechtsunwirksam. Abs. 1 Satz 1 (Eintragung „soll" erfolgen) enthält nur eine Ordnungsvorschrift. Ein Verstoß gegen diese Vorschrift steht dem Eintritt der Rechtsänderung nicht entgegen, sofern nur die materiellrechtlichen Erfordernisse der Rechtsänderung — die Einigung der Beteiligten, die Aufhebungserklärung des Berechtigten (BGB. §§ 873, 875) ꝛc. — vorliegen. Dies gilt nicht nur, wenn der Antrag fehlt, sondern auch wenn er von einer anderen als der dazu berechtigten Person gestellt ist. M. z. I. Entw. S. 52.

5. Form des Eintragungsantrags: § 30; Zurücknahme des Antrags: § 32.

II. Abs. 1 Satz 2. Präsentation. 6. Der Zeitpunkt des Eingangs der Anträge ist maßgebend für die Reihenfolge der Eintragungen (§§ 17, 46) und für das hiernach sich bestimmende Rangverhältnis unter mehreren Rechten. BGB. § 879. Eine von dem Berechtigten nach §§ 873, 875, 877 BGB. abgegebene Erklärung wird nicht dadurch unwirksam, daß der Berechtigte nach dem bezeichneten Zeitpunkt in der Verfügung beschränkt wird. BGB. § 878. Auch ist dieser Zeitpunkt für die Kenntnis des Erwerbers eines Rechtes von der Unrichtigkeit des Grundbuchs entscheidend. BGB. § 892 Abs. 2. Im Hinblick auf die Wichtigkeit des Zeitpunkts des Eingangs ist angeordnet, daß dieser Zeitpunkt auf dem Antrage genau vermerkt werden soll. KV. 215. Hiernach ist nötigenfalls auf dem Antrage der Zeitpunkt des Eingangs nach der Minute anzugeben. Bei den Urkunden, auf Grund deren eine Eintragung erfolgen soll, ist ein Eingangsvermerk überhaupt nicht erforderlich, wohl aber muß die Zahl der Anlagen auf dem Antrage vermerkt werden. Die bei dem GBA. selbst aufgenommenen Eintragungsanträge müssen auch dann präsentiert werden, wenn im Eingange des Protokolls der Zeitpunkt der Aufnahme genau angegeben ist, denn nur der vollständige Antrag kann präsentiert werden, vollständig aber wird der Antrag erst mit der Vollziehung des Protokolls. Preuß. JMV. v. 14. Nov. 1872, JMBl. S. 302. Schriftlich eingereichte Anträge sind eingegangen in dem Zeitpunkte, in dem sie dem zum Aufsetzen des Präsentationsvermerks landesrechtlich für zuständig erklärten Beamten des GBA. vorgelegt sind. Nur die Vorlegung, nicht das Öffnen ist maßgebend; mehrere gleichzeitig vorgelegte Anträge sind gleichzeitig, nicht in der Reihenfolge ihres Öffnens eingegangen. Achilles-Strecker S. 195 A. 4b.

7. Die Fragen, welche Grundbuchbeamte zum Aufsetzen des Präsentationsvermerks berechtigt und verpflichtet sind, ob der Präsentationsvermerk von dem betreffenden Beamten mit seinem vollen Namen zu unterzeichnen ist oder ob die Unterzeichnung mit Anfangsbuchstaben des Namens genügt, ob die Präsentation nur im Amtslokal oder auch anderswo vorgenommen werden darf, sind unentschieden geblieben, also der landesrechtlichen Bestimmung überlassen. (Preußen: AG. z. GBO. Art. 4.)

8. Für Versehen bezüglich des Präsentationsvermerks sind die Grundbuchbeamten verantwortlich. § 12. Irrtümer können vor der Eintragung ohne weiteres berichtigt werden. Nach der Eintragung ist zur Herstellung der richtigen Reihenfolge die — nötigenfalls durch Klage — zu erwirkende Bewilligung der Beteiligten beizubringen. Bis zur Aushändigung des Hypothenbriefs sind Berichtigungen gemäß § 54 zuzulassen.

Wegen der geschäftlichen Behandlung, wenn die Grundstücke in den Geschäftsbezirken verschiedener Grundbuchämter liegen: § 49.

III. Abs. 2. **9.** Antragsberechtigt ist sowohl ein jeder Passivbeteiligter, d. h. der, dessen Recht von der Eintragung betroffen wird, als auch ein jeder Aktivbeteiligter, d. h. der, zu dessen Gunsten die Eintragung erfolgen soll. Das Antragsrecht steht also zu beim Eigentumsübergang dem Veräußerer und dem Erwerber, bei Bestellung einer Hypothek dem Eigentümer und dem Gläubiger, bei der Abtretung einer Hypothek dem Zedenten und dem Zessionar. Sind auf der einen oder der anderen Seite mehrere beteiligt, dann ist jeder von ihnen antragsberechtigt (Dsch. 156), sofern die materiellrechtlichen Voraussetzungen des Antrags gegeben sind. Fuchs II S. 171 A. 17. Ist zB. das Eigentum eines Grundstücks auf mehrere Erben des bisherigen Eigentümers übergegangen, so kann bei ungeteilter Erbschaft jeder einzelne Miterbe die Eintragung des Eigentums der sämtlichen Miterben beantragen. KG. 12 S 74, 20 S. A 209. Turn.-Först. II S. 96 A. 3. Erben des eingetragenen Eigentümers bedürfen zur Stellung des Löschungsantrags nicht ihrer vorgängigen Eintragung. KG. RJA. 2 S. 244.

Nach den Motiven soll nur den unmittelbar Beteiligten das Antragsrecht zustehen. M. 53. Dagegen bemerkt die Denkschrift: „Antragsberechtigter kann auch ein mittelbar Beteiligter sein". Dsch. 156. Der Wortlaut des Gesetzes bietet für eine Unterscheidung zwischen der unmittelbaren und der mittelbaren Beteiligung keinen Anhalt. Man wird daher der Auffassung der Denkschrift zu folgen, beispielsweise also, wenn bei der Bewilligung der Eintragung einer Hypothek die Eintragung des Nießbrauchs daran für einen Dritten bewilligt ist, den Dritten zur Stellung des Antrags auf Eintragung der Hypothek mit dem Nießbrauch für legitimiert zu erachten haben. Turn.-Först. II S. 95. Achilles-Strecker S. 196. Predari S. 260 A. 12. Die Auffassung der Motive vertreten Fuchs II S. 172 A. 19. Oberneck S. 132. Brachvogel-Frydrychowitz, Grundbuchrecht. R. Foerster S. 69.

10. Der Antragsteller braucht nicht selbst den Antrag dem GBA. einzureichen, er kann sich hierzu auch einer Mittelsperson bedienen. Geschieht dies, wird zB. die Erklärung des Gläubigers, in welcher dieser die Umschreibung einer Hypothek bewilligt und beantragt hat, dem GBA. vom Eigentümer zur Erledigung überreicht, so darf das GBA. die Erledigung des Antrags nicht ablehnen, sofern nicht etwa aus den Umständen hervorgeht, daß die Einreichung gegen den Willen der Beteiligten erfolgt ist. KG. 4 S. 118. Turn.-Först. II S. 89 A. 6. Predari S. 262 A. 16. AM. R. Foerster S. 70 III. Fuchs II S. 174 A. 24.

§ 14.

Die Berichtigung des Grundbuchs durch Eintragung eines Berechtigten darf auch von demjenigen beantragt werden, welcher auf Grund eines gegen den

Berechtigten vollstreckbaren Titels eine Eintragung in das Grundbuch verlangen kann, sofern die Zulässigkeit dieser Eintragung von der vorgängigen Berichtigung des Grundbuchs abhängt.

G. Schatzky, Die Grundbuchberichtigung zum Zwecke der Immobiliarvollstreckung, Breslau 1902. „D. Recht" 1901 S. 43.

---

1. Die Vorschrift steht im Zusammenhange mit dem § 40, demzufolge eine Eintragung der Regel nach nur erfolgen darf, wenn derjenige, dessen Recht durch sie betroffen wird, als der Berechtigte eingetragen ist. Soweit die Regel des § 40 reicht, bildet demnach die mangelnde Eintragung des Berechtigten ein äußeres Hindernis für jede sein Recht betreffende Eintragung. Der § 14 bezweckt die Beseitigung dieses Hindernisses. Dsch. 156.

2. Antragsberechtigt ist jeder Gläubiger, der einen vollstreckbaren Titel hat, kraft dessen die Eintragung eines bestehenden oder eines durch die Eintragung erst zu begründenden Rechtes an einem Grundstücke oder einem eingetragenen Rechte verlangt werden kann. Dsch. 157. Ob dem Titel ein dinglicher oder ein persönlicher Anspruch zugrunde liegt, macht keinen Unterschied. Es bedarf auch nicht der Verurteilung des Schuldners zur Bewilligung der Eintragung eines Rechtes am Grundstück, zB. zur Bestellung einer Hypothek. Auch dem Gläubiger, der wegen einer Geldforderung gegen einen nicht eingetragenen Berechtigten einen vollstreckbaren Titel erlangt hat, steht das Antragsrecht aus § 14 zu. Allerdings hat er dies Antragsrecht, wenn er im Wege der Zwangsvollstreckung oder zur Arrestvollziehung eine Sicherungshypothek eintragen lassen will, nur dann, wenn die einzutragende Forderung den Betrag von 300 Mk. übersteigt (ZPO. § 866 Abs. 3 Satz 2), doch fällt diese Beschränkung fort bei der Betreibung der Zwangsversteigerung oder der Zwangsverwaltung. Achilles-Strecker S. 200 A. 3a. Fuchs II S. 182 A. 7. Predari S. 271. Immer aber muß ein vollstreckbarer Titel vorliegen und zwar ein Titel, der „gegen den Berechtigten", d. h. gegen denjenigen vollstreckbar ist, dessen Eintragung beantragt wird. Im Falle der freiwillig erklärten Eintragungsbewilligung findet § 14 keine Anwendung. Der Berechtigte kann nur angehalten werden, selbst seine Eintragung herbeizuführen.

3. Die Befugnis des Antragsberechtigten geht dahin, an Stelle des Schuldners im eigenen Namen „die Berichtigung des Grundbuchs durch Eintragung eines Berechtigten" zu beantragen. Das Antragsrecht ist also nur gegeben, wenn der Schuldner, gegen den der Gläubiger einen vollstreckbaren Titel auf Eintragung erwirkt hat, selbst dinglich berechtigt, aber nicht als Berechtigter eingetragen ist. Unter dieser Voraussetzung findet das Antragsrecht nicht nur bei der Eintragung des Eigentums statt, vielmehr darf der Gläubiger die Eintragung des Berechtigten auch bei einem dinglichen Rechte, insbesondere bei der Hypothek, Grund- oder Rentenschuld herbeiführen. So zB. dann, wenn eine ererbte Buchhypothek von dem Erben verpfändet ist, die Eintragung des Pfandrechts aber nicht erfolgen kann, weil die Hypothek noch nicht auf den Erben umgeschrieben ist oder bei der Pfändung einer noch auf den Namen des bisherigen Gläubigers eingetragenen Eigentümerhypothek. Achilles-Strecker S. 199. Fuchs I S. 181, II S. 184 A. 11. Turn.-Först. II S. 95 A. 2, 97. Eine Verpflichtung des Gläubigers, außer der Berichtigung des Grundbuchs durch Eintragung des Berechtigten auch die Eintragung zu beantragen, welche er auf Grund des vollstreckbaren Titels verlangen kann, liegt nicht vor. Fuchs II S. 184 A. 12.

4. Zur Begründung des Antrags hat der Antragsteller dem GBA. außer dem vollstreckbaren Titel die zur Eintragung des Berechtigten erforderlichen Urkunden einzureichen. Die Verschaffung dieser Urkunden wird erleichtert durch die Bestimmungen der §§ 792, 896 ZPO., welche ihm die Möglichkeit gewähren, an Stelle des Schuldners die Erteilung der Urkunden, welcher er zur Herbeiführung der Eintragung bedarf (Erbschein 2c.), von Behörden, Beamten und Notaren zu verlangen. Dsch. 164.

Der Prozeßbevollmächtigte ist zu dem Antrage auf Berichtigung des Grundbuchs nicht legitimiert, auch wenn gleichzeitig von ihm die Eintragung einer Sicherungshypothek aus dem vollstreckbaren Titel beantragt wird. Fuchs II S. 186 A. 15. Handelt es sich darum, den Widerstand des Dritten, der als Berechtigter im Grundbuche eingetragen ist, zu beseitigen, will zB. der Gläubiger auf Grund eines vollstreckbaren Titels eine Sicherungshypothek eintragen lassen, wenn auf Grund einer zum Schein vorgenommenen Auflassung statt des Schuldners ein Dritter als Eigentümer eingetragen ist, so ist der Gläubiger in der Lage, gemäß § 256 ZPO. die Feststellungsklage gegen den Dritten dahin zu erheben, daß nicht dieser, sondern der Schuldner der Berechtigte sei; mit Hilfe des das Recht des Schuldners feststellenden Urteils kann dann der Gläubiger die Berichtigung des Grundbuchs nach § 14 erwirken. Außerdem kann der Gläubiger die Eintragung des Schuldners dadurch erreichen, daß er sich den Berichtigungsanspruch überweisen läßt, der dem Schuldner gegen den als Berechtigten im Grundbuch eingetragenen Dritten zusteht. Dsch. 157, 164.

5. Wenn der Schuldner nicht dinglich berechtigt ist, sondern nur einen persönlichen Anspruch auf Eintragung hat, wie zB. der Käufer eines Grundstücks vor der Auflassung, so findet § 14 keine Anwendung, da es sich alsdann nicht um Berichtigung des Grundbuchs handelt. In solchem Falle kann der Gläubiger den Anspruch des Schuldners auf Auflassung nach § 848 ZPO. pfänden. Steht dem Gläubiger eine vollstreckbare Geldforderung zu, so erlangt er mit dem Übergange des Eigentums auf seinen Schuldner ohne weiteres eine Sicherungshypothek. ZPO. § 848 Abs. 2.

§ 15.

Ist die zu einer Eintragung erforderliche Erklärung von einem Notar beurkundet oder beglaubigt, so gilt dieser als ermächtigt, im Namen eines Antragsberechtigten die Eintragung zu beantragen.

„D. Recht" 1901 S. 586.

---

1. Voraussetzung der Vorschrift ist, daß der Notar innerhalb seiner Zuständigkeit (BGB. § 129; RFG. § 167 Abs. 2 Satz 1) die zu der beantragten Eintragung erforderliche und sich unmittelbar auf sie beziehende (Fuchs II S. 187 A. 3) Erklärung beurkundet (ZPO. § 415) oder beglaubigt (BGB. § 129) hat. „Erklärung" im Sinne des § 15 kann sein die Eintragungsbewilligung (§ 19), die Zustimmungserklärung des Dritten (BGB. § 876) oder die nach § 27 zur Löschung einer Hypothek, einer Grundschuld oder einer Rentenschuld erforderliche Zustimmung des Eigentümers. Die Voraussetzung des § 15 trifft auch zu bei der Auflassung, wenn sie gemäß Art. 143 Abs. 1 EG. z. BGB. vor dem Notar erklärt werden kann. Ebenso bei der vom Notar nach § 794 Nr. 5 ZPO. aufgenommenen Urkunde. Turn.-Först. II S. 104 A. V. Sind zu einer Eintragung mehrere Erklärungen erforderlich, so genügt es, wenn der Notar eine von ihnen beurkundet oder beglaubigt hat. Durch die Beurkundung oder Beglaubigung des der Eintragung zugrunde liegenden Rechtsgeschäfts, zB. des Veräußerungsvertrages (BGB. § 313) wird der Notar zur Antragstellung nicht legitimiert. Enthält die Urkunde neben der Eintragungsbewilligung auch den Eintragungsantrag, so genügt die Einreichung der Urkunde an das GBA. Ein besonderer Antrag ist nicht erforderlich (KG. 21 S. A 153, 23 S. A 163), aber auch nicht ausgeschlossen. Es kann also auch dem Notar das Recht, zur Wahrung des ihm zustehenden Beschwerderechts (A. 5) den in der von ihm eingereichten Eintragungsbewilligung enthaltenen Antrag zu wiederholen, nicht versagt werden. Achilles-Strecker S. 204 A. 3 b. Fuchs II S. 188 A. 5.

2. Die vermutete Vollmacht des Notars bezieht sich lediglich auf den Eintragungsantrag, nicht auf die Eintragungsbewilligung. Gruch. 20 S. 63. Antrag und Bewilligung müssen sich inhaltlich decken. Sachlich abweichende Anträge zu

stellen ist der Notar nicht berechtigt. KG. 21 S. A 295. ROLG. 5 S. 199, 293. Insbesondere ist der Notar in Ermangelung einer in der Bewilligungsurkunde getroffenen Bestimmung nicht befugt, zu beantragen, daß der Hypothekenbrief einer anderen Person, als der in § 60 bezeichneten ausgehändigt wird. KG. 4 S. 144, 7 S. 297, 21 S. A 125, 295, 23 S. A 163. Ebensowenig ist er berechtigt, in dem Antrage unter dem Vorgeben einer Berichtigung die Eintragung auf andere Grundstücke, als die in der Eintragungsbewilligung bezeichneten, nachzusuchen. KG. RJA. 1 S. 201. Auch steht es ihm nicht zu, bei gleichzeitiger Einreichung zweier Eintragungsanträge zu bestimmen, daß die eine Eintragung im Range hinter der anderen erfolgt. KG. 26 S. A 83. RJA. 3 S. 246.

3. Der Eintragungsantrag kann vom Notar „im Namen eines Antragsberechtigten" gestellt werden, also nicht nur im Namen desjenigen, dessen Erklärung von ihm beurkundet oder beglaubigt ist. Der Notar, welcher die zur Löschung einer Eintragung erforderliche Erklärung des Berechtigten beglaubigt hat, ist befugt, die Löschung im Namen des Grundeigentümers ohne Vollmacht zu beantragen, die Löschung einer Hypothek oder Grundschuld aber nur, wenn außer der Löschungsbewilligung auch die Zustimmungserklärung des Eigentümers (BGB. § 1183) vorliegt. KG. RJA. 2 S. 38. Ist derjenige, für den der Antrag gestellt wird, nicht bezeichnet, so gilt der Antrag als für alle Antragsberechtigten gestellt (KG. 21 S. A 95, 24 S. A 91; ROLG. 6 S. 196, 210), sofern nicht die Umstände des Falles diese Vermutung ausschließen. KG. ROLG. 4 S. 494. Es haften dann alle Antragsberechtigten für die Kosten als Solidarschuldner. Martinius in Gruch. 44 S. 391. Predari S. 275 A. 4. AM. Turn.-Först. II S. 103 A. 2.

4. Außer der beurkundeten oder beglaubigten Erklärung hat der Notar alle übrigen Urkunden, die zur Eintragung erforderlich sind, in beglaubigter Form (§ 29) einzureichen. Der vom Notar beantragten Zurückgabe der Urkunden an ihn selbst steht nichts entgegen. Fuchs II S. 190 A. 9. Für die formellen Erfordernisse des notariellen Eintragungsantrags (Beidrückung des Amtssiegels ꝛc.) ist das Landesrecht maßgebend.

5. Gegen die seinen Antrag ablehnende Entscheidung des GBA. steht dem Notar die Beschwerde zu. Gegen die Entscheidung des Beschwerdegerichts hat er die weitere Beschwerde und zwar ohne Zuziehung eines Rechtsanwalts. § 80 Abs. 1. Deshalb sind ihm die seinem Antrage entgegenstehenden Hindernisse vom GBA. bekannt zu machen. RJA. 1 S. 153. Auch von der vollzogenen Eintragung ist nach § 55 dem Notar Nachricht zu geben, damit er sich von deren Richtigkeit und Vollständigkeit überzeugen kann; es ist Sache des Notars, den von ihm vertretenen Antragsberechtigten von der Benachrichtigung des GBA. in Kenntnis zu setzen. Achilles-Strecker S. 297 A. 1a. Hat der Antragsberechtigte selbst beim GBA. den Eintragungsantrag gestellt, so ist das Beschwerderecht des Notars ausgeschlossen. Bayr. Oberst. LG. RJA. 2 S. 107. KG. 22 S. D 3. AM. OLG. Hamburg, ROLG. 1 S. 318. Ebendasselbe muß gelten, wenn der Notar sich darauf beschränkt hat, die den Eintragungsantrag enthaltende Eintragungsbewilligung dem GBA. einzureichen. KG. ROLG. 1 S. 266. AM. Predari S. 277 A. 11. Schiffer in Gruch. 46 S. 345. Hat aber der Notar bei dieser Einreichung den in der Eintragungsbewilligung enthaltenen Eintragungsantrag seinerseits wiederholt (A. 1), so kann er ihn auch im Beschwerdewege verfolgen. Achilles-Strecker S. 204. Predari S. 277 A. 11.

6. Die Befugnis zur Zurücknahme eines von ihm gestellten Eintragungsantrags kann dem Notar nicht versagt werden. Sie ist in der Ermächtigung, einen Antrag zu stellen oder nicht zu stellen, eingeschlossen. Predari S. 276 A. 7. Achilles-Strecker S. 248. Schiffer in Gruchot 46 S. 348. Die Zurücknahme bedarf nach § 32 der Form des § 29 Satz 1.

7. Die Ermächtigung zur Stellung von Anträgen und zur Eintragung von Beschwerden endet, sobald der Notar aus seinem Amte ausscheidet. OLG. Köln, ROLG. 2 S. 244. Auf Grund von Erklärungen Bevollmächtigter darf der Notar

Anträge nicht stellen, sobald den Bevollmächtigten die Vertretungsbefugnis entzogen ist. KG. 21 S. A 280.

§ 16.

Einem Eintragungsantrage, dessen Erledigung an einen Vorbehalt geknüpft wird, soll nicht stattgegeben werden.

Werden mehrere Eintragungen beantragt, so kann von dem Antragsteller bestimmt werden, daß die eine Eintragung nicht ohne die andere erfolgen soll.

Zentralblatt 3 S. 568.

---

1. Abs. 1 bezieht sich auf bedingte Anträge. Das GBA. soll nicht in Ungewißheit darüber bleiben, ob die Eintragung wirklich begehrt ist oder nicht. Derartige Anträge sind nach § 18 zu behandeln. So zB. der Antrag, die Hypothek erst nach Zahlung des Darlehns einzutragen. Die Bestimmung enthält („soll") nur eine Ordnungsvorschrift. Ist die Eintragung erfolgt, so wird sie dadurch, daß sie gegen § 16 verstößt, nicht ungültig. Die Anwendung der Bestimmung darf keine übermäßige sein. Kann der Vorbehalt, an den der Eintragungsantrag geknüpft ist, ohne weiteres durch Einsicht des Grundbuchs erledigt werden, so wird das GBA. diese Einsicht nicht ablehnen dürfen. So zB. dann, wenn der Antrag gestellt ist, eine Hypothek für den Fall einzutragen, daß die vorstehenden Hypotheken gelöscht sind. Predari S. 278 A. 1. Turn.-Förft. II S. 105 A. 2. Auf Vorbehalte, die das einzutragende Recht inhaltlich beschränken, bezieht sich die Bestimmung nicht. Die Statthaftigkeit derartiger Vorbehalte ist nach materiellem Recht zu beurteilen. Ein Beispiel eines solchen statthaften Vorbehalts ist der Rangvorbehalt des § 881 BGB. Dsch. 157.

Entsprechende Anwendung wird Abs. 1 auf befristete Anträge finden. Der Antrag, eine Hypothek erst nach Ablauf einer bestimmten Zeit nach dem Eingange des Antrags einzutragen, würde, wenn ihm stattgegeben werden sollte, für diesen Zeitraum eine unzulässige Sperre des Grundbuchs zur Folge haben. Predari S. 278 A. 1.

2. Abs. 2 soll insbesondere die Erfüllung Zug um Zug sichern. Beispiel: die Bestimmung, daß die Eintragung der Auflassung nicht erfolgen soll ohne die Eintragung des rückständigen Kaufgeldes. Der Vorbehalt braucht nicht ausdrücklich ausgesprochen zu werden, es genügt, wenn er sich aus den Umständen ergibt. Die mehreren Eintragungen können gleichzeitig oder — solange der erste Antrag noch nicht erledigt ist (Oberneck S. 126) — nacheinander beantragt werden. Dsch. 157. Die Anträge können von derselben Person oder von verschiedenen Personen gestellt werden, sie können dasselbe Grundbuchblatt oder verschiedene Blätter betreffen, sofern nur (M. 72 zu § 38 I. Entw. AM. Fuchs II S. 193 A. 8) die betroffenen Grundstücke im Bezirke desselben GBA. liegen. Liegen die Grundstücke in verschiedenen Bezirken desselben GBA., so ist es Sache der betreffenden Beamten, sich wegen des Verfahrens zu verständigen. Ein lehrreiches Beispiel aus der Praxis gibt Predari S. 280 A. 7. Bei mehreren Anträgen, die nicht in einem untrennbaren Zusammenhange stehen, ist nur der unstatthafte Teil abzulehnen. Bayr. Oberst. LG., Seuff. 57 S. 379.

§ 17.

Werden mehrere Eintragungen beantragt, durch die dasselbe Recht betroffen wird, so darf die später beantragte Eintragung nicht vor der Erledigung des früher gestellten Antrags erfolgen.

---

1. Maßgebend für die Reihenfolge, in der mehrere Eintragungen zu bewirken sind, ist der Zeitpunkt, in dem die Eintragungsanträge beim GBA. vorgelegt

sind. § 13. Sind mehrere Anträge gleichzeitig vorgelegt, so ist bei den Eintragungen zu vermerken, daß sie gleichen Rang haben (§ 46); schließen die mehreren Anträge sich aus, so sind sie alle zurückzuweisen. Achilles-Strecker S. 206 A. 2b. Predari S. 282 A. 3a. AM. (Eintragung unter Vermerk des Sachverhalts) Dernburg § 45 Nr. 1 c, S. 130. Fuchs II S. 195 A. 3. Sind die Anträge nacheinander vorgelegt, so darf die später beantragte Eintragung erst nach der Erledigung des früher gestellten Antrags erfolgen. Erledigt ist aber der früher gestellte Antrag, wenn ihm stattgegeben oder wenn er endgültig zurückgewiesen (Dsch. 158) oder wenn zur Hebung eines Hindernisses eine Frist bewilligt und zugunsten des Antrags eine Vormerkung oder ein Widerspruch eingetragen ist. § 18 Abs. 2.

2. Die Vorschrift bezieht sich aber nur auf den Fall, wenn die mehreren beantragten Eintragungen dasselbe Recht betreffen. Denn hier kann die Vornahme der einen Eintragung auf die Zulässigkeit oder Wirksamkeit der anderen oder auf das Rangverhältnis zwischen den Eintragungen (BGB. § 879) von Einfluß sein (Kollisionsmöglichkeit). Dsch. 157. Beispiel: die Abtretung und die Pfändung derselben Hypothek. Wenn der Eigentümer die Eintragung einer Hypothek oder Grundschuld beantragt und nach Vorlegung dieses Antrags das Grundstück aufläßt, so ist zuerst die Hypothek oder Grundschuld und erst dann das Eigentum für den Erwerber einzutragen. Wird dagegen der Eintragungsantrag erst nach der Auflassung vorgelegt, so ist er abzuweisen, da zunächst die Eintragung des Erwerbers erfolgen muß und nach ihr die Hypothekenbestellung nicht mehr vom eingetragenen Eigentümer herrührt. RG. 28 S. 349. Der § 17 gilt auch dann, wenn die Grundlagen des späteren Eintragungsantrags ergeben, daß der Berechtigte bereits zur Zeit der Abgabe der Eintragungsbewilligung in der Verfügung über das Recht beschränkt war. OLG. Dresden, Zentralbl. 3 S. 167. Wird bei dem GBA. zunächst die Eintragung einer Verfügungsbeschränkung bei einer Briefhypothek und erst hierauf die Eintragung der Abtretung derselben Hypothek beantragt, so hat das GBA. die Verfügungsbeschränkung vor der Abtretung in das Grundbuch einzutragen und erstere auf dem Hypothekenbriefe zu vermerken, auch wenn die Abtretungsurkunde ihrem Datum nach früher ausgestellt, als die Verfügungsbeschränkung ergangen ist, sofern die Möglichkeit besteht, daß die Hypothek durch Übergabe des Hypothekenbriefs erst nach dem Erlasse der Verfügungsbeschränkung und in Kenntnis des Verfügenden und des Erwerbers von ihr erworben ist. KG. 25 S. A 163. Betreffen die mehreren Eintragungen verschiedene Rechte, so versagt § 17. Es steht zB. nichts entgegen, die später beantragte Löschung einer Hypothek vor der früher beantragten Eintragung einer anderen Hypothek vorzunehmen.

3. Nur auf die Reihenfolge der Eintragungen bezieht sich § 17, nicht auf andere Erledigungen der Anträge. „Die Zurückweisung eines später gestellten Antrags kann unbedenklich schon vor der Erledigung des früher gestellten Antrags erfolgen." Dsch. 158. Abweichungen von diesem Grundsatz können eintreten, wenn anzunehmen ist, daß für die Erledigung der Anträge der in § 16 Abs. 2 zugelassene Vorbehalt gelten soll. Dsch. 158. Ferner dann, wenn der spätere Antrag durch den früheren begründet wird.

4. Verstöße gegen § 17 üben auf die Rechtswirksamkeit der Eintragungen keinen Einfluß. Die Abweichung von der vorgeschriebenen Reihenfolge macht das Grundbuch nicht unrichtig. BGB. § 879 Abs. 1. Der Anspruch auf Berichtigung ist sonach ausgeschlossen. Beschwerde ist unzulässig. § 71 Abs. 2. Einen Anspruch auf Schadensersatz kann der Benachteiligte nach § 12 gegen den Staat, gegen den Vorgezogenen aber nur auf Grund eines besonderen persönlichen Anspruchs (ungerechtfertigte Bereicherung, unerlaubte Handlung) geltend machen. Planck S. 85 A. 4. Achilles-Strecker S. 207 A. 5.

§ 18.

Steht einer beantragten Eintragung ein Hindernis entgegen, so hat das Grundbuchamt entweder den Antrag unter Angabe der Gründe zurückzuweisen oder dem Antragsteller eine angemessene Frist zur Hebung des Hindernisses zu bestimmen. Im letzteren Falle ist der Antrag nach dem Ablaufe der Frist zurückzuweisen, wenn nicht inzwischen die Hebung des Hindernisses nachgewiesen ist.

Wird vor der Erledigung des Antrags eine andere Eintragung beantragt, durch die dasselbe Recht betroffen wird, so ist zugunsten des früher gestellten Antrags von Amts wegen eine Vormerkung oder ein Widerspruch einzutragen; die Eintragung gilt im Sinne des § 17 als Erledigung dieses Antrags. Die Vormerkung oder der Widerspruch wird von Amts wegen gelöscht, wenn der früher gestellte Antrag zurückgewiesen wird.

„D. Recht" 1901 S. 551; 1902 S. 142.

I. Abs. 1. 1. Das GBA. hat die Rechtmäßigkeit der Eintragungsanträge zu prüfen. (Legalitätsprinzip.) M. z. I. Ent. 86. Zweifelhaftigkeit der Entscheidung — zB. unklare Fassung letztwilliger Verfügungen, KG. 1 S 94, 3 S. 77, 79; 7 S. 125, 8 S. 65 — berechtigt nicht zur Ablehnung der Entscheidung. Vgl. S. 303 A. 5, 6. Hält das GBA. den Eintragungsantrag nicht für gerechtfertigt, so kann es den Antrag unter Angabe der Gründe zurückweisen oder durch Zwischenverfügung dem Antragsteller eine Frist zur Hebung des ihm mitzuteilenden Hindernisses bestimmen. Die Erwägung, daß durch die Zurückweisung des Antrags der durch dessen Eingang gewährte Rang (§§ 17, 46) verloren geht, wird dahin führen, die Zwischenverfügung als Regel zu wählen und die Zurückweisung nur dann auszusprechen, wenn sich der Antrag als unzulässig darstellt oder wenn zur Beseitigung des Hindernisses längere Zeit erforderlich ist, so daß mit der Hinausschiebung der Erledigung eine Gefährdung der Interessen der übrigen Antragsteller verbunden ist. KB. 217. KG. 20 S. A 275. Die Ungültigkeit der beigebrachten Eigentumsunterlagen, insbesondere der Mangel formrichtiger Auflassung gehört nicht zu den nach § 18 zu behandelnden Hindernissen. OLG. Dresden, Zentralbl. 3 S. 808.

2. Die Dauer der Frist ist so zu bestimmen, daß sie den Umständen des Falles angemessen ist. Überzeugt sich das GBA., daß die zunächst bestimmte Frist nicht angemessen ist, so kann es seine Entscheidung entsprechend berichtigen. Auch steht dem Antragsteller sowohl gegen die ohne Fristbestimmung erfolgte Ablehnung eines Eintragungsantrags (KG. 24 S. A 83; ROLG. 4 S. 185), als auch gegen die Bestimmung einer Frist überhaupt und gegen die Abmessung ihrer Dauer die Beschwerde offen. KG. 20 S. A 125. Die weitere Beschwerde kann darauf, daß von dem Ermessen des § 18 nicht der richtige Gebrauch gemacht wurde, nicht gestützt werden. OLG. Colmar, Soergel 1900/1 S. 559. Die Befugnis zur Erteilung von Nachfristen kann — gegen KB. 219 — dem GBA. nicht versagt werden. KG. 20 S. A 275. Fuchs II S. 210 A. 21.

3. Die Zurückweisung des Eintragungsantrags hat zur Folge, daß für den Rang der auf Grund des verbesserten neuen Antrags erfolgten Eintragung der Zeitpunkt des Eingangs des neuen Antrags maßgebend ist, so daß die in der Zwischenzeit erfolgten Eintragungen im Range vorgehen. Materielle Wirkungen hat die zurückweisende Entscheidung des GBA nicht und steht der Erneuerung des abgelehnten Antrags nicht entgegen. OLG. Colmar, ROLG. 4 S. 198. Eine nach § 875 Abs. 2 unwiderruflich abgegebene Verzichtserklärung bleibt unwiderruflich, auch wenn der auf sie gegründete Eintragungsantrag zurückgewiesen wird. M. z. I. Entw. 87.

4. Zwischenverfügung. Wird innerhalb der Frist die Hebung des Hindernisses nachgewiesen, so erfolgt die Eintragung. Anderenfalls ist der Antrag zurückzuweisen. Wird das Hindernis zwar nach dem Ablaufe der Frist, aber vor der Zurückweisung des Antrags gehoben, so wird die Eintragung nicht zu versagen sein; das Wort „inzwischen" ist — mit Turn.-Först. II S. 111 A. 1 und LG. Dresden, Soergel 1900/1 S. 558 — auf die Zeit bis zur Zurückweisung des Antrags zu beziehen. So wohl auch KB. 218 zu Antrag 3.

II. Abs. 2. 5. Der beanstandeten Eintragung soll der nach dem Zeitpunkte des Eingangs des Antrags begründete Rang offen gehalten werden. Geht im Laufe der Frist ein begründeter, dasselbe Recht betreffender kollidierender Antrag ein, so ist zugunsten des früher gestellten Antrags, je nachdem er eine Rechtsänderung oder die Berichtigung des Grundbuchs betrifft, eine Vormerkung oder ein Widerspruch einzutragen. Nach dieser Eintragung kann der spätere Antrag erledigt werden. Wird demnächst das Hindernis gehoben, so erfolgt die endgültige Eintragung auf den früheren Antrag an der durch die Vormerkung oder den Widerspruch gesicherten Stelle. Wird der früher gestellte Antrag zurückgewiesen, so wird gleichzeitig die Vormerkung oder der Widerspruch von Amts wegen gelöscht. Betrifft der zweite Antrag ein anderes Recht als der erste, so fällt die Eintragung einer Vormerkung oder eines Widerspruchs fort. Ist die Eintragung der Vormerkung zu Unrecht unterblieben, so kann sie jedenfalls dann nicht mehr nachgeholt werden, wenn inzwischen die von dem zweiten Antragsteller begehrte Eintragung erfolgt ist. Es bleibt dann nur die Bereicherungs- oder Schadensersatzklage möglich. KG. ROLG. 3 S. 305.

6. Bei Eintragungen im Wege der Zwangsvollstreckung ist die Fristbestimmung ausgeschlossen, da die Zwangsvollstreckung nur beginnen darf, wenn ihre Voraussetzungen schon bei Stellung des Antrags vorliegen Fuchs II S. 208 A. 19. LG. Konstanz, Zentralbl. 3 S. 256.

7. Das GBA. ist an seine Entscheidung nicht gebunden, kann vielmehr bis zu deren Abgabe an das Beschwerdegericht nachträglich sowohl dem zurückgewiesenen Eintragungsantrag stattgeben, als auch trotz der erfolgten Fristbestimmung den Antrag abweisen. Fuchs II S. 208 A. 20.

§ 19.

Eine Eintragung erfolgt, wenn derjenige sie bewilligt, dessen Recht von ihr betroffen wird.

E. Schweitzer, Eintragungsbewilligung der §§ 19, 22 GBO. „D. Recht" 1901 S. 15. Z. f. DZP. 27 S. 360; 28 S. 171 f., 369; 29 S. 167, 182; 30 S. 186; 31 S. 61.

---

1. Formelles Konsensprinzip. Das BGB. stellt für die Fälle, in welchen die Eintragung Erfordernis der Rechtsänderung ist, neben der Eintragung teils die Einigung der Beteiligten über den Eintritt der Rechtsänderung (§§ 873, 877, 880 Abs. 2, 1116 Abs. 2, 3, 1180), teils die einseitige Erklärung des Berechtigten (§§ 875, 928, 1132 Abs. 2, 1168 Abs. 1, 1188 Abs. 1, 1195, 1196 Abs. 2) als weiteres gleich wesentliches Erfordernis auf. Zur Eintragung in das Grundbuch ist außer dem Antrage die Bewilligung des „Betroffenen" (A. 2) erforderlich und ausreichend. Die Bewilligung ist also eine abstrakte rechtsgeschäftliche Willenserklärung, die für den formellen Grundbuchsverkehr jeden Eintragungsantrag ohne Rücksicht auf seine materielle Unterlage ausreichend begründet und das GBA. von der Verpflichtung befreit, zu prüfen, ob die materiellen Erfordernisse der einzutragenden Rechtsänderung vorliegen. Dsch. 158. M. z. BGB. III 158. Für das materielle Recht ist das Fehlen der Eintragungsbewilligung ohne Bedeutung. Dies die herrschende Ansicht. Nach anderer

Auffassung (RG. 54 S. 378, Schweitzer a. a. O., Kretzschmar I S. 168) ist die Eintragungsbewilligung identisch mit der materiellrechtlichen Einigungsofferte des Passivbeteiligten; gegen diese Auffassung: Fuchs II S. 216 Anm. 3. Der § 19 gilt für alle Arten der Eintragung, sowohl für die rechtsbegründenden, als auch — gegen Kretzschmar I S. 72, 75 — für diejenigen, die (§ 22) zur Berichtigung des Grundbuchs dienen. Turn.-Först. II S. 120 A. 12. Die Pflicht des GBA., inhaltlich unzulässige Eintragungen abzulehnen, wird durch § 19 nicht beseitigt. RG. Zentralbl. 2 S. 32.

2. Betroffener ist der durch die Eintragung verlierende Teil, im Gegensatz zu demjenigen, zu dessen Gunsten eine Eintragung erfolgen soll. KG. RJA. 3 S. 40. Wer danach als Betroffener gilt, ist im einzelnen Falle mit Rücksicht auf den Gegenstand der beantragten Eintragung nach den Vorschriften des BGB. zu beurteilen. Legitimiert ist bei der Eintragung von dinglichen Rechten — Reallasten, Vorkaufsrechten, Hypotheken, Grundschulden — der Eigentümer, bei der Übertragung (Abtretung) oder Aufgabe eingetragener Rechte der bisherige Berechtigte. „Handelt es sich um Änderungen des Inhalts eines Rechtes an einem Grundstücke, so ist die Bewilligung des Berechtigten und des Eigentümers erforderlich, da hier sowohl das Recht an dem Grundstück als auch das Eigentum selbst von der Eintragung betroffen wird. Dies gilt insbesondere für die Fälle, in denen eine Buchhypothek in eine Briefhypothek oder eine Briefhypothek in eine Buchhypothek, eine Sicherungshypothek in eine gewöhnliche Hypothek, eine gewöhnliche Hypothek in eine Sicherungshypothek, eine Hypothek in eine Grundschuld, eine Grundschuld in eine Hypothek umgewandelt oder in denen an die Stelle der Forderung, für welche die Hypothek besteht, eine andere Forderung gesetzt werden soll (BGB. §§ 1116, 1180, 1186, 1198)." Dsch. 158. Soll eine Hypothek, eine Grundschuld oder eine Rentenschuld im Range zurücktreten, so ist außer der Bewilligung des zurücktretenden Berechtigten auch die Bewilligung des Eigentümers erforderlich. BGB. § 880 Abs. 2. Die Bewilligung des Eigentümers genügt, wenn bei der Bewilligung der Eintragung einer Hypothek die Eintragung des Vermerks, daß die Erteilung des Hypothekenbriefs ausgeschlossen ist, bewilligt und beantragt wird; der Bewilligung des Gläubigers bedarf es nicht, da ihm vor seiner Eintragung kein Recht zusteht, das durch die Eintragung jenes Vermerks geschmälert würde. KG. 20 S. A 97. Der von dem Eigentümer bewilligten Erweiterung des Inhalts eines Hypothekenrechts durch Änderung der Zins- und Rückzahlungsbedingungen im Interesse des Gläubigers kommt, soweit nicht aus der Bewilligung ein anderer Wille zu entnehmen ist und nicht Rechte Dritter entgegen stehen, begrifflich der Rang des Rechtes selbst zu. Deshalb bedarf es keiner besonderen Erklärung des Eigentümers über den Rang der Erweiterung neben der Bewilligung und ebensowenig seiner besonderen Zustimmung zu der Einräumung des Vorrechts für die Erweiterung seitens gleich- oder nachstehender Hypothekengläubiger. KG. 26 S. A 140.

Die Eintragungsbewilligung muß vom wirklich Berechtigten ausgehen. Die Bewilligung des bloß Buchberechtigten genügt nicht. Bei der Prüfung darüber, ob der Bewilligende der wirklich Berechtigte ist, ist das GBA. nicht an das von den Parteien beigebrachte Urkundenmaterial gebunden, sondern berechtigt, den Inhalt der Grundakten zu prüfen und daraus Feststellungen zu treffen. Dies — gegen M. zu § 39 I. Entw. S. 73 — die herrschende Ansicht. KG. 20 S. A 277, RJA. 1 S. 163, 3 S. 38. Beispielsweise ist der Antrag des eingetragenen Eigentümers auf Eintragung einer Hypothek abgelehnt, nachdem der Grundbuchrichter aus den Grundakten festgestellt hatte, daß die Auflassungsverhandlung, auf Grund deren die Eintragung des Eigentümers stattgefunden hatte, von dem damaligen Grundbuchrichter nicht vollzogen, die Auflassung also nichtig und der als Eigentümer Eingetragene nur Bucheigentümer des Grundstücks geworden war. KG. RJA. 3 S. 38. Der Prozeßvergleich, durch welchen die Verpflichtung zur Abgabe einer Willenserklärung übernommen ist, bildet eine genügende Grundlage für Eintragungen in das Grundbuch. OLG. Dresden. „D. Recht" 1903 S. 183.

Daß zur Zeit der Bewilligung der Berechtigte als solcher eingetragen sein müsse, ist nicht vorgeschrieben. Es genügt, wenn seine Eintragung, sofern sie nach §§ 40, 41 nicht überhaupt entbehrlich erscheint, zu der Zeit vorhanden ist, in der auf Grund der Bewilligung die Eintragung erfolgen soll.

3. Die Eintragungsbewilligung muß, entsprechend dem Antrage, unbedingt und unbetagt sein. Sie muß den auf Bewilligung der Eintragung gerichteten Willen des Erklärenden unzweifelhaft erkennen lassen; die Feststellung dieses Willens im Wege der Auslegung der Erklärung ist nicht ausgeschlossen. RG. 52 S. 411. Turn.-Först. II S. 116 A. 4. Beispiele: KG. 21 S. A 121, 281; RJA. 2 S. 50. Die Bewilligung muß endlich auf eine gesetzlich zulässige Eintragung gerichtet sein. Rechte rein obligatorischer Natur sind nicht eintragungsfähig. So zB. die durch Rechtsgeschäft begründete Verfügungsbeschränkung (KG. 21 S. A 133, 25 S. A 149), der Verzicht des Grundeigentümers auf Ersatz des durch die Anlage und den Betrieb einer Eisenbahn ihm etwa erwachsenden Schadens oder auf die für die Entziehung von Straßenland zu gewährende Entschädigung. KG. 21 S. A 310, 25 S. A 147. Unzulässig ist ferner die Eintragung zwar nicht schon dann, wenn die nach § 873 BGB. erforderliche Einigung fehlt, wohl aber dann, wenn diese Einigung rechtlich ausgeschlossen ist. Eine von dem Eigentümer zweier Grundstücke zugunsten des einen Grundstücks an dem anderen bestellte Grundgerechtigkeit darf daher auf Bewilligung und Antrag des Eigentümers wegen Unmöglichkeit der Einigung nicht eingetragen und muß, wenn trotzdem die Eintragung erfolgt ist, nach § 54 als unzulässig von Amts wegen gelöscht werden. KG. RJA. 1 S. 167. RG. 47 S. 202; JW. 1901 S. 101. Vgl. BGB. § 1018 Anm. II. Vermerke, die sich kraft Gesetzes von selbst verstehen, sind gleichfalls von der Eintragung ausgeschlossen. KG. 20 S. A 199, 25 S. A 148. So der Vermerk, daß kraft der Hypothek das Grundstück auch für die in § 1118 BGB. bezeichneten Zinsen und Kosten haftet; ebenso die Festsetzung der gesetzlichen Rangverhältnisse der Hypothekenteile in den Fällen der §§ 1176, 774 BGB. KG. 21 S. A 165. Die Eintragung von Rechten für unstreitig oder nachgewiesenermaßen Nichtrechtsfähige, insbesondere Verstorbene hat das GBA. abzulehnen. KG. 24 S. A 83, 86; RJA. 3 S. 199. Vgl. BGB. § 1115 A. 1.

4. Wirksam wird die Eintragungsbewilligung, als empfangsbedürftige Willenserklärung, erst wenn sie dem GBA. zugegangen ist. § 130. Bedarf es zur Wirksamkeit der Genehmigung des Vormundschaftsgerichts, so reicht es aus, wenn die Genehmigung bei Aushändigung der Eintragungsbewilligung an das GBA. vorhanden ist. KG. RJA. 3 S 163.

5. Die bewilligte Eintragung kann nur erfolgen, wenn sie beantragt wird. § 13. Ist die Bewilligung in die Form des Antrags gekleidet, so bedarf es nicht noch eines besonderen Antrags.

6. Eintragung ohne Eintragungsbewilligung ist ordnungswidrig, aber nicht unwirksam, wenn sie auf Grund der Einigung der Beteiligten erfolgt ist. Dies folgt aus BGB. § 873. Boehm S. 391 V. Turn.-Först. II S. 120 A. 11. Das GBA. darf jedoch von der — ausdrücklichen — Eintragungsbewilligung ebensowenig absehen, wie von dem Eintragungsantrage. Fehlt die Eintragungsbewilligung, so ist die Eintragung abzulehnen. Allerdings ist in RG. 53 S. 378 die Auffassung vertreten, daß die formgerechte Einigung der Beteiligten (BGB. § 873, GBO. § 29) zur Herbeiführung der Eintragung ausreiche, da Eintragungsbewilligung und Antrag mit Notwendigkeit in der Einigung enthalten seien. Dieser Auffassung steht aber das Bedenken entgegen, daß die Beteiligten auch die Einigung zum Zwecke der Bindung erklären können, ohne die sofortige Eintragung zu wollen. Fuchs II S. 215 A. 2.

7. Inhalt der Eintragungsbewilligung: § 28; eine Sammlung von Eintragungsbewilligungen einschließlich der vom preuß. JM. angeordneten Formulare enthält das

Formularbuch für die freiwillige Gerichtsbarkeit von Weizsäcker u. Lorenz S. 111—195. Form: § 29,

8. Ausnahmen. Im Falle der Auflassung eines Grundstücks sowie der Bestellung oder Übertragung eines Erbbaurechts (BGB. §§ 925, 1015, 1017) bedarf es zur Eintragung des Nachweises der Einigung (§ 20); daneben ist die Bewilligung der Eigentumseintragung nicht erforderlich. KG. 24 S. A 231. AM. Fuchs II S. 218 A. 5. Ersetzt wird die Bewilligung durch das den Verpflichteten zu deren Erklärung verurteilende rechtskräftige Urteil (ZPO. §§ 894, 895), durch das Ersuchen der zuständigen Behörde (§ 39), bei der Übertragung oder Belastung einer Briefhypothek oder einer Briefgrundschuld oder eines Pfandrechts an einem eingetragenen Rechte durch die Abtretungs- oder Belastungserklärung. § 26. Abgesehen von der Bewilligung ist in den Fällen der §§ 21—25, 37, 38, des BGB. §§ 928 Abs. 2, 1139, der Eintragung von Vormerkungen und Widersprüchen auf Grund einstweiliger Verfügung, der Eintragung von Zwangs- und Arresthypotheken, der Eintragung auf Grund von Pfändungs- und Überweisungsbeschlüssen.

§ 20.

Im Falle der Auflassung eines Grundstücks sowie im Falle der Bestellung oder Übertragung eines Erbbaurechts darf die Eintragung nur erfolgen, wenn die erforderliche Einigung des Berechtigten und des anderen Teiles erklärt ist.

S. die Anmerkungen zu BGB. § 925.

§ 21.

Steht ein Recht, das durch die Eintragung betroffen wird, dem jeweiligen Eigentümer eines Grundstücks zu, so bedarf es der Bewilligung derjenigen, deren Zustimmung nach § 876 Satz 2 des Bürgerlichen Gesetzbuchs zur Aufhebung des Rechtes erforderlich ist, nur dann, wenn das Recht auf dem Blatte des Grundstücks vermerkt ist.

Die Vorschrift bezieht sich auf die subjektiv dinglichen Rechte (Grunddienstbarkeit § 1018, Vorkaufsrecht § 1094 Abs 2, Reallast § 1105 Abs. 2 BGB.). Zur Eintragung der Löschung dieser Rechte auf dem Blatte des belasteten Grundstücks bedarf es außer der Erklärung des Eigentümers des berechtigten Grundstücks, der Bewilligung der Realgläubiger dieses Grundstücks (z. B. der Hypothekengläubiger) nur dann, wenn das subjektiv dingliche Recht nach § 8 auf dem Blatte des berechtigten Grundstücks vermerkt ist. Fehlt dieser Vermerk, so genügt zur Eintragung der Löschung der subjektiv dinglichen Rechte die Erklärung des Eigentümers des berechtigten Grundstücks. Diese Bestimmung bildet aber nur eine Ordnungsvorschrift für die Buchung. Das materielle Recht des § 876 BGB. bleibt unberührt. Die Realgläubiger des berechtigten Grundstücks, welche nicht zugestimmt haben, behalten ihre Rechte an dem subjektiv dinglichen Rechte, trotz dessen Löschung und können die Berichtigung des Grundbuchs verlangen. Eccius in Gruch. 46 S. 446. Dernburg § 44 Nr. III, 3, S. 127. Achilles-Strecker S. 165 A. 3. Brachvogel-Frydrychowicz S. 190 A. 5. Predari S. 129 A. 13. Biermann S. 52 A. 1. AM. Turn.-Först II S. 125 A. 1. Kober zu § 21 A. 2 b. Es empfiehlt sich, mit dem Antrage auf Berichtigung den Antrag auf Vermerk des Rechtes auf dem Blatte des berechtigten Grundstücks zu verbinden. Dadurch wird erreicht, daß die abermalige Löschung des Rechtes nur mit Zustimmung des Dritten erfolgen kann.

§ 22.

Zur Berichtigung des Grundbuchs bedarf es der Bewilligung desjenigen, dessen Recht von der Berichtigung betroffen wird, nicht, wenn die Unrichtigkeit nachgewiesen wird. Dies gilt insbesondere für die Eintragung oder Löschung einer Verfügungsbeschränkung.

Die Berichtigung des Grundbuchs durch Eintragung eines Eigentümers oder eines Erbbauberechtigten darf, sofern nicht der Fall des § 14 vorliegt, nur mit Zustimmung des Eigentümers oder des Erbbauberechtigten erfolgen.

„D. Recht" 1901 S. 43, 192.

---

1. Die allgemeine Bestimmung des § 19 gilt auch für die Eintragungen zur Berichtigung des Grundbuchs, gleichviel ob von vornherein etwas objektiv Unrichtiges eingetragen ist oder ob infolge nachträglicher Rechtsänderungen, die sich außerhalb des Grundbuchs vollzogen haben, der Inhalt des Grundbuchs mit der wirklichen Rechtslage nicht mehr im Einklange steht. KB. 220. In dem einen wie in dem anderen Falle kann nach § 19 die Berichtigung erfolgen auf Grund der Bewilligung desjenigen, dessen Recht von ihr betroffen wird. Daneben ist es nach § 22 dem an der Berichtigung Interessierten gestattet, ohne Bewilligung des leidenden Teiles die Berichtigung auf Grund des Nachweises der Unrichtigkeit zu erwirken. Der Nachweis hat durch öffentliche Urkunden zu erfolgen. Als solche kommen in Betracht der Erbschein, die Verfügung von Todes wegen (§ 36), das Zeugnis des Nachlaßgerichts in den Fällen der §§ 37, 38, das Zeugnis des Gerichts über die Eintragung der güterrechtlichen Verhältnisse im Güterrechtsregister (§ 34), die Quittung über die Befriedigung des Hypothekengläubigers durch den Eigentümer oder den persönlichen Schuldner (BGB. §§ 1143, 1167), der Verzicht auf die Forderung, für welche eine Hypothek besteht (BGB. § 1168). Bescheinigungen, die von einem Beteiligten (Fiskus) ausgehen, sind zum Erbringen des Nachweises nicht geeignet. KG. ROLG. 6 S. 197. Auf die Behauptung, daß diejenigen Urkunden, auf Grund deren die Eintragung erfolgt ist, falsch ausgelegt seien, kann der Nachweis der Unrichtigkeit nicht gegründet werden. OLG. Celle, ROLG. 5 S. 295; KG. 26 S. A 80; RJA. 3 S. 258. Ist die Führung des Nachweises der Unrichtigkeit durch formgerechte Urkunden unmöglich, so kann die Berichtigung nur auf Grund der Bewilligung aus § 19 erfolgen.

2. Was in einem früheren Zustande sich als eine unrichtige Eintragung darstellt, kann, nachdem sich dieser Zustand anders gestaltet hat, nicht gemäß der in jenem früheren Zeitpunkt tatsächlich gegebenen Rechtslage richtig gestellt werden, vielmehr ist die Veränderung in der Zwischenzeit zu berücksichtigen. KG. im „Recht" 1903 S. 238. Der Berichtigung darf nicht ein inzwischen erfolgter gutgläubiger Rechtserwerb entgegenstehen. KG. ROLG. 6 S. 201.

3. Ob der öffentliche Glaube des Grundstücks sich auch auf die aus dem Kataster in das Grundbuch übernommenen Angaben über die Lage und Größe des Grundstücks erstreckt, ist bestritten. Vgl. BGB. § 892 A. 8. Wird die Frage verneint, so folgt daraus, daß das GBA. derartige tatsächliche Angaben, wenn sich ihre Unrichtigkeit herausstellt (z. B. durch die Flurbuchsanhänge oder sonstige Katasterdokumente), ohne weiteres berichtigen kann. Das GBA. wird aber auch mit der Möglichkeit einer Bejahung der Streitfrage rechnen müssen. Auch kann es häufig zweifelhaft sein, ob eine nur tatsächliche Angabe vorliegt. Deshalb wird das GBA. jedenfalls dann, wenn ein solcher Zweifel besteht, die Möglichkeit eines Rechtserwerbes auf Grund des Glaubens des Grundbuchs zu berücksichtigen haben, die Berichtigung also nur nach Anhörung der Beteiligten vornehmen dürfen. Achilles-Strecker S. 152. Predari S. 36 A. 21.

Auf diesem Standpunkt steht auch die Praxis. In KG. 25 S. A 98, 106 sind folgende Grundsätze aufgestellt. Eine Unrichtigkeit des Grundbuchs im Sinne des § 22 GBO. liegt auch dann vor, wenn einzelne auf Grund des Katasters als Bestandteile des Grundstücks verzeichnete Parzellen tatsächlich im Eigentum eines anderen als des Bucheigentümers stehen oder wenn eine Parzelle von dem Bestandsverzeichnis eines Grundstücks abgeschrieben und als zu einem anderen Grundstücke gehörig in das Bestandsverzeichnis des letzteren eingetragen werden soll. Wenn aber seit Zurückführung des Grundbuchs auf das Grundsteuerbuch ein Rechtserwerb in gutem Glauben an die Richtigkeit des Grundbuchs hinsichtlich des ersten Grundstücks stattgefunden hat, genügt der Nachweis der Zugehörigkeit der Parzelle zu dem anderen Grundstück nicht; vielmehr kann die Berichtigung nur erfolgen, wenn die Bewilligung des Rechtserwerbers beigebracht oder wenn im Prozeßwege festgestellt ist, daß er beim Erwerbe die Unrichtigkeit des Grundbuchs gekannt oder hinsichtlich der Parzelle einen Erwerbswillen nicht gehabt hat. Ist die Berichtigung bereits erfolgt, so kann nach § 71 GBO. im Wege der Beschwerde zwar nicht die Wiederzuschreibung der Parzelle zu dem einen und deren Löschung bei dem anderen Grundstück, wohl aber verlangt werden, daß das GBA. angewiesen wird, nach § 54 GBO. bei der Eintragung einen Widerspruch einzutragen. Ein solches Verlangen ist in dem Antrage auf Beseitigung der Eintragung als mitenthalten anzusehen.

4. Abs. 2 enthält eine Ausnahme von der Regel des Abs. 1. Besteht die Berichtigung des Grundbuchs in der Eintragung des Eigentümers, so darf die Eintragung nur mit dessen Zustimmung erfolgen. Gemeint ist der wirkliche derzeitige Eigentümer, der eingetragen werden soll, nicht aber der, welcher als Eigentümer im Grundbuche eingetragen steht. RJA. 1 S. 159. KG. 25 S. A 98, 107; ROLG. 5 S. 297 Wenn das Eigentum mehreren gemeinschaftlich zusteht, sei es nach Bruchteilen, sei es zur gesamten Hand, so bedarf es der Zustimmung sämtlicher Eigentümer. KG. 25 S. A 114; RJA. 3 S. 199. Die Zustimmung ist eine zur Eintragung erforderliche einseitige Erklärung, bedarf also der Form des § 29. Wenn der Eigentümer selbst seine Eintragung in der Form des § 29 beantragt, so ist damit auch seine Zustimmung erklärt. RJA. 1 S. 162. Wird der Antrag von einem anderen gestellt, so ist die besondere Zustimmungserklärung des Eigentümers notwendig. Von der Auflassungsform (BGB. § 925) ist abgesehen, da es sich nicht um den Erwerb des Eigentums, sondern um Berichtigung des Grundbuchs durch Eintragung des derzeitigen Eigentümers handelt. Entbehrlich ist die Zustimmungserklärung des Eigentümers im Falle des § 14, d. h. wenn der Berichtigungsantrag von demjenigen ausgeht, der einen gegen den wirklichen Eigentümer vollstreckbaren Titel hat, auf Grund dessen er eine Eintragung in das Grundbuch — zu der es nach § 40 der vorgängigen Eintragung des Eigentümers bedarf — verlangen kann.

Dem Eigentum ist in Abs. 2 das Erbbaurecht, diesem wieder sind in § 84 die landesechtlichen Erbpachtrechte und Abbaurechte gleichgestellt. (Preußen: AG. z. GBO. Art. 28.)

5. Andere Ausnahmen von § 22 Abs. 1 enthalten die §§ 23, 24, 27, 39.

§ 23.

Ein Recht, das auf die Lebenszeit des Berechtigten beschränkt ist, darf nach dessen Tode, falls Rückstände von Leistungen nicht ausgeschlossen sind, nur mit Bewilligung des Rechtsnachfolgers gelöscht werden, wenn die Löschung vor dem Ablauf eines Jahres nach dem Tode des Berechtigten erfolgen soll oder wenn der Rechtsnachfolger der Löschung bei dem Grundbuchamte widersprochen hat; der Widerspruch ist von Amts wegen in das Grundbuch einzutragen. Ist der Berechtigte für tot erklärt, so beginnt die einjährige Frist mit der Erlassung des die Todeserklärung aussprechenden Urteils.

Der im Abs. 1 vorgesehenen Bewilligung des Rechtsnachfolgers bedarf es nicht, wenn im Grundbuch eingetragen ist, daß zur Löschung des Rechtes der Nachweis des Todes des Berechtigten genügen soll.

---

1. Wenn Rückstände ausgeschlossen sind (Beispiel: das Wohnungsrecht, BGB. § 1093), ist die sofortige Löschung auf den bloßen Nachweis des Todes des Berechtigten zulässig. Ein Widerspruch gegen die Löschung ist unstatthaft, ein eingetragener Widerspruch steht der Löschung nicht entgegen, sofern er nicht etwa als Verfügungsbeschränkung des Eigentümers auf dessen Bewilligung oder auf Grund einer einstweiligen Verfügung des Gerichts angeordnet ist.

2. Sind Rückstände nicht ausgeschlossen (Beispiel: Altenteilsrechte), so ist zur Löschung des Rechtes die Bewilligung des Rechtsnachfolgers des Berechtigten dann erforderlich: a, wenn die Löschung vor dem Ablauf eines Jahres nach dem Tode des Berechtigten erfolgen soll, b, wenn der Rechtsnachfolger der Löschung widersprochen hat.

a, Bei Berechnung der Jahresfrist wird der durch die Sterbeurkunde nachgewiesene Todestag nicht mitgerechnet. BGB. § 187. Ist der Berechtigte für tot erklärt, so beginnt die einjährige Frist — abweichend von § 18 BGB. — mit der Erlassung des die Todeserklärung aussprechenden Urteils.

b, Widerspruch des Rechtsnachfolgers. Der widersprechende Rechtsnachfolger muß sich durch öffentliche Urkunden legitimieren. Turn.-Först. II S. 133 A. 6; Boehm S. 398. AM. Achilles-Strecker S. 219. Kretzschmar I S. 74. Sind mehrere Rechtsnachfolger vorhanden, so genügt der Widerspruch eines. Es genügt, wenn ein einfacher Protest ohne Begründung beim GBA. angebracht wird. Der Widerspruch enthält die zu der — von Amts wegen zu bewirkenden — Eintragung erforderliche Erklärung, bedarf also der Form des § 29. Turn.-Först. II S. 133 A. 6. Boehm S. 398. AM. Achilles-Strecker S. 219. Kretzschmar I S. 74. Koellner S. 143. Das Erwirken einer einstweiligen Verfügung zum Erlangen der Eintragung ist nur ausnahmsweise, insbesondere dann notwendig, wenn der Widersprechende seine Rechtsnachfolge dem GBA. nicht darzutun vermag. — Der Widerspruch kann auch nach Ablauf eines Jahres so lange erklärt werden, als die Löschung des Rechtes noch nicht erfolgt ist. Die Löschung des Rechtes kann erst erfolgen nach Löschung des Widerspruchs. Auf die Fortdauer des persönlichen Anspruchs übt die Löschung des Rechtes keinen Einfluß. BGB. §§ 197, 901, 902 Abs. 1.

3. Ist der in Abs. 2 bezeichnete Vermerk eingetragen so bedarf es der Bewilligung des Rechtsnachfolgers auch dann nicht, wenn Rückstände von Leistungen nicht ausgeschlossen sind. Die dem Vermerk entsprechende Abrede ist Verzicht auf das Realrecht wegen der Rückstände, nicht Verfügung von Todes wegen, bedarf also auch nicht der für Verfügungen von Todes wegen vorgeschriebenen Form. Wird die Eintragung des Vermerks von vornherein mit der Eintragung des Rechtes beantragt, so genügt die Bewilligung des Bestellers dieses Rechtes. Soll der Vermerk erst nachträglich eingetragen werden, so ist die Bewilligung des Berechtigten erforderlich.

4. Der § 23 bezieht sich sowohl auf die Rechte an Grundstücken (Beispiel: der Altenteil) als auch auf die Rechte an solchen Rechten (Beispiel: der Nießbrauch an einer Hypothek). Er entspricht dem § 102 der preuß. GBO. Folgende zu dem letzteren angenommene Rechtssätze werden auch hier Anwendung finden. Die nach § 23 zulässige Löschung eines Altenteils kann auch dann erfolgen, wenn bei dem Altenteil ein Arrest eingetragen ist; es bedarf nicht der Bewilligung des Arrestlegers, denn dieser kann durch den Arrest nicht mehr Rechte erwerben, als sein Schuldner hatte. KG. 4 S. 208. Eine zur Sicherung einer Leibzucht eingetragene Kaution kann unter den Voraussetzungen des § 23 gelöscht werden, da der Kaution keine größere Bedeutung zukommt, als der Leibzucht, die sie sichern soll. KG. 6 S. 198.

§ 24.

Die Vorschriften des § 23 finden entsprechende Anwendung, wenn das Recht mit der Erreichung eines bestimmten Lebensalters des Berechtigten oder mit dem Eintritt eines sonstigen bestimmten Zeitpunkts oder Ereignisses erlischt.

S. die Anm. zu § 23.

§ 25.

Ist eine Vormerkung oder ein Widerspruch auf Grund einer einstweiligen Verfügung eingetragen, so bedarf es zur Löschung nicht der Bewilligung des Berechtigten, wenn die einstweilige Verfügung durch eine vollstreckbare Entscheidung aufgehoben ist. Diese Vorschrift findet entsprechende Anwendung, wenn auf Grund eines vorläufig vollstreckbaren Urteils nach den Vorschriften der Zivilprozeßordnung eine Vormerkung oder ein Widerspruch eingetragen ist.

1. Zur Löschung der Vormerkung oder des Widerspruchs (BGB. §§ 883, 899) gehört und genügt in den Fällen des § 25 außer dem Antrage die Vorlegung der vollstreckbaren Entscheidung, durch welche die einstweilige Verfügung oder das vorläufig vollstreckbare Urteil (ZPO. § 895) aufgehoben ist, also die Vorlegung eines Endurteils, das rechtskräftig oder für vorläufig vollstreckbar erklärt ist (ZPO. § 704) oder einer Entscheidung, gegen welche das Rechtsmittel der Beschwerde stattfindet. ZPO. § 794 Nr. 3. Antragsberechtigt ist nach § 13 Abs. 2 der durch die Eintragung betroffene Eigentümer oder Gläubiger und der durch die Eintragung Begünstigte. Der Antrag bedarf der Beglaubigung nicht, wenn ihm die Aufhebungsentscheidung beiliegt. § 30. Das Prozeßgericht ist nur zu dem Ersuchen um Eintragung auf Grund der einstweiligen Verfügung, nicht auch zu dem Ersuchen um Löschung der Eintragung zuständig. ZPO. § 941. Soll die für eine Ehefrau auf Grund einstweiliger Verfügung eingetragene Vormerkung zur Sicherung des zum eingebrachten Vermögen gehörigen Anspruchs auf Auflassung eines Grundstücks infolge Aufhebung der einstweiligen Verfügung gelöscht werden, so ist zu prüfen, ob der aufhebende Titel auch gegen den Ehemann vollstreckbar ist. Letzteres ist der Fall, wenn die Ehefrau „in Beistand ihres Mannes" verurteilt ist. KG. ROLG. 3 S. 5.

2. Ist eine Verfügungsbeschränkung auf Grund der einstweiligen Verfügung eingetragen, so wird durch die aufhebende Entscheidung die Unrichtigkeit des Grundbuchs nachgewiesen. Die Eintragung kann daher nach § 22 auf den Antrag des Grundeigentümers gelöscht werden.

3. Aus § 25 ist der Satz hergeleitet, daß bei einer auf Grund einer einstweiligen Verfügung eingetragenen Vormerkung auf Antrag nachträglich vermerkt werden dürfe, daß der Eigentümer zur Bewilligung der Eintragung der Vormerkung rechtskräftig verurteilt sei, weil dann die Vormerkung nur noch mit seiner Bewilligung gelöscht werden könne. KG. 20 S. A 97.

§ 26.

Soll die Übertragung einer Hypothek, Grundschuld oder Rentenschuld, über die ein Brief erteilt ist, eingetragen werden, so genügt es, wenn an Stelle der Eintragungsbewilligung die Abtretungserklärung des bisherigen Gläubigers vorgelegt wird.

Diese Vorschrift findet entsprechende Anwendung, wenn eine Belastung der

Hypothek, Grundschuld oder Rentenschuld oder die Übertragung oder Belastung einer Forderung, für die ein eingetragenes Recht als Pfand haftet, eingetragen werden soll.

---

1. Die Übertragung einer Briefhypothek, einer Briefgrundschuld oder einer Briefrentenschuld vollzieht sich außerhalb des Grundbuchs durch Erteilung einer schriftlichen Abtretungserklärung und Übergabe des Briefes. BGB. §§ 1154 Abs. 1, 1192 Abs. 1, 1199. Soll zur Berichtigung des Grundbuchs die Übertragung eingetragen werden, so genügt dazu die beglaubigte einseitige Abtretungserklärung des abtretenden Gläubigers. Der Nachweis der Annahme seitens des neuen Gläubigers, ist nicht erforderlich, auch dann nicht, wenn ihm bei der Abtretung Beschränkungen oder Verpflichtungen auferlegt sind. KG. 5 S. 170. Der Abtretungserklärung gleich steht außer der Umschreibungsbewilligung des bisherigen Gläubigers ein gerichtlicher Überweisungsbeschluß (ZPO. § 837) und „das öffentlich beglaubigte Anerkenntnis einer kraft Gesetzes erfolgten Übertragung der Forderung." BGB. § 1155.

2. Die Belastung einer Briefhypothek mit einem Nießbrauch oder einem Pfandrecht erfolgt gleichfalls außerhalb des Grundbuchs durch die schriftliche Belastungserklärung und die Übergabe des Briefes. BGB. §§ 1069, 1274, 1291, 1154. Eintragung dient nur zur Berichtigung des Grundbuchs. Zur Bewirkung der Eintragung bedarf es nicht der Eintragungsbewilligung sondern nur der beglaubigten Belastungserklärung des belastenden Hypotheken- ꝛc. Gläubigers.

3. „Ist eine Forderung durch ein Pfandrecht an einem eingetragenen Rechte gesichert, so geht mit der außerhalb des Grundbuchs sich vollziehenden Übertragung der Forderung auch das eingetragene Pfandrecht auf den neuen Gläubiger über. § 401 Abs. 1 BGB. Das Interesse des neuen Gläubigers erfordert indessen, daß ihm die Möglichkeit gewährt wird, die Übertragung eintragen zu lassen. Um die Statthaftigkeit einer solchen Eintragung außer Zweifel zu stellen, bestimmt daher der § 26 Abs. 2, daß die Vorschriften des Abs 1 auch dann entsprechende Anwendung finden, wenn die Übertragung oder die Belastung einer Forderung, für die ein eingetragenes Recht als Pfand haftet, eingetragen werden soll. Die Eintragung hat übrigens nicht die Wirkung, daß der öffentliche Glaube des Grundbuchs sich auf das Bestehen der Forderung oder auf die Person des Forderungsberechtigten erstreckt." Dsch. 160.

4. Zur Abtretung oder Belastung einer Buchhypothek, einer Buchgrundschuld oder einer Buchrentenschuld ist Eintragung in das Grundbuch erforderlich. BGB. §§ 1154 Abs. 3, 873, 1069, 1274, 1291. Der § 26 ist nicht anwendbar. Zur Eintragung der Abtretung oder Belastung ist die Bewilligung des eingetragenen Gläubigers notwendig. §§ 19, 40 Abs. 1.

5. Wenn der Grundstückskäufer den Verkäufern, die Teilungsgenossen sind, Kaufgelderhypothek bewilligt hat und die Verkäufer vor Eintragung der Hypothek die Kaufpreisforderung einem von ihnen überweisen, so bedarf es nicht einer neuer Eintragungsbewilligung für ihn, sondern nur des urkundlichen Nachweises der Überweisung. LG. Straßburg, Zentralbl. 3 S. 256.

§ 27.

Eine Hypothek, eine Grundschuld oder eine Rentenschuld darf nur mit Zustimmung des Eigentümers des Grundstücks gelöscht werden.

Ein Recht, mit dem eine Hypothek, eine Grundschuld oder eine Rentenschuld belastet ist, darf nur mit Zustimmung desjenigen gelöscht werden, welchem die Hypothek, die Grundschuld oder die Rentenschuld zusteht. Für eine Löschung,

die zur Berichtigung des Grundbuchs erfolgen soll, ist die Zustimmung nicht erforderlich, wenn die Unrichtigkeit nachgewiesen wird.

„D. Recht“ 1902 S. 175.

---

1. Abs. 1 gilt allgemein für die Brief- und für die Buchhypothek rc., für die völlige Löschung und für die Teillöschung, für Löschungen jeder Art, also auch dann, wenn bei einer Gesamthypothek der Gläubiger den Betrag der Forderung auf die einzelnen Grundstücke verteilt oder auf die Hypothek an einem der Pfandgrundstücke verzichtet (BGB. §§ 1132 Abs. 2, 1175 Abs. 1 Satz 2; vgl. § 1132 A. 3), ohne Unterschied, ob es sich um die Aufhebung der Hypothek durch Rechtsgeschäft (BGB. §§ 1183, 1192) oder um die Berichtigung des Grundbuchs handelt. Dsch. 161. Die pfandfreie Abschreibung eines Grundstücksteils ist Löschung der Hypothek auf diesem Teil, bedarf also außer der Entpfändungserklärung des Gläubigers der Zustimmung des Eigentümers. KG. 25 S. A 315. Auch zur Eintragung der Herabsetzung des Zinssatzes ist die Zustimmung des Eigentümers erforderlich. Turn.-Först. II S. 140 A. 2. Hat der Eigentümer die Löschung einer Hypothek beantragt und dann das verhaftete Grundstück aufgelassen, so ist, falls das GBA. die Auflassung eingetragen, die Löschung aber zunächst abgelehnt hat, zu letzterer die Zustimmung des neuen Eigentümers erforderlich. KG. ROLG. 4 S. 492. Die Zustimmung des Eigentümers zur Löschung bedarf stets der Form des § 29.

2. Abs. 2 betrifft den Fall, daß die Löschung eines Pfandrechts (einschließlich des Pfändungspfandrechts) oder eines Nießbrauchs beantragt wird, mit welchem eine Hypothek rc. belastet ist. Hier ist auch die Zustimmung desjenigen erforderlich, dem das belastete Recht (die Hypothek rc.) zusteht. „Die Vorschrift ist zum Schutze des letzteren mit Rücksicht darauf geboten, daß nach dem BGB. (§§ 1063, 1068, 1256, 1273) das belastende Recht, wenn es mit dem belasteten in derselben Person zusammentrifft, als nicht erloschen gilt, soweit derjenige, dem das belastete Recht zusteht, ein rechtliches Interesse (zB. wegen nachstehender Pfandrechte) an der Fortdauer des Pfandrechts oder Nießbrauchs hat“ Dsch. 161. Nur dann bedarf es der Zustimmung des Hypotheken- rc. Gläubigers nicht, wenn die Löschung zur Berichtigung des Grundbuchs dient. Ist also der Nießbrauch durch Tod oder Verzicht des Nießbrauchers (BGB. §§ 1061, 1064, 1072), das Pfandrecht durch Verzicht des Pfandgläubigers oder durch Erlöschen der Forderung (§§ 1252, 1255, 1273, 1291) materiell erloschen, so ist das Grundbuch unrichtig, die Löschung kann mithin ohne Zustimmung des Hypotheken- rc. Gläubigers erfolgen. Wohl aber ist diese Zustimmung erforderlich, wenn eine bloß formelle Löschungserklärung, nicht aber ein materielles Erlöschen des Nießbrauchs oder Pfandrechts vorliegt, wenn also zB. die von dem Nießbraucher dem Besteller, Hypothekengläubiger oder Grundbuchamt gegenüber abgegebene Erklärung nicht dahin, daß er den Nießbrauch aufgebe (§ 1064), sondern nur dahin lautet, daß er die Löschung des Nießbrauchs bewillige. Fuchs S. 326 A. 3.

Die Anwendbarkeit des Abs. 2 ist auf die darin bezeichneten Fälle beschränkt. Entsprechende Anwendung auf andere Fälle, zB. auf den Fall der Löschung einer mit einem Pfandrechte belasteten Reallast ist ausgeschlossen. Achilles-Strecker S. 223 A. 2c.

3. Form der Zustimmungserklärung und des Löschungsantrags: §§ 29, 30 u. BGB. § 1183 A. 2.

4. Das Recht zur Stellung des Löschungsantrags ist auf den Eigentümer (Abs. 1) oder Hypotheken- rc. Gläubiger (Abs. 2) nicht beschränkt, unterliegt vielmehr dem § 13 Abs. 2. Die Löschung einer auf dem Grundstücke mehrerer Miteigentümer eingetragenen Hypothek kann auch von dem einzelnen Miteigentümer beantragt werden, sofern nur die Zustimmung von allen Miteigentümern erklärt ist. KG. RJA. 1 S. 120. Ist zugunsten eines von mehreren als Eigentümer eingetragenen Erben die Befugnis zur uneingeschränkten Verwaltung und freien Verfügung über die Substanz eingetragen,

so kann dieser ohne Zustimmung der übrigen Miterben die Löschung der auf dem Grundstücke haftenden Hypotheken herbeiführen. KG. ROLG. 1 S. 55.

5. Bei Löschungen auf Grund des Ersuchens zuständiger Behörden gemäß § 39 findet § 27 keine Anwendung Sowohl die Bewilligung des Gläubigers wie die Zustimmung des Eigentümers werden durch das Ersuchen ersetzt. (Beispiel: (ZwVG. § 130.) KG. RJA. 1 S. 157.

§ 28.

In der Eintragungsbewilligung oder, wenn eine solche nicht erforderlich ist, in dem Eintragungsantrag ist das Grundstück übereinstimmend mit dem Grundbuch oder durch Hinweisung auf das Grundbuchblatt zu bezeichnen. Einzutragende Geldbeträge sind in Reichswährung anzugeben.

---

1. Satz 1. Zu bezeichnen ist das Grundstück entweder unter der im Grundbuch angegebenen Bezeichnung oder durch Hinweis auf das Grundbuchblatt. Sind auf dem letzteren mehrere Grundstücke eingetragen, von denen nur einige von der Eintragung betroffen werden sollen, so sind diese noch besonders erkennbar zu machen. Eine anderweite Bezeichnung des Grundstücks ist nicht ausgeschlossen, sofern sie nur mit Sicherheit erkennen läßt, welches Grundstück gemeint ist. KG. ROLG. 1 S. 454. Nach KG. ROLG. 5 S. 298 soll die Bezeichnung des Grundstücks die Nummern oder Buchstaben, unter denen es eingetragen ist, der Hinweis auf das Grundbuchblatt aber dessen vorgeschriebene Bezeichnung nach Anlegungsbezirk, Nummer des GBA. und des Blattes enthalten. Das Bayr. Oberst. LG. verlangt Angabe der Plannummer. „D. Recht" 1903 S. 211. Für die Eintragung des Eigentumsübergangs an Teilen eines Grundstücks ist erforderlich, daß die Teilstücke in der Eintragungsbewilligung übereinstimmend mit dem Grundbuch bezeichnet werden. Bayr. Oberst. LG. im „Recht" 1903 S. 82. Unrichtige katastermäßige Bezeichnung im Eintragungsantrage oder in der Bewilligung steht, wenn nur die Identität unzweifelhaft ist, der Eintragung nicht entgegen. Landgericht Colmar, Zentralbl. 3 S. 300. Die Bezeichnung ist aufzunehmen in die Eintragungsbewilligung. Ist dies geschehen, so ist die Aufnahme der Bezeichnung im Antrage entbehrlich. Im Antrage kann die Eintragungsbewilligung in Bezug genommen werden. Die Bezeichnung im Antrage ist nur dann genügend, wenn der Antrag gemäß § 30 die zur Eintragung erforderliche Erklärung ersetzt oder nach § 39 das Ersuchen einer zuständigen Behörde vorliegt. M. zu § 25 I. Entw. S. 60. KG. 21 S. A 121, 125.

2. Satz 2. Einzutragende Geldbeträge sind in Reichswährung (Münzgesetz v. 9. Juli 1873, RGBl. S. 233) anzugeben. Die Vorschrift ist nicht nur bei der Eintragung einer Hypothek, einer Grundschuld oder Rentenschuld von Bedeutung, sondern auch bei der Eintragung einer auf einen Geldbetrag gerichteten Reallast, sowie bei der Eintragung des Höchstbetrages, der als Wert eines das Grundstück belastenden Rechtes im Falle des Erlöschens durch die Zwangsversteigerung aus dem Erlöse zu ersetzen ist. Das gleiche muß gelten, wenn zur Sicherung eines Anspruchs auf Bestellung eines Rechtes, das die Zahlung eines Geldbetrags aus dem Grundstück zum Gegenstande hat, eine Vormerkung eingetragen werden soll. Dsch. 161. „Auch bei Angaben von Geldbeträgen mit festem Umrechnungskurse (RMünzges. Art. 14 § 4) braucht das GBA. nicht umzurechnen, sondern kann die Eintragung ablehnen. . . . Die Begründung von Sicherungshypotheken für Forderungen eines Betrages fremder Währung, bei dessen Zahlung der zeitige Kurs maßgebend ist, bleibt zulässig." M. z. I. Entw. 64. Aus dem letzteren Satze ist — mit Fuchs S. 396 A. 4 b — der Grundsatz herzuleiten, daß unter den in Reichswährung einzutragenden Geldbeträgen nur die Beträge der Belastung (Vormerkung), nicht die der zu sichernden Forderung

zu verstehen sind. Die sog. Goldklausel bei einer Hypothek ist eintragungsfähig, sofern sie dahin geht, daß, wenn im Deutschen Reiche nach dem jeweilig geltenden Münzrechte neben dem Goldgeld auch Silbergeld als währungsmäßiges Zahlungsmittel festgesetzt ist, ausschließlich in dem dann als gesetzliches Währungsmittel anerkannten Goldgelde zu zahlen sei. In diesem Sinne ist die Vereinbarung zu verstehen, daß sämtliche Zahlungen auf Verlangen des Gläubigers in Gold deutscher Währung zu leisten seien. KG. 25 S. A 155; RJA. 3 S. 197. Dagegen ist eine Vereinbarung nicht eintragungsfähig, daß, auch wenn zur Zeit der Zahlung Gold nicht mehr Zahlungsmittel deutscher Währung ist, in den jetzigen Reichsgoldmünzen oder in anderen inländischen oder ausländischen Goldmünzen zu einem jenen entsprechenden Feingehalte zu zahlen sei, weil dann nicht ein in Währung angegebener Betrag geschuldet wird. RG. 50 S. 148; KG. 21 S. A 322, 25 S. A 155.

Die Frage, ob zur Eintragung der Goldklausel die Bezugnahme auf die Eintragungsbewilligung genüge, ist vom KG. verneint (RJA. 1 S. 71), dagegen vom RG. mit dem Hinzufügen bejaht, daß auch auf Antrag die Goldklausel in den Eintragungsvermerk nicht aufgenommen zu werden brauche. RG. 50 S. 145; JW. 1902 S. 123. Während das KG. davon ausgeht, daß das Spezialitätsprinzip die bestimmte Bezeichnung des Geldbetrages der einzutragenden Forderung in der Eintragungsformel erheische, unterstellt das RG., daß die Goldklausel den besonderen Bestimmungen des § 1115 Abs. 1 Satz 2 BGB. unterliege.

Bei Eintragungen aus früherer Zeit, in denen die Summe nach der älteren Währung angegeben ist, kann auf Antrag des Gläubigers und des Schuldners die Summe in Reichswährung umgeschrieben werden. KG. 4 S. 181. Daß die Geldbeträge in bestimmten Summen anzugeben sind, ergibt sich aus BGB. §§ 882, 1115.

3. Der § 28 ist nur als Ordnungsvorschrift eingestellt. M. 60. Dsch. 161. Ist dagegen in der Eintragungsbewilligung oder in dem Antrage verstoßen, so soll das GBA. die Eintragung ablehnen. Wird die Eintragung dennoch vorgenommen, so ist sie nicht wegen des Verstoßes gegen § 28 nichtig. ROLG. 1 S. 454.

§ 29.

Eine Eintragung soll nur erfolgen, wenn die Eintragungsbewilligung oder die sonstigen zu der Eintragung erforderlichen Erklärungen vor dem Grundbuchamte zu Protokoll gegeben oder durch öffentliche oder öffentlich beglaubigte Urkunden nachgewiesen werden. Andere Voraussetzungen der Eintragung bedürfen, soweit sie nicht bei dem Grundbuchamt offenkundig sind, des Nachweises durch öffentliche Urkunden.

Z. f. DJP. 29 S. 171.

---

1. Die Bestimmung enthält („soll — erfolgen") nur eine Ordnungsvorschrift. Ist ihr nicht genügt, so soll das GBA. die Eintragung ablehnen. Ist aber die Eintragung erfolgt, so wird sie durch Verletzung des § 29 nicht unwirksam, sofern sie nur gemäß § 873 BGB. durch eine — wenn auch formlose — Einigung, Verzichtserklärung oder Einwilligung materiell gerechtfertigt ist. M. z. I. Entw. 75.

2. Als besondere Formen für die Eintragungsbewilligung (§§ 19, 23, 24) und die sonstigen zur Eintragung erforderlichen Erklärungen (§§ 22, 26, 27) sind vorgeschrieben **a**, Erklärung zu Protokoll des GBA. oder **b**, eine öffentliche Urkunde oder **c**, eine öffentlich beglaubigte Urkunde. § 29 Satz 1. Im Falle der Auflassung eines Grundstücks sowie im Falle der Bestellung oder Übertragung eines Erbbaurechts ist regelmäßig (Ausnahme Art. 143) nur die Form a zulässig. § 20. BGB. § 925. Eintragungsantrag und die Vollmacht zur Stellung eines solchen: § 30.

3. Andere Voraussetzungen der Eintragung bedürfen a, des Nachweises durch öffentliche Urkunden oder b, der Offenkundigkeit; die Formen zu 2 a, c sind ausgeschlossen. § 29 Satz 2; KB. 222. Zu den „anderen Voraussetzungen" gehören der Erbschein, Sterbe-, Geburts-, Heiratsurkunden, Bestallungen des Vormunds, Pflegers, Beistandes, Konkursverwalters, Zeugnisse des Nachlaßgerichts über die Ernennung eines Testamentsvollstreckers, Auszüge aus dem Güterrechts-, Handels-, Genossenschafts- oder Vereinsregister, gerichtliche Entscheidungen, insbesondere Urteile, die auf Abgabe einer Willenserklärung, Schuldtitel, die auf Zahlung von Geld gerichtet sind, einstweilige Verfügungen, Ausschlußurteile, Pfändungs- und Überweisungsbeschlüsse. Die Formvorschrift des § 29 Satz 1 gilt auch für die Fälle der §§ 32 und 60 Abs. 2. Sonderbestimmungen enthalten die §§ 33—38.

4. Erklärungen vor dem GBA. zu Protokoll. Die Zuständigkeit der Beamten und die Form der Protokolle bestimmt sich nach Landesrecht. (Preußen: AG. z. GBO. Art. 5.) Wenn, wie in Preußen, die Gerichte als Grundbuchämter bestellt sind, sind für die Protokolle die §§ 167 ff. RFG. maßgebend.

5. Öffentliche Urkunden sind diejenigen, welche von einer öffentlichen Behörde oder einer mit öffentlichem Glauben versehenen Person (Urkundsperson) innerhalb ihrer Amts- oder Geschäftszuständigkeit in der vorgeschriebenen Form ausgestellt sind. ZPO. § 415.

a, Öffentliche Behörde ist eine mit öffentlicher Autorität versehene zur Führung öffentlicher Geschäfte des Deutschen Reichs oder eines Bundesstaats bestimmte amtliche Stelle. OTr. 49 S. 160. Es fallen darunter nicht nur die unmittelbaren Staatsbehörden, sondern auch diejenigen Kommunen oder anderen Korporationen und deren Organe, welche nach reichs- oder landesgesetzlicher Anordnung unmittelbar oder mittelbar zur Erreichung von Staatszwecken mitzuwirken haben (RG. 6 S. 101, 353), insbesondere Provinzial-, Bezirks-, Kreis-, Amts- und Gemeindebehörden. Welche Behörden oder Urkundspersonen als solche im Sinne des § 415 ZPO. anzusehen sind, bestimmt sich nach der Reichs- oder Landesverfassung zur Zeit und am Orte der Ausstellung der Urkunde. RG. in Strfs. 8 S. 372. Öffentliche Urkunden sind also nicht nur die gerichtlichen und notariellen. Hat aber das BGB. die gerichtliche oder notarielle Beurkundung vorgeschrieben (§§ 126, 128, 129, 311, 312, 313, 518, 873, 1434, 1491, 1501, 1750, 1770, 2033, 2231, 2276), dann ist die Ersetzung dieser Form durch eine andere öffentliche Urkunde ausgeschlossen. KG. 25 S. A 11.

b, Die Zuständigkeit regelt sich nach dem zur Zeit und am Orte der Ausstellung geltenden öffentlichen Rechte. Nach Reichsrecht sind die Geschwaderauditeure zuständig zur Beurkundung der Rechtsgeschäfte solcher Personen, die zur Besatzung eines in Dienst gestellten Schiffes oder sonstigen Fahrzeuges der Kaiserl. Marine gehören oder die in anderer Eigenschaft an Bord eines solchen Schiffes sind. RFG. § 184. An die Stelle der Geschwaderauditeure sind die Kriegsgerichtsräte und Oberkriegsgerichtsräte getreten. § 20 EG. z. Militärstrafger.O. v. 1. Dez. 1898, RGBl. S. 1289. Landesrechtlich kommen besonders in Betracht die Gerichte und Notare. Nach Art. 141 EG. z. BGB. können die Landesgesetze bestimmen, daß für die Beurkundung von Rechtsgeschäften, die nach den Vorschriften des BGB. gerichtlicher oder notarieller Beurkundung bedürfen, entweder nur die Gerichte oder nur die Notare zuständig sind. Die Landesgesetze dürfen aber nicht bei einem und demselben Rechtsgeschäft die ausschließliche Anwendung der gerichtlichen oder der notariellen Form an Unterscheidungen knüpfen, die dem BGB. fremd sind. KB. z. RFG. S. 62. Wo zur Beurkundung die Gerichte berufen sind, müssen diese die Amtsgerichte sein. RFG. § 167 Abs. 1. Auch die formgerecht ausgestellten Erklärungen öffentlicher Behörden in eigenen Angelegenheiten gehören zu den öffentlichen Urkunden. (Preußen: AG. z. GBO. Art. 9).

Für den Beweis der Echtheit der Unterschrift der Behörde oder des Beamten ist das RGes. betr. die Beglaubigung öffentl. Urkunden v. 1. Mai 1878 (RGBl. S. 89) maßgebend. Danach (§ 1) spricht bei inländischen öffentl. Urkunden die Vermutung für die Echtheit. Doch ist nicht ohne weiteres anzunehmen, daß die Unterzeichner innerhalb ihrer Zuständigkeit und unter Beobachtung der vorgeschriebenen Form gehandelt haben. ROLG. 1 S. 411. Zur Echtheit ausländischer öffentl. Urkunden genügt (§ 2) die Legalisation durch einen Konsul oder Gesandten des Reichs.

Der Konsul ist innerhalb des Konsulargerichtsbezirks zuständig für die durch Reichsgesetze oder allgemeine Landesgesetze den Amtsgerichten übertragenen Angelegenheiten der freiwilligen Gerichtsbarkeit. RGes. über die Konsulargerichtsbarkeit v. 7. April 1900 § 7 Nr. 2, RGBl. S. 213. Für die deutschen Schutzgebiete tritt an die Stelle des Konsuls der vom Reichskanzler zur Ausübung der Gerichtsbarkeit ermächtigte Beamte. Schutzgebietsgesetz in der Fassung der Bek. v. 10. Sept. 1900 § 2.

c, Form. Maßgebend ist das zur Zeit und am Orte der Ausstellung geltende Reichs- oder Landesrecht. Reichsrechtlich bestimmt ist nur die Form der gerichtlichen, der notariellen und der von den Reichskonsuln aufgenommenen Urkunden.

aa, Für die gerichtliche und die notarielle Beurkundung eines Rechtsgeschäfts gelten (unbeschadet der Vorschriften des BGB. über die Errichtung von Testamenten und Erbverträgen) die §§ 169—182 RFG. § 168 RFG. Ausgenommen sind die Fälle der Beurkundung prozessualischer Rechtsgeschäfte. Wird ein Rechtsgeschäft, das nach dem BGB. der gerichtlichen oder notariellen Beurkundung bedarf, in der prozessualischen Form des Vergleichs, des Verzichts oder der Anerkennung vorgenommen, so hat die Beurkundung nach den Bestimmungen der ZPO. zu erfolgen. Dsch. z. RFG. 86.

Über die Verhandlung muß ein Protokoll in deutscher Sprache aufgenommen werden, das Ort und Tag der Verhandlung, die Bezeichnung der Beteiligten, deren Erklärungen beurkundet werden, und diese Erklärungen selbst enthalten muß, außerdem aber auch angeben soll, ob der Richter oder Notar die Beteiligten kennt oder in welcher Weise er sich Gewißheit über ihre Persönlichkeit verschafft hat. Kann der Richter oder Notar sich diese Gewißheit nicht verschaffen, wird aber gleichwohl die Aufnahme der Verhandlung verlangt, so sollen der Sachverhalt und dasjenige, was zur Feststellung der Persönlichkeit beigebracht ist, in das Protokoll aufgenommen werden. RFG. §§ 168, 175, 176. Vermerke über die Persönlichkeit der Beteiligten, nach denen diese von dem Richter oder Notar nicht mit Bestimmtheit festgestellt ist, berechtigen das GBA. die auf die öffentliche Urkunde gestützten Eintragungsanträge zu beanstanden. KG. 20 S. A 177.

Wird in der beurkundeten Erklärung auf eine Schrift Bezug genommen und diese dem Protokoll als Anlage beigefügt, so bildet sie einen Teil des Protokolls. RFG. § 176 Abs. 2.

Das Protokoll und die ihm nach § 176 Abs. 2 RFG. als Anlage beigefügte Schrift (RG. 54 S. 195) muß vorgelesen, von den Beteiligten genehmigt und von ihnen eigenhändig mit ihren Namen unterschrieben werden. Es muß ergeben, daß alles dies geschehen ist und soll auf Verlangen den Beteiligten auch zur Durchsicht vorgelegt werden. RFG. § 177 Abs. 1. Bei dem Vermerk der Unterschrift der Beteiligten ist der Gebrauch des Wortes „eigenhändig" nicht notwendig, sofern nur aus dem Vermerk unmittelbar hervorgeht, daß jeder Beteiligte persönlich unterschrieben hat. KG. 20 S. A 128. Der abgekürzte Vermerk „v. g. u." hat die Bedeutung von „vorgelesen, genehmigt, unterschrieben". RG. 53 S. 150. Die Frage, ob die Feststellung der Vorlesung und Genehmigung sich auch auf die Anlagen des Protokolls zu erstrecken hat, ist streitig; die herrschende Meinung hat sich für die Bejahung entschieden. Vgl. Achilles-Strecker S. 231.

bb, Der Regel nach genügt die Zuziehung des Hauptbeteiligten, d. i. der, dessen Erklärung beurkundet werden soll. Ausnahmsweise ist die Zuziehung noch weiterer Personen vorgeschrieben.

Ist nach der Überzeugung des Richters oder des Notars ein Beteiligter taub, blind, stumm oder sonst am Sprechen verhindert, so muß der Richter einen Gerichtsschreiber oder zwei Zeugen, der Notar einen zweiten Notar oder zwei Zeugen zuziehen. RFG. § 169. Dies gilt aber nur, wenn die betreffende Person zur Abgabe ihrer Erklärung überhaupt imstande und eine schriftliche oder mündliche Verständigung mit ihr möglich ist. Ist mit einem stummen oder sonst am Sprechen verhinderten Beteiligten eine schriftliche Verständigung nicht möglich, so muß bei der Beurkundung anstatt der Zeugen, des Gerichtsschreibers oder zweiten Notars ein Dolmetscher zugezogen und diese Zuziehung sowie deren Veranlassung im Protokoll vermerkt werden. RFG. § 178.

cc, Erklärt ein Beteiligter, daß er nicht schreiben kann, so muß diese Erklärung im Protokolle festgestellt werden. Bei der Verlesung und der Genehmigung muß der Richter oder der Notar einen Zeugen zuziehen. In den Fällen des § 169 (A. 5 bb) bedarf es dieser Zuziehung nicht, auch dann nicht, wenn in anderen Fällen ein Gerichtsschreiber oder ein zweiter Notar zugezogen wird. RFG. § 177 Abs. 2.

dd, Erklärt ein Beteiligter, daß er der deutschen Sprache nicht mächtig sei, so muß bei der Beurkundung ein Dolmetscher zugezogen werden, sofern nicht der Richter oder Notar selbst der Sprache des Beteiligten mächtig ist. Die Beeidigung des Dolmetschers ist nur dann nicht erforderlich, wenn der Beteiligte darauf verzichtet. Die Zuziehung eines nicht für den besonderen Fall, sondern im allgemeinen vereideten Dolmetschers ist unbedenklich, sofern sein Eid sich auf seine Tätigkeit bei dem Beurkundungsakte mit erstreckt. RJA. 1 S. 203. ROLG. 1 S. 409, 458; 2 S. 202. Das Protokoll muß dem Beteiligten in der fremden Sprache vorgetragen werden und angeben, daß dies geschehen und die Unkenntnis der deutschen Sprache bei dem Beteiligten festgestellt ist. RFG. § 179.

In allen Fällen, in denen Personen zur Mitwirkung zugezogen werden, müssen sie im Protokoll namentlich aufgeführt sein und das Protokoll unterschreiben.

ee, Richter, Notare, Gerichtsschreiber, Zeugen, Dolmetscher sind aus gewissen Gründen (RFG. §§ 170—173, 180) von der Mitwirkung bei einer Beurkundung ausgeschlossen. Sie dürfen insbesondere nicht selbst Beteiligte oder Vertreter oder nahe Verwandte eines Beteiligten sein, durch die beurkundete Erklärung nicht selbst begünstigt werden. Als Beteiligter im Sinne der §§ 169—182 RFG. ist nur derjenige anzusehen, dessen Erklärung beurkundet werden soll. § 168 RFG. Dem Notar ist die Beurkundung der Erklärung Beteiligter, durch welche er selbst als Bevollmächtigter bestellt wird, nicht versagt, denn durch die Beurkundung der Erklärung Beteiligter wird er noch nicht selbst zum Beteiligten. Unfähig als Zeugen sind auch Minderjährige, Personen, denen die Ehrenrechte oder die Fähigkeit, als Zeuge eidlich vernommen zu werden, aberkannt ist, Dienstboten oder Gehilfen des Richters oder Notars.

ff, Abschriften öffentlicher oder öffentlich beglaubigter Urkunden ersetzen im Grundbuchverkehr regelmäßig die Urkunden selbst, wenn sie öffentlich beglaubigt sind. Insbesondere ist die notariell beglaubigte Abschrift des nach § 33 formgerecht ausgestellten gerichtlichen Zeugnisses über die Eintragung im Handelsregister für genügend erklärt, sofern nicht aus besonderen Umständen Bedenken gegen die Glaubwürdigkeit der Abschrift herzuleiten sind. KG. 20 S. A 285. Die Regel gilt aber nicht für Vollmachten, weil hier nur die Vorlegung der Hauptschrift den Beweis erbringt, daß sie noch nicht widerrufen ist. KG. 25 S. A 120. Sie wird auch — gegen Predari S. 88 A. 3. — bei Erbscheinen nicht anzuwenden sein, da der Erbschein eingezogen werden kann (BGB. § 2361) und die Vorlage einer begl. Abschrift keine Gewähr dafür gibt, daß die Einziehung nicht erfolgt ist. Achilles-Strecker S. 232, 256. Der Nachweis, daß sich jemand zu einem bestimmten Zeitpunkt im Besitz einer Legitimationsurkunde befunden hat, kann da, wo (wie in Preußen) Amtsgerichte oder Notare zur Beurkundung nicht bloß von Rechtsgeschäften, sondern auch von Tatsachen zuständig sind, durch die formgerechte Bescheinigung eines Amtsgerichts oder Notars erfolgen. KG. 25 S. A 120. ROLG. 5 S. 196.

gg, Für die Form der Urkunden der Reichskonsuln sind die §§ 168 ff. RFG. dann maßgebend, wenn die Konsule zur Ausübung der Gerichtsbarkeit vom Reichskanzler ermächtigt sind. Ges. v. 7. April 1900 über die Konsulargerichtsbarkeit (RGBl. S. 213) §§ 6, 7, 19, 48. Für die übrigen Konsuln des deutschen Reichs gelten die §§ 16, 17 des Ges. betr. die Bundeskonsulate v. 8. Novbr. 1867 (BGBl. S. 137). Danach haben die Konsuln bei der Aufnahme und Beglaubigung der Urkunden zur Vorlesung und Unterzeichnung durch die Beteiligten zwei Zeugen zuzuziehen und die Urkunden mit ihrer Unterschrift und ihrem Siegel zu versehen.

6. Öffentliche Beglaubigung. a, Den Begriff gibt BGB. § 129 Abs. 1. „Ist durch Gesetz für eine Erklärung öffentliche Beglaubigung vorgeschrieben, so muß die Unterschrift des Erklärenden von der zuständigen Behörde oder einem zuständigen Beamten oder Notar beglaubigt werden. Wird die Erklärung von dem Aussteller mittels Handzeichen unterzeichnet, so ist die im § 126 Abs. 1 vorgeschriebene (gerichtliche oder notarielle) Beglaubigung des Handzeichens erforderlich und genügend."

b, Zuständig sind reichsrechtlich die Notare, die Amtsgerichte, die Geschwaderauditeure (jetzt die Kriegsgerichtsräte und Oberkriegsgerichtsräte, s. oben A. 5 b) und die Reichskonsuln. Die Zuständigkeit der Amtsgerichte kann durch Landesgesetz ausgeschlossen werden. RFG. § 191 Abs. 2. Landesgesetzliche Vorschriften, nach welchen für die öffentl. Beglaubigung einer Unterschrift (nicht eines Handzeichens) außer den Amtsgerichten und Notaren auch andere Behörden oder Beamte zuständig sind, bleiben unberührt. RFG. § 191 Abs. 1. (Preußen: PFG. Art. 31, 32.)

c, Form. Beglaubigt wird nur die Unterschrift oder das Handzeichen. Diese müssen in Gegenwart des beglaubigenden Beamten von den Beteiligten persönlich vollzogen oder anerkannt sein. Die Beglaubigung geschieht durch einen unter die Unterschrift oder das Handzeichen zu setzenden Vermerk, welcher die Bezeichnung desjenigen, der die Unterschrift vollzogen oder anerkannt hat, nach Vor- und Zunamen, Wohnort, Stand oder Gewerbe enthalten und den Ort und den Tag der Ausstellung angeben, sowie mit Unterschrift und Siegel oder Stempel des Beamten versehen sein muß. RFG. § 183. Es bedarf also weder der Aufnahme eines Protokolls noch der Zuziehung von Zeugen, auch dann nicht, wenn die Unterschrift einer tauben, blinden, stummen, taubstummen oder der deutschen Sprache nicht mächtigen Person oder das Handzeichen eines Schreibensunfähigen beglaubigt wird. Es ist auch nicht erforderlich, daß der Beglaubigungsvermerk erkennen läßt, ob die Unterschrift vor dem Beamten gefertigt oder anerkannt ist. KG. 20 S. A 133. Später eingeschobene Zusätze müssen nochmals besonders beglaubigt werden. KG. ROLG. 3 S. 307. RJA. 2 S. 101. Vorschriften über die relative Unfähigkeit der beglaubigenden Beamten sind reichsrechtlich nicht aufgestellt. KG. 20 S. A 184. Wegen der Reichskonsuln: oben A. 5 gg.

7. Offenkundigkeit ist zu verstehen im Sinne des § 291 ZPO. „Bei dem GBA. offenkundig" sind hiernach die Tatsachen, die dem Beamten des GBA. in dieser Eigenschaft oder als Beamter einer anderen, mit dem GBA. verbundenen Behörde, zB. als Nachlaß- oder Prozeßrichter, wenn die Amtsgerichte als GB.ämter bestellt sind, amtlich bekannt geworden sind. Befinden sich die Nachweise für die Eintragung — zB. der Erbschein — in anderen Akten derselben Behörde, so ist entweder auf diese Akten Bezug zu nehmen oder die betreffende Urkunde aus den anderen Akten zu den Grundakten hinüberzunehmen. RG. 48 S. 399.

§ 30.

Für den Eintragungsantrag sowie für die Vollmacht zur Stellung eines solchen gelten die Vorschriften des § 29 nur, wenn durch den Antrag zugleich eine zu der Eintragung erforderliche Erklärung ersetzt werden soll.

I. Eintragungsantrag. 1. Er kann formfrei gestellt werden, wenn er nur Verfahrenshandlung ist, d. h. wenn die Tatsachen, von welchen nach materiellem Rechte die Zulässigkeit der Eintragung abhängt, vorliegen und durch die erforderlichen Urkunden formgerecht (§ 29) nachgewiesen werden. Dagegen ist die Form des § 29 für den Eintragungsantrag dann notwendig, wenn er eine materielle Erklärung einschließt. Letzteres trifft zB. zu, wenn die Bewilligung in die Form des Antrags gekleidet ist, wenn der Antrag zugleich die erforderliche Zustimmung zu der durch die Eintragung eintretende Rechtsänderung enthält oder wenn mit dem Antrage eine vom § 60 Abs. 1 abweichende Bestimmung getroffen wird. M. z. I. Entw. § 43. Formfrei kann also zB. gestellt werden der unter Vorlegung des Erbscheins und des Hypothekenbriefs gestellte Antrag des alleinigen Erben auf Umschreibung der Hypothek für sich (KG. ROLG. 3 S. 227). Dagegen ist Beglaubigung nötig für den Antrag des Eigentümers auf Löschung einer Hypothek, wenn der Antrag die Zustimmungserklärung zur Löschung ersetzen soll. KG. 24 S. A 84.

2. Für den privatschriftlichen Antrag genügt, daß er von dem Antragsteller eigenhändig durch Namensunterschrift oder mittels gerichtlich oder notariell beglaubigten Handzeichens unterzeichnet ist. BGB. § 126. Daß auch der Kontext des Antrags von dem Antragsteller geschrieben ist, erfordert das Gesetz nicht, auch nicht die Datierung. Es sind aber die Vorschriften über den Antrag und dessen Form (§§ 13, 29, 30) nur Ordnungsvorschriften. Es kann daher auch ein nicht unterzeichneter Antrag zugelassen werden, wenn er erkennbar von einem Antragsberechtigten herrührt. Schultzenstein in Z. f. DZP. 27 S. 514. Die Antragsberechtigung ist nicht beschränkt auf die Person, welche die Eintragung bewilligt hat, sondern bestimmt sich nach § 13 Abs. 2.

II. Vertretung. Vollmacht. 3. Die in Grundbuchsachen erforderlichen Erklärungen können auch durch Bevollmächtigte abgegeben werden. Erteilen kann die Vollmacht nur der Geschäftsfähige, für den Geschäftsunfähigen sein gesetzlicher Vertreter innerhalb seiner Vertretungsbefugnis. Handlungsunfähige (BGB. §§ 104, 105 Abs. 2) können nicht Vertreter sein, da sie eine Willenserklärung weder abgeben noch entgegennehmen können. Der Vertreter braucht aber nicht geschäftsfähig zu sein, da die von ihm im Namen des Vertretenen abgegebene Willenserklärung, nicht für oder gegen ihn, sondern unmittelbar für und gegen den Vertretenen wirkt. BGB. §§ 164, 165. Minderjährige, Verschwender und die übrigen im § 114 BGB. bezeichneten Personen können also wirksam zu Vertretern bestellt werden.

Die Erteilung der Vollmacht erfolgt durch Erklärung gegenüber dem zu Bevollmächtigenden oder dem Dritten, dem gegenüber die Vertretung stattfinden soll oder durch öffentliche Bekanntmachung. BGB. §§ 167, 171, 172, 174. Der Mitteilung an den Dritten steht es gleich, wenn der Bevollmächtigte dem Vertreter eine schriftliche Vollmacht ausgehändigt hat und der Vertreter sie dem Dritten vorlegt. BGB. § 172. Wirksam wird die Vollmacht in dem Zeitpunkt ihres Zugehens. BGB. § 130.

Die bezüglich der Form der Vollmacht in § 30 gegebene Vorschrift bezieht sich nur auf solche Vollmachten, die auf Rechtsgeschäften beruhen, gilt aber nicht dann, wenn es sich um eine auf Gesetz, amtlicher Anordnung oder organisatorischen Bestimmungen beruhende Vertretungsbefugnis handelt; gesetzliche Vertreter, Testamentsvollstrecker, die Organe juristischer Personen, die Vertreter einer Aktiengesellschaft müssen ihre Antragsberechtigung durch öffentliche Urkunden nachweisen. KG. ROLG. 5 S. 428, 6 S. 102; Turn.-Först. II S. 200 A. 5.

Für Auflassungsvollmachten ist neben der Erteilung in öffentlichen Urkunden auch die in öffentlich beglaubigten Urkunden zulässig und ausreichend. KG. RJA. 2 S 189; JMBl. 1901 S. 232.

4. Die Befugnisse des Bevollmächtigten bestimmen sich nach dem durch Auslegung zu ermittelnden Inhalt der Vollmacht. Das Institut der Spezialvollmacht

ist in das BGB. nicht übergegangen. Ist eine Vollmacht zur Besorgung aller Rechtsangelegenheiten erteilt, so bedarf der Bevollmächtigte nicht noch der besonderen Ermächtigung zur Vornahme gewisser Rechtsangelegenheiten, sondern ist ohne weiteres berechtigt, Grundstücke zu veräußern und zu erwerben, Rechte an Grundstücken zu begründen, zu übertragen und aufzuheben, Forderungen abzutreten, Geld zu empfangen und Quittung zu leisten. Der Beauftragte darf im Zweifel die Ausführung des Auftrags nicht einem Dritten übertragen. BGB. § 664. Für das Rechtsverhältnis mehrerer Machtgeber und mehrerer Bevollmächtigten kommen die §§ 420 ff., 431 BGB zur Anwendung.

Dem Vertreter kann gestattet werden, im Namen des Vertretenen mit sich oder als Vertreter eines Dritten ein Rechtsgeschäft vorzunehmen. Ohne diese Ermächtigung ist ein solches Rechtsgeschäft nur zugelassen, wenn es ausschließlich in der Erfüllung eines Rechtsgeschäfts besteht. BGB. § 281. Erfüllungsgeschäfte im Sinne des § 281 sind solche Geschäfte, durch die der Vertreter seine oder eines anderen Vertretenen Forderung an den Vertretenen (durch Zahlung, Aufrechnung 2c.) befriedigt, vorausgesetzt, daß seine Vertretungsmacht die Erfüllung und die gewählte Art der Erfüllung einschließt. Rehbein I S. 255. Es gelten § 281 ebenso wie die oben (A. 3) erwähnten §§ 164, 165 BGB. für jede Vertretung, gleichviel ob sie auf rechtsgeschäftlicher Vollmacht oder auf gesetzlicher Ermächtigung beruht. Sonderbestimmungen sind gegeben für elterliche Gewalthaber, Vormünder, Pfleger und Testamentsvollstrecker. BGB. §§ 1676, 1678, 1686, 1696, 1780, 1781, 1915, 2201.

5. Zum Nachweise der Legitimation des Vertreters bedarf es der Vorlegung der formgerechten Vollmacht. Die Vollmacht muß in Urschrift oder in Ausfertigung vorgelegt werden. Beglaubigte Abschrift reicht nicht aus. (Vgl. § 29 A. 5 ff.) Ist die Vollmacht bereits zu den Akten des GBA. eingereicht oder von dem Vollmachtgeber vor dem GBA. zu Protokoll erklärt, so genügt die Bezugnahme auf die betreffenden Akten, es sei denn, daß der Vollmachtgeber die protokollarische Erklärung in Abwesenheit des zu Bevollmächtigenden abgegeben und Aushändigung der Ausfertigung an sich selbst beantragt hat, in welchem Falle nach § 167 BGB. eine Vollmachtserteilung überhaupt nicht erfolgt ist. Die Vorlegung des eine öffentliche Bekanntmachung der Vollmacht enthaltenden Blattes (BGB. § 171) legitimiert den Bevollmächtigten nur dann, wenn gemäß § 29 Satz 1 nachgewiesen wird, daß der Vollmachtgeber selbst die Bekanntmachung zur Veröffentlichung eingesandt hat. Achilles-Strecker S. 238.

6. Das Erlöschen der Vollmacht bestimmt sich nach dem ihrer Erteilung zugrunde liegenden Rechtsverhältnisse, es ist also aus diesem die Dauer der Vollmacht zu entnehmen. Außerdem erlischt sie durch Widerruf, wenn nicht aus der Natur des begründeten Rechtsverhältnisses die Unwiderruflichkeit sich ergibt. Der Widerruf kann sowohl dem Bevollmächtigten wie dem Dritten erklärt werden. BGB. § 168. Ist die Vollmacht durch Erklärung dem Dritten gegenüber erteilt oder die Erteilung der Vollmacht dem Dritten selbst oder durch öffentliche Bekanntmachung kundgegeben oder ist eine Vollmachtsurkunde erteilt und vorgelegt, so kann der Dritte, der das Erlöschen der Vertretungsmacht nicht kannte oder kennen mußte, darauf vertrauen, daß die Vertretungsmacht bestehen bleibt, bis ihm das Erlöschen angezeigt, die kundgemachte Vollmacht ihm gegenüber oder öffentlich widerrufen, die Vollmacht zurückgegeben oder für kraftlos erklärt ist. BGB. §§ 170—173. Die Kraftloserklärung erfolgt nach BGB. § 176 durch öffentliche Bekanntmachung der Erklärung des Vollmachtgebers (ZPO. §§ 204, 205) durch das Amtsgericht und zwar als Angelegenheit der freiwilligen Gerichtsbarkeit auf die das RFG. Anwendung findet. Mit dem Ablauf eines Monats nach der letzten Einrückung in die öffentlichen Blätter (BGB. § 176) ist die Vollmacht rechtlich erloschen, mag der Dritte von der Bekanntmachung Kenntnis erhalten haben oder nicht. Sie gilt als widerrufen; ist der Widerruf ausgeschlossen, so ist die Kraftloserklärung unwirksam. Rehbein I S. 272 f.

Hat sich der Bevollmächtigte formgerecht legitimiert, so kann das GBA. den Nachweis, daß die Vollmacht nicht widerrufen und die Vollmachtsurkunde nicht für kraftlos erklärt sei, nur dann fordern, wenn besondere Umstände Zweifel an dem Fortbestehen der Vollmacht rechtfertigen. Achilles-Strecker S. 238. Eccius in Gruch. 45 S. 498.

§ 31.

Wird im Falle der Auflassung eines Grundstücks sowie im Falle der Bestellung oder Übertragung eines Erbbaurechts die erforderliche Einigung des Berechtigten und des anderen Teiles durch Bevollmächtigte vor dem Grundbuchamt erklärt, so ist die Vollmacht stempelfrei, wenn das der Einigung zugrunde liegende Rechtsgeschäft von einem Notar beurkundet und die Vollmacht in der Urkunde erteilt ist.

Die Vorschrift bezweckt für die Staaten, in denen von der Befugnis des Art. 143 kein Gebrauch gemacht ist, einen Ausgleich zu schaffen. KB. 215. Sie bezieht sich nur auf notarielle, nicht auch auf gerichtliche Verträge. Sie betrifft nur den Fall, wenn der Notar das der Auflassung ꝛc. zugrunde liegende Rechtsgeschäft beurkundet (BGB. §§ 313, 1017), nicht nur beglaubigt hat und die Vollmacht in der Urkunde selbst erteilt ist. Die Stempelfreiheit der Vollmacht gilt auch dann, wenn von ihr kein Gebrauch gemacht wird, vielmehr ein Teil oder beide Teile vor dem GBA. persönlich erschienen. KB. 216.

Nach der Annahme der Praxis ist die in § 31 bestimmte Befreiung vom Vollmachtsstempel nicht auf Auflassungen vor dem GBA. beschränkt, sondern tritt auch dann ein, wenn die Auflassung gemäß Art. 143 EG. z. BGB. von einem anderen Amtsgericht als dem GBA. oder von einem Notar vorgenommen wird. So das Kammergericht und die Provinzialsteuerdirektion in Köln, beide Entscheidungen mitgeteilt in Turn.-Först. II S. 216.

§ 32.

Erklärungen, durch die ein Eintragungsantrag zurückgenommen oder eine zur Stellung des Eintragungsantrags erteilte Vollmacht widerrufen wird, bedürfen der im § 29 Satz 1 vorgeschriebenen Form.

---

1. Die beiden unterstellten Fälle unterliegen ausnahmslos der Formvorschrift des § 29 Satz 1, auch wenn der Eintragungsantrag selbst oder die Vollmacht zur Stellung eines solchen nach § 30 formfrei erklärt werden kann, ohne Unterschied, ob der Eintragungsantrag von einem Beteiligten, von dessen Vertreter oder gemäß § 15 vom Notar gestellt und ob die Eintragung eines dinglichen Rechtes oder des Eigentums beantragt ist; es kann also auch der bei der Auflassung gestellte Antrag auf Eintragung der Rechtsänderung in der Form des § 29 Satz 1 zurückgenommen werden Für die Vollmacht zur Zurücknahmeerklärung wird — mit Achilles-Strecker S. 247 A. 3 — dieselbe Form zu verlangen sein, wie für die Zurücknahmeerklärung selbst. Für die Berücksichtigung der Kraftloserklärung einer Vollmachtsurkunde (BGB. § 176) ist § 29 Satz 2 maßgebend. Turn.-Först. II S. 217 A. 2. Wird von einer zuständigen Behörde deren Ersuchen um Eintragung (§ 39) zurückgenommen, so ist die Zurücknahme in derselben Form abzufassen wie das Ersuchen. Nachträgliche Einschränkung des Antrags steht der Zurücknahme gleich. Achilles-Strecker S. 247 A. 2. Erklärungen, durch die ein anderer Antrag als ein Eintragungsantrag zurückgenommen oder eine

zu dessen Stellung erteilte Vollmacht zurückgenommen wird, bedürfen nicht der Form des § 29 Satz 1.

2. Berechtigt zur Zurücknahme des Eintragungsantrags ist der Antragsteller und zwar nur dieser (M. 52), also der Bewilligende oder Passivbeteiligte nur dann, wenn er zugleich Antragsteller ist. Haben mehrere Beteiligte den Antrag gestellt, so können sie ihn nur gemeinsam zurücknehmen. Wird zB. auf Grund einer Eintragungsbewilligung des Eigentümers von diesem und dem Gläubiger die Eintragung einer Hypothek beantragt, so können nur beide gemeinschaftlich diesen Antrag zurücknehmen. KG. 2 S. 118. Ob ein gemeinsamer Antrag mehrerer Beteiligten oder nur der Antrag eines einzelnen Beteiligten vorliegt, ist nach dem Gesamtinhalt der Erklärung zu beurteilen. Wenn zB. der Eigentümer und der Gläubiger zusammen vor dem GBA. erscheinen, so ist anzunehmen, daß der Antrag auf Eintragung der Hypothek, auch wenn ihn nur einer gestellt hat, von beiden gewollt ist. Es können also auch nur beide gemeinsam den Antrag zurückziehen. KG. 4 S. 177. Dagegen kann ein einseitiger Antrag des einen oder des anderen von dem Antragsteller allein zurückgenommen werden. Zur Zurücknahme des vom Bevollmächtigten oder vom Notar gestellten Eintragungsantrags ist auch der Vertretene befugt.

Zulässig ist die Zurücknahme des Eintragungsantrags bis zu dessen Erledigung, d. h. bis zur erfolgten Eintragung. Ist die Eintragung erst verfügt, aber noch nicht ausgeführt, so ist die Verfügung aufzuheben.

§ 33.

Der Nachweis, daß der Vorstand einer Aktiengesellschaft aus den im Handelsregister eingetragenen Personen besteht, wird durch ein Zeugnis des Gerichts über die Eintragung geführt.

Das gleiche gilt von dem Nachweise der Befugnis zur Vertretung einer offenen Handelsgesellschaft, einer Kommanditgesellschaft, einer Kommanditgesellschaft auf Aktien oder einer Gesellschaft mit beschränkter Haftung.

I. Zeugnis des Gerichts. 1. Zuständig für die Führung des Handelsregisters sind die Amtsgerichte. HGB. § 8. RFG. § 125. Die Verpflichtung des Gerichts zur Erteilung der Zeugnisse regelt § 9 Abs. 2, 3 HGB. Danach kann vom Gericht nur verlangt werden eine beglaubigte wörtliche Abschrift von den Eintragungen und eine Bescheinigung darüber, daß bezüglich des Gegenstandes einer Eintragung weitere Eintragungen nicht vorhanden sind oder daß eine bestimmte Eintragung nicht erfolgt ist. Es kann aber nicht verlangt werden eine Bescheinigung über den Inhalt einer Eintragung, insbesondere nicht dahin, daß in einer bestimmten Zeit eine bestimmte Person zur alleinigen Vertretung einer Aktiengesellschaft befugt oder als alleiniger Vorstand einer Aktiengesellschaft im Handelsregister eingetragen war. KG. RJA. 1 S. 150.

2. Die Beweiskraft der Zeugnisse erstreckt sich grundsätzlich nicht über die Zeit ihrer Ausstellung. Da aber der Zeitpunkt der Ausstellung und der der Eintragung nicht zusammenfallen können, ist es Sache des praktischen Ermessens, im Einzelfalle zu erwägen, wie weit die Beweiskraft über den Zeitpunkt der Ausstellung des Zeugnisses hinausreicht. KG. 2 S. 69, 16 S. 91. RJA. 1 S. 77.

3. Ersatz. Die Ausfertigung oder Urschrift des Zeugnisses kann durch eine notariell beglaubigte Abschrift ersetzt werden. KG. 20 S. A 285. RJA. 1 S. 130. Dagegen sind notarielle Bescheinigungen über den Inhalt des Handelsregisters zur Legitimation der Vertreter von Handelsgesellschaften für Grundbuchgeschäfte nicht ge-

nügend. KG. 16 S. 26. Statt des Zeugnisses des Registerrichters genügt die Bezugnahme auf das Handelsregister selbst, wenn das GBA. zugleich das Registergericht ist. § 35. Die Führung eines anderweiten Legitimationsnachweises wird durch die §§ 33, 35 nicht ausgeschlossen; das in § 36 enthaltene Wort „nur" ist in § 33 nicht aufgenommen. KG. RJA. 3 S. 105; ROLG. 4 S. 464.

II. Aktiengesellschaft. 4. Vorstand. Zu erteilen ist ein Zeugnis darüber, welche Personen als Vorstand im Handelsregister eingetragen sind. Ein Zeugnis über den Umfang der Vertretungsbefugnis der Vorstandsmitglieder kann nur unter besonderen Umständen erteilt werden. Grundsätzlich nämlich ist diese Vertretungsbefugnis gesetzlich festgelegt und deren Beschränkung Dritten gegenüber unwirksam. HGB. § 235. Besteht der Vorstand aus mehreren Mitgliedern, so ist regelmäßig zu Willenserklärungen, insbesondere zur Zeichnung des Vorstandes für die Gesellschaft die Mitwirkung sämtlicher Vorstandsmitglieder erforderlich. Insbesondere kann eine Vollmacht zur Vornahme bestimmter Geschäfte einem einzelnen Vorstandsmitgliede nur durch den Gesamtvorstand einschließlich des Bevollmächtigten erteilt werden. KG. 20 S. A 74. Von der bezeichneten Regel kann aber in dem Falle, wenn mehrere Vorstandsmitglieder vorhanden sind (KG. RJA. 1 S. 50), nach Maßgabe des § 232 HGB durch Bestimmung im Gesellschaftsvertrage abgewichen werden. RG. 48 S. 56. Ist dies geschehen, so sind die abweichenden Bestimmungen des Gesellschaftsvertrages über die Vertretungsbefugnis in das Handelsregister einzutragen. HGB. §§ 198, 234. Zu ihrem Nachweise genügt mithin ein Zeugnis des Registergerichts.

5. Die Liquidatoren sind nicht besonders erwähnt. Aus ihrer Rechtsstellung ergibt sich aber ohne weiteres, daß, wie der § 69 BGB., so auch der § 33 hinsichtlich ihrer entsprechende Anwendung zu finden hat. Dsch. 162. Bezüglich der Prokuristen wird — mit Achilles-Strecker S. 249 A. 2b — wegen Gleichheit des Falles dasselbe anzunehmen sein. AM. KG. 20 S. A 73.

III. Offene Handelsgesellschaft. 6. Zur Vertretung ist jeder Gesellschafter ermächtigt. Doch kann durch den Gesellschaftsvertrag ein Gesellschafter von der Vertretung ausgeschlossen oder bestimmt sein, daß alle oder mehrere Gesellschafter nur gemeinschaftlich oder die Gesellschafter, wenn nicht mehrere zusammenhandeln, nur in Gemeinschaft mit einem Prokuristen zur Vertretung der Gesellschaft befugt sind. HGB. §§ 125, 126. Die Liquidatoren können die zur Liquidation gehörenden Handlungen nur in Gemeinschaft vornehmen, sofern nicht bestimmt ist, daß sie einzeln handeln können. HGB. § 150. Die Beschränkung des Art. 137 Abs. 2 des früheren HGB., wonach Liquidatoren ohne Zustimmung der Gesellschafter unbewegliche Sachen nur durch öffentliche Versteigerung veräußern durften, ist in das neue HGB. (§ 149) nicht übergegangen.

7. Prokura und Handlungsvollmacht: HGB. §§ 49—54, 57, 58.

IV. Kommanditgesellschaft und Kommanditgesellschaft auf Aktien.

8. Sie werden in derselben Weise vertreten wie die offene Handelsgesellschaft. Der Kommanditist ist zur Vertretung der Gesellschaft nicht ermächtigt. HGB. §§ 161, 170, 320 Abs. 2, 331.

V. Gesellschaft mit beschränkter Haftung. 9. Ihre Vertretung erfolgt nach Maßgabe des Gesetzes v. 20. April 1892 in der Fassung v. 20. Mai 1898 (RGBl. 1898 S. 846) §§ 35, 36, 37, 39, 44, 66, 68, 70, 71 durch die Geschäftsführer. Ist nach dem Gesellschaftsvertrage ein Aufsichtsrat zu bestellen, so kann darin auch bestimmt werden, daß die Mitglieder des Aufsichtsrats Stellvertreter der Geschäftsführer sind. KG. 20 S. A 49. Die Befugnisse der Geschäftsführer, deren Bestimmung im Gesellschaftsvertrage erfolgt ist, dauern auch nach Änderung der die Bestellung enthaltenden Bestimmung fort. KG. RJA. 1 S. 58.

VI. Entsprechende Anwendung findet § 33 auf eingetragene Vereine und auf Erwerbs- und Wirtschaftsgenossenschaften.

10. Bei Vereinen, die im Vereinsregister des Amtsgerichts eingetragen sind, wird der Nachweis, daß der Vorstand aus den eingetragenen Personen besteht, durch ein Zeugnis des Amtsgerichts über die Eintragung geführt. BGB. § 69. Dies Zeugnis genügt auch zum Nachweise, daß der Verein besteht.

11. Erwerbs- und Wirtschaftsgenossenschaften (Ges. v. 1. Mai 1889 in der Fassung v. 20. Mai 1898, RGBl. 1898 S. 810) werden durch den Vorstand vertreten, von dem mindestens zwei Mitglieder handeln müssen, wenn nicht das Statut noch eine größere Anzahl vorschreibt. Zur Legitimation des Vorstandes genügt eine Bescheinigung des Registergerichts, daß die darin zu bezeichnenden Personen als Mitglieder des Vorstandes in das Genossenschaftsregister eingetragen sind. §§ 24, 25, 26 Ges. Die Liquidation erfolgt durch den Vorstand oder die anderen Personen, denen sie übertragen ist. Die Liquidatoren haben in der bei ihrer Bestellung bestimmten Form ihre Willenserklärung kundzugeben. Mindestens müssen hierfür zwei bestimmt sein, sonst haben sie sämtlich mitzuwirken. §§ 83, 85 Ges.

VII. Notwendigkeit der Feststellung der Vertretung einer Handelsgesellschaft.

12. Der Feststellung bedarf es nur, wenn eine Verfügung, welche im Namen der Gesellschaft über Grundstücke, Gerechtigkeiten, dingliche Rechte, Hypotheken, Grund- oder Rentenschulden erfolgt ist, in das Grundbuch eingetragen werden soll, insbesondere also auch bei der Auflassung, da bei ihr die Gesellschaft als Veräußerer oder Erwerber mitzuwirken hat. Dagegen ist von der Feststellung der Vertretung abzusehen bei solchen Eintragungen für die Gesellschaft, bei denen sie selbst nicht mitzuwirken hat; Art. 23 § 1 des preuß. EG. z. HGB., der das Gegenteil vorschrieb, ist aufgehoben. Preuß. AG. z. HGB. v. 24. Sept. 1899 Art. 8. Turn.-Först. II S. 218.

§ 34.

Der Nachweis, daß zwischen Ehegatten Gütertrennung oder ein vertragsmäßiges Güterrecht besteht oder daß ein Gegenstand zum Vorbehaltsgut eines Ehegatten gehört, wird durch ein Zeugnis des Gerichts über die Eintragung des güterrechtlichen Verhältnisses im Güterrechtsregister geführt.

---

1. Das gesetzliche Güterrecht des BGB. ist das der Verwaltungsgemeinschaft: das Vermögen der Frau wird durch die Eheschließung der Verwaltung und Nutznießung des Mannes unterworfen (eingebrachtes Gut). BGB. § 1363. (Ausnahme: § 1364.) Die Eintragung des Verwaltungs- und Nutzungsrechts des Ehemanns in das Grundbuch der eingebrachten Grundstücke der Ehefrau ist ausgeschlossen. Die Beschränkungen, denen die Frau infolge des Verwaltungs- und Nutzungsrechts des Ehemanns unterliegt, muß ein Dritter auch dann gegen sich gelten lassen, wenn er nicht gewußt hat, daß die Frau eine Ehefrau ist. BGB. § 1404. Auch die Eintragung des Ausschlusses des Nutzungs- und Verfügungsrechts des Ehemanns unterbleibt (KG. RJA. 3 S. 161); es ist Sache der Ehefrau, wenn sie ohne Zustimmung des Mannes verfügen will, ihre Befugnis hierzu dem GBA. nachzuweisen. Achilles-Strecker S. 252 A. 3.

Die Ehegatten können aber den kraft Gesetzes eintretenden Güterstand durch Vertrag ausschließen oder abändern und zwar sowohl vor wie nach Eingehung der

Ehe. Ehevertrag: BGB. § 1432. Sie können insbesondere vereinbaren Gütertrennung, allgemeine Gütergemeinschaft, Errungenschaftsgemeinschaft, Fahrnisgemeinschaft. Den Schutz Dritter in diesen Fällen regelt BGB. § 1435. Danach „können einem Dritten gegenüber aus der Ausschließung oder der Änderung Einwendungen gegen ein zwischen ihm und einem der Ehegatten vorgenommenes Rechtsgeschäft oder gegen ein zwischen ihnen ergangenes rechtskräftiges Urteil nur hergeleitet werden, wenn zur Zeit der Vornahme des Rechtsgeschäfts oder zur Zeit des Eintritts der Rechtshängigkeit die Ausschließung oder die Änderung in dem Güterrechtsregister des zuständigen Amtsgerichts eingetragen oder dem Dritten bekannt war." Das GBA. hat davon auszugehen, daß zwischen den Ehegatten gesetzliches Güterrecht, die Verwaltungsgemeinschaft, besteht und die Vermögensgegenstände der Frau zum eingebrachten Gut gehören. Leben die Eheleute nach einem anderen Güterrecht oder ist ein Gegenstand Vorbehaltsgut der Frau, so ist dies dem GBA. nachzuweisen. Hierzu genügt ein Zeugnis des Gerichts über die Eintragung des güterrechtlichen Verhältnisses im Güterregister oder, wenn das GBA. zugleich das Registergericht ist, statt des Zeugnisses die Bezugnahme auf das Register. §§ 34, 35. Wie im Falle des § 33 ist auch hier anzunehmen, daß das erwähnte Zeugnis nicht das einzige mögliche Beweismittel für den Nachweis der bezeichneten Güterrechte ist, daß vielmehr daneben auch andere Beweismittel — Eheverträge, Testamente, Urteilsausfertigungen rc. — in Betracht kommen. OLG. Colmar, ROLG. 4 S. 188. Turn.-Förft. II S. 234 A. 5. R. Foerster S. 123. Die Führung des Güterrechtsregisters regeln die §§ 1558 ff. BGB. und die Bek. des Reichskanzlers v. 12. Nov. 1898, Zentralbl. S. 438. (Preußen: JMB. v. 6. Nov. 1899, JMBl. 299.)

Der § 34 beschäftigt sich nur mit der Frage, wie der Nachweis des güterrechtlichen Verhältnisses zu führen sei, nicht aber auch damit, wann es dieses Nachweises bedarf. Hat ein Dritter die Eintragung eines Rechtes für Eheleute mit der Bestimmung bewilligt, daß das Recht zu einer bestimmten Vermögensmasse, zB. zum Vorbehaltsgute der Frau gehören solle, so hat das GBA. sich nicht darum zu kümmern, ob das in Betracht kommende güterrechtliche Verhältnis wirklich besteht, sondern gemäß § 19 die beantragte Eintragung ohne weiteres zu bewirken. Turn.-Förft. II S. 237 A. 4.

2. Für den Güterstand einer am 1. Januar 1900 bestehenden Ehe bleiben die bisherigen Gesetze maßgebend. EG. z. BGB. Art. 200. Auf Grund des Vorbehaltes in Art. 218 sind aber landesgesetzlich die Bestimmungen des BGB. vielfach auf die bestehenden älteren Ehen ausgedehnt. (Preußen: AG. z. BGB. Art. 44—67.)

§ 35.

Ist in den Fällen der §§ 33, 34 das Grundbuchamt zugleich das Registergericht, so genügt statt des Zeugnisses die Bezugnahme auf das Register.

Wird auf das Handelsregister Bezug genommen, so hat das GBA. den gesamten auf die betreffende Firma sich beziehenden Inhalt des Registers, erforderlichenfalls auch die Registerakten zu berücksichtigen und die hieraus gegen die Legitimation sich ergebenden Bedenken geltend zu machen. KG. 20 S. A 69. Ein anderweiter Nachweis der Vertretungsmacht ist nicht ausgeschlossen; insbesondere ist die beglaubigte Abschrift des bezüglichen Registerinhalts als zulässiges Beweismittel anzusehen. KG. ROLG. 4 S. 464.

§ 36.

Der Nachweis der Erbfolge kann nur durch einen Erbschein geführt werden. Beruht jedoch die Erbfolge auf einer Verfügung von Todes wegen, die in einer

öffentlichen Urkunde enthalten ist, so genügt es, wenn an Stelle des Erbscheins die Verfügung und das Protokoll über die Eröffnung der Verfügung vorgelegt werden; erachtet das Grundbuchamt die Erbfolge durch diese Urkunden nicht für nachgewiesen, so kann es die Vorlegung eines Erbscheins verlangen.

Das Bestehen der fortgesetzten Gütergemeinschaft sowie die Befugnis eines Testamentsvollstreckers zur Verfügung über einen Nachlaßgegenstand ist nur auf Grund der in den §§ 1507, 2368 des Bürgerlichen Gesetzbuchs vorgesehenen Zeugnisse als nachgewiesen anzunehmen; auf den Nachweis der Befugnis des Testamentsvollstreckers finden jedoch die Vorschriften des Abs. 1 Satz 2 entsprechende Anwendung.

I. Abs. 1. 1. Erbfolge. BGB. §§ 1922 ff. „Mit dem Tode einer Person (Erbfall) geht deren Vermögen (Erbschaft) als ganzes auf eine oder mehrere andere Personen (Erben) über." § 1922. Der Erbe wird also mit dem Tode des Erblassers Eigentümer des Nachlasses und damit Eigentümer aller einzelnen Nachlaßgegenstände, auch der zum Nachlasse gehörigen Grundstücke und dinglichen Rechte. Die Eintragung des Erben im Grundbuche beurkundet nur den außerhalb des Grundbuchs bereits vollzogenen Erwerb, dient mithin zur Berichtigung des Grundbuchs. Zum Nachweise der Unrichtigkeit des Grundbuchs dient der Erbschein. Für die gesetzliche Erbfolge ist dieser Nachweis („nur") der allein zulässige. Die Erbfolge auf Grund einer Verfügung von Todes wegen (Testament, Erbvertrag) kann gleichfalls durch den Erbschein nachgewiesen werden. Doch genügt an Stelle des Erbscheins die Vorlegung der Verfügung von Todes wegen und des Protokolls über die Eröffnung der Verfügung, aber nur wenn sie in einer öffentlichen Urkunde enthalten ist. Dies trifft zu bei Erbverträgen immer, da sie nur vor einem Richter oder Notar errichtet werden können (§§ 2276, 1434), bei Testamenten dann, wenn sie gemäß §§ 2231 Nr. 1, 2233—2246 vor einem Richter oder einem Notar, durch Übergabe einer verschlossenen Schrift (KG. ROLG. 5 S. 431), sowie bei denjenigen, die gemäß §§ 2249—2252 errichtet sind, nicht aber bei den sog. holographischen Testamenten. §§ 2231 Nr. 2, 2267. Wegen bloßer Möglichkeit des späteren Wegfalls des Testaments darf das GBA. dem Testament die zur Zeit seiner Vorlegung beiwohnende Wirkung nicht versagen. KG. ROLG. 6 S. 15. Den Inhalt der letztwilligen Verfügung hat das GBA. selbständig festzustellen. Nur in zweifelhaften Fällen ist ihm gestattet, noch einen Erbschein zu verlangen. Gedacht ist hierbei an solche Fälle, in denen die Prüfung der letztwilligen Verordnungen zu besonderen Schwierigkeiten Anlaß gibt, zB. wenn die Erbfolge nach ausländischem Rechte zu beurteilen ist, wenn die Erbeseinsetzung auf „die Kinder" oder „die Kinder, die noch geboren werden" lautet oder im Falle des § 2369 BGB., wonach für einzelne Gegenstände von einem deutschen Gericht ein Erbschein erteilt werden kann, wenn diese Gegenstände zu einer Erbschaft gehören, für die es an einem zur Erteilung eines allgemeinen Erbscheins zuständigen deutschen Nachlaßgericht fehlt. Dsch. 162. KB. 222. Gegen die Verfügung des GBA., durch welche dieses von der Befugnis, trotz des Vorhandenseins eines Testaments einen Erbschein zu verlangen, Gebrauch macht, ist Beschwerde zulässig. KG. 24 S. A 88. ROLG. 6 S. 15. Liegt ein Erbschein vor, so hat das GBA. keine Nachprüfung der Erbfolge vorzunehmen. KG. ROLG. 5 S. 430.

Ob unter den „Urkunden" des § 36 auch die „Ausfertigungen" zu verstehen sind, ist nach Landesrecht zu beurteilen. KB. 223. Wenn die Urschriften dieser Urkunden sich bei den Akten einer anderen Abteilung des das Grundbuch führenden Amtsgerichts befinden, so genügt die Bezugnahme auf die Akten. RG. 48 S. 400. KG. RJA. 1 S. 171.

2. Ist der Erbfall vor dem 1. Januar 1900 eingetreten, so kann der Nachweis der Erbfolge nur nach altem Rechte geführt werden. KG. 24 S. A 224, 25 S. A 123. ROLG. 5 S. 236.

3. Erbschein. BGB. §§ 2353—2370. Dem Erben ist auf Antrag ein Zeugnis über sein Erbrecht zu erteilen. Sind mehrere Erben vorhanden, so ist auf Antrag eines jeden Erben ein gemeinschaftlicher Erbschein unter Angabe des jedem Erben zustehenden Bruchteils der Erbschaft auszustellen. §§ 2353, 2357. KG. 20 S. A 265. Mitaufzunehmen sind die Einsetzung eines Nacherben (§ 2100) und die Ernennung eines Testamentsvollstreckers (§§ 2363, 2364), nicht aber bloße Beschwerungen, zB. Vermächtnisse. KG. RJA. 1 S. 100. Der Erbschein genießt öffentlichen Glauben. §§ 2365—2367.

Zuständig zur Erteilung ist das Nachlaßgericht, d. h. in Ermangelung abweichender Bestimmungen der Landesgesetze (EG. z. BGB. Art. 147) das Amtsgericht (RFG. § 72) und zwar das AG. des Wohnsitzes; wenn ein inländischer Wohnsitz nicht begründet ist, das AG. des Aufenthalts des Erblassers zur Zeit des Erbfalls. Der Erbschein ist nicht aus dem Grunde unwirksam, daß er von einem örtlich unzuständigen Gericht erteilt ist. RFG. § 7.

Ergibt sich, daß der erteilte Erbschein unrichtig ist, so hat ihn das Nachlaßgericht gemäß § 2361 einzuziehen. Das GBA. wird deshalb auf Vorlegung der Ausfertigung zu bestehen haben und sich mit einer beglaubigten Abschrift der Regel nach nicht begnügen dürfen. OLG. Rostock, ROLG. 3 S. 389. KG. 26 S. A 92. Im Falle der Abtretung einer Briefhypothek seitens des Erben des eingetragenen Gläubigers genügt zum Ausweise des Erben behufs Eintragung der Abtretung der Nachweis, daß die Erbscheinsausfertigung in dem Zeitpunkt, in welchem die Übertragung der Hypothek sich außerhalb des Grundbuchs vollzogen hat, im Besitze des Erben oder doch nicht eingezogen gewesen ist. §§ 26, 42. KG. 26 S. A 93.

4. Vermächtnisnehmer haben nur ein mit dem Erbanfall entstehendes Forderungsrecht gegen den Beschwerten auf Bewirkung der geschuldeten Leistung. §§ 2174, 2176 BGB. Ihre Eintragung kann also nur auf Grund der zum Eintritte der Rechtsänderung erforderlichen Erklärung (Auflassung, Abtretung, Eintragungsbewilligung) des Beschwerten erfolgen. Für das Vorausvermächtnis (Prälegat) gilt nichts Abweichendes. § 2150.

5. Der Erbschaftskäufer erwirbt nicht das Erbschaftsrecht als solches, sondern kann von dem Verkäufer nur gemäß §§ 2274, 2275 BGB. die Herausgabe der Erbschaftsgegenstände verlangen. Seine Stellung entspricht also der des Vermächtnisnehmers. Die zum Nachlasse gehörigen Sachen, auch Grundstücke und dingliche Rechte, können auf ihn nur durch Rechtsgeschäft (Auflassung, Abtretung rc.) übertragen werden. Turn.-Först. II S. 228.

II. Abs. 2. 6. Fortgesetzte Gütergemeinschaft. Nach dem Tode eines Ehegatten können der überlebende und die hinterbliebenen Abkömmlinge die Gütergemeinschaft fortsetzen. Dies gilt von der allgemeinen GG. und der Fahrnisgemeinschaft. Bei der allgemeinen GG. tritt die Fortsetzung ohne weiteres ein, falls sie nicht durch Ehevertrag oder durch letztwillige Verfügung des verstorbenen Ehegatten ausgeschlossen ist (BGB. §§ 1508, 1509) oder vom überlebenden Ehegatten abgelehnt wird. § 1484. Bei der Fahrnisgemeinschaft tritt die fortgesetzte GG. nur ein, wenn sie durch Ehevertrag vereinbart ist. § 1557. Sie endigt mit dem Tode oder der Wiederverheiratung des überlebenden Ehegatten. §§ 1493, 1494. Der überlebende Ehegatte kann sie jederzeit aufheben. § 1492. Ein anteilsberechtigter Abkömmling kann gegen den überlebenden Ehegatten aus den in § 1495 angegebenen Gründen auf Aufhebung der fortgesetzten GG. klagen. Mit der Rechtskraft des Urteils tritt die Aufhebung für alle Abkömmlinge ein, auch wenn das Urteil auf die Klage nur eines der Abkömmlinge ergangen ist. § 1496.

Das Gesamtgut der fortgesetzten GG. besteht aus dem ehelichen Gesamtgute, soweit es nicht einem nicht gemeinschaftlichen Abkömmling zufällt und aus dem Vermögen, das der überlebende Ehegatte aus dem Nachlasse oder nach dem Eintritte der fortgesetzten GG. erwirbt. Daneben kann es ein Vorbehaltsgut des überlebenden Gatten geben. Das Vermögen, das ein gemeinschaftlicher Abkömmling zur Zeit des Eintritts der fortgesetzten GG. hat oder später erwirbt, gehört nicht zu dem Gesamtgute. §§ 1485, 1486.

Hinsichtlich der Verfügungen über das Gesamtgut haben der überlebende Ehegatte die rechtliche Stellung des Mannes, die anteilsberechtigten Abkömmlinge die rechtliche Stellung der Frau. § 1487. Ist danach die Zustimmung der Abkömmlinge erforderlich, so muß sie von allen erklärt werden. Zur Zwangsvollstreckung in das Gesamtgut ist ein gegen den überlebenden Ehegatten ergangenes Urteil erforderlich und genügend. ZPO. § 745.

Auf das vom Nachlaßgericht auf Antrag zu erteilende Zeugnis über die Fortsetzung der GG. finden die Vorschriften über den Erbschein entsprechende Anwendung. § 1507. Der Antrag kann nicht nur vom überlebenden Ehegatten, sondern von jedem gestellt werden, der ein rechtliches Interesse geltend macht. RFG. § 85. Der Nachweis der fortgesetzten GG. kann dem GBA. nur durch ein solches Zeugnis geführt werden. Auf Grund dieses Zeugnisses ist das Grundbuchblatt über die zum Gesamtgute gehörigen Grundstücke zu berichtigen.

7. Testamentsvollstrecker. BGB. §§ 2197—2228. Der Erblasser kann durch Testament einen oder mehrere Testamentsvollstrecker ernennen. § 2197. Auch in einem Erbvertrage kann die Ernennung erfolgen, aber nur durch einseitige widerrufliche Verfügung. §§ 2278 Abs. 2, 2299. Der Erblasser kann für den Fall, daß der ernannte Testamentsvollstrecker vor oder nach der Annahme des Amtes wegfällt, einen anderen Testamentsvollstrecker ernennen und die Bestimmung der Person einem Dritten, auch dem Nachlaßgericht übertragen. §§ 2198—2200.

Die dem Testamentsvollstrecker regelmäßig zustehenden Befugnisse bestimmen die §§ 2203—2210. Danach hat der Testamentsvollstrecker nicht als Vertreter der Erben zu gelten. Er ist vielmehr „der von dem Willen der Erben unabhängige Träger der Rechte und Pflichten, die sich gemäß dem Willen des Erblassers und dem Gesetz aus der Vollziehung des Testaments ergeben". KG. RJA. 3 S. 103. Ist der Testamentsvollstrecker nicht etwa selbst Miterbe, so hat er die Auseinandersetzung unter den Erben nach den Anordnungen des Erblassers vorzunehmen und kann insbesondere die Auflassung der den einzelnen Miterben gebührenden Bruchteile an dem Nachlaßgrundstück erteilen. Ist er aber gleichzeitig Miterbe, so ist er von der Vornahme der Erbteilung mit Wirkung gegen und für die Erben ausgeschlossen, sofern nicht der Erblasser ein anderes bestimmt hat. KG. 25 S. A 72. RJA. 3 S. 101. Eine Quittung und Löschungsbewilligung, die der Eigentümer des belasteten Grundstücks als Testamentsvollstrecker des eingetragenen Hypothekengläubigers ausgestellt hat, ist nichts als die einseitige Angabe des Zahlungsleisters, daß er gezahlt habe, reicht also zur Löschung der Hypothek nicht aus, vielmehr ist zur Löschung die Bewilligung des Gläubigers und die Zustimmung des Eigentümers (§§ 19, 27) erforderlich. KG. RJA. 3 S. 44. Beantragt der Testamentsvollstrecker, den Erben als solchen im Grundbuch einzutragen, so hat er diesen dem GBA. gegenüber zu legitimieren; es genügt nicht, daß er sich als Testamentsvollstrecker legitimiert und den Erben als solchen bezeichnet. OLG. Dresden, Zentralbl. 2 S. 846. Ist der Testamentsvollstrecker an der Besorgung von Nachlaßverbindlichkeiten rechtlich behindert, so kann zu seiner Vertretung ein Pfleger nicht bestellt werden, vielmehr müssen dann die Erben selbst die Auseinandersetzung über den Nachlaß und die sonstigen Geschäfte vornehmen. KG. RJA. 3 S. 167.

Zur Legitimation des Testamentsvollstreckers dient das ihm vom Nachlaßgericht auf Antrag zu erteilende Zeugnis über seine Ernennung. Ist er in der Verwaltung des Nachlasses beschränkt oder hat der Erblasser angeordnet, daß er in der Eingehung von Verbindlichkeiten für den Nachlaß nicht beschränkt sein soll, so ist dies in dem Zeugnis anzugeben. § 2368. Enthält das Zeugnis besondere Angaben nicht, so ist damit zum Ausdruck gebracht, daß dem Testamentsvollstrecker die regelmäßigen Befugnisse der §§ 2203—2206, aber auch nur diese zustehen. Ist die letztwillige Verfügung in einer öffentlichen Urkunde enthalten, so genügt zum Nachweise der Befugnisse des Testamentsvollstreckers die Vorlegung dieser Verfügung nebst der Eröffnungsverhandlung in Verbindung mit dem Nachweise, daß das Amt durch Erklärung gegenüber dem Nachlaßgerichte angenommen ist. § 2202. KG. 22 S. B 30. Nur aus besonderen, im Einzelfalle darzulegenden Gründen kann das GBA. verlangen, daß der Nachweis der Verfügungsbefugnis des Testamentsvollstreckers durch ein Zeugnis des Nachlaßgerichts geführt wird. KG. 24 S. A 271. RJA. 3 S. 133. ROLG. 5 S. 431.

Das Amt des Testamentsvollstreckers erlischt, wenn er stirbt oder seine Geschäftsfähigkeit verliert oder einen Pfleger zur Besorgung seiner Angelegenheiten erhält, wenn er sein Amt kündigt, wenn er vom Nachlaßgericht entlassen wird und nach Maßgabe des § 2210 mit dem Ablaufe von dreißig Jahren seit dem Erbfalle. §§ 2225—2227, 1910.

Eintragung des Testamentsvollstreckers: GBO. § 53.

8. Übergangsbestimmungen: Art. 213—217. Ist der Anfall und Erwerb einer Erbschaft vor dem 1. Januar 1900 eingetreten, so bleiben für die erbrechtlichen Verhältnisse die bisherigen Gesetze maßgebend. Dies gilt auch für die sämtlichen Verfahrensvorschriften (RG. 46 S. 70; KG. 20 S. A 158, 21 S. A 236, 23 S. A 127), sowie für das Rechtsverhältnis des Testamentsvollstreckers, insbesondere für dessen Entlassung. KG. 25 S. A 75.

Die Vorschriften des BGB. über Inhalt und Umfang der Befugnisse des Testamentsvollstreckers kommen in allen seit dem 1. Januar 1900 eingetretenen Erbfällen zur Anwendung, auch wenn die letztwillige Verfügung vor diesem Tage errichtet ist. RG. JW. 1901 S. 322. Habicht S. 657. Preußen (bezl. der fortgesetzten GG.): AG. z. BGB. Art. 66.

§ 37.

Soll bei einer zu einem Nachlasse gehörenden Hypothek, Grundschuld oder Rentenschuld einer von mehreren Erben als neuer Gläubiger eingetragen werden, so genügt zum Nachweise der Erbfolge und der Eintragungsbewilligung der Erben ein Zeugnis des Nachlaßgerichts.

Das Zeugnis darf nur ausgestellt werden, wenn die Voraussetzungen für die Erteilung eines Erbscheins vorliegen und die Erklärungen der Erben vor dem Nachlaßgerichte zu Protokoll gegeben oder durch öffentliche oder öffentlich beglaubigte Urkunden nachgewiesen sind.

---

1. Nur Hypotheken, Grundschulden und Rentenschulden unterliegen der Vorschrift, die bestimmt ist den Nachweis der für die Eintragung des neuen Gläubigers erforderlichen Voraussetzungen zu erleichtern. Dsch. 163 Durch § 99 ist der Landesgesetzgebung das Recht vorbehalten, die Anwendbarkeit der §§ 37, 38 auf Eigentum und Erbbaurecht auszudehnen. Auf andere Rechte, zB. auf die Reallast, beziehen sich die §§ 37, 38 nicht.

2. Die Hypotheken 2c. müssen zum Nachlasse gehören. In Betracht kommen die vom Erblasser hinterlassenen Hypotheken und „was auf Grund eines zum Nachlasse gehörenden Rechtes oder als Ersatz für die Zerstörung, Beschädigung oder Ent-

ziehung eines Nachlaßgegenstandes oder durch ein Rechtsgeschäft erworben wird, das sich auf den Nachlaß bezieht" (§ 2041), zB. die Hypothek für das gestundete Kaufgeld eines von den Erben verkauften Nachlaßgrundstücks, ferner auch (Boehm S. 424, Turn.-Först. II S. 256 A. 2) eine vom Erbschaftsbesitzer mit Mitteln der Erbschaft erworbene und dem wahren Erben nach § 2019 herauszugebende Hypothek.

3. Die Hypothek muß bei der Erbauseinandersetzung (§§ 2042—2049 BGB. und RFG. §§ 86—98) einem der mehreren Erben übertragen werden. Die Übertragung an einen Dritten unterliegt dem § 37 nicht, auch nicht die Übertragung im Falle des Vermächtnisses oder des Vorvermächtnisses (§ 2150), denn das Vermächtnis begründet für den Bedachten nur einen obligatorischen Anspruch (§ 2174), es muß also zur Umschreibung der Hypothek auf ihn die Eintragungsbewilligung der Erben vorgelegt werden.

4. Liegen die Voraussetzungen zu 1, 2 und 3 vor, so genügt zur Umschreibung der Hypothek ꝛc. auf den neuen Gläubiger ein Zeugnis des Nachlaßgerichts, durch welches sowohl die Erbfolge als die Eintragungsbewilligung nachgewiesen wird. Das Zeugnis, dessen Nachprüfung dem GBA. versagt ist, ersetzt den Erbschein (§ 36) und die Eintragungsbewilligung der Miterben, nicht auch den Antrag; dieser muß stets von den Beteiligten gestellt werden. GBO. § 13. Die Beteiligten sind aber auf den Nachweis des § 37 nicht beschränkt, sie können auch die Erbfolge und die Eintragungsbewilligung unmittelbar nachweisen; ein Recht des GBA., das Zeugnis des § 37 zu verlangen, besteht nicht. Turn.-Först. II S. 258 A. IV.

5. Nachlaßgericht: § 36 A. 2. Die Erbteilung kann auch von einem anderen Gericht, vom Notar oder von anderen als gerichtlichen Behörden aufgenommen, auch privatschriftlich vorgenommen werden. Art. 147. Aber auch in diesen Fällen ist nur das Nachlaßgericht zur Ausstellung des Zeugnisses aus § 37 zuständig. Hat ein örtlich unzuständiges Amtsgericht als Nachlaßgericht das Zeugnis ausgestellt, so ist das Zeugnis aus diesem Grunde nicht unwirksam. RFG. § 7. Die Ausstellung des Zeugnisses hängt nicht davon ab, daß die Teilung des ganzen Nachlasses stattgefunden hat, es genügt, wenn die Nachlaßhypothek ꝛc. einem Miterben abgetreten ist. In allen Fällen aber darf nach § 37 Abs. 2 die Ausstellung des Zeugnisses nur erfolgen, wenn die Voraussetzungen für die Erteilung eines Erbscheins (BGB. §§ 2353 ff.) vorliegen und die Bewilligung der Miterben vor dem Nachlaßgerichte zu Protokoll erklärt oder diesem durch öffentliche oder öffentlich beglaubigte Urkunden nachgewiesen ist. Danach ist die Erteilung des Zeugnisses ausgeschlossen, wenn die Bewilligung auch nur eines Miterben nicht erklärt ist, sondern nach § 91 Abs. 3 RFG. nur fingiert wird. In solchem Falle kann der Erbe seine Eintragung nur auf Grund eines Erbscheins und einer Ausfertigung der vom Nachlaßgericht bestätigten rechtskräftigen Auseinandersetzung erlangen. R. Foerster S. 133. Bei einer Briefhypothek ꝛc. ist zur Umschreibung im Grundbuche die Vorlegung des Briefes erforderlich. GBO. § 42. Es bedarf aber zum Erwerbe der Briefhypothek ꝛc. der Umschreibung nicht, vielmehr vollzieht sich der Erwerb durch die Abtretungserklärung der Miterben und Aushändigung des Briefes. § 1154.

§ 38.

Die Vorschriften des § 37 finden entsprechende Anwendung, wenn bei einer Hypothek, Grundschuld oder Rentenschuld, die zu dem Gesamtgut einer ehelichen Gütergemeinschaft oder einer fortgesetzten Gütergemeinschaft gehört, ein Beteiligter, auf den das Recht bei der Auseinandersetzung übertragen ist, als neuer Gläubiger eingetragen werden soll.

Der Paragraph bezieht sich auf alle Arten der ehelichen GG. und auf die fortgesetzte GG. Die Auseinandersetzung hinsichtlich des Gesamtguts regeln die §§ 1471, 1474—

1481, 1497—1504, 1549 und RFG. § 99. Aus der entsprechenden Anwendung des § 37 folgt, daß § 38 dann versagt, wenn eine zum Gesamtgut gehörige Hypothek einem nicht gemeinschaftlichen Abkömmling oder einem zwar gemeinschaftlichen aber enterbten oder abgefundenen Abkömmling übertragen ist. Turn.=Först. II S. 258.

§ 39.

In den Fällen, in denen nach gesetzlicher Vorschrift eine Behörde befugt ist, das Grundbuchamt um eine Eintragung zu ersuchen, erfolgt die Eintragung auf Grund des Ersuchens der Behörde.

---

1. Die Vorschrift trifft alle Fälle, in denen bestimmten Behörden die Befugnis beigelegt ist, das GBA. um eine Eintragung zu ersuchen. Die Befugnis kann auf Reichsgesetz oder aufrechterhaltenem Landesgesetz beruhen. Reichsgesetzlich sind zu dem Ersuchen befugt: **a**, Das Prozeßgericht bei Eintragungen auf Grund einer einstweiligen Verfügung, ZPO. §§ 941, 942 Abs. 2. **b**, Das Vollstreckungsgericht bei der Zwangsversteigerung und Zwangsverwaltung, ZwVG. §§ 19, 34, 130, 131, 145, 146, 161. **c**, Das Konkursgericht, KO. §§ 113, 114, 116, 163, 190. **d**, Das Vormundschaftsgericht, RFG. § 54 Abs. 1. **e**, Der Staatsanwalt bei Eintragung einer Vermögensbeschlagnahme infolge Gerichtsbeschlusses, StGB. §§ 93, 140, StPO. §§ 325, 326, 332 ff. **f**, Das Strafgericht bei der Beschlagnahme des Vermögens eines Fahnenflüchtigen, Militärstrafgerichtsordn. v. 1. Dez. 1898 (RGBl. S. 1189) §§ 360, 361, V. v. 28. Dez. 1899 (RGBl. 1900 S. 1). **g**, Die Aufsichtsbehörden bei Beschlagnahme der zur Deckung des Defekts bei Reichskassen oder anderen Reichsverwaltungen, Reichsbeamtenges. v. 31. März 1873 § 143. (Preußen: AG. z. GBO. Art. 9.)

2. Das Ersuchen der Behörde ersetzt den Antrag (§ 13), die Eintragungsbewilligung (§§ 19 ff.) und die etwa zur Eintragung erforderlichen Erklärungen Dritter. KG. ROLG. 3 S. 227. Insbesondere ist zur Löschung einer Hypothek weder die Bewilligung des Gläubigers noch die Zustimmung des Eigentümers erforderlich. KG. RFA. 1 S. 157. Dagegen müssen die übrigen allgemeinen Voraussetzungen der Eintragung (§§ 5, 6, 16—18, 38, 40—44, 48) auch bei dem Ersuchen einer Behörde gegeben sein. Dsch. 163.

Ein Ersuchen im Sinne des § 39 ist nur dasjenige, das von der Behörde als solcher, d. h. in Erfüllung ihrer obrigkeitlichen Aufgaben gestellt wird. Anträge der Behörden als Vertreter juristischer Personen, also als Partei, fallen nicht unter den § 39, bedürfen vielmehr der Bewilligung der Passivbeteiligten (§ 19) ebenso, als wenn die Partei selbst sie gestellt hätte.

3. Die Prüfung des GBA. hat sich zu beschränken auf die gesetzliche Befugnis der Behörde zum Ersuchen um Eintragung, die Form des Ersuchens und die allgemeinen Voraussetzungen, insbesondere die Zulässigkeit der begehrten Eintragung. Der § 51 des I. Entw. bestimmte: „Die auf Ersuchen einer Behörde einzutragende Hypothek kann nur als Sicherungshypothek eingetragen werden". Diese Einschränkung ist zwar in den § 39 nicht aufgenommen, ergibt sich aber aus der Erwägung, daß solche Hypothek nicht wirksamer sein kann, als die auf Grund eines vollstreckbaren Urteils erlangte Zwangshypothek. M. z. I. Entw. 91. Vgl. Art. 91. Turn.=Först. II S. 260 A. 5. Für die Rechtmäßigkeit des Ersuchens ist die ersuchende Behörde allein verantwortlich; das GBA. hat deren Entscheidung ohne weitere Untersuchung zu respektieren. RG. JW. 87 S. 198. KG. 24 S. A 114. Der § 131 des Entw. d. ZwVG. bestimmte: „Dem Ersuchen an das GBA. ist eine Ausfertigung des Beschlusses, durch welchen der Zuschlag erteilt ist, sowie des Protokolls über den Verteilungstermin beizufügen." Diese Bestimmung ist aber gestrichen, um zum Ausdruck zu bringen, daß nach § 39 GBO. für das GBA. nur der Inhalt des Ersuchungsschreibens des Vollstreckungsgerichts maßgebend ist, während demselben eine Prüfung der Grundlagen dieses Ersuchungsschreibens nicht zukommt". KB. z. ZwVG. 111. Welche Rechte durch den Zuschlag erloschen und daher zu löschen sind, unterliegt nicht der Prüfung des GBA., sondern der des Versteigerungsrichters. KG. 23 S. A 252. ROLG. 2 S. 340. Ist infolge des auf einem Versehen beruhenden Ersuchens des Vollstreckungsgerichts eine Hypothek gelöscht, die durch die Zwangsversteigerung nicht erloschen war, so ist das GBA. verpflichtet, auf neues Ersuchen des Vollstreckungsgerichts die gelöschte Hypothek an der alten Stelle wieder einzutragen, es sei denn, daß die Wiedereintragung zur Beeinträchtigung von wohlerworbenen Rechten Dritter führen könnte; im letzteren Falle hat das GBA. einen Widerspruch gegen die Richtigkeit des Grundbuchs einzutragen (BGB. § 892), um dadurch einen weiteren gutgläubigeu Erwerb zu hindern. KG. 25 S. A 311; RJA. 3 S. 217; ROLG. 6 S. 99. Die Eintragung neuer Nebenbestimmungen bei einer nach den Versteigerungsbedingungen erlöschenden, aber nach der Vereinbarung zwischen dem Ersteher und dem Hypothekengläubiger bestehenbleibenden Hypothek darf das GBA. trotz des Ersuchens des Vollstreckungsrichters erst nach entsprechender Prüfung vornehmen. KG. RJA. 2 S. 184. Vgl. BGB. § 1182 A. II.

4. Auf die Ersuchen ausländischer, d. h. nichtdeutscher Behörden bezieht sich § 39 nicht. Solche Ersuchen sind zurückzuweisen, sofern nicht durch Staatsverträge ihre Erledigung anderweit geregelt ist. Den auf Eintragung gerichteten Rechtshilfegesuchen deutscher Gerichte ist dann stattzugeben, wenn die Befugnis zum Ersuchen um Eintragung durch Reichsgesetz begründet ist (zB. KonkO. §§ 113 ff.). Dies folgt aus GVG. § 157 u. RFG. § 2. Beruht aber diese Befugnis nur auf Landesgesetz, so kann die Verpflichtung, die Eintragung zu bewirken, nur durch Staatsvertrag begründet werden. So zB. in den Fällen der Eintragung von Gerichtskosten oder sonstiger Eintragungen im Wege der Zwangsvollstreckung. Turn.-Först. II S. 260 A. 4. Achilles-Strecker S. 264 A. 4.

§ 40.

Eine Eintragung soll nur erfolgen, wenn derjenige, dessen Recht durch sie betroffen wird, als der Berechtigte eingetragen ist.

Bei einer Hypothek, Grundschuld oder Rentenschuld, über die ein Brief erteilt ist, steht es der Eintragung des Gläubigers gleich, wenn dieser sich im Besitze des Briefes befindet und sein Gläubigerrecht nach § 1155 des Bürgerlichen Gesetzbuchs nachweist.

G. Schatzky, Die Grundbuchberichtigung zum Zwecke der Immobiliarvollstreckung, Breslau 1902. „D. Recht" 1901 S. 219.

I. Abs. 1. 1. Die Regel gilt für alle Eintragungen ohne Rücksicht auf ihren Inhalt (Eigentum, beschränkte Rechte) und auf ihre Grundlagen, kommt also zur Anwendung, gleichviel ob die Eintragung auf Grund der Bewilligung des Berechtigten oder im Wege der Zwangsvollstreckung oder Arrestvollziehung, ob sie zur Vollziehung einer Rechtsänderung (BGB. § 873) oder zum Zwecke der Berichtigung des Grundbuchs (BGB. § 895) erfolgen soll. Dsch. 164.

2. Entscheidender Zeitpunkt. Der Berechtigte muß zu der Zeit eingetragen sein oder doch gleichzeitig eingetragen werden, in der die beantragte Eintragung erfolgen soll. Es genügt, wenn er mit dem Antrage auf Eintragung aus der vorgelegten Eintragungsbewilligung den Antrag auf seine Eintragung als Berechtigter verbindet. Es ist aber — abweichend vom preuß. R. — nicht erforderlich, daß er schon bei Erklärung der Eintragungsbewilligung als Berechtigter eingetragen war. Ist

zB. der Veräußerer eines Grundstücks zur Zeit der Auflassung noch nicht als Eigentümer eingetragen gewesen, so kann die Eintragung des Eigentumsübergangs auf Grund der Auflassung erfolgen, wenn er vor dieser Eintragung seine Eintragung als Eigentümer erlangt hat. ROLG. 2 S. 1. Hat der Erwerber eines Grundstücks im Kaufvertrage, vor der Auflassung, die Eintragung einer Hypothek bewilligt so ist dem Antrage auf deren Eintragung stattzugeben, wenn der Erwerber auf Grund der Auflassung als Eigentümer eingetragen ist. Eintragungen gegen den nicht eingetragenen Passivbeteiligten hat das GBA. abzulehnen. So zB. die von beiden gütergemeinschaftlichen Ehegatten bewilligte oder beantragte Eintragung einer Hypothek, wenn das verpfändete zum Gesamtgute gehörende Grundstück nur auf den Namen des Ehemanns eingetragen ist. KG. 20 S. A 188.

Ist eine Forderung bereits vor ihrer Eintragung abgetreten, so erfolgt die Eintragung unmittelbar für den Zessionar. Johow 7 S. 219. Erwirbt der eingetragene Gläubiger einer bezahlten Hypothekenforderung diese vom Eigentümer des Pfandgrundstücks zurück, so bedarf es einer Umschreibung nicht, da eine solche keine Veränderung des im Grundbuche eingetragenen Rechtszustandes enthalten würde. JW. 81 S. 29.

Ob der Eigentümerhypothekar, der über die Post weiter verfügen will, abgesehen vom Falle des § 40 Abs. 2, der Zwischeneintragung auf seinen Namen bedarf, ist streitig. Nach der hier vertretenen Auffassung, wonach die Eigentümerhypothek nicht eine wirkliche Hypothek, sondern nur Eigentumsbefugnis ist (BGB. § 1163 A. 1), bedarf es dieser Zwischeneintragung nicht, vielmehr genügt es, wenn der Eigentümer als solcher eingetragen ist. KG. 20 S. A 190, 22 S. A 172, 23 S. A 157. RJA. 3 S. 205. OLG. Jena, ROLG. 3 S. 198, 200. AM. OLG. Colmar, DJZ. VII S. 221, Not. Ztschr. f. Els.-Lothr. 1901 S. 151, 1902 S. 35 ff.

3. Wegen der Rechtsbehelfe, die dem nicht eingetragenen Berechtigten zur Herbeiführung seiner Eintragung zustehen, s. § 14 A. 4.

4. Der § 40 Abs. 1 enthält nur eine Ordnungsvorschrift, um dem GBA. die Legitimationsprüfung zu erleichtern und den eingetragenen Berechtigten dagegen zu sichern, daß ungeachtet der gemäß § 891 BGB. mit der Eintragung verbundenen Vermutung ein anderer über das Recht verfügt. Dsch. 163. Ein Erfordernis der Rechtsänderung ist die Eintragung des Berechtigten nicht. BGB. §§ 873, 875, 877. War der Passivbeteiligte berechtigt, ohne eingetragen zu sein, so ist trotz dieses Mangels die eingetragene Rechtsänderung gültig. Erlangt er das Recht erst mit seiner späteren Eintragung, so wird mit dieser die Rechtsänderung nach § 185 BGB. wirksam. KG. 21 S. A 155. Auf bloße Namensänderungen bezieht sich § 40 nicht. KG. ROLG. 6 S. 201.

5. Der § 185 BGB. findet auch im Sachenrechte Anwendung. Die Verfügung eines Nichtberechtigten wird also wirksam, wenn der Berechtigte der Verfügung zustimmt oder sie genehmigt. Dasselbe muß gelten, wenn der Berechtigte bei Erklärung der Auflassung oder Abtretung zugleich dem noch nicht berechtigten Erwerber seine Zustimmung zu einer weiteren Veräußerung erteilt. RG. 54 S. 367. Hat zB. der eingetragene Eigentümer (oder dessen Erbe) das Grundstück aufgelassen, darauf bei seiner Anwesenheit in demselben Akte der Erwerber das Grundstück weiter aufgelassen und ist die Eintragung des zweiten Erwerbers von diesem beantragt, so kann die Eintragung des zweiten Erwerbers ohne vorangegangene Eintragung des ersten Erwerbers erfolgen, weil der eingetragene Eigentümer, der Berechtigte, in die weitere Auflassung des nichtberechtigten Erwerbers eingewilligt hat. Zentralbl. 1901 S. 41. Seuff. 57 S. 10. Wegen der gleichen Rechtslage muß dieses Verfahren auch bei zwei aufeinanderfolgenden Abtretungserklärungen, die eine Buchhypothek betreffen, zugelassen werden. RG. 54 S. 368.

II. Abs. 2. **6.** Die Vorschrift enthält eine Ausnahme von der Regel des Abs. 1. (Andere Ausnahmen: § 42.) Sie beruht auf den dem § 1155 BGB.

zugrunde liegenden Erwägungen. Der nach § 1155 legitimierte Hypothekengläubiger kann sich eintragen lassen, ohne daß es der Eintragung der Zwischeninhaber der Hypothek bedarf; der Zusammenhang beider Eintragungen wird durch die zur Begründung der letzten Eintragung dienenden Urkunden vermittelt. M. z. I. Entw. 57.

§ 41.

Ist derjenige, dessen Recht durch eine Eintragung betroffen wird, Erbe des eingetragenen Berechtigten, so findet die Vorschrift des § 40 Abs. 1 keine Anwendung, wenn die Übertragung oder die Aufhebung des Rechtes eingetragen werden soll oder wenn der Eintragungsantrag durch die Bewilligung des Erblassers oder eines Nachlaßpflegers oder durch einen gegen den Erblasser oder den Nachlaßpfleger vollstreckbaren Titel begründet wird.

Das gleiche gilt für eine Eintragung auf Grund der Bewilligung eines Testamentsvollstreckers oder auf Grund eines gegen diesen vollstreckbaren Titels, sofern die Bewilligung oder der Titel gegen den Erben wirksam ist.

„D. Recht" 1901 S. 423; 1903 S. 100.

---

1. Erbe. Der § 41 enthält eine Ausnahme von der Regel des § 40 Abs. 1. Die Ausnahmevorschrift gilt sowohl für Miterben als für den Alleinerben, nicht nur für den unmittelbaren Erben des eingetragenen Berechtigten, sondern auch für den Erbeserben, überhaupt für alle Personen, auf die das Recht durch weitere Erbgänge übergegangen ist. RG. 53 S. 298. KG. 26 S. A 96; preuß. JMBl. 1903 S. 116. Sie gilt insbesondere bei der Vorerbschaft (§ 52), der gewöhnlichen sowohl wie der befreiten (KG. RJA. 3 S. 250); Vorerbe und Nacherbe zusammen sind die Erben im Sinne des § 41 Abs. 1. KG. 23 S. A 149; ROLG. 6 S. 320, 327; RJA. 3 S. 202, 250. (Befugnis zur Auflassung eines Nachlaßgrundstücks: § 52 A. 5.) Sie gilt aber nicht für den Vermächtnisnehmer (BGB. §§ 2174, 2176), nicht für den Erbschaftskäufer (KG. ROLG. 4 S. 189), nicht für den überlebenden Ehegatten und die Kinder, welche die Gütergemeinschaft fortsetzen. OLG. Hamburg, ROLG. 6 S. 11.

2. Die vorgängige Eintragung des Erben des eingetragenen Berechtigten ist dann nicht erforderlich, wenn die Übertragung oder die Aufhebung eines für den Erblasser eingetragenen Rechtes eingetragen werden soll. Der nicht eingetragene Erbe kann also das Nachlaßgrundstück auflassen und eine für den Erblasser eingetragene Hypothek übertragen oder löschen lassen (KG. 23 S. A 156), auch einzelne Grundstücksteile bezüglich der Nachlaßhypothek entpfänden, denn die Entpfändung ist nichts anderes, als die Aufhebung der Hypothek bezüglich dieser Teile. KG. RJA. 2 S. 242. ROLG. 4 S. 80. Für Eintragungen anderer Art bleibt es bei der Regel des § 40 Abs. 1 Die Eintragung von Belastungen des Nachlaßgrundstücks (Hypotheken), der Änderung des Inhalts oder des Ranges eines ererbten Rechtes, der Umwandlung einer Grundschuld in eine Hypothek (KG. 25 S. A 303), von Verfügungsbeschränkungen, von Vormerkungen zur Sicherung von Ansprüchen auf Bestellung einer Last, auf Änderung des Inhalts oder des Ranges und von Widersprüchen entsprechenden Inhalts, kann nur erfolgen, wenn der Erbe eingetragen ist. Bei der Eintragung von Vormerkungen zur Sicherung des Anspruchs auf Übertragung oder auf Aufhebung ererbter Rechte wird man von der Eintragung des Erben absehen können, da es nicht gerechtfertigt erscheint, für vorläufige Eintragungen strengere Voraussetzungen zu verlangen als für endgültige. Achilles-Strecker S. 272.

3. Wird der Eintragungsantrag durch die Bewilligung des Erblassers oder eines Nachlaßpflegers oder durch einen gegen den Erblasser oder den Nachlaß-

pfleger vollstreckbaren Titel begründet, so bedarf es der vorgängigen Eintragung des Erben überhaupt nicht, auch nicht bei der Eintragung von Belastungen, Verpfändungen, Pfändungen und Verfügungsbeschränkungen. Es muß aber die Bewilligung selbst formgerecht erklärt oder durch einen bei Lebzeiten des Erblassers erwirkten vollstreckbaren Titel ersetzt sein. Liegt nur ein Rechtsgeschäft vor, das den Erblasser zur Bewilligung der Eintragung verpflichtet, so bleibt es bei der Regel des § 40 Abs. 1. Auf Grund des gegen den Erblasser ergangenen vollstreckbaren Titels darf das GBA. die Eintragung im Wege der Zwangsvollstreckung nur dann anordnen, wenn die vollstreckbare Ausfertigung auch gegen den Erben für vollstreckbar erklärt und diesem zugestellt ist. ZPO. § 750. Als Nachlaßpfleger ist nach § 1975 BGB. auch der Nachlaßverwalter anzusehen. Dsch. 165.

4. Dem Nachlaßpfleger ist in § 41 Abs. 2 der Testamentsvollstrecker gleichgestellt, aber nur für den Fall, daß die Bewilligung des Testamentsvollstreckers oder der gegen ihn vollstreckbare Titel gegen den Erben wirksam ist. Diese Beschränkung rechtfertigt sich dadurch, daß der Testamentsvollstrecker nur unter gewissen Voraussetzungen und innerhalb gewisser Grenzen über den Nachlaß verfügen kann (vgl. BGB. §§ 2205—2209, 2213. ZPO. §§ 327, 727, 748, 749). Dsch. 165.

5. Entsprechende Anwendung der beiden Ausnahmebestimmungen des § 40 Abs. 2 und des § 41 in anderen, vom Wortlaut des Gesetzes nicht umfaßten Fällen der Rechtsnachfolge ist unzulässig. KG. 20 S. A 300, 21 S. A 283. Soll zB. die Eintragung der von den Erben des Zessionars des eingetragenen Gläubigers erfolgten Abtretung der Hypothek an einen Dritten stattfinden, so müssen die Erben sich zuvor als Inhaber der Hypothek in das Grundbuch eintragen lassen. KG. 25 S. A 159, 26 S. A 151. Bei fortgesetzter Gütergemeinschaft kann die Witwe die Löschung einer Hypothek auf dem zum Gesamtgut gehörenden Grundstücke erst beantragen, nachdem sie und die Kinder eingetragen worden sind. KG. ROLG. 5 S. 300.

6. Andere Ausnahmen von der Regel des § 40 Abs. 1 enthält das ZwVG. Danach kann der Zwangsversteigerungs- und der Zwangsverwaltungsvermerk eingetragen werden, wenn der nicht als Eigentümer eingetragene Schuldner Erbe des eingetragenen Eigentümers ist. ZwVG. §§ 17, 19, 146. Wegen des Anspruchs aus einem eingetragenen Rechte findet die Zwangsverwaltung auch dann statt, wenn der Schuldner weder eingetragener Eigentümer noch dessen Erbe ist, aber das Grundstück im Eigenbesitze hat. ZwVG. § 147.

§ 42.

Bei einer Hypothek, über die ein Brief erteilt ist, soll eine Eintragung nur erfolgen, wenn der Brief vorgelegt wird. Für die Eintragung eines Widerspruchs bedarf es der Vorlegung nicht, wenn die Eintragung durch eine einstweilige Verfügung angeordnet ist und der Widerspruch sich darauf gründet, daß die Hypothek oder die Forderung, für welche sie bestellt ist, nicht bestehe oder einer Einrede unterliege oder daß die Hypothek unrichtig eingetragen sei.

Der Vorlegung des Hypothekenbriefs steht es gleich, wenn in den Fällen der §§ 1162, 1170, 1171 des Bürgerlichen Gesetzbuchs auf Grund des Ausschlußurteils die Erteilung eines neuen Briefes beantragt wird. Soll die Erteilung des Briefes nachträglich ausgeschlossen oder die Hypothek gelöscht werden, so genügt die Vorlegung des Ausschlußurteils.

I. Abs. 1 Satz 1. 1. Der Regel des Satzes 1 liegt die Erwägung zugrunde, daß bei Briefhypotheken das Grundbuch über den zeitigen Gläubiger keine sichere Auskunft gibt, da im Falle der Abtretung der Hypothek nach § 1154 BGB. der Nachweis des Gläubigerrechts durch den Besitz des Briefes in Verbindung mit der schriftlichen Abtretungserklärung erbracht wird. Dsch. 165. Die Regel gilt für jede Eintragung bei einer Briefhypothek, gleichviel ob sie von dem Gläubiger bewilligt ist oder ob sie im Wege des rechtlichen Zwanges gegen den Gläubiger erfolgen soll (Dsch. 165), ob sie sich auf die Hauptforderung oder auf Nebenleistungen (Beispiel: BGB. § 1119) bezieht, ob sie zur Herbeiführung einer Rechtsänderung oder zur Berichtigung des Grundbuchs bewirkt wird, ob es sich um eine endgültige Eintragung oder um einen vorläufigen Vermerk — eine Vormerkung oder (vgl. A. 3) einen Widerspruch —, handelt. Auch für die Vormerkung zur Sicherung des Anspruchs auf Löschung einer Hypothek, wenn diese sich mit dem Eigentum in einer Person vereinigt (BGB. § 1179), ist keine Ausnahme zu machen. KG. 21 S. A 175. Achilles-Strecker S. 275. Die Eintragung ist auf dem Briefe vom GBA. zu vermerken. § 62 Abs. 1, § 70 Abs. 1.

2. Die Regel enthält („soll") nur eine Ordnungsvorschrift. Die ohne Vorlegung des Briefes erfolgte Eintragung ist dieses Mangels wegen nicht unwirksam, sofern nur die durch den Brief darzulegende Legitimation zur Zeit der Eintragung tatsächlich vorhanden war.

II. Abs. 1 Satz 2. **3.** Der Vorlegung des Briefes bedarf es ausnahmsweise nicht bei der Eintragung eines Widerspruchs (BGB. § 899), aber nur wenn **a**, die Eintragung durch eine einstweilige Verfügung oder (§ 76) vom Beschwerdegerichte für Grundbuchsachen angeordnet oder (§ 54 Abs. 2) von Amts wegen zu bewirken ist und außerdem **b**, der Widerspruch sich darauf gründet, daß die Hypothek oder die Forderung, für welche sie bestellt ist, nicht bestehe oder einer Einrede (BGB. §§ 1137, 1157, 1169) unterliege oder daß das Recht seinem Inhalte oder Range nach unrichtig eingetragen sei. (BGB. §§ 892, 894, 899, 1140.) Dsch. 165. Die Vorschrift bezweckt den Schutz des materiellen Rechtes des Eigentümers und Schuldners (BGB. §§ 892, 893, 1138, 1155) in solchen Fällen, in denen dieser nicht in der Lage ist, den Brief zu beschaffen, sei es, daß ihm der zeitige Besitzer unbekannt ist, sei es, daß dieser die Herausgabe des Briefes verweigert. Es ist also Sache desjenigen, der eine Hypothek durch Abtretung erwirbt, sich durch Einsicht des Grundbuchs davon zu überzeugen, ob ein Widerspruch eingetragen ist. Zur Verhütung von Täuschungen bestimmt § 62 Abs. 2, daß das GBA. den Besitzer des Briefes, der nach §§ 896, 1144, 1145 zu dessen Vorlegung verpflichtet ist, zur nachträglichen Vorlegung behufs Vermerkung des Widerspruchs anzuhalten hat.

Liegen die Voraussetzungen zu a und b nicht vor, so bleibt es auch für die Eintragung eines Widerspruchs bei der Regel des Satzes 1. Es bedarf also der Vorlegung des Briefes, wenn der Widerspruch auf Grund der Bewilligung des Hypothekengläubigers oder auf Grund eines vorläufig vollstreckbaren Urteils (ZPO. § 895) eingetragen werden soll oder wenn der Widerspruch die Übertragung des Rechtes auf den Besitzer des Briefes bestreitet oder eine dem Besitzer entgegenstehende Verfügungsbeschränkung (BGB. § 892 Abs. 1) zum Inhalte hat. Dsch. 165 f. Auch in den Fällen des § 18 ist zur Eintragung des Widerspruchs die Vorlegung des Briefes erforderlich. Turn.-Förſt. II S. 272 A. 2 a.

4. Andere Ausnahmen von der Regel des Satzes 1 enthält das ZwVG. Danach bedarf es der Vorlegung des Briefes nicht, wenn im Zwangsvollstreckungsverfahren die Löschung einer ausgefallenen Hypothek 2c. oder die Eintragung des Vorrangs einer neu einzutragenden Sicherungshypothek im Falle des § 128 erfolgen soll (§ 131), auch nicht zur Löschung der bei der Zwangsverwaltung berichtigten Hypothek 2c. § 158 Abs. 2. Auch dem Ersuchen des Konkursgerichts um Eintragung der Eröffnung des Konkursverfahrens bei einer für den Gemeinschuldner eingetragenen Hypothek (KO. § 113) ist ohne Vorlegung des Hypothekenbriefes stattzugeben, da das

Konkursgericht dem GBA. nicht als Partei, sondern als Behörde, die auf Registrierung der Konkurseröffnung im Grundbuch hinzuwirken hat, gegenübersteht. OLG. Hamburg, RJA. 2 S. 204.

5. Landesgesetze können Ausnahmen von der Regel des Satzes 1 soweit zulassen, als die zu ihren Gunsten gemachten Vorbehalte es gestatten. Art. 118. (Preußen: AG. z. GBO. Art. 20, 26).

III. Abs. 2. 6. Ist der Brief für kraftlos erklärt (BGB. § 1162) oder durch ein gegen den unbekannten Gläubiger erlassenes Ausschlußurteil kraftlos geworden (§§ 1170, 1171), so ist die Eintragung schon dann gestattet, wenn auf Grund des Ausschlußurteils die Erteilung eines neuen Briefes (GBO. §§ 67, 68) beantragt wird. Soll die Erteilung des Briefes nachträglich ausgeschlossen (BGB. § 1116 Abs. 2) oder das Recht gelöscht werden, so bedarf es nach § 69 GBO. eines neuen Briefes nicht, es genügt vielmehr die Vorlegung des Ausschlußurteils. Dsch. 165.

Wegen der Anwendung des § 42 auf die Grundschuld und die Rentenschuld s. § 43.

§ 43.

Die Vorschriften des § 42 finden auf die Grundschuld und die Rentenschuld entsprechende Anwendung. Ist jedoch das Recht für den Inhaber des Briefes eingetragen, so bedarf es der Vorlegung des Briefes nur dann nicht, wenn der Eintragungsantrag durch die Bewilligung eines nach § 1189 des Bürgerlichen Gesetzbuchs bestellten Vertreters oder durch eine gegen ihn erlassene gerichtliche Entscheidung begründet wird.

1. Bei den auf den Inhaber des Briefes ausgestellten Grund- und Rentenschulden soll eine Eintragung nur erfolgen, wenn der Brief vorgelegt wird; die Ausnahme des § 42 Abs. 1 findet keine Anwendung. Es ist aber eine andere Ausnahme zugelassen. Ist nämlich für den jeweiligen Gläubiger gemäß §§ 1198, 1195, 1199 BGB. ein Vertreter bestellt, so kann dieser innerhalb der bei seiner Bestellung bestimmten Grenzen mit Wirkung für und gegen jeden späteren Gläubiger über das Recht verfügen, also gegebenenfalls auch Eintragungen in das Grundbuch bewilligen. Deshalb bedarf es der in § 42 Satz 1 vorgeschriebenen Vorlegung des Briefes nicht, wenn der Eintragungsvertrag durch die Bewilligung des Vertreters oder durch eine gegen ihn ergangene gerichtliche Entscheidung begründet wird. Dsch. 166. KB. 224.

2. Berichtigung des Grundbuchs von Amts wegen: § 54 Abs. 2.

§ 44.

Bei einer Hypothek für die Forderung aus einer Schuldverschreibung auf den Inhaber, aus einem Wechsel oder einem anderen Papiere, das durch Indossament übertragen werden kann, soll eine Eintragung nur erfolgen, wenn die Urkunde vorgelegt wird; die Eintragung ist auf der Urkunde zu vermerken.

Diese Vorschrift findet keine Anwendung, wenn eine Eintragung auf Grund der Bewilligung eines nach § 1189 des Bürgerlichen Gesetzbuchs bestellten Vertreters oder auf Grund einer gegen diesen erlassenen gerichtlichen Entscheidung bewirkt werden soll.

1. Abs. 1. Eine Hypothek der bezeichneten Art ist stets eine Sicherungshypothek (BGB. § 1187), es wird also ein Brief über sie nicht erteilt. § 1185. Die Schuld-

urkunde hat aber im Verkehre die Bedeutung des Briefes, da sich die Übertragung des Rechtes auch hier ohne Eintragung in das Grundbuch vollzieht. Durch diese Bedeutung der Schuldurkunde rechtfertigt sich mit Rücksicht auf § 796 BGB. die Bestimmung, daß die Eintragung auf der Urkunde zu vermerken ist. Die Bestimmung bezieht sich aber nur auf Eintragungen späterer Rechtsänderungen; die erste Eintragung einer Hypothek für Schuldverschreibungen auf den Inhaber kann auch ohne Vorlegung der Schuldverschreibungen erfolgen. OLG. Colmar, ROLG. 6 S. 105.

2. Abs. 2 entspricht dem § 43 Satz 2. „Daß die Vorlegung der Schuldurkunde auch dann nicht erforderlich ist, wenn ihre Vernichtung bewiesen oder wenn sie für kraftlos erklärt ist, bedarf keiner besonderen Hervorhebung." Dsch. 166. Dem nach § 1189 bestellten Vertreter steht nach § 17 Abs. 2 des RGes. v. 4. Dez. 1899 (RGBl. S. 691) ein Vertreter gleich, „der für die Besitzer von Schuldverschreibungen vor dem Inkrafttreten des BGB. in Gemäßheit des bisherigen Rechtes bestellt worden ist oder nach dem Inkrafttreten des BGB. bis zu dem Zeitpunkt, in welchem das Grundbuch als angelegt anzusehen ist, in Gemäßheit des Landesrechts durch Eintragung in das Hypothekenbuch oder ein ähnliches Buch bestellt wird. . . . Dasselbe gilt in Ansehung eines durch die Gläubigerversammlung bestellten Vertreters."

(**3.** Preußen: Umschreibung von Schuldverschreibungen: AG. z. BGB. Art. 18. Dazu JMV. v. 30. Dez. 1899, JMBl. 1900 S. 4.)

§ 45.

Jede Eintragung soll den Tag, an welchem sie erfolgt ist, angeben und mit der Unterschrift des Grundbuchbeamten versehen werden.

„D. Recht" 1900 S. 279.

---

1. Anzugeben ist der Tag, an welchem die Eintragung erfolgt ist, nicht der Tag der Eintragungsverfügung, auch nicht der Tag der Unterzeichnung. Denn dingliche Rechtswirkung tritt nicht mit dem Erlaß der Eintragungsverfügung, sondern erst mit der Eintragung ein (BGB. §§ 873, 875, 877) und die Unterzeichnung gewährleistet nur die Echtheit der Eintragungsvermerke. Dsch. 166. KB. 225.

2. Die Bestimmung enthält („soll") nur eine Ordnungsvorschrift. Gültig ist die Eintragung auch ohne Datum und Unterschrift. Die unterlassene Datierung kann aber — zB. im Falle des § 879 Abs. 1 Satz 2 BGB. — materielle Wirkungen zur Folge haben.

3. Die Bestimmung darüber, ob die Eintragungen in das Grundbuch von einem oder mehreren Beamten zu unterschreiben sind, ist dem Landesrecht überlassen. KB. 225. (Preußen: AG. z. GBO. Art. 6. JMV. v. 20. Nov. 1899 §§ 15, 16, 34 Abs. 2.)

§ 46.

Sind in einer Abteilung des Grundbuchs mehrere Eintragungen zu bewirken, so erhalten sie die Reihenfolge, welche der Zeitfolge der Anträge entspricht; sind die Anträge gleichzeitig gestellt, so ist im Grundbuche zu vermerken, daß die Eintragungen gleichen Rang haben.

Werden mehrere Eintragungen, die nicht gleichzeitig beantragt sind, in verschiedenen Abteilungen unter Angabe desselben Tages bewirkt, so ist im Grund-

buche zu vermerken, daß die später beantragte Eintragung der früher beantragten im Range nachsteht.

Diese Vorschriften finden insoweit keine Anwendung, als ein Rangverhältnis nicht besteht oder das Rangverhältnis von den Antragstellern abweichend bestimmt ist.

---

1. Im Anschluß an das materielle Recht des § 879 BGB. hat § 46 in Verbindung mit § 17 das Verfahren bei dem Zusammentreffen mehrerer Eintragungsanträge so geordnet, daß sich für die Eintragungen, wenn die Anträge nach einander gestellt sind, das der Zeitfolge der Anträge entsprechende Rangverhältnis, bei Gleichzeitigkeit der Anträge aber gleicher Rang aus dem Grundbuch ergibt. Sind mehrere Anträge gleichzeitig gestellt, d. h. beim GBA. präsentiert (§ 17), so ist, wenn die Eintragungen in derselben Abteilung des Grundbuchs erfolgen sollen, bei jeder neuen Eintragung zu vermerken, daß sie mit den anderen zu gleichem Range stehe, da sonst die örtliche Reihenfolge über das Rangverhältnis entscheiden würde. Sollen die Eintragungen in verschiedenen Abteilungen erfolgen, so müssen sie unter demselben Datum geschehen; ist dies nicht ausführbar, so muß jeder Eintragung ein Vermerk zugefügt werden, daß sie mit der entsprechenden Eintragung in der anderen Abteilung denselben Rang habe. Gehen die Anträge nicht gleichzeitig ein, so muß, wenn die Eintragungen in derselben Abteilung erfolgen sollen, die Eintragung in der dem Zeitpunkt des Einganges des Antrags entsprechenden Reihenfolge geschehen. Ob die Eintragungen unter demselben Datum erfolgen, ist unerheblich, da es hier nur auf den Ort der Eintragung ankommt. Sollen die Eintragungen in verschiedenen Abteilungen geschehen, so muß die im Range nachstehende unter einem späteren Datum eingetragen werden, als die vorstehende in der anderen Abteilung oder, wenn sie unter demselben Datum wie jene eingetragen wird, den zusätzlichen Vermerk erhalten, daß sie jener im Range nachstehe. Die vorstehende Eintragung erhält einen entsprechenden Vermerk nicht.

2. Die Vorschriften des § 46 gelten für alle Eintragungen, auch für Vormerkungen und Verfügungsbeschränkungen. Dsch. 167. Für ihre Anwendung ist aber insoweit kein Raum, als ein Rangverhältnis unter den mehreren Eintragungen nicht besteht, wie zB. bei der Eintragung eines neuen Eigentümers und einer Belastung des Grundstücks oder das Rangverhältnis von den Beteiligten abweichend bestimmt ist. Ist in den Bewilligungen eine Regelung des Rangverhältnisses nicht erfolgt, so kann derjenige, auf dessen Antrag die mehreren Eintragungen zu bewirken sind, in seinem (formfreien) Antrage die Rangordnung der Eintragungen vorschreiben. Abs. 1 Halbs. 2 bezieht sich nur auf neue Belastungen, nicht auf Umschreibung bereits eingetragener Rechte, die ihren Rang nach wie vor behalten. KG. Zentralbl. 3 S. 737.

3. Nachträgliche Rangänderung: BGB. § 880. Rangvorbehalt: BGB. § 881.

§ 47.

Die Löschung eines Rechtes oder einer Verfügungsbeschränkung erfolgt durch Eintragung eines Löschungsvermerkes.

Wird bei der Übertragung eines Grundstücks oder eines Grundstücksteils auf ein anderes Blatt ein eingetragenes Recht nicht mitübertragen, so gilt es in Ansehung des Grundstücks oder des Teiles als gelöscht.

Z. f. DJP. 29 S. 326; 30 S. 475 (Litteraturnachweis); 25 S. 49; 27 S. 352; 28 S. 369, 504; 30 S. 186, 190, 194.

1. Abs. 1 schreibt die Form der Löschung vor und zwar für jede Löschung, gleichviel ob sie zur Aufhebung eines Rechtes (BGB. § 875) oder zur Berichtigung des Grundbuchs (§ 894) dienen soll.

Bloßes Durchstreichen oder Unterstreichen des Eintragungsvermerks genügt also nicht. Den Landesjustizverwaltungen bleibt es aber unbenommen, anzuordnen, daß neben dem Löschungsvermerke die Löschung noch in anderer Weise, zB. durch Unterstreichen oder Durchstreichen ersichtlich gemacht werden soll. Dsch. 167. (Preußen: JMB. v. 20. Nov. 1899 §§ 8—13.)

2. Abs. 2 entspricht dem § 3, wonach „sämtliche Angaben über die Rechtsverhältnisse eines Grundstücks an einer Stelle zu finden sein müssen". Dsch. 167, 151. Die vorgeschriebene Wirkung tritt auch dann ein, wenn die Mitübertragung des Rechtes aus Versehen unterblieben sein sollte. Dsch. 167. Das nicht übertragene Recht gilt aber nur als gelöscht, nicht als aufgehoben. Ist versehentlich eine Löschung erfolgt oder eine Mitübertragung unterblieben, so bleibt das Recht selbst unberührt; der Berechtigte hat den Anspruch auf Berichtigung des Grundbuchs (§ 54; BGB. § 894), nur gegen den gutgläubigen Erwerber des Grundstücks oder Rechtes kann er diesen Anspruch nicht geltend machen.

§ 48.

Soll ein Recht für mehrere gemeinschaftlich eingetragen werden, so soll die Eintragung in der Weise erfolgen, daß entweder die Anteile der Berechtigten in Bruchteilen angegeben werden oder das für die Gemeinschaft maßgebende Rechtsverhältnis bezeichnet wird.

---

1. Steht ein Recht mehreren zu, so liegt entweder eine Gemeinschaft nach Bruchteilen vor (BGB. §§ 741 ff.) oder eine Gemeinschaft zur gesamten Hand. Bei einer Gemeinschaft nach Bruchteilen kann jeder Teilhaber über seinen Anteil an dem gemeinschaftlichen Gegenstande verfügen, in den Fällen der Gemeinschaft zur gesamten Hand ist dagegen eine Verfügung über den Anteil an einzelnen zu dem gemeinschaftlichen Vermögen gehörenden Gegenständen ausgeschlossen. BGB. §§ 719, 747, 1442, 1487, 2033 Abs. 2. Mit Rücksicht auf diese Verschiedenheit gestattet § 48 die Eintragung aller Rechte, also sowohl des Eigentums wie der begrenzten Rechte nur in der Weise, daß aus der Eintragung die Art der zwischen den Berechtigten bestehenden Gemeinschaft hervorgeht. Dsch. 177 f. Eine andere Art der gemeinschaftlichen Eintragung mehrerer Berechtigten ist nicht gestattet. Beispielsweise ist die Eintragung zweier auf verschiedenen, wenn auch in derselben Urkunde verbrieften Rechtsgeschäften beruhenden Hypotheken für zwei verschiedene Gläubiger (Ehemann und Ehefrau) unter derselben Nummer für unzulässig erachtet. KG. 20 S. A 101.

2. Eine Gemeinschaft zur gesamten Hand kennt das BGB. nur in den Fällen der Gesellschaft, der Gütergemeinschaft und der Erbengemeinschaft. Bei der Eintragung eines Rechtes für eine Handelsgesellschaft oder Genossenschaft hat § 48 keine Bedeutung, da hier die Eintragung nicht für die einzelnen Teilhaber, sondern für die Gesellschaft oder Genossenschaft selbst erfolgt. HGB. §§ 124, 161 Abs. 2, 210, 320 Abs. 3. Ges. v. 20. April 1892 § 13. Ges. v. 1. Mai 1889 § 17. Auch bei subjektiv dinglichen Rechten (§ 8) ist für die Anwendung des § 48 kein Raum, da bei ihnen nur das herrschende Grundstück eingetragen wird. Auf Vereine, die nicht rechtsfähig sind, finden die Vorschriften über die Gesellschaft Anwendung. BGB. §§ 54, 705 ff. Als Berechtigte können also nur die einzelnen Mitglieder mit dem Vermerke, daß sie sämtlich gemeinschaftliche Berechtigte sind, eingetragen werden.

Die Vereinbarung des Gesamteigentums in Fällen, in denen das Gesetz ein Gesamteigentum nicht kennt, ist den Parteien nicht gestattet. KG. 23 S. A 224. Ein dem Gesamteigentum ähnliches Verhältnis kann bei gewöhnlichem Miteigentum, insbesondere bei gemeinschaftlichen Ein- und Durchfahrten nur auf dem Wege der Belastung der Anteile mit dem Verbote der Teilung oder der Bestellung von Grunddienstbarkeiten zugunsten der im Alleineigentum der Miteigentümer stehenden Nachbargrundstücke (BGB. §§ 1009 Abs. 2, 1010 Abs. 1) herbeigeführt werden. KG. 21 S. A 110.

3. Liegt Miteigentum nach Bruchteilen vor, so kann auf den Anteil eines Miteigentümers an einem Grundstück eine Hypothek (auch Zwangshypothek) nur dann eingetragen werden, wenn der Bruchteil selbst ziffernmäßig aus dem Grundbuche ersichtlich ist. OLG. Rostock im „Recht" 1903 S. 238. Die in § 742 BGB. aufgestellte Vermutung für gleiche Anteile hat, da sie widerlegbar ist, für den Grundbuchverkehr keine Bedeutung. RG. 54 S. 86; „D. Recht" 1903 S. 238. KG. 20 1 S. A 304. Derselbe Satz gilt auch bei der Auflassung des Anteils eines Miteigentümers. KG. 21 S. A 110. ROLG. 4 S. 190, 327. Der Vollstreckungsgläubiger eines Miteigentümers kann die fehlende Eintragung der Bruchteile, zu denen die Miteigentümer berechtigt sind, durch die gegen alle Miteigentümer anzustellende Berichtigungsklage (BGB. § 894) herbeiführen. RG. 54 S. 85.

4. Ist die Angabe der Anteile der den Miteigentümern eines Grundstücks zustehenden Bruchteile im Grundbuch unterlassen, so kann sie auf Grund gemeinschaftlicher Erklärung der Miteigentümer (in der Form des § 29) nachgeholt werden. KG. 25 S. A 134. „D. Recht" 1903 S. 20.

5. Ist eine Hypothek für mehrere Gläubiger gemeinschaftlich einzutragen, so muß in der Eintragungsbewilligung des Schuldners angegeben werden, welches Rechtsverhältnis für die Gemeinschaft der Gläubiger maßgebend ist. Die Angabe in dem vom Gläubiger gestellten Antrage genügt nicht. LG. Colmar, Soergel 1900/1 S. 126.

6. Der § 48 enthält („soll") nur eine Ordnungsvorschrift. Eintragungen, die gegen sie verstoßen, sind also nicht unwirksam. Das GBA. kann aber den Anstragsteller nach § 18 zur Vervollständigung seines Antrages anhalten und nötigenfalls den Eintragungsantrag zurückweisen. Wenn aber wegen Ungewißheit der Anzahl der Berechtigten deren Anteile in Bruchteilen nicht angegeben werden können, so ist von der Befolgung des § 48 abzusehen. KG. 25 S. A 152.

7. Auch bei Ersuchen von Behörden greift § 48 Platz. KG. 23 S. A 224, 26 S. A 103. ROLG. 5 S. 301.

8. Die vor dem 1. Januar 1900 ohne Angabe von Bruchteilen und ohne Bezeichnung des maßgebenden Rechtsverhältnisses eingetragenen gemeinschaftlichen Rechte sind nach dem älteren Rechte zu beurteilen. Art. 181. Auf eine am 1. Januar 1900 bestehende Gemeinschaft nach Bruchteilen finden von dieser Zeit an die Vorschriften des BGB. Anwendung. Art. 173.

§ 49.

Werden mehrere Grundstücke mit einem Rechte belastet, so ist auf dem Blatte jedes Grundstücks die Mitbelastung der übrigen von Amts wegen erkennbar zu machen. Das gleiche gilt, wenn mit einem an einem Grundstücke bestehenden Rechte nachträglich noch ein anderes Grundstück belastet oder wenn im Falle der Übertragung eines Grundstücksteils auf ein anderes Grundbuchblatt ein eingetragenes Recht mitübertragen wird.

Soweit eine Mitbelastung erlischt, ist dies von Amts wegen zu vermerken.

1. Die Vorschrift bezieht sich („mit einem Rechte") — abweichend von § 33 I. Entw. — nicht nur auf Hypotheken, Grundschulden, Rentenschulden und Reallasten, sondern auch auf eingetragene Rechte anderer Art (Erbbaurecht, Grunddienstbarkeit), da auch diese bei der Zwangsversteigerung in Gesamthypotheken übergehen können. ZwVG. §§ 92, 118, 121, 128. Liegt der Fall der Belastung mehrerer Grundstücke mit demselben Rechte vor, so fällt die Belastung des eines Grundstücks weg, wenn der Gläubiger aus dem anderen Grundstücke, d. h. im Wege der Zwangsvollstreckung (BGB. § 1147) befriedigt wird. BGB. § 1181 Abs. 2. Aus diesem Grunde und um klar zu stellen, daß eine Belastung mehrere Grundstücke mit demselben Rechte, nicht eine Mehrheit von Belastungen vorliegt, bestimmt § 49 Abs. 1, daß auf dem Blatte jedes Grundstücks die Mitbelastung der übrigen von Amts wegen erkennbar zu machen ist. Ob die Mitbelastung durch gleichzeitige Belastung der mehreren Grundstücke oder durch nachträgliche Belastung eines der Grundstücke oder dadurch entstanden ist, daß bei der Übertragung eines Grundstücksteils auf ein anderes Grundbuchblatt ein eingetragenes Recht mit übertragen wird, macht keinen Unterschied. Auch in dem Falle der Abschreibung eines von mehreren mitbelasteten Grundstücken, über welche ein gemeinschaftliches Blatt geführt wird, empfiehlt es sich, die Mithaftung auf beiden Blättern zu vermerken. Achilles-Strecker S. 290 A. 3. Turn.-Först. II S. 288 A. 4b. Nach der Dsch. 168 ist dieser Vermerk entbehrlich, weil die Haftung beider Grundstücke sich schon aus den Eintragungsvermerken ergebe.

Auf Fälle, wo nicht mehrere Grundstücke selbst, sondern Rechte, die an mehreren Grundstücken bestehen, mit einem Rechte belastet werden, findet § 49 keine Anwendung.

2. Die Regelung des Verfahrens ist nach § 1 Abs. 2 der Landesjustizverwaltung überlassen. Wo diese etwas anderes nicht bestimmt, wird von folgenden Grundsätzen auszugehen sein. Liegen die mehreren verhafteten Grundstücke in den Bezirken verschiedener Grundbuchämter, A und B, so bewirkt das um die Eintragung zuerst angegangene GBA. A diese auf den Blättern seines Bezirks, vermerkt bei jeder Eintragung die Mitverhaftung der Grundstücke des Bezirkes A („das Grundstück 2c. haftet mit"), nicht auch die Mitverhaftung der Grundstücke des GBA. B und erteilt beglaubigte Abschrift dieser Eintragungsvermerke dem Antragsteller. Diesem bleibt es überlassen, unter Vorlegung der erteilten Abschrift die weitere Eintragung bei dem GBA. B zu beantragen. B bewirkt die Eintragung auf den Blättern des Grundbuchs seines Bezirks unter Aufnahme der Mithaftung der Grundstücke des GBA. A und sendet diesem beglaubigte Abschrift des Eintragungsvermerks. A hat sodann auf den Blättern der Grundstücke seines Bezirks die Mithaftung der Grundstücke des GBA. B nachzutragen. Es kann auch bei dem GBA. A das Ersuchen gestellt werden, selbst die Eintragung der Mitbelastung bei dem GBA. B zu veranlassen. Dann ist von A der Antrag, nachdem es ihn selbst erledigt hat, mit beglaubigter Abschrift des Eintragungsvermerks an das GBA. B zur weiteren Erledigung abzugeben.

Im Falle der nachträglichen Mitbelastung eines Grundstücks im Bezirke des GBA. B hat sich der Antragsteller unter Einreichung einer beglaubigten Abschrift des Vermerks der vom GBA. A bewirkten Eintragung an das GBA. B zu wenden. B hat bei der Eintragung auf seinen Grundstücken die Mithaftung der Grundstücke von A zu vermerken und beglaubigte Abschrift seines Eintragungsvermerks dem GBA. A zur Eintragung der Mithaftung der Grundstücke von B mitzuteilen.

Liegen die mehreren Grundstücke in verschiedenen Bezirken desselben GBA., so empfiehlt es sich, daß der zuerst angegangene Beamte die Eintragung auf den sämtlichen Grundbuchblättern bewirkt und auf jedem Blatte die Mitverhaftung aller übrigen Grundstücke vermerkt. So Turn.-Först. II S. 289 A. 1. AM. Achilles-Strecker S. 290 A. 5, welche die gegenseitige Mitwirkung der Beamten aller Bezirke für erforderlich halten.

§ 50.

Werden Dienstbarkeiten und Reallasten als Leibgedinge, Leibzucht, Altenteil oder Auszug eingetragen, so bedarf es nicht der Bezeichnung der einzelnen Rechte, wenn auf die Eintragungsbewilligung Bezug genommen wird.

Z. f. DZP. 27 S. 360.

1. Es soll die Überfüllung des Grundbuchs verhütet werden. Es genügt also der Vermerk: „Ein Altenteil für N. N. nach Maßgabe des Kaufvertrages vom 2c. eingetragen am 2c.“ Die Vorschrift gilt ausnahmslos. Ein in der Kommission gestellter Antrag, den Zusatz anzufügen: „insoweit es sich nicht um eine Rente oder ein Nießbrauchsrecht handelt,“ ist zurückgezogen. KB. S. 225. Gestattet ist aber nur die Bezugnahme zur Bezeichnung der einzelnen Rechte, nicht auch zur Bezeichnung der Berechtigten. Es kann also, wie nach älterem Rechte (RG. 33 S. 229), die Eintragung des Mit- oder Nachfolgerrechts der künftigen Ehefrau des Auszüglers durch Bezugnahme auf den Eintragungsvermerk nicht ersetzt werden. Achilles-Strecker S. 291 A. 1.

2. Entsprechende Anwendung findet § 50 auf die in Art. 63, 68 EG. z. BGB. bezeichneten Erbpacht- und Abbaurechte. § 84.

§ 51.

Bei der Eintragung einer Hypothek für Teilschuldverschreibungen auf den Inhaber genügt es, wenn der Gesamtbetrag der Hypothek unter Angabe der Anzahl, des Betrags und der Bezeichnung der Teile eingetragen wird.

Diese Vorschrift findet entsprechende Anwendung, wenn eine Grundschuld oder eine Rentenschuld für den Inhaber des Briefes eingetragen und das Recht in Teile zerlegt werden soll.

1. Schuldverschreibungen auf den Inhaber: BGB. § 1187. Der § 51 ergänzt den § 1115 des BGB. soweit er die Angabe des Geldbetrages der Forderung anlangt, läßt ihn aber im übrigen unberührt. Dsch. 169. Die Praxis hat die Vorschrift des § 51 Abs. 1 auch auf die Hypothek für eine Gesamtheit indossabeler Teilschuldverschreibungen ausgedehnt. OLG. Dresden, RJA. 2 S. 147; ROLG. 4 S. 191.

2. Eine Hypothek für Teilschuldverschreibungen auf den Inhaber kann insoweit gelöscht oder auf den Eigentümer umgeschrieben werden, als der Eigentümer durch gerichtliches oder notarielles Protokoll die Vernichtung der Schuldurkunden nachweist. Sind Zinsscheine ausgegeben, so bedarf es auch des Nachweises der noch gültigen Zinsscheine. OLG. Dresden, Zentralbl. 3 S. 166.

3. Grundschuld und Rentenschuld für den Inhaber des Briefes: BGB. §§ 1195, 1199, Bildung eines besonderen Briefes bei solcher in Teile zerlegten Schuld: § 70.

§ 52.

Bei der Eintragung eines Vorerben ist zugleich das Recht des Nacherben und, soweit der Vorerbe von den Beschränkungen seines Verfügungsrechts befreit ist, auch die Befreiung von Amts wegen einzutragen.

„D. Recht“ 1900 S. 423, 1903 S. 37, 226.

1. Der Vorerbe (Fiduziar) ist zum Schutze der Rechte des Nacherben (Fideikommissar) in der Verfügung über ein zur Erbschaft gehörendes Grundstück und über ein zur Erbschaft gehörendes Recht an einem Grundstücke (Hypothek, Grundschuld, Rentenschuld) beschränkt. BGB. §§ 2113, 2114. Diese Beschränkung soll zur Sicherung des Nacherben durch Eintragung für Dritte erkennbar gemacht werden. Ist der Vorerbe von den Beschränkungen seines Verfügungsrechts befreit (BGB. §§ 2136, 2137), so ist auch diese Befreiung einzutragen.

2. Die Eintragung der bezeichneten Tatsachen erfolgt von Amts wegen, wenn sie bei Eintragung der Erbfolge aus dem Testament oder dem Erbschein (§ 36) hervorgehen. In dem Erbschein, der einem Vorerben erteilt wird, ist anzugeben, daß eine Nacherbfolge angeordnet ist, unter welchen Voraussetzungen sie eintritt und wer der Nacherbe ist. Ist der Nacherbe auf dasjenige eingesetzt, was von der Erbschaft bei dem Eintritt der Nacherbfolge übrig sein wird, oder ist bestimmt, daß der Vorerbe zur freien Verfügung über die Erbschaft berechtigt sein soll, so ist auch dies anzugeben. BGB. § 2363. Gehen die einzutragenden Tatsachen aus dem Testament oder dem Erbschein nicht hervor, so bleibt für die Eintragung gemäß § 13 das Erfordernis des Antrages maßgebend. Dsch. 169.

3. Unterläßt der Vorerbe die Betreibung seiner Eintragung, so kann der Nacherbe gemäß § 894 BGB. auf Bewilligung seiner Eintragung als Nacherbe klagen und auf Grund des vollstreckbaren Titels unter Vorlegung des Erbscheins oder des Testaments, die ihm nach § 792 ZPO. vom Nachlaßgericht zu erteilen sind, beim GBA. die Eintragung des Vorerben und seines Rechtes als Nacherben beantragen. § 14. Kosten: A. 2 z. § 897 BGB.

4. Ist die Eintragung des Nacherben bei Eintragung des Vorerben versäumt, so kann sie nachträglich bewirkt werden. Ist aber (im Gebiete des preuß. Rechts) der Vorerbe schon vor dem 1. Januar 1900 als Eigentümer eingetragen, so darf das Recht des Nacherben oder der Eintritt der Nacherbschaft nach dem 1. Januar 1900 nicht mehr von Amts wegen eingetragen werden. KG. „D. Recht" 1903 S. 44. Die Zulässigkeit des Verzichts des Nacherben auf die Eintragung seines Nacherbenrechts oder seine Löschungsbewilligung wird durch § 52 nicht ausgeschlossen LG. Neu-Ruppin, Zentralbl. 3 S. 735.

5. Zur Auflassung eines Nachlaßgrundstücks ist erforderlich: entweder Eintragung des Vorerben und der Nacherbenrechte oder gemeinschaftliche Bewilligung des Vorerben und des Nacherben ohne diese Eintragung; dies gilt auch dann, wenn der Vorerbe von den Beschränkungen seines Verfügungsrechts befreit ist. KG. RJA. 3 S. 250. Vgl. § 41 A. 1.

Sind für den Fall der Wiederverheiratung des Vorerben Nacherben eingesetzt, so kann zu Verfügungen über das Nachlaßgrundstück das GBA. den Nachweis der Nichtwiederverheiratung erfordern. Dieser Nachweis kann durch polizeiliche Bescheinigung oder Erklärung der Nacherben erbracht werden KG. Zentralbl. 3 S. 641.

6. Mit dem Eintritte des Falles der Nacherbfolge hört der Vorerbe auf, Erbe zu sein, und fällt die Erbschaft dem Nacherben an. BGB. § 2139. Zur Eintragung des Übergangs auf den Nacherben genügt dessen unter Beifügung der Sterbeurkunde des Vorerben zu stellender privatschriftlicher Antrag.

7. Über die Stelle der Eintragung entscheidet die Landesjustizverwaltung. (Preußen: JMB. v. 20. Nov. 1899 §§ 11 Nr. 2, 12 Abs. 2.)

8. Den Zeitpunkt des Inkrafttretens des § 52 regelt § 82. Von diesem Zeitpunkt ab findet § 52 auch dann Anwendung, wenn der Erblasser vor dem 1. Januar 1900 gestorben ist. KG. 20 S. A 81, 22 S. A 299, 23 S. A 128. Habicht S. 663 f. War der Vorerbe aber schon vor dem 1. Januar 1900 als Eigentümer

eingetragen, so darf das Recht des Nacherben nach dem 1. Januar 1900 nicht von Amts wegen eingetragen werden. KG. RDLG. 5 S. 434.

§ 53.

Ist ein Testamentsvollstrecker ernannt, so ist dies bei der Eintragung des Erben von Amts wegen miteinzutragen, es sei denn, daß der Nachlaßgegenstand der Verwaltung des Testamentsvollstreckers nicht unterliegt.

---

1. Die Prüfung, ob der Nachlaßgegenstand der Verwaltung des Testamentsvollstreckers unterliegt (BGB. § 2208), ist Sache des GBA., wenn die Eintragung des Erben auf Grund des Testaments erfolgt. Soll auf Grund eines Erbscheins (§ 2364) oder eines Zeugnisses des Nachlaßgerichts (§ 2368) eingetragen werden, so ist für das GBA. der Inhalt dieser Urkunden maßgebend.

2. Einzutragen ist nur der Vermerk, daß ein Testamentsvollstrecker ernannt ist. Die Beifügung des Namens ist nicht unzulässig, aber nicht erforderlich, da der Zweck der Vorschrift nur dahin geht, die Verfügungsbeschränkung des Erben ersichtlich zu machen; die Legitimation des Testamentsvollstreckers wird durch § 36 Abs. 2 geregelt. Die Eintragung der nach § 2368 in dem Zeugnis anzugebenden Beschränkungen des Testamentsvollstreckers ist als bedeutungslos abzulehnen. OLG. Hamburg, RDLG 1 S. 116, 410. Oberneck S. 167. Achilles-Strecker S. 294 A. 4.

3. Über die Stelle der Eintragung entscheidet die Landesjustizverwaltung. (Preußen: JMB. v. 20. Nov. 1899 §§ 11 Nr. 2, 12 Abs. 2.)

§ 54.

Ergibt sich, daß das Grundbuchamt unter Verletzung gesetzlicher Vorschriften eine Eintragung vorgenommen hat, durch die das Grundbuch unrichtig geworden ist, so ist von Amts wegen ein Widerspruch einzutragen. Erweist sich eine Eintragung nach ihrem Inhalt als unzulässig, so ist sie von Amts wegen zu löschen.

Bei einer Hypothek, einer Grundschuld oder einer Rentenschuld bedarf es zur Eintragung eines Widerspruchs der Vorlegung des Briefes nicht, wenn der Widerspruch den im § 42 Abs. 1 Satz 2 bezeichneten Inhalt hat. Diese Vorschrift findet keine Anwendung, wenn der Grundschuld- oder Rentenschuldbrief auf den Inhaber ausgestellt ist.

„D. Recht" 1901 S. 551. Zentralblatt 2 S. 301.

I. Abs. 1 Satz 1. 1. Die Vorschrift bezieht sich nur auf den Fall, wenn das GBA. unter Verletzung gesetzlicher Vorschriften eine Eintragung vorgenommen hat, wenn zB. auf Grund der Auflassung des Grundstücks A der Erwerber als Eigentümer des Grundstückes B oder eine in Höhe von 500 Mk. bewilligte Hypothek in Höhe von 5000 Mk. eingetragen ist. Hat das GBA., ohne seinerseits gesetzliche Vorschriften zu verletzen, zB. auf Grund eines sachlich nicht zutreffenden Erbscheins, eine Eintragung vorgenommen, durch die das Grundbuch unrichtig geworden ist, so bleibt es den Beteiligten überlassen, nach § 899 BGB. die Eintragung eines Widerspruchs herbeizuführen. Dsch. 169.

2. Durch die Eintragung muß das Grundbuch unrichtig geworden sein. Hierüber BGB. § 894. Gegen ursprünglich unrichtige Eintragungen kann ein Wider-

spruch nach § 54 nicht mehr eingetragen werden, wenn die durch ihn zu schützende Rechtslage sich inzwischen geändert hat. Dasselbe gilt von der Berichtigung gemäß § 22. KG. Zentralbl. 3 S. 809. Der Fall der Unrichtigkeit liegt nicht vor, wenn die Eintragungen nicht in der der Zeitfolge der Anträge entsprechenden Reihenfolge (§ 46) erfolgt sind, denn maßgebend für den Erwerb des Rechtes ist der Zeitpunkt der Eintragung, nicht der Zeitpunkt der Vorlegung des Eintragungsantrags.

3. Widerspruch. Liegen die Voraussetzungen zu 1 und 2 vor, so ist das GBA., um die Gefahren auszuschließen, die mit den Vorschriften über den öffentlichen Glauben des Grundbuchs verbunden sind (BGB. § 892), berechtigt und verpflichtet, von Amts wegen einen Widerspruch einzutragen. Der Vermerk muß ergeben, zum Schutze welcher Person und welchen Rechtes der Widerspruch dienen soll. KG. 23 S. A 134. Er kann auch von einem Beteiligten beantragt (§ 13) oder im Wege der Beschwerde verlangt werden. § 71 Abs. 2. Die Eintragung ist zu jeder Zeit zulässig. Ist sie erfolgt, so bleibt sie bestehen, bis die Beteiligten die Löschung oder Abänderung bewilligen und beantragen. Im Wege der Beschwerde kann der eingetragene Widerspruch weder durch Löschung noch durch Eintragung eines neuen Widerspruchs beseitigt werden; mangels einer Einigung der Parteien ist die Beseitigung nur im Prozeßwege möglich. KG. 20 S. A 217, 21 S. A 147; ROLG. 2 S. 59. Ist die unrichtige Eintragung nur verfügt, aber noch nicht erfolgt, so ist für die Eintragung des Widerspruchs kein Raum, es muß vielmehr die unrichtige Eintragungsverfügung aufgehoben werden. Die Eintragung eines Widerspruchs gegen den Zwangsversteigerungsvermerk ist unzulässig, da dieser Vermerk zwar den öffentlichen Glauben des Grundbuchs für spätere Eintragungen ausschließt, aber selbst kein Recht an einem Grundstücke ist. KG. 26 S. A 77.

II. Abs. 1 Satz 2. 4. Nach ihrem Inhalte unzulässig ist eine Eintragung, wenn das betreffende Recht an sich der Buchung nicht zugänglich ist, ferner jede unwirksame und bedeutungslose Eintragung. KG. 26 S. A 79. „D. Recht" 1903 S. 44. So zB. die Eintragung eines Rechtes, das an einem Grundstücke nicht begründet werden kann, wie Miete, Pacht, Wiederkaufsrecht, ferner die Eintragung der gesetzlichen Höhe der Überbau- und Notwegsrente (BGB. §§ 914 Abs. 2, 917 Abs. 2), der Zwangs- und Arresthypotheken für Forderungen, die den Betrag von 300 Mk. nicht übersteigen. ZPO. § 866. Aus solchen Eintragungen kann zwar kein Nachteil erwachsen, weil sich der öffentliche Glaube der Grundbuchs auf sie nicht erstreckt. Es liegt aber im allgemeinen Interesse, daß die Bedeutungslosigkeit der Eintragung durch das Grundbuch selbst ersichtlich gemacht wird. Der § 54 Abs. 1 Satz 2 weist daher das GBA. an, die Eintragung von Amts wegen zu löschen. Dsch. 170. Der Beteiligte kann auch die Löschung beantragen (§ 13) und im Wege der Beschwerde verlangen, daß das GBA. zur Vornahme der Löschung angewiesen wird. § 71 Abs. 2.

Eintragungen nach älterem Rechte sind, auch wenn ihr Inhalt nach neuerem Rechte unzulässig sein sollte, von der Löschung dann ausgeschlossen, wenn ihr Inhalt nach älterem Rechte zulässig war.

Abgesehen von den angegebenen Fällen darf das GBA. weder eine zu Ungebühr erfolgte Eintragung von Amts wegen löschen oder berichtigen, noch eine zu Ungebühr gelöschte Eintragung von Amts wegen wieder herstellen, „weil es hierdurch hinter dem Rücken des Berechtigten in Rechtspositionen (BGB. § 891) eingreifen würde". M. z. I. Entw. 93. Auch die Berichtigung der in einer unrichtigen Abteilung des Grundbuchs bewirkten Eintragung durch Übertragung in die richtige Abteilung kann — gegen Oberneck S. 226 — nicht für zulässig gehalten werden. Turn.-Först. II S. 296 A. 5.

Was von der Löschung gilt, gilt auch dann, wenn bei der Übertragung eines Grundstücks oder eines Grundstücksteils auf ein anderes Blatt ein eingetragenes Recht nicht mitübertragen wird. § 47 Abs. 2.

III. Abs. 2. 5. Soll bei einer Briefhypothek, Grundschuld oder Rentenschuld ein Widerspruch eingetragen werden, so ist der Regel nach (§§ 42, 43) die Vorlegung des Briefes erforderlich. Nach § 62 Abs. 2 Satz 1 ist das GBA. in der Lage, diese Vorlegung herbeizuführen. Die Eintragung des Widerspruchs ist auf dem Briefe zu vermerken. § 61 Abs. 1. Der § 54 Abs. 2 Satz 1 stellt eine — durch Satz 2 beschränkte — Ausnahme von der Regel auf.

§ 55.

Jede Eintragung soll dem Antragsteller und dem eingetragenen Eigentümer sowie im übrigen allen aus dem Grundbuch ersichtlichen Personen bekannt gemacht werden, zu deren Gunsten die Eintragung erfolgt ist oder deren Recht durch sie betroffen wird. Auf die Bekanntmachung kann verzichtet werden.

---

1. Zu benachrichtigen sind: **a**, Der Antragsteller bezüglich der von ihm beantragten Eintragungen. Ist der Antrag von einem Bevollmächtigten gestellt, so ist dieser zu benachrichtigen, sofern die Vollmacht das Recht zur Empfangnahme der Benachrichtigung einschließt. Notare: § 15 A. 5. **b**, Der eingetragene Eigentümer, auch wenn er nicht der wahre Eigentümer ist, bezüglich aller Eintragungen. **c**, Die aus dem Grundbuch ersichtlichen aktiv und passiv Beteiligten. Zu diesen Beteiligten gehören bei der Eintragung eines Eigentumswechsels alle eingetragenen Berechtigten, da durch diese Eintragung das Recht aller eingetragenen Realinteressenten betroffen wird. Turn.-Först. II S. 299. AM. KG. ROLG. 2 S. 492. OLG. Dresden, Soergel 1900/1 S. 588, 1902 S. 452. Kretzschmar I S. 139. Danach soll die Benachrichtigung der Hypothekengläubiger unterbleiben. Als durch die Eintragung begünstigt sind zu benachrichtigen die Gläubiger, für die eine Hypothek eingetragen oder deren Hypothek vor einer vorstehenden Hypothek der Vorrang eingeräumt ist, nicht aber die infolge der Löschung einer Post vorrückenden nacheingetragenen Hypothekengläubiger. Turn.-Först. II S. 299. Von der Übertragung eines Erbbaurechts ist auch dem Eigentümer des belasteten Grundstücks Nachricht zu geben.

Die aus den Grundakten sich ergebenden Nachrichten über den zeitigen Wohnort oder über etwaige Erben der eingetragenen Interessenten darf das GBA. nicht unberücksichtigt lassen (Preußen, Wohnungsblatt: Gesch.O. für die Gerichtsschreibereien der Amtsgerichte v. 26. Nov. 1899 § 48 Nr. 3); zur Anstellung anderweiter Ermittlungen ist es nicht verpflichtet.

Landesrechtlich kann die Benachrichtigung noch anderer Interessenten, außer den in § 55 bezeichneten angeordnet werden. (Preußen: JMB. v. 20. Nov. 1899 § 31.)

2. Die Bestimmungen über die Form der Bekanntmachung und die Zustellung der Entscheidungen der Grundbuchämter ist der Landesgesetzgebung überlassen. Wenn das Landesrecht nichts anderes anordnet, empfiehlt sich die wörtliche Mitteilung der Eintragungsformel. Schriftliche Mitteilung wird die Regel bilden, doch ist mündliche Mitteilung — unter Vorlegung des Grundbuchs — nicht ausgeschlossen. Bei der Eintragung von Briefhypotheken ꝛc. wird die Benachrichtigung des Gläubigers durch Zusendung des Briefes ersetzt, da dieser den Eintragungsvermerk enthält, § 57 Nr. 3; einer ersuchenden Behörde ist auch in diesem Falle eine besondere schriftliche Benachrichtigung zu erteilen, da sie einer solchen als Beleg zu ihren Akten bedarf. Turn.-Först. II S. 273. (Preußen: PFG. Art. 1; RFG. § 16 Abs. 2, 3; JMB. v. 10. Dez. 1899, JMBl. S. 728.)

3. Auf die Bekanntmachung kann verzichtet werden. Der Verzicht ist dem GBA. gegenüber zu erklären. Einer Form bedarf er nicht, da die Voraussetzungen des § 29 nicht vorliegen.

4. Der § 55 enthält („soll") nur eine Ordnungsvorschrift. Ihre Nichtbeobachtung kann aber Schadensansprüche zur Folge haben, für die nach § 12 zu haften ist.

3. Abschnitt. Hypotheken-, Grundschuld-, Rentenschuldbrief.

§ 56.

Der Hypothekenbrief wird von dem Grundbuchamt erteilt. Er muß die Bezeichnung als Hypothekenbrief enthalten, den Geldbetrag der Hypothek und das belastete Grundstück bezeichnen sowie mit Unterschrift und Siegel versehen sein.

§ 57.

Der Hypothekenbrief soll die Nummer des Grundbuchblatts angeben und einen Auszug aus dem Grundbuch enthalten.

In den Auszug sollen aufgenommen werden:

1. die Bezeichnung des Grundstücks nach dem Inhalte des Grundbuchs;
2. die Bezeichnung des Eigentümers;
3. der Inhalt der die Hypothek betreffenden Eintragungen und, soweit zur Ergänzung einer Eintragung auf eine Urkunde Bezug genommen ist, auch der Inhalt dieser Urkunde; im Falle des § 1115 Abs. 2 des Bürgerlichen Gesetzbuchs braucht der Inhalt der Satzung nicht aufgenommen zu werden;
4. die kurze Bezeichnung des Inhalts der Eintragungen, welche der Hypothek im Range vorgehen oder gleichstehen.

Der Auszug ist auf Antrag zu ergänzen, wenn sich der Inhalt des Grundbuchs ändert.

„D. Recht" 1901 S. 194, 1902 S. 233. Z. f. DZP. 29 S. 327; 30 S. 472 (Literaturnachweise).

---

1. Ausschließlich zuständig für die Erteilung eines Hypothekenbriefs ist das GBA. Ein Teilhypothekenbrief kann auch von einem Gericht oder einem Notar hergestellt werden. § 61.

2. Die Erfordernisse des Hypothekenbriefs werden aufgestellt in den §§ 56, 57 und zwar in § 56 („muß") die wesentlichen, ohne welche die Urkunde überhaupt kein Hypothekenbrief sein kann, in § 57 („soll") die nicht wesentlichen, die der Hypothekenbrief enthalten soll, deren Fehlen ihm aber nicht die Bedeutung eines solchen Briefes nimmt. Eine Vermehrung der aufgestellten Erfordernisse durch Landesrecht ist nur nach Maßgabe des Vorbehalts in § 97 gestattet; die landesrechtliche Ergänzung der wesentlichen Erfordernisse ist danach ausgeschlossen. Dsch. 170. Die für die Erteilung und Behandlung des Hypothekenbriefs gegebenen Vorschriften (§§ 56—69) finden auch auf den Grundschuldbrief und den Rentenschuldbrief entsprechende Anwendung. § 70.

3. Wesentliche Erfordernisse. § 56. Hervorzuheben sind:

a, Die Unterschrift des GBA. Ihre Herstellung im Wege mechanischer Vervielfältigung ist nur im Falle des § 70 Abs. 2 gestattet. Im übrigen muß die Unterschrift eigenhändig abgegeben werden. Die Bestimmung des Beamten, der die Unterschrift zu erteilen hat, ist Sache der Landesgesetzgebung. (Preußen: AG. z. GBO. Art. 7.) Die Beifügung des Datums ist als Erfordernis nicht aufgestellt, aber wohl als selbstverständlich vorausgesetzt. Jedenfalls kann sie nur als nicht wesentliches Erfordernis in Betracht kommen.

b, Siegel. „Die Verwendung eines Stempels an Stelle des Siegels genügt nicht." Dsch. 170. Der Stempel wird unmittelbar auf das Papier gedruckt. Das Siegel muß aus einem besonderen mit dem Papier zu verbindenden Stoffe (Siegellack, Oblate) hergestellt sein, der den Eindruck des Siegelzeichens aufzunehmen imstande ist. Nach der Auffassung des preuß. Just.Min. (JMV. v. 24. Januar und 6. April 1900, JMBl. S. 45, 297) genügt als Siegel nicht das Aufkleben eines mit dem Farbstempel bereits versehenen Papierstücks mittels Oblate. Ebenso KG. 20 S. A 14; JMBl. 1900 S. 404. Das RG. (RG. 46 S. 363, Gruch. 45 S. 103) erachtet es für die Ausfertigung von Urteilen für genügend, wenn die Ausfertigung in irgend einer Weise mit dem Gerichtssiegel versehen wird, so daß durch die Beifügung des Siegels die Herstellung der Ausfertigung unter amtlicher Autorität nachgewiesen wird.

4. Nicht wesentliche Erfordernisse. § 57. Hervorzuheben sind:

a, Bezeichnung des Grundstücks nach dem Grundbuch. Wie die Bezeichnung zu erfolgen hat, ergeben §§ 2 Abs. 2, 28. (Preußen: JMV. v. 20. Nov. 1899 § 37 Nr. 1, 2.)

b, Angabe des Inhalts der Eintragungen und der in Bezug genommenen Urkunden. Wörtliche Angabe ist nicht vorgeschrieben. Die Angabe des Inhalts der Urkunden unterbleibt, wenn die Urkunde selbst mit dem Briefe verbunden ist. § 58.

c, Die vorgehenden und gleichstehenden Eintragungen. Das Erfordernis ist aufgestellt, um die Prüfung der Sicherheit der Hypothek zu ermöglichen. Dsch. 171. Anzugeben sind also auch Vormerkungen und Verfügungsbeschränkungen. Bei Hypotheken genügt die Angabe des Betrages; der Angabe des Zinssatzes bedarf es mit Rücksicht auf § 1119 BGB. nur dann, wenn er 5 v. H. übersteigt. Der Vermerk auf dem Hypothekenbriefe, daß in Abteilung II vorgehende oder gleichstehende Eintragungen nicht vorhanden seien, genügt; es kann nicht eine Bescheinigung verlangt werden, daß unter demselben Datum, wie dem der Hypothek keine Post nachträglich ohne Vermerk des Rangnachtritts eingetragen ist. (BGB § 879.) KG. 23 S. A 162.

d, Ergänzung des Auszugs. Nachträgliche Änderungen, die bei der Hypothek selbst erfolgen, sind von dem GBA. von Amts wegen auf dem Hypothekenbriefe zu vermerken. Sonstige Änderungen (Wechsel des Eigentümers, Löschung von vorgehenden oder gleichstehenden Eintragungen ꝛc.) müssen auf Antrag des Gläubigers auf dem Briefe vermerkt werden.

5. Geschichtliche Entwicklung der Hypothekenurkunden: M. z. BGB. III, 612—615.

§ 58.

Ist eine Urkunde über die Forderung, für welche eine Hypothek besteht, ausgestellt, so soll die Urkunde mit dem Hypothekenbriefe verbunden werden. Erstreckt sich der Inhalt der Urkunde auch auf andere Angelegenheiten, so genügt es, wenn ein öffentlich beglaubigter Auszug aus der Urkunde mit dem Hypothekenbriefe verbunden wird.

In den Fällen des Abs. 1 unterbleibt die im § 57 Abs. 2 Nr. 3 vorgesehene Aufnahme des Inhalts der Urkunde in den Hypothekenbrief.

Zum Nachweise, daß eine Schuldurkunde nicht ausgestellt ist, genügt eine darauf gerichtete Erklärung des Eigentümers.

„D. Recht" 1901 S. 194.

1. Zur Begründung des Antrags auf Eintragung einer Hypothek genügt die Eintragungsbewilligung. § 19. Die Vorlegung der Urkunde über die der Hypothek zugrunde liegende persönliche Verbindlichkeit (Schuldurkunde) ist zur Eintragung nicht erforderlich. Ist aber eine Schuldurkunde ausgestellt, so soll sie mit dem Hypothekenbriefe verbunden werden. Der Zweck dieser Bestimmung ist der, zu verhindern, daß mißbräuchlicherweise über die Hypothek und über die verbriefte Forderung besondere Verfügungen getroffen werden. Dsch. 171. Die Schuldurkunde bedarf nicht der in § 29 vorgeschriebenen Form, da sie zu der Eintragung nicht erforderlich ist. Sie ist auch kein wesentlicher Bestandteil des Hypothekenbriefs (KG. RGLG. 4 S. 82) und bedarf im Falle des Verlustes des Aufgebots nicht, kann vielmehr durch eine beglaubigte Abschrift ersetzt werden. RG. Beil. z. RAnz. 1888 S. 351. Eine Verbindung des Hypothekenbriefs mit noch anderen Urkunden, zB. Abtretungserklärungen (KG. 25 S. A 319) oder der in besonderer Urkunde enthaltenen Eintragungsbewilligung ist unzulässig. KG. RJA. 3 S. 207.

Die Bestimmung darüber, wie die Verbindung hergestellt werden soll, ist dem Landesrecht überlassen. (Preußen: JMV. v. 20. Nov. 1899 § 41.)

2. Wird eine Hypothek für mehrere Personen zu bestimmten Anteilen eingetragen, so kann auf Antrag des Eigentümers für jeden Gläubiger ein besonderer Brief gebildet werden. Dann ist mit dem einen Briefe die Urschrift, mit jedem der anderen Briefe eine beglaubigte Abschrift der Schuldurkunde zu verbinden. Steht die Hypothek mehreren Personen gemeinschaftlich zu, so darf nur ein einziger Brief gebildet werden.

3. Bezieht sich die Schuldurkunde auf mehrere Hypothekenforderungen oder betrifft sie neben der Hypothekenforderung andere Angelegenheiten, zB. Erbauseinandersetzungs-, Gutsübernahme-, Kaufverträge, so genügt es, wenn ein öffentlich beglaubigter Auszug aus der Urkunde mit dem Briefe verbunden wird. Dsch. 171. Die Beglaubigung des Auszugs erfolgt durch den nach Landesrecht zuständigen Beamten. (Preußen: PFG. Art. 47, 57, 59.)

4. „Im Falle der Verbindung des Briefes mit der Urkunde ist es zwecklos, daß der in den Brief aufzunehmende Auszug aus dem Grundbuch diejenigen Teile der Urkunde, auf welche das Grundbuch Bezug nimmt (§ 57 Abs. 2 Nr. 3) .... nochmals wiedergibt." Dsch. 171. Es ist daher das Unterbleiben der nochmaligen Wiedergabe angeordnet.

5. Abs. 1 enthält („soll") nur eine Ordnungsvorschrift. Das GBA. hat regelmäßig die Erteilung des Briefes bis zur Einreichung der Schuldurkunde zu versagen. Es kann aber auch von dieser Einreichung absehen, wenn die Beschaffung der Urkunde mit besonderen Schwierigkeiten verbunden sein würde. Turn.-Först. II S. 324 A. 3. Ein Verzicht auf die Anheftung ist unzulässig.

6. Haben die Beteiligten von der Ausstellung einer Schuldurkunde abgesehen, so besteht der Brief über eine Hypothek nur aus dem Hypothekenbriefe, wie auch ein Grundschuld- oder Rentenschuldbrief nur durch den Brief selbst dargestellt wird. Zum Nachweise dafür, daß eine Schuldurkunde nicht ausgestellt ist, genügt eine darauf gerichtete Erklärung des Eigentümers. Die Bemerkung der Dsch. 171: „Auf die Erklärung findet selbstverständlich der § 29 Anwendung", kann für zutreffend nicht erachtet werden, da die Erklärung zur Eintragung der Hypothek nicht erforderlich ist. Das GBA. wird sich mit einer formlosen Erklärung begnügen müssen. Achilles-Strecker S. 306 A. 2. Turn.-Först. II S. 325 A. 11. Der Dsch. stimmt zu R. Foerster S. 204. Steht die Unrichtigkeit der Erklärung fest, so ist das GBA. berechtigt, bis zur Vorlegung der Schuldurkunde die Erteilung eines Hypothekenbriefs abzulehnen. KG. RJA. 2 S. 196.

7. Ältere Urkunden als Hypothekenbriefe: Art. 192, 193, 195.

§ 59.

Über eine Gesamthypothek soll nur ein Hypothekenbrief erteilt werden.

Sind die belasteten Grundstücke in den Bezirken verschiedener Grundbuchämter belegen, so soll jedes Amt für die Grundstücke seines Bezirkes einen besonderen Brief erteilen; die Briefe sind miteinander zu verbinden.

---

1. Die Vorschrift bezieht sich nur auf den Fall, wenn „der Brief von vornherein über eine Gesamthypothek (BGB. § 1132) an mehreren Grundstücken zu erteilen ist". Dsch. 171. Den Fall des nachträglichen Eintritts der Gesamthaftung behandelt § 63. Der Zweck des § 59 ist (neben § 49) zur Verhütung von Täuschungen die Zusammengehörigkeit der einzelnen Eintragungen zum Ausdrucke zu bringen. Dsch. 171.

Liegen die mehreren belasteten Grundstücke im Bezirke desselben GBA., so soll nur ein Hypothekenbrief erteilt werden. Für die Erfordernisse des Briefes sind die §§ 56, 57 maßgebend. Der Brief muß also jedes der belasteten Grundstücke bezeichnen und soll die Nummer jedes Grundbuchblatts angeben, auch einen Auszug aus jedem der betreffenden Grundbücher enthalten. Liegen die mehreren Grundstücke in verschiedenen Grundbuchbezirken desselben GBA., so empfiehlt es sich, daß einer der mehreren zuständigen Beamten die Gesamthypothek auf allen Grundstücken einträgt und die Erteilung des von ihm allein zu unterschreibenden Gesamtbriefs anordnet. Turn.-Först. II S. 326.

Liegen die belasteten Grundstücke in den Bezirken verschiedener Grundbuchämter, so sollen besondere einheitliche Hypothekenbriefe je nur über die im Bezirke eines GBA. liegenden Grundstücke erteilt werden. Die verschiedenen Briefe sind dann miteinander zu verbinden. Entsprechend dem Verfahren im Falle des § 49 wird das zuerst angegangene GBA. den von ihm erteilten Brief dem anderen GBA. zur weiteren Veranlassung zu übersenden und dieses nach Eintragung der Mitverhaftung den von ihm erteilten Brief mit dem vom ersten GBA. erteilten Brief zu verbinden haben.

2. Ein Gläubiger, für dessen Hypothek mehrere Miteigentumsanteile an einem Grundstück haften, kann nicht dadurch die Hypothek an einem der Anteile erwerben, daß ihm einer der Miteigentümer einen Hypothekenbrief übergibt, der lediglich die Belastung seines Anteils für die ganze Forderung betrifft. RG. im „Recht" 1903 S. 157. Vgl. BGB. § 1163 A. 6.

3. Wird ein Grundstück aus der Mithaft entlassen, so ist dies auf dem Briefe zu vermerken. Verteilung einer Gesamthypothek: § 64.

(4. Preußen: JMB. v. 20. Nov. 1899 §§ 37—41 und — Muster für einen Gesamthypothekenbrief — a. a. O. Anlage D.)

§ 60.

Der Hypothekenbrief ist dem Eigentümer des Grundstücks, im Falle der nachträglichen Erteilung dem Gläubiger auszuhändigen.

Auf eine abweichende Bestimmung des Eigentümers oder des Gläubigers findet die Vorschrift des § 29 Satz 1 entsprechende Anwendung.

---

1. Die Vorschrift regelt nur die Aushändigung eines neu erteilten Briefes. a, Wird der Brief gleich bei der ersten Eintragung erteilt, so ist davon auszugehen, daß der Gläubiger die Hypothek erst erwirbt, wenn ihm der Brief vom

Grundeigentümer übergeben wird und daß bis zu dieser Übergabe die Hypothek dem Eigentümer zusteht. BGB. §§ 1117, 1163 Abs. 2. Deshalb ist der Brief dem Eigentümer auszuhändigen. Dies gilt auch dann, wenn der Eigentümer zur Eintragung einer Hypothek verurteilt und die Eintragung der (Brief-) Hypothek auf Antrag des Gläubigers aus dem rechtskräftigen Urteil erfolgt ist. KG. 21 S. A 171. **b,** Ist dagegen die Erteilung des Hypothekenbriefs ausgeschlossen, so steht dem Gläubiger die Hypothek schon von der Eintragung an zu (BGB. § 873) und gehört ihm daher der nachträglich erteilte Brief schon vor der Aushändigung. BGB. § 952 Abs. 2. Deshalb ist der Brief im Falle der nachträglichen Erteilung dem Gläubiger auszuhändigen. **c,** Eine abweichende Bestimmung des Empfangsberechtigten ist in beiden Fällen zulässig. Das GBA. hat sie aber nur dann zu beachten, wenn sie in der Form des § 29 Satz 1 zu seiner Kenntnis gebracht wird. Dies gilt auch von der an sich an keine Form gebundenen Vereinbarung, daß der Gläubiger berechtigt sein soll, sich den Brief vom GBA. aushändigen zu lassen. Wie zur Stellung des Antrages gemäß § 60 Abs. 2 ist auch zur Zurücknahme dieses Antrages die Form des § 29 notwendig. Ist der Antrag vom Eigentümer und Gläubiger gemeinsam gestellt, so kann er auch nur durch gemeinsame Erklärung beider zurückgenommen werden. Martinius in Gruch. 44 S. 382.

2. Wird der Brief später dem GBA. vorgelegt — zur Eintragung von Vermerken (§§ 42, 62) oder zur Vornahme anderer Maßnahmen — so ist er demjenigen zurückzugeben, der ihn eingereicht hat. Dies gilt insbesondere in den Fällen der Abtretung der Forderung, der Bestellung des Nießbrauchs und der Verpfändung der Briefhypothek. Auch hier ist eine in der Form des § 29 Satz 1 getroffene abweichende Bestimmung der Beteiligten vom GBA. zu befolgen.

§ 61.

Ein Teilhypothekenbrief kann von dem Grundbuchamt, einem Gericht oder einem Notar hergestellt werden.

Der Teilhypothekenbrief muß die Bezeichnung als Teilhypothekenbrief sowie eine beglaubigte Abschrift der im § 56 Satz 2 vorgesehenen Angaben des bisherigen Briefes enthalten, den Teilbetrag der Hypothek, auf den er sich bezieht, bezeichnen sowie mit Unterschrift und Siegel versehen sein. Er soll außerdem eine beglaubigte Abschrift der sonstigen Angaben des bisherigen Briefes und der auf diesem befindlichen Vermerke enthalten. Eine mit dem bisherigen Briefe verbundene Schuldurkunde soll in beglaubigter Abschrift mit dem Teilhypothekenbriefe verbunden werden.

Die Herstellung des Teilhypothekenbriefs soll auf dem bisherigen Briefe vermerkt werden.

„D. Recht" 1902 S. 232. Z. f. DZP. 29 S. 160; 30 S. 190.

---

1. Die Vorschrift bezieht sich nur auf den Fall, wenn bereits eine Briefhypothek besteht, also ein Hypothekenbrief (Stammhypothekenbrief) vorhanden ist, von dem ein Teilhypothekenbrief hergestellt werden soll. Voraussetzung der Herstellung eines Teilbriefs ist die Teilung des Rechtes, über das der Stammbrief lautet. BGB. § 1152. Darauf, auf welchem Rechtsgrunde die Teilung beruht und ob sie mit einem Wechsel des Gläubigers verbunden ist, kommt nichts an. Fälle der Teilung sind die Abtretung, Verpfändung oder Pfändung eines Teiles der Forderung, der teilweise Anfall der Hypothek an den Eigentümer oder den persönlichen Schuldner. BGB. §§ 1143, 1145, 1164, 1167, 1168. Der Teilbrief muß über bestimmte Anteile des

Rechtes lauten. KG. KOLG. 4 S. 486. RJA. 3 S. 107. Über eine Teilhypothek für Zinsen oder Nebenleistungen ist ein Teilbrief dann zugelassen, wenn die Zinsen ꝛc. später als in dem laufenden oder in dem darauf folgenden Vierteljahre fällig werden. BGB. §§ 1145, 1150, 1167, 1168.

2. Die Herstellung eines Teilbriefs im Falle der Teilung ist gestattet, notwendig aber ist sie nicht. Auch die Eintragung der Abtretung oder Verpfändung des Teiles einer Hypothek kann (abweichend vom preuß. R.) nicht von der Herstellung eines Teilhypothekenbriefs abhängig gemacht werden. Es hängt vom Willen der Beteiligten ab, ob über den abgezweigten Teil ein selbständiger Brief gebildet werden soll. Ist er nicht gebildet, so genügt zur Eintragung die Vorlegung des vorhandenen Briefes. Auf diesem muß die Teilabtretung ꝛc. vermerkt werden. KG. 21 S. A 330. Die Zustimmung des Eigentümers zur Herstellung eines Teilhypothekenbriefs ist nicht erforderlich. BGB. § 1152 Satz 1.

3. Zuständig zur Herstellung eines Teilhypothekenbriefs sind außer dem GBA., das die Eintragung der Hypothek angeordnet hat (§ 56), alle deutschen Amtsgerichte und Notare, auch wenn sie die Urkunde über die Teilung der Forderung nicht aufgenommen haben. Den Notaren stehen die deutschen Reichskonsuln gleich. §§ 16, 17 Ges. v. 8. Nov. 1867.

4. Die Erfordernisse des Teilhypothekenbriefs sind in § 61 Abs. 2 aufgestellt und zwar in Satz 1 („muß") die wesentlichen, in Satz 2 („soll") die nicht wesentlichen. Hervorzuheben ist folgendes. Siegel: § 56 A. 3 b. — Die beglaubigte Abschrift des Hypothekenbriefs ist von der der Schuldurkunde zu trennen. Jede bildet eine besondere Urkunde. KG. RJA. 2 S. 141. Es darf also die beglaubigte Abschrift des bisherigen Briefes nicht auch die Schuldurkunde umfassen. Ebensowenig kann die Unterschrift und das Siegel, mit denen der Teilbrief versehen sein muß, durch die Unterzeichnung und Untersiegelung der mit ihm verbundenen beglaubigten Abschrift der Schuldurkunde ersetzt werden. KG. Soergel 1900/1 S. 589. Die Verbindung der Urkunde über die nachträgliche Teilung der Briefhypothek mit dem Teilbriefe unterbleibt. Vermerker der Herstellung der Teilhypothekenbriefe im Grundbuche ist nicht angeordnet. KB. 226.

5. Auf dem bisherigen Briefe soll die Herstellung des Teilhypothekenbriefs vermerkt werden. Ohne diesen Vermerk würde der Stammbrief über den vollen Betrag der Hypothek bestehen und der Besitzer des Stammbriefs zur Verfügung über die ganze Hypothek legitimiert sein. M. z. I. Entw. 104.

6. „Der Teilhypothekenbrief tritt für den Teil, auf den er sich bezieht, an die Stelle des bisherigen (Stamm-) Briefes." BGB. § 1152 Satz 2. Der letztere bleibt für den abgezweigten Teil außer Betracht. Von einem Teilbriefe kann ein weiterer Teilbrief hergestellt werden. Der frühere nimmt dann die Stelle des Stammbriefes ein. Wird das Recht wieder in einer Hand vereinigt, so bleiben die Teilbriefe selbständig fortbestehen. Es kann aber auch unter Unbrauchbarmachung (§ 69) der Teilbriefe die Erteilung eines neuen Briefes über die ganze Hypothek und, wenn die Voraussetzungen des § 66 vorliegen, die Erteilung eines gemeinschaftlichen Briefes über die einzelnen Teilhypotheken beantragt werden.

(Preußen: JMB. v. 20. Nov. 1899 §§ 38—40 und Anlage C.)

§ 62.

Eintragungen, die bei der Hypothek erfolgen, sind von dem Grundbuchamt auf dem Hypothekenbriefe zu vermerken; der Vermerk ist mit Unterschrift und Siegel zu versehen.

In den Fällen des § 54 Abs. 1 hat das Grundbuchamt den Besitzer des Briefes zur Vorlegung anzuhalten. In gleicher Weise hat es, wenn in den

Fällen des § 42 Abs. 1 Satz 2 und des § 54 Abs. 2 der Brief nicht vorgelegt ist, zu verfahren, um nachträglich den Widerspruch auf dem Briefe zu vermerken.

Z. f. DZP. 29 S. 172.

1. Die Vorschrift bezieht sich auf alle Eintragungen, die nach Herstellung des Hypothenbriefs bei der Hypothek erfolgen, insbesondere auch auf die Eintragung der Vormerkung zur Sicherung des Anspruchs auf Löschung der Hypothek, wenn sie sich nach § 1179 BGB. mit dem Eigentum in einer Person vereinigt (KG. 21 S. A 175), und auf die Eintragung der Vormerkung zur Sicherung des Anspruchs auf Abtretung einer Hypothek oder einer Grundschuld KG. 21 S. A 286. In den Fällen, in denen die Eintragung gewisser Widersprüche ohne Vorlegung des Briefes erfolgen kann (§§ 42 Abs. 1 Satz 2, 54), muß nachträglich der Widerspruch auf dem Briefe vermerkt werden. Sonderbestimmungen enthalten die §§ 63—65, 69. Eine Ausnahme gilt bei der Löschung einer Hypothek in den Fällen der §§ 130 Abs. 1, 158 Abs. 2 ZwVG. Jaeckel ZwVG. § 131 A. 8, 9. Der Eigentümer braucht mit dem Antrage auf Zuschreibung von Grundstücken die Hypothekenbriefe nicht einzureichen. LG. Bromberg, Soergel 1900/1 S. 590.

2. Ausschließlich zuständig zur Erteilung der Vermerke ist das GBA. Die Erteilung hat von Amts wegen zu erfolgen. KG. 21 S. A 147. Siegel: § 56 A. 3b.

3. Zwangsmittel zum Herbeiführen der Vorlegung des Briefes bestehen im Falle des § 62 Abs. 1 überhaupt nicht. Die Bestimmung der in den Fällen § 62 Abs. 2 anzuwendenden Zwangsmittel ist dem Landesrecht vorbehalten. (Preußen: Anm. z. AG. z. GBO. Art. 7.) Im Falle der Pfändung einer Hypothekenforderung erfolgt die Übergabe des Briefes nach §§ 830, 857 Abs. 6 ZPO. im Wege der Zwangsvollstreckung. Wenn der Brief in einer anderen Angelegenheit sich schon beim GBA. befindet, so kann dieses ihn ohne weiteres zur Vermerkung des Widerspruchs (Abs. 2) benutzen, vorausgesetzt, daß nicht eine andere Eintragung, welche nach der Zeitfolge der Anträge früher erfolgen muß, die Eintragung des Widerspruchs unmöglich macht. Turn.-Först. II 307 A. 3.

4. Rückgabe. Hat das GBA. einen Brief nach § 62 vom Besitzer eingefordert, so muß es den Brief regelmäßig dem Besitzer zurückgeben. Die über den Besitz an dem Briefe entstandenen Streitigkeiten sind nicht vom GBA. zu entscheiden. Die Ablehnung des Antrags eines Dritten, den Brief an ihn statt an den bisherigen Besitzer herauszugeben, ist eine mit Beschwerde anfechtbare Entscheidung. KG. 25 S. A 322.

§ 63.

Wird nach der Erteilung eines Hypothekenbriefs mit der Hypothek noch ein anderes, in dem Bezirke desselben Grundbuchamts belegenes Grundstück belastet, so ist, sofern nicht die Erteilung eines neuen Briefes über die Gesamthypothek beantragt wird, die Mitbelastung auf dem bisherigen Briefe zu vermerken und zugleich der Inhalt des Briefes in Ansehung des anderen Grundstücks nach § 57 zu ergänzen.

1. Der unterstellte Fall ist auch dann gegeben, wenn ein Hypothekenbrief über eine Gesamthypothek (§ 59) erteilt ist und demnächst noch ein anderes Grundstück mit der Hypothek belastet wird, das im Bezirke desjenigen GBA. liegt, welches den bisherigen Brief oder (im Falle des § 59 Abs. 2) einen der bisherigen Briefe erteilt hat. Alsdann genügt das bezeichnete, von Amts wegen zu übende Verfahren. Die Erteilung eines neuen Briefes (§§ 67—69) ist — der damit verbundenen höheren Kosten wegen, Dsch. 172 — von einem Antrage des Berechtigten abhängig gemacht.

2. Liegt das nachträglich belastete Grundstück in dem Bezirke eines anderen GBA. als desjenigen, welches den bisherigen Brief oder einen der bisherigen Briefe erteilt hat, so bleibt es bei dem Verfahren des § 59 Abs. 2.

(3. Preußen: Anlage D z. JMB. v. 20. Nov. 1899.)

§ 64.

Im Falle der Verteilung einer Gesamthypothek auf die einzelnen Grundstücke ist für jedes Grundstück ein neuer Brief zu erteilen.

Zu der bezeichneten Verteilung sind nach § 1132 Abs. 2 BGB. der Gläubiger, dem die Hypothek zusteht, in den Fällen der §§ 1172, 1175 BGB. auch die Eigentümer der mehreren belasteten Grundstücke befugt, denen die Hypothek gemeinschaftlich zugefallen ist. In solchen Fällen treten an die Stelle der bisherigen Gesamthypothek Einzelrechte. Deshalb ist in § 64 die Erteilung eines neuen Briefes für jedes einzelne Grundstück angeordnet. Die Bildung der neuen Briefe erfolgt von Amts wegen, sofern nicht ihre Erteilung nachträglich ausgeschlossen wird. BGB. § 1116 Abs. 2. Die neuen Briefe sind im Falle des § 1132 BGB. dem berechtigten Gläubiger, in den Fällen der §§ 1172, 1175 den berechtigten Eigentümern und zwar einem jeden der für sein Grundstück erteilte Brief auszuhändigen. Die Benutzung des bisherigen Briefes oder der nach § 59 Abs. 2 erteilten mehreren Briefe ist unbedingt ausgeschlossen. Dsch. 173.

§ 65.

Tritt nach § 1177 Abs. 1 oder nach § 1198 des Bürgerlichen Gesetzbuchs eine Grundschuld oder eine Rentenschuld an die Stelle der Hypothek, so ist, sofern nicht die Erteilung eines neuen Briefes beantragt wird, die Eintragung der Rechtsänderung auf dem bisherigen Briefe zu vermerken und eine mit dem Briefe verbundene Schuldurkunde abzutrennen.

Das gleiche gilt, wenn nach § 1180 des Bürgerlichen Gesetzbuchs an die Stelle der Forderung, für welche eine Hypothek besteht, eine andere Forderung gesetzt wird.

---

1. In den drei unterstellten, die Briefhypothek betreffenden Fällen, darf ein neuer Brief nur auf Antrag erteilt werden. Geschieht dies, so ist der bisherige Brief unbrauchbar zu machen, die mit ihm verbundene Schuldurkunde aber abzutrennen und im Falle des § 1177 Abs. 1 dem Eigentümer, im Falle des § 1198 dem Gläubiger, im Falle des § 1180 dem Schuldner zurückzugeben. § 69. Wird ein Antrag auf Erteilung eines neuen Briefes nicht gestellt, so ist der bisherige Brief in der Weise umzugestalten, daß die Rechtsänderung darauf vermerkt und die mit dem Briefe verbundene Schuldurkunde abgetrennt und demjenigen, der den Brief überreicht hat, zurückgegeben wird. Im Falle des § 1180 ist die etwa ausgestellte neue Schuldurkunde mit dem Briefe zu verbinden. Turn.-Först. II S. 339, Fuchs S. 579 A. 6 c, Kretzschmar I S. 263. AM. (Notwendigkeit der Ausfertigung eines neuen Briefes) Biermann S. 399 A. 4.

2. Ist die Umwandlung von Hypotheken in Grund- oder Rentenschulden nur zum Teil eingetreten, so erscheint der Vermerk der Rechtsänderung auf dem bisherigen Briefe nicht genügend, es wird vielmehr ein Teilgrundschuld- oder Teilrentenschuldbrief herzustellen sein, da sich nicht annehmen läßt, daß derselbe Brief über Rechte verschiedener Art lauten darf. R. Foerster S. 208. Turn.-Först. II S. 339. AM. Achilles-Strecker S. 569 (310). Wird nur an die Stelle eines Teilbetrages der

Forderung eine andere Forderung gesetzt, so unterbleibt die Abtrennung der mit dem bisherigen Briefe verbundenen Schuldurkunde, und die etwa gebildete neue Schuldurkunde muß außerdem noch mit dem Briefe verbunden werden.

3. Umwandlung einer Grund- oder Rentenschuld in eine Hypothek: § 70 Abs. 1. Bei der Sicherungshypothek ist die Erteilung des Hypothekenbriefs ausgeschlossen. BGB. § 1185. Bei ihrer Umwandlung in eine gewöhnliche Hypothek muß also ein Hypothekenbrief erteilt werden, wenn die Erteilung nicht gemäß § 1116 Abs. 2 BGB. ausgeschlossen wird. Die etwa ausgestellte Schuldurkunde ist mit dem Briefe zu verbinden. Bei Umwandlung der Briefhypothek in eine Sicherungshypothek ist der Brief unbrauchbar zu machen. § 69.

(**4.** Preußen: JMB. v. 20. Nov. 1899 § 12 Abs. 2.)

§ 66.

Stehen einem Gläubiger mehrere Hypotheken zu, die gleichen Rang haben oder im Range unmittelbar aufeinander folgen, so ist ihm auf seinen Antrag mit Zustimmung des Eigentümers über die mehreren Hypotheken ein Hypothekenbrief in der Weise zu erteilen, daß der Brief die sämtlichen Hypotheken umfaßt.

---

1. Voraussetzung ist, daß über die sämtlichen Hypotheken des einen Gläubigers Briefe erteilt sind oder doch erteilt werden können. Also kein gemeinschaftlicher Brief für eine gewöhnliche Hypothek und eine Sicherungshypothek oder für mehrere Sicherungshypotheken. Der Erteilung eines gemeinschaftlichen Briefes für mehrere Gesamthypotheken steht nichts entgegen. Turn.-Först. II S. 341 A. 1. Unzulässig ist die Erteilung eines gemeinschaftlichen Briefes, wenn sich unter den Hypotheken eine Teilhypothek befindet und der gemeinschaftliche Brief auch den Teilhypothekenbrief ersetzen soll. KG. 20 S. A 103, Kretzschmar I S. 256. AM. Achilles-Strecker S. 316 A. 2, 310 A. 1. Dagegen steht der Erteilung eines mehrere Hypotheken umfassenden Hypothekenbriefs, wenn eine der Hypotheken früher geteilt ist, die bezüglichen Teilhypotheken aber sämtlich in der Hand des Antragstellers vereinigt sind, nichts entgegen. KG. 26 S. A 166; RJA. 3 S. 260. Der § 66 findet auch auf mehrere Grund- und Rentenschulden desselben Gläubigers entsprechende Anwendung. § 70 Abs. 1. Ausgeschlossen aber ist die Erteilung eines gemeinschaftlichen Briefes für eine Hypothek und eine Grund- oder Rentenschuld oder für eine Grund- und eine Rentenschuld. Turn.-Först. II S. 341 A. 1.

2. Verfahren. Die Zustimmung des Eigentümers zu der Erteilung eines gemeinschaftlichen Briefes bedarf der Form des § 29. Die Briefe über die einzelnen Hypotheken sind nach Abtrennung der Schuldurkunden unbrauchbar zu machen. Die abgetrennten Schuldurkunden sind mit dem gemeinschaftlichen Briefe zu verbinden. Der letztere hat die Angabe zu enthalten, daß und für welche Hypotheken er an die Stelle der bisherigen Briefe tritt. § 68 Abs. 1. Auf den Bestand der einzelnen Hypotheken hat die Erteilung des einheitlichen Briefes keinen Einfluß. Dsch. 173. Die Gemeinschaft kann wieder aufgehoben werden. Dann ist der gemeinschaftliche Brief unbrauchbar zu machen und es sind die abzutrennenden Schuldurkunden mit den Einzelbriefen, zu denen sie gehören, zu verbinden. Wird nur eine der verbundenen Hypotheken abgetreten, so ist für sie, unter Vermerk des Ausscheidens auf dem gemeinschaftlichen Briefe, ein neuer Brief zu erteilen und dieser mit der darauf bezüglichen Schuldurkunde zu verbinden. Alle Veränderungen (Verpfändungen, Löschungen), die bei den einzelnen Hypotheken eingetragen werden, sind auf dem gemeinschaftlichen Briefe zu vermerken.

(**3.** Preußen: JMB. v. 20. Nov. 1899 § 40, Anlage E.)

§ 67.

Einem Antrage des Berechtigten auf Erteilung eines neuen Briefes ist stattzugeben, wenn der bisherige Brief oder in den Fällen der §§ 1162, 1170, 1171 des Bürgerlichen Gesetzbuchs das Ausschlußurteil vorgelegt wird.

---

1. Dem Antrage auf — kostenpflichtige — Erteilung eines neuen Briefes muß das GBA. entsprechen, nicht nur dann, wenn der bisherige Brief nach § 1162 BGB. für kraftlos erklärt oder nach den §§ 1170, 1171 durch ein in Ansehung der Hypothek ergangenes Ausschlußurteil kraftlos geworden, sondern auch dann, wenn er noch gültig geblieben, aber — durch Beschädigung oder Verunstaltung — unbrauchbar oder durch die auf ihn gesetzten Vermerke unübersichtlich geworden ist. Die Erneuerung ist nur von dem formfreien Antrage und der Vorlegung des bisherigen Briefes oder des Ausschlußurteils abhängig. Der Einwilligung des Eigentümers bedarf es nicht; dessen Interesse ist durch § 68 ausreichend gewahrt. Dsch. 173. Durch die Vernichtung der mit dem Briefe verbundenen Schuldurkunde wird die Erteilung eines neuen Briefes nicht notwendig gemacht, wohl aber ist auf Antrag mit dem Briefe eine neue Ausfertigung oder beglaubigte Abschrift der Schuldurkunde zu verbinden.

2. Inhalt des neuen Briefes: § 68. Behandlung des alten Briefes: § 69.

§ 68.

Wird ein neuer Brief erteilt, so hat er die Angabe zu enthalten, daß er an die Stelle des bisherigen Briefes tritt.

Vermerke, die nach den §§ 1140, 1145, 1157 des Bürgerlichen Gesetzbuchs für das Rechtsverhältnis zwischen dem Eigentümer und dem Gläubiger in Betracht kommen, sind auf den neuen Brief zu übertragen.

Die Erteilung des Briefes ist im Grundbuche zu vermerken.

---

1. Der neue Brief ist nach der gegenwärtigen Lage des Grundbuchs zu erteilen. Vermerke, die der alte Brief enthielt, die aber infolge von Änderungen des Rechtes ohne Erheblichkeit sind, sind wegzulassen. Dagegen sind die in Abs. 2 bezeichneten privatschriftlichen oder anderen Vermerke, da sie dritten Erwerbern des Rechtes entgegenstehen, in den neuen Brief aufzunehmen. Ist der neue Brief ein Hypothekenbrief, so ist mit ihm die etwa vorhandene Schuldurkunde zu verbinden. § 58. Ist die Schuldurkunde verloren gegangen und ein Ersatz (neue Ausfertigung, beglaubigte Abschrift) nicht zu beschaffen, so steht dieser Mangel der Erteilung des neuen Briefes nicht entgegen. Die Verbindung der Urteilsformel des Ausschlußurteils mit dem neuen Briefe ist — abweichend von § 112 preuß. GBO. — nicht angeordnet. Ist die Hypothek in eine Grundschuld umgewandelt, so ist der neue Brief als Grundschuldbrief zu erteilen. Der erneuerte Brief hat nicht die Bedeutung einer Abschrift des alten Briefes, sondern ist als selbständiger neuer Brief anzusehen, ist also auch mit dem Datum der erneuten Erteilung zu versehen.

(2. Preußen: JMB. v. 20. Nov. 1899 § 12 Abs. 2.)

§ 69.

Wird eine Hypothek gelöscht, so ist der Brief unbrauchbar zu machen; das gleiche gilt, wenn die Erteilung des Briefes über eine Hypothek nachträglich ausgeschlossen oder anstelle des bisherigen Briefes ein neuer Hypothekenbrief,

ein Grundschuldbrief oder ein Rentenschuldbrief erteilt wird. Eine mit dem bisherigen Briefe verbundene Schuldurkunde ist abzutrennen und, sofern sie nicht mit dem neuen Hypothekenbriefe zu verbinden ist, zurückzugeben.

Teillöschung: § 62. Die Bestimmungen über die Art und Weise der Unbrauchbarmachung und die Aufbewahrung des unbrauchbar gemachten Briefes sind den Landesjustizverwaltungen überlassen. (Preußen: JMV. v. 20. Nov. 1899 § 42.) Ein Brief über eine in der Zwangsversteigerung ausgefallene Hypothek wird vom Vollstreckungsgericht unbrauchbar gemacht. ZwVG. §§ 127 Abs. 1, 131. Die Zurückgabe der Schuldurkunde wird im Falle der Löschung an den Eigentümer (Achilles-Strecker S. 320), in anderen Fällen an denjenigen, von dem der die Unbrauchbarmachung des Briefes veranlassende Antrag gestellt ist, zu erfolgen haben. R. Foerster S. 215.

§ 70.

Die Vorschriften der §§ 56—69 finden auf den Grundschuldbrief und den Rentenschuldbrief entsprechende Anwendung. Der Rentenschuldbrief muß auch die Ablösungssumme angeben.

Ist eine für den Inhaber des Briefes eingetragene Grundschuld oder Rentenschuld in Teile zerlegt, so ist über jeden Teil ein besonderer Brief herzustellen.

---

1. Abs. 1. Die Besonderheiten für den Grundschuldbrief und den Rentenschuldbrief sind die folgenden: **a**, Die Bezeichnung „Hypothekenbrief" (§ 56) ist zu ersetzen durch die Bezeichnung „Grundschuldbrief", „Rentenschuldbrief." **b**, Der Rentenschuldbrief muß die Ablösungssumme angeben, da diese für die Rentenschuld wesentlich ist. BGB. § 1199 Abs. 2. **c**, Die Verbindung der Schuldurkunde mit dem Briefe ist ausgeschlossen.

2. Abs. 2. Die Herstellung der Teilbriefe (BGB. § 1195) hat von Amts wegen zu erfolgen. Die Unterschrift kann im Wege mechanischer Vervielfältigung hergestellt werden. BGB. § 793 Abs. 2. Die Zulässigkeit von Zinsscheinen ergibt sich aus §§ 803, 1195, 1199 BGB.; ihre Anfertigung ist aber in der GBO. nicht vorgesehen. Ein Hypothekenbrief kann nicht auf den Inhaber ausgestellt werden.

(**3.** Preußen: JMV. v. 20. Nov. 1899 §§ 37, 38.)

4. Abschnitt. Beschwerde.

§ 71.

Gegen die Entscheidungen des Grundbuchamts findet das Rechtsmittel der Beschwerde statt.

Die Beschwerde gegen eine Eintragung ist unzulässig. Im Wege der Beschwerde kann jedoch verlangt werden, daß das Grundbuchamt angewiesen wird, nach § 54 einen Widerspruch einzutragen oder eine Löschung vorzunehmen.

Z. f. DZP. 30 S. 476 (Literaturnachweis); 30 S. 153; 27 S. 316, 322, 353, 360; 28 S. 505. Zentralbl. 2 S. 624.

---

1. Das Beschwerdeverfahren in Grundbuchsachen ist durch die GBO. (§§ 71—81) einheitlich und erschöpfend geregelt. Die §§ 19—30 RFG. finden also auf Grundbuchsachen keine Anwendung. Landesgesetzliche Bestimmungen über das Beschwerdeverfahren in Grundbuchsachen sind nur insoweit zulässig, als es sich darum handelt, die Zuständigkeit für die weitere Beschwerde einem der mehreren Oberlandesgerichte oder dem obersten Landesgerichte zu übertragen. § 102. Die Vorschriften der GBO. beziehen sich aber nur auf die in der Sache getroffenen Anordnungen des GBA. oder des Beschwerdegerichts, treffen mithin nur die Fälle, in denen die Verletzung von materiell-rechtlichen Normen oder von Verfahrensvorschriften gerügt wird. Predari S. 4. Die Erledigung von Beschwerden, die auf dem Gebiete der Verwaltung liegen, insbesondere von Beschwerden über die Art des Geschäftsbetriebes bestimmt sich nach dem Landesrecht. Dsch. 175.

Die sofortige Beschwerde des § 577 ZPO. ist in die GBO. nicht aufgenommen. Die GBO. gibt nur die Beschwerde gegen die Entscheidungen des GBA. und die weitere Beschwerde gegen die Entscheidungen des Beschwerdegerichts. § 78. Weder die eine noch die andere ist an eine Notfrist gebunden oder mit aufschiebender Wirkung versehen.

2. Zulässigkeit. a, Ausgeschlossen ist die Beschwerde gegen Eintragungen aller Art, also auch gegen Löschungen und Widersprüche. KG. 20 S. A 217, 21 S. A 147, 25 S. A 113. ROLG. 2 S. 59. RJA. 1 S. 168. Mit der Beschwerde gegen eine Eintragung kann nur Eintragung eines Widerspruchs oder Löschung eines unrichtigen Eintrags (§ 54) erreicht werden. Bayr. Oberst.LG. im „Recht" 1903 S. 106. Im übrigen ist die Beseitigung der unrichtigen Eintragungen Sache der Beteiligten (BGB. §§ 894, 899); ein Streit unter ihnen kann nicht durch Beschwerde, sondern nur im Rechtswege zum Austrage gebracht werden. RG. 39 S. 234; JW. 97 S. 29; Gruch. 41 S. 963. Grund der Unzulässigkeit einer Beschwerde gegen Eintragungen ist „die Rücksicht auf die Rechtsstellung, welche durch die Eintragung für Dritte geschaffen ist." Dsch. 175. Eintragungen, welche Rechte Dritter nicht berühren, unterliegen der Beschwerde. Turn.-Först. II S. 348 A. 1. Es kann zB. im Wege der Beschwerde die Umänderung der erfolgten Zusammenschreibung von Grundstücken (§ 4) in die beantragte Zuschreibung verlangt werden. KG. 23 S. A 221.

Nicht gegen die Eintragung gerichtet und deshalb auch nicht unzulässig ist eine Beschwerde gegen den eine Eintragung anordnenden Beschluß, solange als die Eintragung noch nicht oder als sie in unzulässiger Weise (§ 54) erfolgt ist. KG. ROLG. 4 S. 322. Auch dann, wenn unter Abweisung eines weitergehenden Antrags eine Eintragung in beschränkten Umfange angeordnet und ausgeführt ist, wird die Beschwerde nicht zu versagen sein, da sie nicht auf Beseitigung, sondern auf Ergänzung der Eintragung, gegen die teilweise Abweisung eines Eintragungsantrags gerichtet ist. LG. Straßburg, Zentralbl. 3 S. 641.

Löschung des nach § 71 Abs. 2 eingetragenen Widerspruchs: § 54 A. 3.

b, Von den Eintragungen abgesehen ist die Beschwerde gegen alle Entscheidungen zulässig, die nach Maßgabe der Grundbuchgesetze (KG. 23 S. A 213) von dem GBA. getroffen werden. So insbesondere gegen Entscheidungen, durch die ein Antrag zurückgewiesen ist (Dsch. 175) und gegen Zwischenverfügungen aus § 18 Abs. 1. KG. RJA. 1 S. 80. Auch lediglich wegen des Kostenpunkts nach Erledigung der Hauptsache ist die Beschwerde statthaft, wenn sie sich darauf gründet, daß die Entscheidung zur Hauptsache unrichtig sei. RJA. 2 S. 142. Dagegen unterliegen die Bestimmungen über die Erhebung von Gebühren und Auslagen in Grundbuchsachen der Landesgesetzgebung. (Preußen: Gerichtskostenges. v. 25. Juni 1895, Bek. v. 6. Okt. 1899 § 27.) Nur die Entscheidung über einen tatsächlich gestellten Antrag kann Gegenstand der Beschwerde sein. Die Annahme, daß die Beschwerde auch gegen einen angekündigten aber noch nicht gestellten Antrag zulässig sei (Kretzschmar I S. 37), dürfte zu weit gehen. Jedenfalls ist die bloße Meinungsäußerung des GBA. darüber, wie es sich in künftigen Fällen verhalten werde, zur Beschwerde nicht genügend.

KG. 21 S. A 273. Auch die selbständige Anfechtung der Entscheidungsgründe ist ausgeschlossen. OLG. Dresden, Zentralbl. 1903 S. 809.

3. Die Legitimation zur Einlegung der Beschwerde ist in der GBO. nicht geregelt. Der § 20 RFG. findet keine Anwendung. (Vgl. A. 1.) Die Praxis, auf welche die Dsch. 175 verweist, gibt die Beschwerde jedem, dessen Recht durch eine Verfügung des GBA. beeinträchtigt wird. KG. 21 S. A 98. Ob das beeinträchtigte Recht dem Gebiete des Privatrechts oder des öffentlichen Rechtes angehört, ist einerlei. M. z. I. Entw. 113. KG. 25 S. A 88. Die Beschwerde steht nicht bloß dem Antragsteller zu, gegen welchen die Entscheidung unmittelbar ergangen ist, sie darf vielmehr von jedem erhoben werden, dessen Rechtskreis durch die Entscheidung betroffen wird. KG. 20 S. A 13, 25 S. A 143. ROLG. 2 S. 221, 490. Dahin gehört derjenige, welcher berechtigt gewesen sein würde, kraft eigenen Rechtes den Antrag zu stellen. ROLG. 2 S. 319. KG. 25 S. A 93. Der Antragsteller, dessen Antrage vom GBA. voll entsprochen ist, ist zur Beschwerde nicht befugt. Der Käufer eines Grundstücks, der die darauf eingetragene Hypothek übernommen hat, kann nicht im Beschwerdewege das Nichtbestehen dieser — als rechtswirksam vorausgesetzten — Hypothek geltend machen, da er durch ihre Eintragung weder in seinem Rechte noch in seinem Interesse verletzt ist. ROLG. 1 S. 345. Behörden sind zur Einlegung der Beschwerde in den Fällen befugt, in denen ihnen das Recht zusteht, ein Ersuchen um Eintragung an das GBA. zu richten. KG. 20 S. A 10, 25 S. A 88. So auch der Prozeßrichter, wenn seinem Ersuchen um Eintragung nicht vollständig entsprochen ist. Wird das auf § 941 ZPO. gegründete Eintragungsgesuch des Prozeßgerichts zurückgewiesen, so ist auch die hiervon betroffene Partei zur Einlegung der Beschwerde legitimiert. KG. 21 S. A 97. Gegen Entscheidungen des GBA. über die Eintragung einer Zwangshypothek (ZPO. §§ 866, 867) findet nicht die sofortige Beschwerde nach §§ 493, 568 ZPO., sondern die Beschwerde nach §§ 71 ff. GBO. statt. RG. 48 S. 242. KG. RJA. 3 S. 100. Das GBA. selbst ist niemals verletzte Partei, daher steht ihm eine Beschwerde gegen die Entscheidungen des Beschwerdegerichts nicht zu. Einlegung der Beschwerde durch Bevollmächtigte ist zulässig. Eine Form für die Vollmacht ist nicht vorgeschrieben. Z. f. DZP. 30 S. 153. Werden Mängel der Vollmacht gerügt, so steht die Beschwerde sowohl dem Bevollmächtigten im eigenen Namen als dem Machtgeber zu. Beschwerderecht der Notare: § 15 A. 5.

§ 72.

Über die Beschwerde entscheidet das Landgericht, in dessen Bezirke das Grundbuchamt seinen Sitz hat.

Die örtliche Zuständigkeit des Landgerichts ist eine ausschließliche. Die Substituierung eines anderen Gerichts oder einer anderen Behörde ist weder den Beteiligten noch den Landesgesetzen gestattet. Der Mangel der örtlichen Zuständigkeit begründet — gegen Oberneck S. 92 Nr. 3 — die weitere Beschwerde. Achilles-Strecker S. 325 A. 3. Landesgesetzlicher Vorbehalt für den Fall, wenn das Amtsgericht nicht zugleich GBA. ist: § 100.

§ 73.

Die Beschwerde kann bei dem Grundbuchamt oder bei dem Beschwerdegericht eingelegt werden.

Die Einlegung erfolgt durch Einreichung einer Beschwerdeschrift oder durch

Erklärung zum Protokolle des Grundbuchamts oder des Gerichtsschreibers des Beschwerdegerichts.

Z. f. DZP. 27 S. 578.

Abweichend von § 569 ZPO. ist den Beteiligten insofern freiere Hand gelassen, als die Beschwerde auch ohne Rücksicht auf die Dringlichkeit des Falles bei dem Beschwerdegericht eingelegt werden kann. Dsch. 175. An eine Frist oder Form ist die Beschwerde nicht gebunden. Die Unterzeichnung durch einen Rechtsanwalt ist nur für die weitere Beschwerde vorgeschrieben. § 80. Von der Unterschrift des Beschwerdeführers kann — gegen Turn.-Först. II S. 350 — dann abgesehen werden, wenn sich aus dem Schriftstück der Beschwerdeführer und dessen Zustimmung zu dem Inhalte des Schriftstücks erkennen läßt. Schultzenstein in Z. f. DZP. 27 S. 514, 578. Achilles-Strecker S. 326. Einlegung durch Telegramm ist zulässig. RG. 44 S. 369. Ein bestimmter Antrag braucht nicht gestellt zu werden. Fehlt er, so gilt die ganze Entscheidung, soweit sie dem Antragsteller nachteilig ist, als Gegenstand der Beschwerde. RG. 24 S. 395. Die Bestimmung des zur Aufnahme der protokollarischen Erklärung bei dem GBA. zuständigen Beamten ist dem Landesrecht überlassen. KB. 227. Bei dem Beschwerdegericht aber ist nur der Gerichtsschreiber zur Aufnahme des Protokolls befugt. KG. 20 S. A 145. Doch wird das vom Richter oder vom Gerichtsschreiber eines anderen Gerichts aufgenommene Protokoll als private Beschwerdeschrift gelten können. KG. 20 S. A 6.

§ 74.

Die Beschwerde kann auf neue Tatsachen und Beweise gestützt werden.

Anwendung des § 570 ZPO. Wird einem zurückgewiesenen Antrage in der Beschwerdeinstanz auf Grund der neuen Tatsachen oder Beweise stattgegeben, so kommt der Entscheidung des Beschwerdegerichts rückwirkende Kraft nicht zu. Die Sachlage ist die gleiche, wie wenn der Beteiligte bei dem GBA. selbst einen neuen verbesserten Antrag anstatt des zurückgewiesenen gestellt hätte. Dsch. 176. Auch die Erneuerung einer zurückgewiesenen Beschwerde unter Vorbringen neuer Tatsachen und Beweise ist zulässig. RG. JW. 85 S. 88. Die neuen Beweise können nur Urkundenbeweise sein. Das Beschwerdegericht hat die angefochtene Entscheidung in jeder Hinsicht nachzuprüfen.

§ 75.

Erachtet das Grundbuchamt die Beschwerde für begründet, so hat es ihr abzuhelfen.

---

1. Anwendung des § 571 ZPO. Die Vorschrift gilt auch dann, wenn die Beschwerde bei dem Landgerichte eingelegt und durch dessen Vermittlung dem GBA. zugegangen ist. Dsch. 176. Innerhalb der Grenzen des § 71 Abs. 2 kann das GBA. ganz oder teilweise (RG. in Gruch. 39 S. 1144) Abhilfe schaffen. Erachtet das GBA. die Beschwerde für nicht begründet, so hat es solche dem Beschwerdegericht zu übersenden. Weitere Beschwerde: § 80 Abs. 2.

2. Wenn das Beschwerdegericht eine vom GBA. abgelehnte Eintragung anordnet, so muß der Antragsteller sich mit der jetzt freien Stelle begnügen, auch wenn in der Zwischenzeit Eintragungen auf Grund später gestellter Anträge erfolgt sind (§§ 18, 71, 76), da durch die Abweisung eines beim GBA. gestellten Antrags dieser seine Wirkung verliert. OLG. Colmar, Zentralbl. 3 S. 400. Sind aber später gestellte

Eintragungsanträge zu der Zeit, zu welcher die Entscheidung des Beschwerdegerichts beim GBA. eingeht, noch nicht erledigt, so ist das Recht des Beschwerdeführers zuerst einzutragen. Turn.-Först. II S. 354 A. 2. Vgl. die Anm. zu § 74.

§ 76.

Das Beschwerdegericht kann vor der Entscheidung durch eine einstweilige Anordnung dem Grundbuchamt aufgeben, eine Vormerkung oder einen Widerspruch einzutragen.

Die Vormerkung oder der Widerspruch wird von Amts wegen gelöscht, wenn die Beschwerde zurückgenommen oder zurückgewiesen ist.

Z. f. DZP. 27 S. 360, 363.

---

1. Die Beschwerde hat keine aufschiebende Wirkung. Durch ihre Einlegung wird die Erledigung später gestellter Eintragungsanträge nicht ausgeschlossen. OLG. Colmar, ROLG. 4 S. 496. Auf die Abwendung der Nachteile, welche den Beschwerdeführer treffen können, wenn in der Zwischenzeit bis zur Entscheidung über die Beschwerde Eintragungen erfolgen, ist der § 76 gerichtet. Die Eintragung einer Vormerkung ist anzuordnen, wenn sich die Beschwerde gegen die Zurückweisung des Antrags auf Eintragung einer Rechtsänderung richtet (BGB. § 883), während die Eintragung eines Widerspruchs in den Fällen am Platze ist, in denen die Zurückweisung eines Antrages auf Berichtigung des Grundbuchs oder eine von dem GBA. vorgenommene unrichtige Eintragung (BGB. § 894) den Gegenstand der Beschwerde bildet. Dsch. 176.

2. Die einstweilige Anordnung hat nicht den Charakter der einstweiligen Verfügung (ZPO. §§ 935, 940), denn sie beruht lediglich auf dem Amtsermessen, ist deshalb der Anfechtung entzogen. RG. 35 S. 341. Sie wird sich empfehlen, wenn die Beschwerde von vornherein begründet erscheint, die Entscheidung aber nicht alsbald ergehen kann. Eine Mitteilung der einstweiligen Anordnung an den Beschwerdeführer findet nicht statt. Die Bekanntmachung der Eintragung erfolgt nach § 55 durch das GBA.

3. Die Löschung erfolgt in den Fällen des § 76 Abs. 2 — abweichend von § 71 Abs. 2 — von Amts wegen, sobald das GBA. den zurückweisenden Beschluß oder die Nachricht von der — an keine Form gebundenen — Zurücknahme der Beschwerde erhält. Rücksicht auf die weitere Beschwerde gegen den zurückweisenden Beschluß kann die Löschung nicht aufhalten.

§ 77.

Die Entscheidung des Beschwerdegerichts ist mit Gründen zu versehen und dem Beschwerdeführer mitzuteilen.

---

1. Mündliche Verhandlung ist ausgeschlossen. Die Entscheidungen ergehen in nicht öffentlicher Sitzung ohne Zuziehung eines Gerichtsschreibers. Ob § 12 RFG. Anwendung findet, wonach das Gericht von Amts wegen die zur Feststellung der Tatsachen erforderlichen Ermittlungen zu veranstalten und die geeignet erscheinenden Beweise aufzunehmen hat, ist bestritten. Die Frage wird zu verneinen sein. Allerdings ist nach KB. 232 (zu § 81) von einem Vertreter der Regierungen erklärt, daß das Beschwerdegericht nicht gehindert sei, vor Abgabe seiner Entscheidung das GBA. mit der etwa erforderlichen Instruktion der Sache zu beauftragen. Zustimmend Turn.-

Förſt. II S. 353 A. 1. Dem ist aber mit den Mot. zu Art. 1 PFG. entgegen zu halten, daß die Ausdehnung des § 12 auf Grundbuchsachen sich mit dem § 29 GBO. nicht vereinigen läßt, nach welchem es Sache der Beteiligten ist, die Voraussetzungen der Eintragungen durch öffentliche Urkunden nachzuweisen. KG. 20 S. A 277. Achilles-Strecker S. 329 A. 1. Oberneck S. 84.

2. Erachtet das Beschwerdegericht die Beschwerde für begründet, so hat es Abhilfe zu schaffen, d. h. dem GBA. aufzugeben, das zu tun, was dieses ohne Grund zu tun sich geweigert oder unterlassen hat, eine Eintragung vorzunehmen, eine Abschrift zu erteilen, einen Hypothekenbrief zu ergänzen 2c. M. z. I. Entw. 117. Ist noch eine weitere Prüfung notwendig, so wird es sich, um den Beteiligten nicht eine Instanz zu entziehen, häufig empfehlen, nur die angefochtene Entscheidung aufzuheben und dem GBA. aufzugeben, auf Grund der neuen Prüfung anderweit zu entscheiden. Achilles-Strecker S. 329 A. 2. Keinesfalls darf das Beschwerdegericht sich an die Stelle des GBA. setzen und selbst eine Eintragung 2c. anordnen. M. z. I. Entw. 117.

3. Das GBA. hat der Anordnung des Beschwerdegerichts zu entsprechen, sofern nicht der gegenwärtige Inhalt des Grundbuchs entgegensteht. Soll zB. eine Hypothek auf Grund der Bewilligung des Eigentümers A eingetragen werden, so ist die Eintragung nicht mehr zulässig, wenn inzwischen A das Grundstück dem B aufgelassen hat, sofern nicht vor der Auflassung eine Vormerkung nach § 76 Abs. 1 eingetragen ist.

4. Die Angabe von Gründen erscheint schon mit Rücksicht auf die weitere Beschwerde geboten. Die Mitteilung der Entscheidung an den Beschwerdeführer ist besonders hervorgehoben, weil für die einstweiligen Anordnungen das Gegenteil gilt. Dsch. 176.

§ 78.

Gegen die Entscheidung des Beschwerdegerichts ist das Rechtsmittel der weiteren Beschwerde zulässig, wenn die Entscheidung auf einer Verletzung des Gesetzes beruht. Die Vorschriften der §§ 550, 551, 561, 563 der Zivilprozeßordnung finden entsprechende Anwendung.

---

1. Die Zulassung der weiteren Beschwerde ist auf den Fall einer Gesetzesverletzung beschränkt. Sie ist also dem Rechtsmittel der Revision genähert. Deshalb ist die entsprechende Anwendung der in Bezug genommenen Paragraphen der ZPO. vorgeschrieben. Hervorzuheben sind folgende Rechtssätze.

2. Das Gesetz ist verletzt, wenn eine Rechtsnorm nicht oder nicht richtig angewendet ist. ZPO. § 550. Darauf, ob die Rechtsnorm dem materiellen oder dem formellen Rechte angehört, kommt nichts an. Der § 549 ZPO. ist nicht in Bezug genommen. Deshalb muß die weitere Beschwerde auch bei Verletzung landesrechtlicher Normen zugelassen werden, insbesondere bei Verletzungen der Anordnungen der Landesjustizverwaltungen, die auf Grund der in der GBO. gemachten Vorbehalte getroffen sind. KG. 21 S. A 142, 173.

3. Als auf einer Verletzung des Gesetzes beruhend ist eine Entscheidung des Beschwerdegerichts stets anzusehen, wenn es nicht vorschriftsmäßig besetzt war, wenn ein von der Ausübung des Richteramtes kraft Gesetzes ausgeschlossener oder ein wegen Besorgnis der Befangenheit abgelehnter Richter mitgewirkt hat, wenn das Gericht seine Zuständigkeit oder Unzuständigkeit mit Unrecht angenommen hat, wenn eine Partei nicht nach Vorschrift der Gesetze vertreten war. ZPO. § 551.

4. Wegen unrichtiger tatsächlicher Würdigung des einzelnen Falles oder wegen falscher Auslegung der Urkunden ist die Beschwerde unzulässig, es sei denn,

daß eine gesetzliche Auslegungsregel (BGB. §§ 133, 157, 2048) nicht oder nicht richtig angewendet ist. RG. 2 S. 379. Gruch. 25 S. 1120, 26 S. 1172. KG. 7 S. 129, 13 S. 139. OLG. Colmar, Zentralbl. 3 S. 130. Von neuen Tatsachen sind nur solche zu berücksichtigen, die aufgestellt werden, um in bezug auf das Verfahren oder in betreff der Feststellung des Sachverhältnisses eine Verletzung des Gesetzes nachzuweisen. ZPO. § 554 Nr. 2, 3. KG. 3 S. 7, 9 S. 3.

5. Die Bezeichnung der angeblich nicht oder nicht richtig angewendeten Rechtsnorm ist nicht erforderlich, da § 554 Nr. 1 ZPO. nicht in Bezug genommen ist. Bayr. Oberst. LG. ROLG. 5 S. 286. Ein neuer selbständiger Beschwerdegrund ist (abweichend von § 568 Abs. 2 ZPO.) nicht Voraussetzung der weiteren Beschwerde.

6. Erfolg kann die weitere Beschwerde nur dann haben, wenn die Entscheidung selbst auf einer Gesetzesverletzung beruht. Wenn zwar die Entscheidungsgründe eine Gesetzesverletzung ergeben, die Entscheidung selbst aber nach der dem Gerichte der weiteren Beschwerde zustehenden freien Würdigung der ganzen Sache aus anderen Gründen sich als richtig darstellt, so ist die weitere Beschwerde zurückzuweisen. ZPO. § 563. In den Fällen des § 551 ZPO. (oben A. 3) muß die weitere Beschwerde immer Erfolg haben, weil hier fingiert wird, daß die Entscheidung auf der Verletzung der bezeichneten Verfahrensvorschriften beruht.

7. Die Einschränkung des § 71 Abs. 2 gilt auch für die weitere Beschwerde. § 80 Abs. 3. Hat das Beschwerdegericht eine Eintragung angeordnet und das GBA. diese ausgeführt, so kann das Gericht der weiteren Beschwerde nur die Eintragung eines Widerspruchs, nicht aber die Löschung anordnen, sofern nicht etwa sich die Eintragung nach ihrem Inhalt als unzulässig erweist (§ 54 Abs. 1). Turn.-Förster. II S. 356 A. 2. R. Foerster S. 117. Die Befugnis zu der einstweiligen Anordnung aus § 76 kommt auch dem Gerichte der weiteren Beschwerde zu.

8. Legitimiert zur Einlegung der weiteren Beschwerde ist nicht nur derjenige, dessen Beschwerde durch das Beschwerdegericht zurückgewiesen ist, sondern jeder, der durch die Entscheidung des Beschwerdegerichts in seinem Interesse verletzt ist, auch wenn er bisher an dem Verfahren nicht beteiligt war. § 13 Abs. 2. Bayr. Oberst. LG. Zentralbl. 2 S. 846.

§ 79.

Über die weitere Beschwerde entscheidet das Oberlandesgericht.

Will das Oberlandesgericht bei der Auslegung einer das Grundbuchrecht betreffenden reichsgesetzlichen Vorschrift von der auf weitere Beschwerde ergangenen Entscheidung eines anderen Oberlandesgerichts, falls aber über die Rechtsfrage bereits eine Entscheidung des Reichsgerichts ergangen ist, von dieser abweichen, so hat es die weitere Beschwerde unter Begründung seiner Rechtsauffassung dem Reichsgerichte vorzulegen. Der Beschluß über die Vorlegung ist dem Beschwerdeführer mitzuteilen.

In den Fällen des Abs. 2 entscheidet über die weitere Beschwerde das Reichsgericht.

„D. Recht“ 1901 S. 275. Z. f. DZP. 25 S. 521; 27 S. 322.

---

1. Abs. 1. Zuständig ist das im Instanzenzuge vorgesetzte Oberlandesgericht. Doch ist der Landesgesetzgebung nachgelassen, die Entscheidung ausschließlich einem der mehreren Oberlandesgerichte oder dem obersten Landesgerichte zuzuweisen. § 102.

2. Abs. 2. Um die einheitliche Rechtsprechung in Grundbuchsachen auf dem Gebiete der Reichsgesetzgebung zu sichern, ist unter gewissen Voraussetzungen das Reichsgericht an Stelle des Oberlandesgerichts zur Entscheidung über die weitere Beschwerde für zuständig erklärt. Diese Voraussetzungen sind, daß es sich um die Auslegung einer Vorschrift aus dem Reichsgrundbuchrechte handelt und daß darüber bereits eine auf weitere Beschwerde ergangene Entscheidung eines Oberlandesgerichts (gleichviel ob desselben oder eines anderen Bundesstaats) oder eine im ordentlichen Prozesse (durch Urteil) oder auf Beschwerde ergangene Entscheidung des Reichsgerichts vorliegt. Wenn diese Voraussetzungen vorliegen und das Oberlandesgericht von der bereits ergangenen Entscheidung der Rechtsfrage abweichen will, so darf es nicht selbst entscheiden, sondern hat die weitere Beschwerde unter Begründung seiner Rechtsauffassung dem Reichsgericht vorzulegen. Hat bisher nur ein Senat des RG. über die Rechtsfrage mehrmals abweichend entschieden, so ist die Vorlegung an das RG. nur dann erforderlich, wenn das OLG. von der jüngsten Entscheidung abweichen will. KB. 231. Liegen widersprechende Entscheidungen verschiedener Senate vor, so ist die Vorlegung immer geboten, da es in diesem Falle an jeder Gewißheit darüber fehlt, welche Ansicht die in dem betreffenden Zeitpunkte geltende ist. Turn.-Först. II S. 357.

Der Beschluß über die Vorlegung ist dem Beschwerdeführer von Amts wegen mitzuteilen, um ihm Gelegenheit zu geben, sich durch Zurücknahme der Beschwerde Kosten zu ersparen. KB. 231.

Hat das OLG. gegen die Vorschrift des Abs. 2 selbst entschieden, so hat es dabei sein Bewenden; eine Remedur durch Anrufen des RG. ist ausgeschlossen. RG. 48 S. 15. JW. 1901 S. 198.

Um die Anwendbarkeit des Abs. 2 zu ermöglichen, werden die wichtigeren Entscheidungen der Oberlandesgerichte der Einzelstaaten durch deren Justizverwaltungen gesammelt, im Reichsjustizamt zusammengestellt und von diesem den Justizverwaltungen zur Übermittlung an ihre Gerichte mitgeteilt.

3. Abs. 3. In den Fällen des Abs. 2 geht die Zuständigkeit zur Entscheidung über die weitere Beschwerde auf das Reichsgericht über, d. h. das RG. entscheidet gemäß § 78 in der Sache selbst, auch über die etwa in Betracht kommenden landesgesetzlichen Bestimmungen. Ist die Vorlegung an das RG. zu Unrecht erfolgt, weil nach der Annahme des RG. eine Abweichung nicht beabsichtigt ist, so wird das RG. die Sache zurückzuweisen haben, da in diesem Falle seine Zuständigkeit nicht begründet ist. Turn.-Först. II S. 358 A. 3. AM. Achilles-Strecker S. 333 A. 5 u. R. Foerster S. 119.

4. (Preußen: PFG. Art. 7, 8.)

§ 80.

Die weitere Beschwerde kann bei dem Grundbuchamte, dem Landgericht oder bei dem Oberlandesgericht eingelegt werden. Erfolgt die Einlegung durch Einreichung einer Beschwerdeschrift, so muß diese von einem Rechtsanwalt unterzeichnet sein. Der Zuziehung eines Rechtsanwalts bedarf es nicht, wenn die Beschwerde von einer Behörde oder von dem Notar eingelegt wird, der nach § 15 den Eintragungsantrag gestellt hat.

Das Grundbuchamt und das Landgericht sind nicht befugt, der weiteren Beschwerde abzuhelfen.

Im übrigen finden die Vorschriften über die Beschwerde entsprechende Anwendung.

1. Abs. 1. Die Einlegung der an keine Frist gebundenen weiteren Beschwerde kann erfolgen sowohl durch Erklärung zu Protokoll des GBA. oder des Gerichtsschreibers des Landgerichts oder des Oberlandesgerichts oder des obersten Landesgerichts als durch Einreichung einer Beschwerdeschrift. Einlegung beim Reichsgericht ist unstatthaft. Die Beschwerdeschrift muß, sofern nicht einer der Ausnahmefälle des Satzes 3 vorliegt, von einem Rechtsanwalt unterzeichnet sein, der aber nicht notwendig bei dem betreffenden Gericht zugelassen zu sein braucht. Bloße Beglaubigung der Unterschrift des Beschwerdeführers durch einen Rechtsanwalt genügt nicht. KG. 2 S. 6. Ebensowenig die Erklärung zu Protokoll eines anderen als des bezeichneten Gerichtsschreibers oder eines Richters der Beschwerdeinstanz. KG. RJA. 1 S. 1, 41. KG. 20 S. A 3, 145. Der RA. hat sich durch eine (formfreie) Vollmacht zu legitimieren. Wird die weitere Beschwerde von einem Notar, der nicht nach § 15 den Eintragungsantrag gestellt hat, als Bevollmächtigtem eingelegt, so bedarf es der Unterzeichnung durch einen RA. RJA. 2 S. 107. Die nicht formgerecht eingelegte weitere Beschwerde ist als unzulässig zu verwerfen. Behörde im Sinne des § 80 ist auch die schlesische Generallandschaftsdirektion. KG. 25 S. A 93.

2. Abs. 2. Die von § 75 abweichende Bestimmung ist getroffen, um gleichmäßige Rechtsprechung in Grundbuchsachen zu sichern. Dsch. 177.

3. Abs. 3. Anwendung finden §§ 71 Abs. 2, 73 Abs. 2, 76, 77. Wegen der Gerichtskosten kommt in Betracht Art. IV des Ges. betr. Änderungen des GVG. v. 17. Mai 1898 (RGBl. S. 252): „Wird gemäß § 79 Abs. 2 GBO. . . . die weitere Beschwerde von dem Landgerichte dem Reichsgerichte vorgelegt, so bleiben in Ansehung der Gerichtskosten die Vorschriften maßgebend, welche Anwendung finden, wenn eine solche Beschwerde bei dem Landesgericht erledigt wird; die erhobenen Kosten fließen jedoch in die Reichskasse."

§ 81.

Die Entscheidungen über Beschwerden erfolgen bei den Landgerichten durch eine Zivilkammer, bei den Oberlandesgerichten und dem Reichsgerichte durch einen Zivilsenat.

Die Vorschriften der Zivilprozeßordnung über die Ausschließung und Ablehnung der Gerichtspersonen sowie die Vorschriften des § 137 des Gerichtsverfassungsgesetzes finden entsprechende Anwendung.

---

1. Auf die Besetzung der Zivilsenate des obersten Landesgerichts finden in Grundbuchsachen . . . . der § 124 des GVG. Anwendung." EG. z. GVG. § 10 Abs. 3. Danach hat der Senat in der Besetzung von fünf Mitgliedern mit Einschluß des Vorsitzenden zu entscheiden.

2. Die in Betracht kommenden Vorschriften über die Ausschließung und Ablehnung der Gerichtspersonen enthalten die §§ 41—48 ZPO. Der § 46 ZPO. schreibt vor, daß gegen einen Beschluß des Landgerichts, durch den das Ablehnungsgesuch für unbegründet erklärt wird, die sofortige Beschwerde stattfindet. Von dieser Vorschrift in Grundbuchsachen abzuweichen und statt der sofortigen Beschwerde gemäß §§ 71 ff. GBO. die fristlose Beschwerde zuzulassen (so: Turn.-Först. II S. 362), erscheint bedenklich; das Ablehnungsverfahren ist ein besonderes Verfahren im Grundbuchsverfahren, jedes unterliegt seinen besonderen Regeln.

3. Nach § 137 GVG. ist, wenn der zur Entscheidung über die weitere Beschwerde berufene Zivilsenat des RG. von der Entscheidung eines anderen Zivilsenats

oder der vereinigten Zivilsenate abweichen will, die Entscheidung der vereinigten Zivilsenate und, wenn er von der Entscheidung des Strafsenats oder der vereinigten Strafsenate abweichen will, die des Plenums über die streitige Rechtsfrage einzuholen.

5. Abschnitt. Schlußbestimmungen.

§ 82.

Dieses Gesetz tritt, soweit es die Anlegung des Grundbuchs betrifft, gleichzeitig mit dem Bürgerlichen Gesetzbuch, im übrigen für jeden Grundbuchbezirk mit dem Zeitpunkt in Kraft, in welchem das Grundbuch als angelegt anzusehen ist.

Die Artikel 2—5, 32, 55 des Einführungsgesetzes zum Bürgerlichen Gesetzbuche finden entsprechende Anwendung.

---

1. Am 1. Januar 1900 sind nur diejenigen Vorschriften der GBO. in Kraft getreten, welche die Anlegung (und Einrichtung) des Grundbuchs betreffen, also die §§ 1 Abs. 2; 2, 3 Satz 2; 85, 86, 90, 91. Die übrigen Vorschriften haben die Anlegung des Grundbuchs zur Voraussetzung, werden also für jeden Grundbuchbezirk erst mit dem Zeitpunkt wirksam, in dem das Grundbuch als angelegt anzusehen ist. Dieser Zeitpunkt wird nach Art. 186 Abs. 1 für jeden Bundesstaat durch landesherrliche Verordnung bestimmt. Ist das Grundbuch für einen Bezirk als angelegt anzusehen, so ist die Anlegung auch für solche zu dem Bezirke gehörende Grundstücke, die noch kein Blatt im Grundbuche haben, als erfolgt anzusehen, soweit nicht bestimmte Grundstücke durch besondere Anordnung ausgenommen sind.

2. Geltungsgebiet. Die GBO. gilt im ganzen Umfange des Reiches und in den Konsulargerichtsbezirken, sofern nicht durch Kaiserliche Verordnung eine abweichende Regelung getroffen ist. Ges. über die Konsulargerichtsbarkeit v. 7. April 1900 (RGBl. S. 213). Verordnung zur Einführung des Gesetzes über die Konsulargerichtsbarkeit v. 25. Oktober 1900 (RGBl. S. 999). Verordnung, betr. die Rechte an Grundstücken und die Anlegung von Grundbüchern in den deutschen Niederlassungen in Tientsin und Hankau, v. 25. Oktober 1900 (RGBl. S. 1000). Zu dieser Verordnung: Z. f. DZP. 28 S. 378. In den deutschen Schutzgebieten gilt v. 1. April 1903 ab die Kaiserl. Verordnung betr. die Rechte an Grundstücken v. 21. Nov. 1902, RGBl. S. 283.

3. Ältere Reichsgesetze bleiben auch der GBO. gegenüber in Kraft, soweit sich nicht aus der letzteren ihre Aufhebung ergibt, dagegen treten die das Grundbuchwesen betreffenden Vorschriften der Landesgesetze außer Kraft, soweit nicht in der GBO. ein anderes bestimmt ist. Art. 3, 4, 32, 55. Anwendung finden auch die Art. 2 und 5, lautend: Art. 2 „Gesetz im Sinne des BGB. und dieses Gesetzes ist jede Rechtsnorm." Art. 5. „Als Bundesstaat im Sinne des BGB. und dieses Gesetzes gilt auch das Reichsland Elsaß-Lothringen."

4. (Preußen: V. v. 13. Nov. 1899 Art. 3—14, 34—36. JMV. v. 18. Nov. 1899.)

§ 83.

Soweit im Einführungsgesetze zum Bürgerlichen Gesetzbuche zugunsten der Landesgesetze Vorbehalte gemacht sind, gelten sie auch für die Vorschriften der

Landesgesetze über das Grundbuchwesen; den Landesgesetzen stehen nach Maßgabe der Artikel 57, 58 des Einführungsgesetzes zum Bürgerlichen Gesetzbuche die Hausverfassungen gleich.

1. Allgemeine Vorbehalte für das Landesrecht sind in der GBO. teils ausdrücklich bestimmt (§ 1 Abs. 2, § 2 Abs. 2), teils aus solchen Vorschriften der GBO. zu entnehmen, die zu ihrer Durchführung eine ergänzende Tätigkeit der Landesgesetzgebung voraussetzen. „Das letztere gilt insbesondere ..... für die Bildung und Zuständigkeit der Grundbuchämter, für die Ausschließung und Ablehnung der Grundbuchbeamten, für das Verhältnis des Flurbuchs zum Grundbuch und die Berichtigung des Grundbuchs im Falle der Änderung des Flurbuchs, sowie für die nähere Regelung der Grundbuchführung. Weiterhin sind die Bestimmungen über die Form der Entscheidungen des GBA. und deren Zustellung, über die Protokollierung der Anträge und Erklärungen vor dem GBA., über die Form der Eintragungen in das Grundbuch und der Zeugnisse über die Eintragungen der Landesgesetzgebung insoweit stillschweigend überlassen, als die GBO. keine Bestimmungen darüber enthält." Dsch. 178.

2. Weitere Vorbehalte sind in den §§ 83 ff. besonders aufgeführt. Soweit hiernach die bisherigen Landesgesetze maßgebend bleiben, können sie auch geändert werden. EG. z. BGB. Art. 218. (Preußen: AG. z. GBO. Art. 11—29, 31. JMB. v. 20. Nov. 1899 §§ 22—26, 29, 43—45.)

§ 84.

Die Vorschriften der §§ 7, 20 und des § 22 Abs. 2 über das Erbbaurecht sowie die Vorschrift des § 50 finden auf die in den Artikeln 63, 68 des Einführungsgesetzes zum Bürgerlichen Gesetzbuche bezeichneten Rechte entsprechende Anwendung.

Die Vorschrift bezieht sich auf Erbpachtrechte und Abbaurechte. Aus der entsprechenden Anwendung des § 7 folgt, daß, wo landesgesetzlich zur Begründung eines Erbpachtrechts dessen Eintragung in das Grundbuch nicht erforderlich ist, für dieses Recht ein besonderes Grundbuchblatt auch dann angelegt werden kann, wenn ein Grundbuchblatt für das belastete Grundstück nicht vorhanden ist. Dsch. 179.

§ 85.

Durch landesherrliche Verordnung kann bestimmt werden, daß für gewisse Gattungen von Grundstücken besondere nicht für Bezirke eingerichtete Grundbücher geführt werden.

Der Vorbehalt ist gemacht mit Rücksicht auf die in verschiedenen Staaten (Verzeichnis: M. z. I. Entw. S. 31) bestehenden Spezialgrundbuchämter für Domänen, landesherrliche, standesherrliche, ritterschaftliche, Familienfideikommiß-Güter. (Preußen hat von diesem Vorbehalt keinen Gebrauch gemacht.)

§ 86.

Durch landesherrliche Verordnung kann bestimmt werden, daß die Vorschrift des § 4 auch dann Anwendung findet, wenn mehrere Grundstücke desselben Eigentümers in den Bezirken verschiedener Grundbuchämter belegen sind.

(Preußen: V. v. 13. Nov. 1899 Art. 37.)

§ 87.

Durch landesherrliche Verordnung kann bestimmt werden, daß ein bisher geführtes Buch oder mehrere bisher geführte Bücher für sich allein oder zusammen mit einem neuen Buche oder mehreren neuen Büchern als Grundbuch gelten sollen. Die Bestimmung kann auch dann getroffen werden, wenn für Grundstücke, die nicht denselben Eigentümer haben, ein gemeinschaftliches Blatt besteht; die Vorschrift des § 4 findet entsprechende Anwendung.

Nach § 3 sollen alle Angaben über die Rechtsverhältnisse eines Grundstücks an einer besonderen Stelle im Grundbuche vereinigt sein. Nach den bisherigen Bucheinrichtungen kommt es vor (zB. in Württemberg, Baden, Hessen, Meiningen, Hamburg), daß jene Angaben sich in mehreren nebeneinander geführten Büchern befinden. Es ist ferner der Fall zu berücksichtigen, daß ein bisher geführtes Buch in einem neu anzulegenden besonderen Buche oder in mehreren solcher Bücher seine Ergänzung finden muß. Der Vorbehalt des § 87 zielt auf das Ermöglichen der Fortbenutzung der bisherigen Einrichtungen. Daß in den bisherigen Büchern für Grundstücke, die nicht denselben Eigentümer haben, ein gemeinschaftliches Blatt besteht, kommt besonders in der Weise vor, daß Grundstücke von Ehefrauen und Kindern auf dem Grundbuchblatte des Ehemannes oder der Eltern oder miteinander auf demselben Grundbuchblatte eingetragen sind. Für den Fall, daß von einer solchen Buchführung Verwirrung zu besorgen ist, gilt § 4. Dsch. 180. Vgl. §§ 88, 89. (Preußen: V. v. 13. Nov. 1899 Art. 3.)

§ 88.

Werden nach § 87 mehrere Bücher geführt, so muß jedes Grundstück in einem der Bücher eine besondere Stelle haben. An dieser Stelle ist auf die in den anderen Büchern befindlichen Eintragungen zu verweisen. Die Stelle des Hauptbuchs und die Stellen, auf welche verwiesen wird, gelten zusammen als das Grundbuchblatt.

§ 89.

Sind in einem Buche, das zufolge landesherrlicher Verordnung als Grundbuch gilt, die Grundstücke nicht nach Maßgabe des § 2 Abs. 2 bezeichnet, so ist diese Bezeichnung von Amts wegen zu bewirken.

Die §§ 88, 89 bestimmen, wie in den Fällen des § 87 die Anpassung der älteren Bücher an die Vorschrift der GBO. zu erfolgen hat. „Hauptbuch" ist dasjenige Buch, in das die Grundstücke eingetragen sind, auch wenn es in dem bisherigen Landesrechte nur die Bedeutung eines Nebenbuchs, zB. eines Realregisters gehabt haben sollte. Dsch. 180.

§ 90.

Durch landesherrliche Verordnung kann bestimmt werden, daß die Grundstücke des Fiskus oder gewisser juristischer Personen, die öffentlichen Wege und Gewässer sowie solche Grundstücke, welche einem dem öffentlichen Verkehre dienenden Bahnunternehmen gewidmet sind, nur auf Antrag ein Grundbuchblatt erhalten. Das gleiche gilt von den Grundstücken eines Landesherrn und den

Grundstücken, welche zum Hausgut oder Familiengut einer landesherrlichen Familie, der Fürstlichen Familie Hohenzollern oder der Familie des vormaligen Hannoverschen Königshauses, des vormaligen Kurhessischen und des vormaligen Herzoglich Nassauischen Fürstenhauses gehören.

Steht demjenigen, welcher nach Abs. 1 von der Verpflichtung zur Eintragung befreit ist, das Eigentum an einem Grundstücke zu, über das ein Blatt geführt wird, oder erwirbt er ein solches Grundstück, so ist auf seinen Antrag das Grundstück aus dem Grundbuch auszuscheiden, wenn eine Eintragung, von welcher das Recht des Eigentümers betroffen wird, nicht vorhanden ist.

---

1. Buchungsfreie Grundstücke. Nur die in Abs. 1 bezeichneten Grundstücke können durch landesherrliche Verordnung vom Buchungszwange befreit werden. Unter den „Grundstücken des Fiskus" sind nicht nur die Grundstücke eines Bundesstaates, sondern auch die dem Reiche gehörenden Grundstücke zu verstehen. Dsch. 180. Sind die Grundstücke vom Buchungszwange befreit, so erhalten sie nur auf Antrag ein Grundbuchblatt. Antragsberechtigt ist außer dem Eigentümer auch ein sonstiger Berechtigter. §§ 13, 14. „Jeder, welchem ein eingetragenes Recht am Grundstücke zusteht, muß seine Eintragung erreichen und deshalb die Buchung des Grundstücks verlangen können." M. z. I Entw. S. 39. An eine Form ist der Antrag nicht gebunden; die §§ 29, 30 finden keine Anwendung, da sie sich nur auf die Eintragung der Rechte und Rechtsverhältnisse der Grundstücke beziehen. Predari S. 55 A. 8. Achilles-Strecker S. 346 A. 6. Notwendig ist die Buchung dann, wenn die Grundstücke veräußert oder belastet werden, sofern nicht das Eigentum auf einen gleichfalls nicht buchungspflichtigen Erwerber übertragen wird. Art. 127.

2. Ausbuchung. Ein Grundbuchblatt, das für ein nicht buchungspflichtiges Grundstück angelegt ist, ist auf formfreien (A. 1) Antrag des Eigentümers oder Erwerbers des Grundstücks wieder zu schließen, vorausgesetzt, daß auf dem Grundstück keine Hypotheken oder sonstigen Realrechte eingetragen stehen. Sind solche Eintragungen vorhanden, so müssen sie erst gelöscht oder es müssen doch wenigstens die zur Löschung erforderlichen Erklärungen und Anträge abgegeben werden. Predari S. 57. Achilles-Strecker S. 346. Der Eigentümer braucht nicht als solcher eingetragen zu sein, denn die Ausbuchung ist keine Eintragung im Sinne des § 40. Predari S. 57. Achilles-Strecker S. 345 A. 5a. Ist der Erwerber eines Grundstücksteils von der Eintragungspflicht befreit, so genügt es, daß gleichzeitig mit Abschreibung des Teils das Blatt in Ansehung dieses Teils geschlossen wird. Dsch. 181.

3. Aufrecht erhalten sind die landesgesetzlichen Vorschriften über **a**, die Übertragung des Eigentums an einem Grundstücke, das im Grundbuche nicht eingetragen ist und nach den Vorschriften der GBO. auch nach der Übertragung nicht eingetragen zu werden braucht (Art. 127); **b**, die Begründung und Aufhebung einer Dienstbarkeit an einem Grundstücke, das im Grundbuche nicht eingetragen ist und nach den Vorschriften der GBO. nicht eingetragen zu werden braucht. Art. 128.

(4. Preußen hat von dem Vorbehalt des § 90 Satz 1 in Art. 1 der V. v. 13. Nov. 1899 und von dem Vorbehalt des Art. 127 in Art. 27 des AG. z. BGB., abgedruckt bei Art. 1 V. v. 13. Nov. 1899, Gebrauch gemacht.)

§ 91.

Das Verfahren zum Zwecke der Eintragung von Grundstücken, die bei der Anlegung des Grundbuchs ein Blatt nicht erhalten haben, wird durch landesherrliche Verordnung bestimmt.

1. Der § 91 betrifft die Fälle, in denen einzelne Grundstücke bei der Anlegung des Grundbuchs ein Grundbuchblatt nicht erhalten haben, sei es, daß durch die landesherrliche Verordnung das Grundbuch eines Bezirks schon für angelegt erklärt wird, während für einen Teil der Grundstücke die erforderliche Buchung noch aussteht, sei es, daß die Buchung aus Versehen oder wegen vorliegender Anstände oder deshalb unterblieben ist, weil das Grundstück zu der bezeichneten Zeit vom Buchungszwange befreit war. Durch die nachträgliche Anlegung von Grundbuchblättern für solche Grundstücke wird die erste Anlegung des Grundbuchs ergänzt; jene Anlegung muß daher nach den gleichen Grundsätzen wie diese erfolgen. Dsch. 181. Die Eintragung ist nach § 3 von Amts wegen zu bewirken, soweit nicht § 90 Platz greift.

(2. Preußen: V. v. 13. Nov. 1899 Art. 15—33.)

§ 92.

Das Verfahren zum Zwecke der Wiederherstellung eines ganz oder teilweise zerstörten oder abhanden gekommenen Grundbuchs wird durch landesherrliche Verordnung bestimmt. Die Verordnung kann auch darüber Bestimmung treffen, in welcher Weise bis zur Wiederherstellung des Grundbuchs die zu einer Rechtsänderung erforderliche Eintragung ersetzt werden soll.

Die Verordnung kann mit Rücksicht auf die Verschiedenheit der einzelnen Fälle, nicht allgemein, sondern nur für jeden Fall besonders erlassen werden. Wegen Wiederherstellung zerstörter oder abhanden gekommener Hypothekenbriefe oder anderer Urkunden sind die §§ 67 ff. maßgebend. Über die Wiederherstellung von Grundakten hat das GBA. Bestimmung zu treffen.

§ 93.

Die Landesjustizverwaltung kann anordnen, daß die Einsicht des Grundbuchs und der im § 11 Abs. 1 Satz 2 bezeichneten Schriftstücke in weiterem Umfange gestattet und die Erteilung von Abschriften in weiterem Umfange zulässig sein soll, als es im § 11 vorgeschrieben ist.

---

1. Die Vorschrift verleiht der Landesjustizverwaltung die Befugnis, den Kreis der gemäß § 11 berechtigten Privatpersonen zu erweitern. Selbstverständlich ist es auch zulässig, daß die Justizverwaltung von dieser Befugnis nur für bestimmte Teile des Grundbuchs Gebrauch macht. M. 155.

(2. Preußen: JMV. v. 20. Nov. 1899 §§ 32, 33, 36.)

§ 94.

Die Landesjustizverwaltung kann anordnen, daß Grundakten gehalten werden, und, unbeschadet der Vorschriften des § 11, auch Anordnungen über die Einsicht der Grundakten und über die Erteilung von Abschriften treffen.

---

1. Die Worte „unbeschadet der Vorschriften des § 11“ sind in der Dsch. S. 181 dahin erläutert, daß die Anordnungen den Vorschriften des § 11 nicht widersprechen

dürfen. Es kann also die Einsicht der in § 11 bezeichneten Urkunden von der Landesjustizverwaltung nicht untersagt werden.

(2. Preußen: JMB. v. 20. Nov. 1899 §§ 34—36.)

§ 95.

Die Landesjustizverwaltung kann anordnen, daß, wenn eine der im § 9 Abs. 1 bezeichneten Urkunden in anderen Akten der das Grundbuch führenden Behörde enthalten ist, statt einer beglaubigten Abschrift der Urkunde eine Verweisung auf die anderen Akten genügt.

(Preußen: JMB. v. 20. Nov. 1899 § 35 Abs. 2.)

§ 96.

Durch die Landesjustizverwaltung kann darüber Bestimmung getroffen werden, inwieweit für die Fälle, in denen ein Teil eines Grundstücks von diesem abgeschrieben oder ohne Abschreibung mit einer Dienstbarkeit oder einer Reallast belastet werden soll, die Eintragung von einer Änderung des amtlichen Verzeichnisses der Grundstücke oder von der Beibringung einer die Lage und die Grenzen des Grundstücksteils darstellenden Karte abhängig sein soll.

1. Die Vorschrift ist („soll") nur eine Ordnungsvorschrift. Ihre Nichtbeobachtung ist auf die Rechtswirksamkeit der Eintragung ohne Einfluß.

(2. Preußen: JMB. v. 20. Nov. 1899 § 30.)

§ 97.

Durch die Landesjustizverwaltung kann angeordnet werden, daß der im § 57 bezeichnete Auszug aus dem Grundbuche noch andere als die dort vorgeschriebenen Angaben über das Grundstück enthalten und daß, wenn sich der Betrag der Hypothek, Grundschuld oder Rentenschuld mindert, auf dem Briefe durch einen Vermerk ersichtlich gemacht werden soll, für welchen Betrag das Recht noch besteht.

(Preußen: JMB. v. 20. Nov. 1899 §§ 37—40.)

§ 98.

Durch Landesgesetz kann bestimmt werden, daß das Grundbuchamt die Erklärung der Auflassung nur entgegennehmen soll, wenn die nach § 313 des Bürgerlichen Gesetzbuchs erforderliche Urkunde vorgelegt wird.

1. Soweit nach Art. 142 für die Beurkundung des Vertrages durch Landesgesetz auch andere Behörden oder Beamte für zuständig erklärt sind, genügt die Vorlegung einer von diesen Behörden oder Beamten aufgenommenen Urkunde. Dsch. 182.

2. Die Vorschrift bezieht sich („Auflassung") nur auf die Übereignung der Grundstücke, nicht auf die Bestellung oder Übertragung eines Erbbaurechts. Achilles-Strecker S. 350. AM. Oberneck S. 369.

3. Wo das Landesgesetz von dem Vorbehalt des § 98 Gebrauch gemacht hat, ist die Entgegennahme der Auflassung bis zur Vorlegung des dem § 313 BGB. entsprechenden Vertrags abzulehnen und zwar nicht nur dann, wenn ein solcher Vertrag bereits vorhanden ist, sondern auch dann, wenn ein dem § 313 nicht genügender Vertrag geschlossen ist. Turn.-Först. II S. 404 A. 1. AM. Fuchs I S. 220.

(4. Preußen hat von diesem Vorbehalt keinen Gebrauch gemacht.)

§ 99.

Durch Landesgesetz kann bestimmt werden, daß die Vorschriften der §§ 37, 38 entsprechende Anwendung finden, wenn bei einem zum Nachlaß oder zu dem Gesamtgut einer ehelichen Gütergemeinschaft oder einer fortgesetzten Gütergemeinschaft gehörenden Grundstück oder Erbbaurecht einer von den Beteiligten als Eigentümer oder Erbbauberechtigter eingetragen werden soll.

---

1. Zur Erläuterung ist ausgeführt: „Nach dem Art. 143 Abs. 1 des EG. z. BGB. kann für die Fälle, in denen es sich darum handelt, ein zum Nachlaß oder zum Gesamtgut einer ehelichen oder einer fortgesetzten Gütergemeinschaft gehörendes Grundstück oder Erbbaurecht auf einen oder mehrere Erben als Eigentümer oder als Erbbauberechtigten zu übertragen, die Landesgesetzgebung bestimmen, daß die erforderliche Auflassungserklärung vor dem Nachlaßgericht erfolgen darf. Im Zusammenhang hiermit gewährt der § 99 der Landesgesetzgebung die Möglichkeit vorzusehen, daß in den bezeichneten Fällen zum Nachweise der Erbfolge und der Auflassungserklärung der Erben ein Zeugnis des Nachlaßgerichts genügt." Dsch. 163. Diese Ausführung gibt der Auffassung Raum, daß der § 99 nur dann Anwendung findet, wenn die Auflassung vor dem Nachlaßgericht erfolgen darf und erfolgt ist. Indessen ist diese Einschränkung im Gesetze selbst nicht enthalten. Der Wortlaut des § 99 läßt dessen Anwendung auch in den Gebieten zu, in denen die Auflassungserklärungen nur vor dem GBA. selbst abgegeben werden können. In diesen Gebieten kann das Zeugnis des Nachlaßgerichts nur den Nachweis der Erbfolge, d. h. den Erbschein ersetzen, was den Wegfall der Erbscheingebühr zur Folge hat. Die Auflassung muß vor dem GBA. erklärt werden. Ist dem Nachlaßgericht auf Grund des Art. 143 Abs. 1 die Zuständigkeit zur Aufnahme der Auflassungserklärung beigelegt, so genügt das Zeugnis des Nachlaßgerichts auch zum Beweise der Auflassungserklärung. Turn.-Först. II S. 405 ff. Achilles-Strecker S. 261 A. 3.

(2. Preußen: AG. z. GBO. Art. 10.)

§ 100.

Durch die Gesetzgebung eines Bundesstaats, in welchem die Amtsgerichte nicht zugleich Grundbuchämter sind, kann bestimmt werden, daß die Abänderung einer Entscheidung des Grundbuchamts bei dem Amtsgerichte nachzusuchen ist, in dessen Bezirke das Grundbuchamt seinen Sitz hat. In diesem Falle finden auf das Verfahren die Vorschriften des § 71 Abs. 2 und der §§ 73—77 entsprechende Anwendung.

Die Beschwerde findet gegen die Entscheidung des Amtsgerichts statt.

§ 101.

Durch Landesgesetz kann dem im § 100 bezeichneten Amtsgerichte die Befugnis erteilt werden, von Amts wegen das Grundbuchamt zu einer nach § 54 zulässigen Eintragung anzuhalten.

Gegen die Anordnung des Amtsgerichts findet Beschwerde nach Maßgabe der Vorschriften des vierten Abschnitts statt.

---

1. Ist die Unterstellung der Grundbuchämter unter die Amtsgerichte angeordnet, so hat der Beschwerde an das Landgericht die Anrufung des Amtsgerichts voranzugehen. Dsch. 175. Die Beschwerde an das Landgericht ist als die erste Beschwerde aufzufassen. ZPO. § 576.

(2. Preußen: Die §§ 100, 101 finden hier keine Anwendung, da die Amtsgerichte die Grundbuchämter sind. AG. z. GBO. Art. 1.)

§ 102.

Durch die Gesetzgebung eines Bundesstaats, in welchem mehrere Oberlandesgerichte errichtet sind, kann die Entscheidung über das Rechtsmittel der weiteren Beschwerde einem der mehreren Oberlandesgerichte oder an Stelle eines solchen Oberlandesgerichts dem obersten Landesgerichte zugewiesen werden.

(Preußen: PFG. Art. 7, 8, abgedruckt zum AG. z. GBO. Art. 1.)

III.

Übersicht

der

erlassenen Ausführungsbestimmungen zur Grundbuchordnung.

---

1. **Anhalt.** AG. z. GBO. v. 20. April 1899 (GS. S. 139); Verordn. betr. Ausführungsbestimmungen zur GBO. v. 7. Dez. 1899 (GS. S. 367); Verordn. betr. das Grundbuchwesen v. 10. Dez. 1899 (GS. S. 369).

2. **Baden.** AG. z. GBO. v. 19. Juni 1899 (Ges. u. Ver.Bl. S. 267); Verordn. betr. die Befreiung gewisser Grundstücke vom Buchungszwange v. 22. Oktober 1897 (a. a. O. S. 307); Ges. betr. die Vereinigung der Grund- und Unterpfandbücher v. 14. April 1898 (a. a. O. S. 255) und Vollzugsverordn. v. 18. April 1898 (a. a. O. S. 265); Ges. betr. die Eintragung des Eigentums im Grundbuch v. 14. April 1898 und Vollzugsverordn. v. 4. Mai 1898 (a. a. O. S. 278); Verordn. betr. die Führung der Grund- und Pfandbücher v. 11. Sept. 1897 (a. a. O. S. 293) und Vollzugsverordn. v. 1. August 1899 (a. a. O. S. 430). V. betr. die Ausführung der GBO. v. 13. Dez. 1900. Grundbuchvollzugsverordnung v. 18. Feb. 1901. V. betr. die Inkraftsetzung des reichsgesetzlichen Grundbuchrechts v. 4. Mai 1901. Ges. die Bezirke der Grundbuchämter betr. v. 8. Juli 1902.

3. **Bayern.** a, Für den ganzen Staat: AG. z. GBO. und zu dem Gesetze über die Zwangsversteigerung von Grundstücken v. 9. Juni 1899 (Ges. u. Ver.Bl. S. 155); Verordn. betr. die vom Buchungszwange befreiten Grundstücke v. 1. Juli 1898 (a. a. O. S. 377). b, Für die Landesteile rechts des Rheins: Ges. zur Vorbereitung des Grundbuchs v. 18. Juni 1898 (a. a. O. S. 367) und Verordn. betr. die Anlegung des Grundbuchs v. 23. Juli 1898 (a. a. O. S. 473); Geschäftsanweisung des Justizministers für das Anlegungsverfahren v. 1. Oktober 1898 (JMBl. S. 507); Erlaß des Ministers des Innern betr. die Mitwirkung der Gemeindebehörden im Anlegungsverfahren v. 15. Oktober 1898 (JMBl. S. 633); Bekanntm. des Justizministers betr. die Hypothekenbuchbezirke und die Einrichtung der Hypothekenbücher v. 12. Nov. 1898 (JMBl. S. 650); Verf. des Justizministers betr. die Eintragung von Grunddienstbarkeiten in das Hypothekenbuch v. 7. Juli 1899 (JMBl. S. 165). c, Für die Pfalz: Ges. über das Liegenschaftsrecht v. 1. Juli 1898 (Ges. u. Ver.Bl. S. 370); Verordn. betr. die Anlegung des Grundbuchs v. 28. August 1898 (a. a. O. S. 561); Bekanntm. des Justizministers betr. die Grundbuchanlegung v. 14. Sept. 1898 (JMBl. S. 315). Bekanntm. des Staatsministeriums v. 11. Juli 1901, die Anlegung des Grundbuchs in den Landesteilen rechts des Rheins betr. (JMBl. XX S. 489); v. 24. Oktober 1901, die Plannummerbezeichnung der Grundstücke betr. (JMBl. XXVII S. 642); v. 2. März 1902, die Vereinigung der pfälzischen Hypothekenämter mit den Amtsgerichten betr. (Ges. u. Ver.Bl. S. 105).

4. **Braunschweig.** AG. z. GBO. v. 12. Juni 1899 (Ges. u. Ver.Bl. S. 379); Ges. betr. den Gebührentarif in Grundbuchsachen v. 12. Juni 1899 (a. a. O. S. 487); Verordn. betr. Ausführung der GBO. und Anlegung des Grundbuchs v. 12. Juni 1899 (a. a. O. S. 503); Verf. zur Ausführung der GBO. v. 7. Juli 1899 (a. a. O. S. 585) und Bekanntm. dazu v. 15. September 1899 (a. a. O. S. 737).

5. **Bremen.** AG. z. BBO. v. 18. Juli 1899 (GBl. S. 133); V. betr. Grundbücher v. 19. Dez. 1899 (GBl. S. 251, 303).

6. **Elsaß-Lothringen.** Ges. betr. die Ausführung der GBO. v. 6. November 1899 (GBl. S. 137). V. betr. die Anlegung von Grundbüchern v. 18. April 1900. Ausführungsbestimmungen v. 3. Juni 1901 betr. Führung der Eigentümer: Grundbücher.

7. **Hamburg.** AG. z. GBO. v. 14. Juli 1899 nebst Geschäftsanweisung (GS. S. 376, Amtsbl. 1900 S. 143). Dr. Carl Melchior, die Hamburger Ausführungsgesetze auf dem Gebiete des Grundbuchrechts, Hamburg 1902.

8. **Hessen.** Ges. betr. die Anlegung des Grundbuchs v. 16. März 1899 (Ges.Bl. S. 65); Ges. zur Ausführung der GBO. v. 22. Juli 1899 (a. a. O. S. 363), Bekanntm. v. 18. Dez. 1899 über die vom 1. Januar 1900 geltende Fassung des Gesetzes v. 6. Juni 1879 betr. die Übertragung von Grundeigentum und die Fortführung der Grundbücher in der Provinz Rheinhessen und das Ges. betr. das Grundeigentum und Hypothekenwesen in der Provinz Rheinhessen v. 10. Mai 1893 (Ges.Bl. S. 1435), Verordn. betr. das Grundbuch- und Hypothekenwesen in der Provinz Rheinhessen v. 23. Dez. 1899 (a. a. O. S. 1457), Verordn. betr. die Anlegung des Grundbuchs und die Ausführung der GBO. v. 13. Januar 1900 (a. a. O. S. 51).

9. **Lippe.** AG. z. GBO. v. 17. Nov. 1899 (GS. S. 529); Verordn. zur Ausführung der GBO. v. 18. Dez. 1899 (a. a. O. S. 600).

10. **Lübeck.** AG. z. GBO. v. 22. Dez. 1899. V. über die Einrichtung der Grundbücher v. 24. Januar 1900. Dazu Nachtrag v. 5. Mai 1902.

11. **Mecklenburg-Schwerin.** Verordn. zur Ausführung des BGB. v. 9. April 1899 (§§ 50 ff.) (Reg.Bl. S. 57); Verordn. zur Ausführung der GBO. v. 9. April 1899 (a. a. O. S. 173); Anordnungen zur Ausführung der GBO. v. 9. April 1899 (a. a. O. S. 191). Bekanntm. des Justizministers betr. die Eintragung der buchungsfreien Grundstücke in das Grundbuch v. 22. Sept. 1899 (a. a. O. S. 537). Bekanntm. v. 20. April 1901, betr. Erteilung von Grundschuldbriefen an Stelle bisheriger Hypothekenscheine (a. a. O. S. 199).

12. **Mecklenburg-Strelitz.** Verordn. zur Ausführung des BGB. v. 9. April 1899 (§§ 49 ff.) (Reg.Bl. S. 49); Verordn. zur Ausführung der GBO. v. 9. April 1899 (a. a. O. S. 181); Anordnungen zur Ausführung der GBO. v. 9. April 1899 (a. a. O. S. 199); Bekanntm. der Landesregierung betr. die Eintragung der buchungsfreien Grundstücke in das Grundbuch v. 22. Sept. 1899 (a. a. O. S. 499).

13. **Oldenburg.** Ges. zur Ausführung der GBO. v. 15. Mai 1899 (Ges.Bl. S. 437). Verordn. zur Ausführung der GBO. v. 15. Mai 1899 (a. a. O. S. 453). Verordn., betr. die nachträgliche Anlegung von Grundbuchblättern für buchungspflichtige Grundstücke, v. 20. August 1901 (Ges.Bl. Stück 115).

14. **Preußen.** AG. z. GBO. v. 26. Sept. 1899 (GS. S. 307); Verordnung betr. das Grundbuchwesen v. 13. Nov. 1899 (a. a. O. S. 519); Verordnung betr. die Anlegung der Grundbücher im Gebiete des vormaligen Herzogtums Nassau v. 11. Dez. 1899 (a. a. O. S. 595; Allg. Verf. v. 7. Mai 1900, JMBl. Nr. 21); Allgem. Verf. des Justizministers v. 18. Nov. 1899 zur Ausführung der Art. 4, 14 u. 36 der Verordn. betr. das Grundbuchwesen (JMBl. S. 347); Verf. des Justizministers v. 20. Nov. 1899 zur Ausführung der GBO. (JMBl. S. 349) Bekanntm. des Justizministers v. 25. Januar

und 8. März 1900 betr. die Bezirke, für welche das Grundbuch seit dem 1. Januar 1900 als angelegt anzusehen ist (GS. S. 19, 48); Königl. Verordn., betr. die Anlegung des Grundbuchs für Helgoland, v. 10. April 1900 (GS. S. 111).

15. **Reuß ä. L.** AG. z. GBO. v. 28. Oktober 1899 (GS. S. 85); Verordn. v. 6. Dez. 1899 zur Ausführung der GBO. (GS. S. 201).

16. **Reuß j. L.** AG. z. GBO. v. 10. August 1899 (GS. S. 137); Verordn. v. 18. Nov. 1899 zur Ausführuug der GBO. (GS. S. 263).

17. **Sachsen.** Verordn. zur Ausführung mit dem BGB. zusammenhängender Reichsgesetze v. 24. Juli 1899 (§§ 19—30) (Ges.Bl. S. 217 ff.); Verordn. zur Ausführung der GBO. v. 26. Juli 1899 (Ges.Bl. S. 261), geändert durch die Verordn. v. 2. Dez. 1901 (Ges.Bl. S. 179). V. betr. das Verfahren bei der Abschreibung der vom Staatsfiskus erworbenen Trennstücke vertragpflichtiger Grundstücke v. 21. April 1902 (JMBl. Nr. 4 S. 25).

18. **Sachsen-Altenburg.** AG. z. GBO. v. 4. Mai 1899 (GS. S. 69); Verordn. zur Ausführung der GGO. v. 5. Sept. 1899 (GS. S. 141).

19. **Sachsen-Koburg-Gotha.** AG. z. GBO. v. 23. Okt. 1899 (Gem.Ges. S. Nr. 625); Verordn. zur Ausführung der GBO. v. 1. Dez. 1899 (a. a. O. Nr. 635); Ministerial-Vfg. betr. das Grundbuchwesen v. 1. Dez. 1899 (a. a. O. S. 325); Ges. betr. die Abänderung des Kostentarifs für Grundbuchsachen (v. 1. März 1877) v. 13. Dez. 1899 (a. a. O. Nr. 636).

20. **Sachsen-Meiningen.** Ges. zur Ausführung der GBO. v. 14. August 1899 (Samml. der landesherrl. Ver. S. 399); Verordn. v. 16. Dez. 1899 (a. a. O. S. 484).

21. **Sachsen-Weimar-Eisenach.** Das auf Gesetzen von 1833 und 1839 beruhende Landes-Immobiliarsachenrecht ist durch die Gesetze v. 12. und 19. März 1902 (Regierungsblatt v. 1902 S. 55 ff.) geändert. Ausführungsbestimmungen zur GBO. sind noch nicht ergangen, sollen aber nach Auskunft des Großherzogl. Sächs. Staatsministeriums v. 4. Nov. 1903 erlassen werden, sobald die Durchführung der beiden Gesetze v. 1902 beendet ist.

22. **Schaumburg-Lippe.** Verordn. betr. die Ausführung der GBO. und die Anlegung des Grundbuchs v. 20. Dez. 1899 (Land.V. S. 319), geändert durch V. v. 8. Juli 1902 (Land.V. S. 235). Ges. v. 19. August 1899, geändert durch Ges. v. 18. März 1902 (Land.V. S. 171).

23. **Schwarzburg-Rudolstadt.** GA. z. GBO. v. 28. Febr. 1900.

24. **Schwarzburg-Sondershausen.** AG. z. GBO. v. 29. Juli 1899 (GS. S. 145); Ausführungsverordn. z. GBO. v. 14. Okt. 1899 (GS. S. 343); Bekanntm. betr. die Berichtigung der Ausführung zur GBO. v. 21. Nov. 1899 (GS. S. 399).

25. **Waldeck.** AG. z. GBO. v. 11. Dez. 1899 (Reg.Bl. S. 173); Verordn. betr. das Grundbuchwesen v. 20. Dez. 1899 (a. a. O. S. 244).

26. **Württemberg.** AG. z. BGB. und zu dessen Nebengesetzen v. 28. Juli 1899 (Reg.Bl. S. 423); Verordn. betr. das Grundbuchwesen v. 30. Juli 1899 (a. a. O. S. 540); Verf. des Justizministers betr. das Inkrafttreten des Grundbuchrechts v. 4. Aug. 1899 (Amtsbl. S. 97); Verf. des Justizministers betr. das Grundbuchwesen v. 2. Sept. 1899 (a. a. O. S. 101), betr. die für die Umschreibung der Grundbücher zu gewährenden Belohnungen v. 13. Mai 1901 (a. a. O. S. 34); betr. die Anlegung ꝛc. eines Eigentümer- und Grundstücksverzeichnisses v. 27. Sept. 1901 (a. a. O. S. 85); betr. die Berichtigung des Grundbuchs v. 3. Dez. 1901 (Reg.Bl. S. 524); betr. die Bezüge der Grundbuchbeamten v. 3. Febr. 1902 (Amtsbl. S. 12). Verf. des Min. d. Innern, betr. die Ermittlung der rechtlichen Verhältnisse und Berichtigung der Grundbücher v. 13. Dez. 1901 (Reg.Bl. S. 533).

Anhang für Preußen.

I. Ergänzende Bestimmungen zu den nachbezeichneten Paragraphen des BGB.

(Die vorangestellten Nummern entsprechen den betreffenden Nummern der Anmerkungen zu dem Paragraphen des BGB.)

Zu § 873.

IX. 1. Fideikommiß- und Lehensfolge: ALR. II 4 § 206, I 18 § 506.

2. Enteignung. Ges. v. 11. Juni 1874 (GS. S. 221). Das Eigentum an dem enteigneten Grundstück geht ohne Eintragung auf den Unternehmer über mit Zustellung des Enteignungsbeschlusses an den bisherigen Eigentümer und den Unternehmer und zwar mit der zuletzt erfolgten Zustellung. § 44. Die Eintragung erfolgt auf Ersuchen der Enteignungsbehörde, also regelmäßig des Bezirksausschusses. § 33. Im Falle der Einigung der Parteien über die Abtretung des Eigentums bedarf es der Auflassung. §§ 16, 17. „Grundstücke, welche auf Grund der Gesetze v. 7. Oktober 1865 und v. 7. April 1869 zur Errichtung trigonometrischer Marksteine vom Staate erworben sind, müssen, sofern sie im Hypotheken- resp. Grundbuch aufgeführt sind, auf bloße Requisition des Kreislandrats auch dann abgeschrieben werden, wenn die Enteignung nicht zwangsweise, sondern im Wege der Vereinbarung erfolgt ist." Ges. v. 3. Juni 1874 (GS. S. 239). Zur Rückübertragung des Eigentums an einem dem Staate für die Festlegung der trigonometrischen Punkte überlassenen Grundstück auf den zeitigen Eigentümer des durch die Überlassung verkleinerten Grundstücks genügt die Einigung dieses Eigentümers und des Staates und die Eintragung in das Grundbuch. Der Landrat ist befugt, den Fiskus bei Rechtsgeschäften, die sich auf die Rückübertragung des Eigentums beziehen, zu vertreten. Die Eintragung in das Grundbuch erfolgt auf Ersuchen des Landrats. Ges. v. 24. Mai 1901 (GS. S. 145).

Das Enteignungsrecht wird für jedes Unternehmen durch Königl. Verordnung besonders verliehen. Ges. v. 11. Juni 1874 § 2. Zur Anlegung oder Veränderung von Straßen und Plätzen in Städten und ländlichen Ortschaften steht es den Gemeinden nach Maßgabe des Ges. v. 2. Juli 1875 (GS. S. 561) hinsichtlich der durch die festgesetzten Straßenfluchtlinien bestimmten Grundflächen ohne weiteres zu.

Das Reichsgericht hat in neuester Zeit seine alte, im März 1901 verlassene Rechtsprechung bekräftigt, wonach für die Wertbemessung des enteigneten Landes der Zeitpunkt der Enteignung, nicht der des Bebauungsplans maßgebend ist. RG. JW. 1903 S. 55, 56.

3. Begründung eines Rentenguts. Anlage zu § 1105 BGB.

4. Agrarrechtliche Vorschriften im Sinne des Art. 113 sind nicht nur diejenigen, die sich auf das sog. Agrarrecht beziehen, sondern auch die, welche auf Grundstücke Anwendung finden, die in Städten oder Dörfern belegen sind. Es gehören hierher folgende Bestimmungen: Gemeinheitsteilungs-O. v. 7. Juni 1821 (GS. S. 53), ergänzt und abgeändert durch die V. v. 28. Juli 1838 (GS. S. 429), G. v. 31. März 1841 (GS. S. 75), G. v. 26. Juli 1847 (GS. S. 327), G. v. 2. März 1850 (GS. S. 70, 139), G. v. 2. April 1872 (Verkoppelungen) (GS. S. 329), G. v. 18. Febr. 1880

(Verfahren in Auseinandersetzungssachen) (GS. S. 59), G. v. 23. Mai 1885 und v. 24. Mai 1855 (GS. S. 143, 156) für Hohenzollern und das Rheinische Rechtsgebiet, G. v. 21. März 1887 (GS. S. 61) betr. die Güterkonsolidation im Reg.-Bez. Wiesbaden. Das Verfahren in Aufteilungssachen betreffen V. v. 20. Juni 1817, v. 22. Nov 1844, v. 30. Juni 1834, G. v. 15. April 1857, V. v. 26. Sept. 1879, G. v. 18. Feb. 1880, v. 26. Juli 1880.

5. Wasserrechtliche Vorschriften: ALR I 9 §§ 223 ff.

6. Anerbenrecht: JMV. v. 20. Nov. 1899 §§ 21, 43.

7. Privateisenbahnen und Kleinbahnen: Anlage zu § 1120 BGB.

8. Grundabtretung für den Betrieb des Bergbaus: Anlage zu § 1012 BGB.

Zu § 874.

3. a, In Betracht kommen: AG. z. BGB. Art. 15 (abgedruckt zu § 1105) und V. v. 13. Nov. 1899 Art. 9.

b, Der Grundbuchrichter hat sich bei der zulässigen Bezugnahme auf die Eintragungsbewilligung auch dieses Ausdrucks zu bedienen; ein Vermerk dahin, daß auf die Urkunde vom ꝛc. verwiesen werde, entspricht nicht den bestehenden Ordnungsvorschriften. KG. 20 S. A 142.

Zu § 880.

2.f. a, Die Eintragung des Vorzugsrechts der Landeskulturrente erfolgt lediglich auf Grund der Bescheinigung der Auseinandersetzungsbehörde über die zweckmäßige Ausführung der Drainierungsanlage. AG. z. BGB. Art. 21 III.

b, Zur Einräumung des Vorrechts mit einem im Grundbuch eingetragenen Lehensstamm ist nach kurmärkischem Lehnrecht die Abfassung eines Familienschlusses erforderlich, weil sie eine Verfügung über die Substanz in sich schließt, die den Inhalt des Hypothekenrechts verändert und es unter Umständen seines ökonomischen Wertes ganz oder zum Teil entkleidet. KG. 20 S. A. 118.

c, Die Einräumung des Vorranges für die jeweilige Restforderung einer amortisierbaren Hypothek vor den abgetragenen Beträgen einer anderen amortisierbaren Hypothek ist eintragungsfähig. KG. 17 S. 91, 26 S. A 145.

Zu § 883.

20. Über die vor dem 1. Januar 1900 im Wege der Zwangsvollstreckung eingetragene Vormerkung zur Erhaltung des Rechtes auf Eintragung einer Hypothek hat das RG. folgende Grundsätze aufgestellt. a, Das Recht aus der Vormerkung ist kein Pfandrecht im Sinne des Art. 192, hat mithin nicht sich in eine Buchhypothek des neuen Rechtes verwandelt, fällt vielmehr unter Art. 179. b, Die Umschreibung einer Vormerkung in eine Sicherungshypothek auf Grund eines für den persönlichen Anspruch erlangten endgültig vollstreckbaren Schuldtitels kann auch dann verlangt werden, wenn die Vormerkung auf Grund des § 6 Abs. 3 des Zwangsvollstreckungsges. v. 13. Juli 1883 eingetragen ist. c, Wenn mehrere Grundstücke mit der Vormerkung belastet sind, ist die Umschreibung in eine Gesamtsicherungshypothek noch nach dem 1. Januar 1900 zulässig. d, Im Falle der Veräußerung des belasteteten Grundstücks bleibt der bisherige persönlich verpflichtete Eigentümer für die Umschreibungsklage passiv legitimiert. e, Da die durch die Vormerkung bewirkte Sicherung nur die eines persönlichen Schuldverhältnisses ist, kann von einem ausschließlichen dinglichen Gerichtsstande für die aus der Vormerkung angestellten Klagen keine Rede sein. RG. 52 S. 40. AM. (zu c) Habicht S. 505. Oberneck S. 24.

21. Nach Art. 109, 62, 64 kommen in Betracht die Vormerkungen: a, Bei Einleitung des Enteignungsverfahrens, G. v. 24. Juni 1874 § 24; b, Bei Einleitung der Begründung eines Rentenguts, G. v. 7. Juli 1891 § 12 Abs. 3; c, Zur Sicherung des Vorrangs der Rentenpflicht beim Anerbengute, G. v. 8. Juni 1896 § 23; d, Zur Sicherung des Anspruchs auf Einräumung der Landeskulturrente und ihres Vorzugsrechts, AG. z. BGB. Art. 21; e, Zur Sicherung des Anspruchs auf Rückübertragung des Eigentums bei Rückfallrecht im bisherigen Geltungsbereiche des Rheinischen Rechts, AG. z. BGB. Art. 25.

Zu § 892.

VII. c, Eine letztwillige Verfügungsbeschränkung des Inhabers, daß an Stelle der zu Erben berufenen Kinder des Erblassers dessen Witwe zur unumschränkten Verwaltung des Nachlasses, insbesondere auch zur Veräußerung von Grundeigentum befugt sei, war nach bisherigem preuß. Rechte zulässig (EEG. § 11. KG. 14 S. 101, 131, 134) und ist durch das neue Recht nicht berührt worden. Sie ermächtigt die Witwe zur Auflassung der Nachlaßgrundstücke ohne Zuziehung der Erben. KG. 21 S. A. 136.

VIII. AG. z. BGB. Art. 22. „Zur Erhaltung der Wirksamkeit gegenüber dem öffentlichen Glauben des Grundbuchs bedürfen der Eintragung nicht:

1. das in den Fällen der Enteignung oder der Grundabtretung zu Zwecken des Bergbaubetriebs bestehende gesetzliche Vorkaufsrecht;

2. die Gebrauchs- und Nutzungsrechte, welche nach den §§ 8, 142 des Allg. Berggeſ. v. 24. Juni 1865 (GS. S. 705) im Wege des Zwangsverfahrens erworben werden können;

3. die den Rentenbanken überwiesenen Renten und die Domänen-Amortisationsrenten, die für die Provinz Hannover bisher geltenden entgegenstehenden Vorschriften werden aufgehoben."

Zu § 925.

I. 1. b. aa, Wenn ein vor dem 1. Januar 1900 gestorbener Erblasser mehreren Personen ein Grundstück zugewendet hat, so hat die Auseinandersetzung und deren Vollziehung durch Eigentumsübertragung im Wege der vertragsmäßigen Vereinbarung zu erfolgen. Es bedarf also der von den sämtlichen bedachten Personen zu erklärenden Auflassung. RG. 52 S. 174.

bb, Der Vermächtnisnehmer, dessen Erwerb in Preußen vor dem 1. Januar 1900 eingetreten ist, bedarf der Eintragungsbewilligung des Erben gemäß § 19 GBO. RG. JW. 1901 S. 50.

1. e, Auflassung ist nicht erforderlich, wenn ein Gewerke auf Kuxe des älteren Rechtes freiwillig verzichtet und den Kuxschein an die Gewerkschaft zurückgibt. Art. 67. Berggeſ. v. 24. Juni 1865 §§ 234, 132, 131. Dagegen bedarf es der Auflassung zur Übertragung des Eigentums der Grundstücke einer aufgelösten Gewerkschaft neuen Rechtes auf den Alleininhaber der Kuxe. KG. 25 S. A 129.

II. 7. a, Erfordernisse des Protokolls: PFG. Art. 40ff.

b, Die Allg. Verf. des Finanz- und des Justizministers v. 29. Febr. 1896 (JMBl. S. 63) bestimmt in § 16 Abs. 1. „Wird eine das Veräußerungsgeschäft enthaltende Urkunde nicht vorgelegt und das Veräußerungsgeschäft bei der Auflassung nicht protokollarisch aufgenommen, so hat der Grundbuchrichter die Beteiligten darüber zu vernehmen, ob sie eine Urkunde überhaupt nicht vorlegen wollen, und sie über die Folgen der Nichtvorlegung, insbesondere auch darüber zu belehren, daß der Entrichtung des Auflassungsstempels ungeachtet zu der Urkunde der gesetzlich erforderliche Stempel beizubringen ist. Es ist Pflicht des Grundbuchrichters, zu prüfen, ob im Falle der Beurkundung des Abkommens der Urkundenstempel niedriger sein würde als der Auflassungsstempel. . . Die Belehrung des Grundbuchrichters und die Erklärung der Beteiligten über die Vorlegung oder Nichtvorlegung der das Veräußerungsgeschäft enthaltenden Urkunde müssen in das Protokoll aufgenommen werden."

c, Die unter b mitgeteilte Verfügung wird ergänzt durch die Allg. Verf. des JM. v. 13. Juni 1900 betr. die dem Grundbuchrichter hinsichtlich des Auflassungsstempels obliegenden Belehrungen (JMBl. S. 501).

9. AG. z. BGB. Art. 26. „Für Grundstücke, die im bisherigen Geltungsbereiche des Rheinischen Rechtes belegen sind, gelten folgende Vorschriften:

§ 1. Die Auflassung sowie die zur Bestellung oder Übertragung eines Erbbaurechts erforderliche Einigung kann außer vor dem GBA. auch vor einem anderen Preußischen Amtsgericht oder vor einem Preußischen Notar erklärt werden. Durch Königliche Verordnung kann bestimmt werden, daß auch die Amtsgerichte oder die Notare anderer Bundesstaaten zuständig sind.

Jeder Teil ist berechtigt, zu verlangen, daß die Auflassung vor dem GBA. erfolgt.

§ 2. Bei der Auflassung bedarf es der gleichzeitigen Anwesenheit beider Teile nicht, wenn das Grundstück durch ein Amtsgericht oder einen Notar versteigert worden ist und die Auflassung noch in dem Versteigerungstermine stattfindet."

IV. Auflassung findet statt bei rechtsgeschäftlicher Übertragung des Bergwerkseigentums (Art. 67. Berggeſ. v. 24. Juni 1865 § 50 in der Fassung des AG. z. BGB. Art. 37), der selbständigen Kohlenabbaugerechtigkeiten (Ges. v. 22. Februar 1869 § 5 in der Fassung des AG. z. BGB. Art. 38), anderer selbständiger Gerechtigkeiten, wenn sie ein Grundbuchblatt erhalten haben und der Bahneinheit. Ges. v. 19. Aug. 1895 (GS. S. 499 § 16). Art. 112. GBO. § 83. EG. z. ZwVG. § 2.

13. AG. z. BGB. Art. 27. „Zur Übertragung des Eigentums an einem Grundstücke, das im Grundbuche nicht eingetragen ist und auch nach der Übertragung nicht eingetragen zu werden braucht, ist die Einigung des Veräußerers und des Erwerbers über den Eintritt der Übertragung erforderlich. Die Einigung bedarf der gerichtlichen oder notariellen Beurkundung; wird einer der Beteiligten durch eine öffentliche Behörde vertreten, so genügt die Beurkundung durch einen nach Art. 12 § 2 für die Beurkundung des Veräußerungsvertrags zuständigen Beamten.

Die Übertragung des Eigentums kann nicht unter einer Bedingung oder einer Zeitbestimmung erfolgen."

Vgl. GBO. § 90.

15. a, Von dem Vorbehalt des Art. 141 ist in Preußen kein Gebrauch gemacht.

b, Vorbehalte des Art. 142. aa, AG. z. BGB. Art. 12. „§ 1. Für einen Vertrag, durch den sich der eine Teil verpflichtet, das Eigentum an einem Grundstücke gegen Übernahme einer festen Geldrente zu übertragen (Rentengutsvertrag), genügt bei den durch Vermittlung der Generalkommission begründeten und bei den vom Staate ausgegebenen Rentengütern die schriftliche Form.

Das gleiche gilt für den in den §§ 16, 17 des Gesetzes über die Enteignung von Grundeigentum vom 11. Juni 1874 (GS. S. 221) bezeichneten Vertrag über die freiwillige Abtretung von Grundeigentum.

§ 2. Wird bei einen Vertrage, durch den sich der eine Teil verpflichtet, das Eigentum an einem in Preußen liegenden Grundstücke zu übertragen, einer der Vertragschließenden durch eine öffentliche Behörde vertreten, so ist für die Beurkundung des Vertrags außer den Gerichten und Notaren auch der Beamte zuständig, welcher von dem Vorstande der zur Vertretung berufenen Behörde oder von der vorgesetzten Behörde bestimmt ist.

§ 3. In dem vormaligen Herzogtum Nassau sind an Orten, die nicht Sitz eines Amtsgerichts sind, auch die Bürgermeister zuständig, Kauf- und Tauschverträge über Grundstücke ihres Amtsbezirks zu beurkunden, wenn der Kaufpreis oder der Wert der eingetauschten Gegenstände nicht mehr als fünfhundert Mark beträgt.

§ 4. Auf die Beurkundung, die ein nach den §§ 2, 3 zuständiger Beamter vornimmt, finden die Vorschriften des § 168 Satz 2 und der §§ 169—180 des Reichsgesetzes über die Angelegenheiten der freiwilligen Gerichtsbarkeit, des § 191 des Gerichtsverfassungsgesetzes und des Art. 41 des Preußischen Gesetzes über die freiwillige Gerichtsbarkeit entsprechende Anwendung. Ist nach diesen Vorschriften ein Dolmetscher zuzuziehen, so kann die erforderliche Beeidigung des Dolmetschers durch den beurkundenden Beamten erfolgen."

Die §§ 1, 2 beziehen sich, wie § 313 BGB., nur auf die obligatorische, nicht auf die dingliche Seite des Veräußerungsgeschäfts. KG. ROLG. 6 S. 41.

bb, PFG. Art. 32 Abs. 1. „Unberührt bleiben die Vorschriften, wonach die im Art. 31 bezeichneten Handlungen der freiwilligen Gerichtsbarkeit auch von anderen Behörden oder mit öffentlichem Glauben versehenen Personen als den Amtsgerichten oder Notaren oder nur von solchen anderen Behörden oder Personen oder nur von dem örtlich zuständigen Amtsgerichte vorgenommen werden können."

Über die hiernach aufrecht erhaltenen Gesetze s. GBO. § 29.

VI. 18. a, Der Vater muß zu dem Erbteilungsvertrage, bei welchem die Kinder als Miterben beteiligt sind und ein Nachlaßgrundstück einem anderen Miterben überlassen wird, sowie zur Auflassung die Genehmigung des Vormundschaftsgerichts einholen. KG. 20 S. A 237. Seuff. 56 S. 87.

b, Den Oberpräsidenten, denen Strombau- oder Kanalverwaltungen unterstellt sind, ist die Befugnis, innerhalb ihrer Zuständigkeit Grundstücke für den Staat zu erwerben, mit der Wirkung beigelegt, daß sie Dritten gegenüber zum selbständigen Abschlusse der Erwerbsverträge und zur Entgegennahme der Auflassungserklärung allgemein ermächtigt sind, ohne daß es dazu der besonderen Genehmigung des Ministers bedarf. Bekanntm. v. 6. Nov. 1900 (JMBl. S. 637)

c, Zur Veräußerung von Grundstücken, die einer ev. Kirchengemeinde in den acht älteren Provinzen Preußens zu einem bestimmten Zwecke, zB. als Pfarrerwohnungen, von Dritten zugewendet worden sind, bedarf es außer der Zustimmung des genußberechtigten Pfarrers der Genehmigung des Oberkirchenrats und des Ministers der geistlichen Angelegenheiten. KG. 21 S. A 303.

d, Die Veräußerung einzelner zu einer Bahneinheit gehörigen Grundstücke ist ungültig, soweit nicht die Bahnaufsichtsbehörde bescheinigt, daß durch die Veräußerung die Betriebsfähigkeit des Bahnunternehmens nicht beeinträchtigt wird. § 5 Ges. v. 19. Aug. 1895 (GS. S. 499), aufrecht erhalten durch Art. 112, 119 Nr. 2.

20. a, AG. z. BGB. Art. 6. § 1. „Schenkungen oder Zuwendungen von Todes wegen an juristische Personen bedürfen zu ihrer Wirksamkeit ihrem vollen Betrage nach der Genehmigung des Königs oder der durch Königliche Verordnung bestimmten Behörde, wenn sie Gegenstände im Werte von mehr als fünftausend Mark betreffen. Wiederkehrende Leistungen werden mit vier vom Hundert zu Kapital gerechnet.

§ 2. Die Genehmigung kann auf einen Teil der Schenkung oder der Zuwendung von Todes wegen beschränkt werden."

(§ 3 enthält Strafbestimmungen.)

§ 4. „Die Vorschriften der §§ 1—3 gelten nicht für Familienstiftungen."

Art. 7. § 1. „Juristische Personen, die in Preußen ihren Sitz haben, bedürfen zum Erwerbe von Grundstücken im Werte von mehr als fünftausend Mark der Genehmigung der staatlichen Aufsichtsbehörde.

Dies gilt nicht für Familienstiftungen, für juristische Personen, deren Rechtsfähigkeit auf einem neben dem BGB. bestehenden Reichsgesetze beruht, sowie für solche juristische Personen des öffentlichen Rechtes, welche nach den für sie geltenden Gesetzen ohne die im Abs. 1 bezeichnete Genehmigung Grundeigentum erwerben können.

Sparkassen, die durch staatliche Verleihung Rechtsfähigkeit erlangt haben, können ein von ihnen beliehenes Grundstück im Zwangsversteigerungsverfahren ohne die Genehmigung erwerben.

§ 2. Juristische Personen, die in einem anderen Bundesstaat ihren Sitz haben, bedürfen zum Erwerbe von Grundstücken im Werte von mehr als fünftausend Mark der Genehmigung des Königs oder der durch Königliche Verordnung bestimmten Behörde.

Der gleichen Genehmigung bedürfen ausländische juristische Personen zum Erwerbe von Grundstücken ohne Rücksicht auf den Wert.

§ 3. Die in den §§ 1, 2 vorgeschriebene Genehmigung ist nicht erforderlich zu einem Erwerbe, der auf Grund einer nach Maßgabe des Art. 6 genehmigten Schenkung oder Zuwendung von Todes wegen erfolgt."

Art. 6 der V. v. 16. Nov. 1899 (GS. S 562) bestimmt: „Die zum Erwerbe von Grundstücken nach Art. 7 § 2 Abs. 1 AG. z. BGB. erforderliche Genehmigung wird Aktiengesellschaften, Kommanditgesellschaften auf Aktien, eingetragenen Genossenschaften, eingeschriebenen Hilfskassen, rechtsfähigen gegenseitigen Versicherungsgesellschaften und Gewerkschaften, die außerhalb Preußens in einem deutschen Bundesstaat ihren Sitz haben, von den zuständigen Ministern erteilt."

Der Art. 7 § 1 Abs. 1 gilt für alle juristische Personen, die in Preußen ihren Sitz haben. Die Vorschrift im § 50 Nr. 1 des Ges. v. 20. Juni 1875 über die Vermögensverwaltung in den kath. Kirchengemeinden ist aufgehoben. Bei dem Erwerbe mehrerer Grundstücke durch eine juristische Person sind zur Bestimmung der Genehmigungspflichtigkeit des Erwerbes die Werte insoweit zusammenzurechnen, als die juristische Person die Grundstücke von einem und demselben Rechtsvorgänger durch einheitlichen Akt erworben hat. Bei Erwerb mehrerer Grundstücke seitens verschiedener Rechtsvorgänger findet keine Zusammenrechnung statt, auch wenn die Kaufverträge in einer Urkunde zusammengefaßt sind. Maßgebend ist nicht der Kaufpreis, sondern der gemeine Wert. KG. 25 S. A 126.

Eingetragene Vereine unterstehen der Aufsicht des Regierungspräsidenten. Verf. v. 26. März 1902 (MinBl. f. d. innere Verw. S. 69).

b, Von Erwerbsbeschränkungen bestehen noch die folgenden:

aa, Bergbeamte des Staates, deren Frauen und unter elterlicher Gewalt stehende Kinder dürfen im Bezirke ihrer Verwaltung Bergwerke oder Kuxe durch Rechtsgeschäfte unter Lebenden nur mit Genehmigung des Handelsministers erwerben. Bergges. § 195. Auf Erwerbungen von Todes wegen bezieht sich die Vorschrift nicht.

bb, Forstbediente, die im Dienste des Staates stehen, sind nicht befugt ein Grundstück zu erwerben, welches in den ihrer Aufsicht und Verwaltung anvertrauten Forsten und Revieren ein Holzungs-, Hütungs- oder sonstiges Recht hat oder mit ihnen grenzt. Ausnahmen dürfen nur durch das Finanzministerium gestattet werden. Kab.O. v. 5. Sept. 1821 (GS. S. 158).

cc, Mitglieder der Provinzial-Domänenverwaltung, einschließlich der Domänen-Rentbeamten sollen Domänengrundstücke in der Provinz, in welcher sie angestellt sind und arbeiten, nur nach vorgängiger Dispensation des Chefs der oberen Domänenverwaltung und auf Antrag des Präsidenten der Provinzialverwaltung sowohl direkt als durch Zession erwerben. KabO. v. 29. Febr. 1812 (GS. S. 16), Reskr. v. 18. Jan. u. 4. Dez. 1837 (v. Kamptz, Ann. 21 S. 28, 891).

In diesen drei Fällen kann die Eintragung des Eigentumsüberganges erst nach Vorlegung der Genehmigungsurkunde erfolgen.

Zu § 928.

2. Nach ALR. § 15 I 9, §§ 12—15 II 16 steht das Aneignungsrecht dem Staate zu. Nach örtlichem Rechte gehören den Städten die auf der Stadtflur gelegenen Grundstücke, die nicht aus einem besonderem Titel einem anderen gehören. OTr. Simon Rspr. 1 S. 236 ff. Nach der KabO. v. 14. März 1825 (v. Kamptz, Ann. 9 S. 605) sollen in der Rheinprovinz und Westfalen Parzellen, die nach der Katastervermessung herrenlos sind, der Ortsgemeinde überwiesen werden, in deren Feldmark sie liegen. In Schlesien gilt das sog. Auenrecht, vermöge dessen die unbebauten Grundstücke einer Dorfschaft dem Rittergute zufallen, sofern nicht ein anderer sich als Eigentümer ausweist (OTr. 13 S. 427) M. z. BGB. III 300 f.

Zu § 1012.

9. a, Bergrecht. Durch Art. 67 sind die Vorschriften des allgemeinen Berggesetzes v. 24. Juni 1865 (GS. S. 705), mit dessen Abänderungen (Ges. v. 9. April 1873, GS. S. 181; Ges. v. 24. Juni 1892, GS. S. 131) und des Gesetzes betr. die Rechtsverhältnisse des Stein- und Braunkohlenbergbaues v. 22. Februar 1869 (GS. S. 401) aufrecht erhalten. Das AG. z. BGB. hat aber in den Art. 37, 38 zum Zwecke der Anpassung an das Reichsrecht ändernde Bestimmungen getroffen. Dazu Art. 21—27, 33 AG. z. GBO., Art. 33 V. v. 13. Nov. 1899 u. §§ 22 ff. JMV. v. 20. Nov. 1899. Der Art. 39 AG. z. BGB. hat eine neue Vorschrift getroffen bezüglich des Aufgebotsverfahrens bei der im Herzogtum Schlesien und der Grafschaft Glatz im Grundbuch eingetragenen Berechtigung zur Gewinnung von Eisenerzen.

Vgl. im übrigen: AG. z. GBO. Art. 23—28.

b, Selbständige Gerechtigkeiten sind solche, „die nicht an ein Grundstück geknüpft sind, sondern für sich bestehen und daher für sich veräußerlich und verpfändbar sind". Dernburg § 36 Nr. 4, S. 105. „Für Gerechtigkeiten, die nach den bisherigen Gesetzen in Ansehung der Eintragung in die gerichtlichen Bücher und der Verpfändung den Grundstücken gleichstehen (selbständige Gerechtigkeiten), gelten die sich auf Grundstücke beziehenden Vorschriften des BGB., wenn die Gerechtigkeit ein Grundbuchblatt erhalten hat. Unter der gleichen Voraussetzung finden die für den Erwerb des Eigentums und die Ansprüche aus dem Eigentum an Grundstücken geltenden Vorschriften auf eine solche Gerechtigkeit entsprechende Anwendung." Art. 40 Abs. 1, 2 AG. z. BGB.

Die Zulässigkeit dieser Bestimmungen beruht auf Art. 196, 65, 69, 74.

Es bestehen gegenwärtig noch Schiffsmühlengerechtigkeiten, Fähr- und Fischereigerechtigkeiten, Apothekergerechtigkeiten, Abdeckereigerechtigkeiten, die Schärnen- und Meßbudengerechtigkeit in Frankfurt a. M.

Die Anlegung eines Grundbuchblatts (Z. f. DZP. 26 S. 129 f.) erfolgt nur auf Antrag des Berechtigten, soweit sich nicht aus den für die erste Anlegung der Grundbücher geltenden Vorschriften ein anderes ergibt. AG. z. GBO. Art. 27 Abs. 2. Auch für den Fall der Veräußerung oder Belastung ist die Anlegung eines Blattes nicht erforderlich, vielmehr unterliegen die Veräußerung und die Belastung den Vorschriften, welche für die nicht zu den unbeweglichen Sachen gehörigen Rechte aufgestellt sind. Achilles-Strecker S. 424. Haben selbständige Gerechtigkeiten ein Grundbuchblatt erhalten, so werden sie im Grundbuchverkehr wie Grundstücke behandelt. Art. 22 AG. z. GBO. Art. 3 V. v. 13. Nov. 1899. Bezüglich der Behandlung der mit einem Grundstück verbundenen Privilegien (Buchdruckerei- und Apothekerprivilegien) ist bei der Beratung des AG. z. GBO., M. 40, festgestellt, daß, soweit es sich bei ihnen um selbständige Gerechtigkeiten handelt, künftig Art. 22 und 27 Abs. 2 AG. z. GBO. maßgebend seien, daß aber der Beibehaltung der zurzeit angelegten Blätter nichts entgegenstehe.

Zu § 1028.

II. 7. Nach der Gemeinheitsteilungsordnung v. 7. Juni 1821 und dem dazu ergangenen Ergänzungsgesetz v. 2. März 1850 sind gewisse Grundgerechtigkeiten gegen Entschädigung auf Antrag eines der Beteiligten durch die Auseinandersetzungsbehörde abzulösen. Insbesondere sind als ablösbar aufgeführt die Berechtigungen: a, zur Gräserei und zur Nutzung von Schilf, Binsen oder Rohr auf Ländereien und Privatgewässern aller Art; b, zum Pflücken des Grases und Unkrauts in den bestellten Feldern (zum Krauten); c, zum Nachrechen auf geernteten Feldern sowie zum Stoppelharken; d, zur Nutzung fremder Äcker gegen Hergebung des Düngers; e, zum Fruchtgewinne von einzelnen Stücken fremder Äcker (zu Deputatbeeten); f, zur Fischerei — einschließlich Krebsen (RG. 1 S. 372) in stehenden oder fließenden Privatgewässern; g, zur Torfnutzung. Sind den Zwecken der Auseinandersetzung andere an sich auf einseitigen Antrag nicht ablösbare Grundgerechtigkeiten hinderlich, so sind auch diese gegen Entschädigung aufzuheben. § 142 Gemeinheitsteilungsordnung. Die Entschädigung erfolgt der Regel nach in Land, aushilfsweise in Rente. §§ 66, 67 Gemeinheitsteilungsordnung.

Zu § 1029.

3. Art. 28 AG. z. BGB.: „Für den Schutz der Ausübung einer Grunddienstbarkeit gelten, auch bevor das Grundbuch für das Grundstück als angelegt anzusehen ist, wenn die Grunddienstbarkeit in einem über das Grundstück geführten gerichtlichen Buche eingetragen ist, die Vorschriften des § 1029 des BGB., anderenfalls die Vorschriften des Art. 191 Abs. 2 des Einführungsgesetzes zum BGB."

Für die Anwendbarkeit der Vorschrift ist es gleichgültig, ob die Grunddienstbarkeit vor oder nach dem Inkrafttreten des BGB. begründet ist. Ein bisher über das Grundstück geführtes gerichtliches Buch, wie zB. das Stockbuch in Nassau, ist dem Grundbuche gleichgestellt. M. z. AG. z. BGB. 41. KB. 39.

Zu § 1030.

6. Pfründenrecht: §§ 778 ff. ALR. II, 11. Soweit hier (§§ 823, 831) auf die allgemeinen Vorschriften über den Nießbrauch im 21. Titel Teil I verwiesen ist, treten an deren Stelle die Vorschriften des BGB. Art. 4. AG. z. BGB. Art. 87. Leske S. 462. Fuchs S. 301 A. 5. Turn.-Först. I S. 466 A. 4. Biermann S. 237 A. 2. AM. Dernburg § 183 Nr. 2 S. 514.

Zu § 1094.

6. Auf Grund des Vorbehalts des Art. 62 bestimmt Art. 29 AG. z BGB.:

§ 1. „Ein Grundstück, welches gegen Übernahme einer festen Geldrente zu Eigentum übertragen ist (Rentengut), kann zugunsten des Veräußerers in der Weise belastet werden, daß dieser dem Eigentümer gegenüber zum Wiederkaufe berechtigt ist.

Das Wiederkaufsrecht kann auch zugunsten des jeweiligen Eigentümers eines Grundstücks des Veräußerers bestellt werden.

§ 2. Ein Bruchteil eines Rentengutes kann mit dem Wiederkaufsrechte nur belastet werden, wenn er in dem Anteil eines Miteigentümers besteht.

§ 3. Das Wiederkaufsrecht beschränkt sich auf die Fälle, daß der Eigentümer das Rentengut verkauft oder sich durch einen sonstigen Vertrag zur Übertragung des Eigentums verpflichtet oder daß das Rentengut im Wege der Zwangsversteigerung veräußert wird; es kann auch für die Fälle bestellt werden, daß der Eigentümer stirbt oder eine im Rentengutsvertrage festgesetzte Verpflichtung nicht erfüllt.

§ 4. Das Wiederkaufsrecht erstreckt sich auf das zur Zeit der Ausübung vorhandene Zubehör.

§ 5. Das Rechtsverhältnis zwischen dem Berechtigten und dem Verpflichteten bestimmt sich nach den Vorschriften des § 497 Abs. 1 und der §§ 498—502 des BGB.

Dritten gegenüber hat das Wiederkaufsrecht die Wirkung einer Vormerkung zur Sicherung des durch die Ausübung des Rechtes entstehenden Anspruchs auf Übertragung des Eigentums.

§ 6. Das Wiederkaufsrecht kann nur bis zum Ablaufe von drei Monaten nach dem Zeitpunkt ausgeübt werden, in welchem der Berechtigte von dem Eintritte des zum Wiederkauf berechtigenden Falles Kenntnis erhält. Ist für die Ausübung eine Frist bestimmt, so tritt diese an die Stelle der gesetzlichen Frist.

§ 7. Gelangt das Rentengut in das Eigentum eines Dritten, so kann dieser die Zustimmung zur Eintragung des Berechtigten als Eigentümer und die Herausgabe des Rentenguts verweigern, bis ihm der Wiederkaufspreis soweit ausgezahlt wird, als er oder sein Rechtsvorgänger für den Erwerb des Rentenguts Aufwendungen gemacht hat. Erlangt der Berechtigte die Eintragung als Eigentümer, so kann der bisherige Eigentümer von ihm die Erstattung der für den Erwerb des Rentenguts gemachten Aufwendungen bis zur Höhe des Wiederkaufspreises gegen Herausgabe des Rentenguts fordern.

§ 8. Soweit der Berechtigte nach § 7 den Dritten zu entschädigen hat, wird er von der Verpflichtung zur Zahlung des aus dem Wiederkauf geschuldeten Kaufpreises frei.

§ 9. Verliert der neue Eigentümer infolge der Geltendmachung des Wiederkaufsrechts das Eigentum, so wird er, soweit die für den Erwerb des Rentenguts von ihm geschuldete Gegenleistung noch nicht berichtigt ist, von seiner Verpflichtung frei; die für den Erwerb bereits gemachten Aufwendungen kann er soweit zurückfordern, als sie durch den an ihn gezahlten Wiederkaufspreis nicht gedeckt sind."

Die §§ 10 und 11 entsprechen den §§ 1103 und 1104.

Hierzu AG. z. ZPO. § 11 (28): Bei Aufgeboten, welche auf Grund des Art 29 § 11 des AG. z. BGB. ergehen, finden die Vorschriften über das Aufgebotsverfahren im Falle des § 1104 BGB. entsprechende Anwendung.

Zu § 1105.

5. **aa**, Beschränkungen der Reallasten. 1. Auf Grund des Art. 115 bleibt in Kraft der § 91 Abs. 2—4 des Ablösungsgesetzes v. 2. März 1850. Das Gesetz war für den ganzen Umfang der damaligen Monarchie erlassen, jedoch mit Ausnahme der linksrheinischen Landesteile, weil nach der dort maßgebenden Französischen Gesetzgebung die Begründung privater Reallasten ausgeschlossen war. Die Bestimmungen des Ablösungsgesetzes sind nach und nach auf die Mehrzahl der neu erworbenen Landesteile ausgedehnt. Nach Art. 30 AG. z. BGB. gelten sie im ganzen Staate, auch in den linksrheinischen Teilen, in denen mit dem Inkrafttreten des BGB. die Begründung privater Reallasten möglich geworden ist.

2. Die Beschränkungen der Reallasten sind die folgenden:

a, Mit Ausnahme fester Geldrenten können beständige Abgaben und Leistungen einem Grundstücke als Reallasten nicht auferlegt werden. Die Begründung solcher Reallasten, die in vorübergehenden Abgaben und Leistungen bestehen, wird durch diese Vorschrift nicht getroffen. Insbesondere ist daher die Bestellung eines Altenteils als Reallast gestattet.

b, Die Begründung fester Geldrenten ist zwar zulässig, aber mehrfachen Beschränkungen unterworfen.

aa, Der Grundeigentümer ist berechtigt eine neuauferlegte Geldrente nach dem

Ablaufe von 30 Jahren unter Einhaltung einer sechsmonatigen Kündigungsfrist abzulösen. Die Vereinbarung kürzerer Fristen ist zulässig. Eine längere als sechsmonatige Kündigungsfrist kann nur bedungen werden, wenn mit Hinzurechnung der für die Unkündbarkeit bedungenen Frist der Zeitraum von 30 Jahren nicht überschritten wird. Dagegen ist die Vereinbarung einer Unkündbarkeitsfrist auf länger als 30 Jahre selbst dann nicht zulässig, wenn die Kündigungsfrist entsprechend auf weniger als 6 Monate abgekürzt würde. Die dreißigjährige Frist beginnt mit der Entstehung der Reallast. Einem neuen Eigentümer gegenüber ist die Beschränkung des Kündigungsrechts nur dann wirksam, wenn sie im Grundbuche eingetragen ist oder dem neuen Erwerber beim Erwerbe des Grundstücks bekannt war. BGB. § 892.

bb, Die Ablösung erfolgt mit dem zwanzigfachen Jahresbetrage der Rente. Die Vereinbarung der Ablösung zu einem geringeren Vielfachen der Rente ist gestattet. Ein höherer Ablösungsbetrag der Rente, als der 25 fache Betrag kann nicht festgesetzt werden.

c, Vertragsmäßige Bestimmungen, welche den Vorschriften des Art. 30 zuwiderlaufen, sind unwirksam. Die Rechtsverbindlichkeit des sonstigen Inhalts eines solchen Vertrages wird durch die unwirksamen Bestimmungen nicht beeinträchtigt.

d, Die Vorschriften über Rentengüter bleiben unberührt.

e, Die Vorschriften des Art. 30 finden keine Anwendung auf die im Falle des Grenzüberbaues und des Notweges zu entrichtenden Geldrenten (BGB. §§ 912, 916, 917) und auf die in den §§ 1021, 1022 BGB. bestimmten Unterhaltungspflichten. Art. 116. Vgl. Hodler, Preußisches Ausführungsgesetz z. BGB. S. 97 ff.

5. **bb**, Rentengüter. 1. Das Gesetz über Rentengüter v. 27. Juni 1890 (GS. S. 209) gestattet „die eigentümliche Übertragung eines Grundstücks gegen Übernahme einer festen Geldrente (Rentengut), deren Ablösbarkeit von der Zustimmung beider Teile abhängig gemacht wird". (§ 1 Abs. 1.) „Das Rentengut muß frei von den Hypotheken und Grundschulden des Grundstücks, von dem es abgetrennt wird, begründet werden." § 1 Abs. 4. Den Realberechtigten wird an Stelle des Rentenguts die ihm auferlegte Rente verhaftet, wenn durch ein Unschädlichkeitsattest der Generalkommission festgestellt ist, daß hierdurch die Sicherheit der Realberechtigten nicht vermindert wird. Das Unschädlichkeitsattest kann auch bei der Abveräußerung größerer Trennstücke erteilt werden. § 1 Abs. 5.

2. Zur Beförderung der Errichtung von Rentengütern von mittlerem oder kleinerem Umfange bestimmt das Ges. v. 7. Juli 1891 (GS. S. 279) folgendes.

a, Die Begründung des Rentenguts kann auf Antrag eines Beteiligten durch Vermittlung der Generalkommission erfolgen. Diese hat, nachdem sie den Antrag für zulässig erachtet, den Grundbuchrichter um Eintragung einer Vormerkung über die eingeleitete Begründung des Rentenguts zu ersuchen, den Vertrag aufnehmen zu lassen und zu bestätigen und den bestätigten Vertrag dem Grundbuchrichter mit dem Ersuchen auf Umschreibung des Eigentums einzureichen. Mit der Umschreibung wird das Eigentum am Rentengute erworben; Auflassung ist nicht erforderlich, also auch ein Auflassungsstempel nicht zu entrichten. Mit der Umschreibung des Eigentums ist die Vormerkung zu löschen. § 12.

Die Zuständigkeit der Generalkommission erstreckt sich nur auf die Begründung des Rentenguts und auf alle die Streitigkeiten, die in dieses Stadium fallen. RG. 37 S. 393; JMBl. 1895 S. 393, 1896 S. 133; Jur. Monatsschr. f. Posen, Ostpr., Westpr. 1898 S. 10, 11. Ist die Sache zunächst beim Prozeßgericht anhängig gemacht, so hat dieses, wenn es die Zuständigkeit der Auseinandersetzungsbehörde anerkennt, durch Beschluß das Verfahren einzustellen und die Akten an jene Behörde abzugeben. Gruch. 36 S. 128. Jur. Monatsschr. 1898 S. 106. Über die Kosten, die bei den ordentlichen Gerichten bereits entstanden sind, hat die Auseinandersetzungsbehörde mit zu entscheiden. Gruch. 40 S. 277. Sobald die Rentengutsbildung vollendet ist, ist der ordentliche Rechtsweg gegeben. RG. 40 S. 111; Jur. Monatsschr. 1898 S. 50. Wird das Rentengut veräußert, so bedarf es zur Eigentumsübertragung der Auflassung. Wegen der Berechnung des Kaufstempels im Falle der Übernahme der Rente s. Jur. Monatsschrift f. Posen 2c. 1899 S. 35, 36.

b, Die auf den Rentengütern haftenden Renten können auf Antrag der Beteiligten durch Vermittlung der Rentenbank soweit abgelöst werden, als die Ablösbarkeit nicht von der Zustimmung beider Teile abhängig gemacht ist. Zur Stellung des Antrags ist befugt: der Rentenberechtigte, soweit er die Ablösung von dem anderen Teile beanspruchen kann, der Rentengutsbesitzer, soweit er zur Ablösung der Rente ohne Zustimmung des anderen Teils berechtigt oder die Ablösung von dem anderen Teile beansprucht ist. Die Rentenbank kann dem Rentenberechtigten, nach Bestimmung des Ressortministers (§ 6 Nr. 9) entweder dem 27fachen Betrag der Rente in $3^1/_2$ prozentigen oder den $23^2/_3$ fachen Betrag der Rente in 4 prozentigen Rentenbriefen zur ersten Stelle gewähren. § 1. Es muß aber der 25fache Betrag der Rentenbankrente innerhalb des 30fachen Grundsteuerreinertrages unter Hinzurechnung der Hälfte der Versicherungssumme der Gebäude oder innerhalb $^3/_4$ des durch landschaftliche oder besondere Taxe zu ermittelnden Wertes liegen. §§ 7, 9, 10.

Auch zur erstmaligen Einrichtung des Rentenguts durch Aufführung der notwendigen Wohn- und Wirtschaftsgebäude kann die Rentenbank den Rentengutsbesitzern Darlehen in $3^1/_2$ oder 4 prozentigen Rentenbriefen gewähren. Die Darlehen sind seitens der Rentenbank unkündbar, es sei denn, daß der Schuldner seinen Verbindlichkeiten nicht nachkommt. § 2.

Der Rentengutsbesitzer hat an die Rentenbank eine Rentenbankrente zu entrichten. Diese beträgt, falls $3^1/_2$ prozentige Rentenbriefe gegeben sind, 4%, falls 4 prozentige Rentenbriefe gegeben sind, $4^1/_2$ % ihres Nennwertes. Das überschießende $^1/_2$ % dient zur Tilgung. Die Tilgungsperiode dauert bei einer Rentenbankrente von 4 % $60^1/_2$ Jahre, bei einer Rentenbankrente von $4^1/_2$ % $56^1/_2$ Jahre. § 3.

Solange eine Rentenbankrente auf dem Rentengute haftet, kann die Aufhebung der wirtschaftlichen Selbständigkeit und die Zerteilung des Rentenguts, sowie die Abveräußerung von Teilen des Rentenguts rechtswirksam nur mit Genehmigung der Generalkommission erfolgen. § 4.

Auf Antrag der Generalkommission wird im Grundbuch vermerkt, daß das Grundstück als Rentengut der Rentenbank rentenpflichtig ist. In den Eintragungsvermerk ist der Betrag der Rentenbankrente, sowie die Tilgungszeit aufzunehmen. § 6 Nr. 6.

Die infolge der Begründung des Rentenguts und der Übernahme der Rentenbankrente erforderlichen Eintragungen in das Grundbuch erfolgen auf Ersuchen der Generalkommission. § 12 Abs. 1, 4 Ges. v. 7. Juli 1891. KG. 26 S. A 125. Auf das Ersuchen findet § 39 GBO. Anwendung. Die Prüfung der Eintragungsfähigkeit des zu buchenden Rechtsverhältnisses ist also Sache des GBA. Vereinbarungen nach § 4 des Ges. v. 27. Juni 1890 sind nicht eintragungsfähig. KG. 26 S. A 118.

Nach dem Ges. betr. das Anerbenrecht v. 8. Juni 1896 werden die Abfindungen der Miterben regelmäßig nur in Rente geleistet. Die Rente kann durch Vermittlung der staatlichen Rentenbanken abgelöst werden.

Vgl. AG. z. GBO. Art. 3.

5. cc, Leibgedingsvertrag. AG. z. BGB. Art. 15. Steht mit der Überlassung eines Grundstücks ein Leibgedingsvertrag (Leibzuchts-, Altenteils-, Auszugs-Ausgedingevertrag) in Verbindung, so gelten für das sich aus dem Vertrag ergebende Schuldverhältnis, soweit nicht abweichende Vereinbarungen getroffen sind, folgende Vorschriften.

§ 1. Der Erwerber des Grundstücks ist verpflichtet, dem Berechtigten an dem Grundstück eine den übernommenen wiederkehrenden Leistungen entsprechende Reallast und, wenn dem Berechtigten das Recht ein geräumt ist, ein auf dem Grundstücke befindliches Gebäude oder einen Teil eines solchen Gebäudes zu bewohnen oder mit zu bewohnen oder einen Teil des Grundstücks in sonstiger Weise zu benutzen, eine entsprechende persönliche Dienstbarkeit, mit dem Range unmittelbar hinter den zur Zeit der Überlassung bestehenden Belastungen zu bestellen.

1. Die Vorschriften des Art. 15 beruhen auf dem Vorbehalte des Art. 96 Einf.Ges. z. Bürgerl. Gesetzb. Sie beziehen sich nur auf solche Verträge, die in Verbindung mit der Überlassung eines Grundstückes stehen. Nur auf solche erstreckt sich der Vorbehalt. „Fehlt jenes Erfordernis, so handelt es sich um einen nach den allgemeinen Normen des BGB. zu beurteilenden Versorgungsvertrag, sollte auch dem Versorgungsberechtigten mit einem Grundstücke Sicherheit zu bestellen versprochen oder Sicherheit bestellt sein. Dagegen kann es keinen Unterschied machen, ob das Grundstück groß oder klein, ein ländliches oder städtisches ist. Kein Bedürfnis besteht zu einer Ausdehnung des Vorbehalts auf einen mit der Überlassung einzelner Parzellen in Verbindung stehenden Leibgedingevertrag." M. z. EG. z. BGB. S. 186 f.

Eine erschöpfende Regelung des Leibgedingsverhältnisses enthält der Art. 15 nicht. Von der Aufstellung umfassender Auslegungsvorschriften ist abgesehen, „weil die Auslegung gerade des Leibgedingsvertrags vielfach von den Anschauungen, Sitten und Gebräuchen der Bevölkerung und den Umständen des einzelnen Falles abhängt ..... (Der Art. bezweckt vielmehr nur) unausgetragene Streitfragen zu beseitigen und zu verhindern, daß nicht durch Anwendung von Vorschriften des BGB. die für das Rechtsverhältnis zwischen dem Gutserwerber und dem Leibgedingsberechtigten nicht passen, Rechtsunsicherheit und Verwirrung entstehen." M. z. AG. z. BGB. S 23.

Die Vorschriften des Art. 15 finden nur Anwendung, soweit nicht abweichende Vereinbarungen getroffen sind. Solche können auch in der stillschweigenden Unterwerfung unter die ortsüblichen Sitten und Gebräuche gefunden werden.

2. Nach älterem Recht begründete der Leibgedingsvertrag ohne weiteres eine Reallast. Der Eintragung bedurfte es nur zur Wirksamkeit gegen Dritte. OTr. 29 S. 301. Strieth. 10 S. 229, 12 S. 25. RG. 27 S. 231. Gruch. 40 S. 366. JW. 99 S. 313. Nach neuem Recht begründet der Leibgedingsvertrag nur die obligatorische Verpflichtung des Grundstückserwerbers, dem Berechtigten eine Reallast mit dem Range unmittelbar hinter den zur Zeit der Überlassung bestehenden Belastungen zu bestellen. Zur Bestellung der Reallast selbst ist nach der Regel des § 873 Einigung der Beteiligten und Eintragung in das Grundbuch erforderlich.

Die Einigung wird regelmäßig im Leibgedingsvertrage enthalten sein. Für die Gültigkeit des Leibgedingsvertrags ist eine bestimmte Form nicht vorgeschrieben, insbesondere § 761, der für das Leibrentenversprechen die schriftliche Form vorsieht, nicht für anwendbar erklärt. Da aber der Leibgedingsvertrag einen Teil des Grundstücksüberlassungsvertrages bildet, so wird man die für den letzteren gegebene Formvorschrift des § 313 auch auf ihn anzuwenden haben. Er bedarf also der gerichtlichen oder notariellen Beurkundung. Doch wird ein ohne Beobachtung dieser Form geschlossener Vertrag gültig, wenn die Auflassung und die Eintragung in das Grundbuch erfolgen.

Die Eintragung des Leibgedinges im Grundbuch regelt GBO. § 50.

3. Gegenstand des Leibgedingsvertrages können sowohl Nutzungen des Grundstücks (das Recht auf Wohnung, auf Ackernutzung) als auch dingliche Leistungsrechte (das Recht auf Lieferung von Naturalien) sein. Je nachdem das eine oder das andere vorliegt, charakterisiert sich das Leibgedinge als Dienstbarkeit oder als Reallast. Übereinstimmend: GBO. § 50.

4. Soweit Gesetz oder Vertrag nichts anderes bestimmen, finden auf den Leibgedingsvertrag die allgemeinen Vorschriften des BGB. Anwendung. Insbesondere

§ 242, wonach der Schuldner die Leistung so zu bewirken hat wie Treu und Glaube mit Rücksicht auf die Verkehrssitte es erfordern. M. z. AG. z. BGB. S. 25.

§ 2. Auf das Schuldverhältnis finden die Vorschriften der §§ 759, 760 des Bürgerlichen Gesetzbuchs über die Leibrente Anwendung.

1. Das Leibgedinge ist im Zweifel als auf die Lebenszeit des Berechtigten versprochen anzusehen. Wiederkehrende Leistungen sind im voraus zu entrichten, Geldrenten für 3 Monate. Hat der Gläubiger den Beginn des Zeitabschnitts erlebt, für den die Rente im voraus zu entrichten ist, so gebührt ihm der volle auf den Zeitabschnitt entfallende Betrag.

2. Erfüllungsort für die Leistung an den Berechtigten ist regelmäßig das verhaftete Grundstück, nicht der Ort, an dem der Verpflichtete zur Zeit der Entstehung des Schuldverhältnisses seinen Wohnsitz hatte. § 269.

§ 3. Hat der Verpflichtete dem Berechtigten Erzeugnisse solcher Gattung zu leisten, wie sie auf dem überlassenen Grundstücke gewonnen werden, so kann der Berechtigte nur Erzeugnisse von der mittleren Art und Güte derjenigen verlangen, welche auf dem Grundstücke bei ordnungsmäßiger Bewirtschaftung gewonnen werden.

Ohne die Vorschrift des § 3 würde der zur Leistung von Gutserzeugnissen Verpflichtete nach § 243 Abs. 1 BGB. Marktwaren mittlerer Art und Güte auch dann zu liefern haben, wenn Erzeugnisse der zu leistenden Gattung auf dem überlassenen Grundstücke angebaut werden, die dort gewonnenen Erzeugnisse aber nicht jene Eigenschaft besitzen. Die Absicht der Vertragsschließenden wird aber in der Regel dahin gehen, daß die Lieferung aus den Erzeugnissen des überlassenen Grundstücks bewirkt werden soll. M. z. AG. z. BGB. S. 23.

§ 4. Lasten, die auf einen dem Berechtigten zur Benutzung überlassenen Teil des Grundstücks entfallen, hat der Verpflichtete zu tragen.

Die Vorschrift soll die mit Rücksicht auf § 1047 BGB. naheliegende Annahme ausschließen, daß der Leibgedingsberechtigte, dem ein Gebrauchs- oder Nutzungsrecht an einem Teile des Grundstücks — auch einem Gebäude — eingeräumt ist, zu den Lasten des Grundstücks beizutragen habe. M. z. AG. z. BGB. S. 24.

§ 5. Ist dem Berechtigten eine abgesonderte Wohnung zu gewähren, so hat der Verpflichtete sie ihm in einem zu dem vertragsmäßigen Gebrauche geeigneten Zustande zu überlassen und während der Dauer seiner Verpflichtung in diesem Zustande zu erhalten.

Wird das Gebäude durch Zufall zerstört, so hat der Verpflichtete die Wohnung in einer nach den Umständen der Billigkeit entsprechenden Zeit und Weise wiederherzustellen und bis zur Wiederherstellung dem Berechtigten eine angemessene andere Wohnung zu beschaffen.

1. Abs. 1 soll der aus § 1093 BGB. etwa herzuleitenden Folgerung vorbeugen, daß dem Berechtigten die gewöhnliche Ausbesserung seiner Wohnung obliege. M. z. AG. z. BGB. S. 24. Eine Wohnung ist „abgesondert", wenn sie der ausschließlichen Benutzung des Berechtigten untersteht. Diese Eigenschaft wird nicht dadurch ausgeschlossen, daß der Zugang durch einen der Benutzung des Verpflichteten unterliegenden Raum, zB. durch die Wohnung des letzteren stattfindet. Steht dem Ausgedinger keine abgesonderte Wohnung, sondern nur die Mitbenutzung einer Wohnung zu, so regelt sich das Verhältnis nach § 242 BGB. KB. 17.

2. Abs. 2 steht mit der bisherigen Praxis in Einklang. OTr. Rechtsf. 1 S. 205.

Strieth 87 S. 183. Die Wiederherstellung des Gebäudes braucht nicht notwendig auf derselben Stelle des Grundstücks zu erfolgen.

§ 6. Ist dem Berechtigten eine abgesonderte Wohnung zu gewähren, so ist er befugt, seine Familie sowie die zur standesgemäßen Bedienung und zur Pflege erforderlichen Personen in die Wohnung aufzunehmen.

Hat der Verpflichtete dem Berechtigten die Mitbenutzung seiner Wohnung zu gestatten, so erstreckt sich die Befugnis des Berechtigten zur Aufnahme seiner Familie nicht auf Personen, die erst nach der Schließung des Leibgedingsvertrags durch Eheschließung, Ehelichkeitserklärung oder Annahme an Kindesstatt Familienangehörige geworden sind, und nicht auf Kinder, die aus dem Hausstande des Berechtigten ausgeschieden waren.

1. Abs. 1 entspricht dem § 1093 Abs. 2 BGB. und der bisherigen Rechtsprechung. OTr. 4 S. 24 Strieth. 46 S. 220. „Abgesonderte Wohnung": § 5 Anm. 1. Der Ausdruck „Familie" ist im Sinne der Auffassung des gewöhnlichen Lebens gebraucht. Soweit nach dieser das Zusammenleben und Zusammenwohnen des Berechtigten mit Gliedern seiner Familie als das Normale erscheint, ist die Aufnahme der betreffenden Personen zum Mitbewohnen gestattet. M. z. BGB. 3 S. 571. In dieser Begrenzung umfaßt die Befugnis zur Aufnahme der Familie auch solche Personen, die erst nach der Schließung des Leibgedingevertrages geboren werden, auch uneheliche Kinder einer Frauensperson, oder die erst nach diesem Zeitpunkte durch Eheschließung, Ehelichkeitserklärung oder Annahme an Kindes Statt Familienangehörige geworden sind, und selbst Kinder, die aus dem Hausstande des Berechtigten ausgeschieden waren. S. Abs. 2. Auch Besuch darf der Berechtigte aufnehmen, aber nur in dem der Verkehrssitte entsprechendem Maße. Dernburg § 205 VIII. S. 576. Sittlich anstößige Personen zur Bedienung zuzulassen, ist der Verpflichtete nicht gezwungen. KB. 17.

2. Abs. 2 stimmt mit der bisherigen Praxis überein. Strieth. 12 S. 327. Ob nachträglich geborene uneheliche Kinder aufgenommen werden dürfen, wenn die Mutter nur die Mitbenutzung der Wohnung hat, ist nach den Umständen des Falles und der örtlichen Auffassung zu entscheiden. Die Aufnahme von Besuch wird den nur zur Mitbenutzung Berechtigten nur ausnahmsweise zu gestatten sein. Dernburg § 205 VIII. S. 576. Hodler S. 54.

§ 7. Unterläßt der Verpflichtete die Bewirkung einer vertragsmäßigen Leistung, so steht dem Berechtigten nicht das Recht zu, wegen der Nichterfüllung oder des Verzugs nach § 325 Abs. 2 oder § 326 des Bürgerlichen Gesetzbuchs von dem Vertrage zurückzutreten oder nach § 527 des Bürgerlichen Gesetzbuchs die Herausgabe des Grundstücks zu fordern.

„Die Anwendung — der bezeichneten — Vorschriften auf den Leibgedingsvertrag würde zu einer mit den Absichten der Vertragschließenden nicht vereinbaren Härte führen. Die Überlassung eines Grundstücks gegen ein Leibgedinge erfolgt in der Regel nicht in dem Sinne, daß sie lediglich die Gegenleistung für die vertragsmäßigen Leistungen des Übernehmers bilden soll, sondern in der Absicht, dem Übernehmer dadurch auch eine zur Begründung seiner wirtschaftlichen Selbständigkeit dienenden Zuwendung zu wahren." M. z. AG. z. BGB. 24. Ob nur eine einzelne Leistung im Rückstande ist oder ob ein fortwährender Verzug stattfindet, ist gleichgültig. KB. 17. Unberührt bleiben die Ansprüche auf Schadensersatz wegen Nichterfüllung, sowie das Rücktrittsrecht aus § 325 Abs. 1. Insbesondere können von diesem Rücktrittsrecht und dem Anspruche auf Rückgabe des Grundstücks die Erben des Leibgedingers Gebrauch machen, wenn der Grundeigentümer schuldhafterweise den Tod des Leibgedingers verursacht hat. Dernburg § 205 XII, S. 578.

§ 8. Veranlaßt der Verpflichtete durch sein Verhalten eine solche Störung der persönlichen Beziehungen zu dem Berechtigten, daß diesem nicht zugemutet werden kann, die Wohnung auf dem Grundstücke zu behalten, so hat er dem Berechtigten, falls dieser die Wohnung aufgibt, den für die Beschaffung einer anderen angemessenen Wohnung erforderlichen Aufwand sowie den Schaden zu ersetzen, der daraus entsteht, daß dieser andere ihm gebührende Leistungen nicht auf dem Grundstück in Empfang nehmen kann; statt der Leistungen kann der Berechtigte Entschädigung in Geld verlangen.

1. Vorausgesetzt wird, daß das schuldhafte Verhalten des Verpflichteten den Berechtigten zur Aufgabe der Wohnung veranlaßt hat. Liegt die Veranlassung in dem Verhalten von Angehörigen des Verpflichteten oder von Dritten, ohne daß den Verpflichteten eigenes Verschulden, insbesondere pflichtwidriger Nichtgebrauch seiner hausherrlichen Gewalt zur Last fällt, so findet § 9 Abs. 3 Anwendung. KB. IV, 4. Hodler S. 55.

2. Der Anspruch geht auf Ersatz des Aufwandes, der zur Beschaffung einer anderen Wohnung von gleicher Art und Beschaffenheit erforderlich ist und auf Ersatz des Schadens, der daraus entsteht, daß der Berechtigte andere ihm gebührende Leistungen nicht auf dem Grundstück in Empfang nehmen kann. Der Schaden ist in Natur zu ersetzen. §§ 249 ff. BGB. Der Berechtigte kann die Leistung in Natur in seiner neuen Wohnung verlangen. Zur Abholung ist er nicht verpflichtet, auch dann nicht, wenn er in einem Nachbarort wohnt, weil er am bisherigen Wohnort eine angemessene Wohnung nicht finden kann. KB. 17. Nur wenn die Naturallieferung unverhältnismäßige Aufwendungen erfordern würde, kann der Verpflichtete den Berechtigten in Geld entschädigen. § 251 Abs. 2 BGB. Der Berechtigte ist — abweichend von §§ 250, 251 Abs. 1 BGB. — in allen Fällen befugt, statt der Naturalleistungen Geldentschädigung zu verlangen. KB. 18. Vgl. Strieth. 6 S. 103, 65 S. 144. RG. Gruch. 25 S. 888, JW. 92 S. 379.

§ 9. Veranlaßt der Berechtigte durch sein Verhalten eine solche Störung der persönlichen Beziehungen zu dem Verpflichteten, daß diesem nicht zugemutet werden kann, ihm das fernere Wohnen auf dem Grundstücke zu gestatten, so kann ihm der Verpflichtete die Wohnung unter Gewährung einer angemessenen Räumungsfrist kündigen.

Macht der Verpflichtete von dieser Befugnis Gebrauch, so hat er dem Berechtigten eine Geldrente zu gewähren, die nach billigem Ermessen dem Werte der Vorteile entspricht, welche er durch die Befreiung von der Pflicht zur Gewährung der Wohnung und zu Dienstleistungen erlangt.

Die Vorschrift des Abs. 2 findet auch Anwendung, wenn der Berechtigte durch andere Umstände als durch das Verhalten des Verpflichteten ohne eigenes Verschulden genötigt ist, das Grundstück dauernd zu verlassen.

1. Schuldhaftes Verhalten des Berechtigten gibt dem Verpflichteten ein Kündigungsrecht. Der Verpflichtete soll aber dadurch keine Bereicherung erfahren. Er hat in diesem Falle dem Berechtigten eine Geldrente zu gewähren, die dem Werte der Vorteile entspricht, welche er durch Befreiung von der Pflicht zur Gewährung der Wohnung und zu Dienstleistungen (Aufwartung, Pflege rc.) erlangt. Im Falle beiderseitigen Verschuldens wird § 254 BGB. Anwendung finden. Ist der Berechtigte durch andere Umstände, als durch das Verhalten des Verpflichteten, zB. durch Krankheit, Unverträglichkeit seiner Familienangehörigen, ohne eigenes Verschulden genötigt, das Grundstück dauernd zu verlassen, so hat er ebenfalls Anspruch auf die in Abs. 2 bestimmte Rente. Der Fall, wenn der Berechtigte ohne eigenes Verschulden genötigt ist, das Grundstück nur zeitweise zu verlassen, zB. zu einer Badereise, ist nicht geregelt. Nach dem Grundsatz des § 9 Abs. 3 wird anzunehmen sein, daß der Verpflichtete den Betrag des Ersparten dem Berechtigten herauszugeben hat.

2. Wiederkehrende Leistungen hat der Berechtigte von dem Grundstück abholen zu lassen. Das Melken einer dem Altsitzer im Ausgedingegrundstück zu haltenden eisernen

Kuh kann der Altsitzer durch einen Beauftragten vornehmen lassen. Strieth. 58 S. 248. An die Stelle der dem Berechtigten zustehenden freien Beköstigung am Tische des Verpflichteten wird eine Entschädigung nach Maßgabe des § 9 Abs. 2 zu treten haben.

§ 10. Ist ein Leibgedinge für mehrere Berechtigte, insbesondere für Ehegatten, vereinbart, so wird der Verpflichtete durch den Tod eines der Berechtigten zu dem Kopfteile des Verstorbenen von seiner Verpflichtung frei, soweit die geschuldeten Leistungen zum Zwecke des Gebrauchs oder Verbrauchs unter den Berechtigten geteilt werden mußten.

1. Leistungen, die für einen einheitlichen, ungeteilt zu deckenden Bedarf bestimmt sind, wie Beleuchtung, Feuerung, sind auch nach dem Tode ungeteilt zu entrichten. M. z. AG. z. BGB. S. 25. OTr. Rechtsf. 2 S. 142, 4 S. 88. Strieth. 7 S. 36.

2. Hat ein Auszügler für sich und seinen Ehegatten ein Leibgedinge vorbehalten, so kann dieser Ehegatte, wenn die Ehe geschieden ist, im Zweifel das Ausgedinge nicht mehr für sich beanspruchen. Dernburg § 205 IX S. 576. Gruch 39 S. 986.

Zu § 1108.

2. Der Art. 31 AG. z. BGB. bestimmt: „Die Vorschriften, nach welchen im Falle der Teilung eines mit einer Reallast belasteten Grundstücks die Reallast auf die einzelnen Teile des Grundstücks verteilt wird, bleiben in Kraft. Die Verteilung ist bei der Auseinandersetzungsbehörde zu beantragen."

In Betracht kommen:

a, Im Geltungsbereiche des Ablösungsgesetzes v. 2. März 1850 (GS. S. 77) der § 93 dieses Gesetzes.

b, Für die Provinz Hannover § 11 der V. v. 28. Sept. 1867 und das Ges. v. 3. April 1869.

c, Für die Landesteile des linken Rheinufers § 29 des Ges. v. 12. April 1888 (GS. S. 52). Vgl. Art. 33 Nr. 10 AG. z. GBO.

Zu § 1113.

Vorbemerkungen. 8. Von den Vorbehalten in Art. 188 Abs. 1 und in Art. 194 ist in Preußen kein Gebrauch gemacht, wohl aber von dem Vorbehalt in Art. 193. In Betracht kommt Art. 33 AG. z. BGB. lautend:

§ 1. Eine zu der Zeit, zu welcher das Grundbuch als angelegt anzusehen ist, bestehende Hypothek gilt von dieser Zeit an als eine Hypothek, für welche die Erteilung des Hypothekenbriefs nicht ausgeschlossen ist, wenn über sie nach den geltenden Vorschriften ein Hypothekenbrief gebildet oder zu bilden ist. Ein vor der bezeichneten Zeit gebildeter Hypothekenbrief gilt als Hypothekenbrief im Sinne der Reichsgesetze.

Die Vorschriften des Abs. 1 finden auf Kautionshypotheken keine Anwendung.

§ 2. Im ursprünglichen Geltungsbereiche der Grundbuchordnung vom 5. Mai 1872 sowie in Ostfriesland und Harlingerland, in der Niedergrafschaft Lingen und in den ehemals Münsterschen Ortschaften der Provinz Hannover steht ein vor dem Inkrafttreten der Grundbuchordnung gebildetes Hypotheken-Instrument einem später gebildeten Hypothekenbriefe gleich.

In den übrigen Landesteilen erfolgt die nach den geltenden Vorschriften zulässige Erteilung eines Hypothekenbriefes kostenfrei, wenn sie vor der Zeit, zu welcher das Grundbuch als angelegt anzusehen ist, beantragt wird. Ist wegen Unterlassung des Antrags die Erteilung eines Briefes ausgeschlossen, so werden im Falle nachträglicher Aufhebung der Ausschließung für die Eintragung der

Aufhebung sowie für die gerichtliche Beurkundung oder Beglaubigung der Eintragungsbewilligung und für die Erteilung des Briefes Kosten nicht erhoben, wenn die Eintragung innerhalb eines Jahres nach dem Inkrafttreten des Bürgerlichen Gesetzbuchs beantragt wird.

§ 3. Im bisherigen Geltungsbereiche des Gesetzes über das Grundbuchwesen in dem Bezirke des Appellationsgerichts zu Kassel etc. vom 29. Mai 1873 (GS. S. 273) gelten für die vor dem 1. Juli 1874 errichteten und nicht in Hypotheken des Preuß. Rechtes umgewandelten Hypotheken folgende Vorschriften:

1. Bis zu der Zeit, zu welcher das Grundbuch als angelegt anzusehen ist, wird bei der Hypothek auf Antrag eines Gläubigers, dem eine ihr gleich- oder nachstehende Hypothek oder Grundschuld zusteht, ein Widerspruch gegen das Bestehen der Hypothek kostenfrei eingetragen. Zur Eintragung genügt der Antrag des Gläubigers.
2. Soweit zu der unter Nr. 1 bezeichneten Zeit die Hypothek noch besteht, gilt sie von dieser Zeit an als Sicherungshypothek, auch wenn der Betrag der gesicherten Forderung bestimmt ist.
3. Auf die Hypothek finden in Ansehung der Ausschließung des unbekannten Gläubigers im Wege des Aufgebotsverfahrens die Vorschriften des § 1170 des BGB. auch insoweit Anwendung, als die Hypothek zu der unter Nr. 1 bezeichneten Zeit nicht mehr besteht. Ein Gläubiger, dem zu dieser Zeit eine der Hypothek gleich- oder nachstehende Hypothek oder Grundschuld zusteht, kann nach der Erlassung des Ausschlußurteils die Löschung der Hypothek in gleicher Weise verlangen, wie wenn zur Sicherung des Rechtes auf Löschung eine Vormerkung im Grundbuch eingetragen wäre.

   Wird das Aufgebotsverfahren vor dem Ablaufe von zwei Jahren nach der bezeichneten Zeit beantragt, so werden für das Verfahren und für die Löschung der Hypothek Gebühren nicht erhoben.
4. Soll die Hypothek nach § 1186 BGB. in eine gewöhnliche Hypothek umgewandelt werden, so werden für die Eintragung der Umwandlung sowie für die gerichtliche Beurkundung oder Beglaubigung der Eintragungsbewilligung und für die Erteilung eines Hypothekenbriefs Gebühren nicht erhoben, wenn die Umwandlung innerhalb eines Jahres nach der unter Nr. 1 bezeichneten Zeit beantragt wird.

§ 4. Die nach den Vorschriften des Rheinischen Bürgerlichen Gesetzbuchs begründeten Privilegien und Hypotheken, die zu der Zeit, zu welcher das Grundbuch als angelegt anzusehen ist, nicht durch Einschreibung im Hypothekenregister oder durch Eintragung im Grundbuche wirksam geworden sind, verwandeln sich in Ansprüche auf Bestellung einer Sicherungshypothek, soweit nicht im Artikel 56 § 9 ein anderes bestimmt ist. Gerichtliche Hypotheken dieser Art erlöschen, unbeschadet der dem Gläubiger auf Grund eines vollstreckbaren Titels nach den reichsgesetzlichen Vorschriften zustehenden Befugnisse.

Privilegien und Hypotheken an Nießbrauchsrechten verwandeln sich, wenn sie zu der im Abs. 1 bezeichneten Zeit wirksam geworden sind, in Pfandrechte an dem Nießbrauch, anderenfalls in Ansprüche auf Bestellung eines Pfandrechts; die Vorschriften des Abs. 1 finden entsprechende Anwendung.

1. Hypotheken, die nach bisherigem Rechte für eine nicht zur Entstehung gelangte Forderung bestellt sind (nicht valutierte Hypotheken) sind mit dem infolge der Anlegung des Grundbuchs erfolgten Inkrafttreten des neuen Liegenschaftsrechts zu Eigentümergrundschulden geworden. RG. 48 S. 48. Gruch. 47 S. 112. JW. 1901 S. 239, 1902 S. 194. AM. KG. ROLG. 1 S. 264, 452; 2 S. 154. Sie stehen demjenigen zu, der beim Inkrafttreten des neuen Liegenschaftsrechts Eigentümer des mit ihnen belasteten Grundstücks war, Miteigentümern nach Verhältnis ihrer am Grundstück bestehenden Bruchteile. RG. 51 S. 398. Zentralbl. 3 S. 817.

2. Trotz der erfolgten Eintragung entstand nach Preuß. R. ein Hypothekenrecht nicht, wenn die Eintragung überhaupt nicht auf einer Bewilligung des Eigentümers beruhte oder wenn die ihr zugrunde liegende Bewilligung ungültig war. Dies hat das RG. nicht nur für den Fall einer formellen Ungültigkeit der Eintragungsbewilligung (RG. 23 S. 271), sondern auch für den Fall einer materiell (inhaltlich) ungültigen Bewilligung (RG. 52 S. 111) ausgesprochen. Die auf Grund einer ungültigen, zB. wegen Irrtums und Täuschung angefochtenen Eintragungsbewilligung eingetragene Hypothek gilt nicht als ein bestehendes Pfandrecht im Sinne des Art. 192, also auch nicht als Eigentümergrundschuld des BGB. RG. 54 S. 83.

3. Die Erfordernisse der Konvaleszenz einer wegen Nichtzahlung der Valuta unwirksamen Hypothek mittels Unterlegung einer anderweiten Forderung eines Dritten hat das RG. dahin festgestellt: a, die Hypothek muß nachträglich dadurch eine materielle Unterlage erhalten, daß sie nunmehr für die bestehende Forderung eines Dritten an den Eigentümer als Sicherheit dienen soll; b, dies muß in der Weise geschehen, daß auf Anweisung oder mit Zustimmung des Eigentümers der ursprüngliche Gläubiger sein Recht aus der Hypothekenbestellung dem Dritten abtritt; c, die Konvaleszenz kann nur während unverminderter Dispositionsbefugnis des Schuldners erfolgen. RG. 44 S. 294. Gruch. 47 S. 674.

4. Eine nach früherem Recht entstandene Hypothek, welche durch Befriedigung des Gläubigers seitens des persönlichen Schuldners zu einer Eigentümerhypothek geworden ist, verwandelt sich mit dem 1. Januar 1900 nicht in eine Grundschuld. KG. JMBl. 1901 S. 35.

5. Wegen der Kautionshypothek des bisherigen Rechtes s. die Anlage zu § 1190.

6. **Zu § 1113 Abs. 1.** Gegenstand der Belastung sind auch die selbständigen Gerechtigkeiten, die ein Grundbuchblatt erhalten haben (AG. z. BGB. Art. 39 § 1), die selbständigen Kohlenabbau-Gerechtigkeiten (a. a. O. Art. 38 § 5), das durch Verleihung begründete oder durch Konsolidation, Teilung von Grubenfeldern oder Austausch von Feldesteilen erworbene Bergwerkseigentum und die unbeweglichen Kuxe. A. a. O. Art. 37 I, XIII.

Zu § 1115.

6. c, Auf Grund des Vorbehalts in Art. 117 Abs. 2 bestimmt Art. 32 AG. z. BGB.: § 1. „Bei Hypothekenforderungen, Grundschulden und Rentenschulden kann das Kündigungsrecht des Eigentümers nur soweit ausgeschlossen werden, daß der Eigentümer nach zwanzig Jahren unter Einhaltung einer sechsmonatigen Frist kündigen kann."

§ 2. „Kapitalien, die zur Zeit des Inkrafttretens des BGB. auf einem Grundstück oder einer Gerechtigkeit angelegt sind und bisher seitens des Schuldners unkündbar oder erst nach einer längeren als einer zwanzigjährigen Frist kündbar waren, können nach dem Ablaufe von zwanzig Jahren seit dem Inkrafttreten des BGB. unter Einhaltung einer sechsmonatigen Frist gekündigt werden, sofern nicht nach den bisherigen Gesetzen die Kündbarkeit schon vorher eintritt."

Die Vorschrift gilt für die ganze Monarchie. Der § 1 betrifft nur das Kündigungsrecht des Eigentümers, nicht das des Gläubigers oder des persönlichen Schuldners. Die Frist des § 1 läuft für den Eigentümer von der Entstehung des dinglichen Rechtes, also erst von der Eintragung der Hypothek. RG. Bolze 1 Nr. 162. Eine dem § 1 widersprechende Verabredung ist nicht von vornherein unwirksam, gilt aber nur für 20 Jahre. Die Eintragung eines während einer unbestimmten oder 20 Jahre überschreitenden Zeit unkündbaren Darlehns ist vom KG. abgelehnt. KG. 14 S. 141. Anders — und wohl richtig — KG. 10 S. 323.

Zu § 1119.

1. Über den Stempelansatz für Urkunden, in welchen die Eintragung von Abänderungen der Zins- und Zahlungsbedingungen hypothekarischer Forderungen in das Grundbuch bewilligt wird, s. Allg. Verf. v. 4. Februar 1899 (JMBl. S. 45) und RG. 42 S. 264.

Zu § 1120.

I. **Unschädlichkeitszeugnis.** Es kommen folgende Gesetze in Betracht.

a, Das Gesetz v. 3. März 1850 (GS. S. 145) gestattet für den damaligen Umfang der Monarchie mit Ausnahme der auf dem linken Rheinufer belegenen Landesteile jedem Grundeigentümer, sowie jedem Lehns- und Fideikommißbesitzer einzelne Gutsparzellen gegen Auferlegung fester Geldabgaben oder gegen Feststellung eines Kaufgeldes auch ohne Einwilligung der Lehns- und Fideikommißberechtigten, Hypotheken- und Realgläubiger zu veräußern, sofern bei landschaftlich beliehenen Gütern die Kreditdirektion, bei anderen die Auseinandersetzungsbehörde — Generalkommission — bescheinigt, daß die Abveräußerung den Realberechtigten unschädlich sei. Das Unschädlichkeitsattest darf nur erteilt werden, wenn das Trennstück von verhältnismäßig geringem Wert und Umfange ist und nur, wenn das Entgelt den vollen Wert des Trennstücks erreicht. Eine Nachprüfung des Zeugnisses steht dem Grundbuchrichter nicht zu. Die Geldabgabe sowie das Kaufgeld treten an Stelle des veräußerten Trennstücks in dessen Verhaftung ein.

b, Das Gesetz v. 27. Juni 1860 (GS. S. 384) gestattet für den Geltungsbereich des Gesetzes v. 3. März 1850 im Falle eines solchen Unschädlichkeitsattestes den Austausch einzelner Parzellen von Grundstücken mit der Wirkung, daß die abgetretene Parzelle aus ihrem bisherigen Verbande austritt und die eingetauschte in den Verband eintritt. Auch hier darf das Unschädlichkeitsattest nur erteilt werden, wenn die abzutretende Parzelle von verhältnismäßig geringem Werte und Umfange ist und vollständiger Ersatz in Land oder eine ausgleichende Kapitalzahlung geleistet wird.

Beide Gesetze sind durch besondere Gesetze eingeführt in den Regierungsbezirk Kassel (ausschließlich der vormals großherzoglich hessischen Gebietsteile) und in die hohenzollernschen Lande (Ges. v. 15. April 1885, GS. S. 115), in die Provinz Schleswig-Holstein (Ges. v. 22. April 1886, GS. S. 139), in das Gebiet des rheinischen Rechtes (Ges. v. 12. April 1888, GS. S. 52). Besondere Gesetze sind erlassen für Hannover (Ges. v. 25. März 1889, GS. S. 65) und für Waldeck-Pyrmont (Ges. v. 14. Dez. 1896, GS. S. 263). Das hannoversche Gesetz ist durch Ges. v. 19. August 1895, § 4 (GS. S. 481) ausgedehnt auf das Gebiet von Frankfurt a. M. und auf die vormals hessischen Gebietsteile der Provinz Hessen-Nassau. Es tritt mit dem AG. z. BGB. (Art. 20) im Gebiete des vormaligen Herzogtums Nassau und auf der Insel Helgoland in Kraft.

c, Nach dem Gesetz über Rentengüter v. 27. Juni 1890 § 1 (GS. S. 209) muß das Rentengut frei von den Hypotheken- und Grundschulden des Grundstücks, von dem es abgetrennt wird, begründet werden. Auf die Veräußerung zum Zwecke der Bildung von Rentengütern finden aber die gesetzlichen Bestimmungen über den erleichterten Abverkauf von Grundstücken Anwendung mit der Maßgabe, daß das Unschädlichkeitsattest auch bei der Abveräußerung größerer Trennstücke erteilt werden kann, wenn die Sicherheit der Realberechtigten dadurch nicht vermindert wird.

d, Das Gesetz vom 15. Juli 1890 (GS. S. 226) gestattet ein Unschädlichkeitszeugnis in dem Falle, wenn Trennstücke von verhältnismäßig geringem Wert und Umfange zu öffentlichen Zwecken unentgeltlich veräußert werden.

e, Der Art. 19 des AG. z. BGB. bestimmt: „Die bestehenden Vorschriften über die Erteilung von Unschädlichkeitszeugnissen zum Zwecke der Befreiung eines Teiles eines Grundstücks von dessen Belastungen bleiben mit folgenden Maßgaben in Kraft:

1. Bei der Entscheidung, ob der Grundstücksteil im Verhältnisse zum Hauptgrundstücke von geringem Werte und Umfang ist, wird, wenn die Belastungen, von denen der Teil befreit werden soll, noch auf anderen Grundstücken desselben Eigentümers haften, die Gesamtheit der belasteten Grundstücke als Hauptgrundstück behandelt.

2. Das Unschädlichkeitsattest kann auf einzelne Belastungen beschränkt werden."

f, Die Voraussetzungen, unter denen auf Grund eines Unschädlichkeitszeugnisses ein Grundstücksteil frei von den Lasten des Hauptgrundstücks abgeschrieben werden kann, sind bestimmt in Art. 20 AG. z. GBO.

II. **Bahneinheit.** In Betracht kommen das Gesetz v. 19. August 1895 (GS. S. 499), das in der nach dem Gesetze v. 11. Juni 1902 (GS. S. 215) geänderten Fassung am 8. Juli 1902 (GS. S. 237) bekannt gemacht ist. Dazu die JMV. v. 19. September 1895 (JMBl. S. 286) und v. 11. Nov. 1902 (JMBl. S. 275).

A. 1. Bahneinheiten kennt das Gesetz nur bei den nach Maßgabe des Eisenbahnges. v. 3. November 1838 genehmigten Privatbahnen und den Kleinbahnen (einschließlich der Straßenbahnen, RG. 43 S. 256), deren Unternehmer zum Betriebe der Bahn verpflichtet ist. Jede dieser Bahnen bildet mit den dem Bahnunternehmen gewidmeten Vermögenswerten die Bahneinheit und als solche eine zum unbeweglichen Vermögen gehörige Sachgesamtheit. Die Bahneinheit entsteht, sobald die Genehmigung des Betriebes auf der ganzen Bahnstrecke erteilt ist und wenn die Bahn vorher in das Bahngrundbuch eingetragen wird, mit der Eintragung. Sie hört auf mit dem Erlöschen der Genehmigung, wenn aber die Bahn im Bahngrundbuch eingetragen ist, erst mit der Schließung des Bahngrundbuchblattes (Ges. §§ 1—3), im Zwangsversteigerungsverfahren gemäß Ges. § 38.

2. Zu der Bahneinheit gehören (Ges. § 4) der Bahnkörper und die übrigen Grundstücke, welche dauernd dem Bahnunternehmen gewidmet sind, mit den darauf errichteten Baulichkeiten, sowie die für das Bahnunternehmen dauernd eingeräumten Rechte an fremden Grundstücken, die Betriebsfonds, Kassenbestände, die Forderungen aus dem Betriebe, die Ansprüche auf zugesicherte Zuschüsse für das Bahnunternehmen, die dem Bahnunternehmen gehörigen beweglichen Sachen, welche zur Erhaltung der Bahn oder der Bahngebäude oder zum Betriebe des Bahnunternehmens dienen, solange sie sich auf den Bahngrundstücken befinden, rollendes Material auch nachher, solange es mit Zeichen, welche die Zugehörigkeit zur Bahn ergeben, versehen ist.

3. Die Übertragung des Eigentums der Bahneinheit geschieht durch Auflassung und Eintragung in das Bahngrundbuch. Die Genehmigung der Bahnaufsichtsbehörde ist nicht erforderlich.

4. Zur Eintragung einer Grundschuld oder Rentenschuld an einer Bahneinheit ist bei Privateisenbahnen die Genehmigung des Ministers der öffentl. Arbeiten erforderlich. Ges. § 17.

5. Auf die Zwangsvollstreckung in die Bahneinheit finden die Vorschriften der Reichsgesetze sowie der zu ihrer Ausführung und Ergänzung dienenden Landesgesetze über die Zwangsvollstreckung in Grundstücke nach Maßgabe der §§ 21—36 Ges. entsprechende Anwendung. Ges. § 20.

B. Bahngrundbuch. Für die Bahneinheiten werden besondere Bahngrundbücher geführt.

6. Die Anlegung des Bahngrundbuchblatts erfolgt nach Maßgabe der JMV. v. 11. Nov. 1902 (JMBl. S. 275) und dem ihr beigefügten, mit Probeeintragungen versehenen Formular. Sie kann von dem Eigentümer beantragt werden, sobald die Genehmigung für das Bahnunternehmen erteilt ist. Der Antrag darf aber nicht an

das Amtsgericht unmittelbar, sondern nur an die Bahnaufsichtsbehörde gerichtet werden, welche das Amtsgericht um Anlegung zu ersuchen hat. Ges. § 8. Wird die Eintragung einer Sicherungshypothek für die Forderung eines Gläubigers beantragt, ohne daß ein Bahngrundbuchblatt angelegt ist, so hat das Amtsgericht den Antrag der Bahnaufsichtsbehörde mitzuteilen, die dann von Amts wegen das Ersuchen um Anlegung des Grundbuchblatts zu stellen hat. Bei der Anlegung erfolgt zugleich die Eintragung der vollstreckbaren Forderung auf Grund des früher gestellten Antrags mit dem Range, der sich aus dem Zeitpunkt des ersten Eingangs des Antrags ergibt. Ges. § 21.

7. Zuständig zur Führung des Bahngrundbuchs ist das Amtsgericht, in dessen Bezirke die Hauptverwaltung des Bahnunternehmens ihren Sitz hat. Liegt dieser außerhalb Preußens, so bestimmt der Justizminister das zuständige Amtsgericht. Ges. § 10 Abs. 3. Auf das Verfahren bei Führung der Bahngrundbücher finden die Vorschriften der GBO. sowie die zu ihrer Ausführung und Ergänzung dienenden Vorschriften entsprechende Anwendung. Ges. § 9.

8. Schließung des Bahngrundbuchblattes. Ist die Genehmigung für das Bahnunternehmen erloschen, so hat die Bahnaufsichtsbehörde dem Amtsgericht davon Mitteilung zu machen. Sind keine Hypotheken, Grundschulden oder Rentenschulden (Bahnpfandschulden) im Bahngrundbuch eingetragen, so hat das Amtsgericht das Blatt von Amts wegen ohne weiteres zu schließen. Sind Bahnpfandschulden eingetragen, so wird das Erlöschen der Genehmigung vom Amtsgericht im Bahngrundbuche (Abschnitt II des Titels) vermerkt und öffentlich bekannt gemacht. Die Schließung erfolgt alsdann bei der Löschung der eingetragenen Bahnpfandschulden oder nach Beendigung des Zwangsliquidationsverfahrens oder mit Ablauf von sechs Monaten seit der Bekanntmachung des Erlöschens der Genehmigung, sofern bis zu diesem Zeitpunkt ein Antrag auf Einleitung der Zwangsliquidation nicht gestellt ist. Ges. § 14.

C. Die zur Bahneinheit gehörigen Grundstücke. 9. Diejenigen Grundstücke, deren Widmung für das Bahnunternehmen äußerlich erkennbar ist (der Bahnkörper, die Bahnhöfe, die Bahnwärterhäuser ꝛc.) werden in das Bahngrundbuch überhaupt nicht eingetragen. Die Eintragung anderer Grundstücke (Arbeiterwohnhäuser ꝛc.) wird bewirkt im Abschnitt VI des Titels. Ges. § 11. Sie darf nur erfolgen, wenn dem GBA. nachgewiesen wird, daß das Grundstück dem Bahneigentümer gehört und frei von Hypotheken, Grundschulden und Rentenschulden ist. Belasten andere dingliche Rechte das Grundstück, so darf die Eintragung nur stattfinden, wenn die Bahnaufsichtsbehörde bescheinigt, daß diese Rechte mit der Betriebsfähigkeit des Bahnunternehmens vereinbar sind. Ges. § 12.

10. Die Grundbücher über die zur Bahneinheit gehörigen Grundstücke werden weiter geführt. Es ist aber in ihnen die Zugehörigkeit des Grundstücks zur Bahneinheit einzutragen. Nach Aufhören der Bahneinheit ist der Vermerk unter gleichzeitiger Eintragung des durch die Veräußerung der Bahneinheit eingetretenen Eigentumswechsels zu löschen. Der Bahneigentümer ist verpflichtet, die Eintragung und Löschung zu beantragen und kann hierzu von der Bahnaufsichtsbehörde, welcher er ein Verzeichnis der zur Bahneinheit gehörigen Grundstücke mitzuteilen hat, angehalten werden. Soweit die Grundstücke auf dem Titel des Bahngrundbuchblatts vermerkt sind, wird die Eintragung und Löschung von dem das Bahngrundbuch führenden Amtsgericht von Amts wegen veranlaßt. Wird ein Grundstück, welches bisher im Grundbuch nicht eingetragen war, in das Grundbuch aufgenommen, so ist die Zugehörigkeit zur Bahneinheit von Amts wegen zu vermerken. Vor dem Aufhören der Bahneinheit kann der Vermerk über die Zugehörigkeit eines Grundstücks zu ihr nur mit Zustimmung der Bahnaufsichtsbehörde oder des Liquidators im Falle der Zwangsliquidation gelöscht werden. Ges. § 15.

11. Veräußerungen oder Belastungen einzelner zur Bahneinheit gehörigen Grundstücke sind ungültig, soweit nicht die Bahnaufsichtsbehörde bescheinigt, daß durch

die Verfügung die Betriebsfähigkeit des Bahnunternehmens nicht beeinträchtigt wird. Sobald die Genehmigung für das Unternehmen erloschen ist, können Veräußerungen oder Belastungen ohne diese Bescheinigungen erfolgen. Hinsichtlich der unter Grundbuchrecht stehenden Grundstücke kann die durch die Zugehörigkeit zur Bahneinheit begründete Verfügungsbeschränkung gegen den Erwerber nur unter der Voraussetzung geltend gemacht werden, daß die Zugehörigkeit des Grundstücks zur Bahneinheit ihm bekannt oder im Grundbuche vermerkt ist. Ges. § 5.

Wenn nach dem Erlöschen der Genehmigung die Bahneinheit fortbesteht, sind Verfügungen des Bahneigentümers über einzelne Bestandteile der Bahneinheit den Bahnpfandgläubigern gegenüber unwirksam; doch finden die Vorschriften über den öffentlichen Glauben des Grundbuchs entsprechende Anwendung. Das Recht der Bahnpfandgläubiger, die Unwirksamkeit einer Verfügung des Bahneigentümers geltend zu machen, erlischt mit der Schließung des Bahngrundbuchblatts. Ges. § 19.

Zu § 1128.

6. Das AG. z. ZwVG. Art. 35 bestimmt: „Ist im Falle der Enteignung eines mit Reallasten, Hypotheken, Grundschulden oder Rentenschulden belasteten Grundstücks die für den Eigentümer vereinbarte oder durch Beschluß oder Urteil endgültig festgestellte Entschädigungssumme nach § 37 Abs. 1 Nr. 3 des Ges. über die Enteignung von Grundeigentum vom 11. Juni 1874 (GS. S. 221) hinterlegt und sind die Wirkungen der Enteignung eingetreten, so haben die Realberechtigten an dieser Entschädigung, unbeschadet der Vorschriften der §§ 38, 49 des genannten Gesetzes, dieselben Rechte, welche ihnen im Falle des Erlöschens ihres Rechtes durch Zwangsversteigerung an dem Erlöse zustehen. Der Eigentümer und jeder der im Abs. 1 bezeichneten Realberechtigten kann die Eröffnung eines gerichtlichen Verteilungsverfahrens beantragen. Für das Verfahren gelten die Vorschriften der Art. 36—41."

Für die nach dem Baufluchtlinienges. v. 2. Juli 1875 (GS. S. 561) zu gewährende Enteignungsentschädigung kommen (§§ 13, 14) die Vorschriften des Enteign.Ges. v. 11. Juni 1874 zur Anwendung. Nach den Gesetzen betr. die Errichtung von Marksteinen v. 7. Oktober 1865 (GS. S. 1033), 7. April 1869 (GS. S. 729), 3. Juni 1874 (GS. S. 239) wird die Entschädigungssumme, wenn sie den Betrag von 60 Mark nicht übersteigt, den Entschädigungsberechtigten zur freien Disposition ausgehändigt. Eine höhere Entschädigung unterliegt nach Art. 109 Satz 2 den Art. 52, 53.

7. Vorschriften, die durch Art. 120 Abs. 2 der Landesgesetzgebung vorbehalten sind, sind für Preußen nicht ergangen.

Zu § 1136.

6. Beim Rentengut kann die versagte Einwilligung des Rentenberechtigten zur Zerteilung des Grundstücks oder zur Abveräußerung von Teilen des Grundstücks durch richterliche Entscheidung der Auseinandersetzungsbehörde ergänzt werden, wenn die Zerteilung oder Abveräußerung im gemeinschaftlichen Interesse wünschenswert erscheint. Art. 62. Ges. v. 27. Juni 1890 § 3 (GS. S. 209.)

Zu § 1147.

11. b, Unzulässig ist die Zwangsversteigerung wegen Gerichtskosten, Stempel- und Erbschaftssteuerstrafen sowie wegen Geldstrafen für Zuwiderhandlungen gegen Zollgesetze. Ges. v. 25. Juni 1895 § 16 Abs. 2, v. 31. Juli 1895 § 22, v. 24. Mai 1891 § 47, v. 26. Juli 1897 § 54.

Zu § 1177.

8. Eine unter der Herrschaft der Grundbuchgesetze v. 5. Mai 1872 entstandene Eigentümerhypothek hat sich mit dem Inkrafttreten des neuen Grundbuchrechts in eine Eigentümerhypothek, nicht in eine Grundschuld nach § 1177 Abs. 1 BGB. verwandelt. KG. 21 S. A 161. Dagegen unterliegen Hypotheken des früheren Rechtes, die erst unter der Herrschaft des neuen Rechtes Eigentümerhypotheken werden, dem neuen Recht. KG. RJA. 2 S. 194.

Zu § 1184.

9. Die nach § 6 Abs. 3 oder § 7 ZwVG. v. 13. Juli 1883 eingetragenen Vormerkungen bleiben nach dem Inkrafttreten des Grundbuchrechts bestehen. Zur Umschreibung in eine Sicherungshypothek bedarf es im Falle des § 6 Abs. 3 der Bewilligung des derzeitigen Eigentümers des Grundstücks, im Falle des § 7 der Vorlegung einer vollstreckbaren Ausfertigung des Schuldtitels gegen den ursprünglichen Schuldner. In beiden Fällen ist die Eintragung der Sicherungshypothek nicht der Beschränkung des § 867 Abs. 2 ZPO. unterworfen. KG. 22 S. A 178.

Beitreibung von Geldbeträgen im Verwaltungszwangsverfahren: AG. z. ZPO. Art. 8 und V. v. 15. Nov. 1899 (GS. S. 545).

Zu § 1186.

4. Von der Umschreibung einer Kautionshypothek in eine endgültige Hypothek von 300 Mark und mehr ist der Einkommensteuer-Veranlagungskommission Mitteilung zu machen. JMV. v. 15. Nov. 1894 § 1 Nr. 1 Abs. 2 Satz 2, § 2. JMBl. S. 314.

Zu § 1190.

14. Eine Kautionshypothek des bisherigen preußischen Rechtes gilt zu der Zeit, zu welcher das Grundbuch als angelegt anzusehen ist, in Höhe des Betrages der bis dahin entstandenen Forderungen als Sicherungshypothek des BGB. und fällt demjenigen zu, der am 1. Januar 1900 Grundeigentümer war. OLG. Posen, ROLG. 5 S. 392. In Höhe des überschießenden Betrages erlischt sie, wenn das Rechtsverhältnis, das durch die Hypothek gesichert werden soll, beendigt ist, so daß neue Forderungen aus ihm nicht entstehen können. Bezüglich dieses Betrages kann der Eigentümer nur die Löschung verlangen; die Verwandlung in eine Eigentümergrundschuld tritt nicht ein. RG. 49 S. 162, 52 S. 59, 414. KG. 20 S. A 311, 21 S. A 150, 154. OLG. Celle, Seuff. 56 Nr. 152. OLG. Königsberg, ROLG. 4 S. 194. Stegemann in Gruch. 46 S. 322. Dasselbe gilt, wenn die Kautionshypothek über einen Betrag bestellt ist, den die ihrer Höhe nach begrenzte sicherzustellende Forderung nicht erreichen konnte, bezüglich des überschießenden Betrages. RG. 52 S. 111.

Zu § 1191.

4. AG. z. BGB. Art. 34: „Wird im Falle der Blankoabtretung einer Grundschuld die durch einen Namen ausgefüllte Abtretungserklärung vor dem Inkrafttreten des BGB. behufs Sicherstellung der Zeit der Ausfüllung einem Amtsgericht vorgelegt, so hat das Gericht die Bescheinigung auf der Urkunde gebühren- und stempelfrei zu erteilen."

Zu § 1195.

2. V. v. 16. Nov. 1899 Art. 8 (GS. S. 562): „Die nach § 795 BGB. zur Ausgabe von Schuldverschreibungen auf den Inhaber erforderliche Genehmigung wird auf Grund eingeholter königlicher Ermächtigung von den zuständigen Ministern erteilt. Der Ermächtigung bedarf es nicht für die Genehmigung von Änderungen der Höhe des Zinssatzes und von sonstigen Änderungen der Ausgabebedingungen."

II. Ausführungsgesetz zur Grundbuchordnung.

Vom 26. September 1899.

(GS. S. 307.)

Art. 1.

Die Amtsgerichte sind die Grundbuchämter für die in ihrem Bezirke belegenen Grundstücke.

Z. f. DZP. 30 S. 462, 472, 473 (Literaturnachweis); 27 S. 354 f.; 28 S. 502.

---

1. Zuständig für die Grundbuchführung sind nur die Amtsgerichte, diese aber für alle Grundstücke ihres Bezirkes. Besondere Bestimmungen über die örtliche Zuständigkeit enthalten die Art. 2, 3. Zur Besetzung des GBA. gehören: ein Richter (Grundbuchrichter) und ein Gerichtsschreiber (Grundbuchführer). GVG. §§ 22, 154. Welche Funktionen dem einen und dem anderen obliegen, erhellt aus den für die einzelnen Fälle in Betracht kommenden Vorschriften.

2. Richter. a, Geschäftsverteilung. Ist ein Amtsgericht mit mehreren Richtern besetzt, so werden die Geschäfte nach örtlich abgegrenzten Bezirken oder nach Gattungen oder nach Gattungen und Bezirken durch das Präsidium des Landgerichts im voraus auf die Dauer eines Geschäftsjahres verteilt. AG. z. GVG. § 23 Abs. 1. JMV. v. 21. Juli 1879, JMBl. S. 198, 212. Ein Gerichtsassessor kann Grundbuchrichter sein, wenn ihm die Verwaltung einer Amtsrichterstelle übertragen oder wenn er einem Amtsgericht zur unentgeltlichen Beschäftigung überwiesen ist. AG. z. GVG. §§ 3, 4. Z. f. DZP. 28 S. 368. Referendare, welche im Vorbereitungsdienste seit mindestens zwei Jahren beschäftigt sind, können durch die Justizverwaltung mit der zeitweiligen Wahrnehmung richterlicher Grundbuchgeschäfte beauftragt werden. Auch kann ihnen durch den Amtsrichter, welchem sie zur Ausbildung überwiesen sind, die Erledigung einzelner Grundbuchgeschäfte übertragen werden (AG. z. GVG. § 2), doch soll dies regelmäßig nur zur Abhaltung von Terminen geschehen. JMV. v. 9. Dez. 1879 (JMBl. S. 466). Sind bei einem Amtsgericht mehrere Grundbuchrichter bestellt, so hat jeder die Grundbuchsachen seines Geschäftskreises selbständig als Einzelrichter zu bearbeiten. Doch wird die Gültigkeit der Handlung eines Amtsrichters dadurch nicht berührt, daß die Handlung nach der Geschäftsverteilung von einem der anderen Amtsrichter vorzunehmen gewesen wäre. AG. z. GVG. § 23 Abs. 2. Diese Regel gilt auch für Grundbuchsachen. — Ausnahme: Art 4.

b, Vertretung. Mehrere Richter desselben Amtsgerichts vertreten sich wechselseitig in der durch das Präsidium des Landgerichts im voraus bestimmten Reihenfolge.

Bei Amtsgerichten, welche nur mit einem Richter besetzt sind, muß dessen Vertretung durch Richter benachbarter Amtsgerichte von dem Oberlandesgerichtspräsidenten im voraus angeordnet werden. Bei Amtsgerichten, die mit zwei Richtern besetzt sind, kann eine solche Anordnung erfolgen. Das Landgericht ist aber befugt, wenn die Vertretung nicht durch Richter desselben Amtsgerichts erfolgen kann, die Angelegenheit einem anderen Amtsgerichte zuzuweisen. Sind auch die im voraus bestellten Vertreter rechlich oder tatsächlich verhindert, so erfolgt die Bestimmung des örtlich zuständigen Gerichts durch das zunächst höhere Gericht, in Ermangelung eines solchen durch den Justizminister. AG. z. GVG. §§ 24, 20 Abs. 2. JMV. v. 10. Sept. 1879 (JMBl. 340) und v. 22. Dez. 1893, JMBl. S. 361.

3. Gerichtsschreiber. Ihre Verhältnisse sind geregelt durch das Ges. v. 3. März 1879, die Gesch.O. v. 26. Nov. 1899 (JMV. v. 2. Dez. 1899, JMBl. S. 394), abgeändert durch die JMV. v. 24. Okt. 1900 (JMBl. S. 607), v. 4. März 1901 (JMBl. S. 51) und die JMV. v. 9. Dez. 1901 (JMBl. S. 78). Zu den Geschäften, welche dem Gerichtsschreiber bei der Führung des Grundbuchs obliegen, sollen außer in den Fällen einer notwendigen Aushilfe oder Vertretung nur solche Gerichtsschreibergehilfen verwendet werden, welche, abgesehen von der Erledigung der aktiven Dienstpflicht, die Vorbedingungen für die Anstellung als Gerichtsschreiber erfüllt haben. § 5 Ges. v. 3. März 1879. PFG. Art. 131. Die Verteilung der Geschäfte unter die Gerichtsschreiber der Amtsgerichte erfolgt durch den aufsichtsführenden Amtsrichter. Gesch.O. für die Gerichtsschreibereien der AG. v. 26. Nov. 1899 § 4 Abs. 2.

4. Das Recht der Dienstaufsicht steht zu über die richterlichen Beamten des Amtsgerichts: dem Präsidenten des Landgerichts, dem Präsidenten des OLGerichts und dem Justizminister, über die nicht richterlichen Beamten in 1. Instanz: dem aufsichtsführenden Amtsrichter. AG. z. GVG. §§ 78, 79. Für das Amtsger. I in Berlin ist das Dienstaufsichtsrecht besonders geregelt durch Gesetz v. 10. April 1892 (GS. S. 77) und die JMV. v. 25. Juni 1892, JMBl. S. 209. Befugnisse der Aufsichtsinstanzen: AG. z. GVG. § 80, Gesetz betreffs die Abänderung von Bestimmungen der Disziplinargesetze v. 9. April 1879 § 23 und Allerh. Erlaß v. 11. Mai 1885, JMBl. S. 170.

5. Die Bureauverwaltung regelt die Gesch.O. für die Gerichtsschreibereien der AG. v. 26. Nov. 1899, JMBl. S. 394. Besondere Bestimmungen enthalten die JMV. v. 15. Juli 1855 (JMBl. S. 521) betr. die Aufstellung jährlicher Nachweisungen über Eintragung und Löschung der Hypotheken, v. 11. Januar 1896 (JMBl. S. 16), betr. die Aufstellung jährlicher Nachweisungen über den Eigentumswechsel an land- und forstwirtschaftlichen Grundstücken, v. 29. Febr. 1896 (JMBl. S. 63) betr. das Stempelwesen, v. 15. Nov. 1894 (JMBl. S. 314), 24. Aug. 1895 (JMBl. S. 263), v. 15. Dez. 1896 (JMBl. S. 364) und v. 25. Mai 1900 (JMBl. S. 428) betr. die den Steuerbehörden behufs Veranlagung der Einkommens- und der Ergänzungssteuern zu machenden Mitteilungen.

6. Gerichstage. Nach JMV. v. 18. Juni 1881 sind auf den Gerichtstagen sowohl Anträge und Urkunden, welche zu einer Eintragung oder Löschung erforderlich sind, als auch die mündlichen Anträge auf Eintragungen oder Löschungen aufzunehmen. Durch JMV. v. 11. Mai 1882 ist zugelassen, daß auf den Gerichtstagen auf Wunsch auch Auflassungen aufzunehmen sind, jedoch nur auf Verantwortung der Beteiligten. Im Geltungsbereiche des rheinischen Rechtes, im Gebiete von Frankfurt a. M. und in den vormals Hessischen Gebietsteilen ist die Aufnahme von Auflassungserklärungen an den Gerichtstagen dem Ermessen der Gerichtstagskommissare überlassen. JMV. v. 21. Nov. 1888 § 8 (JMBl. S. 305), JMV. v. 9. Nov. 1895 § 8 (JMBl. S. 349), JMV. v. 7. Mai 1900 § 2 (JMBl. S. 426). Für die Reihenfolge der Eintragungen aus den auf dem Gerichtstage aufgenommenen und den etwa inzwischen beim GBA. selbst eingegangenen Anträgen ist das Präsentatum des zuständigen Grundbuchbeamten maßgebend, das des Gerichtstagskommissars, wenn er zugleich der zuständige

Grundbuchbeamte ist, auch dann, wenn es sofort auf dem Gerichtstage erfolgt ist. Denn darauf, an welchem Orte das Präsentatum vorgenommen wird, kommt nichts an. GBO. § 13. Ob eine Verhandlung im Geschäftslokal des Amtsgerichts oder außerhalb, in einem Lokaltermin aufgenommen wird, ist auf die Gültigkeit der Verhandlung ohne Einfluß. Bestritten ist die Zulässigkeit der Entgegennahme der Auflassung außerhalb der Gerichtsstelle von Henle im „Recht" 1900 S 434. Hiergegen a. a. O. S. 489, 534.

7. Die Grundbuchsachen gehören zu den durch Landesgesetz den ordentlichen Gerichten übertragenen Angelegenheiten der freiwilligen Gerichtsbarkeit, auf die nach Maßgabe der Art. 1, 2 PFG. die allgemeinen Vorschriften des RFG. Anwendung finden, insbesondere für die Ausschließung und Ablehnung des Richters und des Gerichtsschreibers, unbeschadet der Vorschrift des § 81 Abs. 2 GBO. (Z. f. DZP. 27 S. 319), die Bestimmungen der §§ 6, 7 RFG., für die Gewährung des Armenrechts § 14, für die Form der Bekanntmachung der Verfügungen des GBA. § 16 Abs. 2, 3, für die Verhängung von Ordnungsstrafen § 33. In letzterer Beziehung kommen ergänzend die Art. 15—17 des PFG. in Betracht, die für die Fälle des § 62 Abs. 2 und des § 70 Abs. 1 GBO. von Bedeutung sind. Hervorzuheben sind die nachstehenden Bestimmungen.

8. Eintragungen in das Grundbuch und sonstige Handlungen des GBA. sind nicht aus dem Grunde unwirksam, weil das Grundbuch von einem unzuständigen GBA. geführt ist. RFG. § 7. Vgl. aber BGB. § 925 A. 5.

9. Die Gerichtssprache ist die deutsche. RFG. § 8. GVG. § 186. Wird unter Beteiligung von Personen verhandelt, welche der deutschen Sprache nicht mächtig sind, so ist ein Dolmetscher zuzuziehen. GVG. § 187. Der Zuziehung eines Dolmetschers bedarf es nicht, wenn der Richter der fremden Sprache mächtig ist. Die Beeidigung des Dolmetschers ist nicht erforderlich, wenn die beteiligten Personen darauf verzichten. In bezug auf die Ablehnung und Ausschließung des Dolmetschers finden die Bestimmungen Anwendung, die im § 6 RFG. für die Richter getroffen sind. § 9 RFG. Dolm.O. v. 18. Dez. 1899 (JMBl. S. 856). JMV. v. 5. Febr. 1900 (JMBl. S. 48). Deutsche Übersetzungen müssen dem § 29 GBO. entsprechen.

10. Die Verhandlungen vor dem GBA. sind nicht öffentlich, da es in Grundbuchsachen eine mündliche Verhandlung „nach Vorschrift der deutschen Prozeßordnungen" nicht gibt. AG. z. GVG. § 88.

11. Auf die Sitzungspolizei finden die §§ 177, 185 GVG. Anwendung. AG. z. GVG. § 88.

12. Die Vorschriften der ZPO. über das Armenrecht sowie die Vorschriften der §§ 34—36 der RAO. finden entsprechende Anwendung. RFG. § 14. Demjenigen, welchem vom GBA. das Armenrecht bewilligt ist, hat der Notar seine Dienste gebührenfrei zu gewähren. PFG. Art. 83 Abs. 2. Die Vorschriften des Grundbuchrechts bleiben unberührt. Art. 3 PFG. Es sind also für die Beschwerde §§ 71 ff. GBO., nicht §§ 567 ff. ZPO. maßgebend. Turn.-Först. II S. 317 A. 4.

13. Beweis durch Zeugen und Sachverständige (nur im Anlegungsverfahren und bei Feststellung des Wertes des Grundstücks zulässig, KO. 20 S. A 277): Die Vorschriften der ZPO. finden entsprechende Anwendung. RFG. § 15.

14. Berechnung der Fristen. Es gelten die Vorschriften des BGB. RFG. § 17.

15. Die Bekanntmachung gerichtlicher Verfügungen erfolgt, wenn mit ihr der Lauf einer Frist beginnt, durch Zustellung nach den für die Zustellung von Amts wegen geltenden Vorschriften der ZPO. (§§ 208—213. JMV. v. 10. Dez. 1899, JMBl. S. 728; v. 15. Febr., 18. Mai und 28. Sept. 1900, JMBl. S. 58, 422, 585);

durch die Landesjustizverwaltung kann jedoch für Zustellungen im Ausland (ZPO §§ 199—202) eine einfachere Art der Zustellung angeordnet werden. In denjenigen Fällen, in welchen mit der Bekanntmachung nicht der Lauf einer Frist beginnt, soll in den Akten vermerkt werden, in welcher Weise, an welchem Orte und an welchem Tage die Bekanntmachung zur Ausführung gebracht ist; durch die Landesjustizverwaltung kann näher bestimmt werden, in welcher Weise in diesen Fällen die Bekanntmachung zur Ausführung gebracht werden soll. Einem Anwesenden kann die Verfügung zu Protokoll bekannt gemacht werden. Auf Verlangen ist ihm eine Abschrift der Verfügung zu erteilen. RFG. § 16 Abs. 2, 3.

Zustellungen von Amts wegen: ZPO. §§ 208—213; Z. im Auslande: ZPO. §§ 199—202. Über die Zustellungen von Amts wegen sind erlassen die JMV. v. 10. Dez. 1899 (JMBl. S. 728, v. 15. Febr., 18. Mai, v. 12. u. 28. Sept. 1900 (JMBl. S. 58, 422, 564, 585).

16. Die Gerichtsferien sind auf Grundbuchsachen ohne Einfluß. AG. z. GVG. § 91.

17. Die Gerichte haben sich in Grundbuchsachen Rechtshilfe zu leisten. Die Leistung der Rechtshilfe erfolgt unter entsprechender Anwendung der §§ 158—160, 162, 164, 167 GVG. Eine Anfechtung der Entscheidung des Oberlandesgerichts findet in keinem Falle statt. AG. z. GVG. § 87. Diese Vorschrift gilt aber nur für die preuß. Gerichte untereinander. Bezüglich der außerpreuß. Gerichte kommen die Staatsverträge zur Anwendung.

18. „Für die Entscheidung über das Rechtsmittel der weiteren Beschwerde ist das Kammergericht zuständig. Hängt die Entscheidung nach der Auffassung des Kammergerichts von der Auslegung eines in seinem Bezirke nicht geltenden Gesetzes ab, so kann es die weitere Beschwerde demjenigen Oberlandesgerichte zur Entscheidung überweisen, zu dessen Bezirke das Landgericht gehört, welches die angefochtene Entscheidung erlassen hat. Der Überweisungsbeschluß ist dem Beschwerdeführer bekannt zu machen.“ PFG. Art. 7. „Die Vorschriften des Art. 7 gelten, unbeschadet der Zuständigkeit des Reichsgerichts, auch für Grundbuchsachen.“ PFG. Art. 8.

Das KG. ist zur Überweisung nur befugt, nicht verpflichtet. Das OLG., dem die weitere Beschwerde überwiesen ist, hat sich deren Erledigung zu unterziehen, ist aber an die rechtliche Begründung des Überweisungsbeschlusses nicht gebunden.

Für die Entscheidung auf weitere Beschwerde über die Festsetzung der Gebühren von Sachverständigen, die in Grundbuch-Kostensachen vernommen sind, ist nicht das Kammergericht als solches, sondern dasjenige Oberlandesgericht zuständig, zu dessen Bezirke das Landgericht gehört, welches über die Beschwerde gegen die Entscheidung des Amtsgerichts entschieden hat. KG. 25 S. B 3.

Art. 2.

Liegt ein Grundstück in den Bezirken mehrerer Grundbuchämter oder sollen mehrere in den Bezirken verschiedener Grundbuchämter belegene Grundstücke zu einem Grundstücke vereinigt werden, so ist das zuständige Grundbuchamt nach § 20 des Ausführungsgesetzes zum Gerichtsverfassungsgesetze zu bestimmen.

---

1. Die Bestimmung erfolgt, wenn die Grundbuchämter zu demselben Landgerichtsbezirk gehören, durch das Landgericht; wenn sie zu verschiedenen Landgerichtsbezirken, aber zum Bezirke desselben Oberlandesgerichts gehören, durch das Oberlandesgericht; wenn sie zu verschiedenen Oberlandesgerichtsbezirken gehören, durch den Justizminister. Die Bestimmung ist unanfechtbar. Dieselben Vorschriften gelten in dem Falle, wenn mehrere Amtsgerichte über ihre Zuständigkeit uneinig sind. Dann ist jedes von ihnen — nicht aber auch ein Beteiligter — berechtigt die Entscheidung des gemeinschaftlichen oberen Gerichts zu fordern. KG. 20 S. A 121. Liegen die Grundstücke in verschiedenen Bezirken desselben Amtsgerichts, so ist für die Frage, welchem Richter die Bearbeitung obliegt, die Geschäftsverteilung maßgebend.

2. Vereinigung: BGB. § 890. GBO. § 5. Verfahren im Falle der Vereinigung: JMB. v. 20. Nov. 1899 §§ 8, 18. Zuschreibung: Art. 3.

Art. 3.

Soll ein Grundstück einem in dem Bezirk eines anderen Grundbuchamts belegenen Grundstück als Bestandteil zugeschrieben werden, so ist für die Entscheidung über den Antrag auf Zuschreibung und, wenn dem Antrage stattgegeben wird, für die Führung des Grundbuchs über das ganze Grundstück das andere Grundbuchamt zuständig.

---

1. Soll das Grundstück A dem in dem Bezirk eines anderen GBA. belegenen Grundstück B als Bestandteil zugeschrieben werden, so ist für die bezeichneten Funktionen ohne weiteres das GBA. für B zuständig.

2. Vereinigung: Art. 2. BGB. § 890. GBO. § 5. Verfahren im Falle der Zuschreibung: JMB. v. 20. Nov. 1899 §§ 8, 18.

Art. 4.

Für die Entgegennahme eines auf eine Eintragung gerichteten Antrags oder Ersuchens und die Beurkundung des Zeitpunkts, in welchem der Antrag oder das Ersuchen bei dem Grundbuchamt eingeht, sind nur die mit der Führung des Grundbuchs über das betreffende Grundstück beauftragten Beamten, und zwar sowohl der Richter als auch der Gerichtsschreiber, zuständig.

Bezieht sich der Antrag oder das Ersuchen auf mehrere Grundstücke, in Ansehung deren die Führung des Grundbuchs verschiedenen Grundbuchbeamten obliegt, so ist jeder dieser Beamten zuständig.

---

1. „Die Gültigkeit der Handlung eines Amtsrichters wird dadurch nicht berührt, daß die Handlung nach der Geschäftsverteilung von einem der anderen Amtsrichter vorzunehmen gewesen wäre." AG. z. GVG. § 23 Abs. 2. Dieser Grundsatz wird durch Art. 4 insofern eingeschränkt, als die Zuständigkeit für die Präsentation der Eintragungsgesuche mit Wirksamkeit für die Reihenfolge der Eintragungen nur den mit der Führung des Grundbuchs über das betreffende Grundstück beauftragten Beamten, dem Richter und dem Gerichtsschreiber beigelegt ist. Durch diese zur Ausführung des § 13 Abs. 1 GBO. gegebene Vorschrift soll ein etwaiger Zweifel über die Priorität mehrerer bei demselben Amtsgericht eingehender Eintragungsanträge, falls sie bei anderen Beamten als den Grundbuchbeamten angebracht werden, ausgeschlossen und das Vorrecht desjenigen außer Frage gestellt werden, welcher zuerst an das GBA. gelangt. Im übrigen wird durch Art. 4 an der sachlichen Zuständigkeit der Beamten der Amtsgerichte nichts geändert. Jeder Richter besitzt nach außen hin die volle Zuständigkeit des Gerichts, also auch des GBA. Jeder Richter und — innerhalb seiner Zuständigkeit — Gerichtsschreiber darf Eintragungsanträge in Empfang oder zu Protokoll nehmen. Doch sind diese Anträge hinsichtlich der Einreichung bei dem GBA.

so zu behandeln, wie die mit der Post einlaufenden und zunächst von einem anderen Richter präsentierten. In beiden Fällen ist der Zeitpunkt maßgebend, in welchem sie an das GBA. gelangen. M. 41 ff.

2. Wird in demselben Gesuche eine Eintragung auf mehrere Grundstücke beantragt, die in demselben Grundbuchbezirk oder in verschiedenen Grundbuchbezirken desselben Amtsgerichts liegen, so ist (abweichend vom früheren preuß. Recht, RG. 33 S. 320) jedem der für eines der Grundstücke zuständigen Beamten allgemein die Befugnis zur Präsentation des Gesuches beigelegt. M. 13. Verfahren: A. 3 (zu § 5 Nr. 12 Gesch.O.). Liegen die mehreren Grundstücke in den Bezirken verschiedener Amtsgerichte, so ist nur der Grundbuchbeamte desjenigen Amtsgerichts zur Präsentation befugt, dem das Gesuch vorgelegt wird. Die Vorlegung des Gesuchs bei den übrigen Amtsgerichten ist Sache des Antragstellers. Vgl. GBO. § 49.

3. Die Gesch.O. für die Gerichtsschreibereien der Amtsgerichte bestimmt in § 5: 10. „Auf Anträgen und Gesuchen, die auf eine Eintragung im Grundbuche gerichtet sind, ist der Zeitpunkt, in welchem sie bei dem GBA. eingehen, nach Tag, Stunde und Minute zu vermerken; der Beamte, welcher den Antrag oder das Ersuchen in Empfang nimmt (AG. z. GBO. Art. 4), hat den Eingangsvermerk mit vollem Namen zu unterzeichnen. Hat der Richter das Schriftstück in Empfang genommen, ohne den Eingangsvermerk zu machen, so ist es ihm zur Nachholung des Vermerkes wieder vorzulegen.“ 11. „Die Vorschriften des Abs. 10 sind auch bei Anträgen zu befolgen, welche von dem GBA. selbst aufgenommen sind.“ 12. „Bezieht sich der Antrag oder das Ersuchen auf mehrere im Bezirke des GBA. belegene Grundstücke, für die verschiedene Grundbuchführer (§ 51 Abs. 1) nach der Geschäftsverteilung zuständig sind, so ist der Antrag oder das Ersuchen unverzüglich zur Kenntnis aller beteiligten Grundbuchführer zu bringen. Der Inhalt, der Zeitpunkt des Einganges und der Verbleib des Antrags oder Ersuchens ist zu den Grundakten, soweit der Antrag nicht selbst zu ihnen genommen wird, auf einem Blatte zu vermerken, das eine besondere Ordnungsnummer erhält. Auf diesem Blatte ist später anzugeben, wie der Antrag oder das Ersuchen erledigt worden ist.“

Art. 5.

Wird eine Erklärung, welche der im § 29 der Grundbuchordnung vorgeschriebenen Form bedarf, vor dem Grundbuchamt abgegeben, so ist das Protokoll von dem Richter aufzunehmen.

---

1. Die Vorschrift gilt für alle Erklärungen, die der Formvorschrift des § 29 GBO. unterworfen sind, also auch für die Fälle der §§ 32, 60 Abs. 2 GBO. (M. 13), nicht aber für sonstige Erklärungen, welche vor dem GBA. abgegeben werden, zB. für den Eintragungsantrag und die Beschwerden.

2. Auf das Protokoll, soweit darin ein Rechtsgeschäft beurkundet wird, finden die Vorschriften über die gerichtliche Beurkundung von Rechtsgeschäften (RFG. §§ 168 ff.) Anwendung. M. 13. Vgl. hierüber die Anm. zu § 29 GBO. Ergänzend bestimmt das PFG. Art. 40: „Werden bei der Beurkundung eines Rechtsgeschäfts von dem Richter oder dem Notar Wahrnehmungen gemacht, welche Zweifel darüber begründen, ob ein Beteiligter die zu dem Rechtsgeschäft erforderliche Geschäftsfähigkeit oder Einsicht besitzt, oder bestehen sonstige Zweifel an der Gültigkeit des Geschäfts, so sollen die Zweifel den Beteiligten mitgeteilt und der Inhalt der Mitteilung sowie die von den Beteiligten darauf abgegebenen Erklärungen in dem Protokolle festgestellt werden. Verstößt der Inhalt eines Geschäfts gegen ein Strafgesetz oder ist das Geschäft offenbar ungültig, so hat der Richter sowie der Notar die Beurkundung abzulehnen.“

Art. 41. „Das Protokoll soll, falls ein Beteiligter taub ist, ihm zur Durchsicht vorgelegt werden, auch wenn er dies nicht verlangt. In dem Protokolle soll festgestellt werden, daß dies geschehen ist. Ist ein tauber Beteiligter nicht imstande, Geschriebenes zu lesen, so soll eine Vertrauensperson zugezogen werden, die sich mit ihm zu verständigen vermag. In dem Protokolle soll festgestellt werden, daß der Beteiligte nach der Überzeugung des Richters oder des Notars die Vertrauensperson verstanden hat. Das Protokoll soll auch von der Vertrauensperson genehmigt und unterschrieben werden. Die Vertrauensperson kann auch der Gerichtsschreiber, der zugezogene zweite Notar oder ein zugezogener Zeuge oder einer der Beteiligten sein."

In der Kom. des AH. ist unter Zustimmung des Justizministers festgestellt, „daß der Vorschrift des Art. 5 genügt sei, wenn der Richter das Protokoll unterschreibe, daß es für die Gültigkeit belanglos sei, von wessen Hand sonst der Inhalt geschrieben sei und daß hier insbesondere auch die Vorschriften des PFG. (Art. 2 Abs. 2) betreffend die Zuziehung eines Gerichtsschreibers Anwendung zu finden hätten." M. 43.

3. Für gerichtliche oder notarielle Urkunden über andere Gegenstände als Rechtsgeschäfte (zB. über Anträge) gelten die Art. 53—62 PFG. Die Urkunde muß den Ort und den Tag der Verhandlung oder, falls sie nicht in der Form eines Protokolls aufgenommen wird, den Ort und den Tag der Ausstellung angeben und mit der Unterschrift des Richters oder des Notars versehen sein. Art. 54. Die Beurkundung soll in der Form eines Protokolls erfolgen. Außer dem Richter oder dem Notar sollen auch die übrigen bei der Verhandlung mitwirkenden Personen das Protokoll unterzeichnen. Inwieweit das Protokoll den Beteiligten behufs der Genehmigung vorzulesen oder ihnen zur Durchsicht vorzulegen und von ihnen zu unterschreiben ist, bleibt dem Ermessen des Richters oder des Notars überlassen. Art. 55.

Art. 6.

Die Eintragungen sollen von dem Richter mit Angabe des Wortlauts verfügt, von dem Gerichtsschreiber ausgeführt und von beiden unterschrieben werden.

---

1. Die Eintragungsverfügung muß die Stelle im Grundbuch, wo die Eintragung erfolgen soll, bezeichnen und die Eintragungsformel wörtlich in der Fassung angeben, in welcher sie in das Grundbuch eingetragen werden soll. Die Formel hat der Bewilligung zu entsprechen. Die Feststellung der Formel, welche Vollständigkeit mit Klarheit und Kürze verbinden muß, ist Sache des Richters, der weder von den Beteiligten einen bestimmten Entwurf fordern kann, noch an einen etwa gegebenen Entwurf gebunden ist. Was durch Bezugnahme auf die Eintragungsbewilligung als eingetragen gelten kann (BGB. §§ 874, 1115), soll von der Eintragung fern gehalten werden. Das GBA. hat die Fassung des Eintragungsvermerks, ohne an einen etwaigen Antrag gebunden zu sein, nach seinem Ermessen zu bestimmen, was in den Vermerk selbst aufzunehmen und was durch die Bezugnahme auf die Eintragungsbewilligung mittelbar zur Eintragung zu bringen ist. Der Antragsteller kann im Beschwerdewege eine seinem Antrage entsprechende Vervollständigung des Eintragungsvermerks nur dann durchsetzen, wenn eine notwendig durch das Grundbuch selbst kundzugebende Bestimmung in Frage steht. RG. 50 S. 153. In der Kommission des AH. ist festgestellt, es sei zulässig, daß der Richter a, die Eintragung in die Tabelle persönlich bewirke und lediglich verfüge, daß die Eintragung in das Grundbuch nach der Tabelle zu bewirken sei, b, auf den an anderer Stelle, zB. in der zugrunde liegenden Verhandlung oder in einer früheren Eintragungsverfügung im Wortlaut angegebenen Inhalt der Eintragung, ohne ihn zu wiederholen, Bezug nehme, wenn die Stelle, wo er sich befinde, in der Verfügung genau bezeichnet werde. Ferner ist festgestellt, c, daß es dem Grundbuchrichter überlassen bleibe, den Eintrag in die Tabelle persönlich zu

unterschreiben oder nicht; d, daß die Vorschrift bezüglich der Unterschreibung der Eintragungen im Grundbuch nur instruktionell und deshalb in § 45 GBO. der Tag der Eintragung, nicht der ihrer Unterschreibung, gemeint sei. M. 43—45.

Die Eintragung in das Grundbuch ist Sache des Gerichtsschreibers.

2. Die Nebenverfügung muß bestimmen a, ob und in welcher Art Hypotheken- oder Grundschuldbriefe zu bilden oder die eingereichten Briefe mit Vermerken zu versehen und wem die Briefe zu behändigen sind; b, was mit den eingereichten Urkunden geschehen soll, ob sie in Urschrift zurückzubehalten oder ob Abschriften zu den Akten zu fertigen sind; c, welchen Beteiligten Nachricht von der Eintragung zu geben ist (JMV. v. 20. Nov. 1899 § 31); d, von wem die Kosten einzuziehen sind oder ob die Einziehung ganz oder einstweilen unterbleiben soll. Daß die bei den Grundakten befindliche Tabelle vom Grundbuchführer durch Nachtragung der Eintragung zu ergänzen ist, ist nach § 34 JMV. v. 20. Nov. 1899 selbstverständlich, braucht also nicht noch besonders angeordnet zu werden.

Art. 7.

Die Hypotheken-, Grundschuld- und Rentenschuldbriefe sowie die nachträglich auf sie gesetzten Vermerke sind von dem Richter und dem Gerichtsschreiber zu unterschreiben.

Auch die beglaubigten Abschriften aus dem Grundbuche sind von dem Richter und dem Gerichtsschreiber zu unterschreiben.

---

1. Wegen des Falles, wenn über eine Gesamthypothek oder Grundschuld nur ein Brief erteilt wird, vgl. GBO. § 59 A. 1. Abs. 2 gilt nur für die beglaubigten Abschriften aus dem Grundbuch. Die Beglaubigung anderer Abschriften geschieht gültig auch durch den Gerichtsschreiber. PFG. Art. 35, 57.

2. Ausfertigung. Die Urschrift des gerichtlichen und des notariellen Protokolls bleibt in der Verwahrung des Gerichts oder des Notars. PFG. Art. 42. Bei dem Ausscheiden, dem Tode, der Versetzung und der vorläufigen Amtsenthebung des Notars hat das Amtsgericht die Urschriften der notariellen Protokolle in Verwahrung zu nehmen. PFG. Art. 102, 103. Eine Ausfertigung können, sofern nicht eine abweichende Bestimmung getroffen ist, diejenigen fordern, welche die Erklärung abgegeben haben oder in deren Namen sie abgegeben ist, sowie deren Rechtsnachfolger, eine weitere Ausfertigung aber nur, wenn keine Bedenken entgegen stehen. PFG. Art. 49. Die Ausfertigung kann nur von dem Gericht oder dem Notar erteilt werden, in dessen Verwahrung sich die Urschrift befindet. PFG. Art. 43. Die Ausfertigung einer gerichtlich aufgenommenen oder bei dem Gerichte in Verwahrung befindlichen notariellen Urkunde ist von dem Gerichtsschreiber zu unterschreiben und mit dem Gerichtssiegel zu versehen. Ausfertigungen anderer notarieller Urkunden werden von dem Notar unterschrieben und mit seinem Dienstsiegel versehen. RFG. § 182. PFG. Art. 45, 46. Der Gerichtsschreiber soll Ausfertigungen nur auf Anordnung des Gerichts erteilen. PFG. Art. 51. Auf Antrag können die Protokolle auch auszugsweise ausgefertigt werden. RFG. § 182. PFG. Art. 45, 47. Anlagen des Protokolls, die nicht nach § 176 RFG. einen Teil des Protokolls selbst bilden, zB. die Vollmacht eines Vertreters, sind auf Antrag der Ausfertigung in beglaubigter Abschrift beizufügen. PFG. Art. 48.

3. Als Zwangsmittel zur Vorlegung der Briefe in den Fällen, in denen das GBA. den Besitzer zur Vorlegung gemäß § 62 Abs. 2 GBO. anzuhalten hat, gewährt PFG. Art. 15 dem GBA. die Verhängung von Ordnungsstrafen. Diese dürfen nur in Geld bestehen. Haftstrafe ist ausgeschlossen, kann auch nicht durch Um-

wandlung der Geldstrafe im Falle der Uneinbringlichkeit eintreten. Die einzelne Strafe darf den Betrag von 300 Mk. nicht übersteigen. Der Festsetzung muß von Amts wegen eine Androhung vorausgehen. Die Androhung kann in die Verfügung, die dem Besitzer des Briefes dessen Vorlegung aufgibt, mit aufgenommen werden. Daß der Verpflichtete nach der Verfügung vor der Festsetzung der Strafe noch einmal zu hören sei, wie dies im Falle des § 891 ZPO. vor einer Entscheidung zu geschehen hat, ist nicht vorgeschrieben. Die Festsetzung der Ordnungsstrafe erfolgt durch Beschluß. Bei der Festsetzung einer Ordnungsstrafe ist der Beteiligte zugleich in die Kosten des Verfahrens zu verurteilen. Gegen den Beschluß ist die Beschwerde zulässig. Diese hat aufschiebende Wirkung. Die zwangsweise Einziehung einer Ordnungsstrafe erfolgt im Wege des Verwaltungszwangsverfahrens (V. v. 15. Nov. 1899, GS. S. 545). PFG. Art. 6, 16. RFG. § 24 Abs. 1.

4. Neben der Befugnis zur Verhängung von Ordnungsstrafen ist das GBA. ermächtigt, dem Besitzer den Brief durch einen Beamten (Gerichtsdiener, Gerichtsvollzieher) abnehmen zu lassen. Ob das GBA. von der einen oder der anderen Befugnis Gebrauch machen will, ist, unabhängig von dem etwa gestellten Antrage, seinem Ermessen überlassen. Die Abnahme des Briefes kann sofort angeordnet werden, ohne daß ein Ordnungsstrafverfahren vorausgegangen ist. Der mit der Abnahme des Briefes beauftragte Beamte hat sich durch Vorzeigung des die Abnahme anordnenden Beschlusses des GBA. zu legitimieren. Dem Abnahmebeschlusse soll in der Regel die Androhung der Abnahme vorausgehen. Diese Androhung wird zweckmäßig in die erste Verfügung des GBA., durch welche die Verpflichtung auferlegt wird, aufgenommen. Das GBA. kann aber auch nach seinem Ermessen von der Androhung abstehen. Gegen die Verfügung, durch welche die Abnahme des Briefes angedroht wird, ist ebenso wie gegen den die Abnahme anordnenden Beschluß Beschwerde zulässig. Die Beschwerde hat keine aufschiebende Wirkung, das Beschwerdegericht kann aber die Vollziehung aussetzen. PFG. Art. 17, 4, 5, 6. RFG. § 24.

5. Die Herausgabe ist dem gegenüber anzuordnen, der in den Besitz des Briefes gelangt ist, sofern nicht Tatsachen die Annahme begründen, daß dieser den Besitz wieder verloren habe. Den Belangten bleibt überlassen, solche Tatsachen dem Gerichte zur Nachprüfung anzugeben. KG. 26 S. A 15.

6. Eine Einziehung der Strafe findet selbst nach der Festsetzung nicht statt, wenn der Brief nachträglich herausgegeben wird. KG. 26 S. A 15.

Art. 8.

Verletzt ein Grundbuchbeamter vorsätzlich oder aus grober Fahrlässigkeit die ihm obliegende Amtspflicht, so trifft ihn dem Staate gegenüber die im § 839 des Bürgerlichen Gesetzbuchs bestimmte Verantwortlichkeit. Die im § 852 Abs. 1 des Bürgerlichen Gesetzbuchs vorgesehene dreijährige Verjährung beginnt mit dem Zeitpunkt, in welchem die Ersatzpflicht des Staates von diesem dem Verletzten gegenüber anerkannt oder dem Staate gegenüber rechtskräftig festgestellt ist.

---

1. Grundbuchbeamte sind der Amtsrichter und der Gerichtsschreiber, der Gerichtsassessor dann, wenn er als Hilfsrichter beschäftigt wird, der Referendar, wenn ihm gemäß § 2 Abs. 2 AG. z. GVG. die selbständige Erledigung von Grundbuchgeschäften übertragen ist.

2. Nur vorsätzliche oder grob fahrlässige Verletzung der Amtspflicht begründet die Ersatzpflicht, nicht auch — abweichend von GBO. § 12 — ge-

wöhnliche Fahrlässigkeit. Was grobe Fahrlässigkeit ist, muß, da es an einer gesetzlichen Begriffsbestimmung fehlt, stets tatsächlich festgestellt werden. M. 46—48. Gegen den Regreßanspruch hat der Beamte alle Einwendungen, deren er sich bedienen konnte, wenn der Beschädigte an Stelle des Staates ihn selbst hätte in Anspruch nehmen können. Turn.-Först. II S. 83 A. 3.

3. Die Bestimmung bezüglich des Beginns der dreijährigen Verjährung beruht darauf, daß der Staat den Ersatzanspruch gegen den Beamten erst geltend machen kann, wenn seine Haftung dem Beteiligten gegenüber festgestellt ist.

4. Die Vertretung des Staates im Regreßprozesse liegt ob dem Oberstaatsanwalt. Ges. v. 14. März 1885 (GS. S. 65) § 2. JMB. v. 23. März 1885 (JMBl. S. 119). Der Oberstaatsanwalt kann die Gerichtskasse oder deren Rendanten mit seiner Vertretung bevollmächtigen. RG. Gruch. 39 S. 1182. Ausschließlich zuständig ist ohne Rücksicht auf das Objekt das Landgericht im persönlichen Gerichtsstande des Beamten, auch wenn dieser in den Ruhestand getreten ist oder sonst die Beamteneigenschaft verloren hat. RG. 33 S. 244. JW. 95 S. 321. Die Revision findet ohne Rücksicht auf den Wert des Beschwerdegegenstandes statt. ZPO. § 547 Nr. 2.

5. Die Vorschrift bezieht sich, wie § 12 GBO., nur auf die nach dem 1. Januar 1900 begangenen Pflichtverletzungen.

Art. 9.

Erklärungen oder Ersuchen einer Behörde, auf Grund deren eine Eintragung erfolgen soll, sind ordnungsmäßig zu unterschreiben und mit Siegel oder Stempel zu versehen.

---

1. Die Vorschrift hat nur preußische Behörden im Auge. M. 15, 81. Auch wird sie der Regel nach auf Ersuchen um Erteilung von Auskünften oder Abschriften, sowie auf reine Begleitschreiben nicht auszudehnen sein. Koellner S. 37. Urkunden außerpreußischer deutscher öffentlicher Behörden bedürfen zum Gebrauche im Inlande einer Beglaubigung (Legalisation) nicht. RGes. v. 1. Mai 1878 (RGBl. S. 89) § 1. Für Urkunden ausländischer Behörden kann die Feststellung der Unterschrift sowohl auf gesandtschaftlichem Wege, als auch durch Legalisation seitens eines Konsuls erfolgen. § 2 a. a. O.

2. Behörden: GBO. § 29 A. 5. Reichsgesetzlich zu Ersuchen befugte Behörden: GBO. § 39 A. 1. Von den nach preuß. R. zu Ersuchen befugten Behörden sind hervorzuheben: a, Die Verwaltungsbehörde bei der Vollstreckung ihrer Entscheidungen, insbesondere die Aufsichtsbehörden der Kassen bei Vollstreckung von Defektenbeschlüssen. V. v. 24. Januar 1844 § 14. b, Das Bahngrundbuchamt. Ges. v. 19. Aug. 1895 § 15. c, Die Bahnaufsichtsbehörde, d. i. für Privateisenbahnen der Präsident in Gemeinschaft mit zwei Mitgliedern der Eisenbahndirektion (Verw.O. v. 15. Dez. 1894, GS. 1895 S. 11 § 6 Nr. 6), für Kleinbahnen die zur Genehmigung der Bahn nach § 22 Ges. v. 28. Juli 1892 jeweilig zuständige Behörde. d, Die Auseinandersetzungsbehörden. Vgl. Art. 12. e, Der Spezialkommissar nach dem Anerbengutsgesetz für Westfalen v. 2. Juli 1898. f, Die Fideikommißbehörde. Vgl. Art. 15—19. g, Die Landeskulturrentenbank. Ges. v. 13. Mai 1879 § 31. h, Das Oberbergamt. Vgl. Art. 23—25. i, Der Vorsitzende des Waldschutzgerichts. Ges. v. 6. Juli 1875 §§ 48 ff. k, Der Vorstand einer freien Wassergenossenschaft. Ges. v. 1. April 1879 § 28. l, Die Enteignungsbehörde. Ges. v. 11. Juni 1874 § 33. m, Der Vorstand einer Haubergsgenossenschaft. Haubergsordnung für den Kreis Siegen v. 17. März 1879 §§ 3, 15, 17, für den Kreis Altenkirchen v. 5. April 1890 §§ 3, 5. n, Die Deichbehörde. Ges. v

28. Januar 1848 § 20. o, Die Direktion der Rentenbank und die Landeskulturrentenbank bei der Löschung der Rentenpflicht. Ges. v. 2. März 1850 § 4 und v. 13. Mai 1879 § 31. p, Das Heroldsamt in Berlin bei Richtigstellung der Bezeichnung eines zu Unrecht als adlig in das Grundbuch eingetragenen Eigentümers. JMB. v. 13. Juni 1855 (JMBl. S. 175). KG. 25 S. A 88. q, Die Generallandschaftsdirektionen, sofern ihnen, wie zB. der Schlesischen, staatliche Funktionen übertragen sind. KG. 25 S. A 93. r, Die auf Grund des Reskripts v. 28. Oktober 1812 bestehenden ländlichen Schulvorstände. KG. 26 S. A 85.

3. Siegel und Stempel: GBO. §§ 56, 57 A. 3b.

Art. 10.

Soll bei einem zum Nachlaß oder zu dem Gesamtgut einer ehelichen Gütergemeinschaft oder einer fortgesetzten Gütergemeinschaft gehörenden Grundstück oder Erbbaurecht einer von den Beteiligten als Eigentümer oder Erbbauberechtigter eingetragen werden, so finden die Vorschriften der §§ 37, 38 der Grundbuchordnung entsprechende Anwendung.

Die Vorschriften über die Zuständigkeit zur Beurkundung der Auflassung bleiben unberührt.

Die auf dem Vorbehalte des § 99 GBO. beruhende Vorschrift hat die Ermäßigung der Kosten im Auge. Nach § 82 des preuß. Gerichtskostenges. werden für die Zeugnisse in den Fällen der §§ 37, 38 GBO., wenn die Teilungsurkunden vom Gericht aufgenommen oder bestätigt sind, Gebühren überhaupt nicht, sonst nur geringere Gebühren, als für einen Erbschein (§ 81) erhoben. Die Auflassung wird durch das Zeugnis des Nachlaßgerichts nicht ersetzt. Die Vorschriften über die Zuständigkeit der zur Entgegennahme der Auflassung zuständigen Behörde bleiben unberührt. M. 48 f. Auch für die Form der Auflassung in den dem Art. 10 unterliegenden Fällen gilt nichts Besonderes. Insbesondere wird durch den vom Testamentsvollstrecker einseitig gestellten Umschreibungsantrag der vom Gesetz geforderte Konsens der Beteiligten nicht ersetzt. KG. ROLG. 2 S. 42.

Art. 11.

Die öffentlichen Lasten des Grundstücks, die bei der Zwangsversteigerung und der Zwangsverwaltung den Rechten an dem Grundstück im Range vorgehen, sind von der Eintragung in das Grundbuch ausgeschlossen.

Unberührt bleiben die Vorschriften des § 17 Abs. 4 und des § 39 des Gesetzes, betreffend Schutzwaldungen und Waldgenossenschaften, vom 6. Juli 1875 (GS. S. 416).

I. Abs. 1. Die in Betracht kommenden Lasten ergeben sich aus dem AG. z. ZwVG.:

„Art. 1. Öffentliche Lasten eines Grundstücks sind:

1. die zur Erfüllung der Deichpflicht erforderlichen Beiträge und Leistungen, ohne Unterschied, ob sie von der zuständigen Staatsbehörde ausgeschrieben sind oder aus der auf einem Deichverbande beruhenden Deichpflicht entspringen;

2. die auf einem nicht privatrechtlichen Titel beruhenden Abgaben und Leistungen die auf dem Grundstück nach Gesetz oder Verfassung haften (gemeine Lasten).

Art. 2. Zu den gemeinen Lasten gehören namentlich:

1. Abgaben und Leistungen, die aus dem Kommunal-, Kirchen-, Pfarr- oder Schulverband entspringen oder an Kirchen, Pfarren, Schulen, Kirchen- oder Schulbediente zu entrichten sind;

2. Beträge, die aus der Verpflichtung zu öffentlichen Wege-, Wasser- oder Uferbauten entstehen;

3. Beiträge, die an öffentliche Meliorationsgenossenschaften oder andere einen gemeinnützigen Zweck verfolgende Körperschaften des öffentlichen Rechtes, insbesondere an Verbände, welche die Versicherung ihrer Mitglieder gegen den durch Brand, Hagelschlag oder Viehsterben entstehenden Schaden bezwecken, zu entrichten sind;

4. diejenigen Beiträge zur Entschädigung oder zu den Kosten der Schutzanlagen, welche nach Maßgabe des Gesetzes, betreffend Schutzwaldungen und Waldgenossenschaften, v. 6. Juli 1875 (GS. S. 416) den Eigentümern gefährdeter oder gefahrbringender Grundstücke auferlegt sind."

„Unter den Begriff der gemeinen Lasten fallen, sofern die übrigen Erfordernisse erfüllt sind, auch Leistungen, die nicht in einem Tun, sondern in einem (Dulden oder) Unterlassen bestehen (BGB. § 241 Satz 2), insbesondere Beschränkungen bezüglich der Bebauung oder Benutzung, die infolge Ortsstatuts auf dem Grundstücke haften, wie solche zB. in der Stadt Frankfurt a. M. bezüglich der ehemaligen Wallgrundstücke durch die Bauordnung v. 27. März 1897 (§ 10 Nr. 7) bestimmt sind." M. z. AG. z. ZwVG. 16. Zu den gemeinen Lasten gehören die ortsstatutarischen, den Straßenanliegern der Gemeinde gegenüber auferlegten Pflichten, zu den Kosten der Herstellung der Straße beizutragen. RG. Gruch. 41 S. 151, 36 S 974. Der Charakter einer gemeinen Last geht nicht dadurch verloren, daß sie der kraft Gesetzes Verpflichtete noch durch besonderen Vertrag übernimmt. RG. Gruch. 34 S. 713. Die Eintragung ist unbedingt ausgeschlossen und darf auch dann nicht erfolgen, wenn sie bewilligt und beantragt ist. KG. 21 S. A 168.

Nur die künftige Eintragung der fraglichen Lasten macht Abs. 1 unzulässig, es darf aber aus ihm nicht gefolgert werden, daß früher erfolgte Eintragungen nach § 54 Abs. 1 Satz 2 GBO. von Amts wegen zu löschen sind. M. 16.

II. Abs. 2. Die Vorschriften, nach welchen die Beitragspflicht zur Entschädigung und zu den Kosten der Schutzanlagen sowie zu den Lasten einer Waldgenossenschaft auf Antrag des Vorsitzenden des Waldschutzgerichts (d. h. des Kreisausschusses) in das Grundbuch einzutragen ist, obwohl sie zu den öffentlichen gemeinen Lasten gehört, sind aufrecht erhalten mit Rücksicht auf die zuweilen außerordentlich hohen Beiträge, durch welche der Kaufpreis eines Grundstücks oft sehr beeinflußt wird. M. 16, 50.

Art. 12.

Die Rentenbankrenten und die Domänen-Amortisationsrenten werden im Geltungsbereiche des Gesetzes über die Errichtung von Rentenbanken vom 2. März 1850 (GS. S. 112) nach dessen Vorschriften eingetragen. Diese Vorschriften treten statt der entgegenstehenden bisherigen Bestimmungen auch für die Provinz Hannover in Kraft. Die Vorschriften des § 6 Nr. 6 des Gesetzes, betreffend die Beförderung der Errichtung von Rentengütern, vom 7. Juli 1891 (GS. S. 279) und des § 23 Abs. 3 Nr. 3 des Gesetzes, betreffend das Anerbenrecht bei Renten- und Ansiedelungsgütern, vom 8. Juni 1896 (GS. S. 124) bleiben unberührt.

Im übrigen ist der Inhalt der von den Auseinandersetzungsbehörden bestätigten Rezesse nur in folgenden Fällen in das Grundbuch einzutragen:

1. wenn ein im Grundbuche vermerktes Sach- oder Rechtsverhältnis aufgehoben oder verändert wird;
2. wenn für ein mit dem Eigentum an dem Grundstücke verbundenes Recht eine Entschädigung durch ein bar oder in Rentenbriefen zu zahlendes Kapital von mehr als sechzig Mark gewährt wird;
3. wenn das Grundstück mit einem Rechte, das zu seiner Begründung der Eintragung in das Grundbuch bedarf, neu belastet wird.

I. Abs. 1 Satz 1, 2. 1. Die Rentenbank- und Domänenamortisationsrenten bedürfen keiner Eintragung. Waren aber die Reallasten, an deren Stelle die Renten getreten sind, im Grundbuche eingetragen, so muß auf Ersuchen der Behörde unter kostenfreier Löschung der Reallast im Grundbuche kostenfrei eingetragen werden, daß das Grundstück der Rentenbank rentenpflichtig oder dem Domänenfiskus wegen einer durch Amortisation abzulösenden Rente verhaftet ist. Rentenbankges. v. 2. März 1850 §§ 18, 64. KG. 24 S. A 124. Zur Erhaltung der Wirksamkeit gegenüber dem öffentlichen Glauben des Grundbuchs bedarf es auch in diesem Falle der Eintragung nicht. AG. z. BGB. Art. 22 Nr. 3. Diese Bestimmungen gelten jetzt für den ganzen Staat, einschließlich der Provinz Hannover, in welcher bisher für die bezeichneten Renten Eintragungszwang bestand. Zu den öffentlichen Lasten kann die Rentenbankrente auch dann nicht gerechnet werden, wenn sie an die Stelle einer öffentlich-rechtlichen Reallast getreten ist; ihre Eintragung ist allgemein zulässig. RG. JW. 1901 (Beil.) S. 181; Gruch. 47 S. 396.

Ist die Rentenpflicht erloschen, so übersendet die Direktion der Rentenbank die Quittung dem GBA., welches den Vermerk im Grundbuche kostenfrei zu löschen und die Quittung mit der Nachricht der Löschung den Interessenten zuzusenden hat. Verf. v. 15. Dez. 1865, JMBl. S. 286.

2. Landeskulturrenten bedürfen der Eintragung. Ges. v. 13. Mai 1879 (GS. S. 367). EG. z. BGB. Art. 118. AG. z. BGB. Art. 21. Die Eintragung sowohl der Rente wie der Vormerkung zur Sicherung des Anspruchs auf Einräumung der Rente erfolgt auf Antrag des Darlehnssuchers, d. i. des Eigentümers. Bei der Eintragung der Rente ist zugleich auf Grund des Beschlusses der Auseinandersetzungsbehörde eine Vormerkung zur Sicherung des Anspruchs auf Einräumung des Vorzugsrechts für die Rente einzutragen. Die Eintragung des Vorzugsrechts erfolgt auf Grund einer Bescheinigung der Auseinandersetzungsbehörde, daß die zweckmäßige Ausführung der Drainierungsanlage geschehen ist. Die Eintragung der Vormerkung zur Sicherung des Anspruchs auf Einräumung des Vorzugsrechts selbst erfolgt ohne Vorlegung der über die vorhandenen Realrechte ausgefertigten Urkunden. Wird eine solche Urkunde nachträglich vorgelegt, so hat das GBA. die Eintragung auf ihr zu vermerken.

II. Abs. 1 Satz 3. 3. Ausgeschlossen von der Anwendung der Bestimmung in Satz 1 sind die Renten, welche auf Renten- und Anerbengütern ruhen. Nach den in Satz 3 angezogenen Vorschriften ist auf Antrag der Generalkommission im Grundbuch zu vermerken, „daß das Grundstück als Rentengut (Anerbengut) der Rentenbank rentenpflichtig ist.“ Hierzu ist für das Verfahren beim Grundbuch folgendes zu bemerken.

a, Rentengüter. Die landesgesetzlichen Vorschriften über sie sind unberührt geblieben. EG. z. BGB. Art. 62. In Betracht kommen die Gesetze v. 26. April 1886 (GS. S. 131), v. 20. April 1898 (GS. S. 63), v. 27. Juni 1890 (GS. S. 209) und v. 7. Juli 1891 (GS. S. 279), ferner AG. z. BGB. Art. 12, 29, 35. Ist die Begründung des Rentenguts durch Vermittlung der Generalkommission erfolgt, so hat die Generalkommission um Eintragung einer Vormerkung über die eingeleitete Begründung des

Rentenguts zu ersuchen. Die Vormerkung hat die Wirkung: „Daß die später eingetragenen privatrechtlichen Belastungen dem Rentengutsübernehmer gegenüber rechtsunwirksam sind." Ges. v. 1891 § 12. Dem Rentengutsausgeber gegenüber wird die Wirksamkeit der Belastungen durch die Eintragung der Vormerkung nicht berührt. Mit der Umschreibung des Eigentums an dem Rentengute ist die Vormerkung zu löschen. Ges. v. 1891 § 12. Der Eigentumsübergang auf den Rentengutserwerber bedarf keiner Auflassung. Die Eintragung des Erwerbers geschieht auf das von der Generalkommission an den Grundbuchrichter zu stellende Ersuchen um Umschreibung des Eigentums. Dem Ersuchen muß der von der Generalkommission bestätigte Rentengutsvertrag beiliegen. Ges. v. 1891 § 12. AG. z. BGB. Art. 12. Die Rentenbankrente muß unter Angabe ihres Betrages und der Tilgungszeit in das Grundbuch eingetragen werden (Ges. v. 1891 § 6 Nr. 6), hat aber gemäß § 18 Abs. 1 Rentenbankges. v. 2. März 1850 auch ohne Eintragung dingliche Wirksamkeit und das Vorzugsrecht der Staatssteuern. AG. z. BGB. Art. 22 Nr. 3. Vereinbarungen dahin, daß die Zulässigkeit einer Teilung des Rentenguts oder der Veräußerung von Teilen von der Zustimmung des Rentenberechtigten abhängig sein soll, sind zulässig. Ges. v. 26. April 1886 § 5 und v. 27. Juni 1890 § 3. Ob diese Vereinbarung eintragungsfähig ist, ist bestritten. Für die Eintragungsfähigkeit sprechen sich aus: R. Foerster S. 288 und Turn.-Först. II S. 646 Nr. 7. Richtiger erscheint es mit Achilles-Strecker S. 389 die Eintragungsfähigkeit zu verneinen, „da es an einer die Eintragung zulassenden Sonderbestimmung für Rentengüter fehlt, die durch Art. 62 EG. z. BGB. aufrecht erhalten sein könnte".

Das Rentengut kann gemäß Art. 29 AG. z. BGB. zugunsten des Veräußerers in der Weise belastet werden, daß dieser dem Eigentümer gegenüber zum Wiederkaufe berechtigt ist. Das Wiederkaufsrecht kann auch zugunsten des jeweiligen Eigentümers eines Grundstücks des Veräußerers bestellt und durch Eintragung dinglich werden. Zur Eintragung ist die Bewilligung der Beteiligten erforderlich. Der Antrag auf Eintragung wird ersetzt durch das Ersuchen der Generalkommission

Vgl. Anlage zu BGB. § 1105 A. 5 bb, oben S. 397.

b, Anerbengüter. Ges. v. 8. Juni 1896. Rentengüter, welche gemäß § 12 Ges. v. 7. Juli 1891 durch Vermittlung der Generalkommission oder gemäß Ges. v. 27. Juni 1890 vom Staate begründet sind oder künftig begründet werden, ferner die Rentengüter, die gemäß §§ 1, 2, 10 Ges. v. 7. Juli 1891 der Rentenbank rentenpflichtig geworden sind oder künftig werden, endlich die Ansiedlerstellen, welche nach dem Ges. v. 26. April 1886 zu Eigentum ausgegeben sind oder künftig ausgegeben werden, können durch Eintragung der Anerbengutseigenschaft zu Anerbengütern gemacht werden. Die Eintragung erfolgt auf das von der zuständigen Behörde (Generalkommission rc.) von Amts wegen zu stellende Ersuchen. Ges. v. 1896 § 1. Die Löschung der Anerbengutseigenschaft erfolgt stets auf Ersuchen der Generalkommission rc. Ges. v. 1896 § 5. Zur Eintragung des Anerben als Eigentümer bedarf es dessen Antrages und der Einwilligung der Miterben. Die letzteren können in Ermangelung einer Einigung ihre Erbteile regelmäßig nur in einer ihrerseits unkündbaren Geldrente beanspruchen, welche auf ihr Verlangen im Grundbuche einzutragen ist. Ges. v. 1896 §§ 20 Abs. 5, 21. Wird die Erbabfindungsrente von der Rentenbank übernommen, so hat die Generalkommission sofort nach Einleitung des Verfahrens den Grundbuchrichter zu ersuchen, entweder die Einleitung des Übernahmeverfahrens bei der eingetragenen Erbabfindungsrente oder wenn die Rente nicht eingetragen ist, die Rentenpflicht bei dem Gute vorzumerken. Ges. v. 1896 § 23 Abs. 3 Nr. 1. Ohne die Genehmigung der Generalkommission kann der Eigentümer eines Anerbenguts weder die Teilung des Anerbenguts noch die Veräußerung von Teilen dieses Gutes vornehmen. Auch dann ist die Genehmigung der Generalkommission erforderlich, wenn er durch Verfügung unter Lebenden das Gut im ganzen an einen anderen als an einen seiner Nachkommen, Geschwister, deren Nachkommen oder seine Ehefrau veräußert; dies gilt aber nur für die nach dem 1. Oktober 1896 begründeten oder rentenpflichtig gewordenen Rentengüter und Ansiedlerstellen. G. v. 1896 §§ 7, 41.

Besondere Bestimmungen trifft das Ges. v. 2. Juli 1898 (GS. S. 139) für das Anerbenrecht bei den Landgütern in der Provinz Westfalen und in den Kreisen Rees, Essen, Duisburg, Ruhrort und Mühlheim a. d. Ruhr.

III. Abs. 2. **4.** Abgesehen von den in Abs. 1 bezeichneten Renten ist der Inhalt der bestätigten Rezesse nur in den in Abs. 2 bezeichneten drei Fällen einzutragen. „Zu den nach Nr. 3 einzutragenden Rechten gehören insbesondere Geldrenten und feste Abgaben in Körnern, Grunddienstbarkeiten, Erbbaurechte sowie dingliche Vorkaufs- oder Wiederkaufsrechte.“ M. 16. Die Eintragung im Falle der Nr. 2 hat auch dann zu erfolgen, wenn das durch Zahlung eines Kapitals von mehr als 60 Mk. abgelöste subjektiv-dingliche Recht nicht im Grundbuche eingetragen war. Die Eintragung darf aber nur erfolgen, wenn das Ersuchen der Auseinandersetzungsbehörde ergibt, daß die Verwendung des Ablösungskapitals im Interesse der Realberechtigten nicht erforderlich oder gesichert ist. KG. 16 S. 87. Ist das abgelöste subjektiv-dingliche Recht im Grundbuche des herrschenden Grundstücks vermerkt, so liegt der Fall Nr. 1 vor. Die Eintragung der durch Kapitalszahlung erfolgten Ablösung nicht eingetragener subjektiv-persönlicher Lasten ist ausgeschlossen. Joh. 7 S. 193. Landabfindungen müssen auf Antrag der Auseinandersetzungsbehörden immer im Grundbuche ab- und zugeschrieben werden, auch wenn die abgelösten Rechte im Grundbuche nicht vermerkt sind. Joh. 7 S. 193.

5. Auseinandersetzungsbehörden sind die Generalkommissionen, ausnahmsweise auch die Regierungen und Provinzial-Schulkollegien. V. v. 30. Juni 1834 § 39. Ges. v. 21. April 1852. Die Auseinandersetzungsbehörde hat unter Überreichung einer Ausfertigung des Rezesses bei dem Grundbuchrichter die erforderlichen Eintragungen zu veranlassen. Das Ersuchen soll die Fassung der einzutragenden Vermerke, soweit es ohne erhebliche Weitläufigkeiten geschehen kann, unter Bezeichnung der betreffenden Paragraphen des Rezesses vorschlagen. Verf. v. 3. März 1843, JMBl. S. 83. Der Grundbuchrichter hat dem Ersuchem, dessen materielle Prüfung ihm versagt ist (KG. 15 S. 119), zu entsprechen, wenn es formell in Ordnung ist, sofern nicht aus dem Grundbuche selbst sich Anstände ergeben. Von derartigen Anständen hat er die Auseinandersetzungsbehörde zu benachrichtigen und ihr deren Erledigung zu überlassen. V. v. 20. Juni 1817 § 197. V. v. 30. Juni 1834 § 62. Dekl. v. 30. Juli 1842.

Die Auseinandersetzungsbehörden haben von Amts wegen das Interesse der Realberechtigten wahrzunehmen. Deshalb werden die Eintragungen aus den bestätigten Rezessen ohne Vorlegung der Hypothekenbriefe bewirkt, auch werden die eingetragenen Änderungen auf den Briefen nicht vermerkt.

6. Auf vorläufige Vermerke, die schon vor der Bestätigung des Rezesses einzutragen sind, findet Abs. 2 keine Anwendung. Hier bleibt das ältere Recht maßgebend.

a, Nach § 59 V. v. 30. Juni 1834 ist auf Ersuchen der Auseinandersetzungsbehörde in Abt. II des Grundbuchs der Vermerk einzutragen, daß eine bestimmt zu bezeichnende Berechtigung des Grundstücks durch Kapital abgelöst werde. Dieser Vermerk hat die Wirkung, daß der durch Kapital abgelöste Bestandteil des Grundstücks den später eingetragenen Gläubigern nicht mehr mitverpfändet wird.

b, Ist der Auseinandersetzungsplan endgültig festgestellt, so kann die Auseinandersetzungsbehörde auf Grund der von Amts wegen veranlaßten Fortschreibung des Grundsteuerkatasters schon vor Bestätigung des Rezesses um Berichtigung des Grundbuchs ersuchen. Dem Ersuchen ist beizufügen ein Planüberweisungsattest und ein neuester Auszug aus dem Grundsteuerbuche, in welchem die Identität der Grundstücke mit den im Planüberweisungsatteste bezeichneten Grundstücken bescheinigt ist. Der Eintragungsvermerk muß angeben, daß die Berichtigung des Grundbuchs vor Bestätigung des Rezesses auf Grund des Planüberweisungsattestes erfolgt ist. Nach Bestätigung des Rezesses ist dieser nebst den aus dem Rezesse sich ergebenden Abänderungen des Auseinandersetzungsplans auf Ersuchen der Auseinandersetzungsbehörde im Grundbuche zu vermerken. Ges. v. 26. Juni 1875 (GS. S. 325) §§ 2—5.

7. Verbleib des Rezesses: GBO. § 9. JMB. v. 20. Nov. 1899 § 35.

Art. 13.

Sind auf Ersuchen der Auseinandersetzungsbehörde über die Vorschriften des Artikel 12 hinausgehende Eintragungen erfolgt, so kann die Auseinandersetzungsbehörde das Grundbuchamt um die Löschung ersuchen; auf Antrag des Eigentümers hat sie die Löschung herbeizuführen. Die Löschung erfolgt kostenfrei.

Der Eigentümer hat den Löschungsantrag bei der Auseinandersetzungsbehörde zu stellen. Diese ist verpflichtet dem Antrage stattzugeben und das GBA. um kostenfreie Löschung zu ersuchen, kann aber auch von Amts wegen vorgehen.

Art. 14.

Die Auseinandersetzungsbehörden sind in einem vor ihnen anhängigen Verfahren befugt, das Grundbuchamt um die Berichtigung des Grundbuchs durch Eintragung eines Eigentümers zu ersuchen und den Eigentümer zur Beibringung der nach ihrem Ermessen zum Nachweise des Eigentums erforderlichen Urkunden durch Ordnungsstrafen anzuhalten. Die einzelne Strafe darf den Betrag von dreihundert Mark nicht übersteigen.

Die Eintragung des Eigentümers erfolgt nach § 39 GBO. auf Grund des Ersuchens der Auseinandersetzungsbehörde. Das Ersuchen ersetzt den sonst erforderlichen Antrag, die Bewilligung des mit Unrecht eingetragenen Eigentümers oder den Nachweis der Unrichtigkeit des Grundbuchs sowie die Zustimmung des einzutragenden Eigentümers. GBO. § 22. Diese Regelung macht es notwendig, daß die Auseinandersetzungsbehörde mit einer Zwangsgewalt ausgestattet wird, um den nicht eingetragenen Eigentümer ihrerseits zur Beibringung der von ihr zum Nachweise des Eigentums für erforderlich erachteten Urkunden, insbesondere eines Erbscheins, durch Ordnungsstrafen anhalten zu können. RFG. § 33 Satz 2. Eine Mitteilung der Urkunden an das GBA. ist nicht erforderlich, da dieses die Frage, ob der nach dem Ersuchen Einzutragende wirklich der Eigentümer ist, nicht nachzuprüfen hat. M. 17, 51. Ist der Eigentümer in der Verfügung zugunsten einer bestimmten Person beschränkt, so hat die Auseinandersetzungsbehörde mit dem Ersuchen um Eintragung des Eigentümers diejenige um Eintragung der Verfügungsbeschränkung zu verbinden und das GBA. ist gehalten dem Ersuchen in diesem Umfange stattzugeben. KG. 25 S. A 270.

Die bezeichnete Befugnis der Auseinandersetzungsbehörden bezieht sich aber nur auf die Fälle, in denen es sich um eine Berichtigung des Grundbuchs handelt, in denen also ein bereits vollzogener Eigentumserwerb vorliegt und es einer Auflassung nicht bedarf. Keineswegs kann durch das Ersuchen die erforderliche Auflassung ersetzt werden.

Art. 15.

Lehns-, Meier-, Erbzins- und Erbleihegüter sowie sonstige Güter, an denen ein Obereigentum besteht, Erbpacht- und Familienfideikommißgüter sowie die nach dem Großherzoglich Hessischen Gesetze vom 11. September 1858 (Reg.-Bl. S. 537) errichteten landwirtschaftlichen Erbgüter sind auf den Namen des jeweilig zu Besitz und Nutzung Berechtigten einzutragen. Die Eigenschaft des Gutes ist als Verfügungsbeschränkung einzutragen.

Gehört zu dem Verband eines Gutes der bezeichneten Art eine Hypothek, Grundschuld oder Rentenschuld, so finden die Vorschriften des Abs. 1 entsprechende Anwendung; gehört das Recht zu einem Familienfideikommisse, so findet außer den Vorschriften des Abs. 1 auch die Vorschrift des § 41 Abs. 1 der Grundbuchordnung entsprechende Anwendung.

---

1. Abs. 1 entspricht dem Art. 61 EG. z. BGB., wonach die sich aus dem Fideikommiß- oder Lehnsverband ergebende Verfügungsbeschränkung gegenüber einem Dritten, der ein Recht an dem Grundstücke durch Rechtsgeschäft erwirbt, nur wirksam ist, wenn sie aus dem Grundbuch ersichtlich oder dem Erwerber bekannt ist. (BGB. § 892 Abs. 1 Satz 2.) M. 17.

2. Abs. 2 Satz 1 soll den Schwierigkeiten vorbeugen, die bei Zwangsversteigerungen und Zwangsverwaltungen dadurch entstehen, daß der Name des Berechtigten aus dem Grundbuche nicht ersichtlich war. M. 18. Nach Satz 2 ist die Fideikommißnachfolge der Erbfolge analog zu behandeln. Soll eine zum Fideikommiß gehörige Hypothek, Grundschuld oder Rentenschuld, die noch auf den Fideikommißvorgänger lautet, übertragen oder gelöscht werden, so bedarf es nicht der vorgängigen Umschreibung auf den Nachfolger, dieser kann vielmehr die Abtretungs- oder Löschungsbewilligung ohne Umschreibung unmittelbar erklären. M. 51.

3. Die Verfügungsbeschränkung wird im Falle des Abs. 1 in Abt. II, im Falle des Abs. 2 in Abt. III (Spalte Veränderungen) des Grundbuchblatts eingetragen. JMB. v. 20. Nov. 1899 § 11 Nr. 2, § 12 Abs. 2.

Art. 16.

Bei Familienfideikommissen, die unter Aufsicht einer Fideikommißbehörde stehen, erfolgt die Eintragung der Fideikommißeigenschaft auf Ersuchen dieser Behörde, die Eintragung des Fideikommißfolgers auf Grund einer Bescheinigung der Behörde über seine Berechtigung, die Löschung der Fideikommißeigenschaft auf Grund einer Bescheinigung der Behörde über das Erlöschen oder auf Grund eines von der Behörde bestätigten Familienschlusses über die Aufhebung der Eigenschaft.

Auf die Bescheinigung über die Berechtigung des Fideikommißfolgers finden die für den Erbschein geltenden Vorschriften entsprechende Anwendung.

Art. 17.

Fideikommißbehörde im Sinne des Artikel 16 ist die Behörde, welche gesetzlich als solche bestellt oder welcher das Fideikommiß stiftungsmäßig zur Beaufsichtigung unterstellt ist.

Ein Fideikommiß kann fortan stiftungsmäßig nur dem Oberlandesgerichte zur Beaufsichtigung unterstellt werden. Die Bestimmung bedarf der Genehmigung des Justizministers, sofern nicht die Verfügung, durch die sie getroffen wird, der landesherrlichen Genehmigung unterliegt.

Art. 18.

In Ermangelung einer Fideikommißbehörde erfolgt die Eintragung sowie die Löschung der Fideikommißeigenschaft auf Grund des Nachweises ihrer Entstehung oder Endigung, die Eintragung des Fideikommißfolgers auf Grund der Bescheinigung des Gerichts über die Berechtigung des Fideikommißfolgers.

Auf die Bescheinigung finden die für den Erbschein geltenden Vorschriften entsprechende Anwendung. Zuständig für die Erteilung ist das Amtsgericht, bei welchem das Grundbuch über den Gegenstand des Fideikommisses geführt wird. Umfaßt das Fideikommiß Gegenstände, über die das Grundbuch von verschiedenen Amtsgerichten geführt wird, so ist das örtlich zuständige Gericht nach § 20 des Ausführungsgesetzes zum Gerichtsverfassungsgesetze zu bestimmen.

---

1. Fideikommißbehörde. Welche Behörde solche ist, bestimmt Art. 17. Die Bestimmung, daß vom 1. Januar 1900 ab nur das Oberlandesgericht als FBehörde bestellt werden kann, soll die Bestellung eines Landgerichts oder eines Amtsgerichts als FBehörde ausschließen. M. 52. Nicht ausgeschlossen wird durch diese Bestimmung, daß neben dem Oberlandesgericht die Beaufsichtigung zB. des Wirtschaftsbetriebes einer anderen Behörde, etwa einer Landschaftsdirektion, zugewiesen wird. M. 19. Für die früher errichteten Fideikommisse ist die Zuständigkeit der bestehenden FBehörden unverändert geblieben. Beseitigt ist nur die Vorschrift des Rhein.Ges. v. 12. April 1888 § 33 Abs. 2 Satz 1, wonach die Eintragung der FEigenschaft auf Ersuchen des Oberstaatsanwalts erfolgte. M. 18. Gesetzlich ist im Geltungsbereiche des ALR. das Oberlandesgericht, in dessen Bezirke der Stifter bei Errichtung des F. seinen Wohnsitz hatte, FBehörde; Ges. v. 5. März 1855, AG. z. GVG. § 49, JMB. v. 24. Juli 1867 und 18. Juli 1889, bei Gruch. 33 S. 850. In Neuvorpommern und Rügen ist das OLG. in Stettin zuständig für die Mitwirkung bei Familienschlüssen und bei der Verschuldung von FGütern. Ges. v. 12. Juli 1896 § 2. FBehörde ist in Hannover das Amtsgericht der belegenen Sache (Einf.Ges. v. 28. Mai 1873 § 14 Abs. 1), in den vormals Großherzoglich-hessischen Gebietsteilen das zuständige Amtsgericht. Ges. v. 19. Aug. 1895 § 21 Abs. 2. Für die Güter des Landesherrn und der Mitglieder der landesherrlichen Familie des vormaligen Hannoverschen, Kurhessischen und Nassauischen Fürstenhauses, sowie der vormals reichsständischen und ihren gleichgestellten Familien sind die Hausverfassungen in Geltung geblieben. EG. z. BGB. Art. 57, 58. Das Familienfideikommiß des Königs und der Königlichen Prinzen wird von dem Ministerium des Königlichen Hauses verwaltet.

2. Die Eintragung der FEigenschaft erfolgt in den Fällen des Art. 16 auf Ersuchen der FBehörde, in den Fällen des Art. 18 auf Antrag des FBesitzers. **a**, Das Ersuchen der FBehörde ist von Amts wegen zu erlassen (Ges. v. 5. März 1855 § 3) und muß den wesentlichen Inhalt des einzutragenden Vermerks angeben. Miteinzutragen ist der wesentliche Inhalt der Stiftungsurkunde, also auch für welche Familien und für welche Linien der Familien das F. errichtet ist. JMB. v. 23. März 1832, Jahrb. 39 S. 134. Die Nachprüfung des formgerechten Ersuchens der F.Behörde ist dem GBA. versagt. Die Befugnis der Auseinandersetzungsbehörden, bezüglich eines im Verwendungsverfahren einem F. zugewiesenen Grundstücks das GBA. um die

Eintragung der FEigenschaft zu ersuchen (KG. 15 S. 116), wird durch Art. 16 Satz 1 nicht berührt. M. 18. b, Der Antrag des FBesitzers ist zu begründen durch die Bescheinigung der Entstehung der FEigenschaft des Grundstücks. Die Zuständigkeit zur Erteilung dieser Bescheinigung regelt Art. 18 Abs. 2.

3. Die Löschung der FEigenschaft erfolgt nur auf Antrag eines Beteiligten und zwar im Falle des Art. 16 auf Grund der daselbst bezeichneten Bescheinigung, im Falle des Art. 18 auf Grund des urkundlich zu führenden Nachweises der Endigung der FEigenschaft.

4. Die Eintragung des FFolgers erfolgt nur auf dessen Antrag. Der Antrag ist zu begründen durch die Bescheinigung über die Berechtigung des FFolgers. Die Bescheinigung ist zu erteilen im Falle des Art. 16 von der FBehörde, im Falle des § 18 von dem bezeichneten zuständigen Amtsgericht. Für die Eintragung der Anwärter (ALR. II 4 §§ 65, 67) müssen dieselben Vorschriften gelten.

5. Ist die Eintragung der FEigenschaft unterblieben, so finden auf den Erwerb Dritter die Vorschriften über den öffentlichen Glauben des Grundbuchs Anwendung. BGB. §§ 892, 932 ff. EG. z. BGB. Art. 61. Ist die FEigenschaft vermerkt, so können Eintragungen im Grundbuch nur nach Maßgabe des für F. bestehenden materiellen Rechtes bewirkt werden. a, Verfügungen über die Substanz (Veräußerungen, Belastungen) bedürfen eines Familienschlusses. ALR. III, 4 §§ 76 ff.; Ges. v. 15. Febr. 1840. Die Zustimmung zweier Anwärter genügt in den Fällen des § 15 Ges. v. 15. Febr. 1840. Weder eines Familienschlusses noch der Zustimmung der Anwärter bedarf es im Falle des § 32 des Ges. betr. die Errichtung von Landeskulturrentenbanken v. 13. Mai 1879 (Gewährung eines Darlehns zu Drainierungsanlagen). RG. 40 S. 318 ff. b, Die Bestellung von Revenüen-Hypotheken oder -Grundschulden ist gestattet. EG. z. BGB. Art. 60. Die Eintragung erfolgt, wenn die Revenüen nur für die Lebenszeit des gegenwärtigen FBesitzers oder bestimmter FFolger verpfändet werden, auf Grund der Bewilligung des FBesitzers und der betreffenden FFolger. ALR. II 4 § 226. Die Verpfändung der Revenüen unabhängig von der Lebenszeit des Besitzers oder bestimmter Folger ist nur bei Aufnahme notwendiger Darlehen gestattet. Zur Eintragung gehört außer der Zustimmung der beiden Anwärter die Regulierung des Darlehnsgeschäfts durch die FBehörde. ALR. II 4 §§ 80, 87, 101, 102. c, Die Eintragung von Zwangshypotheken ist gestattet. Ob sie als Substanz- oder als Revenüenhypotheken einzutragen sind, hängt vom Schuldtitel ab. d, Zwangsversteigerung ist nur wegen Substanzschulden zulässig. ALR. II 4 §§ 104, 110. Revenüenhypotheken berechtigen nur zum Antrage auf Zwangsverwaltung. EG. z. BGB. Art. 61.

Führung eines gemeinschaftlichen Grundbuchblatts für mehrere zu einem F. gehörende Grundstücke: V. v. 13. Nov. 1899 Art. 37.

Art. 19.

Auf die Eintragung eines Lehnsfolgers und die Löschung der Lehnseigenschaft finden die Vorschriften des Art. 16, auf die Eintragung sowie die Löschung der Stammgutseigenschaft und die Eintragung des Stammgutsnachfolgers finden die Vorschriften des Artikel 18 entsprechende Anwendung.

Bei Erbstammgütern nach Bremischem Ritterrechte kann die Eintragung sowie die Löschung auch auf Antrag des Präsidiums der Bremischen Ritterschaft (§ 7 des revidierten Ritterrechts vom 19. April 1847) erfolgen.

---

1. Lehen. Die Neuerrichtung von Lehen ist verboten. Ges. v. 5. Juni 1852, GS. S. 319. Deshalb fehlt eine Bestimmung über die Voraussetzungen der Eintragung

der LEigenschaft. Für die Eintragung des Lehnsfolgers und die Löschung der LEigenschaft gelten die Regeln des Art. 16 mit der Abweichung, daß an die Stelle der FBehörde die LBehörde tritt. LBehörden waren bisher regelmäßig die Appellationsgerichte, ausnahmsweise (Westfalen) die Kreisgerichte. An die Stelle der Appellationsgerichte sind die Oberlandesgerichte, an die Stelle der Kreisgerichte sind die Landgerichte getreten. AG. z. GVG. §§ 41, 49. Das materielle Lehnrecht ist provinziell verschieden. Die Veräußerung und Belastung des Lehens bedarf regelmäßig der Zustimmung der Agnaten. Das GBA. darf aber wegen Mangels dieser Zustimmung die Vornahme einer Auflassung oder die Eintragung einer Hypothek nicht ablehnen, muß jedoch den Mangel der Zustimmung bei der Eintragung vermerken. Mangel der Zustimmung gibt im Falle der Auflassung den Agnaten die Revokationsklage gegen den Erwerber, während nicht konsentierte Hypotheken als Revenüenhypotheken gelten. ALR. I 18 §§ 328 ff. R. Foerster S. 286 f.

2. Stammgüter (nur in Hannover) sind der Beaufsichtigung von Behörden nicht unterstellt (Ges. v. 28. Mai 1873 § 14 Abs. 2, GS. S. 253). Deshalb ist für sie die entsprechende Anwendung des Art. 18 angeordnet.

Art. 20.

Im Falle der Veräußerung eines Teiles eines Grundstücks, das im Lehns-, Fideikommiß-, Erbstammguts-, Stammguts- oder Leiheverbande steht oder mit Reallasten, Hypotheken, Grundschulden oder Rentenschulden belastet ist, kann der Teil auf Grund eines Unschädlichkeitszeugnisses der zuständigen Behörde frei von allen oder einzelnen Belastungen des Hauptgrundstücks von diesem ohne die Bewilligung der Berechtigten unter folgenden Voraussetzungen abgeschrieben werden:

1. Wird der Grundstücksteil gegen Auferlegung einer Rente veräußert, so kann die Abschreibung nur erfolgen, wenn gleichzeitig die Rente auf dem Grundstücksteile mit dem Vorrange vor sonstigen Belastungen als Reallast zugunsten des jeweiligen Eigentümers des Hauptgrundstücks eingetragen und auf dem Blatte des Hauptgrundstücks vermerkt wird. Zu den Belastungen, denen die Rente vorzugehen hat, gehören nicht die auf Grund des Gesetzes, betreffend die Beförderung der Errichtung von Rentengütern, vom 7. Juni 1891 (GS. S. 279) festgestellten Rentenbankrenten.
2. Wird der Grundstücksteil gegen ein anderes Grundstück vertauscht, so kann die Abschreibung nur erfolgen, wenn gleichzeitig das eingetauschte Grundstück dem Hauptgrundstück als Bestandteil zugeschrieben wird; ist ein Ausgleichungskapital festgestellt, so finden auf dieses die unter Nr. 3 für ein vereinbartes Kaufgeld gegebenen Vorschriften Anwendung.
3. Ist der Grundstücksteil verkauft, so kann die Abschreibung nur erfolgen:
   a) wenn gleichzeitig auf dem Grundstücksteil eine Hypothek für die Kaufgeldforderung zur ersten Stelle und die Zugehörigkeit dieser Forderung zu dem Verbande, dem das Hauptgrundstück angehört, oder ein Pfandrecht an der Forderung für diejenigen Reallastberechtigten, Hypotheken-, Grundschuld- oder Rentenschuldgläubiger

eingetragen wird, deren Bewilligung durch das Unschädlichkeitszeugnis ersetzt wird;

b) wenn die Auseinandersetzungsbehörde bescheinigt, daß das Kaufgeld zu ihrer Verfügung hinterlegt oder sichergestellt oder daß die Verwendung des Kaufgeldes erfolgt oder nicht erforderlich ist.

4. Wird der Grundstücksteil zu öffentlichen Zwecken unentgeltlich veräußert, so kann die Abschreibung nur erfolgen, wenn die Auseinandersetzungsbehörde bescheinigt, daß mit der Ausführung der öffentlichen Anlage begonnen ist.

Auf eine Eintragung, die auf Grund des Unschädlichkeitszeugnisses bei einer Hypothek, einer Grundschuld oder einer Rentenschuld zu bewirken ist, finden die Vorschriften der §§ 42—44 der Grundbuchordnung keine Anwendung. Wird der Hypotheken-, Grundschuld- oder Rentenschuldbrief nachträglich vorgelegt, so hat das Grundbuchamt die Eintragung auf dem Briefe zu vermerken.

---

1. Nach Art. 19 des AG. z. BGB. bleiben die bestehenden Vorschriften über die Erteilung von Unschädlichkeitszeugnissen zum Zwecke der Befreiung eines Teiles eines Grundstücks von dessen Belastungen gemäß EG. z. BGB. Art. 120 Abs. 1 in Kraft. Der Vorbehalt ist durch § 83 GBO. auch auf die landesgesetzlichen Vorschriften ausgedehnt, welche die Voraussetzungen betreffen, unter denen auf Grund eines Unschädlichkeitszeugnisses ein Grundstücksteil frei von den Lasten des Hauptgrundstücks im Grundbuch abgeschrieben werden kann. Diese Voraussetzungen sind in Art. 20 geregelt. M. 19.

2. Das Unschädlichkeitszeugnis ersetzt gegenüber den Berechtigten, auf die es sich bezieht, die sonst nach § 19 GBO. erforderliche Bewilligung der Abschreibung. Auch die Genehmigung der Lehns- oder Fideikommißbehörde ist daneben nicht erforderlich. Joh. 7 S. 188. Es kann nach Art. 19 Nr. 2 AG. z. BGB. in bezug auf alle oder nur in bezug auf einzelne Belastungen des Hauptgrundstücks erteilt sein. M. 20. Die Prüfung der Voraussetzungen, unter denen es zu erteilen ist, ist Sache der für die Erteilung des Zeugnisses zuständigen Behörden (Generalkommission, Kreditdirektion). Eine Nachprüfung des Unschädlichkeitszeugnisses steht dem GBA. nicht zu. M. 19. RG. 28 S. 335, 29 S. 249. Wohl aber hat das GBA. zu prüfen, ob die in Art. 20 Nr. 1—4 aufgestellten Voraussetzungen der lastenfreien Abschreibung gegeben sind.

3. Wegen der bestehenden Vorschriften über die Erteilung von Unschädlichkeitszeugnissen s. die Anlage zu § 1120 BGB.

Art. 21.

Die satzungsmäßigen Vorschriften, welche für die zur Zeit des Inkrafttretens des Bürgerlichen Gesetzbuchs bestehenden landschaftlichen oder ritterschaftlichen Kreditanstalten über die Aufnahme, Eintragung oder Löschung der Pfandbriefdarlehen sowie über die Umschreibung eingetragener Forderungen in Pfandbriefdarlehen und die Umwandlung der Pfandbriefe ergangen sind, bleiben in Kraft.

Als landschaftliche Kreditanstalten im Sinne des Abs. 1 gelten auch die provinzial-(kommunal-)ständischen öffentlichen Grundkreditanstalten.

1. Unter die Vorschrift fallen: Die Kur- und Neumärkische Landschaft, die Pommersche Landschaft, die Schlesische Landschaft, die Westpreußische und die neue Westpreußische Landschaft, die Ostpreußische Landschaft, die alte Posener Landschaft, die Landschaft der Prov. Westfalen, das Königl. Kreditinstitut für Schlesien, die ständische Darlehnskasse für die Prov. Schlesien, der neue landschaftliche Kreditverein für die Prov. Posen, die neue Westpreußische Landschaft, das Kreditinstitut für die Preuß. Ober- und Niederlausitz, der neue landschaftliche Kreditverband der Prov. Sachsen, der Pommersche Landkreditverband, das Neue Brandenburgische Kreditinstitut, die Zentrallandschaft, der Bremensche ritterschaftliche Kreditverein, das ritterschaftliche Kreditinstitut für das Fürstent. Lüneburg, der Calenberg-Göttingen-Grubenhagen-Hildesheimsche ritterschaftliche Kreditverein, der landschaftliche Kreditverein für die Prov. Schleswig-Holstein. Ferner, nach Abs. 2: die Landeskulturrentenbanken, die Hannoversche Landeskreditanstalt, die Landeskreditkasse in Kassel, die Nassauische Landesbank zu Wiesbaden.

Das Verfahren beim GBA. richtet sich nach den Bestimmungen der einzelnen Satzungen. Als gemeinsame Regeln können folgende hervorgehoben werden.

2. Eingetragen werden nicht mehr, wie früher, die Pfandbriefe, sondern die Darlehen, auf Grund deren die Ausgabe der Pfandbriefe erfolgt. Die Pfandbriefe sind Geldpapiere auf den Inhaber und als solche nicht Zahlungsmittel; ihre von der Übereinkunft der Parteien abhängende Verwendung zu Zahlungen ist Hingeben an Zahlungs Statt. Sie sind nicht zessibel, sondern nur durch Übergabe übertragbar. OTr. 1 S. 145, 4 S. 83. Strieth. 19 S. 197. Schuldner ist den Inhabern der Pfandbriefe gegenüber das Kreditinstitut und diesem gegenüber der Besitzer des bepfandbrieften Gutes.

Den Inhalt des Eintragungsvermerks regeln § 1115 Abs. 2 BGB. und § 800 ZPO.

3. Für die Befugnisse der Landschaftssyndici zur Aufnahme von Urkunden der freiwilligen Gerichtsbarkeit sind Art. 32 PFG. und die bestätigten landschaftlichen Satzungen, nicht Art. 21 AG. z. GBO. maßgebend. Art. 32 PFG. gewährt die Befugnis nicht bloß zur Beurkundung des Rechtsgeschäfts, sondern auch zur Beglaubigung der Unterschriften unter fertig vorliegenden Urkunden. KG. 25 S. A 93.

4. Den Eintragungsantrag stellt die Direktion unter Beifügung der erforderlichen Urkunden. Die Eintragungsformel ist in dem Antrage wörtlich anzugeben. Hinsichtlich der Nebenleistungen kann auf die Satzung Bezug genommen werden. BGB. § 1115 Abs. 2. Über die eingetragenen Darlehen werden Hypothekenbriefe gefertigt, die mit der Ausfertigung der Schuldurkunde der Direktion zu überreichen sind.

5. Bei der Umschreibung bereits eingetragener Posten in Pfandbriefsdarlehen werden die früher gebildeten Briefe unbrauchbar gemacht und zu den Akten genommen. Über die umgeschriebenen Posten, von denen mehrere auf ein Pfandbriefdarlehn vereinigt werden können, wird ein neuer Brief erteilt und mit der neuen Schuldurkunde verbunden.

6. Die Umschreibung älterer Pfandbriefe in Pfandbriefdarlehen ist gestattet. Mit dem Umschreibungsantrage hat die Direktion die alten Pfandbriefe einzureichen. Soll zugleich eine Zinserhöhung eingetragen werden, so bedarf es noch bezüglich des erhöhten Zinssatzes einer Schuld- und Verpfändungsurkunde. Nach der Umschreibung werden die Pfandbriefe unbrauchbar gemacht. Der über das Darlehn erteilte neue Hypothekenbrief muß den ursprünglichen Eintragungsvermerk enthalten und ist mit der Ausfertigung des Umschreibungsantrags, im Falle der Zinserhöhung auch mit der darüber aufgenommenen Schuld- und Verpfändungsurkunde, zu verbinden.

7. Bezüglich der Löschung abgelöster Pfandbriefe läßt sich nur die Regel aufstellen, daß es einer Quittung des Inhabers der Pfandbriefe nicht bedarf. Im übrigen sind die einzelnen Satzungen maßgebend. Nach KG. 17 S. 104 erfolgt die

Löschung eines für das Kur- und Neumärkische ritterschaftliche Kreditinstitut eingetragenen Pfandbriefdarlehns auf Ersuchen des Kreditinstituts, ohne daß es der Zustimmung des Eigentümers bedarf, während nach KG. 21 S. A 177 zur Löschung eines für die Pommersche Landschaft eingetragenen Pfandbriefdarlehns die Zustimmung des Eigentümers erforderlich ist.

8. Bei Amortisationsdarlehen der landschaftlichen Kreditanstalten ist die Abrede, daß der Eigentümer zur Verfügung über den amortisierten Teil des Kapitals bis zu dessen völliger Tilgung nicht berechtigt sei, für zulässig erachtet. KG. 20 S. A 206, 319.

9. Durch das Ges. v. 3. Aug. 1897 (GS. S. 388) ist den Kreditanstalten ein Zwangsvollstreckungsrecht eingeräumt. Aus den von ihren zum Richteramt befähigten Beamten innerhalb der Grenzen ihrer Amtsbefugnisse aufgenommenen Urkunden ist die Zwangsvollstreckung zulässig. Auf Ersuchen der Direktion ist der Vermerk über Anordnung der Zwangsverwaltung einzutragen. Die Eintragung kann aber nur verlangt werden, wenn keine gerichtliche Zwangsverwaltung anhängig ist.

10. Keine Anwendung findet Art. 21 auf Hypothekenbanken, d. h. auf Privataktiengesellschaften und Aktienbanken, die Geld auf Grundstücke gegen Hypothekbestellung ausleihen und sich die Mittel dazu durch Ausgabe von Hypothekenpfandbriefen verschaffen. Hierher gehören auch das Pfandbriefsinstitut für Berlin und der Danziger Hypothekenverein. Maßgebend für diese Gesellschaften 2c. ist das Hypothekenbankgesetz v. 13. Juli 1899 (RGBl. S. 375).

Art. 22.

Die sich auf Grundstücke beziehenden Vorschriften der Grundbuchordnung und dieses Gesetzes finden, soweit nicht ein anderes bestimmt ist, auf Bergwerke, selbständige Kohlenabbau-Gerechtigkeiten und andere selbständige Gerechtigkeiten entsprechende Anwendung.

---

1. Bergwerkseigentum: Art. 23—28. Für das Anlegungsverfahren kommen in Betracht JMV. v. 20. Nov. 1899 §§ 1—26. Vgl. die Anlage zu BGB. § 1012, oben S. 394.

2. Selbständige Gerechtigkeiten: Anlage zu BGB. § 1012, ebenda.

Art. 23.

Ist das Bergwerkseigentum durch Verleihung begründet oder durch Konsolidation, Teilung von Grubenfeldern oder Austausch von Feldesteilen erworben, so hat das Oberbergamt das Grundbuchamt unter Mitteilung einer beglaubigten Abschrift der Verleihungsurkunde oder einer Ausfertigung des bestätigten Konsolidations-, Teilungs- oder Austauschakts um die Bewirkung der erforderlichen Eintragungen zu ersuchen.

---

1. Verleihung. Die Neubegründung des Bergwerkseigentums kann nur durch Verleihung erfolgen. Voraussetzung der Verleihung ist die Mutung, d. h. das beim Oberbergamt anzubringende Gesuch um Verleihung des Bergwerkseigentums in einem gewissen Felde. Berggeſ. § 12. Über die Verleihung ist eine Urkunde zu erteilen, welche den in § 34 Berggeſ. aufgestellten Erfordernissen entsprechen muß. Durch die

Aushändigung der Verleihungsurkunde an den Muter wird der Erwerb des Bergwerkseigentums vollendet.

2. Konsolidation ist die Vereinigung zweier oder mehrerer Bergwerke zu einem einheitlichen Ganzen. Berggeſ. § 41. Erforderlich ist ein gerichtlicher oder notarieller Konsolidationsakt, je nach Beschaffenheit des Falles ein Vertrag der Mitbeteiligten oder eine Erklärung des Alleineigentümers. Berggeſ. § 42. Wenn das konsolidierte Werk nur als Ganzes dinglich beschwert werden kann, wenn es zB. eine Gewerkschaft neueren Rechtes bildet, so muß außer dem Konsolidationsakte eine mit den Realgläubigern vereinbarte Bestimmung über die Rangordnung ihrer Rechte beigebracht werden. In allen übrigen Fällen muß in dem Konsolidationsakte eine Bestimmung des Anteilsverhältnisses, nach welchem jedes einzelne Bergwerk in das konsolidierte Werk eintreten soll, enthalten sein. § 44 a. a. O. Die Berechtigten sind in diesem Falle nur befugt, gegen diese Bestimmung nach Maßgabe des § 46 a. a. O. durch Klage Einspruch zu erheben oder gemäß § 47 a. a. O. Befriedigung vor der Verfallzeit zu fordern. Perfekt wird die Konsolidation mit der nach Erfüllung der vorgeschriebenen Erfordernisse erfolgten Bestätigung des Konsolidationsaktes durch das Oberbergamt. Die einzelnen Bergwerke gehen in dem konsolidierten Bergwerk als einem neuen einheitlichen Ganzen auf, das bisherige Sondereigentum an ihnen erlischt. § 48 a. a. O. RG. 2 S. 299.

3. Die reale Teilung des Feldes eines Bergwerks in selbständige Felder sowie der Austausch von Feldesteilen zwischen angrenzenden Bergwerken unterliegt der Bestätigung des Oberbergamts, die aber nur aus Gründen des öffentlichen Interesses versagt werden darf. Im Falle der Feldesteilung haften den Realberechtigten alle Teile solidarisch. Bei dem Austausche von Feldesteilen geht das Recht der Realberechtigten ohne weiteres auf den zum belasteten Bergwerk hinzutretenden Feldesteil über, wogegen der abgetretene Feldesteil von der dinglichen Belastung befreit wird. § 51 a. a. O. In beiden Fällen können die Realgläubiger nach Maßgabe des § 51 Abs. 3 a. a. O. Befriedigung vor der Verfallzeit fordern.

4. Die Eintragung im Grundbuch erfolgt in den in A. 1, 2, 3 bezeichneten Fällen nur auf Ersuchen des Oberbergamts. Das Ersuchen, welchem die in Art. 23 bezeichneten Urkunden beizufügen sind, muß der Form des Art. 9 entsprechen. Für das verliehene Bergwerk ist in dem gemäß § 23 JMV. v. 20. Nov. 1899 für Bergwerke eingerichteten Grundbuch gemäß §§ 1—20, 22—24 a. a. O. ein neues Blatt anzulegen. In den in A. 2 und 3 bezeichneten Fällen ist das Grundbuch für Bergwerke ebenso zu behandeln, wie in den entsprechenden Fällen das Grundbuch für Grundstücke. Turn.-Först. II S. 412.

Art. 24.

Wird die Verleihungsurkunde geändert, so hat das Oberbergamt das Grundbuchamt unter Mitteilung der Urkunde über die Änderung um die Eintragung der Änderung zu ersuchen.

Das Ersuchen um Eintragung des durch Verleihung begründeten Bergwerkseigentums kann das Oberbergamt sofort nach Erteilung der Verleihungsurkunde an das GBA. richten. Es steht aber denjenigen Mutern, die ein Vorzugsrecht zu haben glauben, frei, dies Recht auch nach der Erteilung der Verleihungsurkunde innerhalb bestimmter Frist durch gerichtliche Klage gegen den Bergwerkseigentümer geltend zu machen. Wird das Vorzugsrecht des Widersprechenden durch Richterspruch anerkannt, so hat das Oberbergamt die Aufhebung oder Änderung der Verleihungsurkunde nach Maßgabe des gerichtlichen Urteils zu bewirken und das GBA. unter Mitteilung der

Urkunde über die Änderung zur Eintragung der Änderung zu ersuchen. Berggeſ. §§ 35, 36. Auf Antrag der Beteiligten darf das GBA. die Eintragung nicht bewirken.

Art. 25.

Wird das Bergwerkseigentum oder die Verleihungsurkunde aufgehoben, so hat das Oberbergamt das Grundbuchamt unter Mitteilung einer Ausfertigung des Aufhebungsbeschlusses um die Schließung des über das Bergwerk geführten Grundbuchblatts zu ersuchen.

Bei der Schließung sind die eingetragenen Belastungen von Amts wegen zu löschen.

Grundstücke, die dem Bergwerk als Bestandteil zugeschrieben sind, werden mit den darauf haftenden Belastungen in das über die Grundstücke ihres Bezirkes geführte Grundbuch eingetragen.

---

1. Aufhebung der Verleihungsurkunde: A. zu Art. 24. Die Aufhebung des Bergwerkseigentums erfolgt durch Beschluß des Oberbergamts. Wenn nämlich der Bergwerksbesitzer seiner Verpflichtung, das Bergwerk zu betreiben (Berggeſ. § 65), nicht genügt, so kann das Oberbergamt gegen ihn nach Maßgabe der §§ 156 ff. a. a. O. das Entziehungsverfahren einleiten. In diesem Verfahren können die Realberechtigten sowohl wie auch der Eigentümer nach § 159 a. a. O. die Zwangsversteigerung des Werkes beantragen. Wird der Antrag nicht gestellt oder führt die Zwangsversteigerung nicht zum Verkaufe des Bergwerks, so spricht das Oberbergamt durch einen Beschluß die Aufhebung des Bergwerks aus. Mit dieser Aufhebung erlöschen alle Ansprüche auf das Bergwerk, von welcher Art sie auch sein mögen. § 160 a. a. O. Das Bergwerk geht unter. Erklärt der Eigentümer vor der Bergbehörde seinen freiwilligen Verzicht auf das Bergwerk oder auf einzelne Teile eines Feldes, so wird in gleicher Weise verfahren. §§ 161, 162 a. a. O. Das Oberbergamt hat unter Mitteilung einer Ausfertigung des Aufhebungsbeschlusses um die Schließung des Grundbuchblatts zu ersuchen. Bei der Schließung sind die eingetragenen Belastungen von Amts wegen zu löschen. Im übrigen ist dem GBA. sowohl in diesem Falle als im Falle der Aufhebung der Verleihungsurkunde eine von Amts wegen zu übende Tätigkeit versagt.

2. Dem Bergwerke können Grundstücke als Bestandteile zugeschrieben werden. BGB. § 890 Abs. 2. Ihre Buchung regeln die §§ 24, 25 JMV. v. 20. Nov. 1899. Die zugeschriebenen Grundstücke verlieren ihre Selbständigkeit. Ihre Blätter sind zu schließen. Der Inhalt der Blätter ist auf das Blatt des Bergwerks zu übertragen. Andere Grundstücke können zwar dem Bergwerk, aber — gegen Predari S. 68 A. 10 — nicht den bereits zugeschriebenen — unselbständig gewordenen — Grundstücken zugeschrieben werden. Turn.-Först. 1. Aufl. II S. 413. Durch die Aufhebung des Bergwerkseigentums oder der Verleihungsurkunde wird die Selbständigkeit der zugeschriebenen Grundstücke wieder hergestellt. Hierauf beruht die Vorschrift des Art. 25 Abs. 3. Zu den danach auf das neue Grundbuchblatt zu übertragenden Belastungen gehören nach § 1131 BGB. auch die an dem Bergwerke bestehenden Hypotheken.

Art. 26.

Soweit in den Fällen der Artikel 23—25 Hypotheken, Grundschulden oder Rentenschulden von den Eintragungen betroffen werden, finden die Vorschriften der §§ 42—44 der Grundbuchordnung keine Anwendung. Das Grundbuchamt

hat den Besitzer des Hypotheken-, Grundschuld- oder Rentenschuldbriefs zur Vorlegung anzuhalten, um nach den Vorschriften des § 62 Abs. 1, des § 69 und des § 70 Abs. 1 der Grundbuchordnung zu verfahren.

Bei der Verleihung des Bergwerkseigentums ist für die Anwendung des Art. 26 kein Raum. In den übrigen Fällen der Art. 23—25 darf die Vornahme der Eintragungen nicht von der Vorlegung der in den §§ 42—44 GBO. bezeichneten Urkunden abhängig gemacht werden. Doch sind hier, wie in den Fällen des § 62 Abs. 2 GBO. zur Vermeidung von Täuschungen die Besitzer der Hypotheken-, Grundschuld- oder Rentenbriefe von Amts wegen zur Vorlegung der Briefe anzuhalten und im Falle der Eintragung von Änderungen diese nachträglich auf den Briefen zu vermerken, im Falle der Löschung der Rechte die Briefe nach § 69 GBO. unbrauchbar zu machen. M. 22.

Art. 27.

Auf die Anlegung eines Grundbuchblatts für eine selbständige Kohlenabbau-Gerechtigkeit finden die für das Erbbaurecht geltenden Vorschriften des § 7 der Grundbuchordnung entsprechende Anwendung.

Für andere selbständige Gerechtigkeiten wird ein Grundbuchblatt nur auf Antrag des Berechtigten angelegt, soweit sich nicht aus den für die Anlegung der Grundbücher geltenden Vorschriften ein anderes ergibt.

I. Selbständige Kohlenabbaugerechtigkeiten bestehen nur in den Landesteilen, in welchen das kurfürstlich-sächsische Mandat v. 19. Aug. 1743 Gesetzeskraft hat. Das darüber ergangene Gesetz v. 22. Februar 1869 (GS. S. 401) ist in den §§ 2—8 durch Art. 38 AG. z. BGB. ersetzt werden.

1. Bestellung. Abweichend vom Bergges., nach welchem die ihm unterstehenden Mineralien der Verfügung des Grundeigentümers nicht unterworfen sind, unterliegen in dem bezeichneten Geltungsbereich die Stein- und Braunkohlen lediglich dem Verfügungsrechte des Grundeigentümers. Es kann aber das Recht zum Stein- oder Braunkohlenbergbau von dem Eigentum an dem Grundstücke, in welchem die Stein- oder Braunkohlen anstehen, abgetrennt und als selbständige Gerechtigkeit sowohl für den Grundeigentümer als auch für dritte Personen bestellt werden. AG. z. BGB. Art. 38 § 2.

Die Bestellung für den Grundeigentümer erfolgt nach Art. 38 § 3 Abs. 1 a. a. O. durch dessen Erklärung dem GBA. gegenüber, daß die Gerechtigkeit für ihn in das Grundbuch eingetragen werden soll und durch die Eintragung auf dem Blatte des Grundstücks in Abt. II. JMB. v. 20. Nov. 1899 § 11. Die Erklärung wird nicht dadurch unwirksam, daß der Erklärende nach der Stellung des Antrags in der Verfügung beschränkt wird. BGB. § 878. Das gleiche gilt, wenn er nach der Abgabe der Erklärung stirbt oder geschäftsunfähig wird. BGB. § 130 Abs. 2, 3.

Zur Bestellung für einen Dritten ist die Einigung des Grundeigentümers und des Erwerbers über die Bestellung der Gerechtigkeit und die Eintragung im Grundbuch erforderlich. BGB. § 873. Die Einigung muß bei gleichzeitiger Anwesenheit beider Teile vor dem GBA. erklärt werden. Art. 38 § 3 Abs. 2 a. a. O. In beiden Fällen ist auf Antrag für das Abbaurecht ein besonderes Grundbuchblatt anzulegen. Von Amts wegen erfolgt die Anlegung, wenn die Gerechtigung veräußert oder belastet werden soll. Die Anlegung wird auf dem Blatte des Grundstücks vermerkt. GBO. § 7.

2. Für die bestellten Kohlenabbaugerechtigkeiten gelten die sich auf Grundstücke beziehenden Vorschriften des BGB. Die für den Erwerb des Eigentums und

die Ansprüche aus dem Eigentum an Grundstücken geltenden Vorschriften finden entsprechende Anwendung. AG. z. BGB. Art. 38 § 5. Es sind also bei der Anlegung eines Blattes für die Gerechtigkeit die auf dem Blatte des Grundstücks eingetragenen Belastungen auf das neue Blatt mit zu übertragen, wenn nicht die eingetragenen Berechtigten die Gerechtigkeit aus der Haftung entlassen oder eine anteilige Haftung des Grundstücks und der Gerechtigkeit vereinbart oder ein Unschädlichkeitszeugnis beigebracht ist. GBO. § 49. Die rechtsgeschäftliche Veräußerung bedarf der Auflassung und Eintragung. Die eingetragene Gerechtigkeit kann mit Hypotheken und anderen Rechten belastet werden. Sie unterliegt der Zwangsvollstreckung in das unbewegliche Vermögen. ZPO. § 864. Die Gerechtigkeit kann nur dann einer anderen als Bestandteil zugeschrieben oder mit ihr vereinigt werden, wenn die Gerechtigkeiten mit ihren Feldern aneinander grenzen und zu einem einheitlichen Baue zusammengefaßt sind und wenn außerdem die auf den einzelnen Gerechtigkeiten haftenden Belastungen auf Grund einer die Rangordnung regelnden Einigung mit den Berechtigten auf das aus den Gerechtigkeiten gebildete Ganze übertragen werden. AG. z. BGB. Art. 38 § 7. Die Zuschreibung von Grundstücken ist gestattet. Es gelten darüber die Grundsätze in Art. 25 A. 2.

3. Löschung. Ist das Kohlenfeld vollständig abgebaut, so kann die Gerechtigkeit auf Antrag im Grundbuche gelöscht werden. Antragsberechtigt ist jeder beteiligte Grundeigentümer und jeder, welchem ein Recht an dem Grundstücke zusteht. Zur Begründung des Antrags ist ein Zeugnis der Bergbehörde darüber beizubringen, daß das Kohlenfeld gänzlich abgebaut ist und daß auf dem Felde Gebäude oder sonstige zur Grube gehörende unbewegliche Bestandteile nicht mehr vorhanden sind. Auf Grund des Zeugnisses schließt das GBA. das für die Gerechtigkeit angelegte Blatt und löscht die auf diesem eingetragenen Rechte. Zur Löschung einer Hypothek, Grundschuld oder Rentenschuld ist die Vorlegung des Briefes nicht erforderlich, doch hat das GBA. den Besitzer des Briefes zur Vorlegung anzuhalten, um nachträglich die Löschung auf dem Briefe zu vermerken. AG. z. BGB. Art. 38 § 8.

Ob die Löschung der Abbaugerechtigkeit nur in diesem Falle oder auf Grund des Einverständnisses der Beteiligten erfolgen kann, ist bestritten. Mit Turn.-Först. II S. 435 wird letzteres anzunehmen sein. Denn „wie die Abbaugerechtigkeit durch reinen Privatakt ins Leben gerufen wird, muß auch ihr Wegfall durch Vereinbarung aller Interessenten herbeigeführt werden können".

II. Selbständige Gerechtigkeiten. Vorschriften, nach denen ein Grundbuchblatt von Amts wegen anzulegen ist, enthalten zB. das Gesetz v. 19. Aug. 1895 für Schirnen- und Meßbudengerechtigkeiten in Frankfurt a. M. und die Kgl. V. v. 11. Dez. 1899 betr. die Anlegung der Grundbücher im Gebiete des vorm. Herzogtum Nassau.

Art. 28.

Die für das Erbbaurecht geltenden Vorschriften des § 20 und des § 22 Abs. 2 der Grundbuchordnung finden auf das Bergwerkseigentum, auf unbewegliche Bergwerksanteile und selbständige Gerechtigkeiten entsprechende Anwendung.

I. Nach Art. 37 Nr. 1, XIII, Art. 38 §§ 3, 5, Art. 40 AG. z. BGB. ist zur rechtsgeschäftlichen Übertragung der bezeichneten Berechtigungen und bei selbständigen Kohlenabbaugerechtigkeiten auch zur Bestellung für einen Dritten wie bei dem Erbbaurecht eine vor dem GBA. erklärte Einigung der Beteiligten erforderlich. Deshalb sind nach dem Vorbilde des § 84 GBO. die das Erbbaurecht betreffenden Vorschriften auf diese Berechtigungen ausgedehnt. M. 23.

II. Unbewegliche Bergwerksanteile. Eigentümer eines Bergwerks können sein eine einzelne Person oder mehrere Personen zu ideellen Anteilen, auch Gesellschaften, insbesondere Aktiengesellschaften. Mehrere Teilhaber eines Bergwerks bilden, wenn nicht eine andere Regelung getroffen ist, eine Gewerkschaft. Berggeſ. §§ 94, 133. Bergbeamte des Staates, deren Frauen und unter elterlicher Gewalt stehende Kinder dürfen im Bezirke der Verwaltung der ersteren Bergwerke oder Kuxe durch Rechtsgeschäfte unter Lebenden nur mit Genehmigung des Handelsministers erwerben. A. a. O. § 195.

1. G. älteren Rechtes. Bei den zur Zeit des Inkrafttretens des Berggeſ. v. 24. Juni 1865 bestehenden Gewerkschaften sind die Teilhaber (Gewerken) Miteigentümer des Bergwerks und werden als Eigentümer in Höhe der Anteile (Kuxe) in das Grundbuch eingetragen. Die einzelnen Kuxe, regelmäßig 128, gelten als unbewegliche Sachen. Sie können nur wie Grundstücke (durch Auflassung) veräußert und (durch Bestellung einer Hypothek, Grundschuld oder Rentenschuld) verpfändet werden. Berggeſ. § 231.

Bei einer Teilveräußerung dürfen die Kuxe nur noch in Zehnteile geteilt werden. A. a. O. § 228. Eine Verpfändung des ganzen Bergwerks durch Mehrheitsbeschluß ist nur dann zulässig, wenn die einzelnen Kuxe nicht mit Hypotheken belastet sind. Anderenfalls ist Einstimmigkeit erforderlich. A. a. O. § 230.

2. G. neueren Rechtes. Die unter dem Berggeſ. entstandene Gewerkschaft ist eine juristische Person und wird als solche in das Grundbuch eingetragen. Das Bergwerk kann nur im ganzen oder zu einem ideellen Teile und nur von der Gewerkschaft veräußert und verpfändet werden. Die Kuxe, 100, höchstens 1000, sind nicht mehr ein Anteil am Bergwerk, sondern Anteil am gesamten Bergwerksvermögen, haben deshalb die Eigenschaft beweglicher Sachen und werden nicht in das Grundbuch eingetragen. Berggeſ. §§ 94—100. Dem GBA. gegenüber wird die Gewerkschaft vertreten durch den Repräsentanten oder Grubenvorstand, der aber, wenn das Statut nichts anderes bestimmt, im Falle der Veräußerung, Verpfändung oder Belastung des Bergwerks eines besonderen Auftrags der Gewerkenversammlung bedarf und diesen vorzulegen hat. Die Versammlung darf Geschäfte der bezeichneten Art nur mit einer Mehrheit von drei Vierteilen aller Kuxe beschließen. A. a. O. §§ 114, 117, 119, 120, 124.

3. Die Umwandlung einer G. älteren Rechtes in eine G. neueren Rechtes ist gestattet. Berggeſ. § 235. Geſ. v. 9. April 1873 (GS. S. 181). Das GBA. hat, wenn ihm eine Ausfertigung des notariell oder gerichtlich aufgenommenen Protokolls der Gewerkenversammlung, in welcher die Umwandlung beschlossen ist, eingereicht wird, in den Abschnitt IV des Titels des Grundbuchblattes eine entsprechende Verfügungsbeschränkung einzutragen und die Eintragung auch dem Oberbergamt mitzuteilen. Die Löschung des Vermerkes erfolgt auf Antrag dieser Behörde. Ob es der Auflassung seitens der alten an die neue Gewerkschaft bedarf, ist zweifelhaft. Die herrschende Meinung verneint die Notwendigkeit dieser Auflassung, indem sie aus § 235a Geſ. v. 9. April 1873 die Ansicht herleitet, daß nur eine andere Gemeinschaftsform desselben Rechtssubjekts eintritt. Achilles-Strecker S. 426. R. Foerster S. 280. Nach Bestätigung des Umwandlungsbeschlusses durch das Oberbergamt ist das alte Grundbuchblatt zu schließen und für die neue Gewerkschaft ein neues Grundbuchblatt anzulegen. Auf letzteres werden die auf dem Bergwerke selbst, nicht auch die auf den einzelnen Kuxen eingetragenen Lasten übertragen. Den seitherigen Hypothekengläubigern der einzelnen Gewerken haften, soweit nicht ein anderes vereinbart ist, die an die Stelle der verpfändeten Anteile getretenen neuen Kuxe in der durch die Hypothekenrechte begründeten Rangordnung. Berggeſ. § 236. Sind mehrere Hypothekengläubiger vorhanden, so ist der Kuxschein für diese von dem GBA. aufzubewahren. A. a. O. § 237. Solange Anteile einzelner Gewerken mit Pfandrechten, die an Stelle seitheriger Hypotheken getreten sind, belastet sind, hat das GBA. die Kuxscheine auszufertigen und

das Gewerkenbuch zu führen, dessen Führung sonst dem Repräsentanten oder Grubenvorstand obliegt. A. a. O. §§ 239, 121. Über das Verfahren bei Führung der Gewerkenbücher ist die Instruktion v. 19. Nov. 1866 erlassen. Sie ist abgedruckt: Turn.-Först. 1. Aufl. II S. 437 ff.

Art. 29.

Landesgesetzliche Vorschriften über die Einrichtung der Grundbücher, die neben der Grundbuchordnung in Kraft bleiben, können durch Anordnung des Justizministers geändert werden.

Vorschriften über die Einrichtung der Grundbücher finden sich auch in einzelnen neben der GBO. in Kraft bleibenden Sondergesetzen. Vgl. zB. Ges. betr. das Pfandrecht an Privateisenbahnen v. 19. Aug. 1895 in der Fassung der Bekanntm. v. 8. Juli 1902 (GS. S. 237) § 10; Ges. betr. das Anerbenrecht bei Renten- und Ansiedelungsgütern v. 8. Juni 1896 § 3; Ges. betr. das Anerbenrecht bei Landgütern in der Prov. Westfalen v. 2. Juli 1898 § 3 Abs. 2. (Dazu: JMB. v. 22. Januar 1900, JMBl. S. 34.) „Auch für solche Gebiete muß die Justizverwaltung in der Lage sein, die bestehenden Vorschriften der künftigen Einrichtung der Grundbücher anzupassen. Da es sich hierbei um eine Änderung gesetzlicher Vorschriften handelt, erscheint eine ausdrückliche gesetzliche Ermächtigung des Justizministers notwendig." M. 24. Diese Ermächtigung ist im Anschluß an § 1 Abs. 2 GBO. und Art. 22 in Art. 29 ausgesprochen. Gebrauch gemacht ist von der Ermächtigung in §§ 21, 43 JMB. v. 20. Nov. 1899 und in der JMB. v. 12. Januar 1900 (JMBl. S. 34), betr. die Eintragung der Anerbengutseigenschaft bei Anerbengütern im Sinne des Ges. v. 2. Juli 1898 (GS. S. 139).

Art. 30

enthält Änderungen des Preuß. Gerichtskostengesetzes v. 25. Juni 1895 (GS. S. 203). Die Mitteilung dieser Änderungen erscheint entbehrlich, da in der Bek. des Justizministers v. 6. Oktober 1899 (GS. S. 326) der jetzt gültige Text des Gerichtskostengesetzes festgestellt ist. Die speziell auf Grundbuchsachen sich beziehenden Bestimmungen enthalten die §§ 57—70, lautend:

§ 57. In Grundbuchsachen beträgt, sofern nicht Ausnahmen vorgesehen sind, die volle Gebühr

bei einem Werte des Gegenstandes	nach dem Satze A Mark	nach dem Satze B Mark
1. bis 20 Mark einschließlich	0,40	0,20
2. von mehr als 20 bis 60 Mark einschließlich	0,70	0,40
3. „ „ „ 60 „ 120 „ „	1	0,60
4. „ „ „ 120 „ 200 „ „	1,50	1
5. „ „ „ 200 „ 300 „ „	2	1,40
6. „ „ „ 300 „ 450 „ „	2,60	1,90
7. „ „ „ 450 „ 650 „ „	3,20	2,40
8. „ „ „ 650 „ 900 „ „	4	2,90
9. „ „ „ 900 „ 1200 „ „	4,80	3,40
10. „ „ „ 1200 „ 1600 „ „	6	4
11. „ „ „ 1600 „ 2100 „ „	7,20	4,60
12. „ „ „ 2100 „ 2700 „ „	8,40	5,40
13. „ „ „ 2700 „ 3400 „ „	9,60	6,20
14. „ „ „ 3400 „ 4300 „ „	11	7,20
15. „ „ „ 4300 „ 5400 „ „	12,60	8,20

bei einem Werte des Gegenstandes	nach dem Satze A Mark	nach dem Satze B Mark
16. von mehr als 5400 bis 6700 Mark einschließlich	14,40	9,40
17. „ „ „ 6700 „ 8200 „ „	16,20	10,60
18. „ „ „ 8200 „ 10000 „ „	18	12
19. „ „ „ 10000 „ 12000 „ „	20,40	13,80
20. „ „ „ 12000 „ 14000 „ „	22,80	15,60
21. „ „ „ 14000 „ 16000 „ „	25,20	17,40
22. „ „ „ 16000 „ 18000 „ „	27,60	19,20
23. „ „ „ 18000 „ 20000 „ „	30	21
24. „ „ „ 20000 „ 22000 „ „	32,40	22,80
25. „ „ „ 22000 „ 24000 „ „	34,80	24,60
26. „ „ „ 24000 „ 26000 „ „	37,20	26,40
27. „ „ „ 26000 „ 28000 „ „	39,60	28,20
28. „ „ „ 28000 „ 30000 „ „	42	30
29. „ „ „ 30000 „ 35000 „ „	47	34
30. „ „ „ 35000 „ 40000 „ „	52	38
31. „ „ „ 40000 „ 50000 „ „	60	45
32. „ „ „ 50000 „ 60000 „ „	66	51
33. „ „ „ 60000 „ 70000 „ „	72	57
34. „ „ „ 70000 „ 80000 „ „	78	63
35. „ „ „ 80000 „ 90000 „ „	84	69
36. „ „ „ 90000 „ 100000 „ „	90	75

Die ferneren Wertklassen steigen um je 10000 Mk. und die Gebühren bei beiden Gebührensätzen je um 6 Mk.

§ 58. 1. Für die Eintragung des Eigentümers, einschließlich der Entgegennahme der Auflassungserklärung oder der Beurkundung des Antrags auf Eintragung sowie einschließlich der vorkommenden Nebengeschäfte, insbesondere der gleichzeitig beantragten Eintragung des Erwerbsgrundes und des Erwerbspreises, des Schätzungswerts und der Feuerversicherungssumme sowie der Übertragung des Grundstücks und der auf dasselbe bezüglichen Eintragungen auf ein anderes Blatt, wird der Gebührensatz A erhoben.

2. Für die Eintragung des Eigentums von Abkömmlingen des bisherigen Eigentümers, sofern sie auf Grund der Erbfolge oder eines Übertragsvertrags oder der Erbauseinandersetzung erfolgt, ohne Unterschied, ob die Erben inzwischen im Grundbuch eingetragen waren oder nicht, für die nachträgliche Eintragung des Miteigentums eines Ehegatten oder von Kindern an Grundstücken, welche zur ehelichen Gütergemeinschaft oder zur fortgesetzten Gütergemeinschaft gehören, ingleichen für die Umschreibung der Grundstücke, welche einem Ehegatten oder den Erben eines solchen bei der Auseinandersetzung einer aufgelösten Gütergemeinschaft überwiesen, oder welche einem Ehegatten nach Auflösung der Gütergemeinschaft kraft Gesetzes zugefallen sind, einschließlich der bei diesen Geschäften vorkommenden Nebengeschäfte werden fünf Zehnteile des Gebührensatzes A erhoben.

3. Wenn nach § 90 der Grundbuchordnung ein Eigentumserwerb unter Ausscheiden des Grundstücks aus dem Grundbuche stattfindet, wird der Gebührensatz A erhoben.

4. Erfolgt die Eintragung eines Eigentümers auf Grund eines gleichzeitig gestellten Antrags bei mehreren Grundstücken, welche im Bezirke desselben Amtsgerichts belegen sind, so werden die vorstehend bestimmten Gebühren nur einmal nach dem zusammenzurechnenden Werte der Grundstücke erhoben. Ist eine Aufforderung des Gerichts, ein Grundstück, für welches ein besonderes Blatt besteht, auf ein für ein anderes Grundstück bestehendes Blatt übertragen zu lassen, erfolglos geblieben, so werden die Gebühren für dieses Grundstück besonders berechnet.

5. Hinsichtlich der im Geltungsbereiche des rheinischen Rechtes belegenen Grundstücke kommen folgende Bestimmungen zur Anwendung:

Für die Entgegennahme der Auflassungserklärung wird auch dann, wenn dieselbe vor einem anderen Gerichte erfolgt, eine Gebühr nicht erhoben.

Die an einen Notar für die Beurkundung einer Auflassung gezahlte Gebühr wird von der für die Eintragung des Eigentümers zu entrichtenden Gebühr in Abzug gebracht. Diese Bestimmung kommt jedoch nicht zur Anwendung, wenn eine notarielle Beurkundung des zugrunde liegenden Vertrags stattgefunden hat.

6. Die Entgegennahme der Auflassung und, wenn diese nicht vor dem Grundbuchrichter erfolgt, die Eintragung des neuen Eigentümers im Grundbuche kann nach dem Ermessen des Gerichts von einer vorgängigen Sicherstellung der Staatskasse wegen der Kosten der Eintragung und des Stempels für die Auflassung oder das zugrunde liegende Rechtsgeschäft abhängig gemacht werden. Über Erinnerungen gegen derartige Anordnungen wird im Aufsichtsweg entschieden.

§ 59. Für jede Eintragung der Belastung des Grundstücks mit einem Rechte, einschließlich der dabei vorkommenden Nebengeschäfte, wird der Gebührensatz B erhoben. Als Belastungen des Grundstücks gelten auch das Recht des Nacherben, die Lehns- oder Fideikommißeigenschaft, ein bedingtes Recht auf Eigentumserwerb sowie die Zugehörigkeit zu einer Wassergenossenschaft, einer Bahneinheit oder einer sonstigen mit Beschränkungen des Eigentümers verbundenen Vermögensmasse und die nach § 1010 des BGB. eingetragenen Bestimmungen oder Ansprüche.

§ 60. Für die Eintragung von Veränderungen aller Art, Vormerkungen, Widersprüchen und Verfügungsbeschränkungen werden fünf Zehnteile des Gebührensatzes B erhoben.

§ 61. Für die Eintragungen, welche die Zurückführung des Grundbuchs auf die Steuerbücher zum Gegenstande haben oder zum Zwecke der Erhaltung der Übereinstimmung zwischen dem Grundbuch und den Steuerbüchern erfolgen, sind weder Gebühren noch Auslagen zu erheben. Gebührenfrei ist die nach § 54 der Grundbuchordnung erfolgende Eintragung.

Wird ein Antrag zurückgewiesen, nachdem nach § 18 der GBO. eine Vormerkung oder ein Widerspruch eingetragen war, so wird nur die Gebühr für diese Eintragung erhoben.

§ 62. Für alle Eintragungen, welche unter keine der vorstehend (§§ 58—61) getroffenen Bestimmungen fallen, insbesondere für die Vermerke, welche durch die ohne Veränderung des Eigentümers stattfindende Teilung von Grundstücken oder Übertragung derselben auf ein anderes Blatt veranlaßt werden, für die nachträglich beantragte Eintragung des Schätzungswerts, der Feuerversicherungssumme, des Erwerbsgrundes oder des Erwerbspreises, für die Eintragung des Verzichts auf das Eigentum am Grundstücke, für die Eintragung der nachträglichen Ausschließung der Erteilung eines Briefes oder der Aufhebung dieser Ausschließung, für die Anlegung eines Blattes für ein noch nicht in das Grundbuch eingetragenes oder aus dem Grundbuch ausgeschiedenes Grundstück, für das Ausscheiden eines Grundstücks aus dem Grundbuche, falls nicht gleichzeitig eine Eigentumsveränderung eingetragen wird, für den Vermerk von Rechten, welche dem jeweiligen Eigentümer zustehen, werden drei Zehnteile des Gebührensatzes B erhoben.

Auf die Berechnung des Wertes findet die Vorschrift des § 23 Abs. 1 entsprechende Anwendung.

§ 63. Für jede Löschung einschließlich der dabei vorkommenden Nebengeschäfte werden fünf Zehnteile der vorstehend für die Eintragungen bestimmten Sätze erhoben.

Die hiernach zu erhebenden Kosten bleiben insoweit außer Ansatz, als solche bei der Eintragung zugleich für die künftige Löschung entrichtet worden sind.

§ 64. Wird eine Eintragung oder Löschung bei mehreren Grundstücken auf Grund einer Bewilligung oder sonstigen Urkunde vorgenommen, so werden die in den §§ 59, 60, 62, 63 bezeichneten Sätze nur für die erste Eintragung oder Löschung, dagegen für jede folgende Eintragung oder Löschung nur fünf Zehnteile derselben erhoben. Die gleiche

Herabsetzung der Gebühren findet statt, wenn einzelne Grundstücke in die Mithaft für eine Forderung eintreten oder aus der Mithaft entlassen werden.

Erfolgt die Eintragung oder Löschung bei mehreren Grundstücken desselben Eigentümers auf Grund eines gleichzeitig gestellten Antrags, so werden die Eintragungs- oder Löschungsgebühren nur einmal erhoben, wenn die Grundstücke in demselben Amtsgerichtsbezirke belegen sind und eine erfolglose Aufforderung des Gerichts, die Vereinigung derselben auf einem Blatte zu beantragen, nicht ergangen ist. Im Sinne dieser Bestimmung gelten Grundstücke, welche Eheleuten oder welche dem überlebenden Ehegatten und den Kindern des Verstorbenen im Falle der fortgesetzten Gütergemeinschaft oder Verwaltungsgemeinschaft gehören, als Grundstücke eines Eigentümers.

§ 65. Bei der Eintragung oder Löschung von Hypotheken oder Grundschulden ist der Betrag der Forderung oder der Grundschuld, bei Rentenschulden der Betrag der Ablösungssumme für die Gebührenberechnung maßgebend; soweit nach § 64 Abs. 1 nur fünf Zehnteile der Gebühr zu erheben sind, ist jedoch der Wert des Grundstücks, falls derselbe der geringere ist, als Maßstab anzunehmen.

§ 66. 1. Für die Erteilung eines Hypotheken-, Grundschuld- oder Rentenschuldbriefs werden vier Zehnteile der in § 33 bestimmten Gebühr, für die Erteilung eines neuen Briefes einschließlich des über die Erteilung im Grundbuch einzutragenden Vermerkes, für die Ergänzung des Auszugs aus dem Grundbuch sowie für die Herstellung eines Teilbriefs zwei Zehnteile der in § 33 bestimmten Gebühr erhoben. Die Vorschriften der §§ 64, 65 finden entsprechende Anwendung.

2. Für die Erteilung beglaubigter Abschriften werden drei Zehnteile der in § 33 bestimmten Gebühr erhoben, wenn eine Abschrift des vollständigen Grundbuchblatts erteilt wird, und zwei Zehnteile, wenn die Abschrift nur einen Teil des Grundbuchblatts betrifft. Wird die Abschrift von mehreren Grundbuchblättern desselben Eigentümers auf Grund eines gleichzeitig gestellten Antrags erteilt, so wird die Gebühr nur einmal nach dem zusammenzurechnenden Werte der Grundstücke erhoben. Die Bestimmung im § 64 Abs. 2 letzter Satz findet auch hier Anwendung.

3. Für Bescheinigungen des Grundbuchrichters über den Inhalt des Grundbuchs oder für Vermerke desselben auf dem Hypotheken-, Grundschuld- oder Rentenschuldbriefe, welche nicht ein gebührenfreies Nebengeschäft bilden, werden zwei Zehnteile der in § 33 bestimmten Gebühr erhoben.

4. Die Einsicht des Grundbuchs ist gebührenfrei.

§ 67. Die vorstehend für Grundstücke gegebenen Vorschriften sind auf Bergwerke und andere Berechtigungen, für welche die sich auf Grundstücke beziehenden Vorschriften gelten, entsprechend anzuwenden. Dabei wird jedoch der Gebührensatz A nur zur Hälfte erhoben, wenn die anderweite Eintragung eines Eigentümers durch die Konsolidation mehrerer Bergwerke, welche bis dahin verschiedenen Eigentümern (Gewerkschaften) gehörten, veranlaßt wird.

Wird ein Bergwerk mit unbeweglichen Anteilen der Gewerken in Ausführung eines gemäß § 235a des Allgemeinen Berggesetzes gefaßten Beschlusses auf den Namen der Gewerkschaft eingetragen, so wird für diese Eintragung einschließlich des vorläufigen Vermerkes des Beschlusses im Grundbuche, der Anlegung des Gewerkenbuchs und der Ausfertigung und Aufbewahrung der Kuxscheine, der Gebührensatz A erhoben. Für die Umschreibung eines Kuxes in dem vom Gerichte geführten Gewerkenbuch auf einen neuen Erwerber, einschließlich der dabei vorkommenden Nebengeschäfte wird der Gebührensatz B erhoben. Für die Eintragung von Veränderungen bei den auf Kuxscheinen eingetragenen Pfandrechten sowie für Löschungen werden dieselben Gebühren erhoben wie für Eintragung von Veränderungen und Löschungen im Grundbuche.

§ 68. Die hinsichtlich der Grundbücher bestehenden Gebührenbestimmungen sind auf die Bahngrundbücher entsprechend anzuwenden. Es werden erhoben für die Anlegung und für die Schließung des Bahngrundbuchs der Satz des § 62 und für den Vermerk des Erlöschens der Genehmigung, einschließlich der öffentlichen Bekanntmachung des Vermerkes, der Satz des § 60. Die Eintragung des infolge einer Veräußerung der Bahn eingetretenen Eigentumswechsels in dem über ein Bahngrundstück geführten gerichtlichen Buche erfolgt gebührenfrei.

Die Kosten der Anlegung des Bahngrundbuchs sowie der Vermerke der Zugehörigkeit eines Grundstücks zur Bahneinheit trägt der Bahneigentümer; die bezeichneten Kosten fallen jedoch, wenn ein Gläubiger durch den Antrag auf Eintragung einer vollstreckbaren Forderung die Anlegung des Bahngrundbuchs veranlaßt, diesem Gläubiger und, wenn die Anlegung im Zwangsversteigerungsverfahren auf Ersuchen des Vollstreckungsgerichts erfolgt, dem Ersteher zur Last.

§ 69. Neben den in diesem Abschnitte bestimmten Gebühren werden noch die für Auflassungen, Eintragungsanträge und Kuxscheine bestimmten Stempel erhoben.

§ 70. Wenn Urkunden, deren Vorlegung zur Erwirkung von Einschreibungen notwendig war, von den Beteiligten ohne Übergabe einer für die Grundakten bestimmten Abschrift zurückgefordert werden, so werden für die auf Anordnung des Grundbuchrichters zu fertigenden Abschriften Schreibgebühren erhoben. Die Beglaubigung der von den Beteiligten überreichten Abschriften erfolgt gebührenfrei.

Neben diesen besonderen Bestimmungen kommen in Grundbuchsachen zur Anwendung die allgemeinen Bestimmungen der §§ 1—32, die gemeinschaftlichen Bestimmungen der §§ 109—112, die Bestimmungen über gerichtliche Urkunden §§ 33—56 und über Auslagen §§ 113—118, endlich einzelne der Schlußbestimmungen §§ 137—146.

Außer den Gebühren und Auslagen werden die Beträge der nach den Bestimmungen der Stempelgesetze zu entrichtenden Stempelabgaben erhoben. In Betracht hierfür kommen das Stempelsteuergesetz v. 31. Juli 1895 (GS. S. 413), die allgem. Vfg. v. 29. Febr. 1896 (JMBl. S. 63) betr. das gerichtliche Stempelwesen, die diese Vfg. abändernde allgem. Vfg. v. 17. Juli 1900 (JMBl. S. 505), die Vfg. v. 29. Dez. 1899 (JMBl. 1900 S. 3) über die Verwendung des Stempels zu Urkunden über Rechtsgeschäfte, welche erst durch die Genehmigung oder den Beitritt einer Behörde oder eines Dritten Rechtswirksamkeit erlangen und die Vfg. v. 13. Januar 1900 (JMBl. S. 20) über die Verpflichtung der Notare zur Stempelverwendung in Ansehung bedingter oder nicht zur Ausführung gelangter Rechtsgeschäfte.

Die in § 16 der allgem. Vfg. v. 29. Febr. 1896 dem Grundbuchrichter auferlegte Verpflichtung zur Belehrung der Beteiligten über den Auflassungsstempel ist geregelt durch die allgem. Vfg. v. 13. Juni 1900 (JMBl. S. 501). Wegen der Rechtsfolgen der Unterlassung dieser Belehrung: KG. JMBl. 1900 S. 588.

Der § 17 der allgem. Vfg. v. 29. Febr. 1896 betr. die den Steuerbehörden bei Auflassungen zu machenden Mitteilungen ist geändert durch die allgem. Vfg. v. 12. Dez. 1901 (JMBl. S. 283).

Art. 31.

Im § 25 des Gesetzes, betreffend das Pfandrecht an Privateisenbahnen und Kleinbahnen und die Zwangsvollstreckung in dieselben, vom 19. August 1895 (GS. S. 499) treten an die Stelle des Abs. 3 Satz 2 folgende Vorschriften:

Der Inhaber des Zinsscheins kann gegen Aushändigung des Scheines den Betrag in Empfang nehmen. Sein Recht erlischt mit dem Ablaufe von sechs Monaten nach dem Eintritte der Verjährung; der Hinterleger ist zur Zurücknahme berechtigt. Ein Aufgebot der Zinsscheine findet nicht statt.

S. Anlage zu BGB. § 1120, oben S. 407.

Art. 32.

Soweit in Gesetzen auf Vorschriften verwiesen ist, welche durch dieses Gesetz außer Kraft gesetzt werden, treten an deren Stelle die entsprechenden neuen Vorschriften.

Vgl. EG. z. BGB. Art. 4 und GBO. § 82 Abs. 2.

Art. 33.

Die nachstehenden Vorschriften werden, soweit sie nicht schon infolge Reichsgesetzes außer Kraft treten oder nach der zu erlassenden Königlichen Verordnung für die Anlegung der Grundbücher maßgebend bleiben, unbeschadet der Übergangsvorschriften, aufgehoben:

1. **Die Grundbuchordnung vom 5. Mai 1872 (GS. S. 446);**
2. **das Gesetz über das Grundbuchwesen in dem Jadegebiete vom 23. März 1873 (GS. S. 111);**
3. **das Gesetz über das Grundbuchwesen und die Verpfändung von Seeschiffen in Neuvorpommern und Rügen vom 26. Mai 1873 (GS. S. 229) mit Ausnahme des § 26 und des § 28 Nr. 4;**
4. **das Gesetz über das Grundbuchwesen und die Verpfändung von Seeschiffen in der Provinz Schleswig-Holstein vom 27. Mai 1873 (GS. S. 241);**
5. **das Gesetz über das Grundbuchwesen in der Provinz Hannover usw. vom 28. Mai 1873 (GS. S. 253) mit Ausnahme des § 8 und des § 14 Abs. 1;**
6. **das Gesetz über das Grundbuchwesen in dem Bezirke des Appellationsgerichts zu Kassel usw. vom 29. Mai 1873 (GS. S. 273) mit Ausnahme der §§ 45, 47;**
7. **das Gesetz über das Grundbuchwesen in dem Bezirke des Justizsenats zu Ehrenbreitstein vom 30. Mai 1873 (GS. S. 287) mit Ausnahme des § 10;**
8. **das Gesetz über das Grundbuchwesen in den Hohenzollernschen Landen vom 31. Mai 1873 (GS. S. 301);**
9. **das Gesetz, betreffend die Abänderungen der unter Nr. 2 und 7 genannten Gesetze, vom 3. Februar 1879 (GS. S. 17);**
10. **das Gesetz über das Grundbuchwesen und die Zwangsvollstreckung in das unbewegliche Vermögen im Geltungsbereich des Rheinischen Rechts vom 12. April 1888 (GS. S. 52) mit Ausnahme des § 1, soweit er sich auf das Gesetz, betreffend die Berichtigung des Grundsteuerkatasters und der Grundbücher bei Auseinandersetzungen vor Bestätigung des Rezesses, vom 26. Juni 1875 bezieht, sowie der §§ 29, 31, 76;**
11. **das Gesetz, betreffend das Grundbuchwesen und die Zwangsvollstreckung in das unbewegliche Vermögen in dem Gebiet der vormals freien Stadt Frankfurt sowie den vormals Großherzoglich Hessischen und Landgräflich**

Hessischen Gebietsteilen der Provinz Hessen-Nassau, vom 19. August 1895 (GS. S. 481) mit Ausnahme des § 1, soweit er sich auf das Gesetz vom 26. Juni 1875 bezieht, sowie der §§ 4, 7, 8 des § 21 Abs. 2, des § 22, des § 72 Abs. 2 und der §§ 74—76;

12. das Gesetz über das Grundbuchwesen und die Zwangsvollstreckung in das unbewegliche Vermögen im Kreise Herzogtum Lauenburg vom 8. Juni 1896 (GS. S. 109) mit Ausnahme des § 1, soweit er sich auf das Gesetz vom 26. Juni 1875 bezieht, des § 59 Abs. 2 und des § 61.

Soweit die aufrecht erhaltenen Vorschriften noch nicht in Kraft getreten sind, treten sie gleichzeitig mit diesem Gesetz in Kraft.

I. Die „zu erlassende" Königl. Verordnung ist erlassen am 13. Nov. 1899, abgedruckt S. 448 f.

II. Anlangend die einzelnen aufgeführten Gesetze ist nach Anleitung der Motive (S. 30 ff.) folgendes zu bemerken.

Zu 1 wird zum Teil durch das AG. z. GBO. ersetzt und zwar § 3 (Art. 22), § 11 Nr. 1 (Art. 11), §§ 25, 26 (Art. 2), § 32 (Art. 5), § 35 (Art. 9), § 42 (Art. 4), §§ 43, 44 (Art. 6), § 47 (Art. 21), §§ 52, 74, 99 (Art. 16—19), § 71 (Art. 20), § 77 (Art. 12), § 101 (Art. 13), § 131 (Art. 7). Der § 66 Satz 2, 3 ist berücksichtigt in Art. 31 AG. z. BGB. Die §§ 2, 4, 133—139 haben an der Hand der in §§ 2 Abs. 2, 90, 91 RGBO. gemachten Vorbehalte durch Art. 1, 15—29 V. v. 13. Nov. 1899 Ersatz gefunden. Der § 132 wird gemäß § 92 RGBO. durch die für den einzelnen Fall zu erlassende Kgl. Verordnung ersetzt werden. Die §§ 1, 5—10, § 11 Abs. 1 Nr. 2, Abs. 2, 3, §§ 12, 14, 15, 17, 18, 27, 58, 60—63, 67, 72, 88 und teilweise auch die §§ 19, 44, 51, 57, 64, 83, 90, 91, 112, 115, 116, 124, 127, 130 erledigen sich durch die JMV. v. 20. Nov. 1899.

Der § 16 Abs. 1 und der § 50 bleiben insoweit in Kraft, als für eheliche oder fortgesetzte Gütergemeinschaft die bisherigen Gesetze zufolge Art. 200 EG. z. BGB. Geltung behalten. Der § 38 ist durch die §§ 1, 2 RGes. betr. die Beglaubigung öffentl. Urkunden v. 1. Mai 1878 (RGBl. S. 89) beseitigt. Die §§ 55, 56 sind ersetzt durch § 14 RGBO. Die in § 49 Satz 2 behandelte Frage ist künftig nach Art. 186 Abs. 2, 189 EG. z. BGB. zu entscheiden. Die §§ 97, 98 sind durch § 22 Abs. 1 RGBO. überflüssig geworden. Der § 113 verliert seine Geltung, da Hypothekenbriefe jetzt nur im Wege des Aufgebotsverfahrens (BGB. § 1162) für kraftlos erklärt werden können. Der § 140 erhält für die Erwerbung dinglicher Rechte an Grundstücken, die in dem Grundbuche des Ortes noch nicht eingetragen sind, die Vorschriften der V. v. 16. Juni 1820 und der Dekl. v. 28. Juli 1838 aufrecht. Da für das Geltungsgebiet dieser Vorschriften mit dem Inkrafttreten des BGB. das Grundbuch unter Beibehaltung der bisherigen Bücher für angelegt erklärt ist (V. v. 13. Nov. 1899 Art. 3), sind jene Vorschriften nach Art. 186 Abs. 2, Art. 189 EG. z. BGB. auch für solche Grundstücke, die noch kein Blatt im Grundbuche haben, außer Kraft getreten.

Die sonstigen Vorschriften sind, soweit sie nicht schon aufgehoben oder gegenstandslos geworden waren (§ 16 Abs. 2, §§ 20—24, 28, 108, 141, 142), durch das Reichsrecht teils ersetzt, teils ohne Ersatz beseitigt (§§ 34, 75, 95, 96, 128). Ersetzt sind der § 87 durch die §§ 830, 836 ZPO. und den § 45 V. betr. das Verwaltungszwangsverfahren v. 15. Nov. 1899, die §§ 105—107, 109—111 durch die §§ 1170, 1171, 1162 BGB. und die §§ 982—987, 1003 ff. ZPO., der § 122 zum Teil durch den § 1116 BGB., die übrigen noch nicht erwähnten Vorschriften durch die RGBO.

Zu 2. Der § 5 ist durch Art. 11 AG. z. GBO. ersetzt. Die §§ 6, 28, 29 bleiben nach Maßgabe der Übergangsvorschriften (EG. z. BGB. Art. 213, 186 Abs. 2, 189) in Kraft. Die §§ 9—26 betreffen die Anlegung der Grundbücher. Der § 30 war schon aufgehoben. Die übrigen Vorschriften sind durch das Reichsrecht außer Kraft gesetzt.

Zu 3 bleibt, soweit es noch gilt, nach Maßgabe der Übergangsvorschriften teilweise bestehen (vgl. insbesondere die §§ 11, 12, 14, 23, 24, 29—37), tritt aber, abgesehen von den §§ 26, 28 Nr. 4, im übrigen infolge Reichsgesetzes außer Kraft.

Zu 4. Die §§ 4—27 behandeln die Anlegung der Grundbücher. Die sonstigen Vorschriften sind, soweit sie noch gelten und nicht nach den Übergangsvorschriften in Kraft bleiben (vgl. §§ 34, 39), reichsgesetzlich aufgehoben.

Zu 5. Ersetzt sind § 7 durch Art. 15, § 14 Abs. 2 durch Art. 18, 19 AG. z. GBO. § 15 durch Art. 31 AG. z. BGB., §§ 17, 18 durch Art. 22 Nr. 3 Satz 2 AG. z. BGB. und Art. 12 Abs. 1 Satz 2 AG. z. GBO. Die §§ 13, 16, 53 Nr. 1 behalten nach Maßgabe der Übergangsvorschriften Bedeutung. Der § 20 ist mit Rücksicht auf § 1115 BGB. nicht beibehalten. Die §§ 24—52 regeln die Anlegung der Grundbücher. Die noch nicht erwähnten Vorschriften sind, soweit sie nicht schon aufgehoben waren, infolge Reichsgesetzes außer Kraft getreten.

Zu 6 bleibt nach Maßgabe der Übergangsbestimmungen teilweise in Kraft. Dies gilt außer von § 3 Abs. 2 und § 14 insbesondere von den §§ 23, 42, 43 bis zu der Zeit, zu welcher das Grundbuch als angelegt anzusehen ist. Über die Behandlnng der im § 42 bezeichneten Hypotheken nach dieser Zeit vgl. Art. 33 § 3 AG. z. BGB. und Art. 33 AG. z. ZwVG. Der § 46 Abs. 1 ist, soweit er die Stellung der Ablösungsdarlehen der Landeskreditkasse im Zwangsversteigerungsverfahren betrifft, durch Art. 6 Abs. 1 AG. z. ZwVG. ersetzt. Der Abs. 2 des § 46 ist reichsrechtlich außer Kraft gesetzt. Das gleiche gilt von den übrigen Vorschriften des Gesetzes, soweit sie nicht für die Anlegung der Grundbücher Bedeutung haben. Auf letzteren Gegenstand allein bezieht sich das Ergänzungsgesetz v. 28 Mai 1885 (GS. S. 175), von dessen Aufhebung daher abgesehen ist.

Zu 7 ist mit Ausnahme des § 10, soweit er nicht für die Übergangszeit Geltung behält (§ 13) oder die Anlegung der Grundbücher betrifft (§§ 14—41), reichsgesetzlich aufgehoben.

Zu 8. Ersetzt sind § 9 durch § 8 Abs. 1 Nr. 6 JMV. v. 20. Nov. 1899, § 10 Abs. 1 durch Art. 115, 122 PFG. u. V. über die Ortsgerichte v. 20. Dez. 1899. Der § 11 bleibt zufolge Übergangsvorschrift (EG. z. BGB. Art. 213) in Kraft. Im übrigen ist das Gesetz reichsgesetzlich aufgehoben.

Zu 9 ist ersetzt durch Art. 18 AG. z. GBO.

Zu 10. Ersetzt sind § 5 durch Art. 26 AG. z. BGB., §§ 37, 38 durch Art. 10, 35 ff. AG. z. ZwVG., §§ 22, 70—73 durch die neuen reichs- und landesgesetzlichen Vorschriften über die Angelegenheiten der freiwilligen Gerichtsbarkeit, § 33 durch Art. 16—18 AG. z. GBO. Für die im § 7, im § 11 Abs. 1, 2, im § 12 und im § 17 behandelten Rechtsverhältnisse sind die erforderlichen Übergangsvorschriften in den Art. 25, 33 § 4, 56 § 9 AG. z. BGB. getroffen. Für andere Rechtsverhältnisse bleiben nach Maßgabe der reichsgesetzlichen Übergangsvorschriften die Bestimmungen des Ges. v. 12. April 1888 in Geltung (vgl. § 11 Abs. 3, §§ 23—28) oder sie sind gegebenenfalls nach Art. 33 Abs. 2 AG. z. GBO. in Kraft getreten. Die sonstigen Vorschriften des Gesetzes haben, soweit sie noch bestanden und nicht für die Anlegung der Grundbücher maßgebend geblieben sind, infolge Reichsgesetzes ihre Geltung verloren. Bezüglich der in § 65 geregelten Behandlung der Hypotheken sind ausschließlich die reichsgesetzlichen Übergangsvorschriften (Art. 173, 181, 192 EG. z. BGB.) entscheidend.

Von der Aufhebung des das Ges. v. 12. April 1888 abändernden Gesetzes v. 14. Juli 1893 (GS S. 185) ist abgesehen.

Zu 11. Aufrechterhalten sind die §§ 1, 4, 7, 8, 21 Abs. 2, 22, 72 Abs. 2, 74, 75. Ersetzt sind die §§ 14, 20, 21 Abs. 1 und 3, 26, 28 durch die Art. 11, 15—19, 22, 24—26 AG. z. GBO., § 16 durch Art. 115 PFG., § 25 durch Art. 40 AG. z. BGB., § 73 durch Art. 1 PFG. und Art. 16 Abs. 2, 3 RFG. Im übrigen sind die Vorschriften, soweit sie nicht die Anlegung der Grundbücher betreffen, reichsgesetzlich aufgehoben und bleiben nur für die Übergangszeit zum Teile in Kraft (vgl. insbesondere §§ 9, 17, 52 Abs. 1).

Das Grundbuchwesen im Gebiete des vormaligen Herzogtums Nassau regelt die JMV. v. 7. Mai 1900, JMBl. S. 425.

Zu 12. Von den §§ 1, 11, 14, 15, 18, 19, 59 Abs. 2, 60, 61 gilt dasselbe wie von den §§ 1, 14, 20, 21 Abs. 1 und 3, 27, 28, 72 Abs. 2, 73, 75 des zu 11 erwähnten Gesetzes. Im übrigen ist das Gesetz, soweit es nicht für die Anlegung des Grundbuchs maßgebend bleibt oder für die Übergangszeit Geltung behält, infolge Reichsgesetzes außer Kraft getreten.

Art. 34.

Dieses Gesetz tritt gleichzeitig mit der Grundbuchordnung in Kraft.

Auf Bergwerke, die nach dem Inkrafttreten des Bürgerlichen Gesetzbuches verliehen werden, finden die Vorschriften dieses Gesetzes sofort Anwendung.

Urkundlich usw.

---

1. Die GBO. ist, soweit sie die Anlegung der Grundbücher betrifft, am 1. Januar 1900 in Kraft getreten. Im übrigen tritt sie für jeden Grundbuchbezirk mit dem Zeitpunkt in Kraft, in dem das Grundbuch als angelegt anzusehen ist. GBO. § 82 Abs. 1. Dementsprechend erlangen auch diejenigen Vorschriften des AG. z. GBO., die schon für die Anlegung der Grundbücher in Betracht kommen, wie die §§ 1, 2, 8 am 1. Januar 1900, die sonstigen Vorschriften bezirksweise mit der Zeit Gesetzeskraft, zu der das Grundbuch als angelegt anzusehen ist. M. 36.

2. Eine Ausnahme von der Regel zu 1 gilt für Bergwerke, die nach dem 1. Januar 1900 verliehen werden. Für diese Bergwerke muß das Grundbuch angelegt werden (Art. 22, 23) und es findet auf sie sofort das Grundbuchrecht auch dann Anwendung, wenn das Grundbuch für den betreffenden Bezirk noch nicht als angelegt gilt. Derselbe Grundsatz muß für die vor dem 1. Januar 1900 verliehenen Bergwerke dann gelten, wenn sie **a**, im ursprünglichen Geltungsgebiete der preuß. GBO. v. 1872 oder **b**, im Geltungsgebiete der neuesten Einführungsgesetze für den Geltungsbereich des rheinischen Rechts v. 12. April 1888, für Frankfurt a. M. und Hessen-Nassau v. 19. August 1895 und für Lauenburg v. 8. Juni 1896 liegen, sofern sie nach dem Inkrafttreten dieser Einf.Gesetze verliehen sind. Denn im Geltungsgebiete a ist das Grundbuch als mit dem 1. Januar 1900 angelegt überall anzusehen. V. v. 13. Nov. 1899 Art. 3. Im Geltungsgebiete b finden nach den angegebenen Einführungsgesetzen auf die nach ihrem Inkrafttreten verliehenen Bergwerke die Bestimmungen des preuß. EEG. und der GBO. sofort Anwendung. Im übrigen ist für die vor dem 1. Januar 1900 verliehenen Bergwerke die Anwendung des Art. 34 Abs. 2 ausgeschlossen, vielmehr gilt bei ihnen das neue Recht erst von dem Tage, an welchem das Grundbuch für den betreffenden Bezirk als angelegt gilt. Turn.-Först. 1. Aufl. II S. 406 A.

III. Verordnung, betreffend das Grundbuchwesen.

Vom 13. November 1899.

(GS. S. 519.)

Wir ꝛc. verordnen auf Grund des Art. 186 des Einführungsgesetzes zum Bürgerlichen Gesetzbuch und der §§ 2, 86, 87, 90, 91 der Grundbuchordnung, was folgt:

Art. 1. Die Grundstücke des Reichs, die Domänen und die sonstigen Grundstücke des Staates, die Grundstücke der Gemeinden und anderer Kommunalverbände, der Kirchen, Klöster und Schulen, die öffentlichen Wege und Gewässer, sowie die Grundstücke, welche einem dem öffentlichen Verkehre dienenden Bahnunternehmen gewidmet sind, erhalten ein Grundbuchblatt nur auf Antrag des Eigentümers oder eines Berechtigten.

1. Die Vorschrift beruht auf dem Vorbehalte in § 90 Abs. 1 Satz 1. Von dem Vorbehalte in Satz 2 a. a. O. hat Preußen keinen Gebrauch gemacht. Im Sinne des Art. 1 ist der Ausdruck „Staat" nur auf den preußischen Staat, der Ausdruck „Kirchen" auf alle rechtsfähigen Religionsgesellschaften einschließlich der Synagogengemeinden zu beziehen. Predari S. 55. Achilles-Strecker S. 344 A. 2a, S. 472 A. 2b. Zu den öffentlichen Wegen gehören außer den Chausseen die Kreisstraßen, die Gemeindewege und diejenigen Privatwege, die für den Gemeingebrauch bestimmt sind (RG. 6 S. 207, 22 S. 304). Achilles-Strecker S. 472 A. 2c. Unter die dem öffentlichen Verkehr dienenden Bahnunternehmen fallen die Staats- und Privatbahnen, auf die das Ges. v. 3. Nov. 1838 Anwendung findet, und die Kleinbahnen im Sinne des Ges. v. 28. Juli 1892. Die Gesamtheit der Rentengutsübernehmer bildet keinen Kommunalverband. Die ihnen zugewiesenen Grundstücke können deshalb selbst auf Verlangen der Generalkommission nicht ausgebucht werden, wenn es sich nicht um öffentliche Wege und Gewässer handelt; Interessentenwege sind als öffentliche Wege nicht ohne weiteres anzusehen. KG. 24 S. A 228.

2. Auf Grund des Vorbehalts des Art. 127 bestimmt das AG. z. BGB. Art. 27: Zur Übertragung des Eigentums an einem Grundstücke, das im Grundbuche nicht eingetragen ist und auch nach der Übertragung nicht eingetragen zu werden braucht, ist die Einigung des Veräußerers und des Erwerbers über den Eintritt der Übertragung erforderlich. Die Einigung bedarf der gerichtlichen oder notariellen Beurkundung; wird einer der Beteiligten durch eine öffentliche Behörde vertreten, so genügt die Beurkundung durch einen nach Art. 12 § 2 für die Beurkundung des Veräußerungsvertrags zuständigen Beamten.

Die Übertragung des Eigentums kann nicht unter einer Bedingung oder einer Zeitbestimmung erfolgen.

Hiernach sind folgende Fälle zu unterscheiden.

a, In dem in Art. 27 unterstellten Falle vollzieht sich die Übertragung des Eigentums ohne Auflassung und Eintragung lediglich auf Grund der gerichtlich oder notariell beurkundeten Einigung, die nicht bei gleichzeitiger Anwesenheit beider Teile vor dem GBA. abgegeben zu werden braucht.

b, Zur Veräußerung eines nicht gebuchten und nicht buchungspflichtigen Grundstücks an eine dem Buchungszwange unterworfene Person ist Auflassung, Anlegung eines Grundbuchblatts für den Veräußerer und Eintragung des Erwerbers erforderlich. Die Anlegung eines Grundbuchblatts für den Erwerber oder die Zuschreibung des Grundstücks zu dem Grundbuchblatt eines anderen dem Erwerber gehörenden Grundstücks kann die Anlegung eines Grundbuchblatts für den Veräußerer und die Eintragung des Eigentumsüberganges auf den Erwerber in dieses Grundbuchblatt nicht ersetzen. KG. 26 S. A 115. JMBl. 1903 S. 126.

c, Soll ein gebuchtes und bis dahin auch buchungspflichtiges Grundstück im ganzen an eine dem Buchungszwange nicht unterliegende Person veräußert werden, so bedarf es der Auflassung und Eintragung des Erwerbers. Auf Antrag des letzteren kann dann das Grundbuchblatt geschlossen werden. Soll nur ein Teil des Grundstücks veräußert werden, so bedarf es der Auflassung und Schließung des Grundbuchblatts in Beziehung auf den abveräußerten Teil, sowie der Eintragung des Erwerbers auf dem alten Grundbuchblatte.

Art. 2. Als amtliche Verzeichnisse der Grundstücke im Sinne des § 2 Abs. 2 der Grundbuchordnung dienen die Grund- und Gebäudesteuerbücher.

I. Die Verbindung des Grundbuchs mit den Steuerbüchern ist beibehalten. Seit dem 1. April 1895 ist infolge des Inkrafttretens der beiden Gesetze v. 14. Juli 1893 (GS. S. 119 und 152) die nach den Gesetzen v. 21. Mai 1861 (GS. S. 253, 317) und den hierzu ergangenen ergänzenden und abändernden Gesetzen veranlagte Grund- und Gebäudesteuer im Umfange der Monarchie mit Ausnahme der Hohenzollernschen Lande und der Insel Helgoland gegenüber der Staatskasse außer Hebung gesetzt und den Kommunen überlassen. Die Veranlagung und Verwaltung dieser Steuer wird aber für die Zwecke der kommunalen Besteuerung vom Staate ausgeführt (Ges. v. 14. Juli 1893, GS. S. 119, §§ 1, 3, 11); die Führung der Steuerbücher liegt also auch jetzt noch staatlichen Behörden, den Katasterämtern, ob.

Zum Zwecke der Zurückführung des Grundbuchs auf die Steuerbücher erhalten die Grundbuchämter Abschriften von zwei Grundsteuerbüchern: vom Flurbuch und von der Gebäudesteuerrolle.

1. Das Flurbuch enthält ein Verzeichnis sämtlicher Liegenschaften eines Grundsteuer-Erhebungsbezirks in ihrem natürlichen Zusammenhange mit Angabe ihres Flächeninhalts und nach Talern und Hundertteilen eines Talers berechneten Reinertrages, sowie des Eigentümers. Ges. v. 8. Febr. 1867 § 6. Die Grundlage des Flurbuchs ist die Gemarkungskarte. Auf ihr ist die gesamte Fläche eines Bezirkes dargestellt. Sie zerfällt regelmäßig in mehrere Kartenblätter. Auf jeder Karte oder jedem Kartenblatt sind die einzelnen Parzellen unter fortlaufenden Nummern nachgewiesen. Parzelle ist jedes Grundstück, das demselben Eigentümer gehört, einen besonderen Rechtsgegenstand bildet, auf demselben Mutterrollenartikel nachzuweisen ist, demselben Gemeinde-(Guts-)bezirke angehört, in der nämlichen Feldlage liegt und von der nämlichen Kulturart ist. Als Kulturarten werden unterschieden: Ackerland, Gärten, Wiesen, Weiden, Holzungen, Wasserstücke und Ödland. Grundstücke, die einen Ertrag überhaupt nicht gewähren, heißen Unland. Die Bonitätsklassen der einzelnen Parzellen werden durch Buchstaben (a, b ꝛc.) kenntlich gemacht. Wird eine Parzelle geteilt, so wird die veränderte Parzelle durch einen Bruch bezeichnet, dessen Nenner die Nummer der Stammparzelle und dessen Zähler die fortlaufende Nummer in der Reihenfolge der Parzellennummern des Kartenblatts bildet. Enthält zB. das Kartenblatt 250 Parzellen und wird von diesen die Parzelle 23 in drei Parzellen zerlegt, so erhalten diese drei Parzellen die Bezeichnung $\frac{251}{23}$, $\frac{252}{23}$, $\frac{253}{23}$.

2. Die Gebäudesteuerrolle enthält ein auf der Gemarkungskarte beruhendes fortlaufend numeriertes Verzeichnis der sämtlichen Gebäudegrundstücke des Bezirkes einschließlich der Hofräume und Hausgärten, sofern ihr Flächeninhalt einen Morgen nicht übersteigt, nebst der Bezeichnung nach Straße, Hausnummer ꝛc. und nach dem Grundbuche, der Gattung der errichteten Gebäude, jedes mit einem Buchstaben (a, b ꝛc.) aufgeführt, sowie die Angabe des Eigentümers, des nach Mark und Pfennigen berechneten Nutzungswerts und des Steuerbetrags. Ges. v. 21. Mai 1861 §§ 15—18. Wo die Gebäudeflächen noch nicht vermessen sind, sind die Liegenschaften als ein Ganzes unter der Bezeichnung „ungetrennte Hofräume und Hausgärten" aufgeführt. Ges. v. 8. Febr. 1867 § 10.

Die Steuerbücher und Karten werden „bei der Gegenwart erhalten". Maßgebend hierfür sind die Anweisungen I, II, III und V des Finanzministers v. 21. Febr. 1896.

3. Für das Verfahren behufs Erhaltung der Übereinstimmung zwischen den Grundbüchern und den Steuerbüchern sind die bisherigen Bestimmungen maßgebend geblieben.

JMV. v. 20. Nov. 1899 § 29. Aus den Abschriften des Flurbuchs und der Gebäudesteuerrolle werden deren Angaben in das Grundbuch übernommen. Nur die Übernahme der Bonitätsklassen unterbleibt. Die Art und Weise der Wiedergabe der Angaben aus den Steuerbüchern im Grundbuche regelt § 3 der JMV. v. 20. Nov. 1899. Hat ein Grundbuch noch nicht bestanden, so sind die Angaben der Steuerbücher mit der Anlegung des Grundbuchs in dieses zu übernehmen. Wo nach Anlegung des Grundbuchs die Zurückführung auf die Steuerbücher noch nicht vollendet ist, soll sie von den Grundbuchämtern von Amts wegen ortschaftsweise oder bezirksweise bewirkt werden. Auf Antrag ist auch außer der Reihe ein Blatt zurückzuführen, wenn eine bei diesem Blatte beantragte Eintragung oder die Bildung eines Hypotheken- oder Grundschuldbriefs die Übernahme der Angaben aus den Steuerbüchern wünschenswert macht. V. v. 2. Sept. 1872.

4. Differenzen, die bei der Zurückführung zwischen dem Inhalte des Grundbuchs und der Steuerbücher sich ergeben, werden oft darin ihren Grund haben, daß das Flurbuch bei jeder Parzelle zwar den Eigentümer nennt, aber nichts darüber ergibt, auf welchem Grundbuchblatt sie eingetragen ist. Zur Hebung solcher Differenzen kann der Grundbuchrichter von dem Eigentümer die Beibringung eines Auszuges aus der vom Katasteramt geführten Grundsteuermutterrolle erfordern. JMV. v. 31. Januar 1873, JMBl. S. 46. In dieser Rolle sind für jeden Eigentümer dessen sämtliche in demselben Erhebungsbezirke gelegenen Grundstücke mit Angabe der Flächenbezeichnung, der Größe, des Reinertrages und der Bezeichnung nach dem Grundbuche so verzeichnet, daß fortlaufend jeder Eigentümer eine Nummer, Artikelnummer, erhält. Im übrigen ist das Verfahren zur Aufklärung von Differenzen geordnet durch die JMV. v. 18. Nov. 1876 (JMBl. S. 222) und v. 3. Okt. 1889 (JMBl. S. 329).

II. Ist das Grundbuch auf die Steuerbücher zurückgeführt, so muß es in Übereinstimmung mit ihnen erhalten werden. Hierzu dienen:

5. die Eigentumsveränderungslisten. V. v. 5. Juni 1877 (JMBl. S. 103) und V. v. 25. März 1890 (JMBl. S. 109). Die Grundbuchämter haben von den im Grundbuch eingetragenen Eigentumsveränderungen in jedem Falle das Katasteramt zu benachrichtigen. Für diese Benachrichtigungen sind bestimmte Formulare, die Eigentumsveränderungslisten, vorgeschrieben. Das Katasteramt verfährt mit den Listen nach §§ 22, 23 der Kat.Anw. und sendet sie in den auf der Rückseite des Formulars näher bezeichneten Fällen wieder an das GBA. Dieses hat die neuen oder veränderten Nummern der Steuerbücher in das Grundbuch zu übernehmen und demnächst die Liste dem Katasteramt zurückzugeben.

Während Eigentumsveränderungen auf Grund freiwilliger Veräußerung in das Kataster nur auf Grund der Anzeige des GBA. übernommen werden dürfen, werden andere Eigentumsveränderungen ohne vorgängige Eintragung des neuen Eigentümers auf Grund eines gehörigen Nachweises im Kataster fortgeschrieben. Das Katasteramt hat diese Veränderungen sowie diejenigen Fortschreibungen, welche die Vereinigung mehrerer Mutterrollenartikel desselben Eigentümers zu einem Artikel oder die Zerlegung eines Artikels in mehrere Artikel oder sonst eine Artikeländerung ohne Eigentumsveränderung betreffen, in ein „Veränderungsanmeldung" bezeichnetes Formular einzutragen und in jedem Falle dem GBA. zur Kenntnisnahme mitzuteilen. Dieses hat die neuen Artikelnummern in das Grundbuch zu übernehmen. JMV. v. 5. Juni 1877 III. Anw. I § 23 Nr. 3.

6. Die Fortschreibungsprotokolle. V. v. 5. Juni 1877 zu VI, JMBl. S. 103. Alljährlich nach erfolgter Berichtigung der Grundsteuer- und Gebäudesteuerbücher werden den GBÄmtern Flurbuchsanhänge und Gebäudesteuerrollenanhänge von den Katasterämtern zugefertigt. In die nach vorgeschriebenen Formularen aufzustellenden Anhänge sind nur solche zur Fortschreibung gekommenen Veränderungen einzutragen, die mit einer Form- oder Bestandsveränderung oder mit einer Änderung der Nummern der Parzellen oder der Nummern oder des Buchstabens der Gebäude verbunden gewesen sind, nicht aber solche, die lediglich einem Eigentumswechsel unterlegen haben. Das Verfahren der Grundbuchämter regelt Nr. VII der V. v. 5. Juni 1877.

III. Ein besonderes Verfahren ist vorgeschrieben bei der Fortschreibung zur Berichtigung materieller Irrtümer. V. v. 12. Dez. 1864 § 21. Ges. v. 8. Febr. 1867 §§ 2, 32.

Kat.Anw. I § 1 Nr. 10, §§ 18, 42 Nr. 7. Kat.Anw. II §§ 12, 36 Nr. 15. JMB. v. 5. Juni 1877 Nr. V.

7. Darunter sind zu verstehen „Rechnungs- und ähnliche Fehler oder Irrtümer hinsichtlich der Steuerpflicht oder Steuerfreiheit, der Angabe der Flächeninhalte der Grundstücke oder der Angabe der Eigentumsverhältnisse oder hinsichtlich der Zugehörigkeit der Liegenschaften zu den betreffenden Provinzen, Kreisen, Gemeinden oder selbständigen Gutsbezirken." Bezüglich der Unrichtigkeiten der Eigentumsverhältnisse sind folgende Fälle zu unterscheiden.

a, Die Grenzberichtigung. In der Katasterkarte unrichtig dargestellte Eigentumsgrenzen werden ohne vorgängige entsprechende Eintragung im Grundbuche dann nach den im Felde vorgefundenen Grenzen berichtigt, wenn ein Irrtum der Karte anzunehmen ist und die Eigentümer der Berichtigung zustimmen. b, Grenzveränderungen können nur auf Grund einer Eintragung der Eigentumsveränderung im Grundbuche in der Katasterkarte eingetragen werden. c, Parzellenverwechselung. Ist eine Parzelle in dem Kataster jemandem zugeschrieben, in dessen Eigentume sie sich nicht befindet, so kann die Berichtigung des Katasters nur im Einvernehmen mit dem GBA. erfolgen. Für die Frage, ob das GBA. eine Berichtigung, wenn sie die Abschreibung einer Parzelle oder des Teiles einer Parzelle erfordert, nur mit Zustimmung der Realberechtigten vornehmen darf, kommt es darauf an, ob den Angaben des Katasters öffentlicher Glaube beizumessen ist, ob also den gutgläubigen Realberechtigten das Grundstück in seinem wirklichen oder in seinem katastermäßigen Umfange haftet. Nach der diesseitigen Auffassung nehmen — abgesehen vom Falle der sog. Parzellenverwechselung, BGB. § 892 A. 8 — die aus dem Kataster in das Grundbuch übernommenen Angaben an dem öffentlichen Glauben nicht teil. BGB. § 892 A. 8.

Diese Annahme ist aber keine unbestrittene. Vgl. die Literatur a. a. O. Der Grundbuchrichter wird daher, solange sich nicht eine feste Praxis über die Frage herausgebildet hat, mit der Möglichkeit zu rechnen haben, daß für die Haftung des Grundstücks den redlichen Realberechtigten gegenüber die katastermäßigen, nicht die wirklichen Grenzen des Grundstücks maßgebend sind. Darüber, ob diese Haftung begründet ist, kann nur der Prozeßrichter entscheiden. Es empfiehlt sich deshalb für den Grundbuchrichter, die Berichtigung durch Abschreibung von Parzellen oder Teilen von Parzellen nur mit Zustimmung der Realberechtigten vorzunehmen. Predari S. 30 A. 14.

Art. 3. Für die aus der Anlage ersichtlichen Grundbuchbezirke und zur Anlegung des Grundbuchs gebildeten Teile von Grundbuchbezirken (Anlegungsbezirke) ist das Grundbuch mit dem Inkrafttreten des Bürgerlichen Gesetzbuchs als angelegt anzusehen; die bisher geführten Bücher gelten als Grundbücher im Sinne der Reichsgesetze.

Art. 4. In den Landesteilen, in welchen die Grundbuchordnung vom 5. Mai 1872 (GS. S. 446) durch besondere Gesetze eingeführt ist, finden die Vorschriften des Artikel 3 auch auf diejenigen in der Anlage nicht aufgeführten Grundbuchbezirke und Anlegungsbezirke Anwendung, in Ansehung deren vor dem Inkrafttreten des Bürgerlichen Gesetzbuchs durch das Amtsblatt bekannt gemacht ist, daß das Grundbuch als angelegt anzusehen sei. Ausgenommen sind jedoch die zu dem Bezirke gehörenden Grundstücke, die ein Grundbuchblatt von Amts wegen erhalten müssen, aber noch nicht erhalten haben; diese Grundstücke sind in der Bekanntmachung zu bezeichnen.

Die Bekanntmachung erfolgt nach der Anweisung des Justizministers.

Am 1. Januar 1900 ist die GBO. in Kraft getreten a, in den Grundbuch- und Anlegungsbezirken, die in der (hier nicht abgedruckten) Anlage zu Art. 3 — berichtigt am 28. Dez. 1899 (GS. S. 657) — aufgeführt sind und außerdem b, in denjenigen Bezirken, in Ansehung derer vor dem 1. Januar 1900 durch die Amtsblätter bekannt gemacht ist, daß das Grundbuch als angelegt anzusehen sei. Diese Bezirke sind durch die Bekanntm. v. 25. Januar 1900 (GS. S. 19) veröffentlicht; doch ist in ihnen das Grundbuch nicht als angelegt anzusehen für die Grundstücke, die ein Grundbuchblatt von Amts wegen erhalten müssen, aber noch nicht erhalten haben.

Neue Bekanntmachungen v. 26. Januar 1901 (GS. S. 13), v. 17. Januar 1902 (GS. S. 5) und v. 20. Januar 1903 (GS. S. 4).

Art. 5. Für die übrigen Bezirke der im Artikel 4 bezeichneten Landesteile bestimmt sich das Verfahren zur Anlegung der Grundbücher nach den für die einzelnen Landesteile erlassenen bisherigen Vorschriften, soweit nicht in den Artikeln 6—14 Änderungen vorgesehen sind.

Art. 6. Soweit in den bisherigen Gesetzen auf die Bestimmungen der durch sie eingeführten Gesetze über das Grundbuchwesen verwiesen ist, treten an deren Stelle die entsprechenden Vorschriften des Bürgerlichen Gesetzbuchs, des zugehörigen Einführungsgesetzes und der Grundbuchordnung sowie die entsprechenden zur Ausführung und Ergänzung dieser Gesetze erlassenen Vorschriften.

Art. 6 entspricht dem Art. 4 EG. z. BGB. (GBO. § 82 Abs. 2) und dem Art. 32 AG. z. GBO.

Art. 7. Wer die ihm obliegende Anmeldung versäumt, verliert nach Maßgabe der bisherigen Gesetze sein Vorzugsrecht vor anderen Berechtigten. Im übrigen erleidet er den Rechtsnachteil, daß das Grundbuch ohne Rücksicht auf sein Recht angelegt wird.

Der Wiederholung einer vor der Verkündigung dieser Verordnung erfolgten Bekanntmachung der Ausschlußfrist bedarf es nicht.

Die Vorschrift wiederholt die Bestimmungen der Einführungsgesetze, wonach bei der Anlegung des Grundbuchs die dinglich Berechtigten ihre Rechte durch Anmeldung innerhalb einer Ausschlußfrist zu wahren haben. Versäumen sie dies, so wird das Grundbuch ohne Rücksicht auf ihr Recht angelegt und sie verlieren ihr Vorrecht vor den rechtzeitig angemeldeten und eingetragenen Rechten. Einen weiteren Verlust hat die Versäumung der Anmeldefrist nicht zur Folge, ein solcher kann erst gegen gutgläubige Erwerber gemäß § 892 BGB. eintreten. Gegen denjenigen, dessen Recht zwar gehörig angemeldet, aber nicht eingetragen ist, greift ebenfalls der öffentliche Glaube des Grundbuchs durch. Predari S. 39. Achilles-Strecker S. 486.

Art. 8. In den Fällen, in denen nach den bisherigen Gesetzen eine Vormerkung einzutragen ist, wird ein Widerspruch eingetragen.

Die Vorschrift beruht auf den §§ 883 ff., 899 BGB., wonach die Vormerkung nur die Sicherung persönlicher Ansprüche auf Einräumung eines Rechtes bezweckt, während zum Schutze bestehender dinglicher Rechte der Widerspruch dient.

Art. 9. Soweit nach den Vorschriften des Bürgerlichen Gesetzbuchs und der Grundbuchordnung im Grundbuch auf die Eintragungsbewilligung Bezug genommen werden kann, kann bei der Anlegung des Grundbuchs auf die der Eintragung zugrunde liegende Urkunde Bezug genommen werden.

Vgl. BGB. § 885 Abs. 2, GBO. § 50.

Art. 10. Ist nach den bisherigen Gesetzen auf Grund einer Anmeldung weder das angemeldete Recht noch eine Vormerkung einzutragen, so hat der Anmeldende dem Grundbuchamt innerhalb einer von diesem zu bestimmenden Frist die Erhebung der Klage zur Feststellung seines Rechtes nachzuweisen, widrigenfalls das Recht bei der Anlegung des Grundbuchs nicht berücksichtigt wird.

Ist bei der Anlegung des Grundbuchblatts die Frist noch nicht abgelaufen oder im Falle rechtzeitigen Nachweises der Klageerhebung der Rechtsstreit noch anhängig, so ist zugunsten des Anmeldenden ein Widerspruch einzutragen. Der Widerspruch wird auf Antrag gelöscht, wenn die Klage nicht rechtzeitig erhoben oder zurückgenommen oder rechtskräftig zurückgewiesen wird; die Kosten der Löschung hat der Anmeldende zu tragen.

Die Vorschriften der Abs. 1, 2 finden entsprechende Anwendung, wenn ein angemeldetes Recht nicht in vollem Umfange nach Maßgabe der Anmeldung eingetragen wird.

Die Vorschrift betrifft besonders die Fälle, wenn die Entstehung des zur Eintragung angemeldeten Rechtes nicht glaubhaft gemacht oder wenn — wie zB. nach dem Ges. v. 31. Mai 1873 (GS. S. 301) betr. das Grundbuchwesen in den Hohenzollernschen Landen — die Eintragung von Vormerkungen nicht vorgesehen ist.

Art. 11. Soweit zur Eintragung des Eigentümers nach den bisherigen Gesetzen die Bescheinigung oder Glaubhaftmachung des Eigentumsbesitzes genügt, muß bei juristischen Personen der Eigenbesitz durch Zeugnisse staatlicher Behörden oder rechtskräftige Entscheidungen nachgewiesen werden. Dies gilt auch dann, wenn die Eintragung auf Grund der Ersitzung erfolgen soll.

Die Vorschriften des Abs. 1 finden insoweit keine Anwendung, als vor der Verkündigung dieser Verordnung der Beginn der Ausschlußfrist schon bestimmt ist.

Keine staatlichen Behörden im Sinne des Art. 11 Abs. 1 sind die Magistrate der preuß. Stadtgemeinden (KG. 24 S. A 226), auch nicht die Landesdirektoren. KG. ROLG. 6 S. 200.

Art. 12. Das Grundbuchblatt wird auch dann angelegt, wenn nach den bisherigen Gesetzen wegen eines Streites um das Eigentum oder ein das Eigentum beschränkendes Recht die Anlegung zu unterbleiben hat. In diesem Falle ist nach dem Ermessen des Grundbuchamts einer der streitenden Teile als Eigentümer und zugleich zugunsten des oder der Gegner ein Widerspruch einzutragen; ebenso bestimmt sich nach dem Ermessen des Grundbuchamts, ob die Eigentumsbeschränkung unter gleichzeitiger Aufnahme eines Widerspruchs oder nur ein Widerspruch wegen der Eigentumsbeschränkung einzutragen ist.

Art. 13. Wird für eine in das Grundbuch aufzunehmende Hypothek die Erteilung eines Hypothekenbriefs nicht beantragt, so ist im Grundbuche zu vermerken, daß die Erteilung des Hypothekenbriefs ausgeschlossen ist.

Art. 13 findet auch dann Anwendung, wenn über die Hypothek ein Hypothekendokument nach den Bestimmungen des bisherigen Rechtes bestand. Turn.-Först. II S. 367. Sicherungshypotheken sind stets Buchhypotheken (BGB. § 1185); bei ihnen bedarf es also des Vermerkes nicht. Achilles-Strecker S. 488.

Art. 14. Ist die Anlegung des Grundbuchs für einen Grundbuchbezirk oder einen Anlegungsbezirk im wesentlichen vollendet, so wird dies nach Anweisung des Justizministers im Amtsblatte bekannt gemacht.

Mit dem Beginne des elften Tages nach der Ausgabe des Amtsblatts ist das Grundbuch für den Bezirk als angelegt anzusehen. Ausgenommen sind jedoch die zu dem Bezirke gehörenden Grundstücke, die ein Grundbuchblatt von Amts wegen erhalten müssen, aber noch nicht erhalten haben; diese Grundstücke sind in der Bekanntmachung zu bezeichnen.

Eine Bekanntmachung der erfolgten Anlegung von Grundbuchblättern und Artikeln nach Maßgabe der bisherigen Gesetze findet nicht mehr statt.

Hierzu JMV. v. 18 Nov. 1899 Nr. 5 (Anlage IV S. 457).

Art. 15. Auf das Verfahren zum Zwecke der Eintragung von Grundstücken, die bei der Anlegung des Grundbuchs ein Blatt nicht erhalten haben, finden in den im Art. 4 bezeichneten Landesteilen, mit Ausnahme der im Art. 16 Abs. 2 genannten Bezirke, die Vorschriften der Artikel 5—13 entsprechende Anwendung. Eine öffentliche Bekanntmachung des Beginns des Verfahrens oder der erfolgten Anlegung des Blattes sowie die wiederholte Bestimmung einer Ausschlußfrist findet nicht statt.

Nach dem Ablaufe von zwei Jahren seit der Zeit, zu welcher das Grundbuch für den Bezirk als angelegt anzusehen ist, gilt, unbeschadet der Vorschriften des Abs. 1, die Anlegung für die dort bezeichneten Grundstücke auch dann als erfolgt, wenn sie ein Blatt noch nicht erhalten haben.

Ist die Anlegung des Blattes nicht vor dem Ablaufe von zwei Jahren seit dem Inkrafttreten des Grundbuchrechts für den Bezirk erfolgt, so wird das Grundstück, auch ohne daß es ein Blatt erhalten hat, dem Grundbuchrecht unterworfen. Achilles-Strecker S. 492. Predari S. 38.

Art. 16. Ergibt sich im ursprünglichen Geltungsbereiche der Grundbuchordnung vom 5. Mai 1872, daß ein Grundstück ein Grundbuchblatt noch nicht erhalten hat, so erfolgt die Anlegung des Blattes von Amts wegen, soweit nicht nach Art. 1 ein Antrag erforderlich ist; für die Anlegung sind die Vorschriften der Art. 17—33 maßgebend.

Das gleiche gilt für Ostfriesland und Harlingerland, für die Niedergrafschaft Lingen und für die ehemals Münsterschen Ortschaften der Provinz Hannover.

Art. 17. Das Grundbuchamt hat die Katasterbehörde um Erteilung eines beglaubigten Auszugs aus dem Steuerbuche zu ersuchen.

Art. 18. Über Besitz und Eigentum sind zu vernehmen:

1. der im Steuerbuch eingetragene Besitzer oder dessen Erben,
2. diejenigen, welche von den unter 1 Genannten als Eigentümer bezeichnet werden oder für deren Eigentum sich Anzeichen ergeben.

Ist der Aufenthalt einer dieser Personen unbekannt oder außerhalb des Deutschen Reichs, so kann deren Vernehmung unterbleiben. Ein dem Grundbuchamte bekannter Vertreter ist zu vernehmen.

Das Grundbuchamt kann von der Vernehmung einzelner Miteigentümer Abstand nehmen, wenn es die von den übrigen abgegebenen Erklärungen für zutreffend und genügend hält. Den nicht vernommenen Miteigentümern ist mitzuteilen, welche Eintragungen auf Grund der Erklärungen der anderen Miteigentümer in Aussicht genommen sind.

Art. 19. Wer das Eigentum in Anspruch nimmt, hat auf Verlangen des Grundbuchamts seinen unmittelbaren Rechtsvorgänger zu nennen, den Rechtsgrund anzugeben, vermöge dessen er das Eigentum erworben hat, und die sich darauf beziehenden Urkunden vorzulegen sowie andere Beweise anzuzeigen.

Art. 20. Als Eigentümer ist in das Grundbuch einzutragen:

1. wer das Grundstück in einer gerichtlichen Zwangsversteigerung erstanden hat;
2. wer das Grundstück im Eigenbesitze hat und entweder
   a) durch Urkunden, Verfügungen oder Bescheinigungen öffentlicher Behörden oder durch Zeugen glaubhaft macht, daß er allein oder unter Hinzurechnung der Besitzzeit seines Rechtsvorgängers das Grundstück schon vor dem Inkrafttreten des Bürgerlichen Gesetzbuchs seit vierundvierzig Jahren oder auf Grund eines nach dem Allgem. Landrecht T. I Tit. 9 § 579 zur Erlangung des Eigentums geeigneten, wenn-

gleich dem Inhalt oder der Form nach ungültigen, Titels seit zehn Jahren im Eigenbesitze gehabt hat, oder

b) nachweist, daß er vor dem Inkrafttreten des Bürgerlichen Gesetzbuchs den Eigenbesitz des Grundstücks auf Grund eines zum Erwerbe des Eigentums nach den Vorschriften des Allgemeinen Landrechts an sich geeigneten, dem Inhalt und der Form nach gültigen Titels erlangt hat, und außerdem

entweder dartut, daß schon sein unmittelbarer Vorbesitzer einen zum Erwerbe des Eigentums nach den damals geltenden Gesetzen an sich geeigneten Titel für sich gehabt hat,

oder durch Urkunden, Zeugen oder Bescheinigungen öffentlicher Behörden glaubhaft macht, daß er und sein Vorbesitzer das Grundstück vor dem Inkrafttreten des Bürgerlichen Gesetzbuchs schon im ganzen zehn Jahre lang besessen haben;

die Vorschriften des Art. 11 Abs. 1 finden entsprechende Anwendung;

3. wer nach Maßgabe der Art. 21—27 ein Ausschlußurteil erwirkt hat.

Art. 20 bezieht sich nur auf die Eintragung des Eigentums an solchen Grundstücken, die noch kein Grundbuchblatt haben. KG. ROLG. 6 S. 197. Eigenbesitzer: BGB. § 872. Nach Art. 11 Abs. 1, dessen entsprechende Anwendung Art. 20 anordnet, kommen für den Eigenbesitz nur Zeugnisse staatlicher Behörden in Betracht. Danach können Besitzzeugnisse des Bürgermeisters (RG. JW. 1897 S. 201) und des Landesdirektors (Joh. 8 S. 284) nicht mehr als genügend angesehen werden. In KG. 21 S. A 290 ist freilich angenommen, daß die städtische Polizeiverwaltung ein Organ des Staates sei. Hiergegen aber RG. JW. 1901 S. 665, wonach die Handhabung der Ortspolizei als ein auf gesetzlicher Delegation beruhendes Attribut der Gemeindeverwaltung anzusehen ist. Turn.-Förft. II S. 388.

Art. 21. Personen, die, ohne sich im Besitze des Grundstücks zu befinden, das Eigentum für sich in Anspruch nehmen, können im Wege des Aufgebotsverfahrens mit ihrem Rechte ausgeschlossen werden.

Art. 22. Zuständig ist das Gericht, in dessen Bezirke das Grundstück belegen ist.

Art. 23. Antragsberechtigt ist der Eigenbesitzer des Grundstücks.

Art. 24. Der Antragsteller hat zur Begründung des Antrags:

1. entweder eine Bescheinigung der Ortsbehörde darüber beizubringen, daß er das Grundstück im Eigenbesitze hat, oder den Erwerb des Grundstücks durch eine öffentliche Urkunde zu bescheinigen;
2. einen beglaubigten Auszug aus dem Steuerbuch über das Grundstück beizufügen;
3. ein Verzeichnis der ihm bekannten Personen, die das Eigentum an dem Grundstücke für sich in Anspruch nehmen, mit Angabe ihres Wohnorts vorzulegen und zu versichern, daß ihm andere Personen der bezeichneten Art nicht bekannt sind.

Die nach Nr. 1 erforderliche Bescheinigung braucht sich ausdrücklich und wörtlich darauf, daß der Antragsteller das Grundstück „im Eigenbesitze" habe, nicht zu richten. KG. Zentralbl. 3 S. 457.

Art. 25. In das Aufgebot ist aufzunehmen:

1. die Bezeichnung der Lage, der Beschaffenheit und der Größe des Grundstücks nach dem Steuerbuche;
2. die Aufforderung an die Personen, welche das Eigentum in Anspruch

nehmen, ihr Recht spätestens im Aufgebotstermin anzumelden, widrigenfalls ihre Ausschließung erfolgen werde.

Art. 26. Das Aufgebot soll den vom Antragsteller angezeigten Personen, deren Wohnort bekannt ist, von Amts wegen mitgeteilt werden.

Art. 27. In dem Ausschlußurteile sind die Rechte der vom Antragsteller angezeigten Personen vorzubehalten, auch wenn sie nicht angemeldet sind.

Art. 28. Die Anlegung des Grundbuchblatts erfolgt, unbeschadet der Vorschriften des Art. 29 Abs. 2, wenn der nach Art. 20 zur Eintragung des Eigentums erforderliche Nachweis geführt ist.

Im Falle des Art. 20 Nr. 3 hat das Grundbuchamt, wenn in dem Ausschlußurteil ein Recht vorbehalten ist, demjenigen, zu dessen Gunsten der Vorbehalt gemacht ist, eine Frist zu bestimmen. Die Anlegung des Blattes erfolgt nach dem Ablaufe der Frist ohne Rücksicht auf das Recht, wenn derjenige, welchem die Frist bestimmt ist, nicht vorher eine einstweilige Verfügung beibringt, durch welche die Eintragung eines Widerspruchs zu seinen Gunsten angeordnet wird.

Eine Bekanntmachung der Anlegung des Blattes findet nicht statt.

Art. 29. Außer dem Falle des Art. 28 Abs. 2 werden Rechte an dem Grundstücke bei der Anlegung des Grundbuchblatts nur berücksichtigt, wenn sie bei dem Grundbuchamt angemeldet sind. Zur Eintragung eines Rechtes ist erforderlich, daß es sich auf eine von dem Eigentümer ausgestellte öffentliche Urkunde gründet oder von dem Eigentümer anerkannt wird.

Der Eigentümer ist über die Anerkennung zu vernehmen. Bestreitet er das angemeldete Recht, so hat das Grundbuchamt dem Anmeldenden eine Frist zu bestimmen. Nach dem Ablaufe der Frist erfolgt die Anlegung des Blattes ohne Rücksicht auf das Recht, wenn der Anmeldende nicht vorher eine einstweilige Verfügung beibringt, durch welche die Eintragung eines Widerspruchs zu seinen Gunsten angeordnet wird.

Art. 30. Für die Rangordnung der in das Grundbuch aufzunehmenden Rechte bleiben, soweit sie durch besondere für einzelne Landesteile erlassene Gesetze bestimmt ist, diese Gesetze maßgebend. Im übrigen regelt sich die Rangordnung nach den zur Zeit der Entstehung der Rechte geltenden Gesetzen und, wenn sie hiernach nicht bestimmt werden kann, nach der Zeitfolge der Anmeldungen.

Art. 31. Das Grundbuchamt kann Zeugen laden und eidlich oder eidesstattlich vernehmen.

Art. 32. Das Grundbuchamt kann die Befolgung einer Ladung sowie die Erfüllung jeder dem Geladenen auferlegten Verpflichtung durch Geldstrafen bis zum Gesamtbetrage von einhundertfünfzig Mark erzwingen, auch die im Art. 20 bezeichneten Nachweisungen auf Kosten der Säumigen beschaffen.

Art. 33. Die für das Bergrecht erlassenen besonderen Bestimmungen bleiben unberührt.

Art. 34. Für die nach dieser Verordnung dem Grundbuchamt obliegenden Verrichtungen ist bis zum Inkrafttreten des Bürgerlichen Gesetzbuchs das Amtsgericht zuständig, welches nach der bezeichneten Zeit als Grundbuchamt zuständig sein wird.

Vgl. GBO. § 1. AG. z. GBO. Art. 1, 2.

Art. 35. Die Anlegung der Grundbücher für das Gebiet des vormaligen Herzogtums Nassau und die Insel Helgoland wird durch besondere Verordnung geregelt.

Nassau: V. v. 11. Dez. 1899 (GS. S. 595); dazu JMV. v. 7. Mai 1900 (JMBl. hinter S. 426). Helgoland: V. v. 10. April 1900 (GS. S. 111).

Art. 36. Solange nicht für alle Grundbuchbezirke der Monarchie das Grundbuch als angelegt anzusehen ist, hat der Justizminister alljährlich im Monat Januar die Bezirke, für die während des vorhergehenden Kalenderjahrs die Anlegung erfolgt ist, in der Gesetz-Sammlung bekannt zu machen.

In gleicher Weise sind die Bezirke bekannt zu machen, für welche das Grundbuch auch in Ansehung der von der Anlegung ursprünglich ausgenommenen Grundstücke nach Art. 15 Abs. 2 als angelegt gilt.

Hierzu JMV. v. 18. Nov. 1899 Nr. 6 (Anlage IV). Ergangen sind die Bekanntmachungen v. 25. Januar 1900 (GS. S. 19) und v. 26. Januar 1901 (GS. S. 13), v. 17. Januar 1902 (GS. S. 5) und v. 20. Januar 1903 (GS. S. 4).

Art. 37. Die Vorschrift des § 4 der Grundbuchordnung findet auf mehrere zu einem Familienfideikommisse gehörende Grundstücke auch dann Anwendung, wenn sie in den Bezirken verschiedener Grundbuchämter belegen sind. Das zuständige Grundbuchamt ist nach § 20 des Ausführungsgesetzes zum Gerichtsverfassungsgesetze zu bestimmen.

Urkundlich ꝛc.

Die Vorschrift beruht auf dem Vorbehalte des § 86 GBO. Sie findet nur Anwendung, wenn die mehreren Grundstücke zu demselben Fideikommisse gehören. Die Bestimmung des zuständigen GBA. erfolgt nach § 20 AG. z. GVG. durch das gemeinschaftliche obere Gericht (Landgericht, Oberlandesgericht), in Ermangelung eines solchen durch den Justizminister. Auf Lehen und Stammgüter findet Art. 37 keine Anwendung.

IV. Allgem. Verfügung v. 18. November 1899

zur Ausführung der Artikel 4, 14 und 36 der Verordnung, betr. das Grundbuchwesen, vom 13. November 1899.

(JMBl. S. 347.)

Zur Ausführung der Art. 4, 14 und 36 der Verordnung, betreffend das Grundbuchwesen, v. 13. Nov. 1899 (GS. S. 519) bestimme ich folgendes:

1. Für diejenigen Grundbuchbezirke und Anlegungsbezirke, für welche das Grundbuch nicht nach Art. 3 der Verordnung v. 13. d. M. mit dem Inkrafttreten des Bürgerlichen Gesetzbuchs als angelegt anzusehen ist, erfolgt die in den Art. 4, 14 der Verordnung vorgesehene Bekanntmachung durch das Amtsblatt nach den unter Nr. 2—5 gegebenen Vorschriften.

2. Ist für einen Bezirk die Anlegung des Grundbuchs nach den bisherigen Gesetzen soweit vollendet, daß von den Grundstücken, die ein Grundbuchblatt von Amts wegen erhalten müssen (Art. 1 der Verordnung), nur einzelne weder ein Grundbuchblatt erhalten haben noch in einen Artikel aufgenommen sind, so hat das Amtsgericht die Bekanntmachung dahin zu erlassen, daß für den Bezirk mit Ausnahme der zu bezeichnenden einzelnen Grundstücke das Grundbuch im Sinne der Reichsgesetze mit dem Beginne des 1. Januar 1900 als angelegt anzusehen ist.

Die Anlegung der noch fehlenden Grundbuchblätter oder Artikel ist, soweit tunlich, noch vor dem Erlasse der Bekanntmachung zu bewirken.

Die in der Bekanntmachung auszunehmenden Grundstücke sind deutlich, in der Regel mit den Kartenblatt- (Flur-) und Parzellennummern und nach der Reihenfolge dieser Nummern, zu bezeichnen. Bei Grundstücken, die aus einer größeren Anzahl von Katasterparzellen bestehen, sowie bei ungeteilten oder in der Teilung begriffenen Gemeinheiten genügt die Angabe der Artikelnummer der Grundsteuermutterrolle.

3. Die Bekanntmachung ist für alle in Betracht kommenden Grundbuchbezirke und Anlegungsbezirke, die zu demselben Regierungsbezirke gehören, einheitlich spätestens durch eine am 16. Dezember d. J. zur Ausgabe gelangende Nummer des Amtsblatts zu bewirken.

Das Amtsgericht hat die ordnungsmäßige Ausführung der Bekanntmachung nachzuprüfen.

Die in den bisherigen Gesetzen vorgeschriebene Bekanntmachung der Anlegung des Grundbuchs unterbleibt, wenn sie nicht spätestens durch eine am 16. Dezember d. J. zur Ausgabe gelangende Nummer des Amtsblatts bewirkt werden kann.

4. Nach dem Erlasse der Bekanntmachung hat das Amtsgericht unverzüglich dem Landgerichtspräsidenten ein Verzeichnis der in der Bekanntmachung genannten Bezirke einzureichen, in welchem die die Bekanntmachung enthaltende Nummer des Amtsblatts anzugeben ist.

5. Die im Art. 14 der Verordnung v. 13. d. M. vorgesehene Bekanntmachung ist, sobald die Anlegung des Grundbuchs für einen Grundbuchbezirk oder einen Anlegungsbezirk im wesentlichen vollendet ist, von dem Grundbuchamte dahin zu erlassen, daß für den Bezirk das Grundbuch mit dem Beginne des elften Tages nach der Ausgabe des Amtsblatts als angelegt anzusehen ist; gegebenenfalls sind die nach Art. 14 Abs. 2 Satz 2 der Verordnung ausgenommenen Grundstücke besonders zu bezeichnen. Die Vorschriften unter Nr. 2 Abs. 3 und unter Nr. 3 Abs. 2 finden Anwendung.

Betrifft die Bekanntmachung den letzten Anlegungsbezirk eines Grundbuchbezirks, so ist dies in der Bekanntmachung anzugeben.

6. Solange nicht für alle zu dem Bezirk eines Grundbuchamts gehörenden Grundbuchbezirke und Anlegungsbezirke das Grundbuch als angelegt anzusehen ist, hat das Grundbuchamt alljährlich bis zum 15. Dezember dem Landgerichtspräsidenten ein Verzeichnis der Bezirke einzureichen, für die während des Kalenderjahrs die Anlegung des Grundbuchs bekannt gemacht worden ist; in dem Verzeichnis ist die Nummer des Amtsblatts anzugeben, durch welches die Bekanntmachung erfolgt ist.

Eine nachträglich bis zum Schlusse des Jahres bewirkte Bekanntmachung ist dem Landgerichtspräsidenten unverzüglich anzuzeigen.

V. Allgemeine Verfügung vom 20. November 1899 zur Ausführung der Grundbuchordnung.

(JMBl. S. 349.)

Auf Grund des § 1 Abs. 2 und der §§ 93—97 der Grundbuchordnung sowie des Art. 29 des Ausführungsgesetzes v. 26. September 1899 (GS. S. 307) wird Folgendes angeordnet:

I. Grundbücher.

§ 1. Für jeden Gemeindebezirk oder selbständigen Gutsbezirk und, wenn ein Gemeindebezirk zum Zwecke der Grundbuchanlegung in mehrere Bezirke geteilt ist, für jeden Anlegungsbezirk wird ein Grundbuch eingerichtet. Das Grundbuch kann aus mehreren Bänden bestehen; die Bände erhalten fortlaufende Nummern.

Inwieweit in das Grundbuch eines Bezirkes bei Bildung gemeinschaftlicher Grundbuchblätter Grundstücke mitaufgenommen werden können die in anderen Bezirken belegen sind, bestimmt sich nach § 4 der Grundbuchordnung und Art. 37 der Verordnung, betreffend das Grundbuchwesen, v. 13. November 1899 (GS. S. 519).

Bergwerke: § 23. Fortführung bisheriger Bücher: §§ 27, 28.

§ 2. Die Grundbuchblätter erhalten fortlaufende Nummern.

„Bei der Anlegung von neuen Bänden eines Grundbuchs sind die Grundbuchblätter jedes neuen Bandes im Anschluß an die letzte Nummer des vorhergehenden Bandes fortlaufend weiterzuzählen. Sind für einzelne Teile eines Gemeindebezirks verschiedene Grundbücher mit besonderen Bezeichnungen eingerichtet, so gilt die Anordnung nur für die zu einem und demselben Grundbuch gehörigen Grundbuchblätter." JMB. v. 10. März 1902. Zentralbl. 2 S. 851.

§ 3. Zur Bezeichnung der Grundstücke sind im Grundbuche nach dem Inhalte der Steuerbücher anzugeben:

1. der Name der Gemarkung;
2. die Nummern des Kartenblatts (der Flur) und der Parzelle;
3. die Artikelnummer der Grundsteuermutterrolle, die Nummer der Gebäudesteuerrolle;
4. die Wirtschaftsart (Acker, Wiese, Garten, Wohnhaus, Wohnhaus mit Hofraum und Hausgarten ꝛc.) und die Lage (Straße, Hausnummer oder die sonstige ortsübliche Bezeichnung);
5. die Größe; ist die Größe aus den Steuerbüchern nicht ersichtlich, so ist dies anzugeben;
6. der staatlich ermittelte Grundsteuerreinertrag und Gebäudesteuernutzungswert, in den Hohenzollernschen Landen der Steueranschlag (das Grund- und Gebäudesteuerkapital).

Besteht ein Grundstück aus mehreren Katasterparzellen, so kann die im Abs. 1 Nr. 2 vorgeschriebene Angabe der Kartenblatt- und Parzellennummern unterbleiben, wenn wegen der Zahl der Parzellen das Grundbuch nach dem Ermessen des Grundbuchamts unübersichtlich werden würde und die Parzellen nach Ausweis eines bei den Grundakten befindlichen beglaubigten Auszugs aus der Grundsteuermutterrolle in dieser auf einem oder mehreren Artikeln nachgewiesen sind, die andere Parzellen nicht umfassen. Das Grundbuchamt kann die Katasterbehörde um die Erteilung des Auszugs, erforderlichenfalls auch um die vorherige Eintragung des Grundstücks auf einem oder mehreren besonderen Mutterrollenartikeln von Amts wegen ersuchen.

Statt der im Abs. 1 Nr. 4 vorgeschriebenen Angabe genügt in den Fällen des Abs. 2 die Angabe des Gesamtnamens des Grundstücks (Rittergut x, Bauerhof y ꝛc.)

1. Landseen bilden Grundstücke und sind in das Grundbuch aufzunehmen, auch wenn sie schiffbar sind und zur Schiffahrt benutzt werden. KG. 14 S. 94. Liegen die Seen im Zuge öffentlicher Ströme, so werden sie Teile des Stromes und sind dessen Rechtsverhältnissen unterworfen. KG. 14 S. 97. Wasserstraßen, sofern es sich um fließende Gewässer handelt, sind wie die von Natur schiffbaren Ströme gemeines Eigentum des Staates (ALR. II, 14 § 21) und daher von der Aufnahme in das Grundbuch ausgeschlossen. KG. 11 S. 396. „Das zur Zeit des Inkrafttretens des BGB bestehende Stockwerkseigentum bleibt bestehen." Art. 182. In der Rheinprovinz gilt jedes Stockwerk als besonderes Grundstück, über das ein besonderes Grundbuchblatt angelegt werden kann. Code civ. Art. 664. KG. 16 S. 525. Vgl. BGB. § 1014 A. 2.

2. Die Übertragung der in der Gebäudesteuerrolle unter Buchstaben aufgeführten Gebäude unterbleibt. Als Gebäudesteuernutzungswert ist nur der Gesamtbetrag des Nutzungs-

werts aller Gebäude, die auf dem Grundstücke stehen, anzugeben. Gebäude, die nicht dem Grundeigentümer gehören, sind überhaupt nicht anzugeben, da sie keine Bestandteile des Grundstücks bilden. Achilles-Strecker S. 501.

3. Die Bezeichnung nach § 3 Abs. 1 hat zu erfolgen, wenn das Grundstück nur aus einer Parzelle besteht oder wenn über mehrere Parzellen als über ebensoviele selbständige Grundstücke nach GBO. § 4 ein gemeinschaftliches Grundbuchblatt geführt wird. Wenn mehrere Parzellen zu einem Grundstücke vereinigt sind (GBO. § 5; BGB. § 890 Abs. 1), kann nach dem Ermessen des Grundbuchamts das Grundstück unter Aufführung der einzelnen Parzellen nach Abs. 1 oder unter Weglassung der Kartenblatt- und Parzellennummern nur durch Angabe der Gemarkung, des oder der Mutterrollenartikel, der Gebäudesteuernummern, der Gesamtgröße, des Gesamtbetrags des Grundsteuerreinertrags und Gebäudesteuernutzungswerts und seines Gesamtnamens bezeichnet werden. Im Bestandsverzeichnisse ist das Grundstück unter einer laufenden Nummer aufzuführen. § 8.

§ 4. Zur Bezeichnung der Berechtigten sind im Grundbuch anzugeben:

1. bei natürlichen Personen der Name (Vorname, Familienname), der Stand, der Beruf sowie der Wohnort und, soweit diese Angaben nicht tunlich oder nicht ausreichend sind, andere die Berechtigten deutlich kennzeichnende Merkmale;
2. bei Handelsgesellschaften, bei eingetragenen Genossenschaften und juristischen Personen anderer Art die Firma oder der Name und der Sitz.

Bei Eintragungen für den Fiskus, eine Gemeinde oder eine sonstige juristische Person des öffentlichen Rechtes kann auf Antrag des Berechtigten derjenige Teil seines Vermögens, zu welchem das eingetragene Grundstück oder Recht gehört, oder die Zweckbestimmung des Grundstücks oder des Rechtes durch einen dem Namen des Berechtigten in Klammern beizufügenden Zusatz bezeichnet werden.

Eine nach Maßgabe des Gesetzes, betreffend die durch ein Auseinandersetzungsverfahren begründeten gemeinschaftlichen Angelegenheiten, vom 2. April 1887 mit einer Vertretung ausgestattete Gesamtheit der Beteiligten kann als Berechtigte eingetragen werden, ohne daß es der Bezeichnung der einzelnen Beteiligten bedarf.

1. Abs. 1. „Bezeichnung des Berechtigten": BGB. § 1115 A. 1 oben S. 152. Das Kirchenvermögen gehört im Gebiete des ALR. der Kirchengemeinde. Es ist also diese, nicht die Pfarre rc. als Rechtssubjekt einzutragen. KG. 18 S. 63. Doch steht nichts entgegen, auf Antrag (Abs. 2) die Art des in Betracht kommenden Kirchenvermögens (Pfarre, Pastorat, Küsterei, Schule) in Klammern zu vermerken. KG. 3 S. 117. „Auf dem Grundbuchblatte des einer ev. Kirchengemeinde gehörigen Begräbnisplatzes kann nicht in Abt. II eingetragen werden, daß die Evangelischen bestimmter politischer Gemeinden allein benutzungsberechtigt und unterhaltungspflichtig seien. Dagegen ist es zulässig in Abt. I Sp. 1 der Angabe des Eigentümers beizufügen: (Begräbnisplatz für die Evangelischen der Gemeinden . . .)." GK. 26 S. A 109.

Nach gem. Rechte sind neben der Kirchengemeinde auch die einzelnen kirchlichen Institute (Kirche, Küsterei, Pfarrwitwentum rc.) mit juristischer Persönlichkeit ausgestattet und eintragungsfähig. KG. 10 S. 312. Achilles-Strecker S. 190 A. 3. Die herrnhutischen Brüdergemeinden in Preußen sind aufgenommene Religionsgesellschaften mit Korporationsrechten; doch hat der in der Kirchenordnung von 1894 eingesetzte „Ältestenrat" nicht die Eigenschaft einer öffentlichen Behörde im Sinne des § 415 ZPO. KG. 18 S. 69. Die Kreissparkasse ist keine neben dem Kreise bestehende juristische Persönlichkeit. KG. 16 S. 66.

2. Abs. 2. Die frühere Bestimmung, wonach eine Eintragung für eine Handelsgesellschaft erst erfolgen durfte, wenn die Eintragung der Gesellschaft in das Handelsregister nachgewiesen war (EG. z. HGB. v. 24. Juni 1861 Art. 23 § 1) ist mit Aufhebung des Ges. v. 24. Juni 1861 beseitigt. Das Erfordernis des Antrags gilt auch für fiskalische Grundstücke. Die Bestimmung der Katasteranweisung I v. 21. Febr. 1896 § 64 Nr. 5: „Fiskalische Grundstücke erhalten die Bezeichnung „Königl. Preußischer Staat" oder „Deutsches Reich" mit Beifügung der Verwaltung,

worunter sie stehen, zB. Domänenverwaltung, Forstverwaltung, Garnisonverwaltung, Eisenbahnverwaltung usw.", bezieht sich nur auf die Steuerbücher. Fuchs II S. 31. AM. Achilles-Strecker S. 504.

Zwischen städtischen Anstalten und Vermögensmassen (Sparkassen, zu milden Zwecken geschenkte Kapitalien) können, da ihnen die selbständige Rechtspersönlichkeit fehlt, Umschreibungen nur nach § 4 Abs. 2 vorgenommen werden. KG. Zentralbl. 3 S. 133.

3. Abs. 3. Bei Auseinandersetzungen verbleiben regelmäßig einzelne Flächen, zB. Lehm-, Sand-, Kalk- und Mergelgruben, Steinbrüche zur gemeinschaftlichen Nutzung der Beteiligten. Das ideelle Miteigentum jedes Beteiligten gilt als Bestandteil seines Grundstücks, geht mit diesem auf einen neuen Eigentümer über (BGB. § 96) und unterliegt den Belastungen dieses Grundstücks, auch wenn es auf dessen Grundbuchblatt nicht eingetragen ist. BGB. § 1120. Der Eintragung des Miteigentums auf dem Grundbuchblatte des Hauptgrundstücks des Beteiligten bedarf es nicht. Die Eintragung kann aber von der Auseinandersetzungsbehörde oder, wenn deren Tätigkeit beendet ist, von dem Eigentümer oder einem Realberechtigten beantragt werden. Auf Antrag der Genannten ist für das gemeinschaftliche Grundstück ein besonderes Grundbuchblatt anzulegen. Dadurch scheidet das Grundstück als Bestandteil der Hauptgrundstücke der Beteiligten aus. Bei der Anlegung des besonderen Grundbuchblatts sind die Belastungen der Hauptgrundstücke der Beteiligten zur Mithaft auf dem Bruchteile des einzelnen Beteiligten zu übertragen. Das Ges. v. 2. April 1887 gestattet der Auseinandersetzungsbehörde für die Gesamtheit der Beteiligten eine Vertretung zu bestellen. Die Vertretung soll regelmäßig dem Gemeindevorstande übertragen werden. Die mit der Vertretung ausgestattete Gesamtheit kann als die Berechtigte in das Grundbuch eingetragen werden, ohne daß es der Bezeichnung der einzelnen Beteiligten bedarf. Abs. 3. Die Eintragung erfolgt in Abt. I Sp. 1 zB. dahin: „Die durch den Gemeindevorstand in A vertretenen Bauern des Dorfes A." Der Vertreter darf über die Substanz des gemeinschaftlichen Vermögens nur mit Genehmigung der Auseinandersetzungsbehörde verfügen. Ges. v. 1887 §§ 1, 4, 7. Die Auflassung eines gemeinschaftlichen Grundstücks darf der Vertreter erst vornehmen, wenn die Auseinandersetzungsbehörde bescheinigt hat, daß die Veräußerung für die Realinteressenten unschädlich oder die Verwendung der Geldentschädigung erfolgt ist. War für das aufzulassende Grundstück ein Grundbuchblatt noch nicht angelegt, so muß dessen Anlegung jetzt erfolgen. Es werden aber nur die neuen Erwerber, nicht die Veräußerer eingetragen. Die Abschreibung von den Blättern der Hauptgrundstücke ist nur erforderlich, wenn das Anteilsrecht auf dem Blatte eingetragen ist. Ges. v. 1887 § 8. R. Foerster S. 192 Nr. 4.

4. Die in § 4 über die Bezeichnung des Berechtigten getroffene Bestimmung ist für die Gültigkeit der Hypothek ohne Bedeutung. Das GBA. wird daher zwar bei der Eintragung der Hypothek auf Beachtung dieser Vorschrift hinzuwirken haben, erscheint aber nicht berechtigt, wegen eines Mangels in den vorgeschriebenen Angaben den Eintragungsantrag zurückzuweisen. ROLG. 3 S. 229. AM. Planck S. 458 A. a.

§ 5. Die Grundbuchblätter werden nach dem in Anlage A enthaltenen, mit Probeeintragungen versehenen Formular eingerichtet.

Jedes Blatt besteht aus der Aufschrift, dem Bestandsverzeichnis und drei Abteilungen.

1. An Stelle der bisherigen Formulare I und II gibt es nur ein einziges Formular. Dieses geht wie das bisherige Formular I vom Realfolium aus, entspricht aber auch dem Bedürfnisse des früheren Formulars II (Personalfolium) insofern, als es die Aufnahme mehrerer Grundstücke desselben Eigentümers auf dasselbe Blatt möglich macht.

2. Die bisherigen Bücher werden nach Maßgabe der §§ 27, 28 beibehalten. Besondere Bestimmungen sind ergangen für Bergwerke und selbständige Kohlenabbaugerechtigkeiten (§§ 24, 25), für die Hütten in der Grafschaft Sayn-Altenkirchen (§ 26), für Anerbengüter (§§ 21, 43). Die bisherige Einrichtung der Grundbücher für Hauberg- und der Bahngrundbücher ist beibehalten. §§ 44, 45.

3. Die Probeeintragungen in den amtlichen Mustern haben dieselbe Bedeutung wie die Bestimmungen der JMV. v. 20. Nov. 1899 selbst; ein Verstoß gegen die aus jenen ersicht-

lichen Anordnungen rechtfertigt also die Beschwerde und die weitere Beschwerde. KG. 21 S. A 142, 174.

§ 6. In der Aufschrift sind das Amtsgericht, der Bezirk (§ 1 Abs. 1), der Kreis, zu dem der Bezirk gehört, sowie die Nummern des Bandes und des Blattes anzugeben.

Gehört der Bezirk zu einem Stadtkreise, so ist die Angabe des Kreises nicht erforderlich.

Nach den Landgüterordnungen für Brandenburg (v. 10. Juli 1883 § 3 Abs. 3), Schlesien (v. 24. April 1884 § 3 Abs. 3), Schleswig-Holstein mit Ausnahme von Lauenburg (v. 2. April 1886 § 3 Abs. 3) und Kassel mit Ausnahme des Kreises Rinteln v. 1. Juli 1887 § 5 Abs. 5) ist bei den Landgütern, die in die Landgüterrolle eingetragen sind, die Nummer des Rollenblatts kostenfrei zu vermerken. Der Vermerk gehört in die Aufschrift.

§ 7. Das Bestandsverzeichnis zerfällt in das Verzeichnis der Grundstücke und das Verzeichnis der mit dem Eigentume verbundenen Rechte.

§ 8. In dem Verzeichnisse der Grundstücke ist die Spalte 1 für die Angabe der laufenden Nummer des Grundstücks bestimmt. Ein aus mehreren Katasterparzellen bestehendes Grundstück ist unter einer Nummer aufzuführen.

Die Spalten 3–10 dienen zur Aufnahme der im § 3 vorgeschriebenen Angaben. Im Falle des Abs. 1 Satz 2 ist nur die Gesamtgröße sowie der Gesamtbetrag des Grundsteuerreinertrags und des Gebäudesteuernutzungswerts anzugeben.

In Spalte 12 sind einzutragen:

1. der Vermerk über die Eintragung des ursprünglichen Bestandes des Blattes (Zeit der Eintragung, Nummer des bisherigen Blattes rc.);
2. die Übertragung eines Grundstücks auf das Blatt; soll das Grundstück mit einem auf dem Blatte bereits eingetragenen Grundstücke vereinigt oder einem solchen Grundstück als Bestandteil zugeschrieben werden (BGB. § 890, GBO. § 5), so ist auch dies anzugeben;
3. die Vereinigung mehrerer auf dem Blatte eingetragenen Grundstücke zu einem Grundstücke sowie die Zuschreibung eines solchen Grundstücks zu einem anderen als Bestandteil;
4. die Vermerke, durch welche bisherige Grundstücksteile als selbständige Grundstücke eingetragen werden, insbesondere im Falle des § 6 Satz 1 der Grundbuchordnung, sofern in diesem Falle nicht der Teil auf ein anderes Blatt übertragen wird;
5. die Vermerke über Berichtigungen der Bestandsangaben.

In den Fällen der Vereinigung und der Zuschreibung (Abs. 3 Nr. 2, 3) sind die sich auf die beteiligten Grundstücke beziehenden Eintragungen in den Spalten 1—10 rot zu unterstreichen. Das durch die Vereinigung oder Zuschreibung entstehende Grundstück ist unter einer neuen laufenden Nummer einzutragen; neben dieser Nummer ist in Spalte 2 auf die bisherigen laufenden Nummern der beteiligten Grundstücke zu verweisen (vgl. die Probeeintragung in Spalte 2 des Verzeichnisses der Grundstücke zu Nr. 3, 8 der Spalte 1).

In den Fällen des Abs. 3 Nr. 4 sind die Grundstücksteile unter neuen laufenden Nummern einzutragen; neben diesen Nummern ist in Spalte 2 auf die bisherige laufende Nummer des Grundstücks zu verweisen. Die sich auf das Grundstück beziehenden bisherigen Eintragungen sind in den Spalten 1—10 rot zu unterstreichen.

Die Spalte 14 ist bestimmt:

1. für die nicht unter Abs. 3 Nr. 4 fallenden Abschreibungen;

2. für die Eintragung des Ausscheidens eines Grundstücks oder eines Grundstücksteils aus dem Grundbuche (GBO. § 90 Abs. 2).

Wird ein Grundstück ganz abgeschrieben, so sind die sich auf das Grundstück beziehenden bisherigen Eintragungen in den Spalten 1—12 sowie die ausschließlich das abgeschriebene Grundstück betreffenden Vermerke in den drei Abteilungen rot zu unterstreichen. Wird ein Grundstücksteil abgeschrieben, so finden die Vorschriften des Abs. 5 entsprechende Anwendung. Ist im letzteren Falle das Grundstück nach Maßgabe des § 3 Abs. 2 bezeichnet, so ist auch in dem Auszug aus der Mutterrolle die Abschreibung zu vermerken; eine ganz oder teilweise abgeschriebene Parzelle ist rot zu unterstreichen, eine bei dem Grundstücke verbleibende Restparzelle ist am Schlusse neu einzutragen. Diese Vorschriften gelten auch für die Fälle des Abs. 6 Nr. 2.

Bei Eintragungen in den Spalten 12, 14 ist in den Spalten 11, 13 auf die laufende Nummer des von der Eintragung betroffenen Grundstücks zu verweisen.

1. Eine Katasterparzelle, die als selbständiges Grundstück besteht, erhält ihre besondere Nummer.

2. Sp. 2 dient zum Vermerke der früheren Nummer des Grundstücks in den Fällen der Teilung, Zuschreibung oder Vereinigung. Nach § 27 Abs. 3 ist diese Eintragung auch bei den fortzuführenden bisherigen Büchern anzuwenden.

3. Das Rotunterstreichen in den Fällen des § 8 Abs. 4 ist erst zu bewirken bei der Eintragung der Vereinigung oder Zuschreibung.

4. Abs. 6 Nr. 1 bezieht sich auf die Fälle, in denen der abgeschriebene Grundstücksteil auf ein anderes Blatt übertragen wird. Nr. 2 gilt auch bei der Abschreibung der zur Errichtung von Marksteinen zur Feststellung der trigonometrischen Punkte erforderlichen Bodenflächen. Ges. v. 7. Okt. 1865, GS. S. 1033. Turn.-Först. II S. 40 A. 6.

5. Abs. 8. Die Eintragung in Sp. 12 wird in dem Falle, wenn das Grundbuch bereits angelegt ist, zu lauten haben: „Bei Zurückführung des Grundbuchs auf die Steuerbücher eingetragen am ꝛc." Berichtigungen der Bestandsangabe sind in die Sp. 11 und 12 einzutragen.

§ 9. Der zweite Abschnitt des Bestandsverzeichnisses ist für die Vermerke über Rechte, die dem jeweiligen Eigentümer eines auf dem Blatte verzeichneten Grundstücks zustehen, sowie über die Änderung oder die Aufhebung eines solchen Rechtes (GBO. § 8, Ausf.Ges. z. GBO. Art. 12 Abs. 2 Nr. 2) bestimmt. Im Falle der Löschung sind in den Spalten 1—4 die sich auf das gelöschte Recht beziehenden Eintragungen rot zu unterstreichen.

Abschnitt II dient den Vermerken über die subjektiv dinglichen Rechte. BGB. §§ 1018, 1094 Abs. 2, 1105 Abs. 2.

§ 10. In die erste Abteilung sind einzutragen:

1. in Spalte 1 der Eigentümer, bei Miteigentümern auch die im § 48 der GBO. vorgeschriebene Angabe;
2. in Spalte 2 die laufende Nummer der Grundstücke, auf die sich die in Spalte 3 enthaltenen Eintragungen beziehen;
3. in Spalte 3 der Tag der Auflassung oder die anderweitige Grundlage der Eintragung (Erbschein, Testament, Zuschlagsbeschluß, Bewilligung der Berichtigung des Grundbuchs, Ersuchen der Auseinandersetzungsbehörde um die Berichtigung, Enteignungsbeschluß ꝛc.), der Verzicht auf das Eigentum an einem Grundstücke (BGB. § 928 Abs. 1) und der Tag der Eintragung;
4. in Spalte 4 auf Antrag des Eigentümers der Erwerbspreis, der durch eine öffentliche Taxe festgestellte Schätzungswert und bei Gebäuden die

Feuerversicherungssumme unter Hinweis auf die laufende Nummer des Grundstücks und mit Angabe des für den Preis, die Schätzung oder die Versicherung maßgebenden Zeitpunkts.

Bei der Eintragung eines neuen Eigentümers sind die sich auf den bisher eingetragenen Eigentümer beziehenden Vermerke in den Spalten 1—3 rot zu unterstreichen.

1. Sp. 1. Für Nassau ist folgende Bestimmung ergangen: „Bei Grundstücken, die der Leibzucht des überlebenden Ehegatten nach Nassauischem Rechte unterliegen (AG. z. BGB. Art. 53 § 6), werden in Spalte 1 der I. Abteilung als Eigentümer „die Eigentumserben" des namentlich zu bezeichnenden verstorbenen Ehegatten ohne genauere Bezeichnung mit dem Zusatze „nach Nassauischem Leibzuchtsrecht" eingetragen, es sei denn, daß sie ihre namentliche Eintragung als Eigentümer und zugleich die Eintragung des Rechtes des Leibzüchters beantragt haben". Allg. Verf. v. 7. Mai 1900, JMBl. S. 1 hinter S. 427.

2. Sp. 3. Die Eintragungen erfolgen ohne Antrag. Die Eintragung des der Auflassung zugrunde liegenden Rechtsgeschäfts, des „Erwerbsgrundes", darf auch auf Antrag nicht eingetragen werden.

3. Sp. 4. Die Richtigkeit der Angaben ist nachzuweisen: Die Feuerversicherungssumme durch Vorlegung der Polize (auch ausländischer oder Privatgesellschaften) oder eines amtlichen Attestes, der Erwerbspreis durch Erklärung beider Kontrahenten vor dem GBA. oder Vorlegung des Erwerbsvertrages in beglaubigter Form. Der in einer Gesamtsumme bestimmte Erwerbspreis für mehrere Grundstücke kann nur eingetragen werden, wenn die sämtlichen Grundstücke auf demselben Blatte einzutragen sind. Der für Grundstücke und bewegliche Sachen (Inventar) ungetrennt vereinbarte Erwerbspreis ist nicht eintragungsfähig. Auch nicht der Erwerbspreis eines Voreigentümers. Die Eintragungen können sowohl mit der Eintragung des Eigentums als auch nachträglich beantragt werden. Nur im letzteren Falle sind sie kostenpflichtig. Preuß. Gerichtskostengeſ. §§ 58 Nr. 1, 62. Die Eintragung erfolgt in Reichswährung.

4. Veränderungen in der Person des Eigentümers (Namen, Titel, Personenstand, Firma) oder eine Erweiterung des Verfügungsrechts durch Eintragung der Zugehörigkeit eines Grundstücks zum vorbehaltenen Vermögen einer Ehefrau sind in Sp. 1 einzutragen. Ebenda ist auch das Ausscheiden eines Grundstücks aus dem Vorbehaltsgut einer Ehefrau zu vermerken. Bei der Eintragung eines gütergemeinschaftlichen Ehegatten auf Grund des § 1438 Abs. 3 BGB. ist eine neue Eintragung in den Sp. 1—3 zu bewirken. Koellner S. 81.

§ 11. In der zweiten Abteilung dienen die Spalten 1—3 zur Eintragung:

1. der das Grundstück belastenden Rechte mit Ausnahme von Hypotheken, Grundschulden und Rentenschulden, insbesondere auch der im § 1010 Abs. 1 und im § 2044 des Bürgerlichen Gesetzbuchs bezeichneten Belastungen des Anteils eines Miteigentümers oder Miterben;
2. der Beschränkungen des Verfügungsrechts des Eigentümers, insbesondere durch die Fideikommißeigenschaft des Grundstücks (Ausf.Ges. z. GBO. Art. 15 Abs. 1 Satz 2), durch das Recht eines Nacherben (GBO. § 52) oder die Ernennung eines Testamentsvollstreckers (GBO. § 53), durch die Anordnung der Zwangsversteigerung oder Zwangsverwaltung des Grundstücks (Gesetz über die Zwangsverst. zc. § 19 Abs. 1, § 146 Abs. 1), durch ein vom Konkursgericht erlassenes Veräußerungsverbot oder durch die Eröffnung des Konkursverfahrens über das Vermögen des Eigentümers (KO. § 113), durch die Vermerke oder Vormerkungen nach § 59 der Verordnung wegen des Geschäftsbetriebs in den Angelegenheiten der Gemeinheitsteilungen zc. v. 30. Juni 1834, nach § 12 Abs. 3 des Gesetzes, betreffend die Beförderung der Errichtung von Rentengütern, v. 7. Juli 1891 und nach § 23 Abs. 3 Nr. 1 des Gesetzes, betreffend das Anerbenrecht bei Renten- und Ansiedelungsgütern, vom 8. Juni 1896 sowie durch

die Zugehörigkeit zu einer Bahneinheit (Gesetz, betreffend das Pfandrecht an Privateisenbahnen ꝛc., v. 19. August 1895 § 15 Abs. 1);

3. der Vormerkung über ein eingeleitetes Enteignungsverfahren (Enteignungsgesetz v. 11. Juni 1874 § 24 Abs. 4);

4. der vertragsmäßigen Feststellung der Höhe einer für einen Überbau oder einen Notweg zu entrichtenden Rente sowie des Verzichts auf die Rente (BGB. § 914 Abs. 2, § 917 Abs. 2).

In die Spalten 4, 5 sind die Veränderungen der in den Spalten 1—3 vermerkten Rechte und Beschränkungen einzutragen. Hierher gehören insbesondere die Änderung des Rangverhältnisses (BGB. § 880), die nachträgliche Anlegung eines besonderen Grundbuchblatts für ein Erbbaurecht (GBO. § 7 Abs. 2), die Mitbelastung eines anderen Grundstücks in den Fällen des § 49 Abs. 1 Satz 2 der Grundbuchordnung sowie die Beschränkung des Berechtigten in der Verfügung über ein in den Spalten 1—3 eingetragenes Recht (BGB. § 892), auch wenn die Beschränkung nicht erst nachträglich eintritt.

Die Löschung einer Veränderung erfolgt in Spalte 6, die Löschung der in den Spalten 1—3 eingetragenen Rechte oder Beschränkungen in den Spalten 7, 8.

1. Einzutragen sind das Erbbaurecht, die Dienstbarkeiten (Grunddienstbarkeiten, Nießbrauch, beschränkte persönliche Dienstbarkeiten), das dingliche Vorkaufsrecht, die Reallasten, das Wiederkaufsrecht bei Rentengütern. Die Antichrese ist im BGB. nicht beibehalten; bereits begründete antichretische Pfandrechte bleiben bestehen. RG. JW. 1900 S. 821. Obligatorische Rechte sind von der Eintragung ausgeschlossen. Deshalb ist für nicht eintragungsfähig erachtet die Eintragung a, der Verpflichtung eines Eigentümers auf Verlangen des jeweiligen Eigentümers des Nachbargrundstücks die in dessen Luftsäule hineinragenden Gesimsteile bis zur Grenze auf seine Kosten beseitigen zu lassen, wenn der Eigentümer des Nachbargrundstücks auf diesem bauliche Anlagen ausführt, welche die Beseitigung der Gesimse erforderlich machen (KG. 20 S. A 91); b, der Verzicht des Eigentümers zugunsten des Eisenbahnfiskus oder eines Bergwerksbesitzers auf den Ersatz des ihm durch die Anlage und durch den Betrieb erwachsenden Schadens. KG. 21 S. A 310, 22 S. A 152.

2. Sowohl die vertragsmäßige Feststellung der Höhe der in Nr. 4 bezeichneten Rente als der Verzicht auf die Rente ist auf dem rentenpflichtigen Grundstück, die Feststellung in Sp. 1—3, der Verzicht in Sp. 5 einzutragen. Biermann S. 112 A. f. Oberneck S. 384. AM. Fuchs I S. 204; danach ist der Verzicht auf dem rentenberechtigten Grundstück einzutragen. Vgl. BGB. § 914.

3. Veränderungen und Löschungen sind, wie die Probeeintragungen ergeben, sowohl in Abt. II wie in Abt. III nicht neben der von ihnen betroffenen Post, sondern unter Hinweis auf die Nummer dieser Post in fortlaufenden Nummern einzutragen. § 13.

§ 12. In der dritten Abteilung dienen die Spalten 1—4 zur Eintragung der Hypotheken, Grundschulden und Rentenschulden.

In die Spalten 5—7 sind die Veränderungen eines solchen Rechtes einzutragen. Hierher gehören insbesondere die Änderung des Rangverhältnisses (BGB. § 880), die Beschränkung des Berechtigten in der Verfügung über das Recht (BGB. § 892), auch wenn die Beschränkung nicht erst nachträglich eintritt, die nachträgliche Ausschließung der Erteilung eines Briefes oder die Aufhebung der Ausschließung (BGB. § 1116 Abs. 2, 3), eine Änderung in Ansehung der Verzinsung, der Zahlungszeit oder des Zahlungsorts (BGB. § 1119), die Übertragung, Pfändung oder Verpfändung des Rechtes (BGB. § 1154 Abs. 2, 3, §§ 1192, 1199; ZPO. §§ 830, 837), der Verzicht des Berechtigten (BGB. § 1168), die Änderung der Forderung, für welche die Hypothek besteht (BGB. § 1180), die Umwandlung einer Hypothek, Grundschuld oder Rentenschuld (BGB. §§ 1177, 1186, 1198, 1203), die Mitbelastung eines anderen Grundstücks in den Fällen des § 49 Abs. 1 Satz 2 der GBO. sowie die Erteilung eines neuen Briefes (GBO. § 68 Abs. 3).

Die Löschung einer Veränderung erfolgt in Spalte 8, die Löschung der Rechte in den Spalten 9—11.

Bei Teillöschungen ist der gelöschte Betrag in Sp. 3 abzuschreiben und in Sp. 11 mit Buchstaben zu vermerken.

§ 13. Die in Spalte 3 der zweiten und in den Spalten 3, 4 der dritten Abteilung erfolgenden Eintragungen erhalten in jeder Abteilung fortlaufende Nummern. Bei der Eintragung ist das von ihr betroffene Grundstück in Spalte 2 mit der laufenden Nummer, die es im Bestandsverzeichnisse führt, zu bezeichnen.

Bei Vermerken über Veränderungen und bei Löschungen ist auf die laufende Nummer der Eintragung zu verweisen.

Wird eine Eintragung ganz gelöscht, so ist sie rot zu unterstreichen.

Wird eine Hypothek, eine Grundschuld oder eine Rentenschuld teilweise gelöscht, so ist in Spalte 3 der gelöschte Teil von dem Betrage abzuschreiben.

Behandlung des Briefes bei Teillöschungen: § 39.

§ 14. Die Eintragung einer Vormerkung erfolgt:

1. wenn die Vormerkung den Anspruch auf Übertragung des Eigentums betrifft, in den Spalten 1—3 der zweiten Abteilung;
2. wenn die Vormerkung den Anspruch auf Einräumung eines anderen Rechtes an dem Grundstücke betrifft, in der für die Eintragung des Rechtes bestimmten Abteilung und Spalte;
3. in den übrigen Fällen in der für Veränderungen bestimmten Spalte der Abteilung, in welcher das von der Vormerkung betroffene Recht eingetragen ist.

In den Fällen des Abs. 1 Nr. 2, 3 ist bei der Eintragung der Vormerkung die rechte Hälfte der Spalte für die endgültige Eintragung frei zu lassen.

Soweit die Eintragung der Vormerkung durch die endgültige Eintragung ihre Bedeutung verliert, ist sie rot zu unterstreichen.

Diese Vorschriften finden auf die Eintragung eines Widerspruchs entsprechende Anwendung.

Die Eintragung einer Vormerkung aus BGB. § 1179 erfolgt, wenn der Eigentümer gleich bei Begründung der Hypothek sich zur Löschung verpflichtet, im Zusammenhange mit der Eintragung in der Spalte „Eintragungen". LG. Bautzen; LG. Hanau, Soergel 1900/1 S. 139. Biermann S. 396 A. b. In diesem Falle ist neben der Gebühr für die Hypothekeneintragung aus § 59 Pr. GKG. für die Miteintragung der Vormerkung die Gebühr aus § 60 Pr. GKG. nicht in Ansatz zu bringen. KG. Soergel 1900/1 S. 140. Geht der Eigentümer die Verpflichtung zur Löschung erst nachträglich ein, so ist die Vormerkung in der Spalte „Veränderungen" einzutragen. Turn.-Först. I S. 789. Nach Achilles Strecker S. 514 A. 12 soll die Vormerkung in allen Fällen in Spalte „Veränderungen" eingetragen werden.

§ 15. Sind für eine Eintragung mehrere Spalten desselben Abschnitts oder derselben Abteilung bestimmt, so gelten die sämtlichen Vermerke im Sinne des § 45 der Grundbuchordnung nur als eine Eintragung.

§ 16. Die Eintragungen sind deutlich und ohne Abkürzungen zu schreiben; in dem Grundbuche darf nichts radiert oder sonst unleserlich gemacht werden.

Bei Reallasten, insbesondere Rentenbankrenten, sowie bei Hypotheken, Grundschulden und Rentenschulden sind die in das Grundbuch einzutragenden Geldbeträge (BGB. § 1107, § 1115 Abs. 1, § 1190 Abs. 1, §§ 1192, 1199) in den Vermerken über die Eintragung des Rechtes mit Buchstaben zu schreiben. Das gleiche gilt für die Eintragung einer Veränderung oder einer Löschung bezüglich eines Teilbetrags eines Rechtes sowie im Falle des § 882 des BGB. für die Eintragung des Höchstbetrags des Werterſatzes.

§ 17. Sind alle auf einem Blatte eingetragenen Grundstücke abgeschrieben oder aus dem Grundbuch ausgeschieden, so ist das Blatt zu schließen.

§ 18. Geht die Zuständigkeit für die Führung eines Grundbuchblatts auf ein anderes Grundbuchamt über, so ist das bisherige Blatt zu schließen; dem anderen Grundbuchamte sind die Grundakten zu übersenden, nachdem die wörtliche Übereinstimmung der Tabelle (§ 34 Abs. 2) mit dem Grundbuchblatte von dem Richter und dem Gerichtsschreiber bescheinigt ist.

In der Aufschrift des neuen Blattes ist auf das bisherige Blatt zu verweisen. Gelöschte Eintragungen werden in das neue Blatt insoweit übernommen, als dies zum Verständnisse der noch gültigen Eintragungen erforderlich erscheint; im übrigen sind aus der zweiten und der dritten Abteilung nur die Nummern der Eintragungen mit dem Vermerke „Gelöscht“ zu übernehmen. Die Übereinstimmung des Inhalts des neuen Blattes mit dem Inhalte des bisherigen Blattes ist in jedem Abschnitt und jeder Abteilung von dem Richter und dem Gerichtsschreiber zu bescheinigen.

Sind in dem neuen Blatte die Spalten eines Abschnitts oder einer Abteilung nicht gleich weit ausgefüllt, so sind die leer gebliebenen Stellen zu durchkreuzen.

§ 19. Die Schließung eines Grundbuchblatts erfolgt durch Eintragung des Schließungsvermerkes in der Aufschrift sowie am Schlusse der Eintragungen in den beiden Abschnitten des Bestandsverzeichnisses und den drei Abteilungen; die Vorschrift des § 18 Abs. 3 findet entsprechende Anwendung.

In dem auf die Aufschrift zu setzenden Vermerk ist der Grund der Schließung anzugeben.

§ 20. Ist ein Grundbuchblatt unübersichtlich geworden, so kann es auf Antrag des Eigentümers oder von Amts wegen umgeschrieben werden. Die Vorschriften des § 18 Abs. 2, 3 und des § 19 finden entsprechende Anwendung.

1. Als Schließungsvermerk genügen in den Abschnitten des Bestandsverzeichnisses die Worte: „Geschlossen am rc.“, in der Aufschrift ist dem Worte „Geschlossen“ zuzusetzen: „nach Abschreibung (Ausscheidung) aller Grundstücke“ (§ 17) oder „infolge Übergangs der Zuständigkeit für die Führung des Grundbuchblatts auf das Grundbuchamt B.“ (§ 18.) Im Falle des § 20 wird der Vermerk auf der Aufschrift dahin zu fassen sein: „Umgeschrieben wegen Unübersichtlichkeit am rc.“

2. Die Fälle der Zuschreibung oder Vereinigung von Grundstücken sind nicht besonders behandelt. Sie fallen je nachdem die Zuständigkeit für die Führung des Grundbuchblatts unverändert bleibt oder auf ein anderes Grundbuchamt übergeht (AG. z. GBO. Art. 2, 3) unter § 17 oder § 18. Die Zuschreibung eines Grundstücks zu dem im Bezirke eines anderen GBA. belegenen Grundstücke kann weder von der zuvorigen Eingemeindung des Grundstücks in den Gemeindebezirk des betreffenden Amtsgerichts noch von der zuvorigen Anlegung eines neuen Blattes abhängig gemacht werden. Die §§ 18ff. finden sinngemäße Anwendung. KG. ROLG. 5 S. 188.

3. Rot zu unterstreichen ist bei der Schließung — nach § 19 — nichts; der § 8 Abs. 7 Satz 1 findet — gegen Achilles-Strecker S. 516 A. 2a — keine Anwendung, da er sich nur auf die Abschreibung eines Grundstücks bezieht.

4. Im Falle des § 18 kann der unter die Angaben der Aufschrift des neuen Blattes zu setzende Verweisungsvermerk dahin gefaßt werden: „Früher zur Zuständigkeit des Grundbuch-

amts A gehörig und Bd. 2c. Bl. 2c. des Grundbuchs von B eingetragen." Die Eintragungen aus der Tabelle des bisherigen Blattes sind in das neue Blatt zu übernehmen, gelöschte Eintragungen aber nur soweit, als dies zum Verständnisse der noch gültigen Eintragungen erforderlich scheint. Ist zB. eine Löschung von einem Widerspruch betroffen, so ist die gelöschte Eintragung mit aufzunehmen. Die in Abs. 2 Satz 2 vorgeschriebene Bescheinigung kann dahin erteilt werden: „Die vorstehenden, von dem bisherigen Blatte Bd. 2c. Nr. 2c. des Grundbuchs von A. hierher übernommenen Eintragungen stimmen mit den entsprechenden Eintragungen des bisherigen Blattes überein. Eingetragen am 2c." Von der Bezeichnung, die das Grundstück auf dem neuen Blatte führt, ist dem für das bisherige Grundbuchblatt zuständigen GBA. Mitteilung zu machen. Dieses hat die neue Bezeichnung auf dem geschlossenen Blatte zu vermerken. R. Foerster S. 51. Die Schließung des Grundbuchblatts ist auf dem Aktendeckel erkennbar zu machen. Gesch.O. f. d. Ger.Schreib. der Amtsgerichte § 48 Nr. 4.

Ob im Falle der Wiederaufhebung der nach § 5 GBO. erfolgten Vereinigung die Wiedereröffnung des geschlossenen Blattes für das in seinen Bezirk zurückübertragene Grundstück erfolgen kann oder ob ein neues Blatt angelegt werden muß, ist streitig. Untersagt ist die Wiedereröffnung nicht, sie wird daher — gegen Achilles=Strecker S. 160 A. 6 und Fuchs II S. 100 A. 13 — für unzulässig nicht erachtet werden können; die Praxis hat freie Hand. Turn.=Förft. II S. 55 A. 3.

5. Die im Falle des § 20 auf das neue Blatt zu setzende Bescheinigung kann dahin gefaßt werden: „Die vorstehenden, von dem unübersichtlich gewordenen bisherigen Blatte hierher übernommenen Eintragungen stimmen mit den entsprechenden Eintragungen des bisherigen Blattes überein. Eingetragen am 2c." R. Foerster S. 52.

§ 21. Das in Anlage A enthaltene Formular tritt auch für die Eintragung von Anerbengütern im Sinne des Gesetzes, betreffend das Anerbenrecht bei Renten- und Ansiedelungsgütern, v. 8. Juni 1896 (GS. S. 124) an die Stelle des im § 3 Satz 1 daselbst vorgeschriebenen Formulars I der Grundbuchordnung v. 5. Mai 1872. Jedoch bewendet es dabei, daß jedes Anerbengut ein besonderes Grundbuchblatt erhält (Gesetz v. 8. Juni 1896 § 3 Satz 3; GBO. § 82 Abs. 2; Einf.Ges. z. BGB. Art. 4).

In Spalte 7 des Verzeichnisses der Grundstücke ist einzutragen: Anerbengut Nr. x (Angabe der Hausnummer in der Gemeinde). Die Anerbengutseigenschaft wird in der zweiten Abteilung eingetragen.

Wegen der Anerbengüter im Sinne des Ges. betr. das Anerbenrecht in der Prov. Westfalen 2c. v. 2. Juli 1898: § 43.

§ 22. Die Vorschriften der §§ 1—20 finden auf Bergwerke, selbständige Kohlenabbau-Gerechtigkeiten und andere Berechtigungen, für welche die sich auf Grundstücke beziehenden Vorschriften gelten, entsprechende Anwendung, soweit nicht in den §§ 23—26 ein anderes bestimmt ist.

Vgl. AG. z. GBO. Art. 22—28. AG. z. BGB. Art. 38.

§ 23. Für die im Bezirk eines Grundbuchamts belegenen Bergwerke ist ein besonderes Grundbuch einzurichten.

Gerechtigkeiten erhalten ein Blatt in dem Grundbuche des Bezirks, in dem sie ihren Sitz haben.

§ 24. Bei Bergwerken und selbständigen Kohlenabbau-Gerechtigkeiten ist in die Aufschrift eine Beschreibung aufzunehmen, die den wesentlichen Inhalt der Verleihungsurkunde oder des sonstigen Berechtigungstitels angibt.

Für die dem Bergwerk oder der Kohlenabbau-Gerechtigkeit zugeschriebenen Grundstücke gelten die Vorschriften des § 3. Die Vorschriften des § 8 Abs. 4 finden auf diese Grundstücke keine Anwendung.

Die dem Bergwerk zugeschriebenen Grundstücke werden im Verzeichnis der Grundstücke aufgeführt. Sie können aber weder zu einem Grundstücke vereinigt noch eines dem anderen zugeschrieben werden, da sie mit dem Bergwerk eine rechtliche Einheit bilden.

§ 25. Für Bergwerke mit unbeweglichen Anteilen der Gewerken (Kuxen) behält es bei dem im § 6 Abs. 3 der GBO. v. 5. Mai 1872 vorgeschriebenen Formulare (bisher Formular III) mit folgenden Maßgaben sein Bewenden:

1. Der Unterabschnitt II des Titels ist für die dem Bergwerk als Bestandteil zugeschriebenen Grundstücke bestimmt; die Vorschriften des § 24 Abs. 2 finden Anwendung.
2. Die Vermerke über die mit dem Bergwerkseigentume verbundenen Rechte (GBO. § 8; Ausf.Ges. z. GBO. Art. 22) sind in einen hinter dem Unterabschnitte II des Titels einzuschiebenden neuen Unterabschnitt III aufzunehmen; der bisherige Unterabschnitt III erhält die Ziffer IV.
3. Die dritte Abteilung ist auch für die Eintragung von Rentenschulden bestimmt.

In der ersten Abteilung ist die Anzahl der Kuxe, die den einzelnen Gewerken gehören, anzugeben.

1. Die „Primordialnummer", welche in der 2. Spalte der Abt. I, II und III des Formulars einzutragen ist, bezeichnet die Nummer, welche ein Bergwerksanteil bei seiner ersten Eintragung erhalten hat.

2. Die bisher geführten Bücher werden nach Maßgabe des § 27 weiter geführt. §§ 27, 28.

§ 26. Für die Hütten in der Grafschaft Sayn-Altenkirchen verbleibt es bei dem Formular, welches für sie durch das Gesetz über das Grundbuchwesen in dem Bezirke des Justizsenats zu Ehrenbreitstein v. 30. Mai 1873 (GS. S. 296 ff.) vorgeschrieben ist; die Vorschriften des § 25 Abs. 1 finden Anwendung.

§ 27. Die bisher geführten Bücher, die nach den Artikeln 3, 4 der Verordnung, betreffend das Grundbuchwesen, v. 13. November 1899 als Grundbücher im Sinne der Reichsgesetze gelten, werden fortgeführt.

Sind die Bücher noch nicht eingebunden, so sind neu anzulegende Grundbuchblätter nach den neuen Vorschriften einzurichten. Das gleiche gilt für die Grundbuchblätter in neu anzulegenden Bänden.

Auf die Fortführung der bisherigen Bücher finden die Vorschriften der §§ 1—4, 6, 8—19, 22—26 mit den im § 28 bestimmten Maßgaben entsprechende Anwendung.

§ 28. Soweit die bisherigen Bücher für besondere Grundsteuer-Erhebungsbezirke angelegt sind, behält es bis zur Auflösung der Bezirke bei dieser Einrichtung sein Bewenden.

Sind die Grundstücke bisher nicht nach Maßgabe der Vorschriften des § 3 Abs. 1 Nr. 1—3 Abs. 2 bezeichnet, so ist diese Bezeichnung allmählich von Amts wegen zu bewirken. Der Angabe der Gemarkung bedarf es nicht, wenn diese denselben Namen hat wie der Bezirk, für den das Grundbuch eingerichtet ist.

Die Eintragungen erhalten an der in den bisherigen Formularen dafür geeigneten Stelle ihren Platz.

Die im § 8 Abs. 3 bezeichneten Eintragungen erfolgen bei dem bisherigen Formular I auf dem Titel, bei dem bisherigen Formular II in Spalte 8 der ersten Abteilung.

Die Eintragung der im § 9 bezeichneten Vermerke erfolgt bei Formular I auf dem Titel, bei Formular II in der ersten Abteilung, unter Verweisung auf die laufende Nummer des Grundstücks, dessen jeweiligem Eigentümer das Recht zusteht,

Die im § 10 Abs. 1 Nr. 1 bezeichnete Eintragung erfolgt bei Formular II auf dem Titel.

Reicht in den bisherigen Formularen der Raum für die in das Bestandsverzeichnis des neuen Formulars aufzunehmenden Vermerke nicht aus, so sind an der geeigneten Stelle des bisherigen Formulars Einlagebogen mit dem Grundbuche fest zu verbinden, die der Einrichtung des Bestandsverzeichnisses im neuen Formular entsprechen; auf dem Einlagebogen ist die Stelle des bisherigen Formulars, zu welcher der Bogen gehört, sowie die Zeit der Einfügung anzugeben. Diese Vorschriften finden keine Anwendung, wenn das Grundbuchblatt durch die Einfügung des Einlagebogens unübersichtlich werden würde; in diesem Falle ist nach Maßgabe des § 20 zu verfahren.

Die Aufsichtsbehörden können zum Zwecke der Anpassung der bisherigen Bücher an das neue Formular weitere Anordnungen treffen.

§ 29. Für das Verfahren behufs Erhaltung der Übereinstimmung zwischen den Grundbüchern und den Steuerbüchern bleiben, unbeschadet der Vorschriften des § 3 Abs. 2, die bisherigen Bestimmungen maßgebend.

Vgl. V. v. 13. Nov. 1899 Art. 2.

§ 30. Ein Teil eines Grundstücks soll von diesem nur abgeschrieben werden, wenn ein beglaubigter Auszug aus dem Steuerbuche sowie eine von dem Fortschreibungsbeamten beglaubigte Karte vorgelegt wird, aus denen die Größe und die Lage des Teiles ersichtlich sind; der Teil muß im Steuerbuch unter einer besonderen Nummer verzeichnet sein, es sei denn, daß nach dem Ermessen der Grundsteuerbehörde die deutliche Darstellung der Nummer in der Karte unausführbar ist. Der Vorlegung einer Karte bedarf es nicht, wenn bei der Abschreibung eine Änderung der Karte nicht eintritt.

Die Vorschriften des Abs. 1 über die Vorlegung einer Karte finden entsprechende Anwendung, wenn ein Grundstücksteil ohne Abschreibung mit einer Dienstbarkeit oder Reallast belastet werden soll (GBO. § 6 Satz 2).

Für die Erteilung des Auszugs und der Karte gelten die für den Fall des § 58 der GBO. v. 5. Mai 1872 erlassenen Anweisungen.

Der Vorlegung des Auszugs und der Karte bedarf es nicht zu Abschreibungen, die auf Ersuchen einer Auseinandersetzungsbehörde auf Grund eines von ihr bestätigten Rezesses oder auf Ersuchen der zuständigen Behörde auf Grund eines Enteignungsbeschlusses erfolgen sollen.

1. Die Vorschrift ist nur instruktionell. Die Auflassung kann trotz des Fehlens des Auszugs und der Karte erfolgen. Die Eintragung auf Grund der Auflassung darf erst nach Vorlegung des Auszugs und der Karte bewirkt werden, ist dann aber zulässig, auch wenn inzwischen Jahre vergangen sein sollten. RG. Gruch. 40 S. 391. Der Erwerber kann inzwischen durch eine Vormerkung sicher gestellt werden. Zu deren Eintragung ist die Abschreibung nicht erforderlich; es bedarf also auch nicht der Beibringung der Karte und des Steuerbuchsauszugs. KG. 20 S. A 77. RJA. 1 S. 158.

2. Auch im Falle der Teilung ohne Veräußerung oder Belastung findet § 30 Anwendung. Anträgen des Eigentümers auf Eintragung einer Teilung ist ohne Rücksicht darauf, ob die Besorgnis der Verwirrung vorliegt, immer stattzugeben, es sei denn, daß landesgesetzliche Vorschriften die Teilung eines Grundstücks untersagen oder beschränken. Art. 119. Dies ist in Preußen geschehen bei Rentengütern, Anerbengütern und bei gewissen (Turn.-Först. II S. 59) Waldgenossenschaften.

3. Entsprechende Anwendung findet § 30 in den Fällen a, der Entlassung eines realen Teiles eines Pfandgrundstücks aus der Mithaft für eine Hypothek, b, der Einräumung eines Vorrechts für eine Hypothek unter Beschränkung auf einen realen Teil des Grundstücks.

Achilles=Strecker S. 162 A. 5. Predari S. 72 A. 7. Bei der Auflassung eines ideellen Anteils an einem Grundstück ist die Anwendung des § 30 ausgeschlossen.

4. Grundstücksteil ist der Teil einer im Grundbuch bezeichneten einzelnen Katasterparzelle oder der Teil mehrerer Katasterparzellen, die als ein Grundstück gebucht sind. Wird eine im Grundbuch bezeichnete ganze Parzelle ungeteilt veräußert oder belastet, so liegt der Fall des § 30 nicht vor. Auch dann nicht, wenn ein Bestandteil des Grundstücks, der wegen seiner Lage in einem anderen Amtsgerichtsbezirk ein auf das Steuerbuch zurückgeführtes Grundbuchblatt erhalten hat, vom Hauptgute getrennt und veräußert werden soll. KG. 16 S. 81. AM. Fuchs II S. 109 A. 18. Ebensowenig unterliegt dem § 30 die Aufhebung des gemeinschaftlichen Grundbuchblatts, denn diese ist nicht Abschreibung eines Grundstücksteils. Fuchs S. 109 A. 18. Predari S. 70 A. 2.

5. Während schwebender Separation ist die Abschreibung und Belastung von Grundstücksteilen ausgeschlossen bis zur Berichtigung des Steuerbuchs und des Grundbuchs, weil für das Abfindungsgrundstück die katastermäßige Unterlage nicht beschafft werden kann. KG. 23 S. A 141.

6. Für die Bestimmung des Umfangs eines versteigerten und zugeschlagenen Grundstücks sind die Steuerbuchsauszüge nicht entscheidend. Ist auf Grund einer Handzeichnung ein streitiger Grundstücksteil vom Zuschlage ausgenommen, so kann der Ersteher unter Ersichtlichmachung der Ausscheidung ohne Beibringung von Katasterkarte und Auszug als Eigentümer eingetragen werden. OLG. Königsberg, ROLG. 5 S. 3.

7. Die in Abs. 3 bezeichneten Anweisungen sind enthalten in §§ 39 Nr. 2, 40 der Katasteranweisung I v. 21. Febr. 1896. Abschreibungsverfahren: GBO. § 49 Abs. 1 Satz 2. JMB. v. 20. Nov. 1899 §§ 8, 11 Abs. 2, 12 Abs. 2.

§ 31. Die Eintragung eines Eigentümers ist außer den im § 55 der GBO. bezeichneten Beteiligten der Grundsteuerbehörde bekannt zu machen.

Die bestehenden Vorschriften, nach welchen andere Behörden von Eintragungen in das Grundbuch zu benachrichtigen sind, bleiben unberührt.

1. Abs. 1. Die Bekanntmachung hat in jedem einzelnen Falle sofort an den Katasterkontroleur zu erfolgen. JMB. v. 5. Juni 1877, JMBl. S. 103.

2. Abs. 2. In Betracht kommen folgende Vorschriften.

a, Während der Dauer des Enteignungsverfahrens haben die GBÄmter von jeder an dem zu enteignenden Grundstück eintretenden Rechtsänderung, die für die Vertretung des Grundstücks oder die Auszahlung der Entschädigung von Bedeutung ist, von Amts wegen der Enteignungsbehörde, d. i. dem Bezirksausschuß (Ges. v. 1. Aug. 1883, GS. S. 237) Nachricht zu geben. Ges. v. 11. Juni 1874, GS. S. 221.

b, Das Amtsgericht, welches das Bahngrundbuch führt, ist gemäß § 2 der Allg.Vfg. v. 19. Sept. 1895 zu benachrichtigen.

c, Von der Eintragung und von der Löschung der Anerbengutseigenschaft, von der die Anerbengutseigenschaft begründenden Zuschreibung sowie von jeder Abschreibung ist nach § 9 des Ges. v. 8. Juni 1896 (GS. S. 124) der Generalkommission, in deren Bezirke das Anerbengut liegt und nach §§ 7, 11 des Ges. v. 2. Juli 1898 (GS. S. 139) (Westfalen) dem Spezialkommissar Nachricht zu geben.

d, Für die Kreise Siegen (G. v. 17. März 1879, GS. S. 228, § 10) und Altenkirchen (G. v. 9. April 1890, GS. S. 55, § 11) sind die Vorsteher der Hauberggenossenschaft von der Veränderung in dem Eigentum der Anteile an einem Hauberge, im Kreise Olpe sind auf Grund des Gesetzes betr. die Regelung der Forstverhältnisse für das ehemalige Justizamt Olpe v. 3. Aug. 1897 (GS. S. 285) die Vorsteher der Jahnschaft und der Konsortenstücke von den eingetragenen Eigentumsveränderungen zu benachrichtigen.

e, Von der Eintragung einer Zwangshypothek auf ein Pfarr= oder ein Schulhaus oder ein anderes zum öffentlichen Dienst oder Gebrauch bestimmtes Grundstück einer Körperschaft, Stiftung oder Anstalt des öffentlichen Rechtes oder einer unter der Verwaltung einer öffentlichen Behörde stehenden Körperschaft oder Stiftung ist die vorgesetzte Behörde des Schuldners zu benachrichtigen. JMV. v. 9. Dez. 1899, JMBl. S. 802.

f, Nach der JMV. v. 15. Nov. 1894 (JMBl. S. 314), 24. Aug. 1895 (JMBl. S. 263), 15. Dez. 1896 (JMBl. S. 364), 25. Mai 1900 (JMBl. S. 428) haben die Amtsgerichte von gewissen Eintragungen in Abt. II und III des Grundbuchs den Steuerbehörden behufs Veranlagung der Einkommens- und der Ergänzungssteuer Mitteilung zu machen.

g, Durch JMV. v. 20. Juli 1895 (I 2094) ist bestimmt, „daß die Amtsgerichte, sofern ihnen ein darauf gerichtetes allgemeines Ersuchen von den Generalkommissionen zugeht, diesen oder den in dem Ersuchen bezeichneten Kommissarien von jeder in den Grundbüchern der nach dem Ges. v. 7. Juli 1891 begründeten Rentengüter bewirkten definitiven oder vorläufigen Eintragung, welche eine Besitzveränderung, eine nicht auf bloßer Formveränderung beruhende Abschreibung, die Neubelastung mit einer Gerechtigkeit, einer Reallast, einer Hypothek oder einer Grundschuld oder die Löschung einer solchen Post betrifft, eine kostenfreie Mitteilung zu machen haben."

h, Die Bestimmung in § 57 der preuß. GBO., wonach im Falle von Grundstücksabzweigungen die Eintragung des Eigentümers dem Landrat oder dem Magistrat bekannt zu machen war, ist durch Art. 33 Nr. 1 AG. z. GBO. aufgehoben. AM. Koellner S. 48. Danach ist nach wie vor der Eigentumswechsel in Berlin dem Polizei-Präsidium und dem Magistrat, in den Provinzen den Landratsämtern bekannt zu machen.

3. Bei der Benachrichtigung der Grundbuchinteressenten (deren Vertreter oder Zustellungsbevollmächtigten) ist das Wohnungsblatt (§ 48 Nr. 3 der Gesch.O. für die Gerichtsschreibereien der Amtsgerichte, Anhang VII) zu berücksichtigen. Die Bekanntmachung wird, da mit ihr nicht der Lauf einer Frist beginnt, zur Ausführung gebracht durch einfachen Brief oder durch Behändigung ohne Beurkundung. Einem Anwesenden kann die Verfügung zu Protokoll bekannt gemacht werden und ist ihm dann auf Verlangen eine Abschrift der Verfügung zu erteilen. In den Grundakten soll vermerkt werden, in welcher Weise, an welchem Orte und an welchem Tage die Bekanntmachung zur Ausführung gebracht ist. RFG. § 16 Abs. 2. PFG. Art. 1. JMV. v. 10. Dez. 1899 § 2 (JMBl. S. 728).

§ 32. Die Einsicht des Grundbuchs ist öffentlichen Behörden und den von ihnen beauftragten Beamten gestattet, ohne daß es der Darlegung eines berechtigten Interesses bedarf.

Notare, die das Grundbuch im Auftrage des Eigentümers oder eines sonst zur Einsicht Berechtigten einsehen wollen, brauchen den Auftrag nicht nachzuweisen.

Soweit nach Abs. 1, 2 die Einsicht des Grundbuchs gestattet ist, kann eine Abschrift gefordert werden; die Abschrift ist auf Verlangen zu beglaubigen.

1. Behörden. Die Vorschrift beruht auf dem Vorbehalt des § 93 GBO. Ihre eine Einschränkung ausschließende Fassung stellt klar, daß das den Behörden eingeräumte Recht unbeschränkt für alle Fälle gegeben ist, gleichviel ob die Behörden in Wahrnehmung des Staatsinteresses oder in amtlicher Vertretung von Grundbuchinteressenten die Einsicht der Grundbücher verlangen. Achilles-Strecker S. 172 A. c. Predari S. 95. Turn.-Först. II S. 71. Grundbücher dürfen nicht versendet werden, sind daher von den Behörden und Beamten stets an der Gerichtsstelle einzusehen. Die Versendung der Grundakten an Behörden und Beamte ist zulässig. Den Stempelfiskalen sollen auf Antrag Grundakten außerhalb der Geschäftsstunden in ihre Privatwohnung verabfolgt werden. JMV. v. 3. Febr. 1874. Die Rechnungsrevisoren haben die Grundakten an Ort und Stelle einzusehen. JMV. v. 28. Febr. 1885 § 4 (JMBl. S. 91).

Nach § 35 Abs. 6 des Einkommensteuerges. v. 24. Juni 1891 (GS. S. 175), § 25 Abs. 5 des Gewerbesteuerges. v. 24. Juni 1891 (GS. S. 205), § 25 Abs. 6 des Ergänzungssteuerges. v. 14. Juli 1893 (GS. S. 134) haben die Staats- und Kommunalbehörden dem Vorsitzenden der Veranlagungskommission die Einsicht aller die Einkommensverhältnisse der Steuerpflichtigen betreffenden Bücher, Akten, Urkunden ꝛc. zu gestatten und auf Ersuchen Abschriften daraus zu erteilen. Die JMV. v. 15. Nov. 1894 (JMBl. S. 314), geändert und ergänzt durch die JMV. v. 24. Aug. 1895 (JMBl. S. 263), 15. Dez. 1896 (JMBl. S. 364) und v. 25. Mai 1900 (JMBl.

S. 428) legt den Amtsrichter die Pflicht auf, den Steuerbehörden nach Maßgabe der §§ 1—7 JMV. v. 15. Nov. 1894 Mitteilungen über Eintragungen in den Grundbüchern und nach Maßgabe der §§ 9—11 über Verhandlungen der nichtstreitigen Gerichtsbarkeit durch Übersendung einer auszugsweisen Abschrift des Beurkundungsregisters zu machen.

Notare sind nur von dem Nachweise der Auftragserteilung befreit, nicht aber von der Darlegung des berechtigten Interesses ihrer Auftraggeber. KG. 22 S. A 290.

2. Die Entscheidung darüber, ob das GBA. im öffentlichen Interesse zur Auskunfterteilung an Behörden verbunden ist, steht nur den Aufsichtsbehörden zu; eine Beschwerde nach § 71 GBO. ist ausgeschlossen. KG. JMBl. 1902 S. 82.

3. Beglaubigung von Abschriften aus dem Grundbuch: AG. z. GBO. Art. 7 Abs. 2. Zur Beglaubigung der Abschriften von Urkunden sind auch die Gerichtsschreiber befugt. PFG. Art. 35. Der Gerichtsschreiber darf Abschriften nur auf Anordnung des Richters erteilen. PFG. Art. 51. Form der Beglaubigung: PFG. Art. 57.

§ 33. Soll eine beglaubigte Abschrift nur von einem Teile des Grundbuchblatts erteilt werden, so sind in die Abschrift diejenigen Eintragungen aufzunehmen, welche den Gegenstand betreffen, auf den sich die Abschrift beziehen soll. In dem Beglaubigungsvermerk ist der Gegenstand anzugeben und zu bezeugen, daß weitere den Gegenstand betreffende Eintragungen in dem Grundbuche nicht enthalten sind.

Die Vorschrift ergibt die Verpflichtung des GBA. zur Ausstellung von Zeugnissen darüber, daß eine vom Antragsteller bezeichnete Eintragung im Grundbuch nicht vorhanden ist. KG. 23 S. A 217.

II. Grundakten.

§ 34. Für jedes Grundbuchblatt werden besondere Grundakten gehalten.

Bei den Grundakten ist eine Tabelle zu halten, die mit dem Blatte wörtlich übereinstimmen muß. Die Sorge für die Übereinstimmung liegt dem Richter und dem Gerichtsschreiber ob.

§ 35. Die Urkunden und Abschriften, die nach § 9 der GBO. von dem Grundbuchamt aufzubewahren sind, werden zu den Grundakten genommen.

Ist eine Urkunde, auf die eine Eintragung sich gründet oder Bezug nimmt, in anderen der Vernichtung nicht unterliegenden Akten des das Grundbuch führenden Amtsgerichts enthalten, so genügt statt der Aufbewahrung einer beglaubigten Abschrift der Urkunde eine Verweisung auf die anderen Akten.

§ 36. Die Einsicht von Grundakten ist, auch soweit es sich nicht um die im § 11 Abs. 1 Satz 2 der GBO. bezeichneten Urkunden handelt, jedem gestattet, der ein berechtigtes Interesse darlegt. Die Vorschriften des § 32 Abs. 1, 2 finden auf die Einsicht der Grundakten entsprechende Anwendung.

Soweit die Einsicht gestattet ist, kann eine Abschrift gefordert werden; die Abschrift ist auf Verlangen zu beglaubigen.

1. Die Vorschriften beruhen auf den Vorbehalten der §§ 94, 95 GBO. Der öffentliche Glaube des Grundbuchs erstreckt sich auf die Tabelle nicht. Im Falle der Abweichung ist der Inhalt des Grundbuchs maßgebend. Daraus folgt, daß die Beteiligten, welche sich auf Eintragungen berufen wollen, das Grundbuch, nicht die Tabelle einsehen müssen. Turn.-Förft. I S. 362.

2. Von der Vernichtung ausgeschlossene Akten: JMV. v. 6. Sept. 1900 (JMBl. S. 569) § 9.

3. Die Bureauverwaltung bei den Grundbuchämtern wird geregelt durch die Gesch.Ordnung für die Gerichtsschreibereien der Amtsgerichte v. 26. Nov. 1899 (JMBl. S. 394), insbesondere durch die §§ 48—51 (s. Anlage VII). Daneben kommen folgende Bestimmungen in Betracht:

a, Die JMV. v. 5. April 1895 (JMBl. S. 125). Danach sind die Eintragungen in die Tabelle, soweit sie nicht durch den Grundbuchrichter bewirkt werden, regelmäßig durch die Gerichtsschreiber, nicht durch die Kanzleibeamten vorzunehmen.

b, Die JMV. v. 15. Juli und 22. Okt. 1885 (JMBl. S. 251, 354) und v. 21. Nov. 1888 § 9, betr. die Aufstellung jährlicher Nachweisungen über Eintragung und Löschung von Hypotheken.

c, Die JMV. v. 11. Januar 1896 (JMBl. S. 16) und v. 24. März 1903 (JMBl. S. 63) betr. die Aufstellung jährlicher Nachweisungen über den Eigentumswechsel an Grundstücken, welche hauptsächlich zur Land- oder Forstwirtschaft dienen.

In den Fällen zu b und c sind die Grundbuchämter verpflichtet, für jedes Etatsjahr die betreffenden Nachweisungen aufzustellen und bis zum 1. Juli jeden Jahres dem Oberlandesgerichtspräsidenten einzureichen.

III. Hypotheken-, Grundschuld-, Rentenschuldbrief.

§ 37. Der im § 57 der GBO. bezeichnete Auszug aus dem Grundbuche soll außer den dort vorgeschriebenen Angaben enthalten:

1. die Größe, den Grundsteuerreinertrag, den Gebäudesteuernutzungswert des Grundstücks;
2. die letzten im Grundbuche vermerkten Erwerbspreise, falls der Erwerb nicht zehn Jahre zurückliegt, sowie die etwa eingetragenen Schätzungs- oder Versicherungssummen mit Angabe des Jahres.

§ 38. Die Hypothekenbriefe sind am Kopfe mit dem Königlich Preußischen Adler und einer Überschrift zu versehen, welche die Bezeichnung „Preußischer Hypothekenbrief" und die Angabe der Hypothek enthält, über die der Brief erteilt wird; die Hypothek ist nach dem Grundbuche, den Nummern des Bandes und des Blattes, der Eintragungsnummer und dem Geldbetrage zu bezeichnen.

In den Brief sind in nachstehender Reihenfolge aufzunehmen:

1. der Inhalt der die Hypothek betreffenden Eintragungen nach Maßgabe des § 57 Abs. 2 Nr. 3 und des § 58 Abs. 2 der GBO.;
2. die Bezeichnung des belasteten Grundstücks oder der belasteten Grundstücke nach dem Inhalte des Grundbuchs, mit Einschluß der im § 37 vorgeschriebenen Angaben;
3. die Bezeichnung des Eigentümers;
4. die kurze Bezeichnung der Eintragungen, welche der Hypothek im Range vorgehen oder gleichstehen, unter Angabe des Zinssatzes, wenn dieser fünf vom Hundert übersteigt.

Der Hypothekenbrief über eine Gesamthypothek (GBO. § 59 Abs. 1) sowie die nachträglich auf ihn gesetzten Vermerke sind nur von einem Richter und von einem Gerichtsschreiber zu unterschreiben.

Die Vorschriften der Abs. 1—3 finden auf Grundschuldbriefe und Rentenschuldbriefe entsprechende Anwendung. In der Überschrift eines Rentenschuldbriefs ist nur der Betrag der einzelnen Jahresleistung, nicht der Betrag der Ablösungssumme anzugeben.

§ 39. In den Fällen des § 13 Abs. 4 ist auf dem Briefe der Betrag, für welchen das Recht noch besteht, neben der in der Überschrift enthaltenen Angabe des Rechtes durch den Vermerk ersichtlich zu machen:

Noch gültig auf (Angabe des Betrags).

In gleicher Weise ist bei der Herstellung eines Teilhypotheken-, Teilgrundschuld- oder Teilrentenschuldbriefs auf dem bisherigen Briefe der Betrag ersichtlich zu machen, auf den sich der Brief noch bezieht.

§ 40. Für die Hypotheken-, Grundschuld- und Rentenschuldbriefe dienen die Anlagen B bis G als Muster.

§ 41. Die im § 58 Abs. 1 und im § 59 Abs. 2 der GBO. vorgeschriebene Verbindung von Urkunden erfolgt durch Schnur und Siegel.

§ 42. In den Fällen des § 69 der GBO. ist der Brief in der Weise unbrauchbar zu machen, daß, nachdem die bei dem Rechte bewirkte Eintragung auf dem Briefe vermerkt ist (GBO. § 62), der Vermerk über die erste Eintragung des Rechtes durchstrichen und der Brief mit Einschnitten versehen wird.

Der Brief ist nach Befolgung der Vorschrift des § 69 Satz 2 der GBO. zurückzugeben, sofern nicht aus besonderen Gründen die Zurückbehaltung des Briefes bei den Grundakten angemessen erscheint.

1. Für Nassau hat § 37 den Zusatz erhalten: „Wird eine Schätzung des Feldgerichts oder der an seine Stelle tretenden Ortsbehörde vorgelegt, so ist sie mit dem Briefe zu verbinden." JMV. v. 7. Mai 1900 § 1 c (JMBl. S. 8 hinter S. 427).

2. Daß der Brief das Datum der Ausfertigung zu enthalten hat, ist zwar nicht besonders vorgeschrieben, erhellet aber aus den Musterbriefen.

3. Ist das Grundstück noch nicht auf das Kataster zurückgeführt, so ist dies im Briefe ersichtlich zu machen. JMV. v. 2. Sept. 1872 Art. 7 Abs. 2 (JMBl. S. 178).

4. Sind vorgehende oder gleichstehende Eintragungen nicht vorhanden, so muß sich der Hypothekenbrief auch hierüber aussprechen. KG. 21 S. A 173. Mit der Bescheinigung, daß der Post keine Eintragungen im Range vorgehen oder gleichstehen, ist den Bestimmungen des § 38 Abs. 2 Nr. 4 genügt. Die Möglichkeit, daß das GBA. noch nach Eintragung der Hypothek einen später als die Hypothekenbestellung eingegangenen Antrag auf Eintragung eines Rechtes in Abt. II, entgegen dem § 46 Abs. 2 GBO. ohne den Vermerk des Ranges hinter der Hypothek erledigt habe, muß außer Betracht bleiben. KG. ROLG. 4 S. 324.

5. Siegel: GBO. §§ 56, 57 A. 3b.

6. Die Aushändigung und Rückgabe des Hypothekenbriefes kann von vorheriger Zahlung der Kosten und Stempelabgaben abhängig gemacht werden. PGerKostGes. § 15 (GS. 1899 S. 331). Die Übersendung des Briefes erfolgt durch eingeschriebenen Brief oder durch den Gerichtsdiener gegen Empfangsbescheinigung. Allg. Vfg. v. 10. Dez. 1899, JMBl. S. 728.

IV. Schlußbestimmungen.

§ 43. Die Eintragung der Anerbengutseigenschaft bei Anerbengütern im Sinne des Gesetzes, betreffend das Anerbenrecht in der Provinz Westfalen und in den Kreisen Rees, Essen (Land), Essen (Stadt), Duisburg, Ruhrort und Mühlheim a. d. Ruhr, v. 2. Juli 1898 (GS. S. 139) bleibt der Regelung durch besondere Anweisung vorbehalten.

Die vorbehaltene Anweisung ist ergangen in der JMV. v. 22. Januar 1900, JMBl. S. 34. Anerbengüter im Sinne des Ges. v. 8. Juni 1896 (GS. S. 124): § 21.

§ 44. Die besonderen Bestimmungen über die Einrichtung der Grundbücher für die Hauberge im Kreise Altenkirchen (Haubergordnung v. 9. April 1890, GS. S. 55, § 8 Abs. 2) sowie für die Jahnschaften und Konsortenstücke im Kreise Olpe (Gesetz, betreffend die Regelung der Forstverhältnisse für das ehemalige Justizamt Olpe ꝛc., v. 3. August 1897, GS. S. 285, § 18 Abs. 2, § 24 Abs. 1) bleiben unberührt.

In Betracht kommen ferner: die Haubergordnung für den Dillkreis und Oberwesterwaldkreis v. 4. Juni 1887 (GS. S. 289) und die JMB. für Nassau v. 7. Mai 1900 (JMBl. S. 8 hinter S. 427) § 29.

§ 45. Für die Einrichtung der Bahngrundbücher und -grundakten behält es bei den Vorschriften der §§ 10, 11 des Gesetzes, betreffend das Pfandrecht an Privateisenbahnen und Kleinbahnen und die Zwangsvollstreckung in dieselben, v. 19. August 1895 (GS. S. 499) und der Allgemeinen Verfügung v. 19. Sept. 1895 (JMBl. S. 286) sein Bewenden.

S. die Anlage zu BGB. § 1120, oben S. 407.

Amtsgericht Lobau. Anlage A.

Grundbuch

von

Buchhain, Kreis Seefeld.

Bd. I Blatt Nr. 12.

I. Verzeichnis der

Laufende Nummer der Grundstücke.	Bisherige laufende Nr. der Grundstücke.	Gemarkung.	Flurbuch. Kartenblatt (Flur) Nr.	Flurbuch. Parzelle Nr.	Grundsteuermutterrolle. Art.	Gebäudesteuerrolle. Nr.	Wirtschaftsart und Lage.	Größe. ha	Größe. a	Größe. qm	Grundsteuerreinertrag. Tlr.	Grundsteuerreinertrag. $^1/_{100}$	Gebäudesteuernutzungswert. Mk.
1.	2.	3.	4.		5.	6.	7.	8.			9.		10.
1.*)	—	Buchhain.	—	—	3	27	Bauerhof Nr. 8.	41	67	09	373	29	136
2.	—	Buchhain	2	110	—	—	Garten im Dorfe.	—	34	86	7	68	—
3.	1 mit 2.	Buchhain.	—	—	3	27	Bauerhof Nr. 8.	42	01	95	380	97	136
4.	—	Buchhain.	5	90	24	—	Acker im Mittelfelde	2	18	90	19	83	—
5.	—	Brühl.	3	20	15	—	Holzung in den Fichten.	1	31	66	10	31	—
6.	Rest von 4.	Buchhain.	5	$\frac{419}{90}$	24	—	Acker im Mittelfelde.	—	60	75	6	30	—
7.	—	Buchhain.	5	17	—	—	Acker im Mittelfelde.	—	73	40	7	60	—
8.	6,7.	Buchhain.	5	$\frac{419}{90}$,17	24	—	Acker im Mittelfelde.	1	34	15	13	90	—

*) Die punktierten Linien bedeuten rote Striche.

Grundstücke.

Bestand und Zuschreibungen.		Abschreibungen.	
Zur laufenden Nr. der Grundstücke.		Zur laufenden Nr. der Grundstücke.	
11.	12.	13.	14.
1.	Bei Anlegung des Grundbuchs eingetragen am 3. August 1901. Fischer Neumann	4.	Von Nr. 4 die Parzelle $\frac{420}{90}$ übertragen nach Band II Blatt Nr. 50 am 18. Oktober 1908. Rest: laufende Nr. 6. Fischer Neumann
1, 2, 3.	Nr. 2 nach Abschreibung von Band I Blatt Nr. 20 der Nr. 1 als Bestandteil zugeschrieben und Nr. 1 mit Nr. 2 unter Nr. 3 neu eingetragen am 24. Februar 1903. Fischer Neumann	5.	Übertragen nach Band III Blatt Nr. 117 des Grundbuchs von Brühl am 3. Mai 1910. Fischer Neumann
4.	Von Band I Blatt Nr. 17 hierher übertragen am 4. August 1904. Fischer Neumann		
5.	Von Band IV Blatt Nr. 29 des Grundbuchs von Brühl hierher übertragen am 12. Juni 1908. Fischer Neumann		
6, 7, 8.	Nr. 7 von Band II Blatt Nr. 32 hierher übertragen und infolge Vereinigung mit Nr. 6 unter 8 als ein Grundstück eingetragen am 3. Mai 1910. Fischer Neumann		

II. Verzeichnis der mit dem Eigentume verbundenen Rechte.

Laufende Nummer der Eintragung.	Laufende Nummer des beteiligten Grundstücks	Bezeichnung des Rechtes.	Verände-rungen.	Löschungen.
1.	2.	3.	4.	5.
1.	1.	Die auf dem Grundstücke Buchhain Kartenblatt 10 Parzelle 5 (Band I Blatt Nr. 15) in Abteilung II Nr. 3 eingetragene jährliche Rente von 200 Mark hier vermerkt am 10. September 1901. Fischer Neumann		Nr. 2 gelöscht am 15. Oktober 1904. Fischer Neumann
2.	2.	Das auf dem Grundstücke Buchhain Kartenblatt 2 Parzelle 114 (Band I Blatt Nr. 37) in Abteilung II Nr. 1 eingetragene Wegerecht bei der Zuschreibung von Nr. 2 hier vermerkt am 24. Februar 1903. Fischer Neumann		

Erste Abteilung.

Eigentümer.	Lfde. Nr. der Grundstücke.	Grund des Erwerbes. Verzicht.	Erwerbspreis. Wert. Feuerversicherungssumme.
1.	2.	3.	4.
Landwirt Friedrich Gerber in Buchhain.	1.	Bei der Anlegung des Grundbuchs auf Grund des Kaufvertrags vom 20. September 1895 eingetragen am 3. August 1901. Fischer Neumann	Zu Nr. 1: 51 500 Mark Kaufpreis vom 20. Sept. 1895 eingetragen am 3. August 1901. Fischer Neumann
	2.	Aufgelassen und Band I Blatt Nr. 20 eingetragen am 30. Januar 1902, hierher übertragen am 24. Februar 1903. Fischer Neumann	
Bauer Heinrich Schmidt in Buchhain.	3.	Aufgelassen und eingetragen am 5. April 1904. Fischer Neumann	Zu Nr. 3: Wohnhaus u. Wirtschaftsgebäude am 30. April 1904 versichert mit 8400 Mk. Eingetragen am 5. Mai 1904. Fischer Neumann
	4.	Aufgelassen und eingetragen am 4.. August 1904. Fischer Neumann	
Die Ehefrau des Heinrich Schmidt, Sophie gebor. Busse, als Miteigentümerin kraft ehelicher Gütergemeinschaft.	3, 4.	Auf Grund des Zeugnisses des Kgl. Amtsgerichts zu Loban v. 7. November eingetragen am 23. November 1907. Fischer Neumann	
	5.	Die Ehefrau Schmidt auf Grund des Erbscheins v. 5. Febr. 1908, der Ehemann kraft ehel. Gütergemeinschaft eingetragen am 12. Juni 1908. Fischer Neumann	
	7.	Aufgelassen am 2. und eingetragen am 3. Mai 1910. Fischer Neumann	

Zweite

Laufende Nummer der Eintragung.	Laufende Nummer der belasteten Grundstücke.	Lasten und Beschränkungen.	Zur laufenden Nr. der Eintragung.
1.	2.	3.	4.
1.	1.	Ein Altenteil für Anton Siegert in Buchhain nach Maßgabe des Kaufvertrags vom 20. September 1895 bei der Anlegung des Grundbuchs eingetragen am 3. August 1901. Fischer Neumann	2.
2.	3.	Ein lebenslängliches Wohnungsrecht für den Landwirt Friedrich Gerber in Buchhain nach Maßgabe der Bewilligung vom 30. März 1904. Der Höchstbetrag des Ersatzes für den Fall des Erlöschens durch den Zuschlag ist auf eintausend Mark festgesetzt. Zur Löschung des Rechtes soll der Nachweis des Todes des Berechtigten genügen. Vorbehalten ist der Vorrang für eine später einzutragende Hypothek von dreitausend Mark nebst fünf vom Hundert Zinsen. Eingetragen am 5. April 1904. Fischer Neumann	5.
3.	4.	Ein Vorkaufsrecht für den Gastwirt Wilhelm Schröder in Seefeld unter Bezugnahme auf die Bewilligung vom 3. März 1906 eingetragen am 4. April 1906. Fischer Neumann	
4.	5.	Widerspruch gegen die Eintragung des Eigentums des Bauers Heinrich Schmidt und seiner Ehefrau zugunsten des Kaufmanns Felix Busse in Grünbusch auf Grund der einstweiligen Verfügung des Königlichen Landgerichts zu N. vom 25. September eingetragen am 3. Oktober 1908. Fischer Neumann	
5.	8.	Ein Erbbaurecht nach Maßgabe der Bewilligung vom 15. August 1910 für den Gastwirt Wilhelm Schröder in Seefeld eingetragen am 17. August 1910. Fischer Neumann	

Abteilung.

Veränderungen.		Löschungen.	
Eintragung.	Löschung.	Zur laufend. Nummer der Eintragung.	
5.	6.	7.	8.
Der vorbehaltene Vorrang vor diesem Rechte ist der in Abteilung III Nr. 4 eingetragenen Hypothek eingeräumt. Eingetragen am 16. Oktober 1905. Fischer Neumann		1.	Gelöscht am 5. April 1904. Fischer Neumann
Für das Erbbaurecht ist das Blatt Nr. 86 in Bd. III dieses Grundbuchs angelegt. Eingetragen am 5. Februar 1912. Fischer Neumann		4.	Gelöscht am 5. Juli 1909. Fischer Neumann
		3.	Gelöscht am 17. August 1910. Fischer Neumann

Dritte

Lauf. Nr. der Eintragung.	Lfde. Nr. der belasteten Grundst.	Betrag Mark	Pf.	Hypotheken, Grundschulden, Rentenschulden.	Zur laufenden Nr. der Eintragung.	Betrag. Mark	Pf.
1.	2.	3.		4.	5.	6.	
1.	1.	9 000 — 4 000 5 000 — 2 000 3 000	— — — — —	Neuntausend Mark Darlehen mit fünf vom Hundert jährlich seit 1. April 1896 verzinslich und sechs Monate nach Kündigung rückzahlbar für den Schankwirt Wilhelm Peters in Schwarzbach bei der Anlegung des Grundbuchs eingetragen am 3. August 1901. Fischer Neumann	2.	2 800	—
2.	3.	3 300 — 500 2 800	— — —	Sicherungshypothek für eine am 1. April 1904 zahlbare Kaufgeldforderung von dreitausenddreihundert Mark für den Maschinenfabrikanten Karl Franck in Lobau eingetragen am 12. Juni 1903. Fischer Neumann	1.	5 000	—
3.	3, 4.	500	—	Vormerkung zur Sicherung des Anspruchs auf Einräumung einer Hypothek im Betrage von fünfhundert Mark für den Kaufm. Karl Müller in Seefeld unter Bezugnahme auf die einstweilige Verfügung des Kgl. Landger. zu N. vom 1., eingetragen am 3. Februar 1905. Fischer Neumann Umgeschrieben in eine Hypothek für eine Kaufgeldforderung von fünfhundert Mark nebst vier vom Hundert jährlichen Zinsen seit dem 1. Mai 1905 für den Kaufm. Karl Müller in Seefeld unter Bezugnahme auf das rechtskräftige Urteil des Kgl. Landger. zu N. vom 6. Juni 1905 eingetragen am 12. Juli 1905. Fischer Neumann	1. 2.	5 000 2 800	— —
4.	3.	3 000	—	Dreitausend Mark Darlehen, mit fünf vom Hundert jährl. seit dem 1. Okt. 1905 verzinslich, für die Landwirtsch. Kreditbank, Aktiengesellschaft, in Hannover. Die Eigentümer haben sich der sofortigen Zwangsvollstreckung in der Weise unterworfen, daß sie gegen den jeweiligen Eigentümer zulässig sein soll. Unter Bezugnahme auf die Bewilligung v. 24. Sept. 1905 eingetragen mit dem Vorrange vor dem in Abt. II Nr. 2 eingetragenen Wohnungsrecht am 16. Okt. 1905. Fischer Neumann	1. 2. 4.	5 000 2 800 3 000	— — —

Abteilung.

Veränderungen.		Löschungen.			
Eintragung.	Löschung.	Zur laufenden Nr. der Eintragung.	Betrag. Mark	Pf.	
7.	8.	9.	10.		11.
Der Restbetrag von zweitausendachthundert Mark umgewandelt in eine gewöhnliche Hypothek für ein mit fünf vom Hundert jährlich seit dem 1. April 1904 verzinsliches Darlehen für den Fabrikbesitzer Karl Franck in Lobau eingetragen am 4. April 1904. Fischer Neumann		2.	500	—	Fünfhundert Mark gelöscht am 4. April 1904. Fischer Neumann
		1.	4 000	—	Viertausend Mark Resthypothek des Wilhelm Peters gelöscht am 6. Januar 1905. Fischer Neumann
Fünftausend Mark mit dem Vorrange vor dem Reste nebst den Zinsen seit dem 1. Okt. 1904 abgetreten an den Schmied Heinrich Stark in Hannover. Eingetragen am 24. Oktober 1904. Fischer Neumann		3.	500	—	Gelöscht am 16. Oktober 1905. Fischer Neumann
} Umgeschrieben für die Landwirtschaftliche Kreditbank, Aktiengesellschaft, in Hannover mit der Maßgabe, daß an die Stelle der bisherigen Forderungen eine mit fünf vom Hundert jährlich seit dem 1. Okt. 1905 verzinsliche Darlehnsforderung gesetzt ist. Die Eigentümer haben sich der sofortigen Zwangsvollstreckung in der Weise unterworfen, daß sie gegen den jeweiligen Eigentümer zulässig sein soll. Unter Bezugnahme auf die Bewilligung vom 24. Sept. eingetragen am 16. Okt. 1905. Fischer Neumann		1.	2 000	—	Zweitausend Mark gelöscht am 10. Dezember 1907. Fischer Neumann
		6.	1 000	—	Gelöscht am 4. April 1912. Fischer Neumann
		7.	2 500	—	Zweitausendfünfhundert Mark Ablösungssumme u. einhundertzehn Mark jährliche Rentenschuld gelöscht am 16. Oktbr. 1916. Fischer Neumann
} Über diese Hypotheken ist der Gläubigerin ein gemeinschaftlicher Brief erteilt. Eingetragen am 20. Okt. 1905. Fischer Neumann					

Dritte

Laufende Nr. der Eintragung.	Lfde. Nr. der belasteten Grundst.	Betrag. Mark	Pf.	Hypotheken, Grundschulden, Rentenschulden.	Zur laufenden Nr. der Eintragung.	Betrag. Mark	Pf.
1.	2.	3.		4.	5.	6.	
5.	3.	500	—	Sicherungshypothek zum Höchstbetrage von fünfhundert Mark für den Zimmermeister Hermann Zander in Seefeld eingetragen am 4. März 1908. Fischer Neumann	6.	1000	—
6.	3.	1000	—	Eintausend Mark Grundschuld mit sechs vom Hundert jährlich seit dem 1. April 1908 verzinslich und drei Monate nach Kündigung zahlbar für den Rentier Friedrich Klein in Hannover. Die Erteilung eines Briefes ist ausgeschlossen. Eingetragen am 7. April 1908. Fischer Neumann			
7.	3.	6000 —2500 3500	— — —	Zweihundertfünfundachtzig Mark vom 1. April 1912 an jährlich am 1. April zahlbare Rentenschuld, ablösbar mit sechstausend Mark, für die Kirchengemeinde in Hochdorf mit dem Vorrange vor den unter Nr. 5 eingetragenen fünfhundert Mark eingetragen am 4. April 1912. Fischer Neumann	5.	500	—
					5.	500	—

Abteilung.

Veränderungen.		Löschungen.		
Eintragung.	Löschung.	Zur laufenden Nr. der Eintragung.	Betrag. Mark | Pf.	
7.	8.	9.	10.	11.
Mit den Zinsen seit 1. Oktober 1909 abgetreten an den Bankier Karl Scholz in Hannover und umgewandelt in eine Hypothek für eine vom 1. Oktober 1909 an jährlich mit sechs vom Hundert verzinsliche, sechs Monate nach Kündigung rückzahlbare Darlehnsforderung. Die Ausschließung der Erteilung eines Briefes ist aufgehoben. Das Grundstück Buchhain Kartenblatt 2 Parzelle 25 (Band III Blatt Nr. 22) haftet mit. Eingetragen am 3. Oktober 1909. Fischer Neumann				
Diese Hypothek ist infolge Verzichts des Gläubigers vom 7. Januar 1910 als Grundschuld für den Bauer Heinrich Schmidt in Buchhain und seine Ehefrau Sophie, geborene Busse, umgeschrieben am 7. Januar 1910. Fischer Neumann				
Vor dieser Grundschuld ist der unter Nr. 7 eingetragenen Rentenschuld der Vorrang eingeräumt. Eingetragen am 4. April 1912. Fischer Neumann				

Anlage B.

(Adler.)

Preußischer Hypothekenbrief

über

die in dem Grundbuche von Buchhain (Kreis Seefeld) Band I Blatt Nr. 12 Abteilung III Nr. 1 eingetragenen 9000 Mark.

Noch gültig auf 4000 Mark.

Lobau, den 24. Oktober 1904.

(Unterschriften.)*)

Inhalt der Eintragung:

Nr. 1: 9000 (neuntausend) Mark Darlehen, mit fünf vom Hundert jährlich seit dem 1 April 1896 verzinslich und sechs Monate nach Kündigung rückzahlbar, für den Schankwirt Wilhelm Peters in Schwarzbach eingetragen am 3. August 1901.

Belastetes Grundstück:

Der im Bestandsverzeichnis unter Nr. 1 verzeichnete, in der Gemarkung Buchhain belegene Bauerhof Nr. 8 von 41 ha 67 a 09 qm mit 373,29 Tlr. Grundsteuerreinertrag und 136 Mark Gebäudesteuernutzungswert, Grundsteuermutterrolle Art. 3, Gebäudesteuerrolle Nr. 27. Kaufpreis im Jahre 1895: 51500 Mark.

Eigentümer:

Landwirt Friedrich Gerber in Buchhain.

Vorgehende oder gleichstehende Eintragungen.

Abteilung II: Nr. 1 ein Altenteil mit gleichem Range;
Abteilung III: keine.

Lobau, den 6. August 1901.

Königliches Amtsgericht.

(Siegel.) (Unterschriften.) **)

Dem jeweiligen Eigentümer des im Bestandsverzeichnis unter Nr. 1 bezeichneten Grundstücks steht die auf dem Grundstücke Buchhain Kartenblatt 10 Parzelle 5 (Band I Blatt Nr. 15) in Abteilung II Nr. 3 eingetragene jährliche Rente von 200 Mark zu. Diese Rente ist auf dem Blatte des erstgenannten Grundstücks am 10. September 1901 vermerkt worden.

Dem im Bestandsverzeichnis unter Nr 1 verzeichneten belasteten

*) Wird im Falle des § 39 Abs. 2 der Allgemeinen Verfügung zur Ausführung der Grundbuchordnung der dort vorgeschriebene Vermerk nicht von dem Grundbuchamte, sondern von einem anderen Amtsgericht oder einem Notar auf den Brief gesetzt, so genügt die Unterschrift des Richters oder des Notars.

**) Eine über die Forderung ausgestellte Urkunde ist mit dem Briefe durch Schnur und Siegel zu verbinden. Erstreckt sich der Inhalt der Urkunde auch auf andere Angelegenheiten, so genügt ein öffentlich beglaubigter Auszug.

Grundstück ist am 24. Februar 1903 der ebenda unter Nr. 2 verzeichnete, im Dorfe Buchhain belegene Garten Kartenblatt 2 Parzelle 110 von 34 a 86 qm mit 7,68 Tlr. Grundsteuerreinertrag als Bestandteil zugeschrieben und vermerkt worden, daß dem jeweiligen Eigentümer des Gartens das auf dem Grundstücke Buchhain Kartenblatt 2 Parzelle 114 (Band I Blatt Nr. 37) in Abteilung II Nr. 1 eingetragene Wegerecht zusteht. Infolge der Zuschreibung ist das belastete Grundstück unter Nr. 3 des Bestandsverzeichnisses, wie folgt, neu eingetragen worden:

Der in der Gemarkung Buchhain belegene Bauerhof Nr. 8 von 42 ha 01 a 95 qm mit 380,97 Tlr. Grundsteuerreinertrag und 136 Mark Gebäudesteuernutzungswert; Grundsteuermutterrolle Art. 3, Gebäudesteuerrolle Nr. 27.

Lobau, den 3. März 1904.

Königliches Amtsgericht.

(Siegel.) (Unterschriften.)

Feuerversicherungssumme für das Wohnhaus und die Wirtschaftsgebäude im Jahre 1904: 8 400 Mark.

Lobau, den 5. Mai 1904.

Königliches Amtsgericht.

(Siegel.) (Unterschriften.)

Von den vorstehenden 9 000 Mark sind 5 000 (fünftausend) Mark mit dem Vorrange vor dem Reste nebst den Zinsen seit dem 1. Oktober 1904 abgetreten an den Schmied Heinrich Stark in Hannover. Die Abtretung ist im Grundbuch eingetragen. Für den abgetretenen Betrag ist ein Teilhypothekenbrief hergestellt worden.

Lobau, den 24. Oktober 1904.

Königliches Amtsgericht.

(Siegel.) (Unterschriften.) *)

Anlage C.

(Adler.)

Preußischer Teilhypothekenbrief

über

5 000 Mark Teilbetrag der in dem Grundbuche von Buchhain (Kreis Seefeld) Band I Blatt Nr. 12 Abteilung III Nr. 1 eingetragenen 9 000 Mark.

---

*) Wird der Teilhypothekenbrief nicht von dem Grundbuchamte, sondern von einem anderen Amtsgericht oder einem Notar hergestellt, so ist der Vermerk über die Herstellung des Hypothekenbriefs nur von dem Richter oder dem Notar zu unterschreiben.

Der bisherige Brief über die Hypothek von 9 000 Mark lautet, wie folgt:

(folgt Abschrift des bisherigen Briefes und der auf diesem befindlichen Vermerke mit Ausschluß des Vermerkes über die Teilabtretung.)

Die vorstehende Abschrift stimmt mit der Urschrift überein.

Von den 9 000 Mark sind dem Schmied Heinrich Stark in Hannover 5 000 (fünftausend) Mark nebst den Zinsen seit dem 1. Oktober 1904 mit dem Vorrange vor dem Reste abgetreten. Die Abtretung ist im Grundbuch eingetragen.

Über die 5 000 (fünftausend) Mark ist dieser Teilhypothekenbrief hergestellt worden. Die Herstellung ist auf dem bisherigen Briefe vermerkt.

Lobau, den 26. Oktober 1904.

Königliches Amtsgericht.

(Siegel.) Unterschriften.)*)

Anlage D.

(Adler.)

Preußischer Hypothekenbrief

über

die in dem Grundbuche von Buchhain (Kreis Seefeld) Band I Blatt Nr. 17 Abteilung III Nr. 1 und ebenda Blatt Nr 26 Abteilung III Nr. 3 sowie in dem Grundbuche von Seefeld (Kreis Seefeld) Band VI Blatt Nr. 35 Abteilung III Nr. 6 eingetragene Gesamthypothek von 7 000 Mark.

Noch gültig auf 6000 Mark. Lobau, den 25. März 1913. (Unterschriften.)

Inhalt der Eintragung:

7 000 (siebentausend) Mark Kaufpreis mit viereinhalb vom Hundert jährlichen, am 1. April und 1. Oktober zu entrichtenden Zinsen seit dem 1. April 1908, zahlbar sechs Monate nach Kündigung, die nur zum 1. April und 1. Oktober, dem Gläubiger im Falle pünktlicher Zinszahlung frühestens zum 1. April 1913 gestattet ist, für den Landwirt Karl Friedrich in Buchhain eingetragen am 5. April 1908.

Belastete Grundstücke:

1. Buchhain Bd. I Bl. Nr. 17:
   a, Das im Bestandsverzeichnis unter Nr. 1 verzeichnete, im Dorfe Buchhain belegene Wohnhaus mit Hofraum Kartenblatt 2 Parzelle

---

*) Ist mit dem bisherigen Briefe eine Schuldurkunde verbunden, so ist eine beglaubigte Abschrift der Urkunde nicht in den Teilhypothekenbrief aufzunehmen, sondern mit ihm durch Schnur und Siegel zu verbinden. Vgl. wegen der Unterschriften die Anmerkung auf S. 488.

$\frac{152}{67}$ von 6 a 17 qm mit 36 Mark Gebäudesteuernutzungswert; Grundsteuermutterrolle Art. 63, Gebäudesteuerrolle Nr. 61; Feuerversicherungssumme im Jahre 1902: 4200 Mark.

b, Der im Bestandsverzeichnis unter Nr. 3 verzeichnete, in der Gemarkung Buchhain in der großen Huben belegene Acker Kartenblatt 1 Parzelle 46 von 22 ha 18 a 40 qm mit 89,94 Tlr. Grundsteuerreinertrag; Grundsteuermutterrolle Art. 63.

2. Buchhain Bd. I Bl. Nr. 26: Das im Bestandsverzeichnis unter Nr. 7 verzeichnete, im Oberfelde der Gemarkung Buchhain belegene Stück Acker, Wiese und Weide, Kartenblatt 2 Parzellen $\frac{146}{27}$, $\frac{147}{28}$, 29 von 3 ha 08 a 91 qm mit 16,13 Tlr. Grundsteuerreinertrag; Grundsteuermutterrolle Art. 63.*)

3. Seefeld Bd. VI Bl. Nr. 35: Der im Bestandsverzeichnis unter Nr. 4 verzeichnete, in der Gemarkung Seefeld an der Feldmark Greben belegene Acker Kartenblatt 5 Parzelle 76 von 3 ha 12 a 10 qm mit 10,15 Tlr. Grundsteuerreinertrag; Grundsteuermutterrolle Art. 32.

Eigentümer:

Zu Nr. 1, 2: Schankwirt Karl Zimmermann in Buchhain.
Zu Nr. 3: derselbe und seine Ehefrau Marie Luise Zimmermann, geborene Schulze, in Buchhain, je zur Hälfte.

Vorgehende oder gleichstehende Eintragungen:

Auf Nr. 1 a:
Abteilung II: Nr. 1 ein Altenteil mit gleichem Range.
Auf Nr. 1 b:
keine.
Auf Nr. 2:
Abteilung II: Nr. 2 ein Wegerecht, } im Range
Abteilung III: Nr. 2 500 (fünfhundert) Mark, } vorgehend.
Auf Nr. 3:
keine.

Lobau, den 7. April 1908.

Königliches Amtsgericht.

(Siegel.) (Unterschriften.)

1000 (eintausend) Mark sind gelöscht worden. Der Rest von 6000 (sechstausend) Mark ist mit den Zinsen seit dem 1. Januar 1913 dem Kaufmann Emil Kuntze in Seefeld abgetreten. Die Abtretung ist im Grundbuch eingetragen.

Lobau, den 25. März 1913.

Königliches Amtsgericht.

(Siegel.) (Unterschriften.)

*) Bei dem Grundstücke Nr. 2 bilden die aufgeführten Katasterparzellen ein Grundstück. Würde es sich bei jeder von ihnen um ein selbständiges Grundstück handeln, so wäre wie bei Nr. 1 zu verfahren.

Die Hypothek ist auf dem oben unter Nr. 2 aufgeführten Grundstück in dem Grundbuche von Buchhain Band I Blatt Nr. 26 gelöscht, nachträglich aber auch im Grundbuche von Seefeld Band VII Blatt Nr. 42 Abteilung III Nr. 1 eingetragen worden. Dieses neubelastete Grundstück ist die im Bestandsverzeichnis unter Nr. 3 verzeichnete in der Gemarkung Seefeld an der Feldmark Greben belegene Holzung Kartenblatt 5 Parzelle 77 von 2 ha 71 a 30 qm mit 6,33 Tlr. Grundsteuerreinertrag; Grundsteuermutterrolle Art. 67.

Eigentümer des neu belasteten Grundstücks: Schankwirt Karl Zimmermann und seine Ehefrau Marie Luise Zimmermann, geborene Schulze, in Buchhain, je zur Hälfte.

Vorgehende oder gleichstehende Eintragungen sind auf dem neu belasteten Grundstücke nicht vorhanden.

Lobau, den 10. Oktober 1916.

Königliches Amtsgericht.

(Siegel.) (Unterschriften.)

Anlage E.

(Adler.)

Preußischer Hypothekenbrief

über

die in dem Grundbuche von Buchhain (Kreis Seefeld) Band I Blatt Nr. 12 Abteilung III Nr. 1, 2, 4 eingetragenen 5000, 2800 und 3000, zusammen 10800 Mark.

Noch gültig auf 3000, 2800 und 3000, zusammen 8800 Mark.

Lobau, den 10. Dezember 1907.

(Unterschriften.)

Inhalt der Eintragungen:

Nr. 1: 5000 (fünftausend) Mark Restbetrag der am 3. August 1901 eingetragenen 9000 Mark.

Nr. 2: 2800 (zweitausendachthundert) Mark Restbetrag der am 12. Juni 1903 eingetragenen 3300 Mark.

Die Hypotheken Nr. 1, 2 sind am 16. Oktober 1905 für die landwirtschaftliche Kreditbank, Aktiengesellschaft, in Hannover mit der Maßgabe umgeschrieben, daß an die Stelle der bisherigen Forderungen eine Darlehnsforderung von gleichem Betrage gesetzt ist.

Nr. 4: 3000 (dreitausend) Mark Darlehen für die Landwirtschaftliche Kreditbank, Aktiengesellschaft, in Hannover eingetragen am 16. Oktober 1905.

Die Darlehen (Nr. 1, 2, 4) sind mit fünf vom Hundert jährlich seit dem 1. Oktober 1905 in halbjährigen, am 1. April und 1. Oktober zahlbaren Beträgen verzinslich und sechs Monate nach Kündigung rückzahlbar. Die Kündigung ist nur zum 1. April und 1. Oktober gestattet. Werden die Zinsen pünktlich, d. h. spätestens am 10. April und 10. Oktober gezahlt, so kann die Gläubigerin nicht früher als zum 1. Oktober 1910 kündigen. Erfolgt die Zinszahlung nicht pünktlich, so sind die Darlehen sofort fällig; für diesen Fall haben sich die Eigentümer der sofortigen Zwangsvollstreckung in der Weise unterworfen, daß sie gegen den jeweiligen Eigentümer zulässig sein soll.

Belastetes Grundstück:

Der im Bestandsverzeichnis unter Nr. 3 verzeichnete, in der Gemarkung Buchhain belegene Bauerhof Nr. 8 von 42 ha 01 a 95 qm mit 380,97 Tlr. Grundsteuerreinertrag und 136 Mark Gebäudesteuernutzungswert; Grundsteuermutterrolle Art. 3, Gebäudesteuerrolle Nr. 27.

Kaufpreis für den Bauerhof ohne den ihm zugeschriebenen, im Bestandsverzeichnis unter Nr. 2 verzeichneten Garten im Jahre 1895: 51 500 Mark.

Feuerversicherungssumme im Jahre 1904: 8 400 Mark.

Eigentümer:

Bauer Heinrich Schmidt und seine Ehefrau Sophie Schmidt, geborene Busse, in Buchhain in ehelicher Gütergemeinschaft.

Vorgehende oder gleichstehende Eintragungen.

Keine.

Dieser Hypothekenbrief tritt für die in Abteilung III Nr. 1 eingetragene Resthypothek von 5 000 Mark an die Stelle des bisherigen Briefes.

Lobau, den 20. Oktober 1905.

Königliches Amtsgericht.

(Siegel.) (Unterschriften.)

Von den in Abteilung III Nr. 1 noch eingetragenen 5 000 Mark sind 2 000 (zweitausend) Mark gelöscht worden.

Lobau, den 10. Dezember 1907.

Königliches Amtsgericht.

(Siegel.) (Unterschriften.)

Anlage F.

(Adler.)

Preußischer Grundschuldbrief

über

die in dem Grundbuche von Seefeld (Kreis Seefeld) Band VI Blatt Nr. 25 Abteilung III Nr. 7 eingetragenen 2 000 Mark.

Inhalt der Eintragung:

Nr. 7: 2 000 (zweitausend) Mark Grundschuld, mit fünf vom Hundert jährlich seit dem 1. Oktober 1903 in halbjährigen, am 1. April und

1. Oktober zahlbaren Beträgen verzinslich, drei Monate nach Kündigung, die jedem Teil nur zu dem Schlusse eines Kalendervierteljahres zusteht, zahlbar, für den Rentier Wilhelm Korn in Grünbusch eingetragen am 11. Oktober 1903. Das Kapital und die Zinsen sind am jeweiligen Wohnsitze des Gläubigers zu zahlen.

Belastetes Grundstück:

Das im Bestandsverzeichnis unter Nr. 5 verzeichnete, im Dorfe Seefeld belegene Wohnhaus mit Hofraum und Garten Kartenblatt 2 Parzelle $\frac{150}{67}$, $\frac{151}{67}$, von 28 a 79 qm mit 1,11 Tlr. Grundsteuerreinertrag und 90 Mark Gebäudesteuernutzungswert; Grundsteuermutterrolle Art. 4, Gebäudesteuerrolle Nr. 65.

Eigentümer:

Schlächtermeister Heinrich Krause in Seefeld.

Vorgehende oder gleichstehende Eintragungen:

Abteilung II:	Nr. 2 ein lebenslängliches Wohnungsrecht,	im Range vorgehend.
Abteilung III:	Nr. 5 500 (fünfhundert) Mark, Nr. 6 1000 (eintausend) Mark	

Lobau, den 13. Oktober 1903.

Königliches Amtsgericht.

(Siegel.) (Unterschriften.)

Die Grundschuld von 2000 Mark ist mit den Zinsen seit dem 1. April 1906 abgetreten an den Kaufmann Hermann Funke in Hannover und umgewandelt in eine Hypothek für eine vom 1. April 1906 an jährlich mit fünfeinhalb vom Hundert verzinsliche, sechs Wochen nach Kündigung rückzahlbare Darlehnsforderung von 2000 Mark; die Kündigung ist nur zu dem ersten Tage eines Kalendervierteljahrs gestattet. Die Abtretung und die Umwandlung sind im Grundbuch eingetragen.

Lobau, den 6. April 1906.

Königliches Amtsgericht.

(Siegel.) (Unterschriften.)

Anlage G.

(Adler.)

Preußischer Rentenschuldbrief

über

die im Grundbuche von Buchhain (Kreis Seefeld) Band I Blatt Nr. 12 Abteilung III Nr. 7 eingetragene Rentenschuld von 285 Mark.

Noch gültig auf 175 Mk. Rentenschuld, ablösbar mit 3500 Mk.

Lobau, den 16. Oktober 1916.

(Unterschriften.)

Inhalt der Eintragung:

Nr. 7: 285 (zweihundertfünfundachtzig) Mark vom 1. April 1912 an jährlich am 1. April zahlbare Rentenschuld, ablösbar mit sechstausend Mark, für die Kirchengemeinde in Hochdorf eingetragen am 4. April 1912.

Belastetes Grundstück:

(wie in Anlage E).

Eigentümer:

(ebenso).

Vorgehende und gleichstehende Eintragungen:

Abteilung II:	ein lebenslängliches Wohnungsrecht;	im Range vorgehend.
Abteilung III:	Nr. 1 3000 (dreitausend) Mark,	
	Nr. 2 2800 (zweitausendachthundert Mark,	
	Nr. 4 3000 (dreitausend) Mark,	

Lobau, den 6. April 1912.

Königliches Amtsgericht.

(Siegel.) (Unterschriften.)

110 (einhundertzehn) Mark jährliche Rentenschuld mit einer Ablösungssumme von 2500 (zweitausendfünfhundert) Mark sind gelöscht worden.

Lobau, den 16. Oktober 1916.

Königliches Amtsgericht.

(Siegel.) (Unterschriften.)

VI. Allgemeine Verfügung vom 22. Januar 1900,

betreffend die Eintragung der Anerbengutseigenschaft bei Anerbengütern im Sinne des Gesetzes vom 2. Juli 1898. (JMBl. S. 34.)

Auf Grund des Art. 29 des AG. z. GBO. v. 26. September 1899 (GS. S. 307) wird über die Eintragung der Anerbengutseigenschaft bei Anerbengütern im Sinne des Gesetzes, betr. das Anerbenrecht in der Provinz Westfalen rc., vom 2. Juli 1988 (GS. S. 139) folgendes angeordnet:

1. Die sich auf die Anerbengutseigenschaft beziehenden Eintragungen erfolgen bei Grundbuchblättern, welche nach dem neuen Formular (JMBl. 1899 S. 359) eingerichtet sind, in der Aufschrift nach Maßgabe des anliegenden mit Probeeintragungen versehenen Formulars. — **2.** Sollen mehrere Anerbengüter auf demselben Blatte eingetragen werden, so ist der Raum durch einen senkrechten Strich zu teilen und für jedes der Güter eine Hälfte zu verwenden. — **3.** Reicht der Raum in der Aufschrift für die Eintragungen nicht aus, so sind diese am Schlusse des Grundbuchblatts hinter der dritten Abteilung fortzusetzen. In der Tabelle kann eine hinter der Aufschrift einzufügende Einlage für die Fortsetzung der Eintragungen verwendet werden. — **4.** In Spalte 1 des Formulars sind die laufenden Nummern, welche die von der Eintragung betroffenen Grundstücke in dem Verzeichnisse der Grundstücke führen, einzeln aufzuführen. Betrifft die Eintragung eine größere Anzahl von Grundstücken, so ist eine Zusammenfassung der Nummern zulässig (vergl. die Probeeintragungen). — Wird die Anerbengutseigenschaft gelöscht, so sind die Nummern der von der Löschung betroffenen Grundstücke in Spalte 1 rot zu unterstreichen; sind die Nummern in Spalte 1 nicht einzeln aufgeführt, so ist die bisherige Angabe der Nummern rot zu unterstreichen und der Bestand der nicht von der Löschung betroffenen Grundstücke nach Maßgabe der Probeeintragungen ersichtlich zu machen.

Amtsgericht Fürstenberg. **Anlage.**

Grundbuch

von

Haaren, Kreis Büren.

Band I Blatt Nr. 12.

Verzeichnis der Grundstücke mit Anerbengutseigenschaft nach dem Gesetze vom 2. Juli 1898.
Zu dem Anerbengute N. .... gehörig.
Teile dieses Anerbenguts sind auch Band .... Blatt Nr. .... des Grundbuchs von .... eingetragen.

Eintragungen.		Löschungen.	
Laufende Nummer im Verzeichnisse der Grundstücke.		Laufende Nummer im Verzeichnisse der Grundstücke.	
1.	2.	3.	4.
1—14, 18—30.	Eingetragen am 6. Juni 1902. Fischer Neumann	34, 36.	Gelöscht am 4. Juli 1910. Fischer Neumann.
1—13, 18—26, 28, 29, 30.		40.	Gelöscht am 8. September 1911. Fischer Neumann
31—40.	Eingetragen am 4. Dezember 1903. Fischer Neumann	14, 27.	Gelöscht am 4. Dezember 1912. Fischer Neumann
31, 32, 33. 35, 37—40. 37—39.			
15, 16, 17*), 41—100.	Eingetragen am 12. Dezember 1904. Fischer Neumann	16.	Gelöscht am 5. Januar 1920. Fischer Neumann

*) Die Grundstücke Nr. 15, 16, 17 haben nachträglich Anerbengutseigenschaft erhalten.

VII. Geschäftsordnung für die Gerichtsschreibereien der Amtsgerichte.

Vom 26. November 1899.

(JMBl. S. 397.)

6. Abschnitt. Grundbuchsachen.

§ 48. (Grundakten.) 1. Alle auf ein Grundbuchblatt sich beziehenden Schriften sind zu den Grundakten (§ 34 Abs. 1 der Allgem. Verfügung v. 20. November 1899, JMBl. S. 349) zu nehmen, die zu dem Blatte gehalten werden. Das Grundbuch vertritt das Aktenregister.

2. Die den Grundakten beizufügende Tabelle (§ 34 Abs. 2 der Allgem. Verfügung v. 20. November 1899) ist in einen Umschlag von starkem Papiere zu heften und unter dem Deckel des letzten Aktenbandes zu verwahren.

3. Ist eine nähere Angabe über die Wohnung eines Berechtigten gemacht worden oder zeigt ein Berechtigter die Veränderung seiner Wohnung oder die Bestellung eines Vertreters oder Zustellungsbevollmächtigten zu den Grundakten an, oder wird die Wohnungsänderung eines Berechtigten, eines Vertreters oder Zustellungsbevollmächtigten dem Grundbuchamt anderweit in hinlänglich sicherer Weise bekannt, so sind diese Angaben auf einem besonderen Blatte (Wohnungsblatt) zu vermerken. Das Wohnungsblatt ist vor der Tabelle in den Umschlag (Abs. 2) zu heften.

4. Die Schließung des Grundbuchblatts ist auf dem Aktendeckel erkennbar zu machen.

5. Die Abschriften des Flurbuchs und der Gebäudesteuerrolle und die alljährlich den Amtsgerichten zugehenden Flurbuchs- und Gebäudesteuerrollen-Anhänge und Artikelverzeichnisse sind mit den sich darauf beziehenden Schriften zu besonderen Generalakten zu nehmen, welche für jeden Grundbuchbezirk getrennt zu halten sind. Einer Inhaltsübersicht (§ 8 Abs. 14) bedarf es für diese Generalakten nicht.

6. Zur Kontrolle der im Abs. 5 bezeichneten Eingänge ist für den Gerichtsbezirk ein gemeinschaftliches Generalaktenstück zu halten. Mit diesem ist jährlich eine Übersicht vorzulegen, aus der sich der Eingang und die Erledigung der Rollen, Anhänge und Verzeichnisse ergibt.

7. Soweit für gewisse Grundstücke ein Grundbuchblatt weder angelegt noch in der Anlegung begriffen ist, werden die auf solche Grundstücke sich beziehenden Schriften gemeindeweise zu Sammelakten vereinigt.

8. Wegen des Gewerkenbuchs und der Aufbewahrung und Ausfertigung von Kuxscheinen bewendet es bei den bestehenden Vorschriften.

§ 49. (Urkundenverwahrung.) 1. Müssen Urkunden längere Zeit bei dem Gericht aufbewahrt werden, ohne daß sie zu den Grundakten geheftet werden können, so sind sie in einem Umschlage zur besonderen Verwahrung zu nehmen. Auf dem Umschlag ist die Geschäftsnummer des Schriftstücks, mittels dessen die Einlieferung der Urkunden zu den Grundakten erfolgt ist, anzugeben.

2. Die Annahme der Urkunde zur besonderen Verwahrung und demnächst auch die Herausgabe aus der Verwahrung wird in den Grundakten auf dem Nummernverzeichnisse vermerkt; die Bescheinigung über die Herausgabe gelangt zu den Grundakten, ihre Ordnungsnummer ist auf dem Schriftstücke, mit dem die Urkunde eingeliefert ist, zu vermerken.

3. Die besonders verwahrten Urkunden befinden sich unter dem Verschlusse des Grundbuchführers.

§ 50. (Eigentümerverzeichnis.) 1. Für den Bezirk des Gerichts ist ein alphabetisches Eigentümerverzeichnis zu führen. Es hat folgende Spalten: 1. Laufende Nummer, 2. Zu- und Vorname, Beruf und Wohnort des Eigentümers, 3. Hinweis auf das Grundbuch, a, Grundbuchbezirk, b, Band, c, Blatt, 4. Bemerkungen.

2. Das Eigentümerverzeichnis kann, sofern die örtlichen Verhältnisse dies wünschenswert erscheinen lassen, für jeden Grundbuchbezirk gesondert geführt werden.

3. Jeder Eigentümer ist in dasselbe Eigentümerverzeichnis nur einmal aufzunehmen. Neben seinem Namen wird auf die Grundbuchblätter verwiesen.

4. Wird auf einem der Blätter ein anderer Eigentümer eingetragen oder wird ein Grundbuchblatt geschlossen, so ist der Hinweis auf dieses Blatt rot zu unterstreichen.

5. Sind sämtliche Vermerke in Spalte 3 gelöscht, so ist auch die Eintragung in Spalte 2 rot zu unterstreichen.

6. In den Hohenzollernschen Landen und in dem Bezirke des vormaligen Justizsenats zu Ehrenbreitstein verbleibt es bei den bestehenden Anordnungen über die Einrichtung der Namenverzeichnisse (Allgem. Verfügungen v. 23. September 1872, JMBl. S. 259, und v. 31. Oktober 1873, JMBl. S. 293).

§ 51. (Tagebuch.) (Fassung v. 9. Dezember 1901, JMBl. S. 278.) 1. Der Gerichtsschreiber des Amtsgerichts (Grundbuchführer) hat über die von ihm im Grundbuche bewirkten Einschreibungen ein Tagebuch nach dem Formular Nr. 21 zu führen. Hierbei sind die zu dem Formular gegebenen Erläuterungen und die für die Aufstellung der Geschäftsübersichten getroffenen Vorschriften zu beachten.

2. Bei den Amtsgerichten im bisherigen Geltungsbereiche des Rheinischen Rechtes ist die Spalte 2a des Tagebuchs in zwei Unterspalten mit folgender Aufschrift zu zerlegen:

auf Grund einer Auflassung

α) vor dem Grundbuchamte;

β) vor einem anderen Amtsgericht oder vor einem Notar.

§ 61 Nr. 1. Die Bestimmungen des sechsten Abschnitts über die Behandlung der Grundbuchsachen sind nur für diejenigen Grundstücke maßgebend, für welche das Grundbuch als angelegt anzusehen ist. Im übrigen erfolgt die Behandlung der Grundeigentums- und Hypothekenangelegenheiten nach den bisherigen Vorschriften.

Sachregister.

Es bezeichnen die Zahlen die Seiten, die eingeklammerten Zahlen die Anmerkungen.

A.

Abbaurecht 290 (1, 2), 318 (4), 353 (2), 378.
Abdeckereigerechtigkeit 394 (9 b).
Abfindung in Land, Eintragung 425 (4).
Abgabe der Erklärungen vor dem GBA. 6 (b, c), 9 (2), 10, 16 (2 d), 38.
Abgaben und Lasten, öff. 141 (5 a), 421; des Erbbaurechts 80 (7).
Abkömmlinge, Eintragung für 152 (1); bei der fortgesetzten Gütergemeinschaft 337 (6).
Ablehnung, der Eintragung 312; des Grundbuchbeamten 297, 413 (7); der Gerichtspersonen 376.
Ablösbare Grundgerechtigkeiten 395 (7).
Ablösung von Reallasten und Dienstbarkeiten 141 (3 e); von Rentenschulden 262; der Geldrente 397 (bb).
Ablösungskapital bei der Rentenschuld 262.
Ablösungsrecht (Eintrittsrecht) bei der Hypothek 194 (1); bei der Rentenschuld 264, 265.
Ablösungssumme bei Rentenschulden 263 (2), 368.
Abnahme, zwangsweise, des Briefes 419 (4, 5).
Abschreibung von Grundstücksteilen 30 (3), 162 (2), 293, 382, 462, 467, 470.
Abschrift, Erteilung 298, 299 (6), 327, 332 (3), 381; Beglaubigung 296, 418, 473 (3); Beglaubigte A. von einem Teile des Grundbuchblatts 473; A. öff. Urkunden 327; Aufbewahrung 296.
Absonderungsrecht 23 (16).
Abteilungen des Grundbuchblatts 13; A. eins 463; zwei 464; drei 465.
Abtrennung der Schuldurkunde 365, 368.
Abtretung, des Berichtigungsanspruchs 39 (2), 66 (12); der Forderung 198; der Briefhypothek 198 (I); der Buchhypothek 199 (II); der Sicherungshypothek 247 (4); der Hyp. für Forderungen aus Inhaber- und Orderpapieren 249 (3); Vertrag über die A. 200 (VI); Rechtsverhältnis zwischen Eigentümer und neuem Gläubiger 203.
Abtretungserklärung 198 (I); als Nachweis des Gläubigerrechts 200.
Abweichung von ergangenen Entscheidungen bei der weiteren Beschwerde 374.
Ältere Bücher, Anpassung 379; Ä. Hypotheken 148 (8), 164 (6), 177 (4), 180 (6), 183 (4), 212 (12).
Änderung, von dinglichen Rechten 11; verpfändeter Rechte 274; des Rangverhältnisses 14 (3), 15; der durch Hypoth. gesicherten Forderung 230; des Zinssatzes 160, 248 (2), 262 (4); der Zins- u. Zahlungsbedingungen 406.
Agrarrechtliche Vorschriften 388 (4).
Akten, Verweisung auf solche 336 (1), 381. S. Grundakten.
Aktiengesellschaft 59 (2 b), 61 (2 g), 332.
Aktivlegitimation bei der dinglichen Klage 191 (I).
Akzessorische Natur der Hypothek 146 (3), 147 (4).
Altenteil 140 (1 c); Eintragung 353; Löschung 319 (2).
Amortisationsbeträge 142 (7), 228 (1).
Amortisationsdarlehen 433 (8).
Amortisationshypothek, Vorrechtseinräumung 389 (2 f).
Amtliches Verzeichnis der Grundstücke 289, 382, 449.
Amtsgericht als Grundbuchamt 411. Unterstellung des GBA. unter das A. 383, 384. Zuständig für die Auflassung 391 (9).
Amtspflicht, Haftung für deren Verletzung 299, 419.
Amtsstelle, Erklärung außerhalb der A. 62 (5).
Analphabeten 327 (cc), 417 (2).
Aneignung herrenloser Grundstücke 58 (1 a), 74.
Anerbe 58 (1 b), 471 (2 c).

Anerbengüter 424 (3 b), 475; Anlegung des Grundbuchblatts 468.
Anerkenntnis der kraft Gesetzes erfolgten Übertragung einer Hypothekenforderung 201 (2 bb).
Anfechtbarkeit der Aufhebungserklärung 10 (3); eines Rechtsgeschäftes 36 (12 c).
Anfechtung der Einigung 4 (4 b).
Angaben, tatsächliche des Grundbuchs 33 (8), 70 (21).
Anlagen, nachbarliche 88, 89, 90, 93 (3, 2). A. auf dem Nießbrauchgrundstück 102. A. des Protokolls 326.
Anlandung 62 (4), 162 (2).
Anlegung des Grundbuchs 291 (2), 451, 458. Verfahren zur A. 452 f., 454.
Anlegungsbezirk 451, 458.
Anmeldung bei Anlegung des Grundbuchs 452.
Anordnung, einstweilige des Beschwerdegerichts 373 (3).
Anschluß der Eintragung an die Auflassung 64 (10), 71 (26).
Anschwemmung 62 (4), 162 (2).
Anspruch, Sicherung 20 (4). Verjährung 47. Bedingter, künftiger 14 (2), 20 (4), 23 (9). Dinglicher, Formulierung 192 (3). Persönlicher auf Eintragung 308 (5).
Anteile an einem Grundstück 65 (IV), 74 (4).
Anteilshypothek 362.
Antichrese 20 (3), 23 (20), 115 (2), 150 (3 b), 465 (1).
Antrag, als Voraussetzung der Eintragung 304 (I). Eingangsvermerk 14 (3), 305 (II). Form 305 (5), 329 (1, 2). A. unter Vorbehalt 310. Anträge, mehrere 310; Erledigung 311 (1); ungerechtfertigte 12 (2); Beanstandung 312. Zurückweisung 311 (3), 312 (3). Zurücknahme 309 (6).
Antragsberechtigter 306 (III), 307 (2).
Antragsrecht der Notare 308.
Antragsteller, dessen Benachrichtigung 357.
Anwaltszwang bei der weiteren Beschwerde 376 (1).
Anweisung des Beschwerdegerichts 368.
Anwesenheit beider Teile bei der Auflassung 62 (6), 391 (9).
Apothekengerechtigkeit 394 (9 b).
Armenrecht 413 (12).
Arrest 21 (7), 32 (2). -hypothek 32 (2), 245 (B).
Artikel 449 (1), 450 (5), 459.
Assessor 411 (2), 419 (1).
Attest s. Zeugnis.
Auenrecht 394 (2).
Aufbewahrung von Urkunden 296, 473.
Aufgeben des Grundeigentums 74.
Aufgebot, von Hypotheken 217, 218; von Vormerkungen 27; von Grundstücken 73; des Vorkaufsrechts 139; der Reallast 145; des Hyp.Briefs 208; des unbekannten Gläubigers 217, 218, 250; von Eigentumsprätendenten 455 f.
Aufgebungserklärung 9 (2).
Aufgegebene Grundstücke, Aneignung 74.
Aufhebung, von Rechten 9; der Grunddienstbarkeit 95 (3); der Hypothek 236; verpfändeter Rechte 274; subjektiv dinglicher R. 316.
Auflassung 5 (6), 6 (V), 7 (VI), 12 (2), 49 (4), 57, 81 (1), 242 (3 c), 308 (4), 315 (8), 316, 343 (2), 390 (1), 391 (9, IV, 13); nichtige 64 (7); bedingte und befristete 20 (4), 64 (8); Kosten 72 (VIII); Ersatz durch Urteil 63 (6 b); Inhalt der Erklärung der A. 63 (7); Erklärung durch Vertreter 62 (6); an mehrere Erwerber 64 (7); abhängig von Vorlegung der Veräußerungsurkunde 382; vor einem Amtsgericht oder Notar 391 (9); auf dem Gerichtstage 412 (6).
Auflassungsvormerkung 20 (4), 21 (7, 10), 22 (12).
Aufschrift der Grundbuchblätter 462.
Aufrechnung, bezahlter Mietzinsen 169. Einrede der A. gegen die Hypothek 181 (2 B). Befriedigung durch A. 186.
Aufsichts-Behörde 70 (19), 80 (6), 412 (4), 470. Ersuchen um Eintragung 341 (1). Beschwerde 369 (1).
Auftrag zum Erwerb von Grundeigentum 67 (V).
Aufwendungen, Ersatz von 49 (4).
Ausbuchung 380 (2).
Auseinandersetzung, der Erben 58 (1 b); der Miteigentümer 390 (1); bei der Gütergemeinschaft 58 (1 c); gemeinschaftlich gebliebener Flächen 461 (3).
Auseinandersetzungsbehörden 389 (2 f), 395 (7), 403 (2), 406 (I a), 409 (6), 425 (5), 426, 461 (3), 470.
Auseinandersetzungsrezesse 422 f., 461 (3), 470.
Ausfall des Gläubigers bei der Zwangsversteigerung 214 (1).
Ausfertigung von Urkunden 418 (2).
Ausführung der Eintragung 417.
Aushändigung, der Eintragungsbewilligung 332 (2); des Briefes 361, 475 (6).
Auskunftserteilung 299 (3), 473 (2).

Ausländische Behörden, deren Ersuchen 342 (4).
Ausscheiden eines Grundstücks aus dem Grundbuch 463.
Ausschließung, des Grundbuchbeamten 297, 413 (7); von Urkundspersonen 327 (ee); der Gerichtspersonen 376; der Erteilung eines Hypothekenbriefs 155, 157, 247.
Ausschlußurteil 27 (3), 58 (1 a), 73, 145, 217, 218, 250, 455.
Austausch, von Parzellen 406 (I b); von Feldesteilen 434 (3).
Ausübung, der Grunddienstbarkeit 88; des Nießbrauchs 113.
Außergerichtlicher Verkauf des belasteten Grundstücks 194, 274 (1).
Außerkurssetzung 260 (10).
Auszug. Als Reallast 140, 353. Aus dem Grundbuch beim Hyp.Brief 358, 382, 474. Aus der Schuldurkunde 359. Aus dem Steuerbuch bei Abschreibungen 470.
Avulsion 62 (4), 162 (2).

B.

Bahnaufsichtsbehörde 407 (II) f.
Bahneinheit 35 (10 c), 165 (8), 391 (IV), 392 (18 d), 407 (II) f.
Bahngrundakten 476.
Bahngrundbuch 379, 407 (B) f., 471 (2 b), 476.
Bahngrundstücke 408 (C) f. Grundbuchblatt 448.
Bahnpfandschulden 408 (8).
Balkon 53 (1 c).
Baugrund, Überlassung bei Überbau 56 (5).
Bauen auf der Grenze 52.
Baumaterialien 162 (3).
Bauunternehmer, Sicherungshypothek 239 (3).
Bauwerk 79 (2), 82.
Beamte, Einsicht des Grundbuchs 299 (6).
Beanstandung der Eintragung 312.
Bedingte, Eintragungsanträge 310; Rechte 14 (2), 20 (4), 23 (19); Hypothek 150 (4).
Bedingung bei der Auflassung 64 (8), 81 (1).
Beeinträchtigung einer Grunddienstbarkeit 93.
Befreiung vom Buchungszwange 66 (13), 380 (1), 391 (13), 448.
Befriedigung, der Hypothek 148 (7), 186, 232. Kosten der B. 159 (2 b). Teilweise B. 190.
Befriedigungsrecht des Eigentümers 186, 191. B. des Pfandgläubigers 274.
Befristung bei der Auflassung 64 (8).
Beglaubigte Abschriften 296, 418.
Beglaubigung 6 (a), 328 (6); der Abtretungserklärung 198 (2).
Begräbnisplatz, Erwerb 61 (2 i).
Begründung der Rechte an Grundstücksrechten 3 (I).
Behörden, Einsicht des Grundbuchs 299 (6), 472. Eintragung auf Grund ihres Ersuchens 8 (2), 341 f., 420. Beschwerderecht 370 (3), 375. Ersatzansprüche gegen sie 299. Öffentliche B. 325 (5), 454; staatliche, deren Zeugnisse 453.
Beibehaltung der bisherigen Grundbücher 461 (2).
Beitreibung, Kosten ders. 159 (2 b).
Bekanntmachung, der Verfügungen des GBA. 357, 413 (15); der Eintragung eines Eigentümers 471; der Entscheidungen der Beschwerdegerichte 372; der Anlegung des Grundbuchs 453, 457.
Belastung des Grundstücks 8, 10; eines Grundstücksteils 294; ideeller Anteile 294 (1); eingetragener Forderungen 276, 272, 273, 275 (1), 250, 283; der Briefhypothek 321 (2); der Buchhypothek 321 (4); nachträgliche eines anderen Grundstücks 351; des Erbbaurechts 82 (3).
Belastungsverbot 21 (9), 179.
Benachrichtigung der Beteiligten 357; der Grundbuchinteressenten 472 (3).
Benutzung, gemeinschaftliche 52.
Berechtigter, bei der Einigung 3 (II), 5 (6); eingetragener 32 (3), 342 f.; Eintragung im Wege der Berichtigung 306.
Berechtigtes Interesse 298 (1).
Bereicherung, 33 (4); ungerechtfertigte 4 (b), 14 (4), 37 (V), 49 (4), 146 (3).
Bergbeamte, Erwerbsbeschränkung 393 (aa).
Bergrecht 394 (9), 456.
Bergwerk, Nießbrauch 102.
Bergwerkseigentum 391 (IV), 433 f., 447. Einrichtung des Grundbuchs für Bergwerke 468 f.
Berichtigung, des Grundbuchs 6 (V), 14 (4), 38, 49 (4), 295, 306, 316; materieller Irrtümer des Katasters 450 (III).
Berichtigungsanspruch 38, 39 (2), 66 (12), 71 (26).
Beschädigung des Hypothekenbriefs 367.
Beschlagnahme 35 (10 f.); der Erzeugnisse u. Zubehörstücke 165.
Beschluß des Beschwerdegerichts 373 (2).

Beschränkte persönliche Dienstbarkeiten 53 (I), 128. Übertragbarkeit u. Ausübung 130.
Beschränkungen, in der Verfügung 34 (10), 38 (1); der Haftung des Erben 23; der Reallasten 396 (2) f. Erwerbs-B. 393 (b).
Beschwerde 368 f. Zulässigkeit 369 (2). Gegen Eintragungen 369 (2). Legitimation zur Einlegung 370 (3). Einlegung 370. Verfahren des GBA. 371. Weitere B. 373.
Beschwerdegericht 370. Dessen Verfahren 372.
Beschwerdeschrift 370.
Besitz 70 (22); des Nießbrauchers 101.
Besitzschutz der Grunddienstbarkeiten 96.
Besorgnis der Verschlechterung des Grundstücks 178.
Bestandsverzeichnis 100, 461, 462, 470.
Bestandteile des Grundstücks 161 (1), 165; Trennung 167.
Bestimmung, des Rangverhältnisses 13, 14 (3, 4), 15, 196, 465; des zuständigen Gerichts 414.
Betagte Rechte 14 (2).
Beteiligte, der Einigung 3, 24 (1): unmittelbare und mittelbare 306 (9); deren Benachrichtigung 357, 472 (3).
Betrag der Hypothek 153 (3).
Betroffener, durch eine Eintragung 3 (II), 24 (1), 43 (2), 314 (2).
Beurkundung, des Eingangs von Schriften 305 (II); öffentliche B. 6 (7), 324 f.
Bevollmächtigte 36 (12 e), 242 (3 b), 370 (3). Bei der Auflassung 62 (6). Einsicht des Grundbuchs 299 (4). Benachrichtigung von der Eintragung 357 (1).
Beweis von Änderungen durch das Grundbuch 32 f.; für die Forderung bei der Hypothek 182.
Beweisaufnahme durch das GBA. 413 (13), 454, 456.
Beweislast bezüglich der nach dem Grundbuche bestehenden Vermutungen 31 (1).
Bewilligung des Betroffenen 3, 24 (1), 43 (2).
Bewirtschaftung des Nießbrauchgrundstücks 101 (2).
Bezeichnung, des Grundstücks 70 (21), 289, 323, 359 (4), 459; des Berechtigten 469.
Bezirk des GBA. 289, 378.
Bezugnahme, auf die Eintragungsbewilligung 8, 154 (6), 417 (1); auf die Satzung 155 (7); auf das Grundbuchblatt 323; auf Urkunden 8 (2), 452; auf Handels- und Güterrechtsregister 335; auf andere Bücher 379; auf Akten 382.
Bildung der Briefe 358 f.
Bindung der Beteiligten beim dinglichen Vertrage 5 (IV); beim Verzicht 9 (2), 10 (1); bei der Auflassung 71 (25).
Blankoabtretung 410 (4).
Blatt, gemeinschaftliches 291.
Blinde 326 (bb).
Böser Glaube 36 (12 b).
Briefhypothek 147 (5), 156 (1). Übertragung 320 (1). Belastung 321 (2). Eintragungen bei der B. 342.
Bruchteil eines Grundstücks. Belastung 79 (1), 84 (2), 85 (III), 97 (2), 133, 142, 151, 395 (6); Auflassung 59 (2 c), 65 (IV); Zwangshypothek 243 (4); Angabe bei Eintragung gemeinschaftlicher Rechte 350.
Buchberichtigung 38 f.
Bucheigentümer, Vermutung für sein Eigentum 31 (1). Verhältnis zum wahren Eigentum 66 (12).
Bucheinrichtung 289 (2), 439, 458 f.
Buchersitzung 45, 58 (1 a), 62 (3), 99 (5), 132 (4).
Buchführer 412 (3).
Buchhypothek 147 (5). Teilung 197 (5). Übertragung u. Belastung 321 (4).
Buchung. Gegenstand der 290 (1). Doppelte B. 31 (2 b).
Buchungsfreie Grundstücke 66 (13), 380 (1), 391 (13), 448.
Buchungszwang 380 (1).
Buchversitzung der Grunddienstbarkeit 95 (2).
Bücher, ältere, deren Anpassung 379.
Büdnerrecht 290 (1).
Bürge, Einreden des Eigentümers gegen die Hypothek 181 (2 B), 187.
Bureauverwaltung 412 (5), 473 (2 a).

C. (Siehe auch K. u. Z.)

Causa perpetua 88 (5).
Cautio damni infecti 62 (3).
Cession s. Abtretung.
Constitutum possessorium 6 (d), 101 (1), 157 (1), 273 (2), 283 (1).

D.

Darlegung des berechtigten Interesses 298 (1).
Darlehnshypothek 182 (2); Widerspruch 183.
Datum der Eintragung 13.

Deichpflicht 421 (1).
Deutsche Sprache des Protokolls 326 (aa).
Dienstaufsicht 412 (4).
Dienstbarkeiten 19 (1), 51, 53 (I), 83, 293, 382. Beschränkte persönliche D. 128. Übertragbarkeit u. Ausübung 130.
Differenzen zwischen Grundbuch und Steuerbuch 450 (4).
Dingliche, Einigung 3 (II); Klage 191 (I); Rechte, geschlossene Zahl 303 (2).
Dolmetscher 327 (dd), 392 (15), 413 (9).
Domänen 448; -beamte 393 (cc); -Amortisationsrente 422.
dominium directum, utile 48 (2).
Doppelte Buchung 31 (2 b).
Drainierungsanlagen (Meliorationsdarlehen) 14 (2).
Dritte Personen, Zustimmung zu Eintragungen 10, 28.
Duldungspflicht, beim Überbau 54 (3); beim Notwege 57 (9).

E.

Echtheit öffentlicher Urkunden 325 (5).
Ehefrau, Verfügungsfähigkeit 35 (10 f).
Ehegatten. Nachweis des Güterrechts 334. Mitwirkung bei Berichtigung des Grundbuchs 58 (1 c). Zwangshypothek gegen sie 244 (5). Leibgedinge für sie 403.
Ehevertrag 335 (1), 337 (6).
Eigenbesitz 45 (2), 83 (1), 454.
Eigentümer. Eintragung 33 (III), 71 (26), 193, 316, 471. Zustimmung zur Löschung von Hyp. 237 (7). Kündigung der Hyp. 154 (6 c), 159 (2 a), 185, 202 (II), 203, 206, 278, 279, 405 (6 c). Erwerb der Hyp. kraft Gesetzes 188 (4), 208, 209 (I), 405 (4); der Grundschuld 259; der Rentenschuld 265. Befriedigungsrecht 186. Benachrichtigung von Eintragungen 357.
Eigentümergrundschuld 261.
Eigentümerhypothek 29 (1), 188 (4), 209 (I). Entstehung 188 (4), 210 (II), 261 (2). Bei Sicherungs-Hyp. 188 (6), 247 (3). Bei der Gesamthypothek 220, 221, 225. Bei der Zwangshypothek 245 (8). Bei der Inhaber- und Orderhypothek 250 (5). Bei der Höchstbetragshypothek 256 (9). Verzicht auf die E. 210 (3). Eintragung des Eigentümers vor Verfügungen über die E. 212 (7), 343 (2). Pfändung der E. 212 (9). Verwandlung in eine Grundschuld 226, 410 (8).
Eigentümerverzeichnis 497.
Eigentum, Begriff 48 (2). Übertragung an Grundstücken 57 f. Umfang 70 (21). Beschränkungen 48 (3), 53 (I), 69 (19). Ansprüche aus B. 70.
Eigentumsbeschränkung, Eintragung bei Anlegung des Grundbuchs 453.
Eigentumsbesitz, Glaubhaftmachung 453.
Eigentumserwerbsarten, ursprüngliche 58 (1).
Eigentumsklagen 22 (12).
Eigentumsveränderungen, Benachrichtigung an das Katasteramt 450 (5).
Eigentumsveränderungslisten 450 (5).
Einbringen in die Gesellschaft 59 (2 b).
Einfahrt 292 (2).
Eingang der Anträge 14 (4), 305 (II), 313 (5).
Eingangsvermerk 14 (4), 305 (II), 412 (6).
Eingetragene, Genossenschaften 460; Vereine 393.
Einigung, dingliche 3. Inhalt und Form 4. Abstrakter Vertrag 4 (4). Erfüllungsgeschäft 5 (c). Bindung 5 (IV). Ersatz 7 (VI). E. bei der Vorrangseinräumung 15 (2); bei der Auflassung 62 (II); bei der Hypothek 149 (2 a).
Einlegung der Beschwerde 370.
Einrede, gegen die Grundschuld und die Hypothek 180, 204, 216; der nicht empfangenen Valuta 183; gegen Vormerkungen 27; gegen den Berichtigungsanspruch 40 (5).
Einrichtung des Grundbuchs 289, 378, 439.
Einschränkungen des Eigentums s. Verfügungsbeschränkungen.
Einsetzung einer anderen Forderung für eine Hypothek 365.
Einsicht, des Grundbuchs 297, 381, 472; der Grundakten 381.
Einstweilige Anordnung des Beschwerdegerichts 372.
Einstweilige Verfügung 25 (2), 43 (2).
Eintragung 5 (III). Allgemeine Grundsätze 302 f., 466. Formale Voraussetzungen 304 (6), 324 (3). Verfügung u. Ausführung 417. Inhalt 8 (1), 303 (4), 117 (1). Endgültige, vorläufige 303 (3). Auf Ersuchen von Behörden 8 (2), 341 f. Reihenfolge 13, 348, 412 (6). Richtige 14 (2), 38 (1). Unrichtige, unzulässige 39 (1), 355, 465 (1). Widersprechende 31 (2 b), 291 (3). Datierung 13 (1), 348. Spätere, deren Vermerk auf dem Briefe 363. Vermutung aus E. 30. E. des Berechtigten 5 (6), 65 (11), 342 f.; des Eigentümers 471; der Vormerkung 24; der Auf-

lassung 64 (III); des Verzichts 75 (1); des Erbbaurechts 82 (3); der Grunddienstbarkeit 85 (3 c); des Nießbrauchs 98 (5); eines Rechtes für mehrere gemeinschaftlich 350; des Vor- u. Nacherben 353; der Vorrangseinräumung 16 (2 b, g); Beschwerde gegen E. 369 (2). Kosten der E. 159 (3).

Eintragungsantrag. Begriff 304. Präsentation 305 (II), 412 (6), 415. Inhalt 305 (2), 323. Form 305 (5), 329 (I). Mit Vorbehalt 310. Zurücknahme 309 (6), 331. Zurückweisung 311 (3), 312. Noch nicht erledigter E. 298.

Eintragungsbewilligung 198 (3), 313, 323, 324. Bezugnahme auf die E. 8.

Eintragungsfähigkeit 303 (2), 86 (3), 180 (3), 465 (1).

Eintragungsformel 16 (2 g), 417 (1).

Eintragungsverfügung 303 (4), 417 (1).

Eintritt der Rechtsänderung 6 (V).

Einwendungen s. Einrede.

Einwirkung auf fremdes Eigentum 49.

Einzelkaufmann 152 (1).

Einziehung, des Miet- oder Pachtzinses 168, 169; der verpfändeten Forderung 279.

Eisenbahngrundstücke 407, 443.

Endgültige Eintragung, statt der Vormerkung 26 (6), 28; statt des Widerspruchs 44 (3).

Endtermin 95 (4).

Enteignung 388 (2), 470, 471 (2 a). Haftung der Entschädigungssumme 409 (6).

Entfernung von Bestandteilen des Grundstücks 165.

Entgeltlicher Erwerb 32 (4).

Entpfändung eines Grundstücksteils 470 (3).

Entschädigung, beim Überbau 54 (4); beim Notwege 57 (11); bei der Enteignung 409 (6).

Entschädigungspflicht des Staates 299.

Entscheidung, des GBA. 369 (2 b); des Beschwerdegerichts 372.

Erbauseinandersetzung 58 (1 b), 67 (14), 339.

Erbbaurecht 19, 45 (1), 51, 53 (1 a), 66 (12), 67 (14), 76 (4), 79, 290 (1, 2), 316, 378, 383, 391 (9), 421; Anlegung eines Grundbuchblatts 294.

Erbbegräbnis 80 (9).

Erbe 36 (12 b); ist zur Eintragung nicht verpflichtet 306 (9), 344; Erwerb der Nachlaßgrundstücke 58 (1 b); Vorkaufsrecht 134 (1). Haftung 23.

Erbfolge, deren Nachweis 335.

Erbgang, Erwerb durch 58 (1 b).

Erbgüter 427.

Erblasser, dessen Bewilligung der Eintragung 344.

Erbleihegüter 427.

Erbpacht 48 (2), 290 (1, 2), 353 (2), 378, 427.

Erbschaftskauf, 58 (1 b), 337 (5).

Erbschein 337 (3).

Erbstammgüter 429.

Erbteilungsvertrag 392 (18).

Erbvertrag 336 (1).

Erbzinsgüter 427.

Ergänzung, des Antrags 312 (3); des Hypothekenbriefs 358.

Erhöhung des Zinssatzes bei der Hyp. 160.

Erker 53 (1 c).

Erklärung, vor dem GBA. 6 (b, c), 9 (2), 10, 16 (2 b); zu Protokoll 324; zur Eintragung erforderliche 324; der Nichtausstellung einer Schuldurkunde 360 (6).

Erledigung des Antrags 311 (1).

Erlöschen, der Rechte 29; kraft Gesetzes 46; der Grunddienstbarkeit 95 (II); der Forderung 210 (5); der Vollmacht 330 (6); der Vormerkung 26 (7).

Erneuerung des Briefes 367.

Erneuerungsschein 124.

Errungenschaftsgemeinschaft 58 (1c).

Ersatzanspruch, des persönl. Schuldners 213; des befriedigenden Eigentümers bei der Gesamthypothek 223 (5).

Ersatzpflicht des Staates 299.

Ersitzung, des Eigentums 45, 58 (1 a), 62 (3); des Nießbrauchs 45 (1); von Grunddienstbarkeiten 45 (1), 86 (4).

Ersteher, Eintragung als Eigentümer 59 (1 d).

Ersuchen von Behörden 8 (2), 341 f.

Erteilung, von Abschriften 298, 472, 473; des Hypothekenbriefs 155, 358; eines neuen Briefes 367.

Erwerb, durch Rechtsgeschäft 3, 32 (II); entgeltlicher, unentgeltlicher 32 (4).

Erwerber, gutgläubiger 33 (III).

Erwerbsbeschränkungen 70 (20), 393 (b).

Erwerbsgrund, Eintragung 463.

Erwerbspreis, Vermerk im Grundbuch 464 (3); im Hyp.Brief 474.

Erwerbs- u. Wirtschaftsgenossenschaften, Vorstand 334 (11).

Erzeugnisse des Grundstücks, Haftung 163 (4, 5); Beschlagnahme 165; Trennung 167.

Exceptio excussionis personalis 181 (2 B).

F.

Fährgerechtigkeit 291 (1), 394 (9 b).
Fälligkeit der Hyp., der Grund- und der Rentenschuld 154 (6 c).
Fahrlässigkeit 42 (2), 300 (4), 301 (7).
Fahrnisgemeinschaft 337 (6).
Familie 131 (3 a), 401 (1).
Familienfideikommisse 30 (1), 35 (10 c), 38 (1), 48 (2), 58 (1 b), 152 (1), 427, 457.
Familiengut einer landesherrlichen Familie 380.
Familienstiftung, 392, 393 (20).
Feldfrüchte, Versicherung 105 (2).
Feststellung des Zustands der Nießbrauchsache 100 (1).
Feuerversicherungssumme 289 (2), 464 (3).
Fideikommissar 354 (1).
Fideikommiß-, Behörde 428 (1); Eigenschaft 30 (1), 35 (10 c), 38 (1), 48 (2), 406 (I a), 428 (2), 464; Folge 70 (19), 388 (1), 429 (4); Löschung 429 (3).
Fideikommissarische Substitution 354.
Fiduziar 354 (1).
Firma, Eintragung für eine 152 (1).
Fischereigerechtigkeit 291 (1), 394 (9 b).
Fiskus. Bezeichnung 460. Aneignung aufgegebener Grundstücke 74. Grundstücke des F. 59 (1 a, 2 b), 70 (19), 379.
Flächenabschnitt 449 (1), 471 (4).
Flurbücher 290 (3), 449.
Flurstück 290 (1).
Flußbett, verlassenes 62 (4), 162 (2).
Forderung. Voraussetzung der Hyp. 150 (5), 154 (6 a), 158 (6). Urkunde über die F. 359. Einstellung einer anderen F. für die Hyp. 230. Unverzinsliche F. 160. Schutz der F. 182 (1). Fälligkeit, Kündigung 185. Übertragung 197. Nichtentstehung 210 (4). Erlöschen 210 (5). Pfandrecht an einer F. 275. Verpfändung u. Pfändung einer F. 276.
Forderungsnießbrauch 124 (2).
Forderungsrechte, persönliche, sind nicht eintragungsfähig 20 (3).
Form, der Einigung 6; des Vertrages über Eigentumsübertragung 66 (V); Heilung durch Auflassung 68 (17); der Eintragungsbewilligung 324 (2); der weiteren Beschwerde 375.
Forstbediente, Erwerbsbeschränkungen 393 (bb).
Fortführung bisher geführter Bücher 379, 461 (2), 469.
Fortgesetzte Gütergemeinschaft 58 (1 c), 337 (6).
Fortlaufende Nummern der Grundbuchblätter 459.
Fortschreibungsprotokolle 450 (6).
Freiwillige Veräußerung 59 (2).
Frist, Berechnung 413 (14); zur Hebung des Hindernisses einer Eintragung 312.
Fristenlauf, dessen Hemmung bei der Ersitzung 46 (2).
Fruchtverteilung bei Beendigung des Nießbrauchs 111 (II).
Früchte, 98 (4). Überfall 50. Erwerb durch den Nießbraucher 102. Haftung für Hypothek 163 (4).
Fundbücher 290 (3).

G.

Gebäude, wesentliche Bestandteile des Grundstücks 63 (7), 161 (1), 162 (3), 290 (1).
Gebäudesteuerbücher 33 (8).
Gebäudesteuernutzungswert, Angabe im Grundbuch 459, 461, 474.
Gebäudesteuerrolle 449 (2), 459 (2).
Gebäudeteil 81 (1).
Gebäudeversicherung 171.
Gebot, geringstes 17 (d), 22 (14), 257 (11).
Gefährdung, eines Grundstücks durch drohende Gefahr 50; der Sicherheit, einer Hypothek 176; des Pfandgläubigers 279.
Gefahr, Übergang 71 (23).
Gegenstand, der Auflassung 65 (IV); der Eigentümerhypothek 209 (3).
Geldbetrag, der Hypothek 153 (3), 240 (2 b); einzutragen in Reichswährung 323 (2), und mit Buchstaben 467.
Geldrente 397 (b), 402.
Geltungsgebiet der GBO. 377 (2); der preuß. Grundbuchgesetze 447.
Gemarkung 459, 469.
Gemarkungskarte 449 (1).
Gemeindebehörde als GBA. 289.
Gemeindebezirk 458.
Gemeindemarkung 84 (II).
Gemeinden, deren Grundstücke 448, deren Bezeichnung 460.
Gemeine Lasten 421 (I 2).
Gemeinheitsteilung 461 (3).
Gemeinschaft nach Bruchteilen und zur gesamten Hand 76 (1), 350, 351.
Gemeinschaftl. Blatt für mehrere Grundstücke 291, 459.
Gemeinschaftl. Grundstück, Belastung 77
Gemeinschaftl. Hypothekenbrief 366.

Gemeinschaftl. Rechte mehrerer 350.
Gemeinschuldner 23 (16), 70 (19).
Genehmigung seitens dritter Personen 10, 28.
Generalkommission 391 (15), 397 (2), 406 (I a), 425 (5), 472.
Genossenschaften, eingetragene 460.
Gerechtigkeiten 66 (12), 76 (4), 391 (IV), 394 (9 b), 405 (6), 437 (II).
Gericht, zuständiges für die Auflassung 62 (5), 64 (9), 391 (9); für die Aufnahme von Urkunden 325 (5); für die Erteilung von Zeugnissen 332 (I), 334.
Gerichtliche Beurkundung 6 (a), 324 f.
Gerichtsferien 414 (16).
Gerichtskosten 439 f.
Gerichtspersonen, Ausschließung u. Ablehnung 376.
Gerichtsschreiber 372 (1), 412 (3), 416 (3). Aufnahme der Beschwerde 371, 376 (1).
Gerichtssprache 327 (dd), 392 (15), 413 (9).
Gerichtsstelle, Auflassung außerhalb der G. 413 (6).
Gerichtstag 412 (6).
Geringstes Gebot 17 (d), 22 (14), 257 (11).
Gesamtbelastung 351.
Gesamtbetrag bei Inhaber-Teilhypotheken 353.
Gesamte Hand 60 (2 d), 350, 351.
Gesamteigentum 58 (1 b, c), 60 (2 cc), 76 (1), 151 (2).
Gesamtgut, ehel. 338 (6), 421. Auseinandersetzung 340.
Gesamthypothek (G. Grundschuld) 17 (3), 174, 188 (8). Umwandlung in Einzelhypotheken 175 (3). Umschreibung 199 (8). Befriedigung 232, 233. Bei der Zwangsversteigerung 234 (7). Verteilung auf die einzelnen Grundstücke 175 (3), 221 (4), 225, 365.
Gesamthypothekenbrief 361, 365, 418 (1).
Gesamtzwangshypothek 244 (5).
Geschäftsfähigkeit 36 (11), 69 (18).
Geschäftsraum 413 (6).
Geschäftsunfähigkeit, nachträgliche, hindert nicht die Rechtswirksamkeit der Eintragung 12 (3).
Geschäftsverteilung beim Amtsgericht 411 (2).
Gesellschaft 59 (2 b), 60 (2 d), 114 (1), 151 (2); mit beschränkter Haftung 333 (V).
Gesetzliche, Eigentumsbeschränkung 53 (I); Erbfolge 336.
Gewährleistungsanspruch des Käufers 69 (17 c).
Gewässer, öffentliche 290 (1), 379; Grundbuchblatt 448.
Gewerkschaft 390 (1 e), 438 (II).
Gläubiger, Eintragung 152, mehrerer 186 (4), unbekannter, Aufgebot 217, 218, 225 (3); Befriedigung 232, 233.
Glaube, öff., des Grundbuchs 23 (17), 32, 182, 390 (VIII); in Ansehung der Forderung 182. Guter G. 33 (7), 36 (12 b).
Glaubhaftmachung 25 (2 b), des Eigentumsbesitzes 453.
Gleichzeitige Anwesenheit der Beteiligten bei der Auflassung 62 (6).
Goldklausel 323 (2).
Graben 52.
Grenz-Berichtigung u. -Veränderung 52, 450.
Grenze, Bau über die 50, 53 (II).
Grenzverwirrung 52, 59 (2).
Grenzzeichen, Errichtung, Verrückung 51.
Größe des Grundstücks, Vermerk im Grundbuch 459, 462, 474.
Grundakten 381, 467, 473.
Grundbuch. Öff. Glaube 23 (17), 32, 182, 390 (VIII). Form u. Einrichtung 289, 378, 439. Übereinstimmung mit dem Steuerbuch 33 (8), 449 f., 470. Anlegung 291 (2), 451. Wiederherstellung 381. Fortführung des bisherigen 379, 461 (2), 469. Einsicht 297, 381, 472.
Grundbuchamt, zuständiges 62 (5), 289, 411 (1), 413 (8). Erklärungen vor dem G. 6 (b), 9 (2), 10, 16 (2 d), 62 (5), 416. Prüfungspflicht 304 (6), 312 (1).
Grundbuchbeamter 289, 300 (2), 306 (7). Ausschließung u. Ablehnung 297. Haftung 299, 419. Befugnis zur Präsentation der Eintragungsanträge 415.
Grundbuchberichtigung 6 (V), 14 (4), 38, 49 (4), 295, 306.
Grundbuchbezirk 289, 451.
Grundbuchblatt 290. Einrichtung 461. Hinweisung darauf 323. Anlegung für Gerechtigkeiten 437. Unübersichtliches, Umschreibung 467. Gemeinschaftliche Grundbuchblätter 291, 459.
Grundbuchführer 411 (1), 419 (1).
Grundbuchinteressenten, deren Benachrichtigung 472 (3).
Grundbuchordnung 289 f. Inkrafttreten 377. Geltungsgebiet 377 (2, 3).
Grundbuchrichter 411 (1, 2).
Grunddienstbarkeiten 10 (1), 53 (I), 83, 295 (1), 395 (3).
Grundeigentum, Übertragung 3, 57, 66 (V).
Grundgerechtigkeiten, ablösbare 395 (7).

Grundgeschäft bei der Auflassung 66 (V).
Grundkreditanstalten 431.
Grundschuld 145, 198 (5), 257. Zwangsvollstr., Pfandrecht, Nießbrauch 258 (3). Zinsen 258. Kündigung 259. G. auf den Inhaber 259, 355; an einer Bahneinheit 407 (4). Zahlung 259. Blankoabtretung 410 (4).
Grundschuldbrief 259, 355, 474, 475.
Grund- u. Gebäudesteuerbücher, 33 (8), 449 f.
Grundsteuerbehörde, deren Benachrichtigung 471. S. auch Katasteramt.
Grundsteuererhebungsbezirk 469.
Grundsteuermutterrolle 450 (4).
Grundsteuerreinertrag, Angabe im Grundbuch 459, 461, 474.
Grundstück, selbständiges 161 (1), 290 (1). Bezeichnung 290. Buchungsfreies 66 (13), 380 (1), 391 (13), 448.
Grundstückspfandrechte, Arten 145 f. Begründung 3 f.
Grundstücksteil 471 (4). Belastung 97 (2), 293, 382. Auflassung 65 (IV). Selbständige Eintragung 293, 437. Karte 382.
Grundstücksveräußerungsvertrag, Form 66 (14).
Gütergemeinschaft. Erwerb durch 58 (1 c), 464 (4). Bewilligung einer Hypothek 19 (18). Umschreibung der Hypothek bei der Auseinandersetzung 340. Fortgesetzte G. 58 (1 c), 337 (6). Nachlaß der G., dazu gehörige Grundstücke oder Erbbaurechte 383, 421.
Güterrecht der Ehegatten 334.
Güterrechtsregister 334.
Gütertrennung 334.
Guter Glaube 33 (7), 36 (12).
Gutsbezirk 458.
Gutsinventar als Gegenstand des Nießbrauchs 107.
Gutsüberlassung 179 (3).

H.

Häuslerrecht 291 (1).
Haftung, des Staates für Versehen der Grundbuchbeamten 299; des Grundstücks für gesetzliche Zinsen und Kosten 158 f.; von Erzeugnissen, Bestandteilen, Zubehör 162, 165, 167; von Miet- u. Pachtzinsen 167, 168, 169; von Rechten auf wiederkehrende Leistungen 170; von Versicherungsgeldern 170, 171, 172, 173; zugeschriebener Grundstücke 173.
Handelsgeschäft, dessen Erwerb 61 (2 f).
Handelsgesellschaft 39 (1), 332, 460.
Handelsregister, Zeugnis daraus 332 (1).
Handlungsvollmacht 333 (7).
Handzeichen, Beglaubigung 328 (6 c).
Hannover, Familie des vormal. Königshauses, deren Grundstücke 380.
Hauberge 475.
Hauptbuch bei mehreren Grundbüchern 379.
Hauptgrundstück 29 (1).
Hausgut einer landesherrlichen Familie 380.
Heilung der Vertragsform durch Auflassung 68 (17).
Herabsetzung der Zinsen 160 (2).
Herausgabe von Urkunden 296, 327 (ee).
Herrenlose Grundstücke 75 (2), 394 (2).
Hindernisse der Eintragung 65 (12), 312.
Hinterlegung, Befriedigung durch 186.
Hinzuschlagung von Grundstücken 29 (1).
Höchstbetrag, bei der Sicherungshypothek 254 (1); bei der Arresthyp. 245 (1); des Ersatzes bei Erlöschen dinglicher Rechte durch den Zuschlag 18.
Höchstbetragshypothek 161 (3), 253.
Hoffmannsche Formel 177 (2 d).
Hohenzollern, Fürstliche Familie, deren Grundstücke 380.
Hypothek 145 ff. Begriff 146 (2), 148 (7). Brief- u. Buch-H. 147 (5). Entstehung 149. Eintragung 150 (2 b). Bedingte u. betagte 150 (4). Erweiterungen u. Veränderungen 13 (1), 160. Übertragung durch Rechtsgeschäft 198. Kraft Gesetzes 187, 213, 224. Des Eigentümers 188 (4), 208, 209 (I), 405 (4). Vormerkung 22 (13), 151 (5), 155 (8), 158 (4), 177 (1), 188 (6). Belastung mit Nießbrauch oder Pfandrecht 122, 123, 272, 273 (1), 275 (1). Zurücktreten bei der Vorrangseinräumung 16 (2 d). Umwandlung 248, 257 (1, 3), 261, 365, 465. Übertragung auf andere Forderungen 230, 405 (3). Pfändung 276 (2), 212 (9). Überweisung 201 (2 b). Übergang auf den persönl. Schuldner 213. Geltendmachung 206. Einreden gegen die H. 180. Verzicht auf die H. 215. Erlöschen der H. 232. Aufhebung durch Rechtsgeschäft 236. Löschung 321, 364 (1), 367, 368, 465. Eintragung bei Anlegung des Grundbuchs 453. Nicht valutierte 212 (12), 404 (1). Des alten Rechtes 148 (8), 164 (6), 177 (4), 180 (6), 183 (4), 212 (12), 403 f., 410 (8).
Hypothekenbanken 149 (10), 153 (3), 154 (6 c), 177 (3), 189 (4), 273 (3), 433 (10).
Hypothekenbrief 156 (3), 358 f. Erteilung

155, 358. Erfordernisse, wesentliche 358 (3), 474; nicht wesentliche 359 (4). Unterschrift 358, 418. Übergabe 157, 199 (4), 211 (6), 475. Besitz, Vermutung daraus 157. (3). Öff. Glaube 184 (1). Aushändigung an den befriedigenden Eigentümer 189. Vorlegung zur Begründung der Geltendmachung der Hyp. 206. Herausgabe 197 (1), 361. Ausschließung 155, 157, 247, 465. Verbindung mit der Schuldurkunde 359. Erneuerung 367. Über eine Gesamthypothek 361, 474. Gemeinschaftlicher über mehrere Hypotheken 366. Vermerke auf dem H. 184, 363, 367, 382, 418. Vorlegung, bei Eintragungen 345, 364; bei Eintragung eines Widerspruchs 346 (II); bei Berichtigung des Grundbuchs 41. Unbrauchbarmachung 367, 475. Aufgebot 208. Des alten Rechtes 403 f.

J.

Jährliche Nachweisungen 412 (5), 474 (2 b, c).
Ideelle Anteile an einem Grundstück 65 (IV), 290 (1), 461 (3).
Identität der Beteiligten 69 (17 c).
Immissionen 49.
Immobiliareigenschaft von Rechten 291 (1 d), 437.
Indossament, Verpfändung durch 283 (2). Hyp. aus indossabeln Papieren 347.
Inhaber, Schuldverschreibung auf den J. 347, 353, 411 (2). =grundschuld 259, 347, 355, 368. =hypothek 249, 353. =papier 124, 242 (3 b), 249.
Inhalt eines Liegenschaftsrechts, Änderung 11.
Inkrafttreten der GBO. 377.
Inseln, entstehende 62 (4), 162 (2).
Interesse, berechtigtes 298 (1).
Interessenten, Benachrichtigung 472 (3).
Interusurium 177 (2 d).
Inventar 108 (2); Nießbrauch 107.
Inventarseinrede 24 (1, 2), 180 (2 b).
Irrtümliche Eintragung 355, 465 (1).
Irrtum, bei der Auflassung 70 (21); materieller des Katasters 450 (III).
Judikatshypothek 18 (3), 32 (2), 239 (A).
Juristische Personen, Bezeichnung als Berechtigte 460; deren Grundstücke 379; Zuwendungen an sie 392 (20); Nießbrauch 114 (1); Dienstbarkeit 129 (1); Reallast 140 (1 d).
Jus offerendi 194 (1).
Justizminister. Dienstaufsicht 412 (4); Bestimmung des zuständigen GBA. 414 (1).

K.

Kalendervierteljahr 168, 169.
Kammergericht, zuständig für die weitere Beschwerde 414 (18).
Karte des Grundstücksteils bei Abschreibungen 382, 470.
Kartenblätter 449 (1).
Kataster, Bedeutung für das Grundbuch 33 (8), 70 (21), 317 (3); materieller Irrtum im K. 450 (III). =amt, Verkehr mit dem GBA. 449 (I) f., 459, 471. =karte 470. =parzellen, Bezeichnung auf dem Blatt 459.
Kaufvertrag über Grundstücke 66 (V).
Kausalgeschäft 4 (4 b), 9 (2).
Kautionshypothek des alten Rechtes 410 (4, 14). Im übrigen s. Höchstbetragshyp.
Kenntnis von der Unrichtigkeit, des Grundbuchs 36 (12 b).
Kirchen. Grundbuchblatt 448. =baulast 140 (1 c). =gemeinde, ev., deren Grundstücke 392 (18 c); kath., Vermögensverwaltung 393. =vermögen, Eintragung für, 460 (1).
Klage, dingliche 191 (I).
Kleinbahnen 407 (A 1), 443.
Kleinbahngrundstücke 407, 443.
Klöster, Grundbuchblatt 448.
Körperschaft, Haftung für Versehen der Grundbuchbeamten 299.
Kohlenabbaugerechtigkeit 391 (IV), 405 (6), 436 f., 468.
Kollektivvertretung 36 (12 e).
Kollision von Gebrauchs=, Nießbrauchs= und Nutzungsrechten 92, 114; von Pfandrechten 282.
Kommanditgesellschaft 59 (2 b), 332.
Kommunalbehörden, als Grundbuchbehörden 289 (1).
Kommunalverbände 448.
Kommunen, deren Grundstücke 448.
Konfusion 121.
Konkurseröffnung, Bedeutung für die Eintragung 11 (1), 12 (2), 22 (16).
Konkursgericht, Ersuchen um Eintragung 341 (1).
Konkursvermerk 34 (10), 70 (19).
Konkursverwalter 21 (7), 22 (16), 134, 137, 164 (6).
Konsensprinzip 313 (1).

FSC
www.fsc.org
MIX
Papier | Fördert
gute Waldnutzung
FSC® C083411

Kolibri 360 GmbH
Ferdinand-Jühlke-Straße 7
99095 Erfurt, Deutschland
produktsicherheit@kolibri360.de